Großkommentare der Praxis

Baur/Tappen

Investmentgesetze

Großkommentar

3., neu bearbeitete Auflage

herausgegeben von
Dr. Jürgen Baur
Rechtsanwalt in Köln und
Prof. Dr. Falko Tappen
Rechtsanwalt, Fachanwalt für Steuerrecht, Steuerberater in Frankfurt am Main

Dritter Band
Investmentrecht Luxemburg

Bearbeiter:
Andrea München
Nic Müller
Manfred Dietrich

DE GRUYTER

Stand der Bearbeitung: Juli 2015

Zitiervorschlag: z.B.: Baur/Tappen/*Bearbeiter* OGAW Rn. 2
Baur/Tappen/*Bearbeiter* SICAR Rn. 2
Baur/Tappen/*Bearbeiter* AIFM Rn. 2
Baur/Tappen/*Bearbeiter* Spezialfonds Rn. 2

ISBN 978-3-11-035451-5
e-ISBN (PDF) 978-3-11-035453-9
e-ISBN (EPUB) 978-3-11-038769-8

Library of Congress Cataloging-in-Publication Data
A CIP catalog record for this book has been applied for at the Library of Congress.

Bibliografische Information der Deutschen Nationalbibliothek
Die Deutsche Nationalbibliothek verzeichnet diese Publikation in der Deutschen Nationalbibliografie; detaillierte bibliografische Daten sind im Internet über http://dnb.d-nb.de abrufbar.

Datenkonvertierung und Satz: jürgen ullrich typosatz, Nördlingen
Druck und Bindung: Hubert & Co. GmbH und Co. KG, Göttingen
♾ Gedruckt auf säurefreiem Papier
Printed in Germany

MIX
Papier aus verantwortungsvollen Quellen
FSC® C016439
www.fsc.org

www.degruyter.com

Die Bearbeiter der 3. Auflage

Marc von Ammon, Rechtsanwalt/Fachanwalt für Bank- und Kapitalmarktrecht, Jones Day, München
Dr. **Volker Baas**, Rechtsanwalt, Taylor Wessing, Frankfurt am Main
Damir Barac, Wirtschaftsprüfer, Ernst & Young GmbH, Eschborn
Dr. **Caspar Behme**, Wissenschaftlicher Assistent, Lehrstuhl für Bürgerliches Recht, Deutsches, Europäisches und Internationales Unternehmensrecht, Ludwig-Maximilians-Universität, München
Dr. **Florian Bentele**, Rechtsanwalt, Frankfurt am Main
Dr. **Jan-Tibor Böttcher**, Rechtsanwalt, Berlin
Bastian Bubel, Rechtsanwalt, Bubel & Roth Rechtsanwälte, Frankfurt am Main
Lidija Delčev, Diplom-Ökonomin, Ernst & Young GmbH, Eschborn
Manfred Dietrich, Rechtsanwalt, Van Campen Liem, Luxembourg
Nico Dorenkamp, Rechtsanwalt/Steuerberater, optegra GmbH & Co. KG WPG/StBG, München
René Dubois, Rechtsanwalt, Noerr LLP, Düsseldorf
Katrin Ebel, Volljuristin, Hannover
Dr. **Björn Enders**, Rechtsanwalt/Fachanwalt für Steuerrecht/Steuerberater/Diplom-Finanzwirt (FH)/ Licencié en Droit (Paris II), DLA Piper UK LLP, Frankfurt am Main
Liliane Feller, Rechtsreferendarin, OLG München
Marc Fellner, Rechtsanwalt/Steuerberater, DLA Piper UK LLP, Frankfurt am Main
Dr. **Burkhard Führmeyer**, Rechtsanwalt, DLA Piper UK LLP, Frankfurt am Main
Thomas Geese, Steuerberater, Société Générale Securities Services GmbH, Unterföhring
Finn Gerlach, Rechtsanwalt, Lindemann Schwennicke & Partner, Berlin
Dr. **Matthias Geurts**, Rechtsanwalt, Noerr LLP, Frankfurt am Main
Dr. **Harald Glander**, Rechtsanwalt, Simmons & Simmons LLP, Frankfurt am Main
Lissie Goldbach, Rechtsreferendarin, OLG Celle
Jens Grimm, Wirtschaftsprüfer/Steuerberater, München
Petar Groseta, Steuerberater, Ernst & Young GmbH, Eschborn
Tim Hackemann, Rechtsanwalt/Steuerberater, Ernst & Young GmbH, Eschborn
Alexander Hagen, Rechtsanwalt/Steuerberater, Ernst & Young GmbH, Eschborn
Dr. **Mathias Hanten**, Rechtsanwalt, DLA Piper UK LLP, Frankfurt am Main
Sebastian Hartrott, Rechtsanwalt, optegra GmbH & Co. KG WPG/StBG, München
Dr. **Carlo Heck**, Rechtsanwalt, Lapithus Management S.à.r.l., Luxembourg
Martin Heinsius, Rechtsanwalt/Steuerberater, DLA Piper UK LLP, Frankfurt am Main
Tom Herberger, Wissenschaftlicher Mitarbeiter, Deutscher Bundestag, Berlin
Frank Herring, Rechtsanwalt, Allen & Overy LLP, Frankfurt am Main
Dr. **Florian Herrmann**, Rechtsanwalt/Fachanwalt für Handels- und Gesellschaftsrecht, Langwieser Rechtsanwälte, München
Nadine Hesser, Rechtsanwältin/Fachanwältin für Arbeitsrecht, DLA Piper UK LLP, Frankfurt am Main
Timo Hillebrand, Diplom Wirtschaftsjurist (FH), Ernst & Young GmbH, Eschborn
Prof. Dr. **Fabian Hinrichs**, Rechtsanwalt, Frankfurt am Main
Martin Hüwel, Rechtsanwalt, Dechert LLP, Frankfurt am Main
Dr. **Anna Lucia Izzo-Wagner**, Rechtsanwältin, Taylor Wessing, Frankfurt am Main
Christof G. Jenett, Rechtsanwalt/Steuerberater, Ernst & Young GmbH, Eschborn
Dr. **Thomas A. Jesch**, Rechtsanwalt, Kaye Scholer LLP, Frankfurt am Main
Dirk Jessen, Steuerberater/Wirtschaftsprüfer RBS RoeverBroennerSusat GmbH & Co. KG, Hamburg
Dr. **Matthias Josek**, Deutsche Asset & Wealth Management Investment GmbH, Frankfurt am Main
Valeska Karcher, Rechtsanwältin, Allen & Overy LLP, Frankfurt am Main
Dr. **Bert Kimpel**, Rechtsanwalt/Steuerberater, Taylor Wessing, Frankfurt am Main
Dr. **Jens Kirchner**, Rechtsanwalt, DLA Piper UK LLP, Frankfurt am Main
Dr. **Ulf Klebeck**, Justiziar, Zürich
Dr. **Fabian Klein**, Rechtsanwalt, DLA Piper UK LLP, Frankfurt am Main
Florian Kloster, Wissenschaftlicher Mitarbeiter, Lehrstuhl für Betriebswirtschaftslehre, insb. Betriebswirtschaftliche Steuerlehre, Saarbrücken
Sabine Köhler, Rechtsanwältin/Steuerberaterin, München
Dr. **Stefan Königer**, Steuerberater, Ernst & Young GmbH, Stuttgart

Dr. **Jan Könnecke**, Rechtsanwalt, Könnecke Naujok, Frankfurt am Main
Jannes Kracke, Rechtsanwalt, HANSAINVEST Hanseatische Investment-GmbH, Hamburg
Andreas B. Lammel, Bad Schwalbach
Karin Lichtenstein, Rechtsanwältin, Hannover und Schiffdorf
Dr. **Detmar Loff**, Rechtsanwalt, Allen & Overy LLP, Frankfurt am Main
Norman Mayr, Rechtsanwalt, Simmons & Simmons LLP, Frankfurt am Main
Elnaz Mehrkhah, Wissenschaftliche Mitarbeiterin/Dokotorandin, DLA Piper UK LLP, Frankfurt am Main
Horst Mertes, Rechtsanwalt/Steuerberater, Frankfurt am Main
Jens Moericke, Rechtsanwalt, Allen & Overy LLP, Frankfurt am Main
Nic Müller, Steuerberater/Wirtschaftsprüfer, KPMG Luxembourg S.à.r.l., Luxembourg
Andrea München, Rechtsanwältin/Avocatà la Cour, DLA Piper UK LLP, Frankfurt am Main/Luxembourg
Dr. **Markus München**, Rechtsanwalt, Baker & McKenzie, Frankfurt am Main
Titus Noltenius, Rechtsanwalt, Frankfurt am Main
Petra Reinholz, Rechtsanwältin, DLA Piper UK LLP, Frankfurt am Main
Stephan Reiss, Rechtsanwalt, Ernst & Young Law GmbH, Eschborn
Martin Riegel, Rechtsanwalt/Fachanwalt für Steuerrecht/Steuerberater, Ernst & Young GmbH, Eschborn
Maximilian von Rom, Rechtsanwalt, Gleiss Lutz, Frankfurt am Main
Nadine Russer, Steuerberaterin, Ernst & Young GmbH, Eschborn
Oliver Schachinger, Rechtsanwalt, Frankfurt am Main/Luxembourg
Dr. **Peter Schäfer**, Rechtsanwalt/Fachanwalt für Steuerrecht, Hanau/Frankfurt am Main
Julia Schilling, Rechtsanwältin/Steuerberaterin, Ernst & Young GmbH, Eschborn
Christian Schinzl, Steuerberater/Wirtschaftsprüfer, Frankfurt am Main
Joachim Schneider, Referent, BaFin, Frankfurt am Main
Martin Schuh, Rechtsanwalt, Kassel
Tilman Schultheiß, Rechtsanwalt, Thümmel, Schütze & Partner, Dresden
Dr. **Nina-Luisa Siedler**, Rechtsanwältin, DLA Piper UK LLP, Berlin
Sabrina Siemko, Rechtsanwältin, Kaye Scholer LLP, Frankfurt am Main
Dr. **Lea Maria Siering**, Rechtsanwältin, Taylor Wessing, Berlin
Peggy Steffen, Rechtsanwältin, BVI Bundesverband Investment und Asset Management e.V., Frankfurt am Main
Heiko Stoll, Rechtsanwalt/Steuerberater, Simmons & Simmons LLP, Frankfurt am Main
Prof. Dr. **Falko Tappen**, Rechtsanwalt/Fachanwalt für Steuerrecht/Steuerberater, Frankfurt am Main
Dr. **Sebastian Taschke**, Rechtsanwalt, Hauck & Aufhäuser Privatbankiers KGaA, Frankfurt am Main
Sebastian Tusch, Rechtsanwalt, Gleiss Lutz, Frankfurt am Main
Simon Weber, Rechtsanwalt, Berlin
Christopher Virreira Winter, Rechtsanwalt, Frankfurt am Main
Katja Simone Wülfert, Rechtsanwältin, Société Générale Securities Services GmbH, Unterföhring
Martin Zackor, Rechtsanwalt, Gleiss Lutz, Frankfurt/Main
Heinz Zimmermann, Rechtsanwalt/Wirtschaftsprüfer/Steuerberater, DLA Piper UK LLP, Köln
Dr. **Frank Zingel**, Rechtsanwalt, lindenpartners, Berlin
Marco Zingler, Rechtsanwalt/Dipl.-Finanzwirt (FH), Allen & Overy LLP, Frankfurt am Main

Vorwort zu Band 3 der 3. Auflage

Band 3 dieser 3. Auflage des Kommentars Investmentgesetze ist ausschließlich dem Investmentrecht in Luxemburg gewidmet. Dies erschien aufgrund der besonderen Bedeutung von Luxemburg als Standort für Investmentstrukturen mehr als angezeigt. Dabei ist Band 3 nicht im klassischen Sinne in der Form eines typischen Kommentars wie zu einem deutschen Gesetz gehalten. Das Ansinnen war, auch die rechtlichen Grundvoraussetzungen in Luxemburg sowie das Funktionieren der Rechtsordnung darzustellen. Insbesondere die Dynamik im Rahmen der Anwendung der Bestimmungen aufgrund der AIFM-Richtlinie stellt dabei alle Rechtsberater vor besondere Herausforderungen. Aber auch die OGAW V-Richtlinie sowie die im Raum stehende OGAW VI-Richtlinie, um nur einige Beispiel zu nennen, werfen die Schatten weiterer Änderungen von großer Bedeutung voraus. In diesem Sinne blicken wir bereits mit Spannung auf die 4. Auflage.

Ein besonderer Dank gilt unseren „Luxemburgern“, also den Autoren des Bands 3, Herrn Nic Mueller und Frau Andrea München sowie vor allem auch Herrn Manfred Dietrich, der sich nicht nur fachlich, sondern insbesondere auch in die Organisation dieses Bandes eingebracht hat. Auch in ihrem Namen dürfen wir, die Herausgeber, uns für die Geduld, fachkompetente Unterstützung und Flexibilität von Frau Elnaz Mehrkhah, in deren Händen alle Fäden zusammenliefen, sowie Frau Dominique Tank und ihrem Team von DeGruyter ganz herzlich bedanken.

Schließlich gilt dieser Dank auch den Familien unserer Autoren, ohne deren Verständnis für das Opfern von vielen Stunden Urlaub, Wochenenden und Feiertagen dieser Band nicht zu realisieren gewesen wäre. Ihnen möchten wir zusammen mit den Autoren diesen Band widmen.

Frankfurt/Köln/Luxemburg, Juli 2015 — Prof. Dr. Falko Tappen/Dr. Baur

Vorwort zur 3. Auflage

Die 3. Auflage des Kommentars Investmentgesetze erscheint 18 Jahre nach der 2. Auflage. 1996 war maßgebende Rechtsgrundlage für das Investmentsparen in Deutschland sowohl in zivilrechtlicher, aufsichtsrechtlicher als auch in steuerrechtlicher Hinsicht das Gesetz über Kapitalanlagegesellschaften (KAGG). Den öffentlichen Vertrieb ausländischer Investmentanteile und die steuerliche Behandlung der Erträge aus ausländischen Investmentanteilen regelte das Auslandinvestment-Gesetz (AuslInvestmG). Zur Fortentwicklung der Fondsidee und zugleich zur Förderung des Investmentstandortes Deutschland trugen die verschiedenen Finanzmarkförderungsgesetze von 1990, 1994 (2. FMFG), 1998 (3. FMFG) und 2002 (4. FMFG) bei. Eine Zäsur und zugleich eine strukturelle Anpassung an die europarechtlichen Entwicklungen in den OGAW-/UCITS-Richtlinien brachte 2003 das Investmentmodernisierungsgesetz. Dieses Gesetz hat das KAGG und das AuslInvestmG aufgehoben und durch das Investmentgesetz (InvG), in das die Organisations-, Aufsichts- und Vertriebsvorschriften, und durch das Investmentsteuergesetz (InvStG), in das die steuerrechtlichen Vorschriften beider Gesetze übernommen wurden, ersetzt. Die Fortentwicklung des europäischen Investmentrechts, aber auch die Notwendigkeit eines modernen und leistungsfähigen Regulierungs- und Aufsichtsrahmens zur Steigerung der internationalen Wettbewerbsfähigkeit der Fondsbranche, erforderten weitere Anpassungen des InvG durch das Investmentänderungsgesetz (InvÄndG) von 2007. Durch dieses Gesetz ist die Kreditinstitutseigenschaft von Kapitalanlagegesellschaften entfallen. Die Genehmigungspraxis der Aufsichtsbehörde wurde weiter vereinfacht und im Spezialfondsbereich wurden institutionelle Investoren von Regelungen entlastet, die dem Schutz von Privatanlegern dienen. Weitere Änderungen brachte die Umsetzung der EU-OGAW IV-Richtlinie in deutsches Recht und 2011 das Anlegerschutz- und Funktionsverbesserungsgesetz mit seinen Neuregelungen für Immobilien-Sondervermögen. Mit der OGAW IV-Richtlinie wurde der EU-Pass für Fondsgesellschaften geschaffen. Eine in Vorbereitung befindliche OGAW V-Richtlinie enthält vor allem Schutzvorschriften für die Anleger.

Von größerer Bedeutung als die OGAW-Richtlinien ist für die Investmentbranche die Richtlinie 2011/61/EU über die Verwalter alternativer Investmentfonds (AIFM-Richtlinie). Die AIF-Manager benötigen zukünftig eine europaweit geltende Erlaubnis für das Fondsmanagement. Der deutsche Gesetzgeber hat diese Richtlinie zum Anlass genommen, zugleich den grauen Kapitalmarkt umfassend zu regulieren. Hierzu hatte es bereits 1977 erste Ansätze mit einem nicht realisierten Entwurf eines Gesetzes über den Vertrieb von Anteilen an Vermögensanlagen gegeben (BR-Drucks. 407/77). Die Umsetzung der AIFM-Richtlinie erfolgte in dem Kapitalanlagegesetzbuch (KAGB), das seit dem 22.7.2013 in Kraft ist, und durch das zugleich das InvG aufgehoben wurde. Durch das Gesetz zur Anpassung von Gesetzen auf dem Gebiet des Finanzmarkts vom 18.7.2014, auch Reparaturgesetz genannt, ist ergänzend neben redaktionellen Anpassungen eine Abgrenzung offener und geschlossener Investmentvermögen nach den EU-Vorgaben erfolgt. Das KAGB bleibt zu einem Teil in der Systematik des InvG und ergänzt es durch ein geschlossenes Regelwerk für alle Fondsmanager und alle Typen von Investmentfonds einschließlich der bisher nicht regulierten Fonds, wie z.B. Private Equity-Fonds oder geschlossene Immobilienfonds. Mit dem KAGB werden neue Begriffe eingeführt. So tritt an die Stelle des Begriffs der Kapitalanlagegesellschaft (KAG) der Begriff der Kapitalverwaltungsgesellschaft (KVG). Diese unterscheidet sich nach Art des verwalteten Investmentvermögens in OGAW-KVG und AIF-KVG. Der Begriff der Depotbank wird durch den der Verwahrstelle ersetzt. Zu erwähnen ist weiterhin, dass das KAGB gleichzeitig aufgrund europarechtlicher Vorgaben zum sog. rein materiellen Fondsbegriff zurückkehrt, wonach grundsätzlich jede vertragliche und gesellschaftsrechtliche Struktur erfasst sein kann, sofern ein Investmentvermögen gegeben ist. Unter den Begriff des Investmentvermögens fällt jeder Organismus für gemeinsame Anlagen, wenn er von einer Anzahl von Anlegern Kapital einsammelt, um es gemäß einer festgelegten Anlagestrategie zum Nutzen der Anleger zu investieren, und der kein operativ tätiges Unternehmen außerhalb des Finanzsektors ist. Fonds, die den materiellen Anforderungen des KAGB nicht genügen, stellen unerlaubtes Investmentgeschäft dar.

Mit der Einführung der AIF ergab sich ebenfalls die Notwendigkeit, die steuerrechtlichen Vorschriften des InvStG zu ändern. Dies geschah durch das AIFM-Steuer-Anpassungsgesetz (AIFM-StAnpG) vom 18.12.2013. Unter das InvStG in der geänderten Fassung fallen neben offenen Fonds nunmehr auch alle geschlossenen Fonds. Halten OGAW und offene AIF die vorgegebenen Anlagebestimmungen ein, werden sie als Investmentfonds bezeichnet. Es gelten für die Anleger wie bisher günstige Steuerregelungen. Soweit dies nicht der Fall ist, greifen die neuen Konzepte der Investitionspersonen- bzw. Investitionskapitalgesellschaft. Es ist zu befürchten, dass es gerade die Investitionskapitalgesellschaften sind, die zu steuerlichen Überraschungen bei Investoren führen werden, da unter Umständen weder Teileinkünfteverfahren noch Freistellungsverfahren Anwendung finden können. Auch die Anwendbarkeit des Außensteuergesetzes wirft interessante neue Fragestellungen auf.

Die große Zahl von Gesetzesänderungen seit Erscheinen der 2. Auflage und zuletzt das KAGB und das InvStG in der Fassung des AIFM-StAnpG machten eine grundlegende Neuauflage des Kommentars unumgänglich. Die Kommentierung beschränkt sich wesentlich auf die vorgenannten Gesetze und in einem separaten Band, der als Nachzügler erscheint, die Investmentgesetzgebung in Luxemburg. Der Verfasser der beiden ersten Auflagen sah sich nicht mehr in der Lage, alleine die Kommentierung auf den neuesten Stand zu bringen und zu verantworten, auch wenn er schon in den Vorauflagen von Fachleuten aus der Investmentpraxis unterstützt worden ist und zusätzlich eigene Erfahrungen als Geschäftsführer einer Wertpapier-KAG und später einer Immobilien-KAG einbringen konnte. Auf Initiative des Verlags wurden über längere Zeit Kontakte zu jüngeren Fachautoren geknüpft. Als erfolgreich erwies sich der Kontakt zu Herrn Professor Dr. Falko Tappen, der als Fachanwalt für Steuerrecht und Steuerberater zunächst bei Freshfields Bruckhaus Deringer LLP, Frankfurt, und dann bei DLA Piper UK LLP, Frankfurt, tätig war. Gegenwärtig berät Professor Dr. Tappen neben seiner Hochschultätigkeit an der Fachhochschule Worms im Rahmen der von ihm gegründeten Kanzlei TCS Treuhand Steuerberatungsgesellschaft mbH. Sowohl der Verfasser der Vorauflagen als auch Herr Rechtsanwalt Professor Dr. Tappen beschlossen, die Neuauflage als Herausgeber zu begleiten. Die wesentliche Arbeit lag bei Herrn Rechtsanwalt Professor Dr. Tappen, der den Kreis der Autorinnen und Autoren aussuchte und mit ihnen nicht nur die vorbereitenden Gespräche führte, sondern auch deren Kommentierungen begleitete und über die gesamte Zeit als Ansprechpartner zur Verfügung stand. Als besonderer Glücksfall erwies sich Frau Elnaz Mehrkhah, Doktorandin und Wissenschaftliche Mitarbeiterin/Trainee Lawyer bei DLA Piper UK LLP, die den Kontakt zu allen Autorinnen und Autoren und den verantwortlichen Redakteuren beim Verlag hielt, die Manuskripte einforderte und überprüfte und durch ihren unermüdlichen Einsatz entscheidend zum Gelingen dieses Werkes beitrug. In ihren Händen lag in Kooperation mit dem Verlag auch die erfolgreiche Durchführung einer Autorenkonferenz am 12.6.2013 in Frankfurt am Main. Ihr gebührt mithin unser ganz besonderer Dank für ihre hervorragende fachkompetente Unterstützung und ihr persönliches Engagement bei allen fachlichen und administrativen Belangen. Vor diesem Hintergrund freuen wir uns sehr – nach Rücksprache und mit Zustimmung der Verantwortlichen beim De Gruyter Verlag – bereits jetzt ankündigen zu können, Frau Elnaz Mehrkhah ab der nächsten Auflage als Herausgeber für unser Werk gewonnen zu haben und sie im Herausgeber-Team begrüßen zu dürfen.

Weiterhin gilt der besondere Dank der Herausgeber allen, die bei der Fertigstellung der 3. Auflage tatkräftig mitgewirkt haben, zunächst dem Verlag Walter de Gruyter, insbesondere Herrn Eike Böttcher, und in seiner Nachfolge, Frau Dominique Tank. Die Herausgeber danken selbstverständlich den Autorinnen und Autoren, die uns teils im Team, teils alleine ihre Expertise in der Kommentierung zur Verfügung gestellt haben, und auch dafür, dass sie in der Vorbereitungszeit nicht den Mut verloren haben, trotz wiederholter Gesetzesänderungen mit großer Geduld und großem Verständnis und neben der täglichen Arbeitsbelastung an diesem umfangreichen Werk mitzuarbeiten. Wir hoffen aber, dass die Mühe sich gelohnt hat und freuen uns auf Anregungen, Hinweise und konstruktive Kritik aus der Leserschaft.

Köln und Frankfurt am Main, Oktober 2014

Rechtsanwalt Dr. Jürgen Baur
Rechtsanwalt, Steuerberater Professor Dr. Falko Tappen

Vorwort zur 2. Auflage

Seit Erscheinen der 1. Auflage sind 26 Jahre vergangen. Die Anlage in Investmentfonds erfreut sich allgemeinen Interesses. Dieses weltweite Phänomen beschränkt sich nicht auf die Industrienationen, sondern hat auch die jungen Märkte („emerging markets") erfaßt. Privatpersonen (über Publikumsfonds), Institutionen und Unternehmen (insbes. über Spezialfonds) bedienen sich in gleicher Weise der vielfältigen Anlagemöglichkeiten und Verwaltungsvorteile der Investmentanlage. Das Gesetz über Kapitalanlagegesellschaften (KAGG), die maßgebende Rechtsgrundlage für die Investmentfonds in Deutschland, und das Auslandinvestment-Gesetz (AuslInvestmG), das den öffentlichen Vertrieb ausländischer Investmentanteile und die steuerliche Behandlung ausländischer Investmenterträge regelt, sind mehrfach geändert worden. Wesentliche Änderungen ergaben sich aus der Körperschaftsteuerreform 1976, dem (1.) Finanzmarktförderungsgesetz von 1990 mit der Anpassung an die OGAW-Richtlinie (Richtlinie 85/611/EWG), den Vertriebserleichterungen für EG-Investmentanteile, dem Zugang zu den Derivaten und der Deregulierung für Spezialfonds, dem Zinsabschlaggesetz von 1992, dem Mißbrauchsbekämpfungs- und Steuerbereinigungsgesetz von 1993 mit der Einführung der Besteuerung des Zwischengewinns und dem 2. Finanzmarktförderungsgesetz von 1994 mit Erweiterungen der Anlagemöglichkeiten im derivativen Geschäft, der Zulassung von Geldmarktfonds und der Einbeziehung ausländischer Geldmarktfonds in das AuslInvestmG. Durch das Zweite Vermögensbeteiligungsgesetz von 1986 ist das KAGG um Vorschriften für Beteiligungs-Sondervermögen erweitert worden, deren praktische Anwendung jedoch noch aussteht.

Die Vielzahl von Gesetzesänderungen erforderte eine umfassende Revision des Kommentars. Um den Umgang mit den Erläuterungen zu erleichtern, wurde ein Randnummernsystem eingeführt. Dem Kommentar ist vorangestellt eine allgemeine Einleitung, die in Teil I Begriffe des Investmentsparens erläutert, in Teil II einen Überblick über die Europäischen Harmonisierungsbestrebungen gibt und in Teil III Grundinformationen zur Situation der Investmentfonds (UCITS/Mutual Funds) in den Mitgliedstaaten der EG/Vertragsstaaten des EWR sowie in der Schweiz, in Japan und in den USA vermittelt.

Die Neufassung des Kommentars ist das Ergebnis einer Vielzahl von Gesprächen mit der Aufsichtsbehörde, mit Fachkollegen und Wirtschaftsprüfern. Die bis Ende 1995 veröffentlichten Schreiben des Bundesaufsichtsamtes für das Kreditwesen und der Finanzverwaltung sowie die wesentliche Literatur sind berücksichtigt. Ich nehme die Gelegenheit wahr, allen, die mich bei der mehrjährigen Vorbereitung mit ihren Anregungen unterstützt haben, zu danken. Stellvertretend gilt ein besonderer Dank meiner Sekretärin, Frau Mittné, die sich mit großer Sorgfalt und Geduld meinem wiederholt geänderten Manuskript angenommen und die Reinschrift gefertigt hat. Mein Dank gilt auch dem Verlag Walter de Gruyter für die verlegerische Betreuung und die Bereitschaft, die bereits gesetzten Texte entsprechend den Gesetzesänderungen zu aktualisieren.

Köln, im Februar 1996 Jürgen Baur

Vorwort zur 1. Auflage

Seit 1957 der Gesetzgeber dem Investmentsparen mit dem Gesetz über Kapitalanlagegesellschaften (KAGG) eine eigene Ordnung gegeben hat, ist es dieser Anlageform gelungen, sich in der Bundesrepublik einen festen Platz neben dem Kontensparen und dem klassischen Wertpapiersparen zu erringen. Der rechtliche Rahmen des KAGG hat sich bewährt. Anlässe zu höchstrichterlicher Rechtsprechung wurden nicht gegeben. Um so größer ist die Zahl wissenschaftlicher Untersuchungen, die sich mit dieser Fundgrube rechtstheoretischer Erörterungen befassen. Auch in der Praxis entstanden Probleme, wenn es galt, den gesetzlichen Rahmen in der bestmöglichen Weise zu nutzen. Da der 1957 erschienene Kommentar von Tormann und Siara und auch die Erläuterungen von Dürre, Full und Beyer-Fehling naturgemäß der Entwicklung nicht vorausgreifen konnten, erschien mir die Novellierung des KAGG anläßlich der Verabschiedung des Auslandsinvestmentgesetzes ein guter Anlaß, in einer neuen Kommentierung die Erkenntnisse der Jahre seit 1957 zu verarbeiten. Hierbei habe ich versucht, vor allem dem Standpunkt der Praxis Rechnung zu tragen, der ich auf Grund meiner jetzigen Tätigkeit und meiner früheren Mitarbeit im Bundesverband deutscher Banken besonders nahe stehe.

Eine juristisch reizvolle Aufgabe war es für mich, gleichzeitig das Auslandsinvestmentgesetz zu erläutern. Dieses Gesetz besitzt viele Berührungspunkte mit dem KAGG. Andererseits wird erstmals versucht, durch die Regelung des Vertriebs ausländischer Investmentanteile eine äußerst vielgestaltige Rechtsmaterie in einem Teilbereich in den Griff zu bekommen. Wenn sich dabei Lücken und mehrdeutige Begriffe im Gesetz nicht vermeiden ließen, so habe ich mich bemüht, praktische Lösungen anzustreben. Sollte deren Richtigkeit bezweifelt werden, so bin ich gerne bereit, meine Ergebnisse zu überdenken und will mich auch einer besseren Erkenntnis nicht verschließen. Daher bin ich für jede Anregung dankbar, die mir aus dem Kreise meiner Leser zugetragen wird.

Abschließend darf ich noch ein Wort des Dankes sagen an alle, die zum Gelingen meiner Arbeit beigetragen haben. Besonders verbunden bin ich für Hinweise und Vorschläge Frau Rechtsanwältin Friedel Bodenstein, Justitiarin der Commerzbank AG, Herrn Rechtsanwalt Dr. Dieter Holzheimer, Geschäftsführer des Bundesverbandes deutscher Banken, Herrn Assessor Heinz Jacobs, vormals Geschäftsführer der Arbeitsgemeinschaft Deutscher Investmentgesellschaften, jetzt Geschäftsführer des Bundesverbandes Investmentvertrieb Deutschland, Herrn Heinrich Stein, Abteilungsdirektor der Deutsche Bank AG, Herrn Dr. Ernst C. Stiefel, Attorney and Counsellor at Law (New York) und Rechtsanwalt (Düsseldorf), und Herrn ORR a.D. Hans Ziganke, stellvertretender Hauptgeschäftsführer des Bundesverbandes deutscher Banken.

Köln und Frankfurt am Main, Februar 1970 Jürgen Baur

Inhaltsverzeichnis

Das Gesetz von 2007/Das Spezialfonds-Gesetz (Spezialfonds/Spezialinvestmentvermögen)

Das SICAR-Gesetz (SICAR)

Das AIFM-Gesetz (AIFM)

Gesetzestexte

Abkürzungsverzeichnis

a.A./A.A.	anderer Ansicht
a.F.	alte Fassung
a.E.	am Ende
aaO	am angegebenen Ort
a.M.	anderer Meinung
ABCP	Asset-Backed Commercial Paper
Abk.	Abkommen
abl.	ablehnend
ABl. (EG-ABl./EU-ABl.)	Amtsblatt der Europäischen Gemeinschaft
Abs.	Absatz
ABS	Asset-Backed Security
abw.	abweichend
AcP	Archiv für die civilistische Praxis
AEUV	Vertrag über die Arbeitsweise der Europäischen Union, konsolidierte Fassung aufgrund des am 1.12.2009 in Kraft getretenen Vertrages von Lissabon
AFG	Schweizer Anlagenfondgesetz
AG	1. Aktiengesellschaft 2. Die Aktiengesellschaft (Zeitschrift) 3. Amtsgericht
AGB	Allgemeine Geschäftsbedingungen
AIF	Alternative Investment Fund/Alternativer Investmentfonds
AIFM	Alternative Investmentfond Manager/Verwalter alternativer Investmentfonds
AIFM-DV	AIFM-Durchführungsverordnung
AIFM-Gesetz	ggf. geänderte Gesetz vom 12. Juli 2013 über die Verwalter alternativer Investmentfonds
AIFM-RL	Richtlinie 2011/61/EU des Europäischen Parlaments und des Rates vom 8. Juni 2011 über die Verwalter alternativer Investmentfonds und zur Änderung der Richtlinien 2003/41/EG und 2009/65/EG und der Verordnungen (EG) Nr. 1060/2009 und (EU) Nr. 1095/2010 (Text von Bedeutung für den EWR)
AIFM-UmsG	Diskussionsentwurf eines Gesetzes zur Umsetzung der Richtlinie 2011/61/EU über die Verwalter alternativer Investmentfonds (AIFM-Umsetzungsgesetz – AIFM-UmsG), Stand 20. Juli 2012
AIMA	Alternative Investment Management Association
AktG	Aktiengesetz
alfi	Association of the Luxembourg Fund Industry
allg.	allgemein
allg.M.	allgemeine Meinung
Alt.	Alternative
Alternativer Investmentfonds oder AIF	jeder Organismus für gemeinsame Anlagen einschließlich seiner Teilfonds, der i) von einer Anzahl von Anlegern Kapital einsammelt, um es gemäß einer festgelegten Anlagestrategie zum Nutzen dieser Anleger zu investieren, und ii) keine Genehmigung gemäß Artikel 5 der Richtlinie 2009/65/EG benötigt
AltZertG	Gesetz über die Zertifizierung von Altersvorsorge- und Basisrentenverträgen
AMG	Arzneimittelgesetz
Amtl.Anz.	Amtlicher Anzeiger
Amtl.Begr.	Amtliche Begründung
Amtsbl.	Amtsblatt
AnfG	Anfechtungsgesetz

Anh.	Anhang
Anl.	1. Anlage 2. Anleitung
Anm.	Anmerkung
AnsFuG	Gesetz zur Stärkung des Anlegerschutzes und Verbesserung der Funktionsfähigkeit des Kaptialmarkts (Anlegerschutz- und Funktionsverbesserungsgesetz) vom 5. April 2011
AntAnlVerlV	Entwurf der Verordnung zur Konkretisierung der in § 28 Abs. 3 des InvG vorgesehenen Entschädigungsverfahren und zur Anpassung der InvRBV und der InvPrüfV
Antragsformular Registrierung AIFM	*Registration Form for an Alternative Investment FundManager* (*AIFM*), abrufbar auf der Website der CSSF unter folgendem link: *http://www.cssf.lu/en/supervision/ivm/aifm/forms/*
Antragsformular Zulassung AIFM oder AIFMD Questionnaire	*Application Questionnaire for the set up of a fully licensed Alternative Investment Fund Manager* (*AIFM*), abrufbar auf der Website der CSSF unter folgendem link: http://www.cssf.lu/en/supervision/ivm/aifm/forms/
AnzV	Anzeigenverordnung
AO	Abgabenordnung
AP	Arbeitsrechtliche Praxis
App.	Appendix
AR	Aufsichtsrat
ArchBürgR	Archiv für Bürgerliches Recht
arg. e	Argument aus
Art.	Artikel
AT	Allgemeiner Teil
Aufl.	Auflage
AuM	Assets under management
AuslInvestmG	Auslandsinvestment-Gesetz
AV	Ausführungsverordnung
AVB	Allgemeine Vertragsbedingungen
AvmG	Altersvermögensgesetz
AWD	Außenwirtschaftsdienst des Betriebs-Beraters
AWG	Außenwirtschaftsgesetz
Az.	Aktenzeichen
Baden-Württ.	Baden-Württemberg
BaFin	Bundesanstalt für Finanzdienstleistungsaufsicht
BAI	Bundesverband für Alternative Investments e.V.
BAKred	Bundesaufsichtsamt für das Kreditwesen
BankArch	Bank-Archiv, Zeitschrift für Bank- und Börsenwesen
BankBiRILiG	Gesetz zur Durchführung der Richtlinie des Rates der Europäischen Gemeinschaften über den Jahresabschluss und den konsolidierten Abschluss von Banken und anderen Finanzinstituten (Bankbilanzrichtlinie-Gesetz) vom 30.11.1990
BAnz	Bundesanzeiger
BAO	Bundesabgabenordnung
BauSparG	Bausparkassengesetz
BAV	Bundesaufsichtsamt für Versicherungswesen
BAWe	Bundesaufsichtsamt für das Wertpapierwesen
BayObLG	Bayerisches Oberlandesgericht
BB	Betriebs-Berater
BBankG	Bundesbankgesetz

BBK	Buchführung, Bilanz, Kostenrechnung
BCBS	Baseler Ausschuss für Bankenaufsicht
Bd.	Band
Bearb.	Bearbeitung
BeckRS	Beck-Rechtsprechung
Begr.	Begründung
Beil.	Beilage
Bek. v.	Bekanntmachung vom
Bekl.	Beklagter
ber.	berichtigt
Beschl.	Beschluss
Bespr.	Besprechung
betr.	betreffend
BetrVG	Betriebsverfassungsgesetz
BeurkG	Beurkundungsgesetz
BGB	Bürgerliches Gesetzbuch
BGBl	Bundesgesetzblatt
BGH	Bundesgerichtshof
BGHR	BGH-Rechtsprechung, hrsg. von den Richtern des Bundesgerichtshofes
BGHSt	Entscheidungen des Bundesgerichtshofs in Strafsachen
BGHZ	Entscheidungen des Bundesgerichtshofes in Zivilsachen
BiRiLiG	Gesetz zur Durchführung der Vierten, Siebenten und Achten Richtlinie des Rates der Europäischen Gemeinschaften zur Koordinierung des Gesellschaftsrechts (Bilanzrichtlinien-Gesetz – BiRiLiG)
BIZ	Bank für internationalen Zahlungsausgleich
BKartA	Bundeskartellamt
Bl.	Blatt
BMF	Bundesministerium der Finanzen
BMJ	Bundesministerium der Justiz
BMWi	Bundesministerium für Wirtschaft und Technologie
BOS	Board of Supervisors
BörsG	Börsengesetz
BRDrucks.	Bundesratsdrucksache
Bsp.	Beispiel
bspw.	beispielsweise
BStBl	Bundessteuerblatt
BT	1. Bundestag 2. Besonderer Teil
BTDrucks.	Bundestagsdrucksache
BVerfG	Bundesverfassungsgericht
BVerfGE	Entscheidungen des Bundesverfassungsgerichts
BVerwG	Bundesverwaltungsgericht
BVI	Bundesverband Investment und Asset Management e.V.
bzgl.	bezüglich
bzw.	beziehungsweise
CCP	Central Counterpart
CD	Certificate of Deposit
CDO	Collateralized Debt Obligation
CD-ROM	Compact Disc – Read-Only Memory
CDS	Credit Default Swap
CFD	Computational fluid dynamics
c.i.c	culpa in contrahendo
CLO	Collateralized Loan Obligation
CMBS	Commercial Mortgage Backed Securities

Coop. S.A.	société coopérative organisée sous forme de société anonyme; Genossenschaft in Form einer Aktiengesellschaft
CP	Commercial Paper
c.p.	ceteris paribus
CSSF AIFM FAQ	Häufig gestellte Fragen (Version 8, 29. Dezember 2014) betreffend das Luxemburger Gesetz vom 12. Juli 2013 über Verwalter alternativer Investmentfonds sowie die Delegierte Verordnung (EU) Nr. 231/2013 der Kommission vom 19. Dezember 2012 zur Ergänzung der Richtlinie 2011/61/EU des Europäischen Parlaments und des Rates im Hinblick auf Ausnahmen, die Bedingungen für die Ausübung der Tätigkeit, Verwahrstellen, Hebelfinanzierung, Transparenz und Beaufsichtigung (*Frequently Asked Questions (version 8, 29 December 2014) concerning the Luxembourg Law of 12 July 2013 on alternative investment fund managers as well as the Commission Delegated Regulation (EU) No 231/2013 of 19 December 2012 supplementing Directive 2011/61/EU of the European Parliament and of the Council with regard to exemptions, general operating conditions, depositaries, leverage transparency and supervision*
CSSF Verordnung No 10-04	CSSF Verordnung No 10-04 zur Umsetzung der Richtlinie 2010/43/EU der Kommission vom 1. Juli 2010 zur Durchführung der Richtlinie 2009/65/EG des Europäischen Parlaments und des Rates im Hinblick auf organisatorische Anforderungen, Interessenkonflikte, Wohlverhalten, Risikomanagement und den Inhalt der Vereinbarung zwischen Verwahrstelle und Verwaltungsgesellschaft (*Règlement CSSF N° 10-04 portant transposition de la directive 2010/43/UE de la Comission du 1er juillet 2010 portant mesures d'exécution de la directive 2009/65/CE du Parlement européen et du Conseil en ce qui concerne les exigences organisationnelles, les conflits d'intérêts, la conduite des affaires, la gestion des risques et le contenu de l'accord entre le dépositaire et la société de gestion*)
d.h.	das heißt
DAV	Deutscher Anwaltsverein
DAX	Deutscher Aktienindex
DB	Der Betrieb
DBA	Doppelbesteuerungsabkommen
DBW	Die Betriebswirtschaft (Zeitschrift)
DD	Due Diligence
Delegierte Verordnung	Delegierte Verordnung (EU) Nr. 231/2013 der Kommission vom 19. Dezember 2012 zur Ergänzung der Richtlinie 2011/61/EU des Europäischen Parlaments und des Rates im Hinblick auf Ausnahmen, die Bedingungen für die Ausübung der Tätigkeit, Verwahrstellen, Hebelfinanzierung, Transparenz und Beaufsichtigung
DepotG	Depotgesetz
ders.	derselbe
dies.	dieselbe(n)
Dipl.	Diplom
Diss.	Dissertation
DJT	Deutscher Juristentag
DM	Deutsche Mark
DÖV	Die öffentliche Verwaltung
DR	Deutsches Recht, Depositary Receipt
DRiG	Deutsches Richtergesetz
DRiZ	Deutsche Richterzeitung
Drucks.	Drucksache
DStR	Deutsches Strafrecht
DSWR	Datenverarbeitung – Steuern – Wirtschaft – Recht (Zeitschrift)

dto.	dito/gleichfalls/ebenso
Durchführungsverordnung (EU) Nr. 447/2013	Durchführungsverordnung (EU) Nr. 447/2013 der Kommission vom 15. Mai 2013 zur Festlegung des Verfahrens für AIFM, die beschließen, sich der Richtlinie 2011/61/EU des Europäischen Parlaments und des Rates zu unterwerfen
DZWIR	Deutsche Zeitschrift für Wirtschafts- und Insolvenzrecht
EAEG	Einlagensicherungs- und Anlegerentschädigungsgesetz
e.V.	eingetragener Verein
EBA	European Banking Authority
ebd.	ebenda
EBIT	Earnings before Interest and Tax
ECOFIN	Vertretung der Europäischen Wirtschafts- und Finanzminister
EDV	Elektronische Datenverarbeitung
EFAMA	European Fund and Asset Management Association
EFTA	European Free Trade Association
EG	Europäische Gemeinschaft
EG-ABl.	Amtsblatt der Europäischen Gemeinschaft
EG-AktG	Einführungsgesetz zum Aktiengesetz
EGBGB	Einführungsgesetz zum Bürgerlichen Gesetzbuch
EGMR	Europäischer Gerichtshof für Menschenrechte
EGStGB	Einführungsgesetz zum Strafgesetzbuch
EGV	Vertrag über die Gründung der Europäischen Gemeinschaft. Konsolidierte Fassung aufgrund des Vertrags von Nizza, EG-ABl. C 325 vom 24.12.2002
ehem.	ehemalige
EIB	European Investment Bank
EIF	European Investment Fund
Einf.	Einführung
einh.	Einheitlich
EL	Expected Loss
ELTIF-Vorschlag	Vorschlag für eine Verordnung des Europäischen Parlaments und des Rates über europäische langfristige Investmentfonds 2013/0214 (COD) vom 26.6.2013
ESt	Einkommenssteuer
EStG	Einkommenssteuergesetz
Einl.	Einleitung
EK-DatenschutzRL	Richtlinie 2002/58/EG des Europäischen Parlaments und des Rates vom 12.7.2002 über die Verarbeitung personenbezogener Daten und den Schutz der Privatsphäre in der elektronischen Kommunikation, EG-ABl. L 201/37
EKMR	Europäische Kommission für Menschenrechte
EMRK	Europäische Konvention für Menschenrechte
endg.	endgültig
Entsch.	Entscheidung
E-Register	elektronisches Register
Erg.	Ergebnis
Erklärung eines registrierten AIFM	*Declaration for a registered AIFM*, abrufbar auf der Website der CSSF unter folgendem link: *http://www.cssf.lu/en/supervision/ivm/aifm/forms/*
Erklärung eines zugelassenen AIFM	*Declaration for a fully licensed AIFM*, abrufbar auf der Website der CSSF unter folgendem link: http://www.cssf.lu/en/supervision/ivm/aifm/forms/
Erl.	Erläuterung
ESMA	European Securities and Markets Authority

ESMA Leitlinien Berichtspflichten	8.8.2014/ESMA/2014/869DE Leitlinien zu den Berichtspflichten gemäß Artikeln 3(3)(d) und 24(1), (2) und (4) AIFMD
ESMA Leitlinien Schlüsselbegriffe	Berichtigte Fassung vom 30.1.2014 der am 13.8.2013 veröffentlichten Leitlinien zu Schlüsselbegriffen der Richtlinie über die Verwalter alternativer Investmentfonds (ESMA/2013/611)
ESMA Leitlinien Vergütungspolitiken	3.7.2013/ESMA/2013/232 Leitlinien für solide Vergütungspolitiken unter Berücksichtigung der AIFMD
ESMA Q&A	11. November 2014/ESMA 2014/1357 Fragen und Antworten Anwendung der AIFMD (*11 November 2014/ESMA/2014/1357 Questions and Answers Application of the AIFMD*)
ESMA Verordnung	Verordnung (EU) Nr. 1095/2010 des Europäischen Parlaments und des Rates vom 24. November 2010 zur Errichtung einer Europäischen Aufsichtsbehörde (Europäische Wertpapier-und Marktaufsichtsbehörde), zur Änderung des Beschlusses Nr. 716/2009/EG und zur Aufhebung des Beschlusses 2009/77/EG der Kommission
ESRB	Europäischen Ausschuss für Systemrisiken (European Systemic Risk Board)
et al.	et alii (und andere(n))
etc.	et cetera
ETF	Exchange Traded Fund
EU	Europäische Union
EU-Verordnung 584/2010	Verordnung (EU) Nr. 584/2010 der Kommission vom 1. Juli 2010 zur Durchführung der Richtlinie 2009/65/EG des Europäischen Parlaments und des Rates im Hinblick auf Form und Inhalt des Standardmodells für das Anzeigeschreiben und die OGAW-Bescheinigung, die Nutzung elektronischer Kommunikationsmittel durch die zuständigen Behörden für die Anzeige und die Verfahren für Überprüfungen vor Ort und Ermittlungen sowie für den Informationsaustausch zwischen zuständigen Behörden (Text von Bedeutung für den EWR)
EuG	Europäisches Gericht Erster Instanz
EuGH	Europäischer Gerichtshof
EuGHE	Entscheidungen des Europäischen Gerichtshofs
EuGrCh	Europäische Grundrechtecharta
EuInsVO	Verordnung (EG) Nr. 1346/2000 des Rates vom 29. Mai 2000 über Insolvenzverfahren, ABl. 2000 L 160/1
EuLF	European Law Forum
EuR	Europarecht
EuSEF Verordnung	Delegierte Verordnung (EU) Nr. 694/2014 der Kommission vom 17. Dezember 2013 zur Ergänzung der Richtlinie 2011/61/EU des Europäischen Parlaments und des Rates im Hinblick auf technische Regulierungsstandards zur Bestimmung der Arten von Verwaltern alternativer Investmentfonds; siehe die dortige Definition für „qualifizierte Fonds für soziales Unternehmertum"
EUV	Vertrag über die Europäische Union. Konsolidierte Fassung aufgrund des Vertrags von Amsterdam, EG-ABl. C 340 vom 10.11.1997
EuZW	Europäische Zeitung für Wirtschaftsrecht
EuVECA Verordnung	Verordnung (EU) Nr. 345/2013 des Europäischen Parlaments und des Rates vom 17. April 2013 über Europäische Risikokapitalfonds; siehe die dortige Definition für „qualifizierte Risikokapitalfonds"
EWiR	Entscheidungen zum Wirtschaftsrecht
EWR	Europäischer Wirtschaftsraum
EWS	Europäisches Wirtschafts- und Steuerrecht
exkl.	exklusive

f.	folgende (Seite)
FAQs	Frequently Asked Questions
ff.	folgende (Seiten)
Fn.	Fußnote
Formular Anzeige Mehrheitsbeteiligung	CSSF Formular zur Anzeige von Mehrheitsbeteiligungen und Kontrolle von nicht börsennotierten Unternehmen = *Notification of Major Holdings and control of Nonlisted Companies (Article 25 of the AIFM Law)*
FS	Festschrift
G	Gesetz
GAAP	General Accepted Accounting Principles
GAFI	Arbeitsgruppe für finanzielle Maßnahmen (gegen Geldwäsche) (*Groupe d'Action financière, GAFI* oder *Financial Action Task Force (on Money Laundering)*)
GATS	General Agreement on Trade in Service
GATT	General Agreement on Tariffs and Trade
GBl.	Gesetzblatt
GbR	Gesellschaft bürgerlichen Rechts
Geänderte CSSF Verordnung No 10-05	Règlement CSSF N° 10-5 portant transposition de la directive 2010/44/UE de la Commission du 1er juillet 2010 portant mesures d'exécution de la directive 2009/65/CE du Parlement européen et du Conseil en ce qui concerne certaines dispositions relatives aux fusions de fonds, aux structures maitre-nourricier et à la procédure de notification telle que modifie: par le règlement CSSF N° 11-04 modifiant le règlement CSSF N° 10-5 portant transposition de la directive 2010/44/UE de la Commission du 1er juillet 2010 portant mesures d'exécution de la directive 2009/65/CE du Parlement européen et du Conseil en ce qui concerne certaines dispositions relatives aux fusions de fonds, aux structures maitre-nourricier et à la procédure de notification
gem.	gemäß
Gesetz von 1915	Geändertes Gesetz vom 10. August 1915 über die Handelsgesellschaften (*Loi du 10 août 1915 concernant les sociétés commerciales, telle que modifiée*)
Gesetz von 1993	Geändertes Gesetz vom 5. April 1993 über den Finanzsektor (*Loi du 5 avril 1993relative au secteur financier, telle que modifié*)
Gesetz von 2002	Geändertes Gesetz vom 20. Dezember 2002 über Organismen für gemeinsame Anlagen (*Loi du 20 décembre 2002 concernant les organismes de placement collectif, telle que modifiée*)
Gesetz von 2010	Geändertes Gesetz vom 17. Dezember 2010 über Organismen für gemeinsame Anlagen (*Loi du 17 décembre 2010 concernant les organismes de placement collectif, telle que modifiée*)
GewA	Gewerbearchiv
GewO	Gewerbeordnung
GewStG	Gewerbesteuergesetz
GG	Grundgesetz
ggf.	gegebenenfalls
GK	Großkommentar
GKG	Gerichtskostengesetz
GmbH	Gesellschaft mit beschränkter Haftung
GmbHG	Gesetz betreffend die Gesellschaften mit beschränkter Haftung
GmbHR	GmbH-Rundschau
GoA	Geschäftsführung ohne Auftrag
GoB	Grundsätze ordnungsgemäßer Buchführung
Grds; grds	Grundsatz; grundsätzlich

GRUR	Gewerblicher Rechtsschutz und Urheberrecht
GS	Gedächtnisschrift
GuV	Gewinn- und Verlustrechnung
GVBl	Gesetz- und Verordnungsblatt
GVG	Gerichtsverfassungsgesetz
GVOBl.	Gesetz- und Verordnungsblatt
GWB	Gesetz gegen Wettbewerbsbeschränkungen
Halbbd.	Halbband
HandelsR	Handelsrecht
Hdb.	Handbuch
HGB	Handelsgesetzbuch
hL	herrschende Lehre
hM	herrschende Meinung
HRR	Höchstrichterliche Rechtsprechung
hrsg. v.	herausgegeben von
Hrsg.	Herausgeber
Hs./Hs	Halbsatz
HTML	Hypertext Markup Language
http	hypertext transfer protocol
HV	Hauptversammlung
IA	Impact Assessment
IAS	International Accounting Standards
i.d.F.	in der Fassung
i.d.R.	in der Regel
i.e.	id est (das heißt)
i.E.	im Ergebnis
i.e.S.	im engeren Sinne
i.S.d.	im Sinne des
i.S.v.	im Sinne von
i.V.m.	in Verbindung mit
i.w.S.	im weiteren Sinne
IHK	Industrie- und Handelskammer
IMF	International Monetary Fund
insbes.	insbesondere
Institutionelle Fonds-Gesetz	Geändertes Gesetz vom 19. Juli 1991 über Organismen für gemeinsame Anlagen, deren Anteile nicht zum öffentlichen Vertrieb bestimmt sind (*loi du 19 juillet 1991 concernant les organismes de placement collectif dont les titres ne sont pas destinés au placement dans le public*)
InvAG	Investmentaktiengesellschaft
InvG	Investmentgesetz
InvStG	Investmentsteuergesetz
IPR	Internationales Privatrecht
IRR	Internal Rate of Return
IT	Informations- und Telekommunikationstechnologie
IWF	Internationaler Währungsfonds
J.L. Econ. & Org.	The Journal of Law, Economics, & Organization
JA	Juristische Arbeitsblätter
JBl.	Justizblatt
JMBl.	Justizministerialblatt
JR	Juristische Rundschau
JurA	Juristische Analysen

JURA	Juristische Ausbildung
JuS	Juristische Schulung
JW	Juristische Wochenschrift
JZ	Juristenzeitung
KAG	Kapitalanlagegesellschaft
KAGB	Kapitalanlagegesetzbuch
Kap.	Kapitel
KapErtrSt	Kapitalertragssteuer
Kfm.	Kaufmann
Kfz	Kraftfahrzeug
KG	1. Kammergericht 2. Kommanditgesellschaft
KGaA	Kommanditgesellschaft auf Aktien
KIID	Wesentliche Anlegerinformationen oder wesentlichen Informationen für Anleger (= *key investor information document; = informations clés pour l'investisseur à établir par l'OPCVM*)
KMU	Kleine und mittlere Unternehmen
Kommission FAQ	Häufig gestellte Fragen betreffend die Richtlinie über Verwalter alternativer Investmentfonds, veröffentlicht von der Europäischen Kommission (*FAQ on the Alternative Investment Fund Managers Directive published by the European Commission*)
krit.	kritisch
KSt	Körperschaftssteuer
KWG	Kreditwesengesetz
LBO	Leveraged Buy-Out
LG	Landgericht
lit.	littera
LP	Limited Partnership
LS	Leitsatz
Ltd.	Private Company Limited by Shares
M.	Meinung
m.	mit
m.a.W.	mit anderen Worten
m. Anm.	mit Anmerkung
m. Bespr.	mit Besprechung
m.w.N.	mit weiteren Nachweisen
m.W.v.	mit Wirkung vom
M&A	Mergers & Acquisitions
MB	Management Board
MBS	Mortgage Backed Security
MBl.	Ministerialblatt
MDR	Monatsschrift für Deutsches Recht
Mémorial	Amtsblatt des Großherzogtums Luxemburg
Mémorial A	*Mémorial A, Recueil de Legislation;* das Amtsblatt des Großherzogtums Luxemburg für Veröffentlichungen im Zusammenhang mit Gesetzen und Verordnungen
Mémorial C	*Mémorial C, Recueil des Sociétés et Associations;* das Amtsblatt des Großherzogtums Luxemburg für Veröffentlichungen im Zusammenhang mit Gesellschaften und Vereinigungen
Merkblatt Anzeigeverfahren 29/31	*Marketing in Luxembourg of units or shares of EU AIFs by AIF managers established in Luxembourg – 30.7.2013*

Merkblatt Anzeigeverfahren 30/32	*Marketing in other Member States of units or shares of EU AIFs by AIF managers established in Luxembourg – 30.7.2013*
MiFiD-Richtlinie	Richtlinie 2004/39/EG des Europäischen Parlaments und des Rates vom 21. April 2004 über Markte für Finanzinstrumente zur Änderung der Richtlinien 85/611/EWG und 93/6/EWG des Rates und der Richtlinie 2000/12/EG des Europäischen Parlaments und des Rates und zur Aufhebung der Richtlinie 93/22/EWG des Rates
MitbestG	Mitbestimmungsgesetz
Mitt.	Mitteilungen
MMR	Multimedia und Recht
Mod.	(Tatbestands-)Modalität
n.F.	neue Fassung
n.v.	nicht veröffentlicht
Nachw.	Nachweise
NAV	Net Asset Value/Nettoinventarwert
NIW oder NAV	Nettoinventarwert bzw. Englisch net asset value
NJ	Neue Justiz
NJOZ	Neue Juristische Online Zeitschrift
NJW	Neue Juristische Wochenschrift
NJW-CoR	Computerreport
NJW-RR	Neue Juristische Wochenschrift, Rechtssprechungsreport
Nr.	Nummer
NRW	Nordrhein-Westfalen
NZG	Neue Zeitschrift für Gesellschaftsrecht
o.	oben
o.ä.	oder ähnliches
OECD	Organization for Economic Cooperation and Development (Organisation für wirtschaftliche Zusammenarbeit und Entwicklung)
OGAW I-Gesetz	inzwischen außer Kraft getretene einst geänderte Gesetz vom 30. Marz 1988 über Organismen für gemeinsame Anlagen
OGAW I-Richtlinie	Richtlinie 85/611/EWG vom 20. Dezember 1985 zur Koordinierung der Rechts- und Verwaltungsvorschriften betreffend bestimmte Organismen für gemeinsame Anlagen in Wertpapieren (OGAW)
OGAW III-Richtlinien	Richtlinie 2001/107/EG des Europäischen Parlaments und des Rates vom 21. Januar 2002 zur Änderung der Richtlinie 85/611/EWG des Rates zur Koordinierung der Rechts- und Verwaltungsvorschriften betreffend bestimmte Organismen für gemeinsame Anlagen in Wertpapieren (OGAW) zwecks Festlegung von Bestimmungen für Verwaltungsgesellschaften und vereinfache Prospekte; gemeinsam mit: Richtlinie 2001/108/EG des Europäischen Parlaments und des Rates vom 21. Januar 2002 zur Änderung der Richtlinie 85/611/EWG des Rates zur Koordinierung der Rechts- und Verwaltungsvorschriften betreffend bestimmte Organismen für gemeinsame Anlagen in Wertpapieren (OGAW) hinsichtlich der Anlagen der OGAW
OGAW IV-Richtlinie	Richtlinie 2009/65/EG des Europäischen Parlaments und des Rates vom 13. Juli 2009 zur Koordinierung der Rechts- und Verwaltungsvorschriften betreffend bestimmte Organismen für gemeinsame Anlagen in Wertpapieren (OGAW); diese Richtlinie ist eine komplette Neufassung der auf OGAW anwendbaren Regelungen und nicht nur eine Änderung der bislang bestehenden, durch die OGAW III-Richtlinien abgeänderten OGAW I-Richtlinie (siehe Definitionen oben)
OGAW V-Richtlinie	Richtlinie 2014/91/EU des Europäischen Parlaments und des Rates vom 23. Juli 2014 zur Änderung der Richtlinie 2009/65/EG zur Koordinierung der Rechts- und Verwaltungsvorschriften betreffend bestimmte Organismen für gemeinsame

	Anlagen in Wertpapieren (OGAW) im Hinblick auf die Aufgaben der Verwahrstelle, die Vergütungspolitik und Sanktionen
OHG	Offene Handelsgesellschaft
OLG	Oberlandesgericht
ÖPP	Öffentlich-Private Partnerschaft
OWiG	Ordnungswidrigkeitengesetz
PDF	portable document format (Dateiformat)
PEX	Deutscher Pfandbriefindex
PfandBG	Pfandbriefgesetz
Q&A EuVECA und EuSEF	ESMA Questions and Answers Application of the EuSEF and EuVECA Regulations 11 November 2014/ESMA/2014/1354
RefE	Referentenentwurf
RegBegr	Regierungsbegründung
RegE	Regierungsentwurf
REX	Deutscher Rentenindex
RG	1. Reichgericht 2. Reichsgesetz
RGBl	Reichsgesetzblatt
RGSt	Entscheidungen des Reichsgerichts in Strafsachen
RGZ	Entscheidungen des Reichsgerichts in Zivilsachen
RIW	Recht der Internationalen Wirtschaft
RL	Richtlinie
Rn.	Randnummer
Rs.	Rechtssache
Rspr.	Rechtsprechung
Rundschreiben CSSF 91/75 oder CSSF Rundschreiben 91/75	Rundschreiben des Luxemburger Währungsinstitutes (IML) 91/75 geändert durch das CSSF Rundschreiben 05/177, Überarbeitung und Neufassung der Bestimmungen, denen Luxemburger Organismen für gemeinsame Anlagen im Sinne des Gesetzes vom 30. März 1988 über Organismen für gemeinsame Anlagen („OGA“) unterliegen (*Circulaire IML 91/75 telle que modifiée par la Circulaire CSSF 05/177, Révision et refonte des règles auxquelles sont soumis les organismes luxembourgeois qui relèvent de la loi du 30 mars 1988 relative aux organismes de placement collectif* („*opc*“))
Rundschreiben CSSF 02/77 oder CSSF Rundschreiben 02/77	CSSF Rundschreiben 02/77 Schutz der Anleger im Falle eines Fehlers bei der Berechnung des NIW und die Bereinigung der Folgen der Nichtbeachtung der für Organismen für gemeinsame Anlage geltenden Anlagevorschriften (*Circulaire CSSF 02/77 Protection des investisseurs en cas d'erreur dans le calcul de la VNI et de réparation des conséquences de l'inobservation des règles de placement qui sont applicables aux organismes de placement collectif*)
Rundschreiben CSSF 02/80 oder CSSF Rundschreibens 02/80	CSSF Rundschreiben 02/80 Spezifische, auf Organismen fuer gemeinsame Anlagen („OGA“) nach Luxemburgischem Recht die sogenannte alternative Anlagestrategien verfolgen, anwendbare Regeln (*Circulaire CSSF 02/80 les règles spécifiques applicables aux organismes de placement collectif* („*OPC*“) *luxembourgeois adoptant des stratégies d'investissement dites alternatives*)

Rundschreiben CSSF 02/81 oder CSSF Rundschreibens 02/81	CSSF Rundschreiben 02/81 Praktische Regeln betreffend die Tätigkeit der Wirtschaftsprüfer von Organismen fuer gemeinsame Anlagen (*Circulaire CSSF 02/81 Règles pratiques concernant la mission des réviseurs d'entreprises d'organismes de placement collectif.*)
Rundschreiben CSSF 04/146 oder CSSF Rundschreiben 04/146	CSSF Rundschreiben 04/146 zum Schutz von OGA und ihren Anlegern gegen Praktiken des *Late Trading* und des *Market Timing* (*CirculaireCSSF 04/146 concernant la protection des organismes de placement collectif et de leurs investisseurs contre les pratiques de Late Trading et de Market Timing*)
Rundschreiben CSSF 06/241 oder CSSF Rundschreiben 06/241	CSSF Rundschreiben 06/241 Begriff des Risikokapitals im Sinne des Gesetzes vom 15. Juni 2004 über Investmentgesellschaften zur Anlage in Risikokapital (SICAR) (*Circulaire CSSF 06/241 Notion de capital à risque au sens de la Loi du 15 juin 2004 relative à la société d'investissement en capital à risque (SICAR)*)
Rundschreiben CSSF 07/309 oder CSSF Rundschreiben 07/309	CSSF Rundschreiben 07/309 Risikostreuung im Zusammenhang mit den spezialisierten Investmentfonds (FIS) (*Circulaire CSSF 07/309 répartition des risques dans le contexte des fonds d'investissement spécialisés („FIS")*)
Rundschreiben CSSF 08/334 oder CSSF Rundschreiben 08/334	CSSF Rundschreiben 08/334 Details zur Verschlüsselung bei der Berichterstattung (*Circulaire CSSF 08/334 Spécifications d'encryption pour les déclarants*)
Rundschreiben CSSF 08/356 oder CSSF Rundschreiben 08/356	CSSF Rundschreiben 08/356 Auf Organismen für gemeinsame Anlagen anwendbare Regeln wenn sie auf bestimmte Techniken und Instrumente, die Wertpapiere und Geldmarktinstrumente zum Gegenstand haben, zurückgreifen (*Circulaire CSSF 08/356 Concerne: Règles applicables aux organismes de placement collectif lorsqu'ils recourent à certaines techniques et instruments qui ont pour objet les valeurs mobilières et les instruments du marché monétaire*)
Rundschreiben CSSF 11/ 503 oder CSSF Rundschreiben 11/503	CSSF Rundschreiben 11/503 Erinnerung an die Pflichten hinsichtlich der Kommunikation und der Veröffentlichung von Finanzinformationen sowie der diesbezüglichen Fristen (*Circulaire CSSF 11/503 Rappel des obligations en matière de communication et de publication des informations financières, ainsi que des délais y relatifs*)
Rundschreiben CSSF 11/509 oder CSSF Rundschreiben 11/509	CSSF Rundschreiben 11/509 Neue Anzeigeverfahren die von einem OGAW Luxemburgischen Rechts, der seine Anteile in einem anderen Mitgliedstaat der Europäischen Union vertreiben will, und von einem OGAW aus einem anderen Mitgliedstaat der Europäischen Union, der seine Anteile in Luxemburg vertrieben will, eingehalten werden müssen (*Circulaire CSSF 11/509 Nouvelles procédures de notification à observer par un OPCVM de droit luxembourgeois qui désire commercialiser ses parts dans un autre*

	État membre de l'Union européenne et par un OPCVM ressortissant d'un autre État membre de l'Union européenne qui désire commercialiser ses parts au Luxembourg)
Rundschreiben CSSF 11/512 oder CSSF Rundschreiben 11/512	CSSF Rundschreiben 11/512 – Darstellung der wichtigsten Änderungen des Rechtsrahmens im Bereich des Risikomanagements in Folge der CSSF Verordnung No 10-04 und der Präzisierungen der ESMA; – Zusätzliche Klarstellungen der CSSF betreffend die Bestimmungen zum Risikomanagement – Festlegen des Inhalts und der Form des der CSSF mitzuteilenden Risikomanagement-Verfahrens (*Circulaire CSSF 11/512* – *Présentation des principaux changements du cadre réglementaire en matière de gestion des risques suite à la publication du règlement CSSF 10-4 et des précisions de l'ESMA;* – *Précisions supplémentaires de la CSSF sur les règles relatives à la gestion des risques;* – *Définition du contenu et du format de la procédure de gestion des risques à communiquer à la CSSF.*)
Rundschreiben CSSF 12/546 oder CSSF Rundschreiben 12/546	CSSF Rundschreiben 12/546 Genehmigung und Organisation von Verwaltungsgesellschaften Luxemburgischen Rechts, die Kapitel 15 des Gesetzes vom 17. Dezember 2010 über Organismen für gemeinsame Anlagen unterliegen sowie von Investmentgesellschaften, die keine Verwaltungsgesellschaft im Sinne von Art. 27 des Gesetzes vom 17. Dezember 2010 über Organismen für gemeinsame Anlagen benannt haben (*Circulaire CSSF 12/546 Agrément et organisation des sociétés de gestion de droit luxembourgeois soumises au chapitre 15 de la loi du 17 décembre 2010 concernant les organismes de placement collectif ainsi que des sociétés d'investissement qui n'ont pas désigné une société de gestion au sens de l'article 27 de la loi du 17 décembre 2010 concernant les organismes de placement collectif*)
Rundschreiben CSSF 13/559 oder CSSF Rundschreiben 13/559	CSSF Rundschreiben 13/559 Leitlinien der European Securities and Markets Authority (*AEMF-ESMA*) zu börsengehandelten Fonds (Exchange-Traded Funds, ETF) und anderen OGAW-Themen (*Circulaire CSSF 13/559 Lignes de conduite de l'Autorité Européenne des Marchés Financiers (AEMF-ESMA) concernant les fonds cotés (ETF) et autres questions liées aux OPCVM*)
Rundschreiben CSSF 14/ 581 oder CSSF Rundschreiben 14/581	CSSF Rundschreiben 14/581 Rundschreiben der CSSF 14/581 Neue, für Verwalter alternativer Investmentfonds geltende Berichtspflichten (*Circulaire CSSF 14/581 Nouvelles obligations en matière de reporting applicables aux gestionnaires de fonds d'investissement alternatifs*)
RVG	Rechtsanwaltsvergütungsgesetz
Rz.	Randziffer/Randzahl
S.	1. Satz 2. Seite(n)
s.	siehe

s.a.	siehe auch
S.A.	*société anonyme;* Aktiengesellschaft
S.à r.l.	*société* à responsabilité limitée; Gesellschaft mit beschränkter Haftung
S.C.A.	*société encommandite par actions;* Kommanditgesellschaft auf Aktien
S.C.S.	*société en commandite simple;* Einfache Kommanditgesellschaft
S.C.Sp.	*société en commandite spéciale;* Spezielle Kommanditgesellschaft
s.u.	siehe unten
SA	Société Anonyme (Aktiengesellschaft)
sc.	scilicet (das heißt, ergänze)
S.Ct.	Supreme Court
SE	Societas Europaea – Europäische Gesellschaft
SIAG	selbstverwaltete SICAV, d.h. Investmentgesellschaft, die keine Verwaltungsgesellschaft benannt hat (*Société d'Investissement Autogerées* auch self-managed SICAV genannt)
SICAV	Investmentgesellschaft mit variablem Kapital (= *société d'investissement à capital variable*)
SICAR-Gesetz	Geändertes Gesetz vom 15. Juni 2004 über Investmentgesellschaften zur Anlage in Risikokapital
Slg.	Sammlung
sog.	sogenannte
Sondervermögen	*fonds commun de placement*, d.h. wörtlich übersetzt „gemeinsame Mittel zur Anlage"
Sp.	Spalte(n)
Spezialfonds-Gesetz	Geändertes Gesetz vom 13. Februar 2007 über Spezialisierte Investmentfonds
SPV	Special Purpose Vehicle
StGB	Strafgesetzbuch
StPO	Strafprozessordnung
str.	strittig
stRspr	ständige Rechtsprechung
Teilbd.	Teilband
teilw.	teilweise
TKG	Telekommunikationsgesetz
Tz.	Teilziffer
u.	und
u.ä.	und ähnliches
u.a.	unter anderem
u.U.	unter Umständen
UG	Unternehmergesellschaft
UmwG	Umwandlungsgesetz
UmwStG	Umwandlungssteuergesetz
unstr.	unstrittig
Unterabs.	Unterabsatz
UrhG	Urheberrechtsgesetz
Urt.	Urteil
URV	Verordnung über das Unternehmensregister
US	United States
usf.	und so fort
USt	Umsatzsteuer
UWG	Gesetz gegen den unlauteren Wettbewerb
v.	von/vom
v.H.	von Hundert

Var.	Variante
VaR	Value at Risk
Verbriefungsgesetz	*Loi du 22 mars 2004 relative à la titrisation, telle que modifiée*
VerbrKrG	Verbraucherkreditgesetz
Verf.	Verfasser
Verkaufsprospekt-gesetz	Geändertes Gesetz vom 10. Juli 2005 über Verkaufsprospekte für Wertpapiere (*Loi du 10 juillet 2005 relative aux prospectus pour valeurs mobilières, telle que modifiée*)
Verkaufsprospekt-richtlinie	Richtlinie 2003/71/EG des Europäischen Parlaments und des Rates vom 4. November 2003 betreffend den Prospekt, der beim öffentlichen Angebot von Wertpapieren oder bei deren Zulassung zum Handel zu veröffentlichen ist, und zur Änderung der Richtlinie 2001/34/EG
VerkProspG	Wertpapier-Verkaufsprospektgesetz
VermAnlG	Gesetz über Vermögensanlagen
Verordnung EZB/2008/30	Verordnung (EG) Nr. 24/2009 der Europäischen Zentralbank vom 19. Dezember 2008 über die Statistik über die Aktiva und Passiva von finanziellen Mantelkapitalgesellschaften, die Verbriefungsgeschäfte betreiben
VersR	Zeitschrift für Versicherungsrecht, Haftungs- und Schadensrecht
VertriebsR	Vertriebsrecht
VGF	Verband Geschlossene Fonds
vgl.	vergleiche
VO	Verordnung
Voraufl.	Vorauflage
Vorb.	Vorbemerkung
VwVfG	Verwaltungsverfahrensgesetz
WA	Wertpapieraufsicht
weit.	weitere(n)
WG	Wechselgesetz
WIR	Wirtschaftsrecht
WM	Wertpapier-Mitteilungen
WpAIV	Wertpapierhandelsanzeige- und Insiderverzeichnisverordnung
WpHG	Wertpapierhandelsgesetz
WpÜG	Wertpapiererwerbs- und Übernahmegesetz
WRV	Weimarer Reichsverfassung
WTO	World Trade Organization
WuW	Wirtschaft und Wettbewerb
www	world wide web
Z	(in Zusammenhängen) Zeitschrift, Zeitung, Zentralblatt
z.B.	zum Beispiel
z.T.	zum Teil
ZBB	Zeitschrift für Bankrecht und Bankwirtschaft
ZEuP	Zeitschrift für Europäisches Privatrecht
ZGR	Zeitschrift für Unternehmens- und Gesellschaftsrecht
ZHR	Zeitschrift für das gesamte Handelsrecht
Ziff.	Ziffer
ZIP	Zeitschrift für Wirtschaftsrecht
ZIS	Zeitschrift für internationale Strafrechtsdogmatik
zit.	zitiert
ZKA	Zentraler Kreditausschuss
ZPO	Zivilprozessordnung

ZR	Zivilrecht, Zentralregister, Zollrecht
ZS	Zivilsenat
zust.	Zustimmend
ZZP	Zeitschrift für Zivilprozessrecht

Literaturverzeichnis

Achenbach/Ransiek — Handbuch Wirtschaftsstrafrecht, 3. Aufl. 2012 (zit.: Achenbach/Ransiek/*Bearbeiter* Wirtschaftsstrafrecht Rn.)

Albrecht/Maurer — Investment- und Risikomanagement, Modelle, Methoden, Anwendungen, 3. Aufl. 2008 (zit.: *Albrecht/Maurer* Risikomanagement, S.)

Arendt & Medernach — Specialised Investment Funds, 2007

Arndt/Voß — Verkaufsprospektgesetz: VerkProspG, 2008 (zit.: Arndt/Voß/*Bearbeiter* VerkProspG, § Rn.)

Assmann/Schlitt/von Kopp-Colomb — Wertpapierprospektgesetz/Verkaufsprospektgesetz, 2. Aufl. 2010 (zit.: Assmann/Schlitt/von Kopp-Colomb/*Bearbeiter* WpPG/VerkProspG, § Rn.)

Assmann/Schneider — Wertpapierhandelsgesetz, 6. Aufl. 2012 (zit.: Assmann/Schneider/*Bearbeiter* WpHG, § Rn.)

Assmann/Schütze — Handbuch des Kapitalanlagerechts, 3. Aufl. 2007 (zit.: Assmann/Schütze/*Bearbeiter* Kapitalanlagerecht, § Rn.)

Bamberger/Roth — Beck'scher Online-Kommentar BGB, Stand: 1.8.2013 (zit.: BeckOKBGB/*Bearbeiter* § Rn.)

Bärmann — Wohnungseigentumsgesetz, 12. Aufl. 2013 (zit.: Bärmann/*Bearbeiter* WEG, § Rn.)

Barocka — Investment-Sparen und Investmentgesellschaften, 1965 (zit.: *Barocka* Investmentgesellschaften, S.)

Battis/Krautzberger/Löhr — Baugesetzbuch, 12. Aufl. 2014 (zit.: Battis/Krautzberger/Löhr/*Bearbeiter* BauGB, § Rn.)

Baumbach/Hopt — Handelsgesetzbuch, 35. Aufl. 2012 (zit.: Baumbach/Hopt/*Bearbeiter* HGB, § Rn.)

Baumbach/Hueck — Kommentar zum GmbHG, 20. Aufl. 2013 (zit.: Baumbach/Hueck/*Bearbeiter* GmbHG, § Rn.)

Baur — Investmentgesetze, 2. Aufl. 1997 (zit.: *Baur* § Rn.)

Baur/Stürner — Sachenrecht, 18. Aufl. 2009 (zit.: *Baur/Stürner* SachenR, S.)

Baur/Ziegler — Das Investmentgeschäft, 2. Aufl. 2008 (zit.: *Baur/Ziegler* Investmentgeschäft, S.)

Beck/Samm/Kokemoor — Kommentar zum Gesetz über das Kreditwesen, Loseblattsammlung, 168. Ergänzungslieferung 2013 (zit.: Beck/Samm/Kokemoor/*Bearbeiter* KWG, § Rn.)

Beckmann/Scholtz/Vollmer — Investment, Ergänzbares Handbuch für das gesamte Investmentwesen, Band 1, Loseblattsammlung, Stand 2014 (zit.: Beckmann/Scholtz/Vollmer/*Bearbeiter* Investment, § Rn.)

Berger/Steck/Lübbehüsen — Investmentgesetz, Investmentsteuergesetz: InvG, InvStG, 2010 (zit.: Berger/Steck/Lübbehüsen/*Bearbeiter* InvG, § Rn. bzw. Berger/Steck/Lübbehüsen/*Bearbeiter* InvStG, § Rn.)

Berkenbusch — Grenzüberschreitender Informationsaustausch im Banken-, Versicherungs- und Wertpapierrecht, 2004 (zit.: *Berkenbusch* BankenR, S.)

Berrar/Meyer/Müller/Schnorbus/Singhof/Wolf — Wertpapierprospektgesetz, 1. Aufl. 2012 (zit.: Berrar/Meyer/Müller/Schnorbus/Singhof/Wolf/*Bearbeiter* WpPG, § Rn.)

Birk/Desens/Tappe — Steuerrecht, 16. Aufl. 2013 (zit.: *Birk/Desens/Tappe* SteuerR, S.)

Blümich — EStG KStG GewStG Ertragsteuerliche Nebengesetze, Loseblattsammlung, 122. Aufl. 2014 (zit.: Blümich/*Bearbeiter* EStG/KStG/GewStG, § Rn.)

Bödecker/Braun/Ernst/Franz/Kuhn/Vahldiek — Handbuch Investmentrecht, 2007 (zit.: *Bödecker/Braun/Ernst/Franz/Kuhn/Vahldiek* Handbuch InvR, S.)

Bone-Winkel — Das strategische Management von offenen Immobilienfonds unter besonderer Berücksichtigung der Projektentwicklung von Gewerbeimmobilien, 1994 (zit.: *Bone-Winkel* Offene Immobilienfonds, S.)

Boos/Fischer/Schulter-Mattler — Kreditwesengesetz, 4. Aufl. 2012 (zit.: Boos/Fischer/Schulter-Mattler/*Bearbeiter* KWG, § Rn.)

Bordewin/Brandt — Einkommensteuergesetz, Kommentar, 364. Ergänzungslieferung, Mai 2014 (zit.: Bordewin/Brandt/*Bearbeiter* EStG, § Rn.)

Brülin — Verschmelzung von Investmentfonds in Luxemburg, Deutschland und im europäischen Binnenmarkt, 1. Aufl. 2012 (zit.: *Brülin* Verschmelzung von Investmentfonds, S.)

Brinkhaus/Scherer Gesetz über Kapitalanlagegesellschaften, Auslandsinvestment-Gesetz: KAGG AuslInvestmG, Kommentar, 2003 (zit.: Brinkhaus/Scherer/*Bearbeiter* KAGG, § Rn.)

Buck-Heeb Kapitalmarktrecht, 6 Aufl. 2013 (zit.: *Buck-Heeb* KapitalmarktR, S.)

Bürkle Compliance in Versicherungsunternehmen, 1. Aufl. 2009 (zit.: *Bürkle* Compliance, S.)

Calliess/Ruffert EUV/AEUV: Das Verfassungsrecht der Europäischen Union mit Europäischer Grundrechtecharta 4. Aufl. 2011 (zit.: Calliess/Ruffert/*Bearbeiter* EUV/AEUV, Art. Rn.)

Canaris Bankvertragsrecht, 2. Aufl. 1981 (zit.: *Canaris* BankvertragsR, S.)

Claussen Bank- und Börsenrecht, 5. Aufl. 2014 (zit.: *Claussen* Bank- und BörsenR, S.)

Cornish/Mason International Guide to Hedge Fund Regulation, 2009 (zit.: *Cornish/Mason* Hedge Fund Regulation, S.)

Derleder/Knops/Bamberger Handbuch zum deutschen und Europäischen Bankrecht, 2. Aufl. 2009 (zit.: Derleder/Knops/Bamberger/*Bearbeiter* Bankrecht, S.)

Dichtl/Kleeberg/Schlenger Handbuch Hedge Funds: Chancen, Risiken und Einsatz in der Asset Allocation, 2005 (zit.: *Dichtl/Kleeberg/Schlenger* Handbuch Hedge Funds, S.)

Dölle Neutrales Handeln im Privatrecht, FS für Fritz Schulz, Band 2, 1951

Dötsch/Pung/Möhlenbrock Die Körperschaftsteuer: KStG, Kommentar, Loseblattsammlung, 80. Ergänzungslieferung 2014 (zit.: Dötsch/Pung/Möhlenbrock/*Bearbeiter* KStG, § Rn.)

Dornseifer/Jesch/Klebeck/Tollmann AIFM-Richtlinie, 2013 (zit. als: Dornseifer/Jesch/Klebeck/Tollmann/*Bearbeiter* AIFM, Art. Rn.)

Ebenroth/Boujong/Joost/Strohn Handelsgesetzbuch, 2. Aufl. 2009 (zit.: Ebenroth/Boujong/Joost/Strohn/*Bearbeiter* HGB, § Rn.)

Einsele Bank- und Kapitalmarktrecht, 2. Aufl. 2010 (zit.: *Einsele* KapitalmarktR, S.)

Eisenmenger Trustgeschäft und Vermögensverwaltung durch Kreditinstitute, 1966 (zit.: *Eisenmenger* Trustgeschäft, S.)

Emde/Dornseifer/Dreibus/Hölscher Kommentar zum Investmentgesetz: mit Bezügen zum Kapitalanlagegesetzbuch, 2013 (zit.: Emde/Dornseifer/Dreibus/Hölscher/*Bearbeiter* InvG, § Rn.)

Erbs/Koolhaas Strafrechtliche Nebengesetze, Loseblattsammlung 197. Ergänzungslieferung 2014 (zit.: Erbs/Koolhaas/*Bearbeiter* § Rn.)

Erfurter Kommentar zum Arbeitsrecht, 14. Aufl. 2014 (zit.: ErfK ArbR/*Bearbeiter* § Gesetz Rn.)

Ernst & Young (Hrsg.) Körperschaftsteuergesetz mit Nebengesetzen, Stand: Juni 2010 (zit.: Ernst & Young-KStG-Komm./*Bearbeiter* § Rn.)

Feyerabend Besteuerung privater Kapitalanlagen, 2009 (zit.: Feyerabend/*Bearbeiter* Besteuerung Kapitalanlagen, S.)

Fischer Strafgesetzbuch und Nebengesetze, 61. Aufl. 2014 (zit.: Fischer/*Bearbeiter* StGB, § Rn.)

Fischer Die Investmentaktiengesellschaft aus aufsichtsrechtlicher und gesellschaftsrechtlicher Perspektive, 1. Aufl. 2008 (zit.: *Fischer* Investmentaktiengesellschaft, S.)

Flick/Wassermeyer/Baumhoff/Schönfeld Außensteuerrecht, Loseblattsammlung, 71. Aufl., Stand: November 2013 (zit.: Flick/Wassermeyer/Baumhoff/Schönfeld/*Bearbeiter* Außensteuerrecht, § Rn.)

Förster/Hertrampf Das Recht der Investmentfonds, 3. Aufl. 2001 (zit.: *Förster/Hertrampf* InvFonds, S.)

Franks/Mayer/da Silva Asset Management and Investor Protection, 2003 (zit.: *Franks/Mayer/da Silva* Investor Protection, S.)

Frotscher/Maas Kommentar zum Körperschaft-, Gewerbe- und Umwandlungssteuergesetz, Loseblattsammlung, Stand: 2012 (zit.: Frotscher/Maas/*Bearbeiter* KStG/GewStG/UmwStG, § Rn.)

Fuchs Wertpapierhandelsgesetz-Kommentar, 1. Aufl. 2009 (zit.: Fuchs/*Bearbeiter* WpHG, § Rn.)

Geibel/Süßmann Wertpapiererwerbs- und Übernahmegesetz, 2. Aufl. 2008 (zit.: Geibel/Süßmann/*Bearbeiter* WpÜG, § Rn.)

Geurts/Schubert	KAGB kompakt – eine strukturelle Einführung in das neue Investmentrecht, 2014 (zit.: *Geurts/Schubert* Einführung Investmentrecht, S.)
Gläbe	Der Schutz der Zertifikatsinhaber von Investmentgesellschaften, 1975 (zit.: *Gläbe* Schutz der Zertifikatsinhaber, S.)
Goette/Habersack	Kommentar zum Aktiengesetz, Band 1, 3. Aufl. 2008 (zit.: MüKo-AktG/*Bearbeiter* § Rn.)
Göhler	Gesetz über Ordnungswidrigkeiten, 16. Aufl. 2012 (zit.: Göhler/*Bearbeiter* OWiG, § Rn.)
Gößmann/Hellner	Bankrecht und Bankpraxis, 2013 (zit.: *Gößmann/Hellner* Bankpraxis, S.)
Gosch	Körperschaftsteuergesetz, 2. Aufl. 2009 (zit.: Gosch/*Bearbeiter* KStG, § Rn.)
Grabitz/Hilf/Nettesheim	Das Recht der Europäischen Union, Loseblattsammlung, 52. Aufl. 2014 (zit.: Grabitz/Hilf/Nettesheim/*Bearbeiter* EUV/AEUV, Art. Rn.)
Graf/Jäger/Wittig	Wirtschafts- und Steuerstrafrecht, Kommentar, 2011 (zit.: Graf/Jäger/Wittig/*Bearbeiter* SteuerStrR, § Rn.)
Grasshoff	Aktuelles Steuerrecht 2014, 10. Aufl. 2014 (zit.: *Grasshoff* SteuerR, S. Rn.)
Graulich	Die Rechtsverhältnisse der Sondervermögen (Investmentfonds) nach dem Gesetz über Kapitalanlagegesellschaften im Vergleich zu den Rechtsverhältnissen anderer Sondervermögen des Privatrechts, 1968 (zit.: *Graulich* Rechtsverhältnis der Sondervermögen, S.)
Grohmann	Das Informationsmodell im Europäischen Gesellschaftsrecht, 2006 (zit.: *Grohmann* Informationsmodell, S.)
Grotherr	Handbuch der Internationalen Steuerplanung, 3. Aufl. 2011 (zit.: *Grotherr* Internationale Steuerplanung, S.)
Groß	Kapitalmarktrecht, 5. Aufl. 2012 (zit.: *Groß* KMR, § Rn.)
Gruhn	Die deutsche Investmentaktiengesellschaft, 2011 (zit.: *Gruhn* Investmentaktiengesellschaft, S.)
Grundmann	Der Treuhandvertrag, 1. Aufl. 1997 (zit.: *Grundmann* Treuhandvertrag, S.)
Gummert	Münchener Anwaltshandbuch Personengesellschaftsrecht, 2005 (zit.: *Gummert*, § Rn.)
Haase	Investmentsteuergesetz, Kommentar, 1. Aufl. 2010 (zit.: Haase/*Bearbeiter* § Rn.)
Habersack/Mülbert/Schlitt	Handbuch der Kapitalmarktinformation, 2. Aufl. 2013 (zit.: Habersack/Mülbert/Schlitt/*Bearbeiter* KPM-Information, S.)
Haisch/Helios	Rechtshandbuch Finanzinstrumente, 2011 (zit.: Haisch/Helios/*Bearbeiter* Finanzinstrumente, S. Rn.)
Hammer	Spezialfonds im Steuerrecht aus Investorensicht, 1. Aufl. 2007 (zit.: *Hammer* Spezialfonds, S.)
Hannemann/ Schneider	Mindestanforderungen an das Risikomanagement (MaRisk), Kommentar unter Berücksichtigung der Instituts-Vergütungsverordnung (InstitutsVergV), 4. Aufl. 2013 (zit.: *Hannemann/Schneider* MaRisk, S.)
Heinke/Krämer/Nürk	Handbuch Investmentfonds für institutionelle Anleger, 2011 (zit.: *Heinke/Krämer/Nürk* Handbuch Investmentfonds, S.)
Heinsius/Horn/Than	Depotgesetz, 1975 (zit.: *Heinsius/Horn/Than* DepotG, § Rn.)
Hellner/Steuer	Bankrecht und Bankpraxis, Loseblattsammlung, 108. Ergänzungslieferung 2014 (zit.: *Hellner/Steuer/Bearbeiter* Rn.)
Hennrichs/Kleindiek	Münchener Kommentar zum Bilanzrecht, Band 1, 3. Ergänzungslieferung 2012 (zit.: MüKo-BilR/*Bearbeiter* § Rn.)
Henssler/Strohn	Gesellschaftsrecht, 2. Aufl. 2014 (zit.: Henssler/Strohn/*Bearbeiter* GesellschaftsR, § Rn.)
Herrmann/Heuer/Raupach	Einkommensteuer- und Körperschaftsteuergesetz, Loseblattsammlung, 261. Ergänzungslieferung, Stand: Februar 2014 (zit.: Herrmann/Heuer/Raupach/*Bearbeiter* EStG/KStG, § Rn.)
Hesselmann/Tillmann/Mueller-Thuns	Handbuch der GmbH & Co. KG, 20. Aufl. 2009 (zit.: Hesselmann/Tillmann/Mueller-Thuns/*Bearbeiter* GmbH & Co. KG, S. Rn.)
Hirte/von Bülow	Kölner Kommentar zum WpÜG, 2. Aufl. 2010 (zit.: KK-WpÜG/*Bearbeiter* § Rn.)

Hoffmann-Riem/Schmidt-Aßmann/Voßkuhle Grundlagen des Verwaltungsrechts, Band 3, 2. Aufl. 2013 (zit.: *Hoffmann-Riem/Schmidt-Aßmann/Voßkuhle* Verwaltungsrecht, S.)
Höring Investmentrecht, 2013 (zit.: *Höring* Investmentrecht, S.)
Hohnel Kapitalmarktstrafrecht, Kommentar, 2013 (zit.: Hohnel/*Bearbeiter* KPM-StrR, § Rn.)
Hueck/Canaris Recht der Wertpapiere, 12. Aufl. 1986 (zit.: *Hueck/Canaris* Wertpapiere, S.)
Hüffer Kommentar zum Aktiengesetz, 10. Aufl. 2012 (Hüffer/*Bearbeiter* AktG, § Rn.)
Jacob/Geese/Ebner Handbuch für die Besteuerung von Fondsvermögen, 3. Aufl. 2007 (zit.: *Jacob/Geese/Ebner* Besteuerung von Fondsvermögen, S.)
Jacobs/Riegler/Schulte-Mattler/Weinrich Frühwarnindikatoren und Krisenfrühaufklärung – Konzepte zum präventiven Risikomanagement, 2012 (zit.: Jacobs/Riegler/Schulte-Mattler/Weinrich/*Bearbeiter* Risikomanagement, S.)
Kaiser Hedgefonds: Entmystifizierung einer Anlageklasse – Strukturen – Chancen – Risiken, 2. Aufl. 2009 (zit.: *Kaiser* Hedgefonds, S.)
Kempf Novellierung des Investmentrechts 2004 nach dem Investmentmodernisierungsgesetz, 1. Aufl. 2004 (zit.: *Kempf* InvModG 2004, S.)
Kempf Novellierung des Investmentrechts 2007, 1. Aufl. 2008 (zit.: *Kempf* Novellierung 2007, S.)
Kempf Praxishandbuch zur Rechnungslegung von Investmentvermögen, 1. Aufl. 2010 (zit.: *Kempf* Rechnungslegung, S.)
Keynes Allgemeine Theorie der Beschäftigung, der Zinsen und des Geldes, 10. Aufl. 2006 (zit.: *Keynes* Allgemeine Theorie, S. Rn.)
Kleeberg/Schlenger Handbuch Spezialfonds – ein praktischer Leitfaden für institutionelle Anleger und Kapitalanlagegesellschaften, 1. Aufl. 2000 (zit.: *Kleeberg/Schlenger* Spezialfonds, S.)
Klein Abgabenordnung, 12. Aufl. 2014 (zit.: Klein/*Bearbeiter* AO, § Rn.)
Klenk Die rechtliche Behandlung des Investmentanteils unter Berücksichtigung der Anteilberechtigung des Investmentsparens, 1967 (zit.: *Klenk* Rechtliche Behandlung des Investmentanteils, S.)
Köhler/Bornkamm Gesetz gegen den unlauteren Wettbewerb, 32. Aufl. 2014 (zit.: Köhler/Bornkamm/*Bearbeiter* UWG, § Rn.)
König Anlegerschutz im Investmentrecht, 1998 (zit.: *König* Anlegerschutz, S.)
Kopp/Schenke Verwaltungsgerichtsordnung, 20. Aufl. 2014 (zit.: *Kopp/Schenke* VwGO, § Rn.)
Korn/Carlé/Stahl//Strahl Einkommensteuergesetz, Loseblattsammlung Stand: Oktober 2011
Krafka/Kühn Registerrecht, 9. Aufl. 2013 (zit.: *Krafka/Kühn* Registerrecht, S. Rn.)
Kremer/Lebbe Organismes de placement collectif et véhicules d'investissement apparentés en droit luxembourgeois, 3ème édition 2014
Kümpel/Hammen Börsenrecht, 2. Aufl. 2003 (zit.: Kümpel/Hammen/*Bearbeiter* KPMR, S.)
Kümpel/Hammen/Ekkenga Kapitalmarktrecht, Loseblattsammlung, Ergänzungslieferung 4/13 (zit. Kümpel/Hammen/Ekkenga/*Bearbeiter* KPMR, Kz.)
Kümpel/Wittig Bank- und Kapitalmarktrecht, 4. Aufl. 2011 (zit.: Kümpel/Wittig/*Bearbeiter* Bank- und KPMR, S.)
Kupjetz/Bröker-Riers/Schröder/Wanner Die Master-KAG als strategische Option für den Spezialfondsmarkt, 1. Aufl. 2005 (zit.: *Kupjetz/Bröker-Riers/Schröder/Wanner* Master-KAG, S.)
Laars Finanzdienstleistungsaufsichtsgesetz, 2. Aufl. 2013 (zit.: *Laars* FinDAG, § Rn.)
Langenbucher/Bliesener/Spindler Bankrechts-Kommentar, 2013 (zit.: Langenbucher/Bliesener/Spindler/*Bearbeiter* Rn.)
Laufhütte/Rissing-van Saan/Tiedemann Strafgesetzbuch Leipziger Kommentar, Band 9/§§ 267–283d, 12. Aufl. 2007 (zit.: Laufhütte/Rissing-van Saan/Tiedemann/*Bearbeiter* StGB, § Rn.)
Laux/Ohl Grundstücks-Investment – Die offenen Immobilienfonds, 2. Aufl. 1988 (zit.: *Laux/Ohl* Grundstücks-Investment, S.)
Laux/Päsler Die deutschen Spezialfonds, 2001 (zit.: *Laux/Päsler* Spezialfonds, S.)
Lehmann Finanzinstrumente, 2009 (zit.: *Lehmann* Finanzinstrumente, S.)
Leible/Lehmann Hedgefonds und Private Equity – Fluch oder Segen?, 1. Aufl. 2009 (zit.: *Leible/Lehmann* Hedgefonds, S.)

Lenenbach	Kapitalmarktrecht und kapitalmarktrelevantes Gesellschaftsrecht, 2. Aufl. 2010 (zit.: *Lenenbach* KPMR, S.)
Liebich/Mathews	Treuhand und Treuhänder in Recht und Wirtschaft, 2. Aufl. 1983 (zit.: *Liebich/Mathews* Treuhand, S.)
Littmann/Bitz/Pust	Das Einkommensteuerrecht, Loseblattsammlung, 103. Ergänzungslieferung 2014 (zit.: Littmann/Bitz/Pust/*Bearbeiter* § Rn.)
Lüdicke/Arndt	Geschlossene Fonds, 6. Aufl. 2013 (zit.: *Lüdicke/Arndt* Geschlossene Fonds, S.)
Luz/Neus/Schaber/Schneider/Weber	Kreditwesengesetz, 2. Aufl. 2011 (zit.: Luz/Neus/Schaber/Schneider/Weber/*Bearbeiter* KWG, Rn.)
Martinek/Semler/Habermeier/Flohr/Feyerabend	Vertriebsrecht, 3. Aufl. 2010 (zit.: Martinek/Semler/Habermeier/Flohr/*Bearbeiter* Vertriebsrecht, § Rn.)
Martini	Rechtliche Probleme eines Immobilienzertifikats, 1967 (zit.: *Martini* Immobilienzertifikat, S.)
Maurer	Allgemeines Verwaltungsrecht, 18. Aufl. 2011 (zit.: *Maurer* Allg. VerwR, S.)
Maurer	Staatsrecht I, 7. Aufl. 2014 (zit.: *Maurer* Staatsrecht I, S.)
Maunz/Dürig	Grundgesetz, Loseblattsammlung, 70. Aufl., Stand: Dezember 2013 (zit.: Maunz/Düring/*Bearbeiter* GG Art. Rn.)
Mayer	Das Bundesaufsichtsamt für das Kreditwesen, 1981 (zit.: *Mayer* BAKred, S.)
Mayer/Maiß	EG-Bankbilanzrichtlinie, 1987 (zit.: *Mayer/Maiß* EG-BiRiLi, S.)
Möllers/Kloyer	Das Kapitalanlagegesetzbuch, 2013 (zit.: Möllers/Kloyer/*Bearbeiter* KAGB, Rn.)
Münchener Kommentar	zum Bürgerlichen Gesetzbuch, 6. Aufl. 2013 (zit.: MüKo-BGB/*Bearbeiter* § Rn.)
Münchener Kommentar	zum Handelsgesetzbuch, 3. Aufl. Bände 1–5 (zit.: MüKo-HGB/*Bearbeiter* § Rn.)
Münchener Kommentar	zum Gesetz betreffend die Gesellschaften mit beschränkter Haftung, 2. Aufl. Bände 1–3 (MüKo-GmbHG/*Bearbeiter* § Rn.)
Münchener Kommentar	zum Aktiengesetz, 2. Aufl. (MüKo-AktG/*Bearbeiter* § Rn.)
Nickel	Die Novelle des Investmentgesetzes, 1. Aufl. 2008 (zit.: *Nickel* InvG, S.)
Obermüller	Insolvenzrecht in der Bankpraxis, 8. Aufl. 2011 (zit.: *Obermüller* InsolvenzR, S.)
Oetker	Handelsgesetzbuch, Kommentar, 3. Aufl. 2013 (zit.: Oetker/*Bearbeiter* HGB, § Rn.)
Ohl	Die Rechtsbeziehungen innerhalb des Investment-Dreiecks, 1989 (zit.: *Ohl* Investment-Dreieck, S.)
Otto	Grundkurs Strafrecht AT, 7. Aufl. 2004 (zit.: *Otto* StR AT, S.)
Palandt	Kommentar zum Bürgerlichen Gesetzbuch, 73. Auflage, München 2014 (zit.: Palandt/*Bearbeiter* § Rn.)
Pannen	Krise und Insolvenz bei Kreditinstituten, 3. Aufl. 2010 (zit.: *Pannen* Insolvenz bei Kreditinstituten, S.)
Pape	Grundlagen der Finanzierung und Investition, 2. Aufl. 2011 (zit.: *Pape* Grundlagen der Finanzierung, S.)
Park	Kapitalmarktstrafrecht, 3. Aufl. 2013 (zit.: Park/*Bearbeiter* KapitalmarktstrafR, § Rn.)
Patzner/Döser	Investmentgesetz, 1. Aufl. 2012 (zit.: Patzner/Döser/*Bearbeiter* InvG § Rn.)
Philipps	Handbuch des Auslands-Investmentrechts, 1970 (zit.: *Philipps* Auslands-InvR, S.)
Plath	Kommentar zum BDSG sowie den Datenschutzbestimmungen vom TMG und TKG, 2. Aufl. 2013 (zit.: Plath/*Bearbeiter* BDSG, § Rn.)
PriceWaterhouse Coopers	Die Novellierung des Investmentrechts 2004 – nach dem Investmentmodernisierungsgesetz, 1. Aufl. 2004 (zit.: *Kempf* InvR 2004, S.)
PriceWaterhouse Coopers	Novellierung des Investmentrechts 2007 – Ein Praxishandbuch, 1. Aufl. 2008 (zit.: *Kempf* InvR 2007, S.)
Prölss/Lipkowsky	Versicherungsaufsichtsgesetz: VAG, 2005 (zit.: Prölls/*Bearbeiter* VAG, § Rn.)
Reichert	Die GmbH & Co. KG, 7. Aufl. 2014 (zit.: *Reichert* GmbH & Co. KG, S.)
Reischauer/Kleinhans	Kreditwesengesetz, Stand: 08/2012 (zit.: Reischauer/Kleinhans/*Bearbeiter* KWG, § Rn.)

Reiss	Pflichten der Kapitalanlagegesellschaft und der Depotbank gegenüber dem Anleger und die Rechte des Anlegers bei Pflichtverletzungen, 2006 (zit.: *Reiss* KAG, S.)
Reuter	Investmentfonds und die Rechtsstellung der Anteilsinhaber, 1964 (zit.: *Reuter* Investmentfonds, S.)
Richardi	Betriebsverfassungsgesetz: BetrVG, 14. Aufl. 2014 (zit.: Richardi/*Bearbeiter* BetrVG, § Rn.)
Rössler/Troll	Bewertungsgesetz: BewG, 19. Aufl. 2014 (zit.: *Rössler/Troll* BewG, § Rn.)
Roggatz	Informationspflichten von Investmentgesellschaften – Analyse der gesetzlichen Publizitätsvorschriften zur Verbesserung der investmentrechtlichen Transparenz und des Anlegerschutzes, 2003 (zit.: *Roggatz* Informationspflichten von Investmentgesellschaften, S.)
Roth	Das Treuhandmodell des Investmentrechts, Eine Alternative zur Aktiengesellschaft? 1972 (zit.: *Roth* Treuhandmodell, S.)
Sachtleber	Zivilrechtliche Strukturen von open-end-Investmentfonds in Deutschland und England, 2010 (zit.: *Sachtleber* open-end-Investmentfonds, S.)
Sapunov	Verhaltenspflichten von Wertpapierdienstleistungsunternehmen gegenüber Emittenten bei IPO's, 1. Aufl. 2013 (zit.: *Sapunov* WpDU, S.)
Schäcker	Entwicklung und System des Investmentsparens, 1961 (zit.: *Schäcker* Investmentsparen, S.)
Schäfer	Anlegerschutz und die Sorgfalt eines ordentlichen Kaufmanns bei der Anlage der Sondervermögen durch Kapitalanlagegesellschaften: unter besonderer Berücksichtigung der Theorien zur Aktienkursprognose und zur Zusammenstellung von Portefeuilles, 1987 (zit.: *Schäfer* Anlegerschutz, S.)
Schäfer	Corporate Governance bei Kapitalgesellschaften – Fund Governance, 2009 (zit.: *Schäfer* Fund Governance, S.)
Scherer	Depotgesetz Kommentar, 2012 (zit.: Scherer/*Bearbeiter* DepotG, § Rn.)
Schimansky/Bunte/ Lwowski	Bankrechtshandbuch, 4. Aufl. 2011 (Schimansky/Bunte/Lwowski/*Bearbeiter* Bankrechtshandbuch, Rn.)
Schlag	Grenzüberschreitende Verwaltungsbefugnisse im EG-Binnenmarkt, 1998 (zit.: *Schlag* Verwaltungsbefugnisse, S.)
Schmidt	EStG Einkommensteuergesetz, 33. Aufl. 2014 (Schmidt/*Bearbeiter* EStG, § Rn.)
Schmidt	Insolvenzordnung, 18. Aufl. 2013 (zit.: Schmidt/*Bearbeiter* InsO, § Rn.)
Schmidt	Gesellschaftsrecht, 4. Aufl. 2002 (zit.: K. Schmidt GesellschaftsR, S.)
Schöner/Stöber	Grundbuchrecht, 15. Aufl. 2012 (zit.: *Schöner/Stöber* Grundbuchrecht, Rn.)
Schönle	Bank und Börsenrecht, 2. Aufl. 1976 (zit.: *Schönle* Bank- und BörsenR, S.)
Scholtz/Steder	Erläuterungen zum Gesetz über Kapitalanlagegesellschaften, 1987 (zit.: *Scholtz/Steder* KAGG, S.)
Schork/Groß	Bankstrafrecht, 2013 (zit.: Schork/Groß/*Bearbeiter* BankStrR, § Rn.)
Schröder	Kapitalmarktstrafrecht, 3. Aufl. 2014 (zit.: *Schröder* KPMStR, S.)
Schulze-Osterloh	Das Prinzip der Gesamthänderischen Bindung, 1972 (zit.: *Schulze-Osterloh* Gesamthänderische Bindung, S.)
Schwark/Zimmer	Kapitalmarktrechts-Kommentar, 5. Aufl. 2012 (zit.: Schwark/Zimmer/*Bearbeiter* KMRK, § Rn.)
Schwennicke/Auerbach	Kreditwesengesetz mit Zahlungsdiensteaufsichtsgesetz, 2. Aufl. 2013 (zit.: Schwennicke/Auerbach/*Bearbeite*r KWG, § Rn.)
Seegebarth	Stellung und Haftung der Depotbank im Investment-Dreieck, 2004 (zit.: *Seegebarth* Depotbank, S.)
Senge	Karlsruher Kommentar zum Gesetz über Ordnungswidrigkeiten, 4. Aufl. 2014 (Senge/*Bearbeiter* OWiG, § Rn.)
Siara/Tormann	Gesetz über Kapitalanlagegesellschaften vom 16. April 1957, 1957 (zit.: *Siara/Tormann* KAGG, S.)
Sieber/Brüner/Satzger/ Von Heintschel-Heinegg	Europäisches Strafrecht, 2011 (zit.: *Sieber/Brüner/Satzger/Von Heintschel-Heinegg* Europ. StrR, S.)
Staub	HGB, 5. Aufl. 2013 (zit.: Staub/*Bearbeiter* HGB, § Rn.)

Spindler/Stilz Kommentar zum Aktiengesetz, 2. Aufl. 2010 (zit.: Spindler/Stilz/*Bearbeiter* AktG, § Rn.)

Staudinger Bürgerliches Gesetzbuch (2012 ff.) (zit.: Staudinger/*Bearbeiter* BGB, § Rn.)

Stelkens/Bonk/Sachs Verwaltungsverfahrensgesetz: VwVfG, 8. Aufl. 2014 (zit.: Stelkens/Bonk/Sachs/*Bearbeiter* VwVfG, § Rn.)

Streck Körperschaftsteuergesetz: KStG, 7. Aufl. 2008 (zit.: Streck/*Bearbeiter* KStG, § Rn.)

Striegel/Wiesbrock/Jesch Kapitalbeteiligungsrecht, Kommentar zum Private-Equity-Recht: WKBG, UBGG, Risikobegrenzungsgesetz, Nebengesetze und AIFM-Richtlinie, 2010 (zit.: Striegel/Wiesbrock/Jesch/*Bearbeiter* KapitalbeteiligungsR, S.)

Strunk/Kaminski/Köhler Aussensteuergesetz/Doppelbesteuerungsabkommen: Kommentar, 1. Aufl. 2004 (zit.: Strunk/Kaminski/Köhler/*Bearbeiter* DBA-Komm., Rn.)

Szagunn/Haug/Ergenzinger Gesetz über das Kreditwesen, 6. Aufl. 1997 (zit.: Szagunn/Haug/Ergenzinger/*Bearbeiter* KWG, § Rn.)

Szagunn/Neumann/Wohlschieß Gesetz über das Kreditwesen, 3. Aufl. 1976 (zit.: Szagunn/Neumann/Wohlschieß/*Bearbeiter* KWG, § Rn.)

Tegethoff Das Treuhandgeschäft der westdeutschen und amerikanischen Banken, 1963 (zit.: *Tegethoff* Treuhandgeschäft, S.)

Terhechte Verwaltungsrecht der Europäischen Union, 1. Aufl. 2011 (zit.: *Terhechte* VerwR, S.)

Tipke/Lang Steuerrecht, 21. Aufl. 2012 (zit.: *Tipke/Lang* SteuerR, S.)

Tönges Der Wertpapierspezialfonds als Anlageinstrument für institutionelle Investoren, Frankfurt am Main 1993 (zit.: *Tönges* Wertpapierspezialfonds, S.)

Unzicker VerkProspG, 1. Aufl. 2010 (zit.: *Unzicker* VerkProspG, § Rn.)

Veil Europäisches Kapitalmarktrecht, 2. Aufl. 2014 (zit.: Veil/*Bearbeiter* Europäisches KapitalmarktR, § Rn.)

Veltmann Instrumente des Anlegerschutzes im Investmentrecht, 2007 (zit.: *Veltmann* Anlegerschutz, S.)

Vogel/Lehner Doppelbesteuerungsabkommen Kommentar, 5. Aufl. 2008 (zit.: Vogel/Lehner/*Bearbeiter* DBA, Art. Rn.)

Vogels Grundstücks- und Gebäudebewertung – marktgerecht, 5. Aufl. 1996 (zit.: *Vogels* Grundstücksbewertung, S.)

von Oefele/Winkler Handbuch des Erbbaurechts, 5. Aufl. 2012 (zit.: *von Oefele/Winkler* ErbbauR, S.)

Walther Das Unmittelbarkeitsprinzip bei der fiduziarischen Treuhand, 1974 (zit.: *Walther* Unmittelbarkeitsprinzip, S.)

Wassermeyer Doppelbesteuerungsabkommen, Loseblattsammlung, 125. Ergänzungslieferung 2014 (zit.: Wassermeyer/*Bearbeiter* DBA, Rn.)

Weber-Grellet Steuern im modernen Verfassungsstaat – Funktionen, Prinzipien und Strukturen des Steuerstaats und des Steuerrechts, 2001 (zit.: *Weber-Grellet* SteuerR, S.)

Wolff/Bachof/Stober/ Verwaltungsrecht I, 13. Aufl. 2014 (zit.: *Wolff/Bachof/Stober/Kluth* VerwR I, § Rn.)

Investmentrecht Luxemburg

Systematische Übersicht

Genereller Überblick zum Luxemburger Investmentrecht

Einleitung

Der Luxemburger Fondsgesetzgebung ist in dieser Reihe ein eigener Band gewidmet. 1
Das hat, wie wir meinen, seine Berechtigung.

Einige Zahlen: 2

Gemäß den Statistiken der CSSF, der Luxemburger Aufsichtsbehörde für den Finanzsektor (*Commission de Surveillance du Secteur Financier = CSSF*), werden in Luxemburg (Stand: 31. März 2015 3.524,8 Mrd. Euro) in OGAW, anderen OGA und Spezialfonds (siehe zu den Begriffen jeweils unter den entsprechenden Kapiteln) verwaltet. Dabei sind die Zahlen der verwalteten SICAR (derzeit ca. 230 Mrd. Euro) sowie der sonstigen verwalteten AIF noch gar nicht eingerechnet und ist hervorzuheben, dass dieser Wert nach einem Rückgang vom Zwischenhöchstwert von 2.123,519 Mrd. Euro Stand 31. Oktober 2007 kurzfristig auf einen Zwischentiefstwert von 1.526,563 Mrd. Euro Stand 31. März 2009 sowie allen folgenden Ereignissen in einem unruhigen Finanzmarktumfeld ein Allzeithoch darstellt. Diese Werte sind der zahlenmäßige Nachweis von Luxemburgs Sonderstellung als Fondsplatz, nicht nur an erster Stelle in Europa, sondern auch an zweiter Stelle weltweit. Die Nr. 1 weltweit sind die USA. Allerdings ergibt sich bei genauerer Betrachtung ein entscheidender Unterschied in dem jeweiligen Charakter des betreffenden Fondsmarktes: Der US-Fondsmarkt ist stark inländisch geprägt, Luxemburgs Fondsmarkt hingegen ist hauptsächlich Fondsplattform mit vorwiegend grenzüberschreitender Verwendung der Produkte.

Aber diese Zahlen sind nicht nur das beeindruckende Zeugnis einer dominanten 3
Stellung, sie sind auch das Ergebnis einer und gleichzeitig die Basis für eine Entwicklung. Eine Entwicklung, bei der viele Faktoren eine große und im Zusammenwirken unerlässlich komplementäre Rolle spielen. Das positive Zusammenspiel von Politik, Aufsichtsbehörde, Interessenvereinigungen[1] sowie der Fondsindustrie mit all seinen Facetten der Dienstleistung von der Verwaltung (Administration) über die Depotbankfunktion (Verwahrstelle), den Handel bis hin zum Management und nicht zuletzt, oft darin mündend, der Legislative wird sinnvoll ergänzt durch die Regelungen der Exekutive.

Entstanden sind, beruhend auf langjährigen Erfahrungen und fortlaufender Innova- 4
tion, die heutigen rechtlichen Rahmenbedingungen, die nachstehend näher betrachtet werden sollen. Selbstverständlich kann dieses nur eine Momentaufnahme sein, denn neben der Wichtigkeit konstanter Rahmenbedingungen, wie insbesondere politischer und grundsätzlicher steuerrechtlicher Kontinuität, ist die stetige Flexibilität und Innova-

1 Wie zum Beispiel der ALFI, der Luxemburger Fondsindustrievereinigung (association Luxemburgeoise de l'industrie de fonds d'investissement).

tion sowie Marktbeobachtung, um ggf. Änderungen, Verbesserungen oder Zusätze des gesetzlichen bzw. auch des aufsichtsrechtlichen Vorgaben – wohlgemerkt innerhalb des von der Europäischen Union gesetzten Rahmens – umzusetzen, unerlässlich.

Das Luxemburger Investmentrecht im schematischen Kurzüberblick

5 Nachstehende Tabelle soll helfen sich zunächst einen Überblick über die in Luxemburg im Zusammenhang mit einer Regulierung (ggf. auch nur des entsprechenden Managers) stehenden Fondsprodukte und Investmentvehikel zu verschaffen. Auf einzelne Merkmale und Zusammenhänge wird in den nachfolgenden Kapiteln, wo angezeigt, entsprechend weitergehend eingegangen.

Schaubild 1: Grobübersicht Luxemburger Fondsvehikel

Fonds-typ	Gesetzliche Grundlage des Fonds	Möglich als Sonder-vermögen (FCP = Fonds Commun de Placement)	Möglich als Investment-Gesellschaft mit variablem Kapital (SICAV = Société d'Investissement à Capital Variable)	Umbrella-Struktur möglich?	Qualifi-ziert als AIF?	Fonds-charakter und Vertrieb	Steuerliche Behandlung des Vehikels	Genehmigung und Aufsicht durch die CSSF erforderlich; Zeitpunkt	Anleger-schutz	Anlageflexibilität/ Anlagegrenzen
OGAW	Teil I Geändertes Gesetz vom 17. Dezember 2010 über Organismen für gemeinsame Anlagen	Ja	Ja, als SICAV nur in Form einer Aktiengesellschaft (S.A.= *société anonyme*); Fonds die in anderen gesellschaftsrechtlichen Formen aufgelegt wurden (also nicht als SICAV) existieren derzeit nicht.	Ja	Nein (ausdrück-lich und rechts-systema-tisch ausge-schlossen)	Publikums-fonds in Luxemburg; Vertrieb über OGAW Passport in andere EU Staaten; Vertrieb als OGAW mit angleichen-den Gesetzen in viele Nicht-EU Staaten der Erde (Schweiz, Bahrain, Dubai, Hong Kong, Singapur, Chile etc.)	Keine Besteuerung des Vehikels; nur pauschale Abgeltungs-steuer (*taxe d'abonne-ment*) in Höhe von 0,05% des NIW per annum[2]	Ja; vor Gründung	Hoch	Starke Regulierung betreffend Anlageklassen und Minimum-Diversifikations-anforderungen die Anlagen betreffend

2 In bestimmten Ausnahmefällen entfällt die Abgeltungssteuer gänzlich, in anderen ist der Steuersatz auf 0,01% des NIW per annum reduziert.

Fonds-typ	Gesetzliche Grundlage des Fonds	Möglich als Sonder-vermögen (FCP = *Fonds Commun de Placement*)	Möglich als Investment-Gesellschaft mit variablem Kapital (SICAV = *Société d'Investissement à Capital Variable*)	Umbrella-Struktur möglich?	Qualifi-ziert als AIF?	Fonds-charakter und Vertrieb	Steuerliche Behandlung des Vehikels	Genehmigung und Aufsicht durch die CSSF erforderlich; Zeitpunkt	Anleger-schutz	Anlageflexibilität/ Anlagegrenzen
OGA (Teil II-Fonds)	Teil II Geändertes Gesetz vom 17. Dezember 2010 über Organismen für gemeinsame Anlagen	Ja	Ja, als SICAV nur in Form einer Aktiengesellschaft (S.A.= *société anonyme*); Derzeit existieren lediglich 4 Fonds die in anderen gesellschafts-rechtlichen Formen (also nicht als SICAV) aufgelegt wurden.	Ja	Ja[3] Gesetzlich festgelegt	Publikums-fonds in Luxemburg Als AIF mit voll lizensiertem AIFM Vertrieb in EU über den Passport (mindestens an pro-fessionelle Investoren[4] und ggf. auch an andere Investoren[5])	Keine Besteuerung des Vehikels; nur pauschale Abgeltungs-steuer *(taxe d'abonne-ment)* in Höhe von 0,05% des NIW per annum[2]	Ja; vor Gründung	Mittel bis hoch	Mittlere Regulierung die Anlageklassen und Minimum-Diversifikations-anforderungen betreffend die Anlagen

3 Die Qualifikation als AIF kann je nach Struktur auch die gleichzeitige Qualifikation als AIFM bedeuten.

4 Gemäß Definition in Annex II der Richtlinie 2004/39/EG des Europäischen Parlaments und des Rates vom 21. April 2004 über Märkte für Finanzinstrumente zur Änderung der Richtlinien 85/611/EWG und 93/6/EWG des Rates und der Richtlinie 2000/12/EG des Europäischen Parlaments und des Rates und zur Aufhebung der Richtlinie 93/22/EWG des Rates; diese Richtlinie ist auch als der Finanzmarktrichtlinie oder MiFID bekannt.

5 Die Zulässigkeit des Vertriebs im Wege der Privatplatzierung und gegebenenfalls an andere als Professionelle Anleger in einem anderen EU-Mitgliedstaat hängt von den jeweiligen nationalen Gesetzen dieses EU-Mitgliedstaates ab.

Fondstyp	**Gesetzliche Grundlage des Fonds**	**Möglich als Sondervermögen (FCP = *Fonds Commun de Placement*)**	**Möglich als Investment-Gesellschaft mit variablem Kapital (SICAV = *Société d'Investissement à Capital Variable*)**	**Umbrella-Struktur möglich?**	**Qualifiziert als AIF?**	**Fondscharakter und Vertrieb**	**Steuerliche Behandlung des Vehikels**	**Genehmigung und Aufsicht durch die CSSF erforderlich; Zeitpunkt**	**Anlegerschutz**	**Anlageflexibilität/ Anlagegrenzen**
OGA Spezialfonds	Geändertes Gesetz vom 13. Februar 2007 über Spezialisierte Investmentfonds	Ja	Ja, SICAV Rechtsformen: – Aktiengesellschaft (S.A. = *société anonyme*) – Kommanditgesellschaft auf Aktien (S.C.A. = *société en commandite par actions*) – Einfache Kommanditgesellschaft (S.C.S. = *société en commandite simple*) – Spezielle Kommanditgesellschaft (S.C.Sp. = *société en commandite spéciale*) – Gesellschaft mit beschränkter Haftung (S.à r.l. = *société à responsabilité limitée*) – Genossenschaft in Form einer Aktien-	Ja	Oft ja[1]	Für sachkundige Anleger in Luxemburg Als AIF mit voll lizensiertem AIFM Vertrieb in EU über den Passport (mindestens an professionelle Investoren[3] und ggf. auch an andere Investoren[4])	Keine Besteuerung des Vehikels; nur pauschale Abgeltungssteuer *(taxe d'abonnement)* in Höhe von 0,01% des NIW per annum[6]	Ja; vor Gründung	Mittel bis niedrig	Keine Regulierung betreffend Anlageklassen; sehr geringe Minimum-Diversifikationsanforderungen betreffend die Anlagen (30% „*Safe Harbour*" Regel)

6 In bestimmten Ausnahmefällen entfällt die Abgeltungssteuer gänzlich.

Fonds-typ	Gesetzliche Grundlage des Fonds	Möglich als Sonder-vermögen (FCP = *Fonds Commun de Placement*)	Möglich als Investment-Gesellschaft mit variablem Kapital (SICAV = *Société d'Investissement à Capital Variable*)	Umbrella-Struktur möglich?	Qualifi-ziert als AIF?	Fonds-charakter und Vertrieb	Steuerliche Behandlung des Vehikels	Genehmigung und Aufsicht durch die CSSF erforderlich; Zeitpunkt	Anleger-schutz	Anlageflexibilität/ Anlagegrenzen
			gesellschaft (Coop. S.A. = *société coopérative organisée sous forme de société anonyme*)							
SICAR	Geändertes Gesetz vom 15. Juni 2004 über Invest-ment-gesellschaf-ten zur Anla-ge in Risiko-kapital	Nein	Ja, SICAV Rechtsformen: – Aktiengesellschaft (S.A. = *société anonyme*) – Kommanditgesell-schaft auf Aktien (S.C.A. = *société en commandite par actions*) – Einfache Komman-ditgesellschaft (S.C.S. = *société en commandite simple*) – Spezielle Komman-ditgesellschaft (S.C.Sp. = *société en commandite spéciale*) – Gesellschaft mit be-schränkter Haftung (S.à r.l. = *société*	Ja	Oft ja[3]	Für sach-kundige Anleger Als AIF mit voll lizen-siertem AIFM Ver-trieb in EU über den Passport (mindestens an pro-fessionelle Investoren[4] und ggf. auch an andere In-vestoren[5])	Steuerbar wie eine normale Gesellschaft; verschiedene Vergünsti-gungen, eine wichtige: An-lagen in (Risi-kokapital) Wertpapieren sind von der Besteuerung aus-genommen	Ja; Vor Gründung	Niedrig	Voraussetzung ist die Anlage in Risikokapital, die Art ist nicht festgelegt, Vehikel jedoch für PE, VC geschaffen und auch für opportunistische Immobilien genutzt; nur ein Investment genügt, keine Diversifikations-anforderungen

Fondstyp	Gesetzliche Grundlage des Fonds	Möglich als Sondervermögen (FCP = *Fonds Commun de Placement*)	Möglich als Investment-Gesellschaft mit variablem Kapital (SICAV = *Société d'Investissement à Capital Variable*)	Umbrella-Struktur möglich?	Qualifiziert als AIF?	Fondscharakter und Vertrieb	Steuerliche Behandlung des Vehikels	Genehmigung und Aufsicht durch die CSSF erforderlich; Zeitpunkt	Anlegerschutz	Anlageflexibilität/ Anlagegrenzen
			à responsabilité limitée) – Genossenschaft in Form einer Aktiengesellschaft (Coop. S.A. = *société coopérative organisée sous forme de société anonyme*)							
Sonstiger AIF[7]	Gesetz vom 12. Juli 2013 über die Verwalter alternativer Investmentfonds[8]	Nein	Nein, nur als normale gesellschafts-rechtliche Struktur die nicht mit variablem Kapital ausgestattet ist Gängigste Rechtsformen: – Kommanditgesellschaft auf Aktien S.C.A. = *société en*	Nein	Ja	Kein Publikumsfonds; Als AIF mit voll lizensiertem AIFM Vertrieb in EU über den Passport	Steuerbar wie eine normale Gesellschaft; Nutzung bestehender Europäischer oder bilateraler Verträge macht das	AIF nein, aber AIFM Registrierung oder Vollzulassung vorab notwendig[9]	Niedrig (im Rahmen der AIFM-Richtlinie)	Weder Art noch Diversifikation der Anlagen sind reglementiert

7 Ein Spezialfonds, eine SICAR und ein Teil II-Fonds qualifizieren oft, jedoch nicht zwangsläufig auch als ein AIF. In diesen Fällen unterliegt der AIF natürlich der entsprechenden Aufsicht der CSSF. In der hier dargestellten Rubrik „Sonstiger AIF" sind lediglich die nicht als Produkt selbst regulierten Fonds behandelt. Der AIF als solcher unterliegt in diesem Fall keiner Aufsicht, allerdings wird er stets von einem „registrierten" (sofern als Ausnahme nach Art. 3 des AIFM-Gesetzes möglich) oder „voll zugelassenen" AIFM verwaltet.

8 **AIFM-Gesetz**: das ggf. geänderte Gesetz vom 12. Juli 2013 über die Verwalter alternativer Investmentfonds.
AIFM: Verwalter alternativer Investmentfonds.

9 Sollte der AIFM schon bestehen, muss dieser den zusätzlich verwalteten AIF an die zuständige Behörde melden und natürlich, die Übereinstimmung des AIF mit dem AIFM-Gesetz nachweisen. Dieses hat vor einer „Geschäftsaufnahme" zu erfolgen.

Fonds-typ	Gesetzliche Grundlage des Fonds	Möglich als Sonder-vermögen (FCP = *Fonds Commun de Placement*)	Möglich als Investment-Gesellschaft mit variablem Kapital (SICAV = *Société d'Investissement à Capital Variable*)	Umbrella-Struktur möglich?	Qualifi-ziert als AIF?	Fonds-charakter und Vertrieb	Steuerliche Behandlung des Vehikels	Genehmigung und Aufsicht durch die CSSF erforderlich; Zeitpunkt	Anleger-schutz	Anlageflexibilität/ Anlagegrenzen
			commandite par actions – Einfache Komman-ditgesellschaft (S.C.S. = *société en commandite simple*) – Spezielle Komman-ditgesellschaft (S.C.Sp. = *société en commandite spéciale*) – Aktiengesellschaft (S.A. = *société anonyme*) – Gesellschaft mit beschränkter Haftung (S.à r.l. = *so-ciété à responsabilité limitée*) – Genossenschaft in Form einer Aktien-gesellschaft (Coop. S.A. = *société coopé-rative organisée sous forme de société ano-nyme*)			(mindestens an pro-fessionelle Investoren[4]; und ggf. auch an andere Investoren[5])	Produkt den-noch attraktiv			

Das Gesetz von 2010 (OGAW/OGA)

Systematische Übersicht

A. Entstehung und Bedeutung

1 Das geänderte Gesetz vom 17. Dezember 2010 über Organismen für gemeinsame Anlagen[10] geht in seiner gesetzlichen Basis zurück auf das Luxemburger Gesetz vom 25. August 1983 über Organismen für gemeinsame Anlagen. Basierend auf diesem Luxemburger Gesetz wurde im Zuge der Umsetzung der ersten OGAW Richtlinie[11] das Gesetz vom 30. März 1988 über Organismen für gemeinsame Anlagen geschaffen.[12]

2 Das Gesetz von 1983 wurde also nicht nur abgeändert, vielmehr wurde ein in Gänze neues Gesetz geschaffen. Dieses bot die Gelegenheit, in einem einzigen Gesetz die Regeln für Organismen für gemeinsame Anlagen insgesamt zusammen zu fassen, bestehende

10 **Gesetz von 2010**: Geändertes Gesetz vom 17. Dezember 2010 über Organismen für gemeinsame Anlagen (*Loi du 17 décembre 2010 concernant les organismes de placement collectif, telle que modifiée*).

11 **OGAW I-Richtlinie:** Richtlinie 85/611/EWG vom 20. Dezember 1985 zur Koordinierung der Rechts- und Verwaltungsvorschriften betreffend bestimmte Organismen für gemeinsame Anlagen in Wertpapieren (OGAW).

12 **OGAW I-Gesetz**: das, inzwischen außer Kraft getretene einst geäderte Gesetz vom 30. März 1988 über Organismen für gemeinsame Anlagen.

Regelungen des Gesetzes von 1983 zu verbessern und den Anwendungsbereich der Organismen für gemeinsame Anlagen zu erweitern.[13]

Im Laufe der Jahre erfuhr das OGAW I-Gesetz die eine oder andere Änderung, bis es zur Umsetzung der OGAW III-Richtlinien[14] durch das Gesetz vom 20. Dezember 2002 über Organismen für gemeinsame Anlagen vollständig ersetzt wurde. Abgesehen davon, dass die Umsetzung der OGAW III-Richtlinien durchaus größere Veränderungen wie die Verwendung von Derivaten, den vereinfachten Verkaufsprospekt oder den Europäischen Pass für Verwaltungsgesellschaften (dieser Europäische Pass für Verwaltungsgesellschaften blieb letztlich ein, aus verschiedenen Gründen im Ergebnis, gescheiterter Versuch), brachte, ging der Luxemburger Gesetzgeber, wie 1988 und in wohl ähnlicher Intention, insbesondere der Aufarbeitung erkannter Verbesserungsnotwendigkeiten, den Weg der Schaffung eines neuen Gesetzes. 3

Schließlich wiederholte der Gesetzgeber den Vorgang der Neuschaffung eines Gesetzes im Rahmen der Erstellung des Gesetzes vom 17. Dezember 2010 über Organismen für gemeinsame Anlagen zur Umsetzung der OGAW IV-Richtlinie.[15] Auch wenn sich die Luxemburger Welt der regulierten Fondsvehikel durch die in der Zwischenzeit erfolgte Schaffung des SICAR-Gesetzes[16] und insbesondere das Spezialfonds-Gesetz[17] deutlich verändert hatte erschien dieses der sinnvollste Weg, die Regelungen für die Publikumsfonds und die Verwaltungsgesellschaften in einem sich von dem vorgenannten SICAR-Gesetz und dem vorgenannten Spezialfonds-Gesetz unterscheidenden Gesetz, in verbesserter Form, zu bündeln. 4

Zuletzt erfuhr das Gesetz von 2010 verschiedene Anpassungen im Rahmen des Umsetzungsgesetzes zur Richtlinie 2011/61/EU über die Verwalter alternativer Investmentfonds (die **AIFM-Richtlinie**) im Jahr 2013.

I. Ein Kernstück des Fondsrechts in Luxemburg

Ungeachtet der Veränderungen und zusätzlichen Gesetze betreffend Luxemburger Fondsvehikel, Verwaltungsgesellschaften und Verwalter kann das Gesetz von 2010 weiterhin als ein gesetzgeberisches Kernstück des Fondsrechts in Luxemburg angesehen werden. 5

---

13 Siehe in diesem Sinne *Document Parlemantaire no 3172 Exposé des motifs*, Seite 32.

14 **OGAW III-Richtlinien**: Richtlinie 2001/107/EG des Europäischen Parlaments und des Rates vom 21. Januar 2002 zur Änderung der Richtlinie 85/611/EWG des Rates zur Koordinierung der Rechts- und Verwaltungsvorschriften betreffend bestimmte Organismen für gemeinsame Anlagen in Wertpapieren (OGAW) zwecks Festlegung von Bestimmungen für Verwaltungsgesellschaften und vereinfache Prospekte; gemeinsam mit: Richtlinie 2001/108/EG des Europäischen Parlaments und des Rates vom 21. Januar 2002 zur Änderung der Richtlinie 85/611/EWG des Rates zur Koordinierung der Rechts- und Verwaltungsvorschriften betreffend bestimmte Organismen für gemeinsame Anlagen in Wertpapieren (OGAW) hinsichtlich der Anlagen der OGAW.

15 **OGAW IV-Richtlinie**: Richtlinie 2009/65/EG des Europäischen Parlaments und des Rates vom 13. Juli 2009 zur Koordinierung der Rechts- und Verwaltungsvorschriften betreffend bestimmte Organismen für gemeinsame Anlagen in Wertpapieren (OGAW); diese Richtlinie ist eine komplette Neufassung der auf OGAW anwendbaren Regelungen und nicht nur eine Änderung der bislang bestehenden, durch die OGAW III-Richtlinien abgeänderten OGAW I-Richtlinie (siehe Definitionen oben).

16 **SICAR-Gesetz**: das geänderte Gesetz vom 15. Juni 2004 über Investmentgesellschaften zur Anlage in Risikokapital.

17 **Spezialfonds-Gesetz**: das geänderte Gesetz vom 13. Februar 2007 über Spezialisierte Investmentfonds.

Das Konstrukt der Fondsvehikel und deren Verwaltung basiert auf den Grundlagen, die in diesem Gesetz fixiert sind. Es kann sogar ein struktureller Einfluss bis in den Bereich der nicht-regulierten Luxemburger Fondsvehikel gesehen werden.

II. Definitionen

6 Schon mit der Neufassung im Gesetz von 2002[18] hat der Luxemburger Gesetzgeber umfangreiche Definitionen zur Einführung vorangestellt. Dieses wurde bei der Erarbeitung des Gesetzes von 2010 fortgeführt und dem Verständnis der OGAW IV-Richtlinie entsprechend spezifiziert. Daher findet sich, wie auf Ebene der Europäischen Gesetzgebung und in vielen der EU-Staaten üblich, eine einheitliche Basis des Verständnisses verschiedener Begriffe einleitend kodifiziert. Die Definitionen sind in Übereinstimmung mit dem Spezialfonds-Gesetz, dem SICAR-Gesetz und insbesondere auch vieler in Richtlinien und Verordnungen der Europäischen Union geprägter Begriffe vorgenommen. Auch hier betreffen die letzten Änderungen jene Begriffe, die im Zuge des AIFM-Gesetzes ergänzt wurden, wie Richtlinie 2011/61/EG (für die AIFM-Richtlinie), Alternativer Investmentfonds, Verwaltung von AIF und Verwalter von AIF. Diese Begriffe entsprechenden Definitionen im AIFM-Gesetz und der AIFM-Richtlinie.

B. Teil I: Organismen für gemeinsame Anlagen in Wertpapieren

I. Kapitel 1: Allgemeine Bestimmungen und Anwendungsbereich

7 Der gesamte Teil I des Gesetzes von 2010 ist ausschließlich den Fonds gewidmet, die den Anforderungen der OGAW IV-Richtlinie entsprechen, insbesondere, wie in Art. 2 (2) des Gesetzes von 2010 näher ausgeführt, den Bestimmungen über die Diversifikation von OGAW IV-richtlinienkonformen Anlagen und der (unmittelbaren und mittelbaren) Möglichkeit jedes Anlegers die Rücknahme seiner Anlage zu verlangen. Im Luxemburger Fondsverständnis wird daher von „Teil I-Fonds“ gesprochen, wenn ein (OGAW IV-) richtlinienkonformer Fonds gemeint ist. Der Anleger in einem Teil I-Fonds bedarf keiner weiteren Qualifikation, es ist ein Publikumsfonds und schlicht jedermann darf darin investieren. Das betrifft im Übrigen gemäß Art. 2 (3) des Gesetzes von 2010 sowohl OGAW in Vertragsform (als von einer Verwaltungsgesellschaft verwaltete Sondervermögen) als auch OGAW in Satzungsform (als Investmentgesellschaften – d.h. OGAW, die selbst eine gesellschaftsrechtliche Organisationsform haben). Letztere sind in Form einer Investmentgesellschaft mit variablem Kapital (sogenannte **SICAV**) ein in Luxemburg und insbesondere auch zum Vertrieb weltweit erfolgreiches und gebräuchliches Standardprodukt.[19] Sowohl auf die Rechtsform als auch auf den grenzüberschreitenden Vertrieb in EU und Nicht-EU-Staaten wird in den nachfolgenden Kapiteln noch näher eingegangen. Insgesamt sei an dieser Stelle nur darauf hingewiesen, dass OGAW nicht nur ein Produkt sind, das im Wege des sogenannten Passports leicht innerhalb der EU öffentlich vertrieben werden darf, sondern, dass weltweit derzeit in 41 Nicht-EU-Staaten spezielle gesetz-

---

18 **Gesetz von 2002**: Geändertes Gesetz vom 20. Dezember 2002 über Organismen für gemeinsame Anlagen (*Loi du 20 décembre 2002 concernant les organismes de placement collectif, telle que modifiée*).

19 Nach der offiziellen offizielle Liste gemäß Art. 130 des Gesetzes von 2010 sind am 31. März 2015 1891 OGAW-Strukturen in Luxemburg zugelassen, wobei 1087 auf Sondervermögen und 804 auf SICAV entfallen. Diese Zahlen spiegeln lediglich die Strukturen als solche wieder und berücksichtigen bei der Zählung nicht zusätzlich in Umbrella-Strukturen weiter existierende Teilfonds. Näheres zu Einzel- und Umbrellafonds ist in Kapitel 24 des Gesetzes von 2010 und insbesondere Art. 181 des Gesetzes von 2010 geregelt (siehe dazu insbesondere in Rn. 373–382).

liche Voraussetzungen existieren, die OGAW sehr vereinfacht entweder in den öffentlichen Vertrieb oder in etwas begrenztere Formen des Vertriebs zulassen. Nicht-EU-Staaten, die einen vollen öffentlichen Vertrieb von OGAW vereinfacht zulassen sind zum Beispiel die Schweiz, Hong Kong, Taiwan oder Bahrain. In Hong Kong sind dabei etwa 75% der dort zum öffentlichen Vertrieb zugelassenen Gesamtzahl von Fonds Luxemburger OGAW. Nicht-EU-Staaten, die einen eingeschränkteren Vertrieb von OGAW vereinfacht zulassen sind zum Beispiel Chile und Brasilien. Die Bedeutung der OGAW und insbesondere von Luxemburg als Standort von OGAW – derzeit wird der ganz überwiegende Teil der in Luxemburg zugelassenen OGAW mindestens in einem weiteren EU oder Nicht-EU-Staat (öffentlich) vertrieben – geht also weit über den innerhalb der EU relevanten Vertrieb hinaus.

In Art. 2 (1) des Gesetzes von 2010 wird also der Anwendungsbereich von Teil I des **8** Gesetzes von 2010 auf „alle im Großherzogtum Luxemburg ansässigen Organismen für gemeinsame Anlagen in Wertpapieren" festgelegt. Als in Luxemburg ansässig gilt dabei nach Art. 4 des Gesetzes von 2010 jeder Organismus für gemeinsame Anlagen in Wertpapieren (**OGAW**), der gemäß Art. 129 des Gesetzes von 2010 zugelassen ist. Im Einklang mit der OGAW IV-Richtlinie hängt also die Tatsache, dass ein OGAW in Luxemburg ansässig ist, nicht mehr, wie im Gesetz von 2002 noch festgelegt, mit dem „satzungsgemäßen Sitz der Verwaltungsgesellschaft des Sondervermögens oder der Investmentgesellschaft in Luxemburg" zusammen. Auch muss sich folgerichtig die Hauptverwaltung[20] des OGAW, d.h. die praktisch auch ausgeübte, hauptsächliche Administration des OGAW nicht mehr in Luxemburg befinden.

In Art. 3 des Gesetzes von 2010 schließlich werden „OGAW des geschlossenen Typs", **9** „OGAW, die in keinem Teil der Europäischen Union einen Publikumsvertrieb vornehmen", „OGAW, die aufgrund Ihrer Gründungsunterlagen" – Verwaltungsreglement für Sondervermögen und Satzung einer Investmentgesellschaft sowie jeweils zusätzlich der Verkaufsprospekt[21] – ausschließlich an Publikum in Nicht-EU-Staaten vertrieben werden dürfen und einige „bestimmte, von der CSSF festgelegte Kategorien von OGAW, für welche die in Kapitel 5 des Gesetzes von 2010 enthaltenen Bestimmungen aufgrund Ihrer spezifischen Anlage und Kreditpolitik ungeeignet sind" vom Anwendungsbereich des Teil I des Gesetzes von 2010, also dem OGAW Bereich, ausgeschlossen.

Art. 3 des Gesetzes von 2010 erscheint nicht erst im Gesetz von 2010, sondern war bereits in beiden OGAW Vorgängergesetzen enthalten. Ergänzend sei zu dem letzten Ausnahmetatbestand angeführt, dass die CSSF diesen basierend auf dem von der ESMA (die **European Securities and Markets Authority**, zuvor vergleichbar das *Committee of European Securities Regulators* (CESR)) vorgegebenen Rahmen nach Einzelfallprüfung anwendet. Dabei ist auch wichtig die Außenwirkung im Blick zu behalten. Weltweit vertraut man auf das Gütesiegel, dass wo „OGAW ‚draufsteht' auch OGAW ‚drin' sein muss". Dies bei größtmöglicher Flexibilität zu bewahren erscheint mithin sinnvoll.

Abschließend sei darauf hingewiesen, dass Art. 2 (5) des Gesetzes von 2010 verbietet **10** OGAW in Organismen für gemeinsame Anlagen umzuwandeln, die nicht der OGAW IV-Richtlinie entsprechen. Dieses stellt eine im Interesse des besonderen Schutzes des Anlegers in OGAW Fonds sehr nachvollziehbare Bestimmung dar, die im Übrigen in vergleichbarer Form ebenfalls bereits in den Vorgängergesetzen enthalten war.

---

20 Der französische Originaltext des Gesetzes von 2002 in dem dieses Element hier noch enthalten war verwendet den Begriff *administration centrale*. Dieser Begriff entstammt den OGAW III-Richtlinien, die in deren amtlicher deutscher Fassung den Begriff Hauptverwaltung verwendet.

21 Der Begriff *prospectus* aus dem französischen Original wird oftmals als Prospekt wiedergegeben. Hier wird an Stelle dessen der ebenfalls sehr gebräuchliche Begriff Verkaufsprospekt verwendet.

II. Kapitel 2: Sondervermögen zur Anlage in Wertpapieren

11 Die französische Originalbezeichnung für Sondervermögen lautet *fonds commun de placement*, d.h. wörtlich übersetzt „gemeinsame Mittel zur Anlage“. Da der deutsche Begriff Investmentfonds in seiner Verwendung oft mehr umfasst als „nur“ diese spezielle Form eines Investmentfonds, verwenden wir hier als Übersetzung den Begriff „Sondervermögen“. Das entspricht zum einen dem Sprachgebrauch in Luxemburg und drückt in deutscher Sprache den Kern dessen aus, was ein *fonds commun de placement* ist, nämlich ein separiertes Vermögen zum Zwecke der gemeinsamen Anlage.

12 Die Mehrheit der Luxemburger OGAW sind Sondervermögen nach diesem Kapitel[19]. Ein Luxemburger OGAW Sondervermögen hat keine eigene Rechtspersönlichkeit. Das Sondervermögen ist vielmehr ein „ungeteiltes Vermögen, ... das für Rechnung seiner Gesamthandseigentümer nach dem Grundsatz der Risikostreuung zusammengesetzt und verwaltet wird“ (Art. 5 des Gesetzes von 2010). Abgesehen von diesem den Rechtscharakter bestimmenden Teil gilt für das OGAW Sondervermögen, das es ein ungeteiltes Vermögen von Wertpapieren und/oder anderen liquiden Finanzanlagen im Sinne von Art. 41 (1) des Gesetzes von 2010 sein muss (ebenfalls Art. 5 des Gesetzes von 2010). Dieser Zusatz macht das Sondervermögen zu einem OGAW Sondervermögen (gemeinsam mit den weiteren für OGAW geltenden Bestimmungen) im Vergleich zu beispielsweise den in Teil II Kapitel 11 des Gesetzes von 2010 behandelten Sondervermögen, die eben nicht als OGAW Sondervermögen qualifizieren. Die Verwaltung, d.h. das gesamte Management des Sondervermögens, einschließlich insbesondere des Portfolio-Managements (entsprechend Art. 14 (3) des Gesetzes von 2010) und damit die gesamte Teilnahme am Rechtsverkehr wird von Gesetzes wegen durch eine Verwaltungsgesellschaft (im französischen Original *société de gestion*) wahrgenommen. Die Verwaltungsgesellschaft verleiht sozusagen dem Sondervermögen seinen „Lebensodem“. Ein ganz wesentliches Grundprinzip dabei ist, dass die Verwaltungsgesellschaft das Sondervermögen im ausschließlichen Interesse der Anteilinhaber[22] zu verwalten hat (entsprechend Art. 14 (1) des Gesetzes von 2010). Man mag meinen, es sei profan dieses so ausdrücklich festgehalten zu haben. Indes zeigt sich in der Praxis, dass dieser Maßstab in vielen Situationen eine Orientierung gibt, die in ihrer Klarheit nicht besser sein könnte. Vielleicht auch deshalb findet er sich nochmals in Art. 20 des Gesetzes von 2010. Um einen OGAW als Verwaltungsgesellschaft verwalten zu dürfen, muss die betreffende Verwaltungsgesellschaft über eine Lizenz, die zur Verwaltung von OGAW berechtigt, verfügen. In Luxemburg sind dieses die Verwaltungsgesellschaften, die über eine Lizenz unter Teil IV, Kapitel 15 des Gesetzes von 2010 verfügen (entsprechend Art. 7 des Gesetzes von 2010). Im Luxemburger Sprachgebrauch ist folglich für Luxemburger Verwaltungsgesellschaften von Kapitel 15-Gesellschaften die Rede. Jede Kapitel 15-Gesellschaft darf mehrere OGAW Sondervermögen verwalten. Seit der Umsetzung der OGAW IV-Richtlinie beinhaltet dieses auch Verwaltungsgesellschaften, die von den zuständigen Behörden eines anderen EU-Staates gemäß den Bestimmungen der OGAW IV-Richtlinie zugelassen wurden (siehe Art. 119 (1) und (3) sowie folgende Artikel bis einschließlich Art. 124 des Gesetzes von 2010). Nachfolgend, sofern nicht der Kontext sich auf eine in Luxemburg zugelassene, also Luxemburger, Verwaltungsgesellschaft ausschließlich bezieht, ist auch hier eine Kapitel 15-Gesellschaft eine das gesamte Kapitel 15 des Gesetzes von 2010 einbeziehende Gesellschaft.

---

22 Bei Sondervermögen wird im Deutschen von Anteilinhabern an Stelle von Aktionären, letzteres gebräuchlich für SICAV, gesprochen, obgleich im französischen Originaltext des Gesetzes von 2010 der Begriff *porteur de parts* für beide, Sondervermögen und SICAV, verwendet wird. Im Folgenden wird hier daher auch bei SICAV von Anteilinhabern gesprochen werden.

An dieser Stelle sei ein summarischer Exkurs hinsichtlich der Dienstleistungsmöglichkeiten einer Kapitel 15-Gesellschaft erlaubt. Eine Kapitel 15-Gesellschaft darf auch OGA oder SIF in Form von Sondervermögen verwalten. Hierzu wird auf Kapitel 11 des Gesetzes von 2010 bzw. auf das betreffende Kapitel des Spezialfonds-Gesetzes gemeinsam mit Kapitel 15 verwiesen. Eine Kapitel 15-Gesellschaft kann ferner zur Verwaltungsgesellschaft von OGAW SICAV nach Kapitel 3 ernannt werden (inzident in Art. 27 (1) des Gesetzes von 2010, siehe auch unter nachstehendem Kapitel 3 über OGAW SICAV); solche OGAW SICAV mit ernannter Verwaltungsgesellschaft nennt man „nicht selbstverwaltete" bzw. „fremdverwaltete" OGAW SICAV. Auch kann eine Kapitel 15-Gesellschaft als Verwaltungsgesellschaft von OGA oder SIF SICAV ernannt werden, wobei klarzustellen ist, dass weder ein OGA SICAV noch eine SIF SICAV die rechtliche Notwendigkeit der Ernennung einer Verwaltungsgesellschaft als solcher haben. Diese Form der Strukturierung ist in den letzten Jahren ab und an gewählt worden, wobei die Haftung in der Funktion als Verwaltungsgesellschaft (siehe für OGAW Sondervermögen unten) für die betreffenden Fondsinitiatoren eine Rolle spielen mag. Schließlich darf eine Kapitel 15-Gesellschaft als Verwaltungsstelle oder Hauptverwaltung[23] (jeweils keine Position und keine Verantwortung als Kapitel 15-Gesellschaft, sondern lediglich als administrative Einheit) von OGAW, OGA oder SIF fungieren, wobei bei SICAV die vertragliche Beziehung üblicherweise direkt ist, einschließlich Nennung der Einheit als Verwaltungsstelle oder Hauptverwaltung im Verkaufsprospekt des OGAW, OGA oder SIF. Ferner kann die Kapitel 15-Gesellschaft auch Verwaltungsstelle bzw. zentrale Verwaltungsstelle einer SICAR sein, unter Berücksichtigung der entsprechend gleichlautenden Voraussetzungen. Im Falle von Sondervermögen (das gilt nicht für SICAR, da diese als rein gesellschaftsrechtliche Investmentvehikel nicht als Sondervermögen strukturierbar sind) kann eine andere Kapitel 15-Gesellschaft für eine als Verwaltungsgesellschaft agierende Gesellschaft als Verwaltungsstelle oder Hauptverwaltung im Wege der Untervergabe fungieren. Auch in letzterem Fall verlangt die CSSF die Nennung der Einheit als Verwaltungsstelle oder Hauptverwaltung (oftmals auch Zentralverwaltung oder zentrale Verwaltungsstelle genannt) im Verkaufsprospekt des Sondervermögens. 13

Im Rahmen einer Lizenz als Verwaltungsgesellschaft nach Kapitel 15 des Gesetzes von 2010 kann es jedoch sein, dass, basierend auf der individuellen Ausstattung (z.B. an Personal, Kompetenz und Systemen) einer Verwaltungsgesellschaft, nicht alle unter OGAW möglichen Anlagestrategien für eine bestimmte Verwaltungsgesellschaft von der CSSF als „verwaltbar" angesehen werden. Es wird von Seiten der CSSF darauf geachtet,

---

23 Der Begriff Hauptverwaltung (*administration centrale*) wird zwar im Gesetz von 2010 als solcher mehrfach verwendet, ist jedoch in seinem konkreten Umfang nicht definiert. Unter dem Begriff Hauptverwaltung (oder wie in Luxemburg auch häufig gebräuchlich Zentralverwaltung bzw. zentrale Verwaltungsstelle) sind prinzipiell die in Anhang II des Gesetz von 2010 (der Anhang II der OGAW IV-Richtlinie wortgleich entspricht) unter administrative Tätigkeiten zusammengefassten Tätigkeiten gemeint:

a) Rechtliche Dienstleistungen und im Rahmen der Fondsverwaltung vorgeschriebene Rechnungslegungsdienstleistungen;
b) Kundenanfragen;
c) Bewertung und Preisfestsetzung (einschließlich Steuererklärungen);
d) Überwachung der Einhaltung der Rechtsvorschriften;
e) Führung des Anlegerregisters;
f) Gewinnausschüttung;
g) Ausgabe und Rücknahme von Anteilen;
h) Kontraktabrechnungen (einschließlich Versand der Zertifikate);
i) Führung von Aufzeichnungen.

dass die betreffende Verwaltungsgesellschaft den, im Rahmen einer bestimmten Anlagestrategie an sie gestellten, Anforderungen genügen kann.

Die Verwaltungsgesellschaft hat ihre Aufgaben mit der Sorgfalt eines entgeltlich Beauftragten (*mandataire salarié*) zu erfüllen und haftet gegenüber den Anteilinhabern für Schäden die durch Verletzung Ihrer Pflichten im Wege der Nicht- oder Schlechterfüllung resultieren (entsprechend Art. 15 des Gesetzes von 2010). Hierzu sei angemerkt, dass die „Sorgfalt eines entgeltlich Beauftragten" nach dem Luxemburger Zivilrecht der Sorgfalt eines *bon pere de famille*, d.h. aus dem Französischen übersetzt der eines „wohlsorgenden Familienvaters" entspricht. Der Sorgfaltsmaßstab ist also etwa mit der sogenannten „Sorgfalt in eigenen Angelegenheiten" vergleichbar. Die Vermögenswerte der Verwaltungsgesellschaft selbst, also der Vermögenswerte, die diese im eigenen Namen für eigene Rechnung hält,[24] sind von denen des betreffenden Sondervermögens, also der Vermögenswerte, die die Verwaltungsgesellschaft zwar im eigenen Namen aber für Rechnung des betreffenden Sondervermögens hält (entsprechend Art. 14 (2) des Gesetzes von 2010), strikt getrennt. Es ist daher von elementarer Bedeutung, dass die Verwaltungsgesellschaft bei Rechtshandlungen klar spezifiziert, ob sie für Rechnung eines von Ihr verwalteten Sondervermögens handelt, oder ob sie für eigene Rechnung handelt. Unterlässt Sie diesen Hinweis, geht die Verwaltungsgesellschaft grundsätzlich im eigenen Namen und für eigene Rechnung ins Obligo.[25]

Dementsprechend liest sich der Grundsatz, dass ein Sondervermögen nicht für Verbindlichkeiten der Verwaltungsgesellschaft oder der Anteilinhaber haftet, sondern nur für Verbindlichkeiten und Kosten, die in seinem Verwaltungsreglement als zu seinen Lasten gehend aufgeführt sind (entsprechend Art. 6 des Gesetzes von 2010).

14 Um ein strukturell komplett funktionsfähiges OGAW Sondervermögen vorliegen zu haben bedarf es neben der vorgenannten Kapitel 15-Gesellschaft noch einer Verwahrstelle (gemäß Art. 17 (1) des Gesetzes von 2010 muss die Verwahrung der Vermögenswerte einer Verwahrstelle anvertraut werden). In Luxemburg wird oftmals auch von einer Depotbank gesprochen. Hier soll jedoch im Folgenden der auch im Deutschen Originaltext der OGAW IV-Richtlinie enthaltene Begriff der Verwahrstelle verwendet werden. Die Verwahrstelle muss entweder Ihren satzungsgemäßen Sitz in Luxemburg haben, oder dort eine Niederlassung haben (entsprechend Art. 17 (2) des Gesetzes von 2010). Die Möglichkeit einer Niederlassung ist nicht auf Verwahrstellen beschränkt, die in einem anderen EU-Staat ihren satzungsgemäßen Sitz haben (und natürlich dort zugelassen sind), sondern erstreckt sich auch auf Niederlassungen von Verwahrstellen aus Nicht-EU-Staaten. Die Verwahrstelle muss ferner ein Kreditinstitut im Sinne des geänderten Gesetzes vom 5. April 1993 über den Finanzsektor sein (entsprechend Art. 17 (3) des Gesetzes von 2010). Dieses gilt unmittelbar für in Luxemburg zugelassene Finanzinstitute und mittelbar, d.h. in inhaltlicher Anforderung, an die Zulassung des betreffenden ausländischen

---

24 Klarstellend sei hier angefügt, dass das Minimum der Eigenmittel, wie in Art. 102 (1) a) des Gesetzes von 2010 enthalten, gemäß Art. 102 (1) b) des Gesetzes von 2010 zur freien Verfügbarkeit der Verwaltungsgesellschaft und in ihrem eigenen Interesse angelegt sein müssen. Bei dieser Anlage handelt es sich nicht um Anlagen in die von der Verwaltungsgesellschaft verwalteten Fonds, sondern um Anlagen, die nur in sehr begrenztem Rahmen nach Art. 102 (1) b) des Gesetzes von 2010 in Verbindung mit dem CSSF Rundschreiben 12/546 (I. 3., Seiten 5/6) möglich sind und eine ständige Verfügbarkeit der Mindest-Eigenmittel garantieren.

25 Sollte ein Sondervermögen, wie nach Art. 181 des Gesetzes von 2010 zulässig, in Form einer Umbrella-Struktur aufgelegt sein und mehrere Teilfonds haben, so ist auch die zusätzliche Spezifizierung des betreffenden Teilfonds notwendig, da bei bloßer Spezifikation der Umbrella-Struktur eine Zuordnung zu allen existierenden Teilfonds kaum vermeidbar ist; siehe dazu näher unter Kapitel 24, Art. 181 des Gesetzes von 2010.

Finanzinstituts.[26] Hinsichtlich der Personen, die eine Verwahrstelle leiten (Geschäftsleiter),[27] gelten zudem spezifische Anforderungen einerseits an einen guten Leumund, andererseits an die entsprechende Erfahrung hinsichtlich des Typs bzw. der Anlageklassen und Strategien der zu verwaltenden Sondervermögen (entsprechend Art. 17 (4) des Gesetzes von 2010).

Nachdem geklärt, ist wer diese Funktion übernehmen kann, gilt es einen näheren **15** Blick auf die Tätigkeiten der Verwahrstelle und deren Verantwortung zu werfen. Als Grundsatz gilt, dass die Verwahrstelle alle Aufgaben im Zusammenhang mit der laufenden Verwaltung der Vermögenswerte des Sondervermögens erfüllt (entsprechend Art. 18 (1) des Gesetzes von 2010).

Es wird weiter konkretisiert, dass die Verwahrstelle außerdem folgende Aufgaben wahrzunehmen hat:

- Dafür sorgen, dass der Verkauf, die Ausgabe, die Rücknahme und die Entwertung der Anteile, die für Rechnung des Sondervermögens oder durch die Verwaltungsgesellschaft vorgenommen werden, den gesetzlichen Vorschriften und dem Verwaltungsreglement gemäß erfolgen (entsprechend Art. 18 (2) a) des Gesetzes von 2010). Hier stand bis zur Einführung des Gesetzes von 2010 „... den gesetzlichen Vorschriften oder dem Verwaltungsreglement gemäß erfolgen", was dann mit dem Gesetz von 2010 klarstellend in „... den gesetzlichen Vorschriften und dem Verwaltungsreglement gemäß erfolgen" geändert wurde.
  Auf Basis dieser Bestimmung wird auch die allgemein als *ex post compliance* bekannte Überprüfung der Geschäfte nach Buchung durchgeführt.
- Dafür sorgen, dass die Berechnung des Wertes der Anteile den gesetzlichen Vorschriften und dem Verwaltungsreglement gemäß erfolgt (entsprechend Art. 18 (2) b) des Gesetzes von 2010). Auch hier stand bis zur Einführung des Gesetzes von 2010 „... den gesetzlichen Vorschriften oder dem Verwaltungsreglement gemäß erfolgt", was dann mit dem Gesetz von 2010 ebenfalls klarstellend in „... den gesetzlichen Vorschriften und dem Verwaltungsreglement gemäß erfolgt" geändert wurde.
- Den Weisungen der Verwaltungsgesellschaft Folge leisten, es sei denn, dass sie gegen die gesetzlichen Vorschriften oder das Verwaltungsreglement verstoßen (entsprechend Art. 18 (2) c) des Gesetzes von 2010).
- Dafür sorgen, dass ihr bei Geschäften, die sich auf das Vermögen des Sondervermögens beziehen, der Gegenwert innerhalb der üblichen Fristen übertragen wird (entsprechend Art. 18 (2) d) des Gesetzes von 2010).
- Dafür sorgen, dass die Erträge des Sondervermögens gemäß dem Verwaltungsreglement verwendet werden (entsprechend Art. 18 (2) e) des Gesetzes von 2010).

Der Gesetzeswortlaut spricht wie oben erwähnt von „außerdem" (*en outre*) in Bezug **16** auf diese Aufgaben, allerdings sind in der Praxis diese Aufgaben Kernfunktionen der Verwahrstelle, sodass außerdem (*en outre*) mitunter eher zu einem insbesondere (*en particulier*) wird.

Abschließend wird in Übereinstimmung mit der UCITS-IV Richtlinie festgelegt, dass, sollte die Verwaltungsgesellschaft aus einem anderen EU-Staat als das Sondervermögen

26 Eine Darstellung weiterer Details zu der Frage der Zulassung eines ausländischen Finanzinstituts zum Zwecke der Verwahrstelle für Luxemburger OGAW kann dem entsprechenden Verfahren bei der CSSF entnommen werden.

27 Unter Geschäftsleitern versteht man Personen, die entweder aufgrund gesetzlicher Vorschriften oder der Gründungsunterlagen die Verwahrstelle vertreten, oder, die die Geschäftsausrichtung einer Verwahrstelle tatsächlich bestimmen (Art. 17 (4) des Gesetzes von 2010).

kommen, die Verwaltungsgesellschaft und die Verwahrstelle verpflichtet sind, eine schriftliche Vereinbarung über den Austausch solcher Informationen zu treffen, die für die Ausübung der Aufgaben der Verwahrstelle als solcher (entsprechend Art. 17 (1) des Gesetzes von 2010), die vollständige oder teilweise Übertragung von verwahrten Vermögenswerten auf Dritte, sowie die damit verbundene Haftung (entsprechend Art. 17 (4) des Gesetzes von 2010) – zur Frage der Haftung siehe nachstehend im Detail- und die Gesamtheit der unter Art. 18 (2) des Gesetzes von 2010 als „außerdem" durch die Verwahrstelle wahrzunehmende Aufgaben (sowie andere für Verwahrstellen einschlägige Rechts-, Aufsichts- und Verwaltungsvorschriften) als erforderlich erachtet werden (entsprechend Art. 18 (3) des Gesetzes von 2010). Dieser Regelung liegt das Prinzip zu Grunde, dass die Verwahrstelle immer in demselben EU-Staat liegen muss wie das Sondervermögen. Durch die UCITS IV-Richtlinie kann jedoch die Verwaltungsgesellschaft eines solchen Sondervermögens in einem anderen EU-Staat liegen als das Sondervermögen – übrigens ohne dass dadurch die Nationalität des Sondervermögens in den EU-Staat der Verwaltungsgesellschaft wechselt.

Auch wenn kein „run" auf diese Form des grenzüberschreitenden Auflegens von Sondervermögen erfolgt ist, so gibt es doch das eine oder andere Beispiel einer praktischen Umsetzung, z.B. der Verwaltung Deutscher Sondervermögen durch/mit einer Luxemburger Verwaltungsgesellschaft und umgekehrt.

17 Nach Qualifikation und Aufgaben der Verwahrstelle kommen wir zu deren Haftung. Die Verwahrstelle haftet gegenüber der Verwaltungsgesellschaft und den Anteilinhabern für sämtliche Schäden, die durch eine schuldhafte Nicht- oder Schlechterfüllung der Pflichten einer Verwahrstelle verursacht wurden (entsprechend Art. 19 (1) des Gesetzes von 2010). Dabei wird die Haftung der Verwahrstelle nicht durch die vollständige oder teilweise Übertragung der Vermögenswerte auf Dritte berührt (entsprechend Art. 17 (4) des Gesetzes von 2010).

Was das jedoch in der konkreten Beurteilung spezifischer Anlagen bedeutet, ist bislang nicht näher definiert und im Falle des Streits vor Gericht gab es zu Details durchaus umfangreiche Diskussionen, insbesondere was die Verwendung von Unter-Verwahrstellen betrifft. Dieses ist jedoch kein Luxemburger Phänomen und es wird, basierend auf der OGAW V-Richtlinie[28] sowohl hinsichtlich der Beschreibung der Aufgaben als auch der Haftung, einschließlich der Möglichkeit der Delegation und der diesbezüglichen Haftung, was insbesondere auch praktische Relevanz für die Verwendung von Unter-Verwahrstellen betrifft, bis zum letztmöglichen Umsetzungsdatum für die OGAW V-Richtlinie, dem 18. März 2016, eine weitere Konkretisierung/Anpassung erfolgen. Aus Gründen des Zusammenhangs mit den Bestimmungen für Verwahrstellen in der AIFM-Richtlinie auf die in Teil II des Gesetzes von 2010 (siehe Art. 88 des Gesetzes von 2010) verwiesen wird, sind insbesondere die Veränderungen bei Aufgaben und Haftung der Verwahrstelle für OGAW, auch bezüglich der Delegation, wie diese aufgrund der OGAW V-Richtlinie zu erwarten sind, den entsprechenden Ausführungen zur Verwahrstelle unter Teil II des Gesetzes von 2010 zu entnehmen.

Schließlich ist festgelegt, dass die Haftung der Verwahrstelle gegenüber den Anteilinhabern durch die Verwaltungsgesellschaft geltend gemacht wird (entsprechend Art. 19 (2) Satz 1 des Gesetzes von 2010). Das birgt natürlich das gewisse Risiko, dass der Anteilinhaber gerade in so einer spezifischen Situation der Mitwirkung der Verwaltungs-

---

28 Richtlinie 2014/91/EU des Europäischen Parlaments und des Rates vom 23. Juli 2014 zur Änderung der Richtlinie 2009/65/EG zur Koordinierung der Rechts- und Verwaltungsvorschriften betreffend bestimmte Organismen für gemeinsame Anlagen in Wertpapieren (OGAW) im Hinblick auf die Aufgaben der Verwahrstelle, die Vergütungspolitik und Sanktionen.

gesellschaft ausgeliefert ist. Dieses ist jedoch nur begrenzt der Fall, da sofern die Verwaltungsgesellschaft nicht innerhalb von 3 Monaten nach schriftlicher Aufforderung durch den Anteilinhaber handelt, dieser Anteilinhaber die Haftung der Verwahrstelle unmittelbar geltend machen kann.

Wie bereits zuvor bei der Verwaltungsgesellschaft angesprochen, ist ein Prinzip hin- 18
sichtlich des Handelns (der Verwaltungsgesellschaft und) der Verwahrstelle als zentraler Maßstab sehr bedeutsam. Beide müssen im Rahmen ihrer jeweiligen Aufgaben unabhängig und ausschließlich im Interesse der Anteilinhaber handeln (entsprechend Art. 20 des Gesetzes von 2010). In Art. 20 des Gesetzes von 2010 ist „unabhängig" neben dem ausschließlichen Interesse der Anteilinhaber hinzugefügt. Sowohl im Verhältnis zu einem spezifischen Anleger als auch im Verhältnis zu dem Initiator – oftmals Anlageberater oder Portfolio Manager des Sondervermögens – ist damit für alle Anteilinhaber die Unabhängigkeit von Verwaltungsgesellschaft und Verwahrstelle im Interesse aller Anteilinhaber fest gesetzlich verankert.

In Art. 21 des Gesetzes von 2010 wird dann festgelegt, wann die Aufgaben der Ver- 19
waltungsgesellschaft beziehungsweise der Verwahrstelle bezüglich des OGAW Sondervermögens enden. Neben den in Art. 21a), b), c) und d) des Gesetzes von 2010 fixierten gesetzlichen Enden können weitere Gründe im Verwaltungsreglement festgelegt werden.

Art. 21 a) des Gesetzes von 2010 stellt sicher, dass bei Ersatz der einen Verwaltungsgesellschaft durch eine neue Verwaltungsgesellschaft, die natürlich auch eine Kapital 15-Gesellschaft (hier ausdrücklich einschließlich einer Verwaltungsgesellschaft im Sinne von 119 (3) des Gesetzes von 2010 aus einem anderen EU-Staat), sein muss, die Tätigkeit der alten Verwaltungsgesellschaft endet. Dieses Ende bedeutet auch ein Ende des Zeitraumes, für den die alte Verwaltungsgesellschaft mindestens nach Art. 15 des Gesetzes von 2010 haftet. Das heißt, dass ab dem Ende keine zeitlich neue Haftung für die alte Verwaltungsgesellschaft hinzukommt. Die Haftung für den Zeitraum, in dem die alte Verwaltungsgesellschaft ihre Tätigkeit ausgeübt hat, bleibt natürlich auch im Falle erst nach Ende der Tätigkeit entdeckter Vorgänge für die Zeit der Tätigkeit der alten Verwaltungsgesellschaft bestehen und die Haftung dafür geht nicht auf die neue Verwaltungsgesellschaft über.

Art. 21 b) des Gesetzes von 2010 stellt Vergleichbares für den Fall des Ausscheidens der Verwahrstelle sicher, wobei nicht entscheidend ist, ob die Initiative für eine Kündigung des Vertrages mit der Verwahrstelle von der Verwaltungsgesellschaft des OGAW Sondervermögens oder von der Verwahrstelle selbst ausgeht. In Art. 21 b) des Gesetzes von 2010 ist für die Verwahrstelle bereits festgelegt, dass der Ersatz derselben innerhalb von zwei Monaten zu erfolgen hat (und dass die Verwahrstelle während dieser Zeit alle erforderlichen Maßnahmen zu ergreifen hat, um die angemessene Wahrung der Interessen der Anteilinhaber sicher zu stellen). Hierzu gibt es in der Praxis mitunter Diskussion, wann diese zwei Monats-Frist zu laufen beginnt: ab dem Zeitpunkt der Erklärung einer Kündigung des Vertrages mit der Verwahrstelle durch eine der vorgenannten Vertragsparteien, oder ab dem Zeitpunkt des Ablaufs der vertraglich festgelegten Kündigungsfrist. Wäre Ersteres der Fall, würde der Gesetzgeber faktisch die Kündigungsfrist von 2 Monaten vorgeben. Dieses macht weder unter dem Gesichtspunkt des Grundsatzes der Vertragsfreiheit noch nach dem Sinn und Zweck dieser Regelung einen Sinn. Durch die gesetzliche Festlegung dieser Frist soll für die wichtige Funktion der Verwahrstelle zum Schutze der Anleger eine Kontinuität der ordnungsgemäßen Verwahrung sichergestellt werden und nicht, zumeist zusätzliche, Geschwindigkeit in die ohnehin nicht besonders einfache Situation bei der notwendigen Suche nach einem Ersatz der Verwahrstelle gebracht werden. Es soll vielmehr mit dieser Regel auch klargestellt werden, dass eine

Verwahrstelle sich nicht einfach auf den Ablauf der vertraglichen Kündigungsfrist berufen kann, sondern, in Ausgestaltung Ihrer Pflicht, ihre Tätigkeit unabhängig und ausschließlich im Interesse der Anteilinhaber wahrzunehmen, in zumutbarer Weise für eine bestimmten Zeitraum auch nach Ablauf dieser Frist eine gesetzliche Pflicht zur Sicherstellung der (Verwahr-)Interessen der Anteilinhaber hat. Für die Verwaltungsgesellschaft ist im Übrigen eine vergleichbare Pflicht gesetzlich nicht festgelegt, obgleich Art. 22 (1) b) des Gesetzes von 2010 auch für die Verwaltungsgesellschaft die Rechtsfolge „in Liquidation befindlich" für das betreffende Sondervermögen vorsieht, sollte eben innerhalb von zwei Monaten keine neue Verwaltungsgesellschaft ernannt worden sein. Für diesen Fristlauf gilt das oben Gesagte entsprechend.

Weitere Fälle des Endes der Aufgaben der Verwaltungsgesellschaft oder der Verwahrstelle sind jeweils die Eröffnung des Insolvenzverfahrens über das betreffende Vermögen, die Eröffnung eines Vergleichsverfahrens, die Gewährung von Zahlungsaufschub, die Anordnung von Zwangsverwaltung, die Anordnung einer vergleichbaren Maßnahme, die Liquidation der Verwaltungsgesellschaft oder der Verwahrstelle (entsprechend Art. 21 d) des Gesetzes von 2010), der erfolgte Entzug der Zulassung der Verwaltungsgesellschaft oder der Verwahrstelle durch die zuständige Behörde.

Für alle diese Fälle, mit Ausnahme der Eröffnung des Insolvenzverfahrens über das Vermögen der Verwaltungsgesellschaft, ist die Rechtsfolge, dass sich das Sondervermögen von Gesetzes wegen „in Liquidation befindet", sofern nicht innerhalb von 2 Monaten – ab dem Eintritt des entsprechenden Ereignisses – die Verwaltungsgesellschaft oder die Verwahrstelle ersetzt wurden (dementsprechend Art. 22 (1) b) des Gesetzes von 2010). Im Fall der Eröffnung des Insolvenzverfahrens über das Vermögen der Verwaltungsgesellschaft ist die Rechtsfolge, dass das Sondervermögen sich „in Liquidation befindet" unmittelbar, d.h. ohne die genannte zwei Monats Frist (dementsprechend Art. 22 (1) c) des Gesetzes von 2010).

Daneben tritt die Rechtsfolge „in Liquidation befindlich" für ein Sondervermögen auch ein, wenn die im Verwaltungsreglement festgelegte Dauer des Sondervermögens abgelaufen ist (entsprechend Art. 22 (1) a) des Gesetzes von 2010). Daraus ergibt sich zunächst, dass überhaupt eine Dauer eines OGAW Sondervermögens festgelegt werden kann, im Vergleich zu sogenannten „Evergreen" Sondervermögen ohne Laufzeitbeschränkung. Auch wenn die Laufzeitbeschränkung bei OGAW Sondervermögen in der Praxis eher selten ist so ist doch die Flexibilität dazu vorhanden.

Ferner tritt die Rechtsfolge „in Liquidation befindlich" für ein Sondervermögen ein, wenn dessen Nettoinventarwert während eines Zeitraums von mehr als 6 Monaten unter einem Viertel des gesetzlichen Mindestnettovermögens nach Art. 23 des Gesetzes von 2010 liegt (entsprechend Art. 22 (1) d) des Gesetzes von 2010),[29] oder in allen anderen, im Verwaltungsreglement genannten Fällen (entsprechend Art. 22 (1) e) des Gesetzes von 2010. Auch hier zeigt sich eine gesetzgeberische Flexibilität. Im Laufe der Jahre haben sich gewisse Standardformulierungen für die Frage der Liquidation entwickelt. Die Ausgestaltung des rein auf Basis des Verwaltungsreglements „in Liquidation befindlichen" Sondervermögens ist dabei meist noch durch einen entsprechend vorher zu fassenden Beschluss der Verwaltungsgesellschaft gekennzeichnet, was sich schon alleine aus Gründen der Praktikabilität als sinnvoll erwiesen hat. Ein Element ist oftmals, dass die Verwaltungsgesellschaft diesen Beschluss fassen kann, sobald sie der Ansicht ist, dass sie das Sondervermögen nicht mehr in wirtschaftlich sinnvoller Art und Weise verwalten

29 Dieses gesetzliche Mindestnettovermögen ist auf 1.250.000 Euro festgelegt, ein Viertel sind also 312.500 Euro.

kann. Oft wird dabei ein Betrag von fünf Millionen Euro als mindestens notwendiges Nettovermögen herangezogen, unterhalb dessen dieses nicht mehr angenommen wird. Auch wenn die Verwaltungsgesellschaft unterhalb dieser gegebenenfalls genannten Grenze dann nicht gezwungen ist, das Sondervermögen in Liquidation zu setzen, so ist es doch selten, dass die gesetzliche Rechtsfolge des „in Liquidation befindlich" auf Basis eines Fallens des Nettovermögens während sechs Monaten unterhalb von einem Viertel des gesetzlichen Mindestnettovermögens (entsprechend Art. 22 (1) d) des Gesetzes von 2010) eintritt, und nicht die Verwaltungsgesellschaft zuvor bereits das Sondervermögen durch eigenen Beschluss in Liquidation gesetzt hat.

Art. 22 (2) des Gesetzes von 2010 schließlich legt die Pflicht der Veröffentlichung des 20
Umstandes, der die Liquidation nach sich zieht, fest.

Bereits ab dem Eintritt des Umstandes, der die Liquidation des Sondervermögens nach sich zieht, ist die Ausgabe von Anteilen untersagt. Dieses gilt grundsätzlich auch für die Rücknahme von Anteilen, es sei denn die Gleichbehandlung der Anteilinhaber kann dabei gewahrt werden (demgemäß Art. 22 ((3) des Gesetzes von 2010). Eine Gleichbehandlung kann jedoch nur gewahrt werden, sofern insbesondere die Kosten der Liquidation und der Veräußerung der Vermögenswerte berücksichtigt werden (Rückstellungen dafür gebildet werden) und damit in Nettoinventarwert, der die Grundlage eines Rücknahmepreises ist, „eingepreist" sind, da ansonsten der Anteilinhaber, der zeitlich vor einem anderen Anteilinhaber seine Rücknahme abgerechnet bekommt, einen besseren Nettoinventarwert pro Anteil erhält, obgleich der die Liquidation verursachende Umstand bereits bekannt ist.

Im Übrigen ist für die Liquidation eines Sondervermögens, wie im Gesellschaftsrecht, ein Liquidator notwendig. Im Regelfall ist das die Verwaltungsgesellschaft, es kann jedoch auch jemand Anderes sein. Insbesondere wenn die Liquidation durch die Insolvenz oder Liquidation der Verwaltungsgesellschaft selbst bedingt ist, ist es üblich, dass nicht die Verwaltungsgesellschaft der Liquidator des Sondervermögens ist.

Basisdokument für ein OGAW-Sondervermögen ist das von der Verwaltungsge- 21
sellschaft erstellte Verwaltungsreglement. In ihm sind alle wesentlichen Elemente des Sondervermögens festgelegt. Daneben muss die Verwaltungsgesellschaft für jedes von ihr verwaltete Sondervermögen einen Verkaufsprospekt erstellen und veröffentlichen (entsprechend Art. 150 (1) des Gesetzes von 2010). Beide Dokumente, Verwaltungsreglement und Verkaufsprospekt sind komplementäre Dokumente, was in Art. 151 (2) zum Ausdruck kommt, denn der Verkaufsprospekt muss mindestens die Angaben die in Schema A Anhang I des Gesetzes von 2010 aufgeführt sind enthalten, soweit diese Angaben nicht bereits in den als Anhang zum Verkaufsprospekt beigefügten Gründungsunterlagen (im Falle eines Sondervermögens das Verwaltungsreglement), enthalten sind (entsprechend Art. 151 (2) des Gesetzes von 2010). Näheres dazu ist unter dem betreffenden Kapitel 21 des Gesetzes von 2010 beschrieben. Üblicherweise ist das Verwaltungsreglement das eher allgemein formulierte Dokument und der Verkaufsprospekt das Detailliertere. Allerdings gilt dieses nicht für alle Elemente und ist keineswegs in der Aufteilung vorgeschrieben oder würde Doppeltnennungen unmöglich machen.

Die Mindestanforderungen an den Inhalt eines Verwaltungsreglements sind: 22

- Die Bezeichnung und Dauer des Sondervermögens sowie die Bezeichnung der Verwaltungsgesellschaft und der Verwahrstelle (Art. 13 (2) a) des Gesetzes von 2010).
- Die Anlagepolitik in Bezug auf spezifische Anlageziele und Anlagekriterien (Art. 13 (2) b) des Gesetzes von 2010). Zumeist wird im Verwaltungsreglement lediglich der grobe Rahmen gesteckt und im Verkaufsprospekt dann detailliert, was insbesondere

bei Umbrella-Strukturen, d.h. Strukturen mit mehreren Teilfonds,[30] gilt. Dennoch enthält das Verwaltungsreglement die Details zu den unbedingten OGAW Anlagegrenzen wie in Kapitel 5 des Gesetzes von 2010 enthalten.

- Die in Art. 16 des Gesetzes von 2010 angesprochenen Ausschüttungspolitik (Art. 13 (2) c) des Gesetzes von 2010). Dieses ist gegebenenfalls durch einen Hinweis auf weitere Detaillierung im Verkaufsprospekt abgedeckt, was insbesondere bei Umbrella-Strukturen, d.h. Strukturen mit mehreren Teilfonds[30], gilt.
- Vergütungen und Kostenerstattungen, die die Verwaltungsgesellschaft dem Sondervermögen entnehmen kann, sowie die Berechnungsweise dieser Vergütungen (Art. 13 (2) d) des Gesetzes von 2010).
- Bestimmungen zu Veröffentlichungen (Art. 13 (2) e) des Gesetzes von 2010). Generell ist in diesem Zusammenhang auch auf Kapitel 21 des Gesetzes von 2010, genauer Art. 150–156 des Gesetzes von 2010, hinsichtlich der Veröffentlichung eines Prospekts und regelmäßiger Berichte, auf Art. 157 und 158 des Gesetzes von 2010 hinsichtlich der Veröffentlichung sonstiger Informationen und Art. 159–163 des Gesetzes von 2010 hinsichtlich der von OGAW zu erstellenden wesentlichen Information für Anleger zu verweisen, wo weitere Details zu diesen Themen nicht nur für OGAW-Sondervermögen, aber eben auch für diese gültig, zu finden sind. Die wesentlichen Informationen für Anleger haben im Rahmen der OGAW IV-Richtlinie die vereinfachten Verkaufsprospekte ersetzt und werden zumeist kurz als KIID (*key investor information document*)[31] bezeichnet. Im Folgenden wird hier daher der Begriff KIID verwendet werden. An dieser Stelle soll nur kurz erwähnt sein, dass diese Dokumente wirklich kurz, d.h. zwei Seiten, in speziellen Fällen drei Seiten lang sind und der Inhalt zur Sicherstellung der Vergleichbarkeit von Produkten zum Schutze der Anleger damals von Seiten der CESR EU-weit vorgeschrieben wurde. Abgesehen von einem erhöhten Aufwand auf Seiten der Fondsindustrie ist jedoch damit das Ziel erreicht worden.
- Das Datum der Rechnungslegung des Sondervermögens (Art. 13 (2) f) des Gesetzes von 2010). Wie bereits angesprochen finden sich weitere Details zu den regelmäßigen Berichten in Art. 150–156 des Gesetzes von 2010. Hier soll nur insoweit präzisiert werden, dass die Verwaltungsgesellschaft für OGAW (nicht nur für Sondervermögen sondern auch für SICAV) einen, durch einen zugelassenen Wirtschaftsprüfer (*réviseur d'éntreprise agreé*) geprüften Jahresbericht und einen ungeprüften Halbjahresbericht, der sich auf die ersten sechs Monate des Geschäftsjahres erstreckt, zu veröffentlichen hat (Art. 150 (1) in Verbindung mit Art. 154 (1) des Gesetzes von 2010). Der Stichtag des Geschäftsjahresendes und damit der Rechnungslegung ist frei wählbar, wird jedoch üblicherweise auf Quartalsenden gewählt und ist auch heute noch oftmals identisch mit dem Ende des Kalenderjahres. Die Jahresberichte müssen innerhalb von 4 Monaten nach dem Ende des betreffenden Berichtszeitraums veröffentlicht werden, die Halbjahresberichte müssen innerhalb von 2 Monaten nach dem Ende des betreffenden Berichts-Halbjahres veröffentlicht werden (Art. 150 (2) des Gesetzes von 2010.
- Unbeschadet der einschlägigen gesetzlichen Regelungen die Fälle, in denen das Sondervermögen aufgelöst werden kann (Art. 13 (2) g) des Gesetzes von 2010). Die

30 Ein Sondervermögen kann, wie nach Art. 181 des Gesetzes von 2010 zulässig, in Form einer Umbrella-Struktur aufgelegt sein und mehrere Teilfonds haben; siehe dazu näher unter Kapitel 24, Art. 181 des Gesetzes von 2010.

31 Im französischen Originaltext des Gesetzes von 2010 wird von *Informations clés pour l'investisseur à établir par l'OPCVM* gesprochen.

einschlägigen gesetzlichen Regelungen im Gesetz von 2010 sind hierzu in Art. 22 des Gesetzes von 2010 festgehalten.
- Das Verfahren zur Änderung des Verwaltungsreglements (Art. 13 (2) h) des Gesetzes von 2010).
- Das Verfahren zur Anteilsausgabe (Art. 13 (2) i) des Gesetzes von 2010).
- Das Verfahren zur Anteilsrücknahme sowie die Bedingungen, zu denen Anteilsrücknahmen möglich sind bzw. ausgesetzt werden können (Art. 13 (2) j) des Gesetzes von 2010).

Hinsichtlich der letzten beiden Spiegelstriche (Anteilsaugabe und Anteilsrücknahme) ist in Art. 157 des Gesetzes von 2010 festgelegt, dass alle OGAW nach dem Gesetz von 2010 immer dann Ausgabe-, Verkaufs- und Rücknahmepreise ihrer Anteile veröffentlichen müssen, wenn eine Ausgabe, ein Verkauf oder eine Rücknahme ihrer Anteile stattfindet, jedoch mindestens zweimal im Monat. Das heißt im Ergebnis, dass jeder OGAW, und damit jedes OGAW Sondervermögen mindestens alle zwei Wochen eine Nettoinventarwertberechnung (Details siehe nachstehend) vornehmen muss, um die entsprechende Basis für die Bestimmung der vorgenannten Preise zu haben. Man könnte auf Basis des Wortlauts des Gesetzes von 2010 auch argumentieren, dass beispielsweise eine Berechnung in der dritten Woche eines Monats und eine Berechnung in der vierten Woche eines Monats ausreichend sind. Dieses erscheint jedoch als theoretisches Problem, das aus der Praxis heraus nicht thematisiert wird.

An dieser Stelle muss jedoch noch etwas detaillierter auf die Anteile an Sonderver- 23 mögen, deren Ausgabe, Verkauf und Rücknahme sowie die Nettoinventarwertberechnung und die Bewertung von Sondervermögen eingehen.

Anteile werden von der Verwaltungsgesellschaft als Namens- oder Inhaberpapiere 24 oder dematerialisierte Wertpapiere ausgegeben, die jeweils einen oder mehrere Anteile an dem betreffenden Sondervermögen verbriefen (entsprechend Art. 8 (1) Satz 1 des Gesetzes von 2010). Es ist uneingeschränkt zulässig Anteilsbruchteile auszugeben (die jedoch, sollte ausnahmsweise ein Stimmrecht mit den Anteilen am Sondervermögen verbunden sein, dieses Stimmrecht nicht gewähren, da es ganzen Anteilen vorbehalten ist) und sofern im Verwaltungsreglement entsprechend festgelegt, dürfen auch schriftliche Zertifikate über den entsprechenden Eintrag der Anteile ausgegeben werden (entsprechend Art. 8 (1) Satz 2 des Gesetzes von 2010). Anteile an Sondervermögen können auch in unterschiedlichen Anteilklassen mit unterschiedlichen Charakteristika ausgegeben werden. Dieses kann verschiedene Kriterien betreffen, z.B. unterschiedliche Mindestanlagebeträge für unterschiedliche Anteilklassen, verbunden mit einer niedrigeren Maximalvergütung für die Verwaltungsgesellschaft bei der Anteilklasse mit dem höheren Mindestanlagebetrag. Verschiedene Anteilklassen haben zwar einen getrennten Nettoinventarwert, sind jedoch, anders als Teilfonds in einer Umbrella-Struktur (siehe Art. 181 (1) und (5) des Gesetzes von 2010), nicht rechtlich von einer anderen Anteilklasse getrennt. Innerhalb einer Anteilklasse müssen die betreffenden Anteilinhaber jedoch durch das OGAW Sondervermögen unbedingt gleich behandelt werden. In der Praxis zeigt sich, dass bei OGAW Sondervermögen in der Vergangenheit im Regelfall Inhaberanteile ausgegeben wurden. Heute erfolgt die Ausgabe zumeist als sogenanntes „*book entry registered*", das dann ebenfalls die „Lieferung" der Anteile über die betreffende Clearingstelle in die entsprechenden Depots der Anleger ermöglicht (wobei die Depots der Anleger – ihr Anlagekonto – zumindest was den deutschen Markt betrifft, zumeist bei der betreffenden (Haus-)Bank des Anlegers geführt werden). Das erscheint bei der Auslegung des Produkts als Publikumsfonds mit üblicherweise vielen Anlegern als sehr effiziente Art der Verwaltung. Natürlich können besondere Umstände die Ausgabe von

Namensanteilen erfordern, aber das kommt weniger häufig vor. Die Ausstellung schriftlicher Zertifikate erfolgt heutzutage eigentlich gar nicht mehr, ist in Verwaltungsreglement und dem Verkaufsprospekt üblicherweise sogar ausgeschlossen, da sich dieses von der Verwaltung her als zu aufwendig und mithin zu teuer erwiesen hat. Unabhängig davon werden natürlich Bestätigungen über den entsprechenden Erwerb von Anteilen an den jeweiligen Anleger, der bei der Verwaltungsgesellschaft gezeichnet hat, versendet. Dieses kann, muss aber nicht der Endanleger sein; in Deutschland ist es zumeist die das Anlagekonto des Endanlegers führende Bank, die im Wege der sogenannten Drittbankenzeichnung den Erwerb der Anteile für den Endanleger vorgenommen hat.

Für die Frage des Eigentums an den vorgenannten Papieren wird auf das allgemeine Gesellschaftsrecht, nämlich Art. 40 und Art. 42 des geänderten Gesetzes vom 10. August 1915 über Handelsgesellschaften (la loi du 10 août 1915 concernant les sociétés commerciales, telle que modifiée; das **Gesetz von 1915**) verwiesen und die Rechte an Namensanteilen und deren Übertragung können in Übereinstimmung mit dem Gesetz vom 1. August 2001 über den Umlauf von Wertpapieren[32] ausgeübt werden (entsprechend Art. 8 (2) des Gesetzes von 2010).

Innerhalb bestimmter Grenzen und insbesondere zumeist bei Kostenübernahme durch den entsprechenden Anleger bzw. teilweise sofern nicht anders von der Satzung bestimmt kann ein Anleger die Umwandlung von a) Inhaberpapieren in Namenspapiere oder dematerialisierte Wertpapiere, von b) Namenspapieren in dematerialisierte Wertpapiere, und von c) dematerialisierten Wertpapieren in Namensaktien verlangen (entsprechend Art. 8 (3) des Gesetzes von 2010).

Die Ausgabe von Anteilen erfolgt zum Nettoinventarwert pro Anteil – der Nettoinventarwert pro Anteil wird durch Teilung des Nettovermögens des Sondervermögens durch die Zahl der im Umlauf befindlichen Anteile ermittelt (entsprechend Art. 9 (1) des Gesetzes von 2010) – gegebenenfalls erhöht um Kosten und Provisionen, im Regelfall Ausgabeaufschlag genannt, deren Maximalwert und Erhebungsverfahren durch eine Großherzogliche Verordnung festgelegt werden kann (demgemäß Art. 9 (1) des Gesetzes von 2010). Eine solche Großherzogliche Verordnung besteht bislang nicht allerdings fordert die CSSF, dass der Maximalbetrag mindestens im Verkaufsprospekt angegeben ist und die CSSF hat durchaus Vorstellungen über die absolut akzeptable Maximalhöhe eines Ausgabeaufschlags (oder sonstiger Kosten und Provisionen) entwickelt. Die Ausgabe erfolgt ausschließlich nach Erhalt des Ausgabepreises durch das Sondervermögen (innerhalb der üblichen Fristen), wobei dieses nicht die Ausgabe von Gratisanteilen verbietet (demgemäß Art. 9 (2) des Gesetzes von 2010). Sofern dieses zulässigerweise im Verwaltungsreglement und regelmäßig im Verkaufsprospekt des OGAW Sondervermögens vorgesehen ist, darf ein Anleger den fälligen Ausgabepreis auch unbar, d.h. durch Einbringen von Vermögenswerten, in das OGAW Sondervermögen leisten. Die Kosten für eine solche Einbringung (unabhängige Bewertung der Vermögenswerte durch einen Wirtschaftsprüfer ist erforderlich) sind von dem betreffenden Anleger zu leisten und es kann sich natürlich nur um Vermögenswerte handeln, die nach den Bestimmungen über die Anlagepolitik in Kapitel 5 des Gesetzes von 2010, sowie den gegebenenfalls engeren Anforderungen des konkreten OGAW Sondervermögens zulässig sind. Die Häufigkeit der Anwendung dieser Vorschriften in der Praxis ist überschaubar.

Die Rücknahme der Anteile erfolgt spiegelbildlich dazu auf Basis des Nettoinventarwerts pro Anteil abzüglich eventueller Kosten und Provisionen, deren Maximalwert und Erhebungsverfahren durch eine Großherzogliche Verordnung festgelegt werden

---

32 *Loi relative aux titres dématérialisés et la loi du 1er août 2001 concernant la circulation de titres.*

kann (demgemäß Art. 11 (3) des Gesetzes von 2010). Auch eine solche Großherzogliche Verordnung besteht bislang nicht. Allerdings fordert die CSSF, dass der Maximalbetrag mindestens im Verkaufsprospekt angegeben ist und die CSSF hat auch hier durchaus Vorstellungen über die absolut akzeptable Maximalhöhe eines Rücknahmeabschlags (oder sonstiger Kosten und Provisionen) entwickelt. Sofern dieses zulässigerweise im Verwaltungsreglement und regelmäßig im Verkaufsprospekt des OGAW Sondervermögens vorgesehen ist, kann der fällige Rücknahmepreis auch unbar, d.h. durch Übertragung von Vermögenswerten des OGAW Sondervermögens auf den betreffenden Anleger, an diesen geleistet werden. Der betreffende Anleger muss dieses entweder verlangen oder damit einverstanden sein und die Kosten für eine solche unbare Auszahlung (unabhängige Bewertung der Vermögenswerte durch einen Wirtschaftsprüfer ist erforderlich) sind von dem betreffenden Anleger zu leisten. Die Verwaltungsgesellschaft darf ferner nur dann eine solche unbare Auszahlung des Rücknahmepreises vornehmen, wenn diese nicht für die anderen Anteilinhaber nachteilig ist. Die Häufigkeit der Anwendung auch dieser Vorschriften in der Praxis ist überschaubar.

Charakteristisch für einen sogenannten offenen Fonds wie einen OGAW und damit 25 auch ein OGAW Sondervermögen ist die Tatsache, dass das OGAW Sondervermögen verpflichtet ist seine Anteile auf Verlangen eines Anteilinhabers zurückzunehmen. Folgerichtig kann dieses Recht nur sehr begrenzt eingeschränkt werden. Die Rücknahme kann von der Verwaltungsgesellschaft nur unter engen Voraussetzungen und unter Beachtung eines bestimmten Verfahrens, sofern für den Ausnahmefall vorbehalten, die Umstände es erfordern und die Aussetzung unter Berücksichtigung der Interessen der Anteilinhaber gerechtfertigt ist, zeitweilig ausgesetzt werden (dementsprechend Art. 12 (1) a) des Gesetzes von 2010). Wird eine solche Aussetzung von der Verwaltungsgesellschaft beschlossen muss diese unverzüglich sowohl die CSSF wie auch alle zuständigen Aufsichtsbehörden der anderen EU-Staaten, in denen das OGAW Sondervermögen vertrieben wird, informieren. Der Fall der Information an andere Aufsichtsbehörden betrifft zunächst also nur die Aufsichtsbehörden anderer EU-Staaten, in denen das OGAW Sondervermögen zum öffentlichen Vertrieb angezeigt ist. Über Nicht-EU-Staaten ist naturgemäß hier nichts gesagt, was dann von Seiten der Verwaltungsgesellschaft unbedingt erfordert, die Einzelanforderungen der Staaten, in denen ein öffentlicher oder anderweitiger Vertrieb des OGAW Sondervermögens registriert ist, genau zu kennen und zu beachten (zum Beispiel bei Vertrieb in der Schweiz, Taiwan, Hong Kong, Bahrain etc.). Einzelheiten zu den Anforderungen an eine Aussetzung der Rücknahme, die den regulatorischen Maßgaben entsprechen, sind im Verwaltungsreglement und regelmäßig im Verkaufsprospekt nach in der Zwischenzeit fast schon standardisierten Formulierungen enthalten. Entsprechende, nahezu standardisierte Formulierungen werden übrigens auch für den Fall, dass nicht nur die Anteilsrücknahme sondern, zulässigerweise, die gesamte Nettoinventarwertberechnung ausgesetzt wird, was der Verwaltungsgesellschaft ebenfalls nur in engen Grenzen möglich ist und die Aussetzung von Anteilsausgabe und Anteilsrücknahme zur Folge hat, in das Verwaltungsreglement und regelmäßig den Verkaufsprospekt aufgenommen. Beim Vertrieb in Nicht-EU-Staaten sind typischerweise besondere Hinweise in den Verkaufsprospekt des OGAW Sondervermögens aufzunehmen (zumeist in Form einer eigenen Sektion, wobei es auch sein kann, dass die Regularien eines Nicht-EU-Staates einen speziell für dieses Land bestimmten Verkaufsprospekt verlangen), die dann gegebenenfalls auch die Frage der Information an die zuständige Aufsichtsbehörde des betreffenden Nicht-EU-Staates beinhalten.

Neben der Verwaltungsgesellschaft kann auch die CSSF die Aussetzung der Anteilsrücknahme verlangen. Das gilt als generelle Regel und gegebenenfalls, entgegen des vorbeschrieben Falles der Aussetzung durch die Verwaltungsgesellschaft, zeitlich nicht beschränkt und insbesondere bei Nichtbeachtung gesetzlicher, aufsichtsrechtlicher oder vertraglicher Bestimmungen betreffend die Geschäftstätigkeit oder die Funktionsweise eines OGAW Sondervermögens (dementsprechend Art. 12 (1) b) des Gesetzes von 2010).

Unabhängig davon kann jedoch weder ein Anteilinhaber noch dessen Gläubiger die Teilung oder Auflösung des Sondervermögens verlangen (entsprechend Art. 11 (3) des Gesetzes von 2010). Damit soll und wird die Unteilbarkeit und Kontinuität des Sondervermögens unabhängig von den Bestrebungen und Umständen einzelner Anteilinhaber sichergestellt.

Sowohl Ausgabe als auch Rücknahme erfolgen an jedem Tag, an dem der Nettoinventarwert berechnet wird. Diese Tage werden gemeinhin als Bewertungstage bezeichnet. Wie oben bereits erwähnt, ist dieses mindestens zweimal im Monat. Kauf mit Anteilsausgabe und Rückgabe mit Anteilsrücknahme müssen für jeden Anleger bzw. Anteilinhaber aber immer so organisiert sein, dass dieser den tatsächlichen Nettoinventarwert pro Anteil zum Zeitpunkt seiner entsprechenden Entscheidung nicht kennt und auch nicht kennen kann. Dazu müssen feste Zeitpunkte fixiert werden, sogenannte *cut off times*, nach denen sich der anzuwendende Ausgabe- oder Rücknahmepreis richtet. Oft ist zum Beispiel die entsprechende *cut off time* 17.00h an einem Bewertungstag, d.h., dass alle Zeichnungen/Rückgaben, die bei dem Sondervermögen (d.h. der Verwaltungsgesellschaft oder, sofern fixiert, einem ihrer Dienstleister) vor 17.00h an einem Bewertungstag eingehen, zu dem Nettoinventarwert pro Anteil des nächsten Bewertungstages abgerechnet werden und alle Zeichnungen, die nach 17.00h an einem Bewertungstag entsprechend eingehen, zu dem Nettoinventarwert pro Anteil des übernächsten Bewertungstages abgerechnet werden. Dieses kann natürlich, z.B. in Abhängigkeit der Märkte an denen die Vermögenswerte des Sondervermögens notiert sind oder auf denen sie gehandelt werden, variiert werden, denn daraus, wie nachstehend näher behandelt, ergibt sich auch deren für die Nettoinventarwert Berechnung zu berücksichtigender Wert. Für den Umtausch von Anteilen gilt das zuvor Gesagte entsprechend. Ein Umtausch von Anteilen ist letztlich nur die gesondert vorgesehene Rückgabe bestimmter Anteile und Neuzeichnung anderer Anteile (oftmals innerhalb derselben Umbrella-Struktur), die zu regelmäßig günstigeren Konditionen als die einfache Rückgabe und Zeichnung von Anteilen angeboten wird. Dieses erscheint ein probates Mittel um Anlegern ggf. wenigstens teilweise den Verbleib im gleichen Produkt oder einem anderen Produkt desselben Initiators/Anlageberaters/Portfolio Managers, interessant zu machen. Rechtlich gesehen bleibt ein Umtausch jedoch eine Rückgabe bestimmter Anteile verbunden mit der Neuzeichnung anderer Anteile.

Die CSSF hat zur Vermeidung von Zeichnungen/Rückgaben (und Umtausch) von Anteilen bei (potentieller) Kenntnis des Nettoinventarwertes zusätzlich das CSSF Rundschreiben 04/146 zum Schutz von OGA und ihren Anlegern gegen Praktiken des *Late Trading* und des *Market Timing*[33] herausgegeben. Die CSSF verlangt, dass dieses gesondert Eingang in den Verkaufsprospekt jedes OGAW und damit auch jedes OGAW Sondervermögen findet.

Daneben sind sowohl Ausgabe wie auch Rücknahme von Anteilen von Gesetzes wegen untersagt, sofern keine Verwaltungsgesellschaft oder Verwahrstelle besteht (entsprechend Art. 12 (3) a) des Gesetzes von 2010), was praktisch ein Fall ist, der kaum vorkommen kann, oder im Falle der Liquidation, der Eröffnung des Insolvenzverfahrens über das Vermögen der Verwaltungsgesellschaft oder der Verwahrstelle, oder des An-

33 *CSSF Circulaire 04/146 concernant la protection des organismes de placement collectif et de leurs investisseurs contre les pratiques de Late Trading et de Market Timing.*

trags der Verwaltungsgesellschaft oder der Verwahrstelle auf Eröffnung des Vergleichsverfahrens, auf Zahlungsaufschub oder auf Anordnung der Zwangsverwaltung oder eines ähnlichen Verfahrens (entsprechend Art. 12 (3) b) des Gesetzes von 2010), was in der Praxis zwar sehr selten, aber eben, zumeist nur unter sehr besonderen Umständen, vorkommen kann.

Werfen wir nun einen Blick auf die Bewertung. In Art. 9 (3) des Gesetzes von 2010 ist der Grundsatz, dass die Bewertung der Vermögenswerte eines OGAW Sondervermögens im Hinblick auf zu einer amtlichen Notierung zugelassene Wertpapiere auf Grundlage des letzten bekannten Kurses zu erfolgen hat, enthalten. Der Grundsatz beschreibt weiter, dass für nicht zu einer amtlichen Notierung zugelassene Wertpapiere sowie solche zugelassenen Wertpapiere, deren zuletzt ermittelter Kurs nicht repräsentativ ist, die Bewertung aufgrund des wahrscheinlichen in umsichtiger Weise nach Treu und Glauben zu schätzenden Veräußerungswertes erfolgt. Im Rahmen von OGAW ist, aus der Natur der zulässigen Anlagen eines solchen Fonds, die Anwendung des Grundsatzes der Verwendung des zuletzt ermittelten Kurses der überwiegend vorkommende Fall, wobei Anwendungsdetails unterschiedlich sind. Häufig wird bei den zuletzt ermittelten Kursen auf den zuletzt verfügbaren Schlusskurs der Börse an dem ein Wertpapier zugelassen ist/des geregelten Marktes auf dem ein Wertpapier gehandelt wird verwiesen. Beispielhaft seien auch die Anlagen in einen anderen OGAW (oder unter bestimmten Voraussetzungen auch OGA), die ebenfalls für ein OGAW Sondervermögen zulässig sind (siehe näher dazu Art. 41 (2) e) des Gesetzes von 2010 sowie die weiter in Kapitel 5 aufgeführten diesbezüglichen Anlagegrenzen) angeführt. Für diese wird regelmäßig der zuletzt verfügbare, offiziell ermittelte Nettoinventarwert zu Grunde gelegt Insgesamt sind die detaillierten Maßgaben der Bewertung der einzelnen Anlagen im Verwaltungsreglement und regelmäßig auch im Verkaufsprospekt näher zu beschreiben. In diesem Zusammenhang sind anschließend normalerweise die Einzelkriterien der Rechnungslegung im Verwaltungsreglement sowie regelmäßig auch im Verkaufsprospekt aufgeführt.

Nachstehend wird detailliert auf die Bewertung und damit verbundene Spezifika eingegangen.

1. Europäische Union. In Kapitel X „Allgemeine Verpflichtungen des OGAW“, Art. 85 der OGAW IV-Richtlinie wird auf europäischer Ebene (insoweit unverändert gegenüber den vorherigen OGAW-Richtlinien) den Mitgliedstaaten ein Höchstmaß an Flexibilität in Bezug auf die Bewertungen der Vermögenswerte innerhalb eines OGAW eingeräumt: 26

> Die Regeln für die Bewertung des Sondervermögens sowie die Regeln zur Berechnung des Ausgabe- oder Verkaufspreises und des Rücknahme- oder Auszahlungspreises der Anteile eines OGAW werden in den anwendbaren nationalen Rechtsvorschriften oder in den Vertragsbedingungen oder in der Satzung der Investmentgesellschaft angegeben.

Ob so das in Grund 3 des Vorwortes ebendieser Richtlinie propagierte Ziel der „Angleichung der Wettbewerbsbedingungen zwischen diesen Organismen auf Gemeinschaftsebene“ erreicht wird, bleibt fraglich. Faktisch ist so die Möglichkeit eröffnet, dass verschiedene Organismen, welche in identische Vermögenswerte investieren, allerdings in unterschiedlichen Herkunftsmitgliedstaaten ursprünglich zugelassen (domiziliert) sind, auch unterschiedlichen Bewertungsmodalitäten unterliegen. Die (zugegebenermaßen hypothetische) Konsequenz ist, dass ein Anleger die Auswahl seines Fondsproduktes nach dem Bewertungsregime des jeweiligen Herkunftsmitgliedstaates abhängig macht, oder dies zumindest in seine Entscheidungsfindung mit einfließen lässt. Um hier 27 im europäischen Wettbewerb nicht den Anschluss zu verlieren, ist es auch wirtschaftspolitisch geboten, den Spielraum durch ein zu enges gesetzliches Korsett nicht zu stark einzuschränken.

28 **2. Luxemburg.** Die in Luxemburg konsequent durchexerzierte Trennung von Vertragsform („FCP") und Satzungsform („SICAV") hat dazu geführt, dass die hierauf anwendbare nationale Rechtsvorschrift insoweit auch zweigeteilt ist, wenngleich innerhalb des gleichen Gesetzes. Art. 9 Abs. 3 (regelt die Vorschriften für FCP) und Art. 28 Abs. 4 (regelt die Vorschriften für SICAV) bilden die zentralen Bewertungsvorschriften innerhalb der luxemburgischen Gesetzgebung mit Hinblick auf OGAW. Der Wortlaut für beide Formen ist unglücklicherweise jedoch nicht deckungsgleich: Während Art. 9 Abs. 3, mit Hinblick auf nicht zu einer amtlichen Notierung zugelassene Wertpapiere eine Schätzung unter Beachtung von Vorsicht, Treu und Glauben als Relativsatz unter Auslassung des Relativpronomen fordert („[...] estimée avec prudence et bonne foi"), benutzt Art. 28 Abs. 4 die vollständige Form („[...] laquelle doit être estimée avec prudence et bonne foi") unter Benutzung des Verbes „devoir" (müssen). Dies ist jedoch mitnichten als besondere Betonung der Prinzipien „prudence" (Vorsicht) und „bonne foi" (Treu und Glauben) für SICAV gegenüber FCP zu verstehen, da dem Gesetzgeber nicht daran gelegen sein kann, den ohnehin schon weiten Bewertungsspielraum durch weitere sprachliche Spitzfindigkeiten zusätzlich intransparenter zu gestalten. So wird also auch in der Bewertungspraxis kein besonderes Augenmerk auf die rechtliche Form des Investmentfonds gelegt, da sich die entsprechenden Rechtsnormen, bis auf obige Anmerkung und den Verweis auf etwaige weiterführende Bestimmungen entweder im Verwaltungsreglement (FCP) oder in der Satzung (SICAV), gleichen.[34]

29 Diese Rechtsnorm definiert einen sehr allgemein gehaltenen Rahmen für die Bewertung, der sich in folgendem Schaubild widerspiegelt:

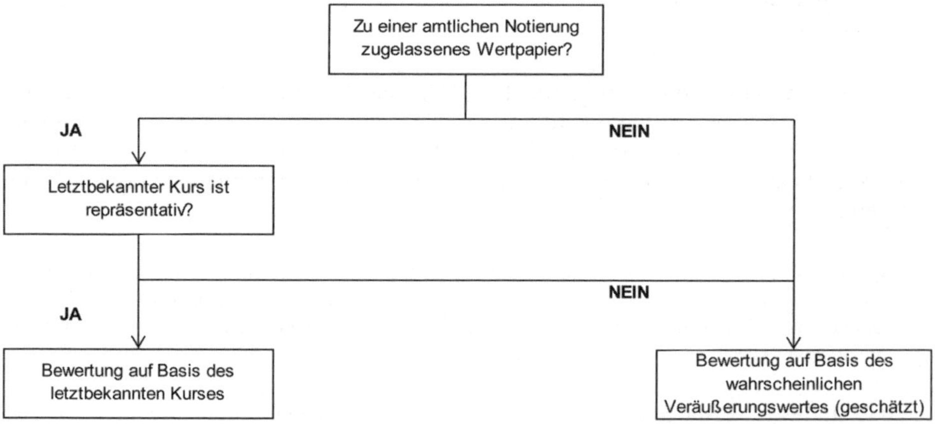

34 An dieser Stelle soll nochmal darauf hingewiesen werden, dass sich „bonne foi" im Deutschen zwar wörtlich als „Guter Glaube" liest, der französischsprachige Jurist damit allerdings allgemein das Verhalten eines redlich und anständig handelnden Menschen im Rechtsverkehr meint, was dem Deutschen „Treu und Glauben" entspricht; eine Interpretation als „im guten Glauben" oder „gutgläubig" wäre insofern inkorrekt.

Im ersten Prüfungsschritt wird auf die amtliche Notierung des Wertpapiers abgestellt: hier ist es unerheblich, ob diese an einem geregelten Marktes i.S.d. Richtlinie 2004/39/EG des Europäischen Parlaments und des Rates vom 21. April 2004 über Märkte für Finanzinstrumente („MiFiD") notiert sind, oder gar an einer Wertpapierbörse außerhalb der Europäischen Union zu einer amtlichen Notierung zugelassen sind (vgl. auch Art. 41). Auch gilt: ist der zu bewertende Vermögensgegenstand gar kein Wertpapier (sondern z.B. eine unverbriefte Forderung), so ist gem. obigem Schaubild die amtliche Notierung erst recht zu verneinen. 30

Die Fragestellung, ob der letztbekannte Kurs repräsentativ sei oder nicht, trägt der Problematik Rechnung, dass offizielle Schlusskurse aufgrund von Marktverwerfungen ein u.U. verzerrtes Bild abgeben können, vor allem dann, wenn das jeweilige Finanzinstrument an einer eher niedrigen Liquidität leidet. Gerade im Bereich „Fixed Income" sind viele Unternehmensanleihen zwar zu einer amtlichen Notierung zugelassen, der eigentliche Handel findet jedoch außerbörslich („over-the-counter") mit Hilfe von auf Anleihetransaktionen spezialisierten Maklern („broker-dealer") statt. Hier wäre es ungebührlich, den für die Bewertung verantwortlichen Entscheidungsträgern eine Orientierung anhand der Börsenkurse vorzuschreiben, wenn diese für die Marktteilnehmer nicht von Relevanz sind. 31

Erst wenn sowohl die amtliche Notierung, als auch die Repräsentativität des letztbekannten Kurses bejaht werden kann, ist zwingend auf Basis des letztbekannten Kurses zu bewerten. Allerdings ist auch dies nicht der Weisheit letzter Schluss, da die Frage des „letztbekannt" in der Praxis eine Reihe von Fallstricken birgt: Gem. Art. 157 muss der Rücknahmepreis der Fondsanteile bzw. –aktien mindestens zweimal im Monat veröffentlicht werden – Usus ist eine tägliche Preisfeststellung. Auch muss gem. Rundschreiben CSSF 04/146 I. a) gewährleistet werden, dass der Anleger Fondsanteile bzw. -aktien zu einem unbekannten Preis zeichnet oder zurückgibt, um keinem Anleger Möglichkeiten für die Ausnutzung von Unvollkommenheiten in der Fondspreisermittlung einzuräumen. Insofern kommt dem Zusammenspiel zwischen Bewertungszeitpunkt, Zeitpunkt der Fondspreisermittlung und Zeitpunkt des Annahmeschlusses von Zeichnungs- und Rücknahmeanträgen eine besondere Bedeutung zu.[35] Auch die Möglichkeit, ein Fondsportfolio international zu investieren, trägt nicht zu einer Reduzierung der Komplexität bei. Auf all diese Fragestellungen muss der Initiator des Fonds ein besonderes Augenmerk im Rahmen der Auflage des Fonds legen (siehe weiter unten „Vertragliche Regelungen"). 32

Für Passiva gibt der Gesetzgeber gar überhaupt keine Vorgabe, da im Wortlaut nur von „actifs" (Aktiva, Vermögensgegenstände), nicht jedoch von „actifs net" (Nettovermögen) oder „passifs" (Passiva, Verbindlichkeiten) die Rede ist. Auch hier können sich jedoch erhebliche Bewertungsspielräume ergeben; man denke an derivative Finanzinstrumente, deren „Pay-off" zum Bewertungszeitpunkt negativ ist und den Fonds zu einer Zahlung verpflichten, im Rahmen der Fondspreisermittlung also passiviert werden. 33

Praktisch ist die Bewertung auf Basis der Schätzung eines wahrscheinlichen Veräußerungswertes, wenngleich dem Gesetzestext zu entnehmen eher die Residuale, der „Standardfall". Zahlreiche Regelungen im Gebiet der OGAW-Gesetzgebung zielen auf den Schutz des Anlegers ab, und auch hier soll eine unsachgemäße Benachteiligung von Anlegern klar ausgeschlossen werden: Unabhängig von den Zeichnungs- und Rücknahmeentscheidungen anderer Anleger, welche ihrerseits ja sehr wohl eine Veränderung im Gesamtfondsvolumen bewirken, soll die Fondspreisermittlung stets ein möglichst akku- 34

35 Sowohl im englischen als mittlerweile auch im deutschen Sprachgebrauch unter dem Begriff „Late Trading" bezeichnet.

rates Bild der gegenwärtigen Vermögenslage des Fonds zeichnen. Durch Zeichnungen bedingte Erweiterungen des Portfolios (Zukäufe) oder durch Rücknahmen bedingte Reduktionen (Verkäufe) sollen weitestgehend möglichst erfolgsneutral stattfinden, d.h. ohne Einfluss auf den Fondspreis selbst zu nehmen. Dies kann nur durch die Anwendung des im angelsächsischen Sprachraum als „Fair Value Regime" bekannten Bewertungsmaßstabes erfolgen. Ohne dies explizit im Gesetz zu verankern, ist die Zielsetzung der Schätzung eines „wahrscheinlichen Veräußerungswertes" die Erfassung aller Wertschwankungen, unabhängig davon, ob diese von Dauer oder nur temporär sind, mit dem Ziel, den Fondspreis einem (gedachten) Liquidationspreis möglichst nahe kommen zu lassen. Idealerweise könnte der Portfolioverwalter also zum Bewertungszeitpunkt jegliche Vermögensgegenstände genau zum Bewertungspreis veräußern. [36]

35 Verantwortlich für die Schätzung des wahrscheinlichen Veräußerungswertes ist im Falle des FCP der Verwaltungsrat der Verwaltungsgesellschaft und im Falle der SICAV der Verwaltungsrat der SICAV. Dabei müssen alle zum Zeitpunkt der Schätzung vorliegenden Informationen miteinbezogen und verarbeitet werden. Eine selektive Betrachtung von einigen wenigen alternativen Wertansätzen ohne eingehende Analyse der im Einzelfall relevanten Umstände widerspricht der Zielsetzung des Gesetzes: Die verantwortlichen Personen sollen mit Vorsicht („prudence") und nach den Grundsätzen von Treu und Glauben („bonne foi") handeln.

36 Neue Informationen, die unter Umständen konträr zu den bis dato vorliegenden Informationen zu sein scheinen, müssen unabhängig verarbeitet werden und, wenn sie als zuverlässig erachtet werden, ihren Weg in die Wertermittlung finden. Im vorliegenden Rundschreiben wird das Prinzip der Vorsicht nicht nochmal wiederholt, seine Relevanz findet seinen Ausdruck jedoch in der vorzunehmenden Bewertung der Zuverlässigkeit der Informationen. Als Beispielfall: wenn zwei mögliche Wertansätze vorliegen, beide aber aufgrund der Umstände nicht auf der Grundlage zuverlässiger Informationen zustande gekommen sind, oder die Zuverlässigkeit nicht zweifelsfrei festgestellt werden kann, ist der vorsichtigere, nach herrschender Meinung also der niedrigere Wertansatz heranzuziehen. Hier findet also, wenn auch in sehr abgespeckter Form, das Niederstwertprinzip, welches eine zentrale bilanzielle Instanz für Luxemburger Handelsgesellschaften bildet, seinen Weg in die Bilanzierung der Fonds. Für die Bewertung von Passiva geht die herrschende Meinung von einer spiegelbildlichen Betrachtung und einer entsprechenden Anwendung des Höchstwertprinzips nach, da eine Überbewertung der Passiva auf Gesamtfondsebene zu einer Unterbewertung des Fondspreises führt.

37 Obiges darf jedoch nicht zu einer permanenten willkürlichen Unterbewertung des Fondsportfolios führen, da auch dies zu einer Schädigung der Anleger führen kann: Als Beispiel sei ein Fonds mit breiter Anlegerschaft und regem Anteilscheinverkehr genannt, der in naher Zukunft geschlossen werden soll. Viele Anleger geben ihre Anteile vor Beginn der Liquidationsphase zurück, andere halten ihre Anteile bis zum Schluss. Die ersteren erhalten nun für ihre zurückgegebenen Fondsanteile konsequent „zu wenig Geld". Die letzteren Anleger können sich bei jedem Verkauf aus dem zugrundeliegenden Portfolio über einen realisierten Gewinn freuen, der nicht bereits im Vorfeld im Fondspreis berücksichtigt wurde, mithin also über „mehr Geld". Um derartigen Benachteiligungen vorzubeugen, ist es geboten, das Prinzip „Vorsicht" in Abwägung der Umstände des Einzelfalles anzuwenden.

---

36 Etwaige anfallende Transaktionsgebühren werden dabei im Rahmen der Bewertung regelmäßig außer Acht gelassen.

a) Vertragliche Regelungen. Die OGAW IV-Richtline erlaubt die Festlegung besonderer Bewertungsregeln in den Vertragsbedingungen oder in der Satzung der Investmentgesellschaft, im Falle des FCP also im Verwaltungsreglement, im Falle der SICAV in der Satzung. Die entsprechende luxemburgische Rechtsnorm (siehe oben) greift dies auf, und liefert in Fällen, wo die vertraglichen bzw. satzungsrechtlichen Vereinbarungen schweigen, entsprechende gesetzliche Regelungen. Die Formulierung „Sauf disposition contraire" („vorbehaltlich anderslautender Bestimmungen"), weist darauf hin, dass sehr wohl in den jeweiligen Vereinbarungen gegenlautende Bestimmungen definiert werden können, wovon in der Praxis reger Gebrauch gemacht wird. 38

Dies ist aus mehreren Gründen nachvollziehbar: Zum einen möchte der Anleger die Rechtssicherheit haben, dass sein Fondsanteil nach nachvollziehbaren und prüfbaren Kriterien bewertet wird, um die Bewertung seines dem Fondsverwalter anvertrauten Vermögens nicht der Willkür des Verwaltungsrates der Verwaltungsgesellschaft (FCP) bzw. des Verwaltungsrates der SICAV auszusetzen. Zum anderen bedarf die tägliche Fondspreisfeststellung eines effizienten und dennoch möglichst fehlerfreien Prozesses: Nicht selten liegen in der Verantwortung einer Verwaltungsgesellschaft und ihrer Dienstleister Hunderte von Fondsvehikeln mit teils überschneidenden Investmentuniversen. Eine Einzelbetrachtung jedes Vermögenswertes wäre nicht kostengünstig zu realisieren; eine zeitnahe bewertungstägliche Veröffentlichung des Fondspreises wäre gar unmöglich und die Lokalisierung und Beseitigung eines Fehlers im Falle einer offensichtlichen Fehlbewertung verkäme zu einem mühseligen manuellen Tagwerk. 39

Auf der Gegenseite steht jedoch (je nach Typus des Anlegers) der Wunsch nach Risikostreuung oder Partizipation an bestimmten ökonomischen Gegebenheiten. Dies hat zu der Entwicklung einer Vielzahl von Produkten geführt, die im OGAW-Kontext durchaus zulässig sind, im Rahmen der Preisfeststellung jedoch nicht wenige Fragestellungen aufwerfen. Um die zuständigen Portfolioverwalter nicht über Gebühr einzuschränken, wird auch in den vertraglichen Unterlagen des Fonds entsprechend als „letztmögliche" Bewertungsinstanz auf die vorsichtige Schätzung des wahrscheinlichen Veräußerungswertes, unter Berücksichtigung von Treu und Glauben, abgestellt. Darüber hinaus hat sich allerdings durchgesetzt, diesen Passus zu modifizieren bzw. erweitern: „Diese Vermögenswerte werden zum jeweiligen Verkehrswert bewertet, wie er nach Treu und Glauben **und anerkannten, von Wirtschaftsprüfern nachprüfbaren Bewertungsregeln** festgelegt wird". Dies eröffnet eine entsprechende Diskussion im Rahmen der Jahresabschlussprüfung bzw. bei Feststellung eines meldepflichtigen Nettoinventarwertberechnungsfehlers. 40

Wenngleich also das Gesetz dem Wortlaut nach einen „Exit"-Preis fordert, kommt es in der Praxis im Regelfalle weniger darauf an, die Bewertung einem Realisationswert entsprechend durchzuführen, sondern eher darauf ein Verfahren einzurichten, was eine verlässliche Preisfeststellung und Veröffentlichung des Anteilspreises/Nettoinventarwertes sicherstellt. Dabei ist die Satzung bzw. das Verwaltungsreglement meist sehr offen formuliert, um dann im Innenverhältnis (z.B. in der vertraglichen Ausgestaltung zwischen der SICAV bzw. der Verwaltungsgesellschaft und einem Dienstleister) das Bewertungsverfahren entsprechend detailliert für jeden Fonds bzw. Teilfonds zu verschriftlichen. Hier zeigt sich der Vorteil der recht „losen" rechtlichen Voraussetzungen: so ist beispielsweise eine Bewertung von Vermögensgegenständen in Luxemburg (anders als dies etwa bis zur Einführung von IFRS 13 im internationalen Kontext noch unter International Accounting Standards gefordert war) nicht zwingend so aufzusetzen, dass für Aktiva immer ein Geldkurs und für Passiva immer ein Briefkurs heranzuziehen ist. Vielmehr werden auch Zwischenwerte („mid") für zulässig erachtet. 41

42 Ähnliches gilt für den Bewertungszeitpunkt: Zwar erstellt der Fonds einen Jahresabschluss nach dem Stichtagsprinzip, operationell findet die Nettoinventarwertberechnung aber nicht unbedingt zu einem Zeitpunkt kurz vor Jahresende bzw. nachgelagert statt, sondern beispielsweise um 14:00 Uhr des letzten Tages im Jahr. Dementsprechend kann die Buchführung des Fonds an diesem Tag nicht alle Geschäftsvorfälle des gleichen Tages berücksichtigen. Was also für die Zurechnung von Aufwendungen und Erträgen gilt, wirkt sich analog auf die Bewertung aus.[37]

43 Konsequenterweise wird eine Bewertung also dann nicht als „falsch" erachtet, wenn sie aus oben genannten operationellen Gründen nicht alle Eventualitäten des gleichen Bewertungstages berücksichtigt (was der klassischen handelsrechtlichen Sicht entspräche), sondern nur dann, wenn sie nicht im Einklang mit den Modalitäten von Gesetz, Satzung/Verwaltungsreglement und Prospekt durchgeführt wurde. Entsprechend sollte bei dem Aufsatz mehr Wert auf die Revisionsfestigkeit des Systems gelegt werden als darauf, die allerneuesten Kurse abgreifen zu können. Schlussendlich ist es gar von untergeordneter Bedeutung, wie im Einzelnen der Wert eines jeweiligen Vermögensgegenstandes ermittelt wird; wichtiger ist es, nachvollziehbare und nachprüfbare Bewertungsregeln zu formulieren, die dann im Rahmen eines Prozesses stringent und möglichst unter Ausschluss von arbiträren Verhaltensweisen angewandt werden. Nur so kann gewährleistet werden, dass die Veränderung des Anteilspreises von Berechnungszeitpunkt zu Berechnungszeitpunkt auch die tatsächlichen Marktbewegungen der zugrundeliegenden Vermögensgegenstände abbildet, was überhaupt erst die Vergleichbarkeit der Leistung mehrerer Fondsmanager herstellt.

44 Erlaubt ist in diesem Zusammenhang also auch das „Bestimmen" eines Preises durch Experten, z.B. einen Anlageausschuss, falls eine Berufung auf observierte Marktdaten alleine nicht möglich ist. Diese Möglichkeit muss eingeräumt werden, da im OGAW-Kontext die Anlage in illiquide Vermögenswerte zwar begrenzt, aber nicht per se verboten ist. Die Robustheit des zugrundeliegenden Prozesses zur Ermittlung dieser Schätzungen, die letztendlich der Verwaltungsrat der SICAV bzw. der Verwaltungsgesellschaft zu vertreten hat, hat der Abschlussprüfer gem. seinem Prüfungsauftrag im Rahmen der Erstellung des Prüfberichtes nach Rundschreiben CSSF 02/81 zu würdigen.

45 **b) Rechtsfolgen bei Nichtbeachtung.** Die Strafbestimmungen des Gesetzes von 2010 sehen eine Haftstrafe von mindestens einem Monat und höchstens einem Jahr und/oder („d'une peine d'emprisonnement [...] et d'une amende [...] ou d'une de ces peines") Geldbußen von mindestens fünfhundert und höchstens fünfundzwanzigtausend Euro vor für Verstöße gegen die Bewertungsvorschriften vor, vgl. Art. 165 Abs. 2 bzw. Art. 168. Allerdings wird hier als subjektiver Tatbestandsmerkmal Vorsatz gefordert. Fehlbewertungen sind – führt man sich die Vielzahl der in Luxemburg domizilierten OGAW und die damit einhergehende Häufigkeit der Nettoinventarwertberechnung vor Augen – durchaus keine Seltenheit. Diese sind jedoch selten das Resultat einer vorsätzlichen „Blendung" des Anlegers, befeuert durch die kriminelle Energie der Verwaltungsratsmitglieder der Verwaltungsgesellschaften bzw. der Investmentgesellschaften. Eine der großen Vorteile des OGAW-Regimes ist ja gerade die Reduzierung von Interessenkonflikten durch Funktionentrennung und die Einführung mehrerer Kontrollinstanzen.

37 Der mögliche Zeitraum zur Aufdeckung werterhellender Tatsachen erstreckt sich für Jahresabschlüsse von OGAW also mitunter nicht nur auf den Zeitraum zwischen Stichtag und Tag der Aufstellung des Jahresabschlusses durch den Verwaltungsrat der SICAV bzw. der Verwaltungsgesellschaft, sondern darüber hinaus gewissermaßen auch auf den Zeitraum zwischen Nettoinventarwertermittlung und Tagesende (=Jahresende).

Dementsprechend sind die festgestellten Fehlbewertungen im ganz überwiegenden Maße auf operationelle Schwächen und Kommunikationsschwierigkeiten zwischen den Akteuren (Preisanbieter, Hauptverwaltung, Depotbank, Verwaltungsgesellschaft) zurückzuführen. Der Bestrafungseffekt kommt dann weniger durch die vorgenannten gesetzlichen Strafbestimmungen für Individuen zustande als durch die vertraglichen Ausgestaltungen, die die Zahlung eines etwaigen berechneten Ausgleichsbetrages dem Verursacher anlasten.

Mit der Veröffentlichung des Rundschreibens CSSF 02/77 über den Schutz der Anleger im Falle eines Fehlers bei der Berechnung des Nettoinventarwertes und die Entschädigung im Falle der Nichtbeachtung der für Organismen für gemeinsame Anlagen geltenden Anlagevorschriften im November 2002 hat die Aufsichtsbehörde in Luxemburg, aufbauend aus dem durch die Veröffentlichung außer Kraft gesetzten Rundschreiben CSSF 00/08, ein Regelwerk zur Korrektur etwaiger Fehler geschaffen. Das Rundschreiben deckt zwei Arten von Fehlern ab: Nettoinventarwertfehlberechnungen[38] und Anlagegrenzverletzungen.[39] 46

Die obigen Ausführungen aufgreifend definiert das Rundschreiben keinen Nettoinventarwertberechnungsfehler, sondern eine Vermutung der korrekten Berechnung wie folgt: 47

> Il est présumé que la VNI est correctement calculée lorsque les règles prévues pour sa détermination dans les documents constitutifs et prospectus des OPC sont strictement appliquées dans la continuité et avec bonne foi sur la base des informations les plus actuelles et les plus fiables qui sont disponibles au moment du calcul.
> Der Nettoinventarwert gilt als korrekt berechnet, wenn die in den Gründungsunterlagen und dem Prospekt des Fonds vorgesehenen Regeln für seine Ermittlung stringent, kontinuierlich und nach den Grundsätzen von Treu und Glauben auf der Basis der aktuellsten und zuverlässigen Informationen, die im Moment der Berechnung verfügbar sind, angewandt werden.

Das Rundschreiben erkennt an, dass ein Fehler üblicherweise aufgrund einer oder mehrerer Faktoren oder Umstände entsteht wie z.B. ein ungenügendes internes Kontrollsystem („procédures de contrôle internes inadéquates“) oder der Nichtbeachtung der Bewertungsregeln („non-respect des règles d'évaluation“). Damit ist auch klargestellt, dass sich Nettoinventarwertberechnungsfehler nicht ausschließlich auf die Fehlbewertung der zugrundeliegenden Vermögensgegenstände beschränken, sondern auch aus anderen Quellen resultieren können, wie z.B. Nichteinhalten von „Cut-Off“ Zeiten, Unterlassen des Ansatzes von Dividendenforderungen, unzulässiger Aktivierung von Aufwendungen etc. 48

Da die tägliche Nettoinventarwertermittlung im Grunde nichts anderes ist als das tägliche Aufstellen einer Bilanz und Gewinn- und Verlustrechnung innerhalb sehr enger Zeitfenster, ist – analog zur Jahresabschlusserstellung – die Korrektheit des Nettoinventarwertes wesentlich abhängig von der Qualität der zum Zeitpunkt der Aufstellung vorliegenden Informationen. So erkennt auch die Aufsicht an, dass die Ermittlung keine exakte Wissenschaft („science exacte“) ist, sondern der Nettoinventarwert die bestmögliche Schätzung („l'approximation la plus proche possible“) des tatsächlichen Marktwertes („valeur de marché réelle“) der Vermögensgegenstände eines Fonds darstellt. Inso- 49

38 „erreurs dans le calcul de la VNI“ oder „NAV-errors“.
39 „l'inobservation des règles de placement qui sont applicables aux OPC“ oder „breaches“.

fern ist es gerechtfertigt, nicht jede Fehlberechnung gleich als solche zu deklarieren und ein aufwändiges Korrekturverfahren einzuleiten.

50 Die Einführung des Rundschreibens hat ein sehr pragmatisches Verfahren eingeführt und setzt den Nettoinventarwert, wie er korrekterweise hätte ermittelt werden müssen, dem veröffentlichten „falschen" Nettoinventarwert gegenüber und erlegt der Hauptverwaltung eine Pflicht zur Einleitung weiterer Schritte nur dann auf, wenn gewisse Schwellenwerte überschritten wurden:

Geldmarktfonds („OPC monétaires/cash fund"):	0,25% des Nettoinventarwertes
Rentenfonds („OPC obligataires") und Mischfonds („OPC mixtes"):	0,50% des Nettoinventarwertes
Aktienfonds und andere Fonds („OPC d'actions & autres"):	1,00% des Nettoinventarwertes

51 Dabei steht es den Initiatoren („Promoter") des Fonds frei, niedrigere als die genannten Schwellen zu definieren.

52 An dieser Stelle zeigt sich auch das relative Alter des Rundschreibens: viele der älteren Rundschreiben der CSSF beziehen sich auf den „Promoter" („promoteur") eines Fonds. Das Konzept des „Promoter" wurde jedoch weder im Gesetz, noch in einem klarstellenden Rundschreiben der Aufsichtsbehörde jemals definiert. Die CSSF bestand jedoch, kraft ihres Amtes, bei Neuauflage eines Fonds stets auf die Benennung eines „Promoter". Dieser Gründer bzw. Initiator des Fonds verpflichtete sich der Aufsichtsbehörde gegenüber, sich den Anlegern gegenüber als letztverantwortliche Instanz verfügbar zu halten und musste entsprechendes Eigenkapital vorhalten. In der Außendarstellung (z.B. Prospekt, Jahresabschluss) trat der Promoter jedoch nie in Erscheinung. Mit der Einführung des Rundschreibens CSSF 12/546 (vgl. auch Darstellung im Teil „Verwaltungsgesellschaften") gibt die CSSF das „Promoter"-Konzept vollständig auf, wie in der Pressemitteilung CSSF 12/45 vom 31. Oktober 2012 zu lesen ist, sofern die Verwaltungsgesellschaft bzw. selbstverwaltete SICAV den Anforderungen des Rundschreibens genügt. Somit verloren die bisherigen Promoter kraft Gesetz mit Ablauf des 30. Juni 2013 (Datum des Inkrafttreten aller Bestimmungen des Rundschreibens) ihren Promoter-Status, da lt. Mitteilung der CSSF durch das neue Rundschreiben die Anforderungen an die Verwaltungsgesellschaften bzw. selbstverwalteten SICAV ausreichend sind, um den notwendigen erhöhten Anlegerschutz („protection élevée des investisseurs") sicherzustellen. Nach der Lesart der CSSF ist gedanklich also der „Promoter", insofern an ihn besondere Anforderungen in älteren Rundschreiben formuliert sind, durch die Verwaltungsgesellschaft zu ersetzen.

Folgende Prüfreihenfolge empfiehlt sich: 53

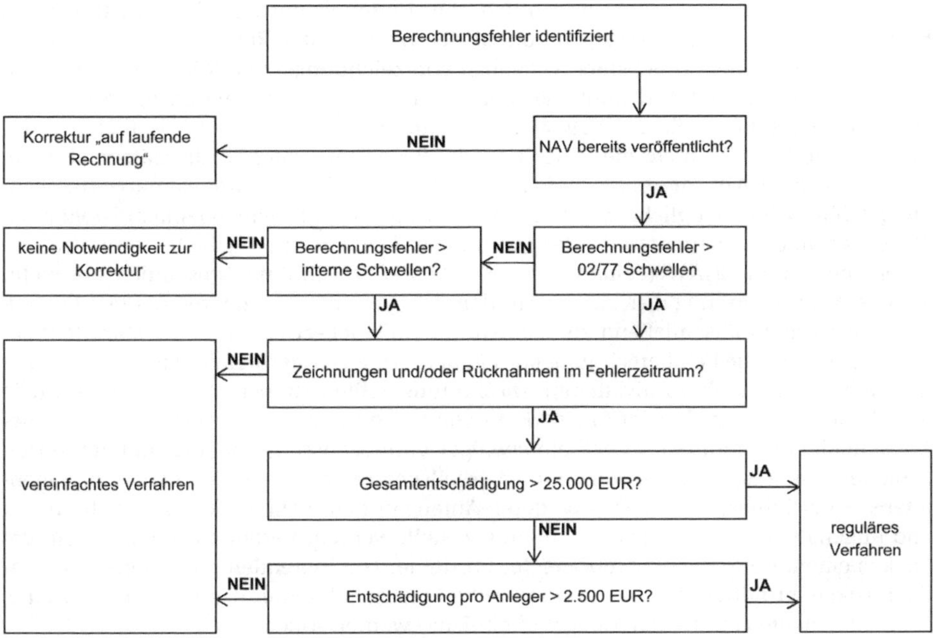

Für die Definition eines „Berechnungsfehlers" („erreur de calcul") und „wesentlichen Berechnungsfehlers" („erreur de calcul significative") wird auf obige Ausführungen verwiesen. 54

Stellt die Hauptverwaltung noch vor Veröffentlichung des Anteilpreises fest, dass ein Berechnungsfehler aufgetreten ist, muss möglicherweise zwischen einer verspäteten Anteilspreisveröffentlichung und einer inkorrekten Anteilspreisveröffentlichung abgewogen werden. Hier ist jedoch zu beachten, dass zur Bewertung der Wesentlichkeit ein Berechnungsfehler nicht isoliert zu betrachten ist: möglicherweise existieren andere, zum Zeitpunkt der Identifizierung dieses einen Fehlers (noch) nicht festgestellte andere Fehler. Diese gleichzeitig oder aufeinanderfolgend auftretenden Fehler („erreurs de calcul simultanées ou successives") können schlussendlich in Summe wesentlich werden. Daher sollte der pünktlichen Anteilpreisfreigabe im Zweifel weniger Bedeutung zugeordnet werden, um nicht retrospektiv dann doch das langwierige Korrekturverfahren einleiten zu müssen; der Nettoinventarwert sollte neuberechnet und dann nach Prüfung „korrekt" veröffentlicht werden. Die folgenden Ausführungen beziehen sich dann auf Feststellungen nach erfolgter Veröffentlichung des Nettoinventarwertes. 55

Das Rundschreiben CSSF 02/77 sieht zwei abgestufte Verfahren zur Korrektur eines wesentlichen Berechnungsfehlers vor, wobei das vereinfachte Verfahren („simplified procedure") eine Teilmenge des regulären Verfahrens („full procedure") darstellt. 56

Zunächst ist zu prüfen, ob etwaige Anleger Anteile/Aktien des OGA(W) im Zeitraum, während dem die Nettoinventarwerte je Anteil wesentlich (im Sinne des Rundschreibens) fehlberechnet waren, gezeichnet oder zurückgenommen haben. Das Rundschreiben lässt offen, ob diese Prüfung auch auf Zweitmarkttransaktionen, d.h. Käufe und Verkäufe außerhalb des OGAW, welche nicht das Kapital des OGAW selbst betreffen, auszuweiten ist. Dafür spricht unter anderem, dass die Definition eines OGAW gem. 57

Art. 2 Abs. 2 zweiter Spiegelstrich Satz 2 des Gesetzes von 2010 auch solche umfasst, die Maßnahmen ergreifen um sicherzustellen, dass der Börsenkurs seiner Anteile („la valeur de ses parts en bourse“) nicht wesentlich vom Nettoinventarwert abweicht (Stichwort Exchange Traded Funds). Dagegen spricht der Wortlaut des Rundschreibens, welches u.a. in Abschn. I Abs. 3 Buchstabe a) explizit von Zeichnungs- und Rücknahmeanträgen spricht („recalculer les VNI appliquées aux demandes de souscription et de rachat“). Möglicherweise hatte die Aufsichtsbehörde zum Zeitpunkt der Veröffentlichung des Rundschreibens noch nicht die wirtschaftliche Bedeutung von ETF abschätzen können. Im Falle von OGAW, die einen Index nachbilden, wird ein Nettoinventarwertberechnungsfehler jedoch möglicherweise einen dem Anleger sehr unangenehm aufstoßenden Effekt haben, da zu vermuten ist, dass am Tag der Fehlberechnung die Performance zwischen Index und OGAW (gemäß Nettoinventarwertberechnung) wesentlich abweicht. Welche Wechselwirkung dies auf den für den Anleger eigentlich interessanteren Börsenkurs hat ist nicht abschließend zu beantworten. Möglicherweise sind die Marktteilnehmer in der Lage, die Fehlberechnung korrekt als solche zu interpretieren und im Rahmen des täglichen Handels zu nivellieren. Die Prüfung sollte dennoch nicht an dieser Stelle unterbleiben: Da es sich beim Anlegerkreis von ETF oft um versierte institutionelle Anleger handelt wird mitunter schnell ein etwaiger Vermögensschaden aufgrund der Verletzung der Sorgfaltspflicht der Verwaltungsgesellschaft konstruiert. Es ist somit im Eigeninteresse der Initiatoren von OGAW, deren Anteile primär nicht direkt über Zeichnungen und Rücknahmen Anlegern zur Verfügung gestellt werden, Verfahren zu etablieren, um die aus einem Nettoinventarwertberechnungsfehler resultierenden potenziellen Reputationsrisiken zu mitigieren. Das Rundschreiben fordert ohnehin, das Verfahren darzulegen, mit dem die betroffenen Anleger identifiziert werden sollen.

58 Ist festgestellt worden, dass Anleger Anteile zu einem inkorrekten Preis gezeichnet oder zurückgenommen haben (oder gemäß obigen Ausführungen anderweitig vom Berechnungsfehler betroffen waren), muss ein Kompensationsbetrag ermittelt werden. Dabei sind vier Fallgestaltungen denkbar:

	Anleger hat Anteile gezeichnet	Anleger hat Anteile zurückgegeben
NIW war zu niedrig berechnet	OGA wird kompensiert	Anleger wird kompensiert
NIW war zu hoch berechnet	Anleger wird kompensiert	OGA wird kompensiert

59 Dieser „Vorschlag“ des Rundschreibens ist Ausfluss der Erkenntnis, dass es nicht im Sinne der Finanzaufsicht sein kann, die zu einem Teil zumindest auch die Aufgabe hat, die Reputation des Finanzmarktes und der Marke „OGAW“ zu schützen, Anlegern, die mitunter bereits ihre Anteile seit Monaten halten oder zurückgaben, nachträglich um Zahlungen zu bitten aufgrund Ereignissen, die nicht in ihrem Machtbereich lagen. Dies wäre einer breiten Anlegerschaft schlichtweg nicht vermittelbar.[40] Das Rundschreiben zeigt jedoch die Möglichkeit auf – je nach Anlegerkreis des Fonds – etwaige weniger institutionelle Großinvestoren („des investisseurs institutionnels ou autres investisseurs avertis“) zu kontaktieren, um sie nach Erklärung der Sachlage um Rückerstattung zu bitten.

40 Die rechtliche Grundlage für eine derartige Forderung ist im Übrigen unklar, zumal der Vertrieb von Anteilen an OGA(W) in zahlreiche Länder dieser Welt (u.a. im asiatischen Raum) geschieht.

Der Kompensationsbetrag selbst errechnet sich aus der Differenz des seinerzeit veröffentlichten maßgeblichen NIW je Anteil und dem für Zwecke des Rundschreibens neu berechneten („korrekten") NIW je Anteil, multipliziert mit der im Rahmen der Zeichnung/Rücknahme maßgeblichen Anzahl von Anteilen. Die Komplexität existiert also eher auf der Ebene der Feststellung des korrekten NIW und der Identifikation der betroffenen Anleger; die schlussendliche Ermittlung des Kompensationsbetrages ist lediglich eine Rechenübung, um die gesammelten Daten sinnvoll in Beziehung zu setzen. 60

Schlussendlich verantwortlich für die Kompensation des OGA ist die Verwaltungsgesellschaft (früher „Promoter"). Als „Alternativverantwortlicher" benannt ist die Hauptverwaltung („administration centrale") – das Rundschreiben CSSF 12/546 stellt jedoch klar, dass die Hauptverwaltung ein wesentlicher Bestandteil gerade der Verwaltungsgesellschaft ist, die aus Entscheidungszentrum („centre de prise de décision") und administrativem Zentrum („centre administratif") besteht. In der Praxis wird jedoch sehr häufig ein Großteil der die Hauptverwaltung betreffenden Tätigkeiten auf einen Administrator („agent administratif") ausgelagert. Im heutigen Kontext ist das Rundschreiben also mitunter so zu verstehen, dass der Administrator eine aufsichtsrechtliche Pflicht zur unverzüglichen Inkenntnissetzung der Verwaltungsgesellschaft im Falle eines wesentlichen Berechnungsfehlers hat, wenngleich diese Pflicht ohnehin regelmäßig Bestandteil des Vertrages mit dem Administrator sein wird. 61

Die Zahlung selbst kann alternativ auch in Form von neu zuzuteilenden Anteilen des OGA erfolgen bzw. im Rahmen der „de minimis" Regel ganz unterbleiben – hier unterbleibt die Auszahlung, wenn der an den Anleger auszuzahlende Betrag die ihm zu Lasten geratenden Bankbearbeitungskosten („frais bancaires") nicht übersteigen würde. Die Nichtauszahlung aufgrund der Inanspruchnahme der „de minimis"-Regel ist anzuzeigen und durch die CSSF genehmigen zu lassen. In der Regel wird aber als Alternativlösung immer die Zuteilung neuer Anteile, die für den Anleger im jeden Fall kostenfrei (insb. keine Ausgabeaufschläge („frias d'entrée") ist, unter Außerachtlassung der „de minimis"-Regel angeboten. 62

An das Kompensationsverfahren werden besondere Anforderungen gestellt, je nachdem wahlweise der gesamte Kompensationsbetrag („montant total d'indemnisation") EUR 25.000 oder der Betrag, der an einen Anleger zu zahlen ist („montant à rembourser à un investisseur") EUR 2.500 übersteigt bzw. selbstredend auch wenn beide Tatbestände gleichzeitig erfüllt sind.[41] Der Kompensationsbetrag bzgl. eines Anlegers ist wörtlich so zu verstehen, dass es sich um ein- und denselben wirtschaftlich Letztbegünstigten („ultimate beneficial owner") handeln soll. Je nach Fondsstruktur ist aus Sicht des OGA nämlich beispielsweise allein die Depotbank Anteilseigner in Form eines „Nominee-Account". Aus Vorsicht hier ständig das reguläre Kompensationsverfahren anzuwenden wäre genauso unangebracht wie sich an die pauschale Aussage zu halten, dass dahinter „generell eine diversifizierte Anlegerbasis" zu vermuten ist. Das Rundschreiben kennt diese Vermutung nicht und fordert daher die Identifizierung des letztlich wirtschaftlich betroffenen Anlegers, dessen individueller Kompensationsbetrag dann EUR 2.500 übersteigt, oder eben nicht. 63

41 Bei OGA, die in Fremdwährung lauten, ist der zugrundeliegende Umrechnungsfaktor idealerweise Bestandteil des Organisationshandbuches. Da sich der Kompensationsbetrag aus den historischen Gegebenheiten zusammensetzt, ist es nur sachgerecht, auch die Umrechnung in einen korrespondierenden EUR-Betrag mithilfe eines (zum Zeitpunkt der NIW-Veröffentlichung geltenden) historischen Wechselkurses vorzunehmen. Es bietet sich an, den Kurs zu nehmen, den die Hauptverwaltung am Tag der Preisfeststellung zur Umrechnung von EUR-Vermögensgegenständen in Fondswährung herangezogen hat.

	„Simplified Procedure“	„Full Procedure“
Neuberechnung der/des NIW	✓	✓
Information der Verwahrstelle, des Abschlussprüfers und der CSSF	✓	✓
Erstellung eines Korrekturplans		✓
Sofortige Berücksichtigung von Forderungen/ Verbindlichkeiten aus Korrektur	✓	✓
Sofortige Zahlung der Beträge	✓	
Zahlung der Beträge erst nach Prüfung durch Abschlussprüfer		✓
Prüfung Korrekturplan durch Abschlussprüfer und Einreichung bei CSSF		✓
Sonderbericht („rapport spécial“) des Abschlussprüfers zu neuberechneten NIW		✓
Bescheinigung („attestation“) des Abschlussprüfers zu faktischen Zahlungen		✓
Würdigung des Berechnungsfehlers im jährlichen Prüfbericht	✓	✓

64 Die wesentlichen Unterschiede zwischen dem regulären und dem vereinfachten Verfahren ist also der Grad der Einbeziehung des Abschlussprüfers und die Notwendigkeit zur Erstellung eines Korrekturplans. Durch die Aufsicht wurde es bislang nicht beanstandet, wenn die Berichte „I und II“, d.h. die Prüfung des Korrekturplans zu den anzuwendenden Methoden und die Neuberechnung des NIW durch den Abschlussprüfer in einem Bericht zusammengefasst werden. Dies kommt den betroffenen Verwaltungsgesellschaften meist entgegen, da diese auf einen schnellen Abschluss des Verfahrens drängen, um Reputationsrisiken zu vermeiden, und die Auszahlung der Beträge im regulären Verfahren eine vorherige Prüfung durch den Abschlussprüfer bedingt.

65 Der Kauf und Verkauf der Vermögenswerte eines OGAW Sondervermögens muss jedenfalls zu Preisen erfolgen, die gemäß den Grundlagen der Bewertungskriterien in Art. 9 (3) des Gesetzes von 2010 erstellt wurden (demgemäß Art. 10 des Gesetzes von 2010).

66 Hinsichtlich der Frage, wie dem Anteilinhaber der (hoffentlich erwirtschaftete) Mehrwert eines OGAW Sondervermögens zugeführt wird, ist die Verwaltungsgesellschaft relativ frei in der Gestaltung. Dieses kann im Wege der sogenannten Thesaurierung, d.h. dem Verbleib des Mehrwertes im OGAW Sondervermögen, der dann, in logischer Folge in einem gestiegenen Nettoinventarwert pro Anteil zum Ausdruck kommt, erfolgen. Im Falle der Rückgabe der Anteile würde der Anteilinhaber dann den, im Verhältnis zu seinem Einstandswert gestiegenen, Nettoinventarwert pro Anteil erlösen. Eine andere Vorgehensweise wäre die sogenannte Ausschüttung, d.h. die Auszahlung – jedenfalls eines Mehrwerts – an die Anteilinhaber, ohne dass diese eine Rückgabe von Anteilen vornehmen müssen. Beides ist entweder direkt oder mittelbar in Art. 16 des Gesetzes von 2010 enthalten. Art. 16 des Gesetzes von 2010 verweist weiter jedoch darauf, dass Ausschüttungen im Rahmen der gemäß Art. 23 des Gesetzes von 2010 festgelegten Einschränkungen vorgenommen werden können. Art. 23 Absatz 1 des Gesetzes von 2010 indes legt das Mindestnettovermögen eines OGAW Sondervermögens auf 1.250.000 Euro fest. Dieses muss bereits innerhalb von 6 Monaten nach Zulassung des Sondervermögens, d.h. nach dem Datum des Eintrags des Sondervermögens auf der offiziellen Liste gemäß Art. 130 des Gesetzes von 2010, erreicht sein (entsprechend Art. 23 Absatz 2 des Gesetzes von 2010). Nähere Angaben zum gegebenen Zulassungserfordernis sowie dem Zulassungsverfahren sind unter Kapitel 19 des Gesetzes von 2010 ausgeführt und entsprechend dort behandelt. Die CSSF bestätigt das betreffende Datum des Eintrags schriftlich. Das heißt, dass Ausschüttungen nicht nur (erwirtschaftete) Mehrwerte betreffen, sondern dass eine Verwaltungsgesellschaft auch darüber hinausgehend das Vermögen eines OGAW Sondervermögens bis zu diesem Mindestnettovermögen ausschütten kann (ein oftmals Substanzausschüttung genannter Vorgang). Auch dieses ist entsprechend im Verwaltungsreglement und regelmäßig im Verkaufsprospekt aufzunehmen. Im Übrigen können auch Ausschüttungen, regelmäßig bei Einverständnis der betreffenden Anteilinhaber, unbar, d.h. durch Übertragung des Eigentums an Vermögenswerten, die bislang das OGAW Sondervermögen hält, erfolgen. Sofern nicht alle Anteilinhaber bei einer Ausschüttung betroffen sind oder einverstanden sind kann dieses an Teile der Anteilinhaber geschehen, vorausgesetzt, dass diese unbare Ausschüttung nicht für die anderen Anteilinhaber nachteilig ist. Die Häufigkeit der Anwendung dieser Vorschriften ist in der Praxis überschaubar. Schließlich können Ausschüttungen auch unterjährig als sogenannte Zwischenausschüttungen vorgenommen werden.

Die entsprechende Ausgestaltung der oftmals sogenannten „Verwendung der Erträge“ wird im Verwaltungsreglement und üblicherweise im Verkaufsprospekt vorgenommen. Im Falle eines OGAW Sondervermögens mit Umbrella-Struktur wird oftmals, zur größeren Flexibilität von derzeitigen und ggf. zukünftigen Teilfonds, im Verwaltungsreglement lediglich allgemein die Wahlmöglichkeit aufgenommen und im Verkaufsprospekt, im betreffenden Teil des einzelnen Teilfonds, die Frage der Ausschüttung oder Thesaurierung konkret festgelegt.

Der Vollständigkeit halber muss noch ergänzend zu dem vorher Gesagten auf das Mindestnettovermögen nach Art. 23 des Gesetzes von 2010 eingegangen werden. Fällt das Nettovermögen des Sondervermögens unter zwei Drittel des Mindestnettovermögens aus Art. 23 des Gesetzes von 2010, muss die Verwaltungsgesellschaft unverzüglich die CSSF darüber informieren (entsprechend Art. 24 Absatz 1 Satz 1 des Gesetzes von 2010). Diese kann dann, unter Berücksichtigung der jeweiligen Umstände, die Verwaltungsgesellschaft dazu verpflichten, das Sondervermögen zu liquidieren (entsprechend Art. 24 Absatz 1 Satz 2 des Gesetzes von 2010).

Entweder die Verwaltungsgesellschaft oder die Verwahrstelle müssen diese Anweisung der CSSF nach Erhalt unverzüglich veröffentlichen. Um eine entsprechende Verbreitung der Publizität zu gewährleisten muss dieses im *Mémorial* sowie mindestens zwei Tageszeitungen von hinreichend großer Verbreitung, wovon mindestens eine eine Luxemburger Tageszeitung ist, veröffentlicht werden (dementsprechend Art. 24 Absatz 2 des Gesetzes von 2010).

In Anbetracht des vorstehend zur Liquidation durch Entscheidung der Verwaltungsgesellschaft selbst Gesagten gilt auch für die durch die CSSF angeordnete Liquidation, dass die Anwendungsfälle in der Praxis nicht zahlreich sind.

Äußerst wichtig ist, dass mit dem Erwerb der Anteile des Sondervermögens die Be- 67
stimmungen des Verwaltungsreglements als durch den Anteilinhaber angenommen gelten (so Art. 13 (1) letzter Satz des Gesetzes von 2010). Der Anteilinhaber akzeptiert damit die Bestimmungen des Verwaltungsreglements als – für das Funktionieren des Sondervermögens – gültige Bestimmungen, was praktisch, da in dem Verwaltungsreglement

komplementär auf den Verkaufsprospekt und das KIID verwiesen wird, diese Dokumente mit einschließt.

68 Schließlich wird das Verwaltungsreglement wie die Satzung einer Gesellschaft beim (zuständigen) Handels- und Gesellschaftsregister hinterlegt und im *Mémorial* gemäß den Bestimmungen des Gesetzes von 1915 durch einen Hinweis auf diese Hinterlegung veröffentlicht (so Art. 13 (1) des Gesetzes von 2010). Entgegen der Zeit vor dem Gesetz von 2002, als noch das gesamte Verwaltungsreglement veröffentlicht werden musste, erfolgt nun lediglich besagte Hinweisveröffentlichung. Dieses ist ein typischer Fall von praktischer Vereinfachung, hier für die Verwaltung von Sondervermögen, der im Laufe der Zeit eingeführt wurde und nebenbei auch noch kostensparend ist. Die entsprechende Hinterlegung und Veröffentlichung erfolgt (regelmäßig) unter dem Namen der Verwaltungsgesellschaft des Sondervermögens (denn diese hat als juristische Person eine Registernummer bei dem betreffenden Handels- und Gesellschaftsregister).

69 Abschließend bleibt noch anzumerken, dass Verkaufsprospekt, Verwaltungsreglement und KIID, sowie der Vertrag mit der Verwahrstelle und ggf. weitere Verträge mit Dienstleistern (wie zum Beispiel einer Hauptverwaltungsstelle bzw. Zentralverwaltungsstelle) in deutscher, englischer, französischer und luxemburgischer Sprache verfasst sein können und insbesondere der Verkaufsprospekt, das KIID und das Verwaltungsreglement in einer dieser Sprachen auch offiziell genehmigt werden. Das ist im Hinblick auf einen internationalen Vertrieb von unschätzbarem Vorteil und spart zusätzlich dem Fonds und damit letztlich seinen Anlegern Übersetzungskosten. Im Übrigen bedeutet es auch, dass das Verfahren bei der CSSF praktisch in einer der vorgenannten Sprachen geführt werden kann, wobei Verfahrens- und Dokumentensprache nicht notwendig identisch sein müssen.

70 Schaubild 2: Simple Darstellung Fonds-Struktur OGAW Sondervermögen

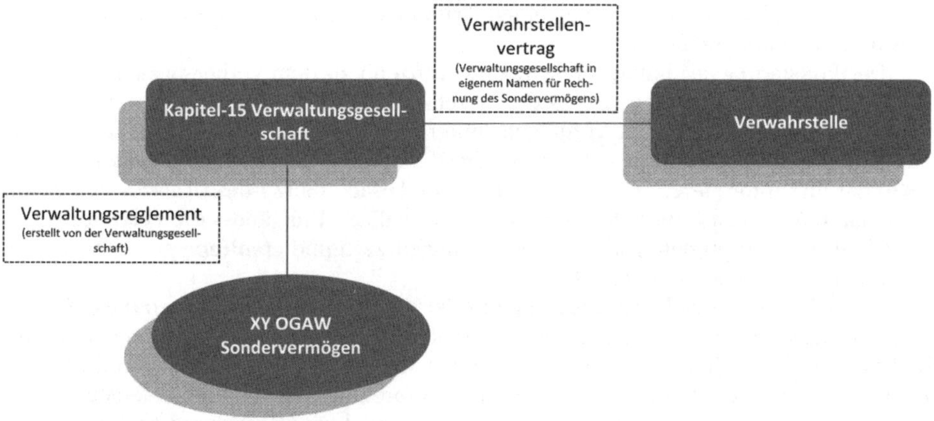

III. Kapitel 3: Investmentgesellschaften mit variablem Kapital zur Anlage in Wertpapieren (SICAV)

71 In Entsprechung zu den für OGAW Sondervermögen anwendbaren Regelungen in Art. 5 des Gesetzes von 2010 bestimmt Art. 25 des Gesetzes von 2010 die Basisanforderungen für Investmentgesellschaften mit variablem Kapital zur Anlage in Wertpapieren (OGAW SICAV). Diese Anforderungen sind denen für die OGAW Sondervermögen identisch, mit der Ausnahme, dass eine OGAW SICAV eine echte gesellschaftsrechtliche

Form, mithin eine eigene Rechtspersönlichkeit hat. OGAW SICAV sind von Gesetzes wegen nur als Aktiengesellschaften möglich (dementsprechend Art. 25 Satz 1 des Gesetzes von 2010). An dieser Stelle sei darauf hingewiesen, dass trotz des Charakters als Aktiengesellschaft hier auch für die OGAW SICAV von Anteilen und nicht von Aktien gesprochen wird, da das Gesetz von 2010 im französischen Originaltext ebenfalls bei der Bezeichnung *parts* bleibt und nicht den Begriff *actions* verwendet. Sie unterliegen, vorbehaltlich der Regelungen des Gesetzes von 2010, den generell auf Aktiengesellschaften anwendbaren Bestimmungen (entsprechend Art. 26 (1) des Gesetzes von 2010), d.h. in der Hauptsache den Regelungen des Gesetzes von 1915. Zum einen ist das Gesetz von 2010 damit klar als *lex specialis* im Verhältnis zum Gesetz von 1915 fixiert und zum anderen finden zum Beispiel allgemeine Schutzregeln für Aktionäre damit grundsätzlich auch auf die OGAW SICAV Anwendung. Ein Element, das dem Grundprinzip des Anlegerschutzes in OGAW-Produkten dienlich ist und durch die Festlegung auf die Aktiengesellschaft als einzige mögliche Rechtsform für OGAW SICAV besonderen Ausdruck findet.

Entsprechend der gesellschaftsrechtlichen Form der OGAW SICAV wird an Stelle des Verweises auf das Verwaltungsreglement (im Rahmen von Sondervermögen) auf die Satzung als Ort an dem bestimmt wird, dass das Kapital zu jeder Zeit dem Nettovermögen der Gesellschaft entspricht (entsprechend Art. 25 des Gesetzes von 2010, letzter Spiegelstrich), verwiesen. Man kann generell sagen, dass bei der OGAW SICAV die Satzung in vielerlei Hinsicht an die Stelle des Verwaltungsreglements bei einem OGAW Sondervermögen tritt, auch wenn dieses natürlich aufgrund der unterschiedlichen rechtlichen Konzeption der Strukturen lediglich vom Inhalt her gelten mag, jedoch nicht von der rechtlichen Struktur her.

Die Satzung einer OGAW SICAV, sowie jede Änderung ihrer Satzung sind wie bei einer nicht als OGAW SICAV qualifizierenden Aktiengesellschaft notariell zu beurkunden (entsprechend Art. 26 (2) des Gesetzes von 2010). Sie kann wahlweise in französischer, deutscher und englischer Sprache verfasst werden und muss, entgegen einer nicht als OGAW SICAV qualifizierenden Aktiengesellschaft, sofern nicht in Deutsch oder Französisch verfasst, nicht zum Zwecke der Hinterlegung in eine dieser (offiziellen Amts-)Sprachen übersetzt werden (entsprechend Art. 26 (2) des Gesetzes von 2010). Diese Erleichterung wurde bei der Einführung des Gesetzes von 2010 aufgenommen und durch das Umsetzungsgesetz betreffend die AIFM-Richtlinie sinnigerweise auf alle sonstigen notariell zu beurkundenden Dokumente ausgeweitet. Dieser Vorgang kann wieder als Beispiel dafür dienen, wie in Luxemburg kontinuierlich die Praktikabilität gesetzlicher Regelungen, im Rahmen des Möglichen, auf dem Prüfstand der Verbesserung ist.

Für OGAW SICAV gibt es, wie bei „normalen" Aktiengesellschaften, jährliche (ordentliche) und außerordentliche Generalversammlungen. Die Anforderungen an die Generalversammlungen folgen den allgemeinen Regeln des Gesetzes von 1915 (Art. 67 bis Art. 71 des Gesetzes von 1915). Abweichend von Art. 73 (2) des Gesetzes von 1915, sind OGAW SICAV nicht verpflichtet den Jahresabschluss, den Bericht des zugelassenen Wirtschaftsprüfers (*réviseur d'éntreprise agreé*), den Geschäftsbericht und gegebenenfalls den Bericht des Aufsichtsrates zeitgleich mit der Einladung zur jährlichen Generalversammlung an die Inhaber von Namensanteilen zu versenden (entsprechend Art. 26 (3) des Gesetzes von 2010). Das Einladungsschreiben muss Ort und Modalitäten der Bereitstellung dieser Dokumente angeben und darlegen, sodass jeder Anteilinhaber (an Stelle des Begriffs Aktionär, siehe oben zu der Verwendung des Begriffs Anteile) die Zusendung dieser Dokumente verlangen kann (entsprechend Art. 26 (3) des Gesetzes von 2010).

Art. 26 (4) des Gesetzes von 2010 schließlich fixiert, dass Anwesenheitsquoren und Mehrheitserfordernisse für Generalversammlungen entsprechend der Anzahl der am fünften Tag um Mitternacht (Ortszeit Luxemburg) vor der Generalversammlung ausgegebenen und im Umlauf befindlichen Anteile bestimmt werden können. Die Rechte des Anteilinhabers zur Teilnahme an der Generalversammlung und zur Ausübung der mit seinen Anteilen verbundenen Stimmrechte werden entsprechend der Anzahl der am betreffenden Stichtag von diesem Anteilinhaber gehaltenen Anteile bestimmt. Diese Regelung kann durchaus als ein Ergebnis dessen, was in der Praxis zur Erreichung von Rechtssicherheit gehandhabt wird betrachtet werden.

72 OGAW SICAV können, wie OGAW Sondervermögen, als sogenannte Umbrella-Strukturen mit einem oder mehreren Teilfonds aufgelegt werden. Es gilt das bei den OGAW Sondervermögen Gesagte entsprechend (siehe u.A. Rn. 22 und 60 sowie Fußnoten 19 und 30), mit dem Zusatz, dass auch bei OGAW SICAV nur Anteile eines bestimmten Teilfonds ausgegeben und erworben werden. Hinsichtlich der Bildung von Anteilklassen gilt ebenfalls das zu OGAW Sondervermögen Gesagte entsprechend (Rn. 24). Das gilt entsprechend für die Notwendigkeit der Erstellung eines Verkaufsprospekts und dessen Inhalt im Vergleich zu hier der Satzung (und nicht wie bei den OGAW Sondervermögen im Vergleich zum Verwaltungsreglement).

73 OGAW SICAV können zum einen als OGAW SICAV, die keine Kapitel 15-Gesellschaft als Verwaltungsgesellschaft ernennen, kurz gesagt selbst die gesamte notwendige Substanz darstellen müssen, sogenannte selbstverwaltete OGAW SICAV, aufgelegt werden. Zum anderen können sie als OGAW SICAV, die eine Kapitel 15-Gesellschaft als Verwaltungsgesellschaft ernennen, kurz gesagt über diese Verwaltungsgesellschaft die notwendige Substanz darstellen, sogenannte fremdverwaltete OGAW SICAV, aufgelegt werden. Für die selbstverwalteten OGAW SICAV gelten die besonderen Voraussetzungen von Art. 27 des Gesetzes von 2010. Für die fremdverwalteten SICAV gelten über die entsprechend ernannte Kapitel 15-Gesellschaft (wohlgemerkt das muss keine Luxemburger Verwaltungsgesellschaft sein, sondern kann eine den Anforderungen der OGAW IV-Richtlinie entsprechende in einem anderen EU-Staat zugelassene Verwaltungsgesellschaft sein) die für diese festgelegten Bestimmungen.

Bevor näher auf die Anforderungen an selbstverwaltete OGAW SICAV nach Art. 27 des Gesetzes von 2010 eingegangen wird, einige Gedanken zur Situation in einer fremdverwalteten OGAW SICAV. Die Besonderheit hier ist, dass neben dem Verwaltungsrat der OGAW SICAV (im Regelfall sind solche OGAW SICAV in sogenannter monistischer Struktur organisiert und haben nur einen Verwaltungsrat – bei dualistischem Aufbau hätte man Geschäftsführung und Aufsichtsrat) eine entsprechend voll lizensierte Verwaltungsgesellschaft ernannt wird. Dieses kann zu Klarstellungsnotwendigkeiten hinsichtlich der Aufgabenverteilung führen. Im Prinzip kann hierzu Folgendes gesagt werden:

Die Verwaltungsgesellschaft übernimmt die gesamte (tägliche) Geschäftsführung für die OGAW SICAV grundsätzlich mit allen Aufgaben, die in ANHANG II des Gesetzes von 2010 enthalten sind. Ausnahmen, zum Beispiel, dass das Portfolio Management direkt von der OGAW SICAV an einen (oder ggf. mehrere) Dritten delegiert wird, kann es geben, diese sind jedoch im Einzelfall speziell vorzusehen. Insbesondere übernimmt die betreffende Verwaltungsgesellschaft die formale Position als Verwaltungsgesellschaft für die betreffende OGAW SICAV. Der Verwaltungsrat der OGAW SICAV muss natürlich die Verwaltungsgesellschaft als Dienstleister aussuchen d.h. eine ausreichende Due Diligence durchführen und die Verwaltungsgesellschaft überwachen (d.h. regelmäßiges Monitoring durchführen), ist jedoch in alltägliche Geschäftsvorgänge der OGAW SICAV nicht involviert. Daraus kann man eine generelle Leitlinie für die Trennung der Zuständigkeit entnehmen. Vorgänge, die unter den täglichen Geschäftsverkehr fallen, werden durch die Verwaltungsgesellschaft erledigt, Vorgänge die nicht laufend vorkommen (z.B. Vertragsabschluss mit der Verwahrstelle – aus Art. 36 a) des Gesetzes von 2010 kann entnommen werden, dass die Verwahrstelle eine vertragliche Bindung mit der OGAW SICAV haben muss, mit weiteren Dienstleistern für die OGAW SICAV, wie Prime Brokern etc.), erfordern mindestens einen Einbezug des Verwaltungsrates der OGAW SICAV bzw. werden wie im Fall der Ernennung der Verwahrstelle durch diesen alleine entschieden und abgeschlossen (d.h. auch entsprechend der anwendbaren Vertretungsregel unterzeichnet). Die Darstellung zeigt, dass die Trennlinie nicht messerscharf, sondern in Grautönen verläuft, es sich jedoch eine relativ klare Ansicht zur Einschätzung herausgebildet hat.

Für alle OGAW SICAV, unabhängig davon ob selbstverwaltet oder fremdverwaltet, **74**
gilt, entsprechend der Regelung zum Mindestnettokapital der OGAW Sondervermögen aus Art. 23 des Gesetzes von 2010, dass das Gesellschaftskapital innerhalb von 6 Monaten nach Zulassung der OGAW SICAV, auch hier bedeutet dieses nach dem Datum des Eintrags der OGAW SICAV auf der offiziellen Liste gemäß Art. 130 des Gesetzes von 2010 – die CSSF bestätigt das betreffende Datum des Eintrags schriftlich –, mindestens 1.250.000 Euro betragen muss (entsprechend Art. 27 (1) des Gesetzes von 2010). Eine nach Art. 27 (1) des Gesetzes von 2010 ausdrücklich zulässige Verordnung der CSSF, die diesen Betrag auf 2.500.000 Euro anhebt existiert derzeit nicht.

Entgegen einer fremdverwalteten OGAW SICAV muss jedoch eine selbstverwaltete OGAW SICAV bereits am Tag ihrer Zulassung ein Gesellschaftskapital von 300.000 Euro vorweisen. Wegen des Tags der Zulassung verweisen wir auf das im vorstehenden Absatz Gesagte. Im praktischen Anwendungsfall wird das Kapital also bei Gründung der OGAW SICAV vorhanden sein müssen, da auf diesen Tag üblicherweise der Eintrag auf die offizielle Liste erfolgt,[42] was natürlich auch bei fremdverwalteten OGAW SICAV gilt. In Anbetracht des viel geringeren Mindestgründungskapitals für Letztere, das sich den allgemeinen Bestimmungen des Gesetzes von 1915 folgend auf 31.000 Euro beläuft, hat dieses aber eine weniger große Bedeutung. Eine nach Art. 27 (1) des Gesetzes von 2010 ausdrücklich zulässige Verordnung der CSSF, die das Mindestgründungskapital für selbstverwaltete SICAV von 300.000 Euro auf 600.000 Euro anhebt, existiert derzeit ebenfalls nicht.

Eine selbstverwaltete OGAW SICAV muss also im Grunde als Fondstruktur die Anforderungen an Kapitel 15-Gesellschaften ebenfalls erfüllen. Dieses ist entweder direkt in (diesem) Kapitel 3 des Gesetzes von 2010 oder durch Verweis auf die entsprechenden Regelungen in Kapitel 15 des Gesetzes von 2010 geregelt. Die Artikel 110 (Aufgabenübertragung auf Dritte und damit verbundene Haftung), 111 (Wohlverhaltensregeln) und 112 (Behandlung von Anlegerbeschwerden) aus Kapitel 15 des Gesetzes von 2010 sind gemäß Art. 27 (2) des Gesetzes von 2010 direkt anwendbar (bei Anwendung ist an Stelle des Wortes Verwaltungsgesellschaft das Wort (OGAW-) SICAV zu lesen).

Andere Besonderheiten der selbstverwalteten OGAW SICAV sind, wie nachstehend näher beschreiben, direkt in Art. 27 des Gesetzes von 2010 geregelt.

Wie ein OGAW Sondervermögen unterliegt auch eine OGAW SICAV einem Zulassungserfordernis zu dem, neben Angaben zum Zulassungsverfahren, grundsätzlich nähere Angaben unter Kapitel 19 des Gesetzes von 2010 ausgeführt und entsprechend dort behandelt sind. Artikel 27 (1) Absatz 2 des Gesetzes von 2010 führt jedoch zusätzliche zu den grundsätzlich an einen Zulassungsantrag für einen Fonds gestellte Anforderungen,

---

42 Wollte man einen späteren Tag als Zulassungstag anvisieren, dann müsste die OGAW SICAV zunächst als Aktiengesellschaft, die nicht als OGAW SICAV qualifiziert, gegründet werden und zum Zulassungstag entsprechend umgewandelt und mit dem betreffenden Mindestgesellschaftskapital für die Gründung ausgestattet werden, da eine Existenz als OGAW SICAV ohne Zulassung nicht statthaft wäre. Das würde, unter anderem, zusätzliche Notarkosten verursachen, da sowohl Gründung als auch Umwandlung durch notarielle Urkunde vollzogen werden müssen.

für eine selbstverwaltete OGAW SICAV zu erfüllende Anforderungen auf, die wie zuvor angesprochen den Anforderungen an eine Kapitel 15-Gesellschaft entstammen. Dieses sind zunächst (i) ein Geschäftsplan, aus dem mindestens der organisatorische Aufbau der OGAW SICAV hervorgeht (entsprechend der Parallelregel für Verwaltungsgesellschaften nach Kapital 15 des Gesetzes von 2010 in Art. 102 (1) d) des Gesetzes von 2010), (ii) die Anforderung zwei Geschäftsleiter (im französischen Original des Gesetzes von 2010 ist von *dirigeants* die Rede – also in der Praxis bei mehrstufiger (dualistischer) Aktiengesellschaft (kommt seltener vor) die Geschäftsführer unter dem Aufsichtsrat, bei einstufiger (monistischer) Aktiengesellschaft die zumeist geschäftsführenden Verwaltungsräte (*administrateurs delegués)* oder unter dem Verwaltungsrat angestellte Geschäftsführer für die OGAW SICAV zu haben, die einerseits für die Aufgabe über ausreichende Erfahrung verfügen und andererseits ausreichend gut beleumdet sind (sehr anforderungskonsistent entspricht dieses übrigens auch den Anforderungen an die Geschäftsleiter einer Depotbank wie Eingangs zu Kapitel 2 des Gesetzes von 2010 beschrieben und der Parallelregel für Verwaltungsgesellschaften nach Kapital 15 des Gesetzes von 2010 in Art. 102 (1) f) des Gesetzes von 2010) und (iii) der Vorbehalt, dass eine Zulassung bei engen Verbindungen zwischen OGAW SICAV und anderen natürlichen oder juristischen Personen nur erteilt werden kann, wenn diese engen Verbindungen die CSSF nicht bei der ordnungsgemäßen Erfüllung Ihrer Aufsichtsposition behindern (entsprechend der Parallelregel für Verwaltungsgesellschaften nach Kapital 15 des Gesetzes von 2010 in Art. 102 (2) Absatz 1 des Gesetzes von 2010).

Daneben erteilt die CSSF die Zulassung auch nicht, wenn sie bei der ordnungsgemäßen Erfüllung Ihrer Aufsichtsfunktion durch Rechts-, Aufsichts- oder Verwaltungsvorschriften eines Drittlandes, denen eine oder mehrere natürliche oder juristische Personen, die mit der selbstverwalteten OGAW SICAV enge Verbindungen unterhält, oder durch Schwierigkeiten bei der Anwendung dieser Rechts-, Aufsichts- oder Verwaltungsvorschriften eines Drittlandes, behindert wird (demgemäß Art. 27 Absatz 3 des Gesetzes von 2010 – entsprechend der Parallelregel für Verwaltungsgesellschaften nach Kapital 15 des Gesetzes von 2010 in Art. 102 (2) Absatz 2 des Gesetzes von 2010). In Anbetracht der über die Europäische Union weit hinausgehenden Bedeutung der Luxemburger OGAW SICAV ist diese Regelung eine logische strukturelle Konsequenz.

75 Generell muss jede selbstverwaltete OGAW SICAV unter Berücksichtigung ihres jeweiligen Typs über eine ordnungsgemäße Verwaltung und Buchhaltung, Kontroll- und Sicherheitsvorkehrungen hinsichtlich der EDV, sowie über angemessene interne Kontrollverfahren zu denen insbesondere Regeln für persönliche Geschäfte der Angestellten und Regeln für das Halten und Verwalten von Anlagen in Finanzinstrumenten wegen der Anlage des Gründungs- oder Anfangskapitals („Zulassungskapital") von Euro 300.000 (siehe oben Art. 27 (1) des Gesetzes von 2010) gehören (entsprechend Art. 27 (3) Absatz 2, 1. Halbsatz des Gesetzes von 2010).

Die vorgenannten Einrichtungen, Abläufe und Vorkehrungen müssen unter anderem sicherstellen dass jedes, die selbstverwaltete OGAW SICAV betreffende Geschäft nach Herkunft, betroffener Vertragspartei, Art, Abschlusszeitpunkt und -ort nachvollzogen werden kann und, dass Vermögenswerte der selbstverwalteten OGAW SICAV entsprechend ihrer Gründungsunterlagen und geltenden rechtlichen Bestimmungen angelegt werden (so Art. 27 (3) Absatz 2, 2. Halbsatz des Gesetzes von 2010).

Hierbei ist der am Anfang von Art. 27 (3) Absatz 2, 1. Halbsatz stehende Hinweis auf die Berücksichtigung des jeweiligen Typs einer selbstverwalteten OGAW SICAV wichtig, da die Art der Anlagen, die Strategie, die Größe oder andere Faktoren dementsprechend ggf. sachgerechte Unterschiede in den konkreten Anforderungen an eine selbstverwaltete OGAW SICAV zur Folge haben.

Art. 7 Absatz 5 des Gesetzes von 2010 indes gibt wiederum (entsprechend der Regelung für Verwaltungsgesellschaften unter Kapitel 15 des Gesetzes von 2010 (Art. 102 (3) des Gesetzes von 2010) der CSSF einen maximalen Zeitrahmen von 6 Monaten (nach Einreichung eines vollständigen Antrags) vor, innerhalb dessen dem Antragsteller mitzuteilen ist, ob die Zulassung erteilt wird, oder nicht (wobei eine Ablehnung zu begründen ist). Auch wenn diese Maximalfrist im Regelfall nicht ausgeschöpft wird, gibt sie dem Antragsteller doch die Sicherheit, dass zum einen ein bestimmter Zeitrahmen nicht überschritten wird und zum anderen, dass er mit einer OGAW SICAV nicht einer der von einer Verwaltungsgesellschaft nach Kapitel 15 negativ abweichenden Fristen unterliegt. **76**

Nach Erhalt der Zulassung kann die OGAW SICAV ihre Tätigkeit sofort aufnehmen (so Art. 27 (5) des Gesetzes von 2010 – entsprechend der Parallelregel für Verwaltungsgesellschaften nach Kapital 15 des Gesetzes von 2010 in Art. 102 (4) Absatz 1 des Gesetzes von 2010). Formal gesehen wird dieses der Tag des Eintrags der selbstverwalteten OGAW SICAV auf der offiziellen Liste gemäß Art. 130 des Gesetzes von 2010 sein. Dieses Datum wird praktisch bei Neuerrichtung der OGAW SICAV der Tag der notariellen Gründung, bei Umwandlung einer existierenden Gesellschaft (letzteres ist nicht ausgesprochen häufig der Fall) der Tag der notariellen Urkunde der „Umwandlung" in eine OGAW SICAV sein. Die CSSF bestätigt schriftlich das betreffende Datum auf das der Eintrag erfolgt. **77**

Das Gesetz sieht weiter automatische ausdrückliche Pflichten bestimmter Organe der selbstverwalteten OGAW SICAV, die mit der Zulassung von Gesetzes wegen einhergehen, vor. Die Zulassung beinhaltet also für die Mitglieder der Verwaltungs-, Geschäftsführung- oder Aufsichtsorgane der selbstverwalteten OGAW SICAV die Verpflichtung, der CSSF unverzügliche jede Änderung solcher wesentlicher Informationen, auf welche sich die CSSF bei der Prüfung des Zulassungsantrages gestützt hat, in vollständiger, schlüssiger und verständlicher Weise, schriftlich mitzuteilen (so Art. 27 (1) Absatz 7 des Gesetzes von 2010 – entsprechend der Parallelregel für Verwaltungsgesellschaften nach Kapital 15 des Gesetzes von 2010 in Art. 102 (4) Absatz 2 des Gesetzes von 2010). Hierbei ist der Fokus mit einer bloßen Mitteilung als solcher vielleicht etwas eng. Praktisch gesehen werden z.B. Änderungen der Verwaltungsräte oder der Geschäftsführer der selbstverwalteten OGAW SICAV der Zustimmung der CSSF bedürfen. Es ist dringend anzuraten, diese, im allseitigen Interesse und schon allein aus Gründen der Sicherheit im Rechtsverkehr, sinnigerweise vor der entsprechenden Ernennung einzuholen. Solch eine Änderung ist eben auch von Relevanz für den Verkaufsprospekt und damit ergibt sich quasi automatisch ein gewisses Zustimmungserfordernis der CSSF für solche Änderungen. Änderungen, die nicht direkte Verkaufsprospektrelevanz haben, werden – je nach Wichtigkeit – ebenfalls eher einer Art Zustimmungserfordernis unterliegen, da bei Nichteinverständnis die CSSF natürlich entsprechende Maßnahmen ergreifen kann. **78**

Der Extremfall des Eingriffs wäre unter den engen Voraussetzungen des Art. 27 (1) Absatz 8 der Entzug der Zulassung der betreffenden selbstverwalteten OGAW SICAV (bis auf einen Punkt entsprechend der Parallelregel für Verwaltungsgesellschaften nach Kapitel 15 des Gesetzes von 2010 in Art. 102 (5) des Gesetzes von 2010). Eher standardmäßig werden die Zulassung aufgrund falscher Erklärungen oder sonstige rechtswidrige Weise (entsprechend Art. 27 (1) Absatz 8b des Gesetzes von 2010), das Nicht-Mehr-Erfüllen der Voraussetzungen (siehe Art. 27 (1) Absatz 8c des Gesetzes von 2010), ein schwerwiegender oder/und systematischer Verstoß gegen das Gesetz von 2010/gegen die Anwendung aufgrund des Gesetzes von 2010 erlassener Verordnungen (Art. 27 (1) Absatz 8d des Gesetzes von 2010) oder sonstige in dem Gesetz vorgesehene Entzugsgründe (siehe Art. 27 (1) Absatz 8e des Gesetzes von 2010) als Zulassungsentzugsgründe angeführt. Davon etwas abweichend ist der Entzugsgrund nicht innerhalb von 12 Monaten von der Zulassung Gebrauch zu machen, ausdrücklich auf sie zu verzichten oder die im Gesetz von **79**

2010 genannten Tätigkeiten seit mehr als 6 Monaten nicht mehr auszuüben (siehe Art. 27 (1) Absatz 8a des Gesetzes von 2010).

80 Dabei ist ausgeschlossen, dass man als selbstverwaltete OGAW SICAV, außer dem Vermögen des eigenen Portfolios, quasi im Stile einer als Kapitel 15-Gesellschaft aufgesetzten Verwaltungsgesellschaft, Vermögen für Dritte (sei es z.B. als Fondsstruktur eines Dritten oder als sonstige diskretionäre Vermögensverwaltung für einen Dritten) verwalten kann (entsprechend Art. 27 (2) Satz 2 des Gesetzes von 2010).

81 Schaubild 3: Simple Darstellung Fonds-Struktur selbstverwaltete OGAW SICAV

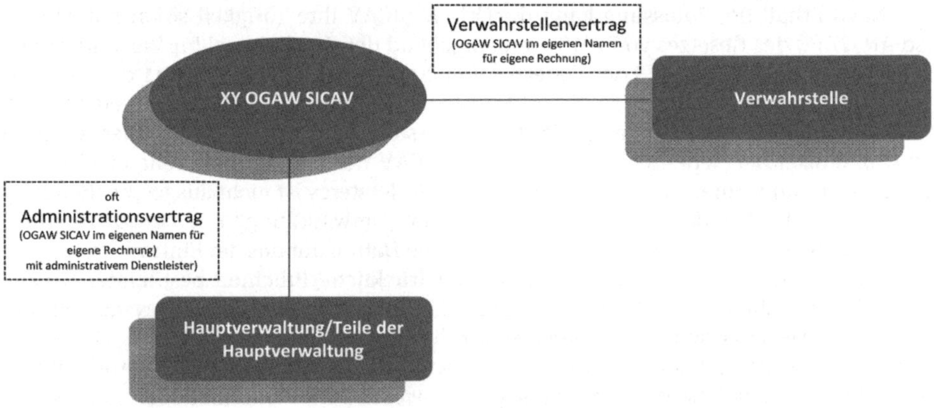

82 Schaubild 4: Simple Darstellung Fonds-Struktur fremdverwaltete OGAW SICAV

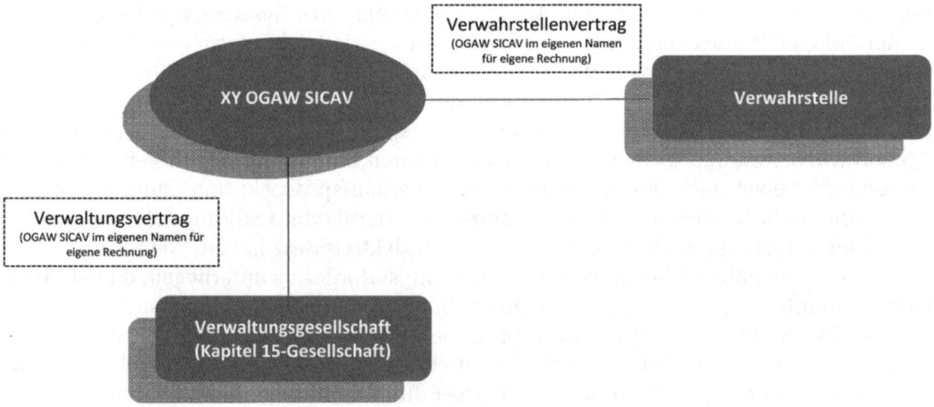

83 Art. 28 des Gesetzes von 2010 legt parallel zu den Regelungen für OGAW Sondervermögen die Regelungen für OGAW SICAV hinsichtlich der Anteilausgabe, des Anteilpreises, des Ausgabepreises, der Anteilrücknahme, des Rücknahmepreises, der Bewertung der Vermögenswerte der OGAW SICAV, die Aussetzung der Bewertung der Vermögenswerte, die der OGAW SICAV belastbaren Kosten sowie die Regeln zum Kauf und zum Verkauf der Vermögenswerte fest. Insoweit wird auf die entsprechenden Ausführungen unter Kapitel 2 zu OGAW Sondervermögen entsprechend verwiesen, mit dem Zusatz, dass die Anteile von OGAW SICAV keinen Nennwert haben (was anders bei einer Gesellschaft mit variablem Kapital auch nur schwerlich vorstellbar ist). Ein besonderer Hin-

weis darauf, dass der Anteilinhaber mit der Zeichnung die Regelungen der Satzung akzeptiert (wie bei den OGAW Sondervermögen für das Verwaltungsreglement), ist nicht enthalten. Die Struktur der OGAW SICAV als Aktiengesellschaft und die Anwendbarkeit der allgemeinen gesellschaftsrechtlichen Regeln macht dieses nicht notwendig. Ähnlich verhält es sich mit dem Nichtvorhandensein eines Hinweises auf die mögliche Ausgabe von Inhaber- oder Namenspapieren. Auf Basis des allgemeinen Gesellschaftsrechts ist das abgedeckt, die Analyse zur praktischen Relevanz und Gestaltung ist jedoch der zu den OGAW Sondervermögen entsprechend.

Die Veränderungen im Gesellschaftskapital der OGAW SICAV erfolgen von Rechts **84** wegen und ohne formelle Kapitalerhöhungen und Kapitalherabsetzungen (entsprechend Art. 29 (1) des Gesetzes von 2010). Dieses entspricht der Vorgehensweise bei OGAW Sondervermögen, stellt jedoch im Rahmen der gesellschaftsrechtlichen Gestaltung der OGAW SICAV eine besondere Bestimmung dar, mit der der eine ganz wesentliche praktische Vereinfachung erreicht wird, die überdies enorm kostensparend ist. Auszahlungen an die Anteilinhaber (als Folge einer Kapitalherabsetzung) unterliegen lediglich der Beschränkung, dass durch eine Auszahlung (= Ausschüttung) das gesetzliche Mindestkapital aus Art. 27 (1) des Gesetzes von 2010 – in Höhe von 1.250.00 Euro – nicht unterschritten werden darf (so Art. 29 (2) des Gesetzes von 2010). Dieses ist die parallele Regelung zur Nichtunterschreitung des Mindestkapitals für OGAW Sondervermögen. An dieser Stelle sei noch ergänzt, dass OGAW SICAV über die Beachtung der Regeln zum Mindestkapital hinaus nicht verpflichtet sind, die für „normale" Aktiengesellschaften notwendigen Mindestrücklagen zu bilden (entsprechend Art. 31 (2) des Gesetzes von 2010) und auch nicht den auf die Zahlung von Vorschussdividenden anwendbaren allgemeinen Bestimmungen für Handelsgesellschaften aus Art. 72-2 des Gesetzes von 1915 unterliegen (entsprechend Art. 31 (3) des Gesetzes von 2010). Unterjährige Ausschüttungen sind also in sehr pragmatischer Weise wie bei einem OGAW Sondervermögen möglich. Im Übrigen gilt für Ausschüttungen das zu den OGAW Sondervermögen Gesagte entsprechend (siehe Rn. 66).

Vorzugsrechte von bisherigen Anteilinhabern für die Ausgabe neuer Anteile werden **85** indes nur gewährt, sofern die Satzung dieses ausdrücklich vorsieht (entsprechend Art. 29 (3) des Gesetzes von 2010). Dieses kommt in der Praxis relativ selten vor, was wohl hauptsächlich dem Charakter des offenen Publikumsfonds geschuldet ist, der die entsprechende Notwendigkeit von Vorzugsrechten im Regelfall obsolet werden lässt. Zeichnungen sind regelmäßig an jedem Bewertungstag – wie bei den OGAW Sondervermögen mindestens zwei Mal monatlich, in den meisten Produkten tatsächlich jedoch werktäglich – möglich, ohne dass die Anzahl der durch die OGAW SICAV ausgebbaren Anteile begrenzt würde.

Wie bereits zuvor angesprochen und entsprechend einem OGAW Sondervermögen **86** muss auch eine OGAW SICAV die Verwahrung ihrer Vermögenswerte einer Verwahrstelle anvertrauen (Grundsatz entsprechend Art. 33 (1) des Gesetzes von 2010). Die Aufgaben der Verwahrstelle einer OGAW SICAV sind den Aufgaben der Verwahrstelle eines OGAW Sondervermögens identisch, allerdings wird nicht grundsätzlich die Erfüllung aller Aufgaben der Verwaltung einer OGAW SICAV gesetzlich vorgeschrieben und die Verwahrstelle ist nicht von Gesetzes wegen den Weisungen der OGAW SICAV (vergleichbar der Verwaltungsgesellschaft bei OGAW Sondervermögen) unterstellt, auch nicht, wenn die OGAW SICAV eine Verwaltungsgesellschaft ernannt hat. Dennoch ergibt sich insbesondere im Hinblick auf die wahrgenommenen Aufgaben praktisch gesehen kein Unterschied.

Sollte die OGAW SICAV eine Verwaltungsgesellschaft ernannt haben, deren Herkunftsmitgliedstaat der EU nicht identisch ist mit dem der OGAW SICAV, muss jedoch auch in der Konstellation OGAW SICAV die Verwahrstelle mit der betreffenden Verwaltungsgesellschaft eine schriftliche Vereinbarung über den Austausch von Informationen treffen, damit sie ihren Aufgaben aus Art. 33 (1)–(3) des Gesetzes von 2010 sowie aus anderen Rechts-, Aufsichts- und Verwaltungsvorschriften nachkommen kann (entsprechend Art. 33 (4) des Gesetzes von 2010). Diese Regelung trägt der Funktion einer ernannten Verwaltungsgesellschaft für den täglichen Geschäftsverkehr einer OGAW SICAV Rechnung.

Die in Art. 34 des Gesetzes von 2010 enthaltenen Anforderungen an die Qualifikation und Zulassung einer Verwahrstelle sind denen die an Verwahrstellen von OGAW Sondervermögen gestellt werden (siehe Art. 17 (2)–(6) des Gesetzes von 2010) identisch. Es wird insoweit auf das dazu Gesagte verwiesen (Rn. 14). Auch die Verwahrstelle einer OGAW SICAV muss ferner im Rahmen der Wahrnehmung ihrer Aufgaben ausschließlich im Interesse der Anteilinhaber handeln (entsprechend Art. 37 des Gesetzes von 2010).

Ebenso verhält es sich mit dem Haftungsumfang der Verwahrstelle bei OGAW SICAV. Dieser ist dem Haftungsumfang bei OGAW Sondervermögen identisch, mit dem Unterschied, dass die Haftung gegenüber der OGAW SICAV an Stelle der Verwaltungsgesellschaft besteht (für die OGAW SICAV in Art. 33 (2) und Art. 35 des Gesetzes von 2010). Auch bei Ernennung einer Verwaltungsgesellschaft ändert sich dies nicht.

87 Für die OGAW SICAV ist das Ende der Aufgaben einer Verwahrstelle und, sofern die OGAW SICAV eine Verwaltungsgesellschaft ernannt hat, das Ende der Aufgaben einer Verwaltungsgesellschaft ebenfalls gesetzlich festgeschrieben. In beiden Fällen ist das natürlich wichtig um das Ende der betreffenden Haftung der jeweiligen Gesellschaft zu bestimmen.

Das Ende durch Ausscheiden der Verwahrstelle auf eigene Veranlassung in Art. 36 a) des Gesetzes von 2010 entspricht inhaltlich der Regelung in Art. 21 b) des Gesetzes von 2010 für OGAW Sondervermögen und insoweit wird auf das dazu Gesagte verwiesen (Rn. 19). Gleiches gilt für (i) ein Ende aufgrund der Eröffnung des Insolvenzverfahrens über das Vermögen der SICAV, der Verwahrstelle oder der Verwaltungsgesellschaft nach Art. 36 d) des Gesetzes von 2010, die der Regelung für OGAW Sondervermögen nach Art. 21 c) des Gesetzes von 2010 inhaltlich entspricht, (ii) ein Ende aufgrund des Entzugs der Zulassung der zuständigen Behörde für eine der drei Beteiligten (so Art. 36 e) des Gesetzes von 2010), was der Regelung für OGAW Sondervermögen nach Art. 21 d) des Gesetzes von 2010 entspricht und (iii) ein Ende aufgrund anderer in der Satzung vorgesehener Fälle (so Art 36f) des Gesetzes von 2010, was inhaltlich der Regelung in Art. 21 e) des Gesetzes von 2010 entspricht).

Daneben wird vergleichbar Art. 21 a) des Gesetzes von 2010 bei OGAW Sondervermögen für OGAW SICAV in Art. 36 b) des Gesetzes von 2010 das Ende der Aufgaben der Verwaltungsgesellschaft bei Ausscheiden derselben auf eigene Veranlassung oder Veranlassung der OGAW SICAV und „aufsichtsrechtlich gleichwertiger" Ersetzung derselben bestimmt. Schließlich bestimmt Art. 36 c) des Gesetzes von 2010 noch als weiteren speziellen OGAW SICAV Anwendungsfall das Ende der Aufgaben bei Ausscheiden der ernannten Verwaltungsgesellschaft auf Veranlassung der SICAV, wenn diese die Annahme des Status einer selbstverwalteten OGAW SICAV beschlossen hat.

88 Wie bei einem OGAW Sondervermögen sind auch bei einer OGAW SICAV besondere Folgen an das Unterschreiten von $^2/_3$ oder $/_4$ des vorgenannten Mindestgesellschaftskapitals in Höhe von 1.250.000 Euro aus Art. 27 (1) des Gesetzes von 2010 gebunden. Anders als bei den OGAW Sondervermögen muss hier der Verwaltungsrat (monistische Form bzw. die Geschäftsführung (dualistische Form) im jeweiligen Fall die Frage der Liquidation der OGAW SICAV der Generalversammlung der Anteilinhaber (= Aktionäre) vorlegen (entsprechend Art. 30 (1) und (2) des Gesetzes von 2010). In beiden Fällen entscheidet die betreffende Generalversammlung ohne ein Anwesenheitsquorum, sofern das Mindestkapital unter 2/3 des gesetzlichen Minimums gefallen ist mit einfacher Mehrheit der auf der Generalversammlung anwesenden oder vertretenen Anteile (entsprechend Art. 30 (1) des Gesetzes von 2010), sofern das Mindestkapital unter 1/4 des gesetzlichen Minimums gefallen ist mit einem Viertel der auf der Generalversammlung anwesenden oder vertretenen Anteile (entsprechend Art. 30 (2) des Gesetzes von 2010). Die jeweilige Generalversammlung muss so einberufen werden, dass sie innerhalb von 40 Tagen nach Feststellung des Unterschreitens des betreffenden Betrages stattfindet (siehe Art. 30 (3) des Gesetzes von 2010). Auf Basis der gesellschaftsrechtlichen Struktur der OGAW SICAV ist eine Vorlage der Frage der Auflösung (und Liquidation) der OGAW SICAV an die Generalversammlung an Stelle der CSSF bei OGAW Sondervermögen konsequent, allerdings wird man auch im Falle der OGAW SICAV die CSSF über das Abhalten der entsprechenden Generalversammlungen vorab und nachher des jeweiligen Ergebnisses informieren. Ähnlich wie bei den OGAW Sondervermögen und den dort genannten Gründen der Wirtschaftlichkeit sind die praktischen Anwendungsfälle dieser Regeln jedoch eher selten.

Generell ist für die OGAW SICAV – anders als bei den OGAW Sondervermögen – ge- **89**
setzlich keine automatische Versetzung in Liquidation vorgesehen. Diese Entscheidung ist grundsätzlich – den allgemeinen Grundsätzen des Gesetzes von 1915 folgend – der Generalversammlung der SICAV vorbehalten und wird nur in den vorgenannten Fällen des Unterschreitens des Mindestkapitals gesetzlich ausdrücklich verlangt.

In der Praxis ist man durchaus mit der Frage, insbesondere von Initiatoren, konfrontiert, ob denn ein OGAW Sondervermögen oder eine OGAW SICAV zu wählen sei bzw. besser oder schlechter sei. Der Jurist ist geneigt „das kommt darauf an" zu antworten, was zwar in der Sache richtig ist, aber einer Präzisierung bedarf. Rechtlich gesehen sind da schon einige Unterschiede, hat doch der Anteilinhaber einer SICAV (= Aktionär) als solcher immer unabdingbare Rechte, wie Teilnahme und Stimmrecht bei einer Generalversammlung (entsprechend Art. 67 (4) des Gesetzes von 1915) oder Mindestschutzrechte betreffend die Einberufung einer Generalversammlung, die durch schriftliche Aufforderung von Anteilinhabern (= Aktionären), die mindestens 10% des Kapitals der Gesellschaft repräsentieren unter Angabe der Tagesordnung und innerhalb von 40 Tagen abzuhalten, verlangt werden kann (entsprechend Art. 70 Absatz 2 des Gesetzes von 1915). Beides sind Rechte, die Anteilinhaber eines Sondervermögens gesetzlich nicht haben, auch nicht in einer analogen Anwendung des Gesetzes von 1915. Ein entsprechendes Verlangen könnte z.B. auch die Absetzung eines Verwaltungsrats beinhalten, ohne dass dazu ein fehlerhaftes Verhalten vorliegen muss, was das Management einer OGAW SICAV doch anders exponiert als einen Verwaltungsrat oder die Geschäftsführung einer Verwaltungsgesellschaft bei einem OGAW Sondervermögen. Von einem etwas anderen Blickwinkel erscheint dann die Situation eines Initiators eines Fonds. In einer OGAW SICAV kann er auch bei kleineren Strukturen im Verwaltungsrat derselben sein und somit eine Mitwirkung am Management und rechtliche Kontrolle der Struktur haben, die er – sollte er nicht gerade sehr groß sein und seine eigene Verwaltungsgesellschaft aufsetzen – rechtlich in einem Sondervermögen, das eine dienstleistende Verwaltungsgesellschaft auf seine Initiative hin auflegt, nicht haben kann, denn die Verwaltungsgesellschaft kann rechtlich nicht weisungsgebunden sein (Pflicht der Verwaltungsgesellschaft unabhängig und ausschließlich im Interesse der Anteilinhaber zu handeln, entsprechend Art. 20 des Gesetzes von 2010). Damit einher geht natürlich, dass die rechtliche Verantwortung (und natürlich Haftung) eines Initiators, der in dem Management einer OGAW SICAV, d.h. in deren Verwaltungsrat, ist, eine andere ist als die desjenigen Initiators, der sich einer Drittfonds-Verwaltungsgesellschaft zur Auflage eines Sondervermögens bedient.

Alleine diese kurze Darstellung einiger Differenzen zeigt, dass diese Frage nicht allgemeingültig und für jeden Fall gleich beantwortet werden kann. Eine sehr wichtige Orientierung kann jedoch ein anderer Punkt sein. Wie im übrigen bei jedem Investmentfonds ist die Frage, ob der Markt bzw. der Anlegerkreis auf oder bei dem der Fonds platziert werden soll, die eine Struktur oder die andere Struktur „bevorzugt" mitunter das ganz entscheidende Kriterium. Ein OGAW, der hauptsächlich in einem Land öffentlich vertrieben werden soll, in dem das Rechtskonstrukt Sondervermögen, wenn überhaupt, dann nur den Spezialisten bekannt ist, keine historische Verankerung hat, keinen Wiedererkennungswert hat etc., wäre im Normalfall nicht als Sondervermögen sondern als SICAV aufzulegen.

Abschließend sei noch angefügt, dass hinsichtlich der Gebühren der CSSF für einen OGAW die Frage der Rechtsform keinen Unterschied macht. Im Zusammenhang mit den totalen Auflagekosten und den jährlichen administrativen Kosten zeigt die Erfahrung, dass beide Rechtsformen quasi identisch sind. Ein minimal höheres Budget ist bei der Auflage einer OGAW SICAV wegen der notwendigen Notarkosten und des Bereitstellens des Mindest-Gründungskapitals – für ein Sondervermögen fallen diese nicht an – zu veranschlagen. Hinsichtlich des Mindest-Gründungskapitals wird auf das dazu zuvor Gesagte verwiesen. Hinsichtlich der notwendigen Notarkosten sprechen wir nach derzeitigem Stand im Normalfall von ca. 2.000 Euro was regelmäßig kein Betrag ist, der die SICAV real benachteiligt.

IV. Kapitel 4: Andere Investmentgesellschaften in Wertpapieren

90 Art. 38 und Art. 39 des Gesetzes von 2010 setzen kurz den Rahmen für OGAW-Investmentgesellschaften, die nicht in der Form einer SICAV aufgelegt werden. Ausweislich der offiziellen Liste der CSSF für OGA und OGAW, die gemäß Art. 130 (1) des Gesetzes von 2010 geführt wird, Stand 31. März 2015, gibt es keinen einzigen OGAW der in dieser Variante aufgelegt wurde, so dass wir in Ermangelung der praktischen wie auch der rechtlichen Bedeutung hier auf weitere Ausführungen dazu verzichten.[43]

V. Kapitel 5: Anlagepolitik eines OGAW

91 **1. Allgemeines.** Die Erfolgsstory „OGAW" beruht nicht zuletzt darauf, dass der Gesetzgeber ein Regelwerk erdacht hat, welches Transparenz und Anlegerschutz in den Vordergrund stellt. Mithin werden den Verwaltern der Fonds sehr wohl Grenzen gesetzt, was ihre Flexibilität in der Auswahl möglicher erlaubter Vermögenswerte („eligible assets") einschränkt. Nicht selten werden aus der Industrie Stimmen laut, die das zu enge Korsett der OGAW-Richtlinie beklagen – es könne ja, so ihre Argumentation, schließlich nicht im Sinne der Anleger sein, wenn risikomindernde (durch negative Korrelation mit bestehenden Anlageklassen) oder renditesteigernde Anlagen nicht getätigt werden dürfen. Sie fordern ein breiteres Anlageuniversum, welches ja gegebenenfalls vertraglich auf die Risikotoleranz des Zielanlegers zugeschnitten sein kann.

92 Befeuert durch die nicht enden wollenden Geschichten von Anlegern, die durch Falschberatung und Unwissen in höchst spekulative Anlagen mit fragwürdigen Renditeversprechen gelockt wurden, hat der Gesetzgeber jedoch auf europäischer Ebene auch

43 Ergänzend sei darauf hingewiesen, dass die besagte offizielle Liste gemäß Art. 130 des Gesetzes von 2010 selbstverständlich die Fortführung der entsprechenden, schon nach dem Gesetz vom 30. März 1988 über Organismen für gemeinsame Anlagen zu führenden Liste ist, mithin diese Rechtsform von jeher, wenn überhaupt, so doch nur kleine Relevanz hatte.

im Rahmen der OGAW IV-Richtlinie keinesfalls an dem bestehenden Regime gerüttelt: Beschränkung des Anlageuniversums und vorgeschriebene Risikodiversifizierung durch Festlegung von Emittentengrenzen bleiben weiterhin tragende Säulen des OGAW Konzepts.

Die Umsetzung des Regelwerks in Luxemburg ist in diesem Falle denkbar einfach: 93
Der Gesetzgeber hat sich darauf beschränkt, den Text der OGAW IV-Richtlinie nahezu unverändert in Luxemburger Recht zu übernehmen. Das 5. Kapitel des Gesetzes von 2010 (Anlagepolitik eines OGAW) entspricht dabei weitestgehend Kapitel VII der OGAW IV-Richtlinie (Verpflichtungen betreffend die Anlagepolitik der OGAW). Die Artikel 40 bis 46 des Gesetzes von 2010 entsprechen in Art, Inhalt und Umfang den Artikeln 49 bis 55 der OGAW IV-Richtlinie; die Artikel 48 und 49 des Gesetzes von 2010 entsprechen dabei den Artikeln 56 und 57 der OGAW IV-Richtlinie. Da sich jedoch auch an anderer Stelle innerhalb der Richtlinie weitergehende Beschränkungen in Bezug auf die möglichen Anlageklassen finden, hat sich der Luxemburger Gesetzgeber dazu entschieden, diese ebenfalls im Rahmen des 5. Kapitels des Gesetzes von 2010 in nationales Recht zu überführen: Die in Kapitel X der OGAW IV-Richtlinie (Allgemeine Verpflichtungen des OGAW) befindlichen Artikel 83, 88 und 89 der OGAWIV-Richtlinie entsprechen den Artikeln 50, 51 und 52 im Luxemburger Gesetz von 2010. Somit haben die Anwender des Gesetzes alle für die Prüfung der Konformität des investierten Portfolios relevanten Rechtsnormen übersichtlich an einer Stelle.[44] Etwaige Änderungen sind rein redaktioneller Natur, so wird beispielsweise der im Text der Richtlinie verwandte Begriff „Drittland" („pays tiers") an einigen Stellen ersetzt durch „Staat, der nicht Mitglied der Europäischen Union ist" („État qui ne fait pas partie de l'Union européenne").

2. Teilfonds. Ziel des Artikels 40 des Gesetzes von 2010 ist es, dem Anwender in Er- 94
innerung zu rufen, dass das Wesen der „Teilfonds" (englisch „Sub-Funds" oder „Compartments") in Bezug auf die Anlagepolitik und etwaige Diversifikationsanforderungen so zu verstehen ist, als sei jeder Teilfonds selbst ein eigener Fonds. Zur Erinnerung: Gem. Artikel 1, 2. Paragraph der OGAW IV-Richtlinie kann ein Mitgliedstaat eine Zusammensetzung der OGAW aus verschiedenen Teilfonds genehmigen; die entsprechende Luxemburger Umsetzung findet sich in Art. 181. Dies versteht sich in Bezug auf die Teilfonds eines Umbrella-Fonds gem. Art. 181 des Gesetzes von 2010, welche ihrerseits in eligible assets gem. Art. 41 des Gesetzes von 2010 investieren, nicht jedoch in Bezug auf mögliche Investments in Teilfonds eines anderen Fonds; eine entsprechende Regelung findet sich später im Gesetz in den einzelnen Rechtsnormen bzgl. der Emittentengrenzen (Mehr dazu in der Kommentierung des Art. 46 des Gesetzes von 2010). So wird den Initiatoren eines Fonds die Möglichkeit eröffnet, jederzeit neue Teilfonds mit höchst unterschiedlichen Anlagespektren aufzulegen, ohne in irgendeiner Form auf die bestehenden Strukturen achten zu müssen.[45]

3. Eligible assets. Das Anlageuniversum („eligible assets") eines OGAW ist mit Art. 41 95
des Gesetzes von 2010 erschöpfend definiert. An keiner anderen Stelle des Gesetzes wer-

44 Ein Exot findet sich jedoch: Der eigentlich unter Kapitel IX der Richtlinie (Verpflichtungen betreffend die Information der Anleger) abgedruckte Artikel 70, welcher die Pflicht zur Kenntlichmachung der Anlagestrategie im Prospekt fordert, wurde als Artikel 47 ins 5. Kapitel des Luxemburger Gesetzes übernommen.

45 Mit dieser strikten Trennung der einzelnen Teilfonds innerhalb desselben Fonds ist es möglich, Skaleneffekte und operationelle Kosteneinsparungen zu erzielen (z.B. durch die Erstellung und Prüfung zusammengefasster Jahresabschlüsse).

den Ausnahmeregelungen eröffnet. Auch sind keine der aufgezählten Punkte „vorbehaltlich" oder „unbeschadet" etwaiger gegenlautender vertraglichen Regelungen zu verstehen, womit das OGAW-Anlagespektrum auch für sehr frei agierende Portfolioverwalter auf die im vorliegenden Artikel genannten möglichen Anlagen beschränkt sind:

96 **a) Geregelter Markt.** Mit Implementierung der OGAW IV-Richtlinie in geltendes Luxemburger Recht wurde der explizite Verweis auf die „MiFID"-Richtlinie aufgenommen, welche den Begriff des geregelten Marktes definiert. Zuvor gab es technisch gesehen noch Spielraum für Auslegungen, wenngleich praktisch bis dato auf die Definition in der Richtlinie 93/22/EWG des Rates vom 10. Mai 1993 über Wertpapierdienstleistungen abgestellt wurde. Das Wesen der MiFID-Richtlinie besagt, dass diese primär Wertpapierfirmen erfassen soll, die gewöhnlicherweise Wertpapierdienstleistungen erbringen; Organismen für gemeinsame Anlagen sind, nicht zuletzt aufgrund der Vielzahl von Spezialgesetzen, welche deren Tätigkeiten erfassen, ausgenommen. Allerdings ist es begrüßenswert, dass der Gesetzgeber hier tunlichst davon abgesehen hat, für die Tätigkeiten der OGAW und die Prüfung der Konformität des Investmentportfolios keine eigenen Definitionen von bereits im allgemeinen Sprachgebrauch benutzten Begriffe erdacht hat, sondern insoweit auf die bereits am Markt etablierte Richtlinie abstellt. Die bestehende Definition des „Geregelten Marktes" wurde durch die MiFID-Richtlinie abgelöst, siehe Art. 4 Abs. 1 Nr. 14 der Richtlinie:

> Geregelter Markt: ein von einem Marktbetreiber betriebenes und/oder verwaltetes multilaterales System, das die Interessen einer Vielzahl Dritter am Kauf und Verkauf von Finanzinstrumenten innerhalb des Systems und nach seinen nichtdiskretionären Regeln in einer Weise zusammenführt oder das Zusammenführen fördert, die zu einem Vertrag in Bezug auf Finanzinstrumente führt, die gemäß den Regeln und/oder den Systemen des Marktes zum Handel zugelassen wurden, sowie eine Zulassung erhalten hat und ordnungsgemäß und gemäß den Bestimmungen des Titels III funktioniert.

97 „Titel III" bezieht sich hier auf die Art. 36 bis 47 ebenjener Richtlinie. In Art. 47 heißt es ferner:

> Jeder Mitgliedstaat erstellt ein Verzeichnis der geregelten Märkte, für die er der Herkunftsmitgliedstaat ist, und übermittelt dieses Verzeichnis den übrigen Mitgliedstaaten und der Kommission. Die gleiche Mitteilung erfolgt bei jeder Änderung dieses Verzeichnisses. Die Kommission veröffentlicht ein Verzeichnis aller geregelten Märkte im *Amtsblatt der Europäischen Union* und aktualisiert es mindestens einmal jährlich. Die Kommission veröffentlicht dieses Verzeichnis ferner auf ihrer Website und aktualisiert es dort nach jeder von den Mitgliedstaaten mitgeteilten Änderung.

98 Mithin ist es also nicht mehr geboten, eine eigene Prüfung der ordnungsgemäßen Funktionsweise eines Marktes vorzunehmen, da alle in der Europäischen Union existenten geregelten Märkte lt. Definition in einer erschöpfenden Aufzählung veröffentlicht werden. Die letztverfügbare Übersicht wurde am 15. Juli 2011 im Amtsblatt der Europäischen Union veröffentlicht: ABl. C 209 vom 15. Juli 2011, S. 21–28. Die Europäische Kommission veröffentlicht hier den Namen des Mitgliedstaates, den Namen des geregelten Marktes, den Betreiber, sowie die für Genehmigung und Beaufsichtigung des Marktes zuständige Behörde.[46] Ist also ein Wertpapier oder Geldmarktinstrument an einem der aufgelisteten Märkte zur Notierung zugelassen oder wird dort gehandelt, sind die Bedin-

46 In Luxemburg gilt ausschließlich die „Bourse de Luxembourg", betrieben durch die „Société de la Bourse de Luxembourg SA" und beaufsichtigt durch die CSSF, als geregelter Markt.

gungen des Buchstaben a) erfüllt. Dem Wortlaut des Gesetzes (und der Richtlinie) entsprechend heißt es „oder", nicht etwa „und" – das tatsächliche Handelsvolumen innerhalb des geregelten Marktes ist insofern (unbeschadet der folgenden Ausführungen) unbeachtlich in Bezug auf die Eigenschaft des Wertpapieres als „eligible asset" im OGAW-Kontext.

b) Wertpapier. Für die Zwecke des Gesetzes von 2010 nur sehr knapp definiert ist 99
der Begriff des „Wertpapieres" oder „Geldmarktinstrumentes". Hier befindet sich Luxemburg in guter Gesellschaft zu Deutschland, wo in einigen Spezialgesetzen (z.B. Gesetz über den Wertpapierhandel) zwar eine Definition vorgenommen wird, diese allerdings auch immer nur für das jeweilige Gesetz greift und keinen Universalcharakter hat. Der Gesetzgeber hat diese Unschärfe erkannt und mit einer Durchführungsrichtlinie reagiert, der Richtlinie 2007/16/EG der Kommission vom 19.3.2007 zur Durchführung der Richtlinie 85/611/EWG des Rates zur Koordinierung der Rechts- und Verwaltungsvorschriften betreffend bestimmte Organismen für gemeinsame Anlagen in Wertpapieren (OGAW) im Hinblick auf die Erläuterung gewisser Definitionen. Diese zielt zwar zeitlich und dem Wortlaut entsprechend auf das vor Implementierung von OGAW IV geltende OGAW III Regime ab, allerdings gab es keinerlei Änderungen in Bezug auf die Anlagepolitik eines OGAW, weswegen zur Klärung elementarer Fragestellungen weiterhin die Durchführungsrichtlinie bzw. deren nationale Umsetzung herangezogen wird.

Die luxemburgische Umsetzung der Durchführungsrichtlinie wurde nicht etwa 100
durch eine Gesetzesanpassung bewirkt, sondern durch eine großherzogliche Verordnung („règlement grand-ducal").[47] Diese trat vier Tage nach ihrer Veröffentlichung im „Mémorial", dem Luxemburger Amtsblatt, statt, mithin am 23.2.2008. Der Wortlaut der großherzoglichen Verordnung und der zugrundeliegenden Durchführungsrichtlinie sind identisch.

Zweck der Durchführungsrichtlinie ist nicht etwa die abschließende Aufzählung al- 101
ler möglichen Finanzinstrumente; sie soll lediglich eine Definitionshilfe darstellen, um dem Anwender des Gesetzes ein Prüfschema an die Hand zu geben. Das „Committee of European Securities Regulators" („CESR"; jetzt: „European Securities and Markets Authority", „ESMA") wurde als Fachausschuss von der Europäischen Kommission damit beauftragt, technischen Fragestellungen nachzugehen, um eine einheitliche Anwendung der OGAW-Richtlinie innerhalb der Europäischen Union zu erreichen. Die nicht in der Durchführungsrichtlinie aufgegriffenen Empfehlungen wurden im Rahmen von sogenannten „Level III Measures" in einer „CESR-Guideline" durch CESR kommentiert und veröffentlicht als „CESR's guidelines concerning eligible assets for investment by UCITS" (CESR/07-044b, im Folgenden „CESR-Guideline"), allerdings nur in englischer Sprache.

---

47 namentlich der „Großherzoglichen Verordnung vom 8. Februar 2008 über gewisse Definitionen des geänderten Gesetzes vom 20. Dezember 2002 über Organismen für gemeinsame Anlagen in Umsetzung der Richtlinie 2007/16/EG der Kommission vom 19. März 2007 zur Durchführung der Richtlinie 85/611/EWG des Rates zur Koordinierung der Rechts- und Verwaltungsvorschriften betreffend bestimmte Organismen für gemeinsame Anlagen in Wertpapieren (OGAW) im Hinblick auf die Erläuterung gewisser Definitionen" („Règlement grand-ducal du 8 février 2008 relatif à certaines définitions de la loi modifiée du 20 décembre 2002 concernant les organismes de placement collectif et portant transposition de la directive 2007/16/CE de la Commission du 19 mars 2007 portant application de la directive 85/611/CEE du Conseil portant coordination des dispositions législatives, réglementaires et administratives concernant certains organismes de placement collectif en valeurs mobilières (OPCVM), en ce qui concerne la clarification de certaines définitions"), abgekürzt „Großherzogliche Verordnung über bestimmte Definitionen des Gesetzes vom 20. Dezember 2002 über Organismen für gemeinsame Anlagen" („règlement grand-ducal relatif à certaines définitions de la loi modifiée du 20 décembre 2002 concernant les organismes de placement collectif") bzw. im Folgenden „GHV" oder „großherzogliche Verordnung".

Im Folgenden soll das Verständnis des Begriffes „Wertpapier", wie es in den für Luxemburg relevanten Rechtsnormen herausgearbeitet werden kann, erläutert werden.

102 Lt. Gesetz werden unter „Wertpapier" die folgenden Kategorien erfasst (vgl. Definition Art. 1 Abs. 34):

- Aktien und andere Aktien gleichwertige Wertpapiere („Aktien")
- Schuldverschreibungen und sonstige verbriefte Schuldtitel („Schuldtitel")
- alle anderen marktfähigen Wertpapiere, die zum Erwerb von Wertpapieren durch Zeichnung oder Austausch berechtigen.

In diesem Zusammenhang gelten die Techniken und Instrumente im Sinne von Art. 42 des Gesetzes von 2010 nicht als Wertpapiere.

103 Die Legaldefinitionen nehmen keinen Bezug auf wesentliche Risikofaktoren, wie z.B. die Handelbarkeit/Liquidität des jeweiligen zu erwerbenden Vermögensgegenstandes. Auch finden sich vermehrt Finanzprodukte, die zwar z.B. als verbriefter Schuldtitel ausgestaltet sind (Zertifikat als Inhaberschuldverschreibung des emittierenden Kreditinstituts), faktisch aber mit einer Auszahlungsstruktur versehen sind, die sich an einem unabhängigen Basiswert ausrichtet, also derivative Züge haben. Da es nicht im Sinne des Gesetzgebers sein kann, die Portfolien unbedarfter Anleger unter dem OGAW-„Deckmantel" mit hochspekulativen und in ihrer Risikostruktur undurchsichtigen Anlagen zu füllen, wurden mit der Umsetzung der Durchführungsrichtlinie in der großherzoglichen Verordnung wesentliche Aspekte definiert, um die Definition des „Wertpapiers" mit den übrigen Zielsetzungen der Richtlinie in Einklang zu bringen. Die großherzogliche Verordnung nimmt dabei wiederum Bezug auf die im Gesetz verankerte Definition und fasst den Begriff weiter, um ihn dann an messbaren Kriterien auszurichten; die „Bezugnahme auf Wertpapiere" (d.h. die Legaldefinition) ist als Bezugnahme auf „Finanzinstrumente" zu verstehen, die einen näher spezifizierten Katalog von Kriterien zu erfüllen haben. Allerdings wurde darauf verzichtet, den Begriff „Finanzinstrument" näher zu definieren.[48]

104 **aa) Nachschusspflicht.** Grundsätzlich darf der potenzielle Verlust, der dem OGAW durch das Halten des Wertpapiers entsteht, nicht den dafür gezahlten Betrag übersteigen (Art. 2 Abs. 1 Buchstabe a GHV). CESR stellt klar, dass auch bei nur teileinbezahlten Wertpapieren die potenzielle Zuschusspflicht bei Eintreten eines vorher zu spezifizierenden „Events" auf den noch nicht einbezahlten Betrag beschränkt sein muss (Art. 17 CESR/07-044b). Im Gesetz von 2010 werden die Techniken und Instrumente des Art. 42 explizit von der Definition des Wertpapiers ausgenommen: Gemeint sind hier Derivate (egal ob börsengehandelt oder OTC) und Techniken der effizienten Portfolioverwaltung (z.B. Wertpapier-Darlehen). Die CESR-Klarstellung bekräftigt diese Auffassung: Für Derivate gelten an anderer Stelle des Gesetzes entsprechende Vorschriften, die das Verlustrisiko aus Derivaten überwachen und begrenzen sollen. Eine Aushebelung dieser Vorschriften durch vertragliche Ausgestaltung einer derivateähnlichen (d.h. mit Hebelwirkung) Partizipation an der Wertentwicklung eines Basiswerts durch entsprechend ausgestaltete teileinzuzahlende Wertpapiere mit Nachschusspflicht würde den Anlegerschutzgedanken verletzen.

---

48 Ein weiterer Bezug auf die MiFID-Richtlinie hilft hier nur bedingt weiter, da diese auf den Anhang der Richtlinie verweist, der wiederum „Übertragbare Wertpapiere" und „Geldmarktinstrumente", aber auch „Anteile an Organismen für gemeinsame Anlagen" als mögliche Kategorie nennt.

bb) Liquidität. Als weiteres Abgrenzungsmerkmal gilt die Auffassung, dass die Liquidität der Anlagen nicht die Fähigkeit des Fonds beinträchtigen darf, jederzeit Anteile auf Verlangen eines Anteilinhabers zurückzunehmen (Art. 2 Abs. 1 Buchstabe b GHV; Art. 11 Abs. 2 des Gesetzes von 2010 und Art. 28 Abs. 1 Buchstabe b des Gesetzes von 2010). Diese wäre dann beeinträchtigt, wenn der Rückgabeantrag eines Anlegers aufgrund der Nichtveräußerbarkeit des Investmentportfolios nicht bedient werden könnte (Art. 37 der Richtlinie 85/611/EWG; jetzt: Art. 84 der Richtlinie 2009/65/EG), denn zurückgegebene Anteile sind grundsätzlich nicht in Bruchstücken des Investmentportfolios, sondern bar zu begleichen. Um dieses grundsätzliche Liquiditätsrisiko angemessen zu verwalten, sind die folgenden Faktoren lt. CESR-Guideline zu berücksichtigen: 105

- Das Handelsvolumen des betreffenden Wertpapiers;
- Falls der Preis durch Angebot und Nachfrage im Markt zustande kommt: Emissionsgröße und der Anteil der Emission, den der Portfoliomanager zu erwerben plant; ebenso: Bewertung des bestmöglichen Zeitpunktes zum Kauf oder Verkauf;
- Falls notwendig: eine unabhängige Analyse der Geld- und Briefkurse über einen gewissen Zeitraum hinweg kann Aufschluss über die relative Liquidität und Fungibilität des Finanzinstrumentes geben; gleiches gilt für die Vergleichbarkeit von verfügbaren Preisen;
- Um die Qualität der Zweitmarktaktivität eines Wertpapiers zu bewerten, sollte die Qualität und Anzahl von Mittlern/Zwischenhändlern („intermediaries“) und „Market Maker“, die das betreffende Wertpapier handeln, beachtet werden.

Die CESR-Guideline nennt jedoch bewusst keine „harten“ Faktoren, da jedes Wertpapier insofern individuelle Charakteristiken an den Tag legen kann. Auch ist die Liste nicht erschöpfend („examples of the matters a UCITS may need to consider“). Es stellt sich jedoch heraus, dass an das Liquiditätsrisikomanagement des OGAW umso stärkere Anforderungen gestellt werden, je exotischer das Investitionsuniversum des jeweiligen Portfoliomanagers ist. Der dritte Gedankenstrich liefert am ehesten nachprüfbare Kriterien, die auch retrospektiv noch eine entsprechende Analyse erlauben. Dahinter steckt, dass der sog. „Spread“, d.h. die Spanne zwischen Geld- und Briefkurs, ein starker Indikator für die Liquidität ist. Der Eigenhändler, der sich auferlegt hat, für eine gewisse Mindestliquidität in einem Wertpapier zu sorgen („market maker“), kauft und verkauft auf eigene Rechnung und mithin auf eigenes Risiko. In einem liquiden Markt stellt ihn dies vor keine größeren Probleme, da er auch größere Positionen ohne größere Schwierigkeiten wieder veräußern kann. Ist die Anzahl der (aktiven) Handelsteilnehmer jedoch gering, so trägt der Händler das Risiko, Positionen aufzubauen, die er nur schwer wieder veräußern kann: er trägt das volle Risiko des Preisverfalls. Als Folge wird er dies in seinen quotierten Preisen niederschlagen lassen: einer handelswilligen Partei wird er das betreffende Partei nur zu einem niedrigen (unattraktiven) Preis (Geldkurs, „bid price“) abkaufen wollen und mit einem entsprechenden Aufschlag zur Kompensation seines Risikos weiterverkaufen (Briefkurs, „ask price“).[49] Als direkte Folge des gesunkenen Liquiditätsrisikos verringert sich der Spread. Die jeweiligen Preisquotierungen lassen sich in der Regel in von Händlern stark frequentierten Plattformen (Bloomberg) nachträglich ablesen; so lässt sich feststellen, wie der jeweilige Spread für ein gegebenes Papier an einem bestimmten Tag/zu einer bestimmten Uhrzeit war. Analoges gilt für die Vergleichbarkeit von verfügbaren Preisen: je näher die individuellen Quotierungen verschiedener 106

49 Mit zunehmender Liquidität erhöht sich auch die Anzahl derer, die als Eigenhändler agieren und mithin die Konkurrenz unter den Händlern, die natürlich nach wie vor Geld verdienen wollen.

Handelsteilnehmer sind, desto verlässlicher sind ebenjene und desto höher ist die relative Liquidität.

107 Die CESR-Guideline führt aus, dass bei Wertpapieren, die nicht in einem regulierten Markt gem. Art. 19 Abs. 1 der Richtlinie 85/611/EWG (jetzt: Art. 50 Abs. 1 der Richtlinie 2009/65/EG) zum Handel zugelassen sind, die Liquidität nicht automatisch vorausgesetzt werden kann und diese deswegen wie oben ausgeführt überprüft werden muss. Im Umkehrschluss bedeutet dies, dass die obigen Ausführungen nicht automatisch auf ebenjene Wertpapiere anzuwenden sind, da hier die Vermutung der Liquidität gilt.[50] Offen bleibt, inwiefern daraus eine Verpflichtung abgeleitet werden kann, die Liquidität des Portfolios eigenverantwortlich und ständig zu überwachen: praxisrelevant ist diese Frage allerdings nicht, da eine Liquiditätssteuerung über andere Rechtsnormen durchaus explizit gefordert wird (siehe „Règlement CSSF N° 10-04", welche die Richtlinie 2010/43/EU der Kommission vom 1. Juli 2010 zur Durchführung der OGAW IV-Richtlinie in Luxemburg umsetzt).

108 Um die getane Arbeit zu relativieren, führt die CESR-Guideline jedoch weiter aus, dass ein als „illiquide" eingestuftes Wertpapier („insufficiently liquid to meet foreseeable redemption requests") nur dann gekauft oder weiterhin gehalten werden darf, wenn das verbleibende Portfolio liquide genug ist, um jederzeit den Rücknahmeverpflichtungen nachkommen zu können. Hier sind nach herrschender Meinung etwaige bestehende Kreditlinien mit der Depotbank miteinzubeziehen, da nach Art. 50 Abs. 2 Buchstabe a des Luxemburger Gesetzes kurzfristige Kredite in Höhe von maximal bis zu 10% des Nettovermögens eines OGAW aufgenommen werden dürfen. Diese maximal erlaubten 10% Kreditaufnahme den maximal 10% „andere" Vermögensgegenstände lt. Art. 41 Abs. 3 Buchstabe a des Luxemburger Gesetzes gegenüberzustellen, wäre allerdings zu kurz gedacht, da das Rücknahmeverhalten der Anteilseigner durchaus zu stärkeren Mittelabflüssen führen kann: Erfahrungsgemäß führt sich verengende Liquidität aufgrund „gestresster" Marktsituationen zu erhöhten Mittelabflusswünschen seitens der Anleger, die ihre Gelder in (vermeintlich) liquiden OGAW investiert haben, welche dann ihrerseits zu Abverkäufen gezwungen werden. Das genaue Durchdenken dieser (im Einzelfalle möglicherweise recht subjektiven) Annahmen verbleibt in der Verantwortung des Verwaltungsrates der Verwaltungsgesellschaft (FCP) bzw. des Verwaltungsrates der SICAV.[51]

109 **cc) Verlässliche Bewertung.** Hinsichtlich der Bewertbarkeit unterscheidet die GHV zwischen den Wertpapieren, die unter Art. 41 Abs. 1 Buchstaben a bis d des Gesetzes von 2010 fallen und solchen, die unter Art. 41 Abs. 2 Buchstabe a (sog. „Trash-Grenze") fallen. Im ersten Falle müssen die Preise „exakt, verlässlich und gängig" sein und entweder Marktpreise sein oder von einem emittentenunabhängigen Bewertungssystem gestellt werden. Im zweiten ist die Bewertung in „regelmäßigen Abständen" durchzuführen und aus Informationen des Emittenten oder einer „kompetenten Finanzanalyse" abzuleiten. Dadurch ergibt sich folgende Prüfreihenfolge:

---

50 In der Praxis wird sich diese Fragestellung also im Wesentlichen auf die Wertpapiere beschränken, die unter Art. 41 Abs. 3 Buchstabe a (sog. „Trash-Grenze") des Luxemburger Gesetzes fallen, oder aber immer dann zum Tragen kommen, wenn dem OGAW Tatbestände bekannt werden, die ihn an der Liquidität eines Wertpapiers zweifeln lassen („where information is available to the UCITS ...").

51 Als Erinnerung wird nochmal auf die notwendige Fungibilität der zu erwerbenden Wertpapiere hingewiesen, die nicht ohne Weiteres angenommen werden kann, insofern diese nicht zum Handel an einem geregelten Markt zugelassen sind. Diese Notwendigkeit ist bereits inhärent im Begriff „Wertpapier" zu sehen und in der GHV Artikel 2 Abs. 1 Buchstabe e ebenfalls wiederholt: Letztlich bedingt die Liquidität immer auch eine Handelbarkeit.

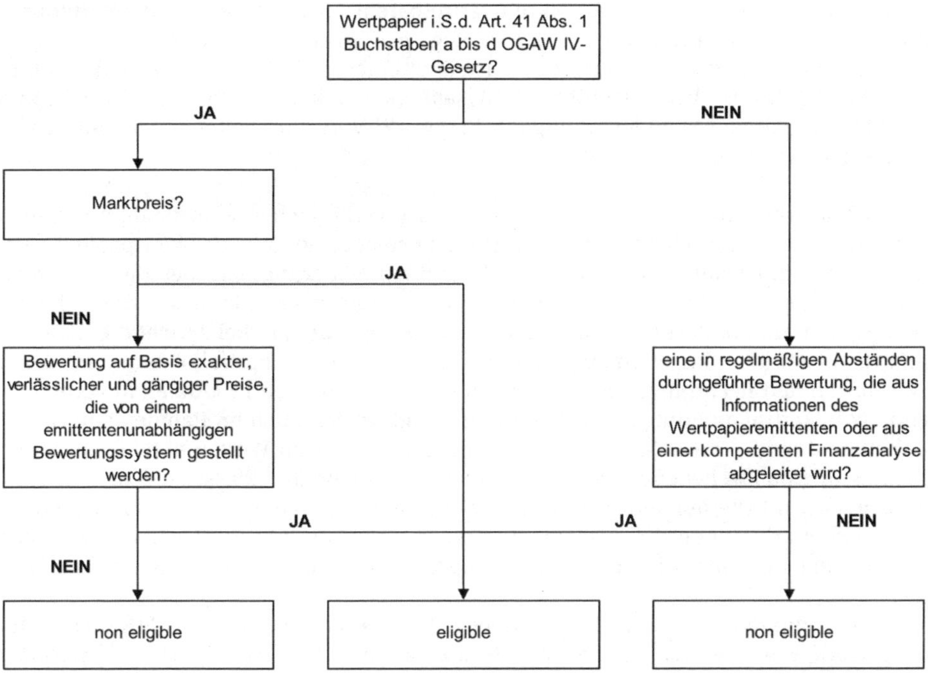

Zur Abgrenzung, ob ein Preis als „Marktpreis" bzw. „exakt, verlässlich und gängig" gilt, sind wieder die oben angeführten Kriterien „Handelbarkeit" und „Liquidität" heranzunehmen, d.h. die Fragestellung lautet „Ist der zum Zeitpunkt der Bewertung herangezogene Preis bei der Veräußerung an einen Marktteilnehmer zu erzielen?". Insoweit sind die Fragen der Bewertbarkeit und der Handelbarkeit untrennbar miteinander verknüpft und die Verneinung des einen Aspektes wird immer auch gleichzeitig zum Ausschluss des anderen Aspektes führen. **110**

Art. 2 Abs. 1 Buchstabe c Doppelbuchstabe ii der GHV führt näher aus, dass auch die der „Trash-Grenze" zuzuordnenden Instrumente durchaus gewissen Anforderungen unterliegen. Bislang wurde in der Praxis gerne argumentiert, dass bis zu 10% des Fondsvermögens nahezu „alles" als investierbarer Vermögensgegenstand in Frage kommt. Jedoch stellt die Umsetzungsrichtlinie klar, dass auch hier zumindest eine regelmäßige Bewertung durchzuführen ist. Der Ansatz pauschal mit den Anschaffungskosten aufgrund mangelnder Informationen (oder aufgrund mangelndem Drang zur aktiven Beschaffung von Informationen) widerspricht dem Gedanken der OGAW Richtlinie und führt dazu, dass sich das betreffende Instrument nicht etwa unter der 10% Grenze „verstecken" kann, sondern überhaupt nicht als zulässiger Vermögensgegenstand zu sehen ist. Ähnliches gilt bei (oftmals strukturierten) Produkten, deren einzige Informationsquelle die Preisquotierung des Emittenten selbst ist. Hier sind als Bewertungsgrundlage Informationen des Emittenten heranzuziehen – das entbindet den für die Bewertung Verantwortlichen jedoch nicht zur Pflicht zur Durchführung einer eigenen Bewertung im Rahmen eines Prozesses, der auch andere Informationsgrundlagen (wie etwa die Erkenntnis, dass der tatsächliche Handel des Wertpapieres regelmäßig zu anderen Preisen als denen, die der Emittent quotiert, stattfindet) mit einfließen lässt. Das Erfordernis zu einer „exakten und verlässlichen" besteht hier nicht, sodass die Sorgfaltspflicht des Be- **111** wertenden sich in einer Analyse von mit vertretbarem Aufwand beschaffbaren Informationen erschöpft, sofern dem Prozess eine Regelmäßigkeit zugrunde liegt.[52] Das Unveränderthalten der zugrunde liegenden Preise über einen Zeitraum von einem Monat hinweg ohne Nachweis über fortgeführte Analysetätigkeiten kann als Prozessschwäche und mögliche fahrlässige Nichteinhaltung der für OGAW-Verwalter geltende Sorgfaltspflichten gewertet werden.

112 **dd) Informationen.** Eine Bewertung ist umso verlässlicher, je mehr Informationen den jeweiligen Marktteilnehmern zur Verfügung stehen. Im Falle der Wertpapiere gem. Art. 41 Abs. 1 Buchstaben a bis d wird aufgrund der Notierung bzw. des Handels an einem geregelten Markt entsprechend von einer Versorgung des „Marktes" mit regelmäßigen, exakten und umfassenden Informationen ausgegangen. Dabei spricht die GHV von Informationen über das Wertpapier und ggf. das zugehörige „Portfolio" und trägt damit den Umständen Rechnung, dass mittlerweile eine Vielzahl von Produkten in verbriefter Form (z.B. Zertifikate) durch eine Notierung grundsätzlich auch im Rahmen von OGAW investierbar sind – diese jedoch aufgrund ihrer von anderen Werten abhängigen Kursentwicklung im Zweifel entsprechend intransparenter sind als „klassische" Investments. Folgt man den Kriterien der GHV, so gelten solche Wertpapiere nur dann als „eligible", wenn alle Marktteilnehmer, also Inhaber wie potenzielle Käufer gleichermaßen, sich jederzeit ein Bild über die dem Produkt zugrunde liegenden Basiswerte machen können.[53]

113 Bei Produkten nach Art. 42 Abs 2 Buchstabe a beschränkt sich das Erfordernis auf „regelmäßige und exakte" (nicht jedoch „umfassende") Informationen, welche auch (nur) dem OGAW und nicht dem gesamten Markt zur Verfügung stehen müssen. Hierbei kann es sich um Wertpapiere handeln, die dem Portfolio beigemischt werden, um ein gewisses Risikoprofil herzustellen oder zu korrigieren und welches speziell auf den jeweiligen OGAW (oder eine Gruppe gleichartiger OGAW) zugeschnitten ist. Oft besteht zwischen dem OGAW und dem Emittent ein gewisses Verbundenheitsverhältnis (z.B. Emittent und Verwaltungsgesellschaft gehören dem gleichen Konzern an). Um inhärente Interessenkonflikte zu reduzieren, ist gesetzlich normiert, dass der Informationsfluss zum OGAW hin möglichst uneingeschränkt funktioniert und im Rahmen der Bewertung (siehe oben) entsprechend objektiv nachvollziehbare Kriterien herangezogen werden. Jedoch gilt auch hier, dass bei entsprechender Abwesenheit selbiger Informationen die Zulässigkeit des Vermögenswertes in Frage gestellt werden muss – auch wenn sich mancher Portfolioverwalter gerne das Argument heranzieht, dass das Produkt ja „In-House" entwickelt wurde (und damit gutes Geld verdient wird) und somit verkennt, dass dies die Interesse des Anlegers mitunter ungerechtfertigterweise außer Acht lässt.

114 **c) Anderes.** Zuletzt betont die GHV nochmal, dass der Erwerb im Einklang mit den Anlagezielen des OGAW stehen und durch das Risikomanagement des OGAW erfasst werden muss.

115 Grundsätzlich unterscheidet die Richtlinie zwischen Wertpapieren und Geldmarktinstrumenten auf der einen Seite und Organismen für gemeinsame Anlagen auf der an-

---

52 In der Praxis findet sich für derartige Anlageinstrumente gewöhnlicherweise ein monatlicher Turnus, wo Anlageausschüsse, Portfolioverwalter und Risikomanager im Auftrag des Verwaltungsrates der SICAV bzw. der Verwaltungsgesellschaft über die Bewertung beraten.

53 Dies führt in der Praxis dazu, dass auch dann, wenn Produkte nur für eine begrenzte Zielgruppe aufgelegt werden, vollständige Informationen in bekannten Datendiensten (wie z.B. Bloomberg) abrufbar sind, um die Investierbarkeit durch OGAW zu gewährleisten.

deren Seite. Hier können sich jedoch Abgrenzungsschwierigkeiten ergeben – denn auch Organismen für gemeinsame Anlagen können beispielsweise als Kapitalgesellschaft (mit Stimmrecht, Anrecht auf Dividende etc.) ausgestaltet sein, womit deren Anteilsscheine (Aktien) somit begriffsmäßig als Wertpapier gelten. Für Organismen für gemeinsame Anlagen jedoch gelten im OGAW-Kontext andere Anforderungen, z.B. hinsichtlich der Diversifikationsanforderungen oder hinsichtlich der Gebühren auf Ebene des Ziel-OGA. Somit muss (spätestens) bei Erwerb des betreffenden Instruments eine Einordnung getroffen werden, ob es sich um einen OGA oder ein Wertpapier handelt, um dann im weiteren Verlauf eine adäquate Risikoüberwachung vornehmen zu können.

In Art. 2 der GHV werden drei Kategorien von Instrumenten definiert, die als „Wertpapier" i.S.d. Art. 1 Abs. 34 des Gesetzes von 2010 (vormals Art. 1 Abs. 24 des Gesetzes von 2002) gelten sollen. **116**

aa) Anteile an geschlossenen OGA. Als erste Kategorie zählen Anteile an geschlossenen OGA in Form einer Investmentgesellschaft oder eines Investmentfonds (entspricht in Luxemburg SICAV oder FCP), wenn sie alle oben aufgeführten Kriterien erfüllen, einer Unternehmenskontrolle unterliegen und (im Falle einer ausgelagerten Vermögensverwaltung) der Verwalter des OGA einer nationalen Regelung über den Anlegerschutz unterliegt. „Geschlossen" ist ein OGA, wenn es nicht dem Anleger des OGA freigestellt ist, Anteile des OGA zu zeichnen und zurückzunehmen; meist handelt es sich um Fonds, die Gelder in einer bestimmten Zielhöhe einsammeln, um diese dann über einen vorher definierten Zeitraum zu investieren, bspw Wagniskapitalfonds. **117**

Jedoch führt die CESR-Guideline ergänzend aus, dass die Anlage in geschlossene Fonds nicht dazu genutzt werden darf, die generellen Anlagebeschränkungen von OGAW vorsätzlich auszuhebeln. Dies kann jedoch nur qualitativ beurteilt werden, da ein rechnerisches „look through" aufgrund der oftmals nur rudimentär vorhandenen Transparenzpflichten geschlossener OGA (zumindest vor Anwendung der AIFM-Richtlinie) kaum möglich sein wird. Auch wird bei Wertpapieren (anders als bei Derivaten oder Wertpapieren mit eingebettetem Derivat) nicht davon ausgegangen, dass eine Hebelwirkung erzielt und somit ein höheres „Exposure" gegenüber einer bestimmten Anlageklasse aufgebaut wird. Basiert die Preisfeststellung des geschlossenen OGA also auf einer erheblichen Hebelwirkung durch den Einsatz bestimmter Techniken auf Ebene der Anlagen des geschlossenen OGA, so befindet sich dies mitunter im Widerspruch zu den Anlagebeschränkungen, die gem. dem Gesetz von 2010 anzuwenden sind und zu einem Ausschluss des betreffenden OGA als potenzielles Anlageziel. Um zu einer zielgerichteten Aussage zu gelangen, sind die entsprechenden zugrundliegenden Dokumente (z.B. Verkaufs-/Emissionsprospekt, Jahresabschlüsse) genauestens zu studieren. Um der Aufsichtsbehörde in Zweifelsfragen Rede und Antwort über die Einhaltung der Anlagegrenzen stehen zu können, ist diese Analysearbeit zeitnah durchzuführen und zu dokumentieren. **118**

Mit Unternehmenskontrolle („corporate governance mechanism") sind solche Maßnahmen zu verstehen, die im weitesten Sinne den Anlegerschutz betreffen und Interessenkonflikte minimieren sollen und umfasst (nicht abschließend) Mitsprache-/Kontrollrechte der Anleger (Stimmrechte), Funktionstrennungen, Trennung von Vermögen, Richtlinien und Dienstanweisungen, Überwachung von delegierten Tätigkeiten, eine unabhängige Compliance-Funktion, Eskalationsprozesse etc. Eine Delegation der Anlagetätigkeit ist nur dann möglich, wenn der Anlageverwalter einer einzelstaatlichen Regelung über den Anlegerschutz unterliegt, also z.B. bei einer nationalen Aufsichtsbehörde registrierungspflichtig ist. **119**

120 **bb) Anteile an geschlossenen Fonds in Vertragsform.** Grundsätzlich gelten die gleichen Kriterien für Anteile an geschlossenen Fonds in Vertragsform („constituted under the law of contract"), die die GHV separat aufzählt. Die CESR-Guideline führt hier aus, dass die der Unternehmenskontrolle gleichgestellten Verfahren vor allem vorsehen muss, dass die Anteilseigner das vertragliche Recht auf Mitsprache in wesentlichen Fragen (Wahl des Verwalters, Recht auf Vertragsänderung, Änderung der Anlagepolitik) haben muss und in der Lage sein muss, die Anlagepolitik zu überwachen. Das Vermögen des Fonds in Vertragsform muss von dem Vermögen des Verwalters getrennt verwahrt werden und im Falle der Auflösung nach Anlegerschutzgesichtspunkten abgewickelt werden. Analog zu den Anforderungen an geschlossene OGA besteht die Anforderung an die geschlossenen Fonds in Vertragsform, dass diese von einem Rechtsträger verwaltet werden, der einer nationalen Regelung für den Anlegerschutz unterliegt. Wie auch bei den geschlossenen OGA wird jedoch keine Definition einer „nationalen Regelung für den Anlegerschutz" gegeben. Im europäischen Raum werden sich hier durch die zwangsweise Umsetzung der OGAW und AIFM Richtlinien in nationales Recht kaum Abgrenzungsschwierigkeiten ergeben – eine allgemeinverbindliche Aussage bzgl. der Qualität geforderter Regelungen existiert jedoch nicht.[54] Somit können auch solche Rechtsträger, die in weniger regulierten Staaten ansässig sind – sofern auch nur irgendeine Ausprägung von Regulierung vorliegt – als solche die Investierbarkeit gem. der GHV herbeiführen.

121 **cc) Finanzinstrumente.** Als dritte Kategorie, die gem. GHV als Wertpapier i.S.d. Gesetzes von 2010 gelten sollen, werden „Finanzinstrumente" genannt, die die o.g. Kriterien erfüllen müssen (Verlustbeschränkung, Liquidität, Bewertung, Information, Handelbarkeit, Erwerb im Einklang mit Anlagestrategie, Risikomanagement) und durch andere Vermögenswerte besichert sind oder an die Entwicklung anderer Vermögenswerte gekoppelt sind, wobei diese Vermögenswerte von den in Art. 41 Abs. 1 des Gesetzes von 2010 genannten abweichen können. Hier offenbart sich wiederum ein logischer Bruch in der Darstellung: Zwecksetzung dieses Teils der GHV ist es, den Wertpapierbegriff des Gesetzes von 2010 abzugrenzen. Dazu wird eingangs der Begriff „Wertpapier" auf „Finanzinstrumente" ausgedehnt, die einen Anforderungskatalog erfüllen müssen um dann im zweiten Teil die Wertpapiereigenschaft für drei ausgewählte Instrumente zu fingieren – eines davon ist jedoch selbst wiederum als Grundfall ein „Finanzinstrument". Der eigentliche Inhalt dieser Bestimmung ist schlussendlich das Erlauben von sog. „Tracker"-Instrumenten, die die Performance von Vermögenswerten abbilden, die im OGAW-Kontext eigentlich nicht vorgesehen sind (z.B. Rohstoffe).

122 **dd) Geldmarktinstrument.** Explizit nicht als Wertpapier i.S.d. Gesetzes von 2010 gelten Geldmarktinstrumente. Die Legaldefinition des Gesetzes von 2010 lautet „Instrumente, die üblicherweise auf dem Geldmarkt gehandelt werden, liquide sind und deren Wert jederzeit genau bestimmt werden kann". Die GHV stellt klar, dass auch Geldmarktinstrumente „Finanzinstrumente" sind, welche einer Notierung gem. Art. 41 Abs. 1 Buchstabe a bis c des Gesetzes von 2010 bedürfen bzw. auch nichtnotiert sein können. Geldmarktinstrumente lassen sich in vier mögliche Kategorien einteilen (vgl. Art. 3 GHV):

54 Insbesondere formuliert die GHV auch keine Anforderung an die Gleichwertigkeit dieser Regelungen mit den in Luxemburg geltenden Bestimmungen.

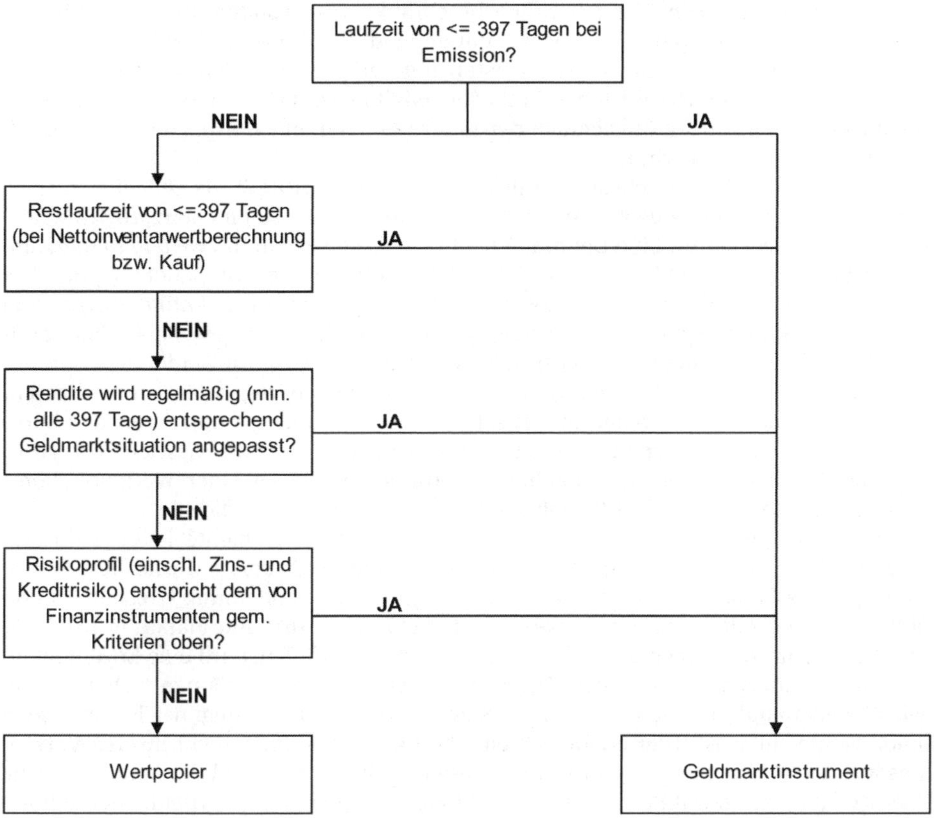

Die Liquidität der Instrumente ist kumulativ zu bewerten. Während die GHV nur von **123**
Veräußerbarkeit in „kurzer Zeit" und „mit begrenzten Kosten" spricht, formuliert die CESR-Guideline Anforderungen sowohl an das Finanzinstrument selbst als auch an den Fonds, d.h. den (potenziellen) Investor des Finanzinstrumentes. Zu bewerten sind Häufigkeit von Transaktionen und Preisstellung, Anzahl der Marktteilnehmer, Art und relative Höhe üblicher Transaktionen, Emissionsgröße und Veräußerbarkeit innerhalb einer kurzen Zeit[55] und mit begrenzten Kosten (bezogen auf Geld/Brief Spanne). Auf Ebene des Fonds ist die Struktur der Investoren (des Fonds) zu beurteilen zusammen mit der Intention der Investoren, Fondsanteile zu halten. Sinn ist es, die Liquiditätsanforderungen der Investoren zu antizipieren und die Anlagestrategie daraufhin auszurichten, jederzeit die Anteilscheinrückgabe gegen Verkauf von Geldmarktinstrumenten zu ermöglichen. Die CESR-Guideline führt weiter aus, dass ein Fehlen einer oder einiger Anforderungen nicht automatisch dazu führt, das Geldmarktinstrument als illiquide (und damit definitionsgemäß nicht als Geldmarktinstrument) zu klassifizieren.

d) Andere Märkte. Führt man sich die (leider offenbar nicht so regelmäßig wie ei- **124**
gentlich gesetzlich gefordert aktualisierte) aktuelle Liste der geregelten Märkte im Sinne der MiFID-Richtlinie vor Augen, erscheint einem das potenzielle Anlageuniversum eines

55 Als Richtschnur sind 7 Tage genannt.

OGAW unter Umständen übergebührlich beschränkt. Insbesondere die geographische Beschränkung auf europäische geregelte Märkte i.S.d. Richtlinie erscheint nicht sachgerecht. Daher eröffnen die folgenden Buchstaben innerhalb des gleichen Artikels weitere „eligible markets", ohne jedoch den Kreis der „eligible assets" zu erweitern, hier gelten die obigen Ausführungen hinsichtlich der Anforderungen an „Wertpapiere" und „Geldmarktinstrumente" weiterhin.

125 Gem. Art. 41 Abs. 1 Buchstabe b) des Gesetzes von 2010 gilt als „eligible market" ebenfalls ein „anderer geregelter Markt" („autre marché d'un État membre, réglementé") eines EU-Mitgliedstaates. Eine Definition bleibt das Gesetz schuldig, weitere Klarstellungen sind z.B. durch die ESMA bislang nicht erfolgt. Hilfsweise gilt als „anderer geregelter Markt" ein solcher, der der Definition der MiFID-Richtlinie (insb. Anforderungen von Titel III) genügt, ohne jedoch gemäß obigem Verfahren durch die jeweiligen Finanzaufsichtsbehörden der Kommission gegenüber als solcher angezeigt zu werden.

126 Um im weiteren Schritt auch der Erwerb von Vermögensgegenständen zuzulassen, die nicht an einer innerhalb der Europäischen Union der Aufsicht unterliegenden Börse unterstehen, greift die Regelung in Art. 41 Abs. 1 Buchstabe c) des Gesetzes von 2010: Zulässig sind Wertpapiere und Geldmarktinstrumente, die an einer Wertpapierbörse („bourse de valeurs") eines Drittstaates notiert („admis à la cote officielle") sind oder an einem anderen geregelten Markt („sur un autre marché [...] réglementé") eines Drittstaates gehandelt („négociés") werden. Als weiteres Tatbestandsmerkmal wird dessen ordnungsgemäße Funktion („en fonctionnement régulier"), Anerkennung („reconnu") und Öffnung für die Allgemeinheit („ouvert au public") aufgeführt. Für Märkte in Drittstaaten, die die Anforderungen der MiFID-Richtlinie analog erfüllen, wird eine Erfüllung der genannten Tatbestände vermutet. Abgrenzungsschwierigkeiten können sich bei insb. bei Schwellenländern ergeben, deren Aufsichtssystem nicht mit dem der Europäischen Union vergleichbar ist. Hier ergibt sich eine besondere Sorgfaltspflicht für den Verwaltungsrat der SICAV bzw. der Verwaltungsgesellschaft mit Blick auf die kontinuierliche Überwachung der gewählten Börsen und Märkte bezüglich deren fortlaufenden Einhaltung der genannten Anforderungen, u.a. wegen möglicher politischer Risiken, die das ordnungsgemäße Funktionieren der Märkte beeinträchtigen können.[56]

127 In jedem Falle muss im Vorfeld die Entscheidung zur Anlage in Vermögensgegenstände, die an einer Börse eines Drittstaates notiert bzw. einem regulierten Marktes eines Drittstaates gehandelt werden, in den Gründungsunterlagen (Satzung bzw. Verwaltungsreglement) des OGAW erwähnt werden. Dabei ist es nach herrschender Meinung nicht nötig, den Markt explizit zu benennen – eine Reproduktion des Art. 41 Abs. 1 Buchstabe c) des Gesetzes von 2010 innerhalb der Gründungsunterlagen unter der Bezeichnung „Anlagepolitik" wird als ausreichend erachtet. Oftmals werden die Gründungsunterlagen bewusst weit gefasst, um den Anlagemanager nicht bereits von Anfang an in ein gesellschaftsrechtliches Korsett zu zwängen und entsprechend flexibel zu bleiben – insbesondere im Hinblick auf die potenzielle künftige Auflage von neuen Teilfonds mit anderer Anlagepolitik.

128 Auch nicht notierte Titel können nach Maßgabe des Art. 41 Abs. 1 Buchstabe d) des Gesetzes von 2010 als potenzielle Investition dienen, insofern es sich um Wertpapiere oder Geldmarkinstrumente aus Neuemissionen („nouvellement émis") handelt, insofern sich aus den jeweiligen Emissionsbedingungen („conditions d'émission") die Selbstver-

56 Es hat sich daher als gute Praxis bzw. im Rahmen der Genehmigung des Verkaufsprospektes durch die CSSF implizit sogar als Anforderung herauskristallisiert, die besonderen Herausforderungen und Risiken bei Anlagen in ausgewählte Drittstaaten im Verkaufsprospekt über die geforderten Mindest-Risikohinweise explizit zu erwähnen und erschöpfend zu erläutern.

pflichtung des Emittenten herauslesen lässt, eine amtliche Notierung an einer Wertpapierbörse bzw. eines geregelten Marktes zu beantragen („demande d'admission") und diese Zulassung spätestens ein Jahr nach Emissionszeitpunkt („au plus tard avant la fin de la période d'un an depuis l'émission") erlangt wird. Hierbei wird nicht unterschieden zwischen Mitgliedstaaten oder Drittstaaten, d.h. vor Erwerb sind die Emissionsbedingungen genauestens zu studieren, um bewerten zu können, ob die angestrebte Notierung an einer den obigen Bedingungen entsprechenden Börse (bzw. geregelten Markt) geschehen wird – und nicht etwa beispielsweise an einem Teilsegment einer Börse eines Drittstaates, welches ungenügend beaufsichtigt ist. Sind diese Bedingungen nicht erfüllt bzw. ändern sich die Gegebenheiten dergestalt, dass die Zulassung nicht oder nicht fristgerecht erteilt wird, greift nach herrschender Meinung automatisch Art. 41 Abs. 2 Buchstabe a).

4. Zielfonds. Mit Art. 41 Abs. 1 Buchstabe e) des Gesetzes von 2010 hat der Gesetz- **129**
geber die Möglichkeit zur Schaffung von sog. „Dachfonds" („Fund of Funds") geschaffen. Dies sind OGAW, die ihrerseits in andere Fonds (OGAW oder Nicht-OGAW) investieren, d.h. eine kaskadierende Struktur aufweisen. Die gewünschte Anlagestrategie kann somit mit einer Reduzierung von Transaktionskosten auf Ebene des OGAW umgesetzt werden, allerdings mit dem Nachteil, dass auf der Ebene der „Zielfonds" („Target Funds") laufende Kosten anfallen, die mit einem Direktinvestment vermieden werden könnten. OGAW sind generell mögliche Anlagen, für OGA bestehen gewisse Anforderungen. Die Prüfreihenfolge ist wie folgt auf der nächsten Seite.

Als Zielfonds qualifizieren andere OGA i.S.d. Richtlinie – verwiesen wird hier aller- **130**
dings auf die Definition von OGAW für Zwecke der Richtlinie. Mindestens muss der andere OGA also ein Organismus sein, dessen ausschließlicher Zweck es ist, beim Publikum beschaffte Gelder für gemeinsame Rechnung nach den Grundsätzen der Risikostreuung zu investieren und deren Anteile auf Verlangen des Anteilinhabers unmittelbar oder mittelbar zu Lasten des Vermögens des Organismus zurückgenommen oder ausgezahlt werden. So hat der Gesetzgeber eine Abgrenzung geschaffen zu Organismen des geschlossenen Types, die den Regelungen der CESR-Guideline entsprechend als „Wertpapier" gelten und somit nicht unter den Regelungsbereiches der vorliegenden Norm fallen sollen.

In der gleichen CESR-Guideline werden die beiden ersten Tatbestandsmerkmale nä- **131**
her spezifiziert. So wird die Gleichwertigkeit zu Unionsrecht vermutet, wenn die Aufsicht Teil einer internationalen Aufsichtsorganisation ist oder andere Maßnahmen zur Kooperation mit Aufsichtsbehörden innerhalb der Europäischen Union getroffen wurden („Memoranda of Understanding", „Exchange of Letters"). Zusätzlich müssen der Verwalter des OGA sowie die Wahl der Verwahrstelle durch die jeweilige Aufsicht zugelassen worden sein und diese Autorisierung muss in einem Mitgliedstaat der Organisation für wirtschaftliche Zusammenarbeit und Entwicklung („OECD") vorgenommen worden sein.[57]

Im Bezug auf das Schutzniveau („niveau de la protection") ist keine Anforderung **132**
an die CSSF formuliert, diese Prüfung obliegt also dem OGAW selbst. Die CESR-Guideline führt als mögliche Entscheidungshilfen an das Verwalten des Portfolios im besten Interesse des Anlegers durch ein unabhängiges Management, Vorhandensein einer unabhängigen Verwahrstelle (alternativ: robuste Unternehmensführung/„governance"),

57 Diese Analyse ist durch die CSSF durchzuführen – sie hat kraft Gesetz die Entscheidungsbefugnis, ausländische Aufsichten basierend auf den vorgenannten Kriterien als gleichwertig einzustufen oder nicht.

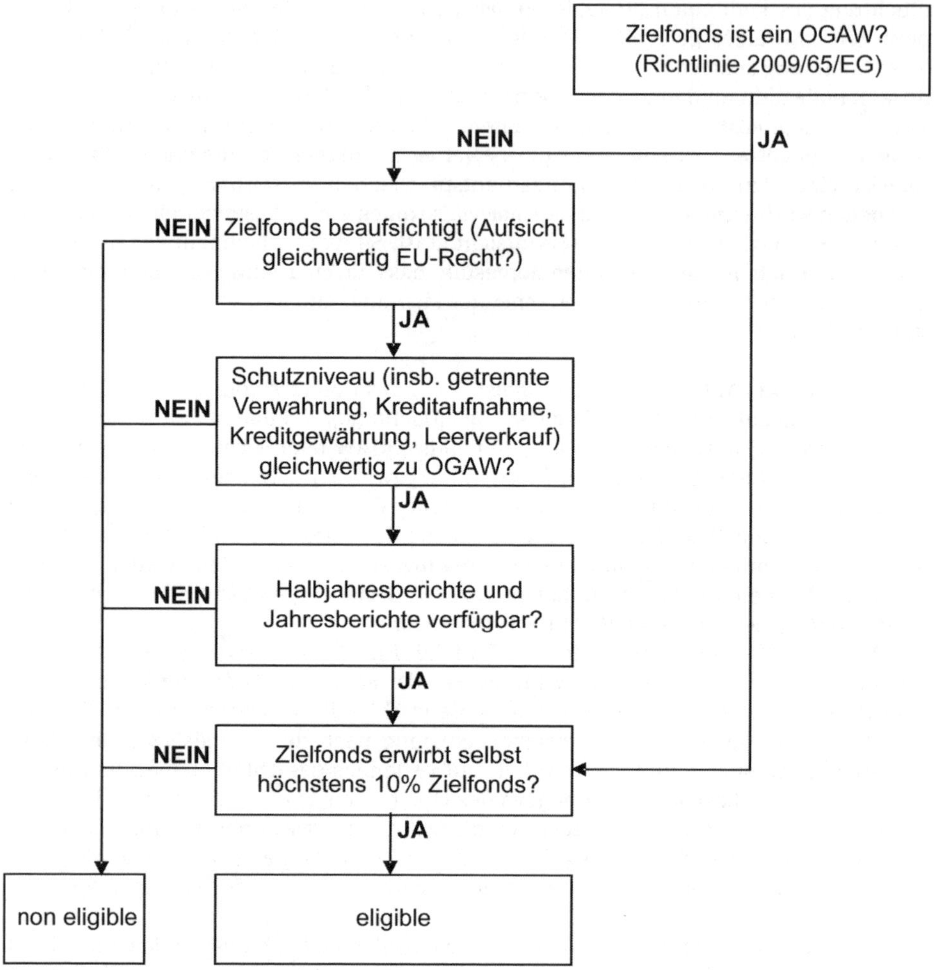

Verfügbarkeit von Informationen, Möglichkeit zur Rücknahme, Maßnahmen zur Unterbindung bzw. Überwachung von Transaktionen mit verbundenen Unternehmen, getrennte Verwahrung von Vermögen und Anforderungen an Kreditaufnahme, -gewährung und Leerverkäufen. Der gesetzliche Vertreter des OGAW ist also angehalten, sich über die rechtlichen Rahmenbedingungen des Herkunftsstaates des OGA auf der einen Seite und über die speziellen (gesellschaftsrechtlichen oder vertraglichen) Einzelmodalitäten des spezifischen OGA auf der anderen Seite zu informieren und laufend etwaige Änderungen zu bewerten.

133 Die Tätigkeiten des anderen OGA müssen Bestandteil eines halbjährlichen („rapports semestriels") und („et") jährlichen Berichtes („annuels") sein – liegen also nur Jahresberichte des anderen OGA vor, ist der Tatbestand unheilbar nicht erfüllt. Eine Anforderung an die Prüfung des OGA durch einen unabhängigen Abschlussprüfer existiert nicht. Auch besteht keine Notwendigkeit, dass diese Berichte der Öffentlichkeit zugänglich sind, d.h. nach geltendem Recht des Herkunftsstaates publizierungspflichtig sind. Es genügt, wenn der OGAW in seiner Eigenschaft als Anleger des anderen OGA dessen

Berichte erhalten und analysieren kann. Die Berichte müssen mindestens Informationen enthalten, die Aufschluss geben über Vermögen und Verbindlichkeiten („l'actif et du passif"), Erträge und Transaktionen („revenus et des opérations") des Rechtsträgers – gewöhnlich erfüllt ein „normaler" handelsrechtlicher Jahresabschluss mit einer Aufstellung von Bilanz und Gewinn- und Verlustrechnung diese Anforderungen.

Um dem Anleger des OGAW eine allzu verschachtelte Struktur (mit einer unsittlichen Kumulierung von Gebühren auf Ebene der verschiedenen Rechtsträger) zu ersparen, formuliert der letzte Spiegelstrich innerhalb desselben Buchstaben des Artikels eine Anforderung sowohl für Ziel-OGAW als auch für andere Ziel-OGA: Diese dürfen nämlich selbst (laut Gründungsunterlagen) nicht mehr als 10% in OGAW oder andere OGA anlegen. So ist gewährleistet, dass die Zielfonds, die der OGAW-Dachfondsmanager auswählt, zu min. 90% in direkte Anlagen (also Aktien, Anleihen, etc.) investiert sind. Dies bedingt auch eine strategische Entscheidung seitens der Initiatoren des OGAW: Möchte er im Rahmen seiner Asset-Allokation flexibel bleiben, wird er sich keine Selbstbeschränkung in Bezug auf sein Anlageuniversum auferlegen, um je nach Marktlage sein Exposure über entsprechende Zielfonds abzudecken. Will er jedoch selbst attraktiv werden für andere OGAW (d.h. institutionelle Investoren, beispielsweise Exchange Traded Funds), wird er seine Aktivität in Zielfonds wiederum auf 10% beschränken, um als „eligible investment" für andere OGAW zu gelten. Die Prüfung, ob ein Zielfonds nun investierbar ist oder nicht ist, stellt sich in der Praxis als recht schwierig dar, da sie eine individuelle Begutachtung substanziell aller Gründungsunterlagen (hilfsweise: Verkaufsprospekt) des potenziellen Investments bedingt.[58] Eine Änderung der Anlagepolitik ist genauestens hinsichtlich der oben formulierten Bedingungen zu beleuchten. 134

Sollte der Zielfonds keinen entsprechenden Passus in seinen Gründungsunterlagen haben, stellt er kein „eligible asset" im Sinne des Gesetzes dar. Damit scheidet er als mögliche Anlage kategorisch aus. In der Vergangenheit hat die Interpretation des Art. 41 Abs. 2 Buchstabe a) des Gesetzes von 2010 durch die Marktteilnehmer in Luxemburg ergeben, dass derartige OGAW oder andere OGA Bestandteil der sogenannten „Trash-Grenze" sind, d.h. mit einem Anteil von bis zu 10% (des Nettoinventarwertes des Dach-OGAW) investierbar bleiben. Damit befand sich Luxemburg jedoch lange in Non-Konformität mit der OGAW-Richtlinie, sehr zum Unmut der Nachbarstaaten, deren Aufsichtsbehörden den Artikel strikter auslegten. Aus gegebenem Anlass hat die ESMA per 20. November 2012 eine Stellungnahme („Opinion 2012/721") veröffentlicht, um auf die korrekte Anwendung des Art. 50 Absatz 2 Buchstabe a der OGAW IV-Richtlinie (entspricht genanntem Artikel des Luxemburger Gesetzes von 2010) hinzuweisen. Somit wird klargestellt, dass die Begrifflichkeiten „Wertpapiere" und „Geldmarktinstrumente" nicht gedanklich auszuweiten sind auf „Organismen für gemeinsame Anlagen". Die CSSF hat prompt reagiert mit einer Pressemitteilung[59] und eine Desinvestition entsprechender Anlagen bis zum 31. Dezember 2013 gefordert: OGA(W), die nicht die Anforderungen des Art. 41 Abs. 1 Buchstabe e) des Gesetzes von 2010 erfüllen, sind als Anlage unzulässig. Mit Ablauf des 31. Dezember 2013 war die Aufrechterhaltung der Anlage in unzulässige OGA(W) als aktive Anlagegrenzverletzung zu werten. 135

5. Einlagen. Eher unproblematisch ist die Klassifizierung von Bankguthaben (Sichteinlagen, „dépôts [...] remboursables sur demande" oder kündbare Termingelder mit einer Laufzeit von höchstens zwölf Monaten, „pouvant être retirés et ayant une échéance 136

58 Dies lässt sich kaum maschinell vereinfachen, da die Formulierungen höchst unterschiedlich sein können („maximal 5%", „keine", „nicht mehr als den zehnten Teil", etc.).
59 CSSF-Pressemitteilung vom 23. November 2012 (12/46).

inférieure ou égale à douze mois“) als mögliche Anlage gem. Art. 41 Abs. 1 Buchstabe f) des Gesetzes von 2010. Dazu muss das kontoführende Kreditinstitut lediglich in einem Mitgliedsstaat gemäß Satzung ansässig sein. Falls der Satzungssitz in einem Drittstaat liegt, obliegt es der CSSF zu beurteilen, ob die dortige Aufsicht einer Aufsicht innerhalb der Europäischen Union gleichwertig ist („règles prudentielles considérées par la CSSF comme équivalentes“).

137 **6. Derivate.** Das OGAW-Regime erlaubt über Art. 41 Abs. 1 Buchstabe g) des Gesetzes von 2010 eine sehr flexible Anlagestrategie durch den Einsatz abgeleiteter („derivativer“) Finanzinstrumente („instruments financiers dérivés“), die entweder an den vorbenannten Märkten gehandelt werden oder („ou“) solche, die zwischen den Vertragsparteien individuell verhandelt werden („Over-The-Counter“, „OTC“, im Französischen „de gré à gré“). Besondere Anforderungen werden dabei an die Basiswerte („Underlyings“, „sous-jacent“) gestellt, diese sind entweder „eligible assets“ gemäß der OGAW-Richtlinie oder Finanzindizes („indices financiers“), Zinssätze („taux d'intérêt“), Wechselkurse oder Währungen („taux de change ou en devises“), sofern die Gründungsunterlagen die Anlage in Derivate über die vorgenannten Basiswerte ermöglichen. Eine Klarstellung der möglichen Basiswerte liefert Art. 8 Abs. 2 GHV: Derivate zur Übertragung des Kreditrisikos eines „eligible assets“ losgelöst von anderen Charakteristika dieser Vermögensgegenstände sind somit explizit zulässig („Credit Default Swaps“). Unabhängig von dem Basiswert als Referenzpunkt für die Wertentwicklung des Derivates darf die vertragliche Ausgestaltung des Derivats nicht zur Lieferung von „non-eligible assets“, d.h. solche die die Bestimmungen des Art. 41 des Gesetzes von 2010 nicht erfüllen, führen. Die Bezugnahme auf einen „Finanzindex“ ist lt. GHV ebenfalls an Bedingungen geknüpft: Der Index muss hinreichend diversifiziert sein – konkret heißt dies, dass seine Zusammensetzung so sein muss, dass seine Gesamtentwicklung („sa performance global“) nicht ungebührlich („indûment“) durch die Preisentwicklung oder Transaktionen einzelner Bestandteile („les mouvements de prix ou les activités de négociation affectant l'une de ses composantes“) beeinflusst wird. Die GHV verweist desweiteren auf die in Art. 44 de Gesetzes von 2010 beschriebenen Diversifikationsregeln – dabei wird eine ausreichende Diversifikation vermutet, wenn kein Bestandteil mehr als 20% des Index ausmacht, d.h. der Index aus mindestens 5 Titeln besteht.[60] Die dabei benutzte Formulierung „sollte“ (im englischen „should“) ist dabei nicht als Empfehlung, sondern als aufsichtsrechtliche Anforderung zu verstehen. Dies äußert sich vor allem in der Klarstellung der ESMA im Rahmen der „Questions and Answers“ (zuletzt in der Fassung vom 9. Januar 2015) zur ESMA-Guideline, in Frage 7b: die ESMA-Guideline ist demnach auf alle OGAW anzuwenden, nicht nur auf solche, die die Nachbildung eines Index („index-tracking“) zum Anlagegegenstand haben. Explizit haben die ESMA-Guideline Vorrang gegenüber bestehenden Empfehlungen, insb. der CESR-Guideline. Die Abbildung eines „non-eligible“ Finanzindex ist nicht, auch nicht im Rahmen der „Trash-Grenze“, erlaubt („should not invest even a small amount“). Aus gegebenem Anlass sei hier auf die entsprechenden Ausführungen im Band zum KAGB verwiesen, da sich für Luxemburg bislang noch keine eigenen Interpretationen hinsichtlich der (Nicht-)Qualifizierung ausgewählter Indizes herauskristallisiert haben.

60 Die Ausführungen der GHV sind dabei in Zusammenhang zu sehen mit der CESR-Guideline sowie den „Leitlinien für zuständige Behörden und OGAW-Verwaltungsgesellschaften zu börsengehandelten Indexfonds (Exchange-Traded Funds, ETF) und anderen OGAW-Themen“ vom 18. Dezember 2012 (ESMA/2012/832, die „ESMA-Guideline“), welche in Abschnitt XIII tiefgreifende Anforderungen an Finanzindizes formulieren.

7. Trash-Grenze. Art. 41 Abs. 2 des Gesetzes von 2010 stellt die wortwörtliche Implementierung des Art. 50 Abs. 2 der OGAW IV-Richtlinie dar. Wie oben angeführt war die gängige Praxis bis zuletzt, die in Buchstabe a) formulierte „Trash-Grenze" im Wege der Auslegung auf andere Vermögensgegenstände als Wertpapiere und Geldmarktinstrumente auszuweiten. Mit der Verlautbarung der ESMA wurde dies, unter Berücksichtigung der Umsetzungsfrist, die am 31. Dezember 2013 ablief, unterbunden. Die zu erwerbenden Vermögensgegenstände müssen also nach wie vor der Definition des Wertpapiers und Geldmarktinstruments gem. Art. 1 Abs. 23 und Art. 1 Abs. 34 des Gesetzes von 2010 i.V.m. Art. 2 und Art. 3 GHV entsprechen. Als Bemessungsgrundlage dient lt. Wortlaut das Vermögen des Fonds („ses actifs") – nach herrschender Meinung ist hier jedoch das Nettovermögen, mithin der Nettoinventarwert des Fonds, gemeint. 138

Buchstabe b) verbietet eine Direktanlage in Edelmetalle (nicht erschöpfend: Gold (in Münzen- oder Barrenform), Silber, Platin) sowie der Erwerb von Schuldverschreibungen mit einem Auszahlungsprofil, das an die Entwicklung von Edelmetallpreisen verknüpft ist (Zertifikate über Edelmetalle, „certificats représentatifs de ceux-ci"). Dies ergibt sich jedoch bereits aus Art. 41 Abs. 1 mit seiner erschöpfenden Aufzählung der „eligible assets" in Verbindung mit den Anforderungen an die Basiswerte von Derivaten, wie sie u.a. in der ESMA-Guideline erläutert sind. Insofern hat der vorliegende Artikel lediglich klarstellenden Charakter, da er keine neuen Anlagegrenzen gesetzlich normiert. 139

Gleiches gilt für den darauffolgenden Passus, der das Halten liquider Mittel („des liquidités") „nebenbei" („à titre accessoire") erlaubt – Art. 41 Abs. 1 Buchstabe f) i.V.m. Art. 43 Abs. 1 des Gesetzes von 2010 normiert hier bereits die Anforderungen. Möglicherweise ist der Passus als die Erlaubnis zum Halten von Barmitteln („petty cash") im Namen des FCP bzw. der SICAV zu verstehen – mit entsprechend untergeordneter Bedeutung für die Praxis. 140

8. SIAG. Insbesondere die selbstverwaltete SICAV, d.h. die Investmentgesellschaft, die keine Verwaltungsgesellschaft benannt hat (im Verwaltungssprachgebrauch „Société d'Investissement Autogérées – SIAG" genannt),[61] ist besonderen Anforderungen an die Substanz ausgesetzt. Oftmals werden für die Tätigkeiten der SIAG zu diesem Zwecke u.a. Räumlichkeiten angemietet. Gewöhnlichen Handelsgesellschaften steht es im Rahmen betriebswirtschaftlicher Überlegungen frei, wahlweise Räumlichkeiten anzumieten oder Immobilien zu erwerben. Art. 41 Abs. 3 des Gesetzes von 2010 eröffnet auch den SIAGs diesen Möglichkeiten: so darf sie bewegliche und unbewegliche Güter („les biens meubles et immeubles") erwerben, insofern diese unmittelbar („direct") für die Ausübung ihrer Aktivitäten unerlässlich sind („indispensables à l'exercice"). Ohne diese Ausnahmegenehmigung wäre die SIAG nicht einmal in der Lage, notwendiges Sachanlagevermögen wie beispielsweise Büroausstattung oder EDV zu bilden, da die Beschränkungen des Art. 41 Abs. 1 des Gesetzes von 2010 greifen würden. Die im zweiten Halbsatz formulierte Einschränkung jedoch soll den Missbrauch dieser Öffnungsklausel verhindern, da ja Anlagen in Immobilien ganz klar dem Zweck des OGAW-Regimes zuwiderlaufen. Dabei gilt bei dem Erwerb und Verkauf von Immobilien innerhalb kurzer Zeit bereits die Vermutung des nicht zur originären Geschäftstätigkeit einer SIAG zählenden Immobilienhandels – in jedem Falle sind Überlegungen, die zu derartigen Transaktionen führen, zwingend darstellungspflichtig als wesentlicher Bestandteil des Berichtes des Verwaltungsrates im Jahresabschluss. Mit Bezug auf anderes (bewegliches) Sachanlage- 141

61 Diese wird auch im Deutschen oft als „self-managed SICAV" bezeichnet.

vermögen wird zumeist aufgrund der relativen Unwesentlichkeit dieser Vermögensgegenstände auf eine tiefergehende Darstellung im Jahresabschluss verzichtet.

142 **9. Kredite.** Nach Art. 50 des Gesetzes von 2010 ist die Kreditaufnahme unzulässig, es sei denn es handelt sich um die Beschaffung von Fremdwährung im Rahmen eines „Back-to-Back"-Darlehens. Gemeint ist die Vergabe eines Kredites in einer Währung und gleichzeitiger Aufnahme eines Kredites in einer anderen Währung.[62]

143 Eine vorübergehende („temporaires") Kreditaufnahme bis zu 10% des Nettoinventarwertes wird als zulässig erachtet – die Unterscheidung zwischen SICAV und FCP im Wortlaut des Gesetzes mit Unterscheidung der Bemessungsgrundlage (Aktiva („actifs") bei SICAV und Fondswert („valeur du fonds")) ist der wortwörtlichen Übersetzung des Art. 83 der OGAW-Richtlinie geschuldet, welche jedoch nicht zum Ziel gehabt haben kann, unterschiedlichen Grundlagen für die beiden Typen zu schaffen. Im Wege der Interpretation des Gesetzes nach der Zwecksetzung soll für beide Typen also einheitlich der Nettoinventarwert als Bemessungsgrundlage dienen.

144 Für die Begrifflichkeit „vorübergehend" findet sich keine allgemeingültige Definition – allgemein gilt jedoch die widerlegbare Vermutung, dass die Kreditaufnahme als temporär anzusehen ist, wenn sie nicht mehr als zehn aufeinanderfolgende Kalendertage andauert.

145 Nicht explizit im Gesetz beschrieben ist der Tatbestandsmerkmal, dass die Kreditaufnahme nicht Anlagezwecken (sondern lediglich z.B. zur Bedienung von Rücknahmeanträgen) dienen darf. Diese Anforderung findet sich im Rundschreiben CSSF 07/308 über Risikomanagement unter Abschnitt III: „sofern diese Kredite keinen Anlagezwecken dienen" („sans que ces emprunts puissent servir à des fins d'investissement"). Das Rundschreiben wurde zwar per 31. Dezember 2011 durch das Rundschreiben CSSF 11/512 abgelöst, worin sich keine vergleichbaren Aussagen finden. Dennoch wurde die Aussage auch nicht explizit widerrufen, woraus sich ein weiterhin bestehendes Verbot zur Anwendung von Krediten für Anlagezwecke herleiten lässt.

146 Die Vergabe von Krediten, d.h. das Auftreten als Kreditgeber, ist den OGAW durch Art. 51 des Gesetzes von 2010 explizit verwehrt. Dies ergibt sich allerdings ohnehin schon aus Art. 41 des Gesetzes von 2010, da Krediten gemeinhin die Wertpapiereigenschaft fehlt. Hier ist darauf hinzuweisen, dass der französische Originaltext („valeurs mobilières") ebenso wie die englische Ausgestaltung („transferable securities") von „übertragbaren Wertpapieren" spricht, wohingegen die offizielle deutsche Fassung der Richtlinie nur den Begriff des „Wertpapiers" kennt und die Übertragbarkeit (bzw. Handelbarkeit) als eine der Eigenschaften des Wertpapiers angeführt wird. Allein dadurch fallen Kredite als potenzieller investierbarer Vermögensgegenstand kategorisch aus.

147 **10. Leerverkäufe.** Den OGAW sind keine Leerverkäufe (weder gedeckt noch ungedeckt, „naked") erlaubt; diese Einschränkung findet sich in Art. 52 des Gesetzes von 2010. Leerverkaufsähnliche Transaktionen lassen sich jedoch mühelos über Derivate abbilden, da der Artikel trotz der Bezugnahme auf Art. 41 Abs. 1 Buchstabe g) des Gesetzes von 2010 nicht als Einschränkung der Eingehen von „short"-Positionen zu verstehen ist.

148 **11. Quantitative Grenzen.** Legt Art. 41 des Gesetzes von 2010 den Rahmen bezüglich der qualitativen Anforderungen an investierbare Vermögensgegenstände, sind die

62 Die gleiche Wirkung – mit ungleich geringeren Ausfallrisiken – erzielt sich heute leichter mit Currency Swaps, weswegen die Back-to-Back Darlehen stark an Bedeutung verloren haben.

darauffolgenden Artikel (insb. Art. 43 des Gesetzes von 2010) diejenigen, die die quantitativen Beschränkungen formulieren.

Spannender als die Frage der Interpretation der im jeweiligen Falle anzulegenden quantitativen Grenzen, die im Gesetz recht unmissverständlich formuliert sind und im Folgenden in Form eines Schaubildes noch einmal als Prüfschablone wiedergegeben sind, ist das zugrundeliegende technische System zur korrekten Erfassung und Überwachung der Einhaltung, was auch im OGAW IV-Zeitalter selbst etablierte Marktteilnehmer vor große Schwierigkeiten stellt. **149**

Faktisch muss nämlich zwischen zwei verschiedenen Prüfzeitpunkten unterschieden werden: die Gegebenheiten zum Zeitpunkt des Umsetzens der Anlageentscheidung und die Konditionen zum Zeitpunkt der Nettoinventarwertberechnung. **150**

Die Nettoinventarwertberechnung hat die notwendige rechtliche Relevanz (u.a. als Instrumentarium zur Preisfindung der auszugebenden und zurückzunehmenden Anteile), um als revisionssicheren Nachweis zur korrekten Einhaltung der Anlagegrenzen zum gegebenen Zeitpunkt (idealerweise täglich) zu dienen. Der Hauptverwaltung dient er als Fixpunkt, um die Einhaltung der Grenzen auf periodischer Basis zu überprüfen, sicherzustellen, und gegebenenfalls korrigierend einzugreifen. **151**

Verschiedene Faktoren spielen hier jedoch erschwerend mit: Zum einen bilanziert der Fonds auf „Trade Date“ Basis, d.h. auch eigentlich noch nicht abgewickelte schwebende Geschäfte (z.B. Wertpapierkauf) werden bereits zum Zeitpunkt des Tätigwerdens am Markt erfasst (Buchung Wertpapiervermögen AN Verbindlichkeiten aus Wertpapiergeschäften). Da mitunter also noch keine Lieferung der Wertpapiere und Zahlung des korrespondierenden Kaufpreises zum Zeitpunkt der Nettoinventarwertermittlung stattfand, ist fraglich, inwiefern der Tatbestand der „Anlage“ bereits erfüllt ist, insbesondere insofern unter Umständen je nach Vertragslage noch Möglichkeiten zur Rückabwicklung bestehen. Zum anderen bedingt die periodische Wertermittlung das Definieren eines „Cut-off“-Zeitpunktes, bis zu dem Transaktionen erfasst werden und nach welchem Transaktionen erst im folgenden Nettoinventarwert berücksichtigt werden können. Die Ermittlung des Vermögens und der Schulden zum Berechnungszeitpunkt weicht also zwangsläufig von den Gegebenheiten zum Ende eines beliebigen Bankarbeitstages ab. Die ex-post Anlagegrenzprüfung auf Basis des offiziellen Nettoinventarwertes ist also eine Prüfung auf Basis der bestmöglichen Annäherung an die tatsächlichen Gegebenheiten. In Ermangelung eines besseren Verfahrens hat sich dies allerdings branchenweit durchgesetzt – Abgrenzungsfragen werden beispielsweise aufgeworfen bei der Darstellung der Bankguthaben, welche nach obiger Logik zum Zeitpunkt der NIW-Berechnung möglicherweise negativ sind, woraufhin die Hauptverwaltung gerne auf die ja zum Ende des Arbeitstages ausgeglichenen Guthaben verweist.[63] **152**

Neben der ex-post Anlagegrenzprüfung interessiert aber auch und vor allem das Überwachungssystem, das eingerichtet wurde, um die Grenzen zum Zeitpunkt der Umsetzung der Anlageentscheidung („ex-ante Prüfung“) zu kontrollieren. Hier hilft die NIW-Berechnung nur bedingt, da die Anlageentscheidung gemeinhin zu börsenüblichen Zeiten, und damit je nach geographischem Schwerpunkt quasi rund um die Uhr, umgesetzt werden kann. Außerdem verpflichtet sich nicht jeder OGAW zur täglichen Nettoinventarwertermittlung. Es wäre sehr naiv, sich insofern allein auf die NIW-Berechnung zu stützen, da bis zu diesem Zeitpunkt eine Überschreitung der Anlagegrenzen schon längst **153**

63 Um derartige Schwierigkeiten, gerade auch im Zusammenhang mit der Jahresabschlussprüfung durch den unabhängigen Abschlussprüfer zu vermeiden, empfiehlt es sich ein klar artikuliertes Organisationshandbuch auszuarbeiten und mit dem Abschlussprüfer und ggf. der Aufsicht derartige Sachverhalte aufzugreifen und zu verschriftlichen.

(„unter dem Radar") wieder zurückgeführt sein kann. Genauso wenig kann jedoch der Hauptverwaltung auferlegt werden, bei jedem Kauf und Verkauf eines Vermögensgegenstandes eine vollständige Neubewertung des bestehenden Portfolios vornehmen zu müssen, um die Grenzen minutengenau überwachen zu können. Die ex-ante Anlagegrenzprüfung ist als wesentlicher Bestandteil des Risikomanagementsystems des OGAW zu verstehen und somit mit der gleichen Sorgfalt einzurichten und zu betreiben wie das Überwachen des Marktrisikos, der Liquidität, der Hebelwirkung und anderer Parameter. Aufgrund der aus Rundschreiben CSSF 02/81 ableitbaren Prüfungspflicht des Systems zur Überwachung der Anlagegrenzen empfiehlt sich insofern eine frühzeitige Einbindung des Abschlussprüfers, der – spätestens im Rahmen der Erstellung des jährlichen Prüfberichtes – eine Stellungnahme zur Angemessenheit des Systems abgeben wird.

154 Prüfung:

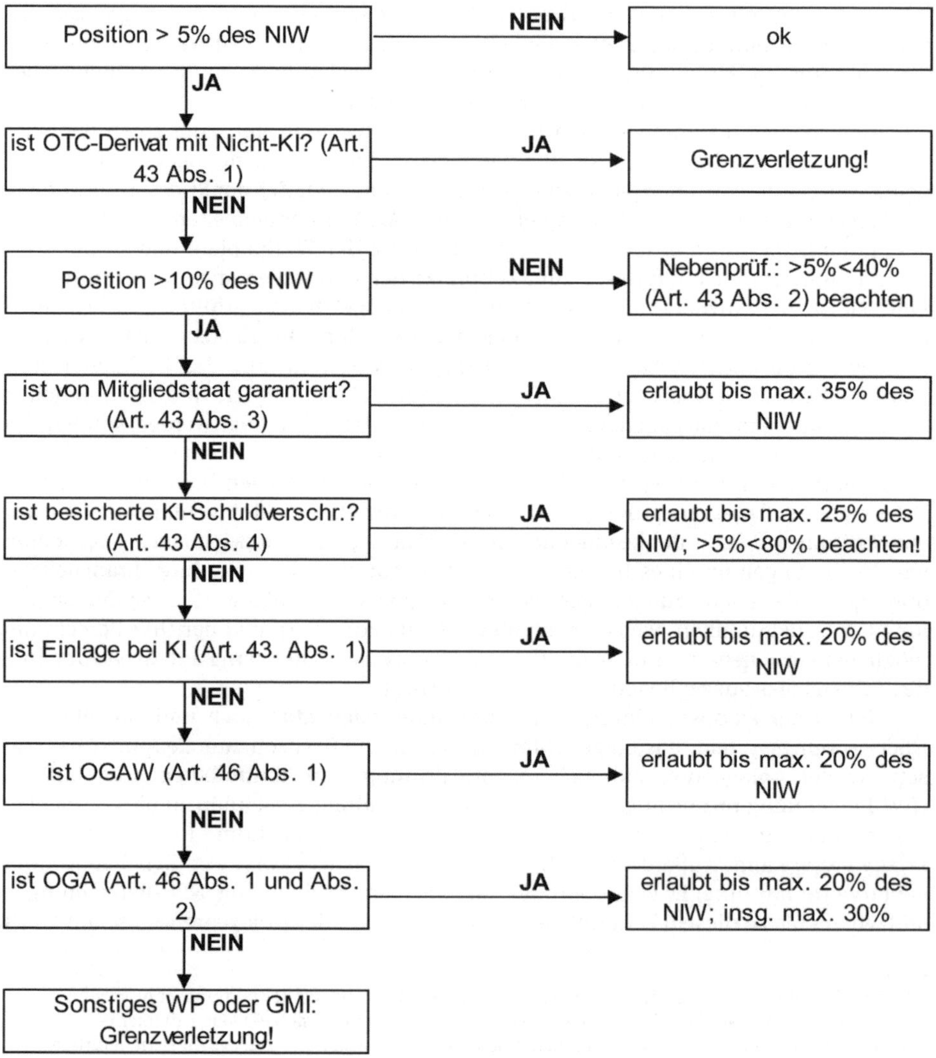

Darüber hinaus sind die folgenden „Spezialfälle" zu beachten: 155

- Die Kumulierung von verschiedenen Anlageinstrumenten (Wertpapiere/Geldmarktinstrumente, Einlagen und OTC-Derivate) des gleichen Emittenten nur bis zu maximal 20% erlaubt (Art. 43 Abs. 2 des Gesetzes von 2010).
- Unter Berücksichtigung der erhöhten Anlagegrenzen für spezielle Schuldverschreibungen (von Mitgliedstaaten garantiert; besicherte Schuldverschreibungen von Kreditinstituten) ist eine kumulierte Anlage in Wertpapiere/Geldmarktinstrumente, Einlagen und Derivaten nur bis zu maximal 35% erlaubt (Art. 43 Abs. 5 des Gesetzes von 2010).
- Anlage in Wertpapieren/Geldmarktinstrumenten der selben Unternehmensgruppe („même groupe") ist nur bis maximal 20% erlaubt (Art. 43. Abs. 5 des Gesetzes von 2010). Dabei ist die Definition von Mutterunternehmen („entreprise mère", Art. 1 Abs. 12 des Gesetzes von 2010), Tochterunternehmen („filiale", Art. 1 Abs. 18 des Gesetzes von 2010) und „enge Verbindungen" („liens étroits", Art. 1 Abs. 24 des Gesetzes von 2010) zu beachten.
- Anlage bis 20% ist bei Nachbildung eines Index und in Absprache mit der CSSF möglich; in Ausnahmefällen für einen einzelnen Emittenten bis zu 35% (Art. 43 Abs. 1 des Gesetzes von 2010), die sogenannte „Nokia Rule", die die besondere Zusammensetzung einiger weniger anerkannter Indizes (beispielsweise den finnischen Aktienindex) – zumindest zum Zeitpunkt der Erarbeitung der OGAW-Richtlinie – berücksichtigt.
- Anlagen i.S.d. Art. 43 Abs. 3 des Gesetzes von 2010 sind bis zu 100% erlaubt, wenn dies durch die CSSF genehmigt wird (wird vermutet durch Vidierung des Prospekts unter Berücksichtigung der Hervorhebung der Inanspruchnahme besagter Regel) und mindestens 6 Emissionen mit je nicht mehr als 30% Gewichtung erworben werden. Dies ermöglicht Fonds, die ihre Rendite im Wesentlichen mit Derivaten (beispielsweise Futures) erwirtschaften, die übrigen Mittel in liquide Anlagen wie z.B. deutsche Staatsanleihen zu investieren, ohne sich weitreichende Gedanken zur Diversifizierung des Portfolios machen zu müssen.

Neben den quantitativen Anforderungen hinsichtlich des Anteils, den die Anlagen am Nettoinventarwert des OGAW ausmachen, ist Art. 48 des Gesetzes von 2010 einschlägig, der Anforderungen an die Höhe des Anteilsbesitzes in Relation zu der jeweiligen Emissionsgröße formuliert. Eine Prüfung selbiger ist mit Hinblick auf die relative Größe der Emissionen zum jeweiligen Fondsvermögen oftmals eine mühevolle Aufgabe mit fast schon vordefiniertem Ergebnis. Ein verschärfter Fokus dürfte jedoch auf Art. 48 Abs. 2 dritter Spiegelstrich des Gesetzes von 2010 liegen, der die Anlage in OGA auf 25% der umlaufenden Anteile ebenjenes OGA beschränkt – dies hat unter anderem zur Folge, dass OGAW die (aus Konzernsicht mitunter lukrative) Anlage in konzerneigene OGA(W) zum Zwecke des Aufbaus einer kritischen Masse der Ziel-OGA(W) nur eingeschränkt betreiben können. 156

12. Nichtbeachtung. Bezüglich der relativen Bedeutung des Rundschreibens CSSF 02/77 und der Rolle des „Promoter" sei auf die Ausführungen im Teil „Bewertung" verwiesen. Dieses regelt nämlich – neben den Nettoinventarwertberechnungsfehlern – auch das anzuwendende Verfahren bei Anlagegrenzverletzungen. 157

Im Unterschied zum Korrekturverfahren bei Berechnungsfehlern gibt es keine Wesentlichkeitsschwellen – jedwede Anlagegrenzverletzung ist also zurückzuführen und, im Falle eines Vermögensschadens, auszugleichen, auch wenn der Betrag lediglich einen „Erinnerungswert" zu haben scheint. Im Übrigen sind die Verfahren, insbesondere 158 hinsichtlich Unterrichtungspflichten sowie Berichterstattung durch den Abschlussprüfer, analog den Berechnungsfehlern anzuwenden.

159 Es ist durch die Aufsicht anerkannte gängige Praxis, das Verfahren nur auf „aktive" Anlagegrenzverletzungen anzuwenden, also auf solche, hinter denen eine willentliche Handlung seitens des Fondsmanagement, steht. „Passive" Anlagegrenzverletzungen sind dabei solche, die beispielsweise durch Marktbewegungen bzw. durch unerwartet hohe Rücknahmeanträge entstehen. Diese müssen durch die Hauptverwaltung überwacht werden, sind aber nicht unverzüglich zurückzuführen und auch nicht Gegenstand einer Ermittlung eines etwaigen Vermögensschadens.

160 Das Rundschreiben regelt explizit, dass Gewinne aus der Nichtbeachtung der Anlagevorschriften im Fonds verbleiben dürfen. Eine Pflicht zur Entrichtung einer „Strafzahlung" o.Ä. besteht nicht.[64] Allerdings wird der Abschlussprüfer ein vermehrtes Auftreten von Nichtbeachtungen der Anlagegrenzen selbst bei Erwirtschaftung von Gewinnen würdigen müssen und gegebenenfalls Schlüsse über das zugrundeliegende Kontrollumfeld und die Wirksamkeit der durch die Hauptverwaltung durchgeführten Kontrollhandlungen ziehen, die der Aufsichtsbehörde mitzuteilen sind.

VI. Kapitel 6: In Luxemburg ansässige OGAW, die ihre Anteile in anderen Mitgliedstaaten der Europäischen Union vertreiben

161 Dieses Kapitel beschreibt einen ganz wesentlichen Vorteil von OGAW, nämlich den Vertrieb in anderen EU-Staaten unter Nutzung des Passports. Diese vereinfachte Form des öffentlichen Vertriebs in einem anderen EU-Staat war bereits unter der OGAW I-Richtlinie möglich (in Luxemburg durch das OGAW I-Gesetz im Jahre 1988 in nationales Recht umgesetzt), allerdings nicht mit dem nun vorgesehenen Verfahren und innerhalb der nun vorgesehenen Fristen, um nur zwei ganz wesentliche Elemente zu nennen.

162 Ein Luxemburger OGAW, der also seine Anteile in einem anderen EU Mitgliedstaat vertreiben möchte, muss der CSSF vorab eine entsprechende Anzeige einreichen (entsprechend Art. 54 (1) des Gesetzes von 2010). Sofern vollständig (auf die wesentlichen Inhalte und Dokumente wird sogleich eingegangen) übermittelt die CSSF diese Anzeige unter Beifügung einer Bescheinigung, dass der Luxemburger OGAW den Bestimmungen der OGAW IV-Richtlinie entspricht, an die zuständige Behörde des EU-Staates in dem der Vertrieb beabsichtigt ist (Aufnahmemitgliedstaat genannt; entsprechend Art. 54 (2) und (3) des Gesetzes von 2010). Diese Weiterleitung der vollständigen Anzeige erfolgt innerhalb von 10 Werktagen nach deren Eingang bei der CSSF (entsprechend Art. 54 (3) Absatz 2 des Gesetzes von 2010) und der Luxemburger OGAW, der diesen Vertrieb angezeigt hat, wird unverzüglich nach dieser Weiterleitung der Anzeige nebst Unterlagen, durch die CSSF von der Weiterleitung unterrichtet (entsprechend Art. 54 (3) Absatz 3, Satz 1 des Gesetzes von 2010). Dieses Datum der Weiterleitungsunterrichtung ist für den betreffenden Luxemburger OGAW das Datum ab dem der öffentliche Vertrieb dieser Luxemburger OGAW in dem Aufnahmemitgliedstaat statthaft ist (entsprechend Art. 54 (3) Absatz 3, Satz 2 des Gesetzes von 2010).

64 Unter Beachtung der Aufgabe des „Promoter"-Konzept ist letztverantwortlich für die Zahlung etwaiger Verluste in den OGAW die Verwaltungsgesellschaft. Wie dies im Falle von SIAG, die mit den Anforderungen des Rundschreibens CSSF 12/546 konform gehen und somit ebenfalls keinen Promoter mehr haben, zu werten ist, lässt die Aufsicht offen – logischerweise kann die SIAG die Zahlung nicht „an sich selbst" leisten. Wenngleich ohnehin das Verursacherprinzip anzuwenden ist und in den meisten Fällen das Fondsmanagement für die Schadloshaltung zuständig sein wird, bleibt abzuwarten, wie sich dieser Konflikt in der Praxis im Falle der Abstreitung der Ansprüche entwickeln wird.

Anders als in der Welt vor der OGAW IV-Richtlinie in der die jeweilige Anzeige direkt bei der zuständigen Aufsichtsbehörde des Aufnahmemitgliedstaates zu erfolgen hatte, erfolgt nun die Anzeigekommunikation von zuständiger Aufsichtsbehörde in Luxemburg zu zuständiger Aufsichtsbehörde in einem anderen EU-Staat (im umgekehrten Fall ebenfalls, siehe Kapitel 7 des Gesetzes von 2010) und ist die Frist zur Statthaftigkeit des öffentlichen Vertriebs von grundsätzlich 2 Monaten zuvor auf jetzt 10 Werktage nach Eingang der vollständigen Anzeige verkürzt. Für ein solches System war es notwendig eine größere Vergleichbarkeit der OGAW in der EU herzustellen, was durch weitere Regelungen in der OGAW IV-Richtlinie sowie durch die ausgestaltenden Vorgaben der ESMA (insbesondere auch zur einheitlichen Interpretation der OGAW IV-Richtlinie) durchaus sichergestellt wurde. 163

Allerdings ist zu beachten, dass der betreffende Luxemburger OGAW der eine entsprechende Vertriebsanzeige gemacht hat, die zuständigen Behörden des Aufnahmemitgliedstaates über Änderungen der Modalitäten des Vertriebs sowie eine mögliche Änderung der Anteilklassen vor Umsetzung der Änderung schriftlich informieren muss (entsprechend Art. 54 (4) des Gesetzes von 2010) und generell jede Änderung der der ursprünglichen Anzeige beigefügten Dokumente mitteilen und angeben muss wo diese elektronisch abrufbar sind (entsprechend Art. 54 (3) Absatz 4 des Gesetzes von 2010). 164

Bei Änderungen ist also gleichwohl direkt von Luxemburger OGAW mit der zuständigen Behörde des Aufnahmemitgliedstaates zu kommunizieren (auch dieses gilt im umgekehrten Fall für die Kommunikation von Seiten nicht in Luxemburg ansässiger OGAW mit der CSSF, siehe Kapitel 7 des Gesetzes von 2010).

Gemäß Art. 54 (1) des Gesetzes von 2010 sind dem Anzeigeschreiben die aktuelle Fassung des Prospektes, der (unter Kapitel 21 C. behandelten), wesentlichen Informationen für Anleger (im internationalen Gebrauch meist auch KIID – *key investor information document* – genannt), des Verwaltungsreglements (bei OGAW Sondervermögen), der Gründungsunterlagen (bei OGAW SICAV die Satzung) sowie des letzten Jahresberichts und, sofern verfügbar, des letzten Halbjahresberichtes des OGAW beizufügen sind. Zu den hierbei notwendigen Übersetzungen kommen wir etwas später. Detaillierte Angaben betreffend die Informationen im Anzeigeschreiben und beizufügenden Dokumente sind im CSSF Rundschreiben 11/509 enthalten. Die Einreichung erfolgt üblicherweise über ein elektronisches System (gemäß CSSF Rundschreiben 08/334; siehe CSSF Website unter folgendem Link: *http://www.cssf.lu/surveillance/vgi/opcvm/commercialisation-parts-actions-opcvm/commercialisation-lux-ue-notification/*). 165

Auch für die Anzeige zum Vertrieb nach diesem Kapitel gelten Teilfonds einer Luxemburger OGAW Struktur selbst als OGAW (entsprechend Art. 57 des Gesetzes von 2010), d.h. der Vertrieb in einem Aufnahmemitgliedstaat kann gezielt mit nur bestimmten Teilfonds einer Luxemburger OGAW Struktur betrieben werden. 166

Den Anlegern in einem Aufnahmemitgliedstaat sind alle Informationen und Unterlagen zur Verfügung zu stellen die nach Kapitel 21 des Gesetzes von 2010 Anlegern in Luxemburg zur Verfügung zu stellen sind (entsprechend Art. 55 (1) des Gesetzes von 2010), allerdings in Übereinstimmung mit den im Aufnahmemitgliedstaat geltenden Bestimmungen (so Art. 55 (1) a) des Gesetzes von 2010). Es gilt für die Sprache der Dokumente, dass die wesentlichen Informationen für Anleger in die, oder eine der, Amtssprachen oder eine von den Behörden des Aufnahmemitgliedstaates akzeptierte Sprache übersetzt werden müssen (so Art. 55 (1) b) 1 des Gesetzes von 2010). Hier besteht also eine Verpflichtung sich ggf. zwingendem nationalen Recht zu unterwerfen. Für andere Dokumente gilt, dass sie nach Wahl des OGAW in eine der vorgenannten Sprachen bzw. zusätzlich in eine in der internationalen Finanzwelt gebräuchliche Sprache übersetzt werden müssen (so Art. 55 (1) c) des Gesetzes von 2010). Letztere ist zum Beispiel Eng- 167 lisch. Es ergibt sich also, dass mit den drei weit verbreiteten Sprachen Englisch, Französisch und Deutsch in denen in Luxemburg bereits die Originaldokumentation erstellt werden kann, viel Übersetzungsnotwendigkeit, je nach Ausrichtung des OGAW, vermieden werden kann.

Es verbleibt hinsichtlich der Anlegerinformation dennoch eine gewisse Hoheit beim Aufnahmemitgliedstaat, die jedoch kleiner ist als noch unter den OGAW III-Richtlinien.

168 Weitere Details sowie praktische Modalitäten zur Anzeige, die unter diesem Kapitel behandelt wird sind in der EU Verordnung 584/2010[65] (hauptsächlich betreffend den Informationsaustausch unter den zuständigen Behörden) sowie (in relativ geringerem Maße) in der Geänderten CSSF Verordnung No 10-05[66] niedergelegt (abrufbar auf der CSSF Website unter folgendem link: *http://www.cssf.lu/documentation/reglementation/lois-reglements-et-autres-textes/news-cat/138/#c7488*). Auf beide Verordnungen wird hier insoweit ergänzend verwiesen. An dieser Stelle möchten wir auch schon darauf hinweisen, dass die betreffende geänderte CSSF Verordnung No 10-05 neben dem Thema Anzeigeverfahren zum öffentlichen Vertrieb in anderen EU-Staaten auch (in weit ausführlicherer Form) praktische Modalitäten für von Verschmelzungen betroffene Luxemburger OGAW sowie praktische Modalitäten zu OGAW Master-Feeder Strukturen behandelt. Wir kommen in den jeweiligen Kapiteln darauf zurück.

169 Hervorzuheben ist noch, dass für die Anzeige zum öffentlichen Vertrieb von Luxemburger OGAW in einen Staat des Europäischen Wirtschaftsraums, der nicht EU-Staat ist die Bestimmungen dieses Kapitels 6 ebenfalls gelten (so Art. 58 des Gesetzes von 2010). Mit dieser Regelung erstreckt sich die Bedeutung also direkt auf mehr Staaten als „nur" die EU-Staaten (konkret sind dieses derzeit die Staaten Island, Liechtenstein und Norwegen).

VII. Kapitel 7: In einem anderen Mitgliedstaat der Europäischen Union ansässige OGAW, die ihre Anteile in Luxemburg vertreiben

170 Wie an verschiedene Stellen insbesondere auch im Kapitel zuvor bereits angesprochen ist Luxemburg ein Fondsplatz der mit seinen Fondsprodukten und insbesondere den OGAW-Produkten sehr stark grenzüberschreitend wirkt. Der öffentliche Vertrieb ausländischer OGAW in Luxemburg als Vertriebsland ist von weit geringerer Bedeutung als im umgekehrten Fall (was sich z.B. alleine schon aus der im Vergleich sehr kleinen Einwohnerzahl in Luxemburg – derzeit ca. 550.000 Einwohner – ergibt, ein Element das bei den auf Vertrieb an Privatanleger ausgerichteten OGAW durchaus wichtig ist).

Aber es gibt natürlich Fälle in denen ein öffentlicher Vertrieb in Luxemburg dennoch interessant sein kann.

---

65 **EU-Verordnung 584/2010**: Verordnung (EU) Nr. 584/2010 der Kommission vom 1. Juli 2010 zur Durchführung der Richtlinie 2009/65/EG des Europäischen Parlaments und des Rates im Hinblick auf Form und Inhalt des Standardmodells für das Anzeigeschreiben und die OGAW-Bescheinigung, die Nutzung elektronischer Kommunikationsmittel durch die zuständigen Behörden für die Anzeige und die Verfahren für Überprüfungen vor Ort und Ermittlungen sowie für den Informationsaustausch zwischen zuständigen Behörden (Text von Bedeutung für den EWR).

66 **Geänderte CSSF Verordnung No 10-05**: Règlement CSSF N° 10-5 portant transposition de la directive 2010/44/UE de la Commission du 1er juillet 2010 portant mesures d'exécution de la directive 2009/65/CE du Parlement européen et du Conseil en ce qui concerne certaines dispositions relatives aux fusions de fonds, aux structures maître-nourricier et à la procédure de notification telle que modifié: par le règlement CSSF N° 11-04 modifiant le règlement CSSF N° 10-5 portant transposition de la directive 2010/44/UE de la Commission du 1er juillet 2010 portant mesures d'exécution de la directive 2009/65/CE du Parlement européen et du Conseil en ce qui concerne certaines dispositions relatives aux fusions de fonds, aux structures maître-nourricier et à la procédure de notification.

Wie bereits zu Kapitel 7 des Gesetzes von 2010 zuvor erwähnt gelten die Bestimmungen bei Anzeige in einen anderen Aufnahmemitgliedstaat grundsätzlich spiegelbildlich für den Fall von Luxemburg als Aufnahmemitgliedstaat für einen in einem anderen EU-Staat aufgelegten OGAW. 171

Auch hier ist ein Hinweis auf den Vorteil durch insbesondere Deutsch, Französisch und Englisch als mögliche Sprachen in denen Unterlagen (insbesondere z.B. wesentliche Informationen für Anleger) vorgelegt werden können (siehe entsprechend Art. 61 (1) b) des Gesetzes von 2010), was in vielen Fällen die Übersetzungskosten verringern hilft.

Für die direkte Kommunikation durch den in einem anderen EU-Staat ansässigen OGAW mit der CSSF im Falle von Änderungen der Anzeige oder der Dokumentation (Anforderung entsprechend Art. 60 (2) und Art. 61 (2) des Gesetzes von 2010) hat die CSSF eine spezielle E-Mail-Adresse eingerichtet die, neben weiteren Informationen in diesem Zusammenhang auf der CSSF Website unter folgendem link abrufbar ist: *http://www.cssf.lu/surveillance/vgi/opcvm/commercialisation-parts-actions-opcvm/commercialisation-ue-lux-notification/*. 172

Desgleichen gelten die Bestimmungen dieses Kapitels auch für die Anzeige und den Vertrieb in Luxemburg von OGAW, die in einen Staat des Europäischen Wirtschaftsraums, der nicht EU-Staat ist ansässig sind (so Art. 64 des Gesetzes von 2010), d.h. diese Regelungen erstrecken sich direkt auch auf diese Staaten (konkret sind das derzeit die Staaten Island, Liechtenstein und Norwegen). 173

VIII. Kapitel 8: Verschmelzung von OGAW

Verschmelzungen von OGAW, aber auch von OGA und gegebenenfalls über Kreuz, sofern möglich, oder auch die Verschmelzung von OGAW oder OGA mit ausländischen Organismen für gemeinsame Anlagen sind in Luxemburg keine Neuheit und wurden bereits im Jahre 1993, also weit in der Welt des OGAW I-Gesetzes, durch eine Mitteilung der CSSF regulatorisch fixiert. Diese Mitteilung der CSSF (im Folgenden die CSSF Verschmelzungsmitteilung) behandelt genauer gesagt neben der Einbringung von Teilfonds innerhalb eines Umbrella-OGA die Einbringung in einen anderen Luxemburger OGA, die Einbringung in einen anderen ausländischen OGA sowie, die Liquidation eines Teilfonds eines Umbrella-OGA (OGA war in diesem Zusammenhang als Oberbegriff, der OGAW beinhaltet zu verstehen). Verschiedene Elemente die sich über die OGAW IV-Richtlinie nun in diesem Kapitel 8 des Gesetzes von 2010 betreffend die Verschmelzung von OGAW finden sind in Luxemburg in weniger detaillierter Form, aber dennoch, bereits lange zuvor praktiziert worden. Die Praxis ist ein gutes Stichwort denn Verschmelzungen innerhalb Luxemburgs kamen und kommen durchaus vor, wenngleich die Verschmelzung in ausländische Organismen für gemeinsame Anlagen eher selten war bzw. ist. Für eine jede solche Verschmelzung mussten die betreffenden Bestimmungen der CSSF Verschmelzungsmitteilung eingehalten werden. Die Möglichkeit der Verschmelzung, die dafür einzuhaltenden Voraussetzungen etc., im Falle einer Umbrella-Struktur sowohl von ganzen Fonds als auch, sofern gewünscht von nur Teilfonds, wurden und werden im Verkaufsprospekt festgelegt. 174

Neben dem Anwendungsbereich, den in diesem Kapitel 8 für Luxemburger OGAW festgelegten Bestimmungen, gelten die Grundsätze der CSSF Verschmelzungsmitteilung durchaus (in regulatorisch entwickelter Art und Weise) weiter, insbesondere für die Verschmelzung von Teil II-Fonds bzw. entsprechend auch für die Verschmelzung von Spezialfonds nach dem Spezialfonds-Gesetz sowie die jeweilige Liquidation von deren Teilfonds (sofern dieses dort vorkommen sollte).

175 Luxemburg hat, wie oft, die Bestimmungen zur Verschmelzung von OGAW aus der OGAW IV-Richtlinie nahezu wortgleich in diesem Kapitel 8 des Gesetzes von 2010 in nationales Recht umgesetzt, so dass die größtmögliche Flexibilität (z.B. zur Konsolidierung von verschiedenen OGAW zur effektiveren Verwaltung im Interesse der Anleger) auf Basis der Bestimmungen der OGAW IV-Richtlinie in Luxemburg erreicht werden konnte. Insoweit wird hinsichtlich des Hintergrunds zu den Bestimmungen und deren Erklärung ergänzend auch auf die OGAW-IV Richtlinie und deren Entstehung hingewiesen.

176 Die Bestimmungen des Kapitels gelten in gleichem Maße für Teilfonds von OGAW, die eine Umbrella-Struktur haben (entsprechend Art. 65 des Gesetzes von 2010).

177 Wichtig ist zunächst was als Verschmelzung(en) von OGAW im Sinne des Kapitel 8 des Gesetzes von 2010 gilt. Direkt dabei gilt es kurz die Auswirkungen, die solche Verschmelzungen haben, d.h. das Ergebnis nach solchen Verschmelzungen um anschließend die Einzelvoraussetzungen oder Bedingungen sowie das einzuhaltende Verfahren anzusehen.

178 a) Als Verschmelzung von OGAW im Sinne des Kapitel 8 des Gesetzes von 2010 gilt eine jede inländische[67] wie grenzüberschreitende[68] Transaktion, bei der ein oder mehrere OGAW oder Teilfonds eines OGAW (der „übertragende OGAW"), bei ihrer Auflösung ohne Abwicklung sämtliche Vermögenswerte und Verbindlichkeiten auf einen anderen bestehenden OGAW oder einen Teilfonds dieses OGAW (der „übernehmende OGAW"), übertragen und ihre Anteilinhaber dafür Anteile des übernehmenden OGAW sowie gegebenenfalls eine Barzahlung in Höhe von maximal 10% des Nettoinventarwerts dieser Anteile erhalten (so Art. 1 (20) a) des Gesetzes von 2010); d.h. kurz gesagt Übertragung aller Aktiva und Passiva auf einen anderen bestehenden OGAW/Teilfonds eines OGAW – kann in einem Wort als Existenzverschmelzung bezeichnet werden.

Dieses bedeutet in den Auswirkungen bei Wirksamwerden der Verschmelzung, also zum Verschmelzungstag a) Übertragung aller Aktiva und Passiva des übertragenden OGAW auf den übernehmenden OGAW b) die Anteilinhaber des übertragenden OGAW werden entsprechend dem Wert ihrer bisherigen Anteile am übertragenden OGAW Anteilinhaber des übernehmenden OGAW (das Umtauschverhältnis, d.h. der anzuwendende Wert wird gesondert dafür festgelegt, siehe Art. 69 (1) e) des Gesetzes von 2010 und nachstehende Ausführungen), erhalten hierbei gegebenenfalls eine Barzahlung in Höhe von maximal 10% des Nettoinventarwertes der von ihnen bisher am übertragenden OGAW gehaltenen Anteile und c) der in Luxemburg ansässige OGAW erlischt zum Verschmelzungstag (Inkrafttreten der Verschmelzung (entsprechend Art. 76 (1) a) bis c) des Gesetzes von 2010). Im Falle von übertragenden OGAW SICAV muss diese Verschmelzung unter Auflösung, d.h. das Wirksamwerden der Verschmelzung zuvor von der Generalversammlung des übertragenden OGAW beschlossen werden wobei Verfahren, Anwesenheitsquorum und Mehrheitserfordernisse in der Satzung der OGAW SICAV vorzusehen (entsprechend Art. 66 (4) Absatz 3, 1. Halbsatz des Gesetzes von 2010). Oft entsprechen die von einer Satzung vorgesehenen Voraussetzungen dafür den für die Änderung einer Satzung anzu-

---

67 Inländische Verschmelzung: eine Verschmelzung von OGAW, die im gleichen EU-Staat ansässig sind, wenn mindestens einer der betroffenen OGAW gemäß Art. 93 der OGAW IV-Richtlinie (Anzeige zum grenzüberschreitenden Vertrieb via Nutzung des Passports) gemeldet wurde. (so Art. 1 (22) des Gesetzes von 2010).

68 Grenzüberschreitende Verschmelzung: eine Verschmelzung von OGAW,
a) von denen mindestens zwei in unterschiedlichen EU-Staaten ansässig sind oder
b) die in demselben EU-Staat ansässig sind, zu einem neu gegründeten und in einem anderen EU-Staat ansässigen OGAW; (so Art. 1 (21) des Gesetzes von 2010).

wenden Voraussetzungen[69] was aufgrund der anwendbaren Fristen durchaus einen gewissen Vorlauf und Koordination alleine dafür erfordert. Dieser Beschluss ist in notarieller Urkunde aufzunehmen und als solcher Gegenstand von Hinterlegung im Luxemburger Handels- und Gesellschaftsregister sowie der Veröffentlichung im Luxemburger Amtsblatt, hier dem Mémorial C (entsprechend Art. 66 (4) Absatz 3, 2. Halbsatz des Gesetzes von 2010). Im Falle von übertragenden OGAW Sondervermögen beschließt grundsätzlich die Verwaltungsgesellschaft, es sei denn das Verwaltungsreglement sieht ausdrücklich den Beschluss einer Generalversammlung der Anteilinhaber vor (so Art. 66 (4), Absatz 4, Satz 1 des Gesetzes von 2010). Da es sich nicht um eine gesellschaftsrechtliche, den (allgemeinen) Regeln des Gesetzes von 1915 unterliegende Struktur handelt ist ausdrücklich die Hinterlegung der Entscheidung im Luxemburger Handels- und Gesellschaftsregister sowie der Veröffentlichung im Luxemburger Amtsblatt, hier dem Mémorial C vorgesehen (entsprechend Art. 66 (4) Absatz 4, Satz 2 des Gesetzes von 2010, denn sonst würden weder Hinterlegung noch Publikation entsprechend gefordert noch überhaupt möglich sein).

b) zwei oder mehrere OGAW oder Teilfonds eines OGAW (die „übertragenden OGAW“), bei ihrer Auflösung ohne Abwicklung sämtliche Vermögenswerte und Verbindlichkeiten auf einen von ihnen gebildeten OGAW oder einen Teilfonds dieses OGAW, (der „übernehmende OGAW“), übertragen und ihre Anteilinhaber dafür Anteile des übernehmenden OGAW sowie gegebenenfalls eine Barzahlung in Höhe von maximal 10% des Nettoinventarwerts dieser Anteile erhalten (so Art. 1 (20) b) des Gesetzes von 2010); d.h. kurz gesagt Übertragung aller Aktiva und Passiva von mindestens zwei OGAW/Teilfonds eines OGAW auf einen anderen, aus diesen OGAW/Teilfonds eines OGAW (neu) gebildeten OGAW/Teilfonds eines OGAW – kann in einem Wort als Neugründungsverschmelzung bezeichnet werden.
Hinsichtlich der Auswirkungen gilt auf Basis von Art. 76 (2) a) bis c) des Gesetzes von 2010 das zu vorstehend unter a) Gesagte auf den hiesigen Fall von mindestens zwei übertragenden OGAW mit neu gegründetem übernehmendem OGAW entsprechend.

c) ein oder mehrere OGAW oder Teilfonds eines OGAW (die „übertragenden OGAW“), die weiter bestehen, bis die Verbindlichkeiten getilgt sind, ihr Nettovermögen auf einen anderen Teilfonds desselben OGAW, auf einen von ihnen gebildeten OGAW oder auf einen anderen bestehenden OGAW oder einen Teilfonds dieses OGAW (der „übernehmende OGAW“), übertragen (so Art. 1 (20) c) des Gesetzes von 2010); d.h. kurz gesagt Übertragung nur der Nettovermögenswerte eines oder mehrerer OGAW/Teilfonds eines OGAW auf einen anderen bestehenden OGAW/Teilfonds eines OGAW (ggf. derselben Umbrella-Struktur) oder aus diesem/diesen OGAW/Teilfonds eines OGAW (neu) gebildeten OGAW/Teilfonds eines OGAW – kann in einem Wort als limitierte Fortbestandsverschmelzung bezeichnet werden.
Dieses bedeutet in den Auswirkungen, bei Wirksamwerden der Verschmelzung, also zum Verschmelzungstag a) Übertragung nur der Nettovermögenswerte des/der übertragenden OGAW auf den übernehmenden OGAW b) die Anteilinhaber des/der über-

69 Siehe Voraussetzungen für eine Satzungsänderung in Art. 67-1 des Gesetzes von 1915; kurz zusammengefasst: Mindesteinladungsfrist 2 × acht Tage Publikation oder sofern alle Anteile Namensanteile sind 1 × acht Tage per Einschreiben möglich, Generalversammlung mit Anwesenheitsquorum von 50% des Kapitals des übertragenden OGAW (anwesend oder vertreten), Entscheidung mit $2/3$ Mehrheit der anwesenden oder repräsentierten Anteile; bei Nichterreichen dieses Quorums Neueinladung mit Intervall von 2 × fünfzehn Tagen oder sofern alle Anteile Namensanteile sind 1 × fünfzehn Tage per Einschreiben möglich, kein Anwesenheitsquorum Entscheidung mit $2/3$ Mehrheit der anwesenden oder repräsentierten Anteile.

tragenden OGAW werden entsprechend des Werts ihrer bisherigen Anteile am übertragenden/an den übertragenden OGAW Anteilinhaber des übernehmenden OGAW (das Umtauschverhältnis, d.h. der anzuwendende Wert wird gesondert dafür festgelegt, siehe Art. 69 (1) e) des Gesetzes von 2010 und nachstehende Ausführungen), keine etwaige Barzahlung und c) der/die in Luxemburg ansässige(n) OGAW bestehen weiter bis alle ihre Verbindlichkeiten erfüllt sind (d.h. erlischt/erlöschen erst dann, wobei die Anforderungen von Art. 66 (4) Absatz 3 bzw. Absatz 4 des Gesetzes von 2010 auch hier zu erfüllen sind.

179 Die meisten Anwendungsfälle der Verschmelzungsregeln sind sicherlich im Rahmen der vorstehenden Ziffer a) als rein nationale Verschmelzung eines OGAW oder Teilfonds eines OGAW auf einen bestehenden OGAW/Teilfonds eines OGAW angesiedelt. Vor einer grenzüberschreitenden Verschmelzung empfiehlt es sich eventuell das nationale Steuerrecht eines betreffenden EU-Staates auf potenzielle (negative) Einflüsse auf Anleger zu prüfen, da die auf Basis der OGAW IV Richtlinie gewährte allgemeinrechtliche Möglichkeit dazu nicht immer steuerrechtlich neutral angesehen werden könnte.

180 Es ist klargestellt, dass weder übertragendem(n) noch übernehmendem(n) OGAW noch deren Anteilinhabern Rechts-, Beratungs- oder Verwaltungskosten im Zusammenhang mit einer Verschmelzung auferlegt werden können, sofern eine Verwaltungsgesellschaft ernannt ist (entsprechend Art. 74 des Gesetzes von 2010). Dieses wiederum bedeutet, dass ein gewisses Kostenrisiko für Anleger nur in den Fällen einer selbstverwalteten OGAW SICAV denkbar ist. Dieses erklärt sich aus dem strukturellen Unterschied und der Bedeutung der Verwaltungsgesellschaft für Entscheidungen innerhalb eines OGAW. Allerdings ist auch in einer selbstverwalteten OGAW SICAV aus kommerziellen Gründen die Kostenübernahme durch z.B. den Initiator durchaus angezeigt.

Eine etwa erforderliche Zustimmung zu einer Verschmelzung durch die Anteilinhaber eines übernehmenden oder eines übernehmenden OGAW muss vor dem Zeitpunkt des Wirksamwerdens der Verschmelzung und vor dem Zeitpunkt der Berechnung des Umtauschverhältnisses erfolgen (entsprechend Art. 75 (1) des Gesetzes von 2010). Damit soll jede Art von potenzieller Manipulation verhindert werden.

181 Einmal wirksam geworden wird eine Verschmelzung im Falle eines in Luxemburg ansässigen, übernehmenden OGAW durch diesen (mit geeigneten Mitteln) öffentlich bekannt gegeben (entsprechend Art. 75 (2), 1. Halbsatz des Gesetzes von 2010) – diese Form der Publizität ist im betreffenden Verkaufsprospekt festgelegt – und wird der CSSF und eventuellen weiteren, in diesem Fall zuständigen Behörden, mitgeteilt (so Art. 75 (2), 2. Halbsatz des Gesetzes von 2010). Die Informationspflicht stellt einerseits die Sicherheit im Rechtsverkehr her und kommt andererseits dem behördlichen Informationsbedürfnis zur Sicherstellung der Aufsicht nach.

182 Die Verwaltungsgesellschaft des übernehmenden OGAW, bzw. sollte keine ernannt sein der OGAW selbst (also in Luxemburg im Falle einer selbstverwalteten OGAW SICAV) bestätigen der Verwahrstelle dieses übernehmenden OGAW SICAV (Schriftform), dass die Übertragung der Aktiva und sofern eine Verschmelzung nach vorstehend a) oder b) (Existenz- bzw. Neugründungsverschmelzung) vorliegt auch der Passiva erfolgt ist (entsprechend Art. 76 (4) des Gesetzes von 2010). Die Verwaltungsgesellschaft des OGAW bzw. der OGAW selbst bleibt also gegenüber der Depotbank, die ihre Pflichten natürlich ordnungsgemäß erfüllen muss, in einer besonderen Verantwortung hinsichtlich des Verschmelzungsvorgangs. Mit Blick auf die unter der OGAW V-Richtlinie enthaltenen verfeinerten Haftungsregeln für Depotbanken ist diese Bestimmung durchaus in besonderem Maße interessant.

Vorsicht, eine einmal (ordnungsgemäß) wirksam gewordene Verschmelzung kann nicht mehr für nichtig erklärt werden (entsprechend Art. 75 (3) des Gesetzes von 2010). Auch hier war sicher der Gedanke an die Gewährleistung der Sicherheit im Rechtsverkehr ein Hintergrund für die Bestimmung. 183

Blicken wir nun etwas näher auf Einzelvoraussetzungen oder Bedingungen sowie das einzuhaltende Verfahren für Verschmelzungen. 184

Vorweg sei klargestellt, dass die im allgemeinen Gesellschaftsrecht enthaltenen Bestimmungen zur Verschmelzung (Abschnitt XIV des Gesetzes von 1915) weder auf Verschmelzungen von OGAW SICAV noch auf Verschmelzungen von OGAW Sondervermögen anwendbar sind (so Art. 66 (3) des Gesetzes von 2010). 185

Basierend auf Art. 66 (4), Absatz 6 des Gesetzes von 2010 hat die CSSF weiter praktische Modalitäten für von Verschmelzungen betroffene Luxemburger OGAW in der, bereits unter Kapitel 6 zu Anzeigeverfahren erwähnten, Geänderten CSSF Verordnung No 10-05 niedergelegt. Auf diese Verordnung wird hier insoweit ergänzend verwiesen. 186

Jeder Verkaufsprospekt sowie im Falle einer in Luxemburg ansässigen OGAW SICAV die Satzung bzw. – im Falle eines in Luxemburg ansässigen OGAW Sondervermögens das Verwaltungsreglement – wird sich zu dem Thema äußern um die entsprechende Flexibilität zu gewährleisten. Im Falle einer in Luxemburg ansässigen OGAW SICAV muss die Satzung festlegen ob die Generalversammlung oder der Verwaltungsrat bzw. der Vorstand dieser OGAW SICAV für die Entscheidung über eine (das Wirksamwerden einer) Verschmelzung grundsätzlich zuständig ist (entsprechend Art. 66 (4), Satz 1 des Gesetzes von 2010). Bei OGAW Sondervermögen wird von Gesetzes wegen angenommen, dass die Verwaltungsgesellschaft diese Entscheidung trifft (entsprechend Art. 66 (4) Satz 2 des Gesetzes von 2010). Allerdings kann im Verwaltungsreglement des betreffenden OGAW Sondervermögen ausnahmsweise bestimmt werden, dass eine Generalversammlung der Anteilinhaber zu entscheiden hat (entsprechend Art. 66 (4), Satz 2 in Verbindung mit Satz 4 des Gesetzes von 2010). Sollte Letzteres der Fall sein, dann müssen auch Anwesenheitsquorum und Mehrheitserfordernisse (Rahmen: mindestens einfache Mehrheit aber nicht mehr als 75% jeweils der abgegebenen Stimmen der anwesenden oder vertretenen Anteilinhaber) im Verwaltungsreglement festgelegt sein (entsprechend Art. 66 (4), Satz 4 des Gesetzes von 2010). Art. 66 (4) Satz 4 kann durchaus als Beispiel dafür fungieren, wie durch die OGAW IV-Richtlinie geforderte Präzisierungen in einem praktikablen Rahmen in Luxemburger Recht umgesetzt wurden, der das Schutzbedürfnis der Anleger mit Mindestanforderungen gewährt und gleichzeitig, ebenfalls im Anlegerinteresse, das Funktionieren des, in hohem Maße dem Anlegerschutz verpflichteten OGAW Fondsmarkts, im Blick behält. 187

Ein strikter Genehmigungsvorbehalt der CSSF für eine Verschmelzung besteht, sofern der übertragende OGAW ein in Luxemburg ansässiger OGAW ist (so Art. 67 (1) des Gesetzes von 2010). 188

Der CSSF sind von Seiten dieses übertragenden OGAW vorab folgende Informationen zu übermitteln:

a) Verschmelzungsplan (gebilligt vom übertragenden und vom übernehmenden OGAW) (entsprechend Art. 67 (2) a) des Gesetzes von 2010), mit dem in Art. 69 des Gesetzes von 2010 festgelegten (nachstehend zusammengefassten), folgenden Inhalt – dieser Inhalt des Verschmelzungsplans gilt für alle vorgenannten Arten von Verschmelzungen:
   - Art der Verschmelzung
   - Hintergrund und Beweggründe
   - erwartete Auswirkungen auf Anteilinhaber des übertragenden und des übernehmenden OGAW

- festgelegte Bewertungskriterien zum Zeitpunkt der Berechnung des Umtauschverhältnisses (wie zuvor beschrieben, siehe Art. 75 (1) des Gesetzes von 2010)
- Methode der Berechnung des Umtauschverhältnisses
- (geplanter) Zeitpunkt des Wirksamwerdens der Verschmelzung
- Bestimmungen für die Übertragung von Vermögenswerten und dem Umtausch von Anteilen
- Bei Neugründung des übernehmenden OGAW je nach Rechtsform dessen Verwaltungsreglement (bei Sondervermögen oder vergleichbarer Rechtsform) oder Gründungsunterlagen (bei gesellschaftsrechtlicher Form des übernehmenden OGAW, im Falle einer OGAW SICAV die Satzung)
- ggf. von übertragendem und übernehmendem OGAW weiter geregelten Punkten

b) Ist der übernehmende OGAW in einem anderen EU-Staat ansässig: eine aktuelle Fassung des Verkaufsprospekts und der in Art. 78 der OGAW IV-Richtlinie genannten wesentlichen Informationen für den Anleger dieses OGAW (so Art. 76 (2) b) des Gesetzes von 2010). Bei den hier genannten wesentlichen Informationen für Anleger handelt es sich um die für Luxemburger Strukturen unter Kapitel 21 C. behandelten wesentlichen Informationen für Anleger (im internationalen Gebrauch meist auch KIID – *key investor information document* – genannt), die den durch die OGAW III-Richtlinien eingeführten, vereinfachten Verkaufsprospekt ersetzt haben (siehe näher unter Kapitel 21 C.).

c) Eine Bestätigung der jeweiligen Verwahrstellen (übernehmender und übertragender OGAW), dass die Angaben im Verschmelzungsplan zu Art der Verschmelzung, (geplantem) Zeitpunkt des Wirksamwerdens der Verschmelzung und Bestimmungen für die Übertragung von Vermögenswerten und dem Umtausch von Anteilen (siehe Art. 69 (1) a), f) und g) des Gesetzes von 2010) mit dem Verwaltungsreglement (OGAW Sondervermögen) oder den Gründungsunterlagen (OGAW SICAV) des OGAW übereinstimmen (siehe Art. 69 (2) c) des Gesetzes von 2010, die Bestätigung wird auch in Art. 70 des Gesetzes von 2010 behandelt). Im Falle der übernehmende OGAW ist in einem anderen EU-Staat ansässig gilt mit Verweis auf Art. 40 (1) a), f) und g) der OGAW IV-Richtlinie eine identische Anforderung der Bestätigung an seine Verwahrstelle.
Die Verwahrstellen werden also, unabhängig von der Verantwortung der betreffenden Verwaltungsgesellschaft der OGAW/OGAW ohne Verwaltungsgesellschaften im Verfahren zur Verschmelzung nicht nur zu einer aktiven Mitwirkung, sondern vor allem auch zu einer entsprechenden Verantwortung gezwungen.

d) die Informationen, die der übertragende und der übernehmende OGAW beabsichtigen ihren jeweiligen Anteilinhabern zu der geplanten Verschmelzung zur Verfügung zu stellen. Diese sind der CSSF in Deutsch oder Französisch oder Englisch oder Luxemburgisch zu übermitteln (so Art. 67 (d) des Gesetzes von 2010). Wie bei sämtlicher Dokumentation im Zusammenhang nicht nur mit OGAW Strukturen sondern auch bei allen Teil II-Fonds, Spezialfonds oder SICAR sind also in Luxemburg offizielle Dokumente im Original dieser vier Sprachen ausstellbar und akzeptiert was nicht nur im Hinblick auf den Vertrieb und damit verbundene Kosten sehr vorteilhaft sein kann.

189 Für die Verfahrensdauer sieht das Gesetz von 2010 selbst (wie in der OGAW IV-Richtlinie enthalten) sehr konkrete Regelungen vor, was die Planbarkeit insoweit konkretisiert. Die CSSF wird innerhalb von 10 Werktagen nach Erhalt die Vollständigkeit der vorgenannten Dokumentation geprüft haben und im Falle sie ist der Ansicht, dass dieses nicht der Fall ist innerhalb dieser Frist zusätzliche Informationen anfordern (entsprechend Art. 67 (3) des Gesetzes von 2010). Insgesamt wird innerhalb von 20 Werktagen nach vollständigem Erhalt der vorgenannten Dokumentation die Erteilung oder Ablehnung der Genehmigung der Verschmelzung erfolgen (entsprechend Art. 67 (5) des Gesetzes von 2010).

Die CSSF prüft unter anderem die Auswirkungen der geplanten Verschmelzung auf die Anteilinhaber des übernehmenden und des übertragenden OGAW um festzustellen, ob den Anteilinhabern angemessene Informationen zur Verfügung gestellt werden. Gegebenenfalls wird sie eine klarere Gestaltung der Informationen an die Anleger des übertragenden OGAW einfordern und innerhalb von einer Frist von maximal 15 Werktagen nach Erhalt der vorgenannten Informationen schriftlich die Änderung der Informationen an die Anteilinhaber des übernehmenden OGAW verlangen (insgesamt aus Art. 67 (4) a) und b) des Gesetzes von 2010).

Die Vollständigkeit der vorgenannten Dokumentation hat auch automatisch zur 190
Folge, dass bei einem in einem anderen EU-Staat ansässigen, übernehmenden OGAW dessen zuständige Behörde entsprechende Kopien der vorgenannten Dokumentation erhält. Die zuständige Behörde des übernehmenden OGAW wird dann (nur) die Auswirkungen der geplanten Verschmelzung auf die Anteilinhaber des übernehmenden und des übertragenden OGAW prüfen, um festzustellen, ob den Anteilinhabern angemessene Informationen zur Verfügung gestellt werden. Im Bedarfsfall darf diese zuständige Behörde innerhalb von einer Frist von maximal 15 Werktagen nach Erhalt der Kopien schriftlich die Änderung der Informationen an die Anteilinhaber des übernehmenden OGAW verlangen. Wiederum 20 Werktage nach Erhalt der geänderten Informationen an die Anteilinhaber des übernehmenden OGAW muss die zuständige Behörde der CSSF mitteilen, ob sie einverstanden ist (insgesamt aus Art. 67 (4) a) des Gesetzes von 2010).

Die Prüfung der Informationen an die Anteilinhaber eines nicht Luxemburger über- 191
nehmenden OGAW unterliegt also der zuständigen Behörde des EU-Staates in dem dieser übernehmende OGAW ansässig ist. Der der OGAW IV-Richtlinie entspringende allgemeine Fokus auf die ordnungsgemäße Information an die betroffenen Anteilinhaber ist deutlich zu erkennen.

Ist der übernehmende OGAW in Luxemburg und der übertragende OGAW in einem 192
anderen EU-Staat ansässig, so hat die CSSF spiegelbildlich die gleichen Rechte (unter Einhaltung er gleichen Fristen), wie im Absatz zuvor beschrieben (es wird auf Art. 68 (1) und (2) des Gesetzes von 2010 verwiesen). Daneben hat Luxemburg die in der OGAW IV-Richtlinie gebotene Möglichkeit genutzt und die Abweichung von Art. 43 (Emittentengrenze), Art. 44 (Emittentengrenze/andere Anforderungen bei Nachbildung eines Index), Art. 45 (Emittentengrenze bei staatlichem/supranationalem etc. Emittenten) und Art. 46 (Grenzen für die Anlage in andere OGAW/OGA) des Gesetzes von 2010 für einen Zeitraum von 6 Monaten nach Wirksamkeit der Verschmelzung gestattet (siehe demgemäß Art. 68 (3) des Gesetzes von 2010). Dieses stellt eine in der Praxis durchaus wichtige Erleichterung dar, die nicht in jedem EU-Staat in der Form umgesetzt ist.

Ist der übernehmende OGAW nicht in Luxemburg ansässig und 193

– erfüllt die geplante Verschmelzung die Voraussetzungen der Art. 67 (siehe vorstehend beschrieben), Art. 69 (siehe vorstehend beschrieben), Art. 70 (Prüfungspflicht der Verwahrstelle der beteiligten OGAW, die in Luxemburg ansässig sind hinsichtlich der Übereinstimmung der Angaben nach Art. 69 (1) a) (Art der Verschmelzung), f) (geplantes Wirksamwerden der Verschmelzung) und g) (Bestimmungen für Übertragung von Vermögenswerten und Umtausch von Anteilen) mit den Anforderungen des Gesetzes von 2010 und dem Verwaltungsreglement (bei OGAW Sondervermögen) bzw. den Gründungsunterlagen (bei OGAW SICAV) und Art. 71 des Gesetzes von

2010 (Bestätigung des Wirtschaftsprüfers des in Luxemburg ansässigen übertragenden OGAW, Details siehe nachstehend) und
- hat der übernehmende OGAW die notwendige Mitteilung über den Vertrieb seiner Anteile in Luxemburg gemäß Art. 60 des Gesetzes von 2010 und in allen EU-Staaten in denen der übertragende, in Luxemburg ansässige OGAW, entweder genehmigt oder Gegenstand einer Mitteilung nach Art. 60 des Gesetzes von 2010 ist, erhalten und
- sind CSSF und die zuständige Behörde des Herkunftsmitgliedstaates des übernehmenden OGAW mit den Mitteilungen an die Anteilinhaber einverstanden (entsprechend auch der Nichteingang einer Beanstandung in Frist und wie in Art. 67 (4) a) des Gesetzes von 2010 beschrieben),

so genehmigt die CSSF die Verschmelzung, vorausgesetzt diese Anforderungen sind erfüllt (demgemäß Art. 67 (6) a), b) und c) Satz 1 des Gesetzes von 2010). Diese Entscheidung teilt die CSSF dem EU-Staat indem der übernehmende OGAW ansässig ist mit (entsprechend Art. 67 (6) c) Satz 2 des Gesetzes von 2010).

194 Ist der übernehmende OGAW ebenfalls in Luxemburg ansässig so genehmigt die CSSF die Verschmelzung bei Erfüllung der inhaltlich gleichen Anforderungen (abgesehen von den Anforderungen hinsichtlich der Einbindung einer zuständigen Behörde eines anderen EU Mitgliedstaates wegen der Ansässigkeit des übernehmenden OGAW in diesem EU-Staat (demgemäß Art 67 (6) c) Satz 3 des Gesetzes von 2010), was folgerichtig erscheint).

195 Die Art. 70–73 des Gesetzes von 2010 befassen sich mit der Kontrolle durch Dritte sowie Informationen und sonstigen Rechten der Anteilinhaber im Rahmen von Verschmelzung (entsprechend Titel B. dieses Kapitels des Gesetzes von 2010).

196 Wegen Art. 70 (Prüfungspflichtig der Verwahrstelle der an einer Verschmelzung beteiligten OGAW, die in Luxemburg ansässig sind) wird auf die vorstehenden Ausführungen verwiesen. Diese Formalisierung der Prüfung durch Luxemburger Verwahrstellen war vor der OGAW IV-Richtlinie nicht vorhanden.

197 Im Zusammenhang mit Art. 71 (Bestätigung des Wirtschaftsprüfers des in Luxemburg ansässigen übertragenden OGAW bzw. eines unabhängigen Abschlussprüfers) ist inhaltlich zu präzisieren, dass diese sowohl die beschlossenen Kriterien zur Bewertung des Vermögens zum Zeitpunkt der Berechnung des Umtauschverhältnisses sowie die Methode zur Berechnung des Umtauschverhältnisses (jeweils nach Art. 75 (1) des Gesetzes von 2010) und eventuelle Barzahlungen pro Anteil betrifft (entsprechend Art. 71 (1) a), b), und c) des Gesetzes von 2010).

Auch vor der OGAW IV-Richtlinie waren die Wirtschaftsprüfer in den Verschmelzungsvorgang zwingend eingebunden. Dieses ist in Folge der OGAW IV-Richtlinie wie dargestellt in Luxemburg gesetzlich formalisiert worden.

Keiner der bisher involvierten Wirtschaftsprüfer bzw. unabhängigen Abschlussprüfer ist von der Beteiligung als Bestätigender ausgeschlossen (entsprechend Art. 71 (3) des Gesetzes von 2010) und, neben den zuständigen Behörden ist, dem Transparenzgedanken folgend, auch den Anteilinhabern der beteiligten OGAW dieser Bericht auf Anfrage kostenfrei zur Verfügung zu stellen (inhaltlich Art. 71 (3) des Gesetzes von 2010).

198 Art. 72 des Gesetzes von 2010 behandelt die Informationspflicht betreffend die Anleger der in Luxemburg ansässigen OGAW, die an einer Verschmelzung beteiligt sind. Der Kerninhalt und zu großen Zügen auch der Wortlaut von Art. 72 des Gesetzes von 2010 entspricht Art. 43 der OGAW IV-Richtlinie. Zum einen wird die Qualität der Information festgelegt (entsprechend Art. 72 (1) des Gesetzes von 2010 sowie detailliert in Art. 72 (3) des Gesetzes von 2010). Abgesehen von der Information an die Anleger des übernehmenden OGAW, die in der Vergangenheit nicht bzw. nicht in der Form erfolgte, gleichsam nicht den Anlegern des übertragenden OGAW zur Verfügung gestellt werden konnte, sind diese Elemente in Luxemburg bereits vor der OGAW IV-Richtlinie (regulatorische) Praxis bei Verschmelzungen gewesen. Gleiches gilt für die Mitteilung der Informationen an die Anleger erst nach erteilter Genehmigung der Verschmelzung wie in Art. 72 (2) Absatz 1 enthalten, mit Ausnahme wiederum der Mitteilung an die Anleger des übernehmenden OGAW. Auch die in Art. 72 (2) enthaltene Mitteilungsfrist von 30 Tagen existierte in Luxemburg bereits vor der OGAW IV-Richtlinie (in Luxemburg früher zumeist als „Monatsfrist" bezeichnet), allerdings ohne die nun enthaltene detaillierte Präzisierung, dass diese vor der letzten Frist für einen Antrag auf Rücknahme oder Auszahlung oder Umwandlung, ohne zusätzliche Kosten, abläuft. Die Kostenfreiheit war bereits Gegenstand der regulatorischen Praxis, das vorgenannte Fristlaufende aus logischen Gründen oftmals geübte Praxis.

In der Ausgestaltung neu sind indes die meisten Regelungsgehalte von Art. 73 des Gesetzes von 2010, dessen Kerninhalt sowie zu großen Zügen auch nach dem Wortlaut Art. 45 der OGAW IV-Richtlinie entspricht. Das Recht der Rücknahme oder Auszahlung ohne Kosten wie in Art. 73 Satz 1 zunächst beschrieben war wie gesagt bereits regulatorische Praxis. Auch der Zusatz, dass dieses bedeutet, dass ohne weitere Kosten als jene die durch den OGAW zur Deckung der Auflösungskosten einbehalten werden (ebenfalls Art. 73 (1) Satz 1) kann als bekannt angesehen werden. Allerdings gab es üblicherweise kein automatisches Recht auf Umwandlung in Anteile an einem OGAW mit ähnlicher Anlagepolitik, der von derselben Verwaltungsgesellschaft verwaltet wird oder mit dieser wie weiter beschrieben „verbunden" ist (sachlich Art. 73 (1) Satz 1, zweiter Teil). Für die Ausübung dieses Rechts auf Rücknahme oder Auszahlung oder Umwandlung legt Art. 73 (1) Satz 2 dann eine genaue Frist, beginnend mit dem Zeitpunkt der Information der Anleger über die Verschmelzung und endend 5 Werktage vor dem Zeitpunkt des Wirksamwerdens der Verschmelzung. **199**

Schließlich eröffnet Art. 73 (2) Satz 1 des Gesetzes von 2010 das Recht der an einer Verschmelzung beteiligten OGAW die Ausgabe, Rücknahme oder Auszahlung von Anteilen abweichend von der grundsätzlichen Pflicht (gemäß Art. 11 (2) und Art. 28 (1) b) des Gesetzes von 2010) aus rechtfertigenden Gründen des Anlegerschutzes auszusetzen. Die CSSF erhält diesbezüglich ein ausdrückliches Eingriffsrecht. Letzteres ist zwar zuvor nicht in der Form *expressis verbis* für diesen Fall gesetzlich geregelt gewesen, ist aber über die allgemeinen Regeln auch früher möglich gewesen.

IX. Kapitel 9: Master-Feeder-Strukturen

OGAW Master Feeder Strukturen waren vor der OGAW IV-Richtlinie nicht möglich. In der Umsetzung des Gesetzes von 2010 sind diese aber seither zulässig. Luxemburg hat auch hier (wie quasi im gesamten Gesetz von 2010), die Bestimmungen zu Master Feeder Strukturen für OGAW aus der OGAW IV-Richtlinie nahezu wortgleich in diesem Kapitel 9 des Gesetzes von 2010 in nationales Recht umgesetzt, so dass auch hier die größtmögliche Flexibilität auf Basis der Bestimmungen der OGAW IV-Richtlinie in Luxemburg erreicht werden konnte. Insoweit wird hinsichtlich des Hintergrunds zu den Bestimmungen und deren Erklärung ergänzend auch auf die OGAW-IV Richtlinie und deren Entstehung hingewiesen. **200**

Zunächst gilt es kurz zu klären was eine Master Feeder Fonds-Struktur grundsätzlich bedeutet um im Anschluss die Spezifika eines Feeder OGAW sowie eines Master OGAW, sowie die betreffenden Voraussetzungen und spezifischen Bestimmungen in diesem Zusammenhang zu beleuchten. **201**

202 Eine Master Feeder Fonds-Struktur beschreibt schlicht die Situation in der ein Fonds (der Feeder Fonds) einen ganz überwiegenden Anteil seines Vermögens (und bis zu einhundert Prozent seines Vermögens) in einen anderen Fonds (den Master Fonds) investiert. Wenn man so will ist es eine Dachfondsstruktur bei der die Diversifikation im investierenden Fonds auf einen Zielfonds beschränkt ist. Der Master Fonds kann auch andere Investoren als den Feeder Fonds haben.

203 Für OGAW ist festgelegt, dass ein Feeder OGAW jeder OGAW (oder Teilfonds eines OGAW) ist, der mindestens 85% seines Vermögens in einen einzigen anderen OGAW (oder Teilfonds eines anderen OGAW), den Master OGAW, anlegt (entsprechend Art. 77 (10 des Gesetzes von 2010). Rein praktisch bedeutet das eher „anzulegen beabsichtigt", denn die Zulässigkeit dieses Vorgehens das von verschiedenen Grund- und Investitionsegeln für OGAW stark abweicht (siehe zur Abweichung von Grundsätzen Art. 77 (4) des Gesetzes von 2010 sowie zur Abweichung von den Investitionsregeln auch Art. 77 (1) des Gesetzes von 2010) ist nur nach vorheriger Zustimmung der CSSF zulässig (siehe dazu grundsätzlich Art. 78 (3) des Gesetzes von 2010). Für die verbleibenden höchstens 15% wird vorgeschrieben, dass diese nur in flüssige Mittel oder/und derivative Finanzinstrumente zur Absicherung (sogenanntes Hedging) investiert werden dürfen (sowie im Falle einer Investmentgesellschaft, d.h. im Regelfall einer SICAV, in bewegliches oder unbewegliches Vermögen zur Ausübung der Tätigkeit, kurz gesagt Geschäftssitz mit Inventar, investiert werden dürfen) (siehe entsprechend Art. 77 (2) a) bis c) des Gesetzes von 2010). Für das nach Art. 42 (3) bei Verwendung von Derivaten zu berechnende Gesamtrisiko gelten besondere Voraussetzungen (Vergleichsvermögen) (siehe Art. 77 (2) nach c) des Gesetzes von 2010).

204 Als Master OGAW wird jeder OGAW (oder Teilfonds eines OGAW), der mindestens einen Feeder OGAW (oder Teilfonds eines OGAW) unter seinen Anteilinhabern hat, selbst nicht Feeder OGAW (bzw. Feeder Teilfonds OGAW) ist und keine Anteile eines Feeder OGAW (oder Feeder Teilfonds OGAW) hält (so Art. 77 (3) des Gesetzes von 2010). Diese, Art. 58 (3) der OGAW IV-Richtlinie identische Regelung setzt den Grundgedanken des Kaskadenverbots entsprechend für Master Feeder Strukturen um.

205 Schlagwortartig kann also gesagt werden: Ein Feeder OGAW hat nur einen Master OGAW während ein Master OGAW mehrere Feeder OGAW haben kann.

206 Entsprechend wurde in Art. 77 (4) a) des Gesetzes von 2010 (wie in Art. 58 (4) a) der OGAW IV-Richtlinie) eine Ausnahme von Art. 2 (2) 1. Spiegelstrich (Zweck eines OGAW „Gelder bei Publikum zu beschaffen") und Art. 3 2. Spiegelstrich (Teil I des Gesetzes von 2010 ist nicht auf Strukturen anwendbar, die nicht durch öffentlichen Vertrieb in einem Land der EU sich ihr Geld beschaffen) des Gesetzes von 2010 aufgenommen. Gleiches gilt für die Nichtanwendbarkeit der Bestimmungen für den grenzüberschreitenden Vertrieb nach Kapitel XI und Art. 108 (1) Absatz 2 der OGAW IV-Richtlinie wenn ein Master OGAW nur in dem Land in dem er ansässig ist über einen oder mehrere Feeder OGAW als Anteilinhaber verfügt (so Art. 77 (4) b) des Gesetzes von 2010 über Organismen für gemeinsame Anlagen).

207 OGAW Master Feeder Strukturen ermöglichen es zum Beispiel, unter Beibehaltung lokaler Produkte, in einem EU-Staat den OGAW Feeder zu errichten was hinsichtlich des Vertriebs insbesondere von OGAW an Privatanleger, je nach EU-Staat, von enormer Bedeutung sein kann, und dennoch an einem Standort in einem anderen EU-Staat, wie eben oft in Luxemburg, die Struktur (nebst Administration) in einem OGAW, dem Master OGAW zu konzentrieren und zu konsolidieren. Das eigentliche Portfolio Management wird dabei oftmals ohnehin schon konzentriert und konsolidiert. Der Master OGAW kann dabei von verschiedenen OGAW Feedern in verschiedenen EU-Staaten genutzt werden. Es empfiehlt sich allerdings auch hier (ähnlich wie bei der Verschmelzung) für

die neben Luxemburg beteiligten EU-Staaten sicherzustellen, dass z.B. Ausschüttungen von dem Master OGAW an den Feeder OGAW nicht aufgrund der Steuerbestimmungen eines anderen EU-Staates als Luxemburg ggf. weniger attraktiv sind. Allerdings gibt es verschiedene EU-Staaten bei denen die grenzüberschreitende OGAW Master Feeder Struktur auch steuerlich „problemlos" funktioniert. Ein anderer Anwendungsfall wäre in einem anderen EU-Staat den Master OGAW zu errichten und dann eine, in vielen EU-Staaten als solche im Markt bekannte Luxemburger OGAW Feeder Struktur, die in vielen EU-Staaten via des Passports zum öffentlichen Vertrieb angezeigt wird, zu nutzen, um die OGAW Master Struktur eines Marktes der vielleicht weniger grenzüberschreitend erscheint und auch weniger Erfahrung darin hat (dennoch das lokales OAGW Master Produkt gerne für den alleine dortigen Vertrieb genutzt wird) mit einer konsolidierten Luxemburger OGAW Feeder Struktur zum Vertrieb zu versehen. Letztere kann dann aufgrund der weltweiten Bekanntheit auch außereuropäisch (z.B. in der MENA (*middle east north africa)* Region, in einigen Staaten Südamerikas oder in einigen Staaten in Asien zu einem vereinfachten öffentlichen Vertrieb genutzt werden.

Ein in Luxemburg ansässiger OGAW kann nur dann als Feeder OGAW mindestens 85% seines Vermögens in einen dann Master OGAW (der in Luxemburg oder einem anderen EU-Mitgliedsstaat ansässig sein kann) investieren (was die grundsätzlich für Anlagen in andere OGAW/OGA geltenden Grenzen nach Art. 46 (1) des Gesetzes von 2010 ja überschreitet) wenn wie zuvor bereits angemerkt die CSSF zuvor zugestimmt hat (entsprechend Art. 78 (1) des Gesetzes von 2010). Auf vollständigen Antrag[70] hin erhält der entsprechende OGAW, der Feeder OGAW sein möchte, innerhalb von 15 Werktagen eine positive oder negative Bescheidung der CSSF (so Art. 78 (2) des Gesetzes von 2010). Art. 78 des Gesetzes von 2010 ist inhaltlich identisch zu Art. 59 der OGAW IV-Richtlinie. **208**

Für den Inhalt des Verkaufsprospekts, des KIID, der Jahres- und Halbjahresberichte und ggf. von relevanten Werbemitteilungen/Werbeunterlagen des Feeder OGAW gelten spezifischen Anforderungen, die in Art. 82 des Gesetzes von 2010 inhaltlich entsprechend den Bestimmungen von Art. 63 der OGAW IV-Richtlinie enthalten sind. Daneben sind die Jahres- und Halbjahresberichte des Master OGAW auf Anfrage von Anlegern des Feeder OGAW diesen kostenlos in Papierform zur Verfügung zu stellen (so Art. 82 (5) des Gesetzes von 2010).

Für die Verwahrstellen und die Wirtschaftsprüfer der Feeder und der Master OGAW **209**
sind in Art. 80 des Gesetzes von 2010 (Verwahrstellen) und Art. 81 des Gesetzes von 2010 (Wirtschaftsprüfer) besondere Bestimmungen zur Zusammenarbeit die jeweils unteranderem eine schriftlich Vereinbarung zum Informationsaustausch beinhaltet. Dieses gilt innerhalb der EU natürlich auch staatenübergreifend. Art. 80 des Gesetzes von 2010 entspricht dabei inhaltlich Art. 61 der OGAW IV-Richtlinie und Art. 81 des Gesetzes von 2010 entspricht inhaltlich Art. 62 der OGAW IV-Richtlinie.

Entsprechend Art. 60 der OGAW IV Richtlinie legt Art. 79 des Gesetzes von 2010 ver- **210**
schiedene Grundlagen im Zusammenhang mit dem Verhältnis von Master OGAW und Feeder OGAW fest. Das betrifft zum einen ebenfalls den Informationsaustausch, der durch entsprechende Vereinbarung fixiert werden muss und bei Verwaltung des Master OGAW und des Feeder OGAW durch dieselbe Verwaltungsgesellschaft durch interne Wohlverhaltensregeln dieser Verwaltungsgesellschaft ersetzt werden kann (entsprechend Art. 79 (1) des Gesetzes von 2010). Zum anderen sind dieses die Abstimmung der Berechnung der Nettoinventarwerte im Hinblick auf Maßnahmen zur Verhinderung von

70 Die im Rahmen eines solchen Antrags vorzulegenden Unterlagen sind in Art. 78 (3) des Gesetzes von 2010 detailliert aufgeführt.

Market timing (Art. 79 (2) des Gesetzes von 2010), Sonderbestimmungen bei Aussetzung der Ausgabe, Rücknahme oder Auszahlung von Anteilen durch den Master OGAW (so Art. 79 (3) des Gesetzes von 2010), Sonderbestimmungen bei Liquidation des Master OGAW (so Art. 79 (4) des Gesetzes von 2010), oder bei Verschmelzung des Master OGAW (so Art. 79 (5) des Gesetzes von 2010), wobei die Verschmelzung oder die Liquidation des Master OGAW grundsätzlich die Liquidation des Feeder OGAW zur Folge hat, es sei denn, es wird unter Einhaltung von mehrmonatigen Vorlauffristen die CSSF um Genehmigung einer der genannten Fortbestehenslösungen ersucht (einschließlich der Vorlage der entsprechenden Dokumente) (wie entsprechend in Art. 79 (4) und (5) des Gesetzes von 2010 enthalten).

211 Es zeigt sich auf Basis des Vorstehenden ein Gleichlauf der Bestimmungen zur Vereinbarungsnotwendigkeit bei unterschiedlicher Verwahrstelle, unterschiedlichem Wirtschaftsprüfer und unterschiedlicher Verwaltungsgesellschaft, wobei bei gleicher Verwaltungsgesellschaft die Vereinbarungsnotwendigkeit durch nur interne Wohlverhaltensregeln ersetzt werden kann und im Falle der Verwahrstelle und des Wirtschaftsprüfers keine besonderen Regeln dazu bestehen.

Art. 83 des Gesetzes von 2010 enthält inhaltsidentisch zu Art. 64 der OGAW IV-Richtlinie Regelungen zur Umwandelung eines bestehenden OGAW in einen Feeder OGAW bzw. den Wechsel des Master OGAW eines Feeder OGAW. Zum Wirksamwerden von Änderungen findet sich auch wieder die dreißig (30) Tage Frist, die aus anderen Zusammenhängen sowie in Luxemburg auch schon aus der Vergangenheit bekannt ist.

212 Abschließend fügen sich einige Verpflichtungen der betroffenen OGAW und Bestimmungen zur Zuständigkeit der Behörden an.

Art. 84 (1) des Gesetzes von 2010 fixiert, inhaltsgleich zu Art. 65 (1) der OGAW IV-Richtlinie, die Überwachungspflicht des Feeder OGAW im Hinblick auf den Master OGAW und Art. 84 (2) des Gesetzes von 2010 stellt, inhaltsgleich zu Art. 65 (2) der OGAW IV-Richtlinie, sicher, dass sogenannte Bestandsprovisionen oder vergleichbare geldwerte Vorteile durch das Investment des Feeder OGAW in den Master OGAW auch dem Vermögen des Feeder OGAW zufließen (und nicht ggf. zum Beispiel der Verwaltungsgesellschaft oder dem Portfoliomanager eines Feeder OGAW).

Art. 85 (1) des Gesetzes von 2010 legt, inhaltsgleich zu Art. 66 (1) der OGAW IV-Richtlinie, die Informationspflicht eines in Luxemburg ansässigen Master OGAW gegenüber der CSSF im Hinblick auf die Feeder OGAW, die in dessen Anteile anlegen fest. Das Verbot von Zeichnungs- oder Auszahlungs- (Rückgabe-) Gebühren durch den Master OGAW an den Feeder OGAW ist, inhaltsgleich zu Art. 66 (2) der OGAW IV-Richtlinie in Art. 85 (2) des Gesetzes von 2010 enthalten und eine umfassende Informationspflicht des Master OGAW gegenüber einem Feeder OGAW, seiner Aufsichtsbehörde, seiner Verwahrstelle und seinem Wirtschaftsprüfer ist, inhaltsgleich zu Art. 66 (3) der OGAW IV-Richtlinie in Art. 85 (3) des Gesetzes von 2010 enthalten.

Schließlich enthält Art. 86 des Gesetzes von 2010, inhaltsgleich zu Art. 67 der OGAW IV-Richtline verschiedene zwingende Informationspflichten gegenüber der CSSF, die entsprechend für die verschiedenen Fallkonstellationen mit grenzüberschreitendem Bezug gemäß der OGAW IV-Richtlinie ausgestaltet sind.

C. Teil II: Andere OGA

I. Kapitel 10: Anwendungsbereich und 10bis: Allgemeine Bestimmungen

213 Der Anwendungsbereich von Teil II des Gesetzes von 2010 ist zunächst in Art. 87 des Gesetzes von 2010 fixiert. Dieser umfasst sowohl alle nach Art. 3 des Gesetzes von 2010 nicht dem Teil I unterfallenden OGAW sowie alle anderen in Luxemburg ansässigen und nicht dem Teil I unterfallenden OGA. Im Luxemburger Fondsverständnis wird für Fonds nach diesem Teil II des Gesetzes von 2010 von „Teil II-Fonds“ gesprochen.

In diesem Zusammenhang ist eine Klarstellung zu den Begrifflichkeiten angebracht. Nach Luxemburger Verständnis ist ein Organismus für gemeinsame Anlagen (OGA) ein Oberbegriff der sowohl die OGAW als auch die nicht OGAW, also die OGA beinhaltet. Zusätzlich wird diesem Oberbegriff wie in Art. 1 des Spezialfonds-Gesetzes enthalten auch der Spezialfonds nach dem Spezialfonds-Gesetz zugeordnet. Insoweit ist also nicht jeder OGA der nicht als OGAW unter Teil I des Gesetzes subsumiert werden kann ein OGA der unter Tel II subsumiert werden kann. Sofern ein Investmentfonds den Anforderungen des Spezialfonds-Gesetzes entspricht ist dieser zwar OGA aber eben ein OGA in Form eines Spezialfonds nach dem Spezialfonds-Gesetz und nicht ein OGA nach Teil II des Gesetzes von 2010.

Rein praktisch spricht man in Luxemburg von OGAW („Teil I-Fonds“, siehe oben), **214** von OGA in der engen Bedeutung als sogenannten „Teil II-Fonds“ und von „Spezialfonds“ oder SIF für die OGA (im weiteren Sinne) die dem Spezialfonds-Gesetz unterfallen auch wenn bei rechtlicher Analyse die vorstehend kurz dargestellte Begriffsbedeutung maßgebend ist.

Die Umsetzung der AIFM-Richtlinie im AIFM-Gesetz hat nun für den Teil II-Fonds **215** präzisiert, dass er von Gesetzes wegen als AIF qualifiziert (Art. 88-1 des Gesetzes von 2010). Dieses bedeutet, dass die entsprechenden Anforderungen für AIF aus der AIFM-Richtlinie in ihrer Luxemburger Umsetzung unmittelbar für alle Teil II-Fonds gelten. Was genau bedeutet das aber? Luxemburg hat, sehr verkürzt zusammengefasst, die AIFM-Richtlinie in deren weitest möglicher Fassung umgesetzt, d.h. die Vorgaben nicht strikter gefasst als aus der AIFM-Richtlinie heraus notwendig und Optionen (wie zum Beispiel die Einführung einer Verwahrstelle, die kein Kreditinstitut ist, für bestimmte AIF) eingeführt.[71] Aufgrund des breiten Rahmens an bereits existierenden regulierten Fondsstrukturen und Investment-Vehikeln ist dabei nicht nur das AIFM-Gesetz entstanden sondern sind eben auch die Anpassungen in den bestehenden Gesetzen, wie diesem Gesetz von 2010, aber auch dem Spezialfonds-Gesetz oder dem SICAR-Gesetz notwendig gewesen. An dieser Stelle muss auch präzisiert werden, dass auf Basis des Anwendungsbereichs des Art. 87 des Gesetzes von 2010 nicht jeder AIF automatisch, sofern nicht Spezialfonds nach dem Spezialfonds Gesetz oder SICAR nach dem SICAR-Gesetz ein OGA nach Teil II des Gesetzes von 2010 ist. Auch unter Berücksichtigung der Bestimmungen in Art. 97 des Gesetzes von 2010 verbleibt in Luxemburg durchaus die Möglichkeit einen AIF im Sinne des AIFM-Gesetzes zu haben der eben nicht selbst eine regulierte Struktur ist, sondern nur aufgrund der anwendbaren Anforderungen an den AIFM bestimmte, im AIFM-Gesetz festgelegte Voraussetzungen zu erfüllen bzw. Regeln einzuhalten hat (je nach betreffendem AIFM). Diese Form des nicht selbst regulierten AIF ist sogar, auch für Neuprodukte, durchaus von wichtiger ergänzender Bedeutung.

Auf dem vorgenannten Anpassungsgedanken basierend wurde folgerichtig für die Teil II-Fonds das Erfordernis eines (je nach rechtlicher Möglichkeit und Wahl internen oder externen) AIFM sowie einer Verwahrstelle jeweils im Sinne des AIFM-Gesetzes eingeführt. Letzteres ist auf Basis des bereits seit dem OGAW I-Gesetz aus 1988 bestehenden Erfordernisses einer Depotbank bzw. Verwahrstelle (im Sinne eines Luxemburger Kreditinstituts) für Teil II-Fonds nun eine rechtlich leicht flexiblere Regelung als zuvor – Zuläs-

71 Siehe weitere Ausführungen zur Umsetzung der AIFM-Richtlinie unter A. Entstehung und Bedeutung des AIFM-Gesetzes, dort Rn. 1–6.

sigkeit von Kreditinstituten wie bisher und unter den Voraussetzungen des Art. 19 (3) des AIFM-Gesetzes (z.B. Zulassung als Wertpapierunternehmen,[72] eigene Rechtspersönlichkeit, eingezahltes Grundkapital mindestens 730.000 Euro, interne Organisations- und Verwaltungsstruktur, vorherige Benachrichtigung der CSSF und keine Einwände der CSSF innerhalb von 2 Monaten (entsprechend Verweis auf Art. 19 (3) des AIFM-Gesetzes aus Art. 88-3 (4) des Gesetzes von 2010 für voll lizensierte AIFM und aus Art. 90 (2) Absatz 3 bzw. 95 (1bis) Absatz 3 des Gesetzes von 2010 für von AIFM die von den Ausnahmen in Art. 3 des AIFM-Gesetzes profitieren, z.B. *de minimis* Ausnahme). Des Weiteren gilt für beide Arten von AIFM auch die Zulässigkeit einer professionellen Verwahrstelle für andere Vermögenswerte als Finanzinstrumente (wie in Art. 1 (51) des AIFM-Gesetzes definiert);[73] dieses gemäß Art. 26-1 des geänderten Gesetzes vom 5. April 1993 über den Finanzsektor (entsprechend auch Verweis auf Art. 19 (3) des AIFM-Gesetzes aus Art. 88-3 (4) des Gesetzes von 2010 für voll lizensierte AIFM und aus Art. 90 (2) Absatz 4 (bei OGA Sondervermögen) bzw. 95 (1bis) Absatz 3 (bei OGA SICAV) des Gesetzes von 2010 für von AIFM, die von den Ausnahmen in Art. 3 des AIFM-Gesetzes profitieren, z.B. *de minimis* Ausnahme, verwalteten OGA). Insbesondere die neu eröffnete Möglichkeit der Nutzung einer professionellen Verwahrstelle für andere Vermögenswerte als Finanzinstrumente ist indes im Rahmen von Teil II-Fonds nur, wie nachstehend näher ausgeführt, in Ausnahmefällen realisierbar. Eine solche Verwahrstelle muss nach Art. 19 (3) des AIFM-Gesetzes, unter anderem, zwei wesentliche Anforderungen erfüllen. Zum einen darf die erste Rückgabe der Anteile auf Verlangen des Anlegers erst nach mindestens 5 Jahren möglich sein und zum anderen dürfen die im Depot befindlichen Anlagen eben nicht Finanzinstrumente sein. Diese Kategorie von Anlagen ist im Regelfall nicht als besonders liquide Anlage zu qualifizieren. Normalerweise ist für einen Teil II-Fonds mindestens eine monatliche Rückgabemöglichkeit vorgesehen (Art. 157 (2) des Gesetzes von 2010 bestimmt, dass mindestens einmal im Monat, unter anderem, ein Rücknahmepreis veröffentlicht werden muss, d.h. Rückgaben auch abgewickelt werden). Die CSSF hat jedoch die Möglichkeit in begründeten Ausnahmefällen längere Intervalle zu genehmigen (Art. 157 (2) des Gesetzes von 2010). In begründeten Ausnahmefällen wäre also eine Ausdehnung eines ersten Rückgabeverlangens um der vorgenannten 5-Jahres Regel zu entsprechen denkbar. Die Berechnung des Nettoinventarwertes müsste dabei, da ein ungeprüfter Halbjahresbericht und ein geprüfter Jahresbericht zu erstellen sind (siehe näher Art. 150 des Gesetzes von 2010) jedoch wohl zweimal im Jahr erfolgen ohne dass während der ersten 5 Jahre eine Rückgabe auf Verlangen des Anlegers möglich sein darf. In Ausnahmefällen ist eine solche Gestaltung denkbar, aber es ist und wird auch nicht der Regelfall in einem Teil II-Fonds. Systematisch bleibt dennoch, dass das Verwahrstellenerfordernis für den Teil II-Fonds (aber auch im gesamten regulatorisch beeinflussten Fondsbereich) aus Luxemburger Sicht nur eine sogar leicht flexiblere Spielart dessen ist, was ohnehin schon mehrere Jahrzehnte rechtliche Anforderung war.

216 Unbeschadet der Ausnahmeregelungen in Art. 3 des AIFM-Gesetzes muss jeder diesem Teil II des Gesetzes von 2010 unterfallende OGA von einem einzigen Luxemburger AIFM (nach Kapitel II des AIFM-Gesetzes zugelassener AIFM), von einem in einem anderen EU-Staat zugelassenen AIFM oder, vorbehaltlich der Anwendung von Art. 66 Absatz 3 der AIFM-Richtlinie (bis 22. Oktober 2015 zu erwartender delegierter Rechtsakt, der die Zulässigkeit bzw. die Voraussetzungen der Zulässigkeit der Akzeptanz von voll lizen-

72 Diese Zulassung muss die Verwahrung und Verwaltung von Finanzinstrumenten für Rechnung von Kunden wie in Anhang II Abschnitt C Nr. 1 des geänderten Gesetzes vom 5. April 1993 über den Finanzsektor genannt, abdecken.
73 Siehe Fn. 78.

sierten AIFM, die in einem Nicht-EU-Staat ansässig sind, regeln wird) einem in einem Nicht-EU-Staat zugelassenen AIFM verwaltet werden (entsprechend Art. 88-2 des Gesetzes von 2010).[74] Hierbei ist nochmals hervorzuheben, dass auf einen einzigen AIFM abgestellt wird. Die Funktion des AIFM für einen OGA nach Teil II des Gesetzes von 2010 kann also nur ein alleiniger AIFM bekleiden. Das gilt auch im Falle von bei Teil II-Fonds zulässigen Umbrella-Strukturen,[75] d.h. diese haben einen AIFM für die gesamte Struktur und können nicht z.B. pro Teilfonds unterschiedliche AIFM als solche benennen. Die Ausnahmeregelung in Art. 3 des AIFM-Gesetzes betrifft zunächst in Art. 3 (1) AIFM-Gesetzes die AIFM, die nur AIF verwalten, die ausschließlich „Konzernanleger" haben, d.h. einzige Anleger ist/sind Mutter-/Tochtergesellschaft(en) oder andere Tochtergesellschaft(en) des AIFM, und nimmt diese AIFM von der Anwendung des AIFM-Gesetzes aus. Daneben müssen AIFM, die unter Art. 3 (2) des AIFM-Gesetzes fallen, sogenannte „kleine AIFM", die nur bis zu 100 Millionen Euro (einschließlich Hebelfinanzierung) oder bis zu 500 Millionen Euro (keine Hebelfinanzierung und keine Ausübung eines Rückgaberechtes während der ersten 5 Jahre seit erstem Investment) verwalten (sogenannte *de minimis* Ausnahmen) eine aufsichtsrechtlich schlanke Registrierung des AIFM (im Vergleich zu der ein umfassendes Verfahren und Dokumentation enthaltenden (Voll-) Zulassung eines AIFM nach Kapitel II des AIFM-Gesetzes), vornehmen. Diese Registrierung beinhaltet einige wenige Informationspflichten (Vermögen, Name, Nationalität, Anlagestrategien, wichtigste gehandelte Instrumente etc.) hinsichtlich der von diesem registrierten AIFM verwalteten AIF (entsprechend Art. 3 (3) des AIFM-Gesetzes). Details zu den Angaben für die Registrierung von AIFM hat die CSSF in spezielle Formulare zusammengefasst (*registration form for an alternative Investment fund manager* und *declaration for a registered AIFM*, die auf deren Website *www.cssf.lu* abgerufen werden können.

Aus der Natur eines Teil II-Fonds heraus, bei dem grundsätzlich ein gesetzliches Rückgaberecht mindestens einmal im Monat besteht, ein solches selbst in den Ausnahmefällen normalerweise mehr als nur einmal in 5 Jahren seit Erstinvestment besteht (siehe oben) und erfahrungsgemäß auch mindestens einmal innerhalb dieser 5 Jahren ausgeübt wird, kann die Ausnahme des verwalteten Vermögens unter 500 Millionen Euro nach Art. 3 (2) b) des AIFM-Gesetzes nur schwerlich Anwendung finden.

Zu berücksichtigen ist außerdem, dass nur registrierte AIFM nicht von den im AIFM-Gesetz gewährten Rechten profitieren (entsprechend Art. 4 des AIFM-Gesetzes). Das gilt solange sie nicht freiwillig sich dem AIFM-Gesetz unterwerfen (entsprechend Art. 4 des AIFM-Gesetzes), d.h. eine (Voll-)Zulassung eines AIFM nach Kapitel II des AIFM-Gesetzes erlangen (voll lizensierter AIFM). Wichtig wird dieses zum Beispiel hinsichtlich des Vertriebs eines OGA, denn nur ein voll (nach Kapitel II des AIFM-Gesetzes) lizensierter AIFM kann z.B. den Passport für den Vertrieb eines von ihm verwalteten AIF (hier also der OGA) in anderen EU-Staaten nutzen (siehe entsprechend Art. 88-6 letzter Satz des Gesetzes von 2010). Auch wenn dieser Passport zunächst grundsätzlich nur den Vertrieb an professionelle Investoren (oder professionelle Anleger)[76] in anderen EU-Staaten ermöglicht und weitergehende Vertriebsmöglichkeiten (z.B. an Privatanleger oder über im

---

74 Die Benennung des AIFM erfolgt gemäß den Bestimmungen von Art. 4 des AIFM-Gesetzes bzw. Art. 5 der AIFM-Richtlinie.

75 Siehe Art. 181 des Gesetzes von 2010; Auflage in Form einer Umbrella-Struktur mit einem oder mehreren Teilfonds zulässig; siehe dazu näher unter Kapitel 24.

76 Gemäß Definition in Annex II der Richtlinie 2004/39/EG des Europäischen Parlaments und des Rates vom 21. April 2004 über Märkte für Finanzinstrumente zur Änderung der Richtlinien 85/611/EWG und 93/6/EWG des Rates und der Richtlinie 2000/12/EG des Europäischen Parlaments und des Rates und zur Aufhebung der Richtlinie 93/22/EWG des Rates; diese Richtlinie ist auch als der Finanzmarktrichtlinie oder MiFID bekannt.

Moment ggf. noch existierende Regelungen zur Privatplatzierung oder, wie in Deutschland, an semiprofessionelle Anleger etc.) von den Regelungen in dem jeweiligen EU-Staat abhängen (siehe zu den Details Art. 88-6 Satz 1 des Gesetzes von 2010 in Verbindung mit den Bestimmungen der Kapitel VI und VII der AIFM-Richtlinie) kann die Verfügbarkeit des Passports entscheidend sein.

217 Der AIFM eines OGA ist entweder ein bestellter externer AIFM (registriert oder voll lizensiert, je nach Anwendbarkeit, siehe oben – (entsprechend Art. 88-2 a) des Gesetzes von 2010) oder der OGA selbst, sofern die Rechtsform des OGA die interne Verwaltung gestattet und das Leitungsorgan des OGA entscheidet keinen externen AIFM zu bestellen (entsprechend Art. 88-2 (2) b) des Gesetzes von 2010 – sogenannter „interner AIFM"). Für Sondervermögen ist präzisiert, dass diese selbst oder in Verbindung mit ihrer Verwaltungsgesellschaft nie als sogenannte interne AIFM anzusehen sind und die Verwaltungsgesellschaft, sofern sie als AIFM registriert oder voll lizensiert ist (je nach Anwendungsfall) stets als externer AIFM anzusehen ist.[77] Dieses gilt für alle Sondervermögen nicht nur für Teil II-Sondervermögen. Sollte die Verwaltungsgesellschaft eines Teil II-Sondervermögens selbst nicht als AIFM registriert oder voll lizensiert sein (je nach Anwendungsfall), kann sie einen entsprechenden AIFM ernennen, wobei dieser dann aber auch ein externer AIFM ist.

Interne AIFM müssen neben der Zulassung nach Art. 129 des Gesetzes von 2010 als AIFM registriert oder voll lizensiert sein (entsprechend Art. 88-2 (2) letzter Absatz des Gesetzes von 2010). Eine Verwaltungsgesellschaft eines OGA Sondervermögens muss neben der Zulassung nach Kapitel 15 oder 16 des Gesetzes von 2010 (OGA die nicht OGAW sind können durch Verwaltungsgesellschaften sowohl der einen als auch der anderen Zulassungsform verwaltet werden) komplementär als AIFM registriert bzw. voll lizensiert sein (je nach Anwendungsfall). Der praktische Regelfall wird die Version des voll lizensierten AIFM sein.

218 Zur Verwahrung der Vermögenswerte eines Teil II-Fonds muss ebenfalls einer Verwahrstelle ernannt werden. Für die Teil II-Fonds, die durch einen voll lizensierten AIFM verwaltet werden wird insoweit bereits im Kapitel 10bis auf die besonderen Bestimmungen über die Verwahrstelle bei AIF in Art. 19 des AIFM-Gesetzes verwiesen (entsprechend Art. 88-3 (1) des Gesetzes von 2010). Es gilt das zu Art. 19 des AIFM-Gesetzes Gesagte, unabhängig von der Rechtsform des Teil II-Fonds, entsprechend (siehe nachfolgende Rn. 219–240 sowie Rn. 51–56 unter dem AIFM-Gesetz). Für die nicht von einem voll lizensierten AIFM verwalteten Teil II-Fonds (also von einem registrierten AIFM verwaltete Teil II-Fonds) gelten über den Verweis in die OGAW-Bestimmungen die dort ausgeführten Anforderungen an eine Verwahrstelle.

Details dass diese Regelungen, zumindest im Moment vor einer Umsetzung der OGAW V-Richtlinie, sogar weniger detalliert und strikt sind, als die aus der AIFM-Richtlinie entstammenden, sind in den nachfolgenden Randnummern enthalten.

Wie in Art. 17 (5) des Gesetzes von 2010 für OGAW Sondervermögen und in Art. 34 (3) des Gesetzes von 2010 für OGAW SICAV werden für diese Teil II-Fonds Geschäftsleiter identisch definiert und bestehen gleichlautende Anforderungen an deren Leumund und Erfahrung sowie hinsichtlich der geschäftsleiterbezogenen Auskunftspflichten gegenüber der CSSF (siehe Art. 88-3 (2) des Gesetzes von 2010).

---

77 Entsprechend CSSF *FAQ Gestionnaire de fonds d'investissement alternatifs – version 8* verfügbar auf der Website der CSSF *www.cssf.lu*.

Genauso verhält es sich hinsichtlich der Informationspflichten der Verwahrstelle gegenüber der CSSF in Art. 88-3 (3) des Gesetzes von 2010, die den Anforderungen an die Informationspflichten der Verwahrstelle für OGAW Sondervermögen in Art. 17 (6) des Gesetzes von 2010 und für OGAW SICAV in Art. 34 (4) des Gesetzes von 2010 entsprechen.

Wegen Aufgaben und Haftung der Verwahrstelle wird schließlich neben dem Generalverweis aus Art. 88-3 (1) des Gesetzes von 2010 nochmals ausdrücklich auf die Regelungen in Art. 19 des AIFM-Gesetzes verwiesen (entsprechend Art. 88-3 (4) des Gesetzes von 2010).

Da beide Elemente besondere Bedeutung haben soll hier kurz auf die diesbezüglichen Regelungen in Art. 19 des AIFM-Gesetzes eingegangen werden (die Bezugnahmen auf das AIFM-Gesetz sind jeweils auf die hier behandelten OGA, die in diesem Fall der AIF sind, angepasst).

Die Aufgaben der Verwahrstelle sind in Art. 19 (7), (8) und (9) des AIFM-Gesetzes **219** näher beschrieben.

Gemäß Art. 19 (7) des AIFM-Gesetzes hat die Verwahrstelle allgemein die ordnungs- **220** gemäße Überwachung der Cashflows des AIF (hier also der OGA) sicherzustellen und zu gewährleisten, dass sämtliche Zahlungen von Anlegern (oder in deren Namen) bei der Zeichnung von Anteilen des OGA geleistet wurden und die gesamten Geldmittel des OGA auf einem Konto des AIF (oder diesem anderweitig zuordenbarem Konto, wie in Art. 19 (7) Absatz 1 des AIFM-Gesetzes näher beschrieben) verbucht wurden. Ein OGA kann in diesem Sinne mehrere eigene oder ihm zurechenbare Konten haben (entsprechend Art. 19 (7) des AIFM-Gesetzes). Schließlich dürfen auf Geldkonten die im Namen der Verwahrstelle, für Rechnung des OGA eröffnet wurden keine Eigenmittel der Verwahrstelle oder Gelder einer anderen in Art. 19 (7) Absatz 1 des AIFM-Gesetzes genannten Stelle verbucht werden (entsprechend Art. 19 (7) Absatz 2 des AIFM-Gesetzes). Es ist also deutlich klargestellt, dass die Gelder des OGA nicht nur rechnerisch sondern auch formal in der Kontenzuordnung von denen der Verwahrstelle (und einer eventuellen anderen in Art. 19 (7) Absatz 1 des AIFM-Gesetzes beschriebenen Stelle) getrennt sind.

Diese Regelungen sind sehr viel detaillierter als die generellen, vergleichbar hier in Betracht kommenden Regelungen für OGAW in Art. 18 (2) a) und d) des Gesetzes von 2010 sowie Art. 33 (3) a) und b) des Gesetzes von 2010. Die bereits zuvor erwähnte OGAW V-Richtlinie indes ergänzt den maßgeblichen Art. 22 der OGAW IV-Richtlinie in Art. 22 (4) nahezu wortgleich zur AIFM-Richtlinie, die Basis für Art. 19 (7) des AIFM-Gesetzes ist. Insoweit ist eine entsprechend gleichlautende Ergänzung der Bestimmungen zur Verwahrstelle bei OGAW im Gesetz von 2010 zur Umsetzung der OGAW V-Richtlinie in Luxemburger Recht durch den Luxemburger Gesetzgeber wahrscheinlich.

Die Vermögenswerte des AIF oder des für Rechnung des OGA handelnden AIFM **221** werden unterschieden nach Finanzinstrumenten (wie in Art. 1 (51) des AIFM-Gesetzes definiert)[78] und sonstigen Vermögenswerten der Verwahrstelle zur Verwahrung anvertraut (entsprechend Art. 19 (8) des AIFM-Gesetzes). Entscheidend ist hierbei die tatsächliche Verwahrfähigkeit des einzelnen Instruments/Vermögenswerts.

---

78 Gemäß Art. 1 (51) des AIFM-Gesetzes ist ein Finanzinstrument ein in Anhang I Abschnitt C der Richtlinie 2004/39/EG, der sogenannten Finanzmarktrichtlinie oder MiFID, enthaltenes Instrument, d.h.

1. übertragbare Wertpapiere
2. Geldmarktinstrumente
3. Anteile an Organismen für gemeinsame Anlagen
4. Optionen, Terminkontrakte (Futures), Swaps, außerbörsliche Zinstermingeschäfte (Forward Rate Agreements) und alle anderen Derivatkontrakte in Bezug auf Wertpapiere, Währungen, Zinssätze oder

222 Bei Finanzinstrumenten die in Verwahrung genommen werden können muss die Verwahrstelle die Verwahrung sämtlicher Finanzinstrumente, die entweder im Depot auf einem Konto für Finanzinstrumente (d.h. in den Büchern der Verwahrstelle auf gesonderten Konten, die gemäß den in Art. 16 der Richtlinie 2006/73/EG festgelegten Grundsätzen registriert werden und die im Namen des OGA bzw. des für Rechnung des OGA tätigen AIFM eröffnet wurden, so dass die Finanzinstrumente jederzeit gemäß geltendem Recht eindeutig als im Eigentum des AIF befindliche Instrumente identifiziert werden können) verbucht werden können oder die der Verwahrstelle physisch übergeben werden können, sicherstellen (dementsprechend Art. 19 (8) a) (i) und (ii) des AIFM-Gesetzes).

223 Bei sonstigen Vermögenswerten (also nicht im Sinne von Art. 19 (8) a) tatsächlich in Verwahrung nehmbaren Vermögenswerten) gilt, dass die Verwahrstelle das Eigentum des OGA bzw. des für Rechnung des OGA tätigen AIFM anhand von Informationen oder Unterlagen die vom OGA oder dem AIFM vorgelegt werden und, soweit verfügbar, anhand von externen Nachweisen, prüfen muss und darüber entsprechende Prüfungsaufzeichnungen führen muss (entsprechend Art. 19 (8) b) (i) und (ii) des AIFM-Gesetzes). Die Aufzeichnungen (und mithin die Prüfung) sind auf dem neuesten Stand zu halten (entsprechend Art. 19 (8) b) (iii) des AIFM-Gesetzes).

224 Auch die Regelungen des Art. 19 (8) des AIFM-Gesetzes sind weit detaillierter als die in Art. 17 (1) und 33 (1) des Gesetzes von 2010 für OGAW enthaltenen Regelungen, die jeweils nur generell auf die Verwahrung verweisen. Auch hier ergänzt jedoch die bereits zuvor erwähnte OGAW V-Richtlinie den maßgeblichen Art. 22 der OGAW IV-Richtlinie in Art. 22 (5) nahezu wortgleich zur AIFM-Richtlinie, die Basis für Art. 19 (7) des AIFM-Gesetzes ist. Insoweit ist auch hier eine entsprechend gleichlautende Ergänzung der Bestimmungen zur Verwahrstelle bei OGAW im Gesetz von 2010 zur Umsetzung der OGAW V-Richtlinie in Luxemburger Recht durch den Luxemburger Gesetzgeber wahrscheinlich.

-erträge, oder andere Derivat-Instrumente, finanzielle Indizes oder Messgrößen, die effektiv geliefert oder bar abgerechnet werden können,

5. Optionen, Terminkontrakte (Futures), Swaps, außerbörsliche Zinstermingeschäfte (Forward Rate Agreements) und alle anderen Derivatkontrakte in Bezug auf Waren, die bar abgerechnet werden müssen oder auf Wunsch einer der Parteien (anders als wegen eines vertraglich festgelegten Beendigungsgrunds) bar abgerechnet werden können,
6. Optionen, Terminkontrakte (Futures), Swaps und alle anderen Derivatkontrakte in Bezug auf Waren, die effektiv geliefert werden können, vorausgesetzt, sie werden an einem geregelten Markt und/oder über ein MTF gehandelt,
7. Optionen, Terminkontrakte (Futures), Swaps, Termingeschäfte (Forwards) und alle anderen Derivatkontrakte in Bezug auf Waren, die effektiv geliefert werden können, die sonst nicht in Abschnitt C Nummer 6 genannt sind und nicht kommerziellen Zwecken dienen, die die Merkmale anderer derivativer Finanzinstrumente aufweisen, wobei unter anderem berücksichtigt wird, ob Clearing und Abwicklung über anerkannte Clearingstellen erfolgen oder ob eine regelmäßige Margin-Einschusspflicht besteht,
8. derivative Instrumente für den Transfer von Kreditrisiken,
9. Finanzielle Differenzgeschäfte,
10. Optionen, Terminkontrakte (Futures), Swaps, außerbörsliche Zinstermingeschäfte (Forward Rate Agreements) und alle anderen Derivatkontrakte in Bezug auf Klimavariablen, Frachtsätze, Emissionsberechtigungen Inflationsraten oder andere offizielle Wirtschaftsstatistiken, die bar abgerechnet werden müssen oder auf Wunsch einer der Parteien (anders als wegen eines vertraglich festgelegten Beendigungsgrunds) bar abgerechnet werden können, sowie alle anderen Derivatkontrakte in Bezug auf Vermögenswerte, Rechte, Obligationen, Indizes und Messwerte, die sonst nicht im vorliegenden Abschnitt C genannt sind und die die Merkmale anderer derivativer Finanzinstrumente aufweisen, wobei unter anderem berücksichtigt wird, ob sie auf einem geregelten Markt oder einem MTF gehandelt werden, ob Clearing und Abwicklung über anerkannte Clearingstellen erfolgen oder ob eine regelmäßige Margin-Einschusspflicht besteht.

Darüber hinaus muss die Verwahrstelle gemäß Art. 19 (9) des AIFM-Gesetzes ergänzend zu den in Art. 19 (7) und (8) des AIFM-Gesetzes genannten Aufgaben sicherstellen, dass **225**

a) der Verkauf, die Ausgabe, die Rücknahme, die Auszahlung und die Aufhebung von Anteilen des AIF gemäß den geltenden nationalen Rechtsvorschriften und den Vertragsbedingungen oder der Satzung des OGA erfolgen;
b) die Berechnung des Wertes der Anteile des OGA nach den geltenden nationalen Rechtsvorschriften, den Vertragsbedingungen oder der Satzung des OGA und den in Art. 19 der AIFM-Richtlinie festgelegten Verfahren erfolgt;
c) die Weisungen des AIFM ausgeführt werden, es sei denn, diese verstoßen gegen geltende nationale Rechtsvorschriften oder die Vertragsbedingungen oder die Satzung des OGA;
d) bei Transaktionen mit Vermögenswerten des OGA der Gegenwert innerhalb der üblichen Fristen an den OGA überwiesen wird;
e) die Erträge des OGA gemäß den geltenden nationalen Rechtsvorschriften und den Vertragsbedingungen oder der Satzung des OGA verwendet werden.

Wie schon zuvor finden sich auch diese Elemente nahezu wortgleich im durch die OGAW V-Richtlinie leicht geänderten maßgeblichen Art. 22 (3) der OGAW IV-Richtlinie. Allerdings betreffen die Anpassungen der OGAW IV-Richtlinie hier nicht Kerninhalte, so dass auch die bisherigen Regelungen für OGAW Sondervermögen in Art. 18 (2) des Gesetzes von 2010 und, etwas weniger, für OGAW SICAV in Art. 33 (3) des Gesetzes von 2010 im Kern schon den Inhalten von Art. 19 (9) des AIFM-Gesetzes entsprechen. **226**

Schließlich werden in Art. 19 (10) des AIFM-Gesetzes grundlegende Prinzipien bei der Aufgabenerfüllung des AIFM und eben auch der Verwahrstelle festgeschrieben. **227**

Beide haben im Rahmen ihrer jeweiligen Aufgaben ehrlich, redlich, professionell, unabhängig und im Interesse des OGA und seiner Anleger zu handeln (entsprechend Art. 10 (10) Absatz 1 des AIFM-Gesetzes).

Die parallele Regelung für OGAW spricht bei OGAW Sondervermögen in Art. 20 des Gesetzes von 2010 und bei OGAW SICAV in Art. 37 des Gesetzes von 2010 bislang in weit weniger detaillierter Form im Wesentlichen davon, dass die Verwahrstelle im Rahmen ihrer Aufgaben ausschließlich im Interesse der Anteilinhaber zu handeln hat. Dieses basiert auf Art. 25 Absatz 2 der bisherigen Fassung der OGAW IV-Richtlinie. Auch hier wird die im Vergleich zur AIFM-Richtlinie nahezu wortgleiche Formulierung im durch die OGAW V-Richtlinie geänderten maßgeblichen Art. 25 (2) Absatz 1 der OGAW IV-Richtlinie eine wohl angleichende Änderung der OGAW Bestimmungen im Gesetz von 2010 mit sich bringen.

Ferner ist festgelegt, dass eine Verwahrstelle keine Aufgaben in Bezug auf den OGA oder den für Rechnung des OGA tätigen AIFM wahrnehmen darf, die Interessenkonflikte zwischen dem OGA, den Anlegern des OGA, dem AIFM und ihr selbst schaffen könnten, außer wenn eine funktionale und hierarchische Trennung der Ausführung ihrer Aufgaben als Verwahrstelle von ihren potenziell dazu in Konflikt stehenden Aufgaben vorgenommen wurde und die potenziellen Interessenkonflikte ordnungsgemäß ermittelt, gesteuert, beobachtet und den Anlegern des OGA gegenüber offengelegt werden.

Diese, dem Prinzip der Trennung und der Transparenz folgende Bestimmung ist in den für OGAW geltenden Regeln bislang nicht enthalten wird jedoch auf Basis des, im Vergleich zur AIFM-Richtlinie quasi wortgleichen, durch die OGAW V-Richtlinie geänderten, maßgeblichen Art. 25 (2) Absatz 2 der OGAW IV-Richtlinie im Rahmen einer wohl angleichenden Änderung der OGAW Bestimmungen im Gesetz von 2010 Eingang finden.

Art. 19 (10) des AIFM-Gesetzes legt abschließend fest, dass die in Art. 19 (8) des AIFM-Gesetzes genannten Vermögenswerte nicht ohne vorherige Zustimmung des OGA oder des für Rechnung des OGA tätigen AIFM von der Verwahrstelle wiederverwendet werden dürfen. Eine solche Wiederverwendung bedeutet jedwede Transaktion hinsichtlich der verwahrten Vermögenswerte, wie z.B. deren Übertragung, Verpfändung, Verkauf und Leihe. Die nur durch vorherige Zustimmung mögliche Befreiung vom Verbot erhöht die Kontrolle über die Vermögenswerte des OGA, letztlich im Interesse der Anleger. Auch für diese Bestimmung ist in den für OGAW geltenden Regeln bislang kein Äquivalent enthalten, wird jedoch auf Basis des, im Vergleich zur AIFM-Richtlinie quasi wortgleichen, durch die OGAW V-Richtlinie geänderten, maßgeblichen Art. 22 (7) der OGAW IV-Richtlinie im Rahmen einer wohl angleichenden Änderung der OGAW Bestimmungen im Gesetz von 2010 aufgenommen werden.

228 Die Haftung wird in Art. 19 (12) des AIFM-Gesetzes behandelt und ist insgesamt detaillierter und strikter, d.h. anlegerfreundlicher als die Regelungen für OGAW Fonds, die ja, wie nachstehend ausgeführt, identisch zu den OGAW Fonds für die Teil II-Fonds gelten, die nicht von einem voll lizensierten AIFM verwaltet werden.

229 Dieses gilt insbesondere im Falle des Abhandenkommens von tatsächlich (gemäß Art. 19 (8) a) des AIFM-Gesetzes) durch die Verwahrstelle verwahrten Finanzinstrumenten. Die Verwahrstelle haftet hierbei gegenüber dem OGA oder gegenüber den Anlegern des OGA für das Abhandenkommen durch die Verwahrstelle oder durch einen Dritten, dem die Verwahrung von Finanzinstrumenten, die gemäß Art. 19 (8) a) des AIFM-Gesetzes verwahrt wurden, übertragen wurde (entsprechend Art. 19 (12) Absatz 1 des AIFM-Gesetzes). Der grundsätzliche Anspruch des OGA oder des für Rechnung des OGA handelnden AIFM bei einem solchen Abhandenkommen ist unverzügliche Restitution mit einem Finanzinstrument gleicher Art oder Erstattung eines entsprechenden Betrags (so Art. 19 (12) Absatz 2 Satz 1 des AIFM-Gesetzes). Die Haftung ist nur begrenzt abzuwenden, denn gemäß Art. 19 (12) Absatz 2 Satz 2 haftet die Verwahrstelle (nur dann) nicht, wenn sie nachweisen kann, dass das Abhandenkommen auf höhere Gewalt zurückzuführen ist, deren Konsequenzen trotz aller angemessenen Gegenmaßnahmen unabwendbar waren. Es fällt also dreierlei auf: erstens die Begrenzung auf den sehr beschränkten und gesetzlich fixierten Fall der unabwendbaren Konsequenzen höherer Gewalt, zweitens die diesbezügliche Umkehr der Beweislast zu Lasten der betreffenden Verwahrstelle, die ja in einem solchen Fall nicht Anspruchsteller ist und drittens die grundsätzlich volle und nicht beschränkbare Haftung der Verwahrstelle für Dritte (also Unter-Verwahrstellen) derer sie sich bei der Verwahrung von Finanzinstrumenten, die gemäß Art. 19 (8) a) des AIFM-Gesetzes verwahrt werden, bedient. Letzteres kommt in Art. 19 (13) Satz 1 direkt zum Ausdruck. Daneben kann sich die Verwahrstelle bei Verlust von Finanzinstrumenten, die von einem Dritten gemäß Art. 19 (11) des AIFM-Gesetzes verwahrt wurden, von der Haftung befreien, wenn sie nachweisen kann, dass:

a) alle Bedingungen für die Übertragung ihrer Verwahraufgaben gemäß Art. 19 (11) Unterabsatz 2 des AIFM-Gesetzes eingehalten sind;
b) ein schriftlicher Vertrag zwischen der Verwahrstelle und dem Dritten die Haftung der Verwahrstelle ausdrücklich auf diesen Dritten überträgt und es dem OGA oder dem für Rechnung des OGA tätigen AIFM ermöglicht, seinen Anspruch wegen des Abhandenkommens von Finanzinstrumenten gegenüber dem Dritten geltend zu machen, oder die Verwahrstelle solch einen Anspruch für sie geltend machen darf, und
c) ein schriftlicher Vertrag zwischen der Verwahrstelle und dem OGA oder dem für Rechnung des OGA handelnden AIFM ausdrücklich eine Befreiung der Verwahrstelle von der Haftung gestattet und einen objektiven Grund für die vertragliche Verein-

barung einer solchen Befreiung angibt Verwahrstelle (so Art. 19 (13) Satz 2 des AIFM-Gesetzes).

An dieser Stelle gilt es zum Verständnis einen Blick auf die Regelungen zur Delegation von Aufgaben nach dem AIFM-Gesetz zu werfen. Mit Ausnahme der in Art. 19 (8) des AIFM-Gesetzes genannten Aufgaben (also der tatsächlichen Verwahrung von Finanzinstrumenten und der Aufbewahrung sonstiger Vermögenswerte) darf die Verwahrstelle Ihre in Art. 19 des AIFM-Gesetzes festgelegten Aufgaben nicht auf Dritte übertragen (so Art. 19 (11) Satz 1 des AIFM-Gesetzes). Die Verwahrstelle kann also nicht ihre gesamte Funktion einem Dritten zur Erfüllung übertragen, insbesondere nicht die intensiven Aufgaben in Art. 19 (9) des AIFM-Gesetzes die einen starken Überwachungs- und Prüfungscharakter haben. **230**

Die Übertragung der in Art. 19 (8) des AIFM-Gesetzes genannten Aufgaben ist gemäß Art. 19 (11) des AIFM-Gesetzes nur bei Erfüllung gesonderter Voraussetzungen möglich. Diese sind:

a) Umgehungsverbot; es wird auf die Absicht der Verwahrstelle abgestellt (entsprechend Art. 19 (11) a) des AIFM-Gesetzes);
b) objektiver Grund für die Übertragung, von der Verwahrstelle zu belegen (entsprechend Art. 19 (11) b) des AIFM-Gesetzes); zusammen mit Art. 19 (11) a) des AIFM-Gesetzes soll dieses ein klares, objektives Bild für die Sinnhaftigkeit der Aufgabenübertragung ergeben
c) Die Verwahrstelle nimmt die Auswahl und Bestellung sowie die laufende Kontrolle und regelmäßige Überprüfung eines Dritten und seiner Vereinbarungen mit der gebotenen Sachkenntnis, Sorgfalt und Gewissenhaftigkeit vor (entsprechend Art. 19 (11) c) des AIFM-Gesetzes); zum einen werden allgemein gültige Maßstäbe gesetzt, zum anderen ist die kontinuierliche Überprüfung auch der Arrangements der Aufgabenausführung nun festgeschrieben;
d) Die Verwahrstelle gewährleistet, dass der Dritte jederzeit bei der Ausführung der ihm übertragenen Aufgaben die folgenden Bedingungen einhält:
   i) Dritter verfügt über Organisationsstruktur und Fachkenntnisse, die für die Art und die Komplexität der ihm anvertrauten Vermögenswerte angemessen und geeignet sind;
   ii) bezogen auf die (tatsächlichen) Verwahraufgaben nach Art. 19 (8) a) des AIFM-Gesetzes unterliegt der Dritte zum einen einer wirksamen Regulierung, einschließlich Mindesteigenkapitalanforderungen und Aufsicht in der betreffenden rechtlichen Zuständigkeit und zum Anderen einer regelmäßigen externen Rechnungsprüfung, durch die gewährleistet wird, dass sich die Finanzinstrumente in seinem Besitz befinden;
   iii) Trennung der Vermögenswerte der Kunden der Verwahrstelle (also des OGA) von eigenen Vermögenswerten und von Vermögenswerten der Verwahrstelle derart, dass die Vermögenswerte der Kunden der Verwahrstelle (also des OGA) zu jeder Zeit eindeutig als Eigentum von Kunden einer bestimmten Verwahrstelle identifiziert werden können;
   iv) Verwendungsverbot für die Vermögenswerte es sei denn vorherige Zustimmung des OGA oder des für Rechnung des OGA tätigen AIFM und vorherige Mitteilung an die Verwahrstelle liegen vor; und
   v) der Dritte hält sich an die allgemeinen Verpflichtungen und Verbote gemäß Art. 19 (8) und (10) des AIFM-Gesetzes.
   (entsprechend Art. 19 (11) d) des AIFM-Gesetzes)

231 Der Charakter der zu gewährleistenden Bedingungen des Dritten geht in jeder Hinsicht auf die Sicherheit und Nachverfolgbarkeit der Vermögenswerte des OGA auf dem gleichen Qualitätslevel das auch für die Verwahrstelle selbst vorgeschrieben ist. Die Verwahrstelle wird dabei selbst in die Pflicht genommen die Einhaltung bestimmter Voraussetzungen bei dem Dritten zu gewähren und kann nicht allgemein auf ihre Überwachungspflichten verweisen. Dieses stellt klar eine andere Qualität des Verhältnisses insbesondere auch hinsichtlich der Haftung der Verwahrstelle dar.

232 Da es gegebenenfalls nicht in allen Ländern ortsansässige Einrichtungen gibt, die den Anforderungen für eine Beauftragung gemäß Art. 19 (11) d) Ziffer ii des AIFM-Gesetzes genügen, jedoch laut den Rechtsvorschriften eines Drittlands vorgeschrieben ist, dass bestimmte Finanzinstrumente von einer ortsansässigen Einrichtung verwahrt werden müssen, wurde in Art. 19 (11) d) nach Ziffer v des AIFM-Gesetzes dieser Fall behandelt und darf demgemäß die Verwahrstelle ihre Funktionen an eine solche ortsansässige Einrichtung übertragen. Dieses jedoch nur insoweit wie es von dem Recht des Drittlandes gefordert wird und nur solange es keine ortsansässigen Einrichtungen gibt, die die Anforderungen für eine Beauftragung erfüllen, vorbehaltlich der folgenden Anforderungen:

a) die Anleger des jeweiligen OGA müssen vor Tätigung ihrer Anlage ordnungsgemäß unterrichtet werden (Beauftragung aufgrund rechtlicher Zwänge im Recht des Drittlandes erforderlich; Umstände, die die Übertragung rechtfertigen); und
b) der OGA oder der für Rechnung des OGA tätige AIFM müssen die Verwahrstelle anweisen, die Verwahrung dieser Finanzinstrumente an eine solche ortsansässige Einrichtung zu übertragen.

233 Der Dritte kann seinerseits diese Funktionen unter den gleichen Bedingungen weiter übertragen (es gilt Art. 19 (13) des AIFM-Gesetzes entsprechend für die jeweils Beteiligten).[79] (insgesamt entsprechend Art. 19 (11) d) nach Ziffer v des AIFM-Gesetzes)

234 Dieses ist mit Blick auf globalisierte Märkte, die jedoch weiter individuellen Anforderungen genügen müssen, eine Sicherstellung des Funktionierens des Finanz- und Fondsgeschäfts nebst Investitionen, jedoch unter Gewährung eines möglichen Mindeststandards und insbesondere unter Wahrung der ausdrücklichen Informationspflicht an den Anleger des betreffenden OGA, der sich damit auf den Charakter und insbesondere auch die damit verbundenen Risiken einstellen kann bzw. seine Investment-Entscheidung davon abhängig machen kann.

235 Für den nach Art. 19 (11) d) nach Ziffer v des AIFM-Gesetzes beschriebenen Fall der Notwendigkeit der Verwahrung bei einer ortsansässigen Einrichtung kann sich die Verwahrstelle (ausnahmsweise), unter Einhaltung bestimmter Voraussetzungen,[80] von der Haftung befreien (so Art. 19 (14) des AIFM-Gesetzes).

---

79 Art. 19 (11) letzter Absatz vor Art. 19 (12) fügt hinzu: Die Erbringung von Dienstleistungen gemäß der Richtlinie 98/26/EG durch Wertpapierliefer- und Abrechnungssysteme, wie es für die Zwecke jener Richtlinie vorgesehen ist, oder die Erbringung ähnlicher Dienstleistungen durch Wertpapierliefer- und Abrechnungssysteme von Drittländern wird für Zwecke dieses Absatzes nicht als Beauftragung mit Verwahrfunktionen betrachtet.

80 Nach Art. 19 (14) des AIFM-Gesetzes lauten diese Bedingungen wie folgt:
a) die Vertragsbedingungen oder die Satzung des betreffenden OGA erlauben ausdrücklich eine solche Befreiung unter den in diesem Absatz genannten Voraussetzungen;
b) die Anleger der entsprechenden OGA wurden vor Tätigung ihrer Anlage ordnungsgemäß über diese Haftungsbefreiung und die Umstände, die diese Haftungsbefreiung rechtfertigen, unterrichtet;
c) der OGA oder der für Rechnung des OGA tätige AIFM haben die Verwahrstelle angewiesen, die Verwahrung dieser Finanzinstrumente an eine ortsansässige Einrichtung zu übertragen;
d) es gibt einen schriftlichen Vertrag zwischen der Verwahrstelle und dem OGA oder dem für Rechnung des OGA tätigen AIFM, in dem solch eine Haftungsbefreiung ausdrücklich gestattet ist; und

Diese Regelung trägt auf der Haftungsseite für die Verwahrstelle dieser besonderen Situation, die die Verwahrstelle sich ja auch nicht ausgesucht hat, Rechnung. In Anbetracht dessen, dass der Anleger in dem betreffenden OGA vor seiner Investmententscheidung informiert werden musste (entsprechend Art. 19 (11) d) nach Ziffer v Buchstabe a) des AIFM-Gesetzes) und die Vertragsbedingungen bzw. die Satzung des betreffenden OGA die Haftungsbefreiung unter den in Art. 19 (14) vorgeschriebenen Voraussetzungen dies vorsehen (entsprechend Art. 19 (14) a) des AIFM-Gesetzes), er also wusste worauf er sich einlässt, erscheint dieser Ausgleich angebracht. 236

Im Vergleich dazu sind die OGAW Regeln nach dem Gesetz von 2010 hinsichtlich der Delegation und der diesbezüglichen Haftung bislang sehr kurz gefasst. In Art. 17 (4) des Gesetzes von 2010 (für OGAW Sondervermögen) sowie in Art. 33 (2) des Gesetzes von 2010 (für OGAW SICAV wird lediglich festgelegt, dass die Haftung der Verwahrstelle durch die vollständige oder teilweise Übertragung der verwahrten Vermögenswerte auf Dritte nicht berührt wird. Die Zulässigkeit der Delegation der Verwahrung von Vermögenswerten ergibt sich daraus implizit (wie bei den Regeln des Art. 19 (11) des AIFM-Gesetzes jedoch nicht ausgedehnt auf andere Aufgaben) und der Grundsatz der Haftung ist ebenfalls festgelegt. Der Detaillierungsgrad und die Klarheit hinsichtlich der Haftung und die vorgenannte Beweislastumkehr sowie die Gewähr für bestimmte Standards (mit entsprechender Haftung finden sich indes nicht in diesen Regelungen. Ein Blick in die OGAW V-Richtlinie zeigt jedoch auch hier, dass der dort neu eingeführte Art. 22a der OGAW IV-Richtlinie nahezu wortlautidentisch die Delegationsregeln und die damit verbundene Haftung aus der AIFM-Richtlinie (wie in Art. 19 (11) und (14) des AIFM-Gesetzes identisch in nationales Luxemburger Recht umgesetzt) aufgreift. Ein Unterschied fällt auf: Die AIFM-Richtlinie und das AIFM-Gesetz beziehen sich bei der Delegation an Dritte darauf, dass „Die Verwahrstelle gewährleistet, dass der Dritte jederzeit bei der Ausführung der ihm übertragenen Aufgaben die folgenden Bedingungen einhält…" (siehe z.B. Art. 19 (11) d) Satz 1 des AIFM-Gesetzes). In der OGAW V-Richtlinie ist an der vergleichbaren Stelle des neu eingeführten Art. 22a (3) Satz 1 der OGAW IV-Richtlinie nur festgelegt, dass „Die Verwahrstelle darf die in Art. 22 Absatz 5 genannten Aufgaben nur auf Dritte übertragen, die während des gesamten Zeitraums der Ausübung der auf sie übertragenen Aufgaben …". Es ist also in der OGAW V-Richtlinie nicht von „gewähren" die Rede was durchaus wichtig für die Frage der Qualität der Haftung sein kann. Insgesamt steht aber auch hier, basierend auf den in der OGAW V-Richtlinie enthaltenen Regelungen eine entsprechende Änderung der im Gesetz von 2010 enthaltenen OGAW Regeln an. 237

Nach diesem Einschub zur Delegation und der damit verbundenen Haftung kommen wir zurück auf den Ausgangspunkt für die Haftung der Verwahrstelle in Art. 19 (12) des AIFM-Gesetzes. Die gesamten Regelungen aus Art. 19 (12) Absatz 1 und Absatz 2 des AIFM-Gesetzes finden sich bislang nicht in den vergleichbaren Regelungen zur Haftung der Verwahrstelle für OGAW. Aufgrund des, im Vergleich zur AIFM-Richtlinie quasi wortgleichen, durch die OGAW V-Richtlinie geänderten, maßgeblichen Art. 24 Absatz 1 und Absatz 2 der OGAW IV-Richtlinie ist jedoch auch hier wiederum eine angleichende Änderung der OGAW Bestimmungen im Gesetz von 2010 zu erwarten.

Im Übrigen gilt, dass die Verwahrstelle auch gegenüber dem OGA oder den Anlegern 238
des OGA für sämtliche sonstigen Verluste, die diese infolge einer von der Verwahrstelle

e) es gibt einen schriftlichen Vertrag zwischen der Verwahrstelle und dem Dritten, in dem die Haftung der Verwahrstelle ausdrücklich auf den Dritten übertragen wird und es dem OGA oder dem für Rechnung des OGA tätigen AIFM ermöglicht, seinen Anspruch wegen des Abhandenkommens von Finanzinstrumenten gegenüber dem Dritten geltend zu machen, oder die Verwahrstelle solch einen Anspruch für sie geltend machen darf.

fahrlässig oder vorsätzlich verursachten Nichterfüllung ihrer Verpflichtungen aus der AIFM Richtlinie erleiden (entsprechend Art. 19 (12) Absatz 3 des AIFM-Gesetzes). Diese Regelung ist im Kerngehalt auch in den Regelungen zur Haftung der Verwahrstelle bei OGAW enthalten (für OGAW Sondervermögen in Art. 19 (1 des Gesetzes von 2010 und für OGAW SICAV in Art. 35 des Gesetzes von 2010) jedoch mit drei entscheidenden unterschieden. An Stelle von generellen Schäden wurde in Art. 19 (12) Absatz 3 des AIFM-Gesetzes präzise auf sämtliche sonstigen Verluste abgestellt. An Stelle von schuldhafter Nicht- oder Schlechterfüllung der Pflichten wurde in Art. 19 (12) Absatz 3 des AIFM-Gesetzes auf fahrlässig oder vorsätzlich verursachte Nichterfüllung der Verpflichtungen abgestellt und abschließend einem mittelbaren Unterschied, dass zusammen mit den Regelungen zur Aufgabenübertragung auf Dritte dieser Grundsatz sehr viel stringenter zu einer Haftung führt.

Es bleibt auch hier nicht aus zu erwähnen, dass die für OGAW geltenden Regeln auf Basis des, im Vergleich zur AIFM-Richtlinie wortgleichen, durch die OGAW V-Richtlinie geänderten, maßgeblichen Art. 24 Absatz 3 der OGAW IV-Richtlinie wohl entsprechend im Gesetz von 2010 angepasst werden.

239 Abschließend zum Thema Haftung ist noch auf die Geltendmachung der Haftungsansprüche einzugehen. Haftungsansprüche der OGA-Anleger können in Abhängigkeit von der Art der Rechtsbeziehungen zwischen der Verwahrstelle, dem AIFM und den Anlegern unmittelbar oder mittelbar durch den AIFM geltend gemacht werden (entsprechend Art. 19 (15) des AIFM-Gesetzes).

Diese Regelung erlaubt eine größtmögliche Abdeckung denkbarer Szenarien.

Die derzeitigen OGAW Regeln spezifizieren nur für OGAW Sondervermögen in Art. 19 (2) des Gesetzes von 2010, dass die Haftung der Verwahrstelle gegenüber den Anteilinhabern durch die Verwaltungsgesellschaft geltend gemacht wird und sollte die Verwaltungsgesellschaft trotz schriftlicher Aufforderung eines Anteilinhabers nicht innerhalb von drei Monaten nach dieser Aufforderung handeln, dieser die Haftung der Verwahrstelle gegenüber unmittelbar geltend machen kann.

Auch wenn diese Bestimmung auf der bisherigen Fassung von Art. 24 Absatz 2 der OGAW IV-Richtlinie beruht und dieser nicht derart detailliert ausgestaltet ist, dürfte der durch die OGAW V –Richtlinie geänderte Art. 24 der OGAW IV-Richtlinie (und insbesondere der neue Art. 24 (5) der OGAW IV-Richtlinie)[81] zu einer Anpassung der Bestimmungen für OGAW Sondervermögen und OGAW SICAV in Teil I des Gesetzes von 2010 führen.

240 Im Übrigen gilt das zu Art. 19 des AIFM-Gesetzes Gesagte entsprechend (siehe dort Rn. 51–56).

241 Im Hinblick auf OGA Sondervermögen, die von einem voll lizensierten AIFM verwaltet werden wird im Zusammenhang mit der Verwahrstelle ergänzend lediglich auf die für OGAW geltenden Bestimmungen in Art. 20 (unabhängiges Handeln im Interesse der Anteilinhaber), Art. 21 (Beendigung der Aufgaben der Verwaltungsgesellschaft und der Verwahrstelle) und Art. 22 (Sondervermögen in Liquidation von Gesetzes wegen) des Gesetzes von 2010 verwiesen (entsprechend Art. 90 (1) des Gesetzes von 2010).

Entsprechende Verweise werden auch für OGA SICAV auf die Art. 36 (Beendigung der Aufgaben der Verwahrstelle und, sofern eine ernannt ist, der Verwaltungsgesellschaft) und Art. 37 (unabhängiges Handeln im Interesse der Anteilinhaber) des Gesetzes von 2010 gemacht (entsprechend Art. 95 (1) des Gesetzes von 2010).

---

81 Der neu eingeführte Art. 25 (5) der OGAW IV-Richtlinie lautet:
Anteilinhaber des OGAW können die Haftung der Verwahrstelle unmittelbar oder mittelbar über die Verwaltungsgesellschaft oder die Investmentgesellschaft geltend machen, vorausgesetzt, dass dies weder zur Verdopplung von Regressansprüchen noch zur Ungleichbehandlung der Anteilinhaber führt.

Es gilt insoweit das zu den betreffenden Artikeln für OGAW Sondervermögen bzw. OGAW SICAV Gesagte (siehe Rn. 18, 86, 87 und 89).

Für die OGA Sondervermögen die nicht durch einen voll lizensierten AIFM, sondern von einem AIFM der von den Ausnahmen nach Art. 3 des AIFM-Gesetzes profitiert, verwaltet werden, wird nahezu vollständig auf die entsprechenden Regelungen zur Verwahrstelle bei OGAW Sondervermögen in Art. 17 (1), 17 (4), 18 (1), 18 (2) a), c), d), e), 19, 20 und 21 des Gesetzes von 2010 verwiesen (entsprechend Art. 90 (2) des Gesetzes von 2010). Es gilt insoweit das zu den betreffenden Artikeln für OGAW Sondervermögen Gesagte (siehe Rn. 14–20). 242

Für die OGA SICAV die nicht durch einen voll lizensierten AIFM, sondern von einem AIFM der von den Ausnahmen nach Art. 3 des AIFM-Gesetzes profitiert, verwaltet werden verwaltet werden wird nahezu vollständig auf die entsprechenden Regelungen zur Verwahrstelle bei OGAW SICAV in Art. 33 (1)–(3), 35, 36 und 37 des Gesetzes von 2010 verwiesen (Art. 95 (1bis) erster Absatz des Gesetzes von 2010). Es gilt insoweit das zu den betreffenden Artikeln für OGAW SICAV Gesagte (siehe Rn. 18, 86, 87 und 89). Bis zur Umsetzung der OGAW V-Richtlinie in Luxemburger Recht werden aber die vorstehend aufgezeigten Unterschiede für die Anforderungen an Verwahrstellen bestehen bleiben.

Die Bewertung von OGA nach Teil II des Gesetzes von 2010 erfolgt unbeschadet der Anwendung der Art. 9 (für Sondervermögen), 28 (4) (für SICAV) und 99 (5) (für OGA nach Teil II des Gesetzes von 2010 die weder die Rechtsform eines OGA noch einer SICAV haben)[82] des Gesetzes von 2010 für von volllizensierten AIFM (Kapitel 3 des AIFM-Gesetzes) verwalteten OGA nach den Bestimmungen von Art. 17 des AIFM-Gesetzes und den in der AIFM-Richtlinie vorgesehenen delegierten Rechtsakten (entsprechend Art. 88-4 des Gesetzes von 2010). 243

Das heißt zum einen für von voll lizensierten AIFM verwaltete OGA, dass die jeweiligen vorgenannten Bestimmungen auf die verwiesen wird, je nach Rechtsform, weiterhin (ggf. ergänzend) anwendbar sind und für nicht von solchen voll lizensierten AIFM verwalteten OGA (also zum Beispiel von AIFM, die der sogenannten *de minimis* Regel in Art. 3 des AIFM-Gesetzes unterstehen verwalteten OGA), dass, wie in den jeweiligen Kapiteln für die verschiedenen Rechtsformen vorgesehen, die betreffenden Bestimmungen auf die verwiesen wird einzig Anwendung finden. Es gilt daher jeweils das dort Gesagte entsprechend.

Bei den von voll lizensierten AIFM verwalteten OGA bestimmt Art. 17 des AIFM-Gesetzes, verkürzt gesagt, dass geeignete und kohärente Verfahren zur Bewertung durch den AIFM festgelegt werden müssen, so dass eine ordnungsgemäße und unabhängige Bewertung der Vermögenswerte des OGA sichergestellt ist. Diese hat mindestens einmal jährlich zu erfolgen und der entsprechend ermittelte Nettoinventarwert pro Anteil ist den Anteilinhabern wie in Luxemburg vorgeschrieben offenzulegen (entsprechend Art. 17 des AIFM-Gesetzes). D.h. für OGA gemäß dieses Teil II nach Art. 157 (2) des Gesetzes von 2010 grundsätzlich mindestens einmal im Monat Berechnung und Veröffentlichung des Nettoinventarwertes zuzüglich etwaiger Ausgabeaufschläge oder Rücknahmeabschläge, sofern anwendbar.

Der betreffende voll lizensierte AIFM kann die Bewertung selbst durchführen oder, unter gewissen Voraussetzungen, durch einen entsprechend qualifizierten (zum Beispiel gesetzlich anerkannten, obligatorischen berufsmäßigen Registrierungs- oder Rechts-

82 Wie unter Kapitel 13 des Gesetzes von 2010 dargestellt hat diese letzte Kategorie quasi keine praktische Relevanz).

und Verwaltungsvorschriften oder berufsständischen Regeln unterliegenden) externen Bewerter, durchführen lassen (entsprechend Art. 17 (5) des AIFM-Gesetzes).

Wegen weiterer Details zu den Voraussetzungen an eine solche Delegation und an einen solchen externen Bewerter sowie allgemein verweisen wir entsprechend auf die betreffenden Ausführungen unter Art. 17 des AIFM-Gesetzes.

244 Generell ist der AIFM von OGA berechtigt eine oder mehrere seiner Aufgaben an Dritte zu übertragen. Für voll lizensierte AIFM ist dieses in Art. 88-5 des Gesetzes von 2010 festgeschrieben und muss nach diesem Artikel verfahren werden (gemäß Art. 88-5 des Gesetzes von 2010 letzter Satz ist dieser auf AIFM die von den Ausnahmen von Art. 3 des AIFM-Gesetzes profitieren, nicht anwendbar). Die Übertragung von Aufgaben durch einen voll lizensierten AIFM hat, sofern dieser in Luxemburg ansässig ist, im Einklang mit der Gesamtheit der Voraussetzungen nach Art. 18 des AIFM-Gesetzes (zum Beispiel: objektive Gründe für die gesamte Delegationsstruktur, Dritter hat ausreichend und geeignete Ressourcen für die Ausführung der Tätigkeiten, keine Beeinträchtigung der Aufsicht des AIFM oder der Verwaltung des OGA im Interesse der Anleger durch die Delegation, Due Diligence durch den AIFM initial und fortlaufend sichergestellt, bei Delegation betreffend Portfolio- oder Risikomanagement: Zulassung und Aufsicht der betreffenden Einheit und sofern in einem Drittstaat ansässig Vorliegen einer Kooperationsvereinbarung – im Französischen Originaltext wird von *convention de collaboration* gesprochen – mit der CSSF) und nebst den delegierten Rechtsakten aufgrund der AIFM-Richtlinie zu erfolgen und, sofern dieser nicht in Luxemburg ansässig ist, nach Art. 20 der AIFM-Richtlinie (Beispiele an die Anforderungen sind identisch zu Art. 18 des AIFM-Gesetzes), vorbehaltlich der Bestimmungen in Art. 66 (3) der AIFM-Richtlinie im Falle eines in einem Drittland ansässigen AIFM (hierbei geht es um einen bis zum 22. Oktober 2015 zu erwartender delegierter Rechtsakt hinsichtlich der grundsätzlichen Zulässigkeit bzw. den Voraussetzungen der Zulässigkeit der Akzeptanz von voll lizensierten AIFM, die in einem Nicht-EU-Staat ansässig sind, was, entsprechend der AIFM-Richtlinie, derzeit noch nicht akzeptiert wird) (entsprechend Art. 88-5 des Gesetzes von 2010).

Im Übrigen verweisen wir hier auf die zu Art. 18 des AIFM-Gesetzes gemachten Ausführungen.

Nicht voll lizensierte AIFM haben für die Übertragung von Aufgaben also – im Einklang mit der AIFM-Richtlinie – etwas weniger formalisierte Voraussetzungen. Diese gewährleisten gleichwohl die Ordnungsgemäßheit betreffender Übertragungen von Aufgaben von nicht lizensierten AIFM.

245 Der Vertrieb von Anteilen an OGA in der EU sowie die Verwaltung eines OGA auf grenzüberschreitender Basis, d.h. die Verwaltung eines OGA durch einen nicht in Luxemburg ansässigen AIFM, werden durch die in Kapitel 6 des AIFM-Gesetzes genannten Bestimmungen (für den Vertrieb von OGA die durch in Luxemburg ansässige AIFM verwaltet werden) bzw. die in Kapitel VI und VII des AIFM Richtlinie genannten Bestimmungen, wiederum vorbehaltlich der vorgenannten Bestimmung in Art. 66 (3) der AIFM-Richtlinie (siehe Anmerkung in der Bearbeitung zu Art. 88-5 des Gesetzes von 2010; für die Verwaltung und den Vertrieb von OGA die durch nicht in Luxemburg ansässige AIFM verwaltet werden) festgelegt (Art. 88-6 des Gesetzes von 2010). Auch diese Regelung gilt nur für voll lizensierte AIFM und ist nicht für AIFM die von den Ausnahmen von Art. 3 des AIFM-Gesetzes profitieren anwendbar (entsprechend Art. 88-6 letzter Satz des Gesetzes von 2010). Im Übrigen verweisen wir hier auf die zu Kapitel 6 des AIFM-Gesetzes gemachten Ausführungen.

Das bedeutet im Ergebnis natürlich, dass nicht voll lizensierte AIFM, wie von der AIFM-Richtlinie vorgesehen, nicht von dem Passport für die von Ihnen verwalteten Produkte profitieren können, weder für den Vertrieb noch für die grenzüberschreitende Verwaltung von OGA.

Teil II-Fonds haben sicherlich in den letzten Jahren unter den möglichen Luxemburger Fondsprodukten an Bedeutung etwas verloren. Die Gründe hierfür sind vielfältig. Hier sei insoweit nur Folgendes angeführt:

Vor der Umsetzung der OGAW III-Richtlinien in Luxemburger Recht, also vor dem 20. Dezember 2002, war es als OGAW qualifizierenden Fonds nicht möglich als Fondsstrukturen die selbst in andere Fonds investieren, sogenannte Dachfonds, aufgelegt zu werden. Dachfonds konnten zu jener Zeit lediglich als Teil-II Fonds oder, für den Bereich der institutionellen Anleger, als Fonds die dem (mit dem Spezialfonds-Gesetz 2007 dann außer Kraft getretenen) Institutionelle Fonds-Gesetz[83] unterliegen aufgelegt werden. Nach der Umsetzung der OGAW III-Richtlinien waren Dachfonds auch als OGAW möglich und der Teil II-Fonds verlor demzufolge einen Großteil seiner diesbezüglichen Bedeutung.

Der Einfluss des SICAR-Gesetzes 2004 hielt sich aufgrund dessen beschränkten Anwendungsbereiches auf Risikokapital noch in Grenzen aber als dann am 13. Februar 2007 das Spezialfonds-Gesetz in Kraft trat waren viele Fondsstrukturen (z.B. Dachfonds die nicht den OGAW Kriterien entsprechen, Real Estate Fonds) einfacher und flexibler als Spezialfonds auflegbar, was die Bedeutung des Teil II-Fonds weiter verkleinerte.

Dennoch hat er weiter seine Berechtigung und als möglicher Publikumsfonds in Luxemburg (siehe Art. 89 (1) für OGA Sondervermögen und Art. 93 2. Spiegelstrich für OGA SICAV) zum Beispiel andere Clearing-Möglichkeiten für die Anteile als z.B. ein Spezialfonds.

II. Kapitel 11: Sondervermögen

Kapitel 11 des Gesetzes von 2010 behandelt die Teil II-Fonds, die als Sondervermö- **246**
gen aufgelegt werden. Was in dem Sinne ein Sondervermögen ist sowie die Hintergründe zu dieser Art von Investmentfonds wurde in Teil I unter Kapitel 2 des Gesetzes von 2010 für OGAW Sondervermögen behandelt und gilt hier entsprechend, denn die Definition in Art. 89 (1) des Gesetzes von 2010 entspricht, von der Rechtsform her, der Definition von OGAW Sondervermögen in Art. 5 des Gesetzes von 2010. Ein entscheidender Unterschied hinsichtlich der Qualifikation des betreffenden Sondervermögens als ein bestimmten Regeln genügendes Produkt ist allerdings, dass für Teil II Sondervermögen in Art. 89 (1) des Gesetzes von 2010 gerade nur von einem „ungeteilten Vermögen" die Rede ist und nicht wie in Art. 5 des Gesetzes von 2010 für OGAW Sondervermögen, von einem „ungeteilten Vermögen von Wertpapieren und oder anderen liquiden Finanzanlagen im Sinne von Art. 41 (1) des Gesetzes von 2010".

Eine weiterer Unterschied zu den OGAW Sondervermögen ist, dass die Teil II-Fonds als Sondervermögen durch eine Verwaltungsgesellschaft die den Anforderungen von Teil IV, Kapitel 15 oder Kapitel 16 des Gesetzes von 2010 entsprechen, verwaltet werden muss und diese Verwaltungsgesellschaft ihren satzungsgemäßen Sitz in Luxemburg haben muss (entsprechend Art. 89 (2) des Gesetzes von 2010). Zum einen kann also das OGA Sondervermögen auch von einer Verwaltungsgesellschaft verwaltet werden, die den im Vergleich zu einer den OGAW Anforderungen unterliegenden Verwaltungsgesellschaft nach Kapitel 15 des Gesetzes von 2010 den weniger intensiven Anforderungen von

83 **Institutionelle Fonds-Gesetz**: das geänderte Gesetz vom 19. Juli 1991 über Organismen für gemeinsame Anlagen, deren Anteile nicht zum öffentlichen Vertrieb bestimmt sind (loi du 19 juillet 1991 concernant les organismes de placement collectif dont les titres ne sont pas destinés au placement dans le public).

Kapitel 16 des Gesetzes von 2010 genügen muss. Zum anderen ist in beiden Fällen, da es sich auch bei Kapitel-15 Gesellschaften nicht um einen Fall der Anwendung des Passports für Verwaltungsgesellschaften handeln kann (das OGA Sondervermögen ist ja kein OGAW Sondervermögen) jeweils eine Verwaltungsgesellschaft mit satzungsgemäßem Sitz in Luxemburg notwendig.

247 Die Bestimmungen zu den OGAW Sondervermögen sind, wie im Rahmen der Betrachtungen zur Verwahrstelle im vorherigen Kapitel bereits festgestellt in vielerlei Hinsicht anwendbar (siehe Art. 90 (1) und 90 (2) des Gesetzes von 2010). Für die von einem voll lizensierten AIFM verwalteten OGA Sondervermögen aufgrund der Regelungsgehalte des AIFM-Gesetzes etwas weniger – Art. 6 (Haftung des Sondervermögens), 8 (Anteile an dem Sondervermögen), 9 (Ausgabe der Anteile an dem Sondervermögen), 10 (Kauf- und Verkaufspreise von Vermögenswerten des Sondervermögens), 11 (1) (Kein Recht auf Teilung oder Auflösung durch Anteilinhaber), 12 (1) (b) (verlangen der CSSF betreffend Aussetzung der Anteilsrücknahme), 12 (3) (Unzulässigkeit Anteilsausgabe und Anteilsrücknahme), 13 (1) (Grundsatz Verwaltungsreglement), 13 (2) a) bis i) (Mindestinhalte Verwaltungsreglement), 14 (Handeln und Rechtsausübung durch die Verwaltungsgesellschaft), 15 (Sorgfalt und Haftung der Verwaltungsgesellschaft), 16 (Ausschüttungen), 20 (unabhängiges Handeln im Interesse der Anteilinhaber durch Verwaltungsgesellschaft und Verwahrstelle), 21 (Beendigung der Aufgaben der Verwaltungsgesellschaft und der Verwahrstelle), und 22 (Sondervermögen in Liquidation von Gesetzes wegen), 23 (Mindestnettovermögen) und 24 (Information an CSSF bei unterschreiten des Mindestnettovermögens) des Gesetzes von 2010. Für die von AIFM, die von den Ausnahmen in Art. 3 des AIFM-Gesetzes profitieren (z.B. sogenannte *de minimis* Ausnahmen), verwalteten OGA etwas mehr – wie zuvor und zusätzlich Art. 17 (1), 17 (4), 18(1), 18 (2) a), c) d) e) und 19 des Gesetzes von 2010 allesamt, wie im Kapitel zuvor beschrieben und näher dargestellt, die Verwahrstelle betreffend.

Ergänzend wird auf das zu diesen Bestimmungen im Rahmen der OGAW Sondervermögen Gesagte verwiesen.

248 Die CSSF hat bislang keine Verordnung nach Art. 91 (1) des Gesetzes von 2010 erlassen, die entsprechend Mindestzeitabstände zur Ermittlung von Ausnahme- und Rücknahmepreisen, den Mindestanteil an flüssigen Mitteln, Höchstgrenzen für nicht börsennotierten Wertpapiere, Emittentengrenzen etc. erlassen. Im Grundsatz herrscht also sowohl hinsichtlich Anlageklasse als auch der Diversifikation, unter Berücksichtigung des Charakters der Teil II Sondervermögen Liberalität. Insoweit ist auch die in Art. 91 (2) des Gesetzes von 2010 vorgesehene Möglichkeit der Differenzierung (bei Zeitabständen und Prozentsätzen) nicht in dem Sinne anwendbar. Inhaltlich hat der Differenzierungsgedanke, in die Ausgestaltung der nachstehenden CSSF Rundschreiben Eingang gefunden.

249 Die CSSF hat im CSSF Rundschreiben 91/75 (wie durch das CSSF Rundschreiben 05/177 abgeändert) in einer Art großem Basiswerk, neben vielen anderen Themen wie der Hauptverwaltung (Näheres in CSSF Rundschreiben 91/75 Kapitel D., Seite 12 bis 23) zum Beispiel auch generelle Anlagegrenzen bzw. Mindest-Diversifikationsregeln oder auch Grenzregeln zur Kreditaufnahme für Teil II-Fonds (Näheres in CSSF Rundschreiben 91/75, Kapitel G., Seite 34/35) festgelegt, sowie daneben spezifische Regeln für bestimmte Teil II-Fonds, die überwiegend in Venture Capital anlegen (Näheres in CSSF Rundschreiben 91/75, Kapitel I., I., Seite 44/45) überwiegend in Future-Kontrakte anlegen bzw. diese abschließen (Näheres in CSSF Rundschreiben 91/75, Kapitel I., II., Seite 44/45) und die überwiegend in Real Estate anlegen (Näheres in CSSF Rundschreiben 91/75, Kapitel I., II., Seite 45 bis 51), fixiert. Von diesen Regeln unter Kapitel I. des CSSF Rundschreibens 91/75 kann in spezifischen Fällen, sofern ausreichend begründet, abgewichen werden. Da bereits das OGAW I-Gesetz im Jahre 1988, zumindest bis zu den Änderungen durch die AIFM-Richtlinie 2013, kaum vom Gesetz von 2010 verschiedene Bestimmungen zu Teil II-Fonds enthielt, hat sich das CSSF Rundschreiben in seinem Entstehungsjahr 1991 bereits in die bis heute bestehende Systematik eingefügt. Manches erscheint in diesem Rundschreiben inzwischen etwas überholt und doch ist es grundsätzlich weiterhin anwendbar und gibt zu vielen Themen mindestens eine Basis, die gegebenenfalls auf die heutige Gesetzes und Regulierungslage sachgerecht nach Sinn und Zweck angepasst anzuwenden ist.

Kurz einschiebend sei darauf hingewiesen, dass bei den Rundschreiben der CSSF das Ausgabejahr anhand der ersten beiden Ziffern zu erkennen ist und danach eine über die Jahre hinweg durchlaufende Nummer folgt.

Daneben hat die CSSF in einem weiteren Rundschreiben 02/80 spezifische Regeln **250**
für OGA, die alternative Anlagestrategien verfolgen festgelegt. Im Rundschreiben selbst wird präzisiert, dass unter solchen OGA Hedge-Fonds bzw. alternative Investmentfonds zu verstehen sind. Mit Blick auf die Definition eines alternativen Investmentfonds in Art. 1 (39) des AIFM-Gesetzes ist jedoch das Anwendungsendungsspektrum des CSSF Rundschreibens 02/80 etwas eingegrenzter zu sehen, wenngleich es sich nicht nur auf Teil II-Fonds die Hedge-Strategien verfolgen bezieht, sondern auch zum Beispiel auf Teil II-Fonds, die Dachfonds sind. Ausdrücklich werden hierbei die vorgenannten Regeln aus Kapitel I. des CSSF Rundschreibens 91/75 als weiterhin auf solche Teil II-Fonds anwendbare Regeln hervorgehoben. Am Ende der Präambel des CSSF Rundschreibens 02/80 wird für begründete Fälle wieder auf die Möglichkeit von der CSSF genehmigbarer Ausnahmen zu den vorliegenden Regeln hingewiesen. Gleiches gilt ebenfalls für den Hinweis an selber Stelle, dass die CSSF auch zusätzliche Anlagebeschränkungen auferlegen kann. Aus dem Entstehungsjahr 2002 ist erkennbar, dass zu jener Zeit regulierte Fonds, die in dem Sinne alternative Anlagestrategien verfolgten nur als Teil II-Fonds bzw. Fonds nach dem Institutionelle Fonds-Gesetz aufgelegt werden konnten (bis zur Umsetzung der OGAW III-Richtlinien am 17. Dezember 2002 konnte, wie bereits erwähnt, ein Dachfonds zum Beispiel nicht als OGAW aufgelegt werden und konnten OGAW auch nicht Anlagestrategien unter Verwendung von Derivaten bzw. sonstiger Techniken und Instrumente zum Gegenstand haben). Detailliertere Regelungen zu solchen Teil II-Fonds, mindestens in der Form eines CSSF Rundschreibens, existierten noch nicht. Diese Lücke wurde mit dem CSSF Rundschreiben 02/80, wie sich in den Folgejahren zeigte, sinnvoll geschlossen, denn auch im Vergleich zu den OGAW III-Richtlinien, die zeitlich bald nach dem Rundschreiben in Luxemburg so flexibel wie möglich in nationales Recht umgesetzt wurden, gewährt das Rundschreiben 02/80 bis heute weit mehr Flexibilität als es die OGAW Bestimmungen tun. Das CSSF Rundschreiben 02/80 behandelt nacheinander die Bestimmungen für Risikostreuung bei Leerverkäufen (Kapitel A.), Grenzen zur Kreditaufnahme (Kapitel B.), Beschränkungen bei der Anlage in andere OGA („Ziel-OGA") (Kapitel C.), zusätzliche Anlagebeschränkungen (Emittentengrenzen und Grenzen bezogen auf den Teil des eigenen Vermögens der investiert werden darf) (Kapitel D.), Verwendung derivativer Finanzinstrumente und sonstige Techniken (Kapitel E. mit Unterpunkten Beschränkungen in Bezug auf derivative Finanzinstrumente, Wertpapierdarlehen sowie echte und unechte Pensionsgeschäfte).

Die Bestimmung des Art. 91 (4) des Gesetzes von 2010, die sich ebenfalls auf die bislang nicht erlassene Verordnung bezieht wurde, leicht verändert als Kapitel F. (Rückführungsgebot hinsichtlich Beschränkungsüberschreitung nicht verursacht durch Anlageentscheidung, also z.B. Marktbewegung, Rückkäufe) in das CSSF Rundschreiben 02/80 aufgenommen.

Für durch Anlageentscheidungen verursachte Beschränkungsüberschreitungen oder Anlagegrenzverletzungen und Fehler bei der Nettoinventarwertberechnung ist übrigens das CSSF Rundschreiben 02/77 mit seinen spezifischen Vorschriften anzuwenden.

Bemerkenswert ist auch, dass bereits damals zusätzlich zu den allgemein geltenden Regeln eine zwingende Beschreibung der besonderen Anlagestrategie und der mit der Anlagepolitik verbundenen Risiken in Kapitel H. des CSSF Rundschreibens 02/80 vorgeschrieben werden (weitere Detailinformationen dazu sind im betreffenden Rundschreiben ebenfalls gefordert).

Die Rundschreiben sind, wie der Formulierung zu entnehmen, natürlich in gleicher Art und Weise auch auf OGA SICAV nach Teil II des Gesetzes von 2010 anzuwenden.

251 Ein OGA Sondervermögen darf nach Art. 91 (3) des Gesetzes von 2010 von den, wiederum von den in einer bislang nicht erlassenen Verordnung, gesetzten Grenzen betreffend die Emittentendiversifikation während der ersten 6 Monate seit Zulassung (also Eintrag auf die offizielle Liste der CSSF für OGA und OGAW gemäß Art. 130 (1) des Gesetzes von 2010, der von der CSSF gesondert bestätigt wird und der Gründungstag des OGA Sondervermögens ist) abweichen. In Ermangelung der entsprechenden Verordnung wir diese Regelung für eine erste Allokationsphase des OGA Sondervermögens entsprechend angewendet.

252 Abschließend ist unter den Bestimmungen für die OGA Sondervermögen noch das Verbot für die im Namen des OGA Sondervermögens handelnde Verwaltungsgesellschaft oder die Verwahrstelle direkt oder indirekt an existierende oder zukünftige Anleger des OGA Sondervermögens Kredite für den Erwerb oder die Zeichnung von Anteilen zu vergeben (entsprechend Art. 92 (1) des Gesetzes von 2010). Damit soll sinnigerweise eine künstliche Spirale verhindert werden, bei der auch missbräuchliche Verschuldungsverursachung beim betreffenden existierenden oder zukünftigen Anleger zur Volumens- und damit zumeist Vergütungssteigerung bei der Verwaltungsgesellschaft bzw. der Verwahrstelle verhindert werden soll.

Dieses Verbot steht dem Erwerb von nicht voll eingezahlten Wertpapieren durch das OGA Sondervermögen nicht entgegen (entsprechend Art. 92 (2) des Gesetzes von 2010).

253 Schaubild 5: Simple Darstellungen Fonds-Struktur OGA Sondervermögen

a) Verwaltungsgesellschaft ist selbst AIFM (für den OGA stets externer AIFM)

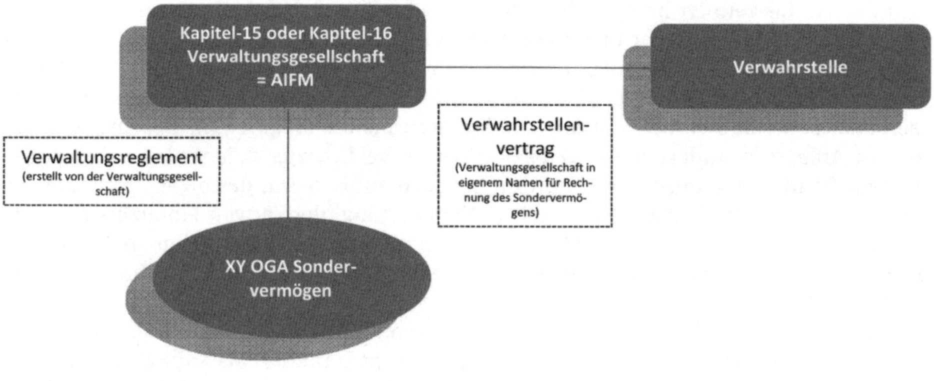

b) Verwaltungsgesellschaft ist nicht selbst AIFM

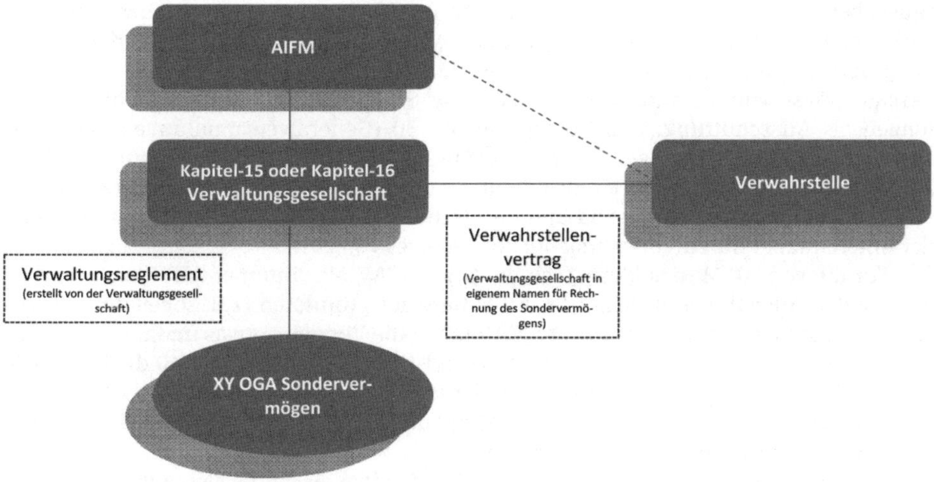

III. Kapitel 12: Die Investmentgesellschaften mit variablem Kapital (SICAV)

Kapitel 12 des Gesetzes von 2010 behandelt die Teil II-Fonds, die als SICAV aufgelegt **254** werden. Was in dem Sinne eine SICAV ist sowie die Hintergründe zu dieser Art von Investmentfonds wurde in Teil I unter Kapitel 3 des Gesetzes von 2010 für OGAW SICAV behandelt und gilt hier entsprechend, denn die Definition in Art. 93 des Gesetzes von 2010 entspricht, von der Rechtsform her, der Definition von OGAW SICAV in Art. 25 des Gesetzes von 2010. Ein entscheidender Unterschied hinsichtlich der Qualifikation der betreffenden SICAV als ein bestimmten Regeln genügendes Produkt ist allerdings, dass für Teil II SICAV in Art. 93 des Gesetzes von 2010 gerade nur von der „Anlage der ihr zur Verfügung stehenden Mittel nach dem Grundsatz der Risikostreuung in Vermögenswerte" die Rede ist und nicht wie in Art. 25 des Gesetzes von 2010 für OGAW SICAV von der „Anlage der ihr zur Verfügung stehenden Mittel nach dem Grundsatz der Risikostreuung in Wertpapiere und oder andere liquide Finanzanlagen im Sinne von Art. 41 (1) des Gesetzes von 2010".

Im Zusammenhang mit den OGA SICAV gilt grundsätzlich Folgendes: Die Systematik **255** und die Inhalte der Bestimmungen verlaufen parallel zu den Bestimmungen für OGA Sondervermögen und sind mit Verweisen auf die entsprechenden Bestimmungen zu OGAW SICAV bzw. mit Verweisen auf die identischen Bestimmungen im AIFM-Gesetz beziehungsweise der AIFM-Richtlinie und den delegierten Rechtsakten aufgrund der AIFM-Richtlinie versehen. Das zu den OGA Sondervermögen Gesagte gilt insoweit unter Berücksichtigung, dass die OGA SICAV keiner Verwaltungsgesellschaft bedarf, in Kombination mit dem zu den Bestimmungen zu OGAW SICAV und des AIFM-Gesetzes Gesagten (an der jeweiligen Stelle), entsprechend.

Zur Vereinfachung haben wir, wie bei den OGA Sondervermögen, nachstehend die **256** Verweise auf die Bestimmungen zu OGAW SICAV (in Art. 95 (1) und Art. 95 (1 bis) des Gesetzes von 2010) kurz zur besseren Übersicht dargestellt.

Für die von einem voll lizensierten AIFM verwalteten OGA SICAV (das kann auch die **257** OGA SICAV als „interner AIFM" selbst sein) fallen die Verweise auf die Bestimmungen der OGAW SICAV, aufgrund der Regelungsgehalte des AIFM-Gesetzes, etwas geringer aus – Art. 26 (Anwendbarkeit der Regelungen zu Aktiengesellschaften nach dem allgemeinen Gesellschaftsrecht und verschiedene Besonderheiten für SICAV), 28 (1) a) (jederzeitige Ausgabe von Anteilen), 28 (2) a) (Ausgabepreis für Anteile), 28 (3) bis (10) (Ausgabeverbot, Zahlungsfristen bei Ausgabe und Rücknahme von Anteilen sowie Bewertung, Aussetzung der Anteilsausgabe und Anteilsrücknahme, Häufigkeit der Berechnung des Ausgabe- und Rücknahmepreises, Kosten, Einzahlung auf Anteile, Kauf- und Verkaufspreise von Vermögenswerten der OGA SICAV), 29 (variables Kapital, Auszahlungen als Ausschüttung, ggf. Vorzugsrechte), 30 (Generalversammlungen bei unterschreiten des Mindestnettovermögens), 31 (Ausschüttungen), 32 (Bezeichnung bei Europäischer Aktiengesellschaft), 36 (Beendigung der Aufgaben der Verwaltungsgesellschaft, sofern ausnahmsweise vorliegend und der Verwahrstelle) und 37 (Handeln im Interesse der Anteilinhaber durch Verwahrstelle) des Gesetzes von 2010.

Für die von AIFM (das kann auch die OGA SICAV als „interner AIFM" selbst sein), die von den Ausnahmen in Art. 3 des AIFM-Gesetzes profitieren (z.B. sogenannte *de minimis* Ausnahmen), verwalteten OGA SICAV fallen die Verweise etwas umfangreicher aus – wie zuvor und zusätzlich Art. 33 (1) bis (3) und 35 des Gesetzes von 2010 die beide, wie in Kapitel 10 zuvor beschrieben und näher dargestellt, die Verwahrstelle betreffen.

Ergänzend wird auf das zu diesen Bestimmungen im Rahmen der OGAW SICAV Gesagte verwiesen (insbesondere Rn. 86).

258 Um im Zusammenhang mit der Notwendigkeit eines AIFM die reibungslose Eingliederung in das bisherige System des Funktionierens von OGA SICAV zu gewährleisten wurden gesondert Regelungen betreffend eine weiterhin mögliche Übertragung von Verwaltungs- und Vertriebsaufgaben auf Dritte ausdrücklich in das Gesetz von 2010 aufgenommen. Vorausgesetzt sie können dadurch ihre Aufgaben effizienter wahrnehmen dürfen OGA SICAV die von einem voll lizensierten externen AIFM verwaltet werden eine oder mehrere Verwaltungs- oder Vertriebsaufgaben, die dieser AIFM nicht selbst wahrnimmt, auf Dritte übertragen, sofern die CSSF in geeigneter Weise vorab informiert wurde und die Beaufsichtigung und das Handeln im besten Interesse der Anleger bzw. die Verwaltung im besten Interesse der Anleger nicht beeinträchtigt/hindert (entsprechend Art. 95 (2) Absatz 1 sowie a) und b) des Gesetzes von 2001). Für OGA SICAV die selbst (d.h. intern) der voll lizensierte AIFM sind hat die Übertragung von Aufgaben auf Dritte gemäß der Gesamtheit der Bestimmungen in Art. 18 des AIFM-Gesetzes zu erfolgen (entsprechend Art. 95 (2) letzter Absatz). Aufgrund der eigenständigen Regulierung als AIFM ist dieses für OGA SICAV mit „internem AIFM" folgerichtig.

Bei von AIFM die von den Ausnahmen in Art. 3 des AIFM-Gesetzes profitieren (z.B. sogenannte *de minimis* Ausnahmen – das kann in dem Fall auch die OGA SICAV als „interner AIFM" selbst sein), verwalteten OGA SICAV gelten die gleichen Grundvoraussetzungen und Anforderungen für eine Übertragung von Verwaltungs- oder Vertriebsaufgaben auf Dritte wie für von voll lizensierte externen AIFM verwalteten OGA SICAV (entsprechend Art. 95 (3) Absatz 1 sowie a) und b)). Hinzu kommt dass bei einem in einem Nicht EU-Staat ansässigen Unternehmen die Beaufsichtigung durch die Sicherstellung der Zusammenarbeit der CSSF und der dortigen Aufsichtsbehörde sichergestellt sein muss[84] (entsprechend Art. 95 (3) c) des Gesetzes von 2010), und sollte diese Voraussetzung nicht vorliegen die Übertragung der Aufgaben nur nach vorheriger Genehmigung der CSSF wirksam wird (entsprechend Art. 95 (3) d) des Gesetzes von 2010) sowie,

84 Kooperationsvereinbarung wie in Art. 20 (1) d) der AIFM-Richtlinie und Art. 18 (1) d) des AIFM-Gesetzes beschrieben; die Luxemburger CSSF hat derzeit bereits mit den Aufsichtsbehörden von 45 Nicht-EU-Staaten entsprechende Kooperationsvereinbarungen geschlossen, was der Spitzenwert bei abgeschlossenen Kooperationsvereinbarungen ist); die Liste ist unter folgendem link abrufbar: *http://www.esma.europa.eu/content/AIFMD-MoUs-signed-EU-authorities-updated.*

dass die Verwahrstelle hierbei keine Hauptdienstleistung der Anlageverwaltung (entsprechend der AIFM-Richtlinie und des AIFM-Gesetzes sind dieses Portfoliomanagement oder/und Risikomanagement) erbringen darf (entsprechend Art. 95 (3) e) des Gesetzes von 2010). Letzteres folgt stringent dem in der AIFM-Richtlinie enthaltenen grundsätzlichen Prinzip der Trennung von Anlageverwaltung und Verwahrung.

Schließlich stellt Art. 96bis des Gesetzes von 2010 klar, dass ungeachtet Art. 309 des **259** Gesetzes von 1915, OGA SICAV und deren Tochtergesellschaften von der Pflicht zur Konsolidierung der Gesellschaften, die zu Anlagezwecken gehalten werden (Zwischen- und Ziel-Gesellschaften), befreit sind.

Eine OGA SICAV benötigt im Unterschied zu einer OGAW SICAV nicht die nach Art. 27 **260** des Gesetzes von 2010 vorgeschrieben Substanz bzw., sollte sie diese Substanz nicht selbst haben, eben nicht eine Verwaltungsgesellschaft, weder nach Kapitel 15 noch nach Kapitel 16 des Gesetzes von 2010. Allerdings ist es einer OGA SICAV nicht verboten eine Verwaltungsgesellschaft nach Kapitel 15 oder nach Kapitel 16 des Gesetzes von 2010 zu ernennen. Die eine oder andere Teil II SICAV ist mit einer solchen Struktur bereits vor der Einführung von AIFM errichtet worden. Ein Hintergrund ist wohl einen entsprechend lizensierten und auch haftbaren Service-Dienstleister zu haben. Nachdem nun auch Teil II SICAV einen AIFM benötigen ist häufig ein entsprechender Dienstleister involviert, der jedoch nicht notwendig neben der Ernennung als AIFM gleichzeitig als Verwaltungsgesellschaft der Teil II SICAV in dem Sinne ernannt wird.

Schaubild 6: Simple Darstellungen Fonds-Struktur OGA SICAV **261**

a) OGA SICAV ist selbst der AIFM (= interner AIFM)

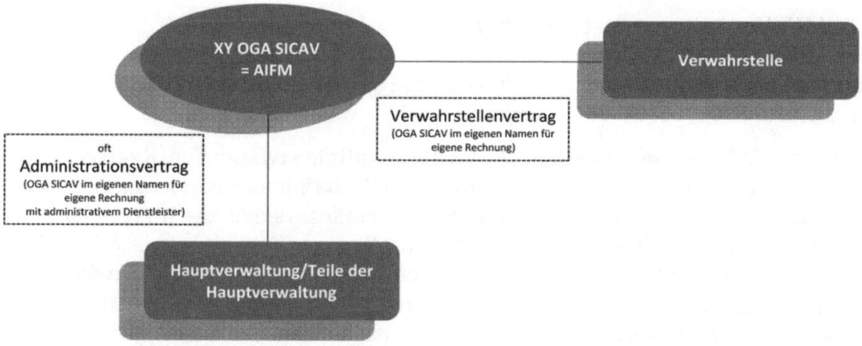

b) OGA SICAV ist nicht selbst der AIFM (also externer AIFM)

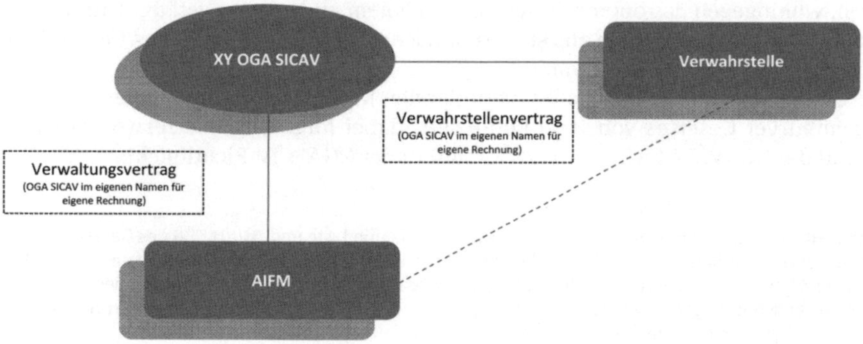

IV. Kapitel 13: OGA, die nicht die Rechtsform eines Sondervermögens oder einer SICAV besitzen

262 Art. 97 und Art. 98 des Gesetzes von 2010 setzen den Rahmen für OGA-Investmentgesellschaften (ausschließlich der OGAW-Investmentgesellschaften), die nicht in der Form einer SICAV aufgelegt werden. Ausweislich der offiziellen Liste der CSSF für OGA und OGAW, die gemäß Art. 130 (1) des Gesetzes von 2010 geführt wird, Stand 31. März 2015, gibt es lediglich vier OGA die in dieser Variante aufgelegt wurden, so dass wir in Ermangelung der praktischen wie auch der rechtlichen Bedeutung hier auf weitere Ausführungen dazu verzichten.[85]

D. Teil III: Ausländische OGA

I. Kapitel 14: Allgemeine Bestimmungen und Anwendungsbereich

263 Auch im Bereich der Nicht-OGAW ist Luxemburg aufgrund seiner Größe kein klassisches Vertriebsland für ausländische OGA. Art. 100 des Gesetzes von 2010 behandelt den Fall des Vertriebs an Kleinanleger bzw. den wirklich öffentlichen Vertrieb von ausländischen OGA in Luxemburg, denn der Vertrieb von ausländischen OGA (ob in einem anderen EU-Staat oder in einem Drittland ansässig), die AIF sind, an professionelle Investoren in Luxemburg richtet sich alleine nach dem AIFM-Gesetz (entsprechend inhaltlich Art. 100 (2) des Gesetzes von 2010). Insoweit kann auch hier aufgrund der (wenn überhaupt) eher geringen Bedeutung auf weitere Ausführungen verzichtet werden.

E. Teil IV: Verwaltungsgesellschaften

I. Kapitel 15: Verwaltungsgesellschaften, die OGAW im Sinne der Richtlinie 2009/65/EG verwalten

264 In der Begründung zum Erlass der OGAW IV Richtlinie erwähnt der Gesetzgeber die Notwendigkeit der Zulassung einer Verwaltungsgesellschaft in ihrem Herkunftsmitgliedstaat, um durch deren Solvabilität zur Stabilität des Finanzsystems beizutragen. Der Anlegerschutz macht es erforderlich, die interne Kontrolle einer Verwaltungsgesellschaft zu gewährleisten. Ein wesentliches Element ist es, die Übertragung der Aufgaben durch die Verwaltungsgesellschaft auf Dritte nicht so weit zu treiben, dass selbige zu einer reinen „Briefkastengesellschaft" verkommt. So soll den Auswüchsen der Vergangenheit Rechnung getragen werden, wo manche Mitgliedstaaten rein aufgrund ihrer als „lax" geltenden aufsichtsrechtlichen Organisation als Sitzstaat für Verwaltungsgesellschaften attraktiv waren, wohingegen das operative Geschäft an einem anderen Ort getätigt wurde – ein Umstand, der nicht zuletzt auch aus steuerpolitischen Überlegungen heraus (mangelnde „Substanz") nicht hinzunehmen war.

265 Die die Verwaltungsgesellschaften betreffenden Rechtsnormen sind in den Art. 101ff. des Luxemburger Gesetzes von 2010 kodifiziert, dabei folgt der Gesetzeswortlaut weitestgehend der OGAW IV-Richtlinie (vgl. Kapitel III der OGAW IV-Richtlinie).

85 Ergänzend sei darauf hingewiesen, dass die besagte offizielle Liste gemäß Art. 130 des Gesetzes von 2010 selbstverständlich die Fortführung der entsprechenden, schon nach dem Gesetz vom 30. März 1988 über Organismen für gemeinsame Anlagen zu führenden Liste ist; eine dieser vier Investmentgesellschaften geht noch auf einen Auflagezeitpunkt vor der Einführung des Spezialfonds-Gesetzes am 13. Februar 2007 zurück.

Eine der umgreifenden Änderungen des OGAW IV Regimes betrifft den über den bisherigen „UCITS Passport" (d.h. Möglichkeit der Vermarktung von OGAW in allen Mitgliedstaaten ohne nennenswerte aufsichtsrechtliche Hürden) hinausgehenden „Management Company Passport": Verwaltungsgesellschaften soll es mit einfachen Mitteln möglich sein, mithilfe einer „zentralen" Verwaltungsgesellschaft in einem Mitgliedstaat OGAW-Fonds zu verwalten, die in mehreren verschiedenen Mitgliedstaaten domiziliert sind. So soll der Branche ermöglicht werden, Skaleneffekte aufzubauen um schlussendlich den laufenden Verwaltungsaufwand (der in der Regel den jeweiligen Fonds direkt belastet wird) zu verringern. Die erhoffte (befürchtete) Konsolidierungswelle ist bislang jedoch ausgeblieben, in Einzelfällen wurde jedoch beobachtet, dass die in Luxemburg ansässige Verwaltungsgesellschaft zu einer Zweigniederlassung einer in einem anderen Mitgliedstaat beheimateten Verwaltungsgesellschaft umgewandelt wurde.[86] 266

1. Zulassungspflicht. Eine Verwaltungsgesellschaft kann nicht ohne vorherige Zulassung operieren. Das Gesetz stellt klar, dass auch keine vorbereitenden oder vorläufigen Tätigkeiten als Verwaltungsgesellschaft durchgeführt werden können, da der Gründungsakt selbst von der Zulassung durch die CSSF abhängig ist. Als Rechtsform sind nur haftungsbeschränkte Personen- oder Kapitalgesellschaften zugelassen, in Luxemburg die Société Anonyme (S.A., analog Aktiengesellschaft), Société à responsabilité limitée (S.à r.l., analog GmbH), Société Coopérative (Genossenschaft), Société Coopérative organisée comme une société anonyme (Genossenschaft, die wie eine Aktiengesellschaft organisiert ist), Société en commandite par actions (SCA, Kommanditgesellschaft auf Aktien). Der Antrag auf Zulassung etwa in Form einer Société en nom collectif (offene Handelsgesellschaft) oder Société en commandite simple (Kommanditgesellschaft) würde durch die CSSF abgelehnt werden. Nicht gesetzlich erfasst sind Fälle, die derart ausgestaltet sind, dass ein bestehendes Unternehmen seinen Unternehmenszweck hin zu einer Verwaltungsgesellschaft ändert. Für diesen in der Praxis eher unüblichen Fall sind die Notare gefragt, die die Beurkundung der im Rahmen einer außerordentlichen Generalversammlung durchzuführenden Satzungsänderung von einer erfolgreichen Zulassung durch die CSSF abhängig zu machen haben. 267

Das Gesetz vom 12. Juli 2013 über Verwalter alternativer Investmentfonds fügt an dieser Stelle klarstellend ein, dass die Bestimmungen des Gesetzes vom 10. August 1915 über Handelsgesellschaften auch auf Verwaltungsgesellschaft anzuwenden sind, insoweit in dem Spezialgesetz keine abweichenden Bestimmungen kodifiziert werden.[87] Um Rechtssicherheit zu schaffen, veröffentlicht die CSSF eine Liste aller nach Kapitel 15 des des Gesetzes von 2010 zugelassenen Verwaltungsgesellschaften auf ihrer Homepage www.cssf.lu unter „Entités surveillées" > „Liste des sociétés de gestion agréées suivant le chapitre 15 de la loi du 17 décembre 2010". Per Ende Juli 2015 waren 208 Verwaltungsgesellschaften durch die CSSF zugelassen. 268

In Übereinstimmung mit der OGAW-Richtlinie ist der Unternehmensgegenstand der Verwaltungsgesellschaft eingeschränkt auf die Verwaltung von OGAW und anderen OGA (welche nicht in anderen Mitgliedstaaten vertrieben werden können), sowie auf einen genau bezeichneten Katalog von Zusatz- und Nebendienstleistungen. Dies zwingt die 269

86 Hier zeigt sich, dass branchenspezifische Regularien allein nicht der Treiber eines Geschäftsmodells sein können, wenn nicht auch andere Rahmenfaktoren – insbesondere steuerlicher Natur – ebenfalls reformiert bzw. ähnlich attraktive Anreize geschaffen werden.

87 Dieser zusätzliche Verweis hat nur deklaratorischen Charakter, da in der gängigen Praxis ohnehin bereits immer das Gesetz von 1915 herangezogen wurde, etwa um Rechnungslegungs- oder Publizitätspflichten zu prüfen.

Marktteilnehmer (insbesondere Banken und Versicherungen), für ihr Fondsgeschäft zwingend eigene Gesellschaften zu gründen und zu unterhalten: Das Verwalten von OGAW (als designierte Verwaltungsgesellschaft) als „Nebengeschäft" oder „Geschäftszweig" anderer juristischer Personen ist unzulässig. Davon unberührt bleibt das Anbieten von Dienstleistungen für (konzerneigene oder konzernfremde) Verwaltungsgesellschaften (siehe weiter unten die Ausführungen zu delegierten Tätigkeiten).

270 Der Begriff der Verwaltung von OGAW wird in Anhang II des OGAW Gesetzes weiter ausgeführt, ohne jedoch Anspruch auf Vollständigkeit zu erheben („schließt die Aufgaben ein, [...]"); darunter zu verstehen ist jedoch jede Tätigkeit, die sich unter Anlageverwaltung [von OGAW], administrative Tätigkeiten [betreffend OGAW] und Vertrieb [von Anteilen bzw. Aktien von OGAW] subsummieren lässt. Das Gesetz nimmt keinen Bezug darauf, ob diese OGAW „eigene" OGAW sein müssen. So ist es Verwaltungsgesellschaften grundsätzlich eröffnet, ihre Dienste auch gegenüber anderen OGAW (bzw. deren Verwaltungsgesellschaften) zu erbringen. Als Folge kann eine Verwaltungsgesellschaft z.B. Buchführungs- und Nettoinventarwertberechnungsleistungen für andere OGAW (und OGA) erbringen oder Anteile von OGAW anderer Verwaltungsgesellschaften vertreiben. In jedem Falle muss sich dies jedoch explizit aus der Satzung der Verwaltungsgesellschaft ergeben.

271 Neben der Verwaltung von OGAW und OGA ist es Verwaltungsgesellschaften gestattet, einzelne Portfolios („managed accounts", „individual mandates") zu verwalten, insofern diese „Finanzinstrumente" im Sinne von Anhang I Abschnitt C der MiFID-Richtlinie (in Luxemburg umgesetzt in Anhang II Abschnitt B des Gesetzes vom 5. April 1993 über den Finanzsektor) als Investitionsgegenstand haben. Ausgeschlossen ist mithin z.B. das aktive Verwalten von Immobilienportfolios. Zielsetzung dieser Ermächtigung ist es (gem. Begründung OGAW-Richtlinie), den [Verwaltungs-]Gesellschaften „erhebliche Skaleneffekte" zu gestatten. Falls diese Zulassung zur individuellen Verwaltung einzelner Portfolios erteilt wurde, sind weiterhin als Nebendienstleistung die Anlageberatung in Bezug auf genannte Finanzinstrumente sowie die Verwahrung und technische Verwaltung in Bezug auf die Anteile von OGA gestattet. Eine reine Beschränkung auf diese Nebendienstleistungen wäre nicht zulässig, da dies dem Unternehmensgegenstand einer Verwaltungsgesellschaft zuwider laufen würde und diese Gesellschaften dann nicht unter dem vorliegenden Gesetz, sondern als „Professionnels du secteur financier" („PSF") gem. Gesetz vom 5. April 1993 über den Finanzsektor zulassungspflichtig wären. Die dann folgenden Klarstellungen sind dem Gesetzeswortlaut ebenjenes Gesetzes (Art. 24 Abs. 5) entnommen. Eine persönliche Empfehlung im Sinne des Gesetzes liegt mithin nicht vor, wenn diese im Sinne des Gesetzes vom 9. Mai 2006 über Marktmissbrauch (in der Fassung vom 26. Juli 2010) Art. 1 Abs. 18 verbreitet wird:

> „ ‚Informationsverbreitungskanal' ist ein Kanal, durch den die Information der Öffentlichkeit tatsächlich oder wahrscheinlich zugänglich gemacht wird; ‚wahrscheinlich der Öffentlichkeit zugänglich gemachte Information' ist eine Information, die für eine große Anzahl von Personen zugänglich ist"

272 Diese Definition ist wortgleich mit Art. 1 Nr. 7 der Richtlinie 2003/125/EG der Kommission vom 22. Dezember 2003 zur Durchführung der Richtlinie 2003/6/EG des Europäischen Parlaments und des Rates in Bezug auf die sachgerechte Darbietung von Anlageempfehlungen und die Offenlegung von Interessenkonflikten.

273 Der folgende Absatz stellt klar, dass Verwaltungsgesellschaften für die Verwaltung individueller Portfolios ebenso dem Gesetz vom 5. April 1993 über den Finanzsektor unterliegen und sich insofern nicht global auf ihre generelle Aufbauorganisation im Rahmen des OGAW-Spezialgesetzes berufen können: sie unterliegen im Bezug auf die organisatorischen Anforderungen (Art. 37-1 des Gesetzes vom 5. April 1993) und auf die

Verhaltensregeln im Rahmen der Erbringung von Wertpapierdienstleistungen für Kunden (Art. 37-3 des Gesetzes vom 5. April 1993) den gleichen Anforderungen wie Kreditinstitute und Wertpapierunternehmen.

Abschließend wird kodifiziert, dass sowohl die verwalteten OGAW und anderen OGA, als auch die individuellen Portfolios vor dem Zugriff etwaiger Insolvenzgläubiger geschützt sind. Dies bedingt eine strikte buchhalterische und operationelle Trennung der verwalteten Portfolios von den Mitteln, die die Verwaltungsgesellschaft im eigenen Namen und auf eigene Rechnung z.B. zur Liquiditätssteuerung anlegt. Die Verwaltungsgesellschaft gilt weder als rechtlicher noch als wirtschaftlicher Eigentümer der verwalteten Portfolios, weshalb die Vermögensgegenstände der jeweiligen Portfolios auch keinen Niederschlag in der Bilanz der Verwaltungsgesellschaft finden. 274

2. Bezugnahme auf AIFMD. Im Folgenden hat der Luxemburger Gesetzgeber die wesentlichen Bestimmungen der AIFM-Richtlinie, die für Verwaltungsgesellschaften gem. OGAW-Richtlinie gelten sollen, umgesetzt. So wird die in Art. 101 Abs. 2 erlaubte Tätigkeit der Verwaltung „anderer OGA" von der Zulassung durch die CSSF als Verwalter von AIF abhängig gemacht, insofern die Verwaltungsgesellschaft als Verwalter von AIF benannt wurde. Dies folgt der Begriffsbestimmung von „AIF" gem. der AIFM-Richtlinie, die jeden OGA, der von einer Anzahl von Anlegern Kapital einsammelt, um es gemäß einer festgelegten Anlagestrategie zum Nutzen dieser Anleger zu investieren und kein OGAW ist, als AIF definiert. Somit fallen auch z.B. die sog. „Teil II"-Fonds, also Organismen für gemeinsame Anlagen, die nach Teil II des Luxemburger Gesetzes vom 17. Dezember 2010 aufgelegt wurden, potenziell unter die Bestimmungen der AIFM-Richtlinie. 275

3. Substanzanforderungen

a) Kapitalanforderungen. Die Kapitalanforderungen, denen als zwingende Voraussetzung bereits zur Zulassung Rechnung zu tragen ist, entsprechen denen der OGAW-Richtlinie. Dabei sind Mindest- und Höchstgrenzen zu beachten; das Verhältnis von verwaltetem Vermögen und Kapitalanforderungen ist bis EUR 250.000.000 konstant (EUR 125.000), verhält sich dann als lineare Funktion mit 0,02% Steigung, um dann ab EUR 49.650.000 wieder konstant (EUR 10.000.000) zu verlaufen. Die Zurechenbarkeit der Portfolios ist etwas unglücklich formuliert, da hier der Begriff „Verwaltung" scheinbar in einem anderen Kontext zu sehen ist, als dies z.B. bei der Abgrenzung der erlaubten Tätigkeiten (siehe oben) zu verstehen ist. So sind von der Verwaltungsgesellschaft „verwaltete" Investmentfonds und Portfolios, mit deren „Verwaltung" sie Dritte beauftragt ihr zuzurechnen, nicht jedoch solche, die sie selbst im Auftrage Dritter „verwaltet". Die Verwaltung von Investmentfonds ist unproblematisch: gemeint sind alle FCPs, für die die Verwaltungsgesellschaft als ebensolche agiert. Die Beauftragung Dritter zur Verwaltung wiederum ist als Delegation der Kerntätigkeit „Portfoliomanagement", d.h. der Entscheidungsfindungsprozess und Ausführung der Investitionsentscheidungen zu verstehen. Selbst wenn also die eigentliche „Verwaltung" i.S.v. Portfoliomanagement von Dritten ausgeführt wird, ist der Verwaltungsgesellschaft dieses Portfolio zuzurechnen. Ist die Verwaltungsgesellschaft selbst jedoch nur Dienstleister für Dritte, ohne selbst mit der Entscheidungsfindung betraut zu sein bzw. vertraglich die Möglichkeit hat, Einfluss auf selbige zu nehmen, sind diese Portfolios bei der Betrachtung auszuklammern.[88] SI- 276

88 Die Trennung zwischen beiden Konzepten wird im angelsächsischen Sprachraum gerne als „Assets under Management" (AuM) auf der einen Seite (Verwaltung) gegenüber „Assets under Administration" (AuA) auf der anderen Seite („Verwaltung" im Auftrage Dritter) bezeichnet.

CAV sind ebenso einzubeziehen, insofern diese mit designierter Verwaltungsgesellschaft operieren; sogenannte „self-managed SICAV", die nur Teilbereiche der „Verwaltung" über vertragliche Konstruktionen an die Verwaltungsgesellschaft delegiert haben, sind auszunehmen. Art. 102 Abs. 1 Buchstabe a) 2. Spiegelstrich Nr. iii) schließt auch andere OGA mit ein, wobei die Berechnung konzeptionell analog zu der Verwaltung von FCP zu sehen ist (siehe oben).

277 Davon losgelöst gilt als Untergrenze gem. Art. 21 der Richtlinie 2006/49/EG des Europäischen Parlaments und des Rates vom 14. Juni 2006 über die angemessene Eigenkapitalausstattung von Wertpapierfirmen und Kreditinstituten ein Viertel der fixen Gemeinkosten des Vorjahres. Die Schwellen des vorangehenden Absatzes sind dabei außer Kraft zu setzen; mithin sind ab fixen Gemeinkosten von EUR 40.000.000 im Folgejahr Eigenmittel bereitzustellen, die über die im vorangehenden Absatz formulierten EUR 10.000.000 hinausgehen. In der Praxis gilt dabei der im festgestellten Jahresabschluss ermittelte Wert als Bezugsgröße. Der Gesetzgeber hat es unterlassen, an dieser Stelle die „fixen Gemeinkosten" zu definieren; gemeint sein können jedoch nur solche Aufwendungen (pagatorischer Kostenbegriff), die unabhängig von der Aktivität der Gesellschaft anfallen, wie z.B. Miete, Abschreibungen, Verwaltungsaufwand, etc. – nicht jedoch abhängige Größen wie Vertriebsprovisionen, erfolgsbezogene Boni, etc. Im Rundschreiben CSSF 12/546 führt die Aufsichtsbehörde dazu aus: „Unter fixen Gemeinkosten sind die Personal- und Organkosten sowie Betriebskosten zu verstehen." Zumindest der Begriff der Betriebskosten ist weiterhin strittig, da hier grundsätzlich nach h.M. auch variable Kosten zu erfassen sind, die für den laufenden Betrieb notwendig sind. Gerade diese sollen laut oben genannter Richtlinie jedoch nicht erfasst werden.[89]

278 Luxemburg hat von der Möglichkeit Gebrauch gemacht, gewisse Erleichterungen einzuführen; dabei ist allerdings die Stellung dieser Erleichterung im Gesetz etwas irreführend. Dem genauen Wortlaut nach brauchen die Verwaltungsgesellschaften die „Anforderung der Erbringung von bis zu 50% der vorgenannten zusätzlichen Eigenmittel nicht zu erfüllen", wenn Garantien begeben werden. Dies liegt nahe, dass sich diese Erleichterung auf die Eigenmittelanforderungen aufgrund der Portfoliogröße und der fixen Gemeinkosten erstreckt: Faktisch sieht die OGAW-Richtlinie jedoch eine Erleichterung explizit nur für die Anforderungen aufgrund der Portfoliogröße vor: die Eigenmittelanforderungen aufgrund der fixen Gemeinkosten bleiben davon unberührt und sind weiterhin in voller Höhe vorzuhalten. Klarstellungen finden sich im Rundschreiben CSSF 12/546: Von der Erleichterung betroffen ist nur der Teil, der sich auf die AuM über EUR 250,000,000 bezieht, d.h. EUR 125,000 bis EUR 10,000,000. EUR 125,000 sind auf jeden Fall vollständig in bar einzuzahlen, Sacheinlagen sind nicht gestattet. Für den darüber hinausgehenden Teil können von einem Kreditinstitut oder einer Versicherungsgesellschaft Garantien „in derselben Höhe" gestellt werden; gemeint ist, dass die Garantien so hoch zu sein haben wie die tatsächlich gestellten Eigenmittel – eine Garantie über die gesamte Summe ist also nicht notwendig. Die Garantie sowie jede Änderung selbiger ist bei der CSSF anzeigepflichtig.

279 **b) Freie Verfügbarkeit.** Auch müssen die notwendigen Eigenmittel zur freien Verfügbarkeit und im Interesse der Verwaltungsgesellschaft angelegt werden. Denkbar sind hier beispielsweise Sichtguthaben, kurzlaufende Festgelder, Geldmarktfonds, Geldmarktinstrumente mit ausgezeichneter Bonität; nicht jedoch Unternehmensanleihen,

89 Meldungen, die laufenden Aufwand (z.B. Vertriebsprovisionen) beinhalten, hat die CSSF bislang – wohl vor dem Hintergrund der damit einhergehenden Überdeckung – nicht beanstandet.

wenig gehandelte Aktien, zur Rücknahme ausgesetzte Fonds oder Private Equity Beteiligungen. Das eigene Interesse der Verwaltungsgesellschaft auf adäquate Verzinsung des „brachliegenden" Kapitals steht insofern der notwendigen freien Verfügbarkeit hintenan. Gem. Rundschreiben CSSF 12/546 sind keine Investitionen in die Muttergesellschaft oder Kreditvergabe an diese erlaubt. Die Anlage darf keinen spekulativen Charakter haben.

Das gleiche Rundschreiben stellt klar, dass Beteiligungen an einer anderen Gesell- **280**
schaft grundsätzlich nicht verboten sind, diese jedoch der CSSF gegenüber anzeigepflichtig sind und die Geschäftstätigkeit im Einklang mit der Geschäftstätigkeit der Verwaltungsgesellschaft zu stehen hat: denkbar sind also z.B. Verbriefungsplattformen, abzulehnen sind Kreditinstitute. Auch dürfen derartige Beteiligungen ausschließlich durch nicht gebundene („freie") Eigenmittel eingegangen werden, also solche, die über die lt. Gesetz notwendigen Eigenmittel (s.o.) hinausgehen.

c) Leitung. Handelsgesellschaften können in Luxemburg nach dem monistischen **281**
(Regelfall) oder dualistischen (seltener) System gegründet werden. Im monistischen System obliegt die Hauptverantwortung dem Verwaltungsrat („board of directors", „conseil d'administration"). Für Verwaltungsgesellschaften müssen darüber hinaus mindestens zwei Geschäftsleiter („conducting officers", „dirigeants") benannt werden. Im weniger häufigen Falle des dualistischen Systems tritt an die Stelle des Verwaltungsrates der Aufsichtsrat („supervisory board", „conseil de surveillance") und an die Stelle der Geschäftsleitung („instances dirigeantes", „senior management") tritt der Vorstand („directoire", „management board"). Das Gesetz fordert zunächst einen „guten Leumund" nur für die Geschäftsleiter und stellt Anforderungen an deren Erfahrung („ausreichend"). Die Namen der Personen und jeglicher Wechsel sind der CSSF anzuzeigen. Es sind mindestens zwei dieser Geschäftsleiter zu bestellen, d.h. es ist zulässig eine Vielzahl in OGAW-Dingen unbedarfte Geschäftsleiter zu benennen, wenn mindestens zwei von ihnen entsprechende Kenntnisse vorweisen können.[90] Der CSSF beizubringen sind ein aktueller, unterschriebener und datierter Lebenslauf, eine Kopie des Reisepasses/Personalausweises, eine Ehrenhaftigkeitserklärung („déclaration sur l'honneur") und ein aktuelles polizeiliches Führungszeugnis. Der Verwaltungsrat muss genügend Zeit für seine Rolle mitbringen: seine weiteren beruflichen Verpflichtungen (im speziellen: andere Mandate) sind „im notwendigen Maß zu beschränken". Da das Rundschreiben in diesem Punkt erst per 30. Juni 2013 in Kraft trat, fehlen noch die Erfahrungswerte, was als „notwendiges Maß" gilt. Im Vorfeld waren die Verwaltungsgesellschaften angehalten, der CSSF eine Liste aller sonstigen, von ihren Verwaltungsräten ausgeführten Mandate, zu übermitteln. Fakt ist, dass Modelle, in denen ein Verwaltungsrat einer Verwaltungsgesellschaft gleichzeitig Verwaltungsrat der Konzernmutter (Bank), deren SPV-Töchter und Verwaltungsrat aller verwalteten SICAVs der Verwaltungsgesellschaft ist, der Vergangenheit angehören werden. Die CSSF „empfiehlt" ohnehin, die Verwaltungsräte der Verwaltungsgesellschaft und ihrer SICAVs nicht personenidentisch zu besetzen – inwiefern sich daraus jedoch für die CSSF eine Rechtsgrundlage zur Verwehrung der Zulassung ableiten lässt, bleibt fraglich. Mehr Rechtskraft erhält die Forderung, Ausgewogenheit in der Zusammensetzung herzustellen: Als Beispiel wird angeführt, dass die Muttergesellschaft, wenn sie gleichzeitig Depotbank ist, nicht den Verwaltungsrat der Verwaltungsgesellschaft mehrheitlich mit leitenden Personen der Depotbank besetzen darf („muss gewährleistet sein").

90 Das Rundschreiben CSSF 12/546 stellt klar, dass die Anforderungen analog für den Verwaltungsrat gelten, wobei mindestens drei Verwaltungsräte einzusetzen sind: allerdings gelten die Anforderungen für alle Verwaltungsräte und nicht nur für die Mindestzahl.

282 Die genannten Anforderungen sind auf Geschäftsleiter grundsätzlich analog zutreffend; da diese sich jedoch der täglichen Geschäftsführung der Verwaltungsgesellschaft anzunehmen haben, werden an sie weitergehende aufsichtsrechtliche Anforderungen gestellt. So fordert die CSSF im Rundschreiben CSSF 12/546, dass grundsätzlich die Geschäftsleiter (mindestens zwei) dauerhaft in Luxemburg ansässig sein müssen bzw. einen Wohnsitz haben, der es ihnen erlaubt, sich prinzipiell täglich nach Luxemburg zu begeben. Nach sorgfältig begründetem Antrag kann die CSSF jedoch eine Ausnahme gewähren und dieses Erfordernis auf einen Geschäftsleiter beschränken. So wird der Besonderheit Luxemburgs Rechnung getragen, dass eine Vielzahl der dort arbeitenden Personen keinen Wohnsitz in Luxemburg hat, geschweige denn die Luxemburger Staatsbürgerschaft hat: ca. die Hälfte der Erwerbstätigen sind Grenzgänger aus dem benachbarten Belgien, Frankreich und Deutschland. So ist es auch Geschäftsleitern mit Sitz in London, Frankfurt, Paris oder Zürich potenziell möglich, sich aufgrund der Flug- oder Zuganbindungen täglich nach Luxemburg zu begeben, dies dürfte jedoch dem Geiste der Ausführungen der CSSF widersprechen, die sich grundsätzlich für mehr Substanz in der Großregion Luxemburg stark macht. Die Verwaltungspraxis wird zeigen, ob Modelle mit Geschäftsleitern, die allesamt in Metropolen außerhalb Luxemburgs ansässig sind, im Einzelfall zugelassen werden. In der Praxis wird das Problem gerade für kleinere substanzschwächere Verwaltungsgesellschaften dadurch umgangen, dass ein in Luxemburg ansässiger leitender Mitarbeiter z.B. der Depotbank als Geschäftsleiter der Verwaltungsgesellschaft auftritt. Nach Meinung der Aufsicht steht dies dem Prinzip der Unabhängigkeit der Verwaltungsgesellschaft von der Depotbank nicht entgegen (siehe Rundschreiben CSSF 12/546).

283 Die Gesamtheit der Geschäftsleiter bildet das Geschäftsleitungsgremium oder Geschäftsleitungskommittee (einfacher: die Geschäftsleitung), welches vereinfacht gesagt für alle Belange der Verwaltungsgesellschaft („unter der Letztverantwortung des Verwaltungsrats") verantwortlich ist. Das Rundschreiben CSSF 12/546 führt eine (nicht abschließende) Aufzählung von Punkten an, die in regelmäßigen Treffen aller Geschäftsleiter anzusprechen sind, über welche schriftliche Protokolle zu erstellen sind.[91] Um Interessenkonflikte zu vermeiden, muss jeder Geschäftsleiter einen designierten Bereich zugewiesen bekommen (mindestens: Trennung von Risikomanagement und Portfoliomanagement).

284 **d) Hauptverwaltung.** Als weiteres Erfordernis zur Zulassung sieht der Gesetzgeber vor, dass die Verwaltungsgesellschaft Satzungssitz und Hauptverwaltung („administration centrale") in Luxemburg hat. Als Satzungssitz ist der festgelegte Sitz laut Gründungsunterlagen der Gesellschaft zu verstehen. Dies allein reicht jedoch nicht aus: Als Hauptverwaltung wird lt. Rundschreiben CSSF 12/546 die Geschäftsführungs-, Verwaltungs-, Ausführungs- und Kontrollfunktion verstanden, welche es der Verwaltungsgesellschaft ermöglichen muss, die Kontrolle über die Gesamtheit ihrer Tätigkeiten innezuhaben. Zwei Begrifflichkeiten werden unterschieden: „zentrale Verwaltung" („centre administratif") und „Entscheidungszentrum" („centre de prise de décision"): das Entscheidungszentrum erstreckt sich auf die Geschäftsleiter mit den entsprechenden Anforderungen u.a. an Erfahrung, Leumund und Wohnsitz (s.o.), aber auch auf leitende Personen und Teamleiter mit entsprechender Entscheidungskompetenz (oft als „erweiterter Führungskreis" bezeichnet). Mit zentraler Verwaltung ist ein umfassendes System admi-

91 Als marktüblich hat sich, unbeschadet etwaiger notwendiger ad-hoc Sitzungen, ein monatlicher Turnus herauskristallisiert. Ebenso muss dem Verwaltungsrat regelmäßig Bericht erstattet werden, wobei dies häufig quartalsweise geschieht.

nistrativer Organisation gemeint, welches vereinfacht ausgedrückt die angemessene Führung der Verwaltungsgesellschaft ermöglicht.[92] Auf jeden Fall gefordert sind eigene Räumlichkeiten in Luxemburg, darüber hinaus gewöhnlich (nicht erschöpfend) eigenes Personal, eigene Ausführungsmechanismen (Prozesse und Strukturen, aber auch die dazugehörige Datenverarbeitungsinfrastruktur), Dokumentation und Rechnungslegung.

e) Personal. Die Aufsicht schreibt den zuzulassenden Verwaltungsgesellschaften vor, ihre Personalpolitik so auszugestalten, dass zahlenmäßig ausreichendes („suffisant en nombre") Personal mit erforderlichen Qualifikationen, Kenntnissen und Sachstand („disposant des qualifications, des connaissances et de l'expertise") gegeben ist, um einerseits die vorliegenden Arbeiten durchzuführen bzw. die übertragenen (delegierten) Tätigkeiten effizient („efficace") zu überwachen. Dabei sieht die CSSF ein Dienstverhältnis (Anstellungsverhältnis) bei der Verwaltungsgesellschaft als Regelfall. Jegliche davon abweichende Regelung, z.B. Personalgestellung („mettre à disposition") durch Konzerneinheiten oder Dritte, ist nicht nur anzeige-, sondern sogar genehmigungspflichtig. Die zugrundeliegenden schriftlichen Verträge müssen dabei die aus der Personalgestellung resultierenden möglichen Interessenkonflikte zwischen den betroffenen natürlichen Personen („le personnel") und dem das Personal stellenden Rechtsträger („l'entité") berücksichtigen und Regelungen zum Umgang mit denselben beinhalten. Es ist dabei nicht verboten, Generalisten einzusetzen, die das Know-How haben, mehr als eine spezielle Tätigkeit durchzuführen, sofern die ordnungsgemäße, ehrenhafte und professionelle („manière convenable, honnête et professionelle") Durchführung der jeweiligen Tätigkeit nicht beeinträchtigt ist. 285

f) Ausführung. Die Aufsicht bevorzugt ein System, bei dem grundsätzlich jede Verwaltungsgesellschaft ihre eigene IT-Landschaft („infrastructure technique et informatique") aufbaut, unterhält und pflegt, die in den Luxemburger Räumlichkeiten physisch ansässig ist und der direkten Kontrolle der Geschäftsleitung der Verwaltungsgesellschaft untersteht. 286

Da dies oftmals aber bereits aus Kostengründen die Arbeit der Verwaltungsgesellschaften, die ja überwiegend Tochtergesellschaften internationaler Finanzkonzerne sind, in Luxemburg höchst unrentabel werden lassen würde, wird weiterhin die Möglichkeit eröffnet, unter bestimmten Voraussetzungen auf bestehende Strukturen zurückzugreifen. Zunächst muss jedwede Inanspruchnahme von Diensten von Dritten („recours aux services d'un tiers") schriftlich vertraglich vereinbart werden. Weiterhin muss die Verwaltungsgesellschaft eine „Back-Up" Lösung implementieren, die das Funktionieren der Aufgaben der Verwaltungsgesellschaft unbeschadet von temporären Ausfällen eigener oder dritter IT-Systeme gewährleistet. Neben den Aspekten Kommunikationssicherheit („sécurité des communications") und Vertraulichkeit („confidentialité des données clients") wird insbesondere gefordert, dass auf die Informationen bzw. Daten, die durch Rechenzentren Dritter verarbeitet werden, schnell und uneingeschränkt („rapide et non limité") zugegriffen werden kann. Auf tiefergehende Ausführungen, was darunter zu verstehen ist, verzichtet die Aufsichtsbehörde leider. Führt man sich jedoch vor Augen, 287

92 Im Wesentlichen präzisiert die Aufsichtsbehörde die Bestimmungen, die bereits durch die Verordnung 10-4 der CSSF vom 20. Dezember 2010 zur Umsetzung der Richtlinie 2010/43/EU der Kommission vom 1. Juli 2010 zur Durchführung der Richtlinie 2009/65/EG des Europäischen Parlaments und des Rates im Hinblick auf organisatorische Anforderungen, Interessenkonflikte, Wohlverhalten, Risikomanagement und den Inhalt der Vereinbarung zwischen Verwahrstelle und Verwaltungsgesellschaft eingeführt wurden.

dass eine der wesentlichen Aufgaben der Verwaltungsgesellschaft die (mitunter tägliche) Anteilspreisfeststellung der von ihr verwalteten OGAW ist, so lässt sich ablesen, dass jede Verzögerung, die geeignet ist den Preisfeststellungsprozess insgesamt zu verzögern, den oben genannten Anforderungen entsprechend Rückschlüsse auf ein zu langsames IT-System zulässt – dabei geht es oftmals um Minuten.

288 **g) Rechnungslegung.** Auch im Gebiet der Rechnungslegung (für sich selbst als in Luxemburg ansässige Handelsgesellschaft) darf die Verwaltungsgesellschaft auf Dritte zurückgreifen. Dies ist der Aufsicht gegenüber nicht genehmigungs-, jedoch anzeigepflichtig („doit être notifié préalablement"). Des Weiteren muss eine Person – nicht notwendigerweise ein Geschäftsleiter – benannt werden, die der CSSF jederzeit Auskunft über die gegenwärtige Finanzlage („situation comptable") geben kann. Die für die Buchung relevanten Belege („les pièces comptables") müssen ständig am Sitz der Verwaltungsgesellschaft vorgehalten werden und/oder („et/ou") elektronisch zugänglich sein, sodass die Gesellschaft jederzeit eigenständig eine Bilanz sowie Gewinn- und Verlustrechnung erstellen(„établir") kann.

289 Die Gründer der Verwaltungsgesellschaft haben lt. Art. 102 Abs. 3 einen Rechtsanspruch darauf, innerhalb von sechs Monaten nach Einreichung eines vollständigen Antrages eine Zulassung bzw. begründete Ablehnung zu erhalten. Die erfolgreiche Zulassung verpflichtet die gesetzlichen Vertreter der Verwaltungsgesellschaft nach Abs. 4 während des Bestehens der Verwaltungsgesellschaft dazu, jegliche Änderung etwaiger wesentlicher Informationen, die im Rahmen der Zulassungsakte an die CSSF übermittelt wurden, dieser unverzüglich schriftlich mitzuteilen.

290 **h) Aktionäre.** Durch Art. 103 ist es der Aufsicht ermöglicht, die Zulassung aufgrund zweifelhafter Integrität nicht nur der handelnden Organe oder des Führungspersonals, sondern auch der dahinterstehenden Aktionäre oder Gesellschafter zu versagen. Es handelt sich also nicht nur um eine reine Dokumentationspflicht seitens der Verwaltungsgesellschaft in Gründung, die genauen Beteiligungsverhältnisse mitzuteilen („obten[ir] communication"), sondern um ein Instrumentarium der Aufsicht, etwaige Interessenkonflikte im Hinblick auf eine solide und umsichtige („saine et prudente") Geschäftsführung der Verwaltungsgesellschaft zu erkennen und frühzeitig zu adressieren (entspricht Art. 8 der OGAW IV-Richtlinie).

291 **i) Prüfungspflicht.** Als in Luxemburg ansässige Gesellschaft unterliegt die Verwaltungsgesellschaft dem Luxemburger Handelsrecht. Die bevorzugte Gesellschaftsform ist die Aktiengesellschaft („Société Anonyme", „SA"). Demnach ist eine monoistische (Verwaltungsrat) oder dualistische (Vorstand und Aufsichtsrat) Organisationsform möglich. Unbeschadet dessen fordert das Luxemburger Gesellschaftsrecht das Institut des „Rechnungsprüfers" („commissaire aux comptes").[93] Der „commissaire aux comptes" ist nach Art. 61 des Gesetzes von 1915 ein von den Gesellschaftern gewähltes Gremium, welches für die regelmäßige Prüfung und Überwachung der Gesellschaft verantwortlich ist.

292 Art. 104 des Gesetzes von 2010 stellt klar, dass eine gesetzliche Pflicht zur Prüfung der Verwaltungsgesellschaft durch einen unabhängigen Abschlussprüfer besteht (Prüfung kraft Rechtsform, analog Banken oder Versicherungen), ungeachtet der Größe der Gesellschaft – dies ist gar eine Zulassungsvoraussetzung. Gleichzeitig wird gesetzlich normiert, dass keine Pflicht zur Einsetzung eines „commissaire aux comptes" i.S.d. Ge-

93 Dies ist nicht zu verwechseln mit dem Abschlussprüfer („réviseur d'entreprises agréé").

setzes von 1915 besteht.[94] Die Berichtspflichten des Abschlussprüfers entsprechen denen der in Luxemburg geltenden International Standards on Auditing – darüber hinaus ist der Abschlussprüfer einer Verwaltungsgesellschaft zur unverzüglichen („rapidement") Unterrichtung der CSSF verpflichtet, sofern es sich um Sachverhalte in Bezug auf wesentliche Gesetzesverstöße („violation substantielle"), eine mögliche Beeinträchtigung der Fortführung der Verwaltungsgesellschaft („la continuité") oder Einschränkung oder Versagung des Bestätigungsvermerks („refus de la certification des comptes") handelt.

Flankiert werden die Rechte und Pflichten des Abschlussprüfers vom Rundschreiben CSSF 11/503, welches Verwaltungsgesellschaften, OGA(W) und Abschlussprüfer gleichermaßen adressiert. Hier normiert die Aufsicht – durch entsprechende typographische Hervorhebung – eine Pflicht für die der Aufsicht unterliegenden Gesellschaften („l'entité surveillée"), etwaige Schwierigkeiten der Bereitstellung von Informationen an den Abschlussprüfer („difficultés pour mettre ces informations à disposition du réviseur d'entreprises agréé") unverzüglich („rapidement") der CSSF anzuzeigen. Gleichermaßen ist der Abschlussprüfer angehalten, etwaige Schwierigkeiten seinerseits unverzüglich der CSSF anzuzeigen. **293**

II. Kapitel 16: Andere Verwaltungsgesellschaften

In Kapitel 16 des Gesetzes von 2010 sind die Verwaltungsgesellschaften geregelt, die nicht berechtigt sind OGAW zu verwalten. Das beinhaltet nicht nur die Wahrnehmung der Verwaltungsgesellschaftsfunktion für Teil II-Sondervermögen, sondern auch die Verwaltung von Teil II-SICAV (oder ggf. Teil II-SICAF) (entsprechend Art. 125-1 (1) Absatz 4 b) Satz 1 des Gesetzes von 2010). Dabei ist die Verwaltungsgesellschaft entweder selbst der (stets externe) AIFM oder benennt einen entsprechenden AIFM, in beiden Fällen je nach Größe des verwalteten Vermögens als voll lizensierter AIFM oder auch als nur registrierter AIFM, jeweils unter Einhaltung der insbesondere an einen voll lizensierten AIFM gestellten besonderen Anforderungen (entsprechend Art. 125-1 1) Absatz 4 b) Satz 2 des Gesetzes von 2010). **294**

Gleichzeitig kann die Verwaltungsgesellschaft die Verwaltungsgesellschaftsfunktion für andere AIF als solche, die Teil II-OGA sind, ausüben. Auch dabei ist die Verwaltungsgesellschaft entweder selbst der (stets externe) AIFM oder benennt einen entsprechenden AIFM, in beiden Fällen je nach Größe des verwalteten Vermögens als voll lizensierter AIFM der auch als nur registrierter AIFM, jeweils unter Einhaltung der insbesondere an einen voll lizensierten AIFM gestellten besonderen Anforderungen (entsprechend Art. 125-1 (1) Absatz 4 c) und 125-1 (1) Absatz 5 des Gesetzes von 2010). Im Wesentlichen ist durch diese Regelungen die Verwaltungsgesellschaftsfunktion für Spezialfonds nach dem Spezialfonds-Gesetz, die als AIF qualifizieren, abgedeckt (Spezialfonds nach dem

94 Unklar ist der Verweis auf Art. 140 des Gesetzes von 1915, der inhaltlich scheinbar ins Leere führt. Hält man sich an den Wortlaut des Gesetzes zur OGAW III-Richtlinien, dem Gesetz vom 20. Dezember 2002 über OGA, bezieht sich der korrespondierende Art. 80 Abs. 3 nicht auf Art. 140 des Gesetzes von 1915, sondern auf Art. 137 des Gesetzes von 1915. Der genaue Hintergrund ist schwer zu rekonstruieren, da der betreffende Artikel des Gesetzes von 1915 durch das Gesetz vom 18. Dezember 2009 (Implementierung der Abschlussprüfer-Richtlinie – gewissermaßen die Luxemburger Wirtschaftsprüferordnung) geändert wurde. In der ursprünglichen Fassung des Artikels, d.h. zum Zeitpunkt des Inkrafttretens des Gesetzes von 2002, bezog sich Art. 137 auf die Tatsache, dass Gesellschaften in Form einer Genossenschaft („société coopérative") einer staatlichen Aufsicht („soumises au contrôle du Gouvernement") unterlagen. Dies wurde durch das Gesetz vom 18. Dezember 2009 geändert zum bekannten System mit „commissaire aux comptes" bzw. Abschlussprüfer. Mithin ist der Verweis im Gesetz hinfällig; eine Korrektur erfolgte – mutmaßlich mit Hinblick auf die untergeordnete praktische Bedeutung – bisher nicht.

Spezialfonds-Gesetz sind anders als Teil II-OGA nicht von Gesetzes wegen, d.h. nicht immer, AIF, auch wenn dieses häufig der Fall ist).

295 Die Kapitel 16 Verwaltungsgesellschaft darf darüber hinaus auch die Verwaltung für andere Investmentvehikel als AIF wahrnehmen (so Art. 125-1 (1) Absatz 4 a) des Gesetzes von 2010) was jedoch nicht ihre ausschließliche Tätigkeit sein darf, es sei denn diese Nicht-AIF unterliegen speziellen Gesetzen (z.B. Verbriefungszweckvehikel im Sinne des AIFM-Gesetzes, die eben nicht dem AIFM-Gesetz unterliegen, jedoch dem Gesetz vom 15. Juni 2004 über Verbriefungsgesellschaften, siehe dazu im Detail die Ausführungen zu Art. 2 des AIFM-Gesetzes) – die vorstehend beschriebenen Verwaltungsgesellschaftsfunktionen (Artkernfunktion) müssen grundsätzlich also immer auch ausgeübt werden (insgesamt entsprechend Art. 125-1 (1) Absatz 6 des Gesetzes von 2010).

Weiter darf die Verwaltung der eigenen Vermögenswerte lediglich Nebentätigkeit sein (entsprechend Art. 125-1 (1) Absatz 7 des Gesetzes von 2010).

296 Die Tätigkeit als Verwaltungsgesellschaft nach Kapitel 16 des Gesetzes von 2010 bedarf der vorherigen Zulassung durch die CSSF (so Art. 125-1 (1) Absatz 1 des Gesetzes von 2010). Dieses ist, sofern zutreffend, in Kombination mit einer Zulassung/Registrierung nach dem AIFM-Gesetz zu verstehen. Abgesehen von der Kommanditgesellschaft (SCS) und der Speziellen Kommanditgesellschaft (SCSp) kann die Verwaltungsgesellschaft in vielfältigen Rechtsformen errichtet werden (entsprechend Art. 125-1 (1) Absatz 2 Satz 1 des Gesetzes von 2010). Klarstellend wurde im Zuge der Umsetzung der AIFM-Richtlinie hier der Verweis auf die ergänzende Anwendung des Gesetzes von 1915 eingefügt (so Art. 125-1 (1) Absatz 2 Satz 2 des Gesetzes von 2010) (dieses wurde auch zuvor schon so gehandhabt). Zugelassene Verwaltungsgesellschaften werden auf einer offiziellen Liste eingetragen (funktionsweise prozedural wie bei den Listen für OGAW und OGA) und ihre Gründung (als Verwaltungsgesellschaft nach Kapitel 16) kann erst nach der Mitteilung über die Zulassung erfolgen (inhaltlich voraussetzend entsprechend Art. 125-1 (1) Absatz 3 des Gesetzes von 2010).

297 Der satzungsgemäße Sitz einer Kapitel 16 Verwaltungsgesellschaft und Ihre Hauptverwaltung müssen in Luxemburg sein (entsprechend Art. 125-1 (1) Absatz 8 des Gesetzes von 2010). Die Kapitel 16 Verwaltungsgesellschaft kann nicht wie die Kapitel 15 Verwaltungsgesellschaft (für OGAW) oder voll lizensierte AIFM von einem Passport hinsichtlich ihrer Tätigkeiten innerhalb der EU profitieren. Letzteres gilt natürlich nicht, wenn die Kapitel 16 Verwaltungsgesellschaft gleichzeitig als voll lizensierte AIFM zugelassen ist.

298 Im Rahmen der Ausübung der Verwaltungsgesellschaftsfunktion für Teil II-OGA bzw. für AIF, die keine Teil II-OGA sind (Art. 125-1 (1)Absatz 4 b) und c) des Gesetzes von 2010, wie oben beschrieben), kann die Kapitel 16 Verwaltungsgesellschaft eine oder mehrere Aufgaben auf Dritte übertragen (entsprechend Art. 125-1 (1) Absatz 9 des Gesetzes von 2010). Dieses unterliegt bestimmten Anforderungen und Informationspflichten, die parallel zu den im AIFM-Gesetz enthaltenen Anforderungen gestaltet sind. Wichtig ist stets die CSSF vorab in geeigneter Form zu informieren (entsprechend Art. 125-1 (1) Absatz 9 des Gesetzes von 2010). Es ist dringend anzuraten, dass dieses so erfolgt, dass die CSSF nicht vor vollendete Tatsachen gestellt wird. Im Rahmen eines Zulassungsverfahrens ist dazu natürlich bereits Stellung zu nehmen.

299 Art. 125-1 (2) des Gesetzes von 2010 legt verschiedene grundsätzliche Zulassungsvoraussetzungen nach dem Gesetz von 2010 fest.

Das Mindestkapital der Kapitel 16 Verwaltungsgesellschaft beträgt EUR 125.000[95] und muss voll eingezahlt sein. Es hat stets mindestens diesem Betrag zu entsprechen

95 Die CSSF kann in einer Verordnung einen höheren Mindestbetrag festlegen (bis zu EUR 625.000) (Art. 125-1 (2) a) des Gesetzes von 2010). Eine solche Verordnung wurde bislang jedoch nicht erlassen.

und muss der Gesellschaft jederzeit zur Verfügung stehen. Die Anlage ist nur im eigenen Interesse zulässig (insgesamt entsprechend Art. 125-1 (2) a) und b) des Gesetzes von 2010).[96]

Die Anforderungen an die Beleumdung der Geschäftsleiter entsprechen denen wie an verschiedenen Stellen des Gesetzes von 2010 bereits enthalten (z.B. für Kapitel 15 Verwaltungsgesellschaften in Art. 129 (5) des Gesetzes von 2010) (inhaltlich Art. 125-1 (2) c) des Gesetzes von 2010).

Der Antrag muss weiter eine Beschreibung des organisatorischen Aufbaus sowie Transparenz im Zusammenhang mit den Aktionären oder Anteilinhabern der Kapitel 16 Verwaltungsgesellschaft enthalten (entsprechend Art. 125-1 (2) d) und e) des Gesetzes von 2010). Auch ohne gleichzeitig als voll lizensierter AIFM zugelassen zu werden ist die Transparenz im Zusammenhang mit der Identität der Beteiligung (bis zur letzten Stufe) an einer Kapitel 16 Verwaltungsgesellschaft ein wichtiges Element im Verfahren.

Das Gesetz von 2010 sieht auch für die Kapitel 16 Verwaltungsgesellschaft eine **300**
Höchstfrist von 6 Monaten bis zur positiven oder negativen Bescheidung eines vollständigen Antrags vor (Art. 125-1 (3) des Gesetzes von 2010). Insoweit ist also auch hier dem Antragsteller ein klarer zeitlicher maximaler Planungsrahmen vorgegeben (auch wenn diese Maximalfrist im Regelfall nicht ausgeschöpft wird). Nach Erteilung der Zulassung darf die Geschäftstätigkeit sofort aufgenommen werden (entsprechend Art. 125-1 (4) Absatz 1 des Gesetzes von 2010). Wie bei der OGAW SICAV sind die verschiedenen Organe und ihre Personen verpflichtet, Änderungen wesentlicher Informationen unverzüglich an die CSSF mitzuteilen (entsprechend Art. 125-1 (4) Absatz 2 des Gesetzes von 2010). Die Zulassung kann wie bei OGAW SICAV (siehe Art. 27 (3) letzter Absatz des Gesetzes von 2010) nur aus entsprechenden konkret aufgeführten Gründen entzogen werden (entsprechend Art. 125-1 (5) des Gesetzes von 2010). Entsprechend der Verwaltung von OGAW (insbesondere Sondervermögen) durch Kapitel 15 Verwaltungsgesellschaften ist es auch bei Kapitel 16 Verwaltungsgesellschaften verboten, die Vermögenswerte der verwalteten OGA für Zwecke der Verwaltungsgesellschaft zu verwenden (entsprechend Art. 125-1 (6) des Gesetzes von 2010). Insbesondere (auch) in der Insolvenz der Kapitel 16 Verwaltungsgesellschaft ist das Vermögen der Kapitel 16 Verwaltungsgesellschaft vom Vermögen der verwalteten OGA strikt getrennt, fallen die von der Kapitel 16 Verwaltungsgesellschaft verwalteten OGA nicht in ihre Insolvenzmasse und Gläubiger der Kapitel 16 Verwaltungsgesellschaft können nicht in die Vermögen der von ihr verwalteten OGA vollstrecken (entsprechend Art. 125-1 (6) des Gesetzes von 2010).

Art. 125-2 des Gesetzes von 2010 verweist für den Fall, dass die Kapitel 16 Verwal- **301**
tungsgesellschaft gleichzeitig als voll lizensierter AIFM zugelassen sein muss auf die Regelungen des AIFM-Gesetzes und spezifiziert die zugelassenen Dienstleistungen.

Die Vorschriften über die Notwendigkeit eines oder mehrerer zugelassener Wirtschaftsprüfer sowie deren Prüfung wie in Art. 104 für die Kapitel 15 Verwaltungsgesellschaften bestimmt, gelten auch für die Kapitel 16 Verwaltungsgesellschaften (entsprechend Art. 126 (1) des Gesetzes von 2010). Für die nicht gerichtlich veranlasste Liquidation ist in Art. 126 (2) die inhaltsgleiche Regelung wie für Kapitel 15 Verwaltungsgesellschaften (dort Art. 105 des Gesetzes von 2010) getroffen worden (Zulassung der Liquidatoren durch die CSSF und deren Qualifikation).

Schließlich ist in Art. 126bis des Gesetzes von 2010 der Extremfall der zwangsweisen **302**
Auflösung und Liquidation der Kapitel 16 Verwaltungsgesellschaft (auf Betreiben des

96 Auch hier ist davon auszugehen, dass Anlagen, in Anlehnung an das CSSF Rundschreiben 12/546 (I. 3., Seiten 5/6) nur sehr begrenzt möglich sind, um eine ständige Verfügbarkeit des Mindestkapitals zu garantieren.

Staatsanwalts der von Amts wegen oder auf Antrag der CSSF hin tätig wird) sowie die Folgen einer Streichung einer Kapitel 16 Verwaltungsgesellschaft von den offiziellen Listen (als Kapitel 16 Verwaltungsgesellschaft oder/und AIFM) für das Handeln im Geschäftsverkehr geregelt.

III. Kapitel 17: Verwaltungsgesellschaften aus Mitgliedstaaten oder Drittländern, die nicht von den zuständigen Behörden eines anderen Mitgliedstaates im Einklang mit der Richtlinie 2009/65/EG zugelassen sind

303 Ausländische (EU-Staat oder Drittstaat) Verwaltungsgesellschaften, die diesem Kapitel und seinem Art. 127 des Gesetzes von 2010 unterliegen können grenzüberschreitend nicht einen Passport für ihre Tätigkeit in Anspruch nehmen. Sie unterliegen folglich denselben Zulassungsvoraussetzungen für eine (Zweig-)Niederlassung wie Luxemburger Verwaltungsgesellschaften nach Kapitel 16 des Gesetzes von 2010 (inhaltlich entsprechend Art. 127 (1) des Gesetzes von 2010), wobei die Einhaltung der Anforderungen logisch im Hinblick auf die ausländische Einrichtung bemessen wird (inhaltlich entsprechend Art. 127 (2) des Gesetzes von 2010). Hinsichtlich des Kapitals ist notwendig, dass die Eigenmittel der Gesellschaft vom Vermögen seiner Gesellschafter getrennt sind (Art. 127 (3) Satz 1 des Gesetzes von 2010) und dass darüber hinaus die (Zweig-)Niederlassung jederzeit verfügbares Dotationskapital (= eigenständiges Geschäftsvermögen) oder finanzielle Eigenmittel zur Verfügung hat das/die dem Umfang für Verwaltungsgesellschaften nach Kapitel 16 des Gesetzes von 2010 (also kurz gesagt mindestens EUR 125.000 gemäß Art. 125-1 (2) des Gesetzes von 2010) entspricht/entsprechen (Art. 127 (3) Satz 2 des Gesetzes von 2010). Diese „Versicherung" hinsichtlich der Kapitalmittel ist nach deren Sinn und Zweck für die Sicherstellung eines reibungslosen Ablaufs des Geschäftsverkehrs auch bei solchen (Zweig-)Niederlassungen notwendig und nachvollziehbar. Die Geschäftsführer der Zweigniederlassung, die ja deren Geschäfte führen, unterliegen logisch den gleichen Anforderungen wie die Geschäftsführer der Verwaltungsgesellschaften nach Kapitel 16 des Gesetzes von 2010 (siehe entsprechend Art. 127 (4) Satz 1 des Gesetzes von 2010). Anstelle einer Hauptverwaltung (wie die Verwaltungsgesellschaft nach Kapitel 16 des Gesetzes von 2010 gemäß Art. 125-1 (1) des Gesetzes von 2010) muss die (Zweig-)Niederlassung eine angemessene Verwaltungsstruktur in Luxemburg nachweisen.

IV. Kapitel 18: Ausübung der Tätigkeit einer Verwaltungsgesellschaft seitens multilateraler Entwicklungsbanken

304 Multilaterale Entwicklungsbanken die in Anhang VI Ziffer 20 der geänderten Richtlinie 2006/48/EG aufgeführt sind,[97] sind berechtigt die Verwaltung von OGA im Sinne

97 a) Internationale Bank für Wiederaufbau und Entwicklung,
b) Internationale Finanz-Corporation,
c) Interamerikanische Entwicklungsbank,
d) Asiatische Entwicklungsbank,
e) Afrikanische Entwicklungsbank,
f) Rat der Europäischen Entwicklungsbank,
g) Nordische Investitionsbank,
h) Karibische Entwicklungsbank,
i) Europäische Bank für Wiederaufbau und Entwicklung,
j) Europäische Investitionsbank,
k) Europäischer Investitionsfonds,

von Art. 125-1 des Gesetzes von 2010, also wie eine Verwaltungsgesellschaft nach Kapitel 16 des Gesetzes von 2010, auszuführen, vorausgesetzt Ihre Satzung sieht die gemeinsame Portfolioverwaltung vor (entsprechend Art. 128 Absatz 1 des Gesetzes von 2010). Verwalten multilaterale Entwicklungsbanken OGA, die der Aufsicht der CSSF unterliegen, müssen diese multilateralen Entwicklungsbanken der CSSF alle zur Aufsicht notwendigen Informationen zukommen lassen (so Art. 128 Absatz 2 des Gesetzes von 2010). Diese Informationspflicht zur Sicherstellung der Aufsicht ist folgerichtig.

F. Teil V: Allgemein anwendbare Bestimmungen im Hinblick auf OGAW und andere OGA

I. Kapitel 19: Zulassung

Sowohl alle OGAW (nach Art. 2 des Gesetzes von 2010) als auch alle OGA (nach Art. 87 des Gesetzes von 2010) oder andere OGA (die nicht geschlossene OGA sind) beziehungsweise ausländische OGA, in letzterem Fall sofern sie ihre Anteile in oder über Luxemburg an Kleinanleger vertreiben wollen (also außerhalb des Passports, der professionelle Anleger abdeckt), erfordern zur Ausübung ihrer Geschäftstätigkeit die vorherige Zustimmung der CSSF (entsprechend Art. 129 (1) Absatz 1 des Gesetzes von 2010). **305**

Im Einklang mit den Anforderungen aus Art. 2 (2) 1. Spiegelstrich des Gesetzes von 2010 sowie Art. 3 2. Spiegelstrich des Gesetzes von 2010 kann gemäß Art. 129 (1) 2. Absatz des Gesetzes von 2010 einem OGAW von der CSSF keine Zulassung erteilt werden, sofern dieser daran gehindert ist, seine Anteile in Luxemburg zu vertreiben (insbesondere durch Regelungen im Verwaltungsreglement oder der Satzung). Dieses stellt einen Negativausschluss dar. **306**

Die Zulassung erfolgt erst nachdem die CSSF ihre Zustimmung zum Verwaltungsreglement (bei Sondervermögen) bzw. den Gründungsunterlagen (bei gesellschaftsrechtlichen Strukturen, im Regelfall die Satzung einer SICAV) erteilt hat (entsprechend Art. 129 (2) des Gesetzes von 2010). Vorbehaltlich der Ausnahmen nach Art. 3 des AIFM-Gesetzes (insbesondere der *de minimis* Ausnahme) muss für einen Teil II-OGA entweder sein externer AIFM oder der betreffende OGA selbst (als interner AIFM) über die Volllizenz als AIFM verfügen, damit der Teil II-OGA die Zulassung der CSSF erhalten kann (entsprechend Art. 129 (2bis) des Gesetzes von 2010). Das ist natürlich, da Teil II-OGA von Gesetz wegen AIF sind (siehe oben) folgerichtig sowie systematisch notwendig und korrekt. **307**

In ähnlicher Weise wie bei Teil II-OGA (die ja AIF sind) wird bei OGAW die Zulassung nur dann erteilt, wenn die CSSF dem Antrag der Verwaltungsgesellschaft bzw. bei nicht Sondervermögen dem Antrag der für die Funktion der Verwaltungsgesellschaft vorgesehenen Gesellschaft, den OGAW zu verwalten, zustimmt (entsprechend Art. 129 (3) 1. Spiegelstrich des Gesetzes von 2010). Besonderheiten gelten unter Einhaltung der Voraussetzungen von Art. 125 des Gesetzes von 2010 auch für Zulassung einer in einem anderen EU-Staat ansässigen Verwaltungsgesellschaft (die aufgrund Ihrer Zulassung OGAW verwalten darf) zur Verwaltung eines Luxemburger OGAW (entsprechend Art. 129 (1) 2. Spiegelstrich des Gesetzes von 2010). **308**

---

l) Multilaterale Investitions-Garantie-Agentur,
m) Internationale Finanzierungsfazilität für Impfungen
und
n) Islamische Entwicklungsbank.

309 Eine Zurückweisung eines Antrags auf Zulassung eines OGAW kann nur in bestimmten festgelegten Fällen erfolgen und eine Unterrichtung ob einem OGAW die Zulassung erteilt wird oder nicht erfolgt spätesten 2 Monate nach Erhalt des vollständigen Antrags (entsprechend Art. 129 (4) des Gesetzes von 2010). Damit ist sichergestellt, dass für OGAW, im Sinne der OGAW IV-Richtlinie, inhaltlich und zeitlich berechenbarere Prozeduren gelten.

Zugelassenen OGAW/OGA werden schließlich in die bereits mehrfach erwähnte offizielle Liste der CSSF eingetragen (inhaltlich entsprechend Art. 130 (1) des Gesetzes von 2010). Die Eintragung wird nur aufrecht erhalten, wenn alle gesetzlichen, behördlichen oder vertraglichen Bestimmungen des OGAW/OGA, insbesondere betreffend die Organisation und die Funktionsweise, aber auch den Vertrieb, eingehalten werden (so entsprechend Art. 130 (2) des Gesetzes von 2010).

Die Eintragung auf der Liste darf jedoch in keinem Fall und in keiner Form als positives Qualitätsmerkmal der angebotenen Anteile beschrieben werden (so Art. 132 des Gesetzes von 2010). Die behördliche Genehmigung kann logischerweise über die rechtlich/regulatorischen Merkmale hinaus weder eine Aussage über die konkrete Sinnhaftigkeit noch über eine besondere Eignung einer Anlage in einen OGAW/OGA machen.

310 Abschließend sei noch darauf hingewiesen, dass Art. 131 des Gesetzes von 2010 klarstellt, dass außer Luxemburger OGA des geschlossenen Typs, alle (inländischen und ausländischen) OGAW und alle ausländischen OGA im Falle des öffentlichen Vertriebs in Luxemburg von der Pflicht zur Veröffentlichung eines Verkaufsprospekts nach Teil III des Gesetzes vom 10. Juli 2005 über Wertpapierverkaufsprospekte[98] befreit sind (der aufgrund der Regelungen zu den OGA erstellte Verkaufsprospekt ist auch für den öffentlichen Vertrieb von Wertpapieren bzw. für die Zulassung zum Handel an einem geregelten Markt ausreichend) (entsprechend Art. 131 des Gesetzes von 2010).

II. Kapitel 20: Organisation der Aufsicht

311 Kapitel 20 des Gesetzes von 2010 enthält im Detail alle Bestimmungen, die ergänzend zu den bereits an anderer Stelle des Gesetzes von 2010 genannten Bestimmungen und den generellen Bestimmungen über die CSSF[99] im Hinblick auf die Zuständigkeit, die grundsätzliche Organisation, die Aufsichts- und Sanktionsbefugnisse (auch Eingriffsrechte) der CSSF, die Einhaltung des Berufsgeheimnisses (durch die CSSF und ihre aktuellen sowie früheren Mitarbeiter), sowie die Zusammenarbeit der CSSF mit den zuständigen Behörden anderer Mitgliedstaaten oder auch Drittstaaten, festgelegt wurden. Hier kommt in sehr klarer Art und Weise die ordnungsgemäße, funktionierende, rechtsstaatlichen und EU Anforderungen genügende Aufsichtsmission der CSSF zum Ausdruck.

Exemplarisch sei auf die unter anderem in Art. 147 des Gesetzes von 2010 bestimmten Überwachungs- und Ermittlungsbefugnisse, die auch die für eine ordnungsgemäße Aufsicht normalen und notwendigen, umfassenden Eingriffsrechte der CSSF beinhalten, hingewiesen.

Auch kann die CSSF selbst, Verwaltungsratsmitgliedern, Vorstandsmitgliedern Geschäftsführern oder leitenden Angestellten von OGA, Verwaltungsgesellschaften, Verwahrstellen und jedem anderen Unternehmen, das an der Geschäftstätigkeit eines OGA mitwirkt gegenüber Geldbußen aussprechen, wenn diese insbesondere im Zusammen-

---

98 *Loi du 10 juillet 2005 relative au prospectus pour valeurs mobilières.*

99 Gemeint ist insbesondere auch das geänderte Gesetz vom 23. Dezember 1998 über die Errichtung einer Finanzaufsichtsbehörde (*Loi du 23 décembre 1998 portant création d'une commission de surveillance du secteur financier telle qu'elle a été modifiée*).

hang mit deren Informationspflicht gegenüber der CSSF nicht oder nicht korrekt kooperieren (siehe entsprechend und mit weiteren Details Art. 148 des Gesetzes von 2010).

Etwas abseits der Frage der puren Aufsicht sei es jedoch erlaubt anzumerken, dass abgesehen von der Frage einer Geldbuße indes die Frage der Integrität im Zusammenhang mit einer Marktteilnahme, wie an allen seriösen Finanzplätzen, von sehr hoher Bedeutung ist.

III. Kapitel 21: Verpflichtungen betreffend die Information der Investoren

Als reguliertes Anlagevehikel ist der OGAW zu Transparenz verpflichtet. Der Luxem- 312
burger Gesetzgeber hat es allerdings tunlichst vermieden, über die im Wesentlichen in der OGAW-Richtlinie festgezurrten gemeinschaftlichen Mindestanforderungen hinaus erweiterte Anforderungen an die durch OGAW zu veröffentlichende Dokumente zu stellen. So lesen sich die Art. 150 bis 156 des Gesetzes von 2010 (mit Ausnahme der Anforderungen an Abschlussprüfer gem. Art. 154 des Gesetzes von 2010) weitestgehend als Abschrift der Artikel 68, 69, 71, 72, 74 und 75 der OGAW IV-Richtlinie.

1. Art. 150 Abs. 1 und 2. Somit sind zwingend ein Prospekt („prospectus"), ein Jah- 313
resabschluss bzw. Jahresbericht (gem. Richtlinien-Terminologie)[100] je Geschäftsjahr („rapport annuel par exercice") sowie ein Halbjahresbericht („rapport semi-annuel") für die ersten sechs Monate des Geschäftsjahres zu veröffentlichen. Für den Jahresabschluss des OGAW gilt eine Frist von vier Monaten ab Ende des (ggf. im ersten Jahr verlängerten oder verkürzten Rumpf-)Geschäftsjahres. Gleicht das Geschäftsjahr dem Kalenderjahr, so ist traditionell der 30. April des Folgejahres der Stichtag zur Bereitstellung des geprüften Jahresabschlusses des Investmentfonds bzw. der Investmentgesellschaft. Für den Halbjahresbericht gilt eine Frist von zwei Monaten; im obigen Beispiel also eine Veröffentlichung bis spätestens zum 31. August desselben Jahres.

Über welches Medium und in welcher Form dieser Jahresabschluss zur Verfügung zu 314
stellen ist, wird nicht näher spezifiziert. Die Frist wird als eingehalten vermutet, sobald der Jahresabschluss fristgerecht bei der CSSF hinterlegt wird; dies hat in elektronischer Form und unverzüglich nach Erteilung des Bestätigungsvermerks durch den Abschlussprüfer zu erfolgen. Im CSSF Rundschreiben 11/503[101] weist die Aufsichtsbehörde erinnernd auf die verschiedenen Rechtsquellen betreffend die Veröffentlichungspflicht hin („Rappel des obligations en matière de communication et de publication des informations financières, ainsi que des délais y relatifs") – auch hier ist die einzige gesetzlich ableitbare Pflicht in Bezug auf die Fristigkeit die Veröffentlichung („publication") des Jahresabschlusses innerhalb von vier Monaten nach Geschäftsjahresende. Von einer expliziten Pflicht zur aktiven Zurverfügungstellung an die Anleger findet sich im Gesetz kein Hinweis; es reicht also, wenn die Anleger spätestens mit abgelaufener Frist die Möglichkeit haben, den Jahresabschluss zumindest einzusehen. In der Praxis hat sich als Veröffentlichungsmedium ohnehin die elektronische Form durchgesetzt; auf Verlangen ist jedoch jedem Anleger ein gedrucktes Exemplar („un exemplaire sur papier") des

100 Die handelsrechtlich eigentlich ungenaue Terminologie „Jahresbericht" hat sich in der Praxis weitestgehend durchgesetzt, auch bei anderen Vehikeln mit ähnlicher Zielsetzung (Spezialfonds).

101 **CSSF Rundschreiben 11/503**: Rundschreiben der CSSF 11/503 Erinnerung an die Pflichten hinsichtlich der Kommunikation und der Veröffentlichung von Finanzinformationen sowie der diesbezüglichen Fristen (*CIRCULAIRE CSSF 11/503 Rappel des obligations en matière de communication et de publication des informations financières, ainsi que des délais y relatifs*.

Jahresabschlusses gebührenfrei auszuhändigen (siehe Art. 156 Abs. 3 des Gesetzes von 2010).

315 Im Falle einer SICAV ist zusätzlich die Hinterlegung beim zuständigen Handelsregister „Registre de Commerce et des Sociétés Luxembourg (RCSL)“ erforderlich. Dies leitet sich aus den generellen Publizitätspflichten für Handelsgesellschaften ab, die in den Art. 77 und 79 des Gesetzes vom 19. Dezember 2002 zum Handels- und Firmenregister sowie zur Buchhaltung und den Jahreskonten der Unternehmen und zur Abänderung verschiedener anderer gesetzlicher Reglungen (Loi du 19 décembre 2002 concernant le registre de commerce et des sociétés ainsi que la comptabilité et les comptes annuels des entreprises et modifiant certaines autres dispositions légales) kodifiziert sind. Diese greifen über die generelle Verweisungsnorm Art. 26 Abs. 1 des Gesetzes von 2010. Als Frist gilt ein Monat ab („dans le mois“; nicht: im selben Monat!) ordentlicher Feststellung („approbation“) des Jahresabschlusses. Die Feststellung findet grundsätzlich im Rahmen der ordentlichen Generalversammlung statt, die dem Geschäftsjahresende folgt.[102] Unbeschadet dessen gilt, dass die Hinterlegung spätestens sieben Monate nach Ende des Geschäftsjahres zu erfolgen hat, auch wenn die Feststellung noch nicht erfolgt ist. Dies kann in elektronischer Form geschehen. Es ergeht ein Hinterlegungsvermerk; dieser wird durch das Handelsregister im Luxemburger Amtsblatt („Mémorial C, Recueil des Sociétés et Associations“) veröffentlicht. Die Veröffentlichung des Hinterlegungsvermerks gilt als Veröffentlichung des Jahresabschlusses, vgl. Art. 9 des Gesetzes von 1915. Neben den „comptes annuels“ (d.h. Bilanz, Gewinn- und Verlustrechnung und Anhang) ist der Bericht des Abschlussprüfers („réviseur d’entreprises agréé“) sowie ggf. noch der „rapport de gestion“ (Bericht des Verwaltungsrates) zu hinterlegen. Da ein Investmentfonds in Form des FCP keine eigene Rechtspersönlichkeit hat, entfällt dieses Erfordernis.

316 Das AIFM-Gesetz führt eine Erleichterung für sogenannte „Teil II“-Fonds ein („andere OGA“ gem. Teil II des Gesetzes von 2010): Die Frist für die Veröffentlichung des Jahresabschlusses erhöht sich auf sechs Monate und nähert sich somit dem des SIF an. Hintergrund ist, dass Teil II-Fonds generell als AIF eingestuft werden können und Art. 22 Abs. 1 der AIFM-Richtlinie grundsätzlich eine Veröffentlichung innerhalb von sechs Monaten nach Geschäftsjahresende des AIF vorsehen; von dem Recht, eine kürzere Frist zu fordern (wie dies bislang für die keiner Richtlinie unterstehenden Teil II-Fonds der Fall war), hat der Mitgliedsstaat Luxemburg keinen Gebrauch gemacht. Analog verlängert sich die Frist für die Veröffentlichung des Halbjahresberichtes um einen Monat von zwei auf drei Monate.

317 **2. Abs. 3.** Keinen Prospekt i.S.d. Art. 150 Abs. 1 müssen geschlossene („closed-ended“) OGA („organismes de placement collectif du type fermé“) erstellen. Offene („open-ended“) OGA sind OGA, die ihre Anteile auf Verlangen des Anlegers ausgeben und auf Verlangen des Anlegers zurücknehmen; davon unberührt ist das kurzzeitige Aussetzen der Anteilscheinrücknahme aufgrund von besonderen Umständen (vgl. Art 12 bzw. Art 28 des Gesetzes von 2010). Geschlossene OGA sind OGA, auf die obige Definition nicht zutrifft. Sie erstellen jedoch mindestens einen vereinfachten Prospekt („prospectus simplifié“) gem. Teil III („Partie III – Des offres au public et des admissions à la négociation sur un marché réglementé de valeurs mobilières non visées par la partie II“) des Gesetzes vom 10. Juli 2005 über Verkaufsprospekte für Wertpapiere („Loi du 10 Juillet 2005 relative aux prospectus pour valeurs mobilières“), der eine Ausnahme nur für nichtgeschlossene OGA („organismes de placement collectif du type autre que fermé“), die

102 Eine Feststellung erfolgt nicht bei nichtrechtsfähigen Vermögensmassen, d.h. FCP.

dem Gesetz von 2010 unterliegen, vorsieht. Dies wird innerhalb des Gesetzes von 2010 im Übrigen durch Art. 131 nochmals bekräftigt. Die Börsenzulassung von OGAW ist mithin also durch die Erstellung eines Prospektes i.S.d. Art. 150 des Gesetzes von 2010 möglich.

3. Art. 151

a) Abs. 1. Vergleicht man den Aufbau und Umfang eines typischen Emissionsdokumentes von Spezialfonds (vgl. Ausführungen dort) mit dem eines OGAW-Prospektes, wird man feststellen, dass letzteres weitaus umfangreicher ist und wesentlich detailreicher die möglichen (generischen) Risiken beschreibt, wie z.B. das generelle Risiko, dass auch trotz sorgfältiger Auswahl der Wertpapiere Verluste durch Vermögensverfall des Emittenten des Wertpapiers auftreten können. Der Anlegerkreis des OGAW ist nicht eingeschränkt; unter anderem gerade weil OGAW ohne größeren behördlichen Hürden einer breiten Öffentlichkeit angeboten werden können, ist der Erfolg der Marke „OGAW" zu erklären. Die finanzielle Bildung (oder das Fehlen selbiger) ist in den verschiedenen Mitgliedstaaten unterschiedlich ausgeprägt; umso wichtiger ist es, im Prospekt den „kleinsten gemeinsamen Nenner" zu finden, um sich nicht im Nachgang unangenehmen Streitigkeiten aufgrund lokaler Andersinterpretationen auszusetzen. Dem Erfordernis der OGAW-Richtlinie folgend wird eine „eindeutige und leicht verständliche" („claire et facile à comprendre") Erläuterung des Risikoprofils verlangt; dieses Erfordernis ist meist bereits über die Definition eines „Anlegerprofils" (z.B. „risikoorientiert", „chancenorientiert", „wachstumsorientiert", „renditeorientiert" etc.) mit Angabe einer entsprechenden Verlusttoleranz erfüllt (vgl. Anhang I Schema A Nr. 5.2). 318

b) Abs. 2. Die Pflichtangaben gem. Anhang I Schema A sind mit denen des Anhang I Schema A der OGAW-Richtlinie identisch. In einigen Fällen wurde jedoch klarstellend eingefügt, dass manche Angaben (wie die des Profils des typischen Anlegers) im Falle eines „Umbrella-Fonds" („avoir différents compartiments") für jeden Teilfonds („compartiment")[103] zu machen sind. Die OGAW-Richtlinie hatte sich dabei nur auf die Investmentgesellschaften (entspricht SICAV) bezogen, wobei in Luxemburg auch die Investmentfonds (FCP) mit mehreren Teilfonds gegründet werden können. 319

c) Abs. 3: Jahresabschluss. Der vorliegende Absatz bezieht sich ausschließlich auf den Jahresbericht („rapport annuel"), da für den Halbjahresbericht im Folgeabsatz eigene Anforderungen normiert werden. Zunächst bleibt festzuhalten, dass dank der Verweisungsnorm des Art. 26 Abs. 1 des Gesetzes von 2010 für SICAV die generellen Rechnungslegungsvorschriften, die für alle Handelsgesellschaften vorgesehen sind, gelten. Diese werden jedoch – aufgrund der unterschiedlichen Gesellschaftszwecke von Investmentgesellschaften und Handelsgesellschaften – den Anforderungen nicht gerecht; darüber hinaus würde die Berichterstattung von FCP und SICAV stark auseinanderfallen, was einem Anleger, der beispielsweise in zwei Fonds (einmal FCP einmal SICAV) derselben Verwaltungsgesellschaft investiert ist, nicht zu vermitteln wäre. Eine entsprechende Ausnahmeregelung findet sich (anders als beim SIF-Gesetz) nicht im des Gesetzes von 2010 selbst, sondern im korrespondierenden Gesetz vom 19. Dezember 2002, welches seit der Änderung durch das Gesetz vom 10. Dezember 2010 zur Einführung von internationalen Rechnungslegungsvorschriften für Unternehmen („Loi du 10 décembre 2010 rela- 320

103 Während „Teilfonds" sich als gängiger Begriff etabliert hat, wird im Englischen gleichermaßen von „sub-fund" oder „compartment" gesprochen.

tive à introduction des normes comptables internationales pour les entreprises“) folgenden Artikel 30 enthält:

> Par dérogation aux paragraphes (1) et (2) de l'article 29, les sociétés d'investissement établissent leurs comptes annuels conformément aux règles fixés sur base de l'article 110 (5) et (7) de la loi modifiée du 20 décembre 2002 concernant les organismes de placement collectif.
> Abweichend von den Absätzen 1 und 2 des Artikels 29 erstellen die Investmentgesellschaften ihren Jahresabschluss auf Basis des Artikels 110 Absatz 5 und 7 des geänderten Gesetzes vom 20. Dezember 2002 über die Organismen für gemeinschaftliche Anlagen.

321 Mithin bezieht sich das Gesetz noch auf das „alte“ Gesetz von 2002 (nicht zu verwechseln mit dem Gesetz vom 19. Dezember 2002 zur Rechnungslegung!),[104] welches zwischenzeitlich in seiner Gänze durch das Gesetz von 2010 verdrängt wurde. Die Referenz auf Artikel 110, Absätze 5 und 7 ist mithin als Verweis auf Art. 151, Absätze 3 und 5 des Gesetzes von 2010 zu verstehen, da dort die gleichlautenden Vorschriften normiert sind. Weiterhin definiert das Gesetz vom 19. Dezember 2002 den Begriff „Investmentgesellschaft“; ungeachtet dieser Definition ist jedoch (u.a. aufgrund des expliziten Verweises zum „alten“, dem Gesetz von 2002) evident, dass auf SICAV gem. der Definition des Art. 25 des Gesetzes von 2010 diese Rechtsnorm anzuwenden ist. Eine Prüfung, ob die „Investmentgesellschaft“ lt. Gesetz von 2010 auch der Definition der Investmentgesellschaft lt. Gesetz vom 19. Dezember 2002 entspricht, kann regelmäßig entfallen. Im Rahmen des AIFM-Gesetzes wurden im Übrigen zwar einige Bestimmungen des genannten Gesetzes geändert, ein Verweis auf das „neue“ Gesetz von 2010 findet sich jedoch weiterhin nicht. Somit ist zwischen FCP und SICAV Kongruenz hergestellt und alle weiteren Ausführungen erstrecken sich auf beide Rechtsformen.

322 Dem Jahresabschluss kommt vorrangig eine Informationsfunktion zu. Aufgrund der weitreichenden Ausschüttungsbefugnisse (auch Substanzausschüttung möglich, vgl. Art. 29 des Gesetzes von 2010) und vereinfachten steuerlichen Regelungen ist die Zahlungsbemessungsfunktion nur von untergeordneter Bedeutung. Über wesentliche Kennzahlen wird der Anleger bereits an anderer Stelle (wenngleich in ungeprüfter Form) informiert: der Rücknahmepreis ist regelmäßig zu veröffentlichen (vgl. Art. 157 des Gesetzes von 2010), die bisherige Wertentwicklung sowie Kosten und Gebühren sind Bestandteil der wesentlichen Informationen für den Anleger (vgl. Art. 159ff. des Gesetzes von 2010). Die einzige Pflicht zur Offenlegung des Wertpapierportfolios sowie die Änderung der Zusammensetzung ebenjenes besteht im Rahmen der Aufstellung des Jahresabschlusses durch den Verwaltungsrat der Verwaltungsgesellschaft (FCP) bzw. der SICAV. Je nach Anlagestrategie lässt sich der Verwalter zwar ungern „in die Karten blicken“, doch OGAW sind zur Offenlegung zweimal im Jahr zwingend verpflichtet. So ist es dem Anleger möglich, die Zusammensetzung zu überprüfen und den Einklang selbiger mit seiner persönlich gewünschten „Asset Allocation“ auf den Prüfstand zu stellen, um das Klumpenrisiko, d.h. ungewünschte Konzentration auf eine Anlageklasse, zu vermeiden. Im Verkaufsprospekt erhält der Anleger meist nur (vage) Richtlinien („bis zu x%“, „soll x% nicht überschreiten“ etc.), doch inwiefern seine Gelder durch das Tun oder Unterlas-

104 Traditionell werden in Luxemburg rechnungslegungsrelevante Gesetzeswerke im Dezember verabschiedet, um dann Geltungswirkung für das übernächste Jahr zu entfalten. Die Verwirrung zwischen dem Gesetz von 2002 (zur Erinnerung: dieses stammt vom 20. Dezember 2002) und dem Gesetz vom 19. Dezember 2002 zur Rechnungslegung wurde jedoch nur begrenzt beseitigt: neben dem Gesetz von 2010 (zur Erinnerung: dieses stammt vom 17. Dezember 2010) wurde nämlich das Gesetz vom 10. Dezember 2010 veröffentlicht, welches wiederum Ausstrahlwirkung auf die Rechnungslegung von Gesellschaften hat.

sen des Portfolioverwalters in diese oder jene Richtung angelegt werden, wird erst durch die Offenlegung im Jahres- und Halbjahresbericht zutage gefördert.

Das grundsätzliche rechnungslegungstechnische Konzept unterscheidet sich nicht 323
von dem einer Handelsgesellschaft. Wie bei Handelsgesellschaften auch ist eine doppelte Buchführung vorgeschrieben, die eine geordnete und nachvollziehbare Aufzeichnung aller Transaktionen bzw. Geschäftsvorfälle darstellt. Besonderheiten bestehen in dem Erfordernis der „zeitnahen" Aufzeichnung von Geschäftsvorfällen: Während bei Handelsgesellschaften Eintragungen in Grund- und Hauptbuch nur einmal im Monat nicht selten sind, wird der Investmentfonds oder die Investmentgesellschaft seine Rechnungslegung der Häufigkeit der Preisfeststellung anpassen. Üblich ist ein täglicher Turnus: eine tägliche Preisfeststellung bedingt auch eine tägliche Buchführung mit allen dazugehörenden operativen Schwierigkeiten. In der Tat ist die Nettoinventarwertermittlung nichts anderes als ein (im beschriebenen Falle) täglicher „kleiner Jahresabschluss", da alle Vermögensgegenstände und Verbindlichkeiten korrekt ermittelt und gegenübergestellt werden müssen, um den Nettoinventarwert zu ermitteln, der sich aus der Differenz zwischen bewerteten Vermögensgegenständen und Verbindlichkeiten ergibt. Daraus ergeben sich – neben der bei „Fair Value" üblichen Bewertungsproblematiken – insbesondere Problematiken bei der korrekten Abgrenzung („cut-off") von Geschäftsvorfällen und Abgrenzungen („accruals") von Kostenbestandteilen. Die Frage der korrekten Zuordnung im Sinne einer geordneten Kontenführung ist hier subsidiär, da es nur auf den „richtigen Fondspreis" ankommt und eine summarische Gegenüberstellung der beiden Bilanzbestandteile ausreicht. Wie bei den Handelsgesellschaften auch ist jedoch eine saubere, sachlich und zeitlich geordnete laufende Buchführung anzuraten, um den Arbeitsaufwand zur Ermittlung der sachlich korrekten Darstellung im Jahresabschluss nicht unnötig zu erhöhen.

Die Erstellung des Jahresabschlusses wird gemeinhin in die Hände eines dafür spe- 324
zialisierten Anbieters[105] gelegt. Üblich ist eine Lösung, in der die für die Buchführung verantwortliche Gesellschaft sich auch der Jahresabschlusserstellung annimmt, unter Umständen in einer eigens dafür eingerichteten Abteilung. Nach dem „Schließen" der Bücher, was bei Fonds regelmäßig mit der Veröffentlichung des letzten Fondspreises eines Geschäftsjahres einhergeht, wird der zuständige Ersteller eine Saldenliste („Trial Balance") aller Konten erstellen und diese zu den Jahresabschlussposten (z.B. mithilfe sogenannter „Lead Schedules") überleiten. Etwaige Fragestellungen werden dabei mit dem zuständigen Buchhalter geklärt. Etwaige kundenseitige Anforderungen, die über die gesetzlichen Mindestanforderungen hinausgehen (also auch z.B. Layout-Wünsche), werden im Vorfeld abgesprochen und in einer standardisierten Form („Reporting Template") festgehalten. Nach der Abstimmung mit den Jahresabschlussprüfern und erhaltenem Bestätigungsvermerk („Testat") ist der Bericht final und kann den Anlegern zur Verfügung gestellt werden.

Der uneingeschränkte Bestätigungsvermerk („unqualified audit opinion")[106] ist im 325
Wesentlichen von der Einhaltung der gesetzlichen Anforderungen abhängig. Diese sind im Wesentlichen in Art. 151 Abs. 3 i.V.m. Anhang I Schema B des Gesetzes von 2010 normiert. So enthält der Jahresbericht eine Bilanz („bilan") oder eine Aufstellung von Aktiva

---

105 Diese Drittanbieter werden auch im Deutschen verstärkt als „Service Provider" bezeichnet, im Sprachgebrauch der Wirtschaftsprüfer auch „Service Organization", im Französischen „prestataires de services".

106 Zur Fragestellung der Einschränkung des Bestätigungsvermerks einzelner Teilfonds vgl. „NT2012-03 Note Technique du Conseil d'Institut des Réviseur d'Entreprises": Stellungnahme des Luxemburger Instituts der Wirtschaftsprüfer.

und Passiva („Vermögensaufstellung"; „état de l'actif du passif"). Der Gesetzgeber lässt damit sowohl eine Kontenform (selten), als auch eine Staffelform (Regelfall) zu. Eine Darstellung in Kontenform ist für OGAW-Abschlüsse unüblich, da die Mittelherkunft (also Passivseite) aufgrund des Verbotes der Aufnahme von Krediten regelmäßig von subsidiärer Bedeutung sein wird. Auch ist das Eigenkapital immer gleich dem Nettovermögen – eine Aufgliederung der Bestandteile (z.B. thesaurierte Gewinne, Zuführungen durch Zeichnungen) innerhalb der Bilanz führt zu keinem Informationsmehrgewinn. Die schlussendlich relevante Größe ist nicht die Bilanzsumme („Gesamtvermögen"), sondern regelmäßig der Differenzbetrag („Nettovermögen", „Nettogesamtvermögen", „Nettoinventarwert", international: „Total Net Assets", „Net Asset Value (NAV)")[107] aus Vermögen und Verbindlichkeiten. Mithin findet sich im Jahresbericht eine Aufstellung aller Aktiva gefolgt von den Verbindlichkeiten (meist Kostenabgrenzungen) und abgeschlossen durch den Nettoinventarwert, ohne weiter auf die Verteilung auf einzelne Posten innerhalb des Eigenkapitals einzugehen. Für den Nettoinventarwert hat sich im Übrigen auch die Bezeichnung „Fondsvermögen" eingebürgert, wobei streng genommen eigentlich von „Nettofondsvermögen" die Rede sein müsste. Doch ohnehin ist jeder Bezug auf das Vermögen eines Fonds eigentlich immer auf das Reinvermögen zu verstehen, wenngleich beide Bezugsgrößen betragsmäßig sehr oft nur unwesentlich voneinander abweichen.

326 Darüber hinaus gefordert ist eine Rechnungslegung aufgeschlüsselt nach Erträgen und Aufwendungen des Geschäftsjahres („compte ventilé des revenus et des dépenses de l'exercice"), einfacher: „Ertrags- und Aufwandsrechnung". Der Gebrauch des Begriffes „Gewinn- und Verlustrechnung" ist unüblich. Zu dem Ausweis von Wertveränderungen als Posten außerhalb der Ertrags- und Aufwandsrechnung vgl. Ausführungen im SIF-Teil.

327 Schließlich sieht das Gesetz auch einen Bericht über die Geschäftstätigkeit des abgelaufenen Geschäftsjahres („rapport sur les activités de l'exercice écoulé"), sowie jegliche wesentliche Information, die es dem Anleger ermöglicht, sich mit Sachkenntnis ein Urteil über die Entwicklung der Geschäftstätigkeit und Resultate des Fonds zu bilden („toute information significative permettant aux investisseurs de porter, en connaissance de cause, un jugement sur l'évolution de l'activité et les résultats de l'OPC"), vor. Das Hinzufügen oder Weglassen von Informationen liegt dabei im Ermessen des Verwaltungsrates des Investmentfonds bzw. der Investmentgesellschaft. Zu beachten ist dabei, dass umfangreiches Vorwissen in Bezug auf die Arbeitsweise von Kapitalmärkten oder Spezialwissen zur Rechnungslegung beim Anleger nicht vorausgesetzt werden kann. Insofern ist Fachjargon zu vermeiden bzw. deutlich zu erklären. Die Anlagestrategie, die im Wesentlichen in ihrer Theorie im Verkaufsprospekt erläutert ist, soll nun in ihrer praktischen Umsetzung anhand der Geschäftstätigkeit des vergangenen Geschäftsjahres beschrieben werden. Dabei ist auf das Marktumfeld und ggf. makroökonomische Entwicklungen einzugehen. Vergleiche mit bekannten Indizes sind geboten, von irreführenden Aussagen ist abzusehen (z.B. Vergleich eines EUR-Portfolios mit einem USD-Index ohne Hinweis auf Währungseffekte). Eine Darstellung der Fondsperformance über den gesamten Zeitraum bzw. Vergleichszeiträume ist nicht vorgeschrieben, wird aber gerne als Verdeutlichung des Anlageerfolgs, gerne auch graphisch, herangezogen. Die Debatte, ob eine Information „wesentlich" ist und insofern dem Gesetzeswortlaut nach aufzunehmen ist, oder ob sie „unwesentlich" ist und dann dargestellt werden kann, ist

107 Die deutsche Abkürzung „NIW" für „Nettoinventarwert" hat das angelsächsische Pendant „NAV" nie verdrängen können.

eine, die in der Praxis vorrangig im Rahmen der Jahresabschlussprüfung mit dem Abschlussprüfer geführt wird. Ein frühzeitiges Einbinden desselben bei Aufsetzen des oben beschriebenen „Reporting Templates" ist somit zielführend, um einen zügigen Abschluss der Prüfung herbeizuführen.

d) Risikomanagement. Durch das Inkrafttreten des Rundschreibens CSSF 11/512 am 1. Juli 2011 wurde das bis dato einschlägige Rundschreiben CSSF 07/308, vorbehaltlich der Übergangsbestimmungen, ersetzt. Als Basis dient die CESR bzw. ESMA Guideline 10-788 (im Folgenden „CESR-Guideline") sowie die CSSF-Verordnung 10-4 zur Umsetzung der OGAW-Durchführungsrichtlinie. Zur Bestimmung des Gesamtrisikos sind im Wesentlichen zwei Verfahren zulässig: der Ansatz über die Verbindlichkeiten („Commitment-Ansatz") oder das „Value at Risk"-Modell („VaR-Modell").[108] Andere, fortschrittlichere Verfahren sind, falls die Struktur des OGAW dies erfordert, nach vorgehender Zustimmung durch die Finanzaufsicht ebenfalls zulässig. Unabhängig vom gewählten Verfahren sind im Jahresabschluss zusätzliche Anhangangaben erforderlich. Für jeden Teilfonds ist beschreibend darzustellen, welches Modell zur Risikomessung herangezogen wird. Bei Anwendung des Commitment-Ansatz sind die zusätzlichen Ausweispflichten damit weitestgehend eingehalten. Im Falle des VaR-Modell jedoch erfordert das Rundschreiben explizit weitergehende Informationen: Zunächst muss angegeben werden, ob ein „relatives" oder „absolutes" VaR-Modell angewandt wird. Der „relative" Ansatz wird gewählt, wenn das Gesamtrisiko des Fonds sich an dem Risiko eines Referenzportfolios (z.B. DAX) orientieren soll; der „absolute" VaR hingegen hat einen prädefinierten Schwellenwert (z.B. 15%). 328

Als „Auslastung" oder „Verwendung" der VaR-Grenze versteht man das Verhältnis zwischen dem observierten VaR des Portfolios und der Grenze: Als „Grenze" gilt im Falle des relativen VaR 200% (oder weniger, falls im Verkaufsprospekt so definiert) des Referenzportfolios, im Falle des absoluten VaR 20% (oder weniger, falls im Verkaufsprospekt so definiert). Beträgt der VaR des Referenzportfolios 15% und der VaR des OGAW 25% und die verordnungsrechtliche Grenze von 200% ist mangels anderweitiger Vereinbarung anwendbar, beträgt die Auslastung der VaR-Grenze 83,3%. Beträgt der VaR des OGAW 4% und ein absoluter VaR von 6% ist im Prospekt definiert, beträgt die Auslastung der VaR-Grenze 66,7%. 329

Im Falle des relativen VaR ist das Referenzportfolio im Anhang anzugeben. Die Auslastung (siehe oben) selbst ist in dreierlei Form anzugeben: höchste, niedrigste und durchschnittliche, jeweils bezogen auf das Geschäftsjahr. Die durchschnittliche Auslastung ist als arithmetischer Durchschnitt aller Nettoinventarwert-Berechnungstage zu verstehen. Im Falle eines unterjährigen Wechsel des Referenzportfolios („Benchmark") ist es allerdings nicht geboten, das gesamte Geschäftsjahr als eine Periode anzugeben. Um den Ausweis nicht zu verzerren, sollten die jeweiligen Perioden strikt getrennt angegeben werden und die geforderten Auslastungen jeweils für die Perioden anzugeben, für die ein eigenes Referenzportfolio gilt. Ferner müssen die jeweils relevanten Eingabeparameter, sowie die Art des VaR-Modells angegeben werden. Die drei VaR-Modelle, die in der Praxis von Bedeutung sind, sind die historische Simulation, der Varianz/Kovarianz-- 330

---

108 Vereinfacht ausgedrückt beschreibt der „Value at Risk" den Verlust, den das Portfolio mit einer gegebenen Wahrscheinlichkeit (z.B. 95%) über eine gewisse Haltedauer (z.B. 10 Tage) nicht überschreitet. Ein VaR von 9% mit den Parametern (99%, 1 Tag) sagt also aus, dass das Portfolio mit einer Wahrscheinlichkeit von 99% über einen Tag nicht mehr als 9% an Wert verlieren wird – er beschreibt also gerade keinen „maximalen Verlust".

Ansatz und die Monte-Carlo-Simulation. Auch hier gilt: wenn ein unterjähriger Wechsel stattfindet, sind über die jeweiligen Perioden bevorzugt getrennt Bericht zu erstatten.

331 Schließlich wird bei Anwendung des VaR-Modell die Angabe der durchschnittlichen Hebelwirkung gefordert. Im Rundschreiben wird präzisiert, dass die Angabe des Mittelwertes über den im Geschäftsjahr festgestellten Hebel zulässig bzw. ausreichend ist, wobei dieser mindestens zweimal im Monat festgestellt werden muss. Der Hebel ist durch Summierung aller Nominalbeträge der Derivate[109] zu ermitteln und zu dem Nettoinventarwert in Verhältnis zu setzen. Ergibt sich z.B. bei der Aufsummierung der Nominalbeträge ein Wert von 50 Millionen EUR bei einem Nettoinventarwert von 80 Millionen EUR, beträgt der Hebel 0,625. Der Hintergrundgedanke ist, dass eine generelle Schwäche des VaR-Modells darin besteht, dass die Hebelwirkung durch den VaR allein nur unzureichend quantifiziert wird, weswegen der Ausweis beim Commitment-Ansatz entfallen kann.

332 Durch den Ausweis ist für den Anleger schnell ersichtlich, ob die Risikogrenzen eingehalten wurden (z.B. VaR-Auslastung über 100%). Weitergehende Informationen, z.B. wie mit der Grenzüberschreitung umgegangen wurde oder wird, fordert das Rundschreiben jedoch nicht. Da der generelle Nutzen des Risikoausweises in der Praxis eher zweifelhaft gesehen wird, wurde hier jedoch auch noch kein Bedarf zur Weiterverfolgung bzw. Implementierung (noch) strikterer Transparenzanforderungen ermittelt.

333 **e) Effiziente Portfolioverwaltung.** Unter Techniken der effizienten Portfolioverwaltung versteht das Rundschreiben CSSF 08/356 im Wesentlichen Wertpapierleihgeschäfte (eigentlich: Wertpapierdarlehen), unechte Wertpapierpensionsgeschäfte (mit Rückkaufrecht) und echte Wertpapierpensionsgeschäfte (mit Rückkaufpflicht). Hier hat die ESMA jüngst Richtlinien ausgegeben (etwas unglücklich betitelt „Guidelines on ETF and other UCITS issues“, im Folgenden „ESMA-Guideline“), welche seitens der Finanzaufsicht durch das Rundschreiben CSSF 13/559 per 18. Februar 2013 für zwingend anwendbar erklärt und durch ein offizielles „Questions & Answer“ Dokument („Q&A“) per 11. Juli 2013, mit Aktualisierung am 9. Januar 2015, vertieft wurden.

334 Wie bereits zuvor muss der Prospekt klar auf die beabsichtigte Anwendung der genannten Techniken hinweisen, dies wurde im Rahmen der ESMA-Guideline lediglich klargestellt. Erhöhte Transparenzpflichten wurden jedoch eingeführt mit Blick auf die Identität der an den Techniken Beteiligten sowie die von ihnen vereinnahmten Beträge.

335 **aa)** So fordert Art. 35 der ESMA-Guideline (in Luxemburg durch die Umsetzung bereits für alle Jahresabschlüsse, die nach dem 18. Februar 2013 enden) der Ausweis des „Exposure“, das durch Techniken für eine effiziente Portfolioverwaltung erzielt wird. Für die Berechnung desselben lässt sich die CESR-Guideline heranziehen, welche in Art. 36 die Exposure-Berechnung sowohl für Pensionsgeschäfte (als Pensionsgeber und Pensionsnehmer, auch bekannt als „Repo“) als auch für Wertpapierleihgeschäfte darlegt.

336 Im Falle des OGAW als Pensionsgeber (Kreditnehmer) erwächst das zusätzliche Exposure aus der Reinvestition erhaltener Sicherheiten; der Marktwert des Vermögensgegenstandes, in den investiert wurde zum Zeitpunkt der Nettoinventarwertermittlung, ist somit als Exposure heranzuziehen. Dabei versteht sich, dass für die Bewertung von im Rahmen der effizienten Portfolioverwaltung eingegangenen Anlagen keine anderen Maßstäbe angesetzt werden können wie für das „eigentliche“ Portfolio des OGAW.

109 „Sum of the notionals method“.

Engagieren sich OGAW als Pensionsnehmer (Kreditgeber), ergeben sich daraus keine zusätzlichen Risiken – der OGAW beschränkt sich auf den Geldmarktzins mit den in Pension genommenen Wertpapieren als Sicherheit; das Exposure erhöht sich nicht.[110] 337

Für Wertpapierleihgeschäfte fordert die CESR-Guideline einen Ansatz des Exposure dann, wenn erhaltene Barsicherheiten in Finanzinstrumente reinvestiert werden, um einen Rendite größer als den risikofreien Zins zu erwirtschaften. Was als risikofreier Zins gilt, bleibt umstritten, die CESR-Guideline gibt lediglich Beispiele (3-monatige US Treasury Bills), wobei die Rechnungslegungswährung des OGAW berücksichtigt werden muss – ein EUR-Fonds würde in diesem Fall ein Währungs-Exposure aufbauen, weshalb für den EUR-Raum eher deutsche Staatsanleihen als Indikator für den risikofreien Zins gelten sollten. Erfolgt die Reinvestition also in nicht-risikofreie Anlagen, ist der gesamte Marktwert als Exposure heranzuziehen. 338

Worüber sich die ESMA-Guideline ausschweigt, ist die Frage, ob das Exposure als Durchschnittswert oder stichtagsbezogen anzugeben ist. Es herrscht zwischen den Marktteilnehmern, inklusive den Abschlussprüfern, jedoch ganz überwiegend Einigkeit, dass das Exposure eine stichtagsbezogene Größe ist und den Stand per Bilanzstichtag abbilden soll. 339

bb) Darüber hinaus ist erstmals die Identität der Gegenparteien explizit im Jahresabschluss anzugeben. Nicht beschrieben ist, ob hier eine Stichtagsbetrachtung greift oder ob alle Geschäfte über die jeweilige Periode zu betrachten sind. Einige propagieren, dass hier alle potenziellen Gegenparteien genannt werden sollen, d.h. solche, mit denen entsprechende Rahmenvereinbarungen bestehen und mit denen Transaktionen eingegangen werden könnten. Ein anderer Ansatz wäre es, jedem offenen Geschäft per Abschlussstichtag die jeweilige Gegenpartei zuzuweisen. 340

Als pragmatische Lösung hat sich herauskristallisiert, dass die Identität der Gegenparteien, mit denen am Abschlussstichtag Geschäfte bestanden, aufgelistet wird, ohne z.B. Angaben über das jeweilige Exposure je Gegenpartei zu machen. Der Gehalt dieser Information ist zwar fraglich, doch die Anforderungen der ESMA-Guideline scheinen damit erfüllt, zumal die ESMA nicht im Rahmen der Q&A davon Gebrauch gemacht hat, die Anforderungen zu spezifizieren. 341

cc) Art und Höhe der entgegengenommenen Sicherheiten ist anzugeben: unter „Art“ ist verstanden, ob es sich um Einlagen, Geldmarktinstrumente, Aktien, Schuldverschreibungen o.Ä. handelt. Die Höhe ist nicht als Nominal-, sondern als Marktwert der erhaltenen Sicherheiten zu verstehen, da auch diese laufend nach den allgemeinen Bewertungsrichtlinien des jeweiligen OGAW zu bewerten sind – nur so kann der OGAW seiner Risiko-Überwachungspflicht hinsichtlich des Gegenparteienausfallrisikos gerecht werden. 342

Im nächsten Halbsatz heißt es „die auf das Kontrahentenrisiko des OGAW anrechenbar sind“ – dies suggeriert, dass nur der Teil der entgegengenommenen Sicherheiten anzugeben ist, der nötig ist, um das Kontrahentenrisiko zu minimieren bzw. eliminieren. In der Praxis findet jedoch oft eine Übersicherung statt, d.h. der Gegenwert der erhaltenen Sicherheiten übersteigt das aus dem Geschäft erwachsene Kontrahentenrisiko. Da sich der OGAW mit einem Ausweis der Übersicherung nicht schlechter stellt, ist es 343

110 Nur dann, wenn die erhaltenen Wertpapiere selbst wieder im Rahmen eines weiteren Repo als Sicherheit dienen, erwächst sich ein Exposure wie oben beschrieben.

allgemein nicht beanstandet, wenn der gesamte Marktwert der erhaltenen Sicherheiten angegeben wird, ohne zwischen Deckung und Überdeckung zu differenzieren.

344 Im Einklang mit den obigen Ausführungen ist bei dieser Betrachtung ebenfalls auf den Bilanzstichtag bzw. Nettoinventarwertberechnungstag abzustellen.

345 **dd)** Schlussendlich sollen die Erträge sowie direkten und indirekten Aufwendungen, die im Zusammenhang mit der effizienten Portfolioverwaltung entstehen, transparent für den gesamten Berichtszeitraum ausgewiesen werden. Dies stellt die Gesellschaften vor die größten operationellen Herausforderungen, da die Datengrundlage dafür oftmals nicht vorliegt. Darüber hinaus fordert Art. 28 ja, dass keine „versteckten Erträge" für andere Rechtsträger anfallen sollen und Art. 29 fordert die Vereinnahmung aller letztlichen Erträge. Dies steht oft im Widerspruch mit bestehenden Altverträgen, die nun im Rahmen dieser aufsichtsrechtlichen Änderung eine sukzessive Anpassung erfahren müssen. Oftmals agiert nämlich die Verwaltungsgesellschaft selbst als Dienstleister und vereinnahmt pauschal 50% der Wertpapierleiheerträge. Dies wird nach Lesart der ESMA-Guideline als nicht mehr zulässig erachtet, da hier die Transparenz verloren geht und unter Umständen nicht gewährleistet ist, dass die vollen Erträge (abgl. der notwendigen Vergütung der im Prozess involvierten Dienstleister) tatsächlich dem OGAW zufließen. Die Vertragsumstellung betreffend der in Luxemburg domizilierten OGAW hatte bis zum 18. Februar 2014 zu erfolgen.

346 **f) Zusätzliche Transparenzpflichten aufgrund ESMA-Guideline.** Über die im Rundschreiben CSSF 11/512 bereits eingeführten zusätzlichen Ausweispflichten hinaus ergeben sich durch die Implementierung der ESMA-Guideline weitere Pflichtangaben in den jährlichen Jahresabschlüssen der OGAW mit Bezug auf die Verwendung von derivativen Finanzinstrumenten. Namentlich ergeben sich diese aus Art. 40 ESMA-Guideline.

347 Der Wortlaut ähnelt stark dem des korrespondierenden Art. 35, der sich auf die Techniken zur effizienten Portfolioverwaltung bezieht. Zumindest mit Bezug auf die Buchstaben b) und c) gilt insofern das oben gesagte. Mehr Interpretationsspielraum lässt in diesem Zusammenhang das „durch Derivate erzielte zugrundeliegende Exposure". Die ESMA-Guideline lässt offen, welches Exposure genau hier heranzuziehen ist. Nach herrschender Meinung muss es sich hierbei um das Marktexposure halten, welches gemäß des „Commitment-Approach" der CESR-Guideline zu berechnen ist. Somit handelt es sich um eine zusätzliche Angabe nur dann, wenn für die Ermittlung des Marktrisikos für diesen OGAW üblicherweise der VaR-Ansatz herangezogen wird, da diese Angabe sonst ohnehin immer schon eine Pflichtangabe war. Der zusätzliche Informationsgehalt ist jedoch zweifelhaft, da ja der Ausweis der Hebelwirkung über das Rundschreiben CSSF 11/512 schon erforderlich wurde. Einzig die Zeitbetrachtung ist eine andere: während die Hebelwirkung als durchschnittlicher Wert über die Berichtsperiode zu ermitteln ist, wird die ESMA-Guideline so interpretiert, dass Angaben zum Exposure am Stichtag zu machen sind. Die Berechnung des Exposure sollte sich also technisch gesprochen ohne größeren Aufwand aus der für Zwecke der Ermittlung der Hebelwirkung ohnehin bereits vorliegenden Datengrundlage extrahieren lassen.

348 Eine Mindermeinung vertritt jedoch die Auffassung, dass es sich bei diesem aus Derivate erzielten Exposure um das Kontrahentenrisiko (Gegenpartei-Ausfallrisiko, „Counterparty Risk") handeln muss. Dies wird begründet über die mannigfaltigen Anforderungen, die im Bezug auf die Höhe und Qualität erhaltener Sicherheiten neu formuliert oder klargestellt werden. Auch spricht dafür die Stellung der Anforderung innerhalb des Rundschreibens, d.h. die Nennung in einem Kontext mit der Identität der Gegenparteien und die Sicherheiten zur Reduzierung des Kontrahentenrisikos. Als Gegenargument wird angeführt, dass sich dies bereits ergibt über die durchgeführte „Mark-to-Market" Bewertung der Derivate: das Kontrahentenrisiko ist also ablesbar aus den einzelnen, jeweils mit einem positiven Marktwert bewerteten, derivativen Positionen innerhalb des Wertpapierportfolios im Jahresabschluss. Auch spricht dagegen, dass die ESMA-Guideline von dem „zugrundeliegenden Exposure" spricht – dies ist ein sehr starker Indikator dafür, dass das Marktrisiko zu betrachten ist, da sich das Kontrahentenrisiko ja gerade nicht originär aus dem Basiswert, sondern aus der laufenden Bewertung der zu leistenden Zahlungsströme ableitet, die sich gemeinhin in wesentlich niedrigeren Größenordnungen bewegt.

Eine Klarstellung findet sich auch nicht in der Q&A, Punkt 5c wirft hier mehr Fragen 349 auf als er beantwortet, denn danach bezieht sich Art. 40 auf jegliches derivatives Finanzinstrument, durch welches der OGAW ein Markt-Exposure zu einem Vermögensgegenstand („by which UCITS gain exposure to an asset") aufbaut. Hier ist nicht klar, wo der Gesetzgeber hinmöchte, ist doch das mögliche Anlagespektrum durch Derivate bereits durch das Gesetz (Art. 41 des Gesetzes von 2010) mit den entsprechenden Direktiven und Klarstellungen hinreichend definiert. An dieser Stelle mit Bezug auf die Ausweispflichten das Spektrum einschränken zu wollen, erscheint gekünstelt. So ließe dies beispielsweise die Interpretation zu, dass Zinsderivate („Interest Rate Swaps") nicht diesen Ausweispflichten unterworfen seien, da das zugrundeliegende Exposure sich nach dem Verhältnis von fixem zu variablen Zins richtet und ein Zins als solcher kein bilanzierungsfähiger Vermögensgegenstand („asset") ist. Auf der anderen Seite ist ein Interest Rate Swap nichts anderes als das Erwerben einer Anleihe bei gleichzeitigem Begeben einer Anleihe mit gleichem Nominalbetrag und jeweils unterschiedlichen („fixed/floating") Auszahlungsmodalitäten. Das zugrundeliegende Geschäft besteht also sehr wohl aus „assets".[111] Aus Transparenzgesichtspunkten ist es jedoch ohnehin geboten, keine Beschränkung im Hinblick auf die Art des Derivate-Geschäftes und den Ausweis somit für alle Kontrakte vorzunehmen. Im Übrigen unterscheidet die ESMA-Guideline nicht zwischen börsengehandelten und „Over the Counter" („OTC") Derivaten. Wenngleich das Kontrahentenrisiko im ersten Falle durch das Zwischenschalten eines Clearinghouses und tägliches Glattstellen der Geschäfte minimiert ist, wird ja sehr wohl ein Markt-Exposure aufgebaut – dies ist nur ein weiterer Indikator dafür, dass Art. 40 Buchstabe a) eben nicht auf das Kontrahentenrisiko[112] abzielt.

Handelt es sich bei dem OGAW um einen sog. „Index-Tracker",[113] ist eine zusätzliche 350 Pflichtangabe im Jahresabschluss der Tracking Error per Geschäftsjahresende. Damit ist nicht die absolute oder relative Differenz zwischen der Entwicklung des Index und der Entwicklung des OGAW gemeint – der Tracking Error quantifiziert in einer Kennzahl, ausgedrückt in Prozent, die Standardabweichung der Entwicklung des OGAW minus der Entwicklung des Index. Somit ist er ein Maß für die Variabilität bzw. Verteilung der Abweichungen beider Entwicklungen. Stimmen OGAW und Index ständig überein, wäre der Tracking Error 0. Wird der Index konsequent um einen fixen Betrag (z.B. 1%) „outperformed", wäre der Tracking Error ebenfalls 0 (und nicht etwa 1%) – da eben keine Variabilität besteht. Manche Indizes sind einfacher abzubilden als andere, ein erhöhter Tracking Error kann also durchaus valide Gründe haben. Aus diesem Grunde eröffnet die ESMA-Guideline dem Fondsmanagement eine Plattform, um die Differenz zwischen

111 In einer nicht-veröffentlichten Stellungnahme vom 2. Mai 2014 fordert die CSSF einen entsprechenden Ausweis für alle börsengehandelten und nicht-börsengehandelten Derivate und weist die vorstehende Argumentation damit in ihre Schranken.

112 Als „Gegenpartei" des Geschäftes bietet sich vereinfacht die Angabe des Börsenplatzes an.

113 OGAW, dessen Anlageziel darin besteht, möglichst genau einen Index nachzubilden.

prognostizierten und tatsächlichen Tracking Error für den Zeitraum zu erläutern. Dies setzt selbstredend voraus, dass das Fondsmanagement den Tracking Error aktiv beobachtet und eine eigene Erwartungshaltung für den „ex ante" Tracking Error hat, um diesen nach Zeitablauf mit dem „ex post" Tracking Error vergleichen zu können.

351 Des Weiteren fordert die Guideline die Angabe dessen, was der mit der Thematik möglicherweise nicht im Detail vertrauten Jahresabschlussersteller unter Tracking Error eigentlich versteht – nämlich die Differenz zwischen der Entwicklung des OGAW und der Entwicklung des nachgebildeten Index, als absolute Größe bezogen auf den Berichtszeitraum. Diese Zahl, in der Literatur oftmals als „Active Risk" bezeichnet, betitelt die ESMA-Guideline „Annual Tracking Difference". Auch selbige soll mit einer Erläuterung versehen werden – hierbei ist zu beachten, dass die Berechnungsmethodik übereinstimmen sollte mit der Methodik zur Berechnung und zum Ausweis der Gesamtentwicklung des OGAW, welche im Übrigen als solche keine Pflichtangabe für den Jahresabschluss ist. Oftmals orientiert man sich an der „BVI Methode", die ihren Namen nicht einem „Offshore"-Fondsdomizil, sondern dem deutschen Branchenverband verdankt. Diese sieht eine Reinvestition etwaiger Ausschüttungen und eine Nichtbeachtung von Ausgabeaufschlägen vor. Eine Adjustierung aufgrund von Kosten findet nicht statt; somit wird die Tracking Difference in der Regel negativ sein, da der Fonds – im Gegensatz zum Index – zur Erwirtschaftung seiner Performance zwangsweise Aufwendungen (Verwaltungsvergütung, Depotbankvergütung, Taxe d'abonnement, etc.) zu tragen hat. Eine Outperformance lässt sich mitunter durch den Einsatz von Techniken zur effizienten Portfolioverwaltung (z.B. Wertpapierdarlehen) erzielen. Die Pflicht zur Erläuterung der Differenz gemäß ESMA-Guideline besteht schlussendlich unbeschadet vom Vorzeichen der Tracking Difference.

IV. Kapitel 22: Strafbestimmungen

352 In Art. 165 bis Art. 171 des Gesetzes von 2010 sind verschiedene spezielle Straftatbestände im Zusammenhang mit der Verwaltung von Investmentfonds aufgeführt, die als solche vorrangig zum allgemeinen Strafrecht gelten. Diese Straftatbestände betreffen insbesondere Mitglieder des Verwaltungsrats oder ggf. des Vorstands oder Geschäftsführer, oder ggf. kommissarische Leiter einer Verwaltungsgesellschaft/einer Investmentgesellschaft oder aber teilweise auch die entsprechende Funktionen in einer Verwahrstelle bekleidenden Personen. Daneben sind verschiedene dieser speziellen Straftatbestände unabhängig von der (leitenden oder nicht-leitenden) Funktion einer Person anwendbar. Bestimmte Handlungen, z.B. Vertrieb im Sinne von „öffentlichem" Einsammeln von Geldern für OGA, ohne dass der betreffende OGA durch die CSSF zugelassen ist (d.h. auf der offiziellen Liste gemäß Art. 131 des Gesetzes von 2010 eingetragen ist) ist ohne Ansicht der Art der Funktion bzw. der Gesellschaft strafbar (siehe entsprechend Art. 170 des Gesetzes von 2010).

Insgesamt lassen diese Strafbestimmungen erkennen, dass der Schutzgedanke betreffend den Anleger auch im speziellen Strafrecht klar zum Ausdruck kommt. Dabei ist ersichtlich, dass mit den Abstufungen hinsichtlich des Täterkreises und natürlich dem jeweiligen Strafrahmen der Bedeutung des betreffenden Tatbestandes für den Schutz der Anleger Rechnung getragen wurde.

Im Zusammenhang mit leitenden Funktionen ist noch anzumerken, dass für diese schon in der Vergangenheit üblicherweise spezielle Berufshaftpflichtversicherungen (sogenannte *D&O – Directors & Officers* – liability insurances) abgeschlossen wurden. Für Verwaltungsgesellschaften, selbstverwaltete OGAW SICAV und voll lizensierte (also zugelassene) AIFM waren und sind diese Versicherungen ohnehin verpflichtend, werden jedoch auch quasi in allen Strukturen abgeschlossen wo sie nicht verpflichtend sind. Damit ist, im Regelfall, bis zu einem gewissen Grad die nicht zumindest grob fahrlässige zivilrechtliche und strafrechtliche Haftung (regelmäßig einschließlich der Verfahrenskosten) abgedeckt. Strafrechtlich kann dieses, bei einem gleichen Schuldniveau jedoch allenfalls eine Geldstrafe abdecken („die Versicherungsgesellschaft geht nicht ins Gefängnis...").

V. Kapitel 23: Steuerliche Bestimmungen

1. Art. 172. Die steuerlichen Bestimmungen des Gesetzes von 2010 sind sowohl auf 353
sog. „Teil I" Fonds (also OGAW) als auch auf die „Teil II" Fonds („OGA") anwendbar. Der im Gesetz befindliche Verweis auf OGA nach dem Gesetz vom 20. Dezember 2002 ist mittlerweile aufgrund des Auslaufens der Übergangsvorschriften hinfällig. Auch wird hinsichtlich der Besteuerung, die im Wesentlichen eine Substanzbesteuerung ist, nicht zwischen der Rechtsform, d.h. Vertragsform (FCP) oder Gesellschaftsform (SICAV) unterschieden. Zwar kann die Rechtsformwahl steuerlichen Gesichtspunkten unterliegen, die Überlegungen erstrecken sich jedoch im Regelfall nicht auf die Substanzbesteuerung, sondern auf die Behandlung der FCP-Anteile bzw. SICAV-Aktien beim Anteilsinhaber bzw. Aktionär.

2. Art. 173. So klärt Art. 173, dass grundsätzlich die einzige Art der Besteuerung, die 354
bei einem OGA anfällt, die „Taxe d'abonnement" oder kurz „Taxe d'Abo" ist, im Deutschen seltener auch Abonnementsteuer genannt. Die Taxe d'Abo ist eine Vermögenssteuer, da sie das Nettovermögen (d.h. Nettoinventarwert wie von der Hauptverwaltung ermittelt) der Besteuerung unterwirft, unabhängig davon, ob dieses aufgrund des Anlagegeschicks des Verwalters sinkt oder steigt (Wertveränderungen der zugrundeliegenden Anlagen, Zinserträge, etc.) oder aufgrund von reinen Mittelzu- oder -abflüssen, also Ereignissen, die außerhalb des Machtbereichs des Verwalters liegen. Eine Befreiung, etwa für permanent verlustbringende OGA, ist nicht vorgesehen und entspricht nicht dem Wesen der Steuer.

Mit Bezug auf „Registrierungs- und Umschreibungssteuern" („droit d'enregistre- 355
ment et de transcription") ist festzuhalten, dass bei Gründung einer Handelsgesellschaft (relevant also für den Fall der SICAV) eine Registrierungssteuer i.H.v. 75 EUR abzuführen ist. Der Verweis auf die relevanten umsatzsteuerlichen Regelungen hat besonders für SICAV Relevanz, da diese nach einem Urteil des Europäischen Gerichtshofs (Urteil vom 21. Oktober 2004 in der Rechtssache C-8/03, Banque Bruxelles Lambert SA (BBL) gegen Belgischer Staat) die Unternehmereigenschaft aufgrund des Ausübens einer „wirtschaftlichen Tätigkeit" zugesprochen bekommen hat. Dies löst per se jedoch noch nicht die Notwendigkeit zur steuerlichen Erfassung für Umsatzsteuerzwecke aus, da diese vom Umfang der in Anspruch genommenen Dienstleistungen abhängt, die nach dem „Reverse Charge" (Umkehr der Steuerschuldnerschaft) Verfahren abgerechnet werden.

Ausschüttungen von OGA an deren Anteilsinhaber/Aktionäre (Investorenebene) 356
sind quellensteuerbefreit. Dies gilt insbesondere auch unabhängig davon, ob ordentliche Erträge ausgeschüttet werden, Veräußerungsgewinne oder gar Substanz, was einem OGA – nach den Modalitäten der Gründungsunterlagen – ja möglich ist. Die Besteuerung beim Anleger richtet sich nach dessen individuellen Verhältnissen, insbesondere der subjektiven Steuerpflicht.

Nicht von dem Gesetz abgedeckt ist die Frage nach der möglichen Quellensteuerbe- 357
freiung für einen OGA, der Erträge (z.B. Zinserträge, Dividenden) oder Gewinne (z.B. aus dem Verkauf von Aktien) erwirtschaftet, d.h. Quellensteuer auf der Investmentebene.

Hier sind die jeweiligen Verhältnisse, vorwiegend der Ort der Lagerstelle des Zielinvestments sowie die Qualifizierung des OGA gemäß geltender Doppelbesteuerungsabkommen, zu beachten.

358 **3. Art. 174.** Der anzuwendende Steuersatz (Basissatz) beträgt 0,05%, die Bemessungsgrundlage wird durch Art. 176 definiert. Ein reduzierter Satz von 0,01% greift, wenn der OGA – gemäß Gründungsunterlagen und hier insbesondere aufgrund der strikt formulierten Anlagepolitik im durch die CSSF vidierten Verkaufsprospekt – ein Geldmarktfonds ist, also ausschließlich in Termingelder (Festgelder) respektive ausschließlich in Termingelder und Geldmarktinstrumente investiert. Das akzessorische Halten von Geldern auf Kontokorrentkonten ist hier unschädlich. So trägt der Gesetzgeber der Tatsache Rechnung, dass Geldmarktinstrumente gemäß ihrem reduzierten Risiko gegenüber anderen Anlagen eine erhebliche Minderrendite aufweisen und „jeder Basispunkt zählt", was im Nachkrisen-Zinsumfeld umso deutlicher wird, da klassische Geldmarktfonds eine Rendite knapp unter Null erwirtschaften.

359 Auch institutionelle Anleger profitieren von einer Reduzierung. Voraussetzung ist, dass die Investitionsebene, d.h. die Anteil- bzw. Aktienklasse, gemäß Prospekt institutionellen Investoren vorbehalten ist. Auf die tatsächlichen Verhältnisse, d.h. die Tatsache, dass kein Privatanleger zu jedem gegebenen Zeitpunkt faktisch investiert ist, kommt es nicht an, sondern auf die (Un-)Möglichkeit hierzu laut Verkaufsprospekt.

360 **4. Art. 175.** Neben der Möglichkeit zur Anwendung eines reduzierten Satzes gemäß Art. 174 greifen nach den Voraussetzungen des Art. 175 gar Steuerbefreiungen. Das Gesetz unterscheidet hier fünf Fälle:

- Ist der OGA ganz oder teilweise in andere Luxemburger OGA (Teil I Fonds, Teil II Fonds oder SIF) investiert (d.h. investiert als „Dachfonds"), so ist der auf diese Luxemburger OGA entfallende Teil des Portfolios von der Taxe d'Abo befreit. Gemäß Wortlaut des Gesetzes geschieht dies unabhängig von den anzuwendenden Steuersätzen. Ist also beispielsweise der Luxemburger Dach-OGA grundsätzlich auf den Basissatz, d.h. 0,05%, steuerpflichtig, so reduziert sich seine Steuerbelastung auf 0, selbst wenn er nur in OGA investiert, die dem reduzierten Satz von 0,01% unterliegen, da die Reduzierung ebenfalls in Art. 174, auf den hier verwiesen wird, geregelt ist;
- Ist die Anlage in den OGA (die Anteilklasse/Aktienklasse) institutionellen Anlegern vorbehalten (siehe Ausführungen oben), und der OGA ist ein Geldmarktfonds mit kurzlaufenden (gewichtete Restlaufzeit der Anlagen unter 90 Tage) und qualitativ hochwertigen (höchstes Rating), so ist der OGA (respektive die entsprechenden Anteil-/Aktienklassen) von der Taxe d'Abo befreit;
- Die Befreiung gilt ebenfalls für Pensionsfonds, d.h. OGA, in die im Rahmen eines beitrags- oder leistungsorientierten Pensionsplans investiert wird und die für just diesen Zweck – gemäß Gründungsunterlagen – gegründet wurden. Ist der einzige Anleger eine Zweckgesellschaft, die aus regulatorischen oder anderweitigen Gründen gegründet wurde, ist dies in der gängigen Praxis unschädlich, insofern hinter der Zweckgesellschaft ausschließlich die im Gesetz benannten Gesellschaften stehen;
- „Microfinance"-Fonds;
- „Exchange Traded Funds" (ETF), die einen Index nachbilden (sog. Passive Fonds).

Die jeweiligen Modalitäten zur Anwendung der Steuerbefreiung werden im nachfolgenden Artikel präzisiert.

5. Art. 176. Bemessungsgrundlage für die Steuer ist das Gesamtnettovermögen (= Nettoinventarwert) des OGA respektive der auf die betreffende Anteil-/Aktienklasse entfallende Teil am letzten Tag eines jeden Quartals. Dabei wird auf die Nettoinventarwertermittlung gemäß Hauptverwaltung abgestellt. Möglicherweise findet an diesem Tag keine Nettoinventarwertermittlung statt, z.B. weil es sich um ein Wochenende handelt oder weil der Verkaufsprospekt regelt, dass nur an solchen Tagen ein Wert ermittelt wird, die ein Bankarbeitstag in Luxemburg und Deutschland sind – Silvester ist in Deutschland ein Bankfeiertag, daher findet für das Gros der in Deutschland vertriebenen OGA keine Nettoinventarwertermittlung per 31. Dezember statt. In diesen Fällen ist hilfsweise auf den letzten Berechnungstag des Quartals abzustellen. **361**

Der Bezug auf Geldmarktinstrumente des vorangegangenen Artikels wird in der großherzoglichen Verordnung vom 14. April 2003 (Règlement grand-ducal du 14 avril 2003 déterminant les conditions et critères pour l'application de la taxe d'abonnement visée à l'article 129 de la loi du 20 décembre 2002 concernant les organismes de placement collectif) aufgegriffen und präzisiert. Die Verordnung bezieht sich auf das mittlerweile nicht mehr anwendbare Gesetz von 2002, der darin aufgeführte Bezug auf Art. 129 ist nunmehr als Verweis auf Art. 174 des aktuellen Gesetzes von 2010 zu verstehen. **362**

Für „Microfinance"-Fonds regelt die großherzogliche Verordnung vom 14. Juli 2010 (Règlement grand-ducal du 14 juillet 2010 déterminant les conditions et critères pour l'exonération de la taxe d'abonnement des organismes de placement collectif et des fonds d'investissement spécialisés investissant dans la microfinance en application des articles 20 et 21 de la loi du 18 décembre 2009 concernant le budget des recettes et des dépenses de l'Etat pour l'exercice 2010) die Details. Die Definition von „Microfinance" im Sinne der Verordnung entspricht somit allen finanziellen Transaktionen (ausgenommen Verbraucherkredite), die zum Ziel haben, Armen („populations pauvres"), die keinen Zugang zum regulären Finanzwesen haben, Geld zur Ausübung kleiner („petites") Ertrag bringender Tätigkeiten bereitzustellen und deren Gegenwert 5.000 EUR nicht übersteigt. **363**

Damit ETF von einer Befreiung profitieren können, müssen die Indizes, auf die sie sich beziehen, u.A. in „angemessener Weise veröffentlicht werden". Hier ist der Verweis auf die ESMA-Richtlinie 2014/937 „Leitlinien zu börsengehandelten Indexfonds (Exchange-Traded Funds, ETF) und anderen OGAW-Themen" hilfreich, die zwar keine Modalitäten für Zwecke etwaiger nationaler Steuerbefreiungen regelt, aber Begriffsdefinitionen und Abgrenzungshilfen für die Einordnung als ETF bietet. **364**

Weiter wird klarstellend ausgeführt, dass das akzessorische Halten von Geldern (wie oben bereits erwähnt) ebenso wie der Einsatz von Derivaten oder Wertpapierpensionsgeschäften und vergleichbaren Geschäften („Geschäfte zur effektiven Portfolioverwaltung") für die Befreiung oder Reduzierung der Taxe d'Abo unschädlich ist. **365**

6. Art. 177. Zuständig für die Aufsicht ist die staatliche Registerverwaltung („Administration de l'Enregistrement"). Diese hat kraft Gesetz die Befugnis, eine Geldbuße i.H.v. maximal 0,2% auf den Gesamtbetrag des Vermögens des OGA zu verhängen, falls festgestellt wird, dass die in den Art. 172 bis 175 des Gesetzes von 2010 definierten Bestimmungen inkorrekt angewandt wurden, etwa weil die tatsächliche Geschäftstätigkeit des OGA den Anwendungsbereich des Gesetzes unzulässigerweise übersteigt. **366**

7. Art. 178. Dieser Artikel bezieht sich auf das Luxemburger Einkommensteuergesetz, und regelt somit die Investorenebene, nicht jedoch die Besteuerung des Produktes selbst. **367**

368 **8. Art. 179.** Schließlich wird festgestellt, dass die Steuervorschriften des vorliegenden Gesetzes auch für nicht in Luxemburg niedergelassene (d.h. im Sinne des Satzungssitzes bzw. des Sitzes der Verwaltungsgesellschaft) OGA greifen, insofern diese ihre tatsächliche Geschäftsleitung oder ihre Hauptverwaltung in Luxemburg haben.

VI. Kapitel 24: Besondere Bestimmungen im Hinblick auf die Rechtsform

369 Zunächst geht es um die Möglichkeiten nach diesem Gesetz bestehende Strukturen in andere nach diesem Gesetz zulässige Strukturen umzuwandeln. Auf der offiziellen Liste gemäß Art. 130 des Gesetzes von 2010 eingetragene Investmentgesellschaften können in SICAV – entweder in OGAW (bzw. Teil I-) SICAV nach Kapital 3 des Gesetzes von 2010 oder in OGA (bzw. Teil II-) SICAV nach Kapitel 13 des Gesetzes von 2010, je nachdem – umgewandelt werden (entsprechend Art. 180 (1) des Gesetzes von 2010). Dieses betrifft also die Möglichkeit für die Investmentgesellschaften, die nicht bereits eine SICAV sind, eine solche zu werden, was, wie in Kapitel 13 für OGA und Kapitel 4 für OGAW nur eine minimale Zahl von Investmentgesellschaften betrifft, deren praktische Relevanz zu vernachlässigen ist. Insoweit wird hier nicht weiter auf Details dieser Möglichkeit eingegangen.

370 Art. 180 (2) des Gesetzes von 2010 bestimmt ferner, dass OGAW (bzw. Teil I-) Sondervermögen nach Kapital 2 des Gesetzes von 2010 oder OGA (bzw. Teil II-) Sondervermögen nach Kapitel 11 des Gesetzes von 2010 in OGAW (bzw. Teil I-) SICAV nach Kapital 3 des Gesetzes von 2010 oder OGA (bzw. Teil II-) SICAV nach Kapitel 12 des Gesetzes von 2010 umgewandelt werden können. Das bedeutet zum einen, dass nicht nur innerhalb des jeweiligen Teils des Gesetzes (Teil I oder Teil II) entsprechend von Sondervermögen in SICAV umgewandelt werden kann, sondern auch über Kreuz von Teil II nach Teil I umgewandelt werden kann. Wohlgemerkt nicht von Teil I Sondervermögen nach Teil II SICAV da, wenngleich nach dem hiesigen Wortlaut durchaus vertretbar, diese dem Umwandlungsverbot aus Art. 2 (5) des Gesetzes von 2010 unterliegt (siehe das vorne zu Kapitel 1 des Gesetzes von 2010 Gesagte).

Auf der anderen Seite ist es jedoch auch nicht vorgesehen, eine SICAV in ein Sondervermögen umzuwandeln. Das ist ein logisches Ergebnis der Rechtsform, da eine Gesellschaft, im vorliegenden Fall eine Luxemburger Aktiengesellschaft mit Rechtspersönlichkeit, nicht in ein Sondervermögen ohne Rechtspersönlichkeit umgewandelt werden kann. Dieses ist auch nicht durch einstimmigen Beschluss der Anteilinhaber (=Aktionäre) möglich ist, da sie nicht die Autorität haben über die Rechtspersönlichkeit zu verfügen. Als Randnotiz fällt auf, dass folgerichtig auch die Investmentgesellschaften, die nicht SICAV sind (unabhängig davon ob Teil I oder Teil II des Gesetzes von 2010 unterliegend), nicht in ein Sondervermögen umgewandelt werden können. Es sei die Frage aufgeworfen, ob für diese Investmentgesellschaften, sollten sie in der Rechtsform einer speziellen Kommanditgesellschaft (SCSp = *société en commandite spéciale* gemäß Art. 22-1 bis 22-9 des Gesetzes von 1915) wie sie seit dem 12. Juli 2013 neu eingeführt wurden – wieder ein Beispiel, bei dem anlässlich der Umsetzung der AIFM-Richtlinie eine neue Gesellschaftsform geschaffen wurde um die Gestaltungsmöglichkeiten zu verbessern – aufgelegt sein, dieses ebenso gilt, denn die SCSp hat eben keine Rechtspersönlichkeit. Die Frage ist aufgrund der minimalen praktischen Bedeutung im Gesetz von 2010 nicht weiter von Relevanz und wird aus Konsistenzgründen und weil das gemeinsame SCSp-Vermögen doch auf Namen der SCSp eingetragen wird (entsprechend Art. 22-2 (1) des Gesetzes von 1915) dennoch als im Moment wohl mit Nein zu beantworten sein.

371 Unter dem Spezialfonds-Gesetz, das in seinem Art. 70 eine dem Art. 180 des Gesetzes von 2010 entsprechend parallele Regelung zur Umwandlung enthält, könnte das praktisch etwas relevanter sein.

Auf Basis des Vorstehenden und dem Inhalt von Art. 2 (5) des Gesetzes von 2010 ist die Umwandlung eines OGAW Sondervermögens in einen wie auch immer gearteten Spezialfonds nach dem Spezialfonds-Gesetz oder gar eine SICAR ebenfalls nicht möglich. Gleiches gilt für eine OGAW SICAV. Denkbar ist indes einen Teil II-Fonds in einen Spezialfonds nach dem Spezialfonds-Gesetz umzuwandeln (solange nicht eine OGA SICAV ein Spezialfonds Sondervermögen werden soll) und, vielleicht etwas fernerliegend, einen Teil II-Fonds in eine SICAR (letztere hat von Gesetzes wegen eine gesellschaftsrechtliche Struktur und ist nie ein Sondervermögen) umzuwandeln. In beiden Fällen dürfte die Zustimmung aller betreffenden Anteilinhaber,[114] abgesehen von der notwendigen vorherigen Zustimmung der CSSF, Grundvoraussetzung sein. 372

Daneben enthält Art. 181 des Gesetzes von 2010 die wichtige Grundlage für die Zulässigkeit der Errichtung von OGAW nach Teil I des Gesetzes von 2010 sowie OGA nach Teil II des Gesetzes von 2010 (jeweils unabhängig davon ob als Sondervermögen, SICAV oder ausnahmsweise als Investmentgesellschaft die keiner dieser beiden Rechtsformen entspricht) in Form von Umbrella-Strukturen. 373

Auf diese Art der Strukturierung ist in den vorherigen Kapiteln bereits an verschiedenen Stellen eingegangen bzw. Bezug genommen worden.

Die Rechtsform des Umbrella-Fonds beschreibt eine Struktur in der bei dem OGA oder OGAW einzelne Teilfonds gebildet werden, die ihrerseits einen klar abgegrenzten Teil des Vermögens betreffenden OGA/OGAW umfassen (entsprechend Art. 181 (1) des Gesetzes von 2010), das sogenannte Teilfondsvermögen. 374

Ganz entscheidend hierbei ist, dass die Rechte der Anteilinhaber und der Gläubiger im Hinblick auf einen Teilfonds oder die Rechte die im Zusammenhang mit der Gründung, der Verwaltung oder der Liquidation eines Teilfonds stehen, auf die Vermögenswerte dieses Teilfonds beschränkt sind, es sei denn das Verwaltungsreglement enthält eine anderslautende Bestimmung (entsprechend Art. 181(5) Absatz 1 des Gesetzes von 2010). Entsprechend haften auch die Vermögenswerte eines Teilfonds ausschließlich für Rechte der Anteilinhaber dieses Teilfonds und für solche Forderungen, die im Zusammenhang mit der Gründung, Verwaltung oder Liquidation dieses Teilfonds entstanden sind, wiederum es sei denn, das Verwaltungsreglement enthält eine anderslautende Bestimmung (entsprechend Art. 181 (5) Absatz 2 des Gesetzes von 2010). Im Verhältnis der Anteilinhaber untereinander wird jeder Teilfonds als eigenständige Einheit behandelt, wieder es sei denn das Verwaltungsreglement enthält eine anderslautende Bestimmung (entsprechend Art. 181 (5) Absatz 3 des Gesetzes von 2010). 375

Die gesetzliche Annahme ist folglich die, kurz gesagt, komplette und klare Vermögens- und Haftungstrennung. Aus persönlicher Erfahrung kann bisher kein Fall einer solchen Umbrella-Struktur berichtet werden, bei dem von der Möglichkeit der Abweichung hiervon Gebrauch gemacht worden wäre. Das wird auch allenfalls in einem extremen Ausnahmefall geschehen, da ja gerade die Vermögens- und Haftungstrennung bei Teilfonds besonders interessant ist. Eine Nicht-Trennung würde vielfältige, nicht nur juristische, sondern auch praktische Fragen auch der Sinnhaftigkeit eines Teilfondssystems aufwerfen, ganz zu schweigen von der Frage der Vermarktbarkeit an Anleger.

Mit einem Teilfonds wird also eine rechtlich separierte Vermögensmasse gebildet, die entsprechend den festgelegten Bestimmungen eigenständig verwaltet wird. Daraus 376

114 Bei Sondervermögen wird im Deutschen von Anteilinhabern an Stelle von Aktionären, letzteres gebräuchlich für SICAV, gesprochen, obgleich im französischen Originaltext des Gesetzes von 2010 der Begriff *porteur de parts* für beide, Sondervermögen und SICAV, verwendet wird. Wie bereits zuvor erwähnt wird daher in diesem Text auch bei SICAV von Anteilinhabern gesprochen werden.

ergeben sich einige sehr wichtige Konsequenzen. Ein Gläubiger, der nicht unzweifelhaft nur gegen einen bestimmten Teilfonds eine Forderung hat, wird im Bedarfsfall stets versuchen auch gegen andere Teilfonds, die ggf. solventer sind, vorzugehen (die Umbrella-Struktur als Dach hat kein Vermögen, das gesamte Vermögen ist ausschließlich den Teilfonds zugeordnet).[115] Es ist daher extrem wichtig, dass im Rechtsverkehr darauf geachtet wird, dass der Gegenpartei unmissverständlich klar gemacht und in Vertragsunterlagen dokumentiert wird, dass nur für diesen Teilfonds gehandelt wird bzw. kontrahiert wird (mithin auch nur dieses Teilfondsvermögen haftet). Ein Teilfonds ist jedoch keine Rechtsperson als solche, d.h. zum Beispiel im Falle von Umbrella-SICAV kann nur die Umbrella-Struktur beim Handels- und Gesellschaftsregister eingetragen werden und erhält auch nur diese eine entsprechende Handelsregister-Nummer. Die Umbrella-SICAV bzw. bei Sondervermögen die Verwaltungsgesellschaft handelnd im eigenen Namen jedoch für Rechnung des Umbrella-Sondervermögens (oder bei OGAW SICAV die eine Verwaltungsgesellschaft ernannt haben, die Verwaltungsgesellschaft handelnd für die OGAW SICAV) und jeder, der eine solche Struktur vertritt, müssen also im Geschäftsverkehr darauf achten, zu präzisieren, dass dieses betreffend eines bestimmten Teilfonds gemacht wird (also z.B. vertraglich dokumentiert wird „XY SICAV, betreffend ihren Teilfonds XY SICAV – Teilfonds Z“). Selbstverständlich kann es bei einer Umbrella-Struktur auch z.B. Servicedienstleistungen oder Kosten geben, die nicht auf einen Teilfonds spezifiziert sind. Zum Beispiel die Tantieme von Verwaltungsräten einer OGAW-SICAV ist, da deren Mandat die gesamte OGAW-SICAV betreffen, regelmäßig nicht direkt auf einen Teilfonds spezifiziert. Für solche Fälle wird die Haftung bzw. werden die Kosten anteilig auf die bestehenden Teilfonds verteilt (regelmäßig nach Größe der Teilfonds, auch die Anzahl der Teilfonds kann angemessen sein). Dieses würde auch bei Investments gemacht werden müssen, die nicht eindeutig zuordenbar sind.

377 Es wird weiter präzisiert, dass im Fall von Sondervermögen das Verwaltungsreglement und im Fall von SICAV die Gründungsunterlagen (die Satzung), sofern das gewünscht ist, diese Möglichkeit sowie die diesbezüglichen Verfahren ausdrücklich vorsehen (entsprechend Art. 181 (2) Satz 1 des Gesetzes von 2010) müssen. Dabei können in Sondervermögen teilfondsspezifische Verwaltungsreglements (zumeist Sonderreglements genannt) mit den für den jeweiligen Teilfonds geltenden gesonderten Charakteristika gebildet werden (entsprechend Art. 181 (4) des Gesetzes von 2010). Dieses ist eine Kann-Vorschrift und keinesfalls zwingend. Ferner muss der Verkaufsprospekt eine Beschreibung der spezifischen Anlagepolitik eines Teilfonds enthalten (entsprechend Art. 181 (2) Satz 1 des Gesetzes von 2010). Die Anteile oder Aktien (je nach gewählter Rechtsform) können einen unterschiedlichen Wert haben (so Art. 181 (3) des Gesetzes von 2010). Jeder Teilfonds kann einzeln und unabhängig von den anderen Teilfonds bzw. der Gesamtstruktur liquidiert werden, es sei denn, es ist der letzte Teilfonds in der Umbrella-Struktur, denn dann bedeutet die Liquidation des letzten Teilfonds gleichzeitig die Liquidation der gesamten Umbrella-Struktur (entsprechend Art. 181 (6) des Gesetzes von 2010) und es gelten folglich die Bestimmungen die für die Liquidation der Umbrella-Struktur anwendbar sind und nicht die, zumeist etwas einfacheren, Bestimmungen die die Liquidation eines Teilfonds behandeln.

378 Neu im Vergleich zum Gesetz von 2002 kam im Gesetz von 2010 die Möglichkeit hinzu, mit einem Teilfonds einer Umbrella-Struktur in einen anderen Teilfonds derselben Umbrella-Struktur investieren zu können (zeichnen, erwerben oder/und halten – so in-

---

115 Es kann natürlich auch gegen die Umbrella-Struktur agiert werden was jedoch bei der Durchsetzung von Ansprüchen ggf. schwieriger ist).

haltlich Art. 181 (8) Satz 1 1. Halbsatz), das sogenannte Cross-Investment. Für in gesellschaftsrechtlicher Form aufgelegte Strukturen (z.B. OGA oder OGAW SICAV) sind die im Gesetz von 1915 enthaltenen allgemeinen gesellschaftsrechtlichen Vorschriften über die Zeichnung, den Erwerb oder/und das Halten von eigenen Aktien insoweit ausdrücklich nicht anwendbar (entsprechend Art. 181 (8) Satz 1 2. Halbsatz). Es kann durchaus gesagt werden, dass damit auch eine sinngemäße Anwendung dieser Vorschriften auf Sondervermögen nicht möglich ist (die sinngemäße Anwendung mancher gesellschaftsrechtlicher Vorschriften auf Sondervermögen wird sofern angezeigt mitunter hilfsweise vorgenommen).

Die Zulässigkeit der Cross-Investments ist jedoch nur unter Einhaltung der folgenden Voraussetzung statthaft:

- Der Zielteilfonds investiert selbst nicht in den Teilfonds der in ihn investiert (kein Investment „im Kreis“);
- Die Zielteilfonds einer Umbrella-Struktur dürfen selbst nicht mehr als 10% ihres Netto-Vermögens in andere Teilfonds derselben Umbrella-Struktur investieren (selbstverständlich unter Einhaltung des 1. Spiegelstrichs). Dieses ist die generelle Grenz-Regelung zur Vermeidung von sogenannten Kaskaden-Dachfonds aus Art. 41 (2) e) 4. Spiegelstrich des Gesetzes von 2010 die hier für den Sonderfall der Cross-Investments speziell ausformuliert wurde, um auch bei innerhalb einer Umbrella-Struktur vorgenommenen Investments die Einhaltung dieser Regelung unzweifelhaft sicher zu stellen;
- Aussetzung der ggf. vorhandenen Stimmrechte in dem Zielteilfonds;
- Cross-Investments werden zur Berechnung des Mindestnettovermögens der gesamten Umbrella-Struktur in Höhe von Euro 1.250.000 Euro (so Art. 23 des Gesetzes von 2010 für OGAW Sondervermögen, Art. 27 (1) des Gesetzes von 2010 für OGAW SICAV, Art. 90 in Verbindung mit Art. 23 des Gesetzes von 2010 für OGA Sondervermögen und Art. 94 des Gesetzes von 2010 für OGA SICAV) nicht berücksichtigt.

(insgesamt entsprechend Art. 181 (8) 1. bis 4. Spiegelstrich des Gesetzes von 2010)

Um zulässig zu sein müssen Cross-Investments generell in den Unterlagen der be- **379**
treffenden Umbrella-Struktur (Verkaufsprospekt, Verwaltungsreglement/Satzung, je nach Rechtsform) unter den vorgenannten Voraussetzungen vorgesehen sein. Im Rahmen der Verwaltung hat diese Möglichkeit der Cross-investments zusätzliche Flexibilität geschaffen, mit der auch Kosten optimiert werden können, da nicht separate Strukturen geschaffen werden müssen. Auch dieses ist ein Beispiel der sinnvollen Fortentwicklung der Luxemburger Investment-Strukturen.

An dieser Stelle sei ein Wort zur Umsetzung einer Umbrella-Struktur im Rahmen der **380**
Fondsdokumentation erlaubt. Wie dieses zum Beispiel im Rahmen eines Verkaufsprospekts zu geschehen hat ist nicht speziell vorgeschrieben. Abgesehen von der Aufnahme der vorstehend beschriebenen notwendigen Informationen im Zusammenhang mit einer Umbrella-Struktur ist man grundsätzlich frei in der Gestaltung. Aus verschiedensten Erwägungen (rechtlichen, praktischen etc.) hat sich mit der Zeit der Regelfall eines Allgemeinen Teils an Bestimmungen, die für die gesamte Umbrella-Struktur und damit für alle gegenwärtigen und zukünftigen Teilfonds gleichermaßen gelten, und einem jeweils für einen Teilfonds bestimmten Anhang, der nur die speziell für diesen Teilfonds geltenden Bestimmungen enthält, herausgebildet. Voraussetzung ist natürlich die Einhaltung der gesetzlichen/regulatorischen Mindeststandards im Rahmen eines Teil I-Fonds (also OGAW Fonds) oder eines Teil II-Fonds (also eines OGA Fonds). Hierbei kann je nach Art der Umbrella-Struktur mehr im Allgemeinen Teil fixiert werden, wenn man zum Beispiel,

eventuell aus Gründen der Konsistenz im Vertrieb, nur in Aktien investierende Teilfonds auflegen möchte, ohne dann eine weitergehende Flexibilität hinsichtlich der überwiegenden Anlagen innerhalb der jeweiligen Teilfonds geben zu können. Auch zum Beispiel für die Frage der Auswahl eines eventuellen Portfolio-Managers oder eines eventuellen Anlageberaters besteht Freiheit in der Gestaltung, d.h. diese können entweder für die gesamte Umbrella-Struktur, d.h. für jeden Teilfonds gültig im Allgemeinen Teil bestimmt werden oder eben für jeden Teilfonds speziell erst im betreffenden Anhang eines Teilfonds fixiert sein.

Das ist wohlgemerkt keine rechtliche oder regulatorische Vorgabe sondern eine Management-Entscheidung, die sachlichen Gründen wie Kosteneffizienz, Marketing etc. folgt.

381 Ferner muss bei der Entscheidung für eine Umbrella-Struktur berücksichtigt werden, dass verschiedene Entscheidungen/Elemente nur für die gesamte Umbrella-Struktur gültig festgelegt werden können. Dazu gehört die Wahl, ob ein Sondervermögen oder gesellschaftsrechtliche Struktur aufgelegt wird, die Einordung als OGAW, d.h. als Teil I-Fonds oder als OGA, d.h. als Teil II-Fonds, die Wahl der Verwaltungsgesellschaft (für Sondervermögen und z.B. OGAW-SICAV, die eine Verwaltungsgesellschaft ernennen) und die Bestimmung der Depotbank. Jeder Teilfonds kann nur gemäß diesem zwingend für die gesamte Umbrella-Struktur maßgeblichen Rahmen aufgelegt werden (unter Hinzufügung der ggf. freiwillig zwingend für die gesamte Umbrella-Struktur festgelegten allgemeinen Bestimmungen, wie im Absatz zuvor angesprochen).

382 Die Errichtung eines Teilfonds in einem OGA unterliegt der Anforderung der Zulassung durch die CSSF in Erfüllung der Voraussetzungen nach Art. 181 (7) Satz 1 des Gesetzes von 2010. Dieses kann bei der Erstzulassung der gesamten Umbrella-Struktur geschehen, wie auch später als Zulassung eines (oder mehrerer) neuen Teilfonds. Es ist zwar nicht ausdrücklich hier aufgenommen aber Zulassung versteht sich regulatorisch auch hier als vorherige Zustimmung der CSSF (wie in Art. 129 (1) des Gesetzes von 2010 für die Zulassung einer Gesamtstruktur enthalten). Die CSSF hat neben den in den Ausführungen zu Kapitel 19 des Gesetzes von 2010 enthaltenen Formularen (Questionnaires) für die Zulassung von OGAW und OGA Gesamtstrukturen (einschließlich der speziellen Formulare im Zusammenhang mit den jeweiligen Anlagepolitiken (der Teilfonds) – die Formulare für die OGA sind auch für die Zulassung von Spezialfonds nach dem Spezialfonds-Gesetz zu verwenden) auch ein schlanker gefasstes Formular (Questionnaires) nur für die Zulassung von Teilfonds von OGAW und OGA erstellt (einschließlich der speziellen Formulare im Zusammenhang mit den jeweiligen Anlagepolitiken der Teilfonds – die Formulare für die OGA sind auch für die Zulassung von Teilfonds bei Umbrella-Spezialfonds nach dem Spezialfonds-Gesetz zu verwenden) (abrufbar auf der Website der CSSF unter a) für OGAW *http://www.cssf.lu/en/supervision/ivm/ucits/forms/* und b) für OGA *http://www.cssf.lu/en/supervision/ivm/uci/forms/*) das gemeinsam mit den Unterlagen zu dem Teilfonds bei der CSSF ausgefüllt einzureichen ist. Die Errichtung dieses Templates hat die Bearbeitung von Einreichungen von Anträgen auf Errichtung neuer Teilfonds ebenfalls etwas formalisiert, was nicht als negativ anzusehen ist. Abschließend präzisiert Art. 181 (7) Satz 2 des Gesetzes von 2010, dass der Entzug der Zulassung eines Teilfonds keinen Anlass gibt dem betreffenden OGA insgesamt die Zulassung zu entziehen, mithin ihn von der offiziellen Liste nach Art. 130 des Gesetzes von 2010 zu streichen. Diese wichtige Klarstellung wurde mit der Einführung des Gesetzes von 2010 (im Vergleich zu dem Gesetz von 2002) aufgenommen und verhindert nun, dass Ereignisse in einem Teilfonds, die zur Streichung dieses Teilfonds führen, mittelbar die gesamte Umbrella-Struktur beeinflussen können, da zuvor der Zulassungsentzug nur auf Teilfondsebene nicht in der Form separiert war und im Bedarfsfall – der eine absolute Ausnahme war und ist – die gesamte Umbrella-Struktur von der offiziellen Liste gestrichen werden musste. Auch diese Änderung ist ein Beispiel für die kontinuierliche, positive Fortentwicklung des Rechts (hier den Charakter der Vermögens- und Haftungstrennung bei den Teilfonds sinnvoll ergänzend).

VII. Kapitel 25: Übergangsbestimmungen

Die Übergangsbestimmungen des Gesetzes von 2010 sind auch im Hinblick auf die Bestimmungen, die aufgrund der Einführung des AIFM-Gesetzes aufgenommen wurden, zum ganz überwiegenden Teil insoweit zeitlich überholt, als dass die Zeitpunkte bis zu denen Ausnahmevorschriften galten bereits lange abgelaufen sind (für manche Bestimmungen im Zusammenhang mit dem AIFM-Gesetz war dieser Zeitpunkt der 22. Juli 2014). Insoweit wird hier nicht weiter auf diese Elemente eingegangen. 383

Ergänzend sei hier nur auf Art. 183 (5) des Gesetzes von 2010 hingewiesen, der für OGA klarstellt, dass sie dem Gesetz von 2010 unterstehen, es sei denn ein Spezialgesetz (wie das Spezialfonds-Gesetz) ist anwendbar (und damit vorrangig).

VIII. Kapitel 26: Änderungen, Aufhebungen und Schlussbestimmungen

Im Rahmen dieses Schlusskapitels soll lediglich auf die Aufhebung des Vorgängergesetzes, dem Gesetz von 2002 (in Art. 192 des Gesetzes von 2010), die selbst im Gesetz vorgesehene Möglichkeit der verkürzten Bezugnahme auf das Gesetz von 2010 als „Gesetz vom 17. Dezember 2010 über Organismen für gemeinsame Anlagen“ (so Art. 193 des Gesetzes von 2010) und das In-Kraft-Treten des Gesetzes am ersten Tag des Monats nach dessen Veröffentlichung im Mémorial[116] hingewiesen werden. 384

G. Anhang I

I. Schema A

Anhang I Schema A des Gesetzes von 2010 präzisiert die Mindestinformationen, die in einem Verkaufsprospekt eines OGA bzw. OGAW enthalten sein müssen. Die Ziffern 3. bis 6. dieses Schemas A sind formal nur auf OGAW anwendbar. Es kann jedoch auch sein, dass bestimmte Angaben in einem OGA zu machen sind. So ist, sofern ein Anlageberater für einen OGA ernannt wird und dieser aus dem OGA-Vermögen bezahlt wird, dessen Identität normalerweise auch in einem OGA im Verkaufsprospekt zu nennen (dieses wäre inhaltlich entsprechend Anhang I Schema A Ziffer 3 des Gesetzes von 2010). 385

II. Schema B

Für die folgenden Ausführungen gilt, dass alle Angaben grundsätzlich gesondert pro Teilfonds aufzuführen sind (ergibt sich aus Art. 181 Abs. 5 des Gesetzes von 2010, der jedem Teilfonds „eigene“ Vermögensgegenstände und Verbindlichkeiten zuweist). Eine gesonderte Aufspaltung auf Anteilklassenbasis ist gesetzlich nicht erforderlich, aber auf freiwilliger Basis dann möglich, wenn auf die zusätzliche summarische Darstellung pro 386

116 Mémorial hier *Mémorial A, Recueil de Legislation,* das Amtsblatt des Großherzogtums Luxemburg für Veröffentlichungen im Zusammenhang mit Gesetzen und Verordnungen.
Die Veröffentlichung des Gesetzes von 2010 erfolgte am 24. Dezember 2010, so dass das Gesetz von 2010 am 1. Januar 2011 in Kraft trat.

Teilfonds nicht verzichtet wird.[117] Davon unberührt bleibt das Vehikel, über das Rechenschaft abgelegt wird („reporting entity“), nach wie vor der Investmentfonds/die Investmentgesellschaft, und nicht etwa der Teilfonds oder die Anteilklasse. Daraus leitet sich das Erfordernis her, zumindest die Vermögensaufstellung, sowie die Ertrags- und Aufwandsrechnung und Nettoinventarwertveränderungsrechnung auch in konsolidierter Form darzustellen. Der Begriff „Konsolidierung“ ist allerdings insofern irreführend, als dass hier kein Konzernverhältnis existiert, welches eine komplexe Korrektur innerkonzernlicher Leistungserbringungen bedingt – ein Beherrschungsverhältnis zwischen den Teilfonds ist regelmäßig auszuschließen (siehe Art. 48 Abs. 2 des Gesetzes von 2010). Vielmehr handelt es sich um eine reine Summierung der einzelnen Posten aller Teilfonds mit dem Ziel der Ermittlung des Gesamt(netto)fondsvermögens. Die Rechnungslegung der einzelnen Teilfonds kann dabei in einer anderen Währung erfolgen als die Rechnungslegung des Investmentfonds/der Investmentgesellschaft. In solchen Fällen werden gewöhnlich alle Werte innerhalb des teilfondsspezifischen Teils in der jeweiligen Teilfondswährung dargestellt und nur für Zwecke der Konsolidierung eine Umrechnung in Fondswährung durchgeführt; eine separate Darstellung der umgerechneten Werte pro Teilfonds ist dabei nicht notwendig, hilft aber die Transparenz zu waren. Mindestens ist aber der Wechselkurs zu nennen, mit dem per Stichtag umgerechnet wurde. Im Falle der „Entwicklung des Fondsvermögens“, die als Startpunkt jeweils das Fondsvermögen des Vorjahres nennt, können sich durch die Umrechnung Währungseffekte ergeben. Für die Konsolidierung ist dafür ein Ausgleichsposten zu bilden, der mit in die Summierung einbezogen wird. Dieser Ausgleichsposten kann positiv oder negativ sein.

387 Für liquidierte Teilfonds gilt, dass diese per Definition am Geschäftsjahresende kein Nettofondsvermögen mehr haben und deswegen in der Konsolidierung der Vermögensaufstellungen nicht auftauchen. Nach herrschender Meinung muss jedoch über den letzten Tag der Preisfeststellung Rechenschaft abgelegt werden, da dieser Teilfonds sonst nicht Bestandteil eines geprüften Jahresabschlusses wäre (alternativ: Erstellung eines separaten freiwilligen Abschlussberichtes, was aus Kostengründen oft abgelehnt wird). Die im Weiteren folgenden Angaben beziehen sich also im Falle unterjährig liquidierter Teilfonds auf den Zeitraum vom ersten Tage des Geschäftsjahres (bzw. Datum der Auflage, falls unterjährig) bis zum Tag der letzten Preisfeststellung. Das Ergebnis der Geschäftstätigkeit des liquidierten Fonds ist also auch Bestandteil der Konsolidierung: als Korrekturposten kann im Rahmen der Entwicklung des Fondsvermögens ein eigener Posten eröffnet werden, z.B. „Mittelabflüsse aus der Liquidation von Teilfonds“.

388 Bei fusionierten Teilfonds gilt das Gesagte analog; Fusionen innerhalb des gleichen Umbrella-Fonds sind aufgrund der Ermittlung des Umtauschverhältnisses auf Basis der laufenden Preisfeststellungen der jeweiligen Teilfonds grundsätzlich erfolgsneutral. Zur Darstellung in der Konsolidierung bietet sich ebenfalls ein separater Posten an, z.B. „Mittelzuflüsse aus der Fusion von Teilfonds“ und korrespondierend „Mittelabflüsse aus der Fusion von Teilfonds“.

389 **1. Punkt I.** Im Bezug auf den Aufbau der Bilanz bzw. Vermögensaufstellung (eigentlich: Nettovermögensaufstellung) werden die Mindestanforderungen durch Punkt I des Anhang I Schema B normiert. Definitiv als separater Posten aufzuführen ist der Wert aller Wertpapiere („valeurs mobilières“). Nach herrschender Meinung ist dies als „Wertpapiere und Geldmarktinstrumente“ zu verstehen, da diese im Rahmen der zulässigen

117 Gegebenenfalls ist dies aufgrund der steuerlichen Behandlung der Erträge – je nach Ansässigkeitsstaat des Anlegers – sogar geboten.

Vermögensgegenstände gem. Art. 41 des Gesetzes von 2010 ebenfalls in einem Atemzug genannt werden. Nicht unter diesem Posten zu subsummieren sind Anteile an OGAW oder anderen OGA gem. Art. 41 Buchstabe e des Gesetzes von 2010 (sog. „Investmentanteile", „Fondsanteile" oder „Zielfondsanteile"; seltener: „Investmentzertifikate"). Die Möglichkeit der Eröffnung eigener Posten innerhalb der Vermögensaufstellung bzw. innerhalb des Jahresabschlusses lässt sich aus dem Wortlaut des Gesetzes nicht direkt entnehmen (Art 151 Abs. 3"muss [...] enthalten" („doit contenir") anstatt „muss mindestens [...] enthalten" („comporte au moins"). in Art. 151 Abs. 2), wird jedoch indirekt über das Erfordernis der Darstellung aller „wesentlichen" Informationen hergeleitet. Grundsätzlich ist der Ausweis bilanzieller Sachverhalte in einem gesonderten Posten dann geboten, wenn die Klarheit dadurch erhöht wird. Führt der Mehrausweis vereinfacht gesagt nur zu Verwirrung, ist davon abzusehen. In Bezug auf das oben Gesagte ist für den wertmäßigen Ausweis der OGA-Anteile regelmäßig ein eigener Posten zu bilden. Der separate Ausweis der zu den Wertpapieren und Geldmarktinstrumenten bzw. den OGA-Anteilen gehörenden Anschaffungskosten ist gesetzlich nicht gefordert, wird aber zur leichteren Verprobung des aufgelaufenen unrealisierten Ergebnisses (oft als Fußnote) nachrichtlich aufgeführt. Die Wertpapiere sind mithin zwingend zum gem. Art. 9 bzw. Art. 28 ermittelten Marktwert auszuweisen – ein separater Ausweis des unrealisierten Ergebnisses ist nicht geboten. Die Betrachtungsweise des OGAW ist stets eine vermögensbezogene („Stichtag")[118] und dient nur subsidiär der Information über Bewegungen – Bewertungsunterschiede zu den historischen Anschaffungskosten sind in der Bilanz regelmäßig von untergeordneter Relevanz.

Das Bankguthaben („avoirs bancaires") beinhaltet die täglich fälligen Guthaben **390** (auch kurzlaufende Festgelder), nicht jedoch die abgegrenzten Guthabenzinsen. Debitorische Kontensalden sind hingegen unter „Verbindlichkeiten" aufzuführen. Ebenfalls unter Bankguthaben subsumiert werden üblicherweise Einlagen bei Maklern („margins") zur Sicherung von Ansprüchen aus börsengehandelten Finanztermingeschäften („Futures"). Ein Ausweis unter „Sonstigen Vermögensgegenständen" wird aber üblicherweise, auch aus Wesentlichkeitsgründen, nicht beanstandet. Ein separater Ausweis der Banksalden nach Währung o.Ä. ist nicht gefordert und der Übersicht des Jahresabschlusses meist mehr hinderlich als nützlich, da flüssige Mittel ohnehin nur akzessorisch gehalten werden (sollen). Auch eine Aufgliederung nach Kreditinstitut (Depotbank vs. Drittinstitute) zur besseren Beurteilung des Kreditrisikos ist nicht vonnöten und wird allenfalls besonders versierten Anlegern nützen.

Alle oben nicht aufgeführten Salden können unter „Sonstige Vermögensgegenstän- **391** de" („autres actifs") zusammengefasst werden, insofern die Vermögensaufstellung dadurch nicht ihre Informationsfunktion verliert. Regelmäßig als „wesentliche Information" in diesem Sinne anzusehen ist der Einsatz von Derivaten, die sich wertmäßig am Stichtag in einem unrealisierten Gewinn oder Verlust niederschlagen. Dieser ist nach herrschender Meinung zwingend als eigener Posten auszuweisen. Weniger problematisch ist die Frage nach Zinsforderungen gegenüber Dividendenforderungen oder Zinsforderungen aus Wertpapieren gegenüber Zinsforderungen aus Bankguthaben – hier finden sich in der Praxis höchst unterschiedliche Detailgrade.

Zwingender Bestandteil ist auch die Summe aller Vermögensgegenstände („total des **392** actifs"). Fehlt diese Angabe, die sich freilich arithmetisch recht simpel herleiten lässt, nimmt die Finanzaufsicht einen Fehlausweis an und fordert in der Regel eine Stellung-

118 Dem Anleger steht kein anderes Instrumentarium zur Identifikation der gehaltenen Anlagen zur Verfügung, was im Übrigen die Möglichkeit des „Window Dressing", d.h. des absichtlichen Beschönigen des Portfolios durch den Anlageverwalter, theoretisch ermöglicht.

nahme, weswegen von der gesetzlich normierten Bilanzierungspraxis abgewichen wurde. Da die geltenden Bilanzierungsrichtlinien für in Luxemburg aufgelegte OGAW recht schlank gehalten sind, wird berechtigterweise davon ausgegangen, dass (wenigstens) mit den Mindestanforderungen konform gegangen wird. Zwischensummen in der Bilanz sind als solche explizit zu kennzeichnen.

393 Weniger Granularität wird mit Hinblick auf die Verbindlichkeiten gefordert. Das grundsätzliche Verrechnungsverbot findet sich für SICAV über Art. 26 Abs. 1 des Gesetzes von 2010 i.V.m. Art. 33 Gesetz vom 19. Dezember 2002, wird aber für FCP analog angewandt; so wird recht strikt jedwede Verrechnung zwischen Aktiv- und Passivposten oder zwischen Aufwands- und Ertragsposten untersagt. Nicht erfasst davon sind Fälle, wo gesetzlich oder vertraglich eine Aufrechnungslage gegeben ist, die Aufrechnung aber (noch) nicht erklärt wurde. Im Zweifel ist von einer strikten Einhaltung des Verrechnungsgebotes auszugehen. In wenigen Fällen (z.B. positives Kontokorrentsaldo gepaart mit vernachlässigbar geringen Kontokorrentsalden in Fremdwährungen, sofern die kontoführende Bank identisch ist) kann aus Wesentlichkeitsgesichtspunkten davon abgewichen werden. Dennoch muss klar sein, dass eine Verrechnung immer zu einer Bilanzverkürzung führt – in der Praxis wird gerne damit argumentiert, dass sich ja „keine Auswirkung auf den Nettoinventarwert" ergibt und daher Verrechnungen die Kernaussage des Jahresabschlusses nicht verändern. Dies ist jedoch zu kurz gegriffen, denn eine derartige Argumentation würde Tür und Tor für nicht mehr durch gesetzliche Normen begrenzbare beinahe willkürliche Verrechnungen führen. Auch wenn die meisten Kennzahlen („Nettoinventarwert pro Anteil", Nettoinventarwert als Berechnungsgrundlage für Gebühren) nicht auf Bruttogrößen abstellen, so verlangt das Gebot der Klarheit einen professionellen Umgang mit dem Verrechnungsverbot. Nichtsdestoweniger erlaubt der Gesetzgeber den Ausweis sämtlicher Verbindlichkeiten in einer Position („passif"). In der Praxis wird z.B. unterschieden zwischen „Verbindlichkeiten aus Wertpapiergeschäften", „Verbindlichkeiten aus Anteilscheingeschäften" oder „Verbindlichkeiten aus laufenden Aufwendungen". Gerade wenn sich um den Stichtag herum Geschäfte dergestalt häufen, dass die Verbindlichkeiten einen umfassenden Betrag des Nettoinventarwertes ausmachen (z.B. als unverbindlichen Richtwert 10% des Nettoinventarwertes), ist eine Aufgliederung des Postens hilfreich, um der Informationsfunktion des Jahresabschlusses gerecht zu werden. Auch hier ist auf die Aufnahmefähigkeit des Anlegers zu achten – so ist beispielsweise eine Trennung zwischen Verbindlichkeiten (d.h. bereits in Rechnung gestellte bzw. fällige Ansprüche von Dienstleistern) und Abgrenzungen (periodengerechte Erfassung noch nicht fakturierter und fälliger, aber bereits in Anspruch genommener Dienste) allenfalls für buchhalterisch versierte Zeitgenossen von Belang. Da die Zahlungsebene regelmäßig für die Betrachtungsweise irrelevant ist und die Nettoinventarwertminderung bereits durch die aufwandswirksame Abgrenzung (buchhalterisch: Aufwand AN Abgrenzung) eingetreten ist, sind auch Aufgliederungen nach der Fälligkeit der Ansprüche Dritter – auch aufgrund der anzunehmenden Kurzfristigkeit – niemals zielführend.[119]

394 Zuletzt muss sich aus der Differenz zwischen „total des actifs" und „passif" der Nettoinventarwert („valeur nette d'inventaire") ergeben. So lässt sich auch die Einbeziehung aller Konten und die Korrektheit der Buchführung zumindest arithmetisch in Grundzügen nachvollziehen, denn der Wert kann nicht von dem in Schema B Punkt V (siehe weiter unten) ermittelten Wert abweichen. Dies gebieten die Grundzüge der dop-

119 Dies gilt für Aktivposten natürlich analog; eine Ausnahme gilt für Gründungskosten, welche aktiviert und über maximal fünf Jahre abgeschrieben werden dürfen und aufgrund ihrer Langfristigkeit eine Würdigung im Rahmen eines eigenen Posten erfahren sollen.

pelten Buchführung, die auch bei OGAW uneingeschränkt anzuwenden sind – wenngleich hier auf eine detailliertere Analyse der Kapitalkonten regelmäßig verzichtet wird, da in der Praxis die Staffelform klar vorherrscht.[120]

Auch wenn in der Praxis OGAW mit mehreren Anteilklassen („unit class“, bei SICAV „Aktienklassen“/„share class“, im Deutschen oft etwas unrichtig in beiden Fällen „Anteilklassen“, im Englischen ebenso unrichtig oft in beiden Fällen „share class“) eher die Regel als die Ausnahme sind, hat sich eine Darstellung der Aktiva und Passiva getrennt nach Anteilklasse nie durchgesetzt. Technisch gesehen müsste dies kein Problem darstellen, da ja täglich eine Preisfeststellung getrennt nach Anteilklassen stattfindet und eine Aufteilung der jeweiligen Vermögenswerte auf Anteilklassenbasis (lediglich) einer reinen systemseitigen Pflege des Buchführungsprogrammes bedarf. Auch hier rechtfertigt der Aufwand jedoch keineswegs den Mehrwert – einer ungleich höheren Fehleranfälligkeit des Jahresabschlusses steht eine Mehrinformation gegenüber, deren Nutzen fragwürdig ist, denn dem Anleger kommt es regelmäßig auf die Zusammensetzung des Fonds als Ganzes an und auf den Wert, der auf seinen Anteil entfällt – dieser jedoch ist mit dem Nettoinventarwert pro Anteil hinreichend detailliert dargestellt. Unterschiede zwischen den einzelnen Anteilklassen ergeben sich im Regelfall aus unterschiedlichen Kosten, vorrangig die erhobene Verwaltungsgebühr. Insofern unterscheiden sich die zugrundliegenden Aktiva und Passiva (bis auf die Kostenabgrenzung für genannte Gebühr) ohnehin nicht voneinander. Etwas anderes kann nur in Fällen gelten, wo Anteilklassen ein „eigenes Portfolio“ zugewiesen wird – ein Verfahren, was in der Praxis mit Skepsis beäugt wird. Vertretbar sind Fälle der Währungsabsicherung („Hedging“) einzelner in Fremdwährung geführter Anteilklassen durch Devisentermingeschäfte, deren laufendes Ergebnis („unrealisierter Gewinn/Verlust“) nur genau jenen Anteilklassen (und nicht etwa dem Gesamtportfolio) zugeordnet wird, wenn diese Fälle laut Verkaufsprospekt vorgesehen sind. Ist jedoch ein abweichendes Investmentkonzept je Anteilklasse gewünscht, die divergierende Portfolien innerhalb des gleichen (Teil-)fonds bedingen, wird die Finanzaufsicht derartige Fälle nur in Ausnahmefällen zulassen, nämlich dann, wenn sich der gewünschte Effekt nicht durch die Auflage mehrerer (Teil-)fonds erzielen lässt und eine entsprechende Begründung vorliegt. Der Unterschied liegt hier in dem unterschiedlichen Aufbau beider Szenarien: Während bei mehreren (Teil-)fonds unterschiedliche segregierte Portfolien gebildet werden (bildlich: mehrere Depots und Kontokorrentkonten werden eröffnet), sind Anteilklassen nur vertraglich bzw. satzungstechnisch ausgestaltete Ausprägungen desselben Portfolios. Ein Dritter wird immer mit dem (Teil-)Fonds bzw. dessen Verwaltungsgesellschaft kontrahieren, nie jedoch mit einer Anteilklasse; so können sich je nach Komplexität und Umfang der getätigten Geschäfte Zurechnungsschwierigkeiten und letztlich Fehlallokationen ergeben, die gegebenenfalls Nettoinventarwertberechnungsfehler nach sich ziehen. 395

2. Punkt II. Die Anzahl der im Umlauf befindlichen Anteile (oder Aktien) ist anzugeben („Nombre de parts en circulation“), im Falle mehrerer Anteil-/Aktienklassen jeweils getrennt und ohne Angabe einer Gesamtsumme aus allen Anteilklassen. Sind Bruchstücke möglich, sind diese anzugeben, und zwar in Übereinstimmung mit den laut Verwaltungsreglement/der Satzung eröffneten Nachkommastellen. 396

Aus technischen Gründen wird seitens der Hauptverwaltung möglicherweise mit einer anderen Anzahl von Nachkommastellen gerechnet; hier ist darauf zu achten, dass 397

120 Ein Aufriss der Kapitalkonten ist aufgrund der fehlenden Regelungen zu Kapitalerhalt und Ausschüttungssperren auch nur bedingt informativ.

die Darstellung im Jahresabschluss mit den vertraglichen/satzungstechnischen Vereinbarungen übereinstimmt. Ergeben sich aus etwaigen Rundungsszenarien Differenzen, so ist ein kurzer nachrichtlicher Hinweis darauf geboten.

398 Auszuweisen sind die „umlaufenden Anteile" – dies ist nicht übereinstimmend mit den „ausgegebenen Anteilen", welche durch Rücknahmen bzw. Rückkäufe gemindert werden. Zurückgenommene Anteile werden nicht als „eigene Anteile" bruttobasiert ausgewiesen, sondern sind direkt von den ausgegebenen Anteilen abzuziehen.

399 **3. Punkt III.** Der „Nettobestandswert je Anteil" („valeur nette d'inventaire par part") ergibt sich direkt als Division aus Punkt I und Punkt II. Auch hier folgt die Darstellung der im Verwaltungsreglement/in der Satzung normierten Anzahl von möglichen Nachkommastellen für den Nettoinventarwert je Anteil („NAV per Share") mit den erwähnten Rundungsproblematiken.

400 Bei mehreren Anteilklassen ist auch hier eine Darstellung pro Anteilklasse zwingend, freilich ohne einen künstlichen „Gesamtnettoinventarwert je Anteil" zu bilden. Der lt. Punkt I der jeweiligen Anteilklasse zuzuweisende Wert des Gesamtportfolios wird durch die umlaufenden Anteile der jeweiligen Anteilklasse lt. Punkt II geteilt. Bei Anteilklassen in abweichenden Währungen ist klar herauszuarbeiten, in welcher Währung der Anteilwert ausgewiesen wird. Eine Umrechnung in Fondswährung bzw. Teilfondswährung kann entfallen.

401 **4. Punkt IV.** Die größte Aufmerksamkeit wird dem Wertpapierbestand oder Wertpapierportfolio („Portefeuille-titres") zukommen, wobei sich die Aufstellung nicht nur auf die Wertpapiere beschränken wird, sondern alle zulässigen Vermögenswerte[121] in gebotener Form aufzuführen sind.

402 Grundsätzlich erhält jeder abgrenzbare Vermögensgegenstand eine eigene Zeile („line item"), die neben der Bezeichnung des Vermögensgegenstandes auch mindestens den prozentualen Anteil am Gesamtnettovermögen des OGAW („sa quote-part rapportée au total des actifs de l'OPCVM") beinhalten muss. Darüber hinaus hat sich als Standard durchgesetzt, dass die Währung des jeweiligen Vermögensgegenstandes, die Anzahl bzw. der Nennwert, der Preis/Kurs und der Marktwert aufgeführt werden.

403 Eine Mindestgliederung ergibt sich direkt aus dem Gesetz. Nach Buchstabe a) sind solche Wertpapiere, die zur amtlichen Notierung an einer Wertpapierbörse zugelassen sind („les valeurs mobilières admises à la cote officielle d'une bourse de valeurs"), eine eigene Gruppe. Hier krankt die gesetzliche Norm ein wenig an der Tatsache, dass die in 2009 revidierte OGAW-Richtlinie im Anhang nicht auf die zwischenzeitlich eingeführte MiFID-Richtlinie explizit Bezug nimmt. Diese nämlich schafft die Unterscheidung zwischen „amtlicher Handel" und „regulierter Markt" ab und führt die Begrifflichkeit „geregelter Markt" ein, auf die die OGAW-Richtlinie gem. Definition 37 auch abstellt („entspricht dem in der Richtlinie 2004/39/EG verwendeten Begriff"). So sind unter Buchstabe a) alle Wertpapiere zu gruppieren, die zum Handel am geregelten Markt (in der EU) zugelassen sind – aber auch solche, die zum amtlichen Handel an einer Wertpapierbörse eines Nicht-Mitgliedstaates zugelassen sind (z.B. an der New York Stock Exchange („NYSE")).

404 Dies wird praktisch die größte Gruppe aller Wertpapiere darstellen: Wichtig ist, dass es nicht auf den tatsächlichen Handel, sondern lediglich auf die Zulassung ankommt. So

121 „eligible assets" – diese Formulierung hat ob ihrer Schlankheit auch Niederschlag in den deutschen Sprachgebrauch gefunden.

mag es sein, dass z.B. Staatsanleihen zum amtlichen Handel zugelassen sind, aber faktisch überwiegend „over-the-counter" zwischen Banken gehandelt werden und faktisch durch den OGAW auch auf diesem Wege erworben wurden. Diese sind i.S.d. Buchstaben a) zu klassifizieren.

Die zweite Gruppe umfasst solche Wertpapiere, die „auf einem anderen geregelten 405
Markt gehandelt werden" („négociées sur un autre marché réglementé"). Dank der Begriffsbestimmung des geregelten Marktes durch MiFID sind somit vorrangig außereuropäische geregelte Märkte zu verstehen.

Buchstabe c) nimmt direkt Bezug auf Wertpapiere aus Neuemissionen gem. Art. 41 406
Abs. 1 Buchstabe d), vgl. Ausführungen dort.

Buchstabe d) bezieht sich auf die im Rahmen der „10% Grenze" zulässigen Vermö- 407
gensgegenstände gem. Art. 41 Abs. 2 Buchstabe a), welche einen separaten Ausweis bedingen.

Mit dem AIFM-Gesetz wurde der Bezug auf „Wertpapiere und Geldmarktinstrumen- 408
te" aus dem Gesetz entfernt und durch „Wertpapiere" ersetzt, was auch dem Wortlaut der Richtlinie entspricht. Gliederungsvorschriften für Geldmarktinstrumente und/oder andere zulässige Vermögensgegenstände lassen sich aus dem Gesetz also nicht (mehr) ableiten. Es hat sich aber als branchenüblich herausgestellt, dass jeder unterscheidbare Vermögensgegenstand einzeln aufgeführt wird, der Verwaltungsrat der Verwaltungsgesellschaft bzw. der SICAV jedoch frei in der Wahl der Gliederung ist. So lassen sich z.B. Investitionen in andere OGA unterteilen in „gruppeneigene" und „gruppenfremde" OGA, falls die Verwaltungsgesellschaft des berichtenden OGAW oder deren Konzerngesellschaften noch andere Fonds verwaltet, in die der berichtende OGAW investiert. Bei derivativen Finanzinstrumenten bietet sich eine Gliederung nach „börsengehandelten" und „over-the-counter" Derivaten an, unter Umständen aber auch eine Aufteilung nach „Geschäften zur Absicherung" und „spekulativen Geschäften". In seltenen Fällen wird das unrealisierte Ergebnis aus Derivaten zulässigerweise als Sammelposten im Rahmen der Wertpapieraufstellung aufgeführt, um dann im Anhang näher aufgeschlüsselt zu werden. Die Frage, wie viel Information die Fondsdarstellung liefern soll und wie viel Erläuterungen im Anhang nötig sind, ist im Wesentlichen eine Stilfrage und in vielen Fällen durch Konzernrichtlinien der jeweiligen Verwaltungsgesellschaft geprägt. Das Gesetz spricht nur von „Informationen, die in den periodischen Berichten enthalten sein müssen" („Informations à insérer dans les rapports périodiques"), was einer schlanken Fondsberichterstattung zugunsten eines detaillierteren Anhangs nicht im Wege steht.

Aus Art. 46 Abs. 3 des Gesetzes von 2010 ergibt sich die Pflicht zur Angabe der Ver- 409
waltungsvergütung von Zielfonds; dabei ist es nicht notwendig, den faktisch geltenden Wert zu ermitteln, da das Gesetz nur den maximal zu tragenden Anteil („le pourcentage maximal des frais de gestion") als Pflichtangabe fordert. Wenngleich auch Pauschalangaben bisher geduldet wurden, hat sich doch als Praxis etabliert, dies Zeile für Zeile für jeden (zumindest am Stichtag im Portfolio befindlichen Zielfonds) auszuweisen.

Zusätzlich wird eine Gliederung nach den „geeignetsten Kriterien" („les critères les 410
plus appropriés") gefordert. So kann zum Beispiel innerhalb der Darstellung des Wertpapierportfolios eine Gruppierung nach geographischen Schwerpunkten (Deutschland, Frankreich, Italien; oder Europa, USA, Asien) vorgenommen werden – häufig wird dabei auf den Sitzstaat des Emittenten abgestellt, was bei Investitionen z.B. in Staatsanleihen sicherlich das nahegelegenste Kriterium ist. Im Zuge fortschreitender Globalisierung ist dieses Unterscheidungskriterium gerade bei multinationalen Großkonzernen aber eher von untergeordneter Bedeutung, da hier die Erträge weltweit und somit nicht nur im Heimatland erwirtschaftet werden. Hier wird man eher auf die Branche des jeweiligen Unternehmens abzielen. Aber auch andere Unterscheidungsmerkmale sind denkbar, wie

z.B. Bonität oder Restlaufzeit (bei Anleihen) oder je nach Strategie gar komplexere Kennzahlen wie das Verhältnis zum Markt (Betafaktor) des jeweiligen Wertpapieres oder das Kurs-Gewinn-Verhältnis.

411 Neben der Gruppierung innerhalb der Darstellung des Wertpapierportfolios kann auch eine tabellarische oder graphische (Kuchendiagramm) Darstellung unterhalb des Wertpapierportfolios oder im Anhang vorgenommen werden, um die ohnehin mit Informationen vollbepackte Auflistung der Wertpapiere zu entlasten. Die Darstellung ist die (zumindest wenn man sich auf die gesetzliche Mindestanforderungen beschränkt) einzige Möglichkeit für den Anleger, Einsicht in die Zusammensetzung des OGAW zu nehmen, um die Schwerpunkte des Portfoliomanagers zu identifizieren. Sein Wunsch, sich „nicht in die Karten schauen zu lassen", sollte wenigstens im Rahmen des prüfungspflichtigen Jahresabschlusses hinter dem Transparenzgedanken zurückstehen. Meist wird der Portfoliomanager im internen Rechnungswesen die Komposition seiner Anlagen unter Umständen gar täglich auf den Prüfstand stellen, weswegen die Datengrundlage für die Darstellung im Jahresbericht ohne größere Mühen verfügbar sein dürfte.

412 Weiterhin fordert das Gesetz von 2010 Angaben über die Veränderung des Portfolios im Berichtszeitraum („Indication des changements intervenus dans la composition du portefeuille-titres, au cours de la période de référence"). Da dies je nach „Fleiß" des zuständigen Portfoliomanagers zu sehr umfangreichen und mitunter unübersichtlichen Tabellen voller Informationen über Käufe und Verkäufe jedweder Art führen kann, gehen nicht wenige Verwaltungsgesellschaften dazu über, den Anlegern diese Informationen auf Anfrage zur Verfügung zu stellen und auf einen Abdruck im Jahresabschluss zu verzichten. Im Jahresabschluss findet sich dann nur noch der Vermerk, wo und in welcher Weise die Veränderung des Portfolios (kostenfrei) eingesehen oder erfragt werden kann. Obwohl die Angaben über die Veränderung also gesetzlich eine Pflichtangabe im Jahresabschluss ist, wurde das angeführte Verfahren bislang nicht von der Finanzaufsicht und/oder den Abschlussprüfern beanstandet.[122]

413 **5. Punkt V.** Neben der Vermögensaufstellung bzw. Bilanz (Punkt I) nebst Angaben über den Nettoinventarwert je Anteil (Punkt II und III) und der Aufstellung des Wertpapierbestandes (Punkt IV) bilden die Angaben über die Entwicklung des Vermögens des OGAW („Indication des mouvements intervenus dans les actifs de l'OPCVM") das Herzstück des Jahresabschlusses. Hier sind zwei wesentliche Fallgestaltungen in der Praxis anzutreffen: Im ersten Fall weist der OGAW eine „Ertrags- und Aufwandsrechnung" auf, die mit einem „ordentlichen Nettoertrag/Nettoaufwand" abschließt, welcher sodann als Summe in die „Entwicklung des Nettofondsvermögens" („statement of changes in net assets") eingeht, wo die weiteren Komponenten ausgewiesen werden, die das Nettofondsvermögen (sprich, das Eigenkapital) des OGAW erhöht oder gemindert haben. In einer zweiten Variante wird die „Ertrags- und Aufwandsrechnung" nicht mehr als solche bezeichnet und gesondert ausgewiesen, sondern ist Bestandteil der Entwicklungsrechnung und der Nettoertrag nunmehr einer von vielen Bestandteilen. Ungeachtet der gewählten Darstellung (eine oder zwei Komponenten) fordert das Gesetz, in Übereinstimmung mit der OGAW-Richtlinie, den expliziten Ausweis ausgewählter Posten, welcher das Grundgerüst der darzustellenden Erträge und Aufwendungen bereits recht starr vorgibt.

---

122 Dies erklärt auch, weshalb sich dazu in manchen Fondsberichten der Hinweis „ungeprüft" findet. Weshalb eine gesetzliche Pflichtangabe ungeprüft bleiben oder gar unterbleiben darf, wurde bislang interessanterweise noch nicht mal durch das Luxemburger Institut der Wirtschaftsprüfer thematisiert.

Ertragsseitig sind „Erträge aus Anlagen" („Revenus de placement") als eigener Posten zu zeigen; im Falle von Aktien sind darunter vorrangig die Dividenden (netto, d.h. abzüglich etwaiger angefallener ausländischer Quellensteuer) zu verstehen. Anleihefonds weisen hier die (taggenau abgegrenzten) Zinserträge aus ihrem Portfolio (ebenfalls netto) aus.[123] Ausschüttungen aus Zielfonds stellen eine eigene Kategorie dar. Im Falle von Mischfonds fordert das Gesetz zwar keine Trennung, eine Aufteilung auf die oben genannten einzelnen Ertragskomponenten ist aus Gründen der Klarheit jedoch geboten, falls dem keine Wesentlichkeitsüberlegungen entgegenstehen. **414**

Die buchhalterische Erfassung der Dividenden von Aktientiteln erfolgt am sogenannten „Ex-Tag". Ab dann ist das Recht zur Vereinnahmung der Dividende losgelöst vom Halten der Aktie, der Aktienpreis fällt (unbeschadet sonstiger Preisschwankungen) um den Betrag der Dividende je Aktie und der Fonds aktiviert eine Dividendenforderung. Eine zeitlich inkorrekte Erfassung der Dividende (z.B. erst bei Geldeingang) kann unter Umständen zu einem Nettoinventarwertfehler führen, daher sind die sogenannten „Corporate Actions", also Kapitalmaßnahmen (zu denen z.B. auch Aktiensplits gehören), täglich zu beobachten. Da hier fondspreiswirksame Ereignisse eintreten können, die nicht auf Geldbewegungen basieren, entstehen bei manueller oder lediglich semimanueller Bearbeitung der „Corporate Actions" Fehlerquellen, denen die Verwaltungsgesellschaft bzw. der Verwaltungsrat der SICAV durch das Etablieren geeigneter Kontrollprozesse begegnen muss. **415**

Bei Schuldtiteln werden die zinsrelevanten Informationen (Tag der Kuponzahlungen, Fälligkeit, Zinsberechnungsmethode, Zinssatz, etwaige variable Komponenten, etc.) in der Regel vor Kauf oder bei Kauf des Schuldtitels in das Buchhaltungssystem der Hauptverwaltung eingepflegt, die daraufhin eine bewertungstägliche Abgrenzung der Zinserträge vornimmt. Die Bewertung der Anleihen findet somit in der Regel „clean", also ohne Berücksichtigung der Zinskomponente statt (durch Erfassung unrealisierter Gewinne und Verluste), während die täglichen Zinsen als Forderung aktiviert werden und den ordentlichen Nettoertrag betreffen.[124] **416**

Viele Luxemburger Hauptverwaltungen wenden bei Zinstiteln das umstrittene Verfahren des „accretion of discount" bzw. „amortisation of premium" an. In Ermangelung eines expliziten gesetzlichen Verbotes werden hier zwei Betrachtungsweisen gemischt: Die „klassische" buchhalterische Sicht sieht in dem Unterschiedsbetrag zwischen Anschaffungskosten und Rückzahlungsbetrag einer Anleihe einen im Zinsergebnis zu erfassenden Teil. Hierbei wird unterstellt, dass die Anleihe bis zur Fälligkeit gehalten wird und etwaige zwischenzeitliche Wertschwankungen regelmäßig unbeachtlich sind. Vereinfacht gesagt würde z.B. bei einer Nullkupon-Anleihe, die zu EUR 98 mit einer Restlaufzeit von 4 Jahren und einem Rückzahlungsbetrag von EUR 100 erworben wird in jedem Jahr ein Betrag von (100-98)/4 = EUR 0,50 als Zinsertrag erfasst. Die schlussendliche Vereinnahmung der EUR 100 ist nicht mehr ergebniswirksam, da die auszubuchenden Anschaffungskosten bereits auf EUR 100 zugeschrieben wurden („accretion of discount"; analog für eine Anleihe mit Kaufpreis EUR 102). **417**

Demgegenüber steht der „Fair Value"-Gedanke, der von dem Haltewillen des Portfoliomanagers unabhängig ist und tägliche Wertschwankungen sehr wohl erfasst. Die Vereinnahmung des Kupons ist ein Prozess, der von der sonstigen Wertentwicklung des **418**

123 Alternativ werden die einbehaltenen Quellensteuern als separater Posten innerhalb der Ertragsrechnung ausgewiesen – niemals jedoch als Bestandteil „sonstiger Aufwendungen".
124 Beim Kauf einer Anleihe wird im Übrigen der bis dato aufgelaufene Stückzinsanteil als separat ansatzfähiger Vermögensgegenstand, d.h. Zinsforderung, erworben.

Finanzinstrumentes (durch Änderungen im Zinsniveau, Bonitätsänderungen, etc.) losgelöst zu sehen ist – bei einer Nullkupon-Anleihe ist das Zinsergebnis mithin 0.

419 Es hat sich in der Praxis nun bedauernswerterweise etabliert, beide Verfahren anzuwenden. Auf der einen Seite wird zusätzlich zu der taggenauen Abgrenzung des Kupons ein konstanter Zinsanteil erfasst (abhängig von dem Unterschied zwischen Kaufpreis und Rücknahmebetrag), auf der anderen Seite gehen tägliche Wertschwankungen in die Bewertung ein. In der Folge finden Verschiebungen zwischen dem ordentlichen Nettoertrag und dem realisierten Gewinn/Verlust bei Verkauf statt. Würde im obigen Beispiel also die Anleihe zum Ende des zweiten Jahres für EUR 103 verkauft werden, hätte dies im Falle der reinen „Fair Value" Betrachtung einen realisierten Gewinn von (103 – 98) = EUR 5 zur Folge. Bei Anwendung des „Accretion of Discount" jedoch würden nur (103 – 99) = EUR 4 verbucht werden, da 2 × EUR 0,50 = EUR 1 bereits als Zinsertrag erfasst wurde. Mit Hinblick auf den Fondspreis ändert sich nichts, da durch die zwingende Fair Value Betrachtung das Portfolio stets korrekt bewertet ist – der Ausweis der realisierten Gewinne und Verluste im Verhältnis zum Zinsergebnis ist jedoch verzerrt. Begründet wird diese Vorgehensweise dadurch, dass sie in Großbritannien aus steuerlichen Gründen anzuwenden ist und das Verfahren aus Ermangelung an expliziten Verboten aus Vereinfachungsgründen auch in der Luxemburger Rechnungslegung angewandt wird. So muss für steuerliche Zwecke bei Vertrieb in Großbritannien keine (teure) Nebenbuchführung eröffnet werden und die handelsrechtlichen Wertansätze können ohne Überleitungsrechnung übernommen werden.

420 Alle oben nicht angesprochenen Erträge sind als „Sonstige Erträge" („autres revenus") auszuweisen. Steuererstattungen aus zurückgeforderter Quellensteuer sind in der Regel (je nach Klassifizierung der ursprünglichen Ertragsart) den „Erträgen aus Anlagen" zuzuweisen.

421 Auf der Aufwandseite sind zwingend die „Aufwendungen für die Verwaltung" („frais de gestion"), „Aufwendungen für die Verwahrstelle" („frais de dépôt") und „sonstige Aufwendungen, Steuern und Gebühren" („autres frais, taxes et impôts") auszuweisen. Der Wortlaut entspricht der französischen Version der OGAW-Richtlinie, in der deutschen offiziellen Fassung der Richtlinie heißt es „sonstige Aufwendungen und Gebühren".

422 Mit „Aufwendungen für die Verwaltung" ist in erster Linie die Verwaltungsgebühr („Management Fee") gemeint, die an die Verwaltungsgesellschaft entrichtet wird, bei selbstverwalteten SICAV fällt konsequenterweise keine derartige Gebühr an. Die Gebühr, die gegebenenfalls an eine abweichende Hauptverwaltung gezahlt wird (z.B. für Nettoinventarwertberechnung und Jahresabschlusserstellung) gehört nach h.M. nicht hierzu, und ist entsprechend zu kennzeichnen (z.B. „Administrationsgebühr", „Zentraladministrationsgebühr"). Gebühren für die Anlageberatung („Investment Advisory") sind, sofern sie separat entrichtet werden, ebenfalls ein eigener Posten.

423 Grundsätzlich gilt, dass die Posten den zugrundeliegenden vertraglichen Gegebenheiten entsprechend auszuweisen sind. Dem OGAW dürfen nur solche Kosten belastet werden, die in Verwaltungsreglement/Satzung explizit aufgeführt sind. Die Benennung laut Verwaltungsreglement/Satzung bzw. laut Verkaufsprospekt ist im Zweifel maßgeblich – ist dort also beispielhaft ständig von einer „Verwaltungsgesellschaftsgebühr" die Rede, so ist der entsprechende Posten auch im Jahresabschluss so zu benennen; ein Festhalten an der gesetzlichen Formulierung „Aufwendungen für die Verwaltung" ist nicht erforderlich.[125]

125 Meist werden Verwaltungsgesellschaften für den Aufsatz der Prospekte durch Anwälte unterstützt, die nicht unbedingt die Belange der Fondsbuchhaltung als oberste Priorität ansehen. Somit können sich selbst innerhalb des Prospektes unterschiedliche Terminologien ergeben, was eine frühzeitige

Die „Aufwendungen für die Verwahrstelle“ betreffen alle Vergütungen, die die Verwahrstelle (Depotbank) für ihre Dienste erhält, also z.B. Verwahrung der Vermögensgegenstände, aber auch Führung von Kontokorrentkonten, Verarbeiten von „Corporate Actions“ etc. Aufwendungen, die Drittanbietern (z.B. ausländische Lagerstellen, „Depotgebühr“) zufließen, sind dem Wortlaut nach nicht der Verwahrstelle zuzuordnen; aus Wesentlichkeitsaspekten wird aber meist auf einen separaten Ausweis verzichtet und der Aufwandsposten gedanklich auf „Aufwendungen für die Verwahrung“ erweitert. Ob ein separater Ausweis für Kostenbestandteile, die sich auf Verwahrungsdienste beziehen, die nicht an die Verwahrstelle entrichtet werden, geboten ist, muss im Einzelfall entschieden werden. 424

Nicht selten wählen Fondsanbieter den Weg, ihre OGAW mit einer Kostenpauschale zu belasten, die der Verwaltungsgesellschaft zu Gute kommt, welche dann ihrerseits alle weiteren Kosten trägt. In einem derartigen Falle ist die Trennung diverser Kostenbestandteile nicht möglich, da alle schuldrechtlichen Verpflichtungen des OGAW nach Entrichten der Kostenpauschale erloschen sind. Eine künstliche Aufteilung der Kostenpauschale z.B. anhand faktischer Zahlungen auf Ebene der Verwaltungsgesellschaft zur Erfüllung der gesetzlichen Mindesttransparenzanforderungen ist nicht geboten; stattdessen sollte ein kurzer Hinweis, welche Kostenarten durch die Kostenpauschale gedeckt sind, in den Jahresabschluss aufgenommen werden. Anders verhält es sich bei einer „unechten Kostenpauschale“, bei der nach zugrunde liegendem Vertragswerk diverse Kostenbestandteile direkt dem Fonds zu belasten sind, in der Buchführung aus Vereinfachungsgründen jedoch nur ein Pauschalbetrag abgegrenzt wird. Hier ist im Zweifel eine nebenbuchhalterische Korrektur des Hauptbuches vonnöten, um auf Ebene des Jahresabschlusses die geforderte Transparenz wiederherzustellen. Nur dann, wenn die Kostenpauschale tatsächlich Abgeltungswirkung hat, kann auf einen gesonderten Ausweis der Bestandteile laut Schema B verzichtet werden. 425

„Sonstige Aufwendungen, Steuern und Gebühren“ ist insoweit irreführend, als dass die für Luxemburger Fonds relevante „Taxe d'abonnement“ („Abonnementsteuer“, „Subscription Tax“),[126] welche die Substanz des Fonds besteuert und vierteljährlich abgerechnet und bezahlt wird, regelmäßig einen separaten Ausweis bedingt. Bei Fonds, die also eine Kostenpauschale lt. vorigem Absatz erheben, welche alle Kostenbestandteile enthalten soll, besteht die Aufwandsrechnung also aus genau zwei Posten: der Kostenpauschale und der „Taxe d'abonnement“. In allen anderen Fällen finden sich unter „Sonstige Aufwendungen, Steuern und Gebühren“ z.B. staatliche Gebühren (CSSF), Aufwendungen für die Veröffentlichung (Druck, Versand), anwaltliche Beratung, gesetzliche Jahresabschlussprüfung, etc. 426

Grundsätzlich gilt für laufende Kostenbestandteile, dass diese täglich abzugrenzen sind, um eine ungebührliche Benachteiligung einzelner Anleger aufgrund deren Zeichnungs- oder Rücknahmezeitpunkt zu vermeiden. Im Falle beispielsweise einer 2%-igen Verwaltungsgebühr würde die Hauptverwaltung bewertungstäglich 2%/365 = 0,005479% des Nettoinventarwertes abgrenzen. Ziel ist es, die Belastung des Fonds vom eigentlich Zahlungszeitpunkt loszulösen, um so den bilanziellen Grundprinzipien der periodengerechten Erfassung von Aufwendungen und Erträgen („accruals and matching“) gerecht zu werden. Da die tatsächliche Belastung regelmäßig abweichend ist (z.B. aufgrund einer stichtagsbezogenen statt durchschnittsbezogenen Bemessungsgrundlage), muss die 427

Abstimmung zwischen gesetzlichen Vertreter des Fonds und die für die Jahresberichtserstellung beauftragten Dienstleister nötig macht.

126 Auch im Deutschen spricht man meist von „Taxe d'abonnement“ oder kurz „Taxe d'abo“, niemals jedoch von „Tax d'abo“.

Hauptverwaltung einen Prozess finden, regelmäßig zu hohe oder zu niedrige Abgrenzungsbuchungen zu identifizieren und gegebenenfalls zu korrigieren. Abgrenzungen, die aufgrund des Fehlens dieses Prozesses über Monate hinweg fortgetragen werden, können sich im Falle einer Kumulierung über einen gewissen Zeitraum hinweg schnell zu einem materiellen Posten entwickeln, deren schlussendliche Korrektur in einem Nettoinventarwertfehler enden kann. Gleiches gilt für „unvorhergesehene Kosten", für die keine tägliche Abgrenzung gebildet wird und im Zeitpunkt der Zahlung zwingend voll eingebucht werden muss, daher wird in der Praxis meist ein Durchschnittssatz aufgrund entsprechender Erfahrungen pauschal abgegrenzt.

428 Anders als bei Handelsgesellschaften profitiert der OGAW nicht von der Möglichkeit, den Jahresabschluss Wochen oder Monate nach dem Bilanzstichtag aufzustellen. Zwar ist formell die Aufstellung durch den Verwaltungsrat und Bestätigung des Jahresabschlusses durch den Abschlussprüfer innerhalb der vier Monate nach Bilanzstichtag durchzuführen, jedoch wird faktisch das buchhalterisch relevante Zahlenwerk bereits mit Freigabe des Nettoinventarwertes am Bilanzstichtag feststehen. So wird die Buchhaltung also z.B. nicht im Nachgang eingegangene Rechnungen mit Ausstrahlungswirkung ins alte Geschäftsjahr berücksichtigen können. Der gesamte Prozess ist also mit Schätzungen verbunden, die umso genauer sein werden, je genauer die Kostenbestandteile und deren Behandlung im Verwaltungsreglement/der Satzung umrissen sind.

429 Die Auflösung überhöhter Abgrenzungen im Folgejahr führt zu einem außerordentlichen Ertrag, der nach h.M. (jedoch strittig) allerdings nicht die Gesamtkostenquote („Total Expense Ratio", „TER") mindern soll. Die zurückgestellten Beträge sind mithin nicht gegen das ursprüngliche Aufwandskonto, sondern als „Sonstiger Ertrag" zu buchen. Insofern tritt bei überhöhter Abgrenzung („overaccrual") der Effekt ein, dass die TER steigt, ohne die Möglichkeit diese Kennzahl im Folgejahr entsprechend zu reduzieren.[127]

430 Die oben genannten Komponenten bilden den Nettoertrag („revenu net"), auch „ordentlicher Nettoertrag" bzw. bei entsprechendem Aufwandsüberhang den Nettoaufwand. In die Erträge einbezogen sein kann der sogenannte „Ertragsausgleich" bzw. „Aufwandsausgleich". Dieser ist ein buchhalterischer Korrekturposten, der die Erträge und Aufwendungen an die durch Mittelzuflüsse und –abflüsse schwankende Anzahl von umlaufenden Anteilen anpassen soll. Konkret geht es um die Idee, dass der Nettoertrag pro Anteil nicht durch die Veränderung im Anteilbestand tangiert werden soll. Diese Gleichstellung der Anleger hat vorrangig steuerliche Gründe, denn der Besteuerung liegt die korrekte Ermittlung der Nettoerträge pro Anteil zugrunde.

431 Ein Beispiel: Der OGAW hat einen Nettoinventarwert von EUR 10.000.000 und 10.000 umlaufende Anteile, d.h. einen Nettoinventarwert von EUR 1.000 je Anteil. Darin enthalten sind im laufenden Geschäftsjahr erwirtschaftete Erträge von EUR 5.000.000 (EUR 500 je Anteil). Nun kommt es zu einer Rücknahme von 9.999 Anteilen. Der Nettoinventarwert sinkt auf EUR 1.000 und nur noch 1 Anteil ist ausstehend. Der Nettoinventarwert je Anteil ist unvermindert bei EUR 1.000 je Anteil – jedoch ändert sich nichts an den historisch bereits durch den Fonds erwirtschafteten Erträge, denn diese sind ja faktisch in der Höhe von EUR 5.000.000 angefallen. Jedoch verteilen sich diese nur noch auf einen Anteil, der Nettoertrag je Anteil beträgt also EUR 5.000.000. Falls dies nun als Besteuerungsgrundlage herangezogen werden soll, würde das den noch verbleibenden Anleger über Gebühr belasten.

---

127 In Einzelfällen wird jedoch auch die Auflösung überhöhter Rückstellungen gegen das Aufwandskonto, welches dann gar ein Habensaldo aufweisen mag, aus Wesentlichkeitsgesichtspunkten nicht beanstandet.

Veränderung des Nettofondsvermögens (in EUR)	
Nettofondsvermögen zu Beginn des Geschäftsjahres	5.000.000
Mittelabflüsse aus Rücknahmen	– 9.999.000
Ordentlicher Nettoertrag	5.000.000
Nettofondsvermögen am Ende des Geschäftsjahres	1.000

Aus diesem Grund wird in einer Nebenbuchführung ein (nettoinventarwertneutraler) Ertragsausgleich berechnet. Alle Ertragskomponenten (Ertragsausgleich) und alle Aufwandskomponenten (Aufwandsausgleich) werden bei jeder Zeichnung und Rücknahme durch die Schaffung eines zusätzlichen Ertragsausgleichskontos korrigiert. Im obigen Beispiel würde also bei der Rücknahme von 9.999 Anteilen ein (negativer) Ertragsausgleich von – EUR 4.999.500 verbucht werden. Zusammen mit den historisch angefallenen Erträgen beträgt der Nettoertrag (inkl. Ertragsausgleich) EUR 5.000.000 – EUR 4.999.500 = EUR 500; je Anteil also (wie zuvor auch) EUR 500. Da sich keine Auswirkungen auf den Nettoinventarwert ergeben, wird im Folgenden in der Nettoinventarwertveränderungsrechnung ein Ertragsausgleich i.H.v. „EUR 4.999.500" (d.h. mit invertiertem Vorzeichen) ausgewiesen. 432

Veränderung des Nettofondsvermögens (in EUR)	
Nettofondsvermögen zu Beginn des Geschäftsjahres	5.000.000
Mittelabflüsse aus Rücknahmen	– 9.999.000
Ordentlicher Nettoertrag (inkl. Ertragsausgleich)	500
Ertragsausgleich	4.999.500
Nettofondsvermögen am Ende des Geschäftsjahres	1.000

Innerhalb der Ertrags- und Aufwandsrechnung kann der Ertragsausgleich entweder jeder Position zugeschlagen werden (d.h. alle Posten werden mit ihrem jeweiligen Ertragsausgleich ausgewiesen), oder der Ausgleich wird nur für alle Erträge gesamt („Ertragsausgleich") und für alle Aufwendungen gesamt („Aufwandsausgleich") dargestellt.[128] 433

Die übrigen gesetzlich geforderten Angaben über die Entwicklung des Vermögens des OGAW erlauben es dem Anleger, nachzuvollziehen welche Ereignisse zu einer Änderung des Nettofondsvermögens insgesamt geführt haben. Die im Nettoertrag erfassten Geschäftsvorfälle werden dabei regelmäßig den betragsmäßig uninteressanteren Teil ausmachen – die Nettowertveränderungen des Portfolios, d.h. die Veränderung seit dem zuletzt (am Ende des letzten Geschäftsjahres) festgestellten Wert der Anlagen, sowie das Ergebnis aus der Veräußerung von Anlagen stellt in der Regel den betragsmäßig umfangreichsten Teil der Nettoinventarwertveränderung dar. 434

Ausschüttungen und wiederangelegte Erträge („montants distribués et revenus réinvestis") sind auszuweisen. Gemeint sind die Ausschüttungen, die während des Geschäftsjahres vorgenommen wurden. Unerheblich ist, ob es sich um Ausschüttungen aus dem erwirtschafteten Ergebnis des Vorjahres handeln, oder ob es Zwischenausschüttungen auf das laufende Ergebnis des Geschäftsjahres sind oder gar Ausschüttungen aus der Substanz – die Ausschüttungsfähigkeit ist nämlich lediglich durch das gesetzliche Mindestkapital beschränkt. Die wiederangelegten Erträge („Thesaurierungen") jedoch be- 435

128 Je nach Zeitpunkt der Vereinnahmung von Erträgen bzw. des Auftretens von Aufwendungen und korrespondierenden Zeichnungen oder Rücknahmen kann der Ertrags- und Aufwandsausgleich also insgesamt positiv oder negativ sein, was eine Nachvollziehbarkeit der korrekten Ermittlung unter Umständen erschwert.

wirken keine Änderung des Nettoinventarwertes, da es sich buchhalterisch um einen Passivtausch handelt: das vorgetragene Ergebnis wird seiner „Verwendung“ zugeführt. Hier handelt es sich nicht um einen im Rahmen der Entwicklung des Nettofondsvermögens darzustellenden Vorgang.[129] Eine andere Betrachtungsweise ergibt sich, wenn es sich um Ausschüttungen handelt, die der Anleger erhalten und sofort (z.B. durch entsprechende Weisung an die depotführende Stelle) wieder in den OGAW reinvestiert. Hierbei handelt es sich jedoch um eine gewöhnliche Zeichnung, die als Mittelzufluss verbucht und entsprechend ausgewiesen wird, da es aus Sicht des OGAW (unbeschadet der Geldwäschevorschriften) unbeachtlich ist, woher die den Mittelzuflüssen zugrunde liegenden Mittel ihren Ursprung haben.

436 Die „Erhöhung oder Verminderung der Kapitalrechnung“ („augmentation ou diminution du compte capital“) bezeichnet die Mittelzuflüsse und -abflüsse aus Anteilscheingeschäften/Aktiengeschäften. Es handelt sich hierbei um die von den Anlegern initiierten Zeichnungen von Anteilen und Rückgabe von Anteilen des OGAW. Auch hier ist nicht der Geldeingang/-abgang maßgeblich, sondern die Forderung bzw. die Verbindlichkeiten gegenüber dem OGAW, welche durch den fristgemäßen (also in Einklang mit den im Verkaufsprospekt vorgesehenen Bestimmungen) Eingang der Zeichnungs- und Rückgabeanträge begründet werden. Am Jahresende noch nicht abgewickelte Transaktionen (z.B. wegen Valutaregelungen) sind im Fondsvermögen als Forderung/Verbindlichkeit periodengerecht zu berücksichtigen. Der alleinige saldierte Ausweis aus Zu- und Abflüssen ist zulässig.

437 Der „Mehr oder Minderwert der Anlagen“ („plus-values ou moins-values de placements“) bezeichnet die (nicht realisierte) Wertveränderung (grundsätzlich) aller Vermögensgegenstände, die am Bilanzstichtag dem Grunde nach erfasst sind. Dabei geht es nicht um die Wertveränderung seit Kauf des Vermögensgegenstandes, sondern um die Wertveränderung seit der letzten Feststellung im Rahmen des vorangegangenen Jahresabschlusses. In der Praxis wird oft unrichtig vom „unrealisierten Ergebnis“ gesprochen, wenn eigentlich die „Nettoveränderung des unrealisierten Ergebnisses“ gemeint ist, denn das „unrealisierte Ergebnis“ bezeichnet bereits die Bilanzposition, die den Korrekturposten zu den Anschaffungskosten bilden soll.

438 Hierzu ein Beispiel: Ein OGAW wird aufgelegt. Ein Anleger zeichnet 1 Anteil im Gegenwert von EUR 100. Im Jahr 1 wird ein Wertpapier zum Preis von EUR 80 erworben. Bis zum Jahresende steigt der Wert des Wertpapieres auf EUR 130.

JAHR 1: Vermögensaufstellung (in EUR)

Wertpapiere	130
Bankguthaben	20
Nettoinventarwert	150

439 Die Anschaffungskosten erhalten ein gesondertes Konto; die Buchung der Wertveränderung lautet „Nicht realisiertes Ergebnis“ an „Nettoveränderung des nicht realisierten Ergebnisses“ EUR 50. Der Ausweis erfolgt im Jahresabschluss jedoch zu Marktwerten, die beiden Konten „Anschaffungskosten“ und „Nicht realisiertes Ergebnis“ werden also zu Ausweiszwecken „zusammengezogen“.

129 Wie oben angeführt findet die Berichterstattung in (vereinfachter) Staffelform statt.

JAHR 1: Veränderung des Nettofondsvermögens (in EUR)	
Nettoinventarwert zu Beginn des Geschäftsjahres	0
Mittelzufluss	100
Nettoveränderung des nicht realisierten Ergebnisses	50
Nettoinventarwert am Ende des Geschäftsjahres	150

Es sei unterstellt, dass im zweiten Jahr nichts passiert, also auch keine Wertveränderungen eintreten. **440**

JAHR 2: Vermögensaufstellung (in EUR)	
Wertpapiere	130
Bankguthaben	20
Nettoinventarwert	150

JAHR 2: Veränderung des Nettofondsvermögens (in EUR)	
Nettoinventarwert zu Beginn des Geschäftsjahres	150
Mittelzufluss	0
Nettoveränderung des nicht realisierten Ergebnisses	0
Nettoinventarwert am Ende des Geschäftsjahres	150

Die Nettoveränderung setzt sich aus der Differenz des nicht realisierten Ergebnisses **441** des Vorjahres und des gegenwärtigen Jahres zusammen. Da es sich um ein Bilanzkonto handelt, wird es (wie auch die Anschaffungskosten und das Bankguthaben) fortgetragen. Das Konto steht zu Ende des Jahres 1 wie auch zu Ende des Jahres 2 im Soll zu EUR 50. Die Nettoveränderung ist also 50 – 50 = 0. Hauptbuchkonten zur Erfassung der Wertschwankungen werden in der Praxis für jede bedeutende Art von Vermögensgegenständen eröffnet (Anleihen, Aktien, Derivate, Devisentermingeschäfte, etc.). Der Ausweis für alle Kategorien saldiert als Gesamtsumme ist zulässig.

Als „etwaige sonstige Änderungen" („toute autre modification") gelten z.B. die rea- **442** lisierten Gewinne und Verluste, die gemeinhin nicht in der Ertrags- und Aufwandsrechnung erfasst werden und gedanklich „sofort ins Eigenkapital" gebucht werden, was aufgrund praktisch nicht vorhandener Kapitalerhaltungsvorschriften und Ausschüttungsschranken unproblematisch ist. Als Verfahren zur Erfassung der zu dem realisierten Ergebnis zugehörigen Anschaffungskosten werden in der Regel die gewogenen Durchschnittskosten („weighted average cost") herangezogen, andere Fiktionen („First In First Out"/"FIFO") sind nicht unzulässig, werden aufgrund der komplexeren Ermittlung im Falle zahlreicher Portfoliotransaktionen jedoch weitestgehend abgelehnt.[130]

Um das obige Beispiel fortzuführen, soll unterstellt werden, dass das Wertpapier im **443** dritten Jahr zu EUR 150 verkauft werden soll.

JAHR 3: Vermögensaufstellung (in EUR)	
Wertpapiere	0
Bankguthaben	170
Nettoinventarwert	170

130 Ausnahme: börsengehandelte Derivate, deren Clearinghouse ohnehin nach FIFO abrechnet.

JAHR 3: Veränderung des Nettofondsvermögens (in EUR)	
Nettoinventarwert zu Beginn des Geschäftsjahres	150
Mittelzufluss	0
Realisiertes Ergebnis	70
Nettoveränderung des nicht realisierten Ergebnisses	– 50
Nettoinventarwert am Ende des Geschäftsjahres	170

444 Das realisierte Ergebnis bezieht sich auf den Veräußerungspreis und die historischen Anschaffungskosten, weswegen eine gewissenhafte Ermittlung und Erfassung selbiger unerlässlich ist. Die Nettoveränderung setzt das nicht realisierte Ergebnis des Jahres 3 (am Geschäftsjahresende: EUR 0, da überhaupt keine Wertpapiere mehr im Portfolio vorhanden sind) mit dem nicht realisierten Ergebnis des Vorjahres (EUR 50) in Beziehung: 0 – 50 = – 50. Im Ergebnis dient die Nettoveränderung also als Korrekturposten zu dem realisierten Ergebnis von 70, da 50 davon bereits in den Vorjahren erfasst wurden.

445 Das oben zum Ertragsausgleich gesagte gilt vorbehaltslos auch für das realisierte Ergebnis, wenngleich man hier begrifflich eher von einem „Gewinnausgleich/Verlustausgleich" sprechen müsste. Die Anwendung eines Ertragsausgleiches auf das realisierte Ergebnis ist in der Praxis aufgrund des geringen Mehrwertes für den Anleger unüblich.

446 Die Behandlung von Fremdwährungsgewinnen oder -verlusten ist indes nicht gesetzlich normiert. Die Bewertung beispielsweise von in Fremdwährung gehaltenen Kontokorrentsalden könnte gedanklich als „Nettoveränderung des nicht realisierten Ergebnisses" erfasst werden, da es an einem Realisierungstatbestand fehlt (Man müsste die Devisen erst „verkaufen", also in die Fondswährung wechseln). Eine andere Argumentation sieht, dass täglich fällige Kontokorrentsalden aufgrund ihrer sofortigen Liquidität als „realisiert" gelten müssen und etwaige Wertveränderungen durch Wechselkursschwankungen bereits als Realisierungstatbestand gelten – denn liquider als als Kontokorrentsaldo kann ein Vermögensgegenstand nicht vorliegen. Hier sollte das Verwaltungsreglement/die Satzung eine verbindliche Regelung vorsehen, an der sich ex-post alle Beteiligten (u.a. auch der Abschlussprüfer) orientieren können.

447 Im Rahmen der Umsetzung der AIFM-Richtlinie hat der Gesetzgeber auch einen fast drei Jahre andauernden Missstand beseitigt: Die OGAW IV-Richtlinie fordert den Ausweis von „Transaktionskosten (Kosten, die dem OGAW bei Geschäften mit seinem Portfolio entstehen)" („coûts de transaction, qui sont les coûts supportés par un OPCVM au titre d'opérations sur son portefeuille"). In der Umsetzung im Gesetz von 2010 wurde diese gegenüber den OGAW III-Richtlinien eingefügte Norm offensichtlich übersehen. In der Folge herrschte erhebliche Rechtsunsicherheit über die direkte Anwendbarkeit dieser Norm. Die CSSF begegnete dies lediglich durch das Erwähnen der Notwendigkeit des Ausweises im monatlichen „Newsletter",[131] freilich ohne einen rechtsverbindlichen Rahmen z.B. in Form eines Rundschreibens zu schaffen. Im Zusammenarbeit mit dem Branchenverband ALFI und der Luxemburger Wirtschaftsprüferkammer waren es in der Folge vor allem die Abschlussprüfer, die der Forderung das notwendige Gewicht verliehen und bei der Jahresabschlussprüfung von OGAW besonderen Wert auf den korrekten Ausweis im Sinne der OGAW IV-Richtlinie lagen. Seit dem Juli 2013 findet sich der explizite Wortlaut nun auch im Luxemburger Gesetz von 2010.

131 CSSF Newsletter 122, März 2011.

Die Notwendigkeit für den Ausweis liegt in der gängigen Bilanzierungspraxis und deren spezifischen Auswirkungen auf die Berichterstattung eines OGAW.[132] Anschaffungskosten beinhalten traditionell immer auch Anschaffungsnebenkosten, d.h. Aufwendungen, die im direkten Zusammenhang mit dem Erwerb (und der „Inbetriebnahme“) des aktivierungsfähigen Vermögensgegenstandes stehen. Transaktionskosten sind Aufwendungen, die im direkten Zusammenhang mit dem Erwerb und der Veräußerung von Vermögensgegenständen stehen, also definitionsgemäß Anschaffungsnebenkosten. Dazu gehören z.B. die Maklergebühren („commissions“), aber auch direkt zurechenbare Steuern (z.B. „Stamp Duty“ in Großbritannien). Diese sind also regelmäßig in den Anschaffungskosten enthalten und nicht aufwandswirksam. Beim Verkauf von Vermögensgegenständen jedoch wird ein realisiertes Ergebnis festgestellt: hierzu werden vom Veräußerungserlös ebenfalls die Transaktionskosten abgezogen, d.h. das realisierte Ergebnis ist bereits durch Transaktionskosten gemindert. Auch die Gesamtkostenquote (TER) wird immer explizit ohne transaktionsbezogene Bestandteile errechnet. So hat der Anleger keine Möglichkeit, die aufgrund von Portfolioumschlägen angefallenen Zusatzkosten einzusehen, da sie entweder innerhalb der Anschaffungskosten oder des realisierten Ergebnisses „versteckt“ sind. 448

Ausnahmen galten bislang nur bei börsengehandelten Derivaten („Futures“), bei denen bei Abschluss eine fixe Gebühr (z.B. EUR 75) zu zahlen war, ansonsten aber aufgrund der Struktur der Derivate keine Anschaffungskosten anfielen. Diese wurden meist direkt in der Ertrags- und Aufwandsrechnung erfasst. Die Möglichkeit, alle Transaktionskosten per se separat auf Hauptbuchkonten zu erfassen, ist jedoch den Hauptverwaltungen zur Zeit nicht ohne Weiteres möglich. Daher wird ein Ausweis als Fußnote bzw. im Anhang für zulässig erachtet, die Werte werden aus einer geeigneten Nebenbuchführung in den Jahresabschluss nachrichtlich angegeben. Während Branchenverbände eine möglichst detaillierte Aufgliederung fordern (sowohl getrennt nach Käufen und Verkäufen als auch nach Anlageklassen), wird in der Praxis bislang auch ein „Einzeiler“ mit kumuliertem Ausweis akzeptiert. Falls etwaige Transaktionskosten bereits in der Ertrags- und Aufwandsrechnung separat erfasst sind, so ist dies explizit anzugeben. 449

6. Punkt VI. Um die Vergleichbarkeit mit den Vorjahren zu gewährleisten, ist eine „Vergleichende Übersicht“ („Tableau comparatif“) über die letzten drei Geschäftsjahre beizufügen. Anders als bei Handelsgesellschaften werden allerdings nicht die einzelnen Posten der Bilanz dem Vorjahr gegenübergestellt, sondern lediglich die wesentlichen Kennzahlen „gesamter Nettobestandswert“ („la valeur nette d'inventaire totale“) und „Nettobestandswert je Anteil“ („la valeur nette d'inventaire par part“) aufgeführt. Nach h.M. ist das Erfordernis der „letzten drei Geschäftsjahre“ erfüllt, wenn das abgelaufene Geschäftsjahr sowie die beiden vorangehenden Geschäftsjahre aufgeführt werden, d.h. bei Jahresabschluss per 31. Dezember 2013 die Jahre 2013, 2012 und 2011. Bei OGAW mit mehreren Anteilklassen ist der Wert je Anteil gesondert je Anteilklasse aufzuführen. Sollte eine Anteilklasse in einem Jahr nicht aufgelegt/nicht aktiv gewesen sein, ist diese nicht mit „0“, sondern mit „-“ (oder anderweitig) zu kennzeichnen. Mit Bezug auf die Nachkommastellen gilt das unter Punkt II und III Gesagte. Im Jahr der Auflage ist die Übersicht grundsätzlich entbehrlich, sofern das Auflagedatum explizit aufgeführt ist. Irreführende Angaben (z.B. inkorrekte Hinweise auf „Rechtsvorgänger“, also andere OGAW, die auf den OGAW verschmolzen wurden) sind zu unterbleiben. 450

132 Gilt analog für Teil II Fonds ab 31. Dezember 2104 gem. nicht-veröffentlichter Stellungnahme der CSSF.

451 Der Aussagegehalt der Kennzahlen ist zweifelhaft. Das absolute Nettofondsvermögen berücksichtigt nicht, inwiefern Änderungen lediglich auf Mittelbewegungen zurückzuführen sind. Der Anteilwert hingegen berücksichtigt keine zwischenzeitlichen Ausschüttungen, die zwar den Anteilwert schmälern, allerdings zu keiner Vermögensminderung auf Ebene der Anleger geführt haben. Insofern ist die Vergleichbarkeit zwischen den Jahren rein auf dieser Basis nur sehr eingeschränkt möglich.

452 **7. Punkt VII.** Schlussendlich sollen dem Anleger im Jahresbericht außerbilanzielle Verbindlichkeiten nicht vorenthalten werden. Hier geht es im Wesentlichen um das „mit Derivaten verbundene Gesamtrisiko" („son risque global lié aux instruments dérivés") lt. Art. 42 des Gesetzes von 2010. Die Berechnungsmethode desselben wird präzisiert in der CSSF-Verordnung 10-4 zur Umsetzung der OGAW-Umsetzungsrichtlinie und dem Rundschreiben CSSF 11/512 sowie der CESR Guideline 10-788. Es handelt sich um den „Ansatz über die Verbindlichkeiten" („Commitment-Approach"), der für jede Art von Derivat („jede Kategorie") einen entsprechenden Ausweis des Gesamtrisikos fordert. Im Wesentlichen wird dabei der durch das Derivat eingegangene „Exposure" errechnet, indem der Marktwert der äquivalenten Position des Basiswertes des Derivates errechnet wird. Der Ausweis wird „nach Kategorien" („par catégorie") gefordert: In der Praxis wird meist eine Darstellungsweise gewählt, die im Anhang zum Jahresabschluss (also außerhalb der Vermögensaufstellung, aber dennoch tabellarisch) jedem am Bilanzstichtag zu erfassenden Derivat das Gesamtrisiko zuweist.

453 **8. Anforderungen an den Jahresabschluss außerhalb des Gesetzes von 2010.** Über die im Gesetz normierten Mindestanforderungen hinaus haben sich durch eine Zahl von Regularien über die Jahre hinweg weitere Transparenzanforderungen ergeben, deren Einhaltung zwingend ist. Im Wesentlichen handelt es sich dabei um Anforderungen, die auf europäischer Ebene verabschiedet wurden (Maßnahmen der Stufe 3 durch die ESMA) und z.B. über CSSF Rundschreiben, CSSF Verordnungen oder Großherzogliche Verordnungen ihren Weg in die Luxemburger Gesetzgebung fanden.

H. Anhang II

Anhang II des Gesetzes von 2010 listet (inhaltlich identisch zu Anhang II der OGAW IV-Richtlinie) die (Kern-)Aufgaben einer OGAW Verwaltungsgesellschaft (die in der gemeinsamen Portfolioverwaltung begrifflich enthalten sind) auf. Diese Aufgaben einer Verwaltungsgesellschaft sind bei einer Verwaltungsgesellschaft, die OGAW-Sondervermögen verwaltet quasi der Mindestumfang (weitere Delegation im Rahmen des rechtlich zulässigen natürlich enthalten) was im Prinzip auch für die bestellte Verwaltungsgesellschaft einer OGAW-SICAV gilt. Bei Letzterer können jedoch ggf. abweichend bestimmte Funktionen möglicherweise direkt von der SICAV delegiert sein (Beispiel Vertrieb). Im Übrigen wird im Zusammenhang mit Anhang II hauptsächlich auf das dazu in Kapitel 15 Gesagte verwiesen (Rn. 270 und 271). **454**

Das Gesetz vom 13. Februar 2007/Das Spezialfonds-Gesetz (Spezialfonds/Spezialinvestmentvermögen)[1]

Gesetzesmaterialien

Projet de loi n° 5616 relative aux fonds d'investissement spécialisés et portant abrogation de la loi du 19 juillet 1991 relative aux organismes de placement collectif dont les titres ne sont pas destinés au placement dans le public, modification de la loi modifiée du 20 décembre 2002 relative aux organismes de placement collectif, modification de la loi du 10 juillet 2005 relative aux prospectus pour valeurs mobilières, modification de la loi modifiée du 12 février 1979 concernant la taxe sur la valeur ajoutée; Projet de loi n° 6471 relative aux gestionnaires de fonds d'investissement alternatifs et portant transposition de la directive 2011/61/UE du Parlement européen et du Conseil du 8 juin 2011 sur les gestionnaires de fonds d'investissement alternatifs et modifiant les directives 2003/41/CE et 2009/65/CE ainsi que les règlements (CE) n° 1060/2009 et (UE) n° 1095/2010; portant modification: – de la loi du 17 décembre 2010 – de la loi du 13 février 2007 – de la loi du 15 juin 2004 – de la loi du 13 juillet 2005 – de la loi du 13 juillet 2005 de la loi du 5 avril 1993 – de la loi du 12 novembre 2004 – de la loi du 23 décembre 1998 – de la loi du 10 août 1915 – de la loi du 19 décembre 2002 – du Code de Commerce; – de la loi du 4 décembre 1967 – de la loi du 1er décembre 1936; – de la loi d'adaptation fiscale du 16 octobre 1934 – de la loi du 12 février 1979.

Verordnungen

Règlement grand-ducal du 27 février 2007 déterminant les conditions et critères pour l'exonération de la taxe d'abonnement visée à l'article 68 de la loi du 13 février 2007 relative aux fonds d'investissement spécialisés; Règlement grand-ducal du 14 juillet 2010 déterminant les conditions et critères pour l'exonération de la taxe d'abonnement des organismes de placement collectif et des fonds d'investissement spécialisés investissant dans la microfinance en application des articles 20 et 21 de la loi du 18 décembre 2009 concernant le budget des recettes et des dépenses de l'Etat pour l'exercice 2010; Règlement (UE) N° 236/2012 du Parlement européen et du Conseil du 14 mars 2012 sur la vente à découvert et certains aspects des contrats d'échange sur risque de crédit; Règlement délégué (UE) N° 918/2012 de la Commission du 5 juillet 2012 complétant le règlement (UE) n° 236/2012 du Parlement européen et du Conseil sur la vente à découvert et certains aspects des contrats d'échange sur risque de crédit, en ce qui concerne les définitions, le calcul des positions courtes nettes, les contrats d'échange sur défaut souverain couverts, les seuils de notification, les seuils de liquidité pour la suspension de restrictions, les baisses de valeur significatives d'instruments financiers et les événements défavorables; Règlement CSSF N°12-01 arrêtant les modalités d'application de l'article 42bis de la loi du 13 février 2007 relative aux fonds d'investissement spécialisés en ce qui concerne les exigences en matière de gestion des risques et de conflits d'intérêts; Règlement CSSF N°13-02 relatif à la résolution extrajudiciaire des réclamations; Règlement grand-ducal du 28 octobre 2013 relatif aux taxes à percevoir par la CSSF.

Rundschreiben

Circulaire IML 91/75 (telle que modifiée par la circulaire CSSF 05/177), 21.1.1991: Révision et refonte des règles auxquelles sont soumis les organismes luxembourgeois qui relèvent de la loi du 30 mars 1988 relative aux organismes de placement collectif; Circulaire CSSF 02/71, 1.10.2002: Loi du 3 septembre 1996

1 Die Bezeichnungen „Spezialfonds" und „Spezialinvestmentvermögen" werden synonym verwendet, wobei „Spezialfonds" die in Luxemburg gebräuchliche Bezeichnung ist und „Spezialinvestmentvermögen" an die Terminologie des deutschen Kapitalanlagegesetzbuches (KAGB) anknüpft.

concernant la dépossession involontaire de titres au porteur; Circulaire CSSF 04/146, 17.6.2004: Protection des organismes de placement collectif et de leurs investisseurs contre les pratiques de Late Trading et de Market Timing; Circulaire CSSF 06/257, 17.8.2006: Entrée en vigueur de la loi du 9 mai 2006 relative aux abus de marché; Circulaire CSSF 07/280 (telle que modifiée par la Circulaire CSSF 07/323), 5.2.2007: Modalités d'application de la loi du 9 mai 2006 relative aux abus de marché; Circulaire CSSF 07/283, 28.2.2007: Entrée en vigueur de la loi du 13 février 2007 relative aux fonds d'investissement spécialisés; Circulaire CSSF 07/309, 3.8.2007: Répartition des risques dans le contexte des fonds d'investissement spécialisés („FIS"); Circulaire CSSF 07/310 telle que modifiée par la circulaire CSSF 08/348, 3.8.2007: Renseignements financiers à produire par les fonds d'investissement spécialisés („FIS"); Circulaire CSSF 07/323, 7.11.2007: Modification de la Circulaire CSSF 07/280 concernant les modalités d'application de la loi du 9 mai 2006 relative aux abus de marché; Circulaire CSSF 08/348, 17.4.2008: Modifications des circulaires IML 97/136 et CSSF 07/310; Circulaire CSSF 08/371, 5.9.2008: Transmission électronique à la CSSF des prospectus et des rapports financiers des OPC et des FIS; Circulaire CSSF 08/372, 5.9.2008: Lignes de conduite applicables au dépositaire d'un fonds d'investissement spécialisé adoptant des stratégies d'investissement alternatives, dans le cas où ce fonds a recours aux services d'un prime broker; Circulaire CSSF 09/423, 2.12.2009: Transmission électronique à la CSSF des rapports de révision sur l'activité de l'OPC (Long Forms) et des lettres de recommandations (Management Letters); Circulaire CSSF 10/437, 1.2.2010: Lignes directrices concernant les politiques de rémunération dans le secteur financier; Circulaire CSSF 10/446, 26.3.2010: Changement dans la communication des circulaires émises par la CSSF et destinées aux entités soumises à sa surveillance; Circulaire CSSF 10/456, 5.5.2010: Coopération des professionnels du secteur financier avec les autorités judiciaires; Circulaire CSSF 11/503, 3.3.2011: Rappel des obligations en matière de communication et de publication des informations financières, ainsi que des délais y relatifs; Circulaire CSSF 11/504, 11.3.2011: Fraudes et incidents dus à des attaques informatiques externes; Circulaire CSSF 12/540, 9.7.2012: Compartiments non-lancés, compartiments en attente de réactivation et compartiments en liquidation; Circulaire CSSF 12/548 (telle que modifiée par la circulaire CSSF 13/565) (uniquement en anglais), 31.10.2012: Entrée en vigueur du règlement (UE) n° 236/2012 du Parlement européen et du Conseil du 14 mars 2012 sur la vente à découvert et certains aspects des contrats d'échange sur risque de crédit et précisions concernant certains aspects pratiques des procédures de notification, publication et exemption; Circulaire CSSF 12/549, 9.11.12: Spécifications techniques en matière de soumission de documents à la CSSF dans le cadre de la loi relative aux prospectus pour valeurs mobilières pour des offres au public de parts ou d'actions d'organismes de placement collectif luxembourgeois de type fermé et/ou des admissions de parts ou d'actions d'organismes de placement collectif luxembourgeois de type fermé à la négociation sur un marché réglementé; Circulaire CSSF 13/564, 28.3.2013: Modification de la collecte statistique auprès des OPC monétaires et des OPC non monétaires; Circulaire CSSF 14/588, 28.5.2014: Modification de la collecte statistique auprès des fonds d'investissement monétaires et non monétaires; Circulaire CSSF 14/589, 27.6.2014: Précisions concernant le règlement CSSF N° 13-02 du 15 octobre 2013 relatif à la résolution extrajudiciaire des réclamations; Circulaire CSSF 14/598, 2.12.2014: Avis de l'Autorité Européenne des Marchés Financiers (AEMF-ESMA) concernant la revue des lignes de conduite „CESR's Guidelines on a common definition of European money market funds" (CESR/10-049).

Systematische Übersicht

A. Allgemeines

1 Das Gesetz vom 13. Februar 2007/Spezialfonds-Gesetz schafft ein Regelungswerk für sachkundige Anleger, die in Spezialinvestmentvermögen investieren möchten. Spezialinvestmentvermögen ist in diesem Sinne als Spezialinvestorenvermögen zu verstehen.[2] Nur sachkundige Anleger i.S.d. Gesetzes vom 13. Februar 2007/Spezialfonds-Gesetz können in ein Spezialinvestmentvermögen i.S.d. desselben investieren.

I. Struktur des Gesetzes

2 Das Gesetz vom 13. Februar 2007/Spezialfonds-Gesetz ist in zwei Teile gegliedert.

3 Teil I des Gesetzes beinhaltet die allgemeinen auf alle Spezialfonds im Sinne des Gesetzes anwendbaren Bestimmungen.

Teil I enthält folgende Regelungsbereiche:

- Allgemeine Bestimmungen und Anwendungsbereich des Gesetzes (Kapitel 1)
- Rechtsformen der Spezialfonds
  - Sondervermögen (Kapitel 2)
  - SICAV[3] (Kapitel 3)
  - Spezialfonds, die nicht die Rechtsform eines Sondervermögens oder die Rechtsform einer SICAV haben (Kapitel 4)
- Erlaubnis und Aufsicht (Kapitel 5)
- Auflösung und Liquidation von Spezialfonds (Kapitel 6)
- Emissionsdokument und Jahresbericht der Investment- und der Verwaltungsgesellschaft (Kapitel 7)
- Auskunfts- und Einsichtsrecht der CSSF (Kapitel 8)
- Bezeichnungsschutz (Kapitel 9)
- Strafbestimmungen (Kapitel 10)
- Steuerliche Bestimmungen (Kapitel 11)
- Besondere Bestimmungen im Hinblick auf die Rechtsform (Kapitel 12)
- Änderungs-, Übergangs-, Aufhebungs- und Schlussbestimmungen (Kapitel 13, 14 und 15)

---

2 Entsprechend *Kremer/Lebbe* S. 168.

3 Investmentgesellschaft mit variablem Kapital = *société d'investissement à capital variable* (SICAV).

Hinsichtlich der Kapitel 2, 3 und 4 ist herauszustellen, dass der luxemburgische Gesetzgeber sich nicht dazu entschieden hat, Regelungen, die für alle drei Kapitel gelten, vor die Klammer in einen allgemeinen Teil zu ziehen. Jedes Kapitel enthält in sich geschlossene, auf das jeweilige Investmentvermögen anzuwendende Regeln. Nur in Teilen wird mit Verweisen in Vorkapitel gearbeitet.

Teil II des Gesetzes beinhaltet besondere Bestimmungen für Spezialfonds, die von einem nach Kapitel 2 des AIFM-Gesetz oder nach Kapitel II der AIFM-Richtline zugelassenen AIFM verwaltet werden. 4

Folgende Regelungsbereiche sind in Teil II enthalten:
- Allgemeine Bestimmungen (Kapitel 1)
- Übergangsbestimmungen (Kapitel 2)

B. Teil I: Auf Spezialinvestmentvermögen anwendbare allgemeine Bestimmungen

I. Kapitel 1: Allgemeine Bestimmungen und Anwendungsbereich (Art. 1–3)

1. Definition Spezialfonds (Art. 1 Abs. 1). Spezialfonds sind eine spezielle Unterkategorie von Organismen für gemeinsame Anlagen mit Sitz in Luxemburg, die die ihnen zur Verfügung gestellten Mittel nach dem Grundsatz der Risikostreuung investieren. 5

Der Grundsatz der Risikostreuung ist ein wesentliches Charaktermerkmal des Spezialfonds. Er gilt nach Art. 1 (1) erster Spiegelstrich des Spezialfonds-Gesetzes sowohl für Sondervermögen (siehe auch Art. 4 des Spezialfonds-Gesetzes), für Gesellschaften mit variablem Kapital, sogenannte SICAV (siehe auch Art. 25, dritter Spiegelstrich des Spezialfonds-Gesetzes), als auch für Spezialfonds, die keine dieser beiden Rechtsformen angenommen haben. Letztere spielen in der Praxis indes eine zu vernachlässigende Rolle.[4] Das Spezialfonds-Gesetz präzisiert nicht weiter, was genau unter dem Prinzip der Risikostreuung zu verstehen ist. Die CSSF hat jedoch in ihrem CSSF Rundschreiben 07/309[5] klare Vorgaben zu den Mindeststandards gemacht.[6] Diese lauten wie folgt: 6

1. Ein Spezialfonds kann grundsätzlich nicht mehr seiner Aktiva oder seiner Zeichnungsverpflichtungen in verbriefte Rechte derselben Art ein und desselben Emittenten anlegen.

   Diese Beschränkung ist nicht anwendbar:
   - auf Anlagen in verbriefte Rechte, die von einem Mitgliedstaat der OECD oder seiner Gebietskörperschaften oder von supranationalen Einrichtungen oder Organismen gemeinschaftsrechtlichen, regionalen oder internationalen Charakters begeben oder garantiert werden;

4 Gemäß der offiziellen Liste zugelassener Spezialfonds nach Art. 45 des Spezialfonds-Gesetzes, abrufbar unter www.cssf.lu, sind derzeit von 1592 zugelassenen Spezialfonds (Stand 31. März 2015) lediglich 42 (Stand 31. März 2015) nicht in der Rechtsform Sondervermögen oder SICAV.

5 **CSSF Rundschreiben 07/309**: Rundschreiben der CSSF 07/309 Risikostreuung im Zusammenhang mit den spezialisierten Investmentfonds (FIS) (*CIRCULAIRE CSSF 07/309 répartition des risques dans le contexte des fonds d'investissement spécialisés („FIS")*).

6 In Anwendung der in Art. 53 des Spezialfonds-Gesetzes enthaltenen Pflicht, dass das Emissionsdokument alle Angaben enthalten muss, die notwendig sind, damit die Anleger die Anlage und insbesondere die damit verbundenen Risiken einschätzen können, hat die CSSF bestimmt, dass das Emissionsdokument quantifizierbare Grenzen, die die Einhaltung des Grundsatzes der Risikostreuung darlegen, enthalten muss.

– auf Anlagen in Ziel-Organismen für gemeinsame Anlagen (Ziel-OGA), die den Anforderungen an die Risikostreuung unterliegen, die mit denen, die für Spezialfonds gelten, zumindest vergleichbar sind.

Für die Anwendung dieser Beschränkung ist jeder Teilfonds eines Ziel-OGA mit Umbrella-Struktur unter der Voraussetzung, dass der Trennungsgrundsatz hinsichtlich der Verbindlichkeiten der verschiedenen Teilfonds gegenüber Dritten sichergestellt ist, als eigenständiger Emittent anzusehen.

2. Leerverkäufe können grundsätzlich nicht zur Folge haben, dass ein Spezialfonds eine offene Position auf verbriefte Rechte derselben Art ein und desselben Emittenten hält, die mehr als 30% seiner Aktiva darstellen.
3. Bei der Verwendung derivativer Finanzinstrumente muss der Spezialfonds durch eine geeignete Streuung der zu Grunde liegenden Basiswerte eine vergleichbare Risikostreuung sicherstellen. Mit der gleichen Zielsetzung muss, sofern zutreffend, das Ausfallrisiko der Gegenpartei bei OTC-Geschäften in Abhängigkeit der Qualität und der Qualifikation der Gegenpartei begrenzt sein.

(insgesamt entsprechend Ziffer 1., 2. und 3., Seite 2 des CSSF Rundschreibens 07/309).

Die CSSF kann bei angemessener Begründung Ausnahmen dieser Risikostreuungs-Grundsätze genehmigen. Sie kann allerdings, in Abhängigkeit der konkreten Anlagepolitik eines Spezialfonds, auch verlangen, dass bestimmte zusätzliche Anlagegrenzen einzuhalten sind (insgesamt entsprechend Absatz 1, Seite 3 des CSSF Rundschreibens 07/309).

Es zeigt sich also wiederum, dass die Entscheidung der CSSF immer einer Einzelfallprüfung unterliegt und nur in begründeten Fällen gegebenenfalls Ausnahmen genehmigt werden.

7 Das Gesetz vom 13. Februar 2007/Spezialfonds-Gesetz und die diesbezüglichen Regelungen finden nur dann Anwendung, wenn die Gründungs- oder Emissionsdokumente oder der Gesellschaftsvertrag des Organismus für gemeinsame Anlagen dies ausdrücklich vorsehen. Das Gesetz vom 13. Februar 2007/Spezialfonds-Gesetz ist insofern nur optional und nicht automatisch anwendbar. Entsprechende Bestimmungen sind damit in die Satzungen und Gesellschaftsverträge oder Angebotsunterlagen des Investmentvermögens aufzunehmen. Ein Investmentvermögen, das sachkundigen Anlegern (siehe Rn. 8ff.) vorbehalten ist, unterliegt nicht automatisch dem Spezialfonds-Gesetz, sondern kann auch unter Anwendung des Gesetzes vom 10. August 1915 als unreguliertes Vehikel aufgelegt werden.

8 **2. Mögliche Rechtsformen (Abs. 2).** Spezialinvestmentvermögen können die in Kapitel 2, 3 oder 4 vorgesehenen Rechtsformen haben. Sie können somit als Sondervermögen (Kapitel 2), als Gesellschaft mit variablem Kapital (Kapitel 3) oder als sonstige Investmentvermögen (Kapitel 4) ausgestaltet sein.

9 **3. Sachkundige Anleger (Art. 2).** Die Anlage von Mitteln in einem Spezialinvestmentvermögen ist sachkundigen Anlegern vorbehalten. Sämtliche Anleger eines Spezialinvestmentvermögens müssen sachkundige Anleger sein.

10 Als sachkundige Anleger gelten (i) institutionelle Anleger, (ii) professionelle Anleger sowie (iii) Anleger, die schriftlich ihr Einverständnis mit der Einstufung als sachkundiger Anleger erklärt haben, mindestens 125.000 Euro in das Spezialinvestmentvermögen investieren und von einem Kreditinstitut im Sinne der Richtlinie 2006/48/EG, einer Wertpapierfirma im Sinne der Richtlinie 2004/39/EG oder einer Verwaltungsgesellschaft im Sinne der Richtlinie 2009/65/EG als über den Sachverstand, die Erfahrung und die

Kenntnisse zur angemessenen Einschätzung der Anlage verfügend eingestuft worden sind.

Kreditinstitute im Sinne der Richtlinie 2006/48/EG sind Unternehmen, deren Tätigkeit darin besteht, Einlagen oder andere rückzahlbare Gelder des Publikums entgegenzunehmen und Kredite für eigene Rechnung zu gewähren (Art. 4 Nr. 1 der Richtlinie 2006/48/EG), und die über eine entsprechende Erlaubnis verfügen. Wertpapierfirmen im Sinne der Richtlinie 2004/39/EG sind alle juristischen Personen, die im Rahmen ihrer üblichen beruflichen oder gewerblichen Tätigkeit gewerbsmäßig eine oder mehrere Wertpapierdienstleistungen für Dritte erbringen und/oder eine oder mehrere Anlagetätigkeiten ausüben; unter bestimmten Voraussetzungen können auch Unternehmen, die keine juristischen Personen sind, Wertpapierfirmen sein (Art. 4 Abs. 1 Nr. 1 der Richtlinie 2004/39/EG). Die Wertpapierfirmen müssen über eine entsprechende Erlaubnis zur Ausübung ihrer Tätigkeiten verfügen. Verwaltungsgesellschaften im Sinne der Richtlinie 2009/65/EG sind Gesellschaften, deren reguläre Geschäftstätigkeit in der Verwaltung von in der Form eines Investmentfonds oder einer Investmentgesellschaft konstituierten OGAW besteht (Art. 2 Abs. 1 lit. b) der Richtlinie 2009/65/EG) und die über eine entsprechende Erlaubnis zur Ausübung ihrer Geschäftstätigkeit verfügen. 11

Die vorgenannten Kriterien finden keine Anwendung auf Personen, die bei der Verwaltung des Spezialinvestmentvermögens mitwirken. 12

4. Anwendbarkeit von Teil I des Gesetzes vom 13. Februar 2007/Spezialfonds-Gesetzes (Art. 2bis). Teil I des Gesetzes vom 13. Februar 2007/Spezialfonds-Gesetzes findet auf alle Spezialinvestmentvermögen Anwendung, die nicht von einem nach Kapitel 2 des Gesetzes vom 12. Juli 2013 oder nach Kapital II der AIFM-Richtline zugelassenen Verwalter alternativer Investmentvermögen verwaltet werden und für die die dort enthaltenen Regelungen als leges speciales nicht abweichende Bestimmungen enthalten. 13

5. Ansässigkeit in Luxemburg (Art. 3). Damit das Gesetz vom 13. Februar 2007/Spezialfonds-Gesetz Anwendung finden kann, muss das Spezialinvestmentvermögen in Luxemburg ansässig sein. Bei einem Sondervermögen[7] bedeutet dies, dass der satzungsmäßige Sitz der Verwaltungsgesellschaft in Luxemburg liegen muss.[8] Bei einer Investmentgesellschaft ist auf deren satzungsmäßigen Sitz abzustellen. 14

II. Kapitel 2: Investmentvermögen in Gesamthandseigentum (Art. 4–24)

1. Investmentvermögen in Gesamthandseigentum (Art. 4). Investmentvermögen in Gesamthandseigentum (*fonds commun de placement*) („FCP“) ist jedes ungeteilte Vermögen, das für Rechnung seiner Miteigentümer nach dem Grundsatz der Risikostreuung zusammengesetzt und verwaltet wird. Es ist keine eigenständige juristische Person. 15

Die Haftung der Gesamthandseigentümer ist auf ihre vertraglich vereinbarte Einlage beschränkt. Eine Nachschusspflicht für etwaige Verbindlichkeiten zulasten des Investmentvermögens besteht nicht. 16

2. Haftung des FCP (Art. 5). Das Investmentvermögen haftet weder für Verbindlichkeiten der Verwaltungsgesellschaft noch für Verbindlichkeiten der Anteilinhaber. Seine 17

7 Die französische Originalbezeichnung für Sondervermögen lautet *fonds commun de placement*, d.h. wörtlich übersetzt „gemeinsame Mittel zur Anlage“.
8 *Kremer/Lebbe* S. 91.

Haftung beschränkt sich auf die Verbindlichkeiten, die in seinem Verwaltungsreglement ausdrücklich zu seinen Lasten aufgeführt sind.

18 **3. Verwaltungsgesellschaft (Art. 6).** Die Verwaltung des Investmentvermögens muss durch eine Verwaltungsgesellschaft luxemburgischen Rechts erfolgen, die den in Kapitel 15, 16 oder 18 des Gesetzes von 2010 aufgeführten Bedingungen entspricht.

19 Die Verwaltungsgesellschaft nimmt ihre Aufgaben ausschließlich im Interesse der Anteilinhaber wahr. Sie handelt unabhängig von der Verwahrstelle.

20 **4. Anteilsausgabe und -rücknahme, Rechte an Anteilen und Anteilsübertragung (Art. 7–14).** Die Rechte der Anleger sind in ihren Anteilen verkörpert. Im Unterschied zu Investmentgesellschaften haben die Anleger in einem Investmentvermögen in Gesamthandseigentum nur Stimmrechte, wenn dies das Verwaltungsreglement vorsieht.

21 Die Verwaltungsgesellschaft kann folgende Anteilsarten herausgeben: Namensanteile, Inhaberanteile oder entmaterialisierte Anteile.

22 Gemäß den im Verwaltungsreglement getroffenen Regelungen kann die Verwaltungsgesellschaft schriftliche Bestätigungen über die Eintragung der Anteile oder Anteilsbruchteile erstellen.

23 Inhaberanteile werden von der Verwaltungsgesellschaft und von der nach Art. 16 bestellten Verwahrstelle unterzeichnet. Die Unterschriften können in mechanisch reproduzierter Form geleistet werden.

24 Das Eigentum an Namens- oder Inhaberanteilen sowie deren Übertragung richten sich nach den in Art. 40 und 42 des Gesetzes vom 10. August 1915.

Art. 40 und 42 des Gesetzes vom 10. August 1915 treffen folgende Regelungen:

Art. 40. La propriété de l'action nominative s'établit par une inscription sur le registre prescrit par l'article précédent.	**Art. 40.** Das Eigentum an Namensaktien entsteht durch Eintragung in dem im vorangehenden Artikel vorgeschriebenen Register.
La société doit satisfaire à la demande d'une personne inscrite sur le même registre d'émettre un certificat relatif aux titres inscrits au nom de cette personne.	Die Gesellschaft muss der Anfrage einer in diesem Register eingetragenen Person nachkommen, ihr ein Zertifikat über die auf ihren Namen eingetragenen Aktien auszustellen.
La cession s'opère par une déclaration de transfert inscrite sur le même registre, datée et signée par le cédant et le cessionnaire ou par leurs fondés de pouvoirs, ainsi que suivant les règles sur le transport des créances établies par l'art. 1690 du Code Civil. Il est loisible à la société d'accepter et d'inscrire sur le registre un transfert qui serait constaté par la correspondance ou d'autres documents établissant l'accord du cédant et du cessionnaire.	Die Abtretung erfolgt durch eine datierte und vom Zedenten und Zessionar oder ihren Handlungsbevollmächtigten unterzeichnete Übertragungserklärung, die in demselben Register einzutragen ist und entsprechend den Regelungen zur Forderungsübertragung gemäß Art. 1690 des Zivilgesetzbuches (*Code civil*). Der Gesellschaft steht es frei, eine Übertragung anzuerkennen und im Register einzutragen, die durch Korrespondenz oder andere Dokumente, die die Einigung zwischen Zedent und Zessionar begründen, nachgewiesen ist.

Sauf dispositions contraires dans les statuts, la mutation, en cas de décès, est valablement faite à l'égard de la société, s'il n'y a opposition, sur la production de l'acte de décès, du certificat d'inscription et d'un acte de notoriété reçu par le juge de paix ou par un notaire.

Vorbehaltlich anderweitiger Regelungen in der Satzung, erfolgt die Übertragung im Todesfalle gegenüber der Gesellschaft rechtsgültig, sofern nach Vorlage der Sterbeurkunde, der Eintragungsbestätigung und einer amtsrichterlichen oder notariellen Beglaubigung kein Einspruch erhoben wird.

Art. 42. La cession de l'action au porteur s'opère par la seule tradition du titre.

Art. 42. Die Abtretung einer Inhaberaktie erfolgt durch Übergabe der Aktie.

Rechte an Anteilen, die auf einem Anteilkonto eingetragen sind, sowie die Übertragung der Anteile richtet sich nach den im Gesetz vom 1. August 2001 über den Wertpapierverkehr[9] vorgesehenen Bestimmungen. 25

Bei Anteilsbruchteilen werden die den jeweiligen Anteilsbruchteilen zugeordneten Rechte im Verhältnis des jeweils gehaltenen Anteilsbruchteils ausgeübt. Bei Stimmrechten, die ausschließlich für ganze Anteile ausgeübt werden können, gilt diese Regel nicht. Es muss für den Anteil eine einheitliche Stimme abgegeben werden. 26

5. Verwaltungsreglement des Investmentvermögens (Art. 12). Das Verwaltungsreglement des Investmentvermögens wird von der Verwaltungsgesellschaft erstellt und muss beim Handels- und Gesellschaftsregister hinterlegt und im Mémorial veröffentlicht werden. 27

Mit dem Erwerb der Anteile gilt das Verwaltungsreglement gegenüber den Anteilinhabern als von diesen angenommen. 28

Das Verwaltungsreglement muss folgende Mindestangaben enthalten: 29
- die Bezeichnung und die Laufzeit des Investmentvermögens sowie die Bezeichnung der Verwaltungsgesellschaft und der Verwahrstelle,
- die Anlagepolitik entsprechend den spezifischen gesetzten Anlagezielen und den verwendeten Anlagekriterien,
- die Ausschüttungspolitik des Investmentvermögens,
- die Vergütungen und Ausgaben, die die Verwaltungsgesellschaft aus dem Investmentvermögen entnehmen darf, sowie die Art und Weise der Berechnung der Vergütungen,
- die Bestimmungen hinsichtlich bestehender Veröffentlichungspflichten,
- das Datum des Rechnungsabschlusses des Investmentvermögens,
- etwaige neben den gesetzlichen Regelungen bestehende Auflösungsgründe für das Investmentvermögen,
- das für eine Änderung des Verwaltungsreglements einzuhaltende Verfahren,
- die Anteilsausgabe- und ggf. -rückkaufmodalitäten.

6. Verwaltung des Investmentvermögens durch die Verwaltungsgesellschaft (Art. 13). Bei der Verwaltung des Investmentvermögens ist die Verwaltungsgesellschaft an die Regelungen des Verwaltungsreglements gebunden und muss im ausschließlichen Interesse der Anteilinhaber handeln. 30

9 *Loi relative aux titres dématérialisés et la loi du 1er août 2001 concernant la circulation de titres.*

31 Da das Investmentvermögen über keine eigene juristische Persönlichkeit verfügt, handelt die Verwaltungsgesellschaft im eigenen Namen. Sie muss jedoch darauf hinweisen, dass sie für Rechnung des Investmentvermögens handelt.

32 Zu den Aufgaben der Verwaltungsgesellschaft gehört es, sämtliche Rechte auszuüben, die mit den Vermögenswerten des Investmentvermögens in Zusammenhang stehen.

33 **7. Sorgfaltspflichten der Verwaltungsgesellschaft (Art. 14).** Bei der Ausübung ihrer Tätigkeit muss die Verwaltungsgesellschaft die Sorgfalt eines entgeltlichen Auftragnehmers anwenden. Insofern greifen die allgemeinen zivil- und handelsrechtlichen Haftungsmaßstäbe. Die Verwaltungsgesellschaft haftet den Anteilinhabern für Schäden, die diesen aus der Nicht- oder Schlechterfüllung der Pflichten der Verwaltungsgesellschaft entstehen.

34 **8. Ausschüttung der Vermögenswerte des Investmentvermögens (Art. 15).** Die Verwaltungsgesellschaft kann die Nettovermögenswerte des Investmentvermögens unter Beachtung der Grenzen des Art. 21 ausschütten, sofern das Verwaltungsreglement keine strengeren Ausschüttungsregelungen vorsieht.

35 **9. Verwahrung der Vermögenswerte des Investmentvermögens durch die Verwahrstelle (Art. 16).** Die Vermögenswerte des Investmentvermögens in Gesamthandseigentum müssen wie im Bereich der regulierten Investmentvermögen üblich, von einer Verwahrstelle verwahrt werden. Das klassische Investmentdreieck bestehend aus Anleger, Verwaltungsgesellschaft und Verwahrstelle existiert auch im Bereich der Spezialinvestmentvermögen.

36 Die Verwahrstelle erfüllt alle Aufgaben im Zusammenhang mit der laufenden Verwaltung der Vermögenswerte des Investmentvermögens.

37 Die Verwahrstelle muss ihren satzungsmäßigen Sitz in Luxemburg haben oder dort eine Niederlassung unterhalten. Verwahrstellen ohne Sitz oder Niederlassung in Luxemburg sind unzulässig. Insofern liegt eine Beschränkung der Dienstleistungsfreiheit vor.

38 Die Verwahrstelle muss ein Kreditinstitut oder eine Wertpapierfirma i.S.d. Gesetzes vom 5. April 1993/Gesetz über den Finanzsektor sein, wobei eine Wertpapierfirma nur unter der Bedingung als Verwahrstelle zulässig ist, dass diese Wertpapierfirma zusätzlich die Voraussetzungen des Art. 19 Abs. 3 des Gesetzes vom 12. Juli 2013/AIFM-Gesetzes erfüllt.

39 **10. Haftung der Verwahrstelle (Art. 17).** Die Verwahrstelle haftet der Verwaltungsgesellschaft und den Anteilinhabern für alle Schäden, die diesen aus der schuldhaften Nicht- oder Schlechterfüllung der Pflichten der Verwahrstelle entstehen. Die Ansprüche der Anteilinhaber werden durch die Verwaltungsgesellschaft geltend gemacht. Wenn jedoch die Verwaltungsgesellschaft trotz schriftlicher Aufforderung durch einen Anteilinhaber nicht innerhalb von drei Monaten dessen Ansprüche geltend macht, kann dieser seinen Anspruch selbst gegenüber der Verwahrstelle geltend machen. Die Haftung der Verwahrstelle bleibt auch bei vollständiger oder teilweiser Übertragung der von ihr verwahrten Vermögenswerte auf Dritte unberührt.

40 **11. Unabhängigkeit von Verwaltungsgesellschaft und Verwahrstelle (Art. 18).** Bei der Ausübung ihrer jeweiligen Aufgaben handeln die Verwaltungsgesellschaft und die Verwahrstelle unabhängig voneinander. Jedoch handeln beide ausschließlich im Interesse der Anleger.

12. Ende der Aufgaben von Verwaltungsgesellschaft und Verwahrstelle (Art. 19). In folgenden Fällen enden die Aufgaben von Verwaltungsgesellschaft und Verwahrstelle von Gesetzes wegen automatisch: 41
- bei Beendigung des Verwaltungsvertrages der Verwaltungsgesellschaft, wenn diese durch eine andere nach Art. 6 zugelassene Verwaltungsgesellschaft ersetzt wird,
- bei Beendigung des Verwahrstellenvertrages auf Veranlassung der Verwahrstelle oder der Verwaltungsgesellschaft,
- bei Eröffnung des Insolvenzverfahrens (*faillite*) über das Vermögen der Verwaltungsgesellschaft oder der Verwahrstelle oder der Eröffnung des Vergleichsverfahrens (*concordat*), der Gewährung von Zahlungsaufschub (*sursis de paiement*), der Anordnung der Zwangsverwaltung (*gestion contrôlée*) oder einer vergleichbaren Maßnahme oder der Einleitung der Liquidation der Verwaltungsgesellschaft oder Verwahrstelle,
- wenn die CSSF der Verwaltungsgesellschaft oder der Verwahrstelle die Erlaubnis zum Geschäftsbetrieb entzieht,
- in allen anderen im Verwaltungsreglement vorgesehenen Fällen.

Die vorgenannten Beendigungsgründe der Tätigkeitsausübung von Verwaltungsgesellschaft und Verwahrstelle sind letztlich die zwangsläufige und gesetzlich oder vertraglich vorgesehene Konsequenz des jeweiligen Beendigungstatbestandes. So ist beispielsweise im Falle der Eröffnung des Insolvenzverfahrens über das Vermögen einer Verwaltungsgesellschaft hinsichtlich der Verwaltungsgesellschaft nicht länger deren Geschäftsleitung vertretungs- und verfügungsbefugt, sondern der Insolvenzverwalter, dessen Aufgabe in der Abwicklung der Verwaltungsgesellschaft liegt, deren Gesellschaftszweck nicht länger in der Verwaltung von Investmentvermögen besteht. Bestehende Verwaltungsverträge werden abgewickelt. 42

Bis zum Abschluss eines neuen Verwahrstellenvertrages mit einer neuen Verwahrstelle muss die ausscheidende Verwahrstelle sämtliche Maßnahmen treffen, die zur Wahrung der Interessen der Anteilinhaber notwendig sind. Die ausscheidende Verwahrstelle muss innerhalb von zwei Monaten ersetzt werden. Es muss sichergestellt werden, dass die Verwahrstellenaufgaben zu jedem Zeitpunkt dergestalt wahrgenommen werden, dass den Anteilinhabern kein Nachteil entsteht und ihre Interessen gewahrt bleiben. 43

13. Liquidation des Investmentvermögens (Art. 20)

a) Liquidationsstatus (Art. 20 Abs. 1). Das Investmentvermögen befindet sich in Liquidation: 44
- bei Ablauf der im Verwaltungsreglement festgelegten Frist für das Fortbestehen des Investmentvermögens,
- im Falle der Beendigung der Aufgaben der Verwaltungsgesellschaft oder der Verwahrstelle gemäß Art. 19 lit. b), c), d) und e), falls sie nicht innerhalb von zwei Monaten ersetzt wurden,
- nach Eröffnung des Insolvenzverfahrens über das Vermögen der Verwaltungsgesellschaft,
- wenn das Nettovermögen des Investmentvermögens über einen Zeitraum von mehr als sechs Monaten unter einem Viertel des gesetzlichen Mindestbetrages von 1.250.000 EUR liegt,
- in allen sonstigen etwaig vom Verwaltungsreglement festgelegten Fällen.

45 **b) Mitteilungspflichten (Art. 20 Abs. 2).** Die Verwaltungsgesellschaft oder die Verwahrstelle müssen den die Liquidation auslösenden Umstand unverzüglich den Anteilinhabern und Gläubigern des Investmentvermögens zur Kenntnis bringen.

46 Setzen weder Verwaltungsgesellschaft noch Verwahrstelle die Anteilinhaber und Gläubiger des Investmentvermögens über den die Liquidation auslösenden Umstand in Kenntnis, veranlasst die CSSF dies von Amts wegen durch eine entsprechende Veröffentlichung. Die Kosten hierfür sind vom Investmentvermögen zu tragen.

47 Die Veröffentlichung der Einleitung der Liquidation erfolgt im Mémorial und in mindestens zwei Tageszeitungen mit hinreichender Verbreitung. Eine der beiden Tageszeitungen muss eine Luxemburger Tageszeitung sein.

48 **c) Auswirkungen des Liquidationsstatus auf Ausgabe und Rückkauf von Anteilen (Art. 20 Abs. 3).** Sobald ein Liquidationsgrund vorliegt, dürfen keine weiteren Anteile des Investmentvermögens ausgegeben werden. Eine entgegen dieses Verbotes vorgenommene Anteilsausgabe ist nichtig.

49 Der Rückkauf von Anteilen des Investmentvermögens bleibt auch beim Vorliegen eines Liquidationsgrundes möglich, solange die Gleichbehandlung der Anteilinhaber sichergestellt wird.

50 **14. Mindestnettovermögen (Art. 21).** Das Nettovermögen des Investmentvermögens muss mindestens 1.250.000 EUR betragen. Dieser Mindestbetrag muss innerhalb von 12 Monaten nach Zulassung des Investmentvermögens durch die CSSF erreicht werden.

51 Durch großherzogliche Verordnung könnte ein höherer Minimalbetrag festgelegt werden. Dies ist allerdings derzeit nicht beabsichtigt. Allerdings dürften bei einer solchen Anhebung 2.500.000 EUR nicht überschritten werden.

52 **15. Absinken des Nettovermögens unter 2/3 des gesetzlichen Mindestbetrages (Art. 22).** Wenn das Nettovermögen des Investmentvermögens unter zwei Drittel des gesetzlichen Mindestbetrages von 1.250.000 EUR absinkt, muss die Verwaltungsgesellschaft dies unverzüglich der CSSF anzeigen.

53 Die CSSF kann bei einem solchen Vermögensverlust unter Berücksichtigung der gegebenen Umstände die Verwaltungsgesellschaft verpflichten, das Investmentvermögen zu liquidieren. Eine solche Anordnung der CSSF ist von der Verwaltungsgesellschaft oder der Verwahrstelle sowohl den Anteilsinhabern als auch etwaigen Gläubigern des Investmentvermögens mitzuteilen. Wird eine solche Mitteilung nicht vorgenommen, veranlasst die CSSF auf Kosten des Investmentvermögens eine Veröffentlichung der Liquidationsanordnung im Mémorial und in mindestens zwei hinreichend verbreiteten Tageszeitungen, wobei mindestens eine eine Luxemburger Tageszeitung ist.

54 **16. Gewährung von Krediten an Anteilinhaber (Art. 23).** Weder die Verwaltungsgesellschaft noch die Verwahrstelle dürfen im Auftrag des Investmentvermögens Anteilinhabern des Investmentvermögens Kredite gewähren.

55 **17. Bezeichnung (Art. 24).** Die Bezeichnung „Investmentvermögen in Gesamthandseigentum“ oder „FCP“ wird für Investmentvermögen, die in den Anwendungsbereich dieses Gesetzes fallen, durch die Bezeichnung „Spezialfonds“[10] oder „FIS“ (*fonds d'investissement spécialisé*) ergänzt.

---

10 Es wurde an dieser Stelle anstatt des dem deutschen KAGB näher stehenden Begriffes „Spezialinvestmentvermögen“ der in Luxemburg gebräuchliche Begriff „Spezialfonds“ verwendet.

III. Kapitel 3: Investmentgesellschaften mit variablem Kapital (Art. 25–37)

1. Allgemeines. Ein Spezialinvestmentvermögen kann auch als Investmentgesellschaft mit variablem Kapital (SICAV) aufgesetzt werden. 56

Das Gesellschaftskapital der SICAV erhöht oder reduziert sich automatisch mit der Aus- oder Rückgabe von Anteilen oder Aktien. Es bedarf hierzu keiner weiteren Schritte wie beispielsweise eines Beschlusses der Gesellschafter oder der Hauptversammlung oder einer notariellen Beurkundung. Änderungen des Gesellschaftskapitals erfolgen von Rechts wegen und ohne dass sie veröffentlicht oder im Handels- und Gesellschaftsregister eingetragen werden müssen. 57

2. Anforderungen an eine SICAV (Art. 25). Eine SICAV kann die Rechtsform einer Aktiengesellschaft (*société anonyme*), einer Kommanditgesellschaft auf Aktien (*société en commandite par actions*), einer einfachen Kommanditgesellschaft (*société en commandite simple*), einer Spezialkommanditgesellschaft (*société en commandite spéciale*), einer Gesellschaft mit beschränkter Haftung (*société à responsabilité limitée*) oder einer in Form einer Aktiengesellschaft organisierten Genossenschaft (*société coopérative sous forme de société anonyme*) haben. Es handelt sich bei den genannten Rechtsformen um eine abschließende Aufzählung im Sinne eines numerus clausus oder Rechtsformzwanges. 58

Ferner muss eine SICAV folgende Voraussetzungen erfüllen: 59

- Ausschließlicher Zweck der Gesellschaft muss sein, die ihr zur Verfügung gestellten Mittel nach dem Grundsatz der Risikostreuung in Vermögenswerte anzulegen und ihren Anlegern das Ergebnis der Verwaltung der Vermögenswerte zukommen zu lassen.
- Die Anteile der Gesellschaft müssen einem oder mehreren sachkundigen Anlegern vorbehalten sein.
- Die Satzung oder der Gesellschaftsvertrag müssen vorsehen, dass das Gesellschaftskapital zu jeder Zeit dem Nettovermögen der Gesellschaft entspricht.

3. Gesellschaftsrechtliche Regelungen hinsichtlich der SICAV (Art. 26)

a) Anwendung des Gesetzes von 1915 (Art. 26 Abs. 1). Außer in den Fällen, in denen das Gesetz vom 13. Februar 2007/Spezialfonds-Gesetz vom Gesetz vom 10. August 1915 abweicht, findet dieses auf Investmentgesellschaften mit variablem Kapital Anwendung. 60

b) Sprache notariell zu beurkundender Dokumente (Art. 26 Abs. 2). Bei notariell zu beurkundenden Satzungen oder Gesellschaftsverträgen und diesbezüglichen Änderungen kann die Urkundensprache nach Wahl der vor dem Notar erscheinenden Personen Französisch, Deutsch oder Englisch sein. Obwohl Englisch im Gegensatz zu Französisch und Deutsch keine Amtssprache in Luxemburg ist, bedarf es bei einer englischsprachigen Urkunde im Bereich der SICAV keiner Übersetzung ins Französische oder Deutsche. 61

Auch bei allen anderen notariellen Urkunden, wie z.B. Protokollen von Aktionärsversammlungen oder einem eine SICAV betreffenden Verschmelzungsplan, bedarf es bei einer englischsprachigen Urkunde keiner solchen Übersetzung. 62

c) Jahresabschlussdokumente (Art. 26 Abs. 3). Abweichend von Art. 73 Abs. 2 des Gesetzes von 1915 muss eine SICAV in Form einer Aktiengesellschaft, einer Kommandit- 63 gesellschaft auf Aktien oder einer Genossenschaft in Form einer Aktiengesellschaft ihren Jahresabschluss, Wirtschaftsprüferbericht, Geschäftsbericht und ggf. den Bericht des Aufsichtsrates nicht zeitgleich mit der Einladung zur jährlichen Generalversammlung an die Inhaber von Namensaktien senden.

64 Im Einberufungsschreiben sind im Gegenzug der Ort und die Modalitäten zur Einsicht dieser Dokumente angegeben. Es muss darauf hingewiesen werden, dass jeder Aktionär die Zusendung des Jahresabschlusses, des Wirtschaftsprüferberichts, des Geschäftsberichts und ggf. des Berichts des Aufsichtsrates verlangen kann.

65 **d) Sonderregelung zur Bestimmung des Anwesenheitsquorums bei Hauptversammlungen (Art. 26 Abs. 4).** Für SICAVs in den vorgenannten Rechtsformen können die Einladungsschreiben zur Generalversammlung vorsehen, dass das Anwesenheitsquorum in der Generalversammlung entsprechend der Anzahl der am fünften Tag um Mitternacht (Ortszeit Luxemburg) vor der Generalversammlung (nachfolgend „Stichtag") ausgegebenen und im Umlauf befindlichen Aktien bestimmt wird. Die Rechte der Aktionäre zur Teilnahme an einer Generalversammlung und zur Ausübung der mit ihren Aktien verbundenen Stimmrechte werden entsprechend der Anzahl der am Stichtag von jedem Aktionär gehaltenen Aktien bestimmt.

66 **4. Mindestkapitalanforderungen (Art. 27).** Das Mindestkapital einer SICAV beträgt 1.250.000 EUR. Dieses Mindestkapital muss spätestens innerhalb von 12 Monaten ab Zulassung der SICAV durch die CSSF erreicht werden.

67 Durch großherzogliche Verordnung kann sich der vorgenannte Mindestbetrag auf 2.500.000 EUR erhöht werden. Derzeit ist eine solche Erhöhung nicht absehbar.

68 **5. Anteilsausgabe und -rücknahme (Art. 28, 29).** Eine SICAV kann jederzeit Aktien oder Anteile ausgeben, sofern die Satzung oder der Gesellschaftsvertrag der SICAV keine entgegenstehenden Bestimmungen enthält.

69 Die Verfahrensmodalitäten und Formen für die Ausgabe und ggf. den Rückkauf von Aktien oder Anteilen legen die Satzung oder der Gesellschaftsvertrag der SICAV fest. Insofern herrscht der Grundsatz der Vertragsfreiheit.

70 Das Gesellschaftskapital einer SICAV muss vollständig gezeichnet und der Zeichnungsbetrag zu mindestens 5% pro Aktie oder Anteil mittels Barzahlung oder sonstiger Einlage eingebracht werden.

71 Soweit die Satzung oder der Gesellschaftsvertrag keine anderweitige Regelung treffen, erfolgt die Bewertung der Vermögenswerte der SICAV auf der Basis des jeweiligen Zeitwertes des jeweiligen Vermögenswertes. Dieser Zeitwert ist nach dem in der Satzung oder dem Gesellschaftsvertrag der SICAV festgelegten Verfahrensmodus zu bestimmen.

72 Vorbehaltlich der gesetzlich vorgesehenen Fälle legen Satzung oder Gesellschaftsvertrag der SICAV auch die Bedingungen fest, unter denen die Aktien-/Anteilausgabe und der Aktien-/Anteilrückkauf ausgesetzt werden können. Auch insofern gilt der Grundsatz der Vertragsfreiheit. Im Falle der Aussetzung der Aktien-/Anteilausgabe oder Aktien-/Anteilrücknahme muss die SICAV die CSSF jedoch unverzüglich informieren.

73 Die CSSF kann im Interesse der Anleger die Aussetzung der Aktien-/Anteilsrücknahme insbesondere dann veranlassen, wenn gesetzliche, aufsichtsrechtliche oder satzungsrechtliche Bestimmungen in Bezug auf die Geschäftstätigkeit oder Funktionsweise der SICAV nicht beachtet werden.

74 Die Satzung oder der Gesellschaftsvertrag der SICAV legen die zulasten der SICAV anfallenden Kosten fest.

Die Anteile einer SICAV haben keinen Nennwert. Jeder Anteil gibt den Mindestbetrag des Gesellschaftskapitals an, ohne den Nennwert oder Anteil am Gesellschaftskapital anzugeben. **75**

Änderungen des Gesellschaftskapitals erfolgen von Rechts wegen und ohne das Erfordernis einer Veröffentlichung oder Eintragung im Handels- und Gesellschaftsregister. **76**

Rückzahlungen an Anleger infolge einer Herabsetzung des Gesellschaftskapitals unterliegen ausschließlich den Beschränkungen des Art. 31 Abs. 1. **77**

Bestehende Anteilsinhaber oder Aktionäre können im Falle der Ausgabe neuer Anteile oder Aktien nur dann ein Vorzugsrecht geltend machen, wenn Satzung oder Gesellschaftsvertrag ein solches Recht ausdrücklich vorsehen. **78**

6. Unterschreiten bestimmter Kapitalgrenzen (Art. 30). Wenn das Gesellschaftskapital der SICAV unter zwei Drittel des Mindestbetrages von 1.250.000 EUR fällt, müssen die Verwaltungsratsmitglieder oder die Geschäftsführer der Gesellschafterversammlung die Auflösung der SICAV vorschlagen, wobei die Gesellschafterversammlung ohne Anwesenheitsquorum berät und Beschlüsse mit einfacher Mehrheit der in der Gesellschafterversammlung vertretenen Anteile fasst. **79**

Wenn das Gesellschaftskapital der SICAV unter ein Viertel des Mindestbetrages von 1.250.000 EUR fällt, müssen die Verwaltungsratsmitglieder oder die Geschäftsführer der Gesellschafterversammlung die Auflösung der SICAV vorschlagen, wobei die Gesellschafterversammlung ohne Anwesenheitsquorum berät; die Auflösung kann durch die Aktionäre beziehungsweise Anteilinhaber, die ein Viertel der in der Gesellschafterversammlung vertretenen Anteile halten, beschlossen werden. **80**

In beiden Fällen muss die Einberufung so erfolgen, dass die Gesellschafterversammlung innerhalb einer Frist von vierzig Tagen nach Feststellung der Unterschreitung der vorbeschriebenen Betragsgrenzen von zwei Dritteln beziehungsweise einem Viertel des Mindestkapitals stattfindet. **81**

Sehen die Gründungsunterlagen der SICAV keine Gesellschafterversammlungen vor, müssen die Geschäftsführer die CSSF unverzüglich darüber in Kenntnis setzen, wenn das Gesellschaftskapital der SICAV unter zwei Drittel des Mindestbetrages gefallen ist. In diesem Falle kann die CSSF, unter Berücksichtigung der jeweiligen Umstände, die Geschäftsführer verpflichten, die Liquidation der SICAV einzuleiten. **82**

7. Ausschüttungen und Rückzahlungen aus dem Nettovermögen der SICAV (Art. 31). Das Nettovermögen der SICAV kann innerhalb der Grenzen des Art. 27 ausgeschüttet werden, sofern die Satzung oder der Gesellschaftsvertrag der SICAV keine entgegenstehende Regelung treffen. **83**

Es besteht für SICAVs keine Verpflichtung zur Bildung von gesetzlichen Rücklagen. **84**

In Bezug auf Dividendenvorauszahlungen unterliegen SICAVs keiner gesetzlichen Regelung. Insofern gelten einzig die in der Satzung der SICAV vorgesehenen Bestimmungen. **85**

8. Rechtsformzusatz der SICAV (Art. 32). Die gesellschaftsrechtlich verpflichtend vorgesehene Angabe der Rechtsform der Gesellschaft im Anschluss an deren Firmierung ist im Falle einer SICAV durch den Zusatz „Investmentgesellschaft mit variablem Kapital – Spezialfonds“[11] oder „FIS – SICAV“ zu ergänzen. **86**

---

11 An dieser Stelle wurde anstatt des der deutschen KAGB-Terminologie näher stehenden Begriffes „Spezialinvestmentvermögen“ der in Luxemburg geläufige Begriff „Spezialfonds“ verwendet. Dies entspricht der Marktpraxis.

87 **9. Verwahrung der Vermögenswerte der SICAV durch die Verwahrstelle (Art. 33).** Die Vermögenswerte einer SICAV müssen von einer Verwahrstelle verwahrt werden. Bei der Wahrnehmung ihrer Aufgaben muss die Verwahrstelle ausschließlich im Interesse der Anleger handeln.

88 **10. Anforderungen an die Verwahrstelle (Art. 34).** Die Verwahrstelle muss entweder ihren satzungsmäßigen Sitz in Luxemburg haben oder dort eine Niederlassung unterhalten, wenn sie ihren satzungsmäßigen Sitz im Ausland hat. Im Wege des grenzüberschreitenden Dienstleistungsverkehrs kann die Verwahrstellenfunktion nicht erfüllt werden. Regelungen, vergleichbar mit einem europäischen Pass, gibt es insofern nicht.

89 Als Verwahrstelle fungieren können nur Kreditinstitute oder Wertpapierfirmen im Sinne des Gesetzes vom 5. April 1993 über den Finanzsektor. Eine Wertpapierfirma kann zudem nur dann die Verwahrstellenfunktion übernehmen, wenn sie zusätzlich die Anforderungen des Art. 19 Abs. 3 des Gesetzes vom 12. Juli 2013/AIFM-Gesetzes erfüllt.

90 Bei einer SICAV, bei der innerhalb von fünf Jahren nach Tätigung der ersten Anlage kein Rückgaberecht ausgeübt werden kann, und die in Übereinstimmung mit ihrer Hauptanlagestrategie grundsätzlich nicht in Vermögenswerte investiert, die gemäß Art. 19 Abs. 8 lit. a) des Gesetzes vom 12. Juli 2013/AIFM-Gesetzes verwahrt werden müssen, oder in der Regel in Emittenten oder nicht börsennotierte Gesellschaften investiert, um gemäß Art. 24 des vorgenannten Gesetzes möglicherweise die Kontrolle über solche Unternehmen zu erlangen, kann die Verwahrstelle auch eine Einheit nach luxemburgischem Recht sein, die den Status einer professionellen Verwahrstelle von anderen Vermögenswerten als Finanzinstrumenten im Sinne des Art. 26-1 des Gesetzes vom 5. April 1993/Gesetzes über den Finanzsektor hat.

91 Durch eine vollständige oder teilweise Übertragung der von der Verwahrstelle übernommenen Verwahraufgaben auf Dritte wird die Haftung der Verwahrstelle nicht berührt.

92 **11. Haftung der Verwahrstelle (Art. 35).** Die Verwahrstelle haftet den Anlegern für alle Schäden, die diesen aus schuldhafter Nicht- oder Schlechterfüllung der Pflichten der Verwahrstelle entstanden sind. Es ist insofern unerheblich, ob Verwahrstelle die von ihr zu verwahrenden Vermögenswerte im Wege einer Auslagerung (Outsourcing) Dritten zur Verwahrung anvertraut hatte.

93 **12. Ende der Aufgaben der Verwahrstelle (Art. 36).** In folgenden Fällen enden die Aufgaben der Verwahrstelle von Gesetzes wegen automatisch:

- bei Beendigung des Verwahrstellenvertrages auf Veranlassung der Verwahrstelle oder der SICAV,
- bei Eröffnung des Insolvenzverfahrens (*faillite*) über das Vermögen der SICAV oder der Verwahrstelle oder der Eröffnung des Vergleichsverfahrens (*concordat*), der Gewährung von Zahlungsaufschub (*sursis de paiement*), der Anordnung der Zwangsverwaltung (*gestion contrôlée*) oder einer vergleichbaren Maßnahme oder der Einleitung der Liquidation der SICAV oder der Verwahrstelle,
- wenn die CSSF der SICAV oder der Verwahrstelle die Erlaubnis zum Geschäftsbetrieb entzieht,
- in allen anderen in der Satzung oder dem Gesellschaftsvertrag vorgesehenen Fällen.

94 Bis zum Abschluss eines neuen Verwahrstellenvertrages mit einer neuen Verwahrstelle muss die ausscheidende Verwahrstelle sämtliche Maßnahmen treffen, die zur Wahrung der Interessen der Anteilinhaber notwendig sind. Die ausscheidende Verwahr-

stelle muss innerhalb von zwei Monaten ersetzt werden. Es muss sichergestellt werden, dass die Verwahrstellenaufgaben zu jedem Zeitpunkt dergestalt wahrgenommen werden, dass den Anteilinhabern kein Nachteil entsteht und ihre Interessen gewahrt bleiben.

13. Maßgeblichkeit des Anlegerinteresses für die Verwahrstelle (Art. 37). Bei der Ausübung ihrer Aufgaben hat sich die Verwahrstelle ausschließlich von den Interessen der Anleger leiten zu lassen. Sie hat ausschließlich in deren Interesse zu handeln. 95

Ein Handeln der Verwahrstelle gegen die Interessen der Anleger begründet eine Pflichtverletzung der Verwahrstelle. 96

IV. Kapitel 4: Spezialinvestmentvermögen, die nicht die Rechtsform eines Investmentvermögens in Gesamthandseigentum oder die Rechtsform einer SICAV haben (Art. 38–40)

Das Gesetz vom 13. Februar 2007/Spezialfonds-Gesetz sieht auch Investmentvermögen, die nicht die Rechtsform eines Investmentvermögens in Gesamthandseigentum oder einer SICAV haben, vor. Die auf diese Spezialinvestmentvermögen anzuwendenden Regelungen finden sich in Kapitel 4 (Art. 38–40) des Gesetzes vom 13. Februar 2007/Spezialfonds-Gesetzes. 97

Spezialinvestmentvermögen, die nicht die Rechtsform eines Investmentvermögens in Gesamthandseigentum oder die Rechtsform einer SICAV haben, bedürfen eines Mindestkapitals von 1.250.000 EUR. Es handelt sich bei diesem Betrag um den um etwaige Ausgabeprämien erhöhten Betrag. Der genannte Mindestbetrag muss innerhalb einer Frist von zwölf Monaten nach Erteilung der Erlaubnis an das Spezialinvestmentvermögen durch die CSSF erreicht sein. 98

Sinkt das Gesellschaftskapital unter zwei Drittel des Mindestbetrages von 1.250.000 EUR, müssen die Verwaltungsratsmitglieder oder Geschäftsführer die Gesellschafterversammlung über die Auflösung des Spezialinvestmentvermögens abstimmen lassen. Die Gesellschafterversammlung fasst ihren Beschluss in einem solchen Fall ohne Anwesenheitsquorum mit einfacher Mehrheit, der in der Gesellschafterversammlung vertretenen Aktien oder Anteile. Sinkt das Gesellschaftskapital unter ein Viertel des Mindestbetrages von 1.250.000 EUR, muss die Gesellschafterversammlung ggf. erneut über die Auflösung des Spezialinvestmentvermögens abstimmen. Bei Unterschreiten der Ein-Viertel-Grenze kann ein Auflösungsbeschluss jedoch schon durch Aktionäre oder Anteilinhaber, die ein Viertel der in der Gesellschafterversammlung vertretenen Aktien oder Anteile halten, beschlossen werden. Es gibt in einem solchen Fall ebenfalls kein Anwesenheitsquorum. Die Einberufung zu solchen Gesellschafterversammlungen muss innerhalb einer Frist von vierzig Tagen nach der Feststellung, dass das Gesellschaftskapital unter zwei Drittel oder ein Viertel des gesetzlichen Mindestbetrages gefallen ist, erfolgen. Für den Fall, dass die Gründungsdokumente des Spezialinvestmentvermögens keine Gesellschafterversammlungen vorsehen, müssen die Verwaltungsratsmitglieder oder Geschäftsführer im Falle eines Absinkens des Kapitals des Spezialinvestmentvermögens unter die vorgenannten Grenzen unverzüglich die CSSF informieren. Die CSSF kann in einem solchen Fall die Liquidation des Spezialinvestmentvermögens anordnen. 99

Wurde das Spezialinvestmentvermögen in Satzungsform gegründet, muss das Gesellschaftskapital vollständig gezeichnet sein und auf jede Aktie oder jeden Anteil müssen mindestens 5% durch Barzahlung oder als Sacheinlage eingebracht werden. 100

Die Bewertung der Vermögenswerte des Spezialfonds erfolgt, sofern die Gründungsdokumente des Spezialinvestmentvermögen keine anderweitige Regelung treffen, auf 101

Grundlage des jeweiligen Zeitwertes. Ihr Wert ist entsprechend den in den Gründungsdokumenten festgelegten Verfahren zu bestimmen.

102 Folgende Regelungen aus Kapitel 3 über die SICAV sind analog auf die Spezialinvestmentvermögen des Kapitels 4 anzuwenden:

- Art. 26 Abs. 2–4,
- Art. 28 Abs. 5,
- Art. 33,
- Art. 34,
- Art. 35,
- Art. 36,
- Art. 37.

103 Die Bezeichnung der Spezialinvestmentvermögen im Anwendungsbereich des Kapitels 5 ist mit dem Zusatz „Spezialfonds"[12] oder „FIS" zu versehen.

V. Kapitel 5: Erlaubnis und Aufsicht (Art. 41–45)

104 **1. Zuständige Behörde (Art. 41 Abs. 1).** Die für die Zulassung von und Aufsicht über Spezialinvestmentvermögen zuständige Behörde ist die *Commission de Surveillance du Secteur Financier (CSSF)*. Die CSSF ist das luxemburgische Pendant zur deutschen BaFin.

105 **2. Aufgaben der CSSF (Art. 41 Abs. 2 und 3).** Die CSSF überwacht die Einhaltung der anzuwendenden gesetzlichen und sonstigen Bestimmungen durch die diesem Gesetz unterliegenden Spezialinvestmentvermögen und deren Geschäftsleiter. Sie übt ihre Aufgaben ausschließlich im öffentlichen Interesse aus.

106 **3. Erlaubnis-/Zulassungspflicht von Spezialinvestmentvermögen (Art. 42).** Die dem Gesetz vom 13. Februar 2007/Spezialfonds-Gesetz unterliegenden Spezialinvestmentvermögen benötigen eine Zulassung durch die CSSF, bevor sie ihre Geschäftstätigkeit aufnehmen dürfen.

107 Im Gegensatz zu früher bedarf ein Spezialinvestmentvermögen vor der Aufnahme seiner Tätigkeiten einer Zulassung durch die CSSF. Ein nach Tätigkeitsaufnahme erfolgendes Einreichen der Zulassungsunterlagen bei der CSSF ist nicht mehr ausreichend.

108 Ein Spezialinvestmentvermögen wird von der CSSF erst dann zugelassen, nachdem diese dessen Gründungsunterlagen geprüft und der gewählten Verwahrstelle zugestimmt hat.

109 Im Rahmen der Zulassung eines Spezialinvestmentvermögens durch die CSSF sind bei dieser die online unter http://www.cssf.lu/fr/surveillance/vgi/fis/formulaires/ abrufbaren Formulare entsprechend der beabsichtigten Struktur einzureichen.

110 Anträge auf Zulassung von Spezialinvestmentvermögen müssen innerhalb eines Monats nach deren Gründung oder Errichtung gestellt werden.

111 Im Rahmen des Zulassungsverfahrens werden auch die Geschäftsleiter des Spezialfonds geprüft. Sie müssen ausreichend gut beleumdet sein und ausreichende Erfahrung hinsichtlich der Art des in Rede stehenden Spezialinvestmentvermögens aufweisen. Der

---

12 Es wurde an dieser Stelle anstatt des dem deutschen KAGB näher stehenden Begriffes „Spezialinvestmentvermögen" der in Luxemburg gebräuchliche Begriff „Spezialfonds" verwendet.

CSSF sind die Personalien der Geschäftsleiter mitzuteilen. Die Ernennung der Geschäftsleiter erfordert die vorherige Zustimmung der CSSF.

112 Geschäftsleiter sind im Falle von Aktiengesellschaften und in Form von Aktiengesellschaften organisierten Genossenschaften die Mitglieder des Verwaltungsrates, im Falle von Kommanditgesellschaften auf Aktien der oder die geschäftsführende(n) Komplementär(e), im Falle von einfachen Kommanditgesellschaften und Spezialkommanditgesellschaften der oder die Geschäftsführer, ohne dass es darauf ankommt, ob sie Komplementäre der Gesellschaft sind, im Falle von Gesellschaften mit beschränkter Haftung der oder die Geschäftsführer und im Falle von Investmentvermögen in Gesamthandseigentum die Mitglieder des Verwaltungsrates oder die Geschäftsführer der Verwaltungsgesellschaft.

113 Auch die Personalien der mit der Verwaltung des Anlageportfolios betrauten Personen sind der CSSF im Rahmen des Erlaubnisverfahrens des Spezialinvestmentvermögens mitzuteilen. Die Portfolio Manager benötigen wie die Geschäftsleiter des Spezialinvestmentvermögens einen ausreichenden Leumund und ausreichende Erfahrung hinsichtlich des von ihnen zu verwaltenden Anlageportfolios.

114 Jeder Austausch der Verwaltungsgesellschaft oder der Verwahrstelle sowie jede Änderung der Gründungsdokumente eines Spezialinvestmentvermögens bedarf der Zustimmung der CSSF.

115 Mit der Erlaubniserteilung an das Spezialinvestmentvermögen geht für diesen die Verpflichtung einher, der CSSF unverzüglich jede Änderung aller Informationen, auf die die CSSF sich bei der Prüfung des Erlaubnisantrages des Spezialinvestmentvermögens gestützt hat sowie jeden Geschäftsleiterwechsel und Wechsel der mit der Verwaltung des Anlageportfolios betrauten Personen in vollständiger, schlüssiger und verständlicher Weise schriftlich anzuzeigen.

116 **a) Risikomanagement (Art. 42bis).** Die unter das Gesetz vom 13. Februar 2007/ Spezialfonds-Gesetz fallenden Spezialinvestmentvermögen müssen über geeignete Risikomanagementsysteme verfügen, die sie in die Lage versetzen, das mit den Anlagepositionen verbundene Risiko sowie deren Anteil am Gesamtrisikoprofil des Anlageportfolios in adäquater Weise zu erkennen, zu messen, zu verwalten und zu überwachen.

117 Das Risikomanagement der Spezialinvestmentvermögen muss ferner so ausgestaltet sein, dass Konflikte zwischen den Interessen des Spezialinvestmentvermögens und Interessen von Personen, die für das Spezialinvestmentvermögen tätig werden oder direkt oder indirekt mit diesem verbunden sind, nicht auftreten und den Interessen der Anleger nicht zuwider laufen. Im Falle von potentiellen Interessenkonflikten ist für einen Schutz der Anlegerinteressen Sorge zu tragen.

118 Die näheren Anwendungsmodalitäten im Bereich des Risikomanagements werden durch die Verordnung 12-01 der CSSF zur Festlegung der Anwendungsmodalitäten des Artikels 42bis des Gesetzes vom 13. Februar 2007 über Spezialinvestmentvermögen im Hinblick auf die Anforderungen an das Risikomanagement und Interessenkonflikte (*Règlement CSSF N°12-01 arrêtant les modalités d'application de l'article 42bis de la loi du 13 février 2007 relative aux fonds d'investissement spécialisés en ce qui concerne les exigences en matière de gestion des risques et de conflits d'intérêts*) geregelt.

119 **b) Auslagerung (Art. 42ter).** Zum Zwecke einer effizienteren Gestaltung ihrer Tätigkeiten dürfen Spezialinvestmentvermögen die Ausübung einer oder mehrerer ihrer Aufgaben an Dritte übertragen.

120 Für eine solche Auslagerung (Outsourcing) müssen folgende Voraussetzungen erfüllt sein:

- die CSSF muss von der beabsichtigten Auslagerung unterrichtet werden,
- die Auslagerung darf die Beaufsichtigung des Spezialinvestmentvermögens durch die CSSF in keiner Weise beeinträchtigen, insbesondere darf sie weder das Spezialinvestmentvermögen daran hindern im besten Anlegerinteresse zu handeln, noch darf sie verhindern, dass das Spezialinvestmentvermögen im besten Anlagerinteresse verwaltet wird,
- wenn die Auslagerung die Portfolioverwaltung betrifft, darf die Auslagerung nur an eine natürliche oder juristische Person erfolgen, die selbst eine Zulassung zur Portfolioverwaltung hat und einer behördlichen Aufsicht unterliegt; wenn die Auslagerung an eine Person aus einem Drittland erfolgt und die Person dort einer behördlichen Aufsicht unterliegt, muss die Zusammenarbeit zwischen der CSSF und der Aufsichtsbehörde dieses Landes sichergestellt sein,
- wenn die Bedingungen von Punkt c) nicht erfüllt sind, wird die Auslagerung erst dann wirksam, wenn die CSSF der Wahl der Auslagerungsperson zugestimmt hat; die Auslagerungsperson muss ausreichend gut beleumdet sein und über ausreichend Erfahrung in Bezug auf die Art des Spezialinvestmentvermögens verfügen,
- die Geschäftsleiter des Spezialinvestmentvermögens müssen feststellen können, ob die Auslagerungsperson über die notwendige Qualifikation verfügt und in der Lage ist, die übertragenen Aufgaben wahrzunehmen und ob ihre Auswahl mit der notwendigen Sorgfalt erfolgt ist,
- es sind Mittel vorhanden, die den Geschäftsleitern des Spezialinvestmentvermögens erlauben, jederzeit und effektiv die ausgelagerten Tätigkeiten zu überwachen,
- die Auslagerung hindert die Geschäftsleiter des Spezialinvestmentvermögens nicht daran, der Auslagerungsperson jederzeit weitere Anweisungen zu geben oder das Auslagerungsmandat mit sofortiger Wirkung zu entziehen, wenn dies im Interesse der Anleger ist,
- der Verwahrstelle darf kein Auftrag für die Hauptdienstleistung der Anlageverwaltung erteilt werden,
- im Emissionsdokument des Spezialinvestmentvermögens sind die übertragenen Aufgaben aufzulisten.

121 **4. Listeneintragung und Erlaubniserteilung (Art. 43, 44).** Zugelassene Spezialinvestmentvermögen werden von der CSSF in eine Liste eingetragen. Diese Liste ist online unter http://www.cssf.lu/fr/surveillance/vgi/fis/liste-officielle/ abrufbar.

122 Die Eintragung gilt als Zulassung. Sie wird dem betreffenden Spezialinvestmentvermögen von der CSSF mitgeteilt. Die Liste sowie alle ihre Änderungen werden auf Veranlassung der CSSF im *Mémorial B, Recueil Administratif et Economique* veröffentlicht.

123 Die Eintragung und das Verbleiben des Spezialinvestmentvermögens auf der Liste erfolgen unter der Voraussetzung, dass alle gesetzlichen und im Verordnungswege erlassenen oder vertraglichen Bestimmungen, die die Organisation und Funktionsweise des Spezialinvestmentvermögens sowie den Vertrieb, die Platzierung oder den Verkauf seiner Aktien oder Anteile betreffen, beachtet werden.

124 Die Eintragung eines Spezialinvestmentvermögens in die Liste der CSSF darf in keiner Form als positive Wertung der Zweckmäßigkeit oder der wirtschaftlichen, finanziellen oder rechtlichen Struktur einer Anlage in das Spezialinvestmentvermögen, der Qualität der Anteile oder der Zahlungsfähigkeit des Spezialinvestmentvermögens durch die CSSF dargestellt werden.

5. Entscheidungen der CSSF und Rechtsmittel (Art. 45 Abs. 1 und 2). Entscheidungen der CSSF in Anwendung dieses Gesetzes müssen begründet werden und erfolgen, sofern nicht Gefahr in Verzug ist, nach vorheriger Anhörung des Adressaten der Entscheidung. Die Entscheidungen werden postalisch per Einschreiben übermittelt oder durch einen Gerichtsvollzieher zugestellt. **125**

Gegen die Entscheidungen der CSSF betreffend die Erteilung, Verweigerung oder den Entzug einer Zulassung nach diesem Gesetz ist der Verwaltungsrechtsweg eröffnet. Gleiches gilt für nach Art. 51 erlassene Geldbußen. Zuständiges Gericht ist das Verwaltungsgericht, welches in der Hauptsache entscheidet. Das Rechtsmittel ist innerhalb einer Ausschlussfrist von einem Monat ab Mitteilung der angefochtenen Entscheidung beim Verwaltungsgericht einzulegen. **126**

6. Überwachungs- und Ermittlungsbefugnisse der CSSF (Art. 45 Abs. 3). Die CSSF ist mit allen für die Wahrnehmung ihrer Aufgaben erforderlichen Überwachungs- und Ermittlungsbefugnissen ausgestattet. **127**

Die Befugnisse der CSSF beinhalten das Recht: **128**

- Dokumente aller Art einzusehen und Kopien davon zu erhalten,
- von jeder Person Auskünfte zu verlangen und, falls notwendig eine Person einzubestellen und zu befragen, um Informationen zu erhalten,
- Ermittlungen vor Ort oder Überprüfungen von Personen, die gemäß diesem Gesetz ihrer Überwachung unterliegen, selbst oder durch von ihr bestimmte Personen vorzunehmen,
- bereits existierende Aufzeichnungen von Telefongesprächen und Datenübermittlungen anzufordern,
- anzuordnen, dass Praktiken, die gegen die zur Durchführung dieses Gesetzes erlassenen Vorschriften verstoßen, zu unterlassen sind,
- das Einfrieren oder die Beschlagnahme von Vermögenswerten beim Präsidenten des Bezirksgerichts von und in Luxemburg zu beantragen,
- ein vorübergehendes Berufsverbot sowohl gegenüber ihrer Aufsicht unterstehenden Personen als auch den Mitgliedern der Verwaltungs-, Leitungs- und Geschäftsführungsorgane, Angestellten und Bevollmächtigten, die in Verbindung zu diesen Personen stehen, zu verlangen,
- von zugelassenen Investmentgesellschaften, Verwaltungsgesellschaften und Verwahrstellen die Erteilung von Auskünften zu verlangen,
- jede Art von Maßnahmen zu ergreifen, um sicherzustellen, dass Investmentgesellschaften, Verwaltungsgesellschaften oder Verwahrstellen weiter den Anforderungen dieses Gesetzes genügen,
- im Interesse der Anleger oder der Öffentlichkeit die Aussetzung der Ausgabe, der Rücknahme oder der Auszahlung von Anteilen zu verlangen,
- die einem Spezialinvestmentvermögen, einer Verwaltungsgesellschaft oder einer Verwahrstelle erteilte Zulassung zu entziehen,
- in Bezug auf strafrechtliche Verfolgungen Informationen an die Staatsanwaltschaft weiterzuleiten und
- Überprüfungen oder Ermittlungen durch zugelassene Wirtschaftsprüfer oder Sachverständige vornehmen zu lassen.

VI. Kapitel 6: Auflösung und Liquidation (Art. 46–52)

1. Streichung des Spezialfonds von der CSSF-Liste (Art. 46). Entscheidet die CSSF ein Spezialinvestmentvermögen von der Liste i.S.d. Art 43 Abs. 1 zu streichen, hat dies **129**

automatisch, von Rechts wegen ab dem Zeitpunkt, in dem die CSSF dem betroffenen Investmentvermögen ihre Entscheidung mitteilt, die Aussetzung aller Zahlungen des Spezialinvestmentvermögen und die Untersagung und Nichtigkeit sämtlicher Handlungen, die keine reinen Erhaltungsmaßnahmen sind, zur Folge. Dies gilt nicht für von der kommissarischen Leitung des Investmentvermögens genehmigte Handlungen.

130 Die CSSF übernimmt von Amts wegen die kommissarische Leitung des Spezialinvestmentvermögens, sofern nicht die Kammer für Handelssachen des zuständigen Bezirksgerichts auf Antrag der CSSF eine oder mehrere Personen mit der kommissarischen Leitung des Spezialinvestmentvermögens betraut. Eine solche kommissarische Ernennung erfordert einen begründeten Antrag der CSSF bei dem Bezirksgericht, in dessen Gerichtsbezirk das Spezialinvestmentvermögen seinen Sitz hat. Das Gericht hat zeitnah zu entscheiden. Sofern es den Antrag für ausreichend begründet erachtet, trifft es unverzüglich und ohne vorherige Anhörung der Parteien eine Entscheidung in öffentlicher Sitzung. Falls das Gericht es für notwendig erachtet, hört das Gericht die Parteien an. Hierzu lädt es die Parteien innerhalb von drei Tagen nach Einreichung des Antrags. Die Anhörung der Parteien erfolgt in einem Kammertermin. Die Entscheidung des Gerichts wird in öffentlicher Sitzung verkündet.

131 Alle Handlungen und Entscheidungen des Spezialinvestmentvermögens erfordern die schriftliche Zustimmung seiner kommissarischen Leitung. Das zuständige Bezirksgericht kann jedoch den Bereich der einwilligungsbedürftigen Geschäfte begrenzen.

132 Kosten und Honorare der Mitglieder der kommissarischen Leitung werden vom Gericht festgesetzt. Es kann Vorschusszahlungen bewilligen.

133 Die in Art. 47 Abs. 1 vorgesehene Gerichtsentscheidung beendet das Amt der kommissarischen Leitung, die innerhalb eines Monats nach ihrer Ersetzung den in der Entscheidung bestimmten Liquidatoren unter Vorlage der Rechnungslegungsunterlagen und Belege über die Verwendung der Vermögenswerte des Spezialinvestmentvermögens berichten muss.

134 Sofern die Entscheidung über den Entzug der Erlaubnis des Spezialinvestmentvermögens durch die gem. Art. 45 Abs. 2 vorgesehenen Rechtsmittelinstanzen aufgehoben wird, gilt die kommissarische Leitung als zurückgetreten. Ihr Rücktritt wird von Gesetzes wegen fingiert.

2. Anordnung der Auflösung und Liquidation des Spezialinvestmentvermögens (Art. 47)

135 **a) Gerichtliche Anordnung der Auflösung und Liquidation des Spezialinvestmentvermögens (Art. 47 Abs. 1).** Die Kammer für Handelssachen des zuständigen Bezirksgerichts ordnet auf Antrag der Staatsanwaltschaft die Auflösung und Liquidation des Spezialinvestmentvermögens an, wenn dessen Eintragung in die Liste i.S.d. Art. 43 Abs. 1 endgültig verweigert wurde oder er endgültig von der Liste gelöscht wurde. Die Staatsanwaltschaft kann sowohl von Amts wegen als auch auf Antrag der CSSF tätig werden. Gleiches gilt für die Auflösung und Liquidation von Teilinvestmentvermögen.

136 Im Rahmen der Liquidationsanordnung ernennt das Gericht einen zuständigen kommissarischen Richter sowie einen oder mehrere Liquidatoren.

137 Das Gericht legt die Art und Weise der Liquidation fest. Es kann hierbei nach eigenem Ermessen die Regeln der Insolvenzabwicklung zur Anwendung bringen. Die einmal festgelegte Art und Weise der Liquidation kann durch spätere Entscheidung des Gerichts von Amts wegen oder auf Antrag der Liquidatoren abgeändert werden.

138 Das Gericht beschließt über die Kosten und Honorare der Liquidatoren. Es kann Vorschusszahlungen bewilligen.

Die Gerichtsentscheidung durch die die Auflösung beschlossen und die Liquidation angeordnet wird ist vorläufig vollstreckbar. 139

b) Befugnisse der Liquidatoren (Art. 47 Abs. 2). Der oder die Liquidatoren können für das Spezialinvestmentvermögen sämtliche Handlungen veranlassen oder vornehmen; Zahlungen in Empfang nehmen, Löschungen veranlassen, Vermögenswerte veräußern und (wieder-)anlegen, Wechsel ausgeben und übertragen sowie in streitigen Angelegenheiten Vergleiche abschließen oder Verzichtserklärungen abgeben. 140

Immobilien des Spezialinvestmentvermögens können die Liquidatoren im Wege der öffentlichen Versteigerung veräußern. 141

Eine Belastung von Vermögensgegenständen des Spezialinvestmentvermögens mit Hypotheken, ihre Verpfändung oder Veräußerung auf einzelvertraglicher Grundlage bedarf der Einwilligung des zuständigen Gerichts. 142

c) Klagen und Vollstreckungshandlungen im Liquidationsverfahren (Art. 47 Abs. 3). Mit Ergehen der Gerichtsentscheidung können sowohl Mobiliar- als auch Immobiliarklagen sowie Vollstreckungshandlungen im Zusammenhang mit beweglichem oder unbeweglichem Vermögen des Spezialinvestmentvermögens nur noch gegenüber den Liquidatoren verfolgt, eingeleitet oder vollzogen werden. 143

Die Entscheidung des Gerichts über die Liquidation des Spezialinvestmentvermögens beendet jegliche Beschlagnahme auf Antrag von nicht bevorrechtigen und nicht privilegierten Gläubigern hinsichtlich des beweglichen und unbeweglichen Vermögens des Spezialinvestmentvermögens. 144

d) Zahlungen an die Anleger (Art. 47 Abs. 4). Die Liquidatoren kehren den Anlegern die ihnen jeweils zustehenden Beträge oder Vermögenswerte aus, nachdem sie die Verbindlichkeiten des Spezialinvestmentvermögens beglichen oder die zu deren Zahlung notwendigen Beträge hinterlegt haben. 145

e) Übertragung der Vermögenswerte auf ein anderes Spezialinvestmentvermögen (Art. 47 Abs. 5). Auf eigenes Betreiben können oder auf Antrag von Anlegern, die mindestens 25% der Vermögenswerte des Spezialinvestmentvermögens vertreten, müssen die Liquidatoren eine Generalversammlung der Anleger zur Entscheidung darüber einberufen, ob anstelle einer einfachen Liquidation die Vermögenswerte des Spezialinvestmentvermögens in Liquidation in einen anderen Spezialfonds eingebracht werden sollen. Ein solcher Beschluss kommt nur dann zustande, wenn die Anleger aus dieser Generalversammlung mindestens die Hälfte der Gründungseinlage der Anteile oder des Gesellschaftskapitals vertreten und wenn der Beschluss mit eine Mehrheit von mindestens zwei Dritteln der Stimmen der anwesenden oder vertretenen Anleger gefasst wird. 146

f) Bekanntmachung der gerichtlichen Entscheidungen (Art. 47 Abs. 6). Die Entscheidungen des Bezirksgerichts, durch die die Auflösung eines Spezialinvestmentvermögens beschlossen und seine Liquidation angeordnet wird, werden im *Mémorial* und in zwei vom Gericht benannten, hinreichend verbreiteten Tageszeitungen, von denen mindestens eine eine luxemburgische Tageszeitung sein muss, veröffentlicht. Der oder die Liquidatoren des Spezialinvestmentvermögens sind für die Veröffentlichung verantwortlich. 147

148 **g) Vermögenslosigkeit des Spezialinvestmentvermögen (Art. 47 Abs. 7).** Verfügt das Spezialinvestmentvermögen nicht über ausreichend Vermögenswerte, werden seine Verfahrensunterlagen von allen Kanzlei- und Registergebühren freigestellt und die Kosten und Honorare der Liquidatoren von der Staatskasse getragen.

149 **h) Haftung der Liquidatoren (Art. 47 Abs. 8).** Die Liquidatoren haften sowohl gegenüber dem Spezialinvestmentvermögen als auch gegenüber Dritten für die Ausführung ihres Mandats und für hierdurch entstandene Schäden.

150 **i) Liquidationsbericht (Art. 47 Abs. 9).** Die Liquidatoren erstatten dem zuständigen Bezirksgericht nach Abschluss der Liquidation des Spezialinvestmentvermögens Bericht und legen diesem die Schlussrechnung samt Belegen vor. Das Gericht ernennt in diesem Zusammenhang Prüfer (*commissaires*) zur Begutachtung der Unterlagen.

151 Nach dem Bericht der Prüfer entscheidet das Gericht über die Mandatsführung der Liquidatoren und den Abschluss der Liquidation. Diese Abschlussentscheidung wird entsprechend den Vorgaben des Abs. 6 veröffentlicht. Die Veröffentlichung enthält u.a. folgende Angaben:
- den vom Gericht bezeichneten Ort, an dem die Bücher und Gesellschaftsunterlagen des Spezialinvestmentvermögens über mindestens fünf Jahre aufbewahrt werden;
- die gem. Art. 50 ergriffenen Maßnahmen zur Hinterlegung der Beträge und Werte, die den Gläubigern, Anlegern oder Gesellschaftern zustehen, an die eine Auskehrung nicht erfolgen konnte.

152 **j) Geltendmachung von Ansprüchen gegen die Liquidatoren (Art. 47 Abs. 10).** Ansprüche gegen die Liquidatoren von Spezialinvestmentvermögen in ihrer Eigenschaft als Liquidatoren verjähren innerhalb von fünf Jahren nach der gemäß Abs. 9 erfolgten Veröffentlichung des Abschlusses der Liquidation.

153 Ansprüche gegen die Liquidatoren, die auf Vorfälle im Zusammenhang mit ihrem Mandat als Liquidator gestützt werden, verjähren innerhalb von fünf Jahren nach dem jeweiligen den Anspruch auslösenden Ereignis bzw. nach Kenntnis von diesem, sofern es vorsätzlich verdeckt wurde.

154 **k) Spezialinvestmentvermögen, die ihre Listeneintragung nicht fristgemäß beantragt haben (Art. 47 Abs. 11).** Die Bestimmungen des Art. 47 finden auch auf Spezialinvestmentvermögen Anwendung, die ihre Eintragung in die in Art. 43 vorgesehene Liste nicht innerhalb der vorgeschriebenen Frist beantragt haben.

3. Fortbestehen nach der Auflösung zu Liquidationszwecken (Art. 48)

155 **a) Fortbestehen zu Liquidationszwecken unter Aufsicht der CSSF (Art. 48 Abs. 1).** Nach ihrer Auflösung bestehen Spezialinvestmentvermögen zum Zwecke ihrer Liquidation fort. Im Falle einer nicht gerichtlich eingeleiteten Liquidation unterliegen sie weiter der Aufsicht der CSSF.

156 **b) Hinweispflicht hinsichtlich der Liquidation (Art. 48 Abs. 2).** Sämtliche Dokumente eines Spezialinvestmentvermögens in Liquidation müssen einen Hinweis darauf enthalten, dass sich das Spezialinvestmentvermögen in Liquidation befindet.

4. Genehmigung der Liquidatoren durch die CSSF (Art. 49)

a) Genehmigung durch die CSSF (Art. 49 Abs. 1). Im Falle einer nicht gerichtlich eingeleiteten Liquidation eines Spezialinvestmentvermögens müssen der oder die Liquidatoren zuvor von der CSSF genehmigt worden sein. 157

Der oder die Liquidatoren müssen über den erforderlichen Leumund und die erforderliche berufliche Qualifikation verfügen. 158

b) Gerichtliche Bestimmung der Liquidatoren (Art. 49 Abs. 2). Wenn ein Liquidator seinen Auftrag nicht annimmt oder nicht genehmigt wird, bestimmt die Kammer für Handelssachen des zuständigen Bezirksgerichtes auf Antrag jedes Betroffenen oder der CSSF den oder die Liquidatoren. Die Gerichtsentscheidung, durch die der oder die Liquidatoren bestimmt werden, ist in ihrer Urschrift vor ihrer Registrierung vorläufig vollstreckbar. Dies gilt unbeschadet etwaiger Rechtsmittel (Berufung oder Einspruch). 159

5. Öffentliche Hinterlegungsstelle (Art. 50). Bei einer freiwilligen oder zwangsweise eingeleiteten Liquidation des Spezialinvestmentvermögens werden die Beträge oder Vermögenswerte, die Anteilen zuzuordnen sind, deren Inhaber bis zum Abschluss der Liquidation keine Ansprüche angemeldet haben, bei der öffentlichen Hinterlegungsstelle (*Caisse de Consignation*) zugunsten der jeweils Berechtigten hinterlegt. 160

6. Geldbußen (Art. 51)

a) Verwaltungsrats und Vorstandsmitglieder, Geschäftsführer und leitende Angestellte (Art. 51 Abs. 1). Verwaltungsrats- und Vorstandsmitglieder, Geschäftsführer und leitende Angestellte von unter der Aufsicht der CSSF stehenden Spezialinvestmentvermögen, Verwaltungsgesellschaften, Verwahrstellen und jedes anderen zur Geschäftstätigkeit des Spezialinvestmentvermögens beitragenden Unternehmens, sowie im Falle einer freiwilligen Liquidation die Liquidatoren, können mit einer Geldbuße zwischen 125 und 12.500 Euro belegt werden, wenn sie sich weigern, Finanzberichte oder andere angeforderte Informationen vorzulegen oder wenn diese sich als unvollständig, ungenau oder unrichtig erweisen oder wenn gegen Art. 52 des Gesetzes vom 13. Februar 2007/Spezialfonds-Gesetzes verstoßen wird. 161

b) Personen, die gegen Art. 44 verstoßen (Art. 51 Abs. 2). Die gleiche Geldbuße wie nach Abs. 1 kann auch gegen Personen verhängt werden, die gegen die Bestimmungen des Art. 44 verstoßen. 162

c) Veröffentlichung der Anordnung einer Geldbuße (Art. 51 Abs. 3). Die CSSF kann die Anordnung einer Geldbuße gemäß Abs. 1 oder Abs. 2 veröffentlichen, wenn eine solche Bekanntmachung nicht die Stabilität der Finanzmärkte ernstlich gefährdet, nachteilig für die Interessen der Anleger ist oder den Beteiligten unverhältnismäßig hohen Schaden zufügt. 163

VII. Kapitel 7: Erstellung eines Emissionsdokumentes und eines Jahresberichtes

1. Pflicht zur Erstellung eines Emissionsdokumentes und Jahresberichtes (Art. 52)

164 **a) Abs. 1 und 2.** Der Spezialfonds ist ein reguliertes Vehikel. Der Anleger genießt durch diverse Maßnahmen einen höheren Schutz als dies bei vergleichbaren unregulierten Anlagevehikeln in sogenannten „*Offshore*"-Jurisdiktionen der Fall ist. In der Konsequenz unterliegen die Anbieter von Spezialfonds weitreichenden Publizitäts-, Transparenz- und Prüfungspflichten.

Konsequenterweise wurde gesetzlich normiert, dass zwingend ein Emissionsdokument („*document d'émission*"), sowie ein Jahresabschluss („*rapport annuel*")[13] für das jeweils abgelaufene Geschäftsjahr zu erstellen ist. Für den Jahresabschluss gilt eine Frist von sechs Monaten ab Ende des (ggf. im ersten Jahr verlängerten oder verkürzten Rumpf-) Geschäftsjahres. Gleicht das Geschäftsjahr dem Kalenderjahr, so ist traditionell der 30. Juni des Folgejahres der Stichtag zur Bereitstellung des geprüften Jahresabschlusses des Sondervermögens bzw. der Investmentgesellschaft. Dem gegenüber steht eine Frist von vier Monaten bei OGAW.[14] Die Investoren von Spezialfonds sind definitionsgemäß „sachkundige Anleger", denen der Gesetzgeber zumutet, ihre Kontrollrechte durch Einsicht der Jahresabschlüsse zu einem späteren Zeitpunkt auszuüben als dies bei „unbedarften" OGAW-Anlegern der Fall ist. Hintergrund ist, dass der Involvierungsgrad in die laufende Verwaltung des Spezialfonds durch die sachkundigen Anleger weitaus größer sein wird, als dies bei OGAW der Fall ist. Oft sind die Anleger den Initiatoren des Spezialfonds persönlich bekannt und/oder wirken selbst bei wesentlichen Anlageentscheidungen mit. Auch ist diese verlängerte Frist nicht zuletzt deswegen praxisfreundlich, weil bei Spezialfonds ungleich öfter Schätzungen im Rahmen der Ermittlung des Fondspreises vorgenommen werden müssen. Die Möglichkeit, den Jahresabschluss später aufzustellen, ermöglicht es den verantwortlichen Verwaltungsräten, alle Erkenntnisse zwischen Abschlussstichtag und Tag der Aufstellung des Jahresabschlusses zu berücksichtigen und die Schätzungsunsicherheiten auf ein Minimum zu reduzieren. So kommt der Jahresabschluss seiner Informationsfunktion nach und erlaubt es den Anlegern, ein Bild der Vermögens-, Finanz- und Ertragslage des Spezialfonds zu gewinnen. Weiterhin ist zu beachten, dass die Pflicht zur Erstellung eines Halbjahresberichtes für Spezialfonds ersatzlos entfällt.

Über welches Medium und in welcher Form dieser Jahresabschluss zur Verfügung zu stellen ist, wird nicht näher spezifiziert. Die Frist wird als eingehalten vermutet, sobald der Jahresabschluss fristgerecht bei der CSSF hinterlegt wird; dies hat in elektronischer Form und unverzüglich nach Erteilung des Bestätigungsvermerks durch den Abschlussprüfer zu erfolgen. Im CSSF Rundschreiben 11/503 weist die Aufsichtsbehörde erinnernd auf die verschiedenen Rechtsquellen betreffend die Veröffentlichungspflicht hin („*Rappel des obligations en matière de communication et de publication des informations financières, ainsi que des délais y relatifs*") – auch hier ist die einzige gesetzlich ableitbare Pflicht in Bezug auf die Fristigkeit die Zurverfügungstellung („*mise à disposition*") des Jahresabschlusses an die Investoren innerhalb von sechs Monaten nach Geschäftsjah-

---

13 Auch wenn die korrekte Übersetzung „Jahresabschluss" lautet, wird praktisch oft der – strenggenommen ungenaue – Begriff „Jahresbericht", in Anlehnung an eine wörtliche Übersetzung, verwendet.

14 Vgl. Art. 150 Abs. 2 des Gesetzes von 2010.

resende. In der Praxis hat sich die elektronische Form durchgesetzt; auf Verlangen ist jedoch jedem Anleger ein Exemplar des Jahresabschlusses gebührenfrei auszuhändigen (siehe Art. 57 Spezialfonds-Gesetz). Anders als bei OGAW ist die Papierform jedoch dem Gesetzeswortlaut entsprechend nicht zwingend.

Im Falle einer SICAV ist zusätzlich die Hinterlegung beim zuständigen Handelsregister „*Registre de Commerce et des Sociétés Luxembourg* (RCSL)" erforderlich. Die generellen Publizitätsvorschriften für Handelsgesellschaften greifen über die allgemeine Verweisungsnorm des Art. 26 Abs. 1 des Spezialfonds-Gesetz. Ansonsten gilt das in der Kommentierung des entsprechenden Artikels des Gesetzes von 2010 Gesagte analog.

b) Abs. 3. Das Spezialfonds-Gesetz sieht eine Erleichterung für solche Emittenten 165
vor, die unter den Anwendungsbereich des Gesetzes vom 10. Juli 2005 über Verkaufsprospekte für Wertpapiere (*Loi du 10 juillet 2005 relative aux prospectus pour valeurs mobilières*) fallen, welches die Richtlinie 2003/71/EG des Europäischen Parlaments und des Rates vom 4. November 2003 in Luxemburger Recht umsetzt und durch das Gesetz vom 3. Juli 2012 (*Loi du 3 juillet 2012*) geändert wurde, welches die Richtlinie 2010/73/EU des Europäischen Parlaments und des Rates vom 24. November 2010 in Luxemburger Recht umsetzt. Die Anwendbarkeit dieses Gesetzes wird regelmäßig zu verneinen sein, da Spezialfonds ausschließlich „sachkundigen Anlegern" offenstehen.

c) Abs. 4. Konvergenz wiederum besteht bei der Rechnungslegung; im Bezug auf die 166
Anforderungen an den Jahresabschluss geht Art. 52 Abs. 4 des Spezialfonds-Gesetz der Verweisungsnorm des Art. 26 Abs. 1 des Spezialfonds-Gesetz vor („nonobstant": „ungeachtet", nicht jedoch: „unbeschadet").[15] Mithin gelten sowohl für Sondervermögen als auch für SICAV die Ausweis- und Gliederungspflichten des Anhangs des SIF-Gesetzes; das Gesetz sieht diese für alle möglichen Strukturen vor („*fonds d'investissement spécialisés*", nicht: „*fonds commun de placement*"). In Bezug auf die Bestandteile des Jahresabschlusses steht der Spezialfonds einem „normalen" handelsrechtlichen Abschluss grundsätzlich in nichts nach: Notwendige Bestandteile sind die Bilanz („*bilan*") oder („*ou*") eine Vermögensaufstellung („*état du patrimoine*"), eine Rechnungslegung aufgeschlüsselt nach Erträgen und Aufwendungen des Geschäftsjahres („*compte ventilé des revenus et des dépenses de l'exercice*"), ein Bericht über die Geschäftstätigkeit des abgelaufenen Geschäftsjahres („*rapport sur les activités de l'exercice écoulé*"), sowie jegliche wesentliche Information, die es dem Anleger ermöglicht, sich mit Sachkenntnis ein Urteil über die Entwicklung der Geschäftstätigkeit und Resultate des Spezialfonds zu bilden („*toute information significative permettant aux investisseurs de porter en connaissance de cause un jugement sur l'évolution de l'activité et les résultats du fonds d'investissement spécialisés*"). Weiter wird ausgeführt, dass die Artikel 56 und 57 RCSG auf SICAV weiterhin anzuwenden sind. In der Praxis hat sich die dort beschriebene Option weitestgehend – mangels anderslautender Vorschriften gleichwohl auch für Sondervermögen – durchgesetzt: Die laufenden Wertberichtigungen („*les corrections de valeur*"/ „unrealisiertes Ergebnis")[16] sind nicht Bestandteil der Ertrags- und Aufwandsrechnung, sondern finden ihren Weg direkt ins Eigenkapital („*compenser* [...] *directement avec les*

15 An dieser Stelle sei auf die Problematik der Veröffentlichung der Luxemburger Gesetzestexte originär nur in französischer Sprache hingewiesen: Viele Praktiker stützten sich (zu Recht) auf inoffizielle Übersetzungen – deren schwankende Qualität und die damit einhergehenden Risiken äußern sich nicht zuletzt in der Fehlübersetzung von „nonobstant".

16 In selteneren Fällen wird auch von „schwebender Gewinn/Verlust" gesprochen, vor allem dann, wenn Kontenrahmen der deutschen Muttergesellschaft mitbenutzt werden.

capitaux propres") der Gesellschaft bzw. des Sondervermögens (vgl. Konzept „*Other Comprehensive Income*" unter IFRS). Die Notwendigkeit, einen entsprechenden Passivposten zu bilden, entfällt aufgrund Artikel 57 RCSG, eine reine Darstellung des „Netto"-Wertes der Vermögensgegenstände ist ausreichend. Das Gesetz sieht diese Option dem reinen Wortlaut nach nur für Wertpapiere („*valeurs mobilières*") vor – dem erweiterten Anlageuniversum von OGAW (und erst recht von SIF) Rechnung tragend, ist diese Option nach teleologischer Auslegung jedoch auf alle Vermögensgegenstände auszuweiten. Andernfalls würde der Spezialfonds Wertschwankungen der Wertpapiere direkt dem Eigenkapital zurechnen dürfen, müsste jedoch Wertanpassungen aufgrund derivativer Geschäfte („*mark-to-market*" z.B. bei Devisentermingeschäften) als eigene Posten im ordentlichen Nettoergebnis erfassen. Dies würde der Informationsfunktion des Jahresabschlusses zuwider laufen, da gleichartige Sachverhalte (genauer: Marktbewegungen) ihren Niederschlag in verschiedenartigen Posten innerhalb des Jahresabschlusses finden würden, was selbst sachkundigen Anlegern die Arbeit mit dem Jahresabschluss erschweren dürfte.

Art. 57 RCSG spezifiziert darüber hinaus Bewertungsregeln, die für Investmentgesellschaften (also auch: SICAV-Spezialfonds) anzuwenden sind: die Vermögenswerte sind auf Basis des Marktwertes („*sur la base de la valeur du marché*") zu bewerten. Durch die Verweisung in Art. 52 Spezialfonds-Gesetz steht diese Rechtsnorm parallel zu Art. 28 Abs. 4 des Spezialfonds-Gesetz, die die Bewertung auf Basis des Fair Value („*juste valeur*") fordert (siehe Ausführungen in ebenjenem Kapitel).

167 **d) Abs. 5.** Dieser Absatz normiert einen signifikanten Wettbewerbsvorteil des Finanzplatzes Luxemburg: Spezialfonds und ihre Tochtergesellschaften („*filiales*") sind vollständig von Konsolidierungspflichten befreit; auch die für SICAV durch die Verweisung zunächst eigentlich anwendbaren Regelungen für Handelsgesellschaften werden außer Kraft gesetzt („*nonobstant*"). Damit durch diese erhebliche Erleichterung keine eigentlich anwendbaren Konsolidierungspflichten von Konzernen durch die Gründung einer Spezialfonds-Holdingstruktur umgangen werden, wird in Art. 1 Abs. 1, 4. Gedankenstrich des Spezialfonds-Gesetz klargestellt, dass der Gesellschaftszweck eines Spezialfonds zwingend „Verwaltung" der Anlagen sein muss, was als „eine Tätigkeit zu verstehen [ist], die mindestens die Dienstleistung der Portfolioverwaltung umfasst" („*par ‚gestion' au sens du 1ier tiret, on entend une activité comprenant au moins le service de gestion de portefeuille.*"). Die Gründung eines Spezialfonds mit dem Zweck des reinen Haltens von Beteiligungen – ähnlich einer Zweckgesellschaft – ist unzulässig.[17]

Einer etwaigen Konsolidierung auf freiwilliger Basis steht diese Vorschrift nicht im Wege. Ungeklärt bleibt, ob das freiwillige Aufstellen eines konsolidierten Jahresabschlusses befreiende Wirkung hinsichtlich der Notwendigkeit zur Aufstellung eines (Einzel-)Jahresabschlusses hat. Zumindest für SICAV müssten hier wieder die einschlägigen handelsrechtlichen Normen beachtet werden, wonach dies zu verneinen wäre. Die vollkommene Flexibilität des SIF-Regimes äußert sich jedoch auch hier darin, dass die Möglichkeit zur einzelvertraglichen Ausgestaltung gegeben ist. So sind die Konsolidierungsmodalitäten im Emissionsdokument zu regeln. Bei entsprechend stringenter Anwendung der laut Emissionsdokument anzuwendenden Regeln im Jahresabschluss und transparentem Ausweis derselben wird generell auf das Aufstellen zwei getrennter Abschlüsse verzichtet. Dies wird in der Regel damit begründet, dass der Anlegerkreis von Spezial-

17 Als nicht-steuerpflichtige Gesellschaft profitiert der Luxemburger SIF meist nicht von den zahlreichen Doppelbesteuerungsabkommen bzw. dem Schachtelprivileg.

fonds weniger schutzbedürftig ist und mit Zeichnung von Aktien auf Grundlage des Emissionsdokumentes das Einverständnis zum Erhalt des Jahresabschlusses in der gegebenen Form gegeben ist.

e) Abs. 6. Gem. Art. 26-1 i.V.m. Art. 32-1 Abs. 5 des Gesetzes von 1915 ist es möglich, **168**
Einlagen (Zeichnungen) nicht in bar zu erbringen, sondern als sog. Sacheinlage oder Sacheinbringung („*contribution in kind*"). Über die Verweisungsnorm steht den SICAV diese Möglichkeit grundsätzlich offen; durch die Einführung des Abs. 6 durch das Gesetz vom 26. März 2012 zur Änderung des Gesetzes vom 13. Februar 2007 über Spezialfonds („*Loi du 26 mars 2012 portant modification de la loi du 13 février 2007 relative aux fonds d'investissements spécialisés*") wird klargestellt, dass die entsprechenden Vorschriften unabhängig von der Rechtsform (also auch für Sondervermögen) anwendbar sind. Somit wird über die Sacheinbringung ein Bericht durch einen Wirtschaftsprüfer[18] erstellt. Da für Spezialfonds generell Prüfungspflicht besteht, wird dazu üblicherweise der ohnehin bestellte bzw. ernannte Abschlussprüfer für Zwecke der Jahresabschlussprüfung herangezogen. Dieser wird den Bericht gemäß den Vorgaben der CSSF-Verordnung 13-01 („*Règlement CSSF N° 13-01*") Art. 4 i.V.m. Annex 2 erstellen. Als die für die Beaufsichtigung der Abschlussprüfer zuständige Behörde ist die CSSF ermächtigt, derartige Verordnungen mit unmittelbarer Bindungswirkung zu erlassen. So ist zu beachten, dass die durchzuführenden Tätigkeiten denen einer prüferischen Durchsicht nach (selten) International Standard on Review Engagements („ISRE") 2400 („Engagements to Review Financial Statements") bzw. (häufiger) ISRE 2410 („*Review of Interim Financial Information performed by the Independent Auditor of the Entity*") entsprechen. Auslegungsbedürftig erscheinen die in Abs. 6 des Spezialfonds SIF-Gesetzes genannten Fristigkeiten: „*au moment de l'apport*" übersetzt sich mit „im Moment der Einbringung", mindestens aber „unverzüglich" danach. In der Praxis hat sich dagegen durchgesetzt, dass Sacheinbringungen zumeist erst im Nachgang zur eigentlichen Durchführung durch den Abschlussprüfer begutachtet werden. Eine Frist zur Einreichung des Sacheinbringungsberichts von bis zu sechs Wochen nach der eigentlichen Sacheinbringung wurde bislang seitens der Aufsicht nicht beanstandet, eine verbindliche Rechtsgrundlage existiert für dieses Vorgehen jedoch nicht. Um etwaigen Überraschungen vorzubeugen, ist eine frühzeitige Abstimmung mit den beteiligten Parteien (mindestens: Verwahrstelle, Abschlussprüfer, gegebenenfalls Aufsichtsbehörde) dringend anzuraten.

Neben der Sacheinbringung kann der Spezialfonds nach dem Verwaltungsreglement bzw. der Satzung den Anlegern auch die Möglichkeit einräumen, Anteile zurückzugeben und den Gegenwert nicht in bar, sondern als Sachwert zu erhalten, sogenannte Sachauskehrung oder Sachrücknahme („redemption in kind"). Über Art. 52 Abs. 6 kann keine direkte Verpflichtung zur Erstellung eines analogen „Sachauskehrungsberichtes" hergeleitet werden. Bislang hat die CSSF jedoch stets die Erstellung dieses Berichtes und korrespondierende prüferische Durchsicht durch den Abschlussprüfer gefordert, insofern die Sachauskehrung nicht proportional erfolgt. Eine Sachauskehrung wird als „proportional" bezeichnet, wenn der Anleger einen Anteil sämtlicher Anlagen des Spezialfonds erhält, der in Proportion zu seinen zurückgegebenen Anteilen steht.

Beispiel: Ein Spezialfonds hält 1.000 Aktien der A-SA und 100 Kaufoptionen an der P-SA. Der Spezialfonds hat 400 Aktien im Umlauf. Ein Anleger möchte 150 Aktien zurückgeben. Erhält er nun als Ge-

18 „réviseur d'entreprises agréé"; eigentlich „zugelassener Wirtschaftsprüfer", da im Luxemburger Handelsrecht auch das Institut des Rechnungsprüfers („commissaire") existiert; im Folgenden sei mit „Wirtschaftsprüfer" immer „réviseur d'entreprises agréé" gemeint.

genwert 150/400 = 37,5%, d.h. 375 Aktien der A-SA und 37,5 Kaufoptionen an der P-SA, so ist die Sachauskehrung proportional und mithin nach gegenwärtiger Praxis nicht prüfungspflichtig. Erhält der Anleger jedoch eine andere Kombination, d.h. zum Beispiel 300 Aktien der A-SA und 50 Kaufoptionen an der P-SA, welche wertmäßig ja durchaus zum gleichen Ergebnis kommen kann, so ist über diese nicht proportionale Sachauskehrung Bericht zu erstatten.[19]

169 **2. Inhalt des Emissionsdokumentes (Art. 53).** Das Emissionsdokument („*document d'émission*") des Spezialfonds wird auch oft, je nach Ausgestaltung des Fonds z.B. in Anlehnung an gängige Private Equity-Termini, als „*Offering Memorandum*", „*Information Memorandum*" oder „*Private Placement Memorandum*" (PPM) tituliert; in manchen Fällen wird auch beim Spezialfonds vereinfacht vom „Prospekt" gesprochen. Bei der Erstellung des Emissionsdokumentes ist zu berücksichtigen, dass es sich bei dem Anlegerkreis zwingend um sachkundige Anleger („*investisseur averti*") handelt. Mithin sind die in OGAW-Prospekten oft zu findenden Hinweise zu generischen Risiken (z.B. Wertschwankungsrisiko bei Anlage in Aktien) in Emissionsdokumenten entbehrlich.

Vielmehr finden sich hier Regelungen, die in vergleichbaren Vehikeln angelsächsischen Couleurs („*Limited Partnership*") oft Bestandteil des sogenannten „*Limited Partnership Agreements*" (LPA) sind. Oft werden in der Satzung (SICAV) bzw. dem Verwaltungsreglement (Sondervermögen) nur sehr allgemeine Klauseln und Rahmenbedingungen geschaffen, um dann zur näheren Spezifizierung auf das Emissionsdokument zu verweisen. Insofern kommt dem Emissionsdokument nicht nur eine Informationsfunktion zur Anlageentscheidung des (potenziellen) Anlegers zu; es hat auch durch die jeweilige Verweisung in den Gründungsunterlagen (Satzung oder Verwaltungsreglement) Regelungscharakter (z.B. über die Höhe der maximal jährlich zu entnehmenden Gebühren). Das Emissionsdokument ist mithin weniger eine „Werbebroschüre" als vielmehr ein vertragsähnliches Dokument, welches viele Aspekte des Spezialfonds im Innen- und Außenverhältnis regelt. Entsprechende gesetzliche Regelungen zu den Mindestangaben bzw. Optionen des Spezialfonds, die nur dann ausgeübt werden dürfen, wenn sie im Emissionsdokument beschrieben sind, finden sich in Art. 42ter Buchstabe i des Spezialfonds-Gesetz (es muss angegeben werden, welche Aufgaben delegiert werden), Art. 71 Abs. 2 des Spezialfonds-Gesetz (spezifische Anlagepolitik je Teilfonds) und Art. 71 Abs. 8 des Spezialfonds-Gesetz (Möglichkeit der „Cross"-Investments).

Wenn auch die Mindestanforderungen im Gesetz sehr auslegungsbedürftig sind, so hat sich in der Praxis ein gewisser standardisierter Aufbau durchgesetzt. Die für OGAW zwingenden Angaben (vgl. Anhang I Schema A Gesetzes von 2010) sind meist auch Bestandteil von Spezialfondsemissionsdokumenten. Nach den einführenden Begriffsdefinitionen und „Disclaimern" (z.B. dem Verbot des Vertriebes von Anteilen des Spezialfonds in den USA) werden die wesentlichen Dienstleister (Verwahrstelle, Hauptverwaltung, Transferstelle, Rechtsberater, Abschlussprüfer, etc.) sowie die Organe (Mitglieder des Verwaltungsrates) aufgeführt. Es finden sich gesellschaftsrechtliche Aspekte (Gründung, Zweck, Dauer, Währung, Geschäftsjahresende, bei SICAV: Sitz der Gesellschaft; Datum der Generalversammlung; der Hinweis gem. Art. 25 des Spezialfonds-Gesetz, dass das Kapital der Gesellschaft zu jedem Zeitpunkt ihrem Nettovermögen entspricht) und der Hinweis auf mögliche Teilfonds gem. Art. 71 des Spezialfonds-Gesetz.[20] Die Risiken und Anlageziele und -beschränkungen je Teilfonds werden gemeinhin im Anhang (ein An-

---

19 Vgl. auch „NT2012-01 Note Technique du Conseil d'Institut des Réviseur d'Entreprises": Stellungnahme des Luxemburger Instituts der Wirtschaftsprüfer.

20 Ohne explizites Erwähnen im Emissionsdokument (z.B. Auflage von Teilfonds durch bloße Abstimmung zwischen den Parteien) ist die Strukturierung als „Umbrella"-Fonds nicht möglich.

hang pro Teilfonds) gesondert aufgeführt, da diese sich von Teilfonds zu Teilfonds eklatant unterscheiden können. Alternativ ist auch ein „Rahmen" von Risiken im Fließtext aufzunehmen, die sich für alle Teilfonds ähneln, um dann im Anhang nur noch spezifische Risiken aufzuführen. Weiterhin finden sich Regelungen zur Zeichnung und Rücknahme von Anteilen bzw. Aktien, der Berechnung des Nettoinventarwertes inklusive Bewertungsmodalitäten gem. Art. 9 bzw. Art. 28 Abs. 4 des Spezialfonds-Gesetz, Regelungen zur Übertragung von Dienstleistungen, Ausschüttungen, Regelungen zur Liquidation, Regelungen zur Geldwäschebekämpfung, Besteuerungshinweise, von dem Spezialfonds zu tragende Kosten und Hinweise zu Interessenkonflikten. Dies bedeutet nicht, dass Emissionsdokumente Mammutwerke sein müssen: Die oben angeführten Informationen lassen sich, je nach Komplexität des Spezialfonds, auch auf weniger als 30 Seiten zusammenfassen, gerade weil ein gewisses Grundverständnis beim Anleger vorausgesetzt wird.

3. Aktualisierung des Emissionsdokumentes (Art. 54). Die Notwendigkeit zur Ak- **170**
tualisierung des Emissionsdokumentes wird in der Praxis heiß diskutiert, da weder die „wesentlichen Elemente" („*les éléments essentiels*") noch der „Zeitpunkt der Ausgabe von Aktien oder Anteilen" („*au moment de l'émission de titres ou parts d'intérêts*") definiert sind. Ein gängiges Modell für Private Equity Fonds ist z.B. das „Einsammeln" von Zeichnungsverpflichtungen („*Commitments*") auf Basis eines Emissionsdokumentes für eine vorher genau definierte Zeit („*Closing*") und sukzessives Abrufen („*capital call*" oder „*drawdown*") der Beträge bei gleichzeitiger Ausgabe der Aktien/Anteile über eine gewisse Zeitspanne („*investment period*"). Nach dem Wortlaut des Gesetzes müsste bei jedem Kapitalabruf das Emissionsdokument auf dem jeweils neuesten Stand sein, da nur da faktisch Aktien/Anteile ausgegeben werden. Wirtschaftlich gesehen haben die Anleger jedoch bereits mit ihrer Zeichnungsverpflichtung ihr Einverständnis zu den jeweiligen Vertragsmodalitäten gegeben. Es hat sich jedoch durchgesetzt, das Emissionsdokument nicht nur bis zum Einsammeln der letzten Zeichnungsverpflichtungen („Final Closing") aktuell zu halten, sondern auch darüber hinaus Aktualisierungen mit Hinblick auf die wesentlichen Elemente durchzuführen.

Unstrittig ist dabei, dass es sich bei der Änderung der Anlagepolitik (eines Teilfonds), der Änderung der mit den einzelnen Anteilklassen verbundenen Rechte, der Namensänderung (eines Teilfonds) oder der Aufnahme neuer oder Löschung nicht mehr relevanter Teilfonds um ein „wesentliches Element" handelt, welches die Änderung des Emissionsdokumentes bedingt. Gleiches gilt für die zu belastenden Kosten, wobei hier im Emissionsdokument oft nur Höchstgrenzen (z.B. „bis zu 1,5% des Nettoinventarwertes") formuliert werden, um dann im Innenverhältnis (d.h. Vertrag zwischen Spezialfonds und Drittanbieter) entsprechende genauer spezifizierte Vereinbarungen zu treffen.[21] Über das oben gesagte hinaus gilt, dass derartige Änderungen selbst dann notwendig werden, sobald keine Aktien oder Anteile ausgegeben werden sollen, denn sonst fehlt die rechtliche Grundlage, um dem Spezialfonds entsprechend gestiegene (z.B. durch Preissteigerungen bei Drittanbietern) Kosten zu belasten.

Eine Änderung der Zusammensetzung des Verwaltungsrates hingegen ist nach herrschender Meinung kein „wesentliches Element", was eine ad-hoc Änderung nötig macht; es sei denn, es handelt sich um sogenannte „*Key Men*", deren Ausscheiden Wirkungen auf die weitergehende Anlagetätigkeit des Spezialfonds hat. Auch hat die Aufsicht bis-

---

21 Im Innenverhältnis dürfen jedoch keine den Anleger benachteiligenden Abreden getroffen werden, die nicht durch das Emissionsdokument gedeckt sind. Im Einzelfall kann dadurch eine Rückzahlungspflicht begründet werden.

lang nicht bemängelt, wenn Änderungen des Emissionsdokumentes, die sich auf geänderte gesetzliche Grundlagen beziehen, welche keine fundamentalen Änderungen bedingen, sondern nur bestehendes Recht konkretisieren, nicht unverzüglich, sondern im Rahmen einer periodisch (z.B. jährlich) anstehenden Änderungswelle redaktionell eingearbeitet werden.

Die Durchsicht des Emissionsdokuments durch die CSSF wird durch ein „Visa" mit Datum und Stempel dokumentiert. Ab diesem Zeitpunkt gilt das Emissionsdokument als „genehmigt" – wobei dies lediglich bedeutet, dass die gesetzlichen Mindestanforderungen eingehalten wurden und nicht als „Qualitätssiegel" hinsichtlich des Produktes selbst zu verstehen ist.

171 **4. Jahresbericht und Pflichten des Wirtschaftsprüfers (Art. 55).** Der Kommentar zu Art. 154 Gesetzes von 2010 ist analog anwendbar, da die Bestimmungen im Wesentlichen denen des Gesetzes von 2010 entsprechen.

172 **5. Übermittlung des Emissionsdokuments und des Jahresberichts an die CSSF (Art. 56).** Der Artikel definiert eine Pflicht für den Fonds („*les fonds d'investissement spécialisés*") und damit für dessen gesetzlichen Vertreter (Verwaltungsrat der SICAV bzw. der Verwaltungsgesellschaft), der CSSF die jeweils aktualisierte Fassung des Emissionsdokuments sowie den Jahresabschluss („*rapport annuel*") zu übermitteln. Ein valides Dokument zur Entscheidungsfindung für den Anleger ist lediglich die vidierte Fassung des Emissionsdokuments (vgl. Art. 54 des Spezialfonds-Gesetz). Ein Emissionsdokument ohne Visa kann nicht die Basis für eine fundierte Anlageentscheidung sein, da keine Dokumentation seitens der Aufsichtsbehörde bzgl. der Vollständigkeit der getätigten Angaben besteht.

Der bei der CSSF einzureichende Jahresabschluss ist nach Verwaltungsauffassung der Jahresabschluss inklusive Bestätigungsvermerk des Abschlussprüfers. Ein nicht geprüfter Jahresabschluss erfüllt nicht die gesetzlichen Anforderungen und wird im Rahmen einer Gesellschafterversammlung[22] auch nicht als solcher festgestellt werden können. Die Feststellung durch die Aktionäre als gesellschaftsrechtlicher Akt ist jedoch für die CSSF insoweit irrelevant: So ist es gängige Praxis, der CSSF den geprüften Jahresabschluss bereits vor der Ordentlichen Generalversammlung (im Sprachgebrauch seltener: Hauptversammlung) zur Verfügung zu stellen. Die Rechtsnorm ist jedoch im Wege der Auslegung so zu verstehen, dass jegliche Änderung des Jahresabschlusses z.B. im Rahmen der Feststellung i.V.m. einer Nachtragsprüfung, der CSSF ebenfalls anzuzeigen ist, da nur so die CSSF ihre Aufsichtsfunktion wirksam erfüllen kann. Eine „Genehmigung" des Jahresabschlusses durch die CSSF wird jedoch nicht stattfinden; Verantwortung für den Inhalt des Jahresabschlusses übernimmt alleinverantwortlich der gesetzliche Vertreter des Fonds.

173 **6. Informations- und Einsichtsrechte der Anleger (Art. 57).** Der Vorteil der Luxemburger Spezialfonds ist u.a. deren Flexibilität. So kann mit einer „*self-managed*" SICAV Struktur unter Hinzuziehung diverser Dienstleister und einem Verwaltungsrat, der seiner Aufgabe im Rahmen guter Unternehmensführung nachkommt, Anlegern ein reguliertes Vehikel unter (im Vergleich zu anderen regulierten Jurisdiktionen) moderaten Kosten zur Verfügung gestellt werden. Dem Wunsch nach Flexibilität steht jedoch unter

22 Bei SIF, die in Form einer Gesellschaft (SICAV) gegründet werden. Entfällt natürlich bei reinen Vermögensmassen (Sondervermögen).

Umständen der Transparenzgedanke des Gesetzes entgegen: Nicht selten gründen die Initiatoren eines Fonds eine SICAV mit mehreren Teilfonds mit einem jeweils ganz unterschiedlichen Anlagehorizont und entsprechend unterschiedlichen Anlegern. Um die jeweiligen Anlegergruppen nicht zu „verwirren" oder mit irrelevanten Informationen zu versorgen, wird ein Weg gesucht, sowohl dem Transparenzprinzip gerecht zu werden als auch dem Anleger den für ihn jeweils relevanten Teil zugänglich zu machen. Art. 57 des Spezialfonds-Gesetz normiert den Rechtsanspruch für potenzielle Anleger („Zeichner", „*souscripteurs*") als auch für bestehende Anleger („*investisseurs*") auf ein kostenloses Exemplar des Jahresabschlusses („*rapport annuel*").

Gemeint ist der Jahresabschluss des Fonds inkl. all seiner Teilfonds und inkl. Bestätigungsvermerk des Abschlussprüfers. Im Sprachgebrauch durchgesetzt hat sich der Begriff „konsolidierter Jahresabschluss": damit ist keine handelsrechtliche Konsolidierung gemeint (vgl. Ausführungen zu Art. 52 Abs. 5 des Spezialfonds-Gesetz), sondern die bloße arithmetische Aufsummierung aller Teilfonds zu dem „Gesamtfonds",[23] der als solcher jedoch für keinen Anleger zugänglich ist, da diese auf Ebene der einzelnen Teilfonds bzw. sogar deren Anteilklassen investieren. Nur dieser „Gesamtfonds" jedoch ist ein Rechtsträger, die einzelnen Teilfonds sind insofern lediglich Vermögensmassen, für die kein eigener Jahresabschluss erstellt werden kann. An der Pflicht des Verwaltungsrates zur Aufstellung eines Jahresabschlusses für den „Gesamtfonds" inkl. seiner jeweiligen Teilfonds führt also kein Weg vorbei. Auch ist dieser Jahresabschluss der CSSF zur Verfügung zu stellen, sowie (vgl. Ausführungen zu Art. 52 Abs. 1 und 2 des Spezialfonds-Gesetz) gegebenenfalls beim Handelsregister zu hinterlegen.

Es ist jedoch nicht unüblich, dem Anleger eine individualisierte Berichterstattung bezüglich des für ihn relevanten Teilfonds zur Verfügung zu stellen, inkl. eines Bestätigungsvermerkes des Abschlussprüfers über die Aktivitäten dieses Teilfonds.[24] Dies wird dann als zulässig erachtet, wenn dieser „Jahresbericht" über die Struktur des Teilfonds als Teil eines Rechtsträgers informiert, dem Anleger erklärt, wo er kostenfrei eine Kopie des „Gesamt"-Jahresabschlusses erhalten kann, und auch im Übrigen den Anforderungen des SIF-Gesetzes entspricht. Es bleibt dem informierten Anleger dann freigestellt, sich über die Aktivitäten des Rechtsträgers als solches über eine Einsichtnahme in die Kopie des rechtsverbindlichen Jahresabschlusses, über die ihm zugesandte Version hinaus, zu informieren.

Ähnliches gilt für das Emissionsdokument: die Aufsicht hatte bislang auch Emissionsdokumente, die sich auf einzelne Teilfonds eines Spezialfonds für einen spezifizierten Anlegerkreis beschränkten, vidiert. Damit ist dem Recht des Anlegers auf Information gemäß des vorliegenden Artikels Genüge getan.

VIII. Kapitel 8: Mitteilung anderer Informationen an die CSSF (Art. 58)

Die CSSF hat ein umfassendes Auskunftsrecht gegenüber dem Spezialinvestment- **174**
vermögen. Sie kann von diesem sämtliche Auskünfte verlangen, die zur Erfüllung ihrer Aufgaben sachdienlich sind. Zu diesem Zweck kann sie oder von ihr beauftragte Personen Bücher, Rechnungslegungsunterlagen, Register oder andere Urkunden und Dokumente des Spezialinvestmentvermögens einsehen.

23 Auch auf Deutsch als „Umbrella"-Fonds, oder einfach „Umbrella" bezeichnet.

24 Gesellschaftsrechtlich bleibt es meist bei dem Akt der Bestellung des Wirtschaftsprüfers durch die Gesamtheit aller Anteilsinhaber, der dann nach Wunsch des gesetzlichen Vertreters einzelvertraglich eine separate Berichterstattung anbieten wird.

IX. Kapitel 9: Bezeichnungsschutz (Art. 59)

175 Kein Unternehmen darf Bezeichnungen oder Angaben verwenden, die den Eindruck hervorrufen, dass seine Geschäftstätigkeit der Gesetzgebung über Spezialinvestmentvermögen unterliegt, wenn es nicht nach Art. 43 des Gesetzes vom 13. Februar 2007/Spezialfonds-Gesetz zugelassen wurde.

176 Die Staatsanwaltschaft kann bei der Kammer für Handelssachen des zuständigen Gerichtsbezirks beantragen, dass die Verwendung solcher Bezeichnungen oder Angaben untersagt wird. Dies gilt auch für die Fälle, in denen die Anforderungen des Gesetzes vom 13. Februar 2007/Spezialfonds-Gesetzes nicht mehr erfüllt werden.

177 Rechtskräftige Gerichtsentscheidungen oder Urteile, durch die eine Untersagung ausgesprochen wird, werden durch die Staatsanwaltschaft auf Kosten des Verurteilten in zwei hinreichend verbreiteten Luxemburger oder ausländischen Tageszeitungen veröffentlicht.

X. Kapitel 10: Strafbestimmungen (Art. 60–65)

178 Die Art. 60–65 sehen verschiedene Strafbestimmungen für Verstöße gegen die Vorgaben des Gesetzes vom 13. Februar 2007/Spezialfonds-Gesetzes vor.

XI. Kapitel 11: Steuerliche Bestimmungen (Art. 66–69)

179 **1. Anfallende Steuern (Art. 66).** Spezialinvestmentvermögen unterliegen mit Ausnahme der „*Taxe d'abonnement*" („Abonnementsteuer", „Subscription Tax")[25] gemäß Art. 68 keiner Steuer. Die von bürgerlich-rechtlichen Gesellschaften und Handelsgesellschaften in der Vergangenheit zu entrichtende Kapitalverkehrssteuer (*droit d'apport*) wurde durch das Gesetz vom 19. Dezember 2008 abgeschafft.

180 Die von Spezialinvestmentvermögen vorgenommenen Ausschüttungen unterliegen unbeschadet der Bestimmungen des Gesetzes vom 21. Juni 2005, das die Richtlinie 2003/48/EG im Bereich der Besteuerung der Kapitalerträge in Form von Zinszahlungen in Luxemburger Recht umsetzt, keiner Quellensteuer und werden bei nicht Gebietsansässigen nicht besteuert.

2. Taxe d'abonnement (Art. 68)

181 **a) Steuersatz (Art. 68 Abs. 1).** Der Satz der jährlich von Spezialinvestmentvermögen zu entrichtenden Taxe d'abonnement beträgt 0,01%.

182 **b) Befreiung von der Taxe d'abonnement (Art. 68 Abs. 2, 3).** Von der Taxe d'abonnement befreit sind:

a) der Wert der Anteile, die an anderen Organismen für gemeinsame Anlagen gehalten werden, soweit diese Anteile bereits der in Art. 68 oder in Art. 174 des Gesetzes von 2010 vorgesehenen Taxe d'abonnement unterworfen waren;
b) Spezialinvestmentvermögen und einzelne Teilinvestmentvermögen eines Spezialinvestmentvermögens mit mehreren Teilinvestmentvermögen:

25 Auch auf Deutsch spricht man regelmäßig von der „Taxe d'abonnement" oder kurz „Taxe d'abo", niemals jedoch von „Tax d'abo".

(i) deren ausschließlicher Zweck die gemeinsame Anlage in Geldmarktinstrumenten und in Depots bei Kreditinstituten ist,
(ii) deren gewichtete verbleibende Portfoliorestlaufzeit 90 Tage nicht überschreitet und
(iii) die das höchste von einer anerkannten Ratingagentur vergebene Rating erhalten haben;

c) Spezialinvestmentvermögen, deren Anteile (i) betrieblichen Versorgungswerken oder Trägern ähnlicher Einrichtungen, die auf Initiative eines oder mehrerer Arbeitgeber zugunsten ihrer Arbeitnehmer geschaffen wurden und (ii) Gesellschaften eines oder mehrerer Arbeitgeber, die die von ihnen gehaltenen Mittel für Versorgungsleistungen an ihre Arbeitnehmer verwenden, vorbehalten sind;

d) Spezialinvestmentvermögen und einzelne Teilinvestmentvermögen eines Spezialinvestmentvermögens mit mehreren Teilinvestmentvermögen, deren hauptsächlicher Zweck die Anlage in Mikrofinanzinstitutionen ist.

Die genauen Anwendungsmodalitäten der Befreiung sind geregelt in der großherzoglichen Verordnung vom 27. Februar 2007, in welcher die Bedingungen und Kriterien für die Befreiung von der in Art. 68 des Gesetzes vom 13. Februar 2007/Spezialfonds-Gesetz normierten Taxe d'abonnement bestimmt werden (*Règlement grand-ducal du 2 février 2007 déterminant les conditions et critères pour l'exonération de la taxe d'abonnement visée à l'article 68 de la loi du 13 février 2007 relative aux fonds d'investissement spécialisées*). 183

c) Bemessungsgrundlage (Art. 68 Abs. 4). Bemessungsgrundlage für die Taxe d'abonnement ist die Gesamtheit des Nettovermögens des Spezialinvestmentvermögens zum letzten Tag eines jeden Quartals. 184

d) Entsprechende Anwendung von Vorschriften (Art. 68 Abs. 5). Die Vorschriften von Rdn. 182 lit. c) finden entsprechende Anwendung auf: 185

– die einzelnen Teilinvestmentvermögen eines Spezialinvestmentvermögens mit mehreren Teilinvestmentvermögen, deren Aktien oder Anteile (i) professionellen Rentenversorgern oder ähnlichen Anlagevehikeln, die auf Initiative eines oder mehrerer Arbeitgeber zu Gunsten ihrer Arbeitnehmer geschaffen wurden und (ii) Gesellschaften eines oder mehrerer Arbeitgeber, die die Mittel, die sie halten, für Rentenleistungen an ihre Arbeitnehmer investieren, vorbehalten sind und
– auf die einzelnen Klassen, die innerhalb eines Spezialinvestmentvermögens oder innerhalb eines Teilinvestmentvermögens eines Spezialinvestmentvermögens geschaffen wurden, deren Aktien oder Anteile (i) professionellen Rentenversorgern oder ähnlichen Anlagevehikeln, die auf Initiative eines oder mehrerer Arbeitgeber zu Gunsten ihrer Arbeitnehmer geschaffen wurden und (ii) Gesellschaften eines oder mehrerer Arbeitgeber, die die Mittel, die sie halten, für Rentenleistungen an ihre Arbeitnehmer investieren, vorbehalten sind.

e) Anwendungsbereich des Abs. 2 lit. 2 (Art. 68 Abs. 6). Eine großherzogliche Verordnung legt die Kriterien fest, die die Spezialinvestmentvermögen sowie einzelne Teilinvestmentvermögen von Spezialinvestmentvermögen mit mehreren Teilinvestmentvermögen, welche in den Anwendungsbereich des Abs. 2 lit. d) fallen, erfüllen müssen. Es handelt sich bei der in Rede stehenden Verordnung um die Verordnung vom 14. Juli 2010 (*Règlement grand-ducal du 14 julliet 2010 déterminant les conditions et critères pour l'exonération de la taxe d'abonnement des organismes de placement collectit et des fonds* 186 *d'investissement spécialisés investissant dans la microfinance en application des articles 20 et 21 de la loi du 18 décembre 2009 concernant le budget des recettes et des dépenses de l'Etat pour l'exercice 2010).*

187 **f) Neben- und Absicherungstätigkeiten (Art. 68 Abs. 7).** Die in diesem Artikel genannten Voraussetzungen der Verfolgung als ausschließlichem Zweck stehen weder der Verwaltung flüssiger Mittel als Nebentätigkeit noch der Verwendung von Techniken und Instrumenten zur Absicherung oder zu Zwecken einer effektiven Portfolioverwaltung entgegen.

188 **3. Zuständige Steuerbehörde (Art. 69).** Die Registerverwaltung (*administration de l'enregistrement*) ist für die steuerliche Aufsicht über Spezialinvestmentvermögen verantwortlich.

189 Wenn die Registerverwaltung nach der Auslegung des Spezialinvestmentvermögens feststellt, dass dieser Tätigkeiten ausübt, die den vom Geestz vom 13. Februar 2007/Spezialfonds-Gesetz festgelegten Rahmen überschreiten, sind die in den Art. 66–68 vorgesehenen Steuerbestimmungen nicht länger anwendbar.

190 Ferner kann die Registerverwaltung eine Steuerstrafe von 0,2% des Gesamtbetrages des Vermögens des Spezialinvestmentvermögens verhängen.

XII. Kapitel 12: Besondere Bestimmungen im Hinblick auf die Rechtsform (Art. 70–71)

1. Umwandlung in eine SICAV (Art. 70)

191 **a) Investmentgesellschaften (Art. 70 Abs. 1).** Investmentgesellschaften im Anwendungsbereich des Gesetzes vom 13. Februar 2007/Spezialfonds-Gesetzes können in eine SICAV umgewandelt werden. Ihre Gründungsdokumente können durch Beschluss der Gesellschafterversammlung mit einer Mehrheit von zwei Dritteln der anwesenden oder vertretenen Aktionäre oder Anteilsinhaber an die Bestimmungen von Kapitel 3 angepasst werden. Der Betrag des vertretenen Kapitals spielt für das Abstimmungsergebnis keine Rolle.

192 **b) Investmentvermögen in Gesamthandseigentum (Art. 70 Abs. 2).** Investmentvermögen in Gesamthandseigentum können unter denselben Voraussetzungen wie Investmentgesellschaften in eine SICAV i.S.d. Kapitels 3 umgewandelt werden.

2. Bildung von Teilinvestmentvermögen und Anlegerrechte (Art. 71)

193 **a) Zulässigkeit der Bildung von Teilinvestmentvermögen (Art. 71 Abs. 1).** Spezialinvestmentvermögen können mit einzelnen Teilinvestmentvermögen aufgelegt werden, die jeweils einem separaten Teil des Vermögens des Spezialinvestmentvermögen entsprechen.

194 **b) Gründungsunterlagen und Emissionsdokument des Teilinvestmentvermögens (Art. 71 Abs. 2).** Die Möglichkeit der Auflegung von Teilinvestmentvermögen muss in den Gründungsunterlagen des Spezialinvestmentvermögens ausdrücklich vorgesehen sein. Die diesbezüglichen Modalitäten sind ebenfalls in den Gründungsunterlagen des Spezialinvestmentvermögens aufzuführen. Das Emissionsdokument muss eine Beschreibung der Anlagepolitik der einzelnen Teilinvestmentvermögen enthalten.

c) Wert und Wertangaben (Art. 71 Abs. 3). Die Anteile eines Spezialinvestmentvermögens mit Teilinvestmentvermögen können abhängig von der gewählten Rechtsform unterschiedliche Werte besitzen und mit oder ohne Wertangabe ausgegeben werden. 195

d) Individuelle Verwaltungsregelungen (Art. 71 Abs. 4). Spezialinvestmentvermögen mit mehreren Teilinvestmentvermögen können für ihre Teilinvestmentvermögen unterschiedliche Verwaltungsregelungen aufstellen. Auf diese Weise können für das jeweilige Teilinvestmentvermögen spezifische Regelungen, die die Charakteristika und Besonderheiten des jeweiligen Teilinvestmentvermögens abbilden, geschaffen werden. 196

e) Haftungsrechtliche Selbständigkeit und Separierung von Teilinvestmentvermögen (Art. 71 Abs. 5). Anleger- und Gläubigerrechte bezüglich eines Teilinvestmentvermögens sowie die im Zusammenhang mit der Aufsetzung, der Verwaltung oder der Liquidation eines Teilinvestmentvermögens stehenden Rechte der beteiligten Personen beschränken sich grundsätzlich auf die Vermögenswerte des jeweiligen Teilinvestmentvermögens. Die Vermögenswerte eines Teilinvestmentvermögens haften vorbehaltlich anderslautender Bestimmungen in den Gründungsunterlagen des Teilinvestmentvermögens ausschließlich den Verbindlichkeiten dieses Teilinvestmentvermögens. Im Verhältnis der Anleger untereinander wird jedes Teilinvestmentvermögen als eigenständige Einheit behandelt. 197

f) Liquidation von Teilinvestmentvermögen (Art. 71 Abs. 6). Jedes Teilinvestmentvermögen eines Spezialinvestmentvermögens kann einzeln liquidiert werden, ohne dass dies die Liquidation anderer Teilinvestmentvermögen des Spezialinvestmentvermögens zur Folge hätte. Die Liquidation des letzten verbleibenden Teilinvestmentvermögens eines Spezialinvestmentvermögens führt automatisch auch zur Liquidation des Spezialinvestmentvermögens nach Art. 49 Abs. 1. Ist das Spezialinvestmentvermögen eine Gesellschaft ist in der Liquidationsphase die Ausgabe neuer Aktien oder Anteile mit der Rechtsfolge ihrer Nichtigkeit untersagt, wenn die Ausgabe nicht zum Zwecke der Liquidation erfolgt. 198

g) Erlaubniserteilung für Teilinvestmentvermögen (Art. 71 Abs. 7). Die Erlaubniserteilung für ein Teilinvestment sowie das Fortbestehen dieser Erlaubnis ist an die Bedingung geknüpft, dass alle Rechts-, Aufsichts- und Vertragsbestimmungen in Bezug auf seine Organisation und Funktionsfähigkeit eingehalten werden. 199

Wird einem Teilinvestmentvermögen die Erlaubnis entzogen, hat dies nicht die Streichung des Spezialinvestmentvermögens von der Liste der CSSF nach Art. 43 Abs. 1 zur Folge. 200

h) Gegenseitiger Erwerb von Anteilen durch Teilinvestmentvermögen (Art. 71 Abs. 8). Ein Teilinvestmentvermögen kann vorbehaltlich anderslautender Regelungen im Emissionsdokument von einem oder mehreren Teilinvestmentvermögen desselben Spezialinvestmentvermögens auszugebende oder ausgegebene Anteile zeichnen, erwerben und/oder halten, ohne dass das Spezialinvestmentvermögen, sollte es in der Form einer Gesellschaft gegründet sein, den Vorschriften des Gesetzes von 1915 über die Zeichnung, den Erwerb und/oder das Halten von eigenen Aktien durch eine Gesellschaft unterliegt. 201

202 Bedingung hierfür ist jedoch, dass
- das Zielinvestmentvermögen nicht selbst in das Teilinvestmentvermögen, das in das Zielinvestmentvermögen investiert, anlegt,
- die Stimmrechte, die ggf. den jeweiligen Anteilen zugeordnet sind, so lange ausgesetzt werden, wie die Anteile des betroffenen Teilinvestmentvermögens gehalten werden und
- bei der Berechnung des Nettovermögens des Spezialinvestmentvermögens zur Überprüfung des gesetzlich vorgesehenen Mindestnettovermögens des Spezialinvestmentvermögens der Wert dieser Anteile keine Berücksichtigung findet.

XIII. Kapitel 13: Änderungsbestimmungen (Art. 72–73)

203 Art. 129 Abs. 3 des geänderten Gesetzes vom 20. Dezember 2002[26] wurde dahingehend geändert, dass am Ende von Buchstabe a)[27] der Zusatz „oder gemäß Artikel 68 des Gesetzes vom 13. Februar 2007 über Spezialfonds“ eingefügt wurde.

204 In Art. 44 Abs. 1 lit. d) des geänderten Gesetzes vom 12. Februar 1979 bezüglich der Mehrwertsteuer wurde hinter „einschließlich SICAR“ der Zusatz „und Spezialfonds“[28] eingefügt.

XIV. Kapitel 14: Übergangs- und Aufhebungsbestimmungen (Art. 74–76bis)

205 Das Gesetz vom 19. Juli 1991, deren Anteile nicht zum öffentlichen Vertrieb bestimmt sind, wurde durch das Gesetz vom 13. Februar 2007/Spezialfonds-Gesetz aufgehoben.

206 Alle Verweise in Gesetzen und Verordnungen auf „Organismen, die dem Institutionelle Fonds-Gesetz unterliegen“ sind durch „Organismen, die dem Gesetz vom 13. Februar 2007 über Spezialfonds unterliegen“ zu ersetzen.

207 Alle Organismen, die bis zum Inkrafttreten des Gesetzes vom 13. Februar 2007/Spezialfonds-Gesetzes dem Institutionelle Fonds-Gesetz unterlagen, unterliegen von Rechts wegen automatisch dem Spezialfonds-Gesetz als Nachfolgegesetz. Verweise in der Satzung und den Verkaufsunterlagen auf das Institutionelle Fonds-Gesetz gelten nunmehr als Verweise auf das Spezialfonds-Gesetz.

208 Das Gesetz vom 13. Februar 2007/Spezialfonds-Gesetz wurde durch das Gesetz vom 26. März 2012 abgeändert. Vor dem Inkrafttreten des Gesetzes vom 26. März 2012 aufgelegte Spezialinvestmentvermögen hatten bis zum 30. Juni 2012 Zeit, um den Bestimmungen der Art. 2 Abs. 3 und Art. 42bis des Gesetzes zu genügen. Bis zum 30. Juni 2013 bestand Zeit, um sich den Bestimmungen des Art. 42ter anzupassen.

XV. Kapitel 15: Schlussbestimmungen (Art. 77–78)

209 **1. Abkürzung der Gesetzesbezeichnung (Art. 77).** Auf das Gesetz vom 13. Februar 2007/Spezialfonds-Gesetz kann offiziell wie folgt Bezug genommen werden: „Gesetz vom 13. Februar 2007 über Spezialfonds“[29].

---

26 Das Gesetz von 2002 wurde durch das Gesetz von 2010 aufgehoben und ersetzt.
27 Dem Sprachgebrauch und der Marktpraxis in Luxemburg entsprechend wurde anstatt des dem deutschen KAGB näheren Begriffes „Spezialinvestmentvermögen“ der Begriff „Spezialfonds“ verwendet.
28 Dem Sprachgebrauch und der Marktpraxis in Luxemburg entsprechend wurde anstatt des dem deutschen KAGB näheren Begriffes „Spezialinvestmentvermögen“ der Begriff „Spezialfonds“ verwendet.
29 Dem Sprachgebrauch und der Marktpraxis in Luxemburg entsprechend wurde anstatt des dem deutschen KAGB näheren Begriffes „Spezialinvestmentvermögen“ der Begriff „Spezialfonds“ verwendet.

2. Inkrafttreten des Gesetzes (Art. 78). Das Gesetz vom 13. Februar 2007/Spezialfonds-Gesetz ist am 13. Februar 2007 in Kraft getreten. 210

C. Teil II: Auf Spezialinvestmentvermögen, die von einem nach Kapitel 2 des Gesetzes vom 12. Juli 2013/AIFM-Gesetzes oder nach Kapitel II der AIFM-Richtlinie zugelassenen AIFM verwaltet werden, anwendbare besondere Bestimmungen

I. Kapitel 1: Allgemeine Bestimmungen

1. Abweichung von Teil I (Art. 79). Teil II des Gesetzes vom 13. Februar 2007/Spezialfonds-Gesetzes findet abweichend von den allgemeinen Bestimmungen von Teil I des Gesetzes vom 13. Februar 2007/Spezialfonds-Gesetzes auf Spezialinvestmentvermögen Anwendung, die von einem nach Kapitel 2 des Gesetzes vom 12. Juli 2013/AIFM-Gesetzes oder nach Kapitel II der AIFM-Richtline zugelassenen AIFM verwaltet werden. 211

2. Verwaltung durch einen AIFM (Art. 80). Jedes unter Teil II des Gesetzes vom 13. Februar 2007/Spezialfonds-Gesetzes fallende Spezialinvestmentvermögen muss von einem AIFM verwaltet werden, der entweder ein in Luxemburg niedergelassener nach Kapitel 2 des AIFM-Gesetz zugelassener AIFM oder ein in einem anderen Mitgliedstaat oder in einem Drittland ansässiger nach Kapitel II der AIFM-Richtline zugelassener AIFM ist. Sofern die Verwaltung durch einen in einem Drittland ansässigen AIFM ausgeübt wird, ist Art. 66 Abs. 3 der AIFM-Richtline zu beachten. 212

Der AIFM ist unter Beachtung der Bestimmungen des Art. 4 des Gesetzes vom 12. Juli 2013/AIFM-Gesetzes oder im Einklang mit Art. 5 der AIFM-Richtline zu bestimmen. 213

Der AIFM ist entweder ein externer AIFM, der eine vom Spezialinvestmentvermögen oder im Namen des Spezialinvestmentvermögens bestellte juristische Person ist und der aufgrund dieser Bestellung mit der Verwaltung des Spezialinvestmentvermögens betraut ist, oder, sofern die Rechtsform des Spezialinvestmentvermögens eine interne Verwaltung erlaubt und sein Leitungsgremium beschließt, keinen externen AIFM zu bestellen, das Spezialinvestmentvermögen selbst. 214

Ein externer AIFM muss gemäß den Bestimmungen des Kapitels II der AIFM-Richtline zugelassen sein. 215

Ein intern verwaltetes Spezialinvestmentvermögen, muss neben der gemäß Art. 42 Abs. 1 des AIFM-Gesetz erforderlichen Zulassung auch als AIFM i.S.d. Kapitels 2 des Gesetzes vom 12. Juli 2013/AIFM-Gesetzes zugelassen sein. Das Spezialinvestmentvermögen muss die Einhaltung aller Vorschriften des Gesetzes vom 12. Juli 2013/AIFM-Gesetzes, soweit diese Vorschriften auf es anwendbar sind, überwachen. 216

3. Verwahrung der Vermögenswerte (Art. 81)

a) Anforderungen an die Verwahrstelle (Art. 81 Abs. 1–3). Die Verwahrung der Vermögenswerte eines Spezialinvestmentvermögens im Anwendungsbereich von Kapitel II des Gesetzes vom 13. Februar 2007/Spezialfonds-Gesetzes muss von einer nach Art. 19 des AIFM-Gesetzes bestellten Verwahrstelle erfolgen. 217

Die Verwahrstelle muss ihren satzungsmäßigen Sitz in Luxemburg haben oder dort eine Zweigniederlassung unterhalten, wenn sie ihren satzungsmäßigen Sitz in einem anderen Mitgliedstaat der Europäischen Union hat. Eine grenzüberschreitende Verwahrung unter Rückgriff auf die Dienstleistungsfreiheit ohne Zweigniederlassung in Luxemburg ist nicht möglich. 218

219 Weiter muss die Verwahrstelle ein Kreditinstitut oder ein Wertpapierunternehmen i.S.d. Gesetzes vom 5. April 1993/Gesetzes über den Finanzsektor sein. Ein Wertpapierunternehmen ist zudem nur unter der Bedingung als Verwahrstelle zulässig, dass es zusätzlich die Voraussetzungen des Art. 19 Abs. 3 des Gesetzes vom 12. Juli 2013/AIFM-Gesetzes erfüllt.

220 Bei Spezialinvestmentvermögen, bei denen innerhalb von fünf Jahren nach Tätigung der ersten Anlagen keine Rücknahmerechte ausgeübt werden können und die entsprechend ihrer Hauptanlagestrategie grundsätzlich nicht in Vermögenswerte investieren, die gemäß Art. 19 Abs. 8 lit. a) des Gesetzes vom 12. Juli 2013/AIFM-Gesetzes verwahrt werden müssen, oder die in der Regel in Emittenten oder nicht börsennotierte Unternehmen investieren, um gemäß Art. 24 des Gesetzes vom 12. Juli 2013/AIFM-Gesetzes möglicherweise die Kontrolle über solche Unternehmen zu erlangen, kann die Verwahrstelle auch ein Rechtsträger luxemburgischen Rechts sein, der den Status einer professionellen Verwahrstelle von anderen Vermögenswerten als Finanzinstrumenten i.S.d. Art. 26-1 des Gesetzes vom 5. April 1993/Gesetzes über den Finanzsektor hat.

221 **b) Informations- und Auskunftsrecht der CSSF (Art. 81 Abs. 4).** Die CSSF kann von der Verwahrstelle sämtliche Informationen erfragen, die sie in Ausübung ihrer Funktionen erhalten hat und die notwendig sind, um der CSSF die Überprüfung der Einhaltung des Gesetzes vom 13. Februar 2007/Spezialfonds-Gesetzes zu ermöglichen. Die Verwahrstelle ist auf Anfrage der CSSF zur Übermittlung der entsprechenden Informationen an diese verpflichtet.

222 **c) Aufgaben und Haftung der Verwahrstelle (Art. 81 Abs. 5).** Die Aufgaben und Haftung der Verwahrstelle richten sich nach Art. 19 des Gesetzes vom 12. Juli 2013/AIFM-Gesetzes.

223 **4. Bewertung der Vermögensgegenstände des Spezialinvestmentvermögens (Art. 82).** Die Bewertung der unter Teil II des Gesetzes vom 13. Februar 2007/Spezialfonds-Gesetzes fallenden Spezialfonds erfolgt nach Art. 17 des AIFM-Gesetz und den von der AIFM-Richtline vorgesehenen in delegierten Rechtsakten enthaltenen Regelungen. Die Bestimmungen der Art. 9, 28 Abs. 4 und 40 Abs. 1 bleiben weiter anwendbar.

224 **5. Inhalt des Jahresberichtes (Art. 83).** Abweichend von Art. 52 Abs. 4 bestimmt sich der Inhalt des Jahresberichts der unter Teil II des Gesetzes vom 13. Februar 2007/ Spezialfonds-Gesetzes fallenden nach den Regelungen in Art. 20 des AIFM-Gesetz und den in den von der AIFM-Richtline vorgesehenen delegierten Rechtsakten enthaltenen Vorschriften.

225 **6. Anlegerinformationen (Art. 84).** Im Hinblick auf die den Anlegern zu übermittelnden Informationen müssen die unter Teil II des Gesetzes vom 13. Februar 2007/Spezialfonds-Gesetzes fallenden Spezialfonds die Regelungen einhalten, die Art. 21 des AIFM-Gesetz und die entsprechend der AIFM-Richtline delegierten Rechtsakte vorsehen.

226 **7. Auslagerung (Art. 85).** Ein AIFM eines in den Anwendungsbereich von Teil II des Gesetzes vom 13. Februar 2007/Spezialfonds-Gesetzes fallenden Spezialinvestmentvermögens darf die Ausübung einer oder mehrerer seiner Aufgaben auf eigene Rechnung an Dritte auslagern.

227 Voraussetzung für eine solche Auslagerung ist, dass die Übertragung der Aufgaben durch den AIFM auf Dritte im Einklang mit allen in Art. 18 des AIFM-Gesetz vorgesehe-

nen Voraussetzungen bezüglich der von einem AIFM, dessen Herkunftsland im Sinne des AIFM-Gesetz Luxemburg ist, verwalteten Spezialfonds erfolgt.

Falls der Spezialfonds von einem in einem Drittland ansässigen AIFM verwaltet 228 wird, findet Art. 66 Abs. 3 der AIFM-Richtline Anwendung.

8. Vertrieb der Anteile (Art. 86). Der Vertrieb von Anteilen im Anwendungsbereich 229 des Teils II des Spezialfonds-Gesetzes in der EU durch den AIFM sowie die grenzüberschreitende Verwaltung dieser Investmentvermögen werden für eine Spezialfonds, das von einem in Luxemburg ansässigen AIFM verwaltet wird, werden durch Kapitel 6 des AIFM-Gesetz geregelt. Für ein von einem in einem anderen Mitgliedstaat oder einem Drittland niedergelassenen AIFM verwaltetes Spezialfonds treffen die in den Kapiteln VI und VII der AIFM-Richtline enthaltenen Bestimmungen die entsprechenden Regelungen; dies gilt unter Vorbehalt der Anwendbarkeit des Art. 66 Abs. 3 der AIFM-Richtline, wenn der Spezialfonds von einem in einem Drittland ansässigen AIFM verwaltet wird.

II. Kapitel 2: Übergangsbestimmungen Art. 87)

1. Vor dem 22. Juli 2013 gegründete Spezialinvestmentvermögen (Art. 87 230 Abs. 1). Unbeschadet der in Art. 58 des Gesetzes vom 12. Juli 2013/AIFM-Gesetzes getroffenen Übergangsregelungen oder, falls es sich um einen in einem Drittland ansässigen AIFM handelt, der in Art. 45 des Gesetzes vom 12. Juli 2013/AIFM-Gesetzes getroffenen Übergangsregelungen mussten Spezialinvestmentvermögen, die von einem gemäß Kapitel 2 des Gesetzes vom 12. Juli 2013/AIFM-Gesetzes oder gemäß Kapitel II der AIFM-Richtline zugelassenen AIFM verwaltet werden und die vor dem 22. Juli 2013 gegründet wurden, bis zum 22. Juli 2014 die Bestimmungen von Teil II des Gesetzes vom 13. Februar 2007/Spezialfonds-Gesetzes erfüllen.

2. Zwischen dem 22. Juli 2013 und dem 22. Juli 2014 gegründete Spezialinvest- 231 mentvermögen (Art. 87 Abs. 2). Unbeschadet der in Art. 58 des AIFM-Gesetz vorgesehenen Übergangsbestimmungen oder, falls es sich um einen in einem Drittland ansässigen AIFM handelt, der in Art. 45 des AIFM-Gesetz vorgesehenen Übergangsbestimmungen werden Spezialfonds, die von einem gemäß Kapitel 2 des AIFM-Gesetz oder gemäß Kapitel II der AIFM-Richtline zugelassenen AIFM verwaltet werden und die zwischen dem 22. Juli 2013 und dem 22. Juli 2014 gegründet wurden, ab ihrem Gründungsdatum als AIF i.S.d. AIFM-Gesetz eingestuft. Diese Spezialinvestfonds müssen die Bestimmungen des Teils II des Spezialfonds-Gesetzes ab ihrer Gründung einhalten. Abweichend von diesem Grundsatz haben zwischen dem 22. Juli 2013 und dem 22. Juli 2014 gegründete Spezialfonds mit einem vor dem 22. Juli die Tätigkeiten eines AIFM ausübenden externen AIFM die in Teil II des Spezialfonds-Gesetzes aufgeführten Bestimmungen bis spätestens zum 22. Juli 2014 zu erfüllen.

3. Nach dem 22. Juli 2014 gegründete Spezialfonds (Art. 87 Abs. 3). Alle Spezial- 232 fonds, die von einem gemäß Kapitel 2 des AIFM-Gesetz oder gemäß Kapitel II der AIFM-Richtline zugelassenen AIFM verwaltet werden und die nach dem 22. Juli 2014 gegründet werden, unterliegen, vorbehaltlich der in Art. 45 des AIFM-Gesetz vorgesehenen auf in einem Drittland ansässige AIFM anwendbaren Übergangsbestimmungen, von Rechts wegen Teil II des Spezialfonds-Gesetzes. Diese Spezialfonds, die von einem gemäß Kapitel 2 des AIFM-Gesetz oder gemäß Kapitel II der AIFM-Richtline zugelassenen AIFM verwaltet werden, oder ggf. ihr AIFM, unterliegen von Rechts wegen dem AIFM-Gesetz.

233 **4. Vor dem 22. Juli 2013 gegründete geschlossene AIFs ohne zusätzliche Anlagen nach diesem Datum (Art. 87 Abs. 4).** Die Spezialfonds, die von einem gem. Kapitel 2 des AIFM-Gesetz oder gemäß Kapitel II der AIFM-Richtline zugelassenen AIFM verwaltet werden und die vor dem 22. Juli 2013 gegründet wurden und gemäß dem AIFM-Gesetz als geschlossene AIFs einzustufen sind und die nach diesem Datum keine zusätzlichen Anlagen vornehmen, müssen die Bestimmungen des Teils II des AIFM-Gesetz nicht einhalten.

234 **5. Geschlossene AIFS mit vor der 22. Juli 2011 abgelaufener Zeichnungsperiode und Ende vor dem 22. Juli 2016 (Art. 87 Abs. 5).** Spezialfonds, die von einem gemäß Kapitel 2 des AIFM-Gesetz oder gemäß Kapitel II der AIFM-Richtline zugelassenen AIFM verwaltet werden und im Sinne des AIFM-Gesetz als geschlossene AIFs einzustufen sind und deren Zeichnungsperiode für die Anleger vor dem 22. Juli 2011 abgelaufen ist und die für einen Zeitraum, welcher spätestens drei Jahre nach dem 22. Juli 2013 endet, aufgelegt wurden, müssen weder die Bestimmungen des AIFM-Gesetz einhalten (mit Ausnahme des Art. 20 und ggf. der Art. 24 bis 28), noch einen Antrag auf Zulassung nach dem AIFM-Gesetz stellen.

D. Anhang

I. Punkt I

235 Der einzige Anhang zum Spezialfonds-Gesetz widmet sich vollumfänglich den Angaben, die (mindestens) gefordert sind („*informations à insérer dans le rapport annuel*"). In Art und Aufbau ähnelt der Anhang stark dem Schema B des Gesetzes von 2010. Die Ziffern I bis III sind gar identisch, wenngleich das Gesetz von 2010 als Gliederungspunkt innerhalb der Vermögensstellung „Wertpapiere" („*valeurs mobilières*") vorsieht, wohingegen das Spezialfonds-Gesetz von „Anlagen" („*investissements*") spricht. Entschließt sich der Verwaltungsrat der Verwaltungsgesellschaft bzw. der SICAV dazu, die Angaben auf ein Minimum zu beschränken, so wird er getätigte Anlagen, die nicht der Definition des Wertpapiers entsprechen (z.B. das unrealisierte Ergebnis aus derivativen Finanzinstrumenten), im Falle der OGAW unter „Sonstige Vermögensgegenstände" („*autres actifs*") bzw. im Falle des schwebenden Verlustes unter „Verbindlichkeiten" („*passif*") subsummieren. Im Falle der Spezialfonds sind diese, insofern sie zur Erfüllung des Anlageziels des Spezialfonds dienen und nicht nur subsidiären Charakter (z.B. zur Absicherung von Wechselkursschwankungen) haben, zusammen mit etwaigen Wertpapieren wertmäßig unter „Anlagen" zusammenzufassen.

II. Punkt II und III

236 Sollte der Spezialfonds so ausgestaltet sein, dass Anlegern mehrere Anteilklassen oder Aktienklassen[30] angeboten werden, so sind die gem. Anhang, Punkt II. und III. je Anteil geforderten Angaben auch je Anteilklasse auszuweisen. Eine abgekürzte Angabe (z.B. durch Addition oder bilden des arithmetischen Mittelwertes) ist nicht zulässig, da sich daraus keine Aussagen über den für den Anleger relevanten Fondspreis per Stichtag

30 Da eine in Form der Aktiengesellschaft gegründete SICAV Aktien ausgibt, unterscheidet man zwischen verschiedenen „Aktienklassen"; bei Nicht-Kapitalgesellschaften spricht man von „Anteilen". Im Folgenden soll der Begriff „Anteilklassen" verwendet werden, den man aus Vereinfachungsgründen auch bei SICAV findet.

ableiten lassen. In der Praxis hat sich dafür, nicht zuletzt wegen der in Einzelfällen recht extensiven Nutzung verschiedener Anteilklassen innerhalb desselben Spezialfonds, die tabellarische Darstellung durchgesetzt.

III. Punkt IV

Im Unterschied zu OGAW existieren für Spezialfonds keine stringenten Kriterien zur Darstellung und Gliederung des Wertpapier- bzw. Anlageportfolios. Der Gesetzgeber hat erkannt, dass eine Aufteilung, die sich nach der Handelbarkeit der Wertpapiere richtet, nicht für das breite Anlageuniversum der Spezialfonds geeignet ist. Vielmehr wird mit Punkt IV. des Anhangs die Forderung des Art. 52 wiederholt und konkretisierend auf die Anlagen bezogen: „Qualitative und/oder quantitative Informationen über das Portfolio" („*Informations qualitatives et/ou quantitatives sur le portefeuille d'investissements*") statt „wesentliche Informationen" („*information significative*"). Dem steht jedoch nicht entgegen, eine den OGAW angenäherten Darstellungsform zu wählen, in der wesentliche Informationen tabellarisch aufgeführt werden; gemeinhin ist dies mindestens die Bezeichnung der Anlage, die Währung, die Stückzahl bzw. Nominalbetrag, der Kurs oder Preis sowie der aktuelle Marktwert (ggf. umgerechnet in die Währung des Fonds). Die Summe der Marktwerte aller so aufgelisteten Anlagen entspricht dem nach Punkt I., erster Spiegelstrich in der Vermögensaufstellung aufzuführenden Wert der Anlagen. Somit ist das quantitative Element erfüllt. Der Gesetzeswortlaut ist an dieser Stelle etwas unglücklich gewählt, da nicht explizit beide Elemente gefordert sind, sondern „und/oder" als Bindewort benutzt wird. Eine reine Beschränkung auf die bloße Auflistung aller Einzelwerte kann aber nicht im Sinne des Gesetzes sein, da ja in Art. 52 gerade „wesentliche Informationen" gefordert sind. Das Abdecken von wesentlichen Informationen, ohne auf das eigentliche Portfolio einzugehen, welches ja faktisch die gesamte Geschäftstätigkeit des Spezialfonds darstellt, erscheint jedoch kaum möglich. Entsprechend finden sich – und dies entspricht im Übrigen auch der Erwartung des sachkundigen Anlegers – immer sowohl quantitative als auch qualitative Elemente im Jahresabschluss. Erste Anlaufstelle ist der Bericht des Verwaltungsrates, der über das „Warum" der (Nicht-)Auswahl dieser und jener (potenzieller) Anlagen Rechenschaft ablegt. Darüber hinaus finden sich auch oft geographische Gliederungen oder Aufteilungen nach Branchen, bei Private Equity Dachfonds[31] beispielsweise die Aufteilung nach „Vintage" (also Jahr der Erstinvestition der zugrundeliegenden Fonds („*target funds*")) und Fondstyp (z.B. „*Venture Capital*" vs. „*Management Buy-Out*"), bei Immobilienfonds insbesondere Informationen über die Art des Objekts (Wohnungen, Geschäftsräume) und die Mieterstruktur (Länge und Restdauer der Mietverträge, Auslastung), etc. Da die Luxemburger Gesetzgebung hier einen recht großen Spielraum lässt, sind die Fonds durchaus in der Lage, sich den Empfehlungen internationaler Branchenverbände anzuschließen (z.B. die „*International Private Equity and Venture Capital Investor Reporting Guidelines*" der „*International Private Equity und Venture Capital Association*"),[32] um den Erwartungen oftmals internationaler Investoren gerecht zu werden und die von den Branchenverbänden propagierte Transparenz voranzutreiben. Eine weitere Überlegung betrifft Veränderungen der Anlagen im abgelaufenen Geschäftsjahr, welche je nach Fondstypus von größerer oder kleinerer Relevanz sein können. Sind nur eine Handvoll (oder gar eine) Transaktion für die 237

31 „Fund-of-funds" – nicht zu verwechseln mit „Umbrella"-Fonds, welche die Gründung mehrerer getrennter Vermögensmassen innerhalb derselben Gesellschaft ermöglichen, ohne jedoch Rückschlüsse auf die Anlagepolitik zuzulassen.

32 „IPEV-Guidelines", haben ab ca. 2011 die bis dato gängigen EVCA-Guidelines abgelöst.

Resultate („*les résultats*") des Spezialfonds verantwortlich, so versteht es sich von selbst, dass eine tiefergehende Beleuchtung nicht ausbleiben kann. Ist das Anlageziel des Fonds jedoch z.B. das Profitieren von sogenannten Arbitrage-Geschäften durch eine Vielzahl von kurzfristen Devisentermingeschäften, die u.U. taggleich glattgestellt werden, ist es der Transparenz nicht unbedingt förderlich, seitenweise die Einzelresultate der jeweiligen Devisentermingeschäfte aufzulisten; hier ist eine generelle Beschreibung der zugrundeliegenden Annahmen und Vorgehensweisen des Portfolioverwalters wesentlich hilfreicher, ein Bild über die Gesamtlage zu bekommen. Bei eher „konventionellen" Spezialfonds, deren Anlagepolitik der eines OGAW ähnelt, ist eine simple Aufstellung aller Käufe und Verkäufe von Anlagen im abgelaufenen Geschäftsjahr sicherlich nicht die schlechteste der denkbaren Varianten; so kann sich der Verwaltungsrat im Bericht auf die „großen" Positionen konzentrieren, die das gute (oder weniger gute) Abschneiden des Fonds zu verantworten haben.

IV. Punkt V

238 Im Bezug auf die Ertrags- und Aufwandsrechnung sind die gesetzlich normierten Mindestanforderungen ungleich höher. Sie entsprechen im Wesentlichen denen des Gesetzes von 2010, weswegen das dort Angeführte analog auch für den Spezialfonds gilt. Es ergeben sich vordergründig Unterschiede im Wortlaut der französischen Originalversionen: so verwendet das Spezialfonds-Gesetz „*coûts*" und „*charges*" anstatt „*frais*", gemeint sind unabhängig davon weiterhin jedoch „Aufwendungen", d.h. vom tatsächlichen Auszahlungszeitpunkt unabhängige periodengerecht ermittelte negative Veränderungen des Nettovermögens. Auch fordert das Gesetz von 2010 den Ausweis von „ausgeschütteten Beträgen und reinvestierten Erträgen" („*montants distribués et revenus réinvestis*"), wohingegen das Spezialfonds-Gesetz von „ausgeschütteten und reinvestierten Erträgen" („*revenus distribués et réinvestis*") spricht. Auch hier soll dies nicht für ein Auseinanderfallen des Ausweises von OGAW und Spezialfonds sprechen: sowohl der Spezialfonds (Art. 15 bzw. Art. 29 Abs. 2 Spezialfonds-Gesetz) als auch der OGAW (Art. 16 bzw. Art. 31 Abs. 1 Gesetz von 2010) erlauben eine Substanzausschüttung (innerhalb der Mindestnettofondsvermögensgrenzen) über die erwirtschafteten Erträge hinaus. Auch solche Vermögensminderungen sind zu erfassen; eine Trennung des Ausweises in Ertragsausschüttung und Ausschüttung aus dem Kapital ist nach herrschender Meinung nicht nötig.[33] Schlussendlich muss jedwede Vermögensminderung oder -mehrung erfasst werden, um dem Anleger die Möglichkeit zu geben, das Nettofondsvermögen des Vorjahres zu dem Nettofondsvermögen des abgelaufenen Geschäftsjahres überzuleiten. Das Gesetz von 2010 nennt dies „*toute autre modification affectant l'actif et le passif*", das Spezialfonds-Gesetz „*toute autre modification affectant les actifs et les engagements*", die Bedeutung ist identisch.

Interessanterweise hat der Gesetzgeber die im Rahmen der OGAW IV-Umsetzung versäumte Einbeziehung der Transaktionskosten (lt. Schema B, Punkt V., letzter Gedankenstrich der OGAW IV-Richtlinie) auch durch das AIFM-Gesetz nicht in das Spezialfonds-Gesetz einfließen lassen. Somit ist die explizite Darstellung der Transaktionskosten für Spezialfonds weiterhin keine Pflichtangabe. Zur damit einhergehenden Problematik vgl. die Ausführungen im OGAW-Teil.

33 Um etwaigen steuerlichen Anforderungen Rechnung zu tragen, ist je nach Investorenkreis eine saubere Abbildung der Kapitalrückzahlung durch die Rückgabe von Aktien/Anteilen des Spezialfonds zu empfehlen.

V. Punkt VI

Die begrifflichen Unterschiede zur korrespondierenden OGAW-Norm sind rein redaktioneller Natur; statt „über die letzten drei Geschäftsjahre“ („*sur les trois derniers exercices*“) heißt es „über die drei Geschäftsjahre“ („*sur les trois exercices*“). Der Gesetzgeber hielt es bislang nicht für nötig, dieses offensichtliche Versehen zur korrigieren; nichtsdestotrotz wird hier analog zur OGAW-Norm vorgegangen. Eine Darstellung von drei willkürlichen Geschäftsjahren, die sich auf den genauen Wortlaut des Gesetzes bezieht, würde der Informationsfunktion des Jahresabschlusses völlig zuwiderlaufen. **239**

Mit Blick auf die weitergehenden Transparenzpflichten für derivative Instrumente im Rahmen des OGAW-Konzeptes, die ihren Ausfluss u.a. in Schema B, Punkt VII des Gesetzes von 2010 haben, bleibt festzuhalten, dass eine analoge Anwendung für Spezialfonds nicht vorgesehen ist, wenngleich auch an das Risikomanagement eines Spezialfonds (bereits im Vorgriff zur AIFM-Richtlinie) zunehmend strengere Anforderungen gestellt werden.

Das SICAR-Gesetz (SICAR)

Systematische Übersicht

A. Entstehung und Bedeutung

1 Das SICAR-Gesetz war am 15. Juni 2004 bereits ein wichtiger Schritt in Richtung einer Luxemburger Gesetzgebung, die über den Bereich der OGAW, der Teil II-Fonds und dem damals noch existierenden Institutionelle Fonds-Gesetz hinaus ein regulatorisches Umfeld für alternative Fondsprodukte geschaffen hat. Hierbei ist jedoch bereits zu Anfang herauszustellen, dass a) lediglich Risikokapital die geeignete Anlagekategorie für SICAR ist und b) eine SICAR eine spezielle gesellschaftsrechtliche Strukturlösung für diese Anlagekategorie ist, also nicht als Sondervermögen strukturiert werden kann. Was Risikokapital im Sinne des SICAR-Gesetzes sein kann und welche Gemeinsamkeiten aber eben auch Unterschiede bei SICAR insbesondere im Verhältnis zu Spezialfonds nach dem Spezialfonds-Gesetz bestehen wird nachfolgend noch Thema sein.

2 Generell ist noch voranzuschicken, dass zwar eine stattliche Anzahl von SICAR existiert diese jedoch im Verhältnis zu den Spezialfonds nach dem Spezialfonds-Gesetz nur einen Bruchteil darstellen und in den letzten Jahren in ihrer Anzahl auch allenfalls stabil waren.

3 Eine entscheidendere Rolle im Bereich der regulierten Investmentstrukturen für vergleichbare Anlagen spielt der Spezialfonds weshalb zum einen einmal das zeitlich vor dem Spezialfonds-Gesetz liegende SICAR-Gesetz nach dem Spezialfonds-Gesetz behandelt wird (obgleich im Grunde das Spezialfonds-Gesetz viele Gedanken und Elemente des SICAR-Gesetzes fortgeführt hat) und zum anderen nachstehend auch in etwas weniger ausführlicher Art und Weise auf die SICAR eingegangen wird. Dessen ungeachtet hat die SICAR natürlich ihren Anwendungsbereich und ist ein sinnvolles Mitglied der Familie der regulierten Luxemburger Investmentprodukte.

B. Teil I: Allgemeine Bestimmungen für SICAR

I. Kapitel 1: Allgemeine Bestimmungen

4 Als eine SICAR gilt jede Gesellschaft, die:

- die Form einer Kommanditgesellschaft (SCS = *société en commandite*), einer Kommanditgesellschaft auf Aktien (SCA = *société en commandite par actions*), einer Genossenschaft in Form einer Aktiengesellschaft (*société coopérative organisée sous forme de société anonyme*), einer Gesellschaft mit beschränkter Haftung (SCA = *société à responsabilité limitée*) oder einer Aktiengesellschaft (SA = *société anonyme*) Luxemburger Rechts hat, und
- deren Zweck die Anlage (ihrer Mittel) in Risikokapital im Bestreben den Anteilinhabern im Gegenzug zu dem von diesen getragenen Risiko das Ergebnis der Verwaltung zukommen zu lassen, und
- deren Anteile sachkundigen Anlegern im Sinne von Art. 2 des SICAR-Gesetzes vorbehalten sind, und deren Satzung oder Gesellschaftsvertrag bestimmt, dass sie diesem Gesetz unterliegen soll (entsprechend Art. 1 (1) des SICAR-Gesetzes).

5 Es ergeben sich einerseits wichtige parallelen zum Spezialfonds nach dem Spezialfonds-Gesetz, insbesondere die Anforderung, dass zulässige Anleger nur sachkundige Anleger sein können und die Auswahl an gesellschaftsrechtlichen Strukturen. Der Begriff des sachkundigen Anlegers ist dem in Art. 2 des Spezialfonds-Gesetzes identisch und es wird insoweit auf das dort Gesagte (siehe dort Rn. 9–12) verwiesen. Die Auswahl an gesellschaftsrechtlichen Strukturen ist der des Spezialfonds identisch wobei, wie bereits zuvor erwähnt, hinzuzufügen ist, dass SICAR nicht zusätzlich (wie Spezialfonds) als Sondervermögen errichtet werden können, da die SICAR eine rein gesellschaftsrechtliche Investmentstruktur ist. Womit wir bereits bei den Unterschieden wären. Eine SICAR muss nicht wie ein Spezialfonds ihre Vermögenswerte nach einem Prinzip der Risikostreuung anlegen (zu den Details dieses Prinzips nach dem Spezialfonds-Gesetz und CSSF Regulierung siehe das zum Spezialfonds-Gesetz Gesagte – siehe dort Rn. 5 und 6), sondern kann ggf. nur ein alleiniges Investment haben. Die Anlagen müssen jedoch Risikokapital im Sinne des SICAR-Gesetzes sein. Eine solche „Begrenzung" existiert für die Spezialfonds nicht, die ihrerseits in jedwede Asset-Klasse ohne Spezifizierung anlegen dürfen.

6 Die Anlage in Risikokapital ist die direkte oder indirekte Einbringung von Vermögenswerten in Unternehmen im Hinblick auf deren Geschäftsaufnahme, Entwicklung oder Börsennotierung (entsprechend Art. 1 (2) des SICAR-Gesetzes). Was darunter zu verstehen ist wurde nach einiger Zeit des Bestehens des SICAR-Gesetzes im Rundschreiben CSSF 06/241 konkretisiert. Gemäß den parlamentarischen Dokumenten zielt der Begriff Risikokapital insbesondere auf jede Art von Venture Capital und Private Equity ab (entsprechend I. Seite 2, Absatz 3 des Rundschreibens CSSF 06/241). Diesen inhärent ist insbesondere das Risiko fehlender Liquidität (entsprechend I. Seite 2, Absatz 5 des Rundschreibens CSSF 06/241). Im Gegensatz zu notierten Titeln kann Private Equity als jede Anlage in eine private, nicht notierte Gesellschaft, oftmals von recht überschaubarer Größe, mit einem nicht zu vernachlässigenden Risiko, beschrieben werden (entsprechend I. Seite 2, Absatz 5 des Rundschreibens CSSF 06/241). Neben dem Risiko erfordert Risikokapital, entsprechend dem Willen des Gesetzgebers, ein Element der Entwicklung (entsprechend I. Seite 2, Absatz 6 des Rundschreibens CSSF 06/241). Dieses ist im weiteren Sinne als Wertentwicklung auf der Ebene der Zielgesellschaften zu verstehen (I. Seite 2, Absatz 7 des Rundschreibens CSSF 06/241). Dem schließt sich das Element Veräuße-

rung an. Im Gegensatz zu einer reinen buy-and-hold Strategie muss Risikokapital die Exit-Strategie von vornherein inkludieren (Ansatz I. Seite 3, Absatz 5 des Rundschreibens CSSF 06/241). Vereinfachend zusammengefasst lässt sich also sagen, dass ein Private Equity Risiko, Entwicklung- und Exit-Strategie die Eckpfeiler der Qualifikation als Risikokapital sind. Das kann auch Real Estate mit Private Equity Charakter sein, wobei hier insbesondere ein über dem normalen Marktrisiko liegendes Risiko vorhanden sein muss (entsprechend I. Seite 4, Absatz 5 des Rundschreibens CSSF 06/241). Das Rundschreiben CSSF 06/241 führt auf Seiten 5 und 6 näher zu den speziellen Anforderungen an Immobilien-SICAR im Detail aus wobei daraus noch erwähnt sei, dass normalerweise regelmäßige Mieteinnahmen nicht vorliegen sollten um als Risikokapital qualifizieren zu können.

Der Art der Private Equity Anlage ist im Prinzip keine Grenze gesetzt und Gleiches 7
gilt für die Art der Finanzierung der Zielgesellschaften (entsprechend I. Seite 3, Absätze 2 und 3 des Rundschreibens CSSF 06/241). Selbstverständlich ist insgesamt im Einzelfall eine konkrete Analyse vorzunehmen um angemessen festzustellen, ob Risikokapital vorliegt oder nicht.

Es ist möglich indirekte SICAR Investmentstrukturen zu errichten. Es ist insbesonde- 8
re auch möglich Dachfonds-SICAR zu errichten, wobei jedoch die betreffenden Zielfonds den engen Anforderungen an Risikokapital genügen müssen (insgesamt entsprechend II. Seite 5, des Rundschreibens CSSF 06/241). Aus der Natur der Definition des Risikokapitals heraus ergibt sich aber auch, dass Hedge Fonds grundsätzlich keine zulässigen SICAR-Anlagen sind (entsprechend II. Seite 6, Absatz 2 des Rundschreibens CSSF 06/241). In diesem Sinne logisch ist auch, dass eine SICAR zwar derivative Finanzinstrumente zur Absicherung verwenden darf, nicht jedoch die Anlage in solche Finanzinstrumente als (Haupt-) Gegenstand seiner Anlagepolitik haben kann (entsprechend II. Seite 6, Absatz 8 des Rundschreibens CSSF 06/241).

Auch Mezzanine Loans (primary & secondary) sowie Distressed Debt können geeig- 9
nete Anlageklassen für SICAR sein, sofern insbesondere das vorgenannte Entwicklungserfordernis erfüllt wird (entsprechend II. Seite 6, Absätze 6 und 7 des Rundschreibens CSSF 06/241).

Abschließend zu diesem Thema und in Ausgestaltung der hinter dem Begriff Risiko- 10
kapital stehenden Prinzipien ist selbst die Anlage in notierte Werte ggf. möglich, sofern zum Beispiel die Börse oder der Markt an dem eine Gesellschaft gelistet ist nicht als reguliert anerkannt ist oder in speziellen Entwicklungsprojekten (entsprechend II. Seite 7, Absätze 1 bis 3 des Rundschreibens CSSF 06/241). Letzteres ist jedoch mit Sicherheit nicht als der Regelfall von Risikokapital im Sinne des SICAR-Gesetzes anzusehen.

Bereits an dieser Stelle ist wichtig, dass nur Einkünfte aus „Risikokapital-Wert- 11
papieren“, sowie aus der Übertragung, Einlage oder Rücknahme dieser Vermögensgegenstände, steuerlich befreit sind, was bei der Gesamtstrukturierung zu berücksichtigen ist, z.B. keine direkten Real Estate Anlagen (der Begriff Wertpapier ist im Rahmen dessen weit zu interpretieren – also auch Gesellschaftsanteile in nicht verbriefter Form, wie GmbH- oder S.àr.l.-Anteile mögen davon erfasst sein). Weitere Details hierzu und spezielle Regelungen sind in dem zu Kapitel 9 des SICAR-Gesetzes Gesagten (siehe Rn. 50–56) enthalten, auf das hier verwiesen wird.

Mitunter stellt sich bei Projekten die Frage, ob ein Spezialfonds nach dem Spezial- 12
fonds-Gesetz oder eine SICAR die „bessere“ Wahl ist. Das kann wie so oft nicht pauschal beantwortet werden. Handelt es sich unzweifelhaft um Risikokapital im Sinne des SICAR-Gesetzes und hat man ggf. sogar zusätzliche Gründe wie spezifische Anforderungen der Investoren in deren Sitzland, dann ist die SICAR eine probate Lösung. Ist vorstehendes nicht der Fall und hat man insbesondere keinen Probleme die Mindest-

Risikostreuungs-Anforderungen (Stichwort 30% *safe-harbour* gemäß Rundschreiben CSSF 07/309) zu erfüllen, dann ist der Spezialfonds die durchaus flexiblere Alternative.

13 Wichtig ist, dass die Bestimmungen dieses gesamten Teil I des SICAR-Gesetzes nur insoweit gelten als sie nicht durch spezielle Bestimmungen (des Gesetzes von 2013 oder über dieses der AIFM-Richtlinie) abbedungen werden (entsprechend Art. 2 bis erster Halbsatz des SICAR-Gesetzes). Dieses gilt jedoch nur dann, wenn eine SICAR durch einen nach Kapitel 2 des AIFM-Gesetzes oder Kapitel II der AIFM-Richtlinie zugelassenen AIFM verwaltet wird (entsprechend Art. 2 bis zweiter Halbsatz des SICAR-Gesetzes). Dieses kann die Verwaltung durch einen externen AIFM oder eben die Selbstverwaltung der SICAR als interner AIFM sein (es wir insoweit auf das unter dem AIFM-Gesetz zu internen und externen AIFM Gesagte – siehe dort hauptsächlich Rn. 28 und 29 sowie Fußnote 40 – verwiesen), ein „nur" registrierter AIFM genügt nicht um die Bestimmungen dieses Kapitels ggf. abzubedingen.

14 Wie im Spezialfonds-Gesetz für SICAV (siehe entsprechend Art. 26 (1) des Spezialfonds-Gesetzes) gelten für SICAR, vorbehaltlich anderweitiger Bestimmungen des SICAR-Gesetzes, die (allgemeinen gesellschaftsrechtlichen) Bestimmungen des Gesetzes von 1915 (inhaltlich entsprechend Art. 3 (1) des SICAR-Gesetzes). Ebenfalls wie bei den Spezialfonds in Form von SICAV (und für SICAV nach Teil I und Teil II des Gesetzes von 2010) wurde für SICAR der Wegfall einer Übersetzung englischer Texte in Deutsch, Französisch oder Luxemburgisch zum Zwecke der Hinterlegung sowie Vereinfachung zu Ort und Modalitäten der Bereitstellung des Jahresberichts und gesetzlich sichergestellte Fristen zur Meldung der Teilnahme an Generalversammlungen (ein Registrierungsdatum) aufgenommen (entsprechend inhaltlich Art. 3 (1) Absätze 2, 3 und 4 des SICAR-Gesetzes). Es wird daher das zu Art. 26 des Spezialfonds-Gesetzes (siehe dort Rn. 60–65) und Art. 26 des Gesetzes von 2010 (siehe dort Rn. 71) Gesagte entsprechend verwiesen.

15 SICAR können wie Spezialfonds, Teil I- sowie Teil II-Fonds mit einer Umbrella-Struktur aufgelegt werden. Die Bestimmungen für Teilfonds einer SICAR sind in Art. 3 (2) bis (6) des SICAR-Gesetzes enthalten. Charakter, Anforderungen und Konsequenzen sind bei SICAR denen für Umbrella-Strukturen und Teilfonds bei Spezialfonds, Teil I- sowie Teil II-Fonds in Form von SICAV vergleichbar, so dass auf das zu Art. 71 des Spezialfonds-Gesetzes (dort hauptsächlich Rn. 193–202) sowie Art. 181 des Gesetzes von 2010 (dort hauptsächlich Rn. 373–382) Gesagte entsprechend verwiesen wird.

16 In der Praxis hat sich, zumindest in der Vergangenheit oftmals ergeben, dass die Umbrella-Struktur für die Platzierung von Private Equity Strukturen (im weitesten Sinne der SICAR-Definition) nicht das Standing bei Anlegern hatte wie Mono-Strukturen. Das scheinen der spezifische Anlegerkreis sowie insbesondere auch der Angelsächsische Rechtsraum nicht im Besonderen zu schätzen. Nicht jede rechtliche Möglichkeit ist also, auch wenn insbesondere von der Haftung her bedenkenlos, notwendigerweise von Interesse für Anleger. Dennoch besteht die Möglichkeit der Umbrella-Struktur für SICAR und kann, sofern im konkreten Fall insbesondere unter dem Gesichtspunkt der Platzierung unproblematisch, einwandfrei als Strukturierungsalternative genutzt werden.

17 Auch für SICAR gibt es, wie für Spezialfonds, ein gesetzliches Mindestkapital, das spätestens 12 Monate nach Zulassung der SICAR erreicht sein muss (inhaltlich entsprechend Art. 4 (1) des SICAR-Gesetzes). Für SICAR ist dieser Betrag nur 1.000.000 Euro an Stelle der 1.250.000 Euro für Spezialfonds (und 1.250.000 Euro allerdings grundsätzlich bereits 6 Monate nach Zulassung zu erreichen von Teil II-Fonds nach dem Gesetz von 2010). Auch für SICAR (wie für Spezialfonds nach dem Spezialfonds-Gesetz) besteht keine großherzogliche Verordnung die diesen Mindestbetrag auf bis zu 2.000.000 Euro anheben könnte (Verordnungsoption in Art. 4 (1) Satz 2 des SICAR-Gesetzes enthalten). Art. 4 (2) des SICAR-Gesetzes enthält schließlich, wo notwendig, die Möglichkeit SICAR mit variablem Kapital aufzulegen, was, allein aus Kosten und Praktikabilitätsgründen, den Regelfall in der Strukturierung darstellt.

Hinsichtlich der Anteilausgabe, der Mindesteinzahlung pro Anteil/Aktie für SICAR **18** in der Form von KGaA, GmbH, AG und Genossenschaften in der Form einer AG, die Grundsätze der Bewertung der Vermögenswerte (siehe Art. 5 des SICAR-Gesetzes), die Nichtverpflichtung der Bildung einer Mindestrücklage sowie Ausschüttungen und Zwischenausschüttungen (siehe Art. 6 des SICAR-Gesetzes) wird entsprechend auf das zu Spezialfonds nach dem Spezialfondsgesetz in Form von SICAV Gesagte (im Wesentlichen Art. 39 (6), Art. 31 und Art. 27 des Spezialfonds-Gesetzes) verwiesen (siehe dort hauptsächlich Rn. 83–85 sowie Rn. 66 und 67).

Jede SICAR muss in ihrer Bezeichnung oder Firmierung SICAR oder Gesellschaft zur **19** Anlage in Risikokapital (*Société d'investissement en capital à risque*) führen (entsprechend Art. 7 des SICAR-Gesetzes).

Ähnlich wie bei Spezialfonds in Art. 7bis des Spezialfonds-Gesetzes ist für SICAR eine **20** besondere Vorschrift zur Vermeidung von Interessenkonflikten enthalten. Die SICAR hat bei potenziellen Interessenkonflikten als Grundprinzip stets die Wahrnehmung der Anlagerinteressen zu beachten (entsprechend Art. 7bis (1) Satz 2 des SICAR-Gesetzes).

II. Kapitel 2: Die Verwahrstelle

Auch SICAR müssen eine Verwahrstelle haben (entsprechend Art. 8 (1) des SICAR- **21** Gesetzes). Wegen der weiteren Details der Bestimmungen zur Verwahrstelle einer SICAR in Art. 8, 9 und 10 des SICAR-Gesetzes wird entsprechend auf das zu den Bestimmungen der Verwahrstelle von Spezialfonds in Form einer SICAV (basierend auf Art. 33–37 des Spezialfonds-Gesetzes) Gesagte verwiesen (siehe dort Rn. 87–96).

Insgesamt sei, nicht nur zu Fragen unter diesem Kapitel, auch auf das Dokument der **22** CSSF „Oft gestellte Fragen zu SICAR" vom 30. August 2012 (FAQ on SICARs) hingewiesen, das auf der Website der CSSF unter folgendem link abrufbar ist: http://www.cssf.lu/en/supervision/ivm/sicar/faq/ und zu verschiedensten Themen im Zusammenhang mit SICAR Standpunkte und Vorgehensweisen ausführt.

III. Kapitel 3: Zulassung und Überwachung

SICAR unterliegen wie Spezialfonds nach dem Spezialfonds-Gesetz der Zulassung **23** und Überwachung durch die CSSF (inhaltlich aus Art. 11–14 des SICAR Gesetzes). Grundsätzlich wird hinsichtlich Zuständigkeit und Überwachung der CSSF (Art. 11 des SICAR-Gesetzes, Aufnahme der Geschäftstätigkeit (Art. 12 des SICAR Gesetzes, Beleumdung der Geschäftsführer von SICAR und Verwahrstelle der SICAR (und Änderung derselben (Art. 12 (3) und (4) des SICAR Gesetzes), grundsätzliches Erfordernis des Sitzes der Zentralverwaltung in Luxemburg (Art. 12 (5) des SICAR-Gesetzes, Eintragung auf eine offizielle Liste zugelassener SICAR (sowie deren Beibehaltung – Art. 13 des SICAR-Gesetzes) und das Verbot der Darstellung der Eintragung auf die offizielle Liste als positive Qualitätsbewertung der Zweckmäßigkeit der SICAR (Art. 14 des SICAR-Gesetzes) entsprechend auf das zu den parallelen Bestimmungen für Spezialfonds (im Wesentlichen zu Art. 41 bis Art. 44 des Spezialfonds-Gesetzes) Gesagte verwiesen (siehe dort Rn. 104–124).

Auf Folgendes sei jedoch explizit hingewiesen: Die Errichtung oder Umstrukturie- **24** rung einer Struktur als SICAR ist im Sinne von Art. 12 des SICAR-Gesetzes der vorherigen Genehmigung der CSSF unterliegend. Eine irgendwie geartete Aktivität als SICAR vor einer Genehmigung der CSSF ist nicht zulässig. Dieses ergibt sich aus Art. 12 (1) und (2) des SICAR-Gesetzes sei hier jedoch nochmals ausdrücklich klargestellt.

25 In Art. 12 (5) des SICAR-Gesetzes ist das Erfordernis des Sitzes der Zentralverwaltung der SICAR in Luxemburg enthalten. Dieses ist obgleich der Rechtsverweis auf das AIFM-Gesetz in Teil II des SICAR-Gesetzes ggf. eine andere Interpretation möglich erscheinen lässt auch so anzuwenden, wenn eine SICAR einen in einem anderen EU-Staat (oder eventuell nach dem 22. Oktober 2015 auch einem Nicht-EU-Staat) ansässigen voll lizensierten AIFM ernannt hat. Sollte letzteres der Fall sein, wäre denkbar, um der Anforderung aus Art. 12 (5) des SICAR-Gesetzes zu genügen, die Zentralverwaltung ggf. durch den nicht in Luxemburg ansässigen EU AIFM an eine in Luxemburg ansässige Zentralverwaltung zu delegieren.

26 Die CSSF hat auf Ihrer Website grundlegende Informationen zum Zulassungsverfahren (auch betreffend Änderungen) ausgeführt. Für ein Zulassungsverfahren muss ein Formblatt der CSSF ausgefüllt werden (verfügbar unter folgendem Link auf der Website der CSSF: http://www.cssf.lu/surveillance/vgi/sicar/formulaires/) und es war im Rahmen des Verfahrens in den letzten Jahren normalerweise gefordert auch einen persönlichen Termin der Geschäftsleiter/Initiatoren bei und mit der CSSF, wahrzunehmen.

27 Die bei der CSSF tätigen Personen unterliegen selbstverständlich auch bei SICAV dem Berufsgeheimnis (entsprechend Art. 15 (1) des SICAR-Gesetzes). Die Regelung im SICAR-Gesetz entspricht inhaltlich weitestgehend der Regelung in Art. 134 des Gesetzes von 2010 – insbesondere auch was den Informationsaustauch mit anderen Behörden angeht – was wiederum die Konsistenz der jeweiligen Gesetze in den möglichen Bereichen zeigt.

28 Die Entscheidungen der CSSF in Vollzug des SICAR Gesetzes erfolgen mit Begründung und nach streitigem Verfahren (entsprechend Art. 16 (1) des SICAR-Gesetzes) und können sofern Erteilung, Zurückweisung oder Widerruf von Zulassungen nach dem SICAR-Gesetz betreffend vor dem Verwaltungsgericht angefochten werden (diese Regelung entspricht der Regelung in Art. 142 (1) und (2) des Gesetzes von 2010). Das gilt auch für Bußgeld-Entscheidungen nach Art. 17 des SICAR-Gesetzes (mögliche Bußgelder gegen Geschäftsleiter der SICAR betreffend die Nicht- oder mangelhafte Vorlage von Finanzberichten oder Informationen durch Geschäftsleiter bei freiwilligen Liquidationen von SICAR sowie gegen Personen die gegen das vorgenannte Verbot der Darstellung der Eintragung auf der offizielle Liste als positive Qualitätsbewertung der Zweckmäßigkeit der SICAR (siehe Art. 14 des SICAR-Gesetzes) verstoßen).

IV. Kapitel 4: Auflösung und Liquidation

29 Wegen der Bestimmungen zur Auflösung und Liquidation von SICAR (enthalten in Art. 18 bis 22 des SICAR-Gesetzes) wird, soweit anwendbar, entsprechend auf das zur Auflösung und Liquidation von Spezialfonds Gesagte (Art. 46 bis 50 des Spezialfonds-Gesetzes siehe dort Rn. 129–160) verwiesen. Dieser Verweis gilt nur insoweit als Spezialfonds in Form von SICAV betroffen sind.

V. Kapitel 5: Veröffentlichung eines Prospektes und eines Jahresberichtes

30 Die Ausführungen für die SICAR entsprechen in Wesentlichen den Ausführungen für den Spezialfonds (SIF), insofern wird generell auf die Ausführungen zu den Art. 52ff. des Spezialfonds-Gesetzes verwiesen (siehe dort Rn. 164–173). Die folgende Darstellung beschränkt sich auf die für SICAR relevanten Unterschiede.

31 **1. Art. 23.** Der SICAR ist das Konstrukt der Verwaltungsgesellschaft fremd. Eine Unterscheidung von Vertragsform („FCP“) oder Gesellschaftsform („SICAV“) existiert nicht, eine SICAR ist kraft Gesetz (im Rahmen der Rechtsformwahl lt. Art. 1 Abs. 1) eigener

Rechtsträger. Sagt das Gesetz somit „die SICAR muss" („La SICAR doit"), ergibt sich daraus ein Auftrag für die gesetzlichen Vertreter der SICAR, beispielsweise im Falle einer Aktiengesellschaft („Société Anonyme") für den Verwaltungsrat.

Das SICAR-Gesetz und das Spezialfonds-Gesetz unterscheiden sich vorrangig durch die veränderten Begrifflichkeiten. Während das Spezialfonds-Gesetz die Erstellung eines Emissionsdokumentes („document d'émission") fordert und den Begriff „Wertpapierprospekt" konsequent vermeidet, lehnt sich das 3 Jahre ältere SICAR-Gesetz begrifflich an damals das Gesetz von 2002 (heute das Gesetz von 2010) an und spricht von einem „Prospekt" („prospectus"). Daraus allein lassen sich jedoch noch keine inhaltlichen oder haftungsrechtlichen materiellen Unterschiede herleiten. 32

Analog zu Art. 52 Abs. 2 des Spezialfonds-Gesetzes ist der Jahresabschluss den Anlegern innerhalb von sechs Monaten zur Verfügung („mis à la disposition") zu stellen, die Ausführungen gelten analog. Jedoch enthält das SICAR-Gesetz die Klarstellung, dass der Jahresabschluss zusammen mit dem Bestätigungsvermerk des Abschlussprüfers („l'attestation du réviseur d'entreprises") bereitzustellen ist. Dieses Erfordernis fehlt dem Wortlaut des Spezialfonds-Gesetzes; vgl. jedoch die Ausführungen zu Art. 56 des Spezialfonds-Gesetzes. Eine Hinterlegungs- und Veröffentlichungspflicht ergibt sich insofern für die SICARs, die in einer der in Art. 77 des RCS-Gesetzes genannten Form gegründet sind: dies sind im Wesentlichen die beschränkt haftenden Gesellschaften. Stellt man dies den möglichen Rechtsformen für eine SICAR lt. Art. 1 Abs. 1 des SICAR-Gesetzes gegenüber, so entfällt die Veröffentlichungspflicht für Kommanditgesellschaften („société en commandite simplé") ohne beschränkt haftenden Gesellschafter als Vollhafter sowie für die „société en commandite spéciale", der neuen Luxemburger Gesellschaftsform ohne Rechtspersönlichkeit, deren Modalitäten (inklusive Rechnungslegung und Zugänglichmachen von rechnungslegungsrelevanten Informationen) im Wesentlichen vertraglich fixiert sind. Für alle anderen Gesellschaften wird die Hinterlegung im Rahmen der gesetzlichen Fristen, d.h. die Hinterlegung des festgestellten Jahresabschlusses inkl. Lagebericht und Bestätigungsvermerk des Abschlussprüfers innerhalb von sieben Monaten nach Bilanzstichtag, gefordert. 33

Im Bezug auf die Arbeit des Abschlussprüfers und die an die Aufsicht zu übermittelnden Informationen stellt das Rundschreiben CSSF 08/376 klar, dass die SICAR auch die vom Abschlussprüfer erhaltenen schriftlichen Empfehlungen („letter de recommandation", „Management Letter") zu etwaigen im Rahmen der Jahresabschlussprüfung festgestellten Kontrollschwächen an die CSSF weiterzuleiten hat. Falls keine solchen Feststellungen existieren, hat der Abschlussprüfer explizit eine Negativmeldung („une telle lettre n'a pas été émise", „Non-Management Letter") auszustellen. 34

2. Art. 24. Die gesetzlichen Anforderungen an den Prospekt im SICAR-Gesetz weichen im Wortlaut im französischen Original leicht von dem korrespondieren Artikel 53 des Spezialfonds-Gesetzes ab, sind aber inhaltlich deckungsgleich: Informationen, die es dem Anleger ermöglichen, eine informierte Einschätzung vorzunehmen („porter un jugement fondé [...]" im SICAR-Gesetz vs. „juger en plein connaissance de cause l'investissement [...]") bzgl. der vorgeschlagenen Anlage sowie der dazugehörigen Risiken („et les risques qui y sont associés" im SICAR-Gesetz vs. „et notamment les risques inhérents à celui-ci"). Im Spezialfonds-Gesetz erhält die notwendige Darstellung der Risiken ein relativ größeres Gewicht („notamment": „insbesondere"). Dies deckt sich mit der Zielsetzung der beiden unterschiedlichen Produkte: Während die SICAR ja gerade das Risiko als Chance sieht und die Anlage in Wagniskapital im Fokus hat, wohnen dem Spezialfonds (wenngleich gegenüber Publikumsfonds stark abgeschwächte) Risikodiversifikationsgedanken bei. Auch wenn der Anlegerkreis in beiden Fällen auf institutionelle bzw. ver- 35 sierte Anleger beschränkt ist, liegt das Hauptaugenmerk bei der SICAR – grob skizziert – eher im Eingehen von Risiken, während sich der Spezialfonds eher als aktiver Verwalter von Risiken sieht.

36 Bezüglich der inhaltlichen Anforderungen an den Jahresabschluss einer SICAR entspricht der Wortlaut des Art. 24 Abs. 2 genau der Formulierung des Art. 52 Abs. 4 Satz 2 des Spezialfonds-Gesetzes. Anders als beim Spezialfonds enthält das SICAR-Gesetz jedoch keinen Anhang, der die Darstellung im Jahresabschluss, abweichend von den handelsrechtlichen Anforderungen, produktspezifisch normiert. Über die Verweisungsnorm des Art. 3 Abs. 1 SICAR-Gesetz sind somit die einschlägigen in Luxemburg geltenden Rechnungslegungsgrundsätze zu beachten. Diese finden sich im Wesentlichen im Gesetz von 1915 in Verbindung mit dem Gesetz vom 19. Dezember 2002 zum Handels- und Firmenregister sowie zur Buchhaltung und den Jahreskonten der Unternehmen. Dabei hat die Rechnungslegung grundsätzlich gem. Art. 12 des Code de Commerce einem standardisierten Kontenplan („plan comptable") zu entsprechen, dessen Form und Inhalt über die großherzogliche Verordnung vom 10. Juni 2009 festgelegt wurde. Jedoch formuliert Art. 13 des Code de Commerce (in der Fassung in Folge des Gesetzes vom 10. Dezember 2010) Ausnahmen für die Anwendung dieses Kontenplans für gewisse Gesellschaften, unter anderem für Gesellschaften zur Anlage in Risikokapital („[...] aux sociétés d'investissement à capital à risque[...]").

37 Weiterhin einschlägig sind jedoch Aufbau und Bezeichnung der jeweiligen Positionen innerhalb der Bilanz und Gewinn- und Verlustrechnung, die sich im Wesentlichen nach den Artikeln 34 sowie 46 des RCS-Gesetzes richten. Als Formvorschrift ist zu beachten, dass die generelle Reihenfolge der jeweiligen Posten beizubehalten ist und die Gliederung dem Gesetz nach in römischen Ziffern, arabischen Ziffern und Großbuchstaben zu erfolgen hat. Ein Nullausweis ist, insofern die korrespondierenden Vorjahreswerte ebenfalls einen Nullansatz vorsahen, nicht vorzunehmen, d.h. der Posten kann ersatzlos aus dem Jahresabschluss gestrichen werden.

38 Anders als bei OGAW oder SIF erfolgt die Erfassung der Wertveränderung der Vermögensgegenstände und Verbindlichkeiten gemeinhin nicht in einer Position außerhalb der Ertrags- und Aufwandsrechnung. Stattdessen werden alle Wertveränderungen erfolgswirksam innerhalb der Gewinn- und Verlustrechnung ausgewiesen. Jedoch zeigt sich hier bereits ein Bruch mit oben benannter Methodik: dem Gesetz nach vorgesehen ist ein Ausweis von Wertminderungen gem. Art. 46 Nr. A 6 RCS-Gesetz: „Corrections de valeurs et ajustement de juste valeur sur immobilisations financières", in der deutschen Entsprechung „Wertberichtigungen und Anpassungen auf den niedrigeren beizulegenden Zeitwert (Fair Value) der Finanzanlagen". Eine korrespondierende Entsprechung auf der Ertragsseite findet sich nicht – dies ist Ausfluss des in Luxemburg geltenden Anschaffungskostenprinzips, d.h. eines Verbotes der Wertzuschreibung des Vermögens über die (fortgeführten) Anschaffungskosten hinaus. Im Falle der SICAR jedoch greift, abweichend von dieser Logik, die Bewertungsvorschrift des Art. 5 Abs. 3 SICAR-Gesetz, der ein Fair Value Regime nicht nur empfiehlt, sondern fordert: „[...] se base sur la juste valeur", „basiert auf dem beizulegenden Zeitwert (Fair Value)". Die Modalitäten werden in der Satzung bzw. dem Gesellschaftervertrag fixiert, diese dürfen diesem Prinzip dem Gesetz nach jedoch nicht zuwiderlaufen – anders als im Spezialfonds-Gesetz, das zwar das Fair Value Prinzip als Basisfall definiert, jedoch auch andere Bewertungsmodalitäten zulässt (vgl. Art. 9 und Art. 28 Abs. 4 Spezialfonds-Gesetz: „sauf disposition contraire [...]"). Insofern ist der Spielraum des gesetzlichen Vertreters der SICAR wesentlich eingeschränkt und alle mit der Bewertung zum beizulegenden Zeitwert zusammenhängenden Problematiken rücken bei der Wahl der SICAR als Vehikel in den Vordergrund. Im Bezug auf den Ausweis im Jahresabschluss heißt dies, dass eine Subsumtion von zu

berücksichtigenden Werterhöhungen in Analogie zu Art. 46 Nr. B 4 Buchstabe a RCS-Gesetz nicht zielführend ist: „Corrections de valeur sur frais d'établissement et sur immobilisations corporelles et incorporelles", auf Deutsch „Wertaufholungen zu Gründungskosten und zu Sachanlagen und immateriellen Anlagewerten". Aus Transparenzgründen ist es jedoch nicht zu beanstanden, wenn innerhalb der Erträge die – gesetzlich eigentlich nicht vorgesehene – Position „Wertberichtigungen und Anpassungen auf den höheren beizulegenden Zeitwert (Fair Value) der Finanzanlagen" entsprechend ausgewiesen wird. Im Vergleich zu „regulären" Handelsgesellschaften zeigten sich die Akteure bezüglich der Rechnungslegung der SICAR bislang relativ flexibel, solange das tatsächliche Bild der Vermögens-, Finanz- und Ertragslage der Gesellschaft nicht verzerrt wird.

Ein eigener Posten für realisierte Gewinne oder Verluste (analog zu SIF oder OGAW) **39** wird sich jedoch unter Anwendung des RCS-Gesetzes im SICAR-Abschluss nicht finden lassen. Zum Ausweis von Verlusten aus dem Verkauf von Finanzanlagen bietet sich Art. 46 Nr. A 7 RCS-Gesetz an „Corrections de valeurs et ajustement de juste valeur sur éléments financiers de l'actif circulant. Moins-values de cessions des valeurs mobilières.", auch wenn sich das Finanzanlagevermögen nicht unbedingt primär aus Wertpapieren („valeurs mobilières") zusammensetzt.

Führt man sich die Gliederung des Kontenplans gem. großherzoglicher Verordnung **40** vom 10. Juni 2009 vor Augen und vergleicht sie mit den jeweiligen Überschriften des RCS-Gesetzes, so scheint der Gesetzgeber etwaige Gewinne aus der Äußerung der Finanzanlagen unter „Erträge aus Finanzanlagen" subsummiert sehen zu wollen. Generell sollte die Position jedoch ohnehin im Rahmen einer Anhangangabe näher erläutert werden, um gegebenenfalls laufende Erträge (Beteiligungserträge, Dividenden) von realisierten Gewinnen (z.B. aus Verkauf des Vermögensgegenstandes) trennen zu können.

Auch wenn die SICAR im allgemeinen Sprachgebrauch ein Fonds ist, wird die Bilanz **41** nicht nach der für Fonds üblichen Darstellung des Nettoinventarwertes als Residualgröße aus Aktiva und Passiva dargestellt. Stattdessen wird auch das Eigenkapital gesondert dargestellt, bestehend aus gezeichnetem Kapital („capital souscrit"), evtl. Aufgeld („primes d'émissions") sowie Jahresüberschuss („résultat de l'exercice") und ggf. Ergebnisvortrag („résultats reportés"). Eine gesetzliche Rücklage wird gem. Art. 6 Abs. 1 SICAR-Gesetz, abweichend von den üblicherweise für Handelsgesellschaften geltenden Bestimmungen, nicht vorgesehen. Eine Aufstellung des Jahresabschlusses unter Berücksichtigung der Ergebnisverwendung oder teilweiser Ergebnisverwendung ist im Luxemburger Handelsrecht nicht vorgesehen.

Bezüglich die Aufstellung konsolidierter SICAR-Jahresabschlüsse gelten die Ausfüh- **42** rungen zu Art. 52 Abs. 5 Spezialfonds-Gesetz analog, auch wenn die Ausführungen in den jeweiligen Gesetzen sich vom Wortlaut her unterscheiden: „[...] la SICAR est exempte de l'obligation d'établir des comptes consolidés" befreit die SICAR (unmissverständlich) von der Pflicht zur Aufstellung eines konsolidierten Jahresabschlusses. Im Falle des SIF heißt es dahingegen „[...] les fonds d'investissement spécialisés visés par la présente loi ainsi que leur filiales sont exempts de l'obligation de consolider les sociétés détenues à titre d'investissement", d.h. der Spezialfonds ebenso wie seine Tochtergesellschaften sind von der Pflicht zur Konsolidierung der zu Anlagezwecken gehaltenen Gesellschaften befreit. Auf Ebene des Fonds selbst bedeutet dies jedoch nicht, dass etwa eine Prüfung der gehaltenen Gesellschaften bzw. Einordnung derselben zu Anlagezwecken vs. Nicht-Anlagezwecken erfolgen muss – dies ist nämlich bereits durch die Wahl des Spezialfonds als Vehikel gem. Art. 1 Abs. 1 Spezialfonds-Gesetz per se abgedeckt, da ja eine Holding-Gesellschaft gerade eben kein Spezialfonds sein kann. Im Ergebnis wäre für die SICAR also kein „look-through" gefordert.

43 Jedoch hat die Aufsicht im Rahmen der – die rechtliche Bindungswirkung mag als nicht abschließend geklärt eingestuft werden – Veröffentlichung der FAQ on SICARs vom 30. August 2012 in Punkt 9 klargestellt, dass es nach Verwaltungsauffassung den Prinzipien des „true and fair view" („les principes de l'image fidèle") entspricht, die für die Ausübung der Anlagestrategie gehaltenen Zweckgesellschaften („sociétés intermédiaires"; „Special Purpose Vehicle") im Sinne eines „look through" Prinzipes zu konsolidieren. Eine Abweichung davon wurde bislang jedoch akzeptiert, wenn die über die SPV gehaltenen Zielinvestments transparent im Rahmen einer Anhangangabe dargestellt werden, d.h. nicht innerhalb der (oftmals ungeprüften) Zweckgesellschaften „versteckt" werden.

44 **3. Art. 25.** Anders als etwa bei SIF sind die Gründungsunterlagen („les documents constitutifs") der SICAR integraler Bestandteil des Prospektes und an diesen anzuhängen („annexés"), es sei denn diese werden dem Anleger auf Anfrage zugesandt („avoir communication") bzw. informiert, wo diese eingesehen werden können („connaître l'endroit où il pourra les consulter").

45 **4. Art. 26.** Die Ausführungen des Art. 54 Spezialfonds-Gesetz gelten analog. Diese Rechtsnorm des SICAR-Gesetzes verpflichtet die SICAR nicht dazu, den aktualisierten Prospekt bei der CSSF einzureichen, dies ergibt sich jedoch aus Art. 28 desselben Gesetzes. Da SICAR jedoch meist nach Gründung keine Neu-Investoren zulassen, sondern die Gelder der Investoren über die vordefinierte Laufzeit der Gesellschaft geschlossen investieren, erübrigt sich eine regelmäßige Anpassung des Prospektes, da es am Tatbestand der neuen Anleger („nouveaux investisseurs") fehlt: Eine Aufstockung bestehender Anteile bzw. bloße Einzahlung im Vorfeld abgegebener Zeichnungsverpflichtungen durch bestehender Anleger bedingt keine neuerliche, im Rahmen der Erstzeichnung durchgeführten, Beurteilung wesentlicher Angaben des Prospektes.

46 **5. Art. 27, 28 und 29.** Diese Artikel entsprechen in Art und Umfang den Art. 55, 56 und 57 Spezialfonds-Gesetz und sind mutatis mutandis anzuwenden. Ein Unterschied lässt sich jedoch feststellen mit Bezug auf die Pflicht zur Übermittlung von Informationen an die Anleger: Für Anleger in Spezialfonds spricht Art. 57 Abs. 1 Spezialfonds-Gesetz von „Zeichnern" („souscripteurs"), die einen Rechtsanspruch auf Erhalt des Emissionsdokuments („document d'émission") haben, falls gewünscht („die, die ihn anfragen"/„qui le demandent"), gleiches gilt für den Jahresabschluss. Für SICAR wird eine andere Formulierung gewählt, hier heißt es der jeweils letztgültige („actuellement en vigueur") Prospekt („prospectus") muss Zeichnern angeboten werden („doivent être offerts"), bevor ein Vertragsverhältnis zustande kommt („avant la conclusion du contrat"). Es handelt sich also um einen aktiv durch die SICAR zu initiierenden Akt, wohingegen die Vertreter des SIF nur die Verpflichtung zur Bereithaltung der Dokumente auf Anfrage haben. Der praktische Unterschied ist gering, da es im eigenen Interesse der Fondsinitiatoren sein dürfte, mögliche Haftungstatbestände von Vornherein auszuschließen und eine aktive Aufklärung über mögliche Risiken durch Überreichung des Emissionsdokuments/Prospekts zu betreiben.

VI. Kapitel 6: Veröffentlichung sonstiger Informationen

47 Der Inhalt dieses Kapitels beschränkt sich auf das Festhalten der Notwendigkeit des Hinweises in Werbung zum Erwerb von Anteilen der SICAR auf den im vorherigen Kapitel behandelten Prospekt/Emissionsdokument und wo dieser erhältlich ist (entsprechend Art. 31 des SICAR-Gesetzes).

VII. Kapitel 7: Mitteilung anderer Informationen an die CSSF

Art. 32 des SICAR-Gesetzes enthält, inhaltlich entsprechend zu Art. 58 des Spezialfonds-Gesetzes das umfassende Recht der CSSF Informationen einzufordern. Auf das zu Art. 58 des Spezialfonds-Gesetzes Gesagte (siehe dort Rn. 174) wird entsprechend verwiesen. 48

VIII. Kapitel 8: Bezeichnungsschutz

Art. 34 des SICAR-Gesetzes enthält, inhaltlich entsprechend zu Art. 59 des Spezialfonds-Gesetzes die Bestimmungen zum Schutz der Bezeichnung „SICAR". Auf das zu Art. 59 des Spezialfonds-Gesetzes Gesagte (siehe dort Rn. 175–177) wird entsprechend verwiesen. 49

IX. Kapitel 9: Steuerliche Bestimmungen

Wenngleich die SICAR in vielen Belangen, gerade was die tägliche oder monatliche Abwicklung der zugrundeliegenden Geschäfte angeht, einem Spezialfonds gleicht, so ist doch die steuerliche Behandlung klar abweichend von der eines „klassischen" Luxemburger Fonds (Teil I Fonds, Teil II Fonds, SIF). Für die klassischen Fonds greift gemeinhin eine allumfassende Steuerbefreiung, d.h. es fallen keine Körperschaftsteuer, keine Gewerbesteuer, keine Vermögenssteuer und bei Ausschüttung keine Quellensteuer an. An deren Stelle tritt eine vermögenssteuerähnliche Substanzbesteuerung, die Taxe d'Abonnement. 50

Die SICAR hingegen – in Form einer Kapitalgesellschaft – ist grundsätzlich eine steuerpflichtige Handelsgesellschaft. Als steuerpflichtige Gesellschaft steht ihr also auch die Inanspruchnahme der zahlreichen Doppelbesteuerungsabkommen (DBA), die Luxemburg mit über 75 Ländern abgeschlossen hat, zu. Die Steuerpflicht erstreckt sich auf die Körperschaftsteuer („Impôt sur le revenu des collectivités", IRC) genauso wie auf die Gewerbesteuer („Impôt commercial communal", ICC). Der anwendbare Steuersatz für die Körperschaftsteuer beträgt 21% bei steuerpflichtigen Einkünften über 15.000 EUR zuzüglich 7% Zulage für den Beschäftigungsfonds („Fonds pour l'emploi"), insgesamt also höchstens 22,47%. Die Gewerbesteuer beträgt 3% multipliziert mit dem Hebesatz, der in der Gemeinde Luxemburg, wo die meisten SICARs ihren satzungsrechtlichen Sitz haben, 225% beträgt, insgesamt also 6,75%. Kombiniert ist also mit einer Ertragsteuerbelastung i.H.v. 29,22% zu rechnen. 51

Demgegenüber stehen jedoch umfangreiche Befreiungsvorschriften. So regelt das Gesetz in Art. 34, dass die steuerpflichtigen Einkünfte ganz explizit nicht Einkünfte aus Wertpapieren, sowie aus der Übertragung, Einlage oder Rücknahme dieser Vermögensgegenstände, beinhalten. Selbiges gilt für Einkünfte aus Vermögenswerten wie etwa Bankguthaben, welche zu einer nachfolgenden Risikoanlage i.S.d. Gesetzes bestimmt sind, insofern die Anlage in selbige auch nachweislich tatsächlich erfolgt innerhalb von zwölf Monaten. Der Begriff des Wertpapiers in diesem Zusammenhang ist eher weit auszulegen mag auch Gesellschaftsanteile in nicht verbriefter Form, wie GmbH- oder S.à r.l.-Anteile umfassen. Andere Einkunftsquellen – beispielsweise Zinserträge aus Bankguthaben wenn nicht innerhalb von zwölf Monaten investiert wird – werden der normalen Besteuerung unterworfen. Bei der Gewinnermittlung bleiben Aufwendungen, die zur Erzielung steuerfreier Einkünfte erzielt werden, außer Acht. 52

Aufgrund der speziellen Anlagepolitik einer SICAR ähneln die umfassenden Befreiungen effektiv einer kompletten Steuerfreiheit. Relevant auf Ebene der Körperschaft- 53 steuer ist jedoch die Mindestbesteuerung, die im Wege einer anrechenbaren (nicht jedoch erstattungsfähigen) Vorauszahlung erhoben wird. Insofern die Aktiva der SICAR zu mehr als 90% aus Finanzanlagevermögen, Forderungen gegenüber verbundenen Unternehmen und/oder Bankguthaben bestehen – was der absolute Regelfall ist – fällt eine Mindestbesteuerung i.H.v. 3.000 EUR zuzüglich 7% Zulage für den „Fonds pour l'emploi", insgesamt also 3.210 EUR, an.

54 Die Besteuerung als solche hängt jedoch immer von der gewählten Rechtsform der SICAR ab, die ja eine Kommanditgesellschaft (SCS), Spezialkommanditgesellschaft (SCSp), Kommanditgesellschaft auf Aktien (SCA), Genossenschaft in Form einer Aktiengesellschaft, Gesellschaft mit beschränkter Haftung (S.à r.l.) oder Aktiengesellschaft (SA) sein kann. Ist die gewählte Rechtsform steuerlich transparent und eine gesonderte und einheitliche Gewinnermittlung zum Zwecke der Besteuerung beim Anteilsinhaber vorgesehen – wie bei der Kommanditgesellschaft – so entfällt auch die Gewerbesteuerpflicht aufgrund des Fehlens einer gewerblichen Tätigkeit.

55 Gemäß Art. 35 ist die SICAR von der Vermögenssteuerpflicht befreit. Eine ersatzweise Besteuerung, wie die bei OGA vorherrschende Taxe d'abonnement, existiert für SICAR nicht.

56 Ausschüttungen einer SICAR an die Aktionäre sind quellensteuerbefreit.

X. Kapitel 10: Strafbestimmungen

57 Wegen der allgemeinen und grundsätzlichen Anmerkungen zu dem in diesem Kapitel enthaltenen besonderen Strafrecht wird entsprechend auf das zu Kapitel 22 des Gesetzes von 2010 Gesagte verwiesen (siehe dort Rn. 352).

58 Art. 39 des SICAR-Gesetzes enthält noch eine Geldstrafe von 500 Euro bis 25.000 Euro für die Erweckung des Anscheins, dass eine Zulassung nach dem SICAR-Gesetz vorliegt (Verwendung der Bezeichnung nach Art. 33 des SICAR-Gesetzes ohne dass eine Zulassung nach Art. 12 des SICAR-Gesetzes vorliegt). Das ist zwar sowohl inhaltlich, als auch in der Höhe mehr als eine Geldbuße nach Art. 16 und 17 des SICAR-Gesetzes (siehe zuvor) passt sich aber logisch in die Steigerung des „Verstoßes" ein. Mit Geld- oder Haftstrafe wird dann bestraft, wer als Gründer oder Geschäftsleiter einer SICAR gegen die Bestimmungen zur Ausgabe von Anteilen oder der Bewertung (Art. 5 des SICAR-Gesetzes) verstoßen hat (entsprechend Art. 41 des SICAR-Gesetzes), wer Geld bei beabsichtigten Anlegern einsammelt oder einsammeln lässt, ohne dass die SICAR auf der offiziellen Liste der SICAR nach Art. 13 des SICAR-Gesetzes eingetragen ist (entsprechend Art. 42 des SICAR-Gesetzes) und wer als Geschäftsleiter abweichend von Art. 18 des SICAR-Gesetzes (also im Rahmen von Auflösung und Liquidation) ohne Ermächtigung andere als erhaltende Maßnahmen getroffen hat (entsprechend Art. 42 des SICAR-Gesetzes).

XI. Kapitel 11: Schlussbestimmung

59 Diese beschränken sich auf den Verweis, dass die Bezugnahme auf das SICAR-Gesetz in genannter verkürzter Form erfolgen kann (entsprechende Regelungen zum Gesetzesverweis enthalten das Spezialfonds-Gesetz, wie auch das Gesetz von 2010).

XII. Kapitel 12: Abändernde Bestimmung

60 Die einzige Bestimmung in Art. 45 des SICAR-Gesetzes hat sich inzwischen überholt.

C. Teil II: Besondere Bestimmungen für SICAR deren Verwaltung von einem Verwalter, der gemäß Kapitel 2 des Gesetzes vom 12. Juli 2013 über die Verwalter alternativer Investmentfonds oder Kapitel II der Richtlinie 2011/61/EU zugelassen ist, vorgenommen wird

Parallel zu Teil II des Spezialfonds-Gesetzes sind in Teil II des SICAR-Gesetzes die besonderen Bestimmungen für SICAR enthalten, die durch einen voll lizensierten AIFM verwaltet werden (entweder intern, die SICAR selbst als ein voll lizensierter AIFM oder durch einen externen AIFM). Die Bestimmungen in Art. 46 bis 53 des SICAR-Gesetzes entsprechen im Wesentlichen denen in Art. 79 bis 86 des Spezialfonds-Gesetzes, so dass unter Ausnahme dessen was für die Spezialfonds in Form eines Sondervermögens anwendbar ist, generell inhaltlich auf das dort Gesagte verwiesen wird (siehe dort Rn. 211–229). **61**

Abweichend vom Spezialfonds-Gesetz verweist Art. 52 des SICAR-Gesetzes ausdrücklich auf die Informationspflicht gegenüber der CSSF nach Art. 24 der AIFM-Richtlinie (Informationspflichten von AIFM die AIF verwalten, die die Kontrolle über ein nicht börsennotiertes Unternehmen erlangen), enthält jedoch keinen ausdrücklichen Verweis auf die Bestimmungen zur Übertragung von Aufgaben auf Dritte (siehe Art. 85 des Spezialfonds-Gesetzes). **62**

D. Teil III: Übergangsbestimmungen

Alle vor dem 22. Juli 2013 gegründeten SICAR erhielten eine Frist bis zum 22. Juli 2014 um den Anforderungen aus Art. 7bis des SICAR Gesetzes (Vermeidung von Interessenkonflikten, bei potenziellen Interessenkonflikten Grundprinzip Wahrnehmung der Anlagerinteressen etc. siehe vorstehend) zu entsprechen. Dieses war also auch für „Bestands-SICAR“ zu erfüllen. **63**

Daneben verhält es sich mit den Übergangsbestimmungen in Teil II des SICAR-Gesetzes ähnlich wie mit den Übergangsbestimmungen in Teil II des Spezialfonds-Gesetzes. Art. 55 des SICAR Gesetzes entspricht Art. 87 des Spezialfonds-Gesetzes mit Ausnahme der Bestimmungen im Spezialfonds-Gesetz, die auf Spezialfonds in Form von Sondervermögen anwendbar sind. Unter Ausnahme dieser letztgenannten Bestimmungen wird hier inhaltlich entsprechend auf das zu Art. 87 des Spezialfonds-Gesetzes Gesagte verwiesen (siehe dort Rn. 230–234). **64**

Das AIFM-Gesetz (AIFM)

Systematische Übersicht

A. Entstehung und Bedeutung

Das AIFM-Gesetz wurde im Rahmen des Luxemburger Umsetzungsgesetzes zur AIFM-Richtlinie komplett neu erstellt. In ihm sind die zur Umsetzung der AIFM-Richtlinie notwendigen gesetzlichen Kernregelungen betreffend die AIFM enthalten. Das Luxemburger Umsetzungsgesetz enthält darüber hinaus die zur Umsetzung der AIFM-Richtlinie notwendigen Änderungen/Ergänzungen und Verweise insbesondere in den Gesetzen, die die regulierten Fonds- bzw. Investmentprodukte betreffen, d.h. im Wesentlichen dem Gesetz von 2010, dem Spezialfonds-Gesetz und dem SICAR-Gesetz. Das AIFM-Gesetz ist also kein Gesetz, das (primär) ein Fonds- bzw. Investmentprodukt behandelt, sondern ein Gesetz, das den Verwalter von Fonds- bzw. Investmentprodukten, den AIFM, behandelt. Selbstverständlich gibt es zum einen indirekte Auswirkungen auf von bestimmten AIFM verwaltete Fonds- bzw. Investmentprodukte (siehe zum Beispiel in Art. 21 des AIFM-Gesetzes) wie auch in der Form, dass Fonds- bzw. Investmentprodukte, die gleichzeitig selbst der AIFM sind (sogenannte Interne AIFM), natürlich (auch) den Bestimmungen des AIFM-Gesetzes unterliegen. 1

Aufgrund der Gestaltung und dem Wortlaut des Gesetzes kann durchaus gesagt werden, dass die AIFM-Richtlinie nicht nur umgesetzt wurde, sondern quasi Vorlage für das AIFM-Gesetz war. Insoweit steht das AIFM-Gesetz in einer gewissen, man kann sagen wohlbewährten, Tradition mit zum Beispiel dem Gesetz von 2010 bei dem entsprechend 2 die OGAW IV-Richtlinie, wie dort einleitend erwähnt, ebenfalls an vielen Stellen quasi Vorlage war.

3 Interpretatorisch heißt dies, dass die Freiheit der Richtlinie wiederum in der weitest möglichen Art und Weise auszunutzen versucht wurde (wohlgemerkt jedoch nur in der nach europäischem Recht zulässigen Art und Weise). Daneben war wiederum das Bestreben einerseits durch die AIFM-Richtlinie gewährte Optionen in der bestmöglichen Gestaltung auszuschöpfen und gleichzeitig, im Verbund mit den Änderungen/Ergänzungen und Verweisen in den bestehenden Luxemburger Gesetzen, das Gesamtumfeld sowohl für die Errichtung von „registrierten" oder „voll zugelassenen", „voll lizensierten" AIFM als auch für die Verwaltung als AIFM von regulierten oder nicht-regulierten Fonds- bzw. Investmentprodukten (insgesamt jene die AIF im Sinne der Definition nach Art. 1 (39) des AIFM-Gesetzes sind) in diesem Zusammenhang, im Rahmen des in der EU zulässigen Rahmens, attraktiv zu gestalten.

4 Dem subjektiven Empfinden nach ist bei der Anwendung und dem praktischen Verständnis des AIFM-Gesetzes jedoch in noch stärkerem Masse als zum Beispiel bei der Umsetzung der OGAW-Richtlinien auf weitere Verordnungen, Leitlinien, Rundschreiben und selbst sogenannte *Q&A (Questions & Answers)* oder *FAQ (Frequently Asked Questions)*, insbesondere von Seiten der EU und der ESMA, in dem Umfang nach geringerem Maße der CSSF zu achten, um Details der Auslegung und des Verständnisses zumindest innerhalb dieser Präzisierungen ordnungsgemäß einzuhalten. Im Zusammenhang mit Regelungen der EU oder der ESMA in besonderem Maße, da der Wortlaut der Luxemburger Regelungen weitgehend identisch zur AIFM-Richtlinie ist, und nur wenige Abweichungen zu erkennen sind. Eine restriktivere Auslegung als durch den von der EU gesetzten Rahmen vorgegeben ist in den nationalen Luxemburger Bestimmungen grundsätzlich nicht enthalten. Die Anwendungspräzisierung ist jedoch mitunter notwendig um innerhalb der Luxemburger Strukturen diesen Rahmen einzuordnen. Dennoch bleiben nach den bisherigen Erfahrungen Detailfragen offen und wie bei jeder neuen Richtlinie und den daraus entstehenden Gesetzen und Verordnungen wird die eine oder andere Frage der Anwendung erst mit der Zeit evidenter beantwortet werden können, oder überhaupt erst gestellt werden. Folglich sind auch heute noch Aufsichtsbehörden und Industrie dabei sich den neuen Gegebenheiten anzupassen und teilweise zu eruieren was genau die Anforderungen im Einzelfall sind und wie die Umsetzung dieser Anforderungen dann praktisch aussehen kann bzw. muss. Die folgenden Ausführungen können daher im besonderen Maße nur eine Momentaufnahme sein.

5 Ausgehend vom AIFM-Gesetz soll hier zu Beginn ein kurzer formaler Überblick über in der Anwendung und Auslegung bzw. Präzisierung der Anforderungen relevante Texte gegeben werden. Nicht jedes dieser Dokumente befasst sich mit allen Themen bzw. intensiv mit allen Themen. Nachstehend werden einige wesentliche relevante Texte (keine abschließende Liste, wegen weiterer Texte wird auf die Website der CSSF (*www.cssf.lu*) verwiesen) aufgelistet.

- AIFM Richtlinie
- Kommission FAQ[1]
- AIFM-Gesetz gegebenenfalls mit direktem Verweis auf die AIFM-Richtlinie
- CSSF Rundschreiben 14/581[2]

---

1 **Kommission FAQ**: Häufig gestellte Fragen betreffend die Richtlinie über Verwalter alternativer Investmentfonds, veröffentlicht von der Europäischen Kommission (*FAQ on the Alternative Investment Fund Managers Directive published by the European Commission*).

2 **CSSF Rundschreiben 14/581**: Rundschreiben der CSSF 14/581 Neue, für Verwalter alternativer Investmentfonds geltende Berichtspflichten (*CIRCULAIRE CSSF 14/581 Nouvelles obligations en matière de reporting applicables aux gestionnaires de fonds d'investissement alternatifs*).

- Delegierte Verordnung[3]
- ESMA Leitlinien Schlüsselbegriffe[4]
- ESMA Leitlinien Berichtspflichten[5]
- ESMA Leitlinien Vergütungspolitiken[6]
- ESMA Q&A[7]
- CSSF AIFM FAQ[8]

Ergänzend zu den nachstehenden Ausführungen, die nicht abschließend sein können, ist insbesondere bei dieser Dichte an weitergehenden bzw. detaillierenden Bestimmungen stets angezeigt, eine Prüfung hinsichtlich ggf. relevanter Verordnungen, Leitlinien, Rundschreiben, Q&A oder FAQ durchzuführen. 6

I. Kapitel 1: Allgemeine Bestimmungen

Art. 1 des AIFM-Gesetzes behandelt ausschließlich die im AIFM-Gesetz verwendeten Definitionen. Es erstaunt aufgrund des eingangs Gesagten nicht, dass diese Liste der Definitionen und deren Inhalt abgesehen von wenigen für Luxemburg typischen Definitionen, wie zum Beispiel der der CSSF, diese Liste der Definitionen und deren Inhalt den in Art. 4 der AIFM-Richtlinie aufgeführten Definitionen entspricht. 7

Auf bestimmte Definitionen des AIFM-Gesetzes wird im Folgenden bei deren Verwendung ggf. näher eingegangen werden.

Gegenstand und Geltungsbereich des AIFM-Gesetzes sind Zulassung, laufende Tätigkeit und die Transparenz von in Luxemburg errichteten[9] AIFM,[10] die AIF[11] in der Euro- 8

---

3 **Delegierte Verordnung**: Delegierte Verordnung (EU) Nr. 231/2013 der Kommission vom 19. Dezember 2012 zur Ergänzung der Richtlinie 2011/61/EU des Europäischen Parlaments und des Rates im Hinblick auf Ausnahmen, die Bedingungen für die Ausübung der Tätigkeit, Verwahrstellen, Hebelfinanzierung, Transparenz und Beaufsichtigung.

4 **ESMA Leitlinien Schlüsselbegriffe**: Berichtigte Fassung vom 30.1.2014 der am 13.8.2013 veröffentlichten Leitlinien zu Schlüsselbegriffen der Richtlinie über die Verwalter alternativer Investmentfonds (ESMA/2013/611).

5 **ESMA Leitlinien Berichtspflichten**: 8.8.2014/ESMA/2014/869DE Leitlinien zu den Berichtspflichten gemäß Artikeln 3(3)(d) und 24(1), (2) und (4) AIFMD.

6 **ESMA Leitlinien Vergütungspolitiken**: 3.7.2013/ESMA/2013/232 Leitlinien für solide Vergütungspolitiken unter Berücksichtigung der AIFMD.

7 **ESMA Q&A**: 11. November 2014/ESMA 2014/1357 Fragen und Antworten Anwendung der AIFMD *11 November 2014/ESMA/2014/1357 Questions and Answers Application of the AIFMD.*

8 **CSSF AIFM FAQ**: Häufig gestellte Fragen (Version 8, 29. Dezember 2014) betreffend das Luxemburger Gesetz vom 12. Juli 2013 über Verwalter alternativer Investmentfonds sowie die Delegierte Verordnung (EU) Nr. 231/2013 der Kommission vom 19. Dezember 2012 zur Ergänzung der Richtlinie 2011/61/EU des Europäischen Parlaments und des Rates im Hinblick auf Ausnahmen, die Bedingungen für die Ausübung der Tätigkeit, Verwahrstellen, Hebelfinanzierung, Transparenz und Beaufsichtigung (*Frequently Asked Questions (version 8, 29 December 2014) concerning the Luxembourg Law of 12 July 2013 on alternative investment fund managers as well as the Commission Delegated Regulation (EU) No 231/2013 of 19 December 2012 supplementing Directive 2011/61/EU of the European Parliament and of the Council with regard to exemptions, general operating conditions, depositaries, leverage transparency and supervision.*

9 Im Französischen Originaltext des AIFM-Gesetzes wird in Art. 1 (33) der Begriff *établi* für erreichtet verwendet. Dieser Begriff wurde, wie in der Französischen Fassung der AIFM-Richtlinie in Art. 4 (1) j) als solcher für AIFM mit *ayant son siege statutaire*, d.h. entsprechend der Deutschen Fassung der AIFM-Richtlinie unter dem gleichen Artikel als Definition von „mit Sitz in" für AIFM als „mit satzungsmäßigem Sitz in" definiert. In geläufigen Übersetzungen des AIFM-Gesetzes kann es durchaus vorkommen, dass für AIFM die Definition **„errichtet"** oder **„ansässig"** an Stelle von **„mit Sitz in"** verwendet wird.

10 Im Französischen Originaltext des AIFM-Gesetzes wird der Begriff *gestionnaires* als Teil der Gesamt-Definition von *gestionnaires de FIA* (=AIF), d.h. AIFM, in Art. 1 (46) des AIFM-Gesetzes verwendet. Die Definition lautet übersetzt: **„Verwalter von AIF (AIFM)**: jede juristische Person, deren reguläre

päischen Union verwalten und/oder vertreiben (entsprechend Art. 2 des AIFM-Gesetzes).

Aus der verwendeten Bezeichnung AIF ohne weitere Eingrenzung folgt schon was in Art. 2 (1) 2. Absatz des AIFM-Gesetzes (in inhaltsgleicher aber verkürzter Formulierung von Art. 2 der AIFM-Richtlinie) weiter spezifiziert wurde, nämlich, dass dieses unabhängig davon gilt, ob diese AIF in Luxemburg, einem anderen Mitgliedstaat[12] oder einem Nicht-EU-Staat (einem sogenannten Drittland)[13] und unabhängig von Rechtsstruktur, Rechtsform, ob offen oder geschlossen, errichtet wurden.

9 Gleichsam gilt das Gesetz auch für Nicht-EU-AIFM[14] die EU-AIF[15] oder Nicht-EU-AIF[15] verwalten oder vertreiben, wenn Luxemburg als Referenzmitgliedstaat,[16] also der EU-

---

Geschäftstätigkeit darin besteht, einen oder mehrere AIF zu verwalten." Die Verwendung der Begriffe sowie die Definition ist identisch zu der Definition in Art. 4 (1) b) der Französischen Fassung der AIFM-Richtlinie und in der Deutschen Fassung der AIFM-Richtlinie an gleicher Stelle in inhaltsgleich nur als „AIFM" definiert.

11 Im Französischen Originaltext des AIFM-Gesetzes wird *fonds d'investissement alternatifs (FIA)* in Art. 1 (39) des AIFM-Gesetzes, inhaltsgleich zu der Französischen Fassung der AIFM-Richtlinie in Art. 4 (1) a) und damit der Deutschen Fassung des entsprechenden Artikels der AIFM-Richtlinie als

> „**Alternativer Investmentfonds (AIF)**:
> jeder Organismus für gemeinsame Anlagen einschließlich seiner Teilfonds, der
> i) von einer Anzahl von Anlegern Kapital einsammelt, um es gemäß einer festgelegten Anlagestrategie zum Nutzen dieser Anleger zu investieren, und
> ii) keine Genehmigung gemäß Artikel 5 der Richtlinie 2009/65/EG benötigt."

definiert.

12 Im Französischen Originaltext des AIFM-Gesetzes wird in Art. 1 (58) der Begriff *État membre* verwendet. Dieses ist eine Definition, die so nicht in der Liste der Definitionen der AIFM-Richtlinie enthalten ist jedoch wird in der Französischen Fassung der AIFM-Richtlinie der Begriff *État membre* wie in der Deutschen Fassung der AIFM-Richtlinie der Begriff „**Mitgliedstaat**" entsprechend verwendet, so dass sich an diese Terminologie angelehnt wurde.
„**Mitgliedstaat**":
Ein Staat, der Mitglied der Europäischen Union ist. Den Mitgliedstaaten der Europäischen Union sind Vertragsstaaten des Abkommens über den Europäischen Wirtschaftsraum die nicht Mitgliedstaaten der Europäischen Union sind und innerhalb der in diesem Abkommens und den damit verbundenen Rechtsakten festgelegten Grenzen, gleichgestellt.
Im Folgenden werden die Bezeichnungen Mitgliedstaat und EU-Staat mit dieser Bedeutung verwendet.

13 Im Französischen Originaltext des AIFM-Gesetzes wird in Art. 1 (58) der Begriff *pays tiers* verwendet. Dieses ist eine Definition, die so nicht in der Liste der Definitionen der AIFM-Richtlinie enthalten ist jedoch wird in der Französischen Fassung der AIFM-Richtlinie der Begriff *pays tiers* wie in der Deutschen Fassung der AIFM-Richtlinie der Begriff „**Drittland**" entsprechend verwendet, so dass sich an diese Terminologie angelehnt wurde. Im Folgenden wird die Bezeichnung ebenfalls in diesem Sinne verwendet.

14 Art. 1 (47) des AIFM-Gesetzes (im Französischen Originaltext des AIFM-Gesetzes *gestionnaire établi dans l'Union européenne*): „**EU-AIFM**": ein AIFM mit satzungsmäßigem Sitz in einem Mitgliedstaat.
Dieses ist inhaltsgleich zu Art. 4 (1) l) der AIFM-Richtlinie.
Art. 1 (48) des AIFM-Gesetzes (im Französischen Originaltext des AIFM-Gesetzes gestionnaire établi dans un pays tiers): „**Nicht-EU-AIFM**": ein AIFM, der kein EU-AIFM ist.
Dieses ist inhaltsgleich zu Art. 4 (1) ab) der AIFM-Richtlinie.

15 Art. 1 (40) des AIFM-Gesetzes (im Französischen Originaltext des AIFM-Gesetzes *FIA de l'Union européenne*): „**EU-AIF**":
a) ein AIF, der nach einschlägigem nationalen Recht in einem Mitgliedstaat zugelassen oder registriert ist, oder
b) ein AIF, der nicht in einem Mitgliedstaat zugelassen oder registriert ist, dessen satzungsmäßiger Sitz und/oder Hauptverwaltung sich jedoch in einem Mitgliedstaat befindet.

Dieses ist inhaltsgleich zu Art. 4 (1) k) der AIFM-Richtlinie
Art. 1 (41) des AIFM-Gesetzes (im Französischen Originaltext des AIFM-Gesetzes *FIA de pays tiers*): „**Nicht-EU-AIF**": ein AIF, der kein EU-AIF ist.
Dieses ist inhaltsgleich zu Art. 4 (1) aa) der AIFM-Richtlinie.

16 Die Definition des „**Referenzmitgliedstaat**" (im Französischen Originaltext des AIFM-Gesetzes *État membre de référence*) in Art. 1 (38) des AIFM Gesetzes verweist auf Art. 37 (4) der AIFM-Richtlinie, der inhaltsgleich als Art. 38 (4) des AIFM-Gesetzes in Luxemburger Recht umgesetzt wurde.

Staat, der, vereinfacht gesagt der (Haupt-)Bezugsstaat eines Nicht-EU-AIFM[14] ist, ermittelt/festgelegt wurde.

Die Einhaltung der Bestimmungen des AIFM-Gesetzes durch die in Art. 2 (1) des AIFM-Gesetzes genannten AIFM hat kontinuierlich zu erfolgen (entsprechend Art. 2 (1) letzter Absatz des AIFM-Gesetzes).

Nachdem eingehend festgelegt wurde auf wen das AIFM-Gesetz zwingend Anwendung findet, wird in Art. 2 (2) des AIFM-Gesetzes (inhaltsgleich zu Art. 2 (3) der AIFM-Richtlinie) festgelegt, für wen das AIFM-Gesetz keine Anwendung findet. **10**

Das AIFM Gesetz gilt ausdrücklich nicht für **11**
a) Holdinggesellschaften,
b) Einrichtungen der betrieblichen Altersversorgung, die unter die Richtlinie 2003/41/EG fallen,
c) supranationale Institutionen, wie die Europäische Zentralbank, die Europäische Investitionsbank, etc. und ähnliche internationale Organisationen, falls solche Einrichtungen bzw. Organisationen AIF verwalten, und sofern diese AIF im öffentlichen Interesse handeln,
d) die Luxemburger Zentralbank (BCL) und andere nationale Zentralbanken,[17]
e) staatliche Stellen und Gebietskörperschaften oder andere Einrichtungen, die Fonds zur Unterstützung von Sozialversicherungs- und Pensionssystemen verwalten,
f) Arbeitnehmerbeteiligungssysteme oder Arbeitnehmersparpläne,
g) Verbriefungszweckgesellschaften.

Hier ist es insbesondere wichtig darauf hinzuweisen, dass das AIFM-Gesetz von Verbriefungszweckgesellschaften spricht und nicht auf Verbriefungsgesellschaften nach dem geänderten Gesetz vom 22. März 2004 über Verbriefungsgesellschaften[18] verweist. Die Bezeichnung Verbriefungszweckgesellschaft entspringt der AIFM-Richtlinie. In dieser ist der Begriff im Sinne der Definition in Art. 1 Ziffer 2 der Verordnung EZB/2008/30[19] zu verstehen.[20] Die CSSF hat zu dieser Frage im CSSF Verbriefung Q&A unter Ziffer 19 **12**

---

17 Diese ist weder in der AIFM-Richtlinie noch im AIFM-Gesetz auf nationale Zentralbanken von EU-Staaten eingegrenzt.
18 **Verbriefungsgesetz**: *Loi du 22 mars 2004 relative à la titrisation, telle que modifiée.*
19 **Verordnung EZB/2008/30**: VERORDNUNG (EG) Nr. 24/2009 DER EUROPÄISCHEN ZENTRALBANK vom 19. Dezember 2008 über die Statistik über die Aktiva und Passiva von finanziellen Mantelkapitalgesellschaften, die Verbriefungsgeschäfte betreiben.
20 Art. 1 Ziffer 2 der Verordnung EZB/2008/30
„Verbriefung" bezeichnet eine Transaktion oder ein System, wodurch eine Sicherheit oder ein Sicherheitenpool auf ein Rechtssubjekt übertragen wird, das von dem Originator getrennt ist und zum Zweck der Verbriefung geschaffen wird oder diesem Zweck bereits dient und/oder wodurch das Kreditrisiko einer Sicherheit oder eines Sicherheitenpools ganz oder teilweise auf Investoren in Wertpapiere, Verbriefungsfondsanteile, andere Schuldtitel und/oder Finanzderivate übertragen wird, die von einem Rechtssubjekt ausgegeben werden, das von dem Originator getrennt ist und zum Zweck der Verbriefung geschaffen wird oder diesem Zweck bereits dient, und:
a) Im Falle des Transfers des Kreditrisikos wird der Transfer folgendermaßen verwirklicht:
   - entweder durch die wirtschaftliche Übertragung der zu verbriefenden Sicherheiten auf ein Rechtssubjekt, das von dem Originator getrennt ist und das zum Zweck der Verbriefung geschaffen wird oder diesem Zweck bereits dient. Dies erfolgt durch die Übertragung des Eigentums an den verbrieften Sicherheiten von dem Originator oder durch Unterbeteiligung; oder
   - die Verwendung von Kreditderivaten, Garantien oder ähnlichen Mechanismen;

und
b) die ausgegebenen Wertpapiere, Verbriefungsfondsanteile, Schuldtitel und/oder Finanzderivate stellen keine Zahlungsverpflichtungen des Originators dar.

eingehend Stellung genommen. Es ergibt sich, dass die Definition einer Verbriefungszweckgesellschaft enger ist als das was unter einem Verbriefungsvehikel nach dem Verbriefungsgesetz verstanden wird. Daher kann der Fall eintreten, dass ein Verbriefungsvehikel nach dem Verbriefungsgesetz trotzdem als AIF qualifiziert.

13 Dieses ist im Einzelfall für jedes Verbriefungsvehikel nach dem Verbriefungsgesetz zu prüfen. Für bereits bestehende Verbriefungsvehikel war im Rahmen der Übergangsbestimmungen nach Art. 58 (1) des AIFM-Gesetzes bis zum 22. Juli 2014 ein Zulassungsantrag bei der CSSF einzureichen, es sei denn eine Ausnahme nach Art. 3 des AIFM-Gesetzes war anwendbar. Für jetzt zu etablierende Produkte muss die Frage im Rahmen der Strukturierung vorab geklärt werden. Als kurze Orientierung kann auf Basis des Vorstehenden, insbesondere auch der vorgenannten Stellungnahme der CSSF gesagt werden, dass Luxemburger Verbriefungsvehikel, die Kreditrisiken verbriefen, lediglich Schuldtitel begeben und nicht gemäß einer vorbestimmten Anlagepolitik verwaltet werden, nicht als AIF qualifizieren dürften, damit als Verbriefungszweckgesellschaft im Sinne des AIFM-Gesetzes gelten und folglich Art. 2 (2) g) des AIFM-Gesetzes greift, der die Nichtanwendbarkeit des AIFM-Gesetzes zufolge hat.

14 Im Ergebnis ist die wohl überwiegende Anzahl von Verbriefungsvehikeln nach dem Verbriefungsgesetz kein AIF im Sinne des AIFM-Gesetzes.

15 Die Frage, ob eine Struktur ein AIF ist oder nicht bleibt auch nach dem Ablauf der vorgenannten Frist zur Einreichung eines Zulassungsantrags als AIFM bis zum 22. Juli 2014 eine sehr wichtige Frage, folgen doch aus der Einordnung die grundlegenden weiteren Voraussetzungen für die Strukturierung und nicht zuletzt auch den Vertrieb eines Produkts.

16 Alleine auf Basis des Vorstehenden und mit der Definition eines AIF aus Art. 1 (39) des AIFM-Gesetzes ist es jedoch nicht immer einfach die Vielfalt von Investmentprodukten einzuordnen.

Eine wichtige Hilfe dabei sind die in den ESMA Leitlinien Schlüsselbegriffe enthaltenen Präzisierungen im Zusammenhang mit dem Verständnis verschiedener Begriffe aus der Definition des AIF, um eine gemeinsame, einheitliche und durchgängige Anwendung dieser Begriffe sicherzustellen (in diesem Sinne III. der ESMA Leitlinien Schlüsselbegriffe).

17 Zur Vereinfachung sei hier nochmals die Definition aus Art 1 (39) des AIFM-Gesetzes aufgeführt; kursiv und unterstrichen die Elemente die im Wesentlichen behandelt werden:

> **„Alternativer Investmentfonds (AIF):**
> jeder Organismus für gemeinsame Anlagen einschließlich seiner ***Teilfonds***, der
> i) von einer ***Anzahl von Anlegern***
> ***Kapital einsammelt***, um es gemäß einer ***festgelegten Anlagestrategie***_zum Nutzen dieser Anleger zu investieren, und
> ii) keine Genehmigung gemäß Artikel 5 der Richtlinie 2009/65/EG benötigt."

18 Als Ausgangsfragen für eine Beurteilung in diesem Zusammenhang können wohl folgende behandelte Fragen zusammengefasst werden:

1. Wie ist mit **Teilfonds** in diesem Zusammenhang umzugehen?
2. Was ist ein **Organismus für gemeinsame Anlagen**?
3. Was bedeutet **Kapitalbeschaffung (Kapital einsammelt)**?
4. Wie ist **Anzahl der Anleger** zu verstehen?
5. Was bedeutet **festgelegte Anlagestrategie**?

In Kürze können die diesbezüglichen Maßgaben wie folgt zusammengefasst werden: **19**

1. Erfüllt ein Teilfonds einer Gesamtstruktur die übrigen Voraussetzungen, so ist die Gesamtstruktur ein AIF (Strahlwirkung) (entsprechend V. der ESMA Leitlinien Schlüsselbegriffe)
2. Verfolgt ein Organismus keinen allgemein-kommerziellen oder -industriellen Zweck[21] und bündelt er das bei seinen Anlegern zum Zweck der Anlage beschaffte Kapital im Hinblick auf die Erzielung einer Gemeinschaftsrendite[22] und besitzen die Anteilseigner des Organismus – als Gruppe – keine laufende Ermessens- bzw. Kontrollbefugnis,[23, 24] dann sollte daraus nachweislich hervorgehen, dass es sich um einen Organismus für gemeinsame Anlagen handelt (entsprechend VI. der ESMA Leitlinien Schlüsselbegriffe).
3. Direkte oder indirekte Schritte (einmalig, mehrfach oder ständig) des Organismus oder eines Beauftragten um Kapitalbindung oder Übertragung (als Bar- oder Sacheinlagen) durch einen oder mehrere Anleger auf bzw. an den Organismus zu veranlassen mit dem Ziel das Kapital gemäß einer festgelegten Anlagestrategie zu investieren sollte Kapitalbeschaffung darstellen.
   Keine Kapitalbeschaffung ist, wenn ein Mitglied einer bereits bestehenden Gruppe[25] in einen Organismus investiert, der ausschließlich zur Anlage des Privatvermögens

---

21 II. der ESMA Leitlinien Schlüsselbegriffe
Allgemein-kommerzieller oder -industrieller Zweck:
den Zweck der Verfolgung einer Geschäftsstrategie, die sich u. a. durch Merkmale auszeichnet wie die überwiegende Ausübung:
i) einer kommerziellen Tätigkeit einschließlich Kauf, Verkauf und/oder Austausch von Waren oder Gütern und/oder Verkehr mit nicht-finanziellen Dienstleistungen oder
ii) einer industriellen Tätigkeit einschließlich der Produktion von Waren oder der Errichtung von Immobilien oder
iii) einer Kombination daraus.

22 II. der ESMA Leitlinien Schlüsselbegriffe
Gemeinschaftsrendite:
die erzielte Rendite aus der Risikobündelung infolge des Erwerbs, Besitzes oder Verkaufs von Anlagevermögen – einschließlich von Tätigkeiten zur Optimierung bzw. Steigerung des Wertes dieser Vermögenswerte –, unabhängig davon, ob dabei für die Anleger unterschiedliche Renditen erzielt werden, wie beispielsweise im Rahmen einer maßgeschneiderten Dividendenpolitik.

23 II. der ESMA Leitlinien Schlüsselbegriffe
laufende Ermessens- bzw. Kontrollbefugnis:
eine Form einer unmittelbaren und kontinuierlichen Entscheidungsgewalt – unabhängig davon, ob sie ausgeübt wird oder nicht – über operative Fragen in Bezug auf die tägliche Verwaltung der Vermögenswerte des Organismus, die wesentlich weiter reicht als die normale Ausübung von Entscheidungs- oder Kontrollbefugnissen in Form der Abstimmung bei Aktionärsversammlungen über Fragen wie Fusionen oder Abwicklung, die Wahl von Anteilseignervertretern, die Ernennung von Vorstandsmitgliedern oder Abschlussprüfern oder die Feststellung des Jahresabschlusses.

24 Die Tatsache, dass einem oder mehreren, jedoch nicht allen vorstehend genannten Anteilseignern eine laufende Ermessens- bzw. Kontrollbefugnis gewährt wurde, sollte nicht als Nachweis dafür herangezogen werden, dass es sich bei dem Organismus nicht um einen Organismus für gemeinsame Anlagen handelt.

25 II. der ESMA Leitlinien Schlüsselbegriffe
bereits bestehende Gruppe:
eine Gruppe von Familienmitgliedern, unabhängig von der Art der rechtlichen Struktur, die von ihnen möglicherweise eingerichtet wird, um in einen Organismus zu investieren, sofern die alleinigen Endbegünstigten einer solchen rechtlichen Struktur Familienmitglieder sind und diese Gruppe vor der Gründung des Organismus bereits bestanden hat. Dadurch sollen jedoch Familienmitglieder nicht davon abgehalten werden, sich der Gruppe nach der Gründung des Organismus anzuschließen. Zum Zweck dieser Begriffsbestimmung bezeichnet der Begriff „Familienmitglieder" den Ehepartner einer Person, die Person, die mit der Person in einer eheähnlichen Gemeinschaft, in einem gemeinsamen Haushalt und auf

dieses Mitglieds gegründet wurde. Investiert dieses Mitglied neben Anlegern, die nicht Mitglied der bereits bestehenden Gruppe sind so sollte das nicht dazu führen das eine Kapitalbeschaffung nicht erfüllt ist (entsprechend VII. der ESMA Leitlinien Schlüsselbegriffe).

4. In Verbindung mit vorstehender Ziffer 3 gilt, dass wenn der Organismus nicht rechtsverbindlich (z.B. seine Vertragsbedingungen) daran gehindert ist bei mehr als einem Anleger Kapital zu beschaffen, eine Kapitalbeschaffung bei einer Anzahl von Anlegern gegeben sein sollte. Ist der Organismus rechtsverbindlich daran gehindert bei mehr als einem Anleger Kapital zu beschaffen dann darf jedoch der alleinige Anleger nicht das Geld bei mehreren Personen beschafft haben und nicht aus einer Einrichtung oder Struktur bestehen, die insgesamt mehr als einen Anleger im Sinne der AIFM-Richtlinie hat (wie dies z.B. bei Master-Feeder Strukturen, bei Dachfonds oder auch Multi-Treuhandstrukturen der Fall wäre (entsprechend VII. der ESMA Leitlinien Schlüsselbegriffe).
5. Faktoren, die einzeln oder kumulativ auf das Vorhandensein einer solchen Strategie hinweisen könnten, sind:
   a) Die Anlagestrategie ist spätestens zu dem Zeitpunkt bestimmt und festgelegt, wenn ihre Verpflichtungen als Anleger gegenüber dem Organismus verbindlich werden;
   b) die Anlagestrategie wird in einem Dokument dargelegt, das Bestandteil der Vertragsbedingungen bzw. der Satzung des Organismus ist bzw. auf das darin Bezug genommen wird (Hinweis auf eine Art Verkaufsprospekt oder Placement Memorandum);
   c) Existenz einer durch die Anleger rechtlich durchsetzbaren Verpflichtung des Organismus (bzw. seines Verwalters), sich nach der Anlagestrategie, einschließlich evtl. Änderungen, zu richten
   d) die Anlagestrategie umfasst auch Anlagerichtlinien mit Verweis auf alle oder einzelne der nachstehend genannten Kriterien:
      (i) Anlage in bestimmten Kategorien von Vermögenswerten bzw. gemäß Einschränkungen bezüglich der Anlageaufteilung;
      (ii) Verfolgung bestimmter Strategien;
      (iii) Anlage in bestimmten geografischen Gebieten;
      (iv) Einhaltung von Einschränkungen bezüglich von Hebelfinanzierungen;
      (v) Einhaltung von Mindesthaltezeiten; oder
      (vi) Einhaltung von anderen Einschränkungen zur Risikostreuung.

   Auch ein Organismus, der eine Strategie im Bezug darauf verfolgt, wie das gebündelte Kapital im Hinblick auf die Erzielung einer Gemeinschaftsrendite für die Anleger verwaltet werden soll, sollte als eine festgelegte Anlagestrategie besitzender Organismus angesehen werden. Abschließend sollte die Tatsache, dass Anlageentscheidungen ausschließlich der juristischen Person überlassen bleiben, die einen Organismus verwaltet, nicht dazu genutzt werden, die Bestimmungen der AIFM-Richtlinie bzw. deren Anwendbarkeit zu umgehen.

20 Es fällt auf, dass die Kriterien sich von 1. bis schließlich 5. von quasi zwingend hin zu lediglich Indizwirkung entwickeln. Es verbleibt also die Notwendigkeit eine genaue Analyse vorzunehmen und um sachgerecht einzuordnen auch einen generellen Gesamt-

---

einer stabilen und dauerhaften Grundlage lebt, die Verwandten in gerader Linie, die Geschwister, Onkel, Tanten, Cousins oder Cousinen der betreffenden Person und die Angehörigen einer Person.
Dieses ist die sogenannte Familiy-Office Ausnahme.

blick auf eine Struktur und ihre Funktionsweise nicht außer Acht zu lassen. Das kann und sollte durchaus unter Einrechnung der in Art. 2 (2) des AIFM-Gesetzes enthaltenen Inhalte und Wertungen, soweit relevant, erfolgen.

Diesen weitreichenden und europaweit geltenden Regelungen schließen sich die in **21** Art. 3 des AIFM-Gesetzes enthaltenen Ausnahmebestimmungen (die inhaltlich bis auf die Strafbestimmung in Art. 3 (5) des AIFM-Gesetzes Art. 3 (1) bis (4) der AIFM-Richtlinie entsprechen) an.[26]

Nach Art. 3 (1) des AIFM-Gesetzes (der inhaltlich Art. 3 (1) der AIFM-Richtlinie ent- **22** spricht) gilt das AIFM-Gesetz auch nicht für AIFM, die in Luxemburg errichtet wurden und einen oder mehrere AIF verwalten, deren einzige Anleger der AIFM oder die Mutter- und Tochtergesellschaften des AIFM oder andere Tochtergesellschaften jener Muttergesellschaften sind, sofern keiner dieser Anleger selbst ein AIFM ist. Die fraglichen AIF werden dadurch rechtlich nicht zu non-AIF, aber der fragliche AIFM unterliegt dennoch nicht dem AIFM-Gesetz.

Daneben enthält Art. 3 (2) des AIFM-Gesetzes die sogenannten *de minimis* Ausnah- **23** men. Für Luxemburger AIFM, die unter die *de minimis* Ausnahmen des Art. 3 (2) des AIFM-Gesetzes fallen gelten, abgesehen von den Aufsichts- und Untersuchungsbefugnissen des Art. 50 des AIFM-Gesetzes die weiterhin anwendbar sind, nur die Bestimmungen in Art. 3 (3) und (4) des AIFM-Gesetzes (so Art. 3 (2) Satz 1 des AIFM-Gesetzes). Das übrige AIFM-Gesetz ist folglich nicht anwendbar.

Die *de minimis* Ausnahmen sind:

a) AIFM mit Sitz in Luxemburg, die entweder direkt oder indirekt über eine Gesellschaft, mit der der AIFM über eine gemeinsame Geschäftsführung, ein gemeinsames Kontrollverhältnis oder durch eine wesentliche direkte oder indirekte Beteiligung verbunden ist, die Portfolios von AIF verwalten, deren verwaltete Vermögenswerte – einschließlich der durch Einsatz von Hebelfinanzierungen erworbenen Vermögenswerte – insgesamt nicht über einen Schwellenwert von 100 Millionen Euro hinausgehen, oder
b) AIFM mit Sitz in Luxemburg, die entweder direkt oder indirekt über eine Gesellschaft, mit der sie über eine gemeinsame Geschäftsführung, ein gemeinsames Kontrollverhältnis oder durch eine wesentliche direkte oder indirekte Beteiligung verbunden sind, die Portfolios von AIF verwalten, deren verwaltete Vermögenswerte insgesamt nicht über einen Schwellenwert von 500 Millionen Euro hinausgehen, wenn die Portfolios dieser AIF aus nicht hebelfinanzierten AIF bestehen, die für einen Zeitraum von fünf Jahren nach der Tätigung der ersten Anlage in jeden dieser AIF keine Rücknahmerechte ausüben dürfen.

Hierbei ist entscheidend, wie die Berechnung der verwalteten Vermögenswerte eines AIFM vorzunehmen ist. Die EU hat dazu vereinheitlichend in den Artikeln 2, 3, 4 und 5 der Delegierten Verordnung[27] detaillierte Maßgaben festgelegt. Wegen der Frage, ob eine

26 Bei der vorstehend genannten Gesamtschau können und sollten die in Art. 3 des AIFM Gesetzes beschriebenen Inhalte und Wertungen, obgleich von einen AIF im eigentlichen Sinne als Voraussetzung ausgehend ggf. gedanklich ebenfalls berücksichtigt werden.

27 Delegierte Verordnung

ABSCHNITT 1
Berechnung der verwalteten Vermögenswerte
(Artikel 3 Absatz 2 der Richtlinie 2011/61/EU)

Artikel 2
Berechnung des Gesamtwerts der verwalteten Vermögenswerte
(1) Um für die in Artikel 3 Absatz 2 der Richtlinie 2011/61/EU vorgesehene Ausnahmeregelung in Frage zu kommen, muss ein AIFM

a) alle AIF, für die er als externer AIFM bestellt ist, oder den AIF, dessen AIFM er ist, wenn die Rechtsform des AIF interne Verwaltung gemäß Artikel 5 der Richtlinie 2011/61/EU zulässt, ermitteln;
b) für jeden verwalteten AIF die Portfoliowerte feststellen und anhand der in den Rechtsvorschriften des AIF-Sitzlandes sowie gegebenenfalls in der Satzung des AIF festgelegten Bewertungsregeln den Wert der verwalteten Vermögenswerte (auch der durch Hebelfinanzierung erworbenen) bestimmen;
c) die auf diese Weise ermittelten Werte aller AIF aggregieren und den daraus resultierenden Gesamtwert der verwalteten Vermögenswerte mit der in Artikel 3 Absatz 2 der Richtlinie 2011/61/EU festgelegten maßgeblichen Schwelle vergleichen.

(2) Für die Zwecke des Absatzes 1 werden Organismen für gemeinsame Anlagen in Wertpapieren (OGAW), für die der AIFM im Rahmen der Richtlinie 2009/65/EG als Verwaltungsgesellschaft benannt ist, nicht in die Berechnung einbezogen.
Für die Zwecke des Absatzes 1 werden die von dem AIFM verwalteten AIF, für die der AIFM gemäß Artikel 20 der Richtlinie 2011/61/EU Aufgaben übertragen hat, in die Berechnung einbezogen. Von der Berechnung ausgenommen werden allerdings die Portfolios von AIF, die im Rahmen einer Übertragung vom AIFM verwaltet werden.
(3) Für die Berechnung des Gesamtwerts der verwalteten Vermögenswerte wird jede Derivateposition, einschließlich aller in Wertpapiere eingebetteten Derivate nach den in Artikel 10 festgelegten Umrechnungsmethoden in eine äquivalente Basiswert- Position umgerechnet. Der absolute Wert dieser äquivalenten Position fließt dann in die Berechnung des Gesamtwerts der verwalteten Vermögenswerte ein.
(4) Wenn ein AIF in andere AIF investiert, die von demselben extern bestellten AIFM verwaltet werden, kann diese Anlage von der Berechnung der von dem AIFM verwalteten Vermögenswerte ausgenommen werden.
(5) Wenn ein Teilfonds eines intern oder extern verwalteten AIF in einen anderen Teilfonds dieses AIF investiert, kann diese Anlage von der Berechnung der von dem AIFM verwalteten Vermögenswerte ausgenommen werden.
(6) Der Gesamtwert der verwalteten Vermögenswerte wird gemäß den Absätzen 1 bis 4 mindestens einmal jährlich und anhand der neuesten für die Vermögenswerte verfügbaren Werte berechnet. Die neuesten für die Vermögenswerte verfügbaren Werte werden für jeden AIF in den zwölf Monaten, die der Berechnung der Schwelle gemäß dem ersten Satz dieses Absatzes vorangehen, ermittelt. Der AIFM bestimmt einen Termin für die Berechnung der Schwelle und hält diesen konsequent ein. Jede nachträgliche Änderung des gewählten Termins muss gegenüber der zuständigen Behörde gerechtfertigt werden. Bei der Wahl des Termins für die Berechnung der Schwelle trägt der AIFM der Dauer und Häufigkeit der Bewertung der verwalteten Vermögenswerte Rechnung.

Artikel 3
Laufende Überwachung der verwalteten Vermögenswerte
Für eine laufende Überwachung des Gesamtwerts der verwalteten Vermögenswerte richten die AIFM Verfahren ein, setzen diese um und wenden sie an. Die Überwachung soll einen aktuellen Überblick über die verwalteten Vermögenswerte verschaffen und für jeden AIF die Beobachtung der Zeichnungen und Rücknahmen sowie gegebenenfalls der Kapitalabrufe, Kapitalausschüttungen und des Werts der Anlageobjekte ermöglichen.
Um die Notwendigkeit einer häufigeren Berechnung des Gesamtwerts der verwalteten Vermögenswerte zu bewerten, sind die Nähe dieses Gesamtwerts zu der in Artikel 3 Absatz 2 der Richtlinie 2011/61/EU festgelegten Schwelle und die erwarteten Zeichnungen und Rücknahmen zu berücksichtigen.

Artikel 4
Gelegentliche Überschreitung der Schwelle
(1) Wenn der Gesamtwert der verwalteten Vermögenswerte die maßgebliche Schwelle überschreitet, bewertet der AIFM die Situation um festzustellen, ob sie vorübergehend ist.
(2) Überschreitet der Gesamtwert der verwalteten Vermögenswerte die maßgebliche Schwelle und hält der AIFM die Situation nicht für vorübergehend, teilt er dies der zuständigen Behörde umgehend mit und beantragt innerhalb von 30 Kalendertagen eine Zulassung gemäß Artikel 7 der Richtlinie 2011/61/EU.

Hebelfinanzierung auf Ebene von gegebenenfalls unter dem AIF (von diesem) gehaltenen Finanzstrukturen (zum Beispiel sogenannte *special purpose vehicle)* für den Schwellenwert von 100 Millionen Euro zu berücksichtigen sind oder nicht wird auf die Sektion VII der ESMA Q&A verwiesen.

Art. 3 (3) des AIFM-Gesetzes legt die von Luxemburger AIFM, die unter die *de minimis* Ausnahmen des Art. 3 (2) des AIFM-Gesetzes fallen (im Folgenden kurz auch *de minimis*-AIFM genannt), zwingend einzuhaltenden Vorschriften fest. Diese sind: 24

a) *de minimis*-AIFM müssen bei der CSSF registriert sein;
b) *de minimis*-AIFM müssen sich selbst und die von ihnen verwalteten AIF zum Zeitpunkt der Registrierung gegenüber der CSSF ausweisen;
c) *de minimis*-AIFM müssen der CSSF Informationen zu den Anlagestrategien der von ihnen verwalteten AIF zum Zeitpunkt der Registrierung vorlegen;
d) *de minimis*-AIFM müssen der CSSF regelmäßig über die wichtigsten, von ihnen gehandelten Instrumente und über die größten Risiken und Konzentration der von ihnen verwalteten AIF unterrichten, um der CSSF eine effektive Überwachung der Systemrisiken zu ermöglichen; und

---

(3) Überschreitet der Gesamtwert der verwalteten Vermögenswerte die maßgebliche Schwelle und hält der AIFM die Situation für vorübergehend, teilt er dies der zuständigen Behörde umgehend mit. Diese Mitteilung hat Belege für die Einschätzung des AIFM zu enthalten, dass die Situation vorübergehend ist, sowie eine Situationsbeschreibung und eine Erläuterung der Gründe, aus denen die Situation als vorübergehend betrachtet wird.
(4) Eine Situation wird nicht als vorübergehend betrachtet, wenn sie voraussichtlich länger als drei Monate andauert.
(5) Drei Monate nach dem Datum, an dem der Gesamtwert der verwalteten Vermögenswerte die maßgebliche Schwelle überschreitet, berechnet der AIFM den Gesamtwert der verwalteten Vermögenswerte neu, um zu belegen, dass dieser unterhalb der maßgeblichen Schwelle liegt, oder um der zuständigen Behörde gegenüber nachzuweisen, dass die Ursachen für die Überschreitung der Schwelle behoben sind und er keinen Antrag auf Zulassung stellen muss.

Artikel 5
Mit der Registrierung vorzulegende Informationen
(1) Als Teil der in Artikel 3 Absatz 3 Buchstabe b der Richtlinie 2011/61/EU festgelegten Anforderung teilen AIFM den zuständigen Behörden den nach dem Verfahren des Artikels 2 errechneten Gesamtwert der verwalteten Vermögenswerte mit.
(2) Als Teil der in Artikel 3 Absatz 3 Buchstabe c der Richtlinie 2011/61/EU festgelegten Anforderung legen AIFM für jeden AIF die Emissionsunterlage, einen maßgeblichen Auszug aus der Emissionsunterlage oder eine allgemeine Beschreibung der Anlagestrategie vor. Der maßgebliche Auszug aus der Emissionsunterlage und die Beschreibung der Anlagestrategie enthalten mindestens die folgenden Angaben:
a) die wichtigsten Vermögenswertkategorien, in die der AIF investieren darf,
b) alle industriellen, geografischen oder sonstigen Marktsektoren oder speziellen Vermögenswertgattungen, die im Mittelpunkt der Anlagestrategie stehen,
c) eine Beschreibung der Grundsätze, die der AIF in Bezug auf Kreditaufnahme und Hebelfinanzierung anwendet.
(3) Die Angaben, die der AIFM gemäß Artikel 3 Absatz 3 Buchstabe d der Richtlinie 2011/61/EU zu liefern hat, sind in Artikel 110 Absatz 1 dieser Verordnung aufgeführt. Sie werden mit Hilfe des in Anhang IV festgelegten Formblatts übermittelt.
(4) Die nach Artikel 3 Absatz 3 Buchstabe d der Richtlinie 2011/61/EU gesammelten Informationen tauschen die zuständigen Behörden der Union untereinander aus und leiten sie an die Europäische Wertpapier- und Marktaufsichtsbehörde (ESMA) und an den Europäischen Ausschuss für Systemrisiken (ESRB) weiter, wenn dies zur Erfüllung ihrer Aufgaben notwendig ist.
(5) Die für die Registrierung vorgeschriebenen Informationen werden jährlich aktualisiert und übermittelt. Aus Gründen, die mit der Befugniswahrnehmung im Rahmen von Artikel 46 der Richtlinie 2011/61/EU zusammenhängen, können die zuständigen Behörden einen AIFM dazu verpflichten, die in Artikel 3 der Richtlinie 2011/61/EU genannten Angaben häufiger vorzulegen.

e) abschließend müssen *de minimis*-AIFM natürlich die CSSF informieren, sollten die Voraussetzungen für die Anwendung der *de minimis* Ausnahme nicht mehr gegeben sein.
(entsprechend insgesamt Art. 3 (3) a) bis e) des AIFM-Gesetzes)

25 Sollten die Voraussetzungen für die Anwendung der *de minimis* Ausnahme nicht mehr gegeben sein (wie gemäß Art. 3 (3) e) des AIFM-Gesetzes der CSSF mitzuteilen), so muss der betroffene AIFM innerhalb von 30 Kalendertagen eine (volle) Zulassung als AIFM nach dem AIFM-Gesetz beantragen (entsprechend Art. 3 (3) letzter Satz des AIFM-Gesetzes). Die CSSF kann bei Nichteinhaltung dieser und der gesamten Vorschriften des Art. 3 (3) des AIFM-Gesetzes Geldstrafen nach Art. 51 (2) des AIFM-Gesetzes aussprechen (entsprechend Art. 3 (5) des AIFM-Gesetzes), nicht jedoch den gesamten Strafenkatalog des Art. 51 des AIFM-Gesetzes ausschöpfen. In Anbetracht der Inhalte eines vollen Zulassungsverfahrens lässt sich sagen, dass das zur Vorbereitung eines solchen nicht sehr viel Zeit ist und die *de minimis*-AIFM weiter vorausschauend agieren sollten. Neben der eigenen Zulassung kann, sofern der *de minimis*-AIFM als Externer AIFM gehandelt hat (siehe Details zu Externen AIFM unter nachstehenden Ausführungen zu Art. 4 des AIFM-Gesetzes), ggf. an eine Bestellung eines anderen zugelassenen AIFM gedacht werden, was jedoch auch einigen Formalaufwand, auch in dem/den bislang vom *de minimis*-AIFM verwalteten AIF verlangt und zeitlich eingerechnet werden muss. Eine solche Bestellung eines zugelassenen Externen AIFM ist auch bei einem bisher als Internen AIFM handelnden *de minimis*-AIFM denkbar erfordert dann aber weitergehende Anpassungen der Struktur und in der Folge der Dokumentation.

26 Die CSSF hat, vereinfachend und standardisierend, für die Registrierung von AIFM ein Antragsformular Registrierung AIFM (das im ersten Excel-sheet auch eine gewisse Wegleitung enthält)[28] und eine Erklärung eines registrierten AIFM[29] erstellt. Beide Dokumente sind auszufüllen und zum Zwecke der Registrierung eines AIFM bei der CSSF über eine spezielle Email-Adresse (*aifm_registration@cssf.lu*) vorzulegen.

Hinsichtlich der Informationspflichten ist, wie Antragsformular Registrierung AIFM präzisiert, von jedem de *minimis*-AIFM jährlich die im *ANHANG IV, Formblatt für die Berichterstattung: AIFM (Artikel 3 Absatz 3 Buchstabe d und Artikel 24 der Richtlinie 2011/61/EU)* der Delegierten Verordnung enthaltene Information zu liefern (es ist zu beachten: nur die Sektionen, die sich auf Art. 3 (3) d) der AIFM-Richtlinie = Art. 3 (3) d) des AIFM-Gesetzes beziehen sind zwingend auszufüllen).[30]

27 Luxemburger *de minimis*-AIFM kommen weiter in keiner Weise in den Genuss der unter dem AIFM-Gesetz gewährten Rechte (entsprechend Art. 3 (4) des AIFM-Gesetzes), d.h. insbesondere nicht in den Genuss des Passports für den grenzüberschreitenden Vertrieb an Professionelle Anleger,[31] der von ihnen verwalteten AIF (siehe hinsichtlich der

---

28 **Antragsformular Registrierung AIFM**: *Registration Form for an Alternative Investment Fund Manager (AIFM)*, abrufbar auf der Website der CSSF unter folgendem link: *http://www.cssf.lu/en/supervision/ivm/aifm/forms/*.

29 **Erklärung eines registrierten AIFM**: *Declaration for a registered AIFM*, abrufbar auf der Website der CSSF unter folgendem link: *http://www.cssf.lu/en/supervision/ivm/aifm/forms/*.

30 Wegen zusätzlicher Informationen zur Berichterstattung siehe auch die detaillierten auch technischen Angaben im CSSF Rundschreiben 14/581 sowie die ESMA Leitlinien Berichtspflichten jeweils betreffend Art. 3 (3) d) der AIFM-Richtlinie.

31 Im Französischen Originaltext des AIFM-Gesetzes wird in Art. 1 (35) der Begriff *investisseur professionnel* verwendet. Dieser Begriff (und seine Definition) entstammt Art. 4 (1) ag) der Französischen Fassung der AIFM-Richtlinie und ist gemäß Art. 4 (1) ag) der Deutschen Fassung der AIFM-Richtlinie mit „Professioneller Anleger" zu übersetzen

„Professioneller Anleger“:
jeder Anleger, der im Sinne von Anhang II der Richtlinie 2004/39/EG als ein professioneller Kunde angesehen wird oder auf Antrag als ein professioneller Kunde behandelt werden kann.

Da die Begrifflichkeit von grundlegender Bedeutung für die AIFM-Richtlinie und das AIFM-Gesetz ist müssen an dieser Stelle die in **Anhang II der Richtlinie 2004/39/EG** enthaltenen Ausführung zu professionellen Kunden folgen:

ANHANG II
PROFESSIONELLE KUNDEN IM SINNE DIESER RICHTLINIE (2004/39/EG)
Ein professioneller Kunde ist ein Kunde, der über ausreichende Erfahrungen, Kenntnisse und Sachverstand verfügt, um eine Anlageentscheidungen selbst treffen und die damit verbundenen Risiken angemessen beurteilen zu können. Um als professioneller Kunde angesehen zu werden, muss ein Kunde den folgenden Kriterien genügen:
I. Kategorien von Kunden, die als professionelle Kunden angesehen werden
Folgende Rechtspersönlichkeiten sollten in Bezug auf alle Wertpapierdienstleistungen und Finanzinstrumente als professionelle Kunden im Sinne der Richtlinie angesehen werden:

1. Rechtspersönlichkeiten, die zugelassen sein oder unter Aufsicht stehen müssen, um auf den Finanzmärkten tätig werden zu können. Die nachstehende Liste ist so zu verstehen, dass sie alle zugelassenen Rechtspersönlichkeiten umfasst, die die Tätigkeiten erbringen, die für die genannten Rechtspersönlichkeiten kennzeichnend sind: Rechtspersönlichkeiten, die von einem Mitgliedstaat im Rahmen einer Richtlinie zugelassen werden, Rechtspersönlichkeiten, die von einem Mitgliedstaat ohne Bezugnahme auf eine Richtlinie zugelassen oder beaufsichtigt werden, Rechtspersönlichkeiten, die von einem Drittland zugelassen oder beaufsichtigt werden:
   a) Kreditinstitute
   b) Wertpapierfirmen
   c) sonstige zugelassene oder beaufsichtigte Finanzinstitute
   d) Versicherungsgesellschaften
   e) Organismen für gemeinsame Anlagen und ihre Verwaltungsgesellschaften
   f) Pensionsfonds und ihre Verwaltungsgesellschaften
   g) Warenhändler und Warenderivate-Händler
   h) örtliche Anleger
   i) sonstige institutionelle Anleger.
2. Große Unternehmen, die auf Unternehmensebene zwei der nachfolgenden Anforderungen erfüllen:
   - Bilanzsumme: 20.000.000 EUR,
   - Nettoumsatz: 40.000.000 EUR,
   - Eigenmittel: 2.000.000 EUR.
3. Nationale und regionale Regierungen, Stellen der staatlichen Schuldenverwaltung, Zentralbanken, internationale und supranationale Einrichtungen wie die Weltbank, der IWF, die EZB, die EIB und andere vergleichbare internationale Organisationen.
4. Andere institutionelle Anleger, deren Haupttätigkeit in der Anlage in Finanzinstrumenten besteht, einschließlich Einrichtungen, die die wertpapiermäßige Verbriefung von Verbindlichkeiten und andere Finanzierungsgeschäfte betreiben.

Die oben genannten Rechtspersönlichkeiten werden als professionelle Kunden angesehen. Es muss ihnen allerdings möglich sein, eine Behandlung als nichtprofessioneller Kunde zu beantragen, bei der Wertpapierfirmen bereit sind, ein höheres Schutzniveau zu gewähren. Handelt es sich bei dem Kunden einer Wertpapierfirma um eines der oben genannten Unternehmen, muss die Wertpapier-Firma ihn vor Erbringung jeglicher Dienstleistungen darauf hinweisen, dass er aufgrund der ihr vorliegenden Informationen als professioneller Kunde eingestuft und behandelt wird, es sei denn, die Wertpapierfirma und der Kunde vereinbaren etwas anderes. Die Firma muss den Kunden auch darüber informieren, dass er eine Änderung der vereinbarten Bedingungen beantragen kann, um sich ein höheres Schutzniveau zu verschaffen.
Es obliegt dem als professioneller Kunde eingestuften Kunden, das höhere Schutzniveau zu beantragen, wenn er glaubt, die mit der Anlage verbundenen Risiken nicht korrekt beurteilen oder steuern zu können. Das höhere Schutzniveau wird dann gewährt, wenn ein als professioneller Kunde eingestufter Kunde eine schriftliche Übereinkunft mit der Wertpapierfirma dahingehend trifft, ihn im Sinne der geltenden Wohlverhaltensregeln nicht als professionellen Kunden zu behandeln. In dieser Übereinkunft sollte

Verwendung des Passports für den Vertrieb von AIF durch Luxemburger voll lizensierte AIFM das zu Art. 29, 30 und 37 des AIFM-Gesetzes Gesagte – Rn. 66, 67 und 73) und auch nicht in den Genuss des Passports für die Verwaltung von AIF (siehe bezüglich der Verwendung des Passports für die Verwaltung von AIF durch Luxemburger voll lizensierte AIFM das zu Art. 32 des AIFM-Gesetzes Gesagte Rn. 70). Dabei ist darauf hinzuweisen, dass der definierte Begriff Professioneller Anleger der AIFM-Richtlinie und damit des AIFM-Gesetzes etwas enger bzw. anspruchsvoller ist, als der im Spezialfonds-Gesetz und

---

festgelegt werden, ob dies für eine oder mehrere Dienstleistung(en) oder Geschäfte oder für eine oder mehrere Art(en) von Produkten oder Geschäften gilt.

II. Kunden, die auf Antrag als professionelle Kunden behandelt werden können

II.1. *Einstufungskriterien*

Anderen Kunden als den in Abschnitt I genannten, einschließlich öffentlich- rechtlicher Körperschaften und individueller privater Anleger, kann es ebenfalls gestattet werden, auf das Schutzniveau zu verzichten, das von den Wohlverhaltensregeln geboten wird.

Wertpapierfirmen sollte folglich gestattet werden, diese Kunden als professionelle Kunden zu behandeln, sofern die nachstehend genannten einschlägigen Kriterien und Verfahren eingehalten werden. Bei diesen Kunden sollte allerdings nicht davon ausgegangen werden, dass sie über Marktkenntnisse und -erfahrungen verfügen, die denen der Kunden nach Abschnitt I vergleichbar sind.

Eine Senkung des normalerweise von den Wohlverhaltensregeln gebotenen Schutzniveaus ist nur dann zulässig, wenn die Wertpapierfirma sich durch eine angemessene Beurteilung des Sachverstands, der Erfahrungen und der Kenntnisse des Kunden davon vergewissert hat, dass dieser in Anbetracht der Art der geplanten Geschäfte oder Dienstleistungen nach vernünftigem Ermessen in der Lage ist, seine Anlageentscheidungen selbst zu treffen und die damit einhergehenden Risiken versteht.

Der Eignungstest, der auf Manager und Führungskräfte von Rechtspersönlichkeiten angewandt wird, die aufgrund von Finanzrichtlinien zugelassen sind, könnte als ein Beispiel für die Beurteilung des Sachverstands und der Kenntnisse angesehen werden. Im Falle kleiner Rechtspersönlichkeiten sollte die Person der oben genannten Beurteilung unterzogen werden, die befugt ist, Geschäfte im Namen der Rechtspersönlichkeit zu tätigen.

Die genannte Beurteilung sollte ergeben, dass mindestens zwei der folgenden Kriterien erfüllt werden:

- Der Kunde hat an dem relevanten Markt während der vier vorhergehenden Quartale durchschnittlich pro Quartal 10 Geschäfte von erheblichem Umfang getätigt.
- Das Finanzinstrument-Portfolio des Kunden, das definitionsgemäß Bardepots und Finanzinstrumente umfasst, übersteigt 500.000 EUR.
- Der Kunde ist oder war mindestens ein Jahr lang in einer beruflichen Position im Finanzsektor tätig, die Kenntnisse über die geplanten Geschäfte oder Dienstleistungen voraussetzt.

II.2. *Verfahren*

Die Kunden im oben genannten Sinn können nur dann auf den Schutz durch die Wohlverhaltensregeln verzichten, wenn folgendes Verfahren eingehalten wird:

- Sie müssen der Wertpapierfirma schriftlich mitteilen, dass sie generell oder in Bezug auf eine bestimmte Wertpapierdienstleistung oder ein bestimmtes Wertpapiergeschäft oder in Bezug auf eine bestimmte Art von Geschäft oder Produkt als professioneller Kunde behandelt werden möchten.
- Die Wertpapierfirma muss sie schriftlich klar darauf hinweisen, welches Schutzniveau und welche Anlegerentschädigungsrechte sie gegebenenfalls verlieren.
- Die Kunden müssen schriftlich in einem vom jeweiligen Vertrag getrennten Dokument bestätigen, dass sie sich der Folgen des Verlustes dieses Schutzniveaus bewusst sind.

Wertpapierfirmen müssen verpflichtet sein, durch angemessene Vorkehrungen sicherzustellen, dass ein Kunde, der als professioneller Kunde behandelt werden möchte, die einschlägigen Kriterien gemäß Abschnitt II.1 erfüllt, bevor sie einem Antrag auf Verzicht auf den Schutz stattgeben.

Wurden Kunden hingegen aufgrund von Parametern und Verfahren, die den oben genannten vergleichbar sind, bereits als professionelle Kunden eingestuft, sollte sich ihr Verhältnis zu den Wertpapierfirmen durch neue, aufgrund dieses Anhangs angenommene Regeln nicht ändern.

Die Firmen müssen zweckmäßige schriftliche interne Strategien und Verfahren einführen, anhand deren die Kunden eingestuft werden können. Die professionellen Kunden sind dafür verantwortlich, die Firma über alle Änderungen zu informieren, die ihre Einstufung beeinflussen könnten. Sollte die Wertpapierfirma zu der Erkenntnis gelangen, dass der Kunde die Bedingungen nicht mehr erfüllt, die ihn anfänglich für eine Behandlung als professioneller Kunde in Frage kommen ließen, so muss sie entsprechende Schritte in die Wege leiten.

im SICAR-Gesetz geprägte Begriff des Sachkundigen Anlegers,[32] der im Übrigen originär eine Begriffsprägung auf Europäischer Ebene ist.[33]

Es kann also auch für AIF in Verbindung mit einem eigentlich als *de minimis*-AIFM anzusehenden AIFM durchaus wichtig sein, auf Seiten dieses AIFM freiwillig eine Zulassung als AIFM zu erlangen, ein sogenannter „Opt-in" (im Folgenden mit dieser Bezeichnung verwendet), der in Art. 3 (4) Satz 1 zweiter Halbsatz des AIFM-Gesetzes auch gesetzlich vorgesehen ist,[34] um insbesondere den Passport für den Vertrieb der AIF innerhalb der EU nutzen zu können. In diesem Fall findet natürlich das AIFM-Gesetz in seiner Gesamtheit Anwendung (entsprechend Art. 3 (4) Satz 2 des AIFM-Gesetzes). Strukturell kann, mit gleicher Zielsetzung, auch daran gedacht werden den *de minimis*-AIFM durch Ernennung eines bereits zugelassenen Externen AIFM zu „ersetzen". Details der Strukturierung sind dabei natürlich von Fall zu Fall zu analysieren.

Daneben gibt es zwei weitere Möglichkeiten einen Passport für den Vertrieb von AIF **28** innerhalb der EU nutzen zu können. Die eine basiert für „qualifizierte Risikokapitalfonds" (= qualifizierte Venture Capital Fonds) auf der EuVECA Verordnung[35] und die andere für „qualifizierte Fonds für soziales Unternehmertum" auf der EuSEF Verordnung.[36] In beiden Fällen muss man nicht selbst zugelassener AIFM sein oder einen solchen ernennen, sondern nur registrierter AIFM sein und in beiden Fällen können nur EU-AIF[37] von dem besonderen Passport profitieren.

Bislang ist die praktische Bedeutung dieser Verordnungen noch nicht sehr groß, obgleich die EU damit eine Förderung des Wirtschaftswachstums verfolgt.[38] Praktisch gesehen ist momentan wohl noch zu viel Unklarheit hinsichtlich der Details der Anforderungen vorhanden. Zwar hat die ESMA ein Q&A EuVECA und EuSEF[39] bereits in Über-

---

32 Siehe Art. 2 des Spezialfonds-Gesetzes sowie Art. 2 des SICAR-Gesetzes und das an betreffender Stelle dazu Gesagte (siehe Rn. 9–12 im Spezialfonds-Gesetz und Rn. 5 im SICAR-Gesetz).

33 Entwicklung des Begriffs im Weißbuch der Europäischen Kommission.

34 Wegen weiterer Hintergründe zum Opt-in siehe auch die **Durchführungsverordnung (EU) Nr. 447/2013** der Kommission vom 15. Mai 2013 zur Festlegung des Verfahrens für AIFM, die beschließen, sich der Richtlinie 2011/61/EU des Europäischen Parlaments und des Rates zu unterwerfen.

35 **EuVECA Verordnung**: VERORDNUNG (EU) Nr. 345/2013 DES EUROPÄISCHEN PARLAMENTS UND DES RATES vom 17. April 2013 über Europäische Risikokapitalfonds; siehe die dortige Definition für „qualifizierte Risikokapitalfonds".

36 **EuSEF Verordnung**: DELEGIERTE VERORDNUNG (EU) Nr. 694/2014 DER KOMMISSION vom 17. Dezember 2013 zur Ergänzung der Richtlinie 2011/61/EU des Europäischen Parlaments und des Rates im Hinblick auf technische Regulierungsstandards zur Bestimmung der Arten von Verwaltern alternativer Investmentfonds; siehe die dortige Definition für „qualifizierte Fonds für soziales Unternehmertum".

37 Art. 3 (b) iii) der EuVECA Verordnung und Art. 3 (b) iii) der EuSEF Verordnung „im Hoheitsgebiet eines Mitgliedstaates niedergelassen ist".

38 Stellvertretend: Einleitende Gründe (1) der EuVECA Verordnung:
„Risikokapital finanziert Unternehmen, die in der Regel sehr klein sind, in der Anfangsphase ihres Unternehmensdaseins stehen und ein starkes Wachstums- und Expansionspotenzial aufweisen. Zudem bieten Risikokapitalfonds Unternehmen wertvolles Know-how und Kenntnisse, Geschäftskontakte, Markenwert und strategische Beratung. Durch die Finanzierung und Beratung dieser Unternehmen stimulieren Risikokapitalfonds das Wirtschaftswachstum, tragen zur Schaffung von Arbeitsplätzen und zur Kapitalbeschaffung bei, fördern die Entstehung und Entwicklung innovativer Unternehmen, steigern deren Investitionen in Forschung und Entwicklung und fördern Unternehmertum, Innovation und Wettbewerbsfähigkeit entsprechend den Zielen der Strategie Europa 2020, die in der Mitteilung der Kommission vom 3. März 2010 mit dem Titel „Europa 2020: Eine Strategie für intelligentes, nachhaltiges und integratives Wachstum" (Europa 2020) aufgestellt wurde, und als Reaktion auf die langfristigen Herausforderungen der Mitgliedstaaten, wie beispielsweise diejenigen, die in dem Bericht des Europäischen Systems für strategische und politische Analysen vom März 2012 mit dem Titel „Global Trends 2030 — Citizens in an interconnected and polycentric world" genannt werden."

39 **Q&A EuVECA und EuSEF**: ESMA Questions and Answers Application of the EuSEF and EuVECA Regulations 11 November 2014/ESMA/2014/1354.

arbeitung herausgegeben, aber zum Beispiel der Rahmen dessen, was unter den Anforderungen in Art. 10 der EuVECA Verordnung an den, wohlgemerkt normalerweise *de minimis*-AIFM, mit „*jederzeit über ausreichende Eigenmittel*“ (verfügen) und „*jederzeit angemessene und geeignete personelle und technische Ressourcen ein* (setzen)“, ist nicht weiter präzisiert.

Insgesamt böten diese beiden Verordnungen eine gute Chance über die spezialisierten *de minimis*-AIFM jeweils in einem spezifischen Sektor und einer überschaubaren Größe der verwalteten AIF mit dieser Regulierung wirtschaftsfördernd zu wirken, sofern die Anforderungen diesen Gegebenheiten entsprechend bleiben und etwas mehr Berechenbarkeit für die betreffenden Initiatoren bzw. AIFM aber auch insbesondere die Anleger geschaffen werden kann.

Inhaltsgleich zu Art. 5 der AIFM-Richtlinie legt Art. 4 des AIFM-Gesetzes fest, nach welchen Kriterien der AIFM eines AIF bestimmt wird. Dabei ist zunächst fixiert, dass jeder AIF mit Sitz in Luxemburg nur einen einzigen AIFM, der für die Einhaltung des AIFM-Gesetzes verantwortlich ist, haben kann (entsprechend Art. 4 (1) Satz 1 des AIFM-Gesetzes). Dieses gilt streng genommen sowohl aus der Verweislogik des Art. 3 des AIFM-Gesetzes (Art. 4 des AIFM-Gesetzes ist dabei nicht in Art. 3 (2) Satz 1 des AIFM-Gesetzes als anwendbar genannt), als auch nach dem direkten Wortlaut von Art. 4 (1) a) und b) des AIFM-Gesetzes nur für AIFM die voll lizensiert sind. Dieses ist jedoch aus der Anwendungspraxis und nach dem Sinn und Zweck eines AIFM auch für registrierte AIFM heranzuziehen.

AIFM ist dabei entweder der AIF selbst (auf Basis von Art. 4 (1) b) des AIFM-Gesetzes), mit der Folge, dass bei einer Zulassung als voll lizensierter AIFM dieser AIF in Luxemburg als Mitgliedstaat in dem er seinen Sitz hat das Zulassungsverfahren führen und die Zulassung als AIFM erlangen muss (unabhängig davon ob voll lizensiert oder nur registriert wird dieser AIFM als „Interner AIFM“ bezeichnet und so auch im Folgenden genannt). Der AIF kann jedoch auch einen Externen als Verwalter (AIFM) ernennen (entsprechend Art. 4 (1) a) erster Halbsatz). Dieser externe Verwalter (im folgenden „Externer AIFM“ genannt)[40] kann seinen Sitz in Luxemburg haben, muss dieses aber nicht, kann in einem anderen Mitgliedstaat oder ggf. sogar in einem Drittland seinen Sitz haben, jeweils unter der Voraussetzung, dass er nach den Bestimmungen der AIFM-Richtlinie zugelassen ist (was für Luxemburger AIFM die Zulassung nach den Bestimmungen des AIFM-Gesetzes bedeutet). Sollte man entscheiden können, ob man Interner AIFM sein möchte oder doch lieber einen Externen AIFM nutzt bzw. selbst auflegt gilt es auch zu bedenken, dass ein Interner AIFM immer nur genau den AIF, der er gleichzeitig ist, verwalten kann und keine Ausdehnung der Tätigkeit auf einen weiteren AIF möglich ist. Die Voraussetzungen der Verwaltung von Luxemburger AIF durch einen AIFM mit Sitz in einem anderen Mitgliedstaat sind in Art. 33 des AIFM-Gesetzes geregelt. Auf die dortigen Ausführungen wird hiermit verwiesen. Die Verwaltung durch AIFM, die in einem Drittland zugelassen sind ist derzeit (noch) nicht möglich, da AIFM mit Sitz in einem Drittland die Zulassung (noch) nicht erlangen können. Bis zum 22. Oktober 2015 könnte jedoch ein delegierter Rechtsakt (z.B. eine Verordnung) der EU-Kommission ergehen, auf dessen Basis eine Verwaltung durch in einem Drittland zugelassene AIFM

---

40 Im Gegensatz zum Begriff Interner AIFM ist der Begriff Externer AIFM in Art. 1 (49) des AIFM-Gesetzes (im Französischen Originaltext des AIFM-Gesetzes wird in Art. 1 (49) der Begriff *gestionnaire externe* verwendet) wie folgt definiert:
Externer AIFM:
ein AIFM der als juristische Person von dem AIF oder im Auftrag des AIF ernannt wurde und der gemäß dieser Ernennung für die Verwaltung des AIF verantwortlich ist.

möglich sein kann. Es wird insoweit auf die zu Art. 58 des AIFM-Gesetzes gemachten Ausführungen verwiesen.

Entgegen der Konkretisierung in Art. 4 (1) Satz 1 des AIFM-Gesetzes sind die in Art. 4 (1) a) und b) des AIFM-Gesetzes enthaltenen Bestimmungen nicht ausdrücklich auf AIF mit Sitz in Luxemburg beschränkt. Das gilt, wie ausdrücklich erwähnt auch für Art. 4 (2) des AIFM-Gesetzes wobei hierbei die Informationspflichten eines in Luxemburg zugelassenen Externen AIFM eines AIF mit Sitz in Luxemburg oder einem anderen Mitgliedstaat oder einem Drittland im Falle der nicht mehr gegebenen Einhaltung des AIFM-Gesetzes festgelegt sind. Der zugelassene Externe AIFM hat dabei die gesetzliche Auflage, die zur Beseitigung dieses Zustands notwendigen Schritte zu unternehmen (Art. 4 (2) des AIFM-Gesetzes).

Ist die Beseitigung des Zustands nicht möglich, so treten die gravierenden Rechtsfolgen des Art. 4(3) des AIFM-Gesetzes ein. Diese sind kurz zusammengefasst: Verlangen der CSSF, dass der Externe AIFM eines AIF als solcher zurücktritt (mit Wegfall des Vertriebs des betreffenden AIF in der EU, bei einem Nicht-EU-AIFM der einen Nicht-EU-AIF verwaltet Wegfall der Erlaubnis diesen Nicht-EU-AIF in der EU zu vertreiben). Praktisch können diese gravierenden Folgen lediglich ggf. durch Ersetzung des Externen AIFM nach dessen Rücktritt durch einen Externen AIFM, der, sofern das möglich ist, einen Zustand, der im Einklang mit dem AIFM-Gesetz ist, herbeiführen kann, vermieden oder zumindest sehr kurzfristig gehalten werden. Schließlich setzt die CSSF die Aufnahmemitgliedstaaten eines Luxemburger AIFM[41] unverzüglich über Vorstehendes in Kenntnis (entsprechend Art. 4 (3) des AIFM-Gesetzes).

Das Luxemburger AIFM-Gesetz legt also nicht fest, welche Gesellschaft im Rahmen **29** des Funktionierens eines AIFM bzw. im Rahmen der rechtlichen Struktur eines AIF der AIFM sein muss, sondern lässt hier gestalterischen Spielraum, sofern das AIFM-Gesetz und die daraus entstehenden Pflichten ordnungsgemäß erfüllt werden. Es ergeben sich in der Strukturierung zwar bestimmte Konsequenzen, so zum Beispiel, dass eine Verwaltungsgesellschaft eines AIF-Sondervermögens nie ein Interner AIFM ist, und dass in der Anwendung der Komplementär eines AIF in der Form einer Kommanditgesellschaft auf Aktien (SCA = *société en commandite par actions)*, einer Kommanditgesellschaft (SCS = *société en commandite*) oder einer Speziellen Kommanditgesellschaft (SCSp = *société en commandite spéciale*)[42] – regelmäßig und zumeist im Folgenden der „*General Partner*“

41 Im Französischen Originaltext des AIFM-Gesetzes wird in Art. 1 (37) der Begriff *État membre d'accueil du gestionnaire* verwendet. Dieser Begriff (und seine Definition) entstammt Art. 4 (1) r) der Französischen Fassung der AIFM-Richtlinie und ist gemäß Art. 4 (1) r) der Deutschen Fassung der AIFM-Richtlinie mit „Aufnahmemitgliedstaat des AIFM“ zu übersetzen.

Aufnahmemitgliedstaat des AIFM:

a) ein Mitgliedstaat außer dem Herkunftsmitgliedstaat, in dem ein EU-AIFM EU-AIF verwaltet;
b) ein Mitgliedstaat außer dem Herkunftsmitgliedstaat, in dem ein EU-AIFM Anteile oder Aktien eines EU-AIF vertreibt;
c) ein Mitgliedstaat außer dem Herkunftsmitgliedstaat, in dem ein EU-AIFM Anteile oder Aktien eines Nicht-EU-AIF vertreibt;
d) ein Mitgliedstaat außer dem Referenzmitgliedstaat, in dem ein Nicht-EU-AIFM EU-AIF verwaltet;
e) ein Mitgliedstaat außer dem Referenzmitgliedstaat, in dem ein Nicht-EU-AIFM Anteile oder Aktien eines EU-AIF vertreibt, oder
f) ein Mitgliedstaat außer dem Referenzmitgliedstaat, in dem ein Nicht-EU-AIFM Anteile oder Aktien eines Nicht-EU-AIF vertreibt.

42 Die Spezielle Kommanditgesellschaft (SCSp) ist eine neue Gesellschaftsform die im Rahmen der Umsetzung der AIFM-Richtlinie in Luxemburger Recht in das Gesetz von 1915 eingefügt wurde (siehe neuer Unterabschnitt 2, *Sous-section 2.- Des sociétés en commandite spéciale*: Art. 22-1, 22-2, 22-3, 22-4, 22-5, 22-6, 22-7, 22-8 und 22-9 des Gesetzes von 1915). Sie ist eine Abwandlung der (einfachen) Kommanditgesellschaft (SCS) hat entgegen derselben jedoch keine Rechtspersönlichkeit. Insgesamt kann sicher gesagt werden,

genannt – regelmäßig ein Externer AIFM ist (für SCSp, da ohne eigene Rechtspersönlichkeit, der General Partner, sofern AIFM, der Externe AIFM – in diesem Sinne CSSF AIFM FAQ Ziffer 1.e) am Ende, Seite 6), aber es damit weiter nicht zwingend vorgeschrieben ist, dass die betreffende Verwaltungsgesellschaft oder der betreffende General Partner auch selbst der AIFM, insbesondere der voll lizensierte AIFM, sein muss. Dieses kann auch auf eine zusätzliche Gesellschaft, also einen Dritten AIFM übertragen werden. Wie gesagt kommt das regelmäßig nur im Falle der Notwendigkeit eines oder des Opt-in für einen voll lizensierten AIFM vor. Insgesamt hat die CSSF in dem CSSF AIFM FAQ (abrufbar auf der Website der CSSF unter folgendem link: *http://www.cssf.lu/en/supervision/ivm/aifm/faq/*) die strukturellen Freiheiten der Anordnung des AIFM im Rahmen des rechtlich möglichen unter Ziffer 1, Seiten 4 bis 6 und Ziffer 4, Seiten 8 bis 13 anschaulich dargestellt präzisiert.

30 Aus dem Anwendungsbereich des AIFM-Gesetzes erscheint es zunächst logisch, dass im AIFM-Gesetz keine Regelungen über den Vertrieb in Luxemburg von nicht Luxemburger EU-AIF, die nicht von einem voll lizensierten EU-AIFM sondern lediglich von einem nicht Luxemburger *de minimis*-AIFM verwaltet werden, enthalten sind. Für den Vertrieb dieser AIF gilt keinesfalls der bereits erwähnte Passport. Dennoch gibt es EU-Staaten, in denen vergleichbar solche EU-AIF, die nicht ihren Sitz in einem betreffenden EU-Staat haben, unter gewissen Voraussetzungen an Professionelle Anleger, ggf. auch an Kleinanleger,[43] vertrieben werden dürfen. In Luxemburg ist eine solche Regelung bislang weder im AIFM-Gesetz noch in anderen einschlägigen Gesetzen erkennbar. Da man aufgrund der Größe, als EU-Staat in den vertrieben werden soll nicht speziell interessant ist, erscheint dieses nicht als relevant. Es kann jedoch relevant werden, wenn die entsprechenden Regelungen anderer EU-Staaten, wie zum Beispiel in Deutschland, spiegelbildlich abstrakt auf bestimmte Rechte für solche, in dem Fall Deutsche AIF, in einem anderen EU-Staat, hier also Luxemburg, verweisen. Vor diesem Hintergrund könnte es sinnvoll sein, über eine klare gesetzliche Ergänzung zu der Thematik in Luxemburg nachzudenken.

II. Kapitel 2: Zulassung von AIFM

31 Nachdem die Nichtanwendbarkeit des AIFM-Gesetzes und die Ausnahmen davon mit den dafür einzuhaltenden Voraussetzungen, abgehandelt wurden folgt in Kapitel 2 (sowie den Kapiteln 3, 4 und 5) des AIFM-Gesetzes die Behandlung der Zulassung von AIFM, also um ein voll lizensierter AIFM zu sein und die dafür wiederum einzuhaltenden Voraussetzungen. Hier sei ein Hinweis auf pure Dimensionen erlaubt. Zum 31. Januar 2015 waren in Luxemburg bereits 603 Gesellschaften als AIFM nach Art. 3 (2) und (3) des AIFM-Gesetzes registriert.[44] Ebenfalls Stand 31. Januar 2015 hatten in Luxemburg bereits

---

dass diese Gesellschaftsform besonderen Wiedererkennungswert für an angelsächsische Limited Partnerships gewohnte Marktteilnehmer haben wird/soll (die Entsprechung zu solchen Limited Partnerships ist nahezu vollständig). Hier kann man wiederum von einem Beispiel dafür reden, dass der Luxemburger Gesetzgeber Gelegenheiten zur attraktiven Fortentwicklung der eigenen Rechtsordnung nutzt.

43 Im Französischen Originaltext des AIFM-Gesetzes wird in Art. 1 (54) der Begriff *investisseur de détail* verwendet. Dieser Begriff (und seine Definition) entstammt Art. 4 (1) aj) der Französischen Fassung der AIFM-Richtlinie und ist gemäß Art. 4 (1) aj) der Deutschen Fassung der AIFM-Richtlinie mit „Kleinanleger" zu übersetzen.

„Kleinanleger":

Ein Anleger, bei dem es sich nicht um einen professionellen Anleger handelt.

44 Siehe Stand 31. Januar 2015 der von der CSSF geführten offiziellen Liste der registrierten AIFM. Eine solche Liste ist zwar nicht gesetzlich zwingend zu führen ist aber unter anderem zur Klarheit der Unterscheidung zu voll lizensierten AIFM sinnvollerweise geführt.

173 Gesellschaften die Zulassung als AIFM, also eine Volllizenz als AIFM, erhalten.[45] Zum Vergleich: Stand 31. Januar 2015 hatten 205 Gesellschaften eine Zulassung als Verwaltungsgesellschaft nach Kapitel 15 des Gesetzes von 2010,[46] also eine Zulassung als Verwaltungsgesellschaft auch von OGAW zu agieren.

Art. 5 des AIFM-Gesetzes regelt zunächst (inhaltlich identisch zu Art. 5 der AIFM- **32**
Richtlinie) die grundsätzlichen Voraussetzungen für eine Aufnahme der Tätigkeit als (zugelassener) AIFM. Zunächst ist dieses der Erhalt einer Zulassung und die jederzeitige und stetige Einhaltung der Zulassungsvoraussetzungen (so Art. 5 (1) des AIFM-Gesetzes). Die AIFM haben eine gesetzliche Informationspflicht gegenüber der CSSF und müssen dieser auf Anfrage alle Informationen zur Verfügung stellen, damit die CSSF die Einhaltung der Voraussetzungen nach dem AIFM-Gesetz überwachen kann (Art. 5 (7) des AIFM-Gesetzes). Diese Generalklausel zur Information der CSSF findet an verschiedenen Stellen Konkretisierung.

Interne AIFM dürfen nur die Verwaltung des gleichzeitigen AIF im Rahmen der nach Anhang I des AIFM-Gesetzes zulässigen Tätigkeiten ausüben (entsprechend Art. 5 (3) des AIFM-Gesetzes) – auf das zu Anhang I Gesagte (Rn. 84) wird in diesem Zusammenhang verwiesen. Ein Externer AIFM kann ebenfalls die in Anhang I des AIFM-Gesetzes aufgeführten Tätigkeiten, aber auch die Verwaltungstätigkeiten von OGAW, die einer Genehmigung nach der OGAW IV-Richtlinie bedürfen, ausüben (entsprechend Art. 5 (2) des AIFM-Gesetzes). Der Externe AIFM darf zusätzlich individuelle und diskretionäre Portfolioverwaltung (entsprechend Art. 5 (4) a) des AIFM-Gesetzes), sowie verschiedene Nebendienstleistungen (Anlageberatung, Verwahrung und Verwaltung von Anteilen an OGA, Annahme und Übermittelung von Aufträgen hinsichtlich Finanzinstrumenten) (entsprechend Art. 5 (4) b) des AIFM-Gesetzes), erbringen.

Es zeigt sich also, dass nur ein Externer AIFM seinem Wesen nach für die Erbringung von mehr Dienstleistungen als den Standarddienstleistungen eines AIFM nach Anhang I des AIFM-Gesetzes vorgesehen ist.

Ergänzend zum Vorstehenden gilt, dass Externe AIFM nicht ausschließlich die Nebendienstleistungen aus Art. 5 (4) des AIFM-Gesetzes erbringen dürfen (entsprechend Art. 5 (5) a) des AIFM-Gesetzes). Dieses Prinzip entspricht dem für Verwaltungsgesellschaften nach Kapitel 15 des Gesetzes von 2010 anwendbaren Regelungen zu Nebendienstleistungen (siehe Art. 101 (3) Absatz 2 des Gesetzes von 2010). Werden Nebendienstleistungen erbracht, so darf nur die Nebendienstleistung individuelle und diskretionäre Portfolioverwaltung nach Art. 5 (4) a) des AIFM-Gesetzes als alleinige Nebendienstleistung erbracht werden, d.h. will man auch die Nebendienstleistungen Anlageberatung, Verwahrung und Verwaltung von Anteilen an OGA, Annahme und Übermittelung von Aufträgen hinsichtlich Finanzinstrumenten nach Art. 5 (4) b) des AIFM-Gesetzes erbringen muss quasi das gesamte Nebendienstleistungsangebot aus Art. 5 (4) des AIFM-Gesetzes gewählt werden (entsprechend Art. 5 (5) b) des AIFM-Gesetzes).

Sowohl für Interne wie auch für Externe AIFM gilt weiter, dass beide Haupt- oder Kernfunktionen, nämlich die Portfolioverwaltung und das Risikomanagement zu erbringen sind (entsprechend Art. 5 (5) c) de AIFM-Gesetzes mit Verweis auf die betreffenden Regelungen unter Anhang I (1) a) und b) des AIFM-Gesetzes), wobei höchstens eine dieser beiden Haupt- oder Kernfunktionen delegiert werden darf (Näheres zur Delegation

45 Siehe Stand 31. Januar 2015 der gemäß Art. 7 (1) letzter Satz des AIFM-Gesetzes geführten offiziellen Liste der CSSF betreffend die zugelassenen AIFM.

46 Siehe Stand 31. Januar 2015 der gemäß Art. 101 (1) letzter Absatz des Gesetzes von 2010 geführten offiziellen Liste der CSSF betreffend die nach Kapitel 15 des Gesetzes von 2010 zugelassenen Verwaltungsgesellschaften.

bzw. Übertragung von Funktionen und insbesondere der Haupt- bzw. Kernfunktionen ist unter Art. 18 des AIFM-Gesetzes geregelt). Dieses wird vervollständigt durch das sowohl für Interne wie auch für Externe AIFM geltende Verbot, nur Aufgaben nach Anhang I (2) a) des AIFM-Gesetzes zu erfüllen, also keine einzige der Haupt- bzw. Kernfunktionen abzudecken (entsprechend Art. 5 (5) c) des AIFM-Gesetzes).

Wenn vorgenannte Nebendienstleistungen nach Art. 5 (4) des AIFM-Gesetzes erbracht werden so gelten, identisch und systemisch konsistent, wie bei Verwaltungsgesellschaften nach Kapitel 15 des Gesetzes von 2010, die Bestimmungen von Art. 1-1 (Anwendungsbereich), Art. 37-1 (Anforderungen an die Organisation eines professionellen des Finanzsektors = PSF) und Art. 37-3 (Wohlverhaltensregeln für PSF) des Gesetzes von 1993[47] auch für Externe AIFM.

Abschließend präzisiert Art. 5 (8) des AIFM-Gesetzes noch bestimmte Ausnahmebestimmungen für nach dem Gesetz von 1993 zugelassene Kreditinstitute und Wertpapierunternehmen, betreffend die (nach dem AIFM-Gesetz) genehmigungsfreie Erbringung von Wertpapierdienstleistungen, wie etwa der individuellen Portfolioverwaltung für AIF und den Vertrieb von Anteilen von AIF in der EU.

33 Art. 6 des AIFM-Gesetzes spezifiziert nochmals das Zulassungserfordernis und listet zusammenfassend sowohl die über oder zu dem AIFM notwendigerweise zu liefernden Informationen, als auch die zu den von diesem beabsichtigt zu verwaltenden AIF zu liefernden notwendigen Informationen. Im Falle des AIFM sind dieses (kurz zusammengefasst): Angaben zu den (tatsächlichen Geschäftsführern, Angaben zu den Anteilinhabern/Aktionären des AIFM (direkt und indirekt), Geschäftsplan mit Organisationsstruktur, Vergütungspolitik und -praxis, Angaben und Verträge betreffend die Übertragung von Aufgaben an Dritte (entsprechend Art. 6 (2) des AIFM-Gesetzes). Im Falle der vom AIFM beabsichtigt zu verwaltenden AIF sind dieses (kurz zusammengefasst): Anlagestrategien, ggf. Arten der Zielfonds, Hebelfinanzierung, Risikoprofile und Herkunftsländer, bei Master-Feeder Strukturen Angaben zum Sitz des Master Fonds, Verwaltungsreglement und Gründungsdokumente, Angaben zur Vereinbarung mit der Verwahrstelle, alle nach der Informationspflicht gegenüber Anlegern aus Art. 21 des AIFM-Gesetzes zu gebende Informationen (entsprechend Art. 6 (3) des AIFM-Gesetzes).

34 Für bereits nach Kapitel 15 des Gesetzes von 2010 zugelassene Verwaltungsgesellschaften, die eine Zulassung als AIFM (zusätzlich) beantragen, gelten hinsichtlich der vorzulegenden Dokumente bestimmte Vereinfachungen nach Art. 6 (4) des AIFM-Gesetzes.

35 Die CSSF hat, wie bei der Registrierung von AIFM, für die Zulassung von AIFM ein Antragsformular Zulassung AIFM[48] und eine Erklärung eines zugelassenen AIFM[49] herausgegeben. Das Antragsformular Zulassung AIFM ist ein Excel-Dokument in dem für die verschiedenen Zulassungsfälle/-konstellationen (z.B. existierende Verwaltungsgesellschaft nach Kapitel 15 des Gesetzes von 2010 will Zulassung als AIFM oder komplette Neugründung eines zuzulassenden AIFM) jeweils ein Sheet mit den zu liefernden Informationen enthalten ist. Im ersten Sheet ist auch hier eine gewisse Wegleitung enthalten. Sowohl das Antragsformular Zulassung AIFM, als auch die Erklärung eines zugelassenen

---

47 **Gesetz von 1993**: das geänderte Gesetz vom 5. April 1993 über den Finanzsektor *Loi du 5 avril 1993 relative au secteur financier, telle que modifié.*

48 **Antragsformular Zulassung AIFM** oder **AIFMD Questionnaire**: *Application Questionnaire for the set up of a fully licensed Alternative Investment Fund Manager (AIFM)*, abrufbar auf der Website der CSSF unter folgendem link: http://www.cssf.lu/en/supervision/ivm/aifm/forms/.

49 **Erklärung eines zugelassenen AIFM**: *Declaration for a fully licensed AIFM*, abrufbar auf der Website der CSSF unter folgendem link: http://www.cssf.lu/en/supervision/ivm/aifm/forms/.

AIFM sind auszufüllen und zum Zwecke der Zulassung eines AIFM – gemeinsam mit den notwendigen Anlagen – bei der CSSF über eine spezielle Email-Adresse (*aifm_applications@cssf.lu*) einzureichen.

In Art. 7 des AIFM-Gesetzes sind (inhaltlich entsprechend zu Art. 8 der AIFM-Richtlinie, mit der Ausnahme von Art. 8 (6) der AIFM-Richtlinie) die weiteren Voraussetzungen für eine Zulassung als AIFM mit Sitz in Luxemburg[50] festgelegt. Art. 7 des AIFM-Gesetzes legt insgesamt, neben einigen faktischen Elementen (wie zum Beispiel die Hauptverwaltung und Sitz des AIFM in Luxemburg, Art. 7 (1) e) des AIFM Gesetzes) oftmals den Maßstab für eine Zulassung fest. In Art. 7 (1) des AIFM-Gesetzes betrifft dieses unter anderem die Eignung der tatsächlichen Geschäftsführer des AIFM, die Eignung der Anteilinhaber/Aktionäre des AIFM und die Überzeugung der CSSF hinsichtlich der Einhaltung der Anforderungen des AIFM-Gesetzes (Gesamteindruck). Ohne die Möglichkeit Zweifel aufkommen zu lassen, legt Art. 7 (1) Absatz 2 des AIFM-Gesetzes fest, dass eine Zulassung für alle Mitgliedstaaten gilt. In Art. 7 (1) Absatz 3 des AIFM-Gesetzes ist schließlich der Eintrag auf die offizielle Liste der zugelassenen AIFM geregelt. Dieses entspricht im Wesentlichen der Vorgehensweise mit der nach Art. 101 (1) letzter Absatz des Gesetzes von 2010 geführten offiziellen Liste für Verwaltungsgesellschaften unter Kapitel 15 des Gesetzes von 2010. Art. 7 (2) des AIFM-Gesetzes legt die Konsultation (durch die CSSF) der zuständigen Behörden eines anderen Mitgliedstaates vor Erteilung einer Genehmigung durch die CSSF fest, sofern der zuzulassende Luxemburger AIFM die Tochtergesellschaft eines anderen AIFM oder die Tochtergesellschaft des Mutterunternehmens eines anderen AIFM (jeweils oder OGAW Verwaltungsgesellschaft oder sonstigen aufgeführten regulierten Gesellschaft), der in einem anderen Mitgliedstaat zugelassen ist, ist. Gleiches gilt nach Art. 7 (2) des AIFM-Gesetzes auch wenn der zuzulassende Luxemburger AIFM von denselben natürlichen oder juristischen Personen kontrolliert wird, die einen solchen in einem anderen Mitgliedstaat ansässigen AIFM (oder OGAW Verwaltungsgesellschaft oder sonstige aufgeführte regulierten Gesellschaft) kontrollieren. Der Austausch über Marktteilnehmer zwischen den Aufsichtsbehörden setzt also schon in diesem Stadium ein. **36**

Bei sogenannten Engen Verbindungen[51] zwischen zuzulassendem AIFM und natürlichen oder juristischen Personen wird die Zulassung nur erteilt, wenn diese die Wirksamkeit der Aufsicht durch die CSSF nicht behindern (entsprechend Art. 7 (3) Absatz 1 des AIFM-Gesetzes). Bei solchen Engen Verbindungen wird die Zulassung verweigert, wenn die auf die natürlichen oder juristischen Personen anzuwendenden Vorschriften eines

---

50 Im gesamten Dokument ggf. auch **Luxemburger AIFM** genannt.

51 Im Französischen Originaltext des AIFM-Gesetzes wird in Art. 1 (55) der Begriff *liens étroits* verwendet. Dieser Begriff (und seine Definition) entstammt Art. 4 (1) e) der Französischen Fassung der AIFM-Richtlinie und ist gemäß Art. 4 (1) e) der Deutschen Fassung der AIFM-Richtlinie mit „Enge Verbindungen" zu übersetzen.

Enge Verbindungen:

eine Situation, in der zwei oder mehrere natürliche oder juristische Personen verbunden sind durch

i) Beteiligung, d.h. das direkte Halten oder das Halten im Wege der Kontrolle von mindestens 20% der Stimmrechte oder des Kapitals an einem Unternehmen;

ii) Kontrolle, d.h. das Verhältnis zwischen einem Mutterunternehmen und einem Tochterunternehmen gemäß Artikel 1 der Siebten Richtlinie 83/349/EWG des Rates vom 13. Juni 1983 über den konsolidierten Abschluss oder ein ähnliches Verhältnis zwischen einer natürlichen oder juristischen Person und einem Unternehmen; für die Zwecke dieses Buchstabens wird ein Tochterunternehmen eines Tochterunternehmens auch als Tochterunternehmen des Mutterunternehmens angesehen.

Eine Situation, in der zwei oder mehr natürliche oder juristische Personen durch ein Kontrollverhältnis mit ein und derselben Person dauerhaft verbunden sind, gilt auch als „enge Verbindung" zwischen diesen Personen.

Drittlands eine wirksame Aufsicht durch die CSSF behindern (entsprechend Art. 7 (3) Absatz 1 des AIFM-Gesetzes). Wegen Details der Anforderungen an die zu Engen Verbindungen zu machenden Angaben wird auf die entsprechenden Bereiche in den *Sheets* im Antragsformular Zulassung AIFM verwiesen.

Abgesehen von der Frist von 3 Monaten ab Zugang eines vollständigen Antrags (einschließlich Definition dessen was darunter zu verstehen ist und den Bestimmungen für die eventuelle Nachreichung von Unterlagen) bis zu einer Mitteilung, ob die Zulassung erstellt wird oder nicht (insgesamt entsprechend Art. 7 (5) Absatz 1 bis 3 des AIFM-Gesetzes) enthält Art. 7 (4) des AIFM-Gesetzes noch die durchaus relevante Möglichkeit der Beschränkung der Zulassung eines AIFM, insbesondere bezüglich bestimmter Anlagestrategien der von ihm berechtigterweise zu verwaltenden AIF. Diese Art der Vorgehensweise ist schon aus der Vorgehensweise für Verwaltungsgesellschaften nach Kapitel 15 des Gesetzes von 2010 bekannt und wird angewendet. Die Bedeutung ist im Rahmen von AIFM wohl eher noch größer, da per se ein weit größeres und dem Charakter nach möglicherweise viel unterschiedlicheres Spektrum an Anlagestrategien und Anlageklassen durch AIFM verwaltet werden (können), als das bei Verwaltungsgesellschaften, die OGAW verwalten, der Fall ist, die nicht immer auch andere Anlageklassen abdecken.

Art. 7 (6) des AIFM-Gesetzes enthält schließlich noch das Anführungs- oder Bezeichnungsverbot hinsichtlich Tätigkeiten für die eine Gesellschaft die nach dem AIFM-Gesetz notwendige Zulassung nicht innehat.

37 In Art. 8 des AIFM-Gesetzes sind dann (inhaltlich identisch zu Art. 9 der AIFM-Richtlinie) die Anforderungen an das Anfangskapital und die Eigenmittel des zuzulassenden AIFM festgelegt. Für Interne AIFM ist das Mindest-Anfangskapital 300.000 Euro, für AIFM, die als Externe AIFM agieren 125.000 Euro (entsprechend Art. 8 (1) und (2) des AIFM-Gesetzes). Dieses gilt bis zu einem von diesem AIFM verwalteten Vermögen von 250.000.000 Euro – für mehr als 250.000.000 Euro verwaltetes Vermögen muss der AIFM über zusätzliche Eigenmittel verfügen und zwar 0,02% des 250.000.000 Euro übersteigenden Betrags bis zu einem Maximalbetrag von Anfangskapital und Eigenmitteln zusammen von 10.000.000 Euro (entsprechend Art. 8 (3) des AIFM-Gesetzes).[52] Dabei sind Portfolien, für die der AIFM lediglich die Portfolioverwaltung wahrnimmt, also nicht als AIFM in dem Sinne ernannt ist, nicht in das verwaltete Vermögen einzurechnen, was nicht heißt, dass Portfolien für die er zum AIFM ernannt ist aber die Portfolioverwaltung delegiert, nicht einzurechnen wären (entsprechend Art. 8 (4) des AIFM-Gesetzes). Siehe zur Berechnung des verwalteten Vermögens grundsätzlich das im Rahmen von Art. 3 (2) des AIFM-Gesetzes Gesagte (Rn. 23). Bis zu 50% der vorgenannten zusätzli-

---

52 Ungeachtet Art. 8 (3) des AIFM-Gesetzes müssen die AIFM immer über Eigenmittel, die mindestens den Anforderungen des Art. 21 der Richtlinie 2006/49/EG des Europäischen Parlaments und des Rates vom 14. Juni 2006 über die angemessene Eigenkapitalausstattung von Wertpapierfirmen und Kreditinstituten entsprechen verfügen.

Artikel 21 der Richtlinie 2006/49/EG:
Wertpapierfirmen müssen eine Eigenkapitalunterlegung aufweisen, die einem Viertel ihrer fixen Gemeinkosten im Vorjahr
entspricht. Die zuständigen Behörden können diese Anforderung bei einer gegenüber dem Vorjahr erheblich veränderten Geschäftstätigkeit einer Firma berichtigen.
Firmen, die ihre Geschäftstätigkeit seit weniger als einem Jahr (einschließlich des Tages der Aufnahme der Geschäftstätigkeit) ausüben, müssen eine Eigenkapitalanforderung in Höhe von einem Viertel der im Unternehmensplan vorgesehenen fixen Gemeinkosten erfüllen, sofern nicht die zuständigen Behörden eine Anpassung dieses Plans verlangen.

chen Eigenmittel können unter den Voraussetzungen des Art. 8 (6) des AIFM-Gesetzes durch bereitgestellte Garantien geeigneter Institute ersetzt werden.

Nach Art. 8 (7) des AIFM-Gesetzes müssen sowohl Interne als auch Externe AIFM potenzielle Berufshaftrisiken aus ihrer Geschäftstätigkeit (bei beruflicher Fahrlässigkeit) entweder über zusätzliche Eigenmittel oder über eine Berufshaftpflichtversicherung angemessen abdecken. Dieses schließt insbesondere die tatsächlichen Geschäftsführer ein. Sowohl zu diesen zusätzlichen Eigenmitteln als auch zur Berufshaftversicherung sind in den Art. 12, 13, 14 und 15 der Delegierten Verordnung weitere Maßgaben und Maßstäbe enthalten.

Schließlich stellt Art. 8 (8) des AIFM-Gesetzes sicher, dass jedwede Eigenmittel (auch zusätzliche) nur als flüssige Mittel oder in solchen Vermögenswerten, die kurzfristig in Bargeld verwandelt werden können und nicht in spekulativen Positionen gehalten werden können. Damit soll entsprechend wie bei Verwaltungsgesellschaften nach Kapitel 15 des Gesetzes von 2010 die Verfügbarkeit der ausreichenden Ausstattung durch Eigenmittel (im Interesse der Anleger der verwalteten AIF und des Gesamtsystems) sichergestellt werden.

Bis auf die letzten Absätze (7) und (8) ist Art. 8 des AIFM-Gesetzes nicht auf AIFM anwendbar, die gleichzeitig als Verwaltungsgesellschaften nach Kapitel 15 des Gesetzes von 2010 zugelassen sind (entsprechend Art. 8 (9) des AIFM-Gesetzes).

Insgesamt wird im Zusammenhang mit diesem Art. 8 des AIFM-Gesetzes auch auf die detailliert im Antragsformular Zulassung AIFM (zum Beispiel im letzten Sheet unter Abschnitt 5) zu machenden Angaben und ggf. zu liefernden Anlagen verwiesen.

Der Zulassung als AIFM immanent ist die Pflicht der zugelassenen AIFM, wesentliche Änderungen vorab, d.h. vor deren Anwendung, der CSSF mitzuteilen (so Art. 9 (1) des AIFM-Gesetzes – der gesamte Art. 9 des AIFM-Gesetzes ist inhaltlich identisch zu Art. 10 der AIFM-Richtlinie). Innerhalb eines Monats nach der vorgenannten Mitteilung (aufgrund besonderer Umstände des Einzelfalls können es 2 Monate sein, vorausgesetzt der AIFM wird darüber in Kenntnis gesetzt) kann die CSSF Beschränkungen zu den beabsichtigten Änderungen vorschreiben oder diese insgesamt ablehnen; dem AIFM wird dieses innerhalb der genannten Monatsfrist mitgeteilt. Erhält der AIFM keine Nachricht der CSSF innerhalb der festgelegten Frist (also normalerweise 1 Monat ab seinerseitiger Mitteilung, ggf. 2 Monate), so können die Änderungen ohne weiteres umgesetzt werden.

Änderungen unterliegen damit zwar rechtlich gesehen nicht einer vorherigen Genehmigung, praktisch kommt der vorstehend beschriebene Vorbehalt dem jedoch sehr nahe.

Art. 10 des AIFM-Gesetzes legt schließlich klar fest, unter welchen Voraussetzungen **38**
eine Zulassung wieder entzogen werden kann. Art. 10 des AIFM-Gesetzes entspricht inhaltlich Art. 11 der AIFM-Richtlinie (abgesehen von Art. 10 (12) des AIFM-Gesetzes, der spezifisch Luxemburgische Regelungen zum in Handelssachen zuständigen Bezirksgericht, zum Tätig werden der Staatsanwaltschaft und der Streichung eines AIFM von der nach Art. 7 (1) letzter Satz des AIFM-Gesetzes geführten offizielle Liste der CSSF betreffend die zugelassenen AIFM, enthält). Daneben entsprechen die einzelnen Entzugsgründe nahezu wortgleich den Entzugsgründen für Verwaltungsgesellschaften nach Kapitel 15 des Gesetzes von 2010 in Art. 102 (5) des Gesetzes von 2010 (letztere wiederum beruhen auf der OGAW IV-Richtlinie).

Sowohl bei den in diesem Kapitel enthaltenen Bestimmungen und Informationen **39**
betreffend die Zulassung, als auch bei den im nächsten Kapitel enthaltenen allgemeinen und organisatorischen Voraussetzungen für die Ausübung der Tätigkeit als AIFM spielt das Verhältnismäßigkeitsprinzip (siehe Details dazu nachstehend unter Kapitel 3, Ab-

schnitt 1 in dem zu Art. 14 des AIFM-Gesetzes Gesagten – Rn. 43) eine Rolle. Natürlich nicht zur Aushebelung zwingender Bestimmungen, aber in der Ausgestaltung z.B. nach Größe des AIFM (verwaltetes Vermögen) und der Aufwendigkeit der Verwaltung der AIF in Abhängigkeit von deren Anlagestrategien. Das Verhältnismäßigkeitsprinzip (siehe Details dazu nachstehend unter Kapitel 3, Abschnitt 1 in dem zu Art. 14 des AIFM-Gesetzes Gesagten – Rn. 43) ist bei Gesellschaften, die bereits vor einem Antrag auf Zulassung als AIFM eine regulierte Tätigkeit, sei es als PSF nach Art. 24–29-4 des Gesetzes von 1993 oder als Verwaltungsgesellschaft nach Kapitel 15 des Gesetzes von 2010 ausgeübt haben, etwas einfacher mit Inhalt zu füllen, da diese Gesellschaften auch zuvor schon Substanz nach oftmals ähnlichen Kriterien wie zuzulassende AIFM nach dem AIFM-Gesetz haben mussten. Natürlich bedarf es einer genaueren Ansicht der Details, aber die Funktionen z.B. des unabhängigen Risikomanagers oder eines Internal Audit sowie der Compliance sind auch in diesen Gesellschaften vorgeschrieben. Ein PSF kann, abgesehen von speziellen Ausnahmen, lediglich seine Zulassung in eine solche als AIFM umwandeln, eine Verwaltungsgesellschaft nach Kapitel 15 des Gesetzes von 2010 kann die Zulassung als AIFM parallel erhalten und als sogenannte SuperManCo sowohl im Bereich OGAW und nicht AIF OGA/Spezialfonds als auch im Bereich AIF OGA/Spezialfonds sowie nicht selbst als Produkt regulierter AIF, agieren.

III. Kapitel 3: Voraussetzungen für die Ausübung der Tätigkeit als AIFM

40 **1. Abschnitt 1: Allgemeine Anforderungen.** Art. 11 des AIFM-Gesetzes legt, inhaltlich entsprechend zu Art. 12 der AIFM-Richtlinie, allgemeine Grundsätze für die Ausübung der Tätigkeit als AIFM fest. Diese Grundsätze beinhalten unter anderem die Tätigkeit ehrlich, mit der gebotenen Sachkenntnis, Sorgfalt und Gewissenhaftigkeit und redlich nachzugehen (so Art. 11 (1) a) des AIFM-Gesetzes), im besten Interesse der von dem AIFM verwalteten AIF oder der Anleger dieser AIF und der Integrität des Marktes zu handeln (so Art. 11 (1) b) des AIFM-Gesetzes) über die erforderlichen Mittel und Verfahren verfügen und diese wirksam einsetzen (so Art. 11 (1) c) des AIFM-Gesetzes), über angemessene Maßnahmen zur Vermeidung bzw. Beilegung von Interessenkonflikten zu verfügen (so Art. 11 (1) d) des AIFM-Gesetzes zu der Behandlung von Interessenkonflikten siehe näher in den Ausführungen zu Art. 13 des AIFM-Gesetzes) und alle Anleger der AIF fair zu behandeln (so Art. 11 (1) f) des AIFM-Gesetzes). Eine Vorzugsbehandlung von Anlegern ist dabei grundsätzlich ausgeschlossen, es sei denn sie ist im Verwaltungsreglement oder der Satzung des AIF ausdrücklich vorgesehen (so Art. 11 (1) Absatz 2 des AIFM-Gesetzes) – und damit für jeden Anleger ausdrücklich erkennbar. Hierbei ist darauf hinzuweisen, dass auch der letzte Punkt wörtlich der AIFM-Richtlinie entstammt. Unter professionellen und institutionellen Investoren sind jedoch ohnehin sogenannte *most-favoured-nation* Klauseln (verkürzt gesagt: es gilt die vorteilhafteste Klausel für einen Anleger, sollte ein anderer Anleger diese in einer Einzelvereinbarung – z.B. sogenannte *Side Letter* – gewährt bekommen) Standard.

Insgesamt sind die vorstehenden Grundsätze, bei näherer Betrachtung, in Luxemburg für alternative Investmentfonds in den bereits seit Jahren bestehenden regulierten Strukturen (wie insbesondere der SICAR oder dem Spezialfonds) und der diesbezüglichen regulatorischen Praxis bereits vor dem AIFM-Gesetz so oder vergleichbar zur Anwendung gekommen.

In Art. 11 (2) des AIFM-Gesetzes sind dann noch das Verbot, bei (individueller) Portfolioverwaltung durch eine AIFM (nach Art. 5 (4) des AIFM-Gesetzes) in von demselben AIFM verwaltete AIF zu investieren – der betreffende Kunde kann das Verbot jedoch durch eine entsprechende allgemeine Zustimmung aufheben), und die Pflicht bei besagter (individueller) Portfolioverwaltung an einem Entschädigungssystem für Anleger teilzunehmen enthalten.

Weitergehende Details sind in den Art. 16 bis 29 der Delegierten Verordnung enthalten. Basierend auf dem vorgenannten Grundsatz muss im Rahmen des Zulassungsverfahrens gemäß Antragsformular Zulassung AIFM (zum Beispiel letztes Sheet Ziffer 6.6) der CSSF ein Appendix A25 zu der Einhaltung der Betriebsanforderungen nach Art. 16 bis 29 der Delegierten Verordnung vorgelegt werden. Es empfiehlt sich diesen als Vergleichschart mit den Regelungen der Art. 16 bis 29 der Delegierten Verordnung und einer zugehörigen Antwort bzw. Einhaltung der Regelung aufzubauen.

Art. 12 der AIFM-Gesetzes (der inhaltlich Art. 13 der AIFM-Richtlinie entspricht) fi- **41**
xiert das Erfordernis einer Vergütungspolitik und, nicht zu unterschätzen, -praxis des AIFM die vereinbar mit einem soliden und wirksamen Risikomanagement sowie diesem förderlich sind. Dieses gilt für alle Mitarbeiter, einschließlich der Führungskräfte und Risikoträger, sowie der Mitarbeiter die nur wie vorstehende Führungskräfte und Risikoträger vergütet werden, Mitarbeiter in Kontrollfunktionen etc.

Die Vergütungspolitik und -praxis muss gemäß Anhang II des AIFM-Gesetzes festgelegt werden (entsprechend Art. 12 Absatz 2 des AIFM-Gesetzes). Nähere Informationen und weitere Verweise zur Vergütungspolitik und -praxis sowie die prozeduralen und dokumentatorischen Erfordernisse sind unter dem zu Anhang II Gesagten (Rn. 85) enthalten.

In Art. 13 des AIFM-Gesetzes ist inhaltlich identisch zu Art. 14 der AIFM-Richtlinie, **42**
für AIFM der Umgang mit Interessenkonflikten geregelt. Gemäß Art. 13 (1) Absatz 2 des AIFM-Gesetzes muss der AIFM wirksame organisatorische und administrative Vorkehrungen zur Ergreifung aller angemessen Maßnahmen zur Ermittlung, Vorbeugung, Beilegung und Beobachtung von Interessenkonflikten treffen und beibehalten, um zu verhindern, dass diese den Interessen der von ihm verwalteten AIF und ihrer Anleger schaden. Diese kann durchaus als Grundmaxime für den Umgang mit Interessenkonflikten gelten. Dazu gehört auch Aufgaben und Verantwortungsbereiche, die als miteinander unvereinbar angesehen werden könnten oder potenziell systematische Interessenkonflikte hervorrufen könnten, zu trennen (entsprechend Art. 13 (1) Absatz 3 des AIFM-Gesetzes).

Interessenkonflikte können entsprechend der detaillierten Liste nach Art. 13 (1) a) bis e) im Rahmen der Verwaltung von AIF vielfältig zwischen (und ggf. untereinander) AIFM, seinen beteiligten Personen Mitarbeitern, verwalteten AIF und seine Anlegern, anderen Kunden des AIFM, wie entsprechend aufgeführt, vorkommen.

Ist trotz all dieser Maßnahmen dennoch nicht sichergestellt, dass in einem Fall das Risiko der Beeinträchtigung von Anlegerinterseen vermieden wird, so sind die Anleger durch den AIFM vor Tätigung des Geschäfts in deren Auftrag (also für AIF oder auch für andere Kunden des AIFM) unmissverständlich über die allgemeine Art bzw. die Quellen der Interessenkonflikte in Kenntnis zu setzen (und hat der AIFM angemessene Strategien und Verfahren zu entwickeln) (entsprechend Art. 13 (2) des AIFM-Gesetzes).

Werden für einen AIF durch den AIFM die Dienste eines Prime Brokers in Anspruch genommen so sind in Art. 13 (3) des AIFM-Gesetzes einige besondere Anforderungen niedergelegt.

Insgesamt sind in Art. 30 bis 37 der Delegierten Verordnung weitergehende Details und Präzisierungen zu Interessenkonflikten enthalten.

Im Antragsformular Zulassung AIFM (zum Beispiel letztes Sheet Ziffer 6.7) wird zwar lediglich die Bestätigung der Existenz einer geeigneten Politik zur Behandlung und Behebung von Interessenkonflikten (im Folgenden kurz *COIP = conflicts of interest policy* genannt) gefordert, was jedoch impliziert, dass eine solche aufzustellen ist und auf Anfrage der CSSF auch vorzulegen ist.

43 In Art. 14 des AIFM Gesetzes ist, inhaltlich entsprechend zu Art. 15 der AIFM-Richtlinie, die Notwendigkeit der Einrichtung der Funktion des Risikomanagements enthalten. Diese muss unabhängig sein und funktional sowie hierarchisch von den operativen Funktionen/Abteilungen, insbesondere der/denen des Portfoliomanagements getrennt sein (entsprechend Art. 14 (1) Absatz 1 und teilweise Absatz 2 des AIFM-Gesetzes). Die besagte Trennung der Funktionen wird von der CSSF nach dem Verhältnismäßigkeitsprinzip geprüft, wobei präzisiert wird, dass insbesondere die Unabhängigkeit der Ausübung der Funktion durch besondere Schutzvorkehrungen sowie die Übereinstimmung mit den gesamten Anforderungen des Artikels 14 des AIFM-Gesetzes nachzuweisen ist (entsprechend Art. 14 (1) Absatz 2 des AIFM-Gesetzes).

Das Verhältnismäßigkeitsprinzip [53] spielt nicht nur hier sondern generell für die Umsetzung der AIFM-Richtlinie und die konkrete Anwendung, insbesondere für die gesamte Strukturierung, die notwendige personelle wie technische Ausstattung und den Aufbau des AIFM (unter Berücksichtigung insbesondere auch der Maßgabe aus Art. 18 (3) des AIFM-Gesetzes, entsprechend Art. 20 (3) der AIFM-Richtlinie, durch Übertragung von Funktionen des AIFM auf Dritte nicht zu einer sogenannten Briefkastenfirma zu werden – in den Anforderungen weiter detailliert in den Art. 75 bis 82 der Delegierten Verordnung ausgeführt) durchgehend eine entscheidende Rolle.

Um die Risiken denen die einzelnen Anlagestrategien unterliegen können hinreichend genau festzustellen, zu bewerten, zu steuern und zu überwachen müssen die AIFM angemessene Risikomanagementsysteme verwenden, die, je nach Anlagestrategie (bzw. zum Beispiel der Liquidität der Anlagen) in angemessenen Zeitabständen, mindestens jedoch jährlich überprüft werden müssen (entsprechend Art. 14 (2) des AIFM-Gesetzes). Art. 14 (3) legt dabei einzuhaltende Mindestpflichten fest und Art. 14 (4) des AIFM-Gesetzes die Pflicht zur Festlegung der maximalen Hebelfinanzierung in den verwalteten AIF (unter Berücksichtigung der in Art. 14 (4) des AIFM-Gesetzes weiter aufgeführten Kriterien). Weitere Präzisierungen zum Risikomanagement sind in Art. 38 bis 45 der Delegierten Verordnung, sowie im Zusammenhang mit dem Eigenrisiko des AIFM und der Haftungsdeckung in Art. 12 bis 15 der Delegierten Verordnung enthalten.

Im Rahmen des Zulassungsverfahrens bei der CSSF müssen unter der Rubrik 6.4 des relevanten *Sheets* des *AIFMD Questionnaires* (abrufbar unter folgendem link: *http://www.cssf.lu/surveillance/vgi/gfia-aifm/formulaires/*) verschiedene detaillierte Angaben gemacht werden, unter anderem zur Person des Risikomanagers (beispielsweise für neu aufgelegte AIFM unter 6.4.1.3 und 6.4.1.4. des betreffenden *Sheets* des *AIFMD Questionnaires)* wie auch zur Funktion als solcher (beispielsweise dem betreffenden *Sheet* des *AIFMD Questionnaires* für neu aufgelegte AIFM als Appendix A21 beizufügen) oder dem Risikomanagementverfahren (beispielsweise dem betreffenden *Sheet* des *AIFMD Questionnaires* für neu aufgelegte AIFM als Appendix A23 beizufügen).

44 In Art. 15 des AIFM-Gesetzes sind, inhaltlich entsprechend zu Art. 16 der AIFM-Richtlinie, die Anforderungen für ein Liquiditätsmanagement festgelegt. Als genereller Grundsatz gilt, dass die AIFM gewährleisten müssen, dass die Anlagestrategie, das Liquiditätsprofil und die Rücknahmegrundsätze eines jeden von ihnen verwalteten AIF schlüssig ineinander greifen (entsprechend Art. 15 (2) des AIFM-Gesetzes).

53 Entsprechend aus der Einleitung Gründe zur AIFM-Richtlinie (94): Das Verhältnismäßigkeitsprinzip entspringt als ein ganz wesentliches Grundprinzip Art. 5 des Vertrages über die Europäische Union. Es ist weiter präzisiert, dass entsprechend diesem Verhältnismäßigkeitsprinzip die AIFM-Richtlinie nicht über das für die Erreichung dieses Ziels erforderliche Maß hinausgeht.

Gemäß Art. 15 (1) Absatz 1 des AIFM-Gesetzes muss ein AIFM für jeden AIF – sofern dieser nicht ein geschlossener, nicht hebelfinanzierter AIF ist – ein angemessenes Liquiditätsmanagementsystem und -verfahren, die es dem AIFM erlauben, die Liquiditätsrisiken des AIF zu überwachen und zu gewährleisten, dass sich das Liquiditätsprofil der Anlagen des AIF mit seinen zugrunde liegenden Verbindlichkeiten deckt, einrichten. Dazu sind regelmäßig angemessene Stresstests durchzuführen (basierend auf Art. 15 (1) Absatz 2 des AIFM-Gesetzes).

Insgesamt sind in Art. 46 bis 49 der Delegierten Verordnung weitergehende Details und Präzisierungen zu den Anforderungen an das Liquiditätsmanagement enthalten.

Basierend auf dem vorgenannten Grundsatz muss im Rahmen des Zulassungsverfahrens gemäß Antragsformular Zulassung AIFM (zum Beispiel letztes *Sheet* Ziffer 6.5) der CSSF ein Appendix A24 zum Liquiditätsmanagement vorgelegt werden. Es empfiehlt sich diesen als Vergleichschart mit den Regelungen der Art. 46 bis 49 der Delegierten Verordnung und einer zugehörigen Antwort bzw. Einhaltung der Regelung aufzubauen. Das Liquiditätsmanagement wird außer im Falle von Ausnahmen durch den Risikomanager bzw. die dafür verantwortliche Einheit wahrzunehmen sein. Aus dem als Appendix A23 zu liefernden Risikomanagementverfahren (siehe vorstehend) kann wegen des Liquiditätsmanagements direkt auf den betreffenden Appendix A24 verwiesen werden.

2. Abschnitt 2: Organisatorische Anforderungen. Abschnitt 2 von Kapitel 3 des AIFM-Gesetzes regelt die organisatorischen Anforderungen an einen (zugelassenen) AIFM. **45**

In Art. 16 des AIFM-Gesetzes sind inhaltsgleich zu Art. 18 der AIFM-Richtlinie die allgemeinen Grundsätze betreffend die Organisation des AIFM festgelegt. Als genereller Maßstab gilt, dass der AIFM für die ordnungsgemäße Verwaltung der AIF jederzeit angemessene und geeignete personelle und technische Ressourcen einsetzen muss (so Art. 16 Absatz 1 des AIFM-Gesetzes). **46**

Insbesondere muss der AIFM über eine ordnungsgemäße Verwaltung und Buchhaltung, Kontroll- und Sicherheitsvorkehrungen in Bezug auf die elektronische Datenverarbeitung sowie angemessene interne Kontrollverfahren, zu denen insbesondere Regeln für persönliche Geschäfte ihrer Mitarbeiter und für das Halten oder Verwalten von Anlagen zum Zwecke der Anlage auf dem eigenen Konto gehören, verfügen, durch die unter anderem gewährleistet wird, dass jedes die AIF betreffende Geschäft rekonstruiert werden kann und die Vermögenswerte der verwalteten AIF gemäß den Vertragsbedingungen oder Satzungen der AIF und gemäß den geltenden rechtlichen Bestimmungen angelegt werden (so im Wesentlichen Art. 16 Absatz 2 des AIFM Gesetzes)

Insgesamt sind in Art. 57 bis 66 der Delegierten Verordnung weitergehende Details und Präzisierungen zu den generellen organisatorischen Anforderungen enthalten

Basierend auf dem vorgenannten Grundsatz muss im Rahmen des Zulassungsverfahrens gemäß Antragsformular Zulassung AIFM (zum Beispiel letztes *Sheet* Ziffer 6.1.1) der CSSF zum Beispiel ein detaillierter Organisations-Chart als Appendix A17 vorgelegt werden. Dieser hat unter anderem die vorstehenden Grundsätze (sowie zum Beispiel auch Elemente aus Art. 17 (4), (6) und (7) des AIFM-Gesetzes hinsichtlich des „Bewerters" oder aus Art. 18 (2), (4), (5) und (6) des AIFM-Gesetzes hinsichtlich des Beauftragten durch Übertragung ebenfalls zu berücksichtigen) und muss ggf. zusätzlich (nicht integriert in den Chart) detaillierte Beschreibungen der einzelnen Positionen im AIFM enthalten.

In Art. 17 des AIFM-Gesetzes sind, inhaltsgleich zu Art. 19 der AIFM-Richtlinie, die Anforderungen an die Bewertung der Vermögenswerte der von ihm verwalteten AIF (unabhängig davon ob Luxemburger AIF, anderer EU-AIF oder Nicht-EU-AIF) geregelt. Das **47**

Grundprinzip ist hier, dass der AIFM sicherstellen muss, dass für jeden von ihm verwalteten AIF geeignete und kohärente Verfahren festgelegt sind, die eine ordnungsgemäße und unabhängige Bewertung der Vermögenswerte des AIF nach Art. 17 des AIFM-Gesetzes und den anzuwendenden nationalen Rechtsvorschriften sowie den Vertragsbedingungen oder der Satzung der AIF vorgenommen werden kann (entsprechend Art. 17 (10) des AIFM-Gesetzes). Auch muss die Bewertung unparteiisch und mit der gebotenen Sachkenntnis, Sorgfalt und Gewissenhaftigkeit erfolgen (entsprechend Art. 17 (8) des AIFM-Gesetzes).

Dabei ist die Pflicht der Berechnung eines Nettoinventarwertes je Anteil der verwalteten AIF, sowie die Durchführung der Bewertung und der erwähnten Berechnung des Nettoinventarwertes mindestens einmal pro Jahr mit enthalten (entsprechend Art. 17 (3) Absatz 1 und 2 des AIFM-Gesetzes). Bei Offenen AIF[54] müssen die Bewertungen und Nettoinventarwertberechnungen in einem zeitlichen Abstand durchgeführt werden, der sowohl den gehaltenen Vermögenswerten des betreffenden AIF als auch seiner Ausgabe- und Rücknahmehäufigkeit angemessen ist (entsprechend Art. 17 (3) Absatz 3 des AIFM-Gesetzes). Bei Geschlossenen AIF[52], sind solche Bewertungen und Nettoinventarwertberechnungen auch durchzuführen, wenn das Kapital des entsprechenden AIF erhöht oder herabgesetzt wird (entsprechend Art. 17 (3) Absatz 4 des AIFM-Gesetzes). In beiden Fällen besteht grundsätzlich Informationspflicht gegenüber den Anlegern der AIF (entsprechend Art. 17 (3) Absatz 5 des AIFM-Gesetzes).

Der AIFM kann die Bewertung entweder intern durchführen – strikt funktional unabhängig von der Portfolioverwaltung und der Vergütungspolitik oder an einen externen Bewerter – der einer gesetzlich anerkannten obligatorischen berufsmäßigen Registrierung oder Rechts- und Verwaltungsvorschriften oder berufsständischen Regeln unterliegt und berufliche Garantien vorweisen kann – übertragen (entsprechend Art. 17 (4)

54 Wann ein AIF als Offener AIF gilt und wann als Geschlossener AIF ist im Rahmen der *DELEGIERTEN VERORDNUNG (EU) Nr. 694/2014 DER KOMMISSION vom 17. Dezember 2013 zur Ergänzung der Richtlinie 2011/61/EU des Europäischen Parlaments und des Rates im Hinblick auf technische Regulierungsstandards zur Bestimmung der Arten von Verwaltern alternativer Investmentfonds* präzisiert worden.

Art. 1
(2) Ein AIFM eines offenen AIF ist ein AIFM, der einen AIF verwaltet, dessen Anteile vor Beginn der Liquidations- oder Auslaufphase auf Ersuchen eines Anteilseigners direkt oder indirekt aus den Vermögenswerten des AIF und nach den Verfahren und mit der Häufigkeit, die in den Vertragsbedingungen oder der Satzung, dem Prospekt oder den Emissionsunterlagen festgelegt sind, zurückgekauft oder zurückgenommen werden. Eine Kapitalherabsetzung des AIF im Zusammenhang mit Ausschüttungen gemäß den Vertragsbedingungen oder der Satzung des AIF, dem Prospekt oder den Emissionsunterlagen, einschließlich Unterlagen, die durch einen im Einklang mit den Vertragsbedingungen oder der Satzung, dem Prospekt oder den Emissionsunterlagen getroffenen Beschluss der Anteilseigner genehmigt wurden, wird bei der Feststellung, dass es sich bei dem AIF um einen offenen AIF handelt, nicht berücksichtigt. Die Tatsache, dass die Anteile eines AIF auf dem Sekundärmarkt gehandelt werden können und vom AIF nicht zurückgekauft oder zurückgenommen werden, wird bei der Feststellung, dass es sich um einen offenen AIF, nicht berücksichtigt.
(3) Der AIFM eines geschlossenen AIF ist ein AIFM, der eine andere als die unter Absatz 2 beschriebene Art von AIF verwaltet.
(4) Führt eine Änderung der Rücknahmegrundsätze eines AIF dazu, dass sich die Art der vom AIFM verwalteten AIF ändert, so wendet der AIFM auf den betreffenden AIF die für die neue Art von AIF geltenden Bestimmungen an.
(5) Für die Zwecke von Artikel 61 Absätze 3 und 4 der Richtlinie 2011/61/EU wird ein AIFM, der einen AIF verwaltet, dessen Anteile vor Beginn der Liquidations- oder Auslaufphase erst nach einer Wartezeit von mindestens fünf Jahren, während der Rücknahmerechte nicht ausgeübt werden können, auf Ersuchen eines Anteilseigners direkt oder indirekt aus den Vermögenswerten des AIF zurückgenommen oder zurückgekauft werden, als AIFM eines geschlossenen AIF betrachtet.

und (5) des AIFM-Gesetzes. Ein externer Bewerter kann die Funktion nicht an Dritte weiter übertragen (so Art. 17 (6) des AIFM-Gesetzes). Hinsichtlich Details zur Übertragung von Aufgaben wird auf das zu Art. 18 des AIFM-Gesetzes Gesagte verwiesen (nachstehende Rn. 48). Die Bestellung eines externen Bewerters muss der CSSF mitgeteilt werden (entsprechend Art. 17 (7) des AIFM-Gesetzes), wobei das als vorzeitig zu verstehen ist, da es eine wesentliche Information zur Zulassung ist. Sehr wichtig ist auch, dass ausdrücklich festgehalten wurde, dass die Verantwortung für die Bewertung und die Nettoinventarwertberechnung beim AIFM liegt und eine Übertragung auf einen externen Bewerter die Haftung des AIFM gegenüber den Anlegern der verwalteten AIF nicht berührt (entsprechend Art. 17 (10) Absatz 1 des AIFM-Gesetzes). Auf der anderen Seite wird auch für das Innenverhältnis zwischen AIFM und ggf. bestelltem externen Bewerter der Haftungsmaßstab gesetzlich fixiert – Art. 17 (10) Absatz 2 des AIFM-Gesetzes legt fest, dass unabhängig von anderslautenden vertraglichen Regelungen der externe Bewerter gegenüber dem AIFM für jegliche Verluste des AIFM, die sich auf fahrlässige oder vorsätzliche Nichterfüllung der Aufgaben durch den externen Bewerter zurückführen lassen, haftet.

Insgesamt sind in Art. 67 bis 74 der Delegierten Verordnung weitergehende Details und Präzisierungen zu den Anforderungen an die Bewertung (und Nettoinventarwertberechnung) enthalten.

Im Rahmen des Zulassungsverfahrens muss gemäß Antragsformular Zulassung AIFM (zum Beispiel letztes *Sheet* Ziffer 6.9.5) der CSSF ein Appendix A27 zur Bewertung und der Nettoinventarwertberechnung (pro Anteil) vorgelegt werden. Es empfiehlt sich auch hier diesen als Vergleichschart mit den Regelungen der Art. 67 bis 74 der Delegierten Verordnung und einer zugehörigen Antwort bzw. Aussage wie die Einhaltung der Regelung sichergestellt wird, aufzubauen.

3. Abschnitt 3: Übertragung von Funktionen der AIFM. Dieses Kapitel abschließend ist in Abschnitt 3 unter Art. 18 des AIFM-Gesetzes, inhaltsgleich zu Art. 20 der AIFM-Richtlinie, die Übertragung (auch Delegation genannt) der Ausübung von Aufgaben des AIFM, auf Rechnung des AIFM, auf Dritte geregelt. Eine solche Aufgaben-Übertragung ist grundsätzlich zulässig, sie muss jedoch vor Erfolgen der CSSF angezeigt werden und es müssen die in Art. 18 des AIFM-Gesetzes genannten Voraussetzungen erfüllt sein (entsprechend Art. 18 (1) Satz 1 und Satz 2 erster Halbsatz des AIFM-Gesetzes). **48**

Insgesamt ist als genereller und wichtiger Maßstab (für die Strukturierung und die Organisation eines AIFM) ausdrücklich darauf hinzuweisen dass keine Übertragung von Aufgaben/Funktionen auf Dritte dazu führen darf, dass der betreffende AIFM nicht länger als Verwalter der von ihm verwalteten AIF angesehen werden kann und er zu einem bloßen Briefkastenunternehmen wird (entsprechend Art. 18 (3) zweiter Halbsatz des AIFM-Gesetzes). Details dazu, wann ein AIFM zur Briefkastenfirma wird und nicht mehr in dem Sinne als Verwalter der verwalteten AIF angesehen werden kann, sind – mit Ausführung bestimmter Situationen die bei Eintritt den AIFM zur Briefkasten werden lassen – in Art. 82 der Delegierten Verordnung enthalten und für Strukturierung und Organisation eines AIFM aufmerksam zu analysieren. **49**

Die einzelnen Voraussetzungen nach Art. 18 (1) des AIFM-Gesetzes lauten (kurz zusammengefasst und ggf. entsprechend eingeordnet) wie folgt:

a) Übertragung und deren Struktur ist mit objektiven Gründen zu rechtfertigen;
b) Beauftragter verfügt über zur Auftragsausführung ausreichende Ressourcen; tatsächliche Geschäftsführer des Beauftragten sind gut beleumdet;
c) bei Bezug der Übertragung zum Portfoliomanagement oder Risikomanagement darf nur an zur Vermögensverwaltung zugelassene oder registrierte und beaufsichtigte

Unternehmen übertragen werden; bei Nichterfüllung dieser Voraussetzung kann für Luxemburger AIFM durch die CSSF ausdrücklich und vorherig eine Ausnahme genehmigt werden (Einzelfall Entscheidung, erfordert besondere Begründung gegenüber der CSSF); keine Übertragung dieser Aufgaben kann an die Verwahrstelle oder von dieser Beauftragte (entsprechend Art. 18 (2) a) des AIFM-Gesetzes) oder an andere Unternehmen deren Interessen mit denen des AIFM oder denen der Anleger der von dem AIFM verwalteten AIF im Konflikt stehen könnten (nicht müssen!), es sei denn die möglichen Konfliktfunktionen sind hierarchisch und funktional getrennt und die möglichen Konflikte sind ermittelt, gesteuert und beobachtet (entsprechend Art. 18 (2) b) des AIFM-Gesetzes). Diese beiden Beschränkungen gelten inhaltlich entsprechend bei der Unterbeauftragung[55] durch einen selbst zulässigen Beauftragten (siehe entsprechend Art. 18 (5) des AIFM-Gesetzes sowie im Falle der unter-Unterbeauftragung wiederum entsprechend wie in Art. 18 960 des AIFM-Gesetzes enthalten);

d) bei Bezug der Übertragung zum Portfoliomanagement oder Risikomanagement auf ein Unternehmen mit Sitz in einem Drittland muss die Zusammenarbeit mit der betreffenden Aufsichtsbehörde gewährleistet sein (siehe dazu die Liste der Aufsichtsbehörden mit denen die CSSF entsprechende Vereinbarungen getroffen hat, die im Dokument CSSF AIFM FAQ unter Ziffer 21 als Link enthalten ist;[56]

e) die Übertragung darf weder die Wirksamkeit der Beaufsichtigung des AIFM noch die Verwaltung der AIF im Interesse der Anleger beeinträchtigen;

f) der AIFM muss initial und fortlaufend eine Due Diligence bezüglich des Beauftragten (Qualifikation, Gesamteignung etc.) durchführen, ihn wirksam überwachen können, Anweisungen erteilen können sowie die Übertragung zurücknehmen können, wenn das Anlegerinteresse (der verwalteten AIF) dieses gebietet. Diese Elemente sind daher regelmäßig in der nach Art. 75 d) der Delegierten Verordnung vorgeschriebene schriftliche Vereinbarung über die Beauftragung sicherzustellen.

50 Als wichtiges Prinzip ist ebenfalls gesetzlich festgehalten, dass die Haftung des AIFM gegenüber den von ihm verwalteten AIF und deren Anlegern nicht durch eine Übertragung (oder Unterbeauftragung/-übertragung) von Aufgaben/Funktionen berührt wird (entsprechend Art. 18 (3) Satz 1 des AIFM-Gesetzes).

Wie bereits zuvor angeklungen sind in der Delegierten Verordnung weitergehende Details und Präzisierungen zu den Anforderungen an eine Übertragung von Aufgaben geregelt. Es wird daher insgesamt auf die in Art. 75 bis 82 der Delegierten Verordnung enthaltenen Bestimmungen hingewiesen (konkret präzisieren diese über die gleichlautenden Absätze von Art. 20 der AIFM-Richtlinie hinsichtlich Art. 18 (1), (2), (4) und (5) des AIFM-Gesetzes).

Im Rahmen des Zulassungsverfahrens müssen gemäß Antragsformular Zulassung AIFM (zum Beispiel letztes *Sheet* Ziffer 7 ff.) der CSSF eine Vielzahl von Appendizes im Zusammenhang mit einer Übertragung von Aufgaben vorgelegt werden. Die einzelnen Appendizes sind auf Basis der vorstehend dargestellten Voraussetzungen gut nachzuvollziehen. Es handelt sich um folgende Appendizes:

55 Eine Unterübertragung/-beauftragung ist grundsätzlich zulässig sofern der AIFM vorher der Unterübertragung/-beauftragung zugestimmt hat, der AIFM die CSSF vor in Kraft treten der Unterbeauftragung informiert hat und die einzelnen (hier verkürzt dargestellten Voraussetzungen nach Art. 18 (1) an Stelle des Beauftragten auch durch den Unterbeauftragten erfüllt werden (entsprechend Art. 18 (4) des AIFM-Gesetzes.

56 Siehe, mit mehr Details, auch Fn. 84 (Rn. 73).

a) als Appendix A29 die mit dem Beauftragten vorgesehen zu schließende Vereinbarung;
b) als Appendix A30 die Rechtfertigung der Beauftragung mit objektiven Gründen;
c) als Appendix A31 die initiale Due Diligence;
d) als Appendix A32 die kontinuierliche Due Diligence;
e) als Appendix A33 die, im Rahmen der Überwachung, durch den Beauftragten zu liefernden Berichte an den AIFM; und
f) als Appendix A34 der Nachweis der Einhaltung der Art. 75 bis 82 der Delegierten Verordnung. Es empfiehlt sich auch hier diesen als Vergleichschart mit den Regelungen der Art. 75 bis 82 der Delegierten Verordnung und einer zugehörigen Antwort bzw. Einhaltung der Regelung aufzubauen.

IV. Kapitel 4: Verwahrstelle

Die Anforderungen im Zusammenhang mit der Notwendigkeit einer Verwahrstelle **51**
sind in Art. 19 des AIFM-Gesetzes geregelt. Art. 19 des AIFM-Gesetzes entspricht inhaltlich Art. 21 der AIFM-Richtlinie. Ein voll lizensierter AIFM muss für jeden von ihm verwalteten AIF sicherstellen, dass im Einklang mit Art. 19 des AIFM Gesetzes eine einzige Verwahrstelle bestellt wird (entsprechend Art. 19 (1) des AIFM-Gesetzes). Diese Verwahrstelle muss für EU-AIF in dem Mitgliedstaat errichtet sein, in dem dieser EU-AIF seinen Sitz hat [57] (entsprechend Art. 19 (5) a) des AIFM-Gesetzes). Für Nicht-EU-AIF muss die Verwahrstelle in dem Drittland, in dem sich der Sitz des Nicht-EU-AIF befindet, oder in dem Herkunftsmitgliedstaat des AIFM,[58] der den Nicht-EU-AIF verwaltet, oder in dem Referenzmitgliedstaat[59] des AIFM, der den Nicht-EU-AIF verwaltet, errichtet sein (entsprechend Art. 19 (5) b) des AIFM-Gesetzes). Der Verweis auf eine einzige Verwahrstelle schließt nicht die Übertragung von Funktionen auf Dritte (auch Ernennung von Unter-

57 Im Französischen Originaltext des AIFM-Gesetzes wird in Art. 1 (35) der Begriff *État membre d'origine du FIA* verwendet. Dieser Begriff (und seine Definition) entstammt Art. 4 (1) p) der Französischen Fassung der AIFM-Richtlinie und ist gemäß Art. 4 (1) p) der Deutschen Fassung der AIFM-Richtlinie mit „Herkunftsmitgliedstaat des AIF" zu übersetzen.
„Herkunftsmitgliedstaat des AIF":
a) der Mitgliedstaat, in dem der AIF nach den geltenden nationalen Rechtsvorschriften zugelassen oder registriert ist, oder im Falle mehrfacher Zulassungen oder Registrierungen der Mitgliedstaat, in dem der AIF zum ersten Mal zugelassen oder registriert wurde, oder
b) wenn der AIF in keinem Mitgliedstaat zugelassen oder registriert ist, der Mitgliedstaat, in dem der AIF seinen Sitz und/oder seine Hauptverwaltung hat.

58 Im Französischen Originaltext des AIFM-Gesetzes wird in Art. 1 (36) der Begriff *État membre d'origine du gestionnaire* verwendet. Dieser Begriff (und seine Definition) entstammt Art. 4 (1) q) der Französischen Fassung der AIFM-Richtlinie und ist gemäß Art. 4 (1) q) der Deutschen Fassung der AIFM-Richtlinie mit „Herkunftsmitgliedstaat des AIFM" zu übersetzen.
„Herkunftsmitgliedstaat des AIFM":
der Mitgliedstaat, in dem der AIFM seinen satzungsmäßigen Sitz hat; im Falle von Nicht-EU-AIFM ist bei allen Bezugnahmen in dieser Richtlinie auf den „Herkunftsmitgliedstaat des AIFM" immer der „Referenzmitgliedstaat" gemeint, wie in Kapitel VII vorgesehen.

59 Im Französischen Originaltext des AIFM-Gesetzes wird in Art. 1 (38) der Begriff *État membre de référence* verwendet. Dieser Begriff (und seine Definition) entstammt Art. 4 (1) z) der Französischen Fassung der AIFM-Richtlinie und ist gemäß Art. 4 (1) z) der Deutschen Fassung der AIFM-Richtlinie mit „Referenzmitgliedstaat" zu übersetzen.
„Referenzmitgliedstaat":
der gemäß Artikel 37 (4) der AIFM-Richtlinie festgelegte Mitgliedstaat.
Art. 37 (4) der AIFM Richtlinie entspricht Art. 38 (4) des AIFM Gesetzes. Letzterer ist derzeit noch nicht anwendbar was inhaltlich auch für Art. 37 (4) der AIFM-Richtlinie gilt. Siehe zur Anwendbarkeit von Art. 38 (4) des AIFM Gesetzes auch die nachstehenden Ausführungen zu Kapitel 7 des AIFM-Gesetzes.

Verwahrstellen) aus (siehe zu den Anforderungen bei Funktionsübertragung und Haftung das zu Art. 19 (11) und 19 (13) des AIFM-Gesetzes Gesagte; siehe Kommentierung in Rn. 229–236 unter dem OGAW IV-Gesetz).

52 In Art. 19 des AIFM-Gesetzes wurden die durch die Richtlinie gegebenen Möglichkeiten so intensiv wie notwendig aber so schlank wie möglich umgesetzt. Dieses gilt insbesondere auch für die – neben dem „traditionell" in Luxemburg als Verwahrstelle zugelassenen Kreditinstitut nach dem Gesetz von 1993 – die in Luxemburg geschaffenen Möglichkeiten im Rahmen der von der AIFM-Richtlinie gesetzten Anforderungen bzw. Grenzen als Luxemburger Wertpapierunternehmen bzw. als spezieller Luxemburger Verwahrstellen-PSF (dieser PSF wurde anlässlich der Umsetzung der AIFM-Richtlinie in Art. 26bis des Gesetzes von 1993 neu geschaffen) ebenfalls Verwahrstelle von durch voll lizensierte AIFM verwalteten AIF mit Sitz in Luxemburg[60] fungieren zu können (entsprechend Art. 19 (3) i) des AIFM-Gesetzes). Wegen weiterer Details hierzu wird auf das im Zusammenhang mit Art. 19 (3) des AIFM-Gesetzes in **Kapitel 10 Anwendungsbereich und Kapitel 10 bis: Allgemeine Bestimmungen des Gesetzes von 2010** (dort Rn. 215) Gesagte verwiesen.

Entsprechende Regelungen gelten nach Art. 19 (3) ii) des AIFM-Gesetzes mit Verweis auf Art. 21 (3), Art. 21 (8) a) und Artikel 26 der AIFM-Richtlinie für Verwahrstellen von AIF mit Sitz in einem anderen EU-Staat.

Nur für Nicht-EU-AIF gilt, dass die Verwahrstelle neben einem Kreditinstitut auch jedes andere Unternehmen derselben Art wie ein Kreditinstitut oder Wertpapierunternehmen nach Art. 21 (3) a) respektive b) der AIFM-Richtlinie sein kann, sofern diese einer wirksamen aufsichtlichen Regulierung, einschließlich Mindesteigenkapitalanforderungen und Aufsicht, die den Rechtsvorschriften der EU entsprechen und die wirksam durchgesetzt werden, unterliegen (entsprechend Art. 19 (3) (iii) des AIFM-Gesetzes).

53 Auch für die Verwahrstellen gilt eine spezielle Regelung betreffend die Vermeidung von Interessenkonflikten. Diese ist im Verhältnis zum AIFM und/oder dem AIF oder seinen Anlegern anzuwenden (entsprechend Art. 19 (4) des AIFM-Gesetzes). Eine Kernregel ist das Verbot für den AIFM, die Aufgabe einer Verwahrstelle wahrzunehmen (entsprechend Art. 19 (4) a) des AIFM-Gesetzes). Die andere ist, dass ein Prime Broker, der als Geschäftspartner des AIFM auftritt, nicht Verwahrstelle sein kann, es sei denn eine funktionale und hierarchische Trennung der Funktion der Verwahrstelle von der als Prime Broker sowie die Erfüllung weiterer in Art. 19 (4) b) des AIFM-Gesetzes genannter Voraussetzungen ist gegeben (entsprechend Art. 19 (4) b) des AIFM-Gesetzes). Auch eine Übertragung von Funktionen einer Verwahrstelle auf einen solchen Prime Broker für den die vorstehenden Voraussetzungen erfüllt sind ist zulässig (ebenfalls entsprechend Art. 19 (4) b) des AIFM-Gesetzes).

54 Art. 19 (6) des AIFM-Gesetzes fixiert weiter, unabhängig von den Anforderungen nach Art. 19 (3) des AIFM-Gesetzes, spezifische Anforderungen an die Bestellung einer Verwahrstelle mit Sitz in einem Drittland. Aus Art. 19 (5) des AIFM-Gesetzes folgert, dass die Konstellation mit einer Verwahrstelle mit Sitz in einem Drittland nur bei einem Nicht-EU-AIF vorkommen kann. Die genannten Anforderungen stellen im Detail kurz gesagt

60 Im Französischen Originaltext des AIFM-Gesetzes wird in Art. 1 (33) der Begriff *établi* für errichtet verwendet. Dieser Begriff wurde, wie in der Französischen Fassung der AIFM-Richtlinie in Art. 4 (1) j) als solcher für AIF mit *agréés ou enregistrés*, also „zugelassen oder registriert", oder, falls der AIF nicht „zugelassen oder registriert" ist als *ayant son siège statutaire*, also „mit satzungsmäßigem Sitz in" definiert. In geläufigen Übersetzungen des AIFM-Gesetzes kann es durchaus vorkommen, dass im Zusammenhang mit AIF die Definition **„errichtet"** oder **„ansässig"** an Stelle von **„mit Sitz in"** verwendet wird.

die Vergleichbarkeit an Regulierung, Informationsaustausch, Haftung etc. sicher womit die Interessen der Anleger auf dem gleichen Niveau wie bei einer Verwahrstelle mit Sitz in einem EU-Staat gewahrt werden.

Im Zusammenhang mit weiteren Details zu den Anforderungen an eine Verwahrstelle gemäß Art. 19 (7) (Sicherstellen von Cashflows), (8) (Aufbewahrung von Finanzinstrumenten und sonstigen Vermögenswerten), (9) (weitere Aufgaben), (10) (Handlungsprämissen), (11) Funktionsübertragung auf Dritte), (12) (Haftung), (13) (Haftung bei Funktionsübertragung auf Dritte), (14) Sonderbestimmungen bezüglich der Verwahrung) und (15) (Sonderbestimmung Direkthaftung gegenüber dem Anleger eines AIF) des AIFM-Gesetzes wird auf das im Zusammenhang mit diesen Artikeln in **Kapitel 10 Anwendungsbereich und Kapitel 10 bis: Allgemeine Bestimmungen des Gesetzes von 2010** (dort Rn. 219–239) Gesagte verwiesen. **55**

In Art. 19 (16) des AIFM-Gesetzes ist schließlich noch die ausdrückliche Informationspflicht der Verwahrstelle gegenüber der CSSF oder anderen, für die Überwachung eines AIF oder AIFM zuständigen Behörden (ggf. eines anderen EU-Staates oder ggf. sogar eines Drittlandes) hinsichtlich Informationen, die für die Überwachung des betreffenden AIF oder AIFM erforderlich sein könnten (also nicht erst bei tatsächlichem Sein), geregelt. **56**

V. Kapitel 5: Transparenzanforderungen

Unter diesem Kapitel 5 des AIFM-Gesetzes sind die Anforderungen an AIFM im Zusammenhang mit der Erstellung eines Jahresberichts für die vom AIFM verwalteten AIF (derart Art. 20 des AIFM-Gesetzes, inhaltlich Art. 22 der AIFM-Richtlinie entsprechend), der Informationspflichten gegenüber den Anlegern der vom AIFM verwalteten AIF (derart Art. 21 des AIFM-Gesetzes, inhaltlich Art. 23 der AIFM-Richtlinie entsprechend) und der Informationspflichten des AIFM gegenüber der CSSF hinsichtlich der vom AIFM verwalteten AIF (derart Art. 22 des AIFM-Gesetzes, inhaltlich Art. 24 der AIFM-Richtlinie entsprechend) festgelegt. **57**

Für jeden von einem Luxemburger AIFM verwalteten Luxemburger oder sonstigen EU-AIF sowie für jeden von diesem Luxemburger AIFM in der EU (also mindestens in einem Mitgliedstaat) vertriebenen AIF, muss der Luxemburger AIFM innerhalb von 6 Monaten nach Ende des Geschäftsjahrs einen durch einen zugelassenen Wirtschaftsprüfer geprüften Jahresbericht[61] vorlegen (entsprechend Art. 20 (1) in Verbindung mit Art. 20 (3) Absatz 2 des AIFM-Gesetzes). Das heißt einerseits, dass auch Luxemburger AIF nach Teil II des Gesetzes von 2010 nun, nicht wie vorher 4 Monate sondern 6 Monate bis zur Vorlage des geprüften Jahresberichts haben (so auch in Art. 150 (2) letzter Absatz des Gesetzes von 2010 ausdrücklich enthalten). Für die als Spezialfonds und als SICAR zugelassenen Luxemburger AIF galten auch schon zuvor die 6 Monate bis zur Vorlage eines geprüften Jahresberichts. Für nicht als Produkt regulierte Luxemburger AIF ist die genannte Erstellung und Vorlage eines geprüften Jahresberichts nun verpflichtend. Nur die Prüfung war zuvor nicht Pflicht, wurde jedoch aufgrund der Anforderungen der entsprechenden (pro- **58**

---

61 Damit ist wie in Art. 20 (3) Absatz 2 des AIFM-Gesetzes inhaltlich identisch zu Art. 22 (3) Absatz 2 der AIFM-Richtlinie bestimmt folgendes im Detail gemeint:
Die im Jahresbericht enthaltenen Zahlenangaben werden von einer oder mehreren Personen geprüft, die gemäß der Richtlinie 2006/43/EG des Europäischen Parlaments und des Rates vom 17. Mai 2006 über Abschlussprüfungen von Jahresabschlüssen und konsolidierten Abschlüssen gesetzlich zur Abschlussprüfung zugelassen sind. Der Bericht des Rechnungsprüfers einschließlich etwaiger Vorbehalte ist in jedem Jahresbericht vollständig wiederzugeben.

fessionellen oder institutionellen) Anleger in den betreffenden Produkten regelmäßig trotzdem durchgeführt.

Für die von einem Luxemburger AIFM verwalteten Nicht-EU-AIF, die nicht in der EU vertrieben werden bestünde dann logisch auch keine Prüfungspflicht. Das ist in Art. 20 (3) letzter Absatz insoweit geregelt worden, dass den Luxemburger AIFM gestattet ist für diese Nicht-EU-AIF die Jahresberichte einer Prüfung zu unterziehen, die den internationalen Rechnungslegungsstandards entspricht, die in dem Land gelten, in dem der AIF seinen satzungsmäßigen Sitz hat. Das entspricht der auf Basis von Art. 22 (3) Absatz 3 der AIFM-Richtlinie flexibelsten möglichen Regelung.

Jahresberichte sind als Mindeststandard, auf Verlangen den betreffenden Anlegern vorzulegen (so Art. 20 (1) Absatz 1 Satz 2 des AIFM-Gesetzes). Diese Regelung fügt sich nahtlos in die bereits existierende Systematik für Luxemburger regulierte Fondsstrukturen (zum Beispiel Spezialfonds oder SICAR) ein. Der CSSF und, sofern zutreffend der zuständigen Behörde des Herkunftsmitgliedstaates des AIF, (siehe im Detail zum Begriff Herkunftsmitgliedstaat des AIF vorstehende Fußnote 57) sind die (unaufgefordert) vorzulegen (enthalten in Art. 20 (1) Absatz 1 letzter Satz des AIFM-Gesetzes).[62]

Der Mindestinhalt der Jahresberichte nach Art. 20 (2) des AIFM-Gesetzes entspricht genau dem Mindestinhalt der Jahresberichte wie von Art. 22 (2) der AIFM-Richtlinie vorgegeben,[63] womit auch in diesem Bereich der vorgegebene EU-Standard direkt zu Luxemburger Recht wurde. Weitere Details zu den Anforderungen nach Art. 20 a) bis e) des AIFM-Gesetzes sind in Art. 103 bis 107 der Delegierten Verordnung enthalten, auf die hier verwiesen wird.

Die Zahlenangaben jedes Jahresberichts werden gemäß den Rechnungslegungsstandards des Herkunftsmitgliedstaats des AIF (also Luxemburg, anderer Mitgliedstaat oder Drittland – je nachdem was zutreffend ist) und den Bestimmungen im AIF selbst (Satzung bzw. Gründungsunterlagen) erstellt.

59 Ein ganz wichtiges Element ist der gesetzlich festgelegte Mindestinformationsgehalt hinsichtlich der von einem Luxemburger AIFM verwalteten EU-AIF sowie jedes von einem Luxemburger AIFM in der EU (wenigstens einem Land der EU) vertriebenen AIF. Dieses ist in Art. 21 des AIFM-Gesetzes inhaltsgleich zu Art. 23 der AIFM-Richtlinie festgelegt. Zusammengefasst handelt es sich bei den nach Art. 21 (1) des AIFM-Gesetzes vorzu-

---

62 Für AIF, die nach der geänderten Richtlinie 2004/109/EG des Europäischen Parlaments und des Rates zur Harmonisierung der Transparenzanforderungen in Bezug auf Informationen über Emittenten, deren Wertpapiere zum Handel auf einem geregelten Markt zugelassen sind Jahresfinanzberichte zu veröffentlichen haben gelten hinsichtlich Inhalt und Vorlagefrist die Sonderbestimmungen nach Art. 20 (1) Absatz 2 des AIFM-Gesetzes.

63 Art. 20 (2) der AIFM-Gesetzes
Der Jahresbericht muss mindestens Folgendes enthalten:

a) eine Bilanz oder eine Vermögensübersicht;
b) eine Aufstellung der Erträge und Aufwendungen des Geschäftsjahres;
c) einen Bericht über die Tätigkeiten im abgelaufenen Geschäftsjahr;
d) jede wesentliche Änderung der in Artikel 21 aufgeführten Informationen (Anm.: dieses betrifft die Mindestinformationen an die Anleger von AIF) während des Geschäftsjahrs, auf das sich der Bericht bezieht;
e) die Gesamtsumme der im abgelaufenen Geschäftsjahr gezahlten Vergütungen, gegliedert in feste und variable vom AIFM an seine Mitarbeiter gezahlte Vergütungen, die Zahl der Begünstigten und gegebenenfalls die vom AIF gezahlten Carried Interests
f) die Gesamtsumme der gezahlten Vergütungen, aufgegliedert nach Führungskräften und Mitarbeitern des AIFM, deren Tätigkeit sich wesentlich auf das Risikoprofil des AIF auswirkt.

legenden Informationen (wie von der CSSF im Merkblatt Anzeigeverfahren 30/32[64] zusammengefasst) um die Anlagestrategie, Details zu allen involvierten Dienstleistern, Abdeckung von Berufshaftrisiken, Übertragung von Verwaltungsfunktionen, das/die Bewertungsverfahren, das Liquiditätsrisikomanagement, die Vergütungsstruktur, eine Beschreibung der Art und Weise, wie der AIFM eine faire Behandlung der Anleger gewährleistet, den letzten Jahresbericht des AIF, die Verfahren und Bedingungen für die Ausgabe und den Verkauf von Anteilen des AIF, den letzten verfügbaren Nettoinventarwert des AIF, die bisherige Wertentwicklung des AIF, sofern verfügbar und sofern zutreffend, Details zu den Vereinbarungen mit Prime-Brokern.[65]

---

64 Merkblatt Anzeigeverfahren 30/32:
Marketing in other Member States of units or shares of EU AIFs by AIF managers established in Luxembourg – 30.7.2013.

65 Aufgrund der Wichtigkeit:
Artikel 23 (1) des AIFM-Gesetzes lautet vollständig wie folgt:
(1) AIFM stellen Anlegern der AIF, bevor diese eine Anlage in einen AIF tätigen, für jeden von ihnen verwalteten EU-AIF sowie für jeden von ihnen in der Union vertriebenen AIF folgende Informationen gemäß den Vertragsbedingungen oder der Satzung des AIF sowie alle wesentlichen Änderungen dieser Informationen zur Verfügung:

a) eine Beschreibung der Anlagestrategie und der Ziele des AIF, Angaben über den Sitz eines eventuellen Master-AIF und über den Sitz der Zielfonds, wenn es sich bei dem AIF um einen Dachfonds handelt, eine Beschreibung der Art der Vermögenswerte, in die der AIF investieren darf, der Techniken, die er einsetzen darf und aller damit verbundenen Risiken, etwaiger Anlagebeschränkungen, der Umstände, unter denen der AIF Hebelfinanzierungen einsetzen kann, Art und Herkunft der zulässigen Hebelfinanzierung und damit verbundener Risiken, sonstiger Beschränkungen für den Einsatz von Hebelfinanzierungen und Vereinbarungen über Sicherheiten und über die Wiederverwendung von Vermögenswerten, sowie des maximalen Umfangs der Hebelfinanzierung, die die AIFM für Rechnung des AIF einsetzen dürfen;
b) eine Beschreibung der Verfahren, nach denen der AIF seine Anlagestrategie oder seine Anlagepolitik oder beides ändern kann;
c) eine Beschreibung der wichtigsten rechtlichen Auswirkungen der für die Tätigung der Anlage eingegangenen Vertragsbeziehung, einschließlich Informationen über die zuständigen Gerichte, das anwendbare Recht und das Vorhandensein oder Nichtvorhandensein von Rechtsinstrumenten, die die Anerkennung und Vollstreckung von Urteilen in dem Gebiet vorsehen, in dem der AIF seinen Sitz hat;
d) die Identität des AIFM, der Verwahrstelle des AIF, des Rechnungsprüfers oder sonstiger Dienstleistungsanbieter sowie eine Erläuterung ihrer Pflichten und der Rechte der Anleger;
e) eine Beschreibung, in welcher Weise der AIFM den Anforderungen des Artikels 8 Absatz 7 gerecht wird (**Anm.: das betrifft das Thema Berufshaftpflicht siehe auch das zu Art. 8 (7) des AIFM-Gesetzes Gesagte, Rn. 37**);
f) eine Beschreibung sämtlicher vom AIFM übertragener Verwaltungsfunktionen gemäß Anhang I sowie sämtlicher von der Verwahrstelle übertragener Verwahrungsfunktionen, Bezeichnung des Beauftragten sowie sämtlicher Interessenkonflikte, die sich aus der Aufgabenübertragung ergeben könnten;
g) eine Beschreibung des Bewertungsverfahrens des AIF und der Kalkulationsmethoden für die Bewertung von Vermögenswerten, einschließlich der Verfahren für die Bewertung schwer zu bewertender Vermögenswerte gemäß Artikel 17;
h) eine Beschreibung des Liquiditätsrisikomanagements des AIF, einschließlich der Rücknahmerechte unter normalen und außergewöhnlichen Umständen, und der bestehenden Rücknahmevereinbarungen mit den Anlegern;
i) eine Beschreibung sämtlicher Entgelte, Gebühren und sonstiger Kosten unter Angabe der jeweiligen Höchstbeträge, die von den Anlegern mittel- oder unmittelbar getragen werden;
j) eine Beschreibung der Art und Weise, wie der AIFM eine faire Behandlung der Anleger gewährleistet, sowie, wann immer ein Anleger eine Vorzugsbehandlung oder einen Anspruch auf eine solche Behandlung erhält, eine Erläuterung dieser Behandlung, der Art der Anleger, die eine solche Vorzugsbehandlung erhalten, sowie gegebenenfalls der rechtlichen oder wirtschaftlichen Verbindungen zwischen diesen Anlegern und dem AIF oder dem AIFM (**Anm.: zum Thema Vorzugsbehandlung siehe auch das zu Art. 11 (1) des AIFM-Gesetzes Gesagte, Rn. 40**);

Auch ist ausdrücklich gefordert, dass der Anleger vor einer Anlage in den betreffenden AIF über das Verwaltungsreglement oder die Satzung eines AIF hinsichtlich dieser Elemente und etwaiger wesentlicher Änderungen, informiert werden muss (entsprechend Art. 20 (1) erster Halbsatz des AIFM-Gesetzes). Im Normalfall werden diese Informationen komplett in einer Einheit aus Verkaufsprospekt (= *Placement Memorandum*) (siehe auch Art. 21 (3) des AIFM-Gesetzes sowie das dazu nachstehend Gesagte) und, je nach Rechtsform, Verwaltungsreglement bzw. einer Satzung bzw. eines Gesellschaftsvertrages (= *Limited Partnership Agreement*) enthalten sein, was sowohl Markstandard als auch langjährige Praxis ist und sich praktisch der Art und dem Detaillierungsgrad der Information nach bewährt hat. Hinsichtlich sich kontinuierlich ändernder Angaben (wie zum Beispiel dem Jahresbericht oder dem Nettoinventarwert) ist die Verwendung eines jeweiligen Addendums zum Hauptdokument eine Vorgehensweise.

Damit einher geht auch die Verpflichtung des AIFM, Anleger, vor deren Anlage in einen AIF, über eventuelle Vereinbarungen, die die Verwahrstelle getroffen hat, um sich vertraglich im Bereich des Möglichen von der Haftung bei Übertragung der erlaubterweise übertragbaren Funktionen auf Dritte (gemäß Artikel 19 Absatz 13 des AIFM-Gesetzes) freizustellen (entsprechend Art. 21 (2) Absatz 1 des AIFM-Gesetzes), zu informieren. Der AIFM muss die Anleger auch unverzüglich über alle Änderungen hinsichtlich der Haftung der Verwahrstelle informieren (so Art. 19 (2) Absatz 2 des AIFM-Gesetzes).

Wo nach der Verkaufsprospektrichtlinie[66] oder nach nationalem Recht (wie in Luxemburg zum Beispiel Teil II des Gesetzes von 2010) ein Verkaufsprospekt zu veröffentlichen ist, sind die vorstehenden Informationen (einschließlich Haftung der Depotbank) darin gesondert oder ergänzend darzulegen (entsprechend Art. 21 (3) des AIFM-Gesetzes).

Zusätzlich muss der AIFM für von ihm verwaltete EU-AIF oder von ihm in der EU (mindestens einem Mitgliedstaat) vertriebene AIF die Anleger regelmäßig über den prozentualen Anteil an den Vermögenswerten des AIF, die schwer zu liquidieren sind (und für die deshalb besondere Regelungen gelten), neue Regelungen zur Liquiditätssteuerung und das aktuelle Risikoprofil (des betreffenden AIF) und die zur Steuerung eingesetzten Risikomanagement-Systeme informieren (entsprechend Art. 21 (4) des AIFM-Gesetzes). Diesbezüglich wird auch auf weitere Details in Art. 108 der Delegierten Verordnung hingewiesen.

---

k) den letzten Jahresbericht nach Artikel 20;
l) die Verfahren und Bedingungen für die Ausgabe und den Verkauf von Anteilen;
m) den jüngsten Nettoinventarwert des AIF oder den jüngsten Marktpreis der Anteile des AIF nach Artikel 17;
n) sofern verfügbar, die bisherige Wertentwicklung des AIF;
o) die Identität des Primebrokers und eine Beschreibung jeder wesentlichen Vereinbarung zwischen dem AIF und seinen Primebrokern und der Art und Weise, in der diesbezügliche Interessenkonflikte beigelegt werden, sowie die Bestimmung im Vertrag mit der Verwahrstelle über die Möglichkeit einer Übertragung und einer Wiederverwendung von Vermögenswerten des AIF und Angaben über jede eventuell bestehende Haftungsübertragung auf den Primebroker (**Anm.: zum Thema Primebroker siehe auch das zu Art. 13 (3) des AIFM-Gesetzes Gesagte, Rn. 42**);
p) eine Beschreibung, in welcher Weise und zu welchem Zeitpunkt die gemäß den Absätzen 4 und 5 (Anm. dieses Art. 20 des AIFM-Gesetzes) erforderlichen Informationen offengelegt werden.

66 Verkaufsprospektrichtlinie:
RICHTLINIE 2003/71/EG DES EUROPÄISCHEN PARLAMENTS UND DES RATES vom 4. November 2003 betreffend den Prospekt, der beim öffentlichen Angebot von Wertpapieren oder bei deren Zulassung zum Handel zu veröffentlichen ist, und zur Änderung der Richtlinie 2001/34/EG.
In Luxemburg im **Verkaufsprospektgesetz**: geändertes Gesetz vom 10. Juli 2005 über Verkaufsprospekte für Wertpapiere (*Loi du 10 juillet 2005 relative aux prospectus pour valeurs mobilières, telle que modifiée) in* nationales Recht umgesetzt.

Abschließend sind für verwaltete hebelfinanzierte EU-AIF oder in der EU vertriebene EU-AIF oder Nicht-EU-AIF regelmäßig Veränderungen des möglichen maximalen Hebel-Umfangs sowie der Rechte bei der Verwendung von Sicherheiten (*Collateral*) sowie die (tatsächliche) Gesamthöhe der Hebelfinanzierungen der AIF offenzulegen (entsprechend Art. 21 (5) des AIFM-Gesetzes). In diesem Zusammenhang wird auf weitere Details in Art. 109 der Delegierten Verordnung verwiesen.

Wenn man sich die einzelnen Anforderungen dieses Art. 21 des AIFM-Gesetzes ansieht und die Anforderungen mit denen, die an einen regulierten Fonds nach Teil II des Gesetzes von 2010, einen Spezialfonds nach dem Spezialfonds-Gesetz oder eine SICAR nach dem SICAR-Gesetz gestellt werden, so sind die Unterschiede marginal, d.h. eines der drei genannten Fondsprodukte ist üblicherweise in seinen Anforderungen denen des AIF, der durch einen voll lizensierten AIFM verwaltet wird, mehr als entsprechend und erfordert allenfalls formale Anpassungen, insbesondere aufgrund der Einfügung des voll lizensierten AIFM als Verwalter (Anpassung in etwa vergleichbar einer Verwaltungsgesellschaft, die in einer nicht selbst verwalteten OGAW SICAV ernannt wird bzw. bei dem Wechsel von Selbstverwaltung zur Ernennung einer Verwaltungsgesellschaft in einer OGAW SICAV durchgeführt werden müsste – letzteres ein Vorgang, der nicht sehr häufig vorkommt).

Inhaltlich identisch zu Art. 24 der AIFM-Richtlinie[67] sind in Art. 22 des AIFM-Gesetzes die Informationspflichten (von AIFM) gegenüber der CSSF festgelegt. **60**

AIFM müssen die CSSF regelmäßig über die wichtigsten Märkte und Instrumente, auf bzw. mit denen sie für Rechnung der von Ihnen verwalteten AIF handeln, unterrichten (entsprechend Art. 22 (1) Absatz 1 des AIFM-Gesetzes). Sie müssen Informationen zu den wichtigsten Instrumenten, Märkten sowie zu den größten Risiken und Konzentrationen jedes von ihnen verwalteten AIF vorlegen (entsprechend Art. 22 (1) Absatz 2 des AIFM-Gesetzes). Im Zusammenhang mit Art. 22 (1) des AIFM-Gesetzes (Art. 24 (1) der AIFM-Richtlinie) sei bereits auf weitergehende Informationen und Details in Art. 110 der Delegierten Verordnung und insbesondere die nach ANHANG IV, Formblatt für die Berichterstattung: AIFM (Artikel 3 Absatz 3 Buchstabe d und Artikel 24 der Richtlinie 2011/61/EU) der Delegierten Verordnung zu liefernden Informationen sowie auf die detaillierten, auch technischen, Angaben im CSSF Rundschreiben 14/581 (gelten in diesem Zusammenhang auch für Art. 22 (2) und (4) des AIFM-Gesetzes) verwiesen und auf die relevanten Ausführungen in den ESMA Leitlinien Berichtspflichten hingewiesen.

In Art 22 (2) sind die genauen durch den AIFM für jeden von ihm verwalteten EU-AIF bzw. jeden von ihm in der EU vertriebenen AIF zu liefernden Informationen festgelegt.[68]

Auf Antrag muss der AIFM der CSSF zum Ende jeden Quartals eine detaillierte Aufstellung der von ihm verwalteten AIF vorgelegt werden (entsprechend Art. 22 (3) b) des

---

67 Abgesehen von Art. 24 (4) letzter Absatz der AIFM-Richtlinie, der inhaltlich in anderen Regelungen in Bezug auf Drittländer eingebettet wurde.

68 Gemäß Art. 22 (2) des AIFM-Gesetzes sind dieses die folgenden Informationen:
a) den prozentualen Anteil an den Vermögenswerten des AIF, die schwer zu liquidieren sind und für die deshalb besondere Regelungen gelten;
b) jegliche neuen Regelungen zur Steuerung der Liquidität des AIF;
c) das gegenwärtige Risikoprofil des AIF und die vom AIFM zur Steuerung des Marktrisikos, des Liquiditätsrisikos, des Risikos des Ausfalls der Gegenpartei sowie sonstiger Risiken, einschließlich des operativen Risikos, eingesetzten Risikosteuerungssysteme;
d) Angaben zu den wichtigsten Kategorien von Vermögenswerten, in die der AIF investiert hat und
e) die Ergebnisse der nach Artikel 14 Absatz 3 Buchstabe b und Artikel 15 Absatz 1 Unterabsatz 2 durchgeführten Stresstests.

AIFM-Gesetzes – wegen Art. 22 (3) a) des AIFM-Gesetzes wird auf das zu Art. 20 (1) des AIFM-Gesetzes Gesagte verwiesen – siehe Rn. 59).

Für AIFM die AIF verwalten die in beträchtlichem Umfang Hebelfinanzierungen einsetzen, gelten besondere Berichtspflichten gegenüber der CSSF beispielsweise hinsichtlich des Gesamtumfangs der eingesetzten Hebelfinanzierungen oder auch Angaben zu den fünf größten Kreditgebern bzw. Wertpapierverleihern (an den/die AIF) (entsprechend Art. 22 (4) des AIFM-Gesetzes; auf die besonderen Bestimmungen für AIFM die hebelfinanzierte AIF verwalten in Art. 23 des AIFM-Gesetzes sei hier bereits ausdrücklich hingewiesen).

Aufgrund der besonderen Bedeutung der Systemrisiken kann die CSSF regelmäßig oder spontan ergänzende Informationen zu den in Art. 22 des AIFM-Gesetzes festgelegten Informationen anfordern (entsprechend inhaltlich Art. 22 (5) des AIFM-Gesetzes).

Die Berichtspflichten auch gegenüber der CSSF sind innerhalb des Funktionierens des Gesamtsystems der AIFM mit Verwaltung und Vertrieb von AIF von besonderer Wichtigkeit und dementsprechend zu behandeln.

VI. Kapitel 6: AIFM die bestimmte Arten von AIF verwalten

61 **1. Abschnitt 1: AIFM die hebelfinanzierte AIF verwalten.** In Art. 23 des AIFM-Gesetzes sind, inhaltsgleich zu Art. 25 der AIFM-Richtlinie, die besondere Nutzung der Informationen, die besondere Zusammenarbeit der zuständigen Behörden und besondere Beschränkungen im Zusammenhang mit AIFM, die hebelfinanzierte AIF verwalten, geregelt.

Das Grundprinzip ist, dass die CSSF die im Rahmen der Berichtspflicht nach Art. 22 des AIFM-Gesetzes zu erhebenden Informationen nutzt um festzustellen, inwieweit die Nutzung von Hebelfinanzierungen zur Entstehung von Systemrisiken im Finanzsystem, zu einem Risiko von Marktstörungen oder zu Risiken für das langfristige Wirtschaftswachstum beiträgt (entsprechend Art. 23 (1) des AIFM-Gesetzes).

Das besondere zur Verfügung stellen dieser Informationen an die zuständigen Behörden anderer betroffener Mitgliedstaaten (ggf. bilateral mit direkt betroffenen Mitgliedstaaten, falls ein erhebliches Gegenparteirisiko eines Kreditinstituts oder sonstiger systemrelevanter Institute bestehen könnte) der ESMA und dem ESRB nach dem in Art. 50 der AIFM-Richtlinie vorgesehenen Verfahren ist hier festgelegt (entsprechend Art. 23 (2) des AIFM-Gesetzes).

Der AIFM hat die Angemessenheit der von ihm angesetzten Begrenzung des Umfangs der Hebelfinanzierung darzulegen; die CSSF bewertet diese Einschätzung und ergreift, sofern zur Gewährleistung der Stabilität und Integrität des Finanzsystems für notwendig erachtet, Maßnahmen zur Beschränkung (nach entsprechender Unterrichtung der vorgenannten Behörden) (insgesamt verkürzt entsprechend Art. 23 (3) des AIFM-Gesetzes).[69] Wegen weitergehender Details zu Beschränkungen für die Verwaltung von AIF bei Hebelfinanzierung nach Art. 23 (3) des AIFM-Gesetzes wird auf Art. 112 der Delegierten Verordnung verwiesen.

---

69 Art. 23 (4) des AIFM-Gesetzes präzisiert weiter wie folgt:
Die Mitteilung gemäß Absatz 3 erfolgt spätestens zehn Arbeitstage vor dem geplanten Wirksamwerden oder der Erneuerung der vorgeschlagenen Maßnahme. Die Mitteilung enthält Einzelheiten der vorgeschlagenen Maßnahme, deren Gründe und den Zeitpunkt, zu dem sie wirksam werden soll. Unter besonderen Umständen können die CSSF verfügen, dass die vorgeschlagene Maßnahme innerhalb des in Satz 1 genannten Zeitraums wirksam wird.

2. Abschnitt 2: Pflichten von AIFM, die AIF verwalten, die die Kontrolle über nicht börsennotierte Unternehmen und Emittenten erlangen. In den Artikeln 24 bis 28 des AIFM Gesetzes sind, inhaltlich entsprechend zu Art. 26 bis 30 der AIFM-Richtlinie, besondere Bestimmungen, insbesondere Pflichten für AIFM im Zusammenhang mit der Verwaltung von AIF, die die Mehrheitsbeteiligung oder die Kontrolle über ein nicht börsennotierte(s/n) Unternehmen oder/und Emittenten erlangen, geregelt. **62**

In Art. 24 des AIFM-Gesetzes wird der Geltungsbereich festgelegt. Der gesamte Abschnitt gilt für AIFM, die einen oder mehrere AIF verwalten, die entweder allein oder gemeinsam aufgrund einer Vereinbarung, die die Erlangung von Kontrolle zum Ziel hat, gemäß Art. 24 (5) des AIFM-Gesetzes die Kontrolle über ein nicht börsennotiertes Unternehmen erlangen, sowie AIFM, die mit einem oder mehreren anderen AIFM aufgrund einer Vereinbarung zusammenarbeiten, gemäß der die von diesen AIFM gemeinsam verwalteten AIF gemäß Art. 24 (5) des AIFM-Gesetzes die Kontrolle über ein nicht börsennotiertes Unternehmen erlangen (entsprechend Art. 24 (1) des AIFM-Gesetzes). Art. 25 (1) des AIFM-Gesetzes (Informationspflicht gegenüber der CSSF bei schwellenwertrelevanter Bewegung einer Beteiligung) gilt auch bei erlangen einer Minderheitsbeteiligung (entsprechend Art. 24 (30 des AIFM-Gesetzes). Für kleine und mittlere Unternehmen[70] sowie Zweckgesellschaften für Erwerb, Besitz und Verwaltung von Immobilien gilt der Abschnitt insgesamt jedoch nicht (entsprechend Art. 24 (2) des AIFM-Gesetzes). **63**

Kontrolle bedeutet im Falle nicht börsennotierter Unternehmen über 50% der Stimmanteile, wobei Details zur Berechnung der Stimmrechtsanteile ausgeführt sind (entsprechend Art. 24 (5) des AIFM-Gesetzes). Unbeschadet der Definition in Art. 1 (10) des AIFM-Gesetzes wird Kontrolle im Bezug auf Emittenten für die Zwecke des Artikels 26 Absatz 1, 2 und 3 des AIFM-Gesetzes und des Artikels 30 des AIFM-Gesetzes gemäß Artikel 5 Absatz 3 der Richtlinie 2004/25/EG[71] definiert.

Der Abschnitt gilt vorbehaltlich der Voraussetzungen und Beschränkungen in Art. 6 der Richtlinie 2002/14/EG[72] (entsprechend Art. 24 (6) des AIFM-Gesetzes) und unbescha-

70 Im Sinne von Artikel 2 Absatz 1 des Anhangs der Empfehlung 2003/361/EG der Kommission vom 6. Mai 2003 betreffend die Definition der Kleinstunternehmen sowie der kleinen und mittleren Unternehmen (Amtsblatt der Europäischen Union L 124 vom 20.5.2003, S. 36).

71 Richtlinie 2004/25/EG des Europäischen Parlaments und des Rates vom 21. April 2004 betreffend Übernahmeangebote; Art. 5 (3) der besagten Richtlinie lautet: (3) Der prozentuale Anteil der Stimmrechte, der eine Kontrolle im Sinne des Absatzes 1 begründet, und die Art der Berechnung dieses Anteils bestimmen sich nach den Vorschriften des Mitgliedstaats, in dem die Gesellschaft ihren Sitz hat.

72 Richtlinie 2002/14/EG des Europäischen Parlaments und des Rates vom 11. März 2002 zur Festlegung eines allgemeinen Rahmens für die Unterrichtung und Anhörung der Arbeitnehmer in der Europäischen Gemeinschaft.
Artikel 6
Vertrauliche Informationen
(1) Die Mitgliedstaaten sehen vor, dass es gemäß den in den einzelstaatlichen Rechtsvorschriften festgelegten Bedingungen und Beschränkungen den Arbeitnehmervertretern und den etwaigen sie unterstützenden Sachverständigen nicht gestattet ist, ihnen im berechtigten Interesse der Unternehmen oder Betriebe ausdrücklich als vertraulich mitgeteilte Informationen an Arbeitnehmer oder Dritte weiterzugeben. Diese Verpflichtung besteht unabhängig von ihrem Aufenthaltsort und auch noch nach Ablauf ihres Mandats. Ein Mitgliedstaat kann es Arbeitnehmervertretern oder sie unterstützenden Personen jedoch gestatten, vertrauliche Informationen an Arbeitnehmer und Dritte weiterzugeben, die zur Vertraulichkeit verpflichtet sind.
(2) Die Mitgliedstaaten sehen vor, dass der Arbeitgeber in besonderen Fällen und unter Beachtung der in den einzelstaatlichen Rechtsvorschriften festgelegten Bedingungen und Beschränkungen nicht verpflichtet ist, eine Unterrichtung vorzunehmen oder eine Anhörung durchzuführen, wenn diese Unterrichtung oder Anhörung nach objektiven Kriterien die Tätigkeit des Unternehmens oder Betriebs erheblich beeinträchtigen oder dem Unternehmen oder Betrieb schaden könnte.

det ggf. strengerer Luxemburger Vorschriften über den entsprechenden Erwerb von Beteiligungen (entsprechend Art. 24 (7) des AIFM-Gesetzes).

64 Art. 25 des AIFM-Gesetzes regelt die konkreten Mitteilungen. Dieses umfasst einerseits die Pflicht zur jeweiligen Mitteilung an die CSSF durch den AIFM wenn ein AIF die Schwellenwerte von 10%, 20%, 30%, 50% und 75% bei einer Beteiligung erreicht, überschreitet oder unterschreitet (entsprechend Art. 25 (1) des AIFM-Gesetzes).

Andererseits muss der AIFM, der einen AIF verwaltet, der als AIF allein oder gemeinsam die Kontrolle über ein nicht börsennotiertes Unternehmen gemäß Art. 24 (1) des AIFM-Gesetzes in Verbindung mit Absatz 5 des genannten Artikels erlangt, an Folgende Einheiten hinsichtlich eines Kontrollerwerbs durch den AIF mitteilen:

a) das nicht börsennotierte Unternehmen;
b) die Anteilseigner, deren Identität und Adresse dem AIFM vorliegen oder ihm von dem nicht börsennotierten Unternehmen oder über ein Register, zu dem der AIFM Zugang hat bzw. erhalten kann, zur Verfügung gestellt werden können, und
c) die CSSF

(entsprechend Art. 25 (2) des AIFM-Gesetzes)

65 In Art. 35 (3) des AIFM-Gesetzes ist der Mindestzusatzgehalt einer solchen Mitteilung nach Art. 25 (2) des AIFM-Gesetzes festgelegt.[73]

Die Mitteilungen gemäß den vorstehend beschriebenen Art. 25 (1), (2) und (3) des AIFM-Gesetzes werden so rasch wie möglich, spätestens aber zehn Arbeitstage nach dem Tag, an dem der AIF die entsprechende Schwelle erreicht bzw. über- oder unterschritten oder die Kontrolle über das nicht börsennotierte Unternehmen erlangt hat, gemacht (entsprechend Art. 25 (5) des AIFM-Gesetzes).

In Art. 25 (4) des AIFM-Gesetzes sind dann noch die Informationspflichten betreffend die Arbeitnehmervertreter oder die Arbeitnehmer selbst des betreffenden nicht börsennotierten Unternehmens geregelt (verkürzt aus dem entsprechend detaillierteren Art. 25 (4) des AIFM-Gesetzes).

Wegen der nach diesem Art. 25 des AIFM-Gesetzes durch den AIFM an die CSSF zu machenden Mitteilungen wird auf das Formular Anzeige Mehrheitsbeteiligung[74] verwiesen, das alle notwendigen Elemente zusammengefasst hat.

In diesem Formular Anzeige Mehrheitsbeteiligung sind auch die nach Art. 26 des AIFM-Gesetzes gegenüber dem betreffenden Unternehmen, seinen Aktionären und der CSSF zur Verfügung zu stellenden Informationen, insbesondere die nach Art. 26 (2) des AIFM-Gesetzes präzisiert.[75]

---

(3) Unbeschadet bestehender einzelstaatlicher Verfahren sehen die Mitgliedstaaten Rechtsbehelfsverfahren auf dem Verwaltungsweg oder vor Gericht vor, falls gemäß den Absätzen 1 und 2 der Arbeitgeber Vertraulichkeit verlangt oder die Informationen verweigert. Sie können ferner Verfahren vorsehen, die dazu bestimmt sind, die Vertraulichkeit der betreffenden Informationen zu wahren.

73 Mindestzusatzgehalt der Mitteilung nach Art. 25 (2) des AIFM-Gesetzes:
a) die sich hinsichtlich der Stimmrechte ergebende Situation;
b) die Bedingungen, unter denen die Kontrolle erlangt wurde, einschließlich Nennung der einzelnen beteiligten Anteilseigner, der zur Stimmabgabe in ihrem Namen ermächtigten natürlichen oder juristischen Personen und gegebenenfalls der Beteiligungskette, über die die Stimmrechte tatsächlich gehalten werden;
c) das Datum, an dem die Kontrolle erlangt wurde.

74 **Formular Anzeige Mehrheitsbeteiligung**: CSSF Formular zur Anzeige von Mehrheitsbeteiligungen und Kontrolle von nicht börsennotierten Unternehmen = *Notification of Major Holdings and control of Non-listed Companies (Article 25 of the AIFM Law)*.

75 Die nach Art. 26 (2) des AIFM-Gesetzes zur Verfügung zu stellenden Informationen sind:

In Art. 27 des AIFM-Gesetzes sind dann noch besondere Bestimmungen hinsichtlich der Inhalte des Jahresberichts von AIF (und der Inhalte der Jahresberichte der kontrollierten nicht börsennotierten Unternehmen), die die Kontrolle über nicht börsennotierte Unternehmen haben, enthalten (es wird entsprechend auf Art. 27 des AIFM-Gesetzes verwiesen). Das Kapitel abschließend enthält Art. 28 des AIFM-Gesetzes besondere Bestimmungen im Zusammenhang mit der Zerschlagung von kontrollierten, nicht börsennotierten Unternehmen (24 Monats-Sperre für verschiedene Maßnahmen),[76] einschließlich von Ausschüttungen an die Anteilinhaber solcher Unternehmen (es wird entsprechend auf Art. 28 des AIFM-Gesetzes verwiesen).

VII. Kapitel 7: Rechte von EU AIFM auf Vertrieb und Verwaltung von EU AIF in der EU

1. Abschnitt 1: Anforderungen an den Vertrieb von Anteilen oder Aktien eines EU-AIF in der Europäischen Union, der von einem AIFM mit Sitz in der Europäischen Union verwaltet wird. Art. 29 des AIFM-Gesetzes entspricht inhaltlich Art. 31 der AIFM-Richtlinie. Ein Luxemburger AIFM, der in Luxemburg Anteile oder Aktien eines EU-AIF an professionelle Anleger vertreiben möchte, muss den Anforderungen des Artikels 29 des AIFM-Gesetzes entsprechen (so Art. 29 (1) des AIFM-Gesetzes). 66

Dieser Artikel kann im Zusammenhang mit von Luxemburger AIFM verwalteten Dachfonds, die in andere EU-AIF investieren möchten, ggf. Bedeutung haben.

Zunächst ist aber klargestellt, dass dieser Artikel nicht für den Vertrieb an professionelle Anleger in Luxemburg von in Luxemburg zugelassenen und einer Aufsicht unterliegenden AIF (also z.B. Spezialfonds oder SICAR) gilt (entsprechend Art. 29 (1) Absatz 3 des AIFM-Gesetzes). Dieses erscheint selbstverständlich, gibt jedoch als luxemburgspezifische Sonderregel die notwendige Rechtssicherheit für den Fortbestand Flexibilität der Luxemburger Produkte.

Handelt es sich bei dem fraglichen EU-AIF, der in Luxemburg vertrieben werden soll, um einen Feeder-AIF, so gilt das Artikel 29 (1) Absatz 1 des AIFM-Gesetzes entnehmbare Vertriebsrecht nur dann, wenn der Master-AIF ebenfalls ein EU-AIF ist, der von ei-

---

a) die Identität der AIFM, die entweder allein oder im Rahmen einer Vereinbarung mit anderen AIFM die AIF verwalten, die die Kontrolle erlangt haben;
b) die Grundsätze zur Vermeidung und Steuerung von Interessenkonflikten, insbesondere zwischen dem AIFM, dem AIF und dem Unternehmen, einschließlich Informationen zu den besonderen Sicherheitsmaßnahmen, die getroffen wurden, um sicherzustellen, dass Vereinbarungen zwischen dem AIFM und/oder den AIF und dem Unternehmen wie zwischen voneinander unabhängigen Geschäftspartnern geschlossen werden, und
c) die externe und interne Kommunikationspolitik in Bezug auf das Unternehmen, insbesondere gegenüber den Arbeitnehmern.

Weitere Details zu Art. 26 des AIFM-Gesetzes sind diesem zu entnehmen.

76 Solche Maßnahmen sind nach Art. 28 (1) des AIFM-Gesetzes:
a) Vertrieb, Kapitalherabsetzungen, Rücknahme von Anteilen und/oder Ankauf eigener Anteile durch das Unternehmen gemäß Absatz 2 weder gestatten, noch ermöglichen, unterstützen oder anordnen darf;
b) sofern der AIFM befugt ist, in den Versammlungen der Leitungsgremien des Unternehmens im Namen des AIF abzustimmen, nicht für Vertrieb, Kapitalherabsetzungen, Rücknahme von Anteilen und/oder Ankauf eigener Anteile durch das Unternehmen gemäß Absatz 2 (Anm.: Art. 28 (2) des AIFM-Gesetzes) stimmt und
c) sich in jedem Falle nach besten Kräften bemüht, Vertrieb, Kapitalherabsetzungen, Rücknahme von Anteilen und/oder Ankauf eigener Anteile durch das Unternehmen gemäß Absatz 2 (Anm.: Art. 28 (2) des AIFM-Gesetzes) zu verhindern.

nem zugelassenen EU-AIFM verwaltet wird (entsprechend Art. 29 (1) Absatz 2 des AIFM-Gesetzes).

Das Vertriebsrecht unterliegt der Notwendigkeit eines vorherigen Anzeigeschreibens an die CSSF für jeden AIF, den der Luxemburger AIFM in Luxemburg zu vertreiben beabsichtigt (entsprechend Art. 29 (2) Absatz 1 des AIFM-Gesetzes). Die im Anzeigeschreiben zu machenden Angaben und die notwendige Dokumentation müssen Anhang III des AIFM-Gesetzes entsprechen (entsprechend Art. 29 (2) Absatz 2 des AIFM-Gesetzes). Es wird auf das zu Anhang III des AIFM-Gesetzes Gesagte verwiesen (siehe Rn. 86). Sind diese Anzeigeunterlagen vollständig bei der CSSF eingegangen, so teilt die CSSF dem Luxemburger AIFM innerhalb von 20 Arbeitstagen mit, ob er den Vertrieb des betreffenden AIFM beginnen kann (entsprechend Art. 29 (3) Satz 1 des AIFM-Gesetzes) und ein Vertrieb ist dann ab dem Datum der entsprechenden (positiven) Mitteilung statthaft (entsprechend Art. 29 (3) Satz 3 des AIFM-Gesetzes). Hat der betroffene AIF seinen Sitz in einem anderen Mitgliedstaat, informiert die CSSF die für diesen AIF zuständige Behörde über die Statthaftigkeit des Vertriebs in Luxemburg (entsprechend Art. 29 (4) letzter Satz des AIFM-Gesetzes).[77] Eine Ablehnung des Vertriebs kann nur in engen Grenzen erfolgen.[78]

Bei Änderungen der vorstehend erwähnten übermittelten Dokumente und Angaben muss der AIFM die CSSF mindestens 1 Monat vor Umsetzung der Änderungen, im Falle von unvorhergesehenen Änderungen unmittelbar nach deren Eintritt, schriftlich informieren (entsprechend Art. 29 (4) Absatz 1 des AIFM-Gesetzes). Diese Bestimmung wie auch die in Art. 29 (4) Absatz 2 und Absatz 3 des AIFM-Gesetzes enthaltenen Regelungen sind inhaltsgleich zu den Regelungen in Art. 32 (5) Absätze 1 bis 3 des AIFM-Gesetzes, auf die und das dort Gesagte entsprechend verwiesen wird (Rn. 70), mit dem Zusatz in Art. 29 (4) Absatz 3 am Ende des AIFM-Gesetzes, dass der Vertrieb der betreffenden AIF, falls erforderlich, durch die CSSF untersagt werden kann.

Luxemburger AIFM können nach Art. 29 des AIFM-Gesetzes verwaltete bzw. vertriebene AIF nur an Professionelle Anleger vertreiben, wobei der Vertrieb an Kleinanleger unter Einhaltung der Voraussetzungen nach Art. 46 des AIFM-Gesetzes unangetastet bleibt (entsprechend Art. 29 (5) des AIFM-Gesetzes).

Insgesamt sind die für das Verfahren zu beachtenden Einzelheiten sehr gut im Merkblatt Anzeigeverfahren Art. 29/31[79] der CSSF enthalten, das unter folgendem Link auf der Website der CSSF abzurufen ist: *http://www.cssf.lu/en/supervision/ivm/aifm/marketing-of-aifs/*.

Die Anzeige ist demgemäß einfach über die E-Mail Adresse *luaifm31@cssf.lu* bei der CSSF einzureichen.

67 Art. 30 des AIFM-Gesetzes wiederum entspricht inhaltlich Art. 32 der AIFM-Richtlinie und regelt die Voraussetzungen für Luxemburger AIFM, die Anteile oder Aktien eines von ihnen verwalteten EU-AIF (einschließlich AIF mit Sitz in Luxemburg) in einem anderen Mitgliedstaat vertreiben. Aus dem Blickwinkel Luxemburgs, als grenzüberschreiten-

77 Aus diesem Satz ist zu schließen, dass zumindest der Vertrieb von Luxemburger AIF, die nicht selbst durch die CSSF zugelassen oder beaufsichtigt sind (wie Spezialfonds oder SICAR) für den Vertrieb an Professionelle Anleger in Luxemburg Gegenstand eines Anzeigeverfahrens nach Art. 29 des AIFM-Gesetzes sind.

78 Siehe Art. 29 (3) Satz 2 des AIFM-Gesetzes: Die CSSF lehnt den Vertrieb des AIF nur ab, wenn die Verwaltung des AIF durch den AIFM gegen das AIFM-Gesetz verstößt bzw. zukünftig verstoßen wird oder der AIFM die Bestimmungen des AIFM- Gesetzes nicht einhält bzw. zukünftig nicht einhalten wird.

79 **Merkblatt Anzeigeverfahren 29/31**:
Marketing in Luxembourg of units or shares of EU AIFs by AIF managers established in Luxembourg – 30.7.2013.

dem Fondsstandort, ist diese Regelung traditionell von Kernbedeutung. Der Luxemburger AIFM, der den vorgenannten Vertrieb beabsichtigt, muss also die Anforderungen nach Art. 30 des AIFM-Gesetzes erfüllen.

Handelt es sich bei dem fraglichen EU-AIF, der in einem oder mehreren anderen Mitgliedstaaten vertrieben werden soll, um einen Feeder-AIF, so gilt das Artikel 30 (1) Absatz 1 des AIFM-Gesetzes entnehmbare Vertriebsrecht nur dann, wenn der Master- AIF ebenfalls ein EU-AIF ist, der von einem zugelassenen EU-AIFM verwaltet wird (entsprechend Art. 30 (1) Absatz 2 des AIFM-Gesetzes).

Das Vertriebsrecht unterliegt der Notwendigkeit eines vorherigen Anzeigeschreibens an die CSSF für jeden AIF, den der Luxemburger AIFM beabsichtigt in einem (oder mehreren) anderen Mitgliedstaat zu vertreiben (entsprechend Art. 30 (2) Absatz 1 des AIFM-Gesetzes). Die im Anzeigeschreiben zu machenden Angaben und die notwendige Dokumentation müssen Anhang IV des AIFM-Gesetzes entsprechen (entsprechend Art. 30 (2) Absatz 2 des AIFM-Gesetzes). Es wird auf das zu Anhang IV des AIFM-Gesetzes Gesagte verwiesen (Rn. 87). Sind diese Anzeigeunterlagen vollständig bei der CSSF eingegangen, so leitet die CSSF diese – gemeinsam mit einer Bescheinigung über die Zulassung des AIFM[80] für die Verwaltung von AIF der betreffenden Anlagestrategie(n) – den zuständigen Behörden des (der) Mitgliedstaates(en) in denen der AIF vertrieben werden soll innerhalb von 20 Arbeitstagen weiter (entsprechend Art. 30 (3) des AIFM-Gesetzes). Unverzüglich nach dem Versand der Unterlagen informiert die CSSF den AIFM über diesen Versand und ist der Vertrieb der AIF in dem betreffenden Mitgliedstaat ab dem Datum dieser Information an den AIFM statthaft (entsprechend Art. 30 (4) Absatz 1 des AIFM-Gesetzes).

Hat der betroffene AIF seinen Sitz in einem anderen Mitgliedstaat als Luxemburg, informiert die CSSF die für diesen AIF zuständige Behörde über die Statthaftigkeit des Vertriebs in dem/den anderen Mitgliedstaat(en) (entsprechend Art. 30 (4) Absatz 2 des AIFM-Gesetzes).

Die Vorkehrungen nach Anhang IV h) des AIFM-Gesetzes[81] unterliegen den Rechtsvorschriften und der zuständigen Aufsicht des Aufnahmemitgliedstaats des AIFM (entsprechend Art. 30 (5) des AIFM-Gesetzes.

Von großer praktischer Bedeutung ist, dass sowohl das Anzeigeschreiben (nebst Dokumentation) sowie die Bescheinigung nach Art. 30 (3) des AIFM-Gesetzes, also die Zulassung des AIFM in einer in der internationalen Finanzwelt gebräuchlichen Sprache, im Regelfall also in Englisch, zur Verfügung gestellt werden kann (entsprechend basierend auf Art. 30 (6) des AIFM-Gesetzes).

Bei Änderungen der vorstehend erwähnten übermittelten Dokumente und Angaben muss der AIFM die CSSF mindestens 1 Monat vor Umsetzung der Änderungen, im Falle von unvorhergesehenen Änderungen unmittelbar nach deren Eintritt, schriftlich informieren (entsprechend Art. 30 (7) Absatz 1 des AIFM-Gesetzes). Diese Bestimmung wie auch die in Art. 30 (7) Absatz 2, Absatz 3 und Absatz 4 des AIFM-Gesetzes enthaltenen Regelungen sind inhaltsgleich zu den Regelungen in Art. 32 (5) Absätze 1 bis 4 des AIFM-Gesetzes, auf die und das dort Gesagte entsprechend verwiesen wird (Rn. 70), mit dem

80 Die Bescheinigung über die Zulassung muss gleichwohl bei der CSSF angefordert werden und dann wiederum an die zuständige Abteilung der CSSF für das Anzeigeverfahren weitergeleitet werden. Die Ausstellung erfolgt sehr schnell jedoch regelmäßig nur über das sogenannte „efile“ System. Das erscheint etwas umständlich, ist in der Praxis jedoch reibungslos zu bewerkstelligen.

81 Also Angaben zu den Vorkehrungen für den Vertrieb des AIF und, sofern zutreffend, Angaben zu den Vorkehrungen, die getroffen wurden, um zu verhindern, dass Anteile des AIF an Kleinanleger vertrieben werden, auch falls ein AIFM für die Erbringung von Wertpapierdienstleistungen für den AIF auf unabhängige Unternehmen zurückgreift.

Zusatz in Art. 30 (7) Absatz 3 am Ende des AIFM-Gesetzes, dass der Vertrieb der betreffenden AIF, falls erforderlich, durch die CSSF untersagt werden kann.

Luxemburger AIFM können nach Art. 30 des AIFM-Gesetzes verwaltete bzw. vertriebene AIF nur an Professionelle Anleger vertreiben, wobei der Vertrieb an Kleinanleger, sofern im Rahmen der Umsetzung von Art. 43 (1) der AIFM-Richtlinie in einem Mitgliedstaat statthaft, unter Einhaltung der dortigen und diesbezüglichen Voraussetzungen, unangetastet bleibt (entsprechend Art. 30 (8) des AIFM-Gesetzes).

Insgesamt sind die für das Verfahren zu beachtenden Einzelheiten sehr gut im Merkblatt Anzeigeverfahren Art. 30/32[82] der CSSF enthalten, das unter folgendem Link auf deren Website der CSSF abzurufen ist: *http://www.cssf.lu/en/supervision/ivm/aifm/marketing-of-aifs/*.

Die Anzeige ist demgemäß einfach über die E-Mail Adresse *luaifm32@cssf.lu* bei der CSSF einzureichen.

68 Art. 31 des AIFM-Gesetzes regelt schließlich für AIFM mit Sitz in einem anderen Mitgliedstaat (als Luxemburg) die Voraussetzungen aus Luxemburger Sicht für einen Vertrieb von Anteilen oder Aktien von EU-AIF in Luxemburg. Auch dieser Artikel kann für AIF, die Professionelle Anleger, wie zum Beispiel andere AIF, die ihren Sitz in Luxemburg haben suchen, ggf. wichtig sein. Die Systematik ist folgerichtig identisch zu der Systematik der beiden vorherigen Artikel. Ein AIFM mit Sitz in einem anderen Mitgliedstaat will Anteile eines von ihm verwalteten EU-AIF in Luxemburg an Professionelle Anleger vertreiben; dazu muss die Aufsichtsbehörde seines Herkunftsmitgliedstaates der CSSF ein Anzeigeschreiben zu einem AIF (nebst Dokumenten – insgesamt des Mindestinhalts von Anhang IV der AIFM-Richtlinie) sowie eine Bescheinigung (zu seiner Zulassung als AIFM) gemäß Art. 32 (4) der AIFM-Richtlinie zukommen lassen (regelmäßig nach seinem entsprechendem Antrag an die zuständige Behörde seines Herkunftsmitgliedstaates und Weiterleitung an die CSSF innerhalb der dort gültigen Frist) (insgesamt basierend auf Art. 31 (1) Absatz 1 des AIFM-Gesetzes).

Nach Eingang der Mitteilung beim AIFM durch die zuständige Aufsichtsbehörde seines Herkunftsmitgliedstaates über die vorgenannte Weiterleitung der Anzeige an die CSSF darf der AIFM den betreffenden AIF in Luxemburg vertreiben (entsprechend Art. 31 (1) Absatz 2 des AIFM-Gesetzes).

Die von AIFM mit Sitz in einem anderen Mitgliedstaat nach diesem Artikel verwalteten oder vertriebenen AIF dürfen nur an Professionelle Anleger vertrieben werden, wobei der Vertrieb an Kleinanleger unter Einhaltung der Voraussetzungen nach Art. 46 des AIFM-Gesetzes unangetastet bleibt (entsprechend Art. 31 (2) des AIFM-Gesetzes).

69 **2. Abschnitt 2: Voraussetzungen für die Verwaltung von EU-AIF.** In diesem Abschnitt sind ausschließlich die Anforderungen an die grenzüberschreitende Verwaltung von AIF innerhalb der EU geregelt. Ein AIF mit Sitz in einem Mitgliedstaat darf naturgemäß mindestens als AIF in diesem Mitgliedstaat auch vertrieben werden. Für die Frage des Vertriebs in anderen Mitgliedstaaten als dem Mitgliedstaat in dem der betreffende EU-AIF seinen Sitz hat gelten die Art. 30 und 31 des AIFM-Gesetzes und das vorstehend zu diesen Gesagte (Rn. 67 und 70).

70 Art. 32 des AIFM-Gesetzes regelt dabei – inhaltlich identisch zu Art. 33 der AIFM-Richtlinie – den Fall eines voll lizensierten Luxemburger AIFM, der die Verwaltung von

82 **Merkblatt Anzeigeverfahren 30/32:**
Siehe Fn. 64.

AIF mit Sitz in einem anderen Mitgliedstaat, also grenzüberschreitend, wahrnehmen möchte.

Dieses kann der voll lizensierte Luxemburger AIFM entweder direkt oder im Wege der Errichtung einer Zweigniederlassung machen (entsprechend Art. 32 (2) a) des AIFM-Gesetzes). In beiden Fällen muss der voll lizensierte Luxemburger AIFM dazu vor erstmaliger Ausübung der Tätigkeit zugelassen sein (entsprechend Art. 32 (1) des AIFM-Gesetzes). Die Zulassung erfolgt im Rahmen eines speziellen, sehr einfachen, Verfahrens bei der CSSF, die dann mit der betreffenden Behörde des anderen Mitgliedstaates direkt kommuniziert. Bei direkter Verwaltung von EU-AIF sind dieses die Angabe des betreffenden Mitgliedstaates gemeinsam mit einem Geschäftsplan (insbesondere die zu erbringenden Dienstleistungen und die zu verwaltenden EU-AIF in dem betreffenden Mitgliedstaat angebend) (entsprechend Art. 32 (2) des AIFM-Gesetzes). Für die Errichtung einer Zweigniederlassung sind zusätzlich zu diesen Angaben der organisatorische Aufbau, Name und Kontakt der Geschäftsführer der Zweigniederlassung sowie die Kontaktdaten unter denen in diesem Mitgliedstaat Unterlagen angefordert werden können, erforderlich (siehe Art. 32 (2) und (3) des AIFM-Gesetzes).

Ist die CSSF der Ansicht, dass die Verwaltung dieser EU-AIF den Anforderungen des AIFM-Gesetzes gegenwärtig und zukünftig entspricht, so leitet sie die vollständigen Unterlagen bei direkter Ausübung innerhalb eines Monats, bei Errichtung einer Zweigniederlassung innerhalb von zwei Monaten, unter Beifügung einer Bescheinigung über die Zulassung als AIFM[83] hinsichtlich des antragenden AIFM, direkt an die betreffende Behörde des Mitgliedstaates des/der angegebenen EU-AIF weiter (Art. 32 (4) Absatz 1 und 2 des AIFM-Gesetzes). Auch hier muss der AIFM also nicht mit den Behörden eines anderen Mitgliedstaates direkt kommunizieren und kann sich vor allem jede Behörde eines Mitgliedstaates auf die Prüfung (durchgeführt nach den allgemein überall in der EU geltenden Mindeststandards der AIFM-Richtlinie) verlassen.

Der voll lizensierte Luxemburger AIFM wird umgehend über die vorgenannte Weiterleitung informiert und darf nach Erhalt dieser Nachricht unmittelbar seine entsprechende Tätigkeit in dem anderen Mitgliedstaat aufnehmen (Art. 32 (4) letzter Absatz des AIFM-Gesetzes), sprich zum Beispiel die angegebenen dortigen EU-AIF verwalten.

Bei einer Änderung der gemachten Angaben muss wiederum die CSSF als zuständige Behörde des voll lizensierten Luxemburger AIFM mindestens 1 Monat vor einer solchen Änderung (im Falle von unvorhergesehenen Änderungen unmittelbar nach deren Eintritt) informiert werden. Würde durch die geplante Änderung gegen das AIFM-Gesetz verstoßen, so wird die Änderung durch die CSSF untersagt. Wird eine geplante Änderung dennoch durchgeführt oder eine unvorhergesehene Änderung dazu führen, dass gegen das AIFM-Gesetz verstoßen wird, so ergreift die CSSF alle gebotenen Maßnahmen nach Art. 50 des AIFM-Gesetzes (Aufsichts- und Untersuchungsbefugnisse; siehe die nachstehende Kommentierung zu diesem Artikel). Können die Änderungen im Einklang mit dem AIFM-Gesetz hingenommen werden (ggf. auch schließlich hingenommen werden), so unterrichtet wiederum die CSSF die jeweilige Aufsichtsbehörde des betreffenden Mitgliedstaates in dem der voll lizensierte AIFM direkt oder via einer Zweigniederlassung tätig ist. (für den gesamten Absatz insgesamt entsprechend Art. 32 (5) des AIFM-Gesetzes).

An dieser Stelle sei nochmals auf das bereits in Abschnitt 1 dieses Kapitels erwähnte Merkblatt Anzeigeverfahren Art. 30/32 der CSSF hingewiesen, das unter folgendem Link

83 Es wird auf das zur Bescheinigung über die Zulassung des AIFM in Fußnote 80 (Randnummer 67) Gesagte verwiesen.

auf deren Website abzurufen ist: *http://www.cssf.lu/en/supervision/ivm/aifm/marketing-of-aifs/*.

71 Art. 33 des AIFM-Gesetzes behandelt dann noch (ebenfalls inhaltlich entsprechend zu Art. 33 der AIFM-Richtlinie) die für AIFM mit Sitz in einem anderen Mitgliedstaat die die Verwaltung von AIF mit Sitz in Luxemburg wahrnehmen wollen geltenden Voraussetzungen. Diese sind inhaltsgleich spiegelbildlich also Informationen an die für diese AIFM eines anderen Mitgliedstaates zuständige Aufsichtsbehörde, welche dann unter den identischen Voraussetzungen mit der CSSF kommuniziert.

VIII. Kapitel 8: Spezifische Vorschriften in Bezug auf Drittländer

72 Unter diesem Kapitel sind sämtliche Vorschriften in Bezug auf die Verwaltung oder/und den Vertrieb von AIF zusammengefasst, die in irgendeiner Form einen Bezug zu Drittländern haben (zum Beispiel Nicht-EU-AIF oder Nicht-EU-AIFM). Die durch die AIFM-Richtlinie gegebenen Möglichkeiten sind darin bestmöglich ausgeschöpft. Auf Basis der Übergangsvorschrift nach Art. 58 (5) des AIFM-Gesetzes (siehe Details hierzu unter dem betreffenden Kapitel 11) sind derzeit die Art. 35, 36, 38, 39, 40, 41, 42, 43 und 44 des AIFM-Gesetzes noch nicht anwendbar. Sie werden dieses, sofern die Europäische Kommission einen entsprechenden delegierten Rechtsakt (delegierte Verordnung) nach Art. 67 (6) der AIFM-Richtlinie erlässt (entsprechend dem darin festgelegten Zeitpunkt). Umgekehrt bleiben die Art. 37 und 45 nur solange anwendbar, bis der besagte delegierte Rechtsakt erlassen wird (bis zu dem darin festgelegten Zeitpunkt). Der Erlass eines entsprechenden delegierten Rechtsakts erfolgt erstmals und frühestens bis zum 22. Oktober 2015.

73 Art. 34 des AIFM-Gesetzes (der inhaltlich Art. 34 der AIFM-Richtlinie entspricht) legt Bedingungen für AIFM mit Sitz in Luxemburg, die Nicht-EU-AIF verwalten und die diese Nicht-EU-AIF nicht in den Mitgliedstaaten vertreiben, fest. Einerseits muss der Luxemburger AIFM für diese AIF nicht die Anforderungen aus Art. 19 des AIFM-Gesetzes und Art. 20 des AIFM-Gesetzes erfüllen, also kein Erfordernis der Bestellung einer Verwahrstelle und kein Erfordernis der Erstellung eines Jahresberichts für diese AIF (entsprechend Art. 34 a) des AIFM-Gesetzes). Andererseits müssen zwischen der CSSF und den Aufsichtsbehörden des betreffenden Drittlandes geeignete Vereinbarungen über eine Zusammenarbeit bestehen, damit mindestens ein effizienter Informationsaustausch, der der CSSF erlaubt ihre Aufgaben nach dem AIFM-Gesetz zu erfüllen,[84] gewährleistet ist (Art. 34 b) des AIFM-Gesetzes). Die Vertriebsszenarien im derzeitigen Stadium ergänzend legt Art. 37 des AIFM-Gesetzes (der inhaltlich Art. 36 der AIFM-Richtlinie entspricht) Bedingungen für den Vertrieb ohne Passport in Luxemburg von Nicht-EU-AIF fest, die von voll lizensierten AIFM mit Sitz in Luxemburg oder einem anderen Mitgliedstaat verwaltet werden. Ein solcher Vertrieb nach diesem Artikel ist nur an Professionelle Anleger (siehe

---

84 Eine Liste der Aufsichtsbehörden mit denen die CSSF entsprechende Vereinbarungen getroffen hat ist in dem Dokument CSSF AIFM FAQ unter Ziffer 21. als link enthalten (die Liste enthält alle von den zuständigen Aufsichtsbehörden der Mitgliedstaaten geschlossenen entsprechenden Vereinbarungen). Derzeit sind dieses Vereinbarungen mit den zuständigen Aufsichtsbehörden in folgenden Drittländern: Albanien, Australien, Bahamas Bermuda, Brasilien, Britische Jungferninseln, Kanada (1), Kanada OSFI, Cayman, Dubai, Ägypten, Frühere Jugoslawische Republik Mazedonien, Guernsey, Hong Kong MA, Hong Kong SFC, Indien, Isle of Man, Israel, Japan FSA, Japan MAFF, Japan METI, Jersey, Korea (FSC & FSS), Labuan, Malaysia, Malediven, Marokko, Mauritius, Mexiko, Montenegro, Neuseeland, Pakistan, Singapur, Srpska, Schweiz, Südafrika, Tansania, Thailand, Türkei, vereinigte Arabische Emirate, US CFTC, US OCC und FED, US SEC, Vietnam.

dazu vorherige Anmerkungen zu Kapitel 1, Art. 3 des AIFM-Gesetzes) statthaft und nur unter der Voraussetzung, dass:

a) der AIFM für den AIF alle Anforderungen der AIFM-Richtlinie erfüllt, ausgenommen Art. 21 der AIFM-Richtlinie, d.h. kurz gesagt ausgenommen das Erfordernis einer Verwahrstelle. Diese Ausnahme ist etwas eingeschränkt, da jedenfalls wenigstens ein Unternehmen benannt werden muss (der AIFM darf diese Aufgaben, wie bei Ernennung einer Verwahrstelle, nicht selbst wahrnehmen), das die in Art. 21 (7) der AIFM-Richtlinie (kurzgesagt Kontenführung und Cash-flow-Überwachung inhaltlich wie in Art. 19 (7) des AIFM-Gesetzes), Art. 21 (8) der AIFM-Richtlinie (kurz gesagt Aufbewahrung der Vermögenswerte wie in Art. 19 (8) des AIFM-Gesetzes) und Art. 21 (9) der AIFM-Richtlinie (kurz gesagt Sicherstellen der ordnungsgemäßen Abwicklung des Anteilgeschäfts und von Zahlungen sowie der Berechnung des Nettoinventarwertes sowie einiger weiterer Aufgaben wie in Art. 19 (9) des AIFM-Gesetzes) beschriebenen Aufgaben wahrnimmt. Die für den AIFM zuständige Aufsichtsbehörde (für Luxemburger AIFM die CSSF) muss über das so benannte Unternehmen informiert werden;
b) wie in Art. 34 b) müssen die Aufsichtsbehörden des EU-Staates in dem der AIFM seinen Sitz hat und des Drittlandes, in dem der Nicht-EU-AIF seinen Sitz hat, geeignete Vereinbarungen über die Zusammenarbeit und den Austausch von Informationen geschlossen haben;[84] und
c) das Drittland in dem der Nicht-EU-AIF seinen Sitz hat nicht auf der Liste der nicht kooperativen Länder und Gebiete der GAFI[85] steht.
(siehe entsprechend Art. 37 des AIFM-Gesetzes)

Auch in diesen Ausnahmenbestimmungen, die denen aus der AIFM-Richtlinie identisch sind zeigt sich das Bestreben der AIFM-Richtlinie im Zusammenhang mit dem Vertrieb in der EU Mindestproduktstandards im Interesse der Anleger und des Finanzsystems sicherzustellen, was Luxemburg durch diese wortgleiche Umsetzung der AIFM-Richtlinie sichergestellt hat.

Die CSSF hat vereinfachend und standardisierend für die praktische Abwicklung **74**
von Anträgen nach Art. 37 des AIFM-Gesetzes ein kurzes Antrags-Formular erstellt, das bei dem Wunsch auf Registrierung eines entsprechenden AIF zum Vertrieb an professionelle Anleger in Luxemburg mit Bezug zu diesem AIF und seinem AIFM auszufüllen und zu unterzeichnen ist (abrufbar auf der Website der CSSF, siehe spezifischer link zur Website der CSSF: *http://www.cssf.lu/en/supervision/ivm/aifm/forms/*). Aufgrund der Erfahrungen wurde zusätzlich ein 1-seitiges Informationsblatt zur Verwendung des vorgenannten Antrags-Formulars erstellt (ebenfalls abrufbar auf der Web-site der CSSF: *http://www.cssf.lu/en/supervision/ivm/aifm/forms/*).

In Art. 45 des AIFM-Gesetzes sind schließlich die Bedingungen für den Vertrieb in **75**
Luxemburg von EU-AIF oder Nicht-EU-AIF, die von Nicht-EU-AIFM verwaltet werden, festgelegt. Ein solcher Vertrieb nach diesem Artikel ist wiederum nur an Professionelle Anleger (siehe dazu vorherige Anmerkungen zu Kapitel 1, Art. 3 des AIFM-Gesetzes) statthaft und nur unter Einhaltung von wiederum drei Voraussetzungen. Die Voraussetzungen in Art. 45 b) und c) des AIFM-Gesetzes der existierenden Vereinbarung über die Zusammenarbeit der Aufsichtsbehörden[84] und des Nichterscheinens des Drittlands in dem der Nicht-EU-AIFM oder der Nicht-EU-AIF seinen Sitz hat auf der Liste der nicht ko-

85 Die „Arbeitsgruppe für finanzielle Maßnahmen (gegen Geldwäsche)“ *(Groupe d'Action financière, GAFI oder Financial Action Task Force (on Money Laundering).*

operativen Länder und Gebiete der GAFI sind inhaltlich identisch zu den in Art. 37 b) und c) des AIFM-Gesetzes enthaltenen Voraussetzungen. Anders als in Art. 37 a) des AIFM-Gesetzes müssen unter Art. 45 a) des AIFM-Gesetzes jedoch nicht bestimmte inhaltliche Anforderungen aus den Bestimmungen über die Verwahrstelle erfüllt werden, sondern die Regelungen der Erstellung eines Jahresberichts (Art. 22 der AIFM-Richtlinie), der informationspflichten gegenüber den Anlegern (Art. 23 der AIFM-Richtlinie) und der Informationspflichten gegenüber den Behörden (Art. 24 der AIFM-Richtlinie) eingehalten werden. Da diese Regelungen inhaltlich identisch in Art. 20, 21 und 22 des AIFM-Gesetzes in Luxemburger Recht umgesetzt wurden, wird auf das zu diesen Artikeln des AIFM-Gesetzes Gesagte entsprechend verwiesen (Rn. 57–60). Hinzu kommt, dass, sollte ein von dem Nicht-EU-AIFM verwalteter Nicht-EU-AIF in den Anwendungsbereich des Art. 26 (1) der AIFM-Richtlinie fallen (Erlangen der Kontrolle über nicht börsennotierte Unternehmen und Emittenten) so sind die diesen Fall betreffenden Regelungen in Art. 26, 27, 28, 29 und 30 der AIFM-Richtlinie ebenfalls einzuhalten. Wie zuvor sind auch diese Regelungen inhaltlich identisch zur AIFM-Richtlinie im AIFM-Gesetz umgesetzt worden (Art. 24, 25, 26, 27 und 28 des AIFM-Gesetzes), sodass auch hier auf das zu diesen Artikeln des AIFM-Gesetzes Gesagte entsprechend verwiesen werden kann (Rn. 62–65).

76 Die CSSF hat vereinfachend und standardisierend für die praktische Abwicklung von Anträgen nach Art. 45 des AIFM-Gesetzes ein kurzes Antrags-Formular erstellt, das bei dem Wunsch auf Registrierung von entsprechenden AIF zum Vertrieb an professionelle Anleger in Luxemburg mit Bezug zu diesem AIF und seinem AIFM auszufüllen und zu unterzeichnen ist (abrufbar auf der Website der CSSF siehe spezifischer link zur Website der CSSF: *http://www.cssf.lu/en/supervision/ivm/aifm/forms/*). Aufgrund der Erfahrungen wurde zusätzlich ebenfalls ein 1-seitiges Informationsblatt zur Verwendung des vorgenannten Antrags-Formulars erstellt (ebenfalls abrufbar auf der Website der CSSF: *http://www.cssf.lu/en/supervision/ivm/aifm/forms/*).

IX. Kapitel 9: Vertrieb an Kleinanleger

77 Art. 46 des AIFM-Gesetzes ergänzt die gesamten Vertriebsregeln nach den vorstehenden Kapiteln für den Fall des Vertriebs von AIF nicht an Professionelle Anleger, sondern an Kleinanleger auf dem Hoheitsgebiet Luxemburgs. Basierend auf Art. 43 der AIFM-Richtlinie wurden auch hier nicht über den durch die AIFM-Richtlinie gesetzten Rahmen hinausgehende Anforderungen gestellt.

Unabhängig davon, ob ein voll lizensierter AIFM seinen Sitz in Luxemburg oder einem anderen Mitgliedstaat (oder ggf. einem Nicht-EU-Staat, sofern dieses nach dem von der EU-Kommission gemäß Art. 68 (6) der AIFM-Richtlinie erlassenen Rechtsakt überhaupt möglich ist) hat, oder ob eine grenzüberschreitender Vertrieb überhaupt intendiert ist, darf dieser AIFM Anteile an von ihm verwalteten AIF an Kleinanleger in Luxemburg vertreiben sofern:

a) die AIF in dem Staat in dem sie Ihren Sitz haben der Aufsicht einer gesetzlich vorgesehenen Aufsichtsbehörde zum Schutz der Anleger unterliegen. Als Maßstab für dieses grundsätzliche Vorhandensein und den generellen Zweck ist wohl der Maßstab, der auf Luxemburger Teil II-Fonds gesetzlich angewendet wird, anzulegen.[86]

---

86 Gemäß Art. 46 (1) a) Satz 2 ist das Aufsichtserfordernis für AIF mit Sitz in Luxemburg bei Fonds nach Teil II des Gesetzes von 2010 erfüllt (siehe zu den Detailanforderungen an einen Luxemburger Teil II-Fonds das diesbezüglich unter dem Gesetz von 2010 Gesagte; dort Rn. 213ff.). Daraus kann sich daher für den anzulegenden Maßstab orientiert werden.

b) Zusätzlich zu Art. 46 (1) a) des AIFM Gesetzes präzisiert Art. 46 (1) b) des AIFM-Gesetzes, dass bei AIF, die ihren Sitz in einem anderen Mitgliedstaat als Luxemburg oder in einem Drittland haben, die Regulierung in diesem anderen EU-Staat oder Drittland einerseits ein Beaufsichtigungslevel hat, das dem vom Luxemburger Recht für solche AIF, die an Kleinanleger vertrieben werden können, vorgesehenen, gleichwertig ist und andererseits den Anlegern Schutzgarantien bietet, die mindestens denen entsprechen wie sie für solche AIF, die an Kleinanleger vertrieben werden können vom Luxemburger Recht vorgesehen sind [87](insgesamt entsprechend Art. 46 (1) b) des AIFM-Gesetzes).
(siehe insgesamt entsprechend Art. 46 (1) des AIFM-Gesetzes)

Im Rahmen des Vertriebs von Fondsprodukten an Kleinanleger ist (abgesehen von 78
OGAW nach dem Gesetz von 2010 und in Luxemburg OGA nach Teil II des Gesetzes von 2010) bereits auf den Vorschlag für eine Verordnung des Europäischen Parlaments und des Rates über europäische langfristige Investmentfonds[88] hinzuweisen. Dieser ELTIF-Vorschlag würde, sofern in der Form umgesetzt, die voll lizensierten EU-AIFM die Möglichkeit bieten, so qualifizierende Fondsprodukte (diese können nur EU-AIF sein) via einer speziellen Ausgestaltung des AIFM-Passports in der EU an Kleinanleger zu vertreiben.

X. Kapitel 10: Organisation und Beaufsichtigung

1. Abschnitt 1: Benennung, Befugnisse und Rechtsbehelfe. Auch die Artikel 47, 79
48, 49, 50 und 51 sind inhaltsgleich (bzw. teilweise für Luxemburg konkretisierend oder ausgestaltend) zu den betreffenden Artikeln der AIFM-Richtlinie gestaltet (d.h. sie sind inhaltgleich zu Art. 44, 45, 46 und 48 der AIFM-Richtlinie).

In Art. 47 (1) und (2) des AIFM-Gesetzes ist festgelegt, dass die CSSF die zuständige Behörde zur Wahrnehmung der Aufgaben nach diesem Gesetz ist und dass die CSSF diese Aufgaben ausschließlich im öffentlichen Interesse wahrnimmt.

Die Personen, die eine Tätigkeit für die CSSF ausüben oder ausgeübt haben, sowie die von der CSSF zugelassenen Wirtschaftsprüfer und beauftragten Sachverständigen unterliegen dem Berufsgeheimnis (entsprechend Art. 47 (3) Absatz 1 des AIFM-Gesetzes).[89] Dieses Berufsgeheimnis impliziert, dass die vertraulichen Informationen, die diese Personen berufsbedingt erhalten, keiner Person oder Behörde weitergegeben dürfen, es sei denn in zusammengefasster und verallgemeinerter Form, sodass niemand, der dem Anwendungsbereich dieses Gesetzes unterliegt, individuell identifiziert werden kann,

87 In beiden genannten Fällen sind folglich die im Rahmen von Luxemburger Fonds nach Teil II des Gesetzes von 2010 aufgestellten Regeln als Maßstab.

88 **ELTIF-Vorschlag**: Vorschlag für eine Verordnung des Europäischen Parlaments und des Rates über europäische langfristige Investmentfonds 2013/0214 (COD) vom 26.6.2013;
Präzisierend aus 1. Kontext des Vorschlags, Seite 4, Absatz 3 der Einleitung des ELTIF-Vorschlags:
Der Vorschlag für ELTIF folgt einem umfassenderen Konzept als EuVECA und EuSEF. Er zielt auf ein breites Spektrum langfristiger Anlageklassen ab und soll Investmentfonds schaffen, die auch an Kleinanleger verkauft werden. Daraus ergibt sich die Notwendigkeit von drei Kernelementen: (1) Produktvorschriften für zulässige Vermögenswerte und ihre Diversifizierung, (2) ein hohes Maß an Sachverstand derjenigen, die ELTIF verwalten und vertreiben dürfen, und (3) eine Abstimmung zwischen den Investitionshorizont von ELTIF und den Rücknahmeerwartungen ihrer Anleger.

89 Berufsgeheimnis nach Art. 16 des geänderten Gesetzes vom 23. Dezember 1998 über die Schaffung einer Aufsichtsbehörde für den Finanzsektor – la loi modifiée du 23 décembre 1998 portant création d'une commission de surveillance du secteur financier.

mit Ausnahme der Fälle die dem Strafrecht unterliegen (entsprechend Art. 47 (3) Absatz 1 Satz 2 des AIFM-Gesetzes).

Dieses hindert die CSSF nicht am Austausch von Informationen mit zuständigen Behörden der Mitgliedstaaten, der ESMA, der ESRB[90] und der EBA, stets innerhalb der Grenzen, der Bedingungen und der Verfahren nach dem AIFM-Gesetz (siehe unter anderem unter dem zu Abschnitt 2 dieses Kapitels Gesagten – Rn. 81), der AIFM-Richtlinie und sonstiger gesetzlicher Vorschriften betreffend das Berufsgeheimnis der CSSF (entsprechend Art. 47 (3) Absatz 2 des AIFM-Gesetzes).

Unabhängig von jedweden anderen Bestimmungen obliegt der CSSF die Aufsicht über alle nach dem AIFM-Gesetz zugelassenen AIFM mit Sitz in Luxemburg (entsprechend verkürzt nach Art. 48 (1) des AIFM-Gesetzes). Diese Aufsicht erstreckt sich auch auf den Fall, dass ein AIFM den Anforderungen einer zuständigen Behörde eines Aufnahmemitgliedstaats (Verwaltung oder Vertrieb von AIF betreffend) nicht nachkommt, in dem die CSSF dann die erforderlichen aufsichtsrechtlichen Maßnahmen ergreifen wird (im Rahmen von Art. 48 (2) des AIFM-Gesetzes dementsprechend Vorstehendes dargestellt). Entsprechendes kann auch bei Drittstaatenbezug z.B. einem durch einen Luxemburger AIFM verwalteten Nicht-EU-AIF, den dieser in einem anderen Mitgliedstaat (= Aufnahmemitgliedstaat) vertreibt, erfolgen (siehe entsprechend Art. 48 (3) des AIFM-Gesetzes).

In Art. 49 des AIFM-Gesetzes sind alle Regelungen zur Aufsicht durch die CSSF enthalten, wenn Luxemburg der Aufnahmemitgliedstaat eines AIFM oder eines AIF ist und somit die CSSF zuständige Behörde des Aufnahmemitgliedstaats ist.

Verwaltet oder/und vertreibt ein AIFM mit Sitz in einem anderen Mitgliedstaat AIF über eine Zweigniederlassung in Luxemburg, so obliegt die Überwachung der Einhaltung der Art. 11 (Allgemeine Grundsätze, siehe das zu diesem Artikel Gesagte Rn. 40) und 13 (Interessenkonflikte, siehe das zu diesem Artikel Gesagte Rn. 42) des AIFM-Gesetzes durch den betreffenden nicht-Luxemburger EU-AIFM der CSSF (entsprechend Art. 49 (1) des AIFM-Gesetzes).

Verwaltet oder/und vertreibt ein AIFM mit Sitz in einem anderen Mitgliedstaat AIF in Luxemburg so kann die CSSF unabhängig davon, ob die Verwaltung und/oder der Vertrieb über eine Zweigniederlassung erfolgt die Vorlage von Informationen verlangen, die erforderlich sind, um zu beaufsichtigen, dass die maßgeblichen Bestimmungen, für die die CSSF verantwortlich ist, durch diesen nicht-Luxemburger EU-AIFM eingehalten werden (entsprechend Art. 49 (2) des AIFM-Gesetzes).[91]

Im Rahmen der Aufsicht ergibt sich eine Eskalationsleiter, sollte der AIFM gegen Regeln verstoßen. Stellt also die CSSF fest, dass der betreffende AIFM eine ihrem Aufgabenbereich unterliegende Regel nicht einhält, verlangt die CSSF diesen Verstoß zu beenden (und informiert die zuständige Behörde des Herkunftsmitgliedstaats des AIFM) (entsprechend Art. 49 (3) des AIFM-Gesetzes).

Bei Nichterfüllung von Anforderungen oder Lieferung angeforderter Informationen informiert die CSSF wiederum die zuständige Behörde des Herkunftsmitgliedstaats des AIFM und wird anschließend über deren ergriffene Maßnahmen informiert (entsprechend Art. 49 (4) des AIFM-Gesetzes). Sollte weiterhin ein Verstoß vorliegen, bzw. angeforderte Informationen nicht geliefert werden, so informiert die CSSF wiederum die zu-

---

90 **ESRB:** Europäischen Ausschuss für Systemrisiken (European Systemic Risk Board).

91 Nach Art. 45 (3) Absatz 2 der AIFM-Richtlinie und damit für alle Mitgliedstaaten als Maßstab dürfen diese Anforderungen nicht strenger sein als die Anforderungen, die der Aufnahmemitgliedstaat des AIFM den AIFM auferlegt, für die er hinsichtlich der Überwachung der Einhaltung derselben Bestimmungen der Herkunftsmitgliedstaat ist.

ständigen Behörden des Herkunftsmitgliedstaates des AIFM und ergreift ihrerseits angemessene Maßnahmen, einschließlich der Aufsichts- und Untersuchungsbefugnisse nach Art. 50 des AIFM-Gesetzes (siehe dazu nachstehende Anmerkungen) und der Verwaltungssanktionen nach Art. 51 des AIFM-Gesetzes (siehe dazu nachstehende Anmerkungen) (entsprechend Art. 49 (5) des AIFM-Gesetzes).

Eine Information der zuständigen Behörden des Herkunftsmitgliedstaates des AIFM durch die CSSF erfolgt auch, wenn die CSSF klare und nachweisbare Gründe für die Annahme eines Verstoßes hinsichtlich Regeln für die die CSSF nicht zuständig ist, hat[92] (entsprechend Art. 49 (6) des AIFM-Gesetzes). Falls all das Vorgesagte nichts an der Verstoßsituation ändert ergreift die CSSF nach Information der zuständigen Behörden des Herkunftsmitgliedstaates des AIFM alle notwendigen Maßnahmen um die Anleger der betreffenden AIF sowie die Finanzstabilität und die Integrität des luxemburgischen Marktes zu schützen was bis zur Untersagung des weiteren Vertriebs von Anteilen oder Aktien der betreffenden AIF gegenüber dem betreffenden nicht-Luxemburger EU-AIFM in Luxemburg gehen kann (entsprechend Art. 49 (7) des AIFM-Gesetzes).[93]

Gemäß Art. 50 (1) des AIFM-Gesetzes ist die CSSF mit allen Aufsichts- und Untersu- **80**
chungsbefugnissen, die zur Wahrnehmung ihrer Aufgaben (nach dem AIFM-Gesetz) erforderlich sind, ausgestattet.

Diese Befugnisse umfassen in Art. 50 (2) des AIFM-Gesetzes detaillierte Rechte der CSSF,[94] die diese insbesondere, aber nicht nur dann, einzusetzen hat, um das ordnungsgemäße Funktionieren der Märkte in den Fällen zu gewährleisten, in denen die Tätigkeit eines oder mehrerer AIF am Markt für ein Finanzinstrument das ordnungsgemäße Funktionieren des Marktes gefährden könnte. Aus der Natur der Sache heraus ergibt sich, dass diese Regelung des Art. 50 (2) des AIFM-Gesetzes, die inhaltlich identisch zum Mindeststandard aus Art. 46 (2) der AIFM-Richtlinie in Luxemburger Recht umgesetzt wurde, bei AIF aus den Bereichen Venture Capital, Private Equity, Real Estate und vergleichbar

92 Diese zuständige Behörde des Herkunftsmitgliedstaates des AIFM ergreift dann ihrerseits die geeigneten Maßnahmen (weiter aus Art. 49 (6) des AIFM-Gesetzes).

93 Das Vorgehen nach Art. 49 (6) und (7) des AIFM-Gesetzes kommt auch bei klaren und belegbaren Einwänden der CSSF gegen eine Zulassung eines Nicht-EU-AIFM zur Anwendung sobald und sofern das zulässig ist – siehe das zu Kapitel 11, Art. 58 (5) des AIFM-Gesetzes Gesagte – Rn. 82 einschließlich Fußnote 99).

94 Art. 50 (2) des AIFM-Gesetzes:
Die Befugnisse der CSSF umfassen das Recht:
a) Unterlagen aller Art einzusehen und eine Kopie von ihnen zu erhalten;
b) von jeder mit den Tätigkeiten des AIFM oder des AIF in Verbindung stehenden Person Auskünfte zu verlangen und gegebenenfalls eine Person zum Zwecke der Informationserlangung vorzuladen und zu vernehmen;
c) angekündigte und unangekündigte Ermittlungen vor Ort durchzuführen;
d) bereits existierende Aufzeichnungen von Telefongesprächen und Datenübermittlungen anzufordern;
e) vorzuschreiben, dass Praktiken, die gegen die nach dieser Richtlinie erlassenen Vorschriften verstoßen, unterlassen werden;
f) das Einfrieren oder die Beschlagnahme von Vermögenswerten zu verlangen;
g) ein vorübergehendes Verbot der Ausübung der Berufstätigkeit zu verlangen;
h) von zugelassenen AIFM, Verwahrstellen oder Wirtschaftsprüfern Auskünfte zu verlangen;
i) jegliche Art von Maßnahmen zu ergreifen, um sicherzustellen, dass AIFM oder Verwahrstellen sich weiterhin an die auf sie anwendbaren Anforderungen dieser Richtlinie halten;
j) im Interesse der Anteilinhaber oder der Öffentlichkeit die Aussetzung der Ausgabe, Rücknahme oder Auszahlung von Anteilen zu verlangen;
k) die einem AIFM oder einer Verwahrstelle erteilte Zulassung zu entziehen;
l) Angelegenheiten den Strafverfolgungsbehörden zu übermitteln;
m) Überprüfungen oder Ermittlungen durch Wirtschaftsprüfer oder Sachverständige vornehmen zu lassen.

nicht von großer Bedeutung sein kann, da in diesen Produkten normalerweise keine Finanzinstrumente in diesem Sinn involviert sind.

In Art. 51 des AIFM-Gesetzes sind schließlich die möglichen Verwaltungssanktionen, die die CSSF aussprechen kann, enthalten. Verwaltungssanktionen können gegenüber juristischen Personen, die der Aufsicht der CSSF nach dem AIFM-Gesetz unterliegen (also nicht nur zugelassene Luxemburger AIFM), natürlichen Personen die die Verwaltung oder Leitung dieser juristischen Personen ausüben sowie natürlichen Personen die der gleichen Aufsicht (nach dem AIFM-Gesetz) unterliegen, ausgesprochen werden, wenn eine der genannten Voraussetzungen vorliegt.[95]

In der Reihenfolge der Schwere (ansteigend) kann die CSSF eine Verwarnung, eine Rüge, eine Geldstrafe von EUR 250 bis EUR 250.000 und hinsichtlich der in Fußnote 95 genannten Spiegelstriche 4, 6 und 7 (des Art. 51 (1) des AIFM-Gesetzes)

a) die zeitlich begrenzte oder endgültige Untersagung eine oder mehrere Funktionen oder Tätigkeiten auszuüben sowie jedwede andere Beschränkung der Tätigkeit einer natürlichen oder juristischen Person;
b) das zeitlich begrenzte oder endgültige Berufsverbot von Verwaltungsräten, Verwaltern oder Geschäftsführern die rechtlich oder tatsächlich der Aufsicht der CSSF unterliegen,

anordnen (entsprechend Art. 51 (2) Absatz 1 des AIFM-Gesetzes). Für die Anordnung ist der CSSF die Berücksichtigung verschiedener Elemente klar vorgegeben. In der Anordnung (im Sinne eines schriftlichen Verwaltungsaktes) berücksichtigt die CSSF Art, Dauer, und Schwere des Verstoßes, die Vorgeschichte der betroffenen natürlichen oder juristischen Person(en), die verursachte Schädigung Dritter sowie gezogener Nutzen oder potenzielle bzw. tatsächlich erzielte Gewinne aus dem Verstoß (entsprechend Art. 51 (2) letzter Absatz des AIFM-Gesetzes).

Die CSSF kann (muss jedoch nicht) so verhängte Sanktionen öffentlich bekanntgeben, sofern eine solche Bekanntgabe die Stabilität der Finanzmärkte nicht ernstlich gefährdet oder den Beteiligten keinen unverhältnismäßig hohen Schaden zufügt (entsprechend Art. 51 (2) Absatz 2 des AIFM-Gesetzes).

Es ist nochmals zu betonen, dass die nach diesem Artikel 51 des AIFM-Gesetzes möglichen Maßnahmen der CSSF Verwaltungsmaßnahmen sind und nicht Strafen nach dem Luxemburger Strafrecht darstellen.

Ordnungsgemäß sind in Art. 52 des AIFM-Gesetzes Entscheidungsverfahren und Rechtsmittel hinsichtlich Entscheidungen der CSSF geregelt.

Die Entscheidungen der CSSF in Ausführung dieses Gesetzes sind schriftlich zu begründen und ergehen, außer bei Gefahr im Verzug, nach Durchführung eines streitigen

---

95 In Art. 51 (1) zweiter Halbsatz sind folgende Fälle genannt, also wenn
- sie die Verpflichtungen aus den Artikeln 3 (3), 4 (2), 5 (2) (3) (5) (7), 8, 9 (1), 11, 12, 13, 14, 15, 16, 17, 18, 19, 20, 21, 22, 25, 26, 27, 28, 29, 30, 32, 34, 35, 37 und 46 dieses Gesetzes oder aus Durchführungsbestimmungen dieser Artikel nicht beachten;
- sie das Zur-Verfügung-Stellen der Buchhaltungsdokumente oder anderer angeforderter Informationen verweigern;
- sie Dokumente oder andere Informationen zur Verfügung gestellt haben, die sich als unvollständig, ungenau oder falsch erwiesen haben;
- sie die Ausübung der Aufsichts-, Ermittlungs- und Untersuchungsbefugnisse der CSSF behindern;
- sie den Bestimmungen über die Veröffentlichung von Bilanzen und Buchungssituationen zuwider handeln;
- sie den Anordnungen der CSSF nicht Folge leisten;
- sie riskieren, durch ihr Verhalten die solide und umsichtige Verwaltung der betreffenden Einrichtung in Gefahr zu bringen.

Verfahrens[96] (so Art. 52 (1) des AIFM-Gesetzes). Sie werden entweder per Einschreiben oder durch Zustellung durch den Gerichtsvollzieher mitgeteilt (Art. 52 (1) Absatz 2 des AIFM-Gesetzes).

Gegen die im AIFM-Gesetz vorgesehenen Entscheidungen der CSSF über die Gewährung, Ablehnung oder den Entzug von Zulassungen sowie die Entscheidungen der CSSF über Verwaltungssanktionen im Rahmen von Art. 51 des AIFM-Gesetzes können vor dem Verwaltungsgericht, das als Berufungsgericht (*juge du fond*), also in der Sache und nicht als Revisionsgericht entscheidet, Rechtsmittel eingelegt werden (entsprechend Art. 52 (2) Satz 1 des AIFM-Gesetzes). Dieses hat innerhalb von einem Monat nach Mitteilung der betreffenden Entscheidung zu erfolgen (Ausschlussfrist) (entsprechend Art. 52 (2) Satz 2 des AIFM-Gesetzes).

2. Abschnitt 2: Zusammenarbeit mit den verschiedenen zuständigen Behörden. Als eines der Anliegen im Rahmen der AIFM-Richtlinie kann man sicher die Einrichtung einer Zusammenarbeit und eines Informationsaustauschs der zuständigen Aufsichtsbehörden zunächst der Mitgliedstaaten untereinander, aber auch der zuständigen Aufsichtsbehörden der Mitgliedstaaten mit, soweit relevant, den Aufsichtsbehörden der betreffenden Drittstaaten bezeichnen. Abgesehen von dem in den einzelnen Kapiteln bereits behandelten konkreten Informationsaustausch bzw. Verfahren von Behörde zu Behörde (zum Beispiel im Rahmen des Zulassungsverfahrens für einen AIFM in Kapitel 2, unter den Allgemeinen Anforderungen an die Organisation eines AIFM in Kapitel 3, betreffend die Anzeigeverfahren in Kapitel 7, etc.) sind in diesem Kapitel die generellen Prinzipien der Zusammenarbeit, insbesondere auch hinsichtlich potenzieller systemischer Risiken und der Ausübung der Aufsicht, geregelt. Hierbei ist erkennbar, dass die Entwicklungen und Erfahrungen hinsichtlich der Zusammenarbeit der Behörden im Bereich der OGAW deutlich eingeflossen sind. 81

Insgesamt sind die Art. 53, 54, 55, 56 und 57 des AIFM-Gesetzes quasi wortgleich zu den Art. 50, 51, 52, 53 und 54 der AIFM-Richtlinie.

Art. 53 des AIFM-Gesetzes legt Grundsätze der Zusammenarbeit der zuständigen Behörden fest. Dieses erschließt sich auf die Zusammenarbeit der CSSF im Rahmen ihrer Aufgabenerfüllung mit den zuständigen Behörden anderer Mitgliedstaaten, wie auch die Zusammenarbeit mit der ESMA und der ESRB bereits in einer Ermittlungsphase und nicht erst bei einem vorliegenden Verstoß (entsprechend Art. 53 (1) und (2) des AIFM-Gesetzes). Darin enthalten ist die unverzügliche Übermittlung angeforderter Informationen (auch an die ESMA) (entsprechend Art. 53 (2) Absatz 1 des AIFM-Gesetzes) sowie die unverzügliche Information an oder durch die CSSF, wenn eindeutige und nachweisbare Gründe zur Vermutung vorliegen, dass ein AIFM gegen die AIFM-Richtlinie verstößt – bei einem Luxemburger AIFM wird die CSSF entsprechend geeignete Maßnahmen ergreifen und die ESMA sowie, sofern zutreffend die Behörden anderer Mitgliedstaaten, die als Aufnahmemitgliedstaat (z.B. für einen Luxemburger AIFM) fungieren, über deren Ausgang ebenfalls informieren (entsprechend Art. 53 (4) und (5) des AIFM-Gesetzes). Auch sind die Vereinbarungsinhalte (z.B. technische Durchführungsstandards) bei Drittstaatenbezug entsprechend den Regularien unter den Behörden der Mitgliedstaaten auszutauschen und kann die CSSF als zuständige Behörde des Aufnahmemitgliedstaates eines AIFM die ESMA im Falle von Beanstandungen der Modalitäten der Zusammenarbeit mit der zuständigen Behörde des Herkunftsmitgliedstaats eines AIFM mit Blick auf die ein-

96 Im Französischen Originaltext des AIFM-Gesetzes wird der Begriff instruction contradictoire verwendet. Da die Übersetzung als Anhörung u.E. zu schwach ist wird hier der Begriff „streitiges Verfahren" verwendet.

zuhaltenden technischen Regulierungsstandards informieren (entsprechend Art. 53 (3) Absatz 1 und 2 des AIFM-Gesetzes). Die ESMA kann daraufhin, sofern notwendig, auch verbindliche Maßnahmen zur Beilegung von Meinungsverschiedenheiten ergreifen (entsprechend Art. 53 (3) Absatz 3 des AIFM-Gesetzes),[97] ist also mit der entsprechenden Autorität ausgestattet.

Art. 54 des AIFM-Gesetzes behandelt den entsprechend der EU Vorgaben sichergestellten Schutz und die Lagerung ausgetauschter personenbezogener Daten.

Art. 55 des AIFM-Gesetzes gibt der CSSF unter engen Voraussetzungen[98] und insbesondere nur, wenn dieses zur Anwendung der AIFM-Richtlinie notwendig ist, die Möglichkeit Daten auch mit den Behörden von Drittländern auszutauschen. Eine Weitergabe der so übermittelten Daten durch die Behörden des Drittlandes ist nur mit Zustimmung der CSSF möglich (entsprechend Art. 55 (1) des AIFM-Gesetzes – wobei auch auf die Inhalte der Vereinbarungen nach der Liste der Aufsichtsbehörden mit denen die CSSF solche getroffen hat, siehe Fußnote 84, verwiesen wird). Die Weitergabe von Informationen, die die CSSF von der Behörde eines anderen Mitgliedstaates erhalten hat an die Behörde eines Drittlands ist nur mit ausdrücklicher Zustimmung und dem darin bezeichneten Zweck möglich (entsprechend Art. 55 (2) des AIFM-Gesetzes). Da diese Regelung unmittelbar aus Art. 52 (2) des AIFM-Richtlinie folgt, ist eine solche spiegelbildliche Regelung auch für Informationen, die die CSSF an die Behörde eines anderen Mitgliedstaates weitergereicht hat, gültig.

Im Zusammenhang mit potenziellen Systemauswirkungen ist nach Art. 56 des AIFM-Gesetzes ausdrücklich eine besondere Informationspflicht der CSSF über solche Geschäfte einzelner oder aller AIFM (die der Aufsicht der CSSF unterliegen) gegenüber betreffenden zuständigen Behörden andere Mitgliedstaaten sowie der ESMA und dem ESRB, verankert. In diesem Zusammenhang übermittelt die CSSF der ESMA und dem ESRB nach Maßgabe des Art. 35 der ESMA Verordnung zusammengefasste Informationen über die Geschäfte der von der CSSF beaufsichtigten AIFM (entsprechend Art. 56 (2) des AIFM-Gesetzes).

In Art. 57 des AIFM-Gesetzes ist schließlich die Hilfeleistung der CSSF in Luxemburg hinsichtlich Aufsicht, Ortsterminen und Ermittlungen von ersuchenden Behörden anderer Mitgliedstaaten im Rahmen der Ausübung von deren Befugnissen nach der AIFM-Richtlinie geregelt. Die CSSF kann dabei folgendes entscheiden:

a) die Behörde des anderen Mitgliedstaates kann die Überprüfung oder Ermittlung in Luxemburg selbst vornehmen, oder
b) der Behörde des anderen Mitgliedstaates wird die Durchführung der Überprüfung oder Ermittlung gestattet, oder
c) Rechnungsprüfern oder Sachverständigen wird die Durchführung der Überprüfung oder Ermittlung gestattet.

(entsprechend Art. 57 (1) Absatz 2 des AIFM-Gesetzes)

---

97 Es handelt sich um die Befugnisse der ESMA nach *Artikel 19 Beilegung von Meinungsverschiedenheiten zwischen zuständigen Behörden in grenzübergreifenden Fällen* der **ESMA Verordnung** = VERORDNUNG (EU) Nr. 1095/2010 DES EUROPÄISCHEN PARLAMENTS UND DES RATES vom 24. November 2010 zur Errichtung einer Europäischen Aufsichtsbehörde (Europäische Wertpapier-und Marktaufsichtsbehörde), zur Änderung des Beschlusses Nr. 716/2009/EG und zur Aufhebung des Beschlusses 2009/77/EG der Kommission.

98 Die Voraussetzungen der Art. 25 und 26 der **Datenschutzrichtlinie** = RICHTLINIE 95/46/EG DES EUROPAISCHEN PARLAMENTS UND DES RATES vom 24. Oktober 1995 zum Schutz natürlicher Personen bei der Verarbeitung personenbezogener Daten und zum freien Datenverkehr, müssen erfüllt sein.

Art. 57 (2) regelt bestimmte Rechte bei den verschiedenen Varianten und Art. 57 (3) legt konkret die (in strengen Grenzen, z.B. basierend auf einem *ordre public*) zulässige Ablehnung eines solchen Hilfeleistungsgesuchs fest. Auch hier sind durch die AIFM-Richtlinie entsprechende Mindeststandards fixiert, von denen die CSSF im umgekehrten Fall identisch profitieren können muss.

XI. Kapitel 11: Übergangsbestimmungen

Die Übergangsbestimmungen in Art. 58 (1) bis (4) des AIFM-Gesetzes sind inhaltlich **82** identisch zu den Übergangsbestimmungen aus Art. 61 (1) bis (4) der AIFM-Richtlinie. Die Übergangsfrist zur Stellung von Anträgen auf Zulassung oder Registrierung von AIFM im Rahmen von zum Zeitpunkt des in Kraft Tretens des AIFM-Gesetzes bereits existierenden AIFM und AIF im Sinne von Art. 58 (1), (2) und (3) des AIFM-Gesetzes ist mit dem 22. Juli 2014 bereits seit längerem abgelaufen, so dass hier nicht weiter darauf eingegangen wird. Gleiches gilt für Art. 58 (4), wobei für die dort betroffenen geschlossenen AIF, die eine Laufzeit von höchstens bis zum 22. Juli 2016 haben dürfen, die Bestimmungen über die Erstellung eines Jahresberichts aus Art. 20 des AIFM-Gesetzes, sowie, sofern im konkreten Falle zutreffend, die Bestimmungen aus Art. 24 bis Art. 28 des AIFM-Gesetzes betreffend die Pflichten von AIFM, die AIF verwalten, die die Kontrolle über börsennotierte Unternehmen oder/und Emittenten erlangen, jedenfalls anwendbar sind.

Da die Europäische Kommission derzeit noch keinen delegierten Rechtsakt (delegierte Verordnung) nach Art. 68 (6) der AIFM-Richtlinie angenommen hat (basierend auf Art. 58 (5) des AIFM-Gesetzes),[99] sind einerseits Art. 35, 36 sowie 38 bis 44 des AIFM-Gesetzes derzeit noch nicht und Art. 37 und Art. 45 des AIFM-Gesetzes derzeit noch anwendbar. In besagtem delegierten Rechtsakt geht es kurz gesagt, nach Stellungnahme der ESMA, um die Frage der Zulässigkeit von Verwaltung oder/und Vertrieb von AIF durch Nicht-EU-AIFM und die definitive Beendigung von sogenannten Private-Placement-Regimes.

XII. Kapitel 12: Strafbestimmungen

Nach Artikel 59 (1) des AIFM-Gesetzes und Art. 59 (2) des AIFM-Gesetzes sind zwei **83** sehr wesentliche Verhalten unter speziellen Straftatbeständen strafbewehrt. Einerseits ist dieses das Ausüben bzw. der Versuch des Ausübens einer Tätigkeit als externer (entsprechend Art. 4 (1) a) des AIFM Gesetzes) oder als interner (entsprechend Art. 4 (1) b) des AIFM-Gesetzes) durch jemanden, ohne eine Zulassung nach dem AIFM-Gesetz erhalten zu haben (entsprechend Art. 59 (1) des AIFM-Gesetzes). Dieses kann immerhin mit bis zu fünf Jahren Haftstrafe und einer Geldstrafe von bis zu EUR 125.000 bestraft werden. Andererseits, mit gleichem möglichem Strafmaß, ist dieses ein Verstoß gegen das Verbot des Anführens von Bezeichnungen oder Qualifikationen, das den Anschein einer dem AIFM-Gesetz unterfallenden Tätigkeit erweckt, ohne dass jemand die dazu nach Art. 7 des AIFM-Gesetzes notwendige Zulassung erhalten hat (entsprechend Art. 59 (2) des

99 Gemäß Art. 68 wird die ESMA bis zum 22. Juli 2015 unter anderem und verkürzt gesagt eine Stellungnahme zur Akzeptanz der Anerkennung einer Zulassung von Nicht-EU-AIFM abgeben (mit allen ggf. entsprechenden Folgen für die Verwaltung von EU-AIF etc. und die genannten Artikel des AIFM-Gesetzes). Die Europäische Kommission wird gemäß Art. 67 (6) Absatz 1 der AIFM-Richtlinie innerhalb von 3 Monaten nach Eingang einer *positiven Empfehlung und einer Stellungnahme der ESMA, also spätestens bis zum 22. Oktober 2015* einen delegierten Rechtsakt (delegierte Verordnung) erlassen auf Basis dessen ein Akzeptanz der Anerkennung einer Zulassung von Nicht-EU-AIFM letztlich möglich sein kann (weitere Details in Art. 67 (6) des AIFM-Richtlinie).

AIFM-Gesetzes in Verbindung mit Art. 7(6) des AIFM-Gesetzes). Diese speziellen Straftatbestände sind jedenfalls im Einklang mit dem generellen Ziel der AIFM Richtlinie.[100]

B. Anhänge

I. Anhang I

84 Ähnlich Anhang II des Gesetzes von 2010 für Verwaltungsgesellschaften sind in Anhang I des AIFM-Gesetzes die Funktionen und Aufgaben eines (zugelassenen) AIFM aufgelistet. Dieser Anhang I des AIFM-Gesetzes entspricht inhaltlich Anhang I der AIFM-Richtlinie.

In Anhang I (1) des AIFM-Gesetzes sind dabei die (Mindest-) Kernaufgaben Portfolioverwaltung und Risikomanagement genannt. In Anhang I (2) des AIFM-Gesetzes die im Rahmen der kollektiven Verwaltung von AIF zusätzlich ausübbaren, also fakultativen, Aufgaben. Hierbei sei nochmals auf das der CSSF im Rahmen des Zulassungsverfahrens eines AIFM vorzulegende ausgefüllte relevante *Sheet* des *AIFMD Questionnaires* (abrufbar unter folgendem link: *http://www.cssf.lu/surveillance/vgi/gfia-aifm/formulaires/*) verwiesen, in dem, in der betreffenden Rubrik des relevanten Sheets (beispielsweise für neu aufgelegte AIFM unter Rubrik 4 des relevanten *Sheets* des *AIFMD Questionnaires)* klare und detaillierte Angaben zu der Wahrnehmung der spezifischen Aufgaben (durch den AIFM selbst oder ggf. im Wege der teilweisen oder vollständigen Übertragung auf Dritte) gemacht werden müssen.

II. Anhang II: Vergütungspolitik

85 Anhang II des AIFM-Gesetzes entspricht inhaltlich Anhang II der AIFM-Richtlinie und detailliert schon sehr präzise die Anforderungen an eine ausgewogene und angemessene Vergütungspolitik im Rahmen des AIFM und dessen Verwaltung von AIF. Dabei ist insbesondere die Unabhängigkeit bestimmter Positionen, wie zum Beispiel des Risikomanagers, von erfolgsbezogenen Vergütungskomponenten, im Blick, um bei diesen, für ein ordnungsgemäßes Funktionieren im Interesse des Anlegers, besonders wichtigen Positionen die Unabhängigkeit von ggf. nur kurzfristigem Erfolg zu vermeiden (siehe zur Orientierung Anhang II (1) a), e) und h) des AIFM-Gesetzes). Insbesondere auch bei der Zahlung des sogenannten *Carry*, zum Beispiel in Private Equity Strukturen, sind sehr weitreichende Regelungen einzuhalten (siehe Anhang II (2) des AIFM Gesetzes) und erfordern diese aufgrund der vielfältig möglichen Verquickung der beteiligten Personen eine besondere Detailgenauigkeit und Analyse bei der Erstellung der Vergütungspolitik.

Ergänzend sind zur Beurteilung der Vergütungspolitik die ESMA Leitlinien Vergütungspolitiken heranzuziehen.

Zum Nachweis des Bestehens einer ordnungsgemäßen Vergütungspolitik im Zulassungsverfahren eines AIFM hat die CSSF unter der Rubrik 6.10 des relevanten *Sheets* des *AIFMD Questionnaires* (abrufbar unter folgendem link: *http://www.cssf.lu/surveillance/vgi/gfia-aifm/formulaires/*) klare Vorgaben zu Inhalt und Darstellung der geforderten mindestens zwei Anlagen im Zusammenhang der Vergütungspolitik des AIFM gemacht.[101] Die

100 Aus Einleitung Gründe zur AIFM-Richtlinie (94) ... Gewährleistung eines hohen Anlegerschutzes durch Festlegung eines gemeinsamen Rahmens für die Zulassung von und Aufsicht über AIFM...".
101 6.10.1 Provide a description of the applicant AIFM remuneration policy demonstrating compliance with Annex II of AIFM law and with the ESMA Guidelines on sound remuneration policies under the AIFMD (ESMA/2013/201).

Darstellungsweise als Vergleichschart beinhaltend Erfordernis – Einhaltung in der Vergütungspolitik – Status der Einhaltung – ggf. Begründung der Nicht- (vollständigen) Einhaltung – empfiehlt sich aus Gründen der Übersichtlichkeit zur Erleichterung für alle am Zulassungsverfahren Beteiligten auch für verschiedene weitere Rubriken und deren Anlagen (zum Beispiel Appendix A18 Organisationsanforderungen, Appendix A24 Liquiditätsmanagement oder Appendix A25 Operationelle Anforderungen).

III. Anhang III

Dieser Anhang III bezieht sich auf die Verweise aus den „Vertriebsartikeln" Art. 29 **86**
und Art. 35 (3) des AIFM-Gesetzes. Er ist inhaltlich identisch zu Anhang III der AIFM-Richtlinie und detailliert die Informationen und Dokumente, die im Rahmen eines beabsichtigten Vertriebs (nach Art. 30 des AIFM-Gesetzes: von AIF mit Sitz in einem anderen Mitgliedstaat, nach Art. 35 (3) des AIFM Gesetzes: von AIF mit Sitz in einem Drittland) (nach Art. 29 des AIFM-Gesetzes: durch Luxemburger AIFM betreffend nicht Luxemburger EU-AIF in Luxemburg, nach Art. 31 des AIFM Gesetzes: durch nicht Luxemburger EU-AIFM betreffend nicht Luxemburger EU-AIF in Luxemburg), in dem Mitgliedstaat in dem der AIFM seinen Sitz hat (hier also Luxemburg), der CSSF – vor Aufnahme des Vertriebs – vorzulegen sind.

Hierbei sei nochmals auf das in vorstehendem Kapitel 7 bereits erwähnte Merkblatt Anzeigeverfahren Art. 29/31 der CSSF hingewiesen, das unter folgendem Link auf der Website der CSSF abzurufen ist: *http://www.cssf.lu/en/supervision/ivm/aifm/marketing-of-aifs/*.

IV. Anhang IV

Dieser Anhang IV bezieht sich auf die Verweise aus den „Vertriebsartikeln" Art. 30 **87**
und Art. 35 (5) des AIFM-Gesetzes. Er ist inhaltlich identisch zu Anhang IV der AIFM-Richtlinie und detailliert die Informationen und Dokumente, die im Rahmen eines beabsichtigten Vertriebs (nach Art. 30 des AIFM-Gesetzes: von Luxemburger AIF oder AIF mit Sitz in einem anderen Mitgliedstaat, nach Art. 35 (5) des AIFM Gesetzes: von AIF mit Sitz in einem Drittland) in einem anderen Mitgliedstaat als dem Mitgliedstaat in dem der AIFM seinen Sitz hat (hier also Luxemburg), der CSSF – vor Aufnahme des Vertriebs – vorzulegen sind. Hinzu kommt lediglich die notwendige Information, in welchem Mitgliedstaat der Vertrieb eines AIF beabsichtigt ist (Anhang IV g) des AIFM-Gesetzes). An dieser Stelle sei nochmals auf das in vorstehendem Kapitel 7 bereits erwähnte Merkblatt Anzeigeverfahren Art. 30/32 der CSSF hingewiesen, das unter folgendem Link auf deren Website abzurufen ist: *http://www.cssf.lu/en/supervision/ivm/aifm/marketing-of-aifs/*.

Appendix A28.1
6.10.2 Provide a table comparing each of the requirements of Annex II of the AIFM law as further outlined under Annex 2 of the ESMA Guidelines on sound remuneration policies under the AIFMD (Ref. 03/07/2013/ESMA/2013/232) with the equivalent clause in the AIFM's remuneration policy. The table should have at least the following four columns:
- requirement of AIFM law (Annex II)
- extract of remuneration policy which corresponds to the requirement of Annex II
- Status of compliance (fully compliant/partially compliant/not compliant)
- Justification of partial or non-compliance

Appendix A28.2.

Loi du 17 décembre 2010 concernant les organismes de placement collectif et portant transposition de la directive 2009/65/CE du Parlement européen et du Conseil du 13 juillet 2009 portant coordination des dispositions législatives, réglementaires et administratives concernant certains organismes de placement collectif en valeurs mobilières (OPCVM) (refonte)[1];	**Gesetz vom 17. Dezember 2010 über Organismen für gemeinsame Anlagen und zur Umsetzung der Richtlinie 2009/65/EG des Europäischen Parlaments und des Rates vom 13. Juli 2009 zur Koordinierung der Rechts- und Verwaltungsvorschriften betreffend bestimmte Organismen für gemeinsame Anlagen in Wertpapieren (OGAW) (Neufassung)[2];**
Partie Introductive – Definitions	**Einleitung – Definitionen:**
Art. 1er. Aux fins de la présente loi, on entend par:	**Art. 1.** Im Rahmen der Anwendung dieses Gesetzes bedeutet:
(1) «autorités compétentes»: les autorités que chaque État membre désigne en vertu de l'article 97 de la directive 2009/65/CE. Au Luxembourg l'autorité compétente pour la surveillance des organismes de placement collectif et des sociétés de gestion est la CSSF;	(1) „zuständige Behörden": die von jedem Mitgliedstaaten gemäß Artikel 97 der Richtlinie 2009/65/EG benannten Behörden. Die in Luxemburg für die Aufsicht über Organismen für gemeinsame Anlagen und Verwaltungsgesellschaften zuständige Behörde ist die CSSF;
(2) «dépositaire»: un établissement de crédit chargé des missions exposées aux articles 17, 18, 33 et 34 de la présente loi pour les OPC de droit luxembourgeois;	(2) „Verwahrstelle": ein Kreditinstitut, das für OGA luxemburgischen Rechts mit der Wahrnehmung der in den Artikeln 17, 18, 33 und 34 dieses Gesetzes genannten Aufgaben betraut ist;
(3) «capital initial»: les éléments visés à l'article 57, points a) et b), de la directive 2006/48/CE;	(3) „Anfangskapital": das in Artikel 57 Buchstaben a) und b) der Richtlinie 2006/48/EG genannte Kapital;
(4) «CSSF»: la Commission de Surveillance du Secteur Financier;	(4) „CSSF": die Commission de Surveillance du Secteur Financier;
(5) «directive 78/660/CEE»: la directive 78/660/CEE du Conseil du 25 juillet 1978 fondée sur l'article 54 paragraphe 3 sous g) du traité et concernant les comptes annuels de certaines formes de sociétés, telle que modifiée;	(5) „Richtlinie 78/660/EWG": die geänderte Richtlinie 78/660/EWG des Rates vom 25. Juli 1978 aufgrund von Artikel 54 Absatz (3) Buchstabe g) des Vertrags über den Jahresabschluss von Gesellschaften bestimmter Rechtsformen,

1 Unverbindliche konsolidierte Fassung Stand 31. März 2015; alleine die im Mémorial A veröffentlichte Fassung nebst eventuellen Aenderungen ist maßgeblich.
2 Unverbindliche Übersetzung des französischen Originaltextes; alleine der französische Originaltext ist maßgeblich.

(6) «directive 83/349/CEE»: la directive 83/349/CEE du Conseil du 13 juin 1983 fondée sur l'article 54 paragraphe 3 sous g) du traité concernant les comptes consolidés, telle que modifiée;	(6) „Richtlinie 83/349/EWG": die geänderte Richtlinie 83/349/EWG des Rates vom 13. Juni 1983 aufgrund von Artikel 54 Absatz (3) Buchstabe g) des Vertrags über den konsolidierten Abschluss,
(7) «directive 97/9/CE»: la directive 97/9/CE du Parlement européen et du Conseil du 3 mars 1997 relative aux systèmes d'indemnisation des investisseurs;	(7) „Richtlinie 97/9/EG": die Richtlinie 97/9/EG des Europäischen Parlaments und des Rates vom 3. März 1997 über Systeme für die Entschädigung der Anleger;
(8) «directive 2004/39/CE»: la directive 2004/39/CE du Parlement européen et du Conseil du 21 avril 2004 concernant les marchés d'instruments financiers;	(8) „Richtlinie 2004/39/EG": die Richtlinie 2004/39/EG des Europäischen Parlaments und des Rates vom 21. April 2004 über Märkte für Finanzinstrumente;
(9) «directive 2006/48/CE»: la directive 2006/48/CE du Parlement européen et du Conseil du 14 juin 2006 concernant l'accès à l'activité des établissements de crédit et son exercice;	(9) „Richtlinie 2006/48/EG": die Richtlinie 2006/48/EG des Europäischen Parlaments und des Rates vom 14. Juni 2006 über die Aufnahme und Ausübung der Tätigkeit der Kreditinstitute;
(10) «directive 2006/49/CE»: la directive 2006/49/CE du Parlement européen et du Conseil du 14 juin 2006 sur l'adéquation des fonds propres des entreprises d'investissement et des établissements de crédit;	(10) „Richtlinie 2006/49/EG": die Richtlinie 2006/49/EG des Europäischen Parlaments und des Rates vom 14. Juni 2006 über die angemessene Eigenkapitalausstattung von Wertpapierfirmen und Kreditinstituten;
(11) «directive 2009/65/CE»: la directive 2009/65/CE du Parlement européen et du Conseil du 13 juillet 2009 portant coordination des dispositions législatives, réglementaires et administratives concernant certains organismes de placement collectif en valeurs mobilières (OPCVM);	(11) „Richtlinie 2009/65/EG": die Richtlinie 2009/65/EG des Europäischen Parlaments und des Rates vom 13. Juli 2009 zur Koordinierung der Rechts- und Verwaltungsvorschriften betreffend bestimmte Organismen für gemeinsame Anlagen in Wertpapieren (OGAW);
(11bis) «directive 2011/61/UE»: la directive 2011/61/UE du Parlement européen et du Conseil du 8 juin 2011 sur les gestionnaires de fonds d'investissement alternatifs et modifiant les directives 2003/41/CE et 2009/65/CE ainsi que les règlements (CE) n° 1060/2009 et (UE) n° 1095/2010;»	(11bis) „Richtlinie 2011/61/EG": die Richtlinie 2011/61/EG des Europäischen Parlaments und des Rates vom 8. Juni 2011 über die Verwalter alternativer Investmentfonds und zur Änderung der Richtlinien 2003/41/EG und 2009/65/EG und der Verordnungen (EG) Nr. 1060/2009 und (EU) Nr. 1095/2010;
(12) «entreprise mère»: une entreprise détentrice des droits suivants:	(12) „Mutterunternehmen": ein Unternehmen, das über folgende Rechte verfügt:
a) elle a la majorité des droits de vote des actionnaires ou associés d'une entreprise, ou	a) es hat die Mehrheit der Stimmrechte der Aktionäre oder Gesellschafter eines Unternehmens, oder
b) elle a le droit de nommer ou de révoquer la majorité des membres de l'organe d'administration, de direction ou de surveillance d'une entreprise et est en	b) es hat das Recht, die Mehrheit der Mitglieder des Verwaltungs-, Leitungs- oder Aufsichtsorgans eines Unternehmens zu bestellen oder abzuberufen

même temps actionnaire ou associé de cette entreprise, ou	und gleichzeitig Aktionär oder Gesellschafter dieses Unternehmens ist, oder
c) elle a le droit d'exercer une influence dominante sur une entreprise dont elle est actionnaire ou associé, en vertu d'un contrat conclu avec celle-ci ou en vertu d'une clause des statuts de celle-ci, lorsque le droit dont relève cette entreprise permet qu'elle soit soumise à de tels contrats ou clauses statutaires, ou	c) es das Recht hat, auf ein Unternehmen, dessen Aktionär oder Gesellschafter es ist, einen beherrschenden Einfluß aufgrund eines mit diesem Unternehmen geschlossenen Vertrags oder aufgrund einer Satzungsbestimmung dieses Unternehmens auszuüben, sofern das Recht, dem dieses Unternehmen unterliegt, es zulässt, daß dieses solchen Verträgen oder Satzungsbestimmungen unterworfen wird, oder
d) elle est actionnaire ou associé d'une entreprise et contrôle seule, en vertu d'un accord conclu avec d'autres actionnaires ou associés de cette entreprise, la majorité des droits de vote des actionnaires ou associés de celle-ci, ou	d) es Aktionär oder Gesellschafter eines Unternehmens ist und aufgrund einer Vereinbarung mit anderen Aktionären oder Gesellschaftern dieses Unternehmens allein über die Mehrheit der Stimmrechte der Aktionäre oder Gesellschafter dieses Unternehmens verfügt, oder
e) elle peut exercer ou exerce effectivement une influence dominante sur une autre entreprise, ou	e) es auf ein anderes Unternehmen einen beherrschenden Einfluss ausüben kann oder tatsächlich ausübt, oder
f) elle est placée avec une autre entreprise sous une direction unique;	f) es mit einem anderen Unternehmen unter einheitlicher Leitung steht;
(13) «État membre»: un État membre de l'Union européenne. Sont assimilés aux États membres de l'Union européenne les États parties à l'Accord sur l'Espace économique européen autres que les États membres de l'Union européenne, dans les limites définies par cet accord et les actes y afférents;	(13) „Mitgliedstaat": ein Mitgliedstaat der Europäischen Union. Den Mitgliedstaaten der Europäischen Union gleichgestellt sind die Vertragsstaaten des Abkommens über den Europäischen Wirtschaftsraum, die keine Mitgliedstaaten der Europäischen Union sind, innerhalb der von diesem Abkommen und den damit verbundenen Rechtsakten festgelegten Grenzen;
(14) «État membre d'accueil d'un OPCVM»: l'État membre, autre que l'État membre d'origine d'un OPCVM, dans lequel les parts du fonds commun de placement ou de la société d'investissement sont commercialisées;	(14) „Aufnahmemitgliedstaat eines OGAW": der Mitgliedstaat, der nicht der Herkunftsmitgliedstaat des OGAW ist und in dem die Anteile des Sondervermögens oder der Investmentgesellschaft vertrieben werden;
(15) «État membre d'origine d'un OPCVM»: l'État membre dans lequel le fonds commun de placement ou la société d'investissement sont agréés conformément à l'article 5 de la directive 2009/65/CE;	(15) „Herkunftsmitgliedstaat des OGAW": der Mitgliedstaat, in dem das Sondervermögen oder die Investmentgesellschaft gemäß Artikel 5 der Richtlinie 2009/65/EG zugelassen ist;

(16) «État membre d'accueil d'une société de gestion»: l'État membre, autre que l'État membre d'origine, sur le territoire duquel une société de gestion a une succursale ou fournit des services;	(16) „Aufnahmemitgliedstaat der Verwaltungsgesellschaft": der Mitgliedstaat, der nicht der Herkunftsmitgliedstaat ist und in dessen Hoheitsgebiet eine Verwaltungsgesellschaft eine Zweigniederlassung hat oder Dienstleistungen erbringt;
(17) «État membre d'origine d'une société de gestion»: l'État membre où la société de gestion a son siège statutaire;	(17) „Herkunftsmitgliedstaat der Verwaltungsgesellschaft": der Mitgliedstaat, in dem die Verwaltungsgesellschaft ihren satzungsmäßigen Sitz hat;
(18) «filiale»: une entreprise à l'égard de laquelle sont détenus les droits énoncés au point (12). Les filiales d'une filiale sont également considérées comme filiales de l'entreprise mère qui est à la tête de ces entreprises;	(18) „Tochterunternehmen": ein Unternehmen, gegenüber dem die in Ziffer (12) aufgelisteten Rechte gehalten werden. Die Tochterunternehmen eines Tochterunternehmens werden ebenfalls als Tochterunternehmen des Mutterunternehmens, das an der Spitze dieser Unternehmen steht, angesehen;
(18bis) «fonds d'investissement alternatifs (FIA)»: des organismes de placement collectif, y compris leurs compartiments d'investissement, visés à l'article 4, paragraphe (1), point a), de la directive 2011/61/UE, qui:	(18bis) „Alternativer Investmentfonds": Organismen für gemeinsame Anlagen einschließlich ihre Teilfonds im Sinne von Artikel 4 Absatz (1) Buchstabe a) der Richtlinie 2011/61/EG enthalten, die:
a) lèvent des capitaux auprès d'un certain nombre d'investisseurs en vue de les investir, conformément à une politique d'investissement définie, dans l'intérêt de ces investisseurs; et	a) von einer Anzahl von Anlegern Kapital einsammeln, um es gemäß einer festgelegten Anlagestrategie zum Nutzen dieser Anleger zu investieren, und
b) ne sont pas soumis à un agrément au titre de l'article 5 de la directive 2009/65/CE.	b) keine Genehmigung gemäß Artikel 5 der Richtlinie 2009/65/EG benötigen.
Sont visés au Luxembourg les fonds d'investissement alternatifs au sens de l'article 1er, paragraphe (39), de la loi du 12 juillet 2013 relative aux gestionnaires de fonds d'investissement alternatifs;	Diese betrifft in Luxemburg die alternativen Investmentfonds im Sinne von Artikel 1 Absatz (39) des Gesetzes vom 12. Juli 2013 über die Verwalter alternativer Investmentfonds erfasst;
(19) «fonds propres»: les fonds propres visés au titre V, chapitre 2, section 1, de la directive 2006/48/CE. Aux fins de l'application de la présente définition, les articles 13 à 16 de la directive 2006/49/CE s'appliquent mutatis mutandis;	(19) „Eigenmittel": die in Titel V Kapitel 2 Abschnitt 1 der Richtlinie 2006/48/EG genannten Eigenmittel. Zum Zwecke der Anwendung dieser Definition gelten mutatis mutandis die Artikel 13 bis 16 der Richtlinie 2006/49/EG;
(20) «fusion»: une opération par laquelle:	(20) „Verschmelzung": eine Transaktion, bei der:
a) un ou plusieurs OPCVM ou compartiments d'investissement d'OPCVM, dé-	a) ein oder mehrere OGAW oder Teilfonds davon, die „übertragenden OGAW", bei

nommés «OPCVM absorbé», transfèrent, par suite et au moment de leur dissolution sans liquidation, l'ensemble de leur patrimoine, activement et passivement, à un autre OPCVM existant ou à un compartiment d'investissement de celui-ci, dénommé «OPCVM absorbeur», moyennant l'attribution, à leurs porteurs de parts, de parts de l'OPCVM absorbeur et, éventuellement, d'un paiement en espèces ne dépassant pas 10% de la valeur nette d'inventaire de ces parts,	ihrer Auflösung ohne Abwicklung sämtliche Vermögenswerte und Verbindlichkeiten auf einen anderen bestehenden OGAW oder einen Teilfonds dieses OGAW, den „übernehmenden OGAW", übertragen und ihre Anteilinhaber dafür Anteile des übernehmenden OGAW sowie gegebenenfalls eine Barzahlung in Höhe von maximal 10% des Nettoinventarwerts dieser Anteile erhalten;
b) au moins deux OPCVM ou compartiments d'investissement d'OPCVM, dénommés «OPCVM absorbés», transfèrent, par suite et au moment de leur dissolution sans liquidation, l'ensemble de leur patrimoine, activement et passivement, à un OPCVM qu'ils constituent, ou à un compartiment d'investissement de celui-ci, dénommé «OPCVM absorbeur», moyennant l'attribution, à leurs porteurs de parts, de parts de l'OPCVM absorbeur et, éventuellement, d'un paiement en espèces ne dépassant pas 10% de la valeur nette d'inventaire de ces parts,	b) zwei oder mehrere OGAW oder Teilfonds davon, die „übertragenden OGAW", bei ihrer Auflösung ohne Abwicklung sämtliche Vermögenswerte und Verbindlichkeiten auf einen von ihnen gebildeten OGAW oder einen Teilfonds dieses OGAW, den „übernehmenden OGAW", übertragen und ihre Anteilinhaber dafür Anteile des übernehmenden OGAW sowie gegebenenfalls eine Barzahlung in Höhe von maximal 10% des Nettoinventarwerts dieser Anteile erhalten;
c) un ou plusieurs OPCVM ou compartiments d'investissement d'OPCVM, dénommés «OPCVM absorbé», qui continuent d'exister jusqu'à ce que le passif ait été apuré, transfèrent leurs actifs nets à un autre compartiment d'investissement du même OPCVM, à un OPCVM qu'ils constituent ou à un autre OPCVM existant ou à un compartiment d'investissement d'OPCVM, dénommé «OPCVM absorbeur»;	c) ein oder mehrere OGAW oder Teilfonds davon, die „übertragenden OGAW", die weiter bestehen, bis die Verbindlichkeiten getilgt sind, ihr Nettovermögen auf einen anderen Teilfonds desselben OGAW, auf einen von ihnen gebildeten OGAW oder auf einen anderen bestehenden OGAW oder einen Teilfonds dieses OGAW, den „übernehmenden OGAW", übertragen;
(21) «fusion transfrontalière»: une fusion d'OPCVM;	(21) „grenzüberschreitende Verschmelzung": eine Verschmelzung von OGAW,
a) dont au moins deux sont établis dans des États membres différents, ou	a) von denen mindestens zwei in unterschiedlichen Mitgliedstaaten niedergelassen sind oder
b) établis dans le même État membre, sous la forme d'un nouvel OPCVM établi dans un autre État membre;	b) die in demselben Mitgliedstaat niedergelassen sind, zu einem neu gegründeten und in einem anderen Mitgliedstaat niedergelassenen OGAW;

(22) «fusion nationale»: la fusion entre des OPCVM établis dans le même État membre dès lors qu'un au moins des OPCVM concernés a fait l'objet d'une notification conformément à l'article 93 de la directive 2009/65/CE;	(22) „inländische Verschmelzung": eine Verschmelzung von OGAW, die im gleichen Mitgliedstaat niedergelassen sind, wenn mindestens einer der betroffenen OGAW gemäß Artikel 93 der Richtlinie 2009/65/EG gemeldet wurde;
(22bis) «gestion de FIA»: le fait d'exercer au moins les fonctions de gestion des investissements visées à l'annexe I, point I a) ou b), de la directive 2011/61/UE pour un ou plusieurs FIA;	(22bis) „Verwaltung von AIF": wer mindestens die in Anhang I Nummer (1) Buchstaben a) oder b) der Richtlinie 2011/61/EU genannten Anlageverwaltungsfunktionen für einen oder mehrere AIF ausübt;
(22ter) «gestionnaires de FIA»: les personnes morales dont l'activité habituelle est la gestion d'un ou de plusieurs FIA tels que définis à l'article 4, paragraphe (1), point a), de la directive 2011/61/UE. Sont visés au Luxembourg les gestionnaires de FIA au sens de l'article 1er, paragraphe (46), de la loi du 12 juillet 2013 relative aux gestionnaires de fonds d'investissement alternatifs;	(22ter)„Verwalter von AIF": jede juristische Person, deren reguläre Geschäftstätigkeit darin besteht, einen oder mehrere AIF, wie in Artikel 4 Absatz (1) Buchstabe a) der Richtlinie 2011/61/EU definiert, zu verwalten. Dieses betrifft in Luxemburg die Verwalter alternativer Investmentfonds im Sinne von Artikel 1 Absatz (46) des Gesetzes vom 12. Juli 2013 über die Verwalter alternativer Investmentfonds;
(23) «instruments du marché monétaire»: des instruments habituellement négociés sur le marché monétaire, qui sont liquides et dont la valeur peut être déterminée avec précision à tout moment;	(23) „Geldmarktinstrumente": Instrumente, die üblicherweise auf dem Geldmarkt gehandelt werden, liquide sind und deren Wert jederzeit genau bestimmt werden kann;
(24) «liens étroits»: une situation dans laquelle au moins deux personnes physiques ou morales sont liées par:	(24) „enge Verbindungen": eine Situation, in der zwei oder mehr natürliche oder juristische Personen verbunden sind durch:
a) une «participation», à savoir le fait de détenir, directement ou par voie de contrôle, au moins 20% du capital ou des droits de vote d'une entreprise, ou	a) eine „Beteiligung", d.h. das direkte Halten oder das Halten im Wege der Kontrolle von mindestens 20% der Stimmrechte oder des Kapitals an einem Unternehmen, oder
b) un «contrôle», à savoir la relation entre une « entreprise mère » et une « filiale » au sens des articles 1er et 2 de la septième directive 83/349/CEE du Conseil du 13 juin 1983 fondée sur l'article 54, paragraphe 3, point g), du traité, concernant les comptes consolidés et dans tous les cas visés à l'article 1er, paragraphes 1 et 2, de la directive 83/349/CEE, ou une relation similaire entre toute personne physique ou morale et une entreprise.	b) „Kontrolle", d.h. das Verhältnis zwischen einem „Mutterunternehmen" und einem „Tochterunternehmen" im Sinne der Artikel 1 und 2 der Siebten Richtlinie 83/349/EWG des Rates vom 13. Juni 1983 aufgrund von Artikel 54 Absatz (3) Buchstabe g) des Vertrags über den konsolidierten Abschluss und in allen Fällen von Artikel 1 Absätze 1 und 2 der Richtlinie 83/349/EWG oder ein ähnliches Verhältnis zwischen einer natürlichen oder juristischen Person und einem Unternehmen;

Aux fins du point b), les dispositions suivantes s'appliquent:	Für die Zwecke von Buchstabe b) gilt Folgendes:
– toute entreprise filiale d'une entreprise filiale est également considérée comme une filiale de l'entreprise mère qui est à la tête de ces entreprises;	– Ein Tochterunternehmen eines Tochterunternehmens wird ebenfalls als Tochterunternehmen des Mutterunternehmens, das an der Spitze dieser Unternehmen steht, angesehen;
– une situation dans laquelle au moins deux personnes physiques ou morales sont liées en permanence à une seule et même personne par une relation de contrôle est également considérée comme constituant un lien étroit entre lesdites personnes;	– eine Situation, in der zwei oder mehr natürliche oder juristische Personen mit ein und derselben Person durch ein Kontrollverhältnis dauerhaft verbunden sind, gilt ebenfalls als enge Verbindung zwischen diesen Personen;
(24bis) «loi du 12 juillet 2013 relative aux gestionnaires de fonds d'investissement alternatifs»: la loi du 12 juillet 2013 relative aux gestionnaires de fonds d'investissement alternatifs portant transposition de la directive 2011/61/UE du Parlement européen et du Conseil du 8 juin 2011 sur les gestionnaires de fonds d'investissement alternatifs et modifiant les directives 2003/41/CE et 2009/65/CE ainsi que les règlements (CE) n° 1060/2009 et (UE) n° 1095/2010;	(24bis) „Gesetz vom 12. Juli 2013 über Verwalter von alternativen Investmentfonds": das Gesetz vom 12. Juli 2013 über Verwalter von alternativen Investmentfonds, zur Umsetzung der Richtlinie 2011/61/EU des Europäischen Parlaments und des Rates vom 8. Juni 2011 über die Verwalter alternativer Investmentfonds und zur Änderung der Richtlinien 2003/41/EG und 2009/65/EG und der Verordnungen (EG) Nr. 1060/2009 und (EU) Nr. 1095/2010;
(25) «OPC»: organisme de placement collectif;	(25) „OGA": Organismus für gemeinsame Anlagen;
(26) «OPCVM»: organisme de placement collectif en valeurs mobilières soumis à la directive 2009/65/CE;	(26) „OGAW": Organismus für gemeinsame Anlagen in Wertpapieren, welcher der Richtlinie 2009/65/EG unterliegt;
(27) «parts»: les parts d'un organisme qui revêt la forme contractuelle (fonds commun de placement géré par une société de gestion) et également les actions d'un organisme qui revêt la forme statutaire (société d'investissement);	(27) „Anteile": die Anteile eines Organismus in Vertragsform (von einer Verwaltungsgesellschaft verwaltetes Sondervermögen) sowie die Aktien eines Organismus in Satzungsform (Investmentgesellschaft);
(28) «participation qualifiée dans une société de gestion»: le fait de détenir dans une société de gestion une participation, directe ou indirecte, qui représente au moins 10% du capital ou des droits de vote, conformément aux articles 8 et 9 de la loi du 11 janvier 2008 relative aux obligations de transparence et aux conditions régissant l'agrégation des droits de vote énoncées à l'article 11, paragraphes (4) et (5) de cette même	(28) „qualifizierte Beteiligung an einer Verwaltungsgesellschaft": eine direkte oder indirekte Beteiligung an einer Verwaltungsgesellschaft, die mindestens 10% des Kapitals oder der Stimmrechte entspricht, gemäß den Artikeln 8 und 9 des Gesetzes vom 11. Januar 2008 über die Tranzparenzanforderungen und den in Artikel 11, Absätze (4) und (5) des besagten Gesetzes genannten Bestimmungen bezüglich der Zurechnung

loi, ou toute autre possibilité d'exercer une influence notable sur la gestion de cette entreprise;	von Stimmrechten, oder die es ermöglicht, maßgeblichen Einfluss auf die Geschäftsführung dieser Verwaltungsgesellschaft zu nehmen;
(29) «pays tiers»: un État autre qu'un État membre;	(29) „Drittland": ein Staat, der kein Mitgliedstaat ist;
(30) «porteur de parts»: vise les porteurs de parts dans les organismes qui revêtent la forme contractuelle (fonds commun de placement gérés par une société de gestion) et également les actionnaires dans les organismes qui revêtent la forme statutaire (sociétés d'investissement);	(30) „Anteilinhaber": bezieht sich auf Anteilinhaber von Organismen in Vertragsform (von einer Verwaltungsgesellschaft verwaltete Sondervermögen) und auch auf Aktionäre von Organismen in Satzungsform (Investmentgesellschaften);
(31) «SICAV»: société d'investissement à capital variable;	(31) „SICAV": Investmentgesellschaft mit variablem Kapital (société d'investissement à capital variable)
(32) «succursale»: un lieu d'exploitation qui fait partie d'une société de gestion sans avoir la personnalité juridique et qui fournit les services pour lesquels la société de gestion a été agréée. Aux fins de l'application de la présente définition, tous les lieux d'exploitation établis dans le même État membre par une société de gestion ayant son administration centrale dans un autre État membre sont considérés comme une seule succursale ;	(32) „Zweigniederlassung": eine Niederlassung, die einen rechtlich unselbständigen Teil einer Verwaltungsgesellschaft bildet und Dienstleistungen erbringt, für die der Verwaltungsgesellschaft eine Zulassung erteilt wurde. Hat eine Verwaltungsgesellschaft mit Hauptverwaltung in einem anderen Mitgliedstaat in ein und demselben Mitgliedstaat mehrere Niederlassungen errichtet, so gelten diese für die Zwecke dieser Definition als eine einzige Zweigniederlassung;
(33) «support durable»: un instrument permettant à un investisseur de stocker des informations qui lui sont adressées personnellement d'une manière permettant de s'y reporter à l'avenir pendant un laps de temps adapté aux fins auxquelles les informations sont destinées et qui permet la reproduction à l'identique des informations stockées;	(33) „dauerhafter Datenträger": jedes Medium, das es einem Anleger gestattet, an ihn persönlich gerichtete Informationen derart zu speichern, dass der Anleger sie in der Folge für eine für die Zwecke der Informationen angemessene Dauer einsehen kann, und das die unveränderte Wiedergabe der gespeicherten Informationen ermöglicht;
(34) «valeurs mobilières»:	(34) „Wertpapiere":
– les actions et autres valeurs assimilables à des actions («actions»),	– Aktien und andere, Aktien gleichwertige Wertpapiere („Aktien"),
– les obligations et les autres titres de créance («obligations»),	– Schuldverschreibungen und sonstige verbriefte Schuldtitel („Schuldtitel"),
– toutes les autres valeurs négociables donnant le droit d'acquérir de telles valeurs mobilières par voie de souscription ou d'échange.	– alle anderen marktfähigen Wertpapiere, die zum Erwerb von Wertpapieren durch Zeichnung oder Austausch berechtigen.

Aux fins de l'application de la présente définition, ne constituent pas des valeurs mobilières les techniques et instruments visés à l'article 42 de la présente loi.	Für die Zwecke der Anwendung dieser Definition gelten die in Artikel 42 dieses Gesetzes genannten Techniken und Instrumente nicht als Wertpapiere.
Partie I: Des OPCVM	**Teil I: OGAW**
Chapitre 1er. – Dispositions générales et champ d'application	**Kapitel 1. – Allgemeine Bestimmungen und Anwendungsbereich**
Art. 2. (1) La présente partie s'applique à tous les OPCVM établis au Luxembourg.	**Art. 2.** (1) Dieser Teil gilt für alle in Luxemburg niedergelassenen OGAW.
(2) Est réputé OPCVM pour l'application de la présente loi, sous réserve de l'article 3, tout organisme	(2) Vorbehaltlich Artikel 3 gelten für die Zwecke dieses Gesetzes alle Organismen als OGAW,
– dont l'objet exclusif est le placement collectif en valeurs mobilières et/ou dans d'autres actifs financiers liquides visés à l'article 41 paragraphe (1), de la présente loi, des capitaux recueillis auprès du public, et dont le fonctionnement est soumis au principe de la répartition des risques, et	– deren ausschließlicher Zweck es ist, beim Publikum beschaffte Gelder für gemeinsame Rechnung nach dem Grundsatz der Risikostreuung in Wertpapieren oder anderen in Artikel 41 Absatz (1) dieses Gesetzes genannten liquiden Finanzanlagen zu investieren, und
– dont les parts sont, à la demande des porteurs, rachetées directement ou indirectement, à charge des actifs de cet organisme. Est assimilé à de tels rachats le fait pour un OPCVM d'agir afin que la valeur de ses parts en bourse ne s'écarte pas sensiblement de leur valeur d'inventaire nette.	– deren Anteile auf Verlangen der Anteilinhaber unmittelbar oder mittelbar zu Lasten des Vermögens dieser Organismen zurückgenommen werden. Diesen Rücknahmen gleichgestellt sind Handlungen, mit denen ein OGAW sicherstellen will, dass der Kurs seiner Anteile nicht erheblich von deren Nettoinventarwert abweicht.
(3) Ces organismes peuvent revêtir la forme contractuelle (fonds commun de placement géré par une société de gestion) ou la forme statutaire (société d'investissement).	(3) Diese Organismen können die Vertragsform (von einer Verwaltungsgesellschaft verwaltetes Sondervermögen) oder die Satzungsform (Investmentgesellschaft) haben.
(4) Ne sont cependant pas soumises à la présente partie les sociétés d'investissement dont les actifs sont investis par l'intermédiaire de sociétés filiales principalement dans des biens autres que les valeurs mobilières ou autres actifs financiers liquides mentionnés à l'article 41, paragraphe (1), de la présente loi.	(4) Investmentgesellschaften, deren Vermögen über Tochtergesellschaften hauptsächlich in anderen Vermögenswerten als Wertpapieren oder anderen liquiden Finanzanlagen gemäß Artikel 41 Absatz (1) dieses Gesetzes angelegt ist, unterliegen jedoch nicht diesem Teil.

(5) Il est interdit aux OPCVM assujettis à la présente partie de se transformer en organismes de placement non assujettis à la directive 2009/65/CE.	(5) Diesem Teil unterstehenden OGAW dürfen nicht in Organismen für Anlagen umgewandelt werden, die nicht der Richtlinie 2009/65/EG unterliegen.
Art. 3. La présente partie ne concerne pas:	**Art. 3.** Dieser Teil gilt nicht für:
– les OPCVM du type fermé,	– OGAW des geschlossenen Typs,
– les OPCVM qui recueillent des capitaux sans promouvoir la vente de leurs parts auprès du public dans l'Union européenne ou dans toute partie de celle-ci,	– OGAW, die sich Kapital beschaffen, ohne ihre Anteile beim Publikum in der Europäischen Union oder einem Teil derselben zu vertreiben,
– les OPCVM dont la vente des parts est réservée par le règlement de gestion du fonds ou les documents constitutifs au public des pays qui ne font pas partie de l'Union européenne,	– OGAW, deren Anteile aufgrund des Verwaltungsreglements des Fonds oder der Gründungsunterlagen nur an das Publikum in Drittländern verkauft werden dürfen,
– les catégories d'OPCVM fixées par la CSSF, pour lesquelles les règles prévues au chapitre 5 sont inappropriées compte tenu de leur politique de placement et d'emprunt.	– die von der CSSF bestimmten Kategorien von OGAW, für die die in Kapitel 5 vorgesehenen Regeln in Anbetracht ihrer Anlage- und Kreditpolitik ungeeignet sind.
Art. 4. Un OPCVM est considéré comme établi au Luxembourg lorsque cet OPCVM est agréé conformément à l'article 129 de la présente loi.	**Art. 4.** Ein OGAW gilt als in Luxemburg niedergelassen, wenn dieser OGAW gemäß Artikel 129 dieses Gesetzes zugelassen ist.
Chapitre 2. – Des fonds communs de placement en valeurs mobilières	**Kapitel 2. – Sondervermögens zur Anlage in Wertpapieren**
Art. 5. Est réputée fonds commun de placement pour l'application de la présente partie toute masse indivise de valeurs mobilières et/ou d'autres actifs financiers liquides mentionnés à l'article 41, paragraphe (1), composée et gérée selon le principe de la répartition des risques pour le compte de propriétaires indivis qui ne sont engagés que jusqu'à concurrence de leur mise et dont les droits sont représentés par des parts destinées au placement dans le public par une offre publique ou privée.	**Art. 5.** Für die Zwecke der Anwendung dieses Teils gilt Als Sondervermögen jedes ungeteilte Vermögen aus Wertpapieren und/ oder anderen in Artikel 41 Absatz (1) aufgeführten liquiden Finanzanlagen, das nach dem Grundsatz der Risikostreuung für Rechnung von Gesamthandseigentümern zusammengesetzt und verwaltet wird, deren Haftung auf ihre Einlage beschränkt ist und deren Rechte durch Anteile verkörpert werden, die im Wege eines öffentlichen Angebots oder einer Privatplatzierung zum Vertrieb bestimmt sind.

Art. 6. Le fonds commun de placement ne répond pas des obligations de la société de gestion ou des porteurs de parts; il ne répond que des obligations et frais mis expressément à sa charge par son règlement de gestion.	**Art. 6.** Das Sondervermögen haftet nicht für Verbindlichkeiten der Verwaltungsgesellschaft oder der Anteilinhaber; es haftet ausschließlich für Verbindlichkeiten und Kosten, die es gemäß seinem Verwaltungsreglement ausdrücklich zu tragen hat.
Art. 7. La gestion d'un fonds commun de placement est assurée par une société de gestion visée à la partie IV, chapitre 15, de la présente loi.	**Art. 7.** Die Verwaltung eines Sondervermögens wird von einer Verwaltungsgesellschaft nach Teil IV, Kapitel 15 dieses Gesetzes wahrgenommen.
Art. 8. (1) La société de gestion émet des titres nominatifs, au porteur ou dématérialisés, représentatifs d'une ou de plusieurs quote-parts du fonds commun de placement qu'elle gère. La société de gestion peut émettre, dans les conditions prévues au règlement de gestion, des certificats écrits d'inscription des parts ou de fractions de parts sans limitation de fractionnement.	**Art. 8.** (1) Die Verwaltungsgesellschaft gibt Namensanteile, Inhaberanteile oder dematerialisierte Wertpapiere aus, die einen oder mehrere Anteile des von ihr verwalteten Sondervermögens verkörpern oder sie stellt gemäß den im Verwaltungsreglement vorgesehenen Bestimmungen schriftliche Bestätigungen über den Eintrag der Anteile oder der uneingeschränkt zulässigen Anteilsbruchteile aus.
Les droits attachés aux fractions de parts sont exercés au prorata de la fraction de part détenue à l'exception toutefois des droits de vote éventuels qui ne peuvent être exercés que par part entière. Les titres au porteur sont signés par la société de gestion et par le dépositaire visé à l'article 17. Ces signatures peuvent être reproduites mécaniquement.	Die den Anteilsbruchteilen zugeordneten Rechte werden pro rata zu dem jeweils gehaltenen Anteilsbruchteil ausgeübt, mit Ausnahme der etwaigen Stimmrechte, die ausschließlich für ganze Anteile ausgeübt werden können. Inhaberanteile werden von der Verwaltungsgesellschaft und von der in Artikel 17 bezeichneten Verwahrstelle unterzeichnet. Diese Unterschriften können in mechanisch reproduzierter Form geleistet werden.
(2) La propriété des parts sous forme de titres nominatifs ou au porteur s'établit et leur transmission s'opère suivant les règles prévues aux articles 40 et 42 de la loi du 10 août 1915 concernant les sociétés commerciales, telle que modifiée. Les droits sur des parts inscrites en compte-titres s'établissent et leur transmission s'opère suivant les règles prévues dans la loi relative aux titres dématérialisés et la loi du 1er août 2001 concernant la circulation de titres.	(2) Das Eigentum an den Anteilen und ihre Übertragung richtet sich nach den in den Artikeln 40 und 42 des geänderten Gesetzes vom 10. August 1915 über die Handelsgesellschaften festgelegten Regeln. Die Rechte an Anteilen, die auf ein Anteilkonto gebucht werden, sowie deren Übertragung richten sich nach den im Gesetz über dematerialisierte Wertpapiere und im Gesetz vom 1. August 2001 über den Wertpapierverkehr vorgesehenen Bestimmungen.
(3) Les titulaires de titres au porteur peuvent, à toute époque, en demander la con-	(3) Die Inhaber von Inhaberpapieren dürfen jederzeit, auf eigene Kosten, deren Umwand-

version, à leurs frais, en titres nominatifs ou, si les statuts le prévoient, en titres dématérialisés. Dans ce dernier cas, les frais sont à la charge de la personne prévue par la loi relative aux titres dématérialisés.	lung in Namenspapiere oder, soweit die Satzung dieses vorsieht, in dematerialisierte Wertpapiere verlangen. Im letzteren Fall sind die Kosten von der im Gesetz über dematerialisierte Wertpapiere dafür vorgesehenen Person zu tragen.
A moins d'une défense formelle exprimée dans les statuts, les titulaires de titres nominatifs peuvent, à toute époque, en demander la conversion en titres au porteur.	Sofern nicht ausdrücklich durch die Satzung verboten dürfen die Inhaber von Namensanteilen jederzeit deren Umwandlung in Inhaberanteile verlangen.
Si les statuts le prévoient, les propriétaires de titres nominatifs peuvent en demander la conversion en titres dématérialisés. Les frais sont à charge de la personne prévue par la loi relative aux titres dématérialisés.	Soweit die Satzung dieses vorsieht, dürfen die Inhaber von Namensanteilen deren Umwandlung in dematerialisierte Wertpapiere verlangen. Die Kosten sind von der im Gesetz über dematerialisierte Wertpapiere dafür vorgesehenen Person zu tragen.
Les porteurs de titres dématérialisés peuvent, à toute époque, en demander la conversion, à leurs frais, en titres nominatifs, sauf si le règlement de gestion prévoit la dématérialisation obligatoire des titres.	Die Inhaber dematerialisierter Wertpapiere dürfen jederzeit, auf eigene Kosten, deren Umwandlung in Namenspapiere verlangen, es sei denn das Verwaltungsreglement sieht die zwingende Dematerialisierung der Wertpapiere vor.
Art. 9. (1) L'émission des parts s'opère à un prix obtenu en divisant la valeur de l'actif net du fonds commun de placement par le nombre de parts en circulation, ce prix pouvant être majoré de frais et commissions, dont les maxima et les modalités de perception peuvent être fixés par un règlement CSSF.	**Art. 9.** (1) Die Ausgabe von Anteilen erfolgt zu einem Preis, der sich durch die Teilung des Nettovermögens des Sondervermögens durch die Anzahl der im Umlauf befindlichen Anteile ergibt, wobei dieser Preis um Kosten und Provisionen erhöht werden kann, deren Obergrenze und Erhebungsmodalitäten durch eine Verordnung der CSSF festgelegt werden können.
(2) Les parts ne peuvent être émises sans que l'équivalent du prix d'émission net ne soit versé dans les délais d'usage dans les actifs du fonds commun de placement. Cette disposition ne s'oppose pas à la distribution de parts gratuites.	(2) Es dürfen keine Anteile ausgegeben werden, ohne dass nicht der Gegenwert des Ausgabepreises innerhalb der üblichen Fristen im Sondervermögen verbucht wurde. Diese Bestimmung steht einer Ausgabe von Gratisanteilen nicht entgegen.
(3) Sauf disposition contraire du règlement de gestion du fonds, l'évaluation des actifs du fonds se base pour les valeurs admises à une cote officielle, sur le dernier cours de bourse connu, à moins que ce cours ne soit pas représentatif. Pour les valeurs non admises à une telle cote et pour les valeurs admises à une cote, mais dont le dernier	(3) Vorbehaltlich anderslautender Bestimmungen des Verwaltungsreglements des Fonds erfolgt die Bewertung der Vermögenswerte des Fonds bei zu einer amtlichen Notierung zugelassenen Wertpapieren auf der Grundlage des letzten verfügbaren Kurses, es sei denn, dieser Kurs wäre nicht repräsentativ. Für nicht zu einer amtlichen

cours n'est pas représentatif, l'évaluation se base sur la valeur probable de réalisation estimée avec prudence et bonne foi.	Notierung zugelassene Wertpapiere sowie für zu einer amtlichen Notierung zugelassene Wertpapiere, deren zuletzt verfügbarer Kurs nicht repräsentativ ist, erfolgt die Bewertung aufgrund des wahrscheinlichen, nach Treu und Glauben zu schätzenden Veräußerungswertes.
Art. 10. L'achat et la vente des actifs ne peuvent se réaliser qu'à des prix conformes aux critères d'évaluation du paragraphe (3) de l'article 9.	**Art. 10.** Kauf und Verkauf der Vermögenswerte dürfen nur zu Preisen erfolgen, die den in Absatz (3) des Artikels 9 dargelegten Bewertungskriterien entsprechen.
Art. 11. (1) Les porteurs de parts ou leurs créanciers ne peuvent pas exiger le partage ou la dissolution du fonds commun de placement.	**Art. 11.** (1) Weder Anteilinhaber noch deren Gläubiger können die Teilung oder Auflösung eines Sondervermögens verlangen.
(2) Un fonds commun de placement doit racheter ses parts à la demande d'un porteur de parts.	(2) Ein Sondervermögens ist verpflichtet, seine Anteile auf Verlangen eines Anteilinhabers zurückzunehmen.
(3) Le rachat des parts s'opère sur la base de la valeur calculée conformément à l'article 9, paragraphe (1), déduction faite de frais et commissions éventuels, dont les maxima et modalités de perception peuvent être fixés par un règlement CSSF.	(3) Die Rücknahme von Anteilen erfolgt auf der Grundlage des Wertes, der gemäß Artikel 9 Absatz (1) ermittelt wird, abzüglich eventueller Kosten und Provisionen, deren Obergrenze und Erhebungsmodalitäten durch eine Verordnung der CSSF festgelegt werden können.
Art. 12. (1) Par dérogation à l'article 11, paragraphe (2):	**Art. 12.** (1) Abweichend von Artikel 11, Absatz (2)
a) la société de gestion peut suspendre temporairement dans les cas et selon les modalités prévus par le règlement de gestion le rachat des parts. La suspension ne peut être prévue que dans des cas exceptionnels quand les circonstances l'exigent et si la suspension est justifiée compte tenu des intérêts des porteurs de parts.	a) kann die Verwaltungsgesellschaft in den im Verwaltungsreglement vorgesehenen Fällen und gemäß den darin festgelegten Bedingungen die Rücknahme von Anteilen vorübergehend aussetzen. Die Aussetzung darf nur für Ausnahmefälle vorgesehen werden, wenn die Umstände eine solche Aussetzung erfordern und wenn diese unter Berücksichtigung der Interessen der Anteilinhaber gerechtfertigt ist.
b) la CSSF peut exiger dans l'intérêt des porteurs de parts ou dans l'intérêt public la suspension du rachat des parts, et cela notamment lorsque les dispositions législatives, réglementaires ou conventionnelles concernant l'activité	b) kann die CSSF im Interesse der Anteilinhaber oder im öffentlichen Interesse die Aussetzung der Anteilrücknahme verlangen, und dieses insbesondere dann, wenn gesetzliche, verordnungsrechtliche oder vertragliche Bestim-

et le fonctionnement du fonds commun de placement ne sont pas observées.	mungen hinsichtlich der Geschäftstätigkeit oder der Funktionsweise eines Sondervermögens nicht beachtet werden.
(2) Dans les cas visés au paragraphe (1), point a), la société de gestion doit faire connaître sans délai sa décision à la CSSF et si les parts du fonds sont commercialisées dans d'autres États membres de l'Union européenne, aux autorités compétentes de ceux-ci.	(2) In den in Absatz (1) Buchstabe a) genannten Fällen muss die Verwaltungsgesellschaft ihren Beschluss der CSSF und, sofern die Anteile des Fonds in anderen Mitgliedstaaten der Europäischen Union vertrieben werden, den zuständigen Behörden dieser Staaten, unverzüglich mitteilen.
(3) L'émission et le rachat des parts sont interdits pendant la période où il n'y a pas de société de gestion ou de dépositaire;	(3) Die Ausgabe und die Rücknahme von Anteilen sind untersagt:
a) pendant la période où il n'y a pas de société de gestion ou de dépositaire;	a) während eines Zeitraumes, in dem es keine Verwaltungsgesellschaft oder Verwahrstelle gibt;
b) en cas de mise en liquidation, de déclaration en faillite ou de demande d'admission au bénéfice du concordat, du sursis de paiement ou de la gestion contrôlée ou d'une mesure analogue visant la société de gestion ou le dépositaire.	b) im Falle der Liquidation der Verwaltungsgesellschaft oder der Verwahrstelle, der Konkurseröffnung über das Vermögen der Verwaltungsgesellschaft oder der Verwahrstelle oder des Antrages der Verwaltungsgesellschaft oder der Verwahrstelle auf Eröffnung eines Vergleichsverfahrens, auf Zahlungsaufschub oder auf Anordnung der Zwangsverwaltung oder im Falle eines vergleichbaren Verfahrens.
Art. 13. (1) La société de gestion établit le règlement de gestion du fonds commun de placement. Ce règlement de gestion doit être déposé au registre de commerce et des sociétés et sa publication au Mémorial est faite par une mention de dépôt au registre de commerce et des sociétés de ce document, conformément aux dispositions de la loi du 10 août 1915 concernant les sociétés commerciales, telle que modifiée. Les clauses de ce règlement de gestion sont considérées comme acceptées par les porteurs de parts du fait même de l'acquisition de ces parts	**Art. 13.** (1) Die Verwaltungsgesellschaft legt das Verwaltungsreglement des Sondervermögens fest. Dieses Verwaltungsreglement ist in der Kanzlei des Bezirksgerichts zu hinterlegen und seine Veröffentlichung im *Mémorial* erfolgt durch die Angabe der Hinterlegung dieses Dokuments in der Gerichtskanzlei gemäß den Bestimmungen des geänderten Gesetzes vom 10. August 1915 über die Handelsgesellschaften. Mit dem Erwerb der Anteile gelten die Bestimmungen des Verwaltungsreglements als durch die Anteilinhaber angenommen.
(2) Le règlement de gestion du fonds commun de placement est soumis à la loi luxembourgeoise et doit au moins contenir les indications suivantes:	(2) Das Verwaltungsreglement des Sondervermögens unterliegt luxemburgischem Recht und muss mindestens folgende Angaben enthalten:

a) la dénomination et la durée du fonds commun de placement, la dénomination de la société de gestion et du dépositaire,	a) die Bezeichnung und die Dauer des Sondervermögens sowie die Bezeichnung der Verwaltungsgesellschaft und der Verwahrstelle,
b) la politique d'investissement, en fonction des buts spécifiques qu'elle se propose et des critères dont elle s'inspire,	b) die Anlagepolitik, je nach den spezifischen Anlagezielen und den zugrunde liegenden Anlagekriterien,
c) la politique de distribution dans le cadre de l'article 16,	c) die Ausschüttungspolitik gemäß Artikel 16,
d) les rémunérations et les dépenses que la société de gestion est habilitée à prélever sur le fonds commun de placement, ainsi que le mode de calcul de ces rémunérations,	d) die Vergütungen und Kostenerstattungen, die von der Verwaltungsgesellschaft dem Sondervermögen entnommen werden dürfen sowie die Berechnungsweise dieser Vergütungen,
e) les dispositions sur la publicité,	e) Bestimmungen bezüglich der Veröffentlichungen,
f) la date de clôture des comptes du fonds commun de placement,	f) das Datum des Jahresabschlusses des Sondervermögens,
g) les cas de dissolution du fonds commun de placement, sans préjudice des causes légales,	g) die Fälle, in denen das Sondervermögen aufgelöst werden kann, unbeschadet der gesetzlichen Gründe,
h) les modalités d'amendement du règlement de gestion,	h) das Verfahren für Änderungen des Verwaltungsreglements,
i) les modalités d'émission des parts,	i) das Verfahren für die Anteilausgabe,
j) les modalités de rachat des parts, ainsi que les conditions dans lesquelles les rachats se font et peuvent être suspendus.	j) das Verfahren für die Anteilrücknahme sowie die Bedingungen, nach denen Anteilrücknahmen möglich sind bzw. ausgesetzt werden.
Art. 14. (1) La société de gestion gère le fonds commun de placement en conformité avec le règlement de gestion et dans l'intérêt exclusif des porteurs de parts.	**Art. 14.** (1) Die Verwaltungsgesellschaft verwaltet das Sondervermögen im Einklang mit dem Verwaltungsreglement und im ausschließlichen Interesse der Anteilinhaber.
(2) Elle agit en son propre nom, tout en indiquant qu'elle agit pour le compte du fonds commun de placement.	(2) Sie handelt in eigenem Namen, muss jedoch darauf hinweisen, dass sie für Rechnung des Sondervermögens handelt.
(3) Elle exerce tous les droits attachés aux titres dont se compose le portefeuille du fonds commun de placement.	(3) Sie übt sämtliche Rechte aus, die im Zusammenhang mit den im Portfolio des Sondervermögens befindlichen Wertpapieren stehen.

Art. 15. La société de gestion doit exécuter ses obligations avec la diligence d'un mandataire salarié; elle répond, à l'égard des porteurs de parts, du préjudice résultant de l'inexécution ou de la mauvaise exécution de ses obligations.	**Art. 15.** Die Verwaltungsgesellschaft muss ihre Aufgaben mit der Sorgfalt eines entgeltlichen Auftragnehmers ausführen; sie haftet gegenüber den Anteilinhabern für Schäden, die aus der Nichterfüllung oder mangelhaften Erfüllung ihrer Pflichten entstehen.
Art. 16. Sauf stipulation contraire du règlement de gestion, les actifs nets du fonds commun de placement peuvent être distribués dans les limites de l'article 23 de la présente loi.	**Art. 16.** Vorbehaltlich anderslautender Bestimmungen des Verwaltungsreglements können die Nettovermögenswerte eines Sondervermögens im Rahmen der in Artikel 23 dieses Gesetzes festgelegten Grenzen ausgeschüttet werden.
Art. 17. (1) La garde des actifs d'un fonds commun de placement doit être confiée à un dépositaire.	**Art. 17.** (1) Die Verwahrung der Vermögenswerte eines Sondervermögens muss einer Verwahrstelle anvertraut werden.
(2) Le dépositaire doit, soit avoir son siège statutaire au Luxembourg, soit y être établi, s'il a son siège statutaire dans un autre État membre.	(2) Die Verwahrstelle muss entweder ihren satzungsmäßigen Sitz in Luxemburg haben oder, falls sie ihren satzungsgemäßen Sitz in einem anderen Mitgliedstaat hat, in Luxemburg niedergelassen sein.
(3) Le dépositaire doit être un établissement de crédit au sens de la loi modifiée du 5 avril 1993 relative au secteur financier.	(3) Die Verwahrstelle muss ein Kreditinstitut im Sinne des geänderten Gesetzes vom 5. April 1993 über den Finanzsektor sein.
(4) La responsabilité du dépositaire n'est pas affectée par le fait qu'il confie à un tiers tout ou partie des actifs dont il a la garde.	(4) Die Haftung der Verwahrstelle wird durch die vollständige oder teilweise Übertragung der von ihr verwahrten Vermögenswerte an Dritte nicht berührt.
(5) Les dirigeants du dépositaire doivent avoir l'honorabilité et l'expérience requises eu égard également au type de fonds commun de placement concerné. A cette fin, l'identité des dirigeants, ainsi que de toute personne leur succédant dans leurs fonctions, doit être notifiée immédiatement à la CSSF.	(5) Die Geschäftsleiter der Verwahrstelle müssen ausreichend gut beleumdet sein und in Bezug auf die Art des betroffenen Sondervermögens über ausreichende Erfahrung verfügen. Zu diesem Zweck sind die Namen der Geschäftsleiter sowie jeder Wechsel dieser Geschäftsleiter der CSSF unverzüglich mitzuteilen.
Par « dirigeants », on entend les personnes qui, en vertu de la loi ou des documents constitutifs, représentent le dépositaire ou qui déterminent effectivement l'orientation de son activité.	„Geschäftsleiter" sind die Personen, die die Verwahrstelle aufgrund der gesetzlichen Vorschriften oder der Gründungsunterlagen vertreten oder die Ausrichtung ihrer Tätigkeit tatsächlich bestimmen.
(6) Le dépositaire est tenu de fournir à la CSSF sur demande toutes les informations	(6) Die Verwahrstelle ist verpflichtet, der CSSF auf Antrag alle Informationen zu über-

que le dépositaire a obtenues dans l'exercice de ses fonctions et qui sont nécessaires pour permettre à la CSSF de surveiller le respect de la présente loi par le fonds commun de placement.	mitteln, die die Verwahrstelle bei der Wahrnehmung ihrer Aufgaben erhalten hat und die die CSSF benötigt, um die Einhaltung der Bestimmungen dieses Gesetzes durch das Sondervermögen zu überwachen.
Art. 18. (1) Le dépositaire accomplit toutes opérations concernant l'administration courante des actifs du fonds commun de placement.	**Art. 18.** (1) Die Verwahrstelle erfüllt alle Aufgaben im Zusammenhang mit der laufenden Verwaltung der Vermögenswerte des Sondervermögens.
(2) Le dépositaire doit en outre:	(2) Darüber hinaus muss die Verwahrstelle:
a) s'assurer que la vente, l'émission, le rachat et l'annulation des parts effectués pour le compte du fonds commun de placement ou par la société de gestion ont lieu conformément à la loi et au règlement de gestion,	a) gewährleisten, dass der Verkauf, die Ausgabe, die Rücknahme und die Aufhebung der Anteile, die für Rechnung des Sondervermögens oder durch die Verwaltungsgesellschaft vorgenommen werden, gemäß den gesetzlichen Bestimmungen bzw. dem Verwaltungsreglement erfolgt;
b) s'assurer que le calcul de la valeur des parts est effectué conformément à la loi et au règlement de gestion,	b) gewährleisten, dass die Berechnung des Wertes der Anteile gemäß den gesetzlichen Bestimmungen bzw. dem Verwaltungsreglement erfolgt;
c) exécuter les instructions de la société de gestion, sauf si elles sont contraires à la loi ou au règlement de gestion,	c) den Weisungen der Verwaltungsgesellschaft Folge leisten, es sei denn, diese verstoßen gegen die gesetzlichen Bestimmungen bzw. das Verwaltungsreglement;
d) s'assurer que dans les opérations portant sur les actifs du fonds commun de placement la contrepartie lui est remise dans les délais d'usage,	d) gewährleisten, dass ihr bei Geschäften, die sich auf das Vermögen des Sondervermögens beziehen, der Gegenwert innerhalb der üblichen Fristen übertragen wird;
e) s'assurer que les produits du fonds commun de placement reçoivent l'affectation conforme au règlement de gestion.	e) gewährleisten, dass die Erträge des Sondervermögens gemäß dem Verwaltungsreglement verwendet werden.
(3) Lorsque l'État membre d'origine de la société de gestion n'est pas le même que celui du fonds commun de placement, le dépositaire doit signer avec ladite société de gestion un accord écrit qui régit le flux des informations considérées comme nécessaires pour lui permettre de remplir les fonctions décrites aux articles 17(1) et (4) et 18(2) et dans d'autres dispositions législatives	(3) Handelt es sich beim Herkunftsmitgliedstaat der Verwaltungsgesellschaft nicht um den Herkunftsmitgliedstaat des Sondervermögens, so müssen die Verwahrstelle und die Verwaltungsgesellschaft eine schriftliche Vereinbarung über den Informationsaustausch, der für erforderlich erachtet wird, damit die Verwahrstelle ihren Aufgaben gemäß den Artikeln 17 (1) und (4) und

réglementaires ou administratives applicables au dépositaire.	18(2) und gemäß anderen für Verwahrstellen geltenden Rechts- und Verwaltungsvorschriften nachkommen kann, unterzeichnen.
Art. 19. (1) Le dépositaire est responsable, selon le droit luxembourgeois, à l'égard de la société de gestion et des porteurs de parts, de tout préjudice subi par eux résultant de l'inexécution injustifiable ou de la mauvaise exécution de ses obligations.	**Art. 19.** (1) Die Verwahrstelle haftet nach luxemburgischem Recht gegenüber der Verwaltungsgesellschaft und den Anteilinhabern für Schäden, die ihnen durch eine schuldhafte Nicht- oder Schlechterfüllung der Pflichten der Verwahrstelle entstehen.
(2) A l'égard des porteurs de parts, la responsabilité est mise en cause par l'intermédiaire de la société de gestion. Si la société de gestion n'agit pas, nonobstant sommation écrite d'un porteur de parts, dans un délai de trois mois à partir de cette sommation, ce porteur de parts peut mettre en cause directement la responsabilité du dépositaire.	(2) Gegenüber den Anteilinhabern wird die Haftung über die Verwaltungsgesellschaft geltend gemacht. Sofern die Verwaltungsgesellschaft trotz schriftlicher Aufforderung durch einen Anteilinhaber nicht innerhalb von drei Monaten nach dieser Aufforderung handelt, kann dieser Anteilinhaber die Haftung der Verwahrstelle unmittelbar geltend machen.
Art. 20. La société de gestion et le dépositaire doivent, dans l'exercice de leurs fonctions respectives, agir de façon indépendante et exclusivement dans l'intérêt des porteurs de parts.	**Art. 20.** Die Verwaltungsgesellschaft und die Verwahrstelle müssen bei der Wahrnehmung ihrer jeweiligen Aufgaben unabhängig und ausschließlich im Interesse der Anteilinhaber handeln.
Art. 21. Les fonctions de la société de gestion ou du dépositaire à l'égard du fonds commun de placement prennent fin:	**Art. 21.** Die Aufgaben der Verwaltungsgesellschaft bzw. der Verwahrstelle gegenüber dem Sondervermögen enden:
a) en cas de retrait de la société de gestion, à la condition qu'elle soit remplacée par une autre société de gestion agréée conformément à la directive 2009/65/CE;	a) im Falle des Ausscheidens der Verwaltungsgesellschaft, sofern diese durch eine andere gemäß der Richtlinie 2009/65/EG zugelassene Verwaltungsgesellschaft ersetzt wird;
b) en cas de retrait du dépositaire intervenu de sa propre initiative ou de celle de la société de gestion; en attendant son remplacement qui doit avoir lieu dans les deux mois, il prendra toutes les mesures nécessaires à la bonne conservation des intérêts des porteurs de parts;	b) im Falle des auf eigene Veranlassung oder auf Veranlassung der Verwaltungsgesellschaft erfolgten Ausscheidens der Verwahrstelle; bis zur Bestimmung des Nachfolgers, welche innerhalb von zwei Monaten erfolgen muss, wird die Verwahrstelle sämtliche erforderlichen Maßnahmen ergreifen, um die angemessene Wahrnehmung der Interessen der Anteilinhaber zu gewährleisten;

c) lorsque la société de gestion ou le dépositaire a été déclaré en faillite, admis au bénéfice du concordat, du sursis de paiement, de la gestion contrôlée ou d'une mesure analogue ou mis en liquidation;	c) im Falle der Eröffnung des Konkursverfahrens sowie im Falle der Eröffnung des Vergleichsverfahrens, der Gewährung von Zahlungsaufschub, der Anordnung der Zwangsverwaltung oder einer vergleichbaren Maßnahme oder der Liquidation der Verwaltungsgesellschaft oder der Verwahrstelle;
d) lorsque l'agrément de la société de gestion ou du dépositaire a été retiré par l'autorité compétente;	d) im Falle des Entzugs der Zulassung der Verwaltungsgesellschaft oder der Verwahrstelle durch die zuständige Behörde;
e) dans tous les autres cas prévus par le règlement de gestion.	e) in allen anderen vom Verwaltungsreglement vorgesehenen Fällen.
Art. 22. (1) Le fonds commun de placement se trouve en état de liquidation:	**Art. 22.** (1) Das Sondervermögen befindet sich in folgenden Fällen in Liquidation:
a) à l'échéance du délai éventuellement fixé par le règlement de gestion;	a) bei Erreichen der unter Umständen im Verwaltungsreglement festgelegten Frist;
b) en cas de cessation des fonctions de la société de gestion ou du dépositaire conformément aux points b), c), d) et e) de l'article 21, s'ils n'ont pas été remplacés dans les deux mois, sans préjudice du cas spécifique visé au point c) ci-dessous;	b) sofern die Verwaltungsgesellschaft oder die Verwahrstelle ihre Aufgaben gemäß den Buchstaben b), c), d) und e) von Artikel 21 beenden, ohne innerhalb von zwei Monaten ersetzt worden zu sein, unbeschadet des in Buchstabe c) unten dargelegten Sonderfalls;
c) en cas de faillite de la société de gestion;	c) nach Eröffnung des Konkursverfahrens über das Vermögen der Verwaltungsgesellschaft;
d) si l'actif net du fonds commun de placement est devenu inférieur pendant plus de 6 mois au quart du minimum légal prévu à l'article 23 ci-après;	d) falls das Nettovermögen des Sondervermögens während eines Zeitraums von mehr als 6 Monaten unter einem Viertel des im nachstehenden Artikel 23 festgelegten gesetzlichen Mindestbetrages verblieben ist;
e) dans tous les autres cas prévus par le règlement de gestion.	e) in allen anderen im Verwaltungsreglement vorgesehenen Fällen.
(2) Le fait entraînant l'état de liquidation est publié sans retard par les soins de la société de gestion ou du dépositaire. A défaut, la publication est entreprise par la CSSF, aux frais du fonds commun de placement. Cette publication se fait par l'insertion au Mémorial et dans au moins deux journaux à diffu-	(2) Der eine Liquidation bewirkende Umstand wird unverzüglich durch die Verwaltungsgesellschaft oder die Verwahrstelle veröffentlicht. In Ermangelung einer solchen Veröffentlichung, wird diese von der CSSF auf Kosten des Sondervermögens vorgenommen. Diese Veröffentlichung erfolgt

sion adéquate dont au moins un journal luxembourgeois.	im *Mémorial* und in mindestens zwei Zeitungen mit hinreichender Auflage, davon mindestens einer Luxemburger Zeitung.
(3) Dès la survenance du fait entraînant l'état de liquidation du fonds commun de placement, l'émission des parts est interdite, sous peine de nullité. Le rachat des parts reste possible, si le traitement égalitaire des porteurs de parts peut être assuré.	(3) Unmittelbar nach Eintritt eines Umstandes, der die Liquidation des Sondervermögens nach sich zieht, ist die Ausgabe von Anteilen bei Nichtigkeit untersagt. Die Rücknahme von Anteilen bleibt weiter möglich, sofern dabei die Gleichbehandlung der Anteilinhaber gewährleistet werden kann.
Art. 23. L'actif net du fonds commun de placement ne peut être inférieur à un million deux cent cinquante mille euros (1.250.000 euros).	**Art. 23.** Das Nettovermögen des Sondervermögens muss mindestens eine Million zweihundertfünfzigtausend Euro (1.250.000 EUR) betragen.
Ce minimum doit être atteint dans un délai de six mois à partir de l'agrément du fonds commun de placement.	Dieser Mindestbetrag muss innerhalb von sechs Monaten nach Zulassung des Sondervermögens erreicht sein.
Un règlement CSSF peut fixer ce minimum à un chiffre plus élevé sans dépasser deux millions cinq cent mille euros (2.500.000 euros).	Die CSSF kann diesen Mindestbetrag durch eine Verordnung erhöhen, ohne jedoch den Betrag von zwei Millionen fünfhunderttausend Euro (2.500.000 EUR) zu überschreiten.
Art. 24. La société de gestion doit informer sans retard la CSSF quand l'actif net du fonds commun de placement est devenu inférieur aux deux tiers du minimum légal. Dans le cas où l'actif net du fonds commun de placement est inférieur aux deux tiers du minimum légal, la CSSF peut, compte tenu des circonstances, obliger la société de gestion à mettre le fonds commun de placement en état de liquidation.	**Art. 24.** Die Verwaltungsgesellschaft muss die CSSF umgehend in Kenntnis setzen, sobald das Nettovermögen des Sondervermögens unter zwei Drittel des gesetzlichen Mindestbetrages gesunken ist. Sofern das Nettovermögen des Sondervermögens zwei Drittel des gesetzlichen Mindestbetrages unterschreitet, kann die CSSF, unter Berücksichtigung der jeweiligen Umstände, die Verwaltungsgesellschaft dazu zwingen, das Sondervermögen zu liquidieren.
L'injonction faite à la société de gestion par la CSSF de mettre le fonds commun de placement en état de liquidation est publiée sans retard par les soins de la société de gestion ou du dépositaire. A défaut, la publication est effectuée par la CSSF, aux frais du fonds commun de placement. Cette publication se fait par l'insertion au Mémorial et dans au moins deux journaux à diffusion adéquate dont au moins un journal luxembourgeois.	Die Anweisung der CSSF an die Verwaltungsgesellschaft, den Sondervermögens zu liquidieren, wird unverzüglich von der Verwaltungsgesellschaft oder der Verwahrstelle veröffentlicht. Bleibt eine solche Veröffentlichung aus, so wird sie von der CSSF auf Kosten des Sondervermögens vorgenommen. Diese Veröffentlichung erfolgt im *Mémorial* und in mindestens zwei Zeitungen mit hinreichender Auflage, davon mindestens einer Luxemburger Zeitung.

Chapitre 3. – Des SICAV en valeurs mobilières	Kapitel 3. – SICAV – Investmentgesellschaften mit variablem Kapital zur Anlage in Wertpapieren
Art. 25. Par SICAV dans le sens de la présente partie on entend les sociétés qui ont adopté la forme d'une société anonyme de droit luxembourgeois,	**Art. 25.** Unter Investmentgesellschaften mit variablem Kapital (SICAV) im Sinne dieses Teils versteht man Aktiengesellschaften nach Luxemburger Recht,
– dont l'objet exclusif est de placer leurs fonds en valeurs mobilières et/ou autres actifs financiers liquides mentionnés à l'article 41, paragraphe (1), de la présente loi dans le but de répartir les risques d'investissement et de faire bénéficier leurs porteurs de parts des résultats de la gestion de leurs actifs, et	– deren ausschließlicher Zweck darin besteht, die ihr zur Verfügung stehenden Mittel nach dem Grundsatz der Risikostreuung in Wertpapieren und/oder anderen liquiden Finanzanlagen gemäß Artikel 41 Absatz (1) dieses Gesetzes anzulegen und ihren Anteilinhabern die aus der Verwaltung ihrer Vermögenswerte resultierenden Ergebnisse zu Gute kommen zu lassen, und
– dont les parts sont destinées au placement dans le public par une offre publique ou privée, et	– deren Anteile zum Vertrieb im Wege eines öffentlichen Angebotes oder einer Privatplatzierung bestimmt sind, und
– dont les statuts stipulent que le montant du capital est égal à tout moment à la valeur de l'actif net de la société.	– deren Satzung vorsieht, dass ihr Kapital jederzeit dem Nettovermögen der Gesellschaft entspricht.
Art. 26. (1) Les SICAV sont soumises aux dispositions applicables aux sociétés anonymes en général, pour autant qu'il n'y est pas dérogé par la présente loi.	**Art. 26.** (1) SICAV unterliegen den allgemein für Aktiengesellschaften geltenden Bestimmungen, sofern dieses Gesetz nichts Anderweitiges bestimmt.
(2) Les statuts d'une SICAV et toute modification qui y est apportée sont constatés dans un acte notarié spécial dressé en langue française, allemande ou anglaise au choix des comparants. Par dérogation aux dispositions de l'arrêté du 24 prairial, an XI, lorsque cet acte notarié est dressé en langue anglaise, l'obligation de joindre à cet acte une traduction en une langue officielle lorsqu'il est présenté à la formalité de l'enregistrement, ne s'applique pas. Cette obligation ne s'applique pas non plus pour tous les autres actes devant être constatés sous forme notariée, tels que les actes notariés dressant procès-verbal d'assemblées d'actionnaires d'une SICAV ou constatant un projet de fusion concernant une SICAV.	(2) Die Satzung einer SICAV sowie jegliche Änderungen dieser Satzung werden in einer gesonderten notariellen Urkunde festgehalten, die nach Wahl der für die Gesellschaft auftretenden Personen in französischer, deutscher oder englischer Sprache verfasst sein kann. Abweichend von den Bestimmungen des Erlasses des 24. Prairial, XI, entfällt, bei der Hinterlegung der Urkunde das Erfordernis eine Übersetzung in eine der Amtssprachen beizufügen, sollte die Urkunde in Englisch verfasst sein. Diese Verpflichtung entfällt auch für alle anderen in notarieller Form zu errichtenden Urkunden, wie notariellen Urkunden über Protokolle von Generalversammlungen einer SICAV oder der eine SICAV betreffende Verschmelzungsplan.

(3) Par dérogation à l'article 73 alinéa 2 de la loi du 10 août 1915 concernant les sociétés commerciales telle que modifiée, les SICAV ne sont pas tenues d'adresser les comptes annuels, de même que le rapport du réviseur d'entreprises agréé, le rapport de gestion et, le cas échéant, les observations du conseil de surveillance aux porteurs de parts en nom en même temps que la convocation à l'assemblée générale annuelle. La convocation indique l'endroit et les modalités de mise à disposition de ces documents aux porteurs de parts et précise que chaque porteur de parts peut demander que les comptes annuels, de même que le rapport du réviseur d'entreprises agréé, le rapport de gestion et, le cas échéant, les observations du conseil de surveillance lui soient envoyés.

(3) Abweichend von Artikel 73 Absatz 2 des geänderten Gesetzes vom 10. August 1915 über die Handelsgesellschaften sind SICAV nicht verpflichtet, den Jahresabschluss sowie den Bericht des réviseur d'entreprises agréé (Abschlussprüfer), den Verwaltungsbericht und gegebenenfalls die Anmerkungen des Aufsichtsrats gleichzeitig mit der Einladung zur jährlichen Generalversammlung an die Namensanteilinhaber zu richten. Im Einladungsschreiben werden der Ort und die Modalitäten für die Bereitstellung dieser Dokumente an die Anteilinhaber angegeben und präzisiert, dass jeder Anteilinhaber die Zusendung des Jahresabschlusses sowie des Berichtes des *réviseur d'entreprises agréé* (Abschlussprüfer), des Verwaltungsberichtes und gegebenenfalls der Anmerkungen des Aufsichtsrats, anfordern kann.

(4) Les convocations aux assemblées générales des porteurs de parts peuvent prévoir que le quorum et la majorité à l'assemblée générale sont déterminés en fonction des parts émises et en circulation le cinquième jour qui précède l'assemblée générale à vingt-quatre heures (heure de Luxembourg) (dénommée « date d'enregistrement »). Les droits d'un porteur de parts de participer à une assemblée générale et d'exercer le droit de vote attaché à ses parts sont déterminés en fonction des parts détenues par ce porteur de parts à la date d'enregistrement.

(4) Die Einladungen der Anteilinhaber zu den Generalversammlungen können vorsehen, dass das Anwesenheitsquorum und die Beschlussmehrheit in der Generalversammlung auf der Grundlage der am fünften Tag um Mitternacht (Ortszeit Luxemburg) vor der Generalversammlung (im Folgenden „Stichtag") ausgegebenen und im Umlauf befindlichen Anteile festgelegt werden. Die Rechte eines Anteilinhabers hinsichtlich der Teilnahme an einer Generalversammlung und der Ausübung der an seine Anteile gekoppelten Stimmrechte werden im Verhältnis zu den von diesem Anteilinhaber am Stichtag gehaltenen Anteilen festgelegt.

Art. 27. (1) Une SICAV n'ayant pas désigné une société de gestion doit disposer d'un capital social de trois cent mille euros (300.000 euros) à la date de son agrément. Le capital social de toute SICAV, y compris de celle ayant désigné une société de gestion, doit atteindre un million deux cent cinquante mille euros (1.250.000 euros) dans un délai de 6 mois à partir de l'agrément de la SICAV. Un règlement CSSF peut fixer ces minima à des chiffres plus élevés sans pouvoir dépasser respectivement six

Art. 27. (1) SICAV, die keine Verwaltungsgesellschaft benannt haben, müssen am Datum ihrer Zulassung über ein Gesellschaftskapital von dreihunderttausend Euro (300.000 EUR) verfügen. Das Gesellschaftskapital aller SICAV, einschließlich derjenigen, die eine Verwaltungsgesellschaft benannt haben, muss innerhalb einer Frist von 6 Monaten ab der Zulassung der SICAV den Betrag von einer Million zweihundertfünfzigtausend Euro (1.250.000 Euro) erreichen. Die CSSF kann diese Untergrenzen

cent mille euros (600.000 euros) et deux millions cinq cent mille euros (2.500.000 euros).	durch eine Verordnung heraufsetzen, ohne jedoch die Schwelle von sechshunderttausend Euro (600.000 Euro) bzw. zwei Millionen fünfhunderttausend Euro (2.500.000 Euro) überschreiten zu können.
En outre, lorsqu'une SICAV n'a pas désigné une société de gestion agréée conformément à la directive 2009/65/CE:	Hat eine SICAV keine gemäß der Richtlinie 2009/65/EG zugelassene Verwaltungsgesellschaft benannt, gelten außerdem folgende Bedingungen:
– la demande d'agrément doit être accompagnée d'un programme d'activité dans lequel est, au minimum, indiquée la structure de l'organisation de la SICAV;	– dem Antrag auf Zulassung muss ein Geschäftsplan beigefügt werden, aus dem unter anderem der organisatorische Aufbau der SICAV hervorgeht;
– les dirigeants de la SICAV doivent avoir une honorabilité et une expérience suffisantes pour le type d'activités menées par ladite société. A cette fin, l'identité des dirigeants, ainsi que de toute personne leur succédant dans leurs fonctions, doit être immédiatement notifiée à la CSSF. La conduite de l'activité de la SICAV doit être déterminée par au moins deux personnes remplissant ces conditions. Par « dirigeants », on entend les personnes qui représentent la SICAV en vertu de la loi ou des documents constitutifs, ou qui déterminent effectivement la politique de la société;	– die Geschäftsleiter der SICAV müssen ausreichend gut beleumdet sein und in Bezug auf die Art der ausgeübten Geschäftstätigkeit dieser Gesellschaft über ausreichende Erfahrung verfügen. Zu diesem Zweck sind die Namen der Geschäftsleiter sowie jeder Wechsel dieser Geschäftsleiter der CSSF umgehend mitzuteilen. Über die Geschäftspolitik der SICAV müssen mindestens zwei Personen, die die genannten Bedingungen erfüllen, bestimmen. Unter „Geschäftsleitern" sind die Personen zu verstehen, welche die SICAV aufgrund der gesetzlichen Vorschriften oder der Satzung vertreten oder die Ausrichtung der Tätigkeit der Gesellschaft tatsächlich bestimmen,
– en outre, lorsque des liens étroits existent entre la SICAV et d'autres personnes physiques ou morales, la CSSF n'accorde l'agrément que si ces liens n'entravent pas le bon exercice de sa mission de surveillance.	– des Weiteren erteilt die CSSF, wenn etwaige enge Verbindungen zwischen der SICAV und anderen natürlichen oder juristischen Personen bestehen, die Zulassung nur dann, wenn diese Verbindungen die ordnungsgemäße Erfüllung ihrer Aufsichtsfunktionen nicht behindern.
La CSSF refuse également l'agrément si les dispositions légales, réglementaires ou administratives d'un pays tiers dont relèvent une ou plusieurs personnes physiques ou morales avec lesquelles la SICAV a des liens étroits, ou si des difficultés tenant à l'application de ces dispositions, entravent	Die CSSF verweigert ferner die Zulassung, wenn sie bei der ordnungsgemäßen Erfüllung ihrer Aufsichtsfunktionen durch die Rechts- und Verwaltungsvorschriften eines Drittlandes, denen eine oder mehrere natürliche oder juristische Personen unterstehen, zu denen die SICAV enge Verbindungen

le bon exercice de sa mission de surveillance.	pflegt, oder durch Schwierigkeiten bei der Anwendung dieser Bestimmungen, behindert wird.
Les SICAV sont tenues de communiquer à la CSSF les informations qu'elle requiert.	Die SICAV sind verpflichtet, der CSSF die von ihr geforderten Informationen zu übermitteln.
Le demandeur est informé, dans les six mois à compter de la présentation d'une demande complète, que l'agrément est octroyé ou refusé. Le refus d'agrément est motivé. Dès que l'agrément est accordé, la SICAV peut commencer son activité. L'octroi de l'agrément implique pour les membres des organes d'administration, de gestion et de surveillance de la SICAV l'obligation de notifier à la CSSF spontanément par écrit et sous une forme complète, cohérente et compréhensible tout changement concernant les informations substantielles sur lesquelles la CSSF s'est fondée pour instruire la demande d'agrément.	Der Antragsteller wird binnen sechs Monaten nach Einreichung eines vollständigen Antrags darüber informiert, ob eine Zulassung erteilt oder abgelehnt wird. Jede Ablehnung einer Zulassung ist zu begründen. Nach Erteilung der Zulassung kann die SICAV ihre Tätigkeit sofort aufnehmen. Die Erteilung der Zulassung beinhaltet für die Mitglieder der Verwaltungs-, Führungs- und Überwachungsorgane der SICAV die Verpflichtung, die CSSF aus eigener Veranlassung, schriftlich sowie in vollständiger, zusammenhängender und verständlicher Form über Änderungen der wesentlichen Informationen, auf welche die CSSF sich bei der Bearbeitung des Zulassungsantrags gestützt hat, in Kenntnis zu setzen.
La CSSF ne peut retirer l'agrément à une SICAV relevant de la présente partie de la loi que lorsque celle-ci:	Die CSSF darf einer unter diesen Teil des Gesetzes fallenden SICAV die Zulassung nur entziehen, wenn die besagte SICAV:
a) ne fait pas usage de l'agrément dans un délai de douze mois, y renonce expressément ou a cessé d'exercer l'activité couverte par la présente loi depuis plus de six mois;	a) nicht binnen zwölf Monaten von der Zulassung Gebrauch macht, ausdrücklich auf sie verzichtet oder seit mehr als sechs Monaten die in diesem Gesetz genannten Tätigkeiten nicht mehr ausübt;
b) a obtenu l'agrément au moyen de fausses déclarations ou par tout autre moyen irrégulier;	b) die Zulassung aufgrund falscher Erklärungen oder auf sonstige rechtswidrige Weise erwirkt hat;
c) ne remplit plus les conditions d'octroi de l'agrément;	c) die Voraussetzungen, auf denen die Zulassung beruhte, nicht mehr erfüllt;
d) a enfreint de manière grave et/ou systématique les dispositions de la présente loi ou des règlements adoptés en application de celle-ci;	d) in schwerwiegender Weise und/oder systematisch gegen die Bestimmungen dieses Gesetzes oder die auf der Grundlage dieses Gesetzes erlassenen Verordnungen verstoßen hat;
e) relève d'un des autres cas de retrait prévus par la présente loi.	e) ein anderer in diesem Gesetz vorgesehener Grund für den Entzug vorliegt.
(2) Les articles 110, 111 et 112 du chapitre 15 s'appliquent aux SICAV n'ayant pas désigné	(2) Die Artikel 110, 111 und 112 des Kapitels 15 finden auf die SICAV, die keine gemäß der

une société de gestion agréée conformément à la directive 2009/65/CE, étant entendu que les termes «société de gestion» se lisent «SICAV». Les SICAV peuvent gérer uniquement les actifs de leur propre portefeuille et ne peuvent en aucun cas être mandatées pour gérer des actifs pour le compte d'un tiers.	Richtlinie 2009/65/EG zugelassene Verwaltungsgesellschaft benannt haben Anwendung, wobei der dort verwendete Begriff „Verwaltungsgesellschaft" als „SICAV" zu lesen ist. SICAV verwalten nur die Vermögenswerte ihres eigenen Portfolios und dürfen in keinem Fall mit der Verwaltung von Vermögenswerten für Rechnung eines Dritten beauftragt werden.
(3) Les SICAV n'ayant pas désigné une société de gestion agréée conformément à la directive 2009/65/CE sont tenues d'observer à tout moment les règles prudentielles applicables. En particulier, la CSSF, compte tenu aussi de la nature de la SICAV, exigera que la société ait une bonne organisation administrative et comptable, des dispositifs de contrôle et de sécurité dans le domaine informatique, ainsi que des mécanismes de contrôle interne adéquats incluant, notamment, des règles concernant les transactions personnelles des salariés de l'entreprise ou la détention ou la gestion de placements dans des instruments financiers en vue d'investir son capital initial et garantissant, entre autres, que chaque transaction concernant la société peut être reconstituée quant à son origine, aux parties concernées, à sa nature, ainsi qu'au moment et au lieu où elle a été effectuée, et que les actifs de la SICAV soient investis conformément aux documents constitutifs et aux dispositions légales en vigueur.	(3) SICAV, die keine gemäß der Richtlinie 2009/65/EG zugelassene Verwaltungsgesellschaft ernannt haben, sind verpflichtet, jederzeit die anwendbaren aufsichtsrechtlichen Bestimmungen einzuhalten. Insbesondere schreibt die CSSF – auch unter Berücksichtigung des Typs der SICAV – vor, dass die betreffende Gesellschaft über eine ordnungsgemäße Verwaltung und Buchhaltung, Kontroll- und Sicherheitsvorkehrungen in Bezug auf die Informationstechnologie sowie angemessene interne Kontrollverfahren verfügen muss, zu denen insbesondere Regeln für Eigengeschäfte ihrer Angestellten und für das Halten oder Verwalten von Anlagen in Finanzinstrumenten zum Zwecke der Anlage ihres Anfangskapitals gehören, durch die zumindest gewährleistet wird, dass jedes die Gesellschaft betreffende Geschäft in Bezug auf Herkunft, Gegenpartei, Art, Abschlusszeitpunkt und – ort nachvollzogen werden kann und dass das Vermögen der SICAV gemäß ihrer Satzung und gemäß den geltenden rechtlichen Bestimmungen angelegt wird.
Art. 28. (1) a) La SICAV peut à tout moment émettre ses parts, sauf disposition contraire des statuts.	**Art. 28.** (1) a) Vorbehaltlich anderslautender Bestimmungen in der Satzung kann die SICAV jederzeit Anteile ausgeben.
b) La SICAV doit racheter ses parts à la demande du porteur de parts, sans préjudice des paragraphes (5) et (6) du présent article.	b) Unbeschadet der Bestimmungen in Absatz (5) und (6) dieses Artikels muss die SICAV ihre Anteile auf Verlangen der Anteilinhaber zurücknehmen.
(2) a) L'émission des parts est opérée à un prix obtenu en divisant la valeur de l'actif net de la SICAV par le nombre de parts en circulation, ledit prix pouvant	(2) a) Die Ausgabe von Anteilen erfolgt zu einem Preis, der sich durch die Teilung des Nettovermögens der SICAV durch die Anzahl der im Umlauf befindlichen

être majoré de frais et commissions, dont les maxima et modalités de perception peuvent être fixés par un règlement CSSF.	Anteile ergibt, wobei dieser Preis um Kosten und Provisionen erhöht werden kann, deren Obergrenze und Erhebungsmodalitäten durch eine Verordnung der CSSF festgelegt werden können.
b) Le rachat des parts est opéré à un prix obtenu en divisant la valeur de l'actif net de la SICAV par le nombre de parts en circulation, ledit prix pouvant être diminué de frais et commissions, dont les maxima et modalités de perception peuvent être fixés par un règlement CSSF.	b) Die Rücknahme von Anteilen erfolgt zu einem Preis, der sich durch die Teilung des Nettovermögens der SICAV durch die Anzahl der im Umlauf befindlichen Anteile ergibt, wobei dieser Preis um Kosten und Provisionen vermindert werden kann, deren Obergrenze und Erhebungsmodalitäten durch eine Verordnung der CSSF festgelegt werden können.
(3) Les parts d'une SICAV ne peuvent être émises sans que l'équivalent du prix d'émission ne soit versé dans les délais d'usage dans les actifs de la SICAV. Cette disposition ne s'oppose pas à la distribution de parts gratuites.	(3) Es dürfen keine SICAV-Anteile ausgegeben werden, ohne dass nicht der Gegenwert des Ausgabepreises innerhalb der üblichen Fristen im Vermögen der SICAV verbucht wurde. Diese Bestimmung steht einer Ausgabe von Gratisanteilen nicht entgegen.
(4) Les statuts déterminent les délais de paiement relatifs aux émissions et aux rachats et précisent les principes et modes d'évaluation des actifs de la SICAV. Sauf dispositions contraires dans les statuts, l'évaluation des actifs de la SICAV se base pour les valeurs admises à une cote officielle, sur le dernier cours de bourse connu, à moins que ce cours ne soit pas représentatif. Pour les valeurs non admises à une telle cote et pour les valeurs admises à une telle cote, mais dont le dernier cours n'est pas représentatif, l'évaluation se base sur la valeur probable de réalisation, laquelle doit être estimée avec prudence et bonne foi.	(4) Die Satzung bestimmt die Zahlungsfristen im Zusammenhang mit der Ausgabe und Rücknahme von Anteilen, und legt die Grundsätze und Bewertungsverfahren für die Vermögenswerte der SICAV fest. Vorbehaltlich anderslautender Bestimmungen in der Satzung erfolgt die Bewertung der Vermögenswerte der SICAV bei zu einer amtlichen Notierung zugelassenen Wertpapieren auf Grundlage des letzten verfügbaren Kurses, es sei denn, dieser Kurs wäre nicht repräsentativ. Für nicht zu einer amtlichen Notierung zugelassene Wertpapiere sowie für zu einer amtlichen Notierung zugelassene Wertpapiere, deren zuletzt verfügbarer Kurs nicht repräsentativ ist, erfolgt die Bewertung aufgrund des wahrscheinlichen, nach Treu und Glauben zu schätzenden Veräußerungswertes.
(5) Par dérogation au paragraphe (1), les statuts précisent les conditions dans lesquelles les émissions et les rachats peuvent être suspendus, sans préjudice des causes légales. En cas de suspension des émissions ou des rachats, la SICAV doit informer sans retard la CSSF et, si elle commercialise ses	(5) Abweichend von Absatz (1) und unbeschadet der gesetzlich vorgesehenen Fälle, werden in der Satzung die Voraussetzungen festgelegt, unter welchen die Ausgabe und die Rücknahme ausgesetzt werden kann. Wird die Ausgabe oder Rücknahme von Anteilen ausgesetzt, muss die SICAV die CSSF

parts dans d'autres États membres de l'Union européenne, les autorités compétentes de ceux-ci. Dans l'intérêt des porteurs de parts, les rachats peuvent être suspendus par la CSSF lorsque les dispositions législatives, réglementaires ou statutaires concernant l'activité et le fonctionnement de la SICAV ne sont pas observées.	und, sofern die Anteile in anderen Mitgliedstaaten der Europäischen Union vertrieben werden, die zuständigen Behörden dieser Staaten, unverzüglich hierüber in Kenntnis setzen. Im Interesse der Anteilinhaber können die Rücknahmen von der CSSF ausgesetzt werden, sofern die gesetzlichen, aufsichtsrechtlichen oder satzungsmäßigen Bestimmungen in Bezug auf die Tätigkeit und den Betrieb der SICAV nicht eingehalten werden.
(6) Les statuts déterminent la fréquence du calcul du prix d'émission et de rachat.	(6) Die Satzung bestimmt die Häufigkeit der Berechnung des Ausgabe- bzw. Rücknahmepreises.
(7) Les statuts indiquent la nature des frais à charge de la SICAV.	(7) Die Satzung gibt an, welche Arten von Kosten von der SICAV zu tragen sind.
(8) Les parts doivent être entièrement libérées. Elles sont sans mention de valeur.	(8) Anteile müssen vollumfänglich eingezahlt sein. Sie enthalten keinen Nennwert.
(9) La part indique le montant minimum du capital social et ne comporte aucune indication quant à la valeur nominale ou quant à la part du capital social qu'elle représente.	(9) Jeder Anteil gibt den Mindestbetrag des Gesellschaftskapitals an und enthält keinerlei Angabe in Bezug auf den Nennwert oder auf den dargestellten Anteil am Gesellschaftskapital.
(10) L'achat et la vente des actifs doivent se réaliser à des prix conformes aux critères d'évaluation du paragraphe (4).	(10) Der Kauf und Verkauf von Vermögenswerten hat zu Preisen zu erfolgen, die den in Absatz (4) aufgeführten Bewertungskriterien entsprechen.
Art. 29. (1) Les variations du capital social se font de plein droit et sans les mesures de publicité et d'inscription au registre de commerce et des sociétés prévues pour les augmentations et diminutions de capital des sociétés anonymes.	**Art. 29.** (1) Kapitalveränderungen erfolgen automatisch und unter Verzicht auf die für Kapitalerhöhungen oder -herabsetzungen bei Aktiengesellschaften vorgeschriebenen Maßnahmen hinsichtlich der Veröffentlichung und der Eintragung im Handels- und Gesellschaftsregister.
(2) Les remboursements aux porteurs de parts à la suite d'une réduction du capital social ne sont pas soumis à d'autre restriction que celle de l'article 31, paragraphe (1).	(2) Für Auszahlungen an Anteilinhaber infolge von Kapitalherabsetzungen gelten keine anderen Beschränkungen als die in Artikel 31, Absatz (1).
(3) En cas d'émission de parts nouvelles, un droit de préférence ne peut être invoqué par les anciens porteurs de parts, à moins que les statuts ne prévoient un tel droit par une disposition expresse.	(3) Bei der Ausgabe neuer Anteile können bestehende Anteilinhaber kein Vorzugsrecht geltend machen, es sei denn, ein solches Recht ist ausdrücklich in der Satzung vorgesehen.

Art. 30. (1) Dans le cas où le capital social de la SICAV est inférieur aux deux tiers du capital minimum, les administrateurs ou le directoire, selon le cas, doivent soumettre la question de la dissolution de la SICAV à l'assemblée générale délibérant sans condition de présence et décidant à la majorité simple des parts représentées à l'assemblée.	**Art. 30.** (1) Fällt das Gesellschaftskapital der SICAV unter zwei Drittel des Mindestkapitals, müssen die Verwaltungsräte, bzw. der Vorstand die Frage der Auflösung der SICAV der Generalversammlung vorlegen, die ohne Anwesenheitsquorum und mit einfacher Mehrheit der in der Versammlung vertretenen Anteile entscheidet.
(2) Si le capital social de la SICAV est inférieur au quart du capital minimum, les administrateurs ou le directoire, selon le cas, doivent soumettre la question de la dissolution de la SICAV à l'assemblée générale délibérant sans condition de présence; la dissolution pourra être prononcée par les porteurs de parts possédant un quart des parts représentées à l'assemblée.	(2) Fällt das Gesellschaftskapital der SICAV unter ein Viertel des Mindestkapitals, müssen die Verwaltungsräte, bzw. der Vorstand die Frage der Auflösung der SICAV der Generalversammlung vorlegen, die ohne Anwesenheitsquorum entscheidet; die Auflösung der SICAV kann durch die Anteilinhaber die ein Viertel der in der Versammlung vertretenen Anteile repräsentieren, beschlossen werden.
(3) La convocation doit se faire de façon que l'assemblée soit tenue dans un délai de quarante jours à partir de la constatation que l'actif net est devenu inférieur respectivement aux deux tiers ou au quart du capital minimum.	(3) Die Einladung hat so zu erfolgen, dass die Versammlung innerhalb von vierzig Tagen nach der Feststellung, dass das Nettovermögen unter zwei Drittel bzw. ein Viertel des Mindestkapitals gefallen ist, stattfindet.
Art. 31. (1) Sauf stipulation contraire des statuts, l'actif net de la SICAV peut être distribué dans les limites de l'article 27 de la présente loi.	**Art. 31.** (1) Vorbehaltlich anderslautender Bestimmungen der Satzung kann das Nettovermögen der SICAV im Rahmen der in Artikel 27 dieses Gesetzes festgelegten Grenzen ausgeschüttet werden.
(2) Les SICAV ne sont pas obligées de constituer une réserve légale.	(2) SICAV sind nicht zur Bildung einer gesetzlichen Mindestrücklage verpflichtet.
(3) Les SICAV ne sont pas assujetties aux dispositions relatives au versement d'acomptes sur dividendes telles que prévues à l'article 72-2 de la loi du 10 août 1915 concernant les sociétés commerciales, telle que modifiée.	(3) SICAV unterliegen nicht den Bestimmungen bezüglich der Auszahlung von Vorschussdividenden nach Artikel 72-2 des geänderten Gesetzes vom 10. August 1915 über die Handelsgesellschaften.
Art. 32. La mention «société anonyme» ou «société européenne (SE)» est remplacée, pour les sociétés tombant sous l'application du présent chapitre, par celle de «société d'investissement à capital variable» ou celle de «SICAV» soit par celle de «société euro-	**Art. 32.** Bei Gesellschaften, die in den Anwendungsbereich dieses Kapitels fallen, wird die Bezeichnung „Aktiengesellschaft" oder „europäische Gesellschaft" (SE) durch den Begriff „Investmentgesellschaft mit variablem Kapital" bzw. „SICAV" oder durch

péenne d'investissement à capital variable» ou celle de «SICAV-SE».	den Begriff „europäische Investmentgesellschaft mit variablem Kapital bzw. „SICAV-SE" ersetzt.
Art. 33. (1) La garde des actifs d'une SICAV doit être confiée à un dépositaire.	**Art. 33.** (1) Die Verwahrung des Vermögens einer SICAV muss einer Verwahrstelle übertragen werden.
(2) La responsabilité du dépositaire n'est pas affectée par le fait qu'il confie à un tiers tout ou partie des actifs dont il a la garde.	(2) Die Haftung der Verwahrstelle wird nicht dadurch berührt, dass sie sämtliche oder einen Teil der Vermögenswerte, deren Verwahrung sie übernommen hat, einem Dritten überträgt.
(3) Le dépositaire doit en outre:	(3) Darüber hinaus muss die Verwahrstelle:
a) s'assurer que la vente, l'émission, le rachat et l'annulation des parts effectués par la SICAV ou pour son compte ont lieu conformément à la loi et aux statuts de la SICAV;	a) gewährleisten, dass der Verkauf, die Ausgabe, die Rücknahme und die Aufhebung der Anteile durch die SICAV oder für ihre Rechnung den gesetzlichen Vorschriften oder der Satzung der SICAV gemäß erfolgen;
b) s'assurer que dans les opérations portant sur les actifs de la SICAV la contrepartie lui est remise dans les délais d'usage;	b) gewährleisten, dass ihr bei Geschäften, die sich auf das Vermögen der SICAV beziehen, der Gegenwert innerhalb der üblichen Fristen übertragen wird;
c) s'assurer que les produits de la SICAV reçoivent l'affectation conforme aux statuts.	c) gewährleisten, dass die Erträge der SICAV satzungsgemäß verwendet werden.
(4) Dans le cas d'une SICAV ayant désigné une société de gestion, lorsque l'État membre d'origine de la société de gestion n'est pas le même que celui de la SICAV, le dépositaire doit signer avec ladite société de gestion un accord écrit qui régit le flux des informations considérées comme nécessaires pour lui permettre de remplir les fonctions décrites à l'article 33 (1), (2) et (3) et dans d'autres dispositions législatives, réglementaires ou administratives applicables au dépositaire.	(4) Bei SICAV, die eine Verwaltungsgesellschaft bestellt haben gilt Folgendes: Handelt es sich beim Herkunftsmitgliedstaat der Verwaltungsgesellschaft nicht um den Herkunftsmitgliedstaat der SICAV, so müssen die Verwahrstelle und die Verwaltungsgesellschaft eine schriftliche Vereinbarung über den Informationsaustausch, der für erforderlich erachtet wird, damit die Verwahrstelle ihren Aufgaben gemäß Artikel 33 (1), (2) und (3) und gemäß anderen für Verwahrstellen geltenden Rechts- und Verwaltungsvorschriften nachkommen kann, unterzeichnen.
Art. 34. (1) Le dépositaire doit, soit avoir son siège statutaire au Luxembourg, soit y être établi, s'il a son siège statutaire dans un autre État membre.	**Art. 34.** (1) Die Verwahrstelle muss entweder ihren satzungsmäßigen Sitz in Luxemburg haben oder, falls sie ihren satzungsmäßigen Sitz in einem anderen Mitgliedstaat hat, in Luxemburg niedergelassen sein.

(2) Le dépositaire doit être un établissement de crédit au sens de la loi modifiée du 5 avril 1993 relative au secteur financier.	(2) Die Verwahrstelle muss ein Kreditinstitut im Sinne des geänderten Gesetzes vom 5. April 1993 über den Finanzsektor sein.
(3) Les dirigeants du dépositaire doivent avoir l'honorabilité et l'expérience requises eu égard également au type de SICAV concerné. A cette fin, l'identité des dirigeants, ainsi que de toute personne leur succédant dans leurs fonctions, doit être notifiée immédiatement à la CSSF.	(3) Die Geschäftsleiter der Verwahrstelle müssen ausreichend gut beleumdet sein und auch in Bezug auf die Art der betroffenen SICAV über ausreichende Erfahrung verfügen. Zu diesem Zweck werden die Namen der Geschäftsleiter sowie jeder Wechsel dieser Geschäftsleiter der CSSF unverzüglich mitgeteilt.
Par «dirigeants», on entend les personnes qui, en vertu de la loi ou des documents constitutifs, représentent le dépositaire ou qui déterminent effectivement l'orientation de son activité.	„Geschäftsleiter" sind die Personen, die die Verwahrstelle aufgrund der gesetzlichen Vorschriften oder der Gründungsunterlagen vertreten oder die Ausrichtung ihrer Tätigkeit tatsächlich bestimmen.
(4) Le dépositaire est tenu de fournir à la CSSF sur demande toutes les informations que le dépositaire a obtenues dans l'exercice de ses fonctions et qui sont nécessaires pour permettre à la CSSF de surveiller le respect de la présente loi par la SICAV.	(4) Die Verwahrstelle ist verpflichtet, der CSSF auf Antrag alle Informationen zu übermitteln, die die Verwahrstelle bei der Wahrnehmung ihrer Aufgaben erhalten hat und die die CSSF benötigt, um die Einhaltung der Bestimmungen dieses Gesetzes durch die SICAV zu überwachen.
Art. 35. Le dépositaire est responsable, selon le droit luxembourgeois, à l'égard de la société d'investissement et des porteurs de parts de tout préjudice subi par eux résultant de l'inexécution injustifiable ou de la mauvaise exécution de ses obligations.	**Art. 35.** Die Verwahrstelle haftet nach luxemburgischem Recht gegenüber der Investmentgesellschaft und den Anteilinhabern für Schäden, die ihnen durch eine schuldhafte Nicht- oder Schlechterfüllung der Pflichten der Verwahrstelle entstanden sind.
Art. 36. Les fonctions du dépositaire ou de la société de gestion dans le cas d'une SICAV ayant désigné une société de gestion prennent respectivement fin à l'égard de la SICAV:	**Art. 36.** Die Aufgaben der Verwahrstelle bzw. der Verwaltungsgesellschaft, sofern eine SICAV eine Verwaltungsgesellschaft bestellt hat, enden jeweils im Hinblick auf die SICAV:
a) en cas de retrait du dépositaire intervenu de sa propre initiative ou de celle de la SICAV; en attendant le remplacement du dépositaire qui doit avoir lieu dans les deux mois, le dépositaire doit prendre toutes les mesures nécessaires à la bonne conservation des intérêts des porteurs de parts;	a) im Falle des auf eigene Veranlassung oder auf Veranlassung der SICAV erfolgten Ausscheidens der Verwahrstelle; bis zur Bestellung eines Nachfolgers, welche innerhalb von zwei Monaten erfolgen muss, wird die Verwahrstelle sämtliche erforderlichen Maßnahmen ergreifen, um die angemessene Wahrnehmung der Interessen der Anteilinhaber zu gewährleisten;

b) en cas de retrait de la société de gestion désignée intervenu de sa propre initiative ou de celle de la SICAV, à condition qu'elle soit remplacée par une autre société de gestion agréée conformément à la directive 2009/65/CE;	b) im Falle des auf eigene Veranlassung oder auf Veranlassung der SICAV erfolgten Ausscheidens der bestellten Verwaltungsgesellschaft, sofern diese durch eine andere gemäß der Richtlinie 2009/65/EG zugelassene Verwaltungsgesellschaft ersetzt wird;
c) en cas de retrait de la société de gestion désignée intervenu à l'initiative de la SICAV, celle-ci ayant décidé d'adopter le statut de SICAV autogérée;	c) im Falle des auf Veranlassung der SICAV erfolgten Ausscheidens der Verwaltungsgesellschaft, nachdem die SICAV beschlossen hat, das Statut einer selbstverwalteten SICAV anzunehmen;
d) lorsque la SICAV, le dépositaire ou la société de gestion désignée a été déclaré en faillite, admis au bénéfice du concordat, du sursis de paiement, de la gestion contrôlée ou d'une mesure analogue ou mis en liquidation;	d) im Falle der Eröffnung des Konkursverfahrens sowie im Falle der Eröffnung des Vergleichsverfahrens, der Gewährung von Zahlungsaufschub, der Anordnung der Zwangsverwaltung oder einer vergleichbaren Maßnahme oder der Liquidation der SICAV, der Verwahrstelle oder der Verwaltungsgesellschaft;
e) lorsque l'agrément de la SICAV, du dépositaire ou de la société de gestion désignée a été retiré par l'autorité compétente;	e) sofern die zuständige Aufsichtsbehörde der SICAV, der Verwahrstelle oder der bestellten Verwaltungsgesellschaft die Zulassung entzogen hat;
f) dans tous les autres cas prévus par les statuts.	f) in allen anderen in der Satzung vorgesehenen Fällen.
Art. 37. Le dépositaire doit, dans l'exercice de ses fonctions, agir exclusivement dans l'intérêt des porteurs de parts.	**Art. 37.** Die Verwahrstelle muss bei der Wahrnehmung ihrer Aufgaben ausschließlich im Interesse der Anteilinhaber handeln.
Chapitre 4. – Des autres sociétés d'investissement en valeurs mobilières	**Kapitel 4. – Sonstige Investmentgesellschaften zur Anlage in Wertpapieren**
Art. 38. Par autres sociétés d'investissement dans le sens de la présente partie I, on entend les sociétés qui ne sont pas des SICAV et	**Art. 38.** Unter sonstigen Investmentgesellschaften im Sinne von Teil I dieses Gesetzes sind Gesellschaften zu verstehen, die nicht die Form einer SICAV besitzen und
– dont l'objet exclusif est de placer leurs fonds en valeurs mobilières et/ou autres actifs financiers liquides mentionnés à l'article 41, paragraphe (1), de la présente loi dans le but de répartir les risques d'investissement et de faire bé-	– deren ausschließlicher Zweck darin besteht, die ihr zur Verfügung stehenden Mittel nach dem Grundsatz der Risikostreuung in Wertpapieren und/oder anderen liquiden Finanzanlagen gemäß Artikel 41 Absatz (1) dieses Geset-

néficier leurs porteurs de parts des résultats de la gestion de leurs actifs, et	zes anzulegen und ihren Anteilinhabern die aus der Verwaltung ihrer Vermögenswerte resultierenden Ergebnisse zu Gute kommen zu lassen, und
– dont les parts sont destinées au placement dans le public par une offre publique ou privée, à condition de faire figurer les termes «société d'investissement» sur leurs actes, annonces, publications, lettres et autres documents.	– deren Anteile zum Vertrieb im Wege eines öffentlichen Angebotes oder einer Privatplatzierung bestimmt sind, unter der Voraussetzung, dass der Begriff „Investmentgesellschaft" auf all ihren Urkunden, Anzeigen, Veröffentlichungen, Schreiben und anderen Dokumenten erwähnt wird.
Art. 39. Les articles 26, 27, 28, sauf les paragraphes (8) et (9), 30, 33, 34, 35, 36 et 37 de la présente loi sont applicables aux sociétés d'investissement tombant dans le champ d'application du présent chapitre.	**Art. 39.** Die Artikel 26, 27, 28, mit Ausnahme der Absätze (8) und (9), 30, 33, 34, 35, 36 und 37 dieses Gesetzes sind auf die Investmentgesellschaften, die unter den Anwendungsbereich dieses Kapitels fallen, anwendbar.
Chapitre 5. – Politique de placement d'un OPCVM	**Kapitel 5. – Anlagepolitik eines OGAW**
Art. 40. Lorsqu'un OPCVM est formé de plusieurs compartiments d'investissement, chaque compartiment est considéré, aux fins du présent chapitre, comme un OPCVM distinct.	**Art. 40.** Bildet ein OGAW mehrere Teilfonds so wird zum Zwecke dieses Kapitels jeder Teilfonds als eigener OGAW angesehen.
Art. 41. (1) Les placements d'un OPCVM doivent être constitués uniquement d'un ou plusieurs des éléments suivants:	**Art. 41.** (1) Die Anlagen eines OGAW bestehen ausschließlich aus einer oder mehreren der folgenden Anlagearten:
a) valeurs mobilières et instruments du marché monétaire cotés ou négociés sur un marché réglementé au sens de la directive 2004/39/CE du Parlement européen et du Conseil du 21 avril 2004 concernant les marchés d'instruments financiers;	a) Wertpapieren und Geldmarktinstrumenten, die an einem geregelten Markt im Sinne der Richtlinie 2004/39/EG des Europäischen Parlamentes und des Rates vom 21. April 2004 über Märkte für Finanzinstrumente notiert oder gehandelt werden;
b) valeurs mobilières et instruments du marché monétaire négociés sur un autre marché d'un État membre, réglementé, en fonctionnement régulier, reconnu et ouvert au public;	b) Wertpapieren und Geldmarktinstrumenten, die an einem anderen geregelten Markt eines Mitgliedstaats, der anerkannt, für das Publikum offen und dessen Funktionsweise ordnungsgemäß ist, gehandelt werden;

c) valeurs mobilières et instruments du marché monétaire admis à la cote officielle d'une bourse de valeurs d'un État qui ne fait pas partie de l'Union européenne ou négociés sur un autre marché d'un État qui ne fait pas partie de l'Union européenne, réglementé, en fonctionnement régulier, reconnu et ouvert au public, pour autant que le choix de la bourse ou du marché ait été prévu par le règlement de gestion ou les documents constitutifs de l'OPCVM;	c) Wertpapieren und Geldmarktinstrumenten, die an einer Wertpapierbörse eines Staates der nicht Mitglied der Europäischen Union ist amtlich notiert oder an einem anderen geregelten Markt eines Staates der nicht Mitglied der Europäischen Union, der anerkannt, für das Publikum offen und dessen Funktionsweise ordnungsgemäß ist, gehandelt werden, sofern die Wahl dieser Börse oder dieses Marktes von den Vertragsbedingungen oder den Gründungsunterlagen des OGAW vorgesehen ist;
d) valeurs mobilières et instruments du marché monétaire nouvellement émis, sous réserve que:	d) Wertpapieren und Geldmarktinstrumenten aus Neuemissionen, sofern
– les conditions d'émission comportent l'engagement que la demande d'admission à la cote officielle d'une bourse de valeurs ou à un autre marché réglementé, en fonctionnement régulier, reconnu et ouvert au public, soit introduite, et pour autant que le choix de la bourse ou du marché ait été prévu par le règlement de gestion ou les documents constitutifs de l'OPCVM;	– die Emissionsbedingungen die Verpflichtung enthalten, dass die Zulassung zur amtlichen Notierung an einer Wertpapierbörse oder an einem anderen geregelten Markt, der anerkannt, für das Publikum offen und dessen Funktionsweise ordnungsgemäß ist, beantragt wird, und sofern die Wahl dieser Börse oder dieses Marktes von den Vertragsbedingungen oder den Gründungsdokumenten des OGAW vorgesehen ist;
– l'admission soit obtenue au plus tard avant la fin de la période d'un an depuis l'émission;	– die Zulassung spätestens vor Ablauf eines Jahres nach der Emission erlangt wird;
e) parts d'OPCVM agréés conformément à la directive 2009/65/CE et/ou d'autres OPC au sens de l'article 1er, paragraphe (2), points a) et b), de la directive 2009/65/CE, qu'ils soient établis ou non dans un État membre, à condition que:	e) Anteilen von nach der Richtlinie 2009/65/EG zugelassenen OGAW und/oder anderer OGA im Sinne von Artikel 1 Absatz (2) Buchstaben a) und b) der Richtlinie 2009/65/EG, unabhängig davon, ob sie in einem Mitgliedstaat niedergelassen sind, sofern
– ces autres OPC soient agréés conformément à une législation prévoyant que ces organismes sont soumis à une surveillance que la CSSF considère comme équivalente à celle prévue par la législation communautaire et que la co-	– diese anderen Organismen für gemeinsame Anlagen nach Rechtsvorschriften zugelassen wurden, die sie einer Aufsicht unterstellen, welche nach Auffassung der CSSF derjenigen nach dem Gemeinschaftsrecht gleichwertig ist, und

opération entre les autorités soit suffisamment garantie;	ausreichende Gewähr für die Zusammenarbeit zwischen den Behörden besteht,
– le niveau de la protection garantie aux porteurs de parts de ces autres OPC soit équivalent à celui prévu pour les porteurs de parts d'un OPCVM et, en particulier, que les règles relatives à la division des actifs, aux emprunts, aux prêts, aux ventes à découvert de valeurs mobilières et d'instruments du marché monétaire soient équivalentes aux exigences de la directive 2009/65/CE;	– das Schutzniveau der Anteilseigner der anderen OGA dem Schutzniveau der Anteilinhaber eines OGAW gleichwertig ist und insbesondere die Vorschriften für die getrennte Verwahrung der Vermögenswerte, die Kreditaufnahme, die Kreditgewährung und Leerverkäufe von Wertpapieren und Geldmarktinstrumenten den Anforderungen der Richtlinie 2009/65/EG gleichwertig sind,
– les activités de ces autres OPC fassent l'objet de rapports semestriels et annuels permettant une évaluation de l'actif et du passif, des revenus et des opérations de la période considérée;	– die Geschäftstätigkeit der anderen OGA Gegenstand von Halbjahres- und Jahresberichten ist, die es erlauben, sich ein Urteil über das Vermögen und die Verbindlichkeiten, die Erträge und die Transaktionen im Berichtszeitraum zu bilden, und
– la proportion d'actifs que les OPCVM ou les autres OPC dont l'acquisition est envisagée peuvent investir globalement, conformément à leur règlement de gestion ou leurs documents constitutifs, dans des parts d'autres OPCVM ou d'autres OPC ne dépasse pas 10%;	– der OGAW oder der andere OGA, dessen Anteile erworben werden sollen, nach seinen Vertragsbedingungen bzw. seiner Gründungsunterlagen insgesamt höchstens 10% seiner Vermögenswerte in Anteilen anderer OGAW oder Organismen für gemeinsame Anlagen anlegen darf;
f) dépôts auprès d'un établissement de crédit remboursables sur demande ou pouvant être retirés et ayant une échéance inférieure ou égale à douze mois, à condition que l'établissement de crédit ait son siège statutaire dans un État membre ou, si le siège statutaire de l'établissement de crédit est situé dans un pays tiers, soit soumis à des règles prudentielles considérées par la CSSF comme équivalentes à celles prévues par la législation communautaire;	f) Sichteinlagen oder kündbaren Einlagen mit einer Laufzeit von höchstens 12 Monaten bei Kreditinstituten, sofern das betreffende Kreditinstitut seinen satzungsmäßigen Sitz in einem Mitgliedstaat hat oder, falls der Sitz des Kreditinstituts sich in einem Drittland befindet es Aufsichtsbestimmungen unterliegt, die nach Auffassung der CSSF denjenigen des Gemeinschaftsrechts gleichwertig sind;
g) instruments financiers dérivés, y compris les instruments assimilables donnant lieu à un règlement en espèces, qui	g) abgeleitete Finanzinstrumente, einschließlich gleichwertiger bar abgerechneter Instrumente, die an einem

sont négociés sur un marché réglementé du type visé aux points a), b) et c) ci-dessus; ou instruments financiers dérivés négociés de gré à gré («instruments dérivés de gré à gré»), à condition que	der unter den vorstehenden Buchstaben a), b) und c) bezeichneten geregelten Märkte gehandelt werden; oder abgeleiteten Finanzinstrumenten, die nicht an einer Börse gehandelt werden („OTC-Derivaten"), sofern
– le sous-jacent consiste en instruments relevant de l'article 41, paragraphe (1), en indices financiers, en taux d'intérêt, en taux de change ou en devises, dans lesquels l'OPCVM peut effectuer des placements conformément à ses objectifs d'investissement, tels qu'ils ressortent du règlement de gestion ou des documents constitutifs de l'OPCVM,	– es sich bei den Basiswerten der Derivate um Instrumente im Sinne von Art. 41 Absatz (1) oder um Finanzindizes, Zinssätze, Wechselkurse oder Währungen handelt, in die der OGAW gemäß den in seinen Vertragsbedingungen oder seinen Gründungsunderlagen genannten Anlagezielen investieren darf,
– les contreparties aux transactions sur instruments dérivés de gré à gré soient des établissements soumis à une surveillance prudentielle et appartenant aux catégories agrées par la CSSF, et	– die Gegenparteien bei Geschäften mit OTC-Derivaten einer ordnungsgemäßen Aufsicht unterliegende Institute der Kategorien sind, die von der CSSF zugelassen wurden, und
– les instruments dérivés de gré à gré fassent l'objet d'une évaluation fiable et vérifiable sur une base journalière et puissent, à l'initiative de l'OPCVM, être vendus, liquidés ou clôturés par une transaction symétrique, à tout moment et à leur juste valeur;	– die OTC-Derivate einer zuverlässigen und überprüfbaren Bewertung auf Tagesbasis unterliegen und jederzeit auf Initiative des OGAW zum angemessenen Zeitwert veräußert, liquidiert oder durch ein Gegengeschäft glattgestellt werden können,
h) instruments du marché monétaire autres que ceux négociés sur un marché réglementé et visés à l'article 1er de la présente loi, pour autant que l'émission ou l'émetteur de ces instruments soient soumis eux-mêmes à une réglementation visant à protéger les investisseurs et l'épargne et que ces instruments soient:	h) Geldmarktinstrumenten, die nicht auf einem geregelten Markt gehandelt werden und die unter die Definition von Artikel 1 dieses Gesetzes fallen, sofern die Emission oder der Emittent dieser Instrumente bereits Vorschriften über den Einlagen- und den Anlegerschutz unterliegt, vorausgesetzt, sie werden
– émis ou garantis par une administration centrale, régionale ou locale, par une banque centrale d'un État membre, par la Banque Centrale Européenne, par l'Union européenne ou par la Banque Européenne d'Investissement, par un	– von einer zentralstaatlichen, regionalen oder lokalen Körperschaft oder der Zentralbank eines Mitgliedstaats, der Europäischen Zentralbank, der Gemeinschaft oder der Europäischen Investitionsbank, einem Drittland oder,

État tiers ou, dans le cas d'un État fédéral, par un des membres composant la fédération, ou par un organisme public international dont font partie un ou plusieurs États membres, ou	sofern dieser ein Bundesstaat ist, einem Gliedstaat der Föderation oder von einer internationalen Einrichtung öffentlich-rechtlichen Charakters, der mindestens ein Mitgliedstaat angehört, begeben oder garantiert, oder
– émis par une entreprise dont des titres sont négociés sur les marchés réglementés visés aux points a), b) ou c) ci-dessus, ou	– von einem Unternehmen begeben, dessen Wertpapiere auf den unter den vorstehenden Buchstaben a), b) und c) bezeichneten geregelten Märkten gehandelt werden, oder
– émis ou garantis par un établissement soumis à une surveillance prudentielle selon les critères définis par le «droit de l'Union», ou par un établissement qui est soumis et qui se conforme à des règles prudentielles considérées par la CSSF comme au moins aussi strictes que celles prévues par la législation communautaire, ou	– von einem Institut, das gemäß den im Gemeinschaftsrecht festgelegten Kriterien einer ordnungsgemäßen Aufsicht unterstellt ist, oder einem Institut, das Aufsichtsbestimmungen, die nach Auffassung der zuständigen Behörden mindestens so streng sind wie die des Gemeinschaftsrechts, unterliegt und diese einhält, begeben oder garantiert, oder
– émis par d'autres entités appartenant aux catégories approuvées par la CSSF pour autant que les investissements dans ces instruments soient soumis à des règles de protection des investisseurs qui soient équivalentes à celles prévues aux premier, deuxième ou troisième tirets, et que l'émetteur soit une société dont le capital et les réserves s'élèvent au moins à dix millions d'euros (10.000.000 euros) et qui présente et publie ses comptes annuels conformément à la quatrième directive 78/660/CEE, soit une entité qui, au sein d'un groupe de sociétés incluant une ou plusieurs sociétés cotées, se consacre au financement du groupe ou soit une entité qui se consacre au financement de véhicules de titrisation bénéficiant d'une ligne de financement bancaire.	– von anderen Emittenten begeben, die einer Kategorie angehören, die von den zuständigen Behörden des Herkunftsmitgliedstaats des OGAW zugelassen wurde, sofern für Anlagen in diesen Instrumenten Vorschriften für den Anlegerschutz gelten, die denen des ersten, zweite oder dritten Spiegelstriches gleichwertig sind, und sofern es sich bei dem Emittenten entweder um ein Unternehmen mit einem Eigenkapital von mindestens zehn Millionen Euro (10.000.000 EUR) das seinen Jahresabschluss nach den Vorschriften der Vierten Richtlinie 78/660/EWG erstellt und veröffentlicht, oder um einen Rechtsträger, der innerhalb einer eine oder mehrere börsennotierte Gesellschaften umfassenden Unternehmensgruppe für die Finanzierung dieser Gruppe zuständig ist, oder um einen Rechtsträger handelt, der die wert-

	papiermäßige Unterlegung von Verbindlichkeiten durch Nutzung einer von einer Bank eingeräumten Kreditlinie finanzieren soll.
(2) Toutefois, un OPCVM ne peut:	(2) Ein OGAW darf jedoch nicht
a) ni placer ses actifs à concurrence de plus de 10% dans des valeurs mobilières ou instruments du marché monétaire autres que ceux visés au paragraphe (1);	a) mehr als 10% seines Vermögens in anderen als den in Absatz (1) genannten Wertpapieren und Geldmarktinstrumenten anlegen;
b) ni acquérir des métaux précieux ou des certificats représentatifs de ceux-ci.	b) Edelmetalle oder Zertifikate über diese erwerben.
Un OPCVM peut détenir, à titre accessoire, des liquidités.	Ein OGAW darf akzessorisch flüssige Mittel halten.
(3) Une société d'investissement peut acquérir les biens meubles et immeubles indispensables à l'exercice direct de son activité.	(3) Eine Investmentgesellschaft darf bewegliches und unbewegliches Vermögen erwerben, das für die unmittelbare Ausübung ihrer Tätigkeit unerlässlich ist.
Art. 42. (1) Une société de gestion ayant son siège statutaire au Luxembourg doit employer une méthode de gestion des risques qui lui permette de contrôler et de mesurer à tout moment le risque associé aux positions et la contribution de celles-ci au profil de risque général du portefeuille; elle doit employer une méthode permettant une évaluation précise et indépendante de la valeur des instruments dérivés de gré à gré. Elle doit communiquer régulièrement à la CSSF, pour chaque OPCVM qu'elle gère, selon les règles détaillées définies par cette dernière, les types d'instruments dérivés, les risques sous-jacents, les limites quantitatives ainsi que les méthodes choisies pour estimer les risques associés aux transactions sur instruments dérivés.	**Art. 42.** (1) Eine Verwaltungsgesellschaft mit satzungsmäßigen Sitz in Luxemburg muss ein Risikomanagement-Verfahren verwenden, das es ihr erlaubt, das mit den Anlagepositionen verbundene Risiko sowie ihren jeweiligen Anteil am Gesamtrisikoprofil des Anlageportfolios jederzeit zu überwachen und zu messen; sie muss ein Verfahren verwenden, das eine präzise und unabhängige Bewertung des Werts der OTC-Derivate erlaubt. Sie muss der CSSF regelmäßig, gemäß dem von dieser festgelegten Verfahren, die Arten der Derivate, die mit den jeweiligen Basiswerten verbundenen Risiken, die Anlagegrenzen die verwendeten Methoden zur Messung der mit den Derivategeschäften verbundenen Risiken für jeden von ihr verwalteten OGAW mit.
La même obligation incombe à une société d'investissement ayant son siège statutaire au Luxembourg.	Eine Investmentgesellschaft mit satzungsmäßigem Sitz in Luxemburg unterliegt den gleichen Pflichten.
(2) Un OPCVM est autorisé en outre à recourir aux techniques et instruments qui ont pour objet les valeurs mobilières et les instruments du marché monétaire aux conditions et dans les limites fixées par la CSSF pour autant que ces techniques et instru-	(2) Einem OGAW ist es ferner gestattet, sich, unter Einhaltung der von der CSSF festgelegten Bedingungen und Grenzen, der Techniken und Instrumente zu bedienen, die Wertpapiere und Geldmarktinstrumente zum Gegenstand haben, sofern die Verwen-

ments soient employés aux fins d'une gestion efficace du portefeuille. Lorsque ces opérations concernent l'utilisation d'instruments dérivés, ces conditions et limites doivent être conformes aux dispositions de la présente loi.	dung dieser Techniken und Instrumente im Hinblick auf die effiziente Verwaltung der Portfolios geschieht. Beziehen sich diese Transaktionen auf die Verwendung von Derivaten, müssen diese Bedingungen und Grenzen mit den Bestimmungen dieses Gesetzes im Einklang stehen.
En aucun cas, ces opérations ne doivent amener l'OPCVM à s'écarter de ses objectifs d'investissement tels qu'exposés dans son règlement de gestion, dans ses documents constitutifs ou dans son prospectus.	Unter keinen Umständen dürfen diese Transaktionen dazu führen, dass der OGAW von den in seinem Verwaltungsreglement, seinen Gründungsunterlagen oder seinem Prospekt genannten Anlagezielen abweicht.
(3) Un OPCVM veille à ce que le risque global lié aux instruments dérivés n'excède pas la valeur nette totale de son portefeuille.	(3) Ein OGAW stellt sicher, dass das mit Derivaten verbundene Gesamtrisiko den Gesamtnettowert seines Portfolios nicht überschreitet.
Les risques sont calculés en tenant compte de la valeur courante des actifs sous-jacents, du risque de contrepartie, de l'évolution prévisible des marchés et du temps disponible pour liquider les positions. Ceci s'applique également aux alinéas suivants.	Bei der Berechnung des Risikos werden der Marktwert der Basiswerte, das Ausfallrisiko der Gegenpartei, künftige Marktfluktuationen und die Liquidationsfrist der Positionen berücksichtigt. Dieses gilt auch für die folgenden Unterabsätze.
Un OPCVM peut, dans le cadre de sa politique d'investissement et dans les limites fixées à l'article 43, paragraphe (5), investir dans des instruments financiers dérivés pour autant que, globalement, les risques auxquels sont exposés les actifs sous-jacents n'excèdent pas les limites d'investissement fixées à l'article 43. Lorsqu'un OPCVM investit dans des instruments financiers dérivés fondés sur un indice, ces investissements ne sont pas nécessairement combinés aux limites fixées à l'article 43.	Ein OGAW darf als Teil seiner Anlagestrategie und innerhalb der in Artikel 43 Absatz (5) festgelegten Grenzen Anlagen in abgeleiteten Finanzinstrumenten tätigen, sofern das Gesamtrisiko der Basiswerte die Anlagegrenzen von Artikels 43 nicht überschreitet. Wenn ein OGAW in indexbasierte abgeleitete Finanzinstrumente anlegt, müssen diese Anlagen nicht zwangsläufig bei den in Artikel 43 festgelegten Obergrenzen berücksichtigt werden.
Lorsqu'une valeur mobilière ou un instrument du marché monétaire comporte un instrument dérivé, ce dernier doit être pris en compte lors de l'application des dispositions du présent article.	Wenn ein Derivat in ein Wertpapier oder ein Geldmarktinstrument eingebettet ist, muss dieses bei der Anwendung der Bestimmungen dieses Artikels mit berücksichtigt werden.
Art. 43. (1) Un OPCVM ne peut investir plus de 10% de ses actifs dans des valeurs mobilières ou des instruments du marché monétaire émis par la même entité. Un OPCVM ne peut investir plus de 20% de ses actifs dans	**Art. 43.** (1) Ein OGAW darf höchstens 10% seines Vermögens in Wertpapiere oder Geldmarktinstrumente, die von ein und derselben Einrichtung ausgegeben werden, anlegen. Ein OGAW darf höchstens 20%

des dépôts placés auprès de la même entité. Le risque de contrepartie de l'OPCVM dans une transaction sur instruments dérivés de gré à gré ne peut excéder 10% de ses actifs lorsque la contrepartie est un des établissements de crédit visés à l'article 41, paragraphe (1), point f), ou 5% de ses actifs dans les autres cas.	seines Vermögens in Einlagen bei ein und derselben Einrichtung anlegen. Das Ausfallrisiko der Gegenpartei bei Geschäften eines OGAW mit OTC-Derivaten darf 10% seines Vermögens nicht überschreiten, sofern die Gegenpartei ein Kreditinstitut im Sinne von Artikel 41 Absatz (1) Buchstabe f) ist. Ist die Gegenpartei kein solches Kreditinstitut beträgt die Grenze maximal 5% des Vermögens.
(2) La valeur totale des valeurs mobilières et des instruments du marché monétaire détenus par l'OPCVM auprès des émetteurs dans chacun desquels il investit plus de 5% de ses actifs ne peut dépasser 40% de la valeur de ses actifs. Cette limite ne s'applique pas aux dépôts auprès d'établissements financiers faisant l'objet d'une surveillance prudentielle et aux transactions sur instruments dérivés de gré à gré avec ces établissements.	(2) Der Gesamtwert der Wertpapiere und Geldmarktinstrumente von Emittenten, bei denen der OGAW jeweils einzeln mehr als 5% seines Vermögens anlegt, darf 40% des Wertes seines Vermögens nicht überschreiten. Diese Grenze findet keine Anwendung auf Einlagen bei Finanzinstituten, die einer ordnungsgemäßen Aufsicht unterliegen und auf Geschäfte mit OTC-Derivaten mit solchen Finanzinstituten.
Nonobstant les limites individuelles fixées au paragraphe (1), un OPCVM ne peut combiner, lorsque cela l'amènerait à investir plus de 20% de ses actifs dans une même entité, plusieurs éléments parmi les suivants:	Ungeachtet der Einzelobergrenzen des Absatzes (1) darf ein OGAW Folgendes nicht kombinieren, wenn dies zu einer Anlage von mehr als 20% seines Vermögens bei ein und derselben Einrichtung führen würde:
– des investissements dans des valeurs mobilières ou des instruments du marché monétaire émis par ladite entité,	– Investments in von dieser Einrichtung begebene Wertpapiere oder Geldmarktinstrumente,
– des dépôts auprès de ladite entité, ou	– Einlagen bei dieser Einrichtung oder
– des risques découlant de transactions sur instruments dérivés de gré à gré avec ladite entité.	– Risiken aus Transaktionen von OTC-Derivate mit dieser Einrichtung.
(3) La limite prévue au paragraphe (1), première phrase, est portée à un maximum de 35% si les valeurs mobilières ou les instruments du marché monétaire sont émis ou garantis par un État membre, par ses collectivités publiques territoriales, par un État tiers ou par des organismes publics internationaux dont un ou plusieurs États membres font partie.	(3) Die in Absatz (1) Satz 1 genannte Obergrenze ist auf höchstens 35% angehoben, wenn die Wertpapiere oder Geldmarktinstrumente von einem Mitgliedstaat oder seinen Gebietskörperschaften, von einem Drittland oder von einer internationalen Einrichtung öffentlich-rechtlichen Charakters, der mindestens ein Mitgliedstaat angehört, begeben oder garantiert werden.
(4) La limite prévue au paragraphe (1), première phrase, est portée à un maximum de 25% pour certaines obligations, lorsque celles-ci sont émises par un établissement	(4) Die in Absatz (1) Satz 1 genannte Obergrenze ist für bestimmte Schuldverschreibungen auf höchstens 25% angehoben, wenn die Schuldverschreibungen von ei-

de crédit qui a son siège statutaire dans un État membre et qui est légalement soumis à une surveillance spéciale des autorités publiques destinée à protéger les détenteurs d'obligations. En particulier, les sommes découlant de l'émission de ces obligations doivent être investies, conformément à la législation, dans des actifs qui, durant toute la période de validité des obligations, peuvent couvrir les créances résultant des obligations et qui, en cas de faillite de l'émetteur, seraient utilisés en priorité pour le remboursement du principal et le paiement des intérêts courus.	nem Kreditinstitut mit satzungsmäßigen Sitz in einem Mitgliedstaat begeben werden, das aufgrund gesetzlicher Vorschriften zum Schutz der Inhaber dieser Schuldverschreibungen einer besonderen öffentlichen Aufsicht unterliegt. Insbesondere werden die Erträge aus der Emission dieser Schuldverschreibungen gemäß den gesetzlichen Vorschriften in Vermögenswerten angelegt, die während der gesamten Laufzeit der Schuldverschreibungen die sich daraus ergebenden Verbindlichkeiten ausreichend decken und vorrangig für die beim Ausfall des Emittenten fällig werdende Rückzahlung des Kapitals und der Zinsen bestimmt sind.
Lorsqu'un OPCVM investit plus de 5% de ses actifs dans les obligations mentionnées au premier alinéa et émises par un seul émetteur, la valeur totale de ces investissements ne peut dépasser 80% de la valeur des actifs de l'OPCVM.	Legt ein OGAW mehr als 5% seines Vermögens in Schuldverschreibungen im Sinne des Unterabsatzes 1 an, die von ein und demselben Emittenten begeben werden, so darf der Gesamtwert dieser Anlagen 80% des Wertes des Sondervermögens des OGAW nicht überschreiten.
La CSSF communique à l'Autorité européenne des marchés financiers la liste des catégories d'obligations visées au premier alinéa et des catégories d'émetteurs habilités, conformément à la législation et aux dispositions concernant la surveillance visées audit alinéa, à émettre des obligations conformes aux critères énoncés au présent article.	Die CSSF übermittelt der Euopäischen Finanzmarktaufsichtsbehörde ein Verzeichnis der in Absatz (1) genannten Kategorien von Schuldverschreibungen und der Kategorien von Emittenten, die nach den gesetzlichen Vorschriften und den Vorschriften betreffend die Aufsicht nach genanntem Absatz befugt sind, Schuldverschreibungen gemäß den in diesem Artikel festgelegten Kriterien auszugeben.
(5) Les valeurs mobilières et les instruments du marché monétaire évoqués aux paragraphes (3) et (4) ne sont pas pris en compte pour appliquer la limite de 40% mentionnée au paragraphe (2).	(5) Die in den Absätzen (3) und (4) genannten Wertpapiere und Geldmarktinstrumente werden bei der Anwendung der in Absatz (2) vorgesehenen Anlagegrenze von 40% nicht berücksichtigt.
Les limites prévues aux paragraphes (1), (2), (3) et (4) ne peuvent être combinées; par conséquent, les investissements dans des valeurs mobilières ou des instruments du marché monétaire émis par la même entité, dans des dépôts ou dans des instruments dérivés effectués avec cette entité conformément aux paragraphes (1), (2), (3) et (4), ne peuvent pas dépasser au total 35% des actifs de l'OPCVM.	Die in den Absätzen (1), (2), (3) und (4) genannten Grenzen dürfen nicht kumuliert werden; daher dürfen gemäß den Absätzen (1), (2), (3) und (4) getätigte Anlagen in Wertpapieren oder Geldmarktinstrumenten ein und desselben Emittenten oder in Einlagen bei diesem Emittenten oder in Derivaten desselben 35% des Vermögens der OGAW nicht übersteigen.

Les sociétés qui sont regroupées aux fins de la consolidation des comptes, au sens de la directive 83/349/CEE ou conformément aux règles comptables internationales reconnues, sont considérées comme une seule entité pour le calcul des limites prévues dans le présent article.	Die Gesellschaften, die im Hinblick auf die Erstellung des konsolidierten Abschlusses im Sinne der Richtlinie 83/349/EWG oder nach den anerkannten internationalen Rechnungslegungsvorschriften derselben Unternehmensgruppe angehören, werden bei der Berechnung der in diesem Artikel vorgesehenen Anlagegrenzen als ein einziger Emittent angesehen.
Un même OPCVM peut investir cumulativement jusqu'à 20% de ses actifs dans des valeurs mobilières et des instruments du marché monétaire d'un même groupe.	Ein und derselbe OGAW darf kumulativ bis zu 20% seines Vermögens in Wertpapieren und Geldmarktinstrumenten ein und derselben Unternehmensgruppe anlegen.
Art. 44. (1) Sans préjudice des limites prévues à l'article 48, les limites prévues à l'article 43 sont portées à 20% au maximum pour les placements en actions et/ou en titres de créance émis par une même entité, lorsque, conformément au règlement de gestion ou aux documents constitutifs de l'OPCVM, la politique de placement de l'OPCVM a pour but de reproduire la composition d'un indice d'actions ou de titres de créance précis qui est reconnu par la CSSF, sur les bases suivantes:	**Art. 44.** (1) Unbeschadet der in Artikel 48 festgelegten Anlagegrenzen werden die in Artikel 43 genannten Obergrenzen für Anlagen in Aktien und/oder Schuldtiteln ein und desselben Emittenten auf höchstens 20% angehoben, wenn es gemäß dem Verwaltungsreglement bzw. den Gründungsunterlagen des OGAW Ziel seiner Anlagestrategie ist, einen bestimmten, von der CSSF anerkannten Aktien- oder Schuldtitelindex nachzubilden; Voraussetzung hierfür ist, dass:
– la composition de l'indice est suffisamment diversifiée;	– die Zusammensetzung des Index hinreichend diversifiziert ist,
– l'indice constitue un étalon représentatif du marché auquel il se réfère;	– der Index eine adäquate Bezugsgrundlage für den Markt darstellt, auf den er sich bezieht,
– il fait l'objet d'une publication appropriée.	– und der Index in angemessener Weise veröffentlicht wird.
(2) La limite prévue au paragraphe (1) est de 35% lorsque cela s'avère justifié par des conditions exceptionnelles sur les marchés, notamment sur des marchés réglementés où certaines valeurs mobilières ou certains instruments du marché monétaire sont largement dominants. L'investissement jusqu'à cette limite n'est permis que pour un seul émetteur.	(2) Die in Absatz (1) genannte Obergrenze wird auf 35% angehoben, sofern dies aufgrund außergewöhnlicher Marktbedingungen gerechtfertigt ist, und zwar insbesondere auf geregelten Märkten, auf denen bestimmte Wertpapiere oder Geldmarktinstrumente stark dominieren. Eine Anlage bis zu dieser Obergrenze ist nur bei einem einzigen Emittenten möglich.
Art. 45. (1) Par dérogation à l'article 43, la CSSF peut autoriser un OPCVM à placer, selon le principe de la répartition des ris-	**Art. 45.** (1) Abweichend von Artikel 43 kann die CSSF einem OGAW gestatten, nach dem Grundsatz der Risikostreuung bis zu

ques, jusqu'à 100% de ses actifs dans différentes émissions de valeurs mobilières et d'instruments du marché monétaire émis ou garantis par un État membre, par ses collectivités publiques territoriales, par un État qui ne fait pas partie de l'Union européenne ou par des organismes internationaux à caractère public dont font partie un ou plusieurs États membres.	100% seines Vermögens in Wertpapieren und Geldmarktinstrumenten verschiedener Emissionen anzulegen, die von einem Mitgliedstaat, von seinen Gebietskörperschaften, von einem Staat, der nicht Mitglied der Europäischen Union ist, oder von internationalen Organismen öffentlich-rechtlichen Charakters, denen ein oder mehrere Mitgliedstaaten angehören, begeben oder garantiert werden.
La CSSF n'accorde cette autorisation que si elle estime que les porteurs de parts des OPCVM bénéficient d'une protection équivalente à celle dont bénéficient les porteurs de parts des OPCVM qui respectent les limites des articles 43 et 44.	Die CSSF erteilt die vorerwähnte Genehmigung nur dann, wenn sie der Auffassung ist, dass die Anteilinhaber des OGAW einen dem Schutz wie Anteilinhaber von OGAW die die in den Artikeln 43 und 44 genannten Grenzen einhalten, gleichwertigen Schutz, genießen.
Ces OPCVM doivent détenir des valeurs appartenant à six émissions différentes au moins, sans que les valeurs appartenant à une même émission puissent excéder 30% du montant total.	Diese OGAW müssen Vermögenswerte halten, die im Rahmen von mindestens sechs (6) verschiedenen Emissionen begeben worden sind, wobei die im Rahmen ein und derselben Emission begebenen Vermögenswerte 30% des Gesamtvermögens nicht übersteigen dürfen.
(2) Les OPCVM visés au paragraphe (1) doivent mentionner expressément, dans leurs règlements de gestion ou leurs documents constitutifs, les États, collectivités publiques territoriales ou organismes internationaux à caractère public émetteurs ou garantissant les valeurs dans lesquelles ils ont l'intention de placer plus de 35% de leurs actifs.	(2) Die in Absatz (1) genannten OGAW müssen in ihren Verwaltungsreglements oder ihren Gründungsunterlagen ausdrücklich die Staaten, Gebietskörperschaften oder internationalen Organismen öffentlich-rechtlichen Charakters erwähnen, die Vermögenswerte begeben oder garantieren, in denen die OGAW mehr als 35% ihres Vermögens anzulegen beabsichtigen.
(3) De plus, les OPCVM visés au paragraphe (1) doivent inclure, dans les prospectus ou les communications publicitaires, une déclaration, bien mise en évidence, attirant l'attention sur cette autorisation et indiquant les États, collectivités publiques territoriales et les organismes internationaux à caractère public dans les valeurs desquels ils ont l'intention de placer ou ont placé plus de 35% de leurs actifs.	(3) Ferner müssen die in Absatz (1) genannten OGAW in die Prospekte oder Marketing-Anzeigen eine Erklärung aufnehmen, die diese Genehmigung deutlich hervorhebt und die Staaten, Gebietskörperschaften und internationalen Organismen öffentlich-rechtlichen Charakters angibt, in deren Vermögenswerte sie mehr als 35% ihres Vermögens anzulegen beabsichtigen oder angelegt haben.
Art. 46. (1) Un OPCVM peut acquérir les parts d'OPCVM et/ou d'autres OPC visés à l'article 41, paragraphe (1), point e), à condi-	**Art. 46.** (1) Ein OGAW darf Anteile von anderen OGAW oder anderen OGA im Sinne von Artikel 41 Absatz (1) Buchstabe e) er-

tion de ne pas investir plus de 20% de ses actifs dans un même OPCVM ou autre OPC.	werben, sofern er höchstens 20% seines Sondervermögens in Anteilen ein und desselben OGAW bzw. sonstigen OGA anlegt.
Pour les besoins de l'application de cette limite d'investissement, chaque compartiment d'un OPC à compartiments multiples est à considérer comme un émetteur distinct, à condition que le principe de la ségrégation des engagements des différents compartiments à l'égard des tiers soit assuré.	Für die Zwecke der Anwendung dieser Anlagegrenze gilt jeder Teilfonds eines OGA mit mehreren Teilfonds als einzelner Emittent, sofern der Grundsatz der Absonderung der Verbindlichkeiten der einzelnen Teilfonds gegenüber Dritten sichergestellt ist.
(2) Les placements dans des parts d'OPC autres que les OPCVM ne peuvent dépasser, au total, 30% des actifs d'un OPCVM.	(2) Anlagen in Anteilen von anderen OGA als OGAW dürfen insgesamt 30% des Vermögens des OGAW nicht übersteigen.
Lorsqu'un OPCVM a acquis des parts d'OPCVM et/ou d'autres OPC, les actifs de ces OPCVM ou autres OPC ne sont pas combinés aux fins des limites prévues à l'article 43.	Wenn ein OGAW Anteile eines anderen OGAW und/oder sonstigen OGA erworben hat, werden die Anlagewerte des betreffenden OGAW oder anderen OGA in Bezug auf die Obergrenzen von Artikel 43 nicht kombiniert.
(3) Lorsqu'un OPCVM investit dans les parts d'autres OPCVM et/ou d'autres OPC qui sont gérés, de façon directe ou par délégation, par la même société de gestion ou par toute autre société à laquelle la société de gestion est liée dans le cadre d'une communauté de gestion ou de contrôle ou par une importante participation directe ou indirecte, ladite société de gestion ou l'autre société ne peut facturer de droits de souscription ou de remboursement pour l'investissement de l'OPCVM dans les parts d'autres OPCVM et/ou d'autres OPC.	(3) Erwirbt ein OGAW Anteile anderer OGAW und/oder sonstiger OGA, die unmittelbar oder mittelbar von derselben Verwaltungsgesellschaft oder von einer anderen Gesellschaft verwaltet werden, mit der die Verwaltungsgesellschaft durch eine gemeinsame Verwaltung oder Kontrolle oder durch eine wesentliche direkte oder indirekte Beteiligung verbunden ist, so darf die Verwaltungsgesellschaft oder die andere Gesellschaft für die Zeichnung oder den Rückkauf von Anteilen dieser anderen OGAW oder OGA durch den OGAW keine Vergütung berechnen.
Un OPCVM qui investit une part importante de ses actifs dans d'autres OPCVM et/ou d'autres OPC indique dans son prospectus le niveau maximal des commissions de gestion qui peuvent être facturées à la fois à l'OPCVM lui-même et aux autres OPCVM et/ou autres OPC dans lesquels il entend investir. Il indique dans son rapport annuel le pourcentage maximal des frais de gestion supportés tant au niveau de l'OPCVM qu'à celui des OPCVM et/ou autres OPC dans lesquels il investit.	Legt ein OGAW einen wesentlichen Teil seines Vermögens in anderen OGAW und/oder sonstigen OGA an, so muss sein Prospekt Angaben darüber enthalten, wie hoch die Verwaltungsvergütung maximal sind, die von dem betreffenden OGAW selbst wie auch von den anderen OGAW und/oder sonstigen OGA, in die zu investieren er beabsichtigt, zu tragen sind. Der OGAW gibt in seinem Jahresbericht an, wie hoch der prozentuale Anteil der Verwaltungsvergütung maximal ist, den der OGAW einerseits und die OGAW oder anderen OGA, in die er investiert, andererseits zu tragen haben.

Art. 47. (1) Le prospectus précise les catégories d'actifs dans lesquels un OPCVM est habilité à investir. Il indique si les opérations sur instruments financiers dérivés sont autorisées; dans ce cas, il précise de manière bien visible si ces opérations peuvent être effectuées en couverture ou en vue de la réalisation des objectifs d'investissement ainsi que les effets possibles de l'utilisation d'instruments financiers dérivés sur le profil de risque.	**Art. 47.** (1) Im Prospekt wird angegeben, in welche Kategorien von Vermögenswerten der OGAW investieren darf. Er gibt ferner an, ob der OGAW Geschäfte mit abgeleiteten Finanzinstrumenten tätigen darf; ist dies der Fall, so wird im Prospekt gut sichtbar erläutert, ob diese Geschäfte zu Absicherungswecken oder zur Umsetzung der Anlagestrategie getätigt werden dürfen und wie sich die Verwendung von abgeleiteten Finanzinstrumenten möglicherweise auf das Risikoprofil auswirkt.
(2) Lorsqu'un OPCVM investit principalement dans une des catégories d'actifs définies à l'article 41 autres que des valeurs mobilières et des instruments du marché monétaire ou reproduit un indice d'actions ou de titres de créance conformément à l'article 44, le prospectus et, le cas échéant, les communications publicitaires doivent contenir une mention bien visible attirant l'attention sur sa politique de placement.	(2) Wenn ein OGAW sein Vermögen hauptsächlich in den in Artikel 41 definierten Kategorien von Anlageinstrumenten, die keine Wertpapiere oder Geldmarktinstrumente sind, investiert oder wenn ein OGAW einen Aktien- oder Schuldtitelindex gemäß Artikel 44 nachbildet, so wird im Prospekt und gegebenenfalls in den Werbeanzeigen deutlich sichtbar auf die Anlagestrategie des OGAW hingewiesen.
(3) Lorsque la valeur d'inventaire nette d'un OPCVM est susceptible de connaître une volatilité élevée du fait de la composition du portefeuille ou des techniques de gestion du portefeuille pouvant être employées, le prospectus et, le cas échéant, les communications publicitaires doivent contenir une mention bien visible attirant l'attention sur cette caractéristique de l'OPCVM.	(3) Weist der Nettoinventarwert eines OGAW aufgrund der Zusammensetzung seines Portfolios oder der verwendeten Portfoliomanagementtechniken möglicherweise eine erhöhte Volatilität auf, so müssen der Prospekt und gegebenenfalls die Werbemitteilungen deutlich sichtbar auf dieses Merkmal des OGAW hinweisen.
(4) Si un investisseur en fait la demande, la société de gestion doit également fournir des informations complémentaires sur les limites quantitatives qui s'appliquent à la gestion des risques de l'OPCVM, sur les méthodes choisies pour respecter ces limites et sur l'évolution récente des principaux risques et des rendements des catégories d'instruments.	(4) Auf Anfrage eines Anlegers, muss die Verwaltungsgesellschaft ferner zusätzlich über die im Rahmen des Risikomanagements anwendbaren quantitativen Grenzen des OGAW, die Risikomanagementmethoden und die jüngsten Entwicklungen bei den wesentlichen Risiken und den Renditen der wichtigsten Kategorien von Anlageinstrumenten informieren.
Art. 48. (1) Une société d'investissement ou une société de gestion, agissant pour l'ensemble des fonds communs de placement qu'elle gère et qui relèvent du champ d'application de la partie I de la présente loi respectivement de la directive 2009/65/CE ne	**Art. 48.** (1) Eine Investmentgesellschaft oder eine Verwaltungsgesellschaft handelnd für die von ihr verwalteten Sondervermögen die unter den Anwendungsbereich von Teil I dieses Gesetzes bzw. der Richtlinie 2009/65/EG fallen darf keine Ak-

peut acquérir d'actions assorties du droit de vote et lui permettant d'exercer une influence notable sur la gestion d'un émetteur.	tien erwerben, die mit einem Stimmrecht verbunden sind, das es ihr erlauben würde, einen nennenswerten Einfluss auf die Verwaltung eines Emittenten auszuüben.
(2) En outre, un OPCVM ne peut acquérir plus de:	(2) Ferner darf ein OGAW höchstens erwerben:
– 10% d'actions sans droit de vote d'un même émetteur;	– 10% der stimmrechtslosen Aktien ein und desselben Emittenten;
– 10% de titres de créance d'un même émetteur;	– 10% der Schuldverschreibungen ein und desselben Emittenten;
– 25% des parts d'un même OPCVM ou autre OPC au sens de l'article 2 paragraphe (2) de la présente loi;	– 25% der Anteile ein und desselben OGAW oder anderen OGA im Sinne von Artikel 2 Absatz (2) dieses Gesetzes;
– 10% d'instruments du marché monétaire émis par un même émetteur.	– 10% der Geldmarktinstrumente ein und desselben Emittenten.
Les limites prévues aux deuxième, troisième et quatrième tirets peuvent ne pas être respectées au moment de l'acquisition si, à ce moment-là, le montant brut des obligations ou des instruments du marché monétaire, ou le montant net des titres émis, ne peut être calculé.	Die unter dem zweiten, dritten und vierten Spiegelstrich vorgesehenen Anlagegrenzen brauchen zum Zeitpunkt des Erwerbs nicht eingehalten zu werden, wenn sich der Bruttobetrag der Schuldverschreibungen oder der Geldmarktinstrumente oder der Nettobetrag der ausgegebenen Titel zum Zeitpunkt des Erwerbs nicht berechnen lässt.
(3) Les paragraphes (1) et (2) ne sont pas d'application en ce qui concerne:	(3) Die Absätze (1) und (2) sind nicht anzuwenden:
a) les valeurs mobilières et les instruments du marché monétaire émis ou garantis par un État membre ou ses collectivités publiques territoriales;	a) auf Wertpapiere und Geldmarktinstrumente, die von einem Mitgliedstaat oder dessen öffentlichen Gebietskörperschaften begeben oder garantiert werden;
b) les valeurs mobilières et les instruments du marché monétaire émis ou garantis par un État qui ne fait pas partie de l'Union européenne;	b) auf von einem Staat, der kein Mitgliedstaat der Europäischen Union ist, begebene oder garantierte Wertpapiere und Geldmarktinstrumente;
c) les valeurs mobilières et les instruments du marché monétaire émis par des organismes internationaux à caractère public dont un ou plusieurs États membres de l'Union européenne font partie;	c) auf Wertpapiere und Geldmarktinstrumente, die von internationalen Einrichtungen öffentlich-rechtlichen Charakters begeben werden, denen ein oder mehrere Mitgliedstaaten der Europäischen Union angehören;
d) les actions détenues par un OPCVM dans le capital d'une société d'un État tiers à l'Union européenne investissant ses actifs essentiellement en titres d'émetteurs ressortissants de cet État	d) auf Aktien, die ein OGAW an dem Kapital einer Gesellschaft eines Drittlandes außerhalb der Europäischen Union besitzt, die ihr Vermögen hauptsächlich in Wertpapieren von Emittenten anlegt,

lorsque, en vertu de la législation de celui-ci, une telle participation constitue pour l'OPCVM la seule possibilité d'investir en titres d'émetteurs de cet État. Cette dérogation n'est cependant applicable qu'à la condition que la société de l'État tiers à l'Union européenne respecte dans sa politique de placement les limites établies par les articles 43 et 46 et l'article 48, paragraphes (1) et (2). En cas de dépassement des limites prévues aux articles 43 et 46, l'article 49 s'applique mutatis mutandis;	die in diesem Land ansässig sind, wenn eine derartige Beteiligung für den OGAW aufgrund der Rechtsvorschriften dieses Landes die einzige Möglichkeit darstellt, Anlagen in Wertpapieren von Emittenten dieses Landes zu tätigen. Diese Ausnahmeregelung gilt jedoch nur unter der Voraussetzung, dass die Gesellschaft des Drittlandes außerhalb der Europäischen Union in ihrer Anlagepolitik die in den Artikeln 43 und 46 sowie in Artikel 48, Absätze (1) und (2) festgelegten Grenzen nicht überschreitet. Bei Überschreitung der in den Artikeln 43 und 46 vorgesehenen Grenzen gilt mutatis mutandis Artikel 49;
e) les actions détenues par une ou plusieurs sociétés d'investissement dans le capital des sociétés filiales exerçant des activités de gestion, de conseil ou de commercialisation dans le pays où la filiale est établie en ce qui concerne le rachat de parts à la demande des porteurs exclusivement pour son compte ou pour leur compte.	e) auf von einer Investmentgesellschaft oder von mehreren Investmentgesellschaften gehaltene Aktien am Kapital von Tochtergesellschaften, die im Niederlassungsstaat der Tochtergesellschaft lediglich und ausschließlich für diese Investmentgesellschaft oder -gesellschaften bestimmte Verwaltungs-, Beratungs- oder Vertriebstätigkeiten im Hinblick auf den Rückkauf von Anteilen auf Wunsch der Anteilinhaber ausüben.
Art. 49. (1) Les OPCVM ne doivent pas nécessairement se conformer aux limites prévues dans le présent chapitre lors de l'exercice de droits de souscription afférents à des valeurs mobilières ou des instruments du marché monétaire qui font partie de leurs actifs.	**Art. 49.** (1) Bei der Ausübung von Bezugsrechten, die an Wertpapiere oder Geldmarktinstrumente geknüpft sind, die Teil seines Vermögens sind, muss ein OGAW die in diesem Kapitel vorgesehenen Anlagegrenzen nicht notwendigerweise einhalten.
Tout en veillant au respect du principe de la répartition des risques, les OPCVM nouvellement agréés peuvent déroger aux articles 43, 44, 45 et 46 pendant une période de six mois suivant la date de leur agrément.	Unbeschadet ihrer Verpflichtung, auf die Einhaltung des Grundsatzes der Risikostreuung zu achten, können neu zugelassene OGAW während eines Zeitraums von sechs Monaten nach ihrer Zulassung von den Artikeln 43, 44, 45 und 46 abweichen.
(2) Si un dépassement des limites visées au paragraphe (1) intervient indépendamment de la volonté de l'OPCVM ou à la suite de l'exercice des droits de souscription, celui-ci doit, dans ses opérations de vente, avoir	(2) Werden die in Absatz (1) genannten Grenzen von dem OGAW unbeabsichtigt oder infolge der Ausübung von Bezugsrechten überschritten, so strebt dieser bei seinen Verkäufen als vorrangiges Ziel die Regulie-

pour objectif prioritaire de régulariser cette situation en tenant compte de l'intérêt des porteurs de parts.	rung dieser Situation, unter Berücksichtigung der Interessen der Anteilinhaber, an.
Art. 50. (1) Ne peuvent emprunter:	**Art. 50.** (1) Folgende Organismen dürfen keine Kredite aufnehmen:
– ni une société d'investissement,	– Investmentgesellschaften,
– ni une société de gestion ou un dépositaire, agissant pour le compte d'un fonds commun de placement.	– Verwaltungsgesellschaften oder Verwahrstellen die für Rechnung eines Sondervermögens handeln.
Toutefois, un OPCVM peut acquérir des devises par le truchement de prêts croisés en devises (*back-to-back loans*).	Ein OGAW darf jedoch Fremdwährungen durch „Back-to-back"-Darlehen erwerben.
(2) Par dérogation au paragraphe (1), les OPCVM peuvent emprunter pour autant que ces emprunts:	(2) Abweichend von Absatz (1) dürfen OGAW Kredite aufnehmen, sofern es sich um Kredite handelt:
a) soient temporaires et représentent:	a) die vorübergehend aufgenommen werden und die sich belaufen
– dans le cas de sociétés d'investissement, au maximum 10% de leurs actifs, ou	– im Falle von Investmentgesellschaften auf nicht mehr als 10% ihres Vermögens,
– dans le cas de fonds communs de placement, au maximum 10% de la valeur du fonds, ou	– im Falle eines Sondervermögens auf nicht mehr als 10% des Wertes des Fonds; oder
b) permettent l'acquisition de biens immobiliers indispensables à l'exercice direct de leurs activités et représentent, dans le cas de sociétés d'investissement, au maximum 10% de leurs actifs.	b) die den Erwerb von Immobilien, die für die unmittelbare Ausübung ihrer Tätigkeit unerlässlich sind, ermöglichen und sich im Falle von Investmentgesellschaften auf nicht mehr als 10% ihres Vermögens belaufen.
Lorsqu'un OPCVM est autorisé à emprunter au titre des points a) et b), ces emprunts ne dépassent pas, au total, 15% de ses actifs.	Ist es einem OGAW gestattet Kredite gemäß den Buchstaben a) und b) aufzunehmen, dürfen diese Kredite zusammen 15% seines Vermögens nicht übersteigen.
Art. 51. (1) Sans préjudice de l'application des articles 41 et 42, ne peuvent octroyer de crédits ou se porter garant pour le compte de tiers	**Art. 51.** (1) Kredite gewähren oder für Dritte als Bürge einstehen dürfen unbeschadet der Anwendung der Artikel 41 und 42 weder
– ni une société d'investissement,	– Investmentgesellschaften noch
– ni une société de gestion ou un dépositaire, agissant pour le compte d'un fonds commun de placement.	– Verwaltungsgesellschaften oder Verwahrstellen die für Rechnung eines Sondervermögens handeln.

(2) Le paragraphe (1) ne fait pas obstacle à l'acquisition, par les organismes en question, de valeurs mobilières, d'instruments du marché monétaire ou d'autres instruments financiers visés à l'article 41, paragraphe (1), points e), g) et h), non entièrement libérés.	(2) Absatz (1) steht dem Erwerb von noch nicht voll eingezahlten Wertpapieren, Geldmarktinstrumenten oder anderen in Artikel 41 Absatz (1) Buchstaben e), g) und h) genannten, noch nicht voll eingezahlten Finanzinstrumenten durch die besagten Organismen nicht entgegen.
Art. 52. Ne peuvent effectuer de ventes à découvert de valeurs mobilières, d'instruments du marché monétaire ou d'autres instruments financiers mentionnés à l'article 41, paragraphe (1), points e), g) et h)	**Art. 52.** Leerverkäufe von Wertpapieren, Geldmarktinstrumenten oder anderen in Artikel 41 Absatz (1) Buchstaben e), g) und h) genannten Finanzinstrumenten dürfen
– ni une société d'investissement,	– weder von Investmentgesellschaften
– ni une société de gestion ou un dépositaire, agissant pour le compte d'un fonds commun de placement.	– noch von Verwaltungsgesellschaften oder Verwahrstellen die für Rechnung eines Sondervermögens handeln
	getätigt werden.
Chapitre 6. – Des OPCVM établis au Luxembourg commercialisant leurs parts dans d'autres États membres	**Kapitel 6. – In Luxemburg ansässige OGAW, die ihre Anteile in anderen Mitgliedstaaten der Europäischen Union vertreiben**
Art. 53. Un OPCVM qui commercialise ses parts dans un autre État membre doit prendre les mesures nécessaires, dans le respect des dispositions législatives, réglementaires et administratives en vigueur dans l'État membre où ses parts sont commercialisées, pour que les paiements aux porteurs de parts, le rachat ou le remboursement des parts ainsi que la mise à disposition d'informations qui incombe à l'OPCVM soient assurés dans cet État membre.	**Art. 53.** OGAW, die ihre Anteile in einem anderen Mitgliedstaat vertreiben, müssen, unter Einhaltung der Rechts- und Verwaltungsvorschriften, die in dem Mitgliedstaat gelten, in dem ihre Anteile vertrieben werden, die Maßnahmen treffen, die erforderlich sind, um sicherzustellen, dass die Anteilinhaber in diesem Mitgliedstaat in den Genuss der Zahlungen, des Rückkaufs und der Rücknahme der Anteile kommen und die vom OGAW zu liefernden Informationen erhalten.
Art. 54. (1) Un OPCVM qui se propose de commercialiser ses parts dans un autre État membre doit transmettre au préalable une lettre de notification à la CSSF.	**Art. 54.** (1) Wenn ein OGAW beabsichtigt, seine Anteile in einem anderen Mitgliedstaat zu vertreiben, so übermittelt er der CSSF im Voraus ein Anzeigeschreiben.
La lettre de notification contient des informations sur les modalités prévues pour la commercialisation des parts de l'OPCVM	Das Anzeigeschreiben umfasst Angaben zu den Modalitäten des Vertriebs der OGAW-Anteile im Aufnahmemitgliedstaat, sowie

dans l'État membre d'accueil, y compris, le cas échéant, au sujet des catégories de parts. Dans le cadre de l'article 113, elle indique notamment que l'OPCVM est commercialisé par la société de gestion qui gère l'OPCVM.	gegebenenfalls zu den Anteilsklassen. Im Rahmen von Artikel 113 enthält es einen Hinweis darauf, dass der OGAW von der Verwaltungsgesellschaft vertrieben wird, die den OGAW verwaltet.
(2) L'OPCVM joint à la lettre de notification visée au paragraphe (1) la dernière version en date des documents suivants:	(2) Der OGAW fügt dem in Absatz (1) genannten Anzeigeschreiben eine aktuelle Fassung folgender Unterlagen bei:
a) son règlement de gestion ou ses documents constitutifs, son prospectus et, le cas échéant, son dernier rapport annuel et un éventuel rapport semestriel ultérieur, traduits conformément aux dispositions de l'article 55, paragraphe (1), points c) et d); et	a) sein Verwaltungsreglement oder seine Gründungsunterlagen, seinen Prospekt sowie gegebenenfalls den letzten Jahresbericht und, gegebenenfalls, den anschließenden Halbjahresbericht in der gemäß Artikel 55 Absatz (1) Buchstaben c) und d) angefertigten Übersetzung und
b) ses informations clés pour l'investisseur visées à l'article 159, traduites conformément à l'article 55, paragraphe (1), points b) et d).	b) die in Artikel 159 genannten wesentlichen Informationen für den Anleger in der gemäß Artikel 55 Absatz (1) Buchstaben b) und d) angefertigten Übersetzung.
(3) La CSSF s'assure que la documentation présentée par l'OPCVM conformément aux paragraphes (1) et (2) est complète.	(3) Die CSSF prüft, ob die vom OGAW gemäß den Absätzen (1) und (2) bereitgestellten Unterlagen vollständig sind.
La CSSF transmet l'ensemble de la documentation visée aux paragraphes (1) et (2) aux autorités compétentes de l'État membre dans lequel l'OPCVM se propose de commercialiser ses parts, au plus tard dix jours ouvrables suivant la date de réception de la lettre de notification et de l'ensemble de la documentation visée au paragraphe (2). La CSSF joint à la documentation une attestation certifiant que l'OPCVM remplit les conditions imposées par la directive 2009/65/CE.	Die CSSF übermittelt den zuständigen Behörden des Mitgliedstaats, in dem der OGAW seine Anteile vertreiben möchte, spätestens zehn Arbeitstage nach Eingang des Anzeigeschreibens und der vollständigen in Absatz (2) vorgesehenen Unterlagen die vollständigen in Absatz (1) und (2) genannten Unterlagen. Sie fügt den Unterlagen eine Bescheinigung bei, der zufolge der OGAW die in der Richtlinie 2009/65/EG festgelegten Bedingungen erfüllt.
Après transmission de la documentation, cette transmission est notifiée sans délai par la CSSF à l'OPCVM. L'OPCVM peut avoir accès au marché de son État membre d'accueil à compter de la date de cette notification.	Die CSSF unterrichtet den OGAW umgehend über den Versand der Unterlagen. Der OGAW kann seine Anteile ab dem Datum dieser Anzeige im Aufnahmemitgliedstaat auf den Markt bringen.
L'OPCVM doit communiquer aux autorités compétentes de l'État membre d'accueil toute modification apportée aux documents	Der OGAW muss den zuständigen Behörden des Aufnahmemitgliedstaates jede Änderung der in Absatz 2 genannten Dokumente

visés au paragraphe (2) et doit préciser où ces documents peuvent être obtenus sous forme électronique.	mitteilen und angeben, wo diese Dokumente in elektronischer Form erhältlich sind.
(4) En cas de modification des informations relatives aux modalités prévues pour la commercialisation communiquées dans la lettre de notification conformément au paragraphe (1) ou de modification des catégories de parts destinées à être commercialisées, l'OPCVM en avise par écrit les autorités compétentes de l'État membre d'accueil avant de mettre ladite modification en œuvre.	(4) Im Falle einer Änderung der Informationen über die im Anzeigeschreiben gemäß Absatz (1) mitgeteilten Modalitäten des Vertriebs oder einer Änderung der vertriebenen Anteilsklassen teilt der OGAW den zuständigen Behörden des Aufnahmemitgliedstaats vor Umsetzung der besagten Änderung diese schriftlich mit.
Art. 55. (1) Si un OPCVM commercialise ses parts dans un autre État membre, il doit fournir aux investisseurs qui se trouvent sur le territoire de cet État membre toutes les informations et tous les documents qu'il est tenu de fournir aux investisseurs au Luxembourg conformément au chapitre 21 de la présente loi.	**Art. 55.** (1) Ein OGAW, der seine Anteile in einem anderen Mitgliedstaat vertreibt, liefert den Anlegern im Hoheitsgebiet dieses Mitgliedstaats alle Informationen und Unterlagen, die er gemäß Kapitel 21 dieses Gesetzes den Anlegern in Luxemburg liefern muss.
Ces informations et ces documents sont fournis aux investisseurs dans le respect des dispositions suivantes:	Diese Informationen und Unterlagen werden den Anlegern gemäß folgenden Bestimmungen zur Verfügung gestellt:
a) sans préjudice des dispositions du chapitre 21 de la présente loi, ces informations ou documents sont fournis aux investisseurs conformément aux dispositions législatives, réglementaires et administratives de l'État membre d'accueil de l'OPCVM;	a) Unbeschadet der Bestimmungen von Kapitel 21 dieses Gesetzes werden diese Informationen oder Unterlagen den Anlegern in Einklang mit den Rechts- und Verwaltungsvorschriften des Aufnahmemitgliedstaats des OGAW zur Verfügung gestellt;
b) les informations clés pour l'investisseur visées à l'article 159 de la loi sont traduites dans la langue officielle ou dans l'une des langues officielles de l'État membre d'accueil de l'OPCVM ou dans une langue acceptée par les autorités compétentes de cet État membre;	b) die in Artikel 159 des Gesetzes genannten wesentlichen Informationen für den Anleger werden in die oder in eine der Amtssprachen des Aufnahmemitgliedstaats des OGAW oder in eine von den zuständigen Behörden dieses Mitgliedstaats akzeptierte Sprache übersetzt;
c) les informations et les documents autres que les informations clés pour l'investisseur visées à l'article 159 de la loi sont traduits, au choix de l'OPCVM, dans la langue officielle ou dans l'une des langues officielles de l'État membre d'accueil de l'OPCVM, dans une langue	c) andere Informationen oder Unterlagen als die in Artikel 159 genannten wesentlichen Informationen für den Anleger werden nach Wahl des OGAW in die Amtssprache oder in eine der Amtssprachen des Aufnahmemitgliedstaats des OGAW oder in eine von den zustän-

acceptée par les autorités compétentes de cet État membre ou dans une langue usuelle dans la sphère financière internationale; et	digen Behörden dieses Mitgliedstaats akzeptierte Sprache oder in eine in der Finanzwelt gebräuchliche Sprache übersetzt, und
d) les traductions d'informations et de documents au titre des points b) et c) sont fournies sous la responsabilité de l'OPCVM et sont le reflet fidèle des informations originales.	d) Übersetzungen von Informationen und/oder Unterlagen gemäß den Buchstaben b) und c) werden unter der Verantwortung des OGAW erstellt und müssen den Inhalt der ursprünglichen Informationen getreu wiedergeben.
(2) Les exigences énoncées au paragraphe (1) s'appliquent également à toutes les modifications des informations et documents visés audit paragraphe.	(2) Die in Absatz 1 beschriebenen Anforderungen gelten auch für jegliche Änderungen der dort genannten Informationen und Unterlagen.
(3) La fréquence de publication, conformément à l'article 157 de la loi, du prix d'émission, de vente, de rachat ou de remboursement des parts d'un OPCVM est régie par les dispositions législatives, réglementaires et administratives qui sont en vigueur au Luxembourg.	(3) Die Häufigkeit der in Artikel 157 des Gesetzes vorgesehenen Veröffentlichung der Ausgabe-, Verkaufs-, Rücknahme- oder Auszahlungspreise für die OGAW-Anteile wird durch die in Luxemburg geltenden Rechts- und Verwaltungsvorschriften geregelt.
Art. 56. Un OPCVM peut, aux fins de l'exercice de ses activités, utiliser pour sa dénomination, dans un État membre d'accueil, la même référence à sa forme juridique, telle que «société d'investissement» ou «fonds commun de placement», que celle qu'il utilise au Luxembourg.	**Art. 56.** Die OGAW können für die Ausübung ihrer Tätigkeit in einem Aufnahmemitgliedstaat des OGAW denselben Verweis auf ihre Rechtsform, beispielsweise „Investmentgesellschaft" oder „Sondervermögen", wie in Luxemburg verwenden.
Art. 57. Aux fins du présent chapitre, le terme «OPCVM» vise également les compartiments d'investissement d'un OPCVM.	**Art. 57.** Für die Zwecke dieses Kapitels schließt der Begriff „OGAW" auch die dazugehörigen Teilfonds eines OGAW ein.
Art. 58. Les dispositions des articles 53 à 57 de la présente loi sont également d'application, dans les limites définies par l'Accord sur l'Espace économique européen et des actes y afférents, lorsqu'un OPCVM établi au Luxembourg commercialise ses parts sur le territoire d'un État partie à l'Accord sur l'Espace économique européen, autre qu'un État membre.	**Art. 58.** Die Bestimmungen der Artikel 53 bis 57 dieses Gesetzes finden ebenfalls Anwendung, innerhalb der vom Abkommen über den Europäischen Wirtschaftsraum und den damit verbundenen Rechtsakten festgelegten Grenzen, auf in Luxemburg niedergelassene OGAW, die ihre Anteile auf dem Hoheitsgebiet eines Vertragsstaates des Abkommens über den Europäischen Wirtschaftsraum, der kein Mitgliedstaat ist, vertreiben.

Chapitre 7. – Des OPCVM établis dans d'autres États membres commercialisant leurs parts au Luxembourg	**Kapitel 7. – In einem anderen Mitgliedstaat der Europäischen Union ansässige OGAW, die ihre Anteile in Luxemburg vertreiben**
Art. 59. Un OPCVM établi dans un autre État membre commercialisant ses parts au Luxembourg doit désigner un établissement de crédit pour que les paiements aux porteurs de parts et le rachat ou le paiement des parts soient assurés au Luxembourg. L'OPCVM doit prendre les mesures nécessaires pour que la mise à disposition des informations qui incombe à l'OPCVM soit assurée aux porteurs de parts au Luxembourg.	**Art. 59.** In einem anderen Mitgliedstaat niedergelassene OGAW, die ihre Anteile in Luxemburg vertreiben, müssen ein Kreditinstitut benennen, damit Auszahlungen an Anteilinhaber sowie Rücknahmen und Zahlungen von Anteilen in Luxemburg vorgenommen werden. Der OGAW muss die erforderlichen Vorkehrungen treffen, damit die dem OGAW obliegende Bereitstellung von Informationen an die Anteilinhaber in Luxemburg gewährleistet wird.
Art. 60. (1) Si un OPCVM établi dans un autre État membre se propose de commercialiser ses parts au Luxembourg, la CSSF se voit transmettre par les autorités compétentes de l'État membre d'origine de l'OPCVM la documentation visée aux paragraphes (1) et (2) de l'article 93 de la directive 2009/65/CE ainsi qu'une attestation certifiant que l'OPCVM remplit les conditions imposées par la directive 2009/65/CE. Dès notification à l'OPCVM de la transmission à la CSSF visée au présent paragraphe par les autorités compétentes de l'État membre d'origine de l'OPCVM, celui-ci peut avoir accès au marché luxembourgeois à compter de la date de cette notification.	**Art. 60.** (1) Falls ein in einem anderen Mitgliedstaat niedergelassener OGAW beabsichtigt, seine Anteile in Luxemburg zu vertreiben, werden der CSSF von den zuständigen Behörden des Herkunftsmitgliedstaates des OGAW die in den Absätzen (1) und (2) von Artikel 93 der Richtlinie 2009/65/EG vorgesehenen Unterlagen sowie eine Bescheinigung aus der hervorgeht, dass der OGAW die von der Richtlinie 2009/65/EG vorgeschriebenen Bedingungen erfüllt, übermittelt. Sobald der OGAW darüber unterrichtet wurde, dass die in diesem Absatz erwähnte Übermittlung durch die zuständigen Behörden des Herkunftsmitgliedstaates des OGAW an die CSSF erfolgt ist, kann der OGAW auf dem luxemburgischen Markt tätig werden.
(2) En cas de modification des informations relatives aux modalités prévues pour la commercialisation communiquées dans la lettre de notification conformément au paragraphe (1) ou de modification des catégories de parts destinées à être commercialisées, l'OPCVM en avise par écrit la CSSF avant de mettre ladite modification en œuvre.	(2) Im Falle einer Änderung der Informationen über die im Anzeigeschreiben gemäß Absatz (1) mitgeteilten Modalitäten des Vertriebs oder einer Änderung der vertriebenen Anteilsklassen teilt der OGAW der CSSF vor Umsetzung der Änderung diese schriftlich mit.
Art. 61. (1) Si un OPCVM établi dans autre État membre commercialise ses parts au Lu-	**Art. 61.** (1) Ein in einem anderen Mitgliedstaat niedergelassener OGAW, der seine An-

xembourg, il doit fournir aux investisseurs qui se trouvent au Luxembourg toutes les informations et tous les documents qu'il est tenu de fournir aux investisseurs de son État membre d'origine conformément au chapitre IX de la directive 2009/65/CE.	teile in Luxemburg vertreibt, liefert den Anlegern in Luxemburg alle Informationen und Unterlagen, die er gemäß Kapitel IX der Richtlinie 2009/65/EG den Anlegern in seinem Herkunftsmitgliedstaat liefern muss.
Ces informations et ces documents sont fournis aux investisseurs dans le respect des dispositions suivantes:	Diese Informationen und Unterlagen werden den Anlegern gemäß folgenden Bestimmungen zur Verfügung gestellt:
a) sans préjudice des dispositions du chapitre IX de la directive 2009/65/CE, ces informations ou documents sont fournis aux investisseurs conformément aux dispositions législatives, réglementaires et administratives qui sont en vigueur au Luxembourg;	a) Unbeschadet der Bestimmungen von Kapitel IX der Richtlinie 2009/65/EG werden diese Informationen und/oder Unterlagen den Anlegern in Einklang mit den in Luxemburg geltenden Rechts- und Verwaltungsvorschriften zur Verfügung gestellt;
b) les informations clés pour l'investisseur visées à l'article 78 de la directive 2009/65/CE ainsi que les informations et les documents autres que les informations clés pour l'investisseur visées à l'article 78 de la directive 2009/65/CE sont traduits dans une des langues luxembourgeoise, française, allemande ou anglaise.	b) die in Artikel 78 der Richtlinie 2009/65/EG genannten wesentlichen Informationen für den Anleger sowie die anderen Informationen oder Unterlagen als die in Artikel 78 der Richtlinie 2009/65/EG genannten wesentlichen Informationen für den Anleger, werden in die luxemburgische, französische, deutsche oder englische Sprache übersetzt;
c) les traductions d'informations et de documents au titre du point b) sont fournies sous la responsabilité de l'OPCVM et sont le reflet fidèle des informations originales.	c) Übersetzungen von Informationen und/oder Unterlagen gemäß Buchstabe b) werden unter der Verantwortung des OGAW erstellt und müssen den Inhalt der ursprünglichen Informationen getreu wiedergeben.
(2) Les exigences énoncées au paragraphe (1) s'appliquent également à toutes les modifications des informations et documents visés audit paragraphe.	(2) Die in Absatz (1) beschriebenen Anforderungen gelten auch für jegliche Änderungen der dort genannten Informationen und Unterlagen.
(3) La fréquence de publication, conformément à l'article 76 de la directive 2009/65/CE, du prix d'émission, de vente, de rachat ou de remboursement des parts d'un OPCVM est régie par les dispositions législatives, réglementaires et administratives de l'État membre d'origine de l'OPCVM.	(3) Die Häufigkeit der in Artikel 76 der Richtlinie 2009/65/EG vorgesehenen Veröffentlichung der Ausgabe-, Verkaufs-, Rücknahme- oder Auszahlungspreise für die OGAW-Anteile wird durch die Rechts- und Verwaltungsvorschriften des Herkunftsmitgliedstaats des OGAW geregelt.
Art. 62. Un OPCVM peut, aux fins de l'exercice de ses activités, utiliser pour sa	**Art. 62.** Die OGAW können für die Ausübung ihrer Tätigkeit in Luxemburg densel-

dénomination, au Luxembourg, la même référence à sa forme juridique, telle que «société d'investissement» ou «fonds commun de placement», que celle qu'il utilise dans son État membre d'origine.	ben Verweis auf ihre Rechtsform, beispielsweise „Investmentgesellschaft" oder „Sondervermögen", wie in ihrem Herkunftsmitgliedstaat verwenden.
Art. 63. Aux fins du présent chapitre, le terme «OPCVM» vise également les compartiments d'investissement d'un OPCVM.	**Art. 63.** Für die Zwecke dieses Kapitels schließt der Begriff „OGAW" auch die dazugehörigen Teilfonds eines OGAW ein.
Art. 64. Les dispositions des articles 59 à 63 de la présente loi sont également d'application, dans les limites définies par l'Accord sur l'Espace économique européen et des actes y afférents, lorsque des OPCVM établis dans un État partie à l'Accord sur l'Espace économique européen, autre qu'un État membre commercialisent leurs parts au Luxembourg.	**Art. 64.** Die Bestimmungen der Artikel 59 bis 63 dieses Gesetzes finden ebenfalls innerhalb der Grenzen des Abkommens über den Europäischen Wirtschaftsraum und den damit verbundenen Rechtsakten Anwendung auf OGAW, die in einem Vertragsstaat des Abkommens über den Europäischen Wirtschaftsraum, der kein Mitgliedstaat ist, niedergelassen sind und ihre Anteile in Luxemburg vertreiben.
Chapitre 8. – Fusions d'OPCVM	**Kapitel 8. – Verschmelzung von OGAW**
A. – Principe, autorisation et approbation	**A. – Grundsatz, Genehmigung und Zustimmung**
Art. 65. Aux fins du présent chapitre, le terme «OPCVM» vise également les compartiments d'investissement d'un OPCVM.	**Art. 65.** Für die Zwecke dieses Kapitels schließt der Begriff „OGAW" auch die dazugehörigen Teilfonds eines OGAW ein.
Art. 66. (1) Sous réserve des conditions prévues dans le présent chapitre et indépendamment de la manière dont les OPCVM sont constitués au titre de l'article 2, paragraphe (3), un OPCVM établi à Luxembourg peut, que ce soit à titre d'OPCVM absorbé ou à titre d'OPCVM absorbeur, faire l'objet de fusions transfrontalières et nationales telles que définies à l'article 1, points 21) et 22), conformément à une des techniques de fusion prévues à l'article 1, point 20) de la présente loi.	**Art. 66.** (1) Vorbehaltlich der in diesem Kapitel festgelegten Voraussetzungen und unabhängig von der Form der OGAW im Sinne von Artikel 2 Absatz (3) kann ein in Luxemburg niedergelassener OGAW, sei es als übertragender OGAW, oder als übernehmender OGAW, Gegenstand von grenzüberschreitenden und inländischen Verschmelzungen nach Artikel 1, Ziffern 21) und 22) werden, gemäß einem der Verschmelzungsverfahren nach Artikel 1, Ziffer 20) dieses Gesetzes.
(2) Sont également couvertes par ce chapitre les fusions entre OPCVM établis au Luxem-	(2) Unter dieses Kapitel fallen auch Verschmelzungen von in Luxemburg niederge-

bourg lorsqu'aucun des OPCVM concernés n'a fait l'objet d'une notification conformément à l'article 93 de la directive 2009/65/CE.	lassenen OGAW, wenn keiner der betroffenen OGAW Gegenstand eines Anzeigeschreibens gemäß Artikel 93 der Richtlinie 2009/65/EG war.
(3) Les dispositions de la section XIV de la loi modifiée du 10 août 1915 concernant les sociétés commerciales, telle que modifiée, sur les fusions ne sont pas applicables aux fusions d'OPCVM.	(3) Die Bestimmungen bezüglich der Verschmelzungen in Kapitel XIV des geänderten Gesetzes vom 10. August 1915 über die Handelsgesellschaften gelten nicht für Verschmelzungen von OGAW.
(4) Sans préjudice des dispositions de l'alinéa suivant, les documents constitutifs d'un OPCVM établi au Luxembourg qui revêt une forme sociétaire doivent prévoir qui, de l'assemblée générale des porteurs de parts ou du conseil d'administration ou directoire, selon le cas, est compétent pour décider la prise d'effet de la fusion avec un autre OPCVM. Pour les OPCVM sous forme de fonds commun de placement établis au Luxembourg, la société de gestion de ces OPCVM est, sauf exception prévue dans le règlement de gestion, compétente pour décider de la prise d'effet d'une fusion avec un autre OPCVM. Lorsque le règlement de gestion ou les documents constitutifs prévoient l'approbation par une assemblée des porteurs de parts, ces mêmes documents doivent prévoir les conditions de quorum de présence et de majorité applicables étant entendu qu'en ce qui concerne l'approbation du projet commun de fusion par les porteurs de parts, une telle approbation doit être adoptée à la majorité simple au moins, sans pour autant nécessiter plus de 75%, des votes exprimés par les porteurs de parts présents ou représentés à l'assemblée.	(4) Unbeschadet der Bestimmungen des nachstehenden Absatzes müssen die Gründungsunterlagen eines in Luxemburg niedergelassenen OGAW in gesellschaftsrechtlicher Form, vorsehen, wer jeweils der Generalversammlung der Anteilinhaber, oder des Verwaltungsrats oder des Vorstands dafür zuständig ist, um über das Datum der Wirksamkeit einer Verschmelzung mit einem anderen OGAW zu entscheiden. Für in Luxemburg niedergelassene OGAW in Form von Sondervermögen, ist vorbehaltlich einer im Verwaltungsreglement vorgesehenen Ausnahmeregelung die Verwaltungsgesellschaft dafür zuständig, um über das Datum der Wirksamkeit einer Verschmelzung mit einem anderen OGAW zu entscheiden. Falls das Verwaltungsreglement oder die Satzung die Zustimmung einer Versammlung der Anteilinhaber vorsieht, müssen die gleichen Dokumente die anwendbaren Bedingungen für Anwesenheitsquorum und Mehrheit vorsehen, wobei bezüglich der Zustimmung des gemeinsamen Verschmelzungsplans durch die Anteilinhaber vorzuschreiben ist, dass diese Zustimmung mindestens der einfachen Mehrheit bedarf, ohne dass jedoch mehr als 75% der tatsächlich abgegebenen Stimmen der bei der Versammlung der Anteilinhaber anwesenden oder vertretenen Anteilinhaber erforderlich sind.
En l'absence de dispositions spécifiques dans le règlement de gestion ou les documents constitutifs, toute fusion doit être approuvée par la société de gestion pour les OPCVM absorbés sous forme de fonds commun de placement ou par l'assemblée des porteurs de parts statuant à la majorité sim-	Sofern im Verwaltungsreglement oder in den Gründungsunterlagen keine besonderen Bestimmungen festgelegt sind, bedarf jede Verschmelzung von übertragenden OGAW in Form von Sondervermögen der Zustimmung der Verwaltungsgesellschaft oder für OGAW in gesellschaftsrechtlicher

ple au moins des votes exprimés par les porteurs de parts présents ou représentés à l'assemblée pour les OPCVM absorbés qui revêtent une forme sociétaire. Pour toute fusion où l'OPCVM absorbé est une société d'investissement qui cesse d'exister, la prise d'effet de la fusion doit être décidée par une assemblée des porteurs de parts de l'OPCVM absorbé qui délibèrent suivant les modalités et exigences de quorum de présence et de majorité prévues par les statuts, étant entendu que les dispositions du présent paragraphe s'appliquent. Pour toute société d'investissement absorbée qui cesse d'exister, la prise d'effet de la fusion doit être constatée par acte notarié.	Form der Zustimmung der Generalversammlung der Anteilinhaber die mit einfacher Mehrheit der bei der Generalversammlung anwesenden oder vertretenen Anteilinhaber des übertragenden OGAW entscheidet. Bei Verschmelzungen, bei denen der übertragende OGAW eine Investmentgesellschaft ist, die erlischt, muss das Wirksamwerden der Verschmelzung von einer Generalversammlung der Anteilinhaber des übertragenden OGAW beschlossen werden, die gemäß den in der Satzung vorgesehenen Bedingungen und Anforderungen für Quorum und Mehrheit entscheiden, wobei gleichfalls die Bestimmungen dieses Absatzes einzuhalten sind. Bei übertragenden OGAW, die erlöschen, muss das Wirksamwerden der Verschmelzung notariell beurkundet werden.
Pour toute fusion où l'OPCVM absorbé est un fonds commun de placement qui cesse d'exister, la prise d'effet de la fusion doit être décidée par la société de gestion de cet OPCVM, sauf exception prévue dans le règlement de gestion. Pour tout fonds commun de placement absorbé qui cesse d'exister, la décision quant à la prise d'effet de la fusion doit faire l'objet d'un dépôt au registre de commerce et des sociétés et sa publication au Mémorial est faite par une mention du dépôt au registre de commerce et des sociétés de cette décision, conformément aux dispositions de la loi modifiée du 10 août 1915 concernant les sociétés commerciales.	Bei Verschmelzungen, bei denen der übertragende OGAW ein Sondervermögen ist, das erlischt, muss das Wirksamwerden der Verschmelzung von der Verwaltungsgesellschaft dieses OGAW beschlossen werden, es sei denn das Verwaltungsreglement sieht eine Ausnahme vor. Bei Verschmelzungen, bei denen der übertragende OGAW ein Sondervermögen ist, das erlischt, ist die Entscheidung über das Wirksamwerden der Verschmelzung, Gegenstand einer Hinterlegung beim Handels- und Gesellschaftsregister und ihre Veröffentlichung im Mémorial erfolgt durch Bekanntmachung eines Hinweises auf die Hinterlegung beim Handels- und Gesellschaftsregister im Einklang mit den Bestimmungen des geänderten Gesetzes vom 10. August 1915 über die Handelsgesellschaften.
Pour autant qu'une fusion requiert l'approbation des porteurs de parts selon les dispositions ci-dessus, seule l'approbation des porteurs de parts du ou des compartiment(s) concerné(s) par la fusion est requise, sauf disposition contraire dans le règlement de gestion ou les documents constitutifs de l'OPCVM.	Sofern eine Verschmelzung der Zustimmung der Anteilinhaber gemäß den vorstehenden Bestimmungen bedarf, ist allein die Zustimmung der Anteilinhaber des/der von der Verschmelzung betroffenen Teilfonds erforderlich, es sei denn das Verwaltungsreglement oder die Gründungsunterlagen des OGAW enthalten anderslautende Bestimmungen.

Les modalités pratiques concernant les procédures de fusion pour les OPCVM luxembourgeois concernés par une fusion peuvent être arrêtées par voie de règlement CSSF. Les fusions prévues à l'article 1, point 20) c) de la présente loi s'opèrent selon les modalités prévues au présent chapitre.	Die praktischen Modalitäten hinsichtlich der Verschmelzungsverfahren von luxemburgischen OGAW, die von einer Verschmelzung betroffen sind, können durch eine CSSF-Verordnung festgelegt werden. Die in Artikel 1, Ziffer 20) c) dieses Gesetzes vorgesehenen Verschmelzungen erfolgen gemäß den in diesem Kapitel vorgesehenen Modalitäten.
Lorsque l'OPCVM absorbeur et l'OPCVM absorbé sont établis au Luxembourg, les dispositions prévues dans le présent chapitre quant à l'intervention des autorités compétentes d'un autre État membre ne trouvent pas application.	Falls sowohl der übernehmende als auch der übertragende OGAW in Luxemburg niedergelassen sind, finden die in diesem Kapitel vorgesehenen Bestimmungen im Zusammenhang mit dem Eingreifen der zuständigen Behörden eines anderen Mitgliedstaates keine Anwendung.
Art. 67. (1) Lorsque l'OPCVM absorbé est un OPCVM établi au Luxembourg, une fusion est subordonnée à une autorisation préalable de la CSSF.	**Art. 67.** (1) Falls es sich bei dem übertragenden OGAW um einen in Luxemburg niedergelassenen OGAW handelt, bedarf eine Verschmelzung der vorherigen Genehmigung der CSSF.
(2) L'OPCVM absorbé communique les informations suivantes à la CSSF:	(2) Der übertragende OGAW übermittelt folgende Informationen an die CSSF:
a) le projet commun de la fusion proposée, dûment approuvé par l'OPCVM absorbé et l'OPCVM absorbeur;	a) den vom übertragenden OGAW und vom übernehmenden OGAW gebilligten gemeinsamen Verschmelzungsplan,
b) une version actualisée du prospectus et des informations clés pour l'investisseur, visées à l'article 78 de la directive 2009/65/CE, de l'OPCVM absorbeur, s'il est établi dans un autre État membre;	b) eine aktuelle Fassung des Prospekts und der in Artikel 78 der Richtlinie 2009/65/EG genannten wesentlichen Informationen für den Anleger des übernehmenden OGAW, falls dieser in einem anderen Mitgliedstaat niedergelassen ist,
c) une déclaration émise par chacun des dépositaires des OPCVM absorbé et absorbeur confirmant que, conformément à l'article 70, ils ont vérifié la conformité des éléments d'information énoncés à l'article 69, paragraphe (1), points a), f) et g), avec les exigences de la présente loi et avec le règlement de gestion ou avec les documents constitutifs de leur OPCVM respectif. Au cas où l'OPCVM absorbeur est établi dans un autre État	c) eine von allen Verwahrstellen des übertragenden und des übernehmenden OGAW abgegebene Erklärung, mit der gemäß den Bestimmungen von Artikel 70 bestätigt wird, dass sie die Übereinstimmung der Angaben nach Artikel 69 Absatz (1) Buchstaben a), f) und g) mit den Anforderungen dieses Gesetzes und dem Verwaltungsreglement oder der Gründungsunterlagen ihres jeweiligen OGAW überprüft haben. Ist

membre, cette déclaration émise par le dépositaire de l'OPCVM absorbeur confirme que, conformément à l'article 41 de la directive 2009/65/CE, la conformité des éléments d'information énoncés à l'article 40, paragraphe (1), points a), f) et g), avec les exigences de la directive 2009/65/CE et avec le règlement de gestion ou avec les documents constitutifs de l'OPCVM absorbeur a été vérifié; et	der übernehmende OGAW in einem anderen Mitgliedstaat niedergelassen, so bestätigt die von der Verwahrstelle des übernehmenden OGAW abgegebene Erklärung, dass, gemäß Artikel 41 der Richtlinie 2009/65/EG, die Übereinstimmung der Angaben nach Artikel 40 Absatz (1) Buchstaben a), f) und g) mit den Anforderungen der Richtlinie 2009/65/EG und dem Verwaltungsreglement oder den Gründungsunterlagen des übernehmenden OGAW überprüft wurde; und
d) les informations relatives à la fusion proposée que les OPCVM absorbeur et absorbé comptent fournir à leurs porteurs de parts respectifs. Ces informations sont fournies à la CSSF dans une des langues luxembourgeoise, française, allemande ou anglaise.	d) die Informationen, die der übertragende und der übernehmende OGAW ihren jeweiligen Anteilinhabern zu der geplanten Verschmelzung zu übermitteln beabsichtigen. Diese Informationen werden der CSSF in luxemburgischer, französischer, deutscher oder englischer Sprache mitgeteilt.
(3) Si elle estime que le dossier n'est pas complet, la CSSF demande des informations supplémentaires dans un délai maximal de dix jours ouvrables après avoir reçu les informations visées au paragraphe (2).	(3) Falls der Antrag nach Ansicht der CSSF nicht vollständig ist, fordert sie zusätzliche Informationen innerhalb einer Frist von höchstens zehn Arbeitstagen nach Erhalt der in Absatz (2) vorgesehenen Informationen an.
(4) (a) Lorsque l'OPCVM absorbeur n'est pas établi au Luxembourg, et lorsque le dossier est complet, la CSSF transmet immédiatement des copies des informations visées au paragraphe (2) aux autorités compétentes de l'État membre d'origine de l'OPCVM absorbeur. La CSSF et les autorités compétentes de l'État membre d'origine de l'OPCVM absorbeur examinent respectivement l'incidence potentielle de la fusion proposée sur les porteurs de parts de l'OPCVM absorbé et de l'OPCVM absorbeur, afin d'établir si des informations appropriées sont fournies aux porteurs de parts.	(4) (a) Ist der übernehmende OGAW nicht in Luxemburg niedergelassen und liegt der vollständige Antrag vor, übermittelt die CSSF umgehend Kopien der Informationen nach Absatz (2) an die zuständigen Behörden im Herkunftsmitgliedstaat des übernehmenden OGAW. Die CSSF und die zuständigen Behörden des Herkunftsmitgliedstaates des übernehmenden OGAW wägen jeweils die potenziellen Auswirkungen der geplanten Verschmelzung auf die Anteilinhaber sowohl des übertragenden als auch des übernehmenden OGAW ab, um zu prüfen, inwieweit die Anteilinhaber angemessene Informationen erhalten.
Si la CSSF le juge nécessaire, elle peut exiger par écrit une clarification des informations destinées aux porteurs de parts de l'OPCVM absorbé.	Wenn die CSSF es für erforderlich hält, kann sie schriftlich eine Klarstellung der Informationen für die Anteilinhaber des übertragenden OGAW verlangen.

Si les autorités compétentes de l'État membre d'origine de l'OPCVM absorbeur le jugent nécessaire, elles peuvent exiger par écrit, dans un délai maximal de quinze jours ouvrables après réception des copies des informations complètes visées au paragraphe (2), que l'OPCVM absorbeur modifie les informations à fournir aux porteurs de ses parts.	Halten die zuständigen Behörden des Herkunftsmitgliedstaats des übernehmenden OGAW es für erforderlich, so können sie spätestens 15 Arbeitstage nach Erhalt der Kopien mit den vollständigen Informationen gemäß Absatz (2) schriftlich verlangen, dass der übernehmende OGAW die seinen Anteilinhabern zu liefernden Informationen ändert.
Les autorités compétentes de l'État membre d'origine de l'OPCVM absorbeur marquent alors leur insatisfaction auprès de la CSSF. Elles indiquent à la CSSF, dans les vingt jours ouvrables suivant le moment où elles en ont reçu notification, si elles considèrent comme satisfaisantes les informations modifiées destinées aux porteurs de parts de l'OPCVM absorbeur.	In diesem Fall teilen die zuständigen Behörden des Herkunftsmitgliedstaats des übernehmenden OGAW der CSSF ihre Unzufriedenheit mit. Sie informieren die CSSF innerhalb von 20 Arbeitstagen, nachdem ihnen die geänderten Informationen, die den Anteilinhabern des übernehmenden OGAW übermittelt werden, vorgelegt worden sind, darüber, ob diese geänderten Informationen zufriedenstellend sind.
(b) Lorsque l'OPCVM absorbeur est établi au Luxembourg, et pour autant que le dossier est complet, la CSSF examine l'incidence potentielle de la fusion proposée sur les porteurs de parts de l'OPCVM absorbé et de l'OPCVM absorbeur, afin d'établir si des informations appropriées sont fournies aux porteurs de parts. Si la CSSF le juge nécessaire, elle peut exiger par écrit (i) une clarification des informations destinées aux porteurs de parts de l'OPCVM absorbé et (ii) dans un délai maximal de quinze jours ouvrables après réception des copies des informations complètes visées au paragraphe (2) que l'OPCVM absorbeur modifie les informations à fournir aux porteurs de ses parts.	b) Ist der übernehmende OGAW in Luxemburg niedergelassen und sofern der Antrag vollständig ist, wägt die CSSF jeweils die potenziellen Auswirkungen der geplanten Verschmelzung auf die Anteilinhaber sowohl des übertragenden als auch des übernehmenden OGAW ab, um zu prüfen, inwieweit die Anteilinhaber angemessene Informationen erhalten. Wenn es die CSSF für erforderlich hält, kann sie schriftlich (i) eine Klarstellung der Informationen für die Anteilinhaber des übertragenden OGAW und (ii) innerhalb einer Frist von höchstens fünfzehn Arbeitstagen nach Erhalt der Kopien mit den vollständigen Informationen gemäß Absatz (2) verlangen, dass der übernehmende OGAW die seinen Anteilinhabern zu liefernden Informationen ändert.
(5) La CSSF informe l'OPCVM absorbé, dans les vingt jours ouvrables qui suivent la soumission d'informations complètes, conformément au paragraphe (2), de l'autorisation ou non de la fusion.	(5) Die CSSF teilt dem übertragenden OGAW innerhalb von 20 Arbeitstagen nach Vorlage der vollständigen Angaben gemäß Absatz (2) mit, ob die Verschmelzung genehmigt wird.
(6) Lorsque l'OPCVM absorbeur n'est pas établi au Luxembourg et que:	(6) Falls der übernehmende OGAW nicht in Luxemburg niedergelassen ist und
a) la fusion proposée est conforme à toutes les exigences des articles 67, 69, 70 et 71 de la présente loi; et	a) die geplante Verschmelzung sämtliche Auflagen der Artikel 67, 69, 70 und 71 dieses Gesetzes erfüllt; und

b) l'OPCVM absorbeur a fait l'objet d'une notification, conformément à l'article 60 de la présente loi, pour la commercialisation de ses parts au Luxembourg et dans tous les États membres où l'OPCVM absorbé soit est autorisé, soit a fait l'objet d'une notification pour la commercialisation de ses parts conformément à l'article 60 de la présente loi; et	b) der übernehmende OGAW gemäß Artikel 60 dieses Gesetzes für den Vertrieb seiner Anteile in Luxemburg und in sämtlichen Mitgliedstaaten gemeldet ist, in denen der übertragende OGAW entweder zugelassen oder für den Vertrieb seiner Anteile gemäß Artikel 60 dieses Gesetzes angezeigt ist, und
c) la CSSF et les autorités compétentes de l'État membre d'origine de l'OPCVM absorbeur considèrent comme satisfaisantes les informations qu'il est proposé de fournir aux porteurs de parts, ou aucune indication marquant une insatisfaction de la part des autorités compétentes de l'État membre d'origine de l'OPCVM absorbeur n'a été reçue au titre du paragraphe (4) (a), quatrième alinéa, la CSSF autorise la fusion proposée si ces conditions sont remplies. La CSSF communique aussi sa décision aux autorités compétentes de l'État membre d'origine de l'OPCVM absorbeur.	c) die CSSF und die zuständigen Behörden im Herkunftsmitgliedstaat des übernehmenden OGAW die Informationen, die den Anteilinhabern übermittelt werden sollen, für zufriedenstellend befinden oder kein Hinweis auf Unzufriedenheit von Seiten der zuständigen Behörden im Herkunftsmitgliedstaat des übernehmenden OGAW nach Absatz (4) (a) Unterabsatz 4 eingegangen ist, genehmigt die CSSF die geplante Verschmelzung sofern diese Bedingungen erfüllt sind. Die CSSF übermittelt ihren Beschluss ebenfalls an die zuständigen Behörden im Herkunftsmitgliedstaat des übernehmenden OGAW.
Lorsque l'OPCVM absorbeur est également établi au Luxembourg et que:	Falls der übernehmende OGAW ebenfalls in Luxemburg niedergelassen ist und
a) la fusion proposée est conforme à toutes les exigences des articles 67, 69, 70 et 71 de la présente loi; et	a) die geplante Verschmelzung sämtliche Auflagen der Artikel 67, 69, 70 und 71 dieses Gesetzes erfüllt; und
b) l'OPCVM absorbeur a fait l'objet d'une notification, conformément à l'article 60 de la présente loi, pour la commercialisation de ses parts dans tous les États membres où l'OPCVM absorbé soit est autorisé, soit a fait l'objet d'une notification pour la commercialisation de ses parts conformément à l'article 60 de la présente loi; et	b) der übernehmende OGAW gemäß Artikel 60 dieses Gesetzes für den Vertrieb seiner Anteile in sämtlichen Mitgliedstaaten gemeldet ist, in denen der übertragende OGAW entweder zugelassen oder für den Vertrieb seiner Anteile gemäß Artikel 60 dieses Gesetzes angezeigt ist, und
c) la CSSF considère comme satisfaisantes les informations qu'il est proposé de fournir aux porteurs de parts de l'OPCVM absorbé et de l'OPCVM absorbeur, la CSSF autorise la fusion proposée si ces conditions sont remplies.	c) die CSSF die Informationen, die den Anteilinhabern des übertragenden und des übernehmenden OGAW übermittelt werden sollen, für zufriedenstellend befindet genehmigt die CSSF die geplante Verschmelzung sofern diese Bedingungen erfüllt sind.

Art. 68. (1) Lorsque l'OPCVM absorbeur est un OPCVM établi au Luxembourg, et l'OPCVM absorbé est établi dans un autre État membre, la CSSF doit obtenir de la part des autorités compétentes de cet autre État membre transmission des copies des informations énumérées sous l'article 67 (2) a), c) et d).	**Art. 68.** (1) Falls es sich bei dem übernehmenden OGAW um einen in Luxemburg niedergelassenen OGAW handelt, und der übertragende OGAW in einem anderen Mitgliedstaat niedergelassen ist, müssen der CSSF von den zuständigen Behörden dieses anderen Mitgliedstaates Kopien der in Artikel 67 (2) a), c) und d) aufgelisteten Informationen übermittelt werden.
(2) La CSSF et les autorités compétentes de l'État membre d'origine de l'OPCVM absorbé examinent respectivement l'incidence potentielle de la fusion proposée sur les porteurs de parts de l'OPCVM absorbé et de l'OPCVM absorbeur, afin d'établir si des informations appropriées sont fournies aux porteurs de parts. Si la CSSF le juge nécessaire, elle peut exiger par écrit, dans un délai maximal de quinze jours ouvrables après réception des copies des informations complètes visées au paragraphe (1), que l'OPCVM absorbeur modifie les informations à fournir aux porteurs de ses parts.	(2) Die CSSF und die zuständigen Behörden des Herkunftsmitgliedstaates des übertragenden OGAW wägen jeweils die potenziellen Auswirkungen der geplanten Verschmelzung auf die Anteilinhaber sowohl des übertragenden als auch des übernehmenden OGAW ab, um zu prüfen, inwieweit die Anteilinhaber angemessene Informationen erhalten. Wenn es die CSSF für erforderlich hält, kann sie schriftlich innerhalb einer Frist von höchstens fünfzehn Arbeitstagen nach Erhalt der Kopien mit den vollständigen Informationen gemäß Absatz (1) verlangen, dass der übernehmende OGAW die seinen Anteilinhabern zu liefernden Informationen ändert.
La CSSF indique aux autorités compétentes de l'État membre d'origine de l'OPCVM absorbé, dans les vingt jours ouvrables suivant le moment où la CSSF en a reçu notification, si elle considère comme satisfaisantes les informations modifiées destinées aux porteurs de parts de l'OPCVM absorbeur.	Die CSSF teilt den zuständigen Behörden des Herkunftsmitgliedstaates des übertragenden OGAW innerhalb von 20 Arbeitstagen nachdem sie diese Informationen erhalten hat, mit, ob sie die geänderten Informationen für die Anteilinhaber des übernehmenden OGAW für zufriedenstellend befindet.
(3) Tout en veillant au respect du principe de la répartition des risques, l'OPCVM absorbeur peut déroger aux articles 43, 44, 45 et 46 pendant une période de six mois suivant la date de prise d'effet de la fusion.	(3) Unbeschadet seiner Verpflichtung, auf die Einhaltung des Grundsatzes der Risikostreuung zu achten, kann der übernehmende OGAW während eines Zeitraums von sechs Monaten nach dem Wirksamwerden der Verschmelzung von den Artikeln 43, 44, 45 und 46 abweichen.
Art. 69. (1) L'OPCVM absorbé et l'OPCVM absorbeur doivent rédiger un projet commun de fusion. Le projet commun de fusion expose les éléments suivants:	**Art. 69.** (1) Der übertragende und der übernehmende OGAW müssen einen gemeinsamen Verschmelzungsplan erstellen. Der gemeinsame Verschmelzungsplan führt folgende Angaben an:

a) une identification du type de fusion et des OPCVM concernés;	a) Art der Verschmelzung und beteiligte OGAW;
b) le contexte et la motivation de la fusion proposée;	b) Hintergrund und Beweggründe für die geplante Verschmelzung;
c) l'incidence prévue de la fusion proposée sur les porteurs de parts tant de l'OPCVM absorbé que de l'OPCVM absorbeur;	c) erwartete Auswirkungen der geplanten Verschmelzung auf die Anteilinhaber sowohl des übertragenden als auch des übernehmenden OGAW;
d) les critères adoptés pour l'évaluation de l'actif et, le cas échéant, du passif à la date de calcul du ratio d'échange visée à l'article 75, paragraphe 1;	d) die beschlossenen Kriterien für die Bewertung des Vermögens und gegebenenfalls der Verbindlichkeiten zum Zeitpunkt der Berechnung des Umtauschverhältnisses gemäß Artikel 75 Absatz 1;
e) la méthode de calcul du ratio d'échange;	e) Methode zur Berechnung des Umtauschverhältnisses;
f) la date d'effet prévue pour la fusion;	f) geplanter effektiver Verschmelzungstermin;
g) les règles applicables respectivement au transfert d'actifs et à l'échange de parts; et	g) die für die Übertragung von Vermögenswerten und den Umtausch von Anteilen geltenden Bestimmungen; und
h) en cas de fusion conformément à l'article 1, point 20) b), et, le cas échéant, à l'article 1, point 20) c) de la présente loi ou le cas échéant conformément à l'article 2, paragraphe (1), point p) ii), et le cas échéant à l'article 2, paragraphe (1), point p) iii) de la directive 2009/65/CE, le règlement de gestion ou les documents constitutifs de l'OPCVM absorbeur nouvellement constitué.	h) im Falle einer Verschmelzung nach Artikel 1, Ziffer 20) b) und, gegebenenfalls, nach Artikel 1 , Ziffer 20) c) dieses Gesetzes oder gegebenenfalls nach Artikel 2, Absatz (1) Buchstabe p) ii), und gegebenenfalls nach Artikel 2, Absatz (1) Buchstabe p) iii) der Richtlinie 2009/65/EG, das Verwaltungsreglement oder der Gründungsunterlagen des neu gegründeten übernehmenden OGAW.
(2) L'OPCVM absorbé et l'OPCVM absorbeur peuvent décider d'inclure des éléments supplémentaires dans le projet commun de fusion.	(2) Der übertragende OGAW und der übernehmende OGAW können beschließen, weitere Angaben in den Verschmelzungsplan aufzunehmen.
B. – Contrôle des tiers, information des porteurs de parts et autres droits des porteurs de parts	**B. – Kontrolle durch Dritte, Information der Anteilinhaber und sonstige Rechte der Anteilinhaber**
Art. 70. Les dépositaires de l'OPCVM absorbé et de l'OPCVM absorbeur, pour autant que le ou les OPCVM sont établi(s) au Lu-	**Art. 70.** Sofern der (die) OGAW in Luxemburg niedergelassen ist/sind, müssen die Verwahrstellen des übertragenden und des

xembourg doivent vérifier la conformité des éléments énoncés à l'article 69, paragraphe (1), points a), f) et g), avec les exigences de la présente loi et avec le règlement de gestion ou avec les documents constitutifs de leur OPCVM respectif.	übernehmenden OGAW die Übereinstimmung der Angaben nach Artikel 69 Absatz (1) Buchstaben a), f) und g) mit den Anforderungen dieses Gesetzes und dem Verwaltungsreglement oder der Gründungsunterlagen ihres jeweiligen OGAW überprüfen.
Art. 71. (1) L'OPCVM absorbé établi à Luxembourg doit charger un réviseur d'entreprise agréé, ou le cas échéant un contrôleur légal des comptes indépendant de valider les éléments suivants:	**Art. 71.** (1) Der in Luxemburg niedergelassene übertragende OGAW muss einen *réviseur d'entreprises agréé* (Abschlussprüfer), oder gegebenenfalls einen unabhängigen gesetzlichen Abschlussprüfer mit der Bestätigung von Folgendem beauftragen:
a) les critères adoptés pour l'évaluation de l'actif et, le cas échéant, du passif à la date de calcul du ratio d'échange visée à l'article 75, paragraphe (1) de la présente loi;	a) die beschlossenen Kriterien für die Bewertung des Vermögens und gegebenenfalls der Verbindlichkeiten zum Zeitpunkt der Berechnung des Umtauschverhältnisses gemäß Artikel 75 Absatz (1) dieses Gesetzes;
b) le cas échéant, le paiement en espèces par part; et	b) sofern zutreffend, die Barzahlung je Anteil und
c) la méthode de calcul du ratio d'échange, ainsi que le ratio réel d'échange déterminé à la date de calcul de ce ratio visée à l'article 75, paragraphe (1) de la présente loi.	c) die Methode zur Berechnung des Umtauschverhältnisses und das tatsächliche Umtauschverhältnis zum Zeitpunkt der Berechnung dieses Umtauschverhältnisses gemäß Artikel 75 Absatz (1) dieses Gesetzes.
(2) Le réviseur d'entreprises agréé ou contrôleur légal des comptes de l'OPCVM absorbé ou le réviseur d'entreprises agréé ou contrôleur légal des comptes de l'OPCVM absorbeur sont considérés comme réviseur d'entreprise agréé ou contrôleurs légaux des comptes indépendants aux fins du paragraphe 1.	(2) Der *réviseur d'entreprises agréé* (Abschlussprüfer) oder gegebenenfalls der gesetzliche Abschlussprüfer des übertragenden OGAW oder der *réviseur d'entreprises agréé* (Abschlussprüfer) oder gesetzliche Abschlussprüfer des übernehmenden OGAW gelten für die Zwecke von Absatz (1) als *réviseur d'entreprises agréé* (Abschlussprüfer) oder unabhängiger gesetzlicher Abschlussprüfer.
(3) Un exemplaire des rapports du réviseur d'entreprises agréé ou le cas échéant du contrôleur légal des comptes est mis, sur demande et gratuitement, à la disposition des porteurs de parts tant de l'OPCVM absorbé que de l'OPCVM absorbeur et à la disposition des autorités compétentes dont ils dépendent respectivement.	(3) Den Anteilinhabern sowohl des übertragenden als auch des übernehmenden OGAW sowie ihren jeweiligen zuständigen Behörden wird auf Anfrage kostenlos eine Kopie des Berichts des *réviseur d'entreprises agréé* (Abschlussprüfer) oder, sofern zutreffend, des gesetzlichen Abschlussprüfers zur Verfügung gestellt.

Art. 72. (1) Si l'OPCVM absorbé et/ou l'OPCVM absorbeur sont établis au Luxembourg, chacun doit fournir à ses porteurs de parts respectifs des informations utiles et précises quant à la fusion proposée afin de permettre à ces derniers de juger en pleine connaissance de cause de l'incidence de cette fusion sur leur investissement.	**Art. 72.** (1) Falls der übertragende OGAW und/oder der übernehmende OGAW in Luxemburg niedergelassen sind, müssen beide ihren jeweiligen Anteilinhabern geeignete und präzise Informationen über die geplante Verschmelzung übermitteln, damit diese sich ein fundiertes Urteil über die Auswirkungen der Verschmelzung auf ihre Anlage bilden können.
(2) Ces informations sont transmises aux porteurs de parts des OPCVM absorbés et des OPCVM absorbeurs établis au Luxembourg uniquement après que la CSSF ait autorisé la fusion proposée en vertu de l'article 67 de la loi. Elles sont transmises au moins trente jours avant la date ultime de demande de rachat ou de remboursement ou, le cas échéant, de conversion sans frais supplémentaires au titre de l'article 73, paragraphe (1) de la présente loi.	(2) Die genannten Informationen werden den Anteilinhabern des übertragenden und des übernehmenden OGAW, die in Luxemburg niedergelassen sind, erst übermittelt, nachdem die CSSF die geplante Verschmelzung nach Artikel 67 dieses Gesetzes genehmigt hat. Sie werden mindestens dreißig Tage vor der letzten Frist für einen Antrag auf Rücknahme oder Auszahlung oder gegebenenfalls Umwandlung ohne Zusatzkosten gemäß Artikel 73 Absatz (1) dieses Gesetzes übermittelt.
(3) Les informations à fournir aux porteurs de parts de l'OPCVM absorbé et/ou de l'OPCVM absorbeur établi(s) au Luxembourg incluent des informations utiles et précises quant à la fusion proposée, afin de leur permettre de juger en pleine connaissance de cause de l'incidence possible de cette fusion sur leur investissement et d'exercer les droits que leur confèrent les articles 66 (4) et 73 de la présente loi.	(3) Die Informationen, die den Anteilinhabern des in Luxemburg niedergelassenen übertragenden und/oder übernehmenden OGAW zu übermitteln sind, umfassen geeignete und präzise Informationen über die geplante Verschmelzung, damit sie sich ein fundiertes Urteil über die Auswirkungen der Verschmelzung auf ihre Anlage bilden und ihre Rechte nach den Artikeln 66 (4) und 73 dieses Gesetzes ausüben können.
Elles comprennent les éléments suivants:	Sie umfassen Folgendes:
a) le contexte et la motivation de la fusion proposée;	a) Hintergrund und Beweggründe für die geplante Verschmelzung;
b) l'incidence possible de la fusion proposée sur les porteurs de parts, y compris, notamment, toutes différences substantielles en ce qui concerne la politique et la stratégie de placement, les coûts, les résultats attendus, la présentation périodique de rapports et le risque de dilution de la performance ainsi que, le cas échéant, un avertissement bien visible aux investisseurs sur le fait que leur régime fiscal pourrait changer à la suite de la fusion;	b) potenzielle Auswirkungen der geplanten Verschmelzung auf die Anteilinhaber, einschließlich aber nicht ausschließlich wesentlicher Unterschiede in Bezug auf Anlagepolitik und -strategie, Kosten, erwartetes Ergebnis, periodische Berichte, etwaige Verwässerung der Leistung und gegebenenfalls eine eindeutige Warnung an die Anleger, dass sich ihre steuerliche Behandlung im Zuge der Verschmelzung Änderungen ändern könnte;

c) tous droits spécifiques des porteurs de parts en rapport avec la fusion proposée, y compris, notamment, le droit d'obtenir des informations complémentaires, le droit d'obtenir sur demande un exemplaire du rapport du réviseur d'entreprise agréé ou le cas échéant du contrôleur légal des comptes indépendant ou de celui du dépositaire (si applicable dans l'État membre d'origine de l'OPCVM absorbeur ou absorbé) et le droit de demander le rachat ou le remboursement ou, le cas échéant, la conversion de leurs parts sans frais conformément à l'article 73, paragraphe (1), ainsi que la date ultime à laquelle ce droit peut être exercé;	c) spezifische Rechte der Anteilinhaber in Bezug auf die geplante Verschmelzung, einschließlich aber nicht ausschließlich des Rechts auf zusätzliche Informationen, des Rechts, auf Anfrage eine Kopie des Berichts des *réviseur d'entreprises agréé* (Abschlussprüfer) oder gegebenenfalls des unabhängigen gesetzlichen Abschlussprüfers oder der Verwahrstelle (sofern im Herkunftsmitgliedstaat des übertragenden oder übernehmenden OGAW anwendbar) zu erhalten, des Rechts, gemäß Artikel 73 Absatz (1) die kostenlose Rücknahme oder Auszahlung oder gegebenenfalls Umwandlung ihrer Anteile zu verlangen, und der Frist für die Wahrnehmung dieses Rechts;
d) les aspects pertinents de la procédure et la date d'effet prévue de la fusion; et	d) maßgebliche Verfahrensaspekte und geplantes effektives Verschmelzungsdatum; und
e) un exemplaire des informations clés pour l'investisseur, visées à l'article 159 de la présente loi, ou le cas échéant à l'article 78 de la directive 2009/65/CE, concernant l'OPCVM absorbeur.	e) eine Kopie der in Artikel 159 dieses Gesetzes oder gegebenenfalls in Artikel 78 der Richtlinie 2009/65/EG genannten wesentlichen Informationen für den Anleger in Bezug auf den übernehmenden OGAW.
(4) Si l'OPCVM absorbé ou l'OPCVM absorbeur a fait l'objet d'une notification conformément à l'article 93 de la directive 2009/65/CE, les informations visées au paragraphe (3) sont fournies dans une des langues officielles de l'État membre d'accueil de l'OPCVM concerné, ou dans une langue acceptée par ses autorités compétentes. L'OPCVM qui est tenu de fournir les informations est responsable de la réalisation de la traduction. Ladite traduction est le reflet fidèle des informations originales.	(4) Wurde der übertragende oder der übernehmende OGAW gemäß Artikel 93 der Richtlinie 2009/65/EG gemeldet, so werden die in Absatz (3) genannten Informationen in einer der Amtssprachen des Aufnahmemitgliedstaats des jeweiligen OGAW oder in einer von dessen zuständigen Behörden gebilligten Sprache vorgelegt. Der OGAW, der die Informationen zu übermitteln hat, ist für die Erstellung der Übersetzung verantwortlich. Diese Übersetzung gibt den Inhalt des Originals zuverlässig wieder.
Art. 73. (1) Si l'OPCVM absorbé et/ou l'OPCVM absorbeur sont établis au Luxembourg, leurs porteurs de parts ont le droit d'exiger, sans frais autres que ceux retenus par l'OPCVM pour couvrir les coûts de désinvestissement, le rachat ou le de leurs parts ou, lorsque c'est possible, leur conver-	**Art. 73.** (1) Falls der übertragende und/oder der übernehmende OGAW in Luxemburg niedergelassen sind, haben ihre Anteilinhaber das Recht, ohne weitere Kosten als jene, die vom OGAW zur Deckung der Auflösungskosten einbehalten werden, die Rücknahme oder die Auszahlung ihrer An-

sion en parts d'un autre OPCVM poursuivant une politique de placement similaire et géré par la même société de gestion ou par toute autre société avec laquelle la société de gestion est liée dans le cadre d'une communauté de gestion ou de contrôle ou par une importante participation directe ou indirecte. Ce droit devient effectif au moment où les porteurs de parts de l'OPCVM absorbé et ceux de l'OPCVM absorbeur ont été informés de la fusion proposée conformément à l'article 72 et expire cinq jours ouvrables avant la date de calcul du ratio d'échange visée à l'article 75, paragraphe (1) de la présente loi.	teile oder, soweit möglich, deren Umtausch in Anteile eines anderen OGAW mit ähnlicher Anlagepolitik, der von derselben Verwaltungsgesellschaft oder einer anderen Gesellschaft verwaltet wird, mit der die Verwaltungsgesellschaft durch eine gemeinsame Verwaltung oder Kontrolle oder durch eine wesentliche direkte oder indirekte Beteiligung verbunden ist, zu verlangen. Dieses Recht wird ab dem Zeitpunkt wirksam, zu dem die Anteilinhaber des übertragenden OGAW und die Anteilinhaber des übernehmenden OGAW nach Artikel 72 über die geplante Verschmelzung unterrichtet werden, und erlischt fünf Werktage vor dem Zeitpunkt der Berechnung des Umtauschverhältnisses gemäß Artikel 75 Absatz (1) dieses Gesetzes.
(2) Sans préjudice du paragraphe 1, pour les fusions entre OPCVM et par dérogation aux articles 11, paragraphe (2), et 28, paragraphe (1), point b), les OPCVM concernés peuvent suspendre temporairement la souscription, le rachat ou le remboursement des parts, à condition qu'une telle suspension soit justifiée par le souci de protéger les porteurs de parts. La CSSF peut par ailleurs exiger la suspension temporaire de la souscription, du rachat ou du remboursement des parts lorsque la protection des porteurs de parts l'impose.	(2) Unbeschadet der Bestimmungen nach Absatz (1) können bei Verschmelzungen zwischen OGAW und abweichend von Artikel 11 Absatz (2) sowie Artikel 28 Absatz (1), Buchstabe b) die betroffenen OGAW die Zeichnung, Rücknahme oder Auszahlung von Anteilen zeitweilig aussetzen, wenn eine solche Aussetzung aus Gründen des Anteilinhaberschutzes gerechtfertigt ist. Die CSSF kann des Weiteren die zeitweilige Aussetzung der Zeichnung, Rücknahme oder Auszahlung von Anteilen fordern, falls der Anteilinhaberschutz dies erforderlich macht.
C. – Coûts et prise d'effet	**C. – Kosten und Wirksamwerden**
Art. 74. Sauf dans les cas où les OPCVM n'ont pas désigné de société de gestion, les coûts juridiques, des services de conseil ou administratifs associés à la préparation et à la réalisation de la fusion ne peuvent pas être mis en charge à l'OPCVM absorbé, à l'OPCVM absorbeur ou à leurs porteurs de parts.	**Art. 74.** Hat der OGAW eine Verwaltungsgesellschaft benannt, so können etwaige Rechts-, Beratungs- oder Verwaltungskosten, die mit der Vorbereitung und Durchführung der Verschmelzung verbunden sind, weder dem übertragenden OGAW, noch dem übernehmenden OGAW noch ihren Anteilinhabern angelastet werden.
Art. 75. (1) La date à laquelle la fusion prend effet ainsi que la date de calcul du ratio	**Art. 75.** (1) Der Zeitpunkt, an dem die Verschmelzung wirksam wird und der Zeit-

d'échange des parts de l'OPCVM absorbé avec les parts de l'OPCVM absorbeur et, le cas échéant, celle de la détermination de la valeur nette d'inventaire appropriée pour les paiements en espèces est prévue dans le projet de fusion commun visé à l'article 69. Ces dates doivent être postérieures à l'approbation, le cas échéant, de la fusion par les porteurs de parts de l'OPCVM absorbeur ou de l'OPCVM absorbé.	punkt der Berechnung des Verhältnisses für den Umtausch von Anteilen des übertragenden OGAW in Anteile des übernehmenden OGAW und, sofern zutreffend, für die Festlegung des einschlägigen Nettoinventarwerts für Barzahlungen, wird im gemeinsamen Verschmelzungsplan gemäß Artikel 69 festgelegt. Diese Fristen müssen nach der Genehmigung, soweit erforderlich, der Verschmelzung durch die Anteilinhaber des übertragenden OGAW oder des übernehmenden OGAW liegen.
(2) La prise d'effet de la fusion est rendue publique par tous les moyens appropriés, par l'OPCVM absorbeur établi au Luxembourg, et elle est notifiée à la CSSF et aux autres autorités compétentes impliquées dans la fusion.	(2) Das Wirksamwerden der Verschmelzung wird mit allen geeigneten Mitteln durch den in Luxemburg niedergelassenen übernehmenden OGAW öffentlich bekannt gegeben und der CSSF sowie den anderen von der Verschmelzung betroffenen zuständigen Behörden mitgeteilt.
(3) Une fusion qui a pris effet conformément au paragraphe 1 ne peut être déclarée nulle et non avenue.	(3) Eine nach Absatz (1) wirksam gewordenen Verschmelzung kann nicht mehr für nichtig erklärt werden.
Art. 76. (1). Une fusion effectuée conformément à l'article 1, point 20) a), a les conséquences suivantes:	**Art. 76.** (1) Eine nach Artikel 1, Ziffer 20) a) durchgeführte Verschmelzung hat folgende Auswirkungen:
a) tout l'actif et tout le passif de l'OPCVM absorbé sont transférés à l'OPCVM absorbeur ou, le cas échéant, au dépositaire de l'OPCVM absorbeur;	a) Alle Vermögenswerte und Verbindlichkeiten des übertragenden OGAW werden auf den übernehmenden OGAW oder, sofern zutreffend, auf die Verwahrstelle des übernehmenden OGAW übertragen;
b) les porteurs de parts de l'OPCVM absorbé deviennent porteurs de parts de l'OPCVM absorbeur et, le cas échéant, ils ont droit à un paiement en espèces ne dépassant pas 10% de la valeur nette d'inventaire de leurs parts dans l'OPCVM absorbé; et	b) die Anteilinhaber des übertragenden OGAW werden Anteilinhaber des übernehmenden OGAW, und sie haben gegebenenfalls Anspruch auf eine Barzahlung in Höhe von höchstens 10% des Nettobestandwerts ihrer Anteile in dem übertragenden OGAW, und
c) l'OPCVM absorbé établi au Luxembourg cesse d'exister à la date de prise d'effet de la fusion.	c) der in Luxemburg niedergelassene übertragende OGAW erlischt mit Inkrafttreten der Verschmelzung.
(2) Une fusion effectuée conformément à l'article 1, point 20) b), a les conséquences suivantes:	(2) Eine nach Artikel 1, Ziffer 20) b) durchgeführte Verschmelzung hat folgende Auswirkungen:

a) tout l'actif et tout le passif des OPCVM absorbés sont transférés à l'OPCVM absorbeur nouvellement constitué ou, le cas échéant, au dépositaire de l'OPCVM absorbeur;	a) Alle Vermögenswerte und Verbindlichkeiten der übertragenden OGAW werden auf den neu gegründeten übernehmenden OGAW oder, sofern zutreffend, auf die Verwahrstelle des übernehmenden OGAW übertragen;
b) les porteurs de parts des OPCVM absorbés deviennent porteurs de parts de l'OPCVM absorbeur nouvellement constitué et, le cas échéant, ils ont droit à un paiement en espèces ne dépassant pas 10% de la valeur nette d'inventaire de leurs parts dans les OPCVM absorbés; et	b) die Anteilinhaber der übertragenden OGAW werden Anteilinhaber des neu gegründeten übernehmenden OGAW, und sie haben gegebenenfalls Anspruch auf eine Barzahlung in Höhe von höchstens 10% des Nettobestandwerts ihrer Anteile in den übertragenden OGAW, und
c) les OPCVM absorbés établis au Luxembourg cessent d'exister à la date de prise d'effet de la fusion.	c) die in Luxemburg niedergelassenen übertragenden OGAW erlöschen mit Inkrafttreten der Verschmelzung.
(3) Une fusion effectuée conformément à l'article 1, point 20) c), a les conséquences suivantes:	(3) Eine nach Artikel 1, Ziffer 20) c) durchgeführte Verschmelzung hat folgende Auswirkungen:
a) les actifs nets de l'OPCVM absorbé sont transférés à l'OPCVM absorbeur ou, le cas échéant, au dépositaire de l'OPCVM absorbeur;	a) Die Nettovermögenswerte des übertragenden OGAW werden auf den übernehmenden OGAW oder, sofern zutreffend, auf die Verwahrstelle des übernehmenden OGAW übertragen;
b) les porteurs de parts de l'OPCVM absorbé deviennent porteurs de parts de l'OPCVM absorbeur; et	b) die Anteilinhaber des übertragenden OGAW werden Anteilinhaber des übernehmenden OGAW; und
c) l'OPCVM absorbé établi au Luxembourg continue d'exister jusqu'à ce que le passif ait été apuré.	c) der in Luxemburg niedergelassene übertragende OGAW besteht weiter, bis alle Verbindlichkeiten getilgt sind.
(4) La société de gestion de l'OPCVM absorbeur confirme au dépositaire de l'OPCVM absorbeur que le transfert de l'actif et, le cas échéant, du passif, a été effectué par écrit. Si l'OPCVM absorbeur n'a pas désigné de société de gestion, il adresse cette confirmation au dépositaire de l'OPCVM absorbeur.	(4) Die Verwaltungsgesellschaft des übernehmenden OGAW bestätigt der Verwahrstelle des übernehmenden OGAW schriftlich, dass die Übertragung der Vermögenswerte und gegebenenfalls der Verbindlichkeiten erfolgt ist. Hat der übernehmende OGAW keine Verwaltungsgesellschaft benannt, richtet er diese Bestätigung an die Verwahrstelle des übernehmenden OGAW.

Chapitre 9. – Structures maître-nourricier	**Kapitel 9. – Master-Feeder-Strukturen**
A. – Champ d'application et autorisation	**A. – Geltungsbereich und Genehmigung**
Art. 77. (1) Un OPCVM nourricier est un OPCVM, ou l'un de ses compartiments d'investissement, qui a été autorisé à investir, par dérogation à l'article 2, paragraphe (2), 1er tiret, aux articles 41, 43 et 46, et à l'article 48, paragraphe (2), 3ème tiret, de la loi au moins 85% de ses actifs dans des parts d'un autre OPCVM ou d'un compartiment d'investissement de celui-ci (ci-après dénommés «OPCVM maître»).	**Art. 77.** (1) Ein Feeder-OGAW ist ein OGAW oder ein Teilfonds eines OGAW, der abweichend von Artikel 2 Absatz (2) erster Gedankenstrich, von Artikel 41, 43 und 46 sowie von Artikel 48, Absatz (2), dritter Gedankenstrich dieses Gesetzes, mindestens 85% seines Vermögens in Anteile eines anderen OGAW oder eines Teilfonds eines anderen OGAW („Master-OGAW") anlegt.
(2) Un OPCVM nourricier peut placer jusqu'à 15% de ses actifs dans un ou plusieurs des éléments suivants:	(2) Ein Feeder-OGAW kann bis zu 15% seines Vermögens in einen oder mehrere der folgenden Vermögenswerte anlegen:
a) des liquidités à titre accessoire conformément à l'article 41, paragraphe (2), second alinéa;	a) gemäß Artikel 41 Absatz (2) Unterabsatz 2 gehaltene flüssige Mittel;
b) des instruments financiers dérivés, qui peuvent être utilisés uniquement à des fins de couverture, conformément à l'article 41, paragraphe (1), point g), et à l'article 42, paragraphes (2) et (3);	b) abgeleitete Finanzinstrumente gemäß Artikel 41 Absatz (1) Buchstabe g) und Artikel 42 Absätze (2) und (3), die ausschließlich für Absicherungszwecke verwendet werden dürfen;
c) les biens meubles et immeubles indispensables à l'exercice direct de son activité, si l'OPCVM nourricier est une société d'investissement.	c) wenn es sich beim Feeder-OGAW um eine Investmentgesellschaft handelt, bewegliches und unbewegliches Vermögen, das für die unmittelbare Ausübung seiner Tätigkeit unerlässlich ist.
Aux fins de la conformité avec l'article 42, paragraphe (3), l'OPCVM nourricier calcule son risque global lié aux instruments financiers dérivés en combinant son propre risque direct au titre du premier alinéa, point b), avec:	Für die Zwecke der Einhaltung von Artikel 42 Absatz (3) berechnet der Feeder-OGAW sein Gesamtrisiko im Zusammenhang mit abgeleiteten Finanzinstrumenten anhand einer Kombination seines eigenen unmittelbaren Risikos nach Unterabsatz 1 Buchstabe b)
a) soit le risque réel de l'OPCVM maître par rapport aux instruments financiers dérivés, en proportion des investissements de l'OPCVM nourricier dans l'OPCVM maître; ou	a) entweder mit dem tatsächlichen Risiko des Master-OGAW gegenüber abgeleiteten Finanzinstrumenten im Verhältnis zur Anlage des Feeder-OGAW in den Master- OGAW; oder
b) soit le risque potentiel maximal global de l'OPCVM maître par rapport aux ins-	b) mit dem potenziellen Gesamthöchstrisiko des Master-OGAW in Bezug auf ab-

truments financiers dérivés prévu par le règlement de gestion ou les documents constitutifs de l'OPCVM maître, en proportion de l'investissement de l'OPCVM nourricier dans l'OPCVM maître.	geleitete Finanzinstrumente gemäß dem Verwaltungsreglement oder den Gründungsunterlagen des Master-OGAW im Verhältnis zur Anlage des Feeder-OGAW in den Master-OGAW.
(3) Un OPCVM maître est un OPCVM ou l'un de ses compartiments d'investissement:	(3) Ein Master-OGAW ist ein OGAW oder ein Teilfonds eines OGAW, der:
a) qui compte au moins un OPCVM nourricier parmi ses porteurs de parts;	a) mindestens einen Feeder-OGAW unter seinen Anteilinhabern hat,
b) qui n'est pas lui-même un OPCVM nourricier; et	b) nicht selbst ein Feeder-OGAW ist; und
c) qui ne détient pas de parts d'un OPCVM nourricier.	c) keine Anteile eines Feeder-OGAW hält.
(4) Les dérogations suivantes s'appliquent à un OPCVM maître:	(4) Für einen Master-OGAW gelten folgende Abweichungen:
a) si deux au moins des porteurs de parts d'un OPCVM maître sont des OPCVM nourriciers, l'article 2, paragraphe (2), 1er tiret, et l'article 3, second tiret, de la loi ne s'appliquent pas, l'OPCVM maître ayant la possibilité de recueillir ou non des capitaux auprès d'autres investisseurs;	a) hat ein Master-OGAW mindestens zwei Feeder-OGAW als Anteilinhaber, gelten Artikel 2 Absatz (2) erster Gedankenstrich und Artikel 3 zweiter Gedankenstrich des Gesetzes nicht und der Master-OGAW hat die Möglichkeit, sich Kapital bei anderen Anlegern zu beschaffen;
b) si un OPCVM maître ne recueille pas de capitaux auprès du public dans un État membre autre que celui où il est établi, mais a seulement un ou plusieurs OPCVM nourriciers dans cet État membre, le chapitre XI et l'article 108 paragraphe (1) 2ème alinéa de la directive 2009/65/CE ne s'appliquent pas.	b) nimmt ein Master-OGAW in einem anderen Mitgliedstaat als dem, in dem er niedergelassen ist, und in dem er lediglich über einen oder mehrere Feeder-OGAW verfügt, kein beim Publikum beschafftes Kapital auf, so kommen die Bestimmungen von Kapitel XI und Artikel 108 Absatz (1) Unterabsatz 2 der Richtlinie 2009/65/EG nicht zur Anwendung.
Art. 78. (1) L'investissement d'un OPCVM nourricier, qui est établi au Luxembourg, dans un OPCVM maître donné, qui dépasse la limite applicable, en vertu de l'article 46, paragraphe (1), aux placements dans d'autres OPCVM, est subordonné à l'approbation préalable de la CSSF.	**Art. 78.** (1) Die Anlage eines in Luxemburg niedergelassenen Feeder-OGAW in einen bestimmten Master-OGAW, die die Grenze gemäß Artikel 46 Absatz (1) für Anlagen in andere OGAW überschreitet, unterliegt der vorherigen Genehmigung der CSSF.
(2) L'OPCVM nourricier est informé, au plus tard quinze jours ouvrables après la présentation d'un dossier complet, de l'approbation ou du refus, par la CSSF, de son investissement dans l'OPCVM maître.	(2) Ein Feeder-OGAW wird innerhalb von 15 Arbeitstagen nach Vorlage eines vollständigen Antrags darüber informiert, ob die CSSF die Anlage des Feeder-OGAW in den Master-OGAW genehmigt hat oder nicht.

(3) La CSSF donne son approbation dès lors que l'OPCVM nourricier, son dépositaire, son réviseur d'entreprises agréé ainsi que l'OPCVM maître se conforment à toutes les obligations prévues par le présent chapitre. À cette fin, l'OPCVM nourricier doit fournir les documents suivants à la CSSF:	(3) Die CSSF erteilt die Genehmigung, wenn der Feeder-OGAW, seine Verwahrstelle, sein *réviseur d'entreprises agréé* (Abschlussprüfer) sowie der Master-OGAW alle in diesem Kapitel dargelegten Anforderungen erfüllen. Der Feeder-OGAW übermittelt der CSSF zu diesem Zweck folgende Dokumente:
a) le règlement de gestion ou les documents constitutifs de l'OPCVM nourricier et de l'OPCVM maître;	a) das Verwaltungsreglement oder die Gründungsunterlagen des Feeder-OGAW und des Master-OGAW,
b) le prospectus et les informations clés pour l'investisseur, visés à l'article 159 de l'OPCVM nourricier et de l'OPCVM maître;	b) den Prospekt und die in Artikel 159 genannten wesentlichen Informationen für den Anleger von Feeder-OGAW und Master-OGAW,
c) l'accord entre l'OPCVM nourricier et l'OPCVM maître ou les règles de conduite internes visés à l'article 79, paragraphe (1);	c) die in Artikel 79 Absatz (1) genannte Vereinbarung zwischen Feeder-OGAW und Master-OGAW oder die entsprechenden internen Regelungen für Geschäftstätigkeiten,
d) le cas échéant, les informations à fournir aux porteurs de parts visées à l'article 83, paragraphe (1) ;	d) sofern zutreffend, die in Artikel 83 Absatz (1) genannten Informationen für die Anteilinhaber,
e) si le dépositaire de l'OPCVM maître diffère de celui de l'OPCVM nourricier, l'accord d'échange d'informations entre leurs dépositaires respectifs visé à l'article 80, paragraphe (1) ; et	e) wenn Master-OGAW und Feeder-OGAW unterschiedliche Verwahrstellen haben, die in Artikel 80 Absatz (1) genannte Vereinbarung über den Austausch von Informationen zwischen den Verwahrstellen; und
f) si le réviseur d'entreprises agréé de l'OPCVM maître diffère de celui de l'OPCVM nourricier, l'accord d'échange d'informations entre leurs réviseurs respectifs visé à l'article 81, paragraphe (1).	f) wenn Master-OGAW und Feeder-OGAW unterschiedliche *réviseurs d'entreprises agréés* (Abschlussprüfer) haben, die in Artikel 81 Absatz (1) genannte Vereinbarung über den Austausch von Informationen zwischen den Prüfern.
Les points a), b) et c) du paragraphe (3) du présent article ne sont pas applicables au cas où l'OPCVM nourricier et l'OPCVM maître sont tous deux établis au Luxembourg.	Die Buchstaben a), b) und c) von Absatz (3) dieses Artikels finden keine Anwendung, wenn sowohl Feeder-OGAW als auch Master-OGAW in Luxemburg niedergelassen sind.
Lorsque l'OPCVM nourricier est établi au Luxembourg alors que l'OPCVM maître est établi dans un autre État membre, l'OPCVM nourricier fournit également à la CSSF une attestation des autorités compétentes de l'État membre d'origine de l'OPCVM maître certifiant que celui-ci est un OPCVM ou un	Ist der Feeder-OGAW in Luxemburg und der Master-OGAW in einem anderen Mitgliedstaat niedergelassen, liefert der Feeder-OGAW der CSSF außerdem eine Bestätigung der zuständigen Behörden des Herkunftsmitgliedstaates des Master-OGAW, dass der Master-OGAW ein OGAW oder ein Teilfonds

compartiment d'investissement de celui-ci qui remplit les conditions énoncées à l'article 58 paragraphe 3 points b) et c) de la directive 2009/65/CE. Les documents sont fournis par l'OPCVM nourricier dans une des langues luxembourgeoise, française, allemande ou anglaise.	des OGAW ist, der die Bestimmungen gemäß Artikel 58 Absatz 3 Buchstaben b) und c) der Richtlinie 2009/65/EG erfüllt. Der Feeder-OGAW legt die Unterlagen in luxemburgischer, französischer, deutscher oder englischer Sprache vor.
B. – Dispositions communes aux OPCVM maîtres et nourriciers	**B. – Gemeinsame Bestimmungen für Feeder-OGAW und Master-OGAW**
Art. 79. (1) L'OPCVM maître doit fournir à l'OPCVM nourricier tous les documents et toutes les informations nécessaires pour que ce dernier respecte les exigences de la présente loi. A cet effet, l'OPCVM nourricier conclut un accord avec l'OPCVM maître.	**Art. 79.** (1) Der Master-OGAW muss dem Feeder-OGAW alle Unterlagen und Informationen zur Verfügung stellen, die der Feeder-OGAW benötigt, um die Anforderungen dieses Gesetzes zu erfüllen. Dazu schließt der Feeder-OGAW eine Vereinbarung mit dem Master-OGAW.
L'OPCVM nourricier n'investit au-delà de la limite applicable en vertu de l'article 46, paragraphe (1), dans les parts de cet OPCVM maître qu'une fois que l'accord visé au premier alinéa est entré en vigueur. Sur demande, cet accord est mis gratuitement à la disposition de tous les porteurs de parts.	Der Feeder-OGAW tätigt Anlagen in Anteile des Master-OGAW, die die Grenze gemäß Artikel 46 Absatz (1) übersteigen, erst dann, wenn die in Unterabsatz 1 genannte Vereinbarung in Kraft getreten ist. Diese Vereinbarung wird allen Anteilinhabern auf Anfrage und kostenfrei zugänglich gemacht.
Lorsque l'OPCVM maître et l'OPCVM nourricier sont gérés par la même société de gestion, l'accord peut être remplacé par des règles de conduite internes assurant le respect des exigences énoncées dans le présent paragraphe.	Werden Master- und Feeder-OGAW von der gleichen Verwaltungsgesellschaft verwaltet, kann die Vereinbarung durch interne Regelungen für Geschäftstätigkeiten ersetzt werden, durch die sichergestellt wird, dass die Bestimmungen dieses Absatzes eingehalten werden.
(2) L'OPCVM maître et l'OPCVM nourricier prennent des mesures appropriées pour coordonner le calendrier du calcul et de la publication de leur valeur nette d'inventaire, afin d'écarter les possibilités d'opérations d'arbitrage sur leurs parts entre la valeur comptable et la valeur de marché (market timing).	(2) Master-OGAW und Feeder-OGAW treffen angemessene Maßnahmen zur Abstimmung ihrer Zeitpläne für die Berechnung und Veröffentlichung des Nettoinventarwertes, um das so genannte Market Timing mit ihren Anteilen und Arbitrage-Möglichkeiten zu verhindern.
(3) Sans préjudice de l'article 11, paragraphe (2), et de l'article 28, paragraphe (1), point b), si un OPCVM maître suspend temporairement le rachat, le remboursement ou la souscription de ses parts, que ce soit de sa propre initiative ou à la demande de ses au-	(3) Wenn ein Master-OGAW unbeschadet von Artikel 11 Absatz (2) und von Artikel 28 Absatz (1) Buchstabe b) auf eigene Initiative oder auf Ersuchen der zuständigen Behörden die Rücknahme, Auszahlung oder Zeichnung seiner Anteile zeitweilig aus-

torités compétentes, tous ses OPCVM nourriciers ont le droit de suspendre le rachat, le remboursement ou la souscription de leurs parts, nonobstant les conditions prévues à l'article 12, paragraphe (1), et à l'article 28, paragraphe (5), pendant une durée identique à celle de l'OPCVM maître.	setzt, so ist jeder seiner Feeder-OGAW dazu berechtigt, die Rücknahme, Auszahlung oder Zeichnung seiner Anteile ungeachtet der in Artikel 12 Absatz (1) und in Artikel 28 Absatz (5) formulierten Bedingungen während des gleichen Zeitraums wie der Master-OGAW auszusetzen.
(4) Si un OPCVM maître est liquidé, l'OPCVM nourricier est également liquidé, sauf si la CSSF approuve:	(4) Wird ein Master-OGAW liquidiert, so wird auch der Feeder-OGAW liquidiert, es sei denn, die CSSF genehmigt:
a) l'investissement d'au moins 85% des actifs de l'OPCVM nourricier dans les parts d'un autre OPCVM maître; ou	a) die Anlage von mindestens 85% des Vermögens des Feeder-OGAW in Anteile eines anderen Master-OGAW; oder
b) la modification du règlement de gestion ou des documents constitutifs de l'OPCVM nourricier afin de lui permettre de se convertir en OPCVM non nourricier.	b) die Änderung des Verwaltungsreglements oder den Gründungsunterlagen des Feeder-OGAW, um ihm die Umwandlung in einen OGAW, der kein Feeder-OGAW ist, zu ermöglichen.
Sans préjudice des dispositions spécifiques applicables en matière de liquidation obligatoire, la liquidation d'un OPCVM maître ne peut intervenir dans un délai inférieur à trois mois à compter du moment où il a informé tous ses porteurs de parts et la CSSF de sa décision contraignante de liquidation.	Unbeschadet spezifischer Bestimmungen bezüglich Zwangsliquidationen erfolgt die Liquidation eines Master-OGAW frühestens drei Monate nach dem Zeitpunkt, an dem er all seine Anteilinhaber und die CSSF über die verbindliche Entscheidung der Liquidation informiert hat.
(5) Si un OPCVM maître fusionne avec un autre OPCVM ou s'il est divisé en deux OPCVM ou plus, l'OPCVM nourricier est liquidé, à moins que la CSSF n'accepte que l'OPCVM nourricier:	(5) Bei der Verschmelzung eines Master-OGAW mit einem anderen OGAW oder der Spaltung in zwei oder mehr OGAW wird der Feeder-OGAW liquidiert, es sei denn, die CSSF genehmigt, dass der Feeder-OGAW:
a) continue à être un OPCVM nourricier de l'OPCVM maître ou d'un autre OPCVM qui est le résultat de la fusion ou de la division de l'OPCVM maître;	a) Feeder-OGAW des Master-OGAW oder eines anderen OGAW bleibt, der aus der Verschmelzung bzw. Spaltung des Master-OGAW hervorgeht;
b) investisse au moins 85% de ses actifs dans les parts d'un autre OPCVM maître qui n'est pas le résultat de la fusion ou de la division; ou	b) mindestens 85% seines Vermögens in Anteile eines anderen Master-OGAW anlegt, der nicht aus der Verschmelzung bzw. Spaltung hervorgegangen ist; oder
c) modifie son règlement de gestion ou ses documents constitutifs afin de se convertir en OPCVM non nourricier.	c) sein Verwaltungsreglement oder seine Gründungsunterlagen im Sinne einer Umwandlung in einen OGAW, der kein Feeder-OGAW ist, ändert.
La fusion ou la division d'un OPCVM maître ne prend effet que si celui-ci a fourni à tous ses porteurs de parts et aux autorités compé-	Eine Verschmelzung oder Spaltung eines Master-OGAW kann nur wirksam werden, wenn der Master- OGAW alle seine Anteilin-

tentes de l'État membre d'origine de ses OPCVM nourriciers les informations visées à l'article 72 ou des informations comparables à celles-ci, au plus tard soixante jours avant la date de prise d'effet proposée.	haber und den zuständigen Behörden der Herkunftsmitgliedstaaten seiner Feeder-OGAW bis spätestens 60 Tage vor dem vorgeschlagenen Datum des Wirksamwerdens die in Artikel 72 genannten Informationen oder mit diesen vergleichbare Informationen übermittelt hat.
À moins que la CSSF n'ait donné son accord au titre du premier alinéa, point a), l'OPCVM maître autorise l'OPCVM nourricier à racheter ou à rembourser toutes les parts de l'OPCVM maître avant que la fusion ou la division de celui-ci ne prenne effet.	Der Feeder-OGAW erhält vom Master-OGAW die Möglichkeit, vor Wirksamwerden der Verschmelzung bzw. Spaltung des Master-OGAW alle Anteile am Master-OGAW zurückzunehmen oder auszuzahlen, es sei denn, die CSSF hat die in Unterabsatz 1 Buchstabe a) vorgesehene Genehmigung erteilt.
C. – Dépositaires et réviseurs d'entreprises agréés	**C. – Verwahrstellen und *réviseur d'entreprises agréé* (Abschlussprüfer)**
Art. 80. (1) Lorsqu'un OPCVM maître n'a pas le même dépositaire qu'un OPCVM nourricier, ces dépositaires doivent conclure un accord d'échange d'informations afin d'assurer la bonne fin des obligations des deux dépositaires.	**Art. 80.** (1) Wenn Master-OGAW und Feeder-OGAW unterschiedliche Verwahrstellen haben, so müssen diese Verwahrstellen eine Vereinbarung über den Informationsaustausch abschließen, um sicherzustellen, dass beide Verwahrstellen ihre Pflichten erfüllen.
L'OPCVM nourricier n'investit dans les parts de l'OPCVM maître qu'une fois qu'un tel accord est entré en vigueur.	Der Feeder-OGAW tätigt erst dann Anlagen in Anteile des Master-OGAW wenn eine solche Vereinbarung wirksam geworden ist.
Lorsqu'ils se conforment aux exigences énoncées dans le présent chapitre, ni le dépositaire de l'OPCVM maître ni celui de l'OPCVM nourricier ne sont considérés comme enfreignant une quelconque règle restreignant la divulgation d'informations ou en rapport avec la protection des données, que cette règle soit prévue par un contrat ou par une disposition législative, réglementaire ou administrative. Le fait de se conformer auxdites exigences n'entraîne, pour le dépositaire ou pour quiconque agit pour son compte, aucune responsabilité d'aucune sorte.	Bei der Einhaltung der Bestimmungen dieses Kapitels, wird davon ausgegangen, dass weder die Verwahrstelle des Master-OGAW noch die des Feeder-OGAW eine Bestimmung die die Offenlegung von Informationen einschränkt oder den Datenschutz betrifft, verletzen, unabhängig davon, ob diese Bestimmungen vertraglich oder durch Rechts- oder Verwaltungsvorschriften vorgesehen sind. Die Einhaltung der betreffenden Vorschriften hat für eine Verwahrstelle oder eine für diese handelnde Person keinerlei Haftung zur Folge.
L'OPCVM nourricier ou, le cas échéant, la société de gestion de l'OPCVM nourricier doit se charger de communiquer au déposi-	Der Feeder-OGAW oder – sofern zutreffend – die Verwaltungsgesellschaft des Feeder-OGAW ist dafür zuständig, der Ver-

taire de l'OCPVM nourricier toute information concernant l'OPCVM maître qui est nécessaire pour que le dépositaire de l'OPCVM nourricier puisse s'acquitter de ses obligations.	wahrstelle des Feeder-OGAW alle Informationen über den Master-OGAW mitzuteilen, die für die Erfüllung der Pflichten der Verwahrstelle des Feeder-OGAW erforderlich sind.
(2) Le dépositaire de l'OPCVM maître informe immédiatement les autorités compétentes de l'État membre d'origine de l'OPCVM maître, l'OPCVM nourricier ou, le cas échéant, la société de gestion et le dépositaire de l'OPCVM nourricier, de toute irrégularité qu'il constate en ce qui concerne l'OPCVM maître, considérée comme ayant une incidence négative sur l'OPCVM nourricier.	(2) Die Verwahrstelle des Master-OGAW unterrichtet die zuständigen Behörden des Herkunftsmitgliedstaats des Master-OGAW, den Feeder-OGAW oder – sofern zutreffend – die Verwaltungsgesellschaft und die Verwahrstelle des Feeder-OGAW unmittelbar über alle Unregelmäßigkeiten, die sie in Bezug auf den Master-OGAW feststellt, die möglicherweise eine negative Auswirkung auf den Feeder-OGAW haben können.
Art. 81. (1) Lorsqu'un OPCVM maître n'a pas le même réviseur d'entreprises agréé qu'un OPCVM nourricier, ces réviseurs d'entreprises agréés concluent un accord d'échange d'informations afin d'assurer la bonne fin des obligations des deux réviseurs d'entreprises agréés, y compris les dispositions prises pour se conformer aux exigences du paragraphe (2).	**Art. 81.** (1) Wenn Master-OGAW und Feeder-OGAW unterschiedliche *réviseurs d'entreprises agréés* (Abschlussprüfer) haben, so müssen diese *réviseurs d'entreprises agréés* (Abschlussprüfer) eine Vereinbarung über den Informationsaustausch abschließen, um sicherzustellen, dass beide *réviseurs d'entreprises agréés* (Abschlussprüfer) ihre Pflichten erfüllen, einschließlich der zur Erfüllung der Vorgaben gemäß Absatz (2) festgelegten Bestimmungen.
L'OPCVM nourricier n'investit dans les parts de l'OPCVM maître qu'une fois un tel accord entré en vigueur.	Der Feeder-OGAW tätigt Anlagen in Anteile des Master-OGAW erst, wenn eine solche Vereinbarung wirksam geworden ist.
(2) Dans son rapport d'audit, le réviseur d'entreprises agréé de l'OPCVM nourricier tient compte du rapport d'audit de l'OPCVM maître. Si l'OPCVM nourricier et l'OPCVM maître ont des exercices comptables différents, le réviseur d'entreprises agréé de l'OPCVM maître établit un rapport ad hoc à la date de clôture de l'OPCVM nourricier.	(2) Der *réviseur d'entreprises agréé* (Abschlussprüfer) des Feeder-OGAW berücksichtigt in seinem Prüfbericht den Prüfbericht des Master-OGAW. Haben der Feeder- und der Master-OGAW unterschiedliche Rechnungsjahre, so erstellt der *réviseur d'entreprises agréé* (Abschlussprüfer) des Master-OGAW einen Ad-hoc-Bericht zum Abschlusstermin des Feeder-OGAW.
Le réviseur d'entreprises agréé de l'OPCVM nourricier fait notamment rapport sur toute irrégularité signalée dans le rapport d'audit de l'OPCVM maître et sur son incidence sur l'OPCVM nourricier.	Der *réviseur d'entreprises agréé* (Abschlussprüfer) nennt in seinem Bericht insbesondere jegliche im Prüfbericht des Master-OGAW festgestellten Unregelmäßigkeiten sowie deren Auswirkungen auf den Feeder-OGAW.

(3) Lorsqu'ils se conforment aux exigences énoncées dans le présent chapitre, ni le réviseur d'entreprises agréé de l'OPCVM maître ni celui de l'OPCVM nourricier ne sont considérés comme enfreignant une quelconque règle restreignant la divulgation d'informations ou en rapport avec la protection des données, que cette règle soit prévue par un contrat ou par une disposition législative, réglementaire ou administrative. Le fait de se conformer auxdites exigences n'entraîne, pour le réviseur d'entreprises agréé ou pour quiconque agit pour son compte, aucune responsabilité d'aucune sorte.	(3) Bei der Befolgung der Vorschriften dieses Kapitels wird nicht davon ausgegangen, dass weder der *réviseur d'entreprises agréé* (Abschlussprüfer) des Master-OGAW noch der des Feeder-OGAW eine Bestimmung verletzen, die die Offenlegung von Informationen einschränkt oder den Datenschutz betrifft, unabhängig davon, ob diese Bestimmungen vertraglich oder durch Rechts- oder Verwaltungsvorschriften vorgesehen sind. Die Einhaltung der betreffenden Vorschriften darf für einen *réviseur d'entreprises agréé* (Abschlussprüfer) oder eine für diesen handelnde Person keine Haftung nach sich ziehen.
D. – Informations obligatoires et communications publicitaires de l'OPCVM nourricier	**D. – Verpflichtende Informationen und Werbe-Mitteilungen des Feeder-OGAW**
Art. 82. (1) Outre les informations prévues au schéma A de l'annexe I, le prospectus de l'OPCVM nourricier doit contenir les éléments d'information suivants:	**Art. 82.** (1) Zusätzlich zu den in Anhang I Schema A vorgesehenen Informationen muss der Prospekt des Feeder-OGAW Folgendes enthalten:
a) une déclaration précisant que l'OPCVM nourricier est le nourricier d'un OPCVM maître donné et que, en tant que tel, il investit en permanence 85% ou plus de ses actifs dans des parts de cet OPCVM maître;	a) eine Erklärung, der zufolge der Feeder-OGAW ein Feeder-Fonds eines bestimmten Master-OGAW ist und als solcher dauerhaft mindestens 85% seines Vermögens in Anteile dieses Master-OGAW anlegt,
b) l'objectif et la politique de placement, y compris le profil de risque et des informations quant au point de savoir si les performances de l'OPCVM nourricier et de l'OPCVM maître sont identiques, ou dans quelle mesure et pour quelles raisons elles diffèrent, y compris une description des investissements réalisés conformément à l'article 77, paragraphe (2);	b) Angabe des Anlageziels und der Anlagestrategie, einschließlich des Risikoprofils, sowie Informationen darüber, ob die Wertentwicklung von Feeder-OGAW und Master-OGAW identisch sind bzw. in welchem Ausmaß und aus welchen Gründen sie sich unterscheiden, einschließlich einer Beschreibung der gemäß Artikel 77 Absatz (2) getätigten Anlagen;
c) une description brève de l'OPCVM maître, de son organisation ainsi que de son objectif et de sa politique de placement, y compris son profil de risque et une indication de la manière dont il est possible de se procurer le prospectus de l'OPCVM maître;	c) eine kurze Beschreibung des Master-OGAW, seiner Struktur, seines Anlageziels und seiner Anlagestrategie, einschließlich des Risikoprofils, und Angaben dazu, wie der Prospekt des Master-OGAW erhältlich ist,

d) un résumé de l'accord entre l'OPCVM nourricier et l'OPCVM maître ou des règles de conduite internes établis conformément à l'article 79, paragraphe (1);	d) eine Zusammenfassung der zwischen Feeder-OGAW und Master-OGAW geschlossenen Vereinbarung oder der entsprechenden internen Regelungen für Geschäftstätigkeiten gemäß Artikel 79 Absatz (1);
e) la manière dont les porteurs de parts peuvent obtenir des informations supplémentaires sur l'OPCVM maître et sur l'accord conclu conformément à l'article 79, paragraphe (1), entre l'OPCVM nourricier et l'OPCVM maître;	e) Angabe der Möglichkeiten zur Einholung weiterer Informationen über den Master- OGAW und die gemäß Artikel 79 Absatz (1) geschlossene Vereinbarung zwischen Feeder-OGAW und Master-OGAW durch die Anteilinhaber;
f) une description de toutes les rémunérations et de tous les remboursements de coûts dus par l'OPCVM nourricier du fait de son investissement dans des parts de l'OPCVM maître, ainsi que des frais totaux de l'OPCVM nourricier et de l'OPCVM maître; et	f) Beschreibung sämtlicher Vergütungen und Kosten, die aufgrund der Anlage in Anteile des Master-OGAW durch den Feeder-OGAW zu tragen sind, sowie der aggregierten Kosten von Feeder-OGAW und Master-OGAW; und
g) une description des conséquences fiscales, pour l'OPCVM nourricier, de l'investissement dans l'OPCVM maître.	g) Beschreibung der steuerlichen Auswirkungen der Anlage in den Master-OGAW für den Feeder-OGAW.
(2) Outre les informations prévues au schéma B de l'annexe I, le rapport annuel de l'OPCVM nourricier doit mentionner les frais totaux de l'OPCVM nourricier et de l'OPCVM maître.	(2) Der Jahresbericht des Feeder-OGAW muss zusätzlich zu den in Anhang I Schema B vorgesehenen Informationen eine Erklärung zu den aggregierten Kosten von Feeder-OGAW und Master-OGAW enthalten.
Les rapports annuel et semestriel de l'OPCVM nourricier doivent indiquer la manière dont il est possible de se procurer les rapports annuel et semestriel de l'OPCVM maître.	Die Jahres- und Halbjahresberichte des Feeder-OGAW enthalten Informationen darüber, wo der Jahres- bzw. Halbjahresbericht des Master-OGAW verfügbar ist.
(3) Outre les exigences prévues aux articles 155 paragraphe (1) et 163 paragraphe (1), l'OPCVM nourricier doit communiquer à la CSSF le prospectus, les informations clés pour l'investisseur visées à l'article 159 et toutes les modifications qui y sont apportées ainsi que les rapports annuel et semestriel de l'OPCVM maître.	(3) Zusätzlich zu den in den Artikeln 155 Absatz (1) und 163 Absatz (1) formulierten Anforderungen muss der Feeder-OGAW der CSSF den Prospekt, die in Artikel 159 genannten wesentlichen Informationen für den Anleger einschließlich jeder einschlägigen Änderung sowie die Jahres- und Halbjahresberichte des Master-OGAW übermitteln.
(4) Un OPCVM nourricier doit indiquer dans toutes ses communications publicitaires concernées qu'il investit en permanence 85% ou plus de ses actifs dans des parts de cet OPCVM maître.	(4) Ein Feeder-OGAW muss in jeder relevanten Werbeanzeige darauf hinweisen, dass er dauerhaft mindestens 85% seines Vermögens in Anteile dieses Master-OGAW anlegt.

(5) L'OPCVM nourricier doit fournir gratuitement aux investisseurs, sur demande, un exemplaire sur support papier du prospectus et des rapports annuel et semestriel de l'OPCVM maître.	(5) Eine Papierfassung des Prospekts sowie des Jahres- und Halbjahresberichts des Master-OGAW muss vom Feeder-OGAW den Anlegern auf Verlangen kostenlos zur Verfügung gestellt werden.
E. – Conversion d'OPCVM existants en OPCVM nourriciers et changement d'OPCVM maître	**E. – Umwandlung bestehender OGAW in Feeder-OGAW und Änderung des Master-OGAW**
Art. 83. (1) Un OPCVM nourricier qui exerce déjà des activités en tant qu'OPCVM, y compris celles d'un OPCVM nourricier d'un autre OPCVM maître, doit fournir les informations suivantes à ses porteurs de parts:	**Art. 83.** (1) Ein Feeder-OGAW, der bereits als OGAW, einschließlich als Feeder-OGAW eines anderen Master-OGAW, tätig ist, muss seinen Anteilinhabern folgende Informationen bereitstellen:
a) une déclaration indiquant que la CSSF a approuvé l'investissement de l'OPCVM nourricier dans des parts de l'OPCVM maître;	a) eine Erklärung, der zufolge die CSSF die Anlage des Feeder-OGAW in Anteile des Master-OGAW genehmigt hat;
b) les informations clés pour l'investisseur, visées à l'article 159 concernant l'OPCVM nourricier et l'OPCVM maître;	b) die in Artikel 159 genannten wesentlichen Informationen für den Anleger betreffend Feeder-OGAW und Master-OGAW;
c) la date à laquelle l'OPCVM nourricier doit commencer à investir dans l'OPCVM maître ou, s'il y a déjà investi, la date à laquelle son investissement dépassera la limite applicable en vertu de l'article 46, paragraphe (1); et	c) das Datum der ersten Anlage des Feeder-OGAW in den Master-OGAW, oder, wenn er bereits in den Master angelegt hat, das Datum zu dem seine Anlagen die Anlagegrenzen gemäß Artikel 46 Absatz (1) übersteigen werden; und
d) une déclaration indiquant que les porteurs de parts ont le droit de demander, dans un délai de trente jours, le rachat ou le remboursement de leurs parts, sans frais autres que ceux imputés par l'OPCVM pour couvrir les coûts de désinvestissement; ce droit prend effet à partir du moment où l'OPCVM nourricier a fourni les informations visées au présent paragraphe.	d) eine Erklärung, der zufolge die Anteilinhaber das Recht haben, innerhalb von 30 Tagen die abgesehen von den vom OGAW zur Abdeckung der Kosten für die Auflösung der Anlagen angefallenen Kosten die kostenlose Rücknahme oder Auszahlung ihrer Anteile zu verlangen; dieses Recht wird ab dem Zeitpunkt wirksam, an dem der Feeder-OGAW die in diesem Absatz genannten Informationen bereitgestellt hat.
Cette information est fournie au moins trente jours avant la date mentionnée au présent paragraphe, point c).	Diese Informationen müssen spätestens 30 Tage vor dem in diesem Absatz unter Buchstabe c) genannten Datum zur Verfügung gestellt werden.

(2) dans l'hypothèse où l'OPCVM nourricier a été notifié conformément au chapitre 7, les informations visées au paragraphe (1) sont fournies dans une des langues luxembourgeoise, française, allemande ou anglaise. L'OPCVM nourricier est responsable de la réalisation de la traduction. Cette traduction est le reflet fidèle de l'original.	(2) Wurde der Feeder-OGAW gemäß Kapitel 7 gemeldet, so werden die in Absatz (1) genannten Informationen in luxemburgischer, französischer, deutscher oder englischer Sprache vorgelegt. Der Feeder-OGAW ist verantwortlich für die Erstellung der Übersetzung. Die Übersetzung gibt den Inhalt des Originals zuverlässig wieder.
(3) L'OPCVM nourricier n'est pas autorisé à investir dans les parts de l'OPCVM maître concerné au-delà de la limite applicable en vertu de l'article 46, paragraphe (1), avant la fin de la période de trente jours visée au paragraphe (1), deuxième alinéa.	(3) Der Feeder-OGAW darf vor Ablauf der in Absatz (1) Unterabsatz 2 genannten 30-Tagefrist keine Anlagen in Anteile des betreffenden Master-OGAW tätigen, die die Anlagegrenze gemäß Artikel 46 Absatz (1) übersteigen.
F. – Obligations et autorités compétentes	**F. – Verpflichtungen und zuständige Behörden**
Art. 84. (1) L'OPCVM nourricier doit contrôler effectivement l'activité de l'OPCVM maître. Afin de satisfaire à cette obligation, l'OPCVM nourricier peut se fonder sur les informations et les documents reçus de l'OPCVM maître ou, le cas échéant, sa société de gestion, son dépositaire et son réviseur d'entreprises agréé, sauf s'il y a des raisons de douter de l'exactitude de ces informations et documents.	**Art. 84.** (1) Der Feeder-OGAW muss die Tätigkeiten des Master-OGAW wirksam überwachen. Zur Erfüllung dieser Verpflichtung kann sich der Feeder-OGAW auf Informationen und Unterlagen des Master-OGAW oder, sofern zutreffend, seiner Verwaltungsgesellschaft, seiner Verwahrstelle oder seines *réviseur d'entreprises agréé* (Abschlussprüfer) stützen, es sei denn, es liegen Gründe vor, an der Richtigkeit dieser Informationen und Unterlagen zu zweifeln.
(2) Lorsqu'en rapport avec un investissement dans les parts d'un OPCVM maître, une redevance de distribution, une commission ou un autre avantage monétaire sont versés à l'OPCVM nourricier, à sa société de gestion ou à toute personne agissant pour le compte de celui-ci ou de sa société de gestion, cette redevance, cette commission ou cet autre avantage monétaire doivent être versés dans les actifs de l'OPCVM nourricier.	(2) Erhält der Feeder-OGAW, seine Verwaltungsgesellschaft oder eine Person, die im Namen des Feeder-OGAW oder dessen Verwaltungsgesellschaft handelt, im Zusammenhang mit einer Anlage in Anteile des Master-OGAW eine Vertriebsgebühr, eine Vertriebsprovision oder sonstigen geldwerten Vorteil, so werden diese in das Vermögen des Feeder-OGAW eingezahlt.
Art. 85. (1) Tout OPCVM maître établi au Luxembourg informe immédiatement la CSSF de l'identité de tout OPCVM nourricier qui investit dans ses parts. Lorsque l'OPCVM nourricier est établi dans un autre État membre, la CSSF informe immédiatement	**Art. 85.** (1) In Luxemburg niedergelassene Master-OGAW informieren die CSSF unmittelbar über die Identität jedes Feeder-OGAW, der Anlagen in ihre Anteile tätigt. Ist der Feeder-OGAW in einem anderen Mitgliedstaat niedergelassen, so unterrichtet

les autorités compétentes de l'État membre d'origine de l'OPCVM nourricier de cet investissement.	die CSSF die zuständigen Behörden des Herkunftsmitgliedstaats umgehend über solche Anlagen.
(2) L'OPCVM maître n'est pas autorisé à facturer ni frais de souscription ni frais de remboursement pour l'acquisition ou la cession de ses parts par l'OPCVM nourricier.	(2) Der Master-OGAW darf für die Anlage des Feeder-OGAW in seine Anteile bzw. deren Veräußerung keine Zeichnungs- oder Rücknahmevergütungen in Rechnung stellen.
(3) L'OPCVM maître doit veiller à ce que toutes les informations requises en vertu de la présente loi et de toutes autres dispositions législatives, réglementaires et administratives en vigueur au Luxembourg, des dispositions du droit de l'Union européenne, ainsi que du règlement de gestion ou des documents constitutifs de l'OPCVM soient mises en temps utile à la disposition de l'OPCVM nourricier, ou, le cas échéant, de sa société de gestion, ainsi que des autorités compétentes, du dépositaire et du réviseur d'entreprises agréé de l'OPCVM nourricier.	(3) Der Master-OGAW hat zu gewährleisten, dass sämtliche Informationen, die gemäß diesem Gesetz sowie anderen in Luxemburg geltenden Rechts- und Verwaltungsvorschriften, den Rechtsvorschriften der Europäischen Gemeinschaft, dem Verwaltungsreglement oder der Gründungsunterlagen des OGAW erforderlich sind, dem Feeder-OGAW oder, sofern zutreffend, seiner Verwaltungsgesellschaft, den zuständigen Behörden, der Verwahrstelle und dem *réviseur d'entreprises agréé* (Abschlussprüfer) des Feeder-OGAW rechtzeitig zur Verfügung gestellt werden.
Art. 86. (1) Dans l'hypothèse où l'OPCVM maître et l'OPCVM nourricier sont établis au Luxembourg, la CSSF communique immédiatement à l'OPCVM nourricier toute décision, mesure, observation relative au non-respect des dispositions du présent chapitre ou information communiquée au titre de l'article 154, paragraphe (3), relative à l'OPCVM maître ou, le cas échéant, à sa société de gestion, à son dépositaire ou à son réviseur d'entreprises agréé.	**Art. 86.** (1) Sind Master-OGAW und Feeder-OGAW beide in Luxemburg niedergelassen, so unterrichtet die CSSF den Feeder-OGAW unmittelbar über jede Entscheidung, Maßnahme, Feststellung von Zuwiderhandlungen gegen die Bestimmungen dieses Kapitels sowie alle gemäß Artikel 154 Absatz (3) mitgeteilten Informationen, die den Master-OGAW oder, sofern zutreffend, seine Verwaltungsgesellschaft, seine Verwahrstelle oder seinen *réviseur d'entreprises agréé* (Abschlussprüfer) betreffen.
(2) Dans l'hypothèse où l'OPCVM maître est établi au Luxembourg et l'OPCVM nourricier est établi dans un autre État membre, la CSSF communique immédiatement aux autorités compétentes de l'État membre d'origine de l'OPCVM nourricier toute décision, mesure, observation relative au non-respect des dispositions du présent chapitre ou information communiquée au titre de l'article 154, paragraphe (3), relative à l'OPCVM maître ou, le cas échéant, à sa société de gestion, à son dépositaire ou à son réviseur d'entreprises agréé.	(2) Ist der Master-OGAW in Luxemburg und der Feeder-OGAW in einem anderen Mitgliedstaat niedergelassen, so unterrichtet die CSSF die zuständigen Behörden des Herkunftsmitgliedstaates des Feeder-OGAW unmittelbar über jede Entscheidung, Maßnahme, Feststellung von Zuwiderhandlungen gegen die Bestimmungen dieses Kapitels sowie alle gemäß Artikel 154 Absatz (3) mitgeteilten Informationen, die den Master-OGAW oder, sofern zutreffend, seine Verwaltungsgesellschaft, seine Verwahrstelle oder seinen *réviseur d'entreprises agréé* (Abschlussprüfer) betreffen.

(3) Dans l'hypothèse où l'OPCVM maître est établi dans un autre État membre et l'OPCVM nourricier est établi au Luxembourg, la CSSF transmet toute décision, mesure, observation visées à l'article 67 paragraphe (2) de la directive 2009/65/CE et que lui auraient communiquées les autorités compétentes de l'État membre d'origine de l'OPCVM maître.	(3) Ist der Master-OGAW in einem anderen Mitgliedstaat und der Feeder-OGAW in Luxemburg niedergelassen, so übermittelt die CSSF jede Entscheidung, Maßnahme, Feststellung gemäß Artikel 67 Absatz (2) der Richtlinie 2009/65/EG und solche die ihr von den zuständigen Behörden des Herkunftsmitgliedstaates des Master-OGAW mitgeteilt worden sind.
Partie II: Des autres OPC	**Teil II: Andere OGA**
Chapitre 10. – Champ d'application	**Kapitel 10. – Geltungsbereich**
Art. 87. La présente partie s'applique à tous les OPCVM visés à l'article 3 de la présente loi et à tous les OPC situés au Luxembourg et non concernés par la partie I.	**Art. 87.** Dieser Teil findet Anwendung auf alle in Artikel 3 dieses Gesetzes genannten OGAW sowie auf alle in Luxemburg ansässigen OGA, die nicht von Teil I betroffen sind.
Art. 88. Un OPC est considéré comme situé au Luxembourg lorsque le siège statutaire de la société de gestion du fonds commun de placement ou celui de la société d'investissement se trouve au Luxembourg. L'administration centrale doit être située au Luxembourg. *(Loi du 12 juillet 2013)*	**Art. 88.** Ein OGA gilt als in Luxemburg ansässig, sofern sich der satzungsmäßige Sitz der Verwaltungsgesellschaft des Sondervermögens oder derjenige der Investmentgesellschaft in Luxemburg befindet. Die Hauptverwaltung muss sich in Luxemburg befinden.
Chapitre 10bis. – Dispositions générales	**Kapitel 10bis. – Allgemeine Bestimmungen**
Art. 88-1. Tout OPC relevant de la partie II de la présente loi se qualifie comme FIA au sens de la loi du 12 juillet 2013 relative aux gestionnaires de fonds d'investissement alternatifs.	**Art. 88-1.** Jeder OGA, der Teil II dieses Gesetzes unterliegt qualifiziert als AIF im Sinne des Gesetzes vom 12. Juli 2013 über Verwalter alternativer Investmentfonds.
Le présent chapitre contient les dispositions générales applicables aux OPC relevant de la partie II de la présente loi en vertu de la loi du 12 juillet 2013 relative aux gestionnaires de fonds d'investissement alternatifs.	Dieses Kapitel erhält die allgemeinen Bestimmungen, die gemäß dem Gesetz vom 12. Juli 2013 über Verwalter alternativer Investmentfonds auf alle Teil II dieses Gesetzes unterliegenden OGA anwendbar sind.

Art. 88-2. (1) Sans préjudice des dérogations prévues à l'article 3 de la loi du 12 juillet 2013 relative aux gestionnaires de fonds d'investissement alternatifs, tout OPC doit être géré par un gestionnaire unique, qui peut être soit un gestionnaire établi au Luxembourg agréé au titre du chapitre 2 de la loi du 12 juillet 2013 relative aux gestionnaires de fonds d'investissement alternatifs, soit un gestionnaire établi dans un autre État membre ou dans un pays tiers agréé au titre du chapitre II de la directive 2011/61/UE, sous réserve de l'application de l'article 66, paragraphe (3), de ladite directive lorsque la gestion de l'OPC est assurée par un gestionnaire établi dans un pays tiers.	**Art. 88-2.** (1) Unbeschadet der in Artikel 3 des Gesetzes vom 12. Juli 2013 über Verwalter alternativer Investmentfonds vorgesehenen Ausnahmen, muss jeder OGA von einem alleinigen Verwalter verwaltet werden, der entweder ein in Luxemburg ansässiger und nach Kapitel 2 des Gesetzes vom 12. Juli 2013 über Verwalter alternativer Investmentfonds zugelassener Verwalter ist oder ein in einem anderen Mitgliedstaat oder in einem Drittland ansässiger Verwalter, der gemäß Kapitel II der Richtlinie 2011/61/EU zugelassen ist, vorbehaltlich der Anwendung von Artikel 66 Absatz (3) der genannten Richtlinie, falls die Verwaltung des OGA durch einen in einem Drittland ansässigen Verwalter sichergestellt wird.
(2) Le gestionnaire doit être déterminé conformément aux dispositions prévues à l'article 4 de la loi du 12 juillet 2013 relative aux gestionnaires de fonds d'investissement alternatifs respectivement conformément aux dispositions de l'article 5 de la directive 2011/61/UE.	(2) Der Verwalter muss gemäß den Bestimmungen von Artikel 4 des Gesetzes vom 12. Juli 2013 über Verwalter alternativer Investmentfonds beziehungsweise gemäß den Bestimmungen von Artikel 5 der Richtlinie 2011/61/EU bestimmt werden.
Le gestionnaire est:	Der Verwalter ist:
– soit un gestionnaire externe, qui est la personne morale désignée par l'OPC ou pour le compte de l'OPC et qui, du fait de cette désignation, est chargé de gérer cet OPC; en cas de désignation d'un gestionnaire externe, celui-ci doit, sous réserve des dérogations prévues à l'article 3 de la loi du 12 juillet 2013 relative aux gestionnaires de fonds d'investissement alternatifs, être agréé conformément aux dispositions du chapitre 2 de la loi du 12 juillet 2013 relative aux gestionnaires de fonds d'investissement alternatifs respectivement conformément aux dispositions du chapitre II et, le cas échéant, conformément également aux dispositions du chapitre VII de la directive 2011/61/UE;	– entweder ein externer Verwalter der die vom oder für den OGA bestellte juristische Person ist und der, aufgrund dieser Bestellung, mit der Verwaltung dieses OGA betraut ist; im Falle eines externen Verwalters muss dieser, vorbehaltlich der in Artikel 3 des Gesetzes vom 12. Juli 2013 über Verwalter alternativer Investmentfonds vorgesehenen Ausnahmen, gemäß den Bestimmungen von Kapitel 2 des Gesetzes vom 12. Juli 2013 über Verwalter alternativer Investmentfonds beziehungsweise gemäß den Bestimmungen von Kapitels VII der Richtlinie 2011/61/EU bestellt werden;
– soit, lorsque la forme juridique de l'OPC permet une gestion interne et que l'organe directeur de l'OPC décide de ne pas désigner de gestionnaire externe, l'OPC lui-même.	– oder, wenn die Rechtsform des AIF eine interne Verwaltung zulässt und das Leitungsorgan des AIF entscheidet, keinen externen AIFM zu bestellen, der AIF selbst.

Un OPC qui est géré de manière interne au sens du paragraphe (2), point b), du présent article doit, outre l'agrément requis au titre de l'article 129 de la présente loi et sous réserve des dérogations prévues à l'article 3 de la loi du 12 juillet 2013 relative aux gestionnaires de fonds d'investissement alternatifs, être agréé en tant que gestionnaire au titre du chapitre 2 de la loi du 12 juillet 2013 relative aux gestionnaires de fonds d'investissement alternatifs. L'OPC en question doit veiller en permanence au respect de l'ensemble des dispositions de ladite loi, pour autant que ces dispositions lui soient applicables.	OGA, der im Sinne von Absatz (2) Buchstabe b) dieses Artikels intern verwaltet wird, muss, zusätzlich zur Genehmigung gemäß Artikel 129 dieses Gesetzes und vorbehaltlich der in Artikel 3 des Gesetzes vom 12. Juli 2013 über Verwalter alternativer Investmentfonds vorgesehenen Ausnahmen, als Verwalter im Sinne von Kapitel 2 des Gesetzes vom 12. Juli 2013 über Verwalter alternativer Investmentfonds zugelassen sein. Der fragliche OGA muss über die Einhaltung der Gesamtheit der Bestimmungen des genannten Gesetzes stetig wachen, soweit diese Bestimmungen auf ihn anwendbar sind.
Art. 88-3. (1) La garde des actifs d'un OPC dont la gestion relève d'un gestionnaire agréé au titre du chapitre 2 de la loi du 12 juillet 2013 relative aux gestionnaires de fonds d'investissement alternatifs doit être confiée à un seul et unique dépositaire désigné conformément aux dispositions de l'article 19 de la loi du 12 juillet 2013 relative aux gestionnaires de fonds d'investissement alternatifs ainsi qu'aux dispositions contenues dans les actes délégués prévus par la directive 2011/61/UE.	**Art. 88-3.** (1) Die Verwahrung der Vermögenswerte eines OGA, dessen Verwaltung einem Verwalter, der gemäß Kapitel 2 des Gesetzes vom 12. Juli 2013 über Verwalter alternativer Investmentfonds zugelassen ist, muss einer gemäß den Bestimmungen von Artikel 19 des Gesetzes vom 12. Juli 2013 über Verwalter alternativer Investmentfonds sowie den Bestimmungen, die in den delegierten Rechtsakten, wie von der Richtlinie 2011/61/EU vorgesehen, ernannten, alleinigen Verwahrstelle übertragen werden.
(2) Les dirigeants du dépositaire d'un OPC visé au paragraphe (1) doivent avoir l'honorabilité et l'expérience requises eu égard également au type d'OPC concerné. A cette fin, l'identité des dirigeants, ainsi que de toute personne leur succédant dans leurs fonctions, doit être notifiée immédiatement à la CSSF.	(2) Die Geschäftsleiter der Verwahrstelle müssen ausreichend gut beleumdet sein und über ausreichende Erfahrung auch hinsichtlich der Art des betreffenden OGA verfügen. Die Identität der Geschäftsleiter sowie jeder ihnen im Amt nachfolgenden Person muss der CSSF unverzüglichen mitgeteilt werden.
Par «dirigeants», on entend les personnes qui, en vertu de la loi ou des documents constitutifs, représentent le dépositaire ou qui déterminent effectivement l'orientation de son activité.	„Geschäftsleiter" sind die Personen, die die Verwahrstelle aufgrund der gesetzlichen Vorschriften oder der Gründungsunterlagen vertreten oder die Ausrichtung ihrer Tätigkeit tatsächlich bestimmen.
(3) Le dépositaire d'un OPC visé au paragraphe (1) est tenu de fournir à la CSSF sur demande toutes les informations que le dépositaire a obtenues dans l'exercice de ses fonctions et qui sont nécessaires pour per-	(3) Die Verwahrstelle eines OGA im Sinne von Absatz (1) muss auf Verlangen der CSSF, dieser alle Informationen, die die Verwahrstelle im Rahmen ihrer Tätigkeit erhalten hat und die notwendig sind, um die

mettre à la CSSF de surveiller le respect de la présente loi par l'OPC.	CSSF in die Lage zu versetzen, die Einhaltung des vorliegenden Gesetzes durch den OGA zu überwachen, zur Verfügung stellen.
(4) Les missions et la responsabilité du dépositaire d'un OPC visé au paragraphe (1) sont définies suivant les règles contenues dans l'article 19 de la loi du 12 juillet 2013 relative aux gestionnaires de fonds d'investissement alternatifs et dans les actes délégués prévus par la directive 2011/61/UE.	(4) Die Aufgaben und die Haftung der Verwahrstelle eines OGA im Sinne von Absatz (1) sind gemäß den Bestimmungen in Artikel 19 des Gesetzes vom 12. Juli 2013 über Verwalter alternativer Investmentfonds und in den in der Richtlinie 2011/61/EU vorgesehen delegierten Rechtsakten, definiert.
Art. 88-4. Sans préjudice de l'application des dispositions des articles 9, 28 (4) et 99 (5) de la présente loi, l'évaluation des actifs d'un OPC dont la gestion relève d'un gestionnaire agréé au titre du chapitre 2 de la loi du 12 juillet 2013 relative aux gestionnaires de fonds d'investissement alternatifs se fait conformément aux règles contenues à l'article 17 de la loi du 12 juillet 2013 relative aux gestionnaires de fonds d'investissement alternatifs et dans les actes délégués prévus par la directive 2011/61/UE.	**Art. 88-4.** Unbeschadet der Anwendung der Bestimmungen der Artikel 9, 28 Absatz (4) und 99 Absatz (5) dieses Gesetzes erfolgt die Bewertung der Vermögenswerte eines OGA, der von einem nach Kapitel 2 des Gesetzes vom 12. Juli 2013 über Verwalter alternativer Investmentfonds zugelassenen Verwalter verwaltet wird gemäß den in Artikel 17 des Gesetzes vom 12. Juli 2013 über Verwalter alternativer Investmentfonds und in den von der Richtlinie 2011/61/EU vorgesehenen delegierten Rechtsakten enthaltenen Bestimmungen, vorgenommen.
Art. 88-5. Le gestionnaire d'un OPC est autorisé à déléguer à des tiers l'exercice pour son propre compte, d'une ou de plusieurs de ses fonctions. Dans cette hypothèse, la délégation des fonctions par le gestionnaire doit se faire en conformité avec l'ensemble des conditions prévues par l'article 18 de la loi du 12 juillet 2013 relative aux gestionnaires de fonds d'investissement alternatifs et dans les actes délégués prévus par la directive 2011/61/UE, pour les OPC gérés par un gestionnaire établi au Luxembourg, et conformément à celles prévues par l'article 20 de la directive 2011/61/UE, pour les OPC gérés par un gestionnaire établi dans un autre État membre ou dans un pays tiers, sous réserve de l'application de l'article 66, paragraphe (3), de ladite directive lorsque la gestion de l'OPC est assurée par un gestionnaire établi dans un pays tiers. Le présent article ne trouve pas application si le gestionnaire bénéficie et fait usage des déroga-	**Art. 88-5.** Der Verwalter eines OGA ist berechtigt im eigenen Namen eine oder mehrere seiner Aufgaben auf Dritte zu übertragen. Trifft dieses zu, so muss die Übertragung der Aufgaben durch den Verwalter im Einklang mit der Gesamtheit der in Artikel 18 des Gesetzes vom 12. Juli 2013 über Verwalter alternativer Investmentfonds und den in von der Richtlinie 2011/61/EU vorgesehenen delegierten Rechtsakten enthaltenen Bestimmungen erfolgen, sofern die OGA durch einen in Luxemburg ansässigen Verwalter verwaltet werden; werden die OGA durch einen in einem anderen Mitgliedstaat oder in einem Drittland ansässigen Verwalter verwaltet so erfolgt die Verwaltung im Einklang mit den Bestimmungen in Artikel 20 der Richtlinie 2011/61/EU, vorbehaltlich der Anwendung von Artikel 66 Absatz (3) der genannten Richtlinie, wenn die Verwaltung des OGA durch einen Verwalter, der in einem Drittland an-

tions prévues à l'article 3 de la loi du 12 juillet 2013 relative aux gestionnaires de fonds d'investissement alternatifs.	sässig ist, erfolgt. Dieser Artikel findet keine Anwendung, wenn der Verwalter von den in Artikel 3 des Gesetzes vom 12. Juli 2013 über Verwalter alternativer Investmentfonds vorgesehenen Ausnahmen profitiert und diese nutzt.
Art. 88-6. La commercialisation par le gestionnaire dans l'Union européenne des parts ou actions d'OPC ainsi que la gestion sur une base transfrontalière de ces OPC dans l'Union européenne sont régies par les dispositions énoncées au chapitre 6 de la loi du 12 juillet 2013 relative aux gestionnaires de fonds d'investissement alternatifs pour les OPC gérés par un gestionnaire établi au Luxembourg, respectivement par les dispositions énoncées aux chapitres VI et VII de la directive 2011/61/UE pour les OPC gérés par un gestionnaire établi dans un autre État membre ou dans un pays tiers, sous réserve de l'application de l'article 66, paragraphe (3), de ladite directive lorsque l'OPC est géré par un gestionnaire établi dans un pays tiers. Le présent article ne trouve pas application si le gestionnaire bénéficie et fait usage des dérogations prévues à l'article 3 de la loi du 12 juillet 2013 relative aux gestionnaires de fonds d'investissement alternatifs.	**Art. 88-6.** Der Vertrieb von Anteilen oder Aktien eines OGA in der Europäischen Union durch den Verwalter sowie die Verwaltung dieser OGA in der Europäischen Union auf grenzüberschreitender Basis werden, für OGA, die durch einen Verwalter verwaltet werden, der in Luxemburg ansässig ist, durch die in Kapitel 6 des Gesetzes vom 12. Juli 2013 über Verwalter alternativer Investmentfonds genannten Bestimmungen geregelt, beziehungsweise für OGA, die durch einen Verwalter verwaltet werden, der in einem anderen Mitgliedstaat oder in einem Drittland ansässig ist, durch die Bestimmungen der Kapitel VI und VII der Richtlinie 2011/61/EU, vorbehaltlich der Anwendung von Artikel 66 Absatz (3) der genannten Richtlinie, wenn die Verwaltung des OGA durch einen Verwalter, der in einem Drittland ansässig ist, erfolgt. Dieser Artikel findet keine Anwendung, wenn der Verwalter von den in Artikel 3 des Gesetzes vom 12. Juli 2013 über Verwalter alternativer Investmentfonds vorgesehenen Ausnahmen profitiert und diese nutzt.
Chapitre 11. – Des fonds communs de placement	**Kapitel 11. – Sondervermögen**
Art. 89. (1) Est réputé fonds commun de placement pour l'application de la présente partie toute masse indivise de valeurs composée et gérée selon le principe de la répartition des risques pour le compte de propriétaires indivis qui ne sont engagés que jusqu'à concurrence de leur mise et dont les droits sont représentés par des parts destinées au placement dans le public par une offre publique ou privée.	**Art. 89.** (1) Als Sondervermögen für die Zwecke der Anwendung dieses Teils gilt jedes ungeteilte Vermögen aus Werten gemäß Artikel 42 Absatz (1), das nach dem Grundsatz der Risikostreuung für Rechnung von Gesamthandseigentümern zusammengesetzt und verwaltet wird, deren Haftung auf ihre Einlage beschränkt ist und deren Rechte durch Anteile verkörpert werden, die im Wege eines öffentlichen Angebots oder einer Privatplatzierung zum Vertrieb bestimmt sind.

(2) La gestion d'un fonds commun de placement est assurée par une société de gestion ayant son siège statutaire au Luxembourg répondant aux conditions énumérées dans la partie IV, chapitre 15 ou 16, de la présente loi. (...)	(2) Die Verwaltung eines Sondervermögens wird von einer Verwaltungsgesellschaft mit satzungsmäßigem Sitz in Luxemburg, welche die in Teil IV, Kapitel 15 oder 16 dieses Gesetzes aufgeführten Anforderungen erfüllt, wahrgenommen. (...)
Art. 90. (1) Les articles 6, 8, 9, 10, 11 (1), 12 (1) b), 12 (3), 13 (1), 13 (2) a) à i), 14, 15, 16, (...), 20, 21, 22, 23 et 24 de la présente loi sont applicables aux fonds communs de placement dont la gestion relève d'un gestionnaire agréé au titre du chapitre 2 de la loi du 12 juillet 2013 relative aux gestionnaires de fonds d'investissement alternatifs.	**Art. 90.** (1) Die Artikel 6, 8, 9, 10, 11 Absatz (1), 12 Absatz (1) Buchstabe b), 12 Absatz (3), 13 Absatz (1), 13 Absatz (2) Buchstaben a) bis i), 14, 15, 16, (...), 20, 21, 22, 23 und 24 dieses Gesetzes sind auf Sondervermögen, die von einem nach Kapitel 2 des Gesetzes vom 12. Juli 2013 über Verwalter alternative Investmentfonds zugelassen Verwalter verwaltet werden, anwendbar.
(2) Les articles 6, 8, 9, 10, 11 (1), 12 (1) b), 12 (3), 13 (1), 13 (2) a) à i), 14, 15, 16, 17 (1), 17 (4), 18 (1), 18 (2) a) c) d) e), 19, 20, 21, 22, 23 et 24 de la présente loi sont applicables aux fonds communs de placement dont le gestionnaire bénéficie et fait usage des dérogations prévues à l'article 3 de la loi du 12 juillet 2013 relative aux gestionnaires de fonds d'investissement alternatifs.	(2) Die Artikel 6, 8, 9, 10, 11 Absatz (1), 12 Absatz 1 Buchstabe b), 12 Absatz (3), 13 Absatz 1, 13 Absatz 2 Buchstaben a) bis i), 14, 15, 16, 17 Absatz (1), 17 Absatz (4), 18 Absatz (1), 18 Absatz 2 Buchstaben a) c) d) e), 19, 20, 21, 22, 23 und 24 dieses Gesetzes sind auf Sondervermögen, deren Verwalter von den in Artikel 3 des Gesetzes vom 12. Juli 2013 über Verwalter alternativer Investmentfonds vorgesehenen Ausnahmen profitieren und nutzen, anwendbar.
Le dépositaire des actifs d'un fonds commun de placement dont le gestionnaire bénéficie et fait usage des dérogations prévues à l'article 3 de la loi du 12 juillet 2013 relative aux gestionnaires de fonds d'investissement alternatifs doit, soit avoir son siège statutaire au Luxembourg, soit y être établi, s'il a son siège statutaire dans un autre État membre ou dans un pays tiers.	Die Verwahrstelle der Vermögenswerte eines Sondervermögens deren Verwalter von den Ausnahmen in Artikel 3 des Gesetzes vom 12. Juli 2013 über Verwalter alternativer Investmentfonds profitieren und diese nutzen, müssen entweder ihren satzungsmäßigen Sitz in Luxemburg haben oder dort niedergelassen sein, wenn sie ihren satzungsmäßigen Sitz in einem anderen Mitgliedstaat oder einem Drittland haben.
Sans préjudice de la disposition prévue au deuxième alinéa du présent paragraphe, le dépositaire doit être un établissement de crédit ou une entreprise d'investissement au sens de la loi modifiée du 5 avril 1993 relative au secteur financier. Une entreprise d'investissement n'est éligible au titre de dépositaire que dans la mesure où cette entreprise d'investissement répond par ailleurs aux conditions prévues à l'article 19, paragraphe (3), de la loi du 12 juillet 2013	Unbeschadet der im zweiten Unterabsatz dieses Absatzes enthaltenen Vorschrift muss die Verwahrstelle ein Kreditinstitut oder eine Wertpapierfirma im Sinne des geänderten Gesetzes vom 5. April 1993 über den Finanzsektor sein. Eine Wertpapierfirma kann nur als Verwahrstelle tätig sein, wenn sie außerdem die in Artikel 19 Absatz (3) des Gesetzes vom 12. Juli 2013 über Verwalter alternativer Investmentfonds genannten Voraussetzungen erfüllen.

relative aux gestionnaires de fonds d'investissement alternatifs.	
Pour les fonds communs de placement dont le gestionnaire bénéficie et fait usage des dérogations prévues à l'article 3 de la loi du 12 juillet 2013 relative aux gestionnaires de fonds d'investissement alternatifs pour lesquels aucun droit au remboursement ne peut être exercé pendant une période de cinq ans suivant la date des investissements initiaux et qui, conformément à leur politique principale en matière d'investissements, n'investissent généralement pas dans des actifs qui doivent être conservés conformément à l'article 19, paragraphe (8), point a), de la loi du 12 juillet 2013 relative aux gestionnaires de fonds d'investissement alternatifs ou qui investissent généralement dans des émetteurs ou des sociétés non cotées pour éventuellement en acquérir le contrôle conformément à l'article 24 de ladite loi, le dépositaire peut également être une entité de droit luxembourgeois qui a le statut de dépositaire professionnel d'actifs autres que des instruments financiers visé à l'article 26-1 de la loi modifiée du 5 avril 1993 relative au secteur financier.	Für Sondervermögen, deren Verwalter von den in Artikel 3 des Gesetzes vom 12. Juli 2013 über Verwalter alternativer Investmentfonds genannten Ausnahmen profitieren und diese nutzen, bei denen innerhalb von fünf Jahren nach Tätigung der ersten Anlagen keine Rücknahmerechte ausgeübt werden können und die im Einklang mit ihrer Hauptanlagestrategie in der Regel nicht in Vermögenswerte investieren, die gemäß Artikel 19 Absatz (8) Buchstabe a) des Gesetzes vom 12. Juli 2013 über Verwalter alternativer Investmentfonds verwahrt werden oder die in der Regel in Emittenten oder nicht börsennotierte Unternehmen investieren, um gemäß Artikel 2 dieses Gesetzes möglicherweise die Kontrolle über solche Unternehmen zu erlangen, kann die Verwahrstelle auch ein Unternehmen nach luxemburgischem Recht sein, dass den Status einer professionellen Verwahrstelle für andere Vermögenswerte als Finanzinstrumente wie in Artikel 26-2 des geänderten Gesetzes vom 5. April 1993 über den Finanzsektor hat.
Art. 91. (1) Un règlement CSSF peut fixer:	**Art. 91.** (1) Eine Verordnung der CSSF kann insbesondere Folgendes festlegen:
a) les périodicités minimales dans lesquelles les prix d'émission et de rachat des parts du fonds commun de placement sont déterminés;	a) die Mindestzeitabstände der Berechnung des Ausgabe- bzw. Rücknahmepreises der Anteile des Sondervermögens;
b) le pourcentage minimal des actifs du fonds commun de placement devant consister en liquidités;	b) der Mindestanteil, zu dem das Vermögen des Sondervermögens aus flüssigen Mitteln bestehen muss;
c) le pourcentage maximal à concurrence duquel les actifs du fonds commun de placement peuvent être investis en valeurs mobilières non cotées en bourse ou non traitées sur un marché organisé fournissant des garanties comparables;	c) der Höchstanteil, bis zu dem das Vermögen des Sondervermögens in nicht börsennotierten Wertpapieren oder in Wertpapieren, die nicht auf einem mit vergleichbaren Sicherheiten ausgestatteten organisierten Markt gehandelt werden, angelegt werden darf;
d) le pourcentage maximal des titres de même nature émis par une même collec-	d) der Höchstanteil, bis zu dem das Sondervermögen von ein und demselben

tivité que le fonds commun de placement peut posséder;	Emittenten begebene Wertpapiere derselben Art besitzen darf;
e) le pourcentage maximal des actifs du fonds commun de placement qui peut être investi en titres d'une même collectivité;	e) der Höchstanteil, bis zu dem das Vermögen des Sondervermögens in Wertpapieren ein und desselben Emittenten angelegt sein darf;
f) les conditions et éventuellement les pourcentages maximaux auxquels le fonds commun de placement peut investir en titres d'autres OPC;	f) die Bedingungen und gegebenenfalls die Höchstanteile bis zu denen ein Sondervermögen in Wertpapieren anderer OGA anlegen darf;
g) le pourcentage maximal du montant des fonds que le fonds commun de placement est autorisé à emprunter par rapport au total de ses actifs, et les modalités de ces emprunts.	g) der Höchstanteil, bis zu dem das Sondervermögen im Verhältnis zu seinem Gesamtvermögen Kredite aufnehmen darf und die Modalitäten dieser Kreditaufnahmen.
(2) Les périodicités et pourcentages, fixés conformément au paragraphe ci-dessus, peuvent être différenciés suivant que les fonds communs de placement présentent certaines caractéristiques ou remplissent certaines conditions.	(2) Die im vorstehenden Absatz festgelegten Mindestzeitabstände und Anteile können sich je nachdem, ob die Sondervermögen bestimmte Merkmale aufweisen oder gewisse Bedingungen erfüllen, anders ausnehmen.
(3) Un fonds commun de placement nouvellement créé peut, tout en veillant au respect du principe de la répartition des risques, déroger au paragraphe (1), point e) ci-dessus, pendant une période de six mois suivant la date de son agrément.	(3) Unbeschadet der Pflicht, auf die Einhaltung des Grundsatzes der Risikostreuung zu achten, kann ein neu aufgelegtes Sondervermögen während eines Zeitraums von sechs Monaten nach seiner Zulassung vom vorstehenden Absatz (1) Buchstabe e) abweichen.
(4) Lorsque les pourcentages maximaux, fixés par référence aux points c), d), e), f) et g) du paragraphe (1) ci-dessus, sont dépassés par suite de l'exercice de droits attachés aux titres du portefeuille ou autrement que par achat de titres, la société de gestion doit dans ses opérations de vente avoir pour objectif prioritaire la régularisation de la situation du fonds en tenant compte de l'intérêt des porteurs de parts.	(4) Werden die in unter Bezug auf die Buchstaben c), d), e), f) und g) von vorstehendem Absatz (1) genannten Höchstanteile infolge der Ausübung von Bezugsrechten oder in anderer Weise als durch den Erwerb von Wertpapieren überschritten, so strebt die Verwaltungsgesellschaft bei ihren Verkäufen als vorrangiges Ziel die Normalisierung der Lage des Fonds unter Berücksichtigung der Interessen der Anteilinhaber an.
Art. 92. (1) Ni la société de gestion, ni le dépositaire, chacun agissant pour le compte du fonds commun de placement, ne peuvent faire crédit directement ou indirectement aux acquéreurs et porteurs de parts en vue de l'acquisition ou de la souscription des parts.	**Art. 92.** (1) Weder die Verwaltungsgesellschaft noch die Verwahrstelle dürfen für Rechnung des Sondervermögens direkte oder indirekte Kredite an Erwerber und Anteilinhaber im Hinblick auf den Erwerb oder die Zeichnung von Anteilen gewähren.

(2) Le paragraphe (1) ne fait pas obstacle à l'acquisition par les fonds communs de placement de valeurs mobilières non entièrement libérées.	(2) Absatz (1) steht dem Erwerb von nicht vollständig eingezahlten Wertpapieren durch Sondervermögen nicht entgegen.
Chapitre 12. – Des SICAV	**Kapitel 12. – SICAV**
Art. 93. Par SICAV dans le sens de la présente partie on entend les sociétés qui ont adopté la forme d'une société anonyme de droit luxembourgeois,	**Art. 93.** Als Investmentgesellschaft mit variablem Kapital (SICAV) im Sinne des vorliegenden Teils gelten Aktiengesellschaften nach Luxemburger Recht,
– dont l'objet exclusif est de placer leurs fonds en valeurs dans le but de répartir les risques d'investissement et de faire bénéficier leurs investisseurs des résultats de la gestion de leurs actifs, et	– deren ausschließlicher Zweck darin besteht, ihr Vermögen nach dem Grundsatz der Risikostreuung in Wertpapieren anzulegen und ihren Anlegern die aus der Verwaltung ihrer Vermögenswerte resultierenden Ergebnisse zu Gute kommen zu lassen, und
– dont les parts sont destinées au placement dans le public par une offre publique ou privée, et	– deren Anteile zum Vertrieb im Wege eines öffentlichen Angebotes oder einer Privatplatzierung bestimmt sind, und
– dont les statuts stipulent que le montant du capital est égal à tout moment à la valeur de l'actif net de la société.	– deren Satzung bestimmt, dass ihr Kapital jederzeit dem Nettovermögen der Gesellschaft entspricht.
Art. 94. Le capital social de la SICAV ne peut être inférieur à un million deux cent cinquante mille euros (1.250.000 euros). Ce minimum doit être atteint dans un délai de six mois à partir de l'agrément de la SICAV. Un règlement CSSF peut fixer ce minimum à un chiffre plus élevé, sans pouvoir dépasser deux millions cinq cent mille euros (2.500.000 euros).	**Art. 94.** Das Gesellschaftskapital einer SICAV muss mindestens eine Million zweihundertfünfzigtausend Euro (1.250.000 EUR) betragen. Dieser Mindestbetrag muss innerhalb von sechs Monaten nach Zulassung der SICAV erreicht sein. Die CSSF kann diesen Mindestbetrag durch eine Verordnung erhöhen, ohne jedoch die Schwelle von zwei Millionen fünfhunderttausend Euro (2.500.000 EUR) zu überschreiten.
Art. 95. (1) Les articles 26, 28 (1) a), 28 (2) a), 28 (3) à (10), 29, 30, 31, 32, (...), 36 et 37 de la présente loi sont applicables aux SICAV dont la gestion relève d'un gestionnaire agréé au titre du chapitre 2 de la loi du 12 juillet 2013 relative aux gestionnaires de fonds d'investissement alternatifs.	**Art. 95.** (1) Die Bestimmungen der Artikel 26, 28 Absatz (1) Buchstabe a), 28 Absatz (2) Buchstabe a), 28 Absätze 3 bis 10, 29, 30, 31, 32, (...), 36 und 37 dieses Gesetzes sind auf SICAV, deren Verwaltung von einem Verwalter im Sinne des Kapitels 2 des Gesetzes vom 12. Juli 2013 über Verwalter alternativer Investmentfonds durchgeführt werden, im Sinne dieses Kapitels anwendbar.

(1bis) Les articles 26, 28 (1) a), 28 (2) a), 28 (3) à (10), 29, 30, 31, 32, 33 (1) à (3), 35, 36 et 37 de la présente loi sont applicables aux SICAV dont le gestionnaire bénéficie et fait usage des dérogations prévues à l'article 3 de la loi du 12 juillet 2013 relative aux gestionnaires de fonds d'investissement alternatifs.	(1bis) Die Artikel 26, 28 Absatz (1) Buchstabe a), 28 Absatz (2) Buchstabe a), 28 Absätze (3) bis (10), (29), (30), (31), (32), (33) Absätze (1) bis (3), (35), (36) und (37) dieses Gesetzes sind auf SICAV, deren Verwalter von den in Artikel 3 des Gesetzes vom 12. Juli 2013 über Verwalter alternativer Investmentfonds vorgesehenen Ausnahmen profitieren und diese nutzen.
Le dépositaire des actifs d'une SICAV dont le gestionnaire bénéficie et fait usage des dérogations prévues à l'article 3 de la loi du 12 juillet 2013 relative aux gestionnaires de fonds d'investissement alternatifs doit, soit avoir son siège statutaire au Luxembourg, soit y être établi, s'il a son siège statutaire dans un autre État membre ou dans un autre État non membre.	Die Verwahrstelle der Vermögenswerte eines SICAV, deren Verwalter von den in Artikel 3 des Gesetzes vom 12. Juli 2013 über Verwalter alternativer Investmentfonds vorgesehenen Ausnahmen profitieren und diese nutzen, muss ihren satzungsmäßigen Sitz entweder in Luxemburg haben oder dort niedergelassen sein, wenn sie ihren satzungsmäßigen Sitz in einem anderen Mitgliedstaat oder in einem Drittland haben.
Sans préjudice de la disposition prévue au deuxième alinéa du présent paragraphe, le dépositaire doit être un établissement de crédit ou une entreprise d'investissement au sens de la loi modifiée du 5 avril 1993 relative au secteur financier. Une entreprise d'investissement n'est éligible au titre de dépositaire que dans la mesure où cette entreprise d'investissement répond par ailleurs aux conditions prévues à l'article 19, paragraphe (3), de la loi du 12 juillet 2013 relative aux gestionnaires de fonds d'investissement alternatifs.	Unbeschadet der im zweiten Unterabsatz dieses Absatzes vorgesehenen Bestimmung muss die Verwahrstelle ein Kreditinstitut oder eine Wertpapierfirma im Sinne des geänderten Gesetzes vom 5. April 1993 über den Finanzsektor sein. Eine Wertpapierfirma kann nur als Verwahrstelle tätig sein, wenn sie außerdem die in Artikel 19 Absatz (3) des Gesetzes vom 12. Juli 2013 über Verwalter alternativer Investmentfonds genannten Voraussetzungen erfüllt.
Pour les SICAV dont le gestionnaire bénéficie et fait usage des dérogations prévues à l'article 3 de la loi du 12 juillet 2013 relative aux gestionnaires de fonds d'investissement alternatifs pour lesquelles aucun droit au remboursement ne peut être exercé pendant une période de cinq ans suivant la date des investissements initiaux et qui, conformément à leur politique principale en matière d'investissements, n'investissent généralement pas dans des actifs qui doivent être conservés conformément à l'article 19, paragraphe (8), point a), de la loi du 12 juillet 2013 relative aux gestionnaires de fonds d'investissement alternatifs ou qui investissent généralement dans des émetteurs ou	Für SICAV, deren Verwalter von den in Artikel 3 des Gesetzes vom 12. Juli 2013 über Verwalter alternativer Investmentfonds genannten Ausnahmen profitieren und diese nutzen, bei denen innerhalb von fünf Jahren nach Tätigung der ersten Anlagen keine Rücknahmerechte ausgeübt werden können und die im Einklang mit ihrer Hauptanlagestrategie in der Regel nicht in Vermögenswerte investieren, die gemäß Artikel 19 Absatz (8) Buchstabe a) des Gesetzes vom 12. Juli 2013 über Verwalter alternativer Investmentfonds verwahrt werden oder die in der Regel in Emittenten oder nicht börsennotierte Unternehmen investieren, um gemäß Artikel 24 des genannten Gesetzes

des sociétés non cotées pour éventuellement en acquérir le contrôle conformément à l'article 24 de ladite loi, le dépositaire peut également être une entité de droit luxembourgeois qui a le statut de dépositaire professionnel d'actifs autres que des instruments financiers visé à l'article 26-1 de la loi modifiée du 5 avril 1993 relative au secteur financier.	möglicherweise die Kontrolle über solche Unternehmen zu erlangen, kann die Verwahrstelle auch ein Unternehmen nach luxemburgischem Recht sein, dass den Status einer professionellen Verwahrstelle für andere Vermögenswerte als Finanzinstrumente wie in Artikel 26-1 des geänderten Gesetzes vom 5. April 1993 über den Finanzsektor hat.
(2) Les SICAV dont la gestion relève d'un gestionnaire agréé au titre du chapitre 2 de la loi du 12 juillet 2013 relative aux gestionnaires de fonds d'investissement alternatifs, qui ont désigné un gestionnaire externe au sens de l'article 88-2, paragraphe (2), point a) de la présente loi sont autorisées à déléguer à des tiers, en vue de mener leurs activités de manière plus efficace, l'exercice, pour leur propre compte, d'une ou plusieurs de leurs fonctions d'administration et de commercialisation, dans la mesure où le gestionnaire externe n'exerce pas lui-même les fonctions en question.	(2) SICAVs, die in den Anwendungsbereich dieses Kapitels fallen und einen externen Verwalter gemäß Artikel 88-2 Absatz (2) Buchstabe a) dieses Gesetzes benannt haben, sind berechtigt, die Ausübung einer oder mehrerer ihrer Verwaltungs- und Vertriebsaufgaben auf Dritte, die diese für sie wahrnehmen, zu übertragen, um ihre Aufgaben effizienter gestalten zu können, solange der externe Verwalter nicht seinerseits die betreffenden Aufgaben ausübt.
Dans ce cas, les conditions préalables suivantes doivent être remplies:	In diesem Fall müssen folgende Voraussetzungen vorab erfüllt sein:
a) la CSSF doit être informée de manière adéquate;	a) die CSSF ist in geeigneter Form zu informieren;
b) le mandat ne doit pas entraver le bon exercice de la surveillance dont la SICAV fait l'objet; en particulier, il ne doit ni empêcher la SICAV d'agir, ni empêcher la SICAV d'être gérée, au mieux des intérêts des investisseurs.	b) der Auftrag darf die Wirksamkeit der Beaufsichtigung der SICAV in keiner Weise beeinträchtigen; insbesondere darf er weder die SICAV daran hindern, im besten Interesse ihrer Anleger zu handeln, noch darf er verhindern, dass die SICAV im besten Interesse der Anleger verwaltet wird.
Pour les SICAV qui sont gérées de manière interne au sens de l'article 88-2, paragraphe (2), point b) de la présente loi et qui ne font pas ou ne peuvent pas faire usage des dérogations prévues à l'article 3 de la loi du 12 juillet 2013 relative aux gestionnaires de fonds d'investissement alternatifs, la délégation d'une ou de plusieurs de leurs fonctions doit se faire en conformité avec l'ensemble des conditions prévues par l'article 18 de la loi du 12 juillet 2013 relative aux gestionnaires de fonds d'investissement alternatifs.	SICAVs im Anwendungsbereich dieses Kapitels, die gemäß Artikel 88-2 Absatz (2) Buchstabe b) dieses Gesetzes intern verwaltet werden, haben die Übertragung einer oder mehrerer ihrer Aufgaben im Einklang mit der Gesamtheit der Bedingungen, die in Artikel 18 des Gesetzes vom 12. Juli 2013 über Verwalter alternativer Investmentfonds genannt sind, vorzunehmen.

(3) Les SICAV dont le gestionnaire bénéficie et fait usage des dérogations prévues à l'article 3 de la loi du 12 juillet 2013 relative aux gestionnaires de fonds d'investissement alternatifs sont autorisées à déléguer à des tiers, en vue de mener leurs activités de manière plus efficace, l'exercice, pour leur propre compte, d'une ou plusieurs de leurs fonctions. Dans ce cas, les conditions préalables suivantes doivent être remplies:	SICAVs deren Verwalter von den in Artikel 3 des Gesetzes vom 12. Juli 2013 über Verwalter alternativer Investmentfonds vorgesehenen Ausnahmen profitieren und diese nutzen, die einen externen Verwalter im Sinne von Artikel 88-2 Absatz (2) Buchstabe a) dieses Gesetzes benannt haben, sind berechtigt, eine oder mehrere ihrer Verwaltungs- und Vertriebsaufgabe(n) auf Dritte, die diese für sie wahrnehmen, zu übertragen, um ihre Aufgaben effizienter gestalten zu können, insoweit der externe Verwalter diese Funktionen nicht selbst ausübt. In diesem Fall müssen die folgenden Voraussetzungen vorab erfüllt sein:
a) la CSSF doit être informée de manière adéquate;	a) die CSSF ist in geeigneter Form zu informieren;
b) le mandat ne doit pas entraver le bon exercice de la surveillance dont la SICAV fait l'objet; en particulier, il ne doit ni empêcher la SICAV d'agir, ni empêcher la SICAV d'être gérée, au mieux des intérêts des investisseurs;	b) der Auftrag darf die Wirksamkeit der Beaufsichtigung der SICAV in keiner Weise beeinträchtigen; insbesondere darf er weder die SICAV daran hindern, im besten Interesse ihrer Anleger zu handeln, noch darf er verhindern, dass die SICAV im besten Interesse der Anleger verwaltet wird;
c) lorsque la délégation se rapporte à la gestion d'investissements, le mandat ne peut être donné qu'aux entreprises agréées ou immatriculées aux fins de la gestion de portefeuille et soumises à une surveillance prudentielle lorsque le mandat est donné à une entreprise d'un pays tiers soumise à une surveillance prudentielle, la coopération entre la CSSF et l'autorité de surveillance de ce pays doit être assurée;	c) bezieht sich die Übertragung auf das Portfoliomanagement oder das Risikomanagement so darf sie nur an Unternehmen erfolgen, die für die Zwecke der Vermögensverwaltung zugelassen oder registriert sind und einer ordnungsgemäßen Aufsicht unterliegen; erfolgt sie an ein Unternehmen aus einem Drittland, so hat dieses Unternehmen einer ordnungsgemäßen Aufsicht zu unterliegen und muss die Zusammenarbeit zwischen der CSSF und der Aufsichtsbehörde dieses Landes sichergestellt sein;
d) lorsque les conditions du point c) ne sont pas remplies, la délégation ne pourra devenir effective que moyennant approbation préalable de la CSSF; et	d) wenn die Voraussetzungen des Buchstaben c) nicht erfüllt sind, wird die Übertragung nicht ohne vorherige Genehmigung der CSSF wirksam;
e) aucun mandat se rapportant à la fonction principale de gestion des investissements n'est donné au dépositaire.	e) der Verwahrstelle darf kein Auftrag für die Hauptdienstleistung der Anlageverwaltung erteilt werden.

Art. 96. (1) Un règlement CSSF peut fixer:	**Art. 96.** (1) Eine CSSF-Verordnung kann Folgendes festlegen:
a) les périodicités minimales dans lesquelles les prix d'émission et, au cas où les statuts prévoient le droit au rachat des porteurs de parts, les prix de rachat des parts de la SICAV sont déterminés;	a) die Mindestzeitabstände, in denen der Ausgabepreis und, sofern die Satzung ein Rücknahmerecht der Anteilinhaber vorsieht, der Rücknahmepreis der Anteile der SICAV ermittelt werden;
b) le pourcentage minimal des actifs d'une SICAV devant consister en liquidités;	b) den Mindestanteil, zu dem das Vermögen der SICAV aus flüssigen Mitteln bestehen muss;
c) le pourcentage maximal à concurrence duquel les actifs d'une SICAV peuvent être investis en valeurs mobilières non cotées en bourse ou non traitées sur un marché organisé fournissant des garanties comparables;	c) den Höchstanteil, bis zu dem das Vermögen der SICAV in nicht börsennotierten Wertpapieren oder in Wertpapieren oder Wertpapieren, die nicht auf einem mit vergleichbaren Sicherheiten ausgestatteten organisierten Markt gehandelt werden, angelegt werden darf;
d) le pourcentage maximal des titres de même nature émis par une même collectivité que la SICAV peut posséder;	d) den Höchstanteil, bis zu dem die SICAV von ein und demselben Emittenten begebene Wertpapiere derselben Art besitzen darf;
e) le pourcentage maximal de ses actifs que la SICAV peut investir en titres d'une même collectivité;	e) den Höchstanteil, bis zu dem das Vermögen der SICAV in Wertpapieren ein und desselben Emittenten angelegt sein darf;
f) les conditions et éventuellement les pourcentages maximaux auxquels la SICAV peut investir en titres d'autres OPC;	f) die Bedingungen und gegebenenfalls die Höchstanteile bis zu denen eine SICAV in Wertpapieren anderer OGA anlegen darf;
g) le pourcentage maximal du montant des fonds que la SICAV est autorisée à emprunter par rapport au total de ses actifs, et les modalités de ces emprunts.	g) der Höchstanteil, bis zu dem die SICAV im Verhältnis zu seinem Gesamtvermögen Kredite aufnehmen darf und die Modalitäten dieser Kreditaufnahmen.
(2) Les périodicités et pourcentages, fixés conformément au paragraphe ci-dessus, peuvent être différenciés suivant que les SICAV présentent certaines caractéristiques ou remplissent certaines conditions.	(2) Die im vorstehenden Absatz festgelegten Mindestzeitabstände und Anteile können sich je nachdem, ob die SICAV bestimmte Merkmale aufweisen oder gewisse Bedingungen erfüllen, anders ausnehmen.
(3) Une SICAV nouvellement constituée peut, tout en veillant au respect du principe de la répartition des risques, déroger au paragraphe (1), point e) ci-dessus, pendant une période de six mois suivant la date de son agrément.	(3) Unbeschadet ihrer Verpflichtung, auf die Einhaltung des Grundsatzes der Risikostreuung zu achten, kann eine neu aufgelegte SICAV während eines Zeitraums von sechs Monaten nach ihrer Zulassung von vorstehendem Absatz (1) Buchstabe e) abweichen.

(4) Lorsque les pourcentages maximaux, fixés par référence aux points c), d), e), f) et g) du paragraphe (1) ci-dessus, sont dépassés par suite de l'exercice de droits attachés aux titres du portefeuille ou autrement que par achat de titres, la SICAV doit dans ses opérations de vente avoir pour objectif prioritaire la régularisation de sa situation en tenant compte de l'intérêt des porteurs de parts.	(4) Werden die in unter Bezug auf die Buchstaben c), d), e), f) und g) von vorstehendem Absatz (1) genannten Höchstanteile infolge der Ausübung von Bezugsrechten oder in anderer Weise als durch den Erwerb von Wertpapieren überschritten, so strebt die SICAV bei ihren Verkäufen als vorrangiges Ziel die Normalisierung ihrer Lage unter Berücksichtigung der Interessen der Anteilinhaber an.
Art. 96bis. Nonobstant l'article 309 de la loi modifiée du 10 août 1915 concernant les sociétés commerciales, les SICAV visées par le présent chapitre, ainsi que leurs filiales, sont exemptes de l'obligation de consolider les sociétés détenues à titre d'investissement.	**Art. 96bis.** Ungeachtet Artikel 309 des geänderten Gesetzes vom 10. August 1915 über die Handelsgesellschaften, sind die in diesem Kapitel genannten SICAVs sowie ihre Tochtergesellschaften von der Verpflichtung der Konsolidierung der Gesellschaften, die zu Anlagezwecken gehalten werden, befreit.
Chapitre 13. – Des OPC qui n'ont pas les formes juridiques de fonds communs de placement ou de SICAV	**Kapitel 13. – OGA, die nicht die Rechtsform eines Sondervermögens oder einer SICAV besitzen**
Art. 97. Le présent chapitre s'applique à toutes les sociétés et à tous les organismes autres que des fonds communs de placement ou des SICAV	**Art. 97.** Dieses Kapitel findet Anwendung auf alle Gesellschaften und Organismen, die keine Sondervermögen oder SICAV sind und
– dont l'objet exclusif est le placement collectif de leurs fonds en valeurs dans le but de répartir les risques d'investissement et de faire bénéficier les investisseurs des résultats de la gestion de leurs actifs, et	– deren ausschließlicher Zweck darin besteht, ihr Vermögen nach dem Grundsatz der Risikostreuung in Wertpapieren anzulegen und ihren Anlegern die aus der Verwaltung ihrer Vermögenswerte resultierenden Ergebnisse zu Gute kommen zu lassen, und
– dont les parts sont destinées au placement dans le public par une offre publique ou privée.	– deren Anteile zum Vertrieb im Wege eines öffentlichen Angebotes oder einer Privatplatzierung bestimmt sind.
Art. 98. (1) L'actif net des OPC relevant du présent chapitre ne peut être inférieur à un million deux cent cinquante mille euros (1.250.000 euros).	**Art. 98.** (1) Das Nettovermögen von OGA, die unter dieses Kapitel fallen, muss mindestens eine Million zweihundertfünfzigtausend Euro (1.250.000 EUR) betragen.
Ce minimum doit être atteint dans un délai de six mois à partir de leur agrément. Un	Dieser Mindestbetrag muss innerhalb von sechs Monaten nach ihrer Zulassung er-

règlement CSSF peut fixer ce minimum à un chiffre plus élevé sans pouvoir dépasser deux millions cinq cent mille euros (2.500.000 euros).	reicht sein. Die CSSF kann diesen Mindestbetrag durch eine Verordnung erhöhen, ohne jedoch den Betrag von zwei Millionen fünfhunderttausend Euro (2.500.000 EUR) zu überschreiten.
(2) Dans le cas où l'actif net est inférieur aux deux tiers du minimum légal, les administrateurs ou le directoire, selon le cas, ou gérants doivent soumettre la question de la dissolution de l'OPC à l'assemblée générale délibérant sans condition de présence et décidant à la majorité simple des titres représentés à l'assemblée.	(2) Fällt das Nettovermögen unter zwei Drittel des gesetzlichen Mindestkapitals, müssen die Verwaltungsräte oder der Vorstand, je nachdem was zutrifft, oder die Geschäftsführer die Frage der Auflösung der SICAV der Generalversammlung vorlegen, die ohne Anwesenheitsquorum und mit einfacher Mehrheit der in der Versammlung vertretenen Titel entscheidet.
(3) Dans le cas où l'actif net est inférieur au quart du minimum légal, les administrateurs ou le directoire, selon le cas, ou gérants doivent soumettre la question de la dissolution à l'assemblée générale délibérant sans condition de présence; la dissolution pourra être prononcée par les investisseurs possédant un quart des titres représentés à l'assemblée.	(3) Fällt das Nettovermögen unter ein Viertel des gesetzlichen Mindestkapitals, müssen die Verwaltungsräte oder der Vorstand, je nachdem was zutrifft, oder die Geschäftsführer die Frage der Auflösung der SICAV der Generalversammlung vorlegen die ohne Anwesenheitsquorum entscheidet; die Auflösung kann durch die Anleger die ein Viertel der in der Versammlung vertretenen Titel repräsentieren, beschlossen werden.
(4) La convocation doit se faire de façon que l'assemblée soit tenue dans le délai de quarante jours à partir de la constatation que l'actif net est devenu inférieur respectivement aux deux tiers ou au quart du minimum légal.	(4) Die Einladung hat so zu erfolgen, dass die Versammlung innerhalb von vierzig Tagen nach der Feststellung, dass das Nettovermögen unter zwei Drittel bzw. ein Viertel des Mindestkapitals gefallen ist, stattfindet.
(5) Si les documents constitutifs de l'organisme ne prévoient pas d'assemblées générales, les administrateurs ou le directoire, selon le cas, ou gérants doivent informer sans retard la CSSF dans le cas où l'actif net de l'OPC est devenu inférieur aux deux tiers du minimum légal. Dans ce dernier cas, la CSSF peut, compte tenu des circonstances, obliger les administrateurs ou le directoire, selon le cas, ou gérants à mettre l'OPC en état de liquidation.	(5) Sehen die Gründungsunterlagen des Organismus keine Generalversammlungen vor, müssen die Verwaltungsräte oder der Vorstand, je nachdem was zutrifft, oder die Geschäftsführer die CSSF umgehend unterrichten, sobald das Nettovermögen des OGA unter zwei Drittel des gesetzlichen Mindestkapitals gesunken ist. Die CSSF kann in diesem Fall, unter Berücksichtigung der jeweiligen Umstände, die Verwaltungsräte oder der Vorstand, je nachdem was zutrifft, oder die Geschäftsführer dazu zwingen, den OGA zu liquidieren.
Art. 99. (1) Un règlement CSSF peut fixer:	**Art. 99.** (1) Eine CSSF-Verordnung kann insbesondere Folgendes festlegen:

a) les périodicités minimales dans lesquelles les prix d'émission et, au cas où les documents constitutifs prévoient le droit au rachat des porteurs de parts ou associés, les prix de rachat des parts de l'OPC sont déterminés;	a) die Mindestzeitabstände, in denen der Ausgabepreis und, sofern die Gründungsunterlagen ein Rücknahmerecht der Anteilinhaber oder Gesellschafter vorsieht, der Rücknahmepreis der Anteile des OGA ermittelt werden;
b) le pourcentage minimal des actifs de l'OPC devant consister en liquidités;	b) den Mindestanteil, zu dem das Vermögen des OGA aus flüssigen Mitteln bestehen muss;
c) le pourcentage maximal à concurrence duquel les actifs de l'OPC peuvent être investis en valeurs mobilières non cotées en bourse ou non traitées sur un marché organisé fournissant des garanties comparables;	c) den Höchstanteil, bis zu dem das Vermögen des OGA in nicht börsennotierten Wertpapieren oder in Wertpapieren, die nicht auf einem mit vergleichbaren Sicherheiten ausgestatteten organisierten Markt gehandelt werden, angelegt werden darf;
d) le pourcentage maximal des titres de même nature émis par une même collectivité que l'OPC peut posséder;	d) den Höchstanteil, bis zu dem der OGA von ein und demselben Emittenten begebene Wertpapiere derselben Art besitzen darf;
e) le pourcentage maximal des actifs de l'OPC qui peut être investi en titres d'une même collectivité;	e) den Höchstanteil, bis zu dem das Vermögen des OGA in Wertpapieren ein und desselben Emittenten angelegt sein darf;
f) les conditions et éventuellement les pourcentages maximaux auxquels l'OPC peut investir en titres d'autres OPC;	f) die Bedingungen und gegebenenfalls die Höchstanteile bis zu denen ein OGA in Wertpapieren anderer OGA anlegen darf;
g) le pourcentage maximal du montant des fonds que l'OPC est autorisé à emprunter par rapport au total de ses actifs et les modalités de ces emprunts.	g) den Höchstanteil, bis zu dem der OGA im Verhältnis zu seinem Gesamtvermögen Kredite aufnehmen darf und die Modalitäten dieser Kreditaufnahmen.
(2) Les périodicités et pourcentages, fixés conformément au paragraphe (1) ci-dessus, peuvent être différenciés suivant que l'OPC présente certaines caractéristiques ou remplit certaines conditions.	(2) Die im vorstehenden Absatz (1) festgelegten Mindestzeitabstände und Anteile können sich je nachdem, ob der OGA bestimmte Merkmale aufweist oder gewisse Bedingungen erfüllt, anders ausnehmen.
(3) Un OPC nouvellement constitué peut, tout en veillant au respect du principe de la répartition des risques, déroger au paragraphe (1), point e) ci-dessus, pendant une période de six mois suivant la date de son agrément.	(3) Unbeschadet seiner Verpflichtung, auf die Einhaltung des Grundsatzes der Risikostreuung zu achten, kann ein neu aufgelegter OGA während eines Zeitraums von sechs Monaten nach seiner Zulassung von vorstehendem Absatz (1) Buchstabe e) abweichen.
(4) Lorsque les pourcentages maximaux, fixés par référence aux points c), d), e), f) et g) du paragraphe (1) ci-dessus, sont dépas-	(4) Werden die unter Bezug auf die Buchstaben c), d), e), f) und g) von vorstehendem Absatz (1) genannten Höchstanteile infolge

sés par suite de l'exercice de droits attachés aux titres du portefeuille ou autrement que par achat de titres, l'OPC doit dans ses opérations de vente avoir pour objectif prioritaire la régularisation de sa situation en tenant compte de l'intérêt des porteurs de parts ou associés.	der Ausübung von Bezugsrechten oder in anderer Weise als durch den Erwerb von Wertpapieren überschritten, so muss der OGA bei seinen Verkäufen als vorrangiges Ziel die Normalisierung seiner Lage unter Berücksichtigung der Interessen der Anteilinhaber oder Gesellschafter anstreben.
(5) Le règlement de gestion ou les documents constitutifs de l'OPC prévoient les principes et modes d'évaluation des actifs de l'OPC. Sauf dispositions contraires dans le règlement de gestion ou les documents constitutifs, l'évaluation des actifs de l'OPC se base pour les valeurs admises à une cote officielle, sur le dernier cours de bourse connu, à moins que ce cours ne soit pas représentatif. Pour les valeurs non admises à une telle cote et pour les valeurs admises à une telle cote, mais dont le dernier cours n'est pas représentatif, l'évaluation se base sur la valeur probable de réalisation, laquelle doit être estimée avec prudence et bonne foi.	(5) Die Grundsätze und die Verfahren für die Bewertung des Vermögens des OGA werden im Verwaltungsreglement oder in den Gründungsunterlagen des OGA festgelegt. Vorbehaltlich anderslautender Bestimmungen des Verwaltungsreglements oder der Gründungsunterlagen erfolgt die Bewertung der Vermögenswerte des OGA hinsichtlich der zu einer amtlichen Notierung zugelassenen Wertpapiere auf der Grundlage des letzten bekannten Kurses, es sei denn, dieser Kurs wäre nicht repräsentativ. Für nicht zu einer amtlichen Notierung zugelassene Wertpapiere sowie für zu einer amtlichen Notierung zugelassene Wertpapiere, deren zuletzt ermittelter Kurs nicht repräsentativ ist, erfolgt die Bewertung aufgrund des wahrscheinlichen, mit Bedacht und nach Treu und Glauben zu schätzenden Veräußerungswertes.
(6) Les articles 28 (5), (...), 36 et 37 de la présente loi sont applicables aux OPC qui n'ont pas les formes juridiques de fonds commun de placement ou de SICAV et dont la gestion relève d'un gestionnaire agréé au titre du chapitre 2 de la loi du 12 juillet 2013 relative aux gestionnaires de fonds d'investissement alternatifs.	(6) Die Artikel 28 (5), (...), 36 und 37 dieses Gesetzes finden Anwendung auf OGA, die nicht die Rechtsform von Sondervermögen oder SICAV haben und die von einem nach Kapitel 2 des Gesetzes vom 12. Juli 2013 über Verwalter alternativer Investmentfonds zugelassenen Verwalter verwaltet werden.
(6bis) Les articles 28 (5), 33 (1) à (3), 35, 36 et 37 de la présente loi sont applicables aux OPC qui n'ont pas les formes juridiques de fonds communs de placement ou de SICAV et dont le gestionnaire bénéficie et fait usage des dérogations prévues à l'article 3 de la loi du 12 juillet 2013 relative aux gestionnaires de fonds d'investissement alternatifs.	(6bis) Die Artikel 28 Absatz (5), 33 Absatz (1) bis (3), (35), (36) und (37) dieses Gesetzes sind auf OGA anwendbar, die nicht die Rechtsformen von Sondervermögen oder SICAV haben und deren Verwalter nicht von den nach Artikel 3 des Gesetzes vom 12. Juli 2013 über Verwalter alternativer Investmentfonds vorgesehenen Ausnahmen profitieren und diese nutzen.
Le dépositaire des actifs d'un OPC qui n'a pas la forme juridique de fonds commun de placement ou de SICAV et dont le gestionnaire bénéficie et fait usage des dérogations	Die Verwahrstelle der Vermögenswerte eines OGA, der nicht die Rechtsform eines Sondervermögens oder einer SICAV hat und deren Verwalter von den nach Artikel 3 des

prévues à l'article 3 de la loi du 12 juillet 2013 relative aux gestionnaires de fonds d'investissement alternatifs doit, soit avoir son siège statutaire au Luxembourg, soit y être établi, s'il a son siège statutaire dans un autre État membre ou dans un autre État non membre.	Gesetzes vom 12. Juli 2013 über Verwalter alternativer Investmentfonds vorgesehenen Ausnahmen profitiert und diese nutzt, muss ihren satzungsmäßigen Sitz in Luxemburg haben oder dort niedergelassen sein, wenn sie ihren satzungsmäßigen Sitz in einem anderen Mitgliedstaat oder in einem anderen Drittland hat.
Sans préjudice de la disposition prévue au deuxième alinéa du présent paragraphe, le dépositaire doit être un établissement de crédit ou une entreprise d'investissement au sens de la loi modifiée du 5 avril 1993 relative au secteur financier. Une entreprise d'investissement n'est éligible au titre de dépositaire que dans la mesure où cette entreprise d'investissement répond par ailleurs aux conditions prévues à l'article 19, paragraphe (3), de la loi du 12 juillet 2013 relative aux gestionnaires de fonds d'investissement alternatifs.	Unbeschadet der im zweiten Unterabsatz dieses Absatzes vorgesehenen Vorschrift, muss die Verwahrstelle ein Kreditinstitut oder eine Wertpapierfirma im Sinne des geänderten Gesetzes vom 5. April 1993 über den Finanzsektor sein. Eine Wertpapierfirma kann nur als Verwahrstelle tätig sein, wenn sie außerdem die in Artikel 19 Absatz (3) des Gesetzes vom 12. Juli 2013 über Verwalter alternativer Investmentfonds genannten Voraussetzungen erfüllen.
Pour les OPC qui n'ont pas les formes juridiques de fonds communs de placement ou de SICAV et dont le gestionnaire bénéficie et fait usage des dérogations prévues à l'article 3 de la loi du 12 juillet 2013 relative aux gestionnaires de fonds d'investissement alternatifs pour lesquels aucun droit au remboursement ne peut être exercé pendant une période de cinq ans suivant la date des investissements initiaux et qui, conformément à leur politique principale en matière d'investissements, n'investissent généralement pas dans des actifs qui doivent être conservés conformément à l'article 19, paragraphe (8), point a), de la loi du 12 juillet 2013 relative aux gestionnaires de fonds d'investissement alternatifs ou qui investissent généralement dans des émetteurs ou des sociétés non cotées pour éventuellement en acquérir le contrôle conformément à l'article 24 de ladite loi, le dépositaire peut également être une entité de droit luxembourgeois qui a le statut de dépositaire professionnel d'actifs autres que des instruments financiers visé à l'article 26-1 de la loi modifiée du 5 avril 1993 relative au secteur financier.	Für OGA, die nicht die Rechtsformen von Sondervermögen oder SICAVs haben und deren Verwalter von den in Artikel 3 des Gesetzes vom 12. Juli 2013 über Verwalter alternativer Investmentfonds genannten Ausnahmen profitieren und diese nutzen, bei denen innerhalb von fünf Jahren nach Tätigung der ersten Anlagen keine Rücknahmerechte ausgeübt werden können und die im Einklang mit ihrer Hauptanlagestrategie in der Regel nicht in Vermögenswerte investieren, die gemäß Artikel 19 Absatz (8) Buchstabe a) des Gesetzes vom 12. Juli 2013 über Verwalter alternativer Investmentfonds verwahrt werden oder die in der Regel in Emittenten oder nicht börsennotierte Unternehmen investieren, um gemäß Artikel 24 dieses Gesetzes möglicherweise die Kontrolle über solche Unternehmen zu erlangen, kann die Verwahrstelle auch ein Unternehmen nach luxemburgischem Recht sein, dass den Status einer professionellen Verwahrstelle für andere Vermögenswerte als Finanzinstrumente wie in Artikel 26-1 des Gesetzes vom 5. April 1993 über den Finanzsektor hat.

(6ter) Les OPC qui n'ont pas les formes juridiques de fonds communs de placement ou de SICAV et dont la gestion relève d'un gestionnaire agréé au titre du chapitre 2 de la loi du 12 juillet 2013 relative aux gestionnaires de fonds d'investissement alternatifs, qui ont désigné un gestionnaire externe au sens de l'article 88-2, paragraphe (2), point a) de la présente loi, sont autorisés à déléguer à des tiers, en vue de mener leurs activités de manière plus efficace, l'exercice, pour leur propre compte, d'une ou plusieurs de leurs fonctions d'administration et de commercialisation, dans la mesure où le gestionnaire externe n'exerce pas lui-même les fonctions en question.	(6ter) OGA, die nicht die Rechtsform von Sondervermögen oder SICAVs haben und deren Verwaltung von einem Verwalter zugelassenen im Sinne des Kapitels 2 des Gesetzes vom 12. Juli 2013 über Verwalter alternativer Investmentfonds getätigt wird, die einen externen Verwalter im Sinne von Artikel 88-(2) Absatz 2 Buchstabe a) dieses Gesetzes benannt hat, sind berechtigt, eine oder mehrere ihrer Verwaltungs- und Vertriebsaufgaben auf Dritte, die diese für sie wahrnehmen, zu übertragen, um ihre Aufgaben effizienter gestalten zu können, sofern der externe Verwalter nicht seinerseits die betreffenden Aufgaben ausübt.
Dans ce cas, les conditions préalables suivantes doivent être remplies:	In diesem Fall müssen folgende Voraussetzungen vorab erfüllt sein:
a) la CSSF doit être informée de manière adéquate;	a) die CSSF ist in geeigneter Form zu informieren;
b) le mandat ne doit pas entraver le bon exercice de la surveillance dont la SICAV fait l'objet; en particulier, il ne doit ni empêcher la SICAV d'agir, ni empêcher la SICAV d'être gérée, au mieux des intérêts des investisseurs.	b) der Auftrag darf die Wirksamkeit der Beaufsichtigung der SICAV in keiner Weise beeinträchtigen; insbesondere darf er weder die SICAV daran hindern, im besten Interesse ihrer Anleger zu handeln, noch darf er verhindern, dass die SICAV im besten Interesse der Anleger verwaltet wird.
Pour les OPC qui n'ont pas les formes juridiques de fonds communs de placement ou de SICAV et dont la gestion relève d'un gestionnaire agréé au titre du chapitre 2 de la loi du 12 juillet 2013 relative aux gestionnaires de fonds d'investissement alternatifs, qui sont gérés de manière interne au sens de l'article 88-2, paragraphe (2), point b) de la présente loi, la délégation d'une ou de plusieurs de leurs fonctions doit se faire en conformité avec l'ensemble des conditions prévues par l'article 18 de la loi du 12 juillet 2013 relative aux gestionnaires de fonds d'investissement alternatifs.	OGA, die nicht die Rechtsformen von Sondervermögen oder SICAVs haben und deren Verwaltung von einem Verwalter im Sinne des Kapitels 2 des Gesetzes vom 12. Juli 2013 über Verwalter alternativer Investmentfonds getätigt werden, die gemäß Artikel 88-2 Absatz 2 Buchstabe b) dieses Gesetzes intern verwaltet werden, haben die Übertragung einer oder mehrerer ihrer Aufgaben im Einklang mit der Gesamtheit der Bedingungen vorzunehmen, die in Artikel 18 des Gesetzes vom 12. Juli 2013 über Verwalter alternativer Investmentfonds vorgesehen sind.
(6quater) Les OPC qui n'ont pas les formes juridiques de fonds communs de placement ou de SICAV et dont le gestionnaire bénéficie et fait usage des dérogations prévues à l'article 3 de la loi du 12 juillet 2013 relative	(6quater) OGA die nicht die Rechtsform eines Sondervermögens oder einer SICAV haben und deren Verwaltung von einem Verwalter nach Kapitel 2 des Gesetzes vom 12. Juli 2013 über Verwalter alternativer In-

aux gestionnaires de fonds d'investissement alternatifs, sont autorisés à déléguer à des tiers, en vue de mener leurs activités de manière plus efficace, l'exercice, pour leur propre compte, d'une ou plusieurs de leurs fonctions. Dans ce cas, les conditions préalables suivantes doivent être remplies:	vestmentfonds getätigt wird, sind berechtigt, die Ausübung einer oder mehrerer ihrer Aufgabe(n) auf Dritte, die diese für sie wahrnehmen, zu übertragen, um ihre Aufgaben effizienter gestalten zu können. In diesem Fall müssen folgende Voraussetzungen vorab erfüllt sein:
a) la CSSF doit être informée de manière adéquate;	a) die CSSF ist in geeigneter Form zu informieren;
b) le mandat ne doit pas entraver le bon exercice de la surveillance dont l'OPC fait l'objet; en particulier, il ne doit ni empêcher l'OPC d'agir, ni empêcher l'OPC d'être géré, au mieux des intérêts des investisseurs;	b) der Auftrag darf die Wirksamkeit der Beaufsichtigung der SICAV in keiner Weise beeinträchtigen; insbesondere darf er weder die SICAV daran hindern, im besten Interesse ihrer Anleger zu handeln, noch darf er verhindern, dass die SICAV im besten Interesse der Anleger verwaltet wird.
c) lorsque la délégation se rapporte à la gestion d'investissements, le mandat ne peut être donné qu'aux entreprises agréées ou immatriculées aux fins de la gestion de portefeuille et soumises à une surveillance prudentielle « lorsque le mandat est donné à une entreprise d'un pays tiers soumise à une surveillance prudentielle, la coopération entre la CSSF et l'autorité de surveillance de ce pays doit être assurée;	c) bezieht sich die Übertragung auf das Portfoliomanagement so darf sie nur an Unternehmen erfolgen, die für die Zwecke der Vermögensverwaltung zugelassen oder registriert sind und einer ordnungsgemäßen Aufsicht unterliegen; erfolgt sie an ein Unternehmen aus einem Drittland, so hat dieses Unternehmen einer ordnungsgemäßen Aufsicht zu unterliegen und muss die Zusammenarbeit zwischen der CSSF und der Aufsichtsbehörde dieses Landes sichergestellt sein;
d) lorsque les conditions du point c) ne sont pas remplies, la délégation ne pourra devenir effective que moyennant approbation préalable de la CSSF; et	d) wenn die Voraussetzungen des Buchstaben c) nicht erfüllt sind, wird die Übertragung nicht ohne vorherige Genehmigung der CSSF wirksam;
e) aucun mandat se rapportant à la fonction principale de gestion des investissements n'est donné au dépositaire.	e) der Verwahrstelle darf kein Auftrag für die Hauptdienstleistung der Anlageverwaltung erteilt werden.
(7) Les statuts de l'OPC ayant adopté la forme d'une des sociétés prévues à l'article 2 de la loi du 10 août 1915 concernant les sociétés commerciales, telle que modifiée, et toute modification apportée à ces statuts sont constatés dans un acte notarié spécial, sont dressés en langue française, allemande ou anglaise au choix des comparants. Par dérogation aux dispositions de l'arrêté du	(7) Die Satzung eines OGA, der die Form einer der in Artikel 2 des geänderten Gesetzes vom 15. August 1915 über die Handelsgesellschaften vorgesehenen Gesellschaften angenommen hat, sowie deren nachfolgenden Änderungen werden in einer gesonderten notariellen Urkunde festgehalten, die nach Wahl der für die Gesellschaft auftretenden Personen in französischer, deutscher oder

24 prairial, an XI, 37 Loi du 12 juillet 2013 lorsque cet acte notarié est dressé en langue anglaise, l'obligation de joindre à cet acte une traduction en une langue officielle lorsqu'il est présenté à la formalité de l'enregistrement, ne s'applique pas. Cette obligation ne s'applique pas non plus pour tous les autres actes devant être constatés sous forme notariée, tels que les actes notariés dressant procès-verbal d'assemblées d'actionnaires des sociétés susmentionnées ou constatant un projet de fusion concernant ces sociétés.	englischer Sprache verfasst sein kann. Abweichend von den Bestimmungen des Erlasses des 24. Prairials, XI, entfällt im Rahmen der Hinterlegung der Urkunde das Erfordernis, eine Übersetzung in einer der Amtssprachen beizufügen, sollte die Urkunde in englischer Sprache verfasst sein. Diese Verpflichtung entfällt auch für alle anderen in notarieller Form zu errichtenden Urkunden, wie notariellen Urkunden über Protokolle von Generalversammlungen der Aktionäre der vorgenannten Gesellschaften oder der diese Gesellschaften betreffende Verschmelzungsplan.
(8) Par dérogation à l'article 73 alinéa 2 de la loi du 10 août 1915 concernant les sociétés commerciales, telle que modifiée les OPC relevant du présent chapitre et qui ont adopté la forme d'une société anonyme ou d'une société en commandite par actions ne sont pas tenues d'adresser les comptes annuels, de même que le rapport du réviseur d'entreprises agréé, le rapport de gestion et, le cas échéant, les observations du conseil de surveillance aux porteurs de parts en nom en même temps que la convocation à l'assemblée générale annuelle. La convocation indique l'endroit et les modalités de mise à disposition de ces documents aux porteurs de parts et précise que chaque porteur de parts peut demander que les comptes annuels, de même que le rapport du réviseur d'entreprises agrée, le rapport de gestion et, le cas échéant, les observations du conseil de surveillance lui soient envoyés.	(8) Abweichend von Artikel 73 Absatz (2) des geänderten Gesetzes vom 10. August über die Handelsgesellschaften sind die unter dieses Kapitel fallenden OGA, welche die Form einer Aktiengesellschaft oder einer Kommanditgesellschaft auf Aktien angenommen haben, nicht verpflichtet, den Jahresabschluss sowie den Bericht des *réviseur d'entreprises agréé* (Abschlussprüfer), den Verwaltungsbericht und gegebenenfalls die Anmerkungen des Aufsichtsrats gleichzeitig mit der Einladung zur jährlichen Generalversammlung an die Namensanteilinhaber zu richten. Im Einladungsschreiben wird der Ort und das Verfahren für die Bereitstellung dieser Dokumente an die Anteilinhaber angegeben und präzisiert, dass jeder Anteilinhaber die Zusendung des Jahresabschlusses sowie des Berichtes des *réviseur d'entreprises agréé* (Abschlussprüfer), des Verwaltungsbericht und gegebenenfalls der Anmerkungen des Aufsichtsrats, anfordern kann.
(9) Les convocations aux assemblées générales des porteurs de parts peuvent prévoir que le quorum et la majorité à l'assemblée générale sont déterminés en fonction des parts émises et en circulation le cinquième jour qui précède l'assemblée générale à vingt-quatre heures (heure de Luxembourg) (dénommée «date» d'enregistrement). Les droits d'un porteur de parts de participer à une assemblée générale et d'exercer le droit de vote attaché à ses parts sont déterminés	(9) Die Einladungen der Anteilinhaber zu den Generalversammlungen können vorsehen, dass das Anwesenheitsquorum und die Beschlussmehrheit bei der Generalversammlung auf der Grundlage der am fünften Tag um Mitternacht (Ortszeit Luxemburg) vor der Generalversammlung (im Folgenden „Stichtag") ausgegebenen und im Umlauf befindlichen Anteile festgelegt werden. Die Rechte eines Anteilinhabers hinsichtlich der Teilnahme an einer Gesell-

en fonction des parts détenues par ce porteur de parts à la date d'enregistrement.	schafterversammlung und der Ausübung der an seine Anteile gekoppelten Stimmrechte werden auf der Grundlage der von diesem Anteilinhaber am Eintragsdatum gehaltenen Anteile festgelegt.
(10) Les dispositions de la loi modifiée du 10 août 1915 concernant les sociétés commerciales sont applicables aux OPC relevant du présent chapitre, pour autant qu'il n'y soit pas dérogé par la présente loi.	(10) Die Bestimmungen des geänderten Gesetzes von 1915 über die Handelsgesellschaften sind auf die in diesem Kapitel behandelten Investmentgesellschaften anwendbar, sofern in diesem Gesetz nichts Abweichendes geregelt ist.
Partie III: Des OPC Etrangers	**Teil III: Ausländische OGA**
Chapitre 14. – Dispositions générales et champ d'application	**Kapitel 14. – Allgemeine Bestimmungen und Geltungsbereich**
Art. 100. (1) Sans préjudice du paragraphe (2), les OPC du type autre que fermé constitués ou fonctionnant selon une législation étrangère non soumis au chapitre 7 de la présente loi et dont les titres font l'objet d'une commercialisation auprès d'investisseurs de détail au ou à partir du Luxembourg doivent être soumis dans leur État d'origine à une surveillance permanente qui est exercée par une autorité de contrôle prévue par la loi dans le but d'assurer la protection des investisseurs. Ces OPC doivent par ailleurs être soumis à une surveillance que la CSSF considère comme équivalente à celle prévue par la présente loi. L'article 59 de la présente loi est applicable à ces OPC.	**Art. 100.** (1) Unbeschadet von Absatz (2) müssen andere OGA als geschlossene oder nach einem ausländischen Recht gegründete oder bestehende und nicht Kapitel 7 dieses Gesetzes unterstehende OGA, deren Anteile in oder von Luxemburg aus bei Kleinanlegern vertrieben werden, in ihrem Herkunftsmitgliedstaat einer ständigen Aufsicht unterliegen, die durch eine gesetzlich geregelte Aufsichtsbehörde zum Zwecke des Schutzes der Anleger ausgeübt wird. Diese OGA müssen einer Aufsicht unterliegen, die die CSSF als gleichwertig zu der, durch dieses Gesetz vorgesehenen, erachtet. Auf diese OGA findet Artikel 59 dieses Gesetzes Anwendung.
(2) Le présent article n'est pas applicable à la commercialisation auprès d'investisseurs professionnels au Luxembourg de parts ou d'actions de FIA de droit étranger qui est faite conformément aux dispositions des chapitres 6 et 7 de la loi du 12 juillet 2013 relative aux gestionnaires de fonds d'investissement alternatifs en cas de commercialisation par un gestionnaire établi au Luxembourg respectivement conformément aux dispositions des chapitres VI et VII de la directive 2011/61/UE en cas de commerciali-	(2) Dieser Artikel ist nicht anwendbar auf den Vertrieb von Anteilen oder Aktien von ausländischen AIF an professionelle Anleger in Luxemburg, die gemäß den Bestimmungen der Kapitel 6 und 7 des Gesetzes vom 12. Juli 2013 über Verwalter von alternativen Investmentfonds vorgenommen wird im Fall des Vertriebs durch einen Verwalter, der in Luxemburg ansässig ist, beziehungsweise gemäß den Bestimmungen der Kapitel VI und VII der Richtlinie 2011/61/EU im Fall des Vertriebs durch einen Verwalter,

sation par un gestionnaire établi dans un autre État membre ou dans un pays tiers, sous réserve des dispositions de l'article 58(5) de la loi du 12 juillet 2013 relative aux gestionnaires de fonds d'investissement alternatifs.	der in einem anderen Mitgliedstaat oder in einem Drittland ansässig ist, vorbehaltlich der Bestimmungen in Artikel 58 Absatz (5) des Gesetzes vom 12. Juli 2013 über Verwalter alternativer Investmentfonds.
Partie IV: Des sociétés de gestion	**Teil IV: Verwaltungsgesellschaften**
Chapitre 15. – Des sociétés de gestion assurant la gestion d'OPCVM relevant de la directive 2009/65/CE	**Kapitel 15. – Die Verwaltungsgesellschaften, welche die Verwaltung von OGAW nach der Richtlinie 2009/65/EG wahrnehmen**
Titre A. – Conditions d'accès à l'activité des sociétés de gestion ayant leur siège statutaire au Luxembourg	**Titel A. – Bedingungen für die Aufnahme der Tätigkeit von Verwaltungsgesellschaften mit satzungsmäßigem Sitz in Luxemburg**
Art. 101. (1) L'accès à l'activité des sociétés de gestion ayant leur siège statutaire au Luxembourg au sens du présent chapitre est subordonné à un agrément préalable délivré par la CSSF. L'agrément accordé à une société de gestion sur la base de la présente loi vaut pour tous les États membres et est notifié à l'Autorité européenne des marchés financiers.	**Art. 101.** (1) Für den Zugang zur Tätigkeit einer Verwaltungsgesellschaft im Sinne dieses Kapitels mit satzungsmäßigem in Luxemburg ist die vorherige Zulassung durch die CSSF erforderlich. Die gemäß diesem Gesetz erteilte Zulassung einer Verwaltungsgesellschaft ist in allen Mitgliedstaaten gültig und muss der Europäischen Finanzmarktaufsichtsbehörde mitgeteilt werden.
Une société de gestion est constituée sous forme de société anonyme, de société à responsabilité limitée, de société coopérative, de société coopérative organisée comme une société anonyme ou de société en commandite par actions. Le capital de cette société doit être représenté par des titres nominatifs. Les dispositions de la loi modifiée du 10 août 1915 concernant les sociétés commerciales sont applicables aux sociétés de gestion relevant du présent chapitre, pour autant qu'il n'y soit pas dérogé par la présente loi.	Eine Verwaltungsgesellschaft wird in der Form einer Aktiengesellschaft, einer Gesellschaft mit beschränkter Haftung, einer Genossenschaft oder einer Genossenschaft, die wie eine Aktiengesellschaft organisiert ist, oder in der Form einer Kommanditgesellschaft auf Aktien errichtet. Das Kapital dieser Gesellschaft wird durch Namensaktien oder Namensanteile vertreten. Die Bestimmungen des geänderten Gesetzes vom 10. August 1915 über Handelsgesellschaften sind auf Verwaltungsgesellschaften dieses Kapitels anwendbar, sofern davon nicht durch dieses Gesetz abgewichen wird.
Les sociétés de gestion agréées sont inscrites par la CSSF sur une liste. Cette inscrip-	Zugelassene Verwaltungsgesellschaften werden von der CSSF in eine Liste eingetra-

tion vaut agrément et est notifiée par la CSSF à la société de gestion concernée. Les demandes d'inscription doivent être introduites auprès de la CSSF avant la constitution de la société de gestion. La constitution de la société de gestion ne peut être effectuée qu'après notification de l'agrément par la CSSF. Cette liste ainsi que les modifications qui y sont apportées sont publiées au Mémorial par les soins de la CSSF.	gen. Diese Eintragung gilt als Zulassung und wird der betreffenden Verwaltungsgesellschaft von der CSSF mitgeteilt. Anträge auf Eintragung müssen vor der Gründung der Verwaltungsgesellschaft bei der CSSF eingereicht werden. Die Gründung der Verwaltungsgesellschaft kann erst nach Mitteilung der Zulassung durch die CSSF vorgenommen werden. Diese Liste sowie jede Änderung dieser Liste werden auf Veranlassung der CSSF im Memorial veröffentlicht.
(2) Les activités des sociétés de gestion doivent se limiter à la gestion d'OPCVM agréés conformément à la directive 2009/65/CE, ce qui n'exclut pas la possibilité de gérer par ailleurs d'autres OPC qui ne relèvent pas de cette directive et pour lesquels la société de gestion fait l'objet d'une surveillance prudentielle mais dont les parts ne peuvent être commercialisées dans d'autres États membres de l'Union européenne en vertu de la directive 2009/65/CE.	(2) Eine Verwaltungsgesellschaft darf keine andere Tätigkeit als die der Verwaltung von gemäß der Richtlinie 2009/65/EG zugelassenen OGAW ausüben was jedoch die Möglichkeit der Verwaltung anderer OGA, die nicht unter diese Richtlinie fallen und für die die Verwaltungsgesellschaft einer ordnungsgemäßen Aufsicht unterliegt, deren Anteile jedoch nicht in anderen Mitgliedstaaten der Europäischen Union gemäß der Richtlinie 2009/65/EG vertrieben werden können, nicht ausschließt.
Les activités de gestion d'OPCVM incluent les fonctions mentionnées à l'annexe II de la présente loi	Die Tätigkeit der Verwaltung von OGAW schließt die in Anhang II dieses Gesetzes genannt Aufgaben ein.
(3) Par dérogation au paragraphe (2), des sociétés de gestion peuvent en outre fournir les services suivants:	(3) Abweichend von Absatz (2) können Verwaltungsgesellschaften des Weiteren folgende Dienstleistungen erbringen:
a) gestion de portefeuilles d'investissement, y compris ceux qui sont détenus par des fonds de retraite, sur une base discrétionnaire et individualisée, dans le cadre d'un mandat donné par les investisseurs, lorsque ces portefeuilles comportent un ou plusieurs des instruments énumérés à la section B de l'annexe II de la loi modifiée du 5 avril 1993 relative au secteur financier;	a) individuelle Verwaltung einzelner Portfolios – einschließlich der Portfolios von Pensionsfonds – mit einem Ermessensspielraum im Rahmen eines Mandats der Anleger, sofern die betreffenden Portfolios eines oder mehrere der in Anhang II Abschnitt B des geänderten Gesetzes vom 5. April 1993 über den Finanzsektor genannten Instrumente enthalten, und
b) en tant que services auxiliaires:	b) als Nebendienstleistungen:
– conseils en investissement portant sur un ou plusieurs des instruments énumérés à la section B de l'annexe II de la loi modifiée du 5 avril 1993 relative au secteur financier;	– Anlageberatung in Bezug auf eines oder mehrere der in Anhang II Abschnitt B des geänderten Gesetzes vom 5. April 1993 über den Finanzsektor genannten Instrumente,

– garde et administration, pour des parts d'OPC.	– Verwahrung und Verwaltung in Bezug auf die Anteile von OGA.
Les sociétés de gestion ne peuvent en aucun cas être autorisées en vertu du présent chapitre à fournir exclusivement les services mentionnés dans le présent paragraphe ou à fournir des services auxiliaires sans être agréées pour les services visés au point a).	Auf keinen Fall darf es einer Verwaltungsgesellschaft im Rahmen dieses Kapitels gestattet werden, ausschließlich die in diesem Absatz genannten Dienstleistungen zu erbringen oder Nebendienstleistungen zu erbringen, wenn ihr nicht gestattet wurde, die unter Buchstabe a) genannten Dienstleistungen zu erbringen.
Aux fins de l'application du présent article, le conseil en investissement consiste dans la fourniture de recommandations personnalisées à un client, soit à la demande de ce client, soit à l'initiative de la société de gestion, en ce qui concerne une ou plusieurs transactions portant sur des instruments financiers visés à la section B de l'annexe II de la loi modifiée du 5 avril 1993 relative au secteur financier.	Für die Zwecke der Anwendung dieses Artikels versteht man unter Anlageberatung die Erteilung personalisierter Empfehlungen an einen Kunden entweder auf dessen Nachfrage oder auf Initiative der Verwaltungsgesellschaft, welche sich auf ein oder mehrere Geschäfte mit Finanzinstrumenten nach Anhang II, Abschnitt B des geänderten Gesetzes vom 5. April 1993 über den Finanzsektor beziehen.
Aux fins de l'application du présent article, une recommandation personnalisée est une recommandation qui est adressée à une personne en raison de sa qualité d'investisseur ou d'investisseur potentiel ou de sa qualité de mandataire d'un investisseur ou d'un investisseur potentiel.	Für die Zwecke der Anwendung dieses Artikels versteht man unter einer personalisierten Empfehlung eine Empfehlung, die sich an eine Person in ihrer Eigenschaft als Anleger oder als potenzieller Anleger oder in ihrer Eigenschaft als Bevollmächtigter eines Anlegers oder eines potenziellen Anlegers richtet.
Cette recommandation doit être présentée comme adaptée à cette personne ou être basée sur l'examen de la situation propre à cette personne et doit recommander la réalisation d'une opération relevant des catégories suivantes:	Diese Empfehlung muss an diese Person angepasst sein oder auf der Prüfung der dieser Person eigenen Situation beruhen und die Ausführung eines Geschäfts empfehlen, das unter die folgenden Kategorien fällt:
a) l'achat, la vente, la souscription, l'échange, le remboursement, la détention ou la prise ferme d'un instrument financier particulier;	a) Kauf, Verkauf, Zeichnung, Tausch, Rückzahlung, Halten oder Übernahme der Emission eines bestimmten Finanzinstruments;
b) l'exercice ou le non-exercice du droit conféré par un instrument financier particulier d'acheter, de vendre, de souscrire, d'échanger ou de rembourser un instrument financier.	b) die Ausübung oder Nichtausübung des durch ein bestimmtes Finanzinstrument eingeräumten Rechts auf Kauf, Verkauf, Zeichnung, Tausch oder Rückzahlung eines Finanzinstruments.
Une recommandation n'est pas une recommandation personnalisée lorsqu'elle est exclusivement diffusée par des canaux de	Eine Empfehlung ist keine personalisierte Empfehlung, wenn sie ausschließlich über Vertriebskanäle im Sinne von Artikel 1, Zif-

distribution au sens de l'article premier, point 18) de la loi du 9 mai 2006 relative aux abus de marché ou lorsqu'elle est destinée au public.	fer (18) des Gesetzes vom 9. Mai 2006 über den Marktmissbrauch verbreitet wird oder wenn sie für die Öffentlichkeit bestimmt ist.
(4) L'article 1-1, l'article 37-1 et l'article 37-3 de la loi modifiée du 5 avril 1993 relative au secteur financier s'appliquent mutatis mutandis à la fourniture par les sociétés de gestion de services visés au paragraphe (3) du présent article.	(4) Die Artikel 1-1, 37-1 und 37-3 des geänderten Gesetzes vom 5. April 1993 über den Finanzsektor gelten mutatis mutandis für die Erbringung der Dienstleistungen nach Absatz (3) dieses Artikels durch Verwaltungsgesellschaften.
Les sociétés de gestion qui fournissent le service visé au point a) du paragraphe (3) du présent article doivent en outre respecter la réglementation luxembourgeoise portant transposition de la directive 2006/49/CE du Parlement européen et du Conseil du 14 juin 2006 sur l'adéquation des fonds propres des entreprises d'investissement et des établissements de crédit (refonte).	Verwaltungsgesellschaften, welche die in Absatz (3) Buchstabe a) dieses Artikels genannte Dienstleistung erbringen, müssen darüber hinaus die Luxemburger Gesetzgebung zur Umsetzung der Richtlinie 2006/49/EG des Europäischen Parlaments und des Rates vom 14. Juni 2006 über die angemessene Eigenkapitalausstattung von Wertpapierfirmen und Kreditinstituten (Neufassung) einhalten.
(5) Les avoirs gérés en application des paragraphes (2) et (3) ne font pas partie de la masse en cas de faillite de la société de gestion. Ils ne peuvent être saisis par les créanciers propres à la société de gestion.	(5) Die in Anwendung der Absätze (2) und (3) verwalteten Vermögen sind im Falle des Konkurses der Verwaltungsgesellschaft nicht Bestandteil der Masse. Sie können von den eigenen Gläubigern der Verwaltungsgesellschaft nicht gepfändet werden.
Art. 101-1. (1) Par dérogation à l'article 101, paragraphe (2), les sociétés de gestion ayant leur siège statutaire au Luxembourg agréées au titre du présent chapitre qui sont désignées comme gestionnaires de FIA au sens de la directive 2011/61/UE doivent en outre obtenir un agrément préalable de la CSSF en tant que gestionnaire de FIA au titre du chapitre 2 de la loi du 12 juillet 2013 relative aux gestionnaires de fonds d'investissement alternatifs.	**Art. 101-1.** (1) Abweichend von Artikel 101 Absatz (2) müssen Verwaltungsgesellschaften, die ihren satzungsmäßigen Sitz in Luxemburg haben, im Rahmen dieses Kapitels zugelassen sind und als Verwalter von AIF gemäß der Richtlinie 2011/61/EG benannt wurden, zudem vorab von der CSSF als Verwalter von AIF im Sinne von Kapitel 2 des Gesetzes vom 12. Juli 2013 über Verwalter von alternativen Investmentfonds zugelassen sein.
(2) Lorsqu'une société de gestion demande un agrément en vertu du paragraphe (1), celle-ci est dispensée de fournir à la CSSF les informations ou les documents qui lui ont déjà été fournis dans le cadre de la procédure d'agrément au titre de l'article 102, à condition que ces informations ou documents soient à jour.	Wenn eine Verwaltungsgesellschaft eine Zulassung nach Absatz (1) beantragt, ist sie von der Vorlage der Informationen oder Dokumente, die sie bereits im Rahmen des Zulassungsverfahrens nach Artikel 102 eingereicht hat, befreit, vorausgesetzt, dass diese Informationen oder Dokumente weiterhin aktuell sind.

(3) Les sociétés de gestion visées au présent article ne peuvent avoir d'autres activités que celles qui sont visées à l'annexe I de la loi du 12 juillet 2013 relative aux gestionnaires de fonds d'investissement alternatifs et des activités supplémentaires de gestion d'OPCVM soumises à agrément au titre de l'article 101 de la présente loi.	(3) Die in diesem Artikel aufgeführten Verwaltungsgesellschaften können keine anderen Tätigkeiten ausüben, als die in Anhang I des Gesetzes vom 12. Juli 2013 über Verwalter alternativer Investmentfonds aufgeführten sowie die zusätzlichen Tätigkeiten der Verwaltung von OGAW, die der Zulassung im Rahmen von Artikel 101 dieses Gesetzes unterstehen.
Dans le cadre de leur activité de gestion de FIA, ces sociétés de gestion peuvent en outre fournir des services auxiliaires au sens de l'article 5, paragraphe (4) la loi du 12 juillet 2013 relative aux gestionnaires de fonds d'investissement alternatifs comprenant la réception et la transmission d'ordres portant sur des instruments financiers.	Im Rahmen ihrer Verwaltungstätigkeit von AIF können diese Verwaltungsgesellschaften darüber hinaus auch Nebendienstleistungen im Sinne von Artikel 5 Absatz (4) des Gesetzes vom 12. Juli 2013 über Verwalter alternativer Investmentfonds leisten, wie den Empfang und die Übermittlung von Ordern für Finanzinstrumente einschließt.
(4) Les sociétés de gestion désignées comme gestionnaires de FIA au sens du présent article sont soumises à l'ensemble des règles prévues par la loi du 12 juillet 2013 relative aux gestionnaires de fonds d'investissement alternatifs, dans la mesure où ces règles leur sont applicables.	(4) Verwaltungsgesellschaften, die nach diesem Artikel als Verwalter von AIF benannt wurden, unterliegen allen im Gesetz vom 12. Juli 2013 über Verwalter alternativer Investmentfonds enthaltenen Bestimmungen, soweit diese auf sie anwendbar sind.
Art. 102. (1) La CSSF n'accorde l'agrément à la société de gestion qu'aux conditions suivantes:	**Art. 102.** (1) Die CSSF erteilt der Verwaltungsgesellschaft nur dann eine Zulassung, wenn folgende Voraussetzungen erfüllt sind:
a) la société de gestion doit disposer d'un capital initial d'au moins cent vingt-cinq mille euros (125.000 euros) compte-tenu des éléments suivants:	a) die Verwaltungsgesellschaft muss mit einem Anfangskapital von mindestens einhundertfünfundzwanzigtausend Euro (125.000.– EUR) ausgestattet sein, wobei Folgendes zu berücksichtigen ist:
– Lorsque la valeur des portefeuilles de la société de gestion excède deux cent cinquante millions d'euros (250.000.000 euros), la société de gestion doit fournir un montant supplémentaire de fonds propres. Ce montant supplémentaire de fonds propres est égal à 0,02% du montant de la valeur des portefeuilles de la société de gestion excédant deux cent cinquante millions d'euros (250.000.000 eu-	– überschreitet der Wert der Portfolios der Verwaltungsgesellschaft zweihundertfünfzig Millionen Euro (250.000.000.– EUR), so muss die Verwaltungsgesellschaft über zusätzliche Eigenmittel verfügen. Diese zusätzlichen Eigenmittel entsprechen 0,02% des Betrags, um den der Wert der Portfolios der Verwaltungsgesellschaft zweihundertfünfzig Millionen Euro (250.000.000.– EUR) übersteigt.

ros). Le total requis du capital initial et du montant supplémentaire n'excède toutefois pas dix millions d'euros (10.000.000 euros).	Die geforderte Gesamtsumme des Anfangskapitals und der zusätzlichen Eigenmittel darf jedoch zehn Millionen Euro (10.000.000.– EUR) nicht überschreiten.
– Aux fins du présent paragraphe, sont considérés comme portefeuilles d'une société de gestion, les portefeuilles suivants:	– für die Zwecke dieses Absatzes gelten die folgenden Portfolios als Portfolios der Verwaltungsgesellschaft:
i) les fonds communs de placement gérés par ladite société, y compris les portefeuilles dont elle a délégué la gestion mais à l'exclusion des portefeuilles qu'elle gère par délégation;	i) die von besagter Gesellschaft verwalteten Sondervermögen , einschließlich der Portfolios, mit deren Verwaltung sie Dritte beauftragt hat, ausschließlich der Portfolios, die sie selbst im Auftrage Dritter verwaltet;
ii) les sociétés d'investissement pour lesquelles ladite société est la société de gestion désignée;	ii) die Investmentgesellschaften, für die die betreffende Gesellschaft als Verwaltungsgesellschaft benannt wurde,
iii) les autres OPC gérés par ladite société, y compris les portefeuilles dont elle a délégué la gestion mais à l'exclusion des portefeuilles qu'elle gère par délégation.	iii) andere von der Verwaltungsgesellschaft verwaltete OGA, einschließlich der Portfolios, mit deren Verwaltung sie Dritte beauftragt hat, ausschließlich der Portfolios, die sie selbst im Auftrage Dritter verwaltet;
– Indépendamment du montant sur lequel portent ces exigences, les fonds propres de la société de gestion ne sont jamais inférieurs au montant fixé à l'article 21 de la directive 2006/49/CE.	– unabhängig von dieser Eigenmittelanforderung dürfen die Eigenmittel der Verwaltungsgesellschaft zu keiner Zeit unter den in Artikel 21 der Richtlinie 2006/49/EG genannten Betrag absinken.
Les sociétés de gestion peuvent ne pas fournir jusqu'à 50% des fonds propres supplémentaires mentionnés ci-dessus, si elles bénéficient d'une garantie du même montant donnée par un établissement de crédit ou une entreprise d'assurance. Le siège statutaire de l'établissement de crédit ou de l'entreprise d'assurance en question doit être établi dans un État membre, ou dans un État non-membre, pour autant qu'il soit soumis à des règles prudentielles que la	Die Verwaltungsgesellschaften können von der Bereitstellung von bis zu 50% der vorgenannten zusätzlichen Eigenmittel absehen, wenn sie über eine von einem Kreditinstitut oder einem Versicherungsunternehmen gestellte Garantie in derselben Höhe verfügen. Das Kreditinstitut bzw. Versicherungsunternehmen muss seinen satzungsmäßigen Sitz in einem Mitgliedstaat oder in einem Drittland haben, sofern es im letzteren Fall Aufsichtsbestimmungen

CSSF juge équivalentes à celles définies dans le «droit de l'Union».	unterliegt, die nach Auffassung der CSSF denen des Gemeinschaftsrechts gleichwertig sind.
b) Les fonds visés au paragraphe (1) a) sont à maintenir à la disposition permanente de la société de gestion et à investir dans son intérêt propre.	b) die in Absatz (1) a) bezeichneten Mittel sind zur ständigen Verfügbarkeit der Verwaltungsgesellschaft zu halten und in ihrem Eigeninteresse anzulegen;
c) les personnes qui dirigent de fait l'activité de la société de gestion doivent remplir également les conditions d'honorabilité et d'expérience requises pour le type d'OPCVM géré par ladite société. A cette fin, l'identité de ces personnes, ainsi que de toute personne leur succédant dans leurs fonctions, doit être notifiée immédiatement à la CSSF. La conduite de l'activité de la société doit être déterminée par au moins deux personnes remplissant ces conditions;	c) die Personen, die die Geschäfte der Verwaltungsgesellschaft tatsächlich leiten, müssen ausreichend gut beleumdet sein und in Bezug auf den Typ des von besagter Gesellschaft verwalteten OGAW über ausreichende Erfahrung verfügen. Zu diesem Zwecke sind die Namen dieser Personen sowie jeder Wechsel dieser Personen der CSSF unverzüglich mitzuteilen. Über die Geschäftspolitik der Verwaltungsgesellschaft müssen mindestens zwei Personen, die die genannten Bedingungen erfüllen, bestimmen;
d) la demande d'agrément doit être accompagnée d'un programme d'activité dans lequel est, entre autres, indiquée la structure de l'organisation de la société de gestion;	d) dem Antrag auf Zulassung ist ein Geschäftsplan beizufügen, aus dem zumindest der organisatorische Aufbau der Verwaltungsgesellschaft hervorgeht;
e) son administration centrale et son siège statutaire sont situés au Luxembourg.	e) die Hauptverwaltung und der satzungsmäßige Sitz befinden sich in Luxemburg.
f) Les dirigeants de la société de gestion au sens de l'article 129(5) doivent avoir l'honorabilité et l'expérience suffisante eu égard au type d'OPCVM ou d'OPC concerné.	f) die Geschäftsleiter der Verwaltungsgesellschaft im Sinne von Artikel 129(5) müssen ausreichend gut beleumdet sein und in Bezug auf den Typ des betroffenen OGAW oder OGA über ausreichende Erfahrung verfügen.
(2) En outre, lorsque des liens étroits existent entre la société de gestion et d'autres personnes physiques ou morales, la CSSF n'accorde l'agrément que si ces liens n'entravent pas le bon exercice de sa mission de surveillance.	(2) Bestehen des Weiteren zwischen der Verwaltungsgesellschaft und anderen natürlichen oder juristischen Personen enge Verbindungen, so erteilt die CSSF die Zulassung nur dann, wenn diese engen Verbindungen sie nicht bei der ordnungsgemäßen Erfüllung ihrer Aufsichtsfunktionen behindern.
La CSSF refuse également l'agrément si les dispositions légales, réglementaires ou administratives d'un pays tiers dont relèvent une ou plusieurs personnes physiques ou	Die CSSF verweigert ferner die Zulassung, wenn sie bei der ordnungsgemäßen Erfüllung ihrer Aufsichtsfunktionen durch die Rechts- und Verwaltungsvorschriften eines

morales avec lesquelles la société de gestion entretient des liens étroits, ou des difficultés tenant à leur application, entravent le bon exercice de sa mission de surveillance.	Drittlandes, denen eine oder mehrere natürliche oder juristische Personen unterstehen, zu denen die Verwaltungsgesellschaft enge Verbindungen besitzt, oder durch Schwierigkeiten bei deren Anwendung behindert wird.
La CSSF exige des sociétés de gestion qu'elles lui communiquent les informations qu'elle requiert pour s'assurer du respect des conditions prévues dans le présent paragraphe de façon continue.	Die CSSF schreibt vor, dass die Verwaltungsgesellschaft ihr die Informationen übermittelt, die sie verlangt, um sich davon überzeugen zu können, dass die Bedingungen dieses Absatzes fortwährend eingehalten werden.
(3) Le demandeur est informé, dans les six mois à compter de la présentation d'une demande complète, que l'agrément est octroyé ou refusé. Le refus d'agrément est motivé.	(3) Dem Antragsteller wird binnen sechs Monaten nach Einreichung eines vollständigen Antrags mitgeteilt, ob eine Zulassung erteilt wurde. Die Ablehnung eines Antrags ist zu begründen.
(4) Dès que l'agrément est accordé, la société de gestion peut commencer son activité.	(4) Nach Erteilung der Zulassung kann die Verwaltungsgesellschaft ihre Tätigkeit sofort aufnehmen.
L'octroi de l'agrément implique pour les membres des organes d'administration, de gestion et de surveillance de la société de gestion l'obligation de notifier à la CSSF spontanément par écrit et sous une forme complète, cohérente et compréhensible tout changement concernant les informations substantielles sur lesquelles la CSSF s'est fondée pour instruire la demande d'agrément.	Die Erteilung der Zulassung beinhaltet für die Mitglieder der Verwaltungs-, Führungs- und Überwachungsorgane der Verwaltungsgesellschaft die Verpflichtung, die CSSF aus eigener Veranlassung, schriftlich sowie in vollständiger, zusammenhängender und verständlicher Form über Änderungen der wesentlichen Informationen, auf welche die CSSF sich bei der Bearbeitung des Zulassungsantrags gestützt hat, in Kenntnis zu setzen.
(5) La CSSF ne peut retirer l'agrément à une société de gestion relevant du présent chapitre que lorsque celle-ci:	(5) Die CSSF darf einer unter dieses Kapitel fallenden Verwaltungsgesellschaft die Zulassung nur entziehen, wenn diese:
a) ne fait pas usage de l'agrément dans un délai de douze mois, y renonce expressément ou a cessé d'exercer l'activité couverte par le présent chapitre depuis plus de six mois;	a) nicht binnen zwölf Monaten von der Zulassung Gebrauch macht, ausdrücklich auf sie verzichtet oder seit mehr als sechs Monaten die in diesem Kapitel genannten Tätigkeiten nicht mehr ausübt;
b) a obtenu l'agrément au moyen de fausses déclarations ou par tout autre moyen irrégulier;	b) die Zulassung aufgrund falscher Erklärungen oder auf sonstige rechtswidrige Weise erwirkt hat;
c) ne remplit plus les conditions d'octroi de l'agrément;	c) die Voraussetzungen, auf denen die Zulassung beruhte, nicht mehr erfüllt;

d) ne respecte plus les dispositions de la loi modifiée du 5 avril 1993 relative au secteur financier, résultant de la transposition de la directive 2006/49/CE, si son agrément couvre aussi le service de gestion de portefeuilles sur une base discrétionnaire visé à l'article 101 paragraphe (3), point a) ci-dessus;	d) den Bestimmungen des geänderten Gesetzes vom 5. April 1993 über den Finanzsektor zur Umsetzung der Richtlinie 2006/49/EG nicht mehr genügt, sofern die Zulassung sich auch auf die Portfolioverwaltung mit Ermessensspielraum gemäß Artikel 101 Absatz (3) Buchstabe a) oben erstreckt;
e) a enfreint de manière grave et/ou systématique les dispositions de la présente loi ou des règlements adoptés en application de celle-ci;	e) in schwerwiegender Weise und/oder systematisch gegen die Bestimmungen dieses Gesetzes oder die auf der Grundlage dieses Gesetzes erlassenen Verordnungen verstoßen hat;
f) relève d'un des autres cas de retrait prévus par la présente loi.	f) ein anderer in diesem Gesetz vorgesehener Grund für den Entzug vorliegt.
(6) Dans le cas où la société de gestion exerce des activités de gestion collective de portefeuille sur une base transfrontalière conformément à l'article 116 de la présente loi, la CSSF consulte les autorités compétentes de l'État membre d'origine de l'OPCVM avant tout retrait de l'agrément délivré à la société de gestion.	(6) Bei Verwaltungsgesellschaften, die nach Maßgabe von Artikel 116 dieses Gesetzes grenzüberschreitend Aufgaben der gemeinsamen Anlageverwaltung ausüben, konsultiert die CSSF die zuständigen Behörden des Herkunftsmitgliedstaates des OGAW bevor sie der Verwaltungsgesellschaft die erteilte Zulassung entzieht.
Art. 103. (1) La CSSF n'accorde pas l'agrément permettant d'exercer l'activité d'une société de gestion avant d'avoir obtenu communication de l'identité des actionnaires ou associés, directs ou indirects, personnes physiques ou morales, qui détiennent une participation qualifiée et du montant de cette participation.	**Art. 103.** (1) Die CSSF erteilt die Zulassung für die Aufnahme der Tätigkeit einer Verwaltungsgesellschaft nur, wenn ihr die Identität der direkten oder indirekten Aktionäre oder Gesellschafter, die als juristische oder natürliche Personen eine qualifizierte Beteiligung an der Verwaltungsgesellschaft halten und der Beteiligungsbetrag mitgeteilt wurden.
La CSSF refuse l'agrément si, compte tenu de la nécessité de garantir une gestion saine et prudente de la société de gestion, la qualité desdits actionnaires ou associés n'est pas satisfaisante.	Die CSSF erteilt die Zulassung nicht, wenn besagte Aktionäre oder Gesellschafter den im Hinblick auf die Gewährleistung einer soliden und umsichtigen Führung der Verwaltungsgesellschaft erforderlichen Ansprüchen nicht genügen.
(2) Fait l'objet d'une consultation préalable des autorités compétentes de l'autre État membre concerné l'agrément d'une société de gestion qui est:	(2) Vor der Erteilung der Zulassung an eine Verwaltungsgesellschaft sind die zuständigen Behörden des anderen betroffenen Mitgliedstaats zu hören, wenn es sich bei der Verwaltungsgesellschaft eine der folgenden Arten von Gesellschaften handelt:

a) une filiale d'une autre société de gestion, d'une entreprise d'investissement, d'un établissement de crédit ou d'une entreprise d'assurance agréés dans un autre État membre;	a) ein Tochterunternehmen einer anderen Verwaltungsgesellschaft, einer Wertpapierfirma, eines Kreditinstituts oder einer Versicherungsgesellschaft, welche(s) in einem anderen Mitgliedstaat zugelassen ist;
b) une filiale de l'entreprise mère d'une autre société de gestion, d'une entreprise d'investissement, d'un établissement de crédit ou d'une entreprise d'assurance agréés dans un autre État membre, ou	b) ein Tochterunternehmen des Mutterunternehmens einer anderen Verwaltungsgesellschaft, einer Wertpapierfirma, eines Kreditinstituts oder einer Versicherungsgesellschaft, welche(s) in einem anderen Mitgliedstaat zugelassen ist, oder
c) contrôlée par les mêmes personnes physiques ou morales qu'une autre société de gestion, qu'une entreprise d'investissement, qu'un établissement de crédit ou qu'une entreprise d'assurance agréés dans un autre État membre.	c) eine Gesellschaft, die von denselben natürlichen oder juristischen Personen kontrolliert wird wie eine andere Verwaltungsgesellschaft, eine Wertpapierfirma, ein Kreditinstitut oder eine Versicherungsgesellschaft, die/das in einem anderen Mitgliedstaat zugelassen ist.
Art. 104. (1) L'agrément pour une société de gestion est subordonné à la condition que celle-ci confie le contrôle de ses documents comptables annuels à un ou plusieurs réviseurs d'entreprises agréés qui justifient d'une expérience professionnelle adéquate.	**Art. 104.** (1) Die Zulassung für eine Verwaltungsgesellschaft ist an die Bedingung gekoppelt, dass die Verwaltungsgesellschaft einen oder mehrere *réviseurs d'entreprises agréés* (Abschlussprüfer) die eine angemessene Berufserfahrung nachweisen können, mit der Prüfung ihrer Jahresabschlüsse betraut.
(2) Toute modification dans le chef des réviseurs d'entreprises agréés doit être autorisée au préalable par la CSSF.	(2) Jede Änderung in Bezug auf die *réviseurs d'entreprises agréés* (Abschlussprüfer) ist vorab durch die CSSF zu genehmigen.
(3) L'institution des commissaires aux comptes prévue dans la loi du 10 août 1915 concernant les sociétés commerciales, telle que modifiée, ainsi que l'article 140 de ladite loi, ne s'appliquent pas aux sociétés de gestion visées par le présent chapitre.	(3) Die im geänderten Gesetz vom 10. August 1915 über die Handelsgesellschaften vorgesehene Benennung von *commissaires aux comptes* (Rechnungsprüfer) sowie Artikel 140 des besagten Gesetzes finden auf die Verwaltungsgesellschaften im Sinne dieses Kapitels keine Anwendung.
(4) Chaque société de gestion soumise à la surveillance de la CSSF, et dont les comptes sont soumis au contrôle d'un réviseur d'entreprises agréé, est tenue de communiquer spontanément à la CSSF les rapports et commentaires écrits émis par le réviseur	(4) Jede Verwaltungsgesellschaft, die der Aufsicht der CSSF unterliegt und deren Konten der Prüfung durch einen *réviseur d'entreprises agréé* (Abschlussprüfer) unterliegen, ist verpflichtet der CSSF die Berichte und schriftlichen Kommentare des *réviseur*

d'entreprises agréé dans le cadre de son contrôle des documents comptables annuels.	*d'entreprises agréé* (Abschlussprüfer), die im Rahmen seiner Prüfung der Jahresabschlüsse erstellt werden, unaufgefordert mitzuteilen.
La CSSF peut fixer des règles quant à la portée du mandat de contrôle des documents comptables annuels et quant au contenu des rapports et commentaires écrits du réviseur d'entreprises agréé, prévus à l'alinéa précédent, sans préjudice des dispositions légales régissant le contenu du rapport du contrôleur légal des comptes.	Unbeschadet der gesetzlichen Bestimmungen über den Inhalt des Berichts des gesetzlichen Kontenprüfers kann die CSSF im Hinblick auf den Prüfungsumfang der Jahresabschlüsse sowie den Inhalt der Berichte und schriftlichen Kommentare des *réviseur d'entreprises agréé* (Abschlussprüfer), wie im vorstehenden Absatz vorgesehen, Vorschriften erlassen.
(5) Le réviseur d'entreprises agréé est tenu de signaler à la CSSF rapidement tout fait ou décision dont il a pris connaissance dans l'exercice du contrôle des données comptables contenues dans le rapport annuel d'une société de gestion ou d'une autre mission légale auprès d' une société de gestion ou d'un OPC, lorsque ce fait ou cette décision est de nature à:	(5) Der *réviseur d'entreprises agréé* (Abschlussprüfer) ist verpflichtet, der CSSF umgehend alle Tatsachen oder Entscheidungen zu melden, von denen er bei der Prüfung der im Jahresbericht einer Verwaltungsgesellschaft enthaltenen Buchhaltungsdaten oder im Rahmen einer anderen gesetzlichen Aufgabe bei einer Verwaltungsgesellschaft oder einem OGA Kenntnis erlangt hat, zu melden, wenn diese Tatsachen oder Entscheidungen:
– constituer une violation substantielle des dispositions de la présente loi ou des dispositions réglementaires prises pour son exécution; ou	– eine erhebliche Verletzung der Bestimmungen dieses Gesetzes oder der zu seiner Durchführung festgelegten Rechtsvorschriften darstellen; oder
– porter atteinte à la continuité de l'exploitation de la société de gestion, ou d'une entreprise qui concourt à son activité; ou	– die Behinderung der Fortsetzung der Tätigkeit der Verwaltungsgesellschaft oder eines Unternehmens, das an seiner Geschäftstätigkeit mitwirkt beeinträchtigen; oder
– entraîner le refus de la certification des comptes ou l'émission de réserves y relatives.	– die Ablehnung der Bestätigung der ordnungsgemäßen Rechnungslegung oder die Äußerung von diesbezüglichen Vorbehalten zur Folge hat.
Le réviseur d'entreprises agréé est également tenu d'informer rapidement la CSSF, dans l'accomplissement des missions visées à l'alinéa précédent auprès d'une société de gestion, de tout fait ou décision concernant la société de gestion et répondant aux critères énumérés à l'alinéa précédent, dont il a eu connaissance en s'acquittant du contrôle des données comptables contenues dans leur rapport annuel ou d'une autre mission	Der *réviseur d'entreprises agréé* (Abschlussprüfer) ist ferner verpflichtet, der CSSF, im Rahmen der Ausübung der in vorstehendem Absatz genannten Aufgaben bei einer Verwaltungsgesellschaft, unverzüglich alle Tatsachen oder Entscheidungen bezüglich der Verwaltungsgesellschaft, die den in vorstehendem Absatz aufgeführten Kriterien entsprechen und von denen er bei der Prüfung der in ihrem Jahresbericht enthaltenen

légale auprès d'une autre entreprise liée à cette société de gestion par un lien de contrôle ou liée à une entreprise qui concourt à son activité.	Buchhaltungsdaten oder im Rahmen einer anderen gesetzlichen Aufgabe bei einem anderen Unternehmen, das mit der Verwaltungsgesellschaft durch ein Kontrollverhältnis verbunden ist oder einem Unternehmen, das an deren Geschäftstätigkeit mitwirkt, Kenntnis erlangt hat, zu melden.
Si dans l'accomplissement de sa mission, le réviseur d'entreprises agréé obtient connaissance du fait que l'information fournie aux investisseurs ou à la CSSF dans les rapports ou autres documents de la société de gestion ne décrit pas d'une manière fidèle la situation financière et l'état du patrimoine de la société de gestion, il est obligé d'en informer aussitôt la CSSF.	Erhält der *réviseur d'entreprises agréé* (Abschlussprüfer) bei der Erfüllung seiner Aufgaben Kenntnis darüber, dass die in den Berichten oder anderen Dokumenten der Verwaltungsgesellschaft enthaltenen Informationen, die für die Anleger oder die CSSF bestimmt sind, kein den tatsächlichen Verhältnissen entsprechendes Bild der Finanz- oder Vermögenslage der Verwaltungsgesellschaft vermitteln, so ist er verpflichtet, die CSSF umgehend darüber zu informieren.
Le réviseur d'entreprises agréé est en outre tenu de fournir à la CSSF tous les renseignements ou certifications que celle-ci requiert sur les points dont le réviseur d'entreprises agréé a ou doit avoir connaissance dans le cadre de l'exercice de sa mission.	Der *réviseur d'entreprises agréé* (Abschlussprüfer) ist ferner verpflichtet, der CSSF alle Auskünfte zu erteilen und Bestätigungen zu liefern, welche diese im Zusammenhang mit Punkten anfordert, von denen *réviseur d'entreprises agréé* (Abschlussprüfer) im Rahmen der Ausübung seiner Aufgaben Kenntnis hat oder haben muss.
La divulgation de bonne foi à la CSSF par un réviseur d'entreprises agréé de faits ou décisions visés au présent paragraphe ne constitue pas une violation du secret professionnel, ni une violation d'une quelconque restriction à la divulgation d'informations imposée contractuellement et n'entraîne de responsabilité d'aucune sorte pour le réviseur d'entreprises agréé. [...]	Machen die *réviseurs d'entreprises agréés* (Abschlussprüfer) der CSSF in gutem Glauben Mitteilung über die in diesem Absatz genannten Tatsachen oder Entscheidungen, so gilt dies weder als Verletzung des Berufsgeheimnisses, noch als Verletzung einer vertraglich festgelegten Beschränkung der Informationsweitergabe und kann für die réviseurs d'entreprises agréés (Abschlussprüfer) keinerlei Haftung nach sich ziehen.
La CSSF peut demander à un réviseur d'entreprises agréé d'effectuer un contrôle portant sur un ou plusieurs aspects déterminés de l'activité et du fonctionnement d'une société de gestion Ce contrôle se fait aux frais de la société de gestion concernée.	Die CSSF kann von einem *réviseurs d'entreprises agréés* (Abschlussprüfer) die Durchführung einer gezielten Prüfung im Hinblick auf einen oder mehrere näher definierte Aspekte der Tätigkeit und der Arbeitsabläufe einer Verwaltungsgesellschaft verlangen. Die Kosten in diesem Zusammenhang gehen zu Lasten der betroffenen Verwaltungsgesellschaft.

Art. 105. En cas de liquidation non judiciaire d'une société de gestion, le ou les liquidateurs doivent être agréés par la CSSF. Le ou les liquidateurs doivent présenter toutes les garanties d'honorabilité et de qualification professionnelles.	**Art. 105.** Im Falle einer nicht gerichtlich angeordneten Liquidation einer Verwaltungsgesellschaft muss/müssen der (die) Liquidator(en) von der CSSF zugelassen sein. Der (Die) Liquidator(en) muss/müssen in vollem Umfang den erforderlichen Leumund sowie die erforderliche berufliche Qualifikation nachweisen.
Art. 105bis. (1) Le tribunal d'arrondissement siégeant en matière commerciale prononce sur la demande du procureur d'État, agissant d'office ou à la requête de la CSSF, la dissolution et la liquidation des sociétés de gestion, dont les inscriptions sur (i) la liste prévue à l'article 101, paragraphe (1) de la présente loi et, le cas échéant, (ii) la liste prévue à l'article 7, paragraphe (1) de la loi du 12 juillet 2013 relative aux gestionnaires de fonds d'investissement alternatifs auront été définitivement refusées ou retirées.	**Art. 105bis.** (1) Das Bezirksgericht in der Zusammensetzung als Kammer für Handelssachen erkennt über den Antrag des Staatsanwalts, der sowohl von Amts wegen als auch auf Antrag der CSSF, auf Auslösung und Liquidation der Verwaltungsgesellschaften, deren Aufnahme in (i) die in Artikel 101 Absatz (1) dieses Gesetzes genannten Liste und ggfs. (ii) die in Artikel 7 Absatz (1) des Gesetzes vom 12. Juli 2013 über Verwalter alternativer Investmentfonds genannte Liste, endgültig abgelehnt oder entzogen wurde.
(2) La décision de la CSSF portant retrait des listes mentionnées dans le paragraphe (1) du présent article entraîne de plein droit, à partir de sa notification à la société de gestion concernée, jusqu'au jour où la décision sera devenue définitive, le sursis à tout paiement par cette société de gestion et l'interdiction sous peine de nullité de procéder à tous actes autres que conservatoires, sauf autorisation de la CSSF.	(2) Die Entscheidung der CSSF über die Rücknahme der beiden in Absatz 1 dieses Artikels aufgeführten Listen entfaltet von Rechts wegen ab der Anzeige an die betroffene Verwaltungsgesellschaft und zu dessen Lasten bis zu dem Zeitpunkt, an dem die Entscheidung rechtskräftig ist, ihre Wirkung; die Aussetzung aller Zahlungen durch die Verwaltungsgesellschaft und die Untersagung jeglicher Handlungen mit Ausnahme bewahrender Handlungen, sind bei Nichtigkeit untersagt, außer mit Erlaubnis der CSSF.
Titre B. – Relations avec les pays tiers	**Titel B. – Beziehungen zu Drittländern**
Art. 106. Les relations avec les pays tiers sont régies par les dispositions définies à l'article 15 de la directive 2004/39/CE.	**Art. 106.** Die Beziehungen zu Drittländern sind durch die in Artikel 15 der Richtlinie 2004/39/EG festgelegten Bestimmungen geregelt.
Aux fins de la présente loi, les termes «entreprise/entreprise d'investissement» et «entreprises d'investissement» figurant à l'article 15 de la directive 2004/39/CE signi-	Für die Zwecke dieses Gesetzes sind die in Artikel 15 der Richtlinie 2004/39/EG genannten Ausdrücke „Firma/Wertpapierfirma" und „Wertpapierfirmen" als „Verwal-

fient respectivement «société de gestion » et « sociétés de gestion»; l'expression «fournir des services d'investissement» figurant à l'article 15, paragraphe (1), de la directive 2004/39/CE signifie «fournir des services».	tungsgesellschaft" bzw. „Verwaltungsgesellschaften" zu verstehen; der in Artikel 15 Absatz (1) der Richtlinie 2004/39/EG genannte Ausdruck „Erbringung von Wertpapierdienstleistungen" ist als „Erbringung von Dienstleistungen" zu verstehen.
Titre C. – Conditions d'exercice applicables aux sociétés de gestion ayant leur siège statutaire au Luxembourg	**Titel C. – Anforderungen für die Ausübung der Tätigkeit von Verwaltungsgesellschaften mit satzungsmäßigem Sitz in Luxemburg**
Art. 107. (1) La société de gestion doit à tout moment respecter les conditions prescrites à l'article 101 et à l'article 102, paragraphes (1) et (2), ci-dessus. Les fonds propres d'une société de gestion ne doivent pas tomber en-dessous du niveau prévu à l'article 102, paragraphe (1), point a). Toutefois, si tel est le cas, la CSSF peut, lorsque les circonstances le justifient, accorder à la société un délai limité lui permettant de régulariser sa situation ou de cesser ses activités.	**Art. 107.** (1) Die Verwaltungsgesellschaft muss die in Artikel 101 und 102 Absätze (1) und (2) oben vorgeschriebenen Anforderungen kontinuierlich erfüllen. Die Eigenmittel einer Verwaltungsgesellschaft dürfen nicht unter die in Artikel 102 Absatz (1) Buchstabe a) genannte Schwelle absinken. Tritt dieser Fall ein, kann die CSSF jedoch der Gesellschaft, sofern die Umstände dies rechtfertigen, eine begrenzte Frist, innerhalb derer sie entweder die Situation beheben kann oder ihre Tätigkeit einstellen muss, einräumen.
(2) La surveillance prudentielle d'une société de gestion incombe à la CSSF, que la société de gestion établisse ou non une succursale telle que définie par l'article 1 de la présente loi ou qu'elle fournisse ou non des services dans un autre État membre, sans préjudice des dispositions de la directive 2009/65/CE qui donnent compétence aux autorités de l'État membre d'accueil.	(2) Die ordnungsgemäße Aufsicht über eine Verwaltungsgesellschaft obliegt der CSSF, unabhängig davon, ob die Verwaltungsgesellschaft in einem anderen Mitgliedstaat eine Zweigniederlassung nach Artikel 1 dieses Gesetzes errichtet oder ob nicht, oder ob sie dort Dienstleistungen erbringt oder ob nicht; dieses gilt unbeschadet der Bestimmungen der Richtlinie 2009/65/EG, die die Zuständigkeit den Behörden des Aufnahmemitgliedstaats der Verwaltungsgesellschaft übertragen.
Art. 108. (1) Les participations qualifiées dans une société de gestion sont régies par les mêmes règles que celles applicables aux entreprises d'investissement conformément à l'article 18 de la loi modifiée du 5 avril 1993 relative au secteur financier.	**Art. 108.** (1) Qualifizierte Beteiligungen an Verwaltungsgesellschaften unterliegen den gleichen Vorschriften wie denjenigen, die für „Wertpapierfirmen" gemäß Artikel 18 des geänderten Gesetzes vom 5. April 1993 über den Finanzsektor gelten.
(2) Aux fins de la présente loi, les termes «entreprise/entreprise d'investissement» et	(2) Für die Zwecke dieses Gesetzes sind die in Artikel 18 des geänderten Gesetzes vom

«entreprises d'investissement» contenus à l'article 18 de la loi modifiée du 5 avril 1993 relative au secteur financier, se lisent respectivement «société de gestion» et «sociétés de gestion».	5. April 1993 über den Finanzsektor genannten Ausdrücke „Firma/Wertpapierfirma" bzw. „Wertpapierfirmen" als „Verwaltungsgesellschaft" und „Verwaltungsgesellschaften" zu verstehen.
Art. 109. (1) Compte tenu de la nature de l'OPCVM qu'elle gère et au titre des règles prudentielles qu'elle est tenue d'observer à tout moment pour l'activité de gestion d'OPCVM au sens de la directive 2009/65/CE, une société de gestion est obligée:	**Art. 109.** (1) Unter Berücksichtigung des Typs des vor ihr verwalteten OGAW sowie der von ihr im Zusammenhang mit der Verwaltung von OGAW im Sinne der Richtlinie 2009/65/EG kontinuierlich einzuhaltenden Aufsichtsbestimmungen, ist eine Verwaltungsgesellschaft verpflichtet:
a) d'avoir une bonne organisation administrative et comptable, des dispositifs de contrôle et de sécurité dans le domaine informatique, ainsi que des mécanismes de contrôle interne adéquats incluant, notamment, des règles concernant les opérations personnelles de ses salariés ou la détention ou la gestion de placements dans des instruments financiers en vue d'investir pour son propre compte et garantissant, au minimum, que chaque transaction concernant l'OPCVM peut être reconstituée quant à son origine, aux parties concernées, à sa nature, ainsi qu'au moment et au lieu où elle a été effectuée, et que les actifs des OPCVM gérés par la société de gestion sont investis conformément au règlement de gestion ou aux documents constitutifs et aux dispositions légales en vigueur;	a) über eine ordnungsgemäße Verwaltung und Buchhaltung, Kontroll- und Sicherheitsvorkehrungen in Bezug auf die elektronische Datenverarbeitung sowie angemessene interne Kontrollverfahren zu verfügen, zu denen insbesondere Regeln für persönliche Geschäfte ihrer Angestellten und für das Halten oder Verwalten von Anlagen in Finanzinstrumenten zum Zwecke der Anlage auf eigene Rechnung gehören, durch die zumindest gewährleistet wird, dass jedes den OGAW betreffende Geschäft in Bezug auf Herkunft, Gegenpartei, Art, Abschlusszeitpunkt und -ort nachvollzogen werden kann und dass das Vermögen der von der Verwaltungsgesellschaft verwalteten OGAW gemäß dem Verwaltungsreglement bzw. der Gründungsunterlagen sowie den geltenden rechtlichen Bestimmungen angelegt wird;
b) d'être structurée et organisée de façon à restreindre au minimum le risque que des conflits d'intérêts entre la société et ses clients, entre deux de ses clients, entre un de ses clients et un OPCVM ou entre deux OPCVM ne nuisent aux intérêts des OPCVM ou des clients.	b) so aufgebaut und organisiert zu sein, dass das Risiko von Interessenkonflikten zwischen der Gesellschaft und ihren Kunden, zwischen zwei Kunden der Gesellschaft, zwischen einem ihrer Kunden und einem OGAW oder zwischen zwei OGAW, die den Interessen der OGAW oder denen der Kunden schaden, möglichst gering ist.
(2) Les sociétés de gestion dont l'agrément couvre aussi le service de gestion de portefeuille sur une base discrétionnaire mentionné à l'article 101, paragraphe (3), point a):	(2) Eine Verwaltungsgesellschaft, deren Zulassung sich auch auf die Portfolioverwaltung mit Ermessensspielraum gemäß Artikel 101 Absatz (3) Buchstabe a) erstreckt:

– ne sont pas autorisées à placer tout ou partie du portefeuille de l'investisseur dans des parts des OPCVM dont elles assurent la gestion, à moins d'avoir reçu l'accord général préalable du client;	– darf das Portfolio des Anlegers weder ganz noch teilweise in Anteilen der von ihr verwalteten OGAW anlegen, es sei denn, der Kunde hat zuvor eine allgemeine Zustimmung gegeben;
– sont soumises, pour ce qui concerne les services visés à l'article 101 paragraphe (3), aux dispositions prévues par la loi du 27 juillet 2000 portant transposition de la directive 97/9/CE relative aux systèmes d'indemnisation des investisseurs dans la loi modifiée du 5 avril 1993 relative au secteur financier.	– unterliegt in Bezug auf die Dienstleistungen gemäß Artikel 101 Absatz (3) den Vorschriften des Gesetzes vom 27. Juli 2000 zur Umsetzung der Richtlinie 97/9/EG über Systeme für die Entschädigung der Anleger in das geänderte Gesetz vom 5. April 1993 über den Finanzsektor.
Art. 110. (1) Les sociétés de gestion sont autorisées à déléguer à des tiers, en vue de mener leurs activités de manière plus efficace, l'exercice, pour leur propre compte, d'une ou plusieurs de leurs fonctions. Dans ce cas, l'ensemble des conditions préalables suivantes doit être rempli:	**Art. 110.** (1) Verwaltungsgesellschaften können zum Zwecke einer effizienteren Geschäftsführung eine oder mehrerer Aufgaben an Dritte übertragen, die diese Aufgaben für sie wahrnehmen. In diesem Fall müssen sämtliche folgende Bedingungen vorab erfüllt sein:
a) la société de gestion doit informer la CSSF de manière adéquate; la CSSF transmet sans délai les informations aux autorités compétentes de l'État membre d'origine de l'OPCVM;	a) die Verwaltungsgesellschaft muss die CSSF in geeigneter Form unterrichten; die CSSF übermittelt die Informationen umgehend an die zuständigen Behörden des Herkunftsmitgliedstaates des OGAW;
b) le mandat ne peut entraver le bon exercice de la surveillance dont la société de gestion fait l'objet; en particulier, il n'empêche pas la société de gestion d'agir, ni l'OPCVM d'être géré, au mieux des intérêts des investisseurs;	b) der Auftrag darf die Wirksamkeit der Beaufsichtigung der Verwaltungsgesellschaft in keiner Weise beeinträchtigen; insbesondere darf er die Verwaltungsgesellschaft nicht daran hindern, im Interesse ihrer Anleger zu handeln, noch darf er verhindern, dass der OGAW im Interesse der Anleger verwaltet wird;
c) lorsque la délégation se rapporte à la gestion d'investissements, le mandat ne peut être donné qu'aux entreprises agréées ou immatriculées aux fins de la gestion de portefeuille et soumises à une surveillance prudentielle; la délégation doit être en conformité avec les critères de répartition des investissements fixés périodiquement par la société de gestion;	c) wenn die Übertragung die Anlageverwaltung betrifft, so darf der Auftrag nur Unternehmen erteilt werden, die für die Zwecke der Vermögensverwaltung zugelassen oder eingetragen sind und einer ordnungsgemäßen Aufsicht unterliegen; die Übertragung muss mit den von der Verwaltungsgesellschaft regelmäßig festgelegten Vorgaben für die Streuung der Anlagen in Einklang stehen;

d) lorsque le mandat se rapporte à la gestion d'investissements et est donné à une entreprise d'un pays tiers, la coopération entre la CSSF et l'autorité de surveillance de ce pays doit être assurée;	d) wenn der Auftrag die Anlageverwaltung betrifft und einem Unternehmen aus einem Drittland erteilt wird, so muss die Zusammenarbeit zwischen der CSSF und der Aufsichtsbehörde dieses Landes sichergestellt sein;
e) aucun mandat se rapportant à la fonction principale de gestion des investissements n'est donné au dépositaire, ni à aucune autre entreprise dont les intérêts peuvent être en conflit avec ceux de la société de gestion ou des porteurs de parts;	e) der Verwahrstelle oder anderen Unternehmen, deren Interessen mit denen der Verwaltungsgesellschaft oder der Anteilinhaber kollidieren können, darf kein Auftrag für die Hauptdienstleistung der Anlageverwaltung erteilt werden;
f) il doit exister des mesures permettant aux personnes qui dirigent l'activité de la société de gestion de contrôler effectivement à tout moment l'activité de l'entreprise à laquelle le mandat est donné;	f) es sind Maßnahmen zu ergreifen, welche die Personen, die die Geschäfte der Verwaltungsgesellschaft führen, in die Lage versetzen, die Tätigkeiten des Unternehmens, dem der Auftrag erteilt wurde, jederzeit wirksam zu überwachen;
g) le mandat n'empêche pas les personnes qui dirigent l'activité de la société de gestion de donner à tout moment des instructions supplémentaires à l'entreprise à laquelle des fonctions sont déléguées ni de lui retirer le mandat avec effet immédiat lorsqu'il y va de l'intérêt des investisseurs;	g) der Auftrag hindert die Personen, die die Geschäfte der Verwaltungsgesellschaft führen, nicht daran, dem Unternehmen, dem die Aufgaben übertragen wurden, jederzeit weitere Anweisungen zu erteilen oder den Auftrag mit sofortiger Wirkung zu entziehen, wenn dies im Interesse der Anleger ist;
h) selon la nature des fonctions à déléguer, l'entreprise à laquelle des fonctions seront déléguées doit être qualifiée et capable d'exercer les fonctions en question; et	h) unter Berücksichtigung der Art der zu übertragenden Aufgaben muss das Unternehmen, dem diese Aufgaben übertragen werden, über die entsprechende Qualifikation verfügen und in der Lage sein, die betreffenden Aufgaben wahrzunehmen; und
i) les prospectus de l'OPCVM doivent énumérer les fonctions déléguées par la société de gestion.	i) in den Prospekten des OGAW sind die Aufgaben aufzulisten, die von der Verwaltungsgesellschaft an Dritte übertragen werden.
(2) Le fait que la société de gestion a délégué des fonctions à des tiers n'a pas d'incidence sur la responsabilité de la société de gestion ou du dépositaire. La société de gestion ne délègue pas ses fonctions dans une telle mesure qu'elle deviendrait une société boîte aux lettres.	(2) Die Haftung der Verwaltungsgesellschaft oder der Verwahrstelle wird nicht durch die Tatsache berührt, dass die Verwaltungsgesellschaft eigene Aufgaben an Dritte übertragen hat. Die Verwaltungsgesellschaft darf ihre Aufgaben nicht in einem Umfang übertragen, der sie zu einer Briefkastenfirma werden lässt.

Art. 111. Dans le cadre de ses activités, une société de gestion visée par le présent chapitre devra à tout moment, au titre des règles de conduite:	**Art. 111.** Im Rahmen ihrer Tätigkeiten muss eine Verwaltungsgesellschaft im Sinne dieses Kapitels jederzeit folgende Wohlverhaltensregeln beachten:
a) agir dans l'exercice de son activité, loyalement et équitablement au mieux des intérêts des OPCVM qu'elle gère et de l'intégrité du marché,	a) bei der Ausübung ihrer Tätigkeit recht und billig im besten Interesse der von ihr verwalteten OGAW und der Integrität des Marktes handeln;
b) agir avec la compétence, le soin et la diligence qui s'imposent, au mieux des intérêts des OPCVM qu'elle gère et de l'intégrité du marché,	b) ihre Tätigkeit mit der gebotenen Sachkenntnis, Sorgfalt und Gewissenhaftigkeit im besten Interesse der von ihr verwalteten OGAW und der Integrität des Marktes ausüben;
c) avoir et utiliser avec efficacité les ressources et les procédures nécessaires pour mener à bonne fin ses activités,	c) über die für eine ordnungsgemäße Geschäftstätigkeit erforderlichen Mittel und Verfahren verfügen und diese wirksam einsetzen;
d) s'efforcer d'écarter les conflits d'intérêts et, lorsque ces derniers ne peuvent être évités, veiller à ce que les OPCVM qu'elle gère soient traités équitablement, et	d) sich um die Vermeidung von Interessenkonflikten bemühen und, wenn sich diese nicht vermeiden lassen, dafür sorgen, dass die von ihr verwalteten OGAW nach Recht und Billigkeit behandelt werden, und
e) se conformer à toutes les réglementations applicables à l'exercice de ses activités de manière à promouvoir au mieux les intérêts des investisseurs et l'intégrité du marché.	e) alle für die Ausübung ihrer Tätigkeit geltenden Vorschriften im besten Interesse ihrer Anleger und der Integrität des Marktes einhalten.
Art. 112. Une société de gestion devra prendre des mesures conformément à l'article 53 et établir des procédures et des modalités appropriées afin de garantir que les plaintes des investisseurs sont correctement traitées par elle et que ces derniers ne sont pas limités dans l'exercice de leurs droits lorsque la société de gestion gère un OPCVM établi dans un autre État membre. Ces mesures permettent aux investisseurs de soumettre une plainte dans la langue officielle ou dans l'une des langues officielles de leur État membre.	**Art. 112.** Die Verwaltungsgesellschaften müssen Maßnahmen gemäß Artikel 53 ergreifen und geeignete Verfahren und Vorkehrungen vorsehen, um zu gewährleisten, dass sie ordnungsgemäß mit Anlegerbeschwerden umgehen und dass es für Anleger keine Einschränkungen in Bezug auf die Wahrnehmung ihrer Rechte gibt, falls die Verwaltungsgesellschaft einen in einem anderen Mitgliedstaat niedergelassenen OGAW verwaltet. Diese Maßnahmen müssen es den Anlegern ermöglichen, Beschwerden in der Amtssprache oder einer der Amtssprachen ihres Mitgliedstaats einzureichen.
La société de gestion devra établir des procédures et des modalités appropriées pour	Die Verwaltungsgesellschaften müssen geeignete Verfahren und Vorkehrungen vor-

fournir des informations, à la demande du public ou des autorités compétentes de l'État membre d'origine de l'OPCVM.	sehen, um Informationen auf Antrag der Öffentlichkeit oder der zuständigen Behörden des Herkunftsmitgliedstaats des OGAW bereitzustellen.
Art. 112bis. (1) Les sociétés de gestion sont autorisées à faire appel à des agents liés au sens de l'article 1er, point 1) de la loi modifiée du 5 avril 1993 relative au secteur financier.	**Art. 112bis.** (1) Die Verwaltungsgesellschaften sind berechtigt gebundene Agenten gemäß Artikel 1 Nummer 1 des geänderten Gesetzes vom 5. April 1993 über den Finanzsektor in Anspruch zu nehmen.
(2) Lorsqu' une société de gestion décide de faire appel à des agents liés, cette société de gestion doit, dans la limite des activités permises en vertu de la présente loi, se conformer aux mêmes règles que celles applicables aux entreprises d'investissement en vertu de l'article 37-8 de la loi modifiée du 5 avril 1993 relative au secteur financier. Pour les besoins de l'application du présent paragraphe, le terme «entreprise d'investissement» contenu à l'article 37-8 de la loi modifiée du 5 avril 1993 relative au secteur financier, se lit «société de gestion».	(2) Wenn eine Verwaltungsgesellschaft entscheidet, gebundene Agenten in Anspruch zu nehmen, muss diese Verwaltungsgesellschaft den gleichen Regeln folgen wie diejenigen, die auf Investmentgesellschaften kraft Artikel 37-8 des geänderten Gesetzes vom 5. April 1993 über den Finanzsektor anwendbar sind. Zwecks Anwendung dieses Absatzes liest sich der Begriff „Investmentgesellschaft" in Artikel 37-8 des geänderten Gesetzes vom 5. April 1993 über den Finanzsektor im Sinne einer „Verwaltungsgesellschaft".
Titre D. – Libre établissement et libre prestation des services	**Titel D. – Niederlassungsfreiheit und freier Dienstleistungsverkehr**
Art. 113. Si une société de gestion agréée au titre du présent chapitre se propose seulement de commercialiser, sans créer de succursale, les parts de l'OPCVM qu'elle gère selon les conditions énoncées à l'annexe II dans un État membre autre que l'État membre d'origine de l'OPCVM, sans proposer d'exercer d'autres activités ou de fournir d'autres services, cette commercialisation est soumise aux seules exigences du chapitre 6 de la présente loi.	**Art. 113.** Beabsichtigt eine gemäß diesem Kapitel zugelassene Verwaltungsgesellschaft, die Anteile des von ihr gemäß Anhang II verwalteten OGAW in einem Mitgliedstaat zu vertreiben, der nicht mit dem Herkunftsmitgliedstaat des OGAW identisch ist, ohne eine Zweigniederlassung zu errichten und ohne weitere Tätigkeiten oder Dienste anzubieten, unterliegt dieser Vertrieb lediglich den Bestimmungen von Kapitel 6 dieses Gesetzes.

I. Libre établissement et libre prestation de services dans un autre État membre par une société de gestion agréée conformément au présent chapitre	**I. Niederlassungsfreiheit und freier Dienstleistungsverkehr einer gemäß diesem Kapitel zugelassenen Verwaltungsgesellschaft in einem anderen Mitgliedstaat**
Art. 114. (1) Outre l'obligation de satisfaire aux conditions prévues aux articles 101 et 102 de la présente loi, une société de gestion agréée conformément au présent chapitre qui désire établir une succursale sur le territoire d'un autre État membre afin d'exercer les activités couvertes par son agrément doit le notifier à la CSSF.	**Art. 114.** (1) Eine gemäß diesem Kapitel zugelassene Verwaltungsgesellschaft, die im Hoheitsgebiet eines anderen Mitgliedstaats eine Zweigniederlassung errichten möchte, um die Tätigkeiten auszuüben, für die sie eine Zulassung erhalten hat, muss die Bedingungen der Artikel 101 und 102 des Gesetzes erfüllen und der CSSF ihre Absicht anzeigen.
(2) La notification prévue au paragraphe (1) doit s'accompagner des informations et des documents suivants:	(2) Zusammen mit der Anzeige gemäß Absatz (1) sind folgende Angaben und Unterlagen vorzulegen:
a) l'État membre sur le territoire duquel elle envisage d'établir une succursale;	a) Mitgliedstaat, in dessen Hoheitsgebiet die Verwaltungsgesellschaft eine Zweigniederlassung errichten möchte;
b) un programme précisant les activités et les services au sens de l'article 101, paragraphes (2) et (3), envisagés ainsi que la structure de l'organisation de la succursale et comportant une description du processus de gestion des risques mis en place par la société de gestion. Il comporte également une description des procédures et des modalités arrêtées conformément à l'article 112;	b) Geschäftsplan, in dem die geplanten Tätigkeiten und Dienstleistungen gemäß Artikel 101 Absätze (2) und (3) und die Organisationsstruktur der Zweigniederlassung angegeben sind und der eine Beschreibung des Risikomanagement-Verfahrens umfasst, das von der Verwaltungsgesellschaft erarbeitet wurde. Er beinhaltet ferner eine Beschreibung der Verfahren und Vereinbarungen gemäß Artikel 112;
c) l'adresse, dans l'État membre d'accueil de la société de gestion, à laquelle les documents peuvent être obtenus; et	c) Anschrift, unter der im Aufnahmemitgliedstaat der Verwaltungsgesellschaft Unterlagen angefordert werden können;
d) le nom des dirigeants de la succursale.	d) Namen der Geschäftsführer der Zweigniederlassung.
(3) À moins que la CSSF n'ait des raisons de douter, compte tenu des activités envisagées, de l'adéquation des structures administratives ou de la situation financière de la société de gestion, elle communique, dans les deux mois à compter de la réception de toutes les informations visées au paragraphe (2), ces informations aux autorités com-	(3) Sofern die CSSF in Anbetracht der beabsichtigten Tätigkeiten keine Gründe für Zweifel an der Angemessenheit der Verwaltungsstruktur oder der Angemessenheit der Finanzlage der betreffenden Verwaltungsgesellschaft hat, übermittelt sie innerhalb von zwei Monaten nach Eingang sämtlicher Angaben gemäß Absatz (2) diese den zustän-

pétentes de l'État membre d'accueil de la société de gestion et en avise cette dernière. Elle communique en outre des précisions sur tout système d'indemnisation destiné à protéger les investisseurs.	digen Behörden des Aufnahmemitgliedstaats der Verwaltungsgesellschaft und teilt dies der betreffenden Verwaltungsgesellschaft mit. Ferner übermittelt sie Einzelheiten zu etwaigen Entschädigungssystemen, die den Schutz der Anleger sicherstellen sollen.
Lorsque la CSSF refuse de communiquer les informations visées au paragraphe (2) aux autorités compétentes de l'État membre d'accueil de la société de gestion, elle fait connaître les motifs de ce refus à la société de gestion concernée dans les deux mois suivant la réception de toutes les informations. Le refus ou l'absence de réponse ouvrent droit à un recours juridictionnel au Luxembourg.	Lehnt die CSSF die Übermittlung der in Absatz (2) genannten Angaben an die zuständigen Behörden des Aufnahmemitgliedstaats der Verwaltungsgesellschaft ab, so nennt sie der betroffenen Verwaltungsgesellschaft innerhalb von zwei Monaten nach Eingang sämtlicher Angaben die Gründe dafür. Im Falle einer solchen Ablehnung oder der Nichtäußerung können die Gerichte Luxemburgs angerufen werden.
Lorsqu'une société de gestion souhaite exercer l'activité de gestion collective de portefeuille, telle que visée à l'annexe II, la CSSF joint à la documentation envoyée aux autorités compétentes de l'État membre d'accueil de la société de gestion, une attestation confirmant que ladite société a été agréée, conformément aux dispositions de la directive 2009/65/CE, une description du champ d'application de l'agrément accordé à la société de gestion et des précisions relatives à toute restriction éventuelle sur les types d'OPCVM que cette société est habilitée à gérer.	Möchte eine Verwaltungsgesellschaft die Aufgabe der gemeinsamem Anlageverwaltung nach Anhang II ausüben, so fügt die CSSF den Unterlagen, die sie an die zuständigen Behörden des Aufnahmemitgliedstaats der Verwaltungsgesellschaft sendet, eine Bescheinigung darüber bei, dass die Verwaltungsgesellschaft eine Zulassung im Einklang mit den Bestimmungen der Richtlinie 2009/65/EG erhalten hat, sowie eine Beschreibung des Umfangs der Zulassung der Verwaltungsgesellschaft und Einzelheiten in Bezug auf Beschränkungen der Arten von OGAW, für deren Verwaltung die Verwaltungsgesellschaft eine Zulassung erhalten hat.
(4) La société de gestion qui exerce des activités par l'intermédiaire d'une succursale sur le territoire de l'État membre d'accueil respecte les règles arrêtées par l'État membre d'accueil conformément à l'article 14 de la directive 2009/65/CE.	(4) Eine Verwaltungsgesellschaft, die im Aufnahmemitgliedstaat ihre Geschäftstätigkeit über eine Zweigniederlassung ausübt, hält die vom Aufnahmemitgliedstaat gemäß Artikel 14 der Richtlinie 2009/65/EG festgelegten Bestimmungen ein.
(5) Avant que la succursale d'une société de gestion ne commence son activité, les autorités compétentes de l'État membre d'accueil de ladite société disposent de deux mois à compter de la réception des informations visées au paragraphe (2) pour préparer la surveillance du respect par la société de gestion des règles relevant de leur compétence.	(5) Bevor die Zweigniederlassung der Verwaltungsgesellschaft ihre Tätigkeit aufnimmt, verfügen die zuständigen Behörden des Aufnahmemitgliedstaats der besagten Gesellschaft über einen Zeitraum von zwei Monaten nach Eingang der in Absatz (2) genannten Angaben zur Vorbereitung der Beaufsichtigung der Einhaltung der unter ihrer Zuständigkeit zu beachtenden Bestimmungen durch die Verwaltungsgesellschaft.

(6) Dès réception d'une communication des autorités compétentes de l'État membre d'accueil de la société de gestion ou, en cas d'absence de communication de la part de celles-ci, dès l'échéance du délai prévu au paragraphe (5), la succursale peut être établie et commencer son activité.	(6) Nach Eingang einer Mitteilung der zuständigen Behörden des Aufnahmemitgliedstaats der Verwaltungsgesellschaft oder – bei Nichtäußerung – nach Ablauf der in Absatz (5) genannten Frist kann die Zweigniederlassung errichtet werden und ihre Tätigkeit aufnehmen.
(7) En cas de modification de tout élément d'information communiqué conformément au paragraphe (2), point b), c) ou d), la société de gestion notifie, par écrit, cette modification à la CSSF et aux autorités de son État membre d'accueil un mois au moins avant d'effectuer le changement, pour que la CSSF puisse prendre une décision sur cette modification au titre du paragraphe (3) et les autorités compétentes de son État membre d'accueil au titre du paragraphe (6) de l'article 17 de la directive 2009/65/CE.	(7) Im Falle einer Änderung des Inhalts der gemäß Absatz (2) Buchstaben b), c) oder d) übermittelten Angaben teilt die Verwaltungsgesellschaft der CSSF und den Behörden ihres Aufnahmemitgliedstaats die betreffende Änderung mindestens einen Monat vor deren Vornahme schriftlich mit, damit die CSSF gemäß Absatz (3) und die zuständigen Behörden ihres Aufnahmemitgliedstaats gemäß Absatz (6) von Artikel 17 der Richtlinie 2009/65/EG zu dieser Änderung eine Entscheidung treffen können.
(8) En cas de modification des éléments d'information communiqués conformément au paragraphe (3), premier alinéa, la CSSF en avise les autorités compétentes de l'État membre d'accueil de la société de gestion.	(8) Im Falle einer Änderung hinsichtlich der gemäß Absatz (3) Unterabsatz 1 übermittelten Angaben teilt die CSSF dies den zuständigen Behörden des Aufnahmemitgliedstaats der Verwaltungsgesellschaft mit.
La CSSF met à jour les informations contenues dans l'attestation visée au paragraphe (3), troisième alinéa, et informe les autorités compétentes de l'État membre d'accueil de la société de gestion de tout changement dans le champ d'application de l'agrément accordé à ladite société ou dans les précisions relatives à toute restriction éventuelle sur les types d'OPCVM que cette société est habilitée à gérer.	Die CSSF aktualisiert die in der Bescheinigung nach Absatz (3) Unterabsatz 3 enthaltenen Informationen und unterrichtet die zuständigen Behörden des Aufnahmemitgliedstaats der Verwaltungsgesellschaft über jede Änderung des Umfangs der Zulassung der Verwaltungsgesellschaft oder der Einzelheiten in Bezug auf Beschränkungen der Arten von OGAW, für deren Verwaltung die Verwaltungsgesellschaft eine Zulassung erhalten hat.
Art. 115. (1) Toute société de gestion agréée conformément au présent chapitre qui désire exercer pour la première fois les activités pour lesquelles elle a été agréée sur le territoire d'un autre État membre au titre de la libre prestation de services communique à la CSSF les informations suivantes:	**Art. 115.** (1) Jede gemäß diesem Kapitel zugelassene Verwaltungsgesellschaft, die die Tätigkeiten, für die sie eine Zulassung erhalten hat, erstmals im Hoheitsgebiet eines anderen Mitgliedstaats im Wege des freien Dienstleistungsverkehrs ausüben möchte, übermittelt der CSSF die folgenden Angaben:
a) l'État membre sur le territoire duquel elle envisage d'opérer; et	a) Mitgliedstaat, in dessen Hoheitsgebiet die Verwaltungsgesellschaft ihre Tätigkeit ausüben möchte; und

b) un programme indiquant les activités et les services visés à l'article 101, paragraphes (2) et (3), envisagés et comportant une description du processus de gestion des risques mis en place par la société de gestion. Il comporte également une description des procédures et des modalités arrêtées conformément à l'article 112.	b) Geschäftsplan, in dem die geplanten Tätigkeiten und Dienstleistungen gemäß Artikel 101 Absätze (2) und (3) angegeben sind und der eine Beschreibung des Risikomanagement-Verfahrens umfasst, das von der Verwaltungsgesellschaft erarbeitet wurde. Er beinhaltet ferner eine Beschreibung der Verfahren und Vereinbarungen gemäß Artikel 112.
(2) La CSSF communique aux autorités compétentes de l'État membre d'accueil de la société de gestion les informations visées au paragraphe (1), dans un délai d'un mois à compter de la réception de celles-ci.	(2) Die CSSF bringt den zuständigen Behörden des Aufnahmemitgliedstaats der Verwaltungsgesellschaft die Informationen nach Absatz (1) innerhalb eines Monats nach deren Eingang zur Kenntnis.
La CSSF communique, en outre, des précisions sur tout système d'indemnisation applicable, destiné à protéger les investisseurs.	Die CSSF übermittelt ferner Einzelheiten zu etwaigen Entschädigungssystemen, die den Schutz der Anleger sicherstellen sollen.
Lorsqu'une société de gestion souhaite exercer l'activité de gestion collective de portefeuille, telle que visée à l'annexe II, la CSSF joint à la documentation envoyée aux autorités compétentes de l'État membre d'accueil de la société de gestion une attestation confirmant que ladite société a été agréée, conformément aux dispositions de la directive 2009/65/CE, une description du champ d'application de l'agrément accordé à la société de gestion et des précisions relatives à toute restriction éventuelle sur les types d'OPCVM que cette société est habilitée à gérer.	Möchte eine Verwaltungsgesellschaft die Aufgabe der gemeinsamen Anlageverwaltung nach Anhang II ausüben, so fügt die CSSF den Unterlagen, die sie an die zuständigen Behörden des Aufnahmemitgliedstaats der Verwaltungsgesellschaft sendet, eine Bescheinigung darüber bei, dass die Verwaltungsgesellschaft eine Zulassung im Einklang mit den Bestimmungen der Richtlinie 2009/65/EG erhalten hat, eine Beschreibung des Umfangs der Zulassung der Verwaltungsgesellschaft und Einzelheiten in Bezug auf Beschränkungen der Arten von OGAW, für deren Verwaltung die Verwaltungsgesellschaft eine Zulassung erhalten hat.
Nonobstant l'article 20 de la directive 2009/65/CE et l'article 54 de la présente loi, la société de gestion peut alors commencer son activité dans son État membre d'accueil.	Ungeachtet von Artikel 20 der Richtlinie 2009/65/EG und von Artikel 54 dieses Gesetzes, kann die Verwaltungsgesellschaft daraufhin ihre Tätigkeit im Aufnahmemitgliedstaat aufnehmen.
(3) Une société de gestion exerçant des activités au titre de la libre prestation des services respecte les règles arrêtées par la CSSF conformément à l'article 111.	(3) Die von einer Verwaltungsgesellschaft nach Maßgabe der Dienstleistungsfreiheit ausgeübte Geschäftstätigkeit richtet sich nach den von der CSSF gemäß Artikel 111 festgelegten Bestimmungen.
(4) En cas de modification du contenu des informations communiquées conformément au paragraphe (1), point b), la société de ges-	(4) Im Falle einer Änderung des Inhalts der nach Absatz (1) Buchstabe b) übermittelten Angaben teilt die Verwaltungsgesellschaft

tion notifie, par écrit, cette modification à la CSSF et aux autorités compétentes de son État membre d'accueil avant d'effectuer le changement. La CSSF met à jour les informations contenues dans l'attestation visée au paragraphe (2) et informe les autorités compétentes de l'État membre d'accueil de la société de gestion de tout changement dans le champ d'application de l'agrément accordé à ladite société ou dans les précisions relatives à toute restriction éventuelle sur les types d'OPCVM que cette société est habilitée à gérer.	der CSSF und den zuständigen Behörden des Aufnahmemitgliedstaats diese Änderung vor deren Vornahme schriftlich mit. Die CSSF aktualisiert die in der Bescheinigung nach Absatz (2) enthaltenen Informationen und unterrichtet die zuständigen Behörden des Aufnahmemitgliedstaats der Verwaltungsgesellschaft über jede Änderung des Umfangs der Zulassung der Verwaltungsgesellschaft oder der Einzelheiten in Bezug auf Beschränkungen der Arten von OGAW, für deren Verwaltung die Verwaltungsgesellschaft eine Zulassung erhalten hat.
Art. 116. (1) Une société de gestion agréée au sens du présent chapitre exerçant des activités de gestion collective de portefeuille sur une base transfrontalière, via la création d'une succursale ou dans le cadre de la libre prestation de services, se conforme à la présente loi en ce qui concerne son organisation, notamment les modalités de délégation, les procédures de gestion des risques, les règles prudentielles et la surveillance, les procédures visées à l'article 109 et les obligations de notification lui incombant.	**Art. 116.** (1) Eine gemäß diesem Kapitel zugelassene Verwaltungsgesellschaft, die nach Maßgabe der Dienstleistungsfreiheit oder durch die Gründung einer Zweigniederlassung grenzüberschreitend die Aufgabe der gemeinsamen Anlageverwaltung ausübt, unterliegt den Bestimmungen dieses Gesetzes in Bezug auf ihre Organisation einschließlich der Übertragungsvereinbarungen, Risikomanagement-Verfahren, aufsichts- und überwachungsrechtlichen Bestimmungen, Verfahren nach Artikel 109 und der ihr obliegenden Offenlegungspflicht.
(2) La CSSF est chargée de veiller au respect du paragraphe (1).	(2) Die CSSF überwacht die Einhaltung der Bestimmungen nach Absatz (1).
(3) Une société de gestion exerçant des activités de gestion collective de portefeuille sur une base transfrontalière, via la création d'une succursale ou conformément à la libre prestation de services, se conforme aux règles de l'État membre d'origine de l'OPCVM en ce qui concerne la constitution et le fonctionnement de l'OPCVM, notamment les règles applicables:	(3) Eine Verwaltungsgesellschaft, die durch die Gründung einer Zweigniederlassung oder nach Maßgabe der Dienstleistungsfreiheit grenzüberschreitend die Aufgabe der gemeinsamen Anlageverwaltung ausübt, unterliegt den Bestimmungen des Herkunftsmitgliedstaats des OGAW in Bezug auf die Gründung und die Geschäftstätigkeit des OGAW, insbesondere den Bestimmungen, die für folgende Aspekte gelten:
a) à la constitution et à l'agrément des OPCVM;	a) die Errichtung und Zulassung der OGAW;
b) à l'émission et au remboursement de parts;	b) die Ausgabe und Veräußerung von Anteilen;

c) aux politiques et aux limites d'investissements, notamment le calcul du risque global et de l'effet de levier;	c) Anlagepolitik und Beschränkungen einschließlich der Berechnung des gesamten Kreditrisikos und der Verschuldung;
d) aux restrictions relatives aux emprunts, aux prêts et aux ventes à découvert;	d) Beschränkungen in Bezug auf Kreditaufnahme, Kreditgewährung und Leerverkäufe;
e) à l'évaluation des actifs et à la comptabilité des OPCVM;	e) die Bewertung der Vermögenswerte und die Rechnungsführung der OGAW;
f) au calcul du prix d'émission ou de remboursement, ainsi qu'aux erreurs dans le calcul de la valeur nette d'inventaire et l'indemnisation afférente des investisseurs;	f) die Berechnung des Ausgabepreises und/oder des Auszahlungspreises sowie für den Fall fehlerhafter Berechnungen des Nettoinventarwerts und für entsprechende Entschädigungen der Anleger;
g) à la distribution ou au réinvestissement des revenus;	g) die Ausschüttung oder Wiederanlage der Erträge;
h) aux obligations qui incombent aux OPCVM en matière de divulgation et de rapports, notamment en ce qui concerne les prospectus, les informations clés pour l'investisseur et les rapports périodiques;	h) die Offenlegungs- und Berichtspflicht der OGAW einschließlich der Prospekte, der wesentlichen Informationen für die Anleger und der regelmäßigen Berichte;
i) aux modalités prévues pour la commercialisation;	i) die Modalitäten der Vermarktung;
j) aux relations avec les porteurs de parts;	j) die Beziehung zu den Anteilinhabern;
k) à la fusion et à la restructuration des OPCVM;	k) Verschmelzung und Umstrukturierung der OGAW;
l) à la dissolution et à la liquidation des OPCVM;	l) die Auflösung und Liquidation der OGAW;
m) le cas échéant, au contenu du registre des porteurs de parts;	m) gegebenenfalls Inhalt des Verzeichnisses der Anteilinhaber;
n) aux frais d'agrément et de surveillance des OPCVM; et	n) die Gebühren für Zulassung und Aufsicht der OGAW; und
o) à l'exercice des droits de vote des porteurs de parts et des autres droits des porteurs de parts en relation avec les points a) à m).	o) Ausübung der Stimmrechte der Anteilinhaber und weiterer Rechte der Anteilinhaber im Zusammenhang mit den Buchstaben a) bis m).
(4) La société de gestion se conforme aux obligations prévues par le règlement de gestion ou les documents constitutifs, ainsi qu'aux exigences mentionnées dans le prospectus.	(4) Die Verwaltungsgesellschaft kommt den im Verwaltungsreglement oder in den Gründungsunterlagen enthaltenen Verpflichtungen und den im Prospekt enthaltenen Anforderungen nach.

(5) La société de gestion décide et est responsable de l'adoption et de la mise en oeuvre de toutes les modalités et de toutes les décisions organisationnelles nécessaires pour assurer le respect des règles qui s'appliquent à la constitution et au fonctionnement de l'OPCVM ainsi que des obligations prévues par le règlement de gestion ou les documents constitutifs, ainsi que des exigences mentionnées dans le prospectus.	(5) Die Verwaltungsgesellschaft entscheidet über und ist verantwortlich für die Annahme und Umsetzung sämtlicher Vereinbarungen und organisatorischer Entscheidungen, die erforderlich sind, um den Bedingungen in Bezug auf die Gründung und die Arbeitsweise des OGAW und den im Verwaltungsreglement oder in den Gründungsunterlagen enthaltenen Verpflichtungen sowie den im Prospekt enthaltenen Anforderungen nachzukommen.
(6) La CSSF veille à l'adéquation des modalités d'organisation de la société de gestion, afin que cette dernière soit en mesure de se conformer aux obligations et aux règles relatives à la constitution et au fonctionnement de tous les OPCVM qu'elle gère.	(6) Die CSSF überwacht die Angemessenheit der Modalitäten der Organisation der Verwaltungsgesellschaft, damit die Verwaltungsgesellschaft in der Lage ist, den Verpflichtungen und Bestimmungen im Zusammenhang mit der Gründung und der Arbeitsweise aller von ihr verwalteten OGAW nachzukommen.
Art. 117. (1) Une société de gestion relevant du présent chapitre qui demande de gérer un OPCVM établi dans un autre État membre fournit aux autorités compétentes de l'État membre d'origine de l'OPCVM les documents suivants:	**Art. 117.** (1) Eine unter dieses Kapitel fallende Verwaltungsgesellschaft, die die Verwaltung eines in einem anderen Mitgliedstaat niedergelassenen OGAW beabsichtigt, legt den zuständigen Behörden des Herkunftsmitgliedstaats des OGAW folgende Unterlagen vor:
a) l'accord écrit conclu avec le dépositaire, visé aux articles 23 et 33 de la directive 2009/65/CE; et	a) die schriftliche Vereinbarung mit der Verwahrstelle gemäß den Artikeln 23 und 33 der Richtlinie 2009/65/EG; und
b) des informations relatives aux modalités de délégation, en ce qui concerne les fonctions visées à l'annexe II en matière d'administration et de gestion des placements.	b) Angaben über Übertragungsvereinbarungen bezüglich der Aufgaben des Anlagenmanagement und der Verwaltung nach Anhang II.
Lorsqu'une société de gestion gère déjà un autre OPCVM du même type dans l'État membre d'origine de l'OPCVM, une référence à la documentation déjà fournie est suffisante.	Verwaltet die Verwaltungsgesellschaft bereits OGAW der gleichen Art im Herkunftsmitgliedstaat des OGAW, so reicht der Hinweis auf die bereits vorgelegten Unterlagen aus.
(2) Les autorités compétentes de l'État membre d'origine de l'OPCVM peuvent demander à la CSSF de fournir des éclaircissements et des informations concernant les documents mentionnés au paragraphe (1), et de vérifier, en se fondant sur l'attestation	(2) Die zuständigen Behörden des Herkunftsmitgliedstaats des OGAW können von der CSSF Erläuterungen und Informationen über die Unterlagen nach Absatz (1) sowie auf der Grundlage der in den Artikeln 114 Absatz (3) dritter Unterabsatz und 115 Ab-

visée aux articles 114, paragraphe (3) 3ème alinéa et 115 paragraphe (2) 3ème alinéa, si le type d'OPCVM pour lequel l'autorisation est demandée entre ou non dans le champ d'application de l'agrément accordé à la société de gestion. La CSSF exprime son avis dans un délai de dix jours ouvrables à compter de la demande initiale.	satz (2) dritter Unterabsatz genannten Bescheinigung Auskünfte darüber anfordern, inwieweit die Art des O GAW, für den eine Zulassung beantragt wird, in den Geltungsbereich der Zulassung der Verwaltungsgesellschaft fällt. Die CSSF gibt ihre Stellungnahme binnen 10 Arbeitstagen nach Erhalt des ursprünglichen Antrags ab.
(3) Toute modification substantielle apportée ultérieurement aux documents visés au paragraphe (1) doit être notifiée par la société de gestion aux autorités compétentes de l'État membre d'origine de l'OPCVM.	(3) Alle nachfolgenden sachlichen Änderungen an den Unterlagen nach Absatz (1) werden den zuständigen Behörden des Herkunftsmitgliedstaats des OGAW von der Verwaltungsgesellschaft mitgeteilt.
Art. 118. (1) L'État membre d'accueil des sociétés de gestion peut exiger des sociétés de gestion qui exercent des activités sur son territoire au titre de la directive 2009/65/CE, qu'elles fournissent les informations nécessaires aux fins de contrôler leur respect des règles relevant de la responsabilité de l'État membre d'accueil les concernant.	**Art. 118.** (1) Der Aufnahmemitgliedstaat einer Verwaltungsgesellschaft kann von den Verwaltungsgesellschaften, die gemäß der Richtlinie 2009/65/EG in seinem Hoheitsgebiet tätig sind, die Angaben verlangen, die erforderlich sind, um die Einhaltung der für diese Verwaltungsgesellschaften maßgebenden Bestimmungen, für die der Aufnahmemitgliedstaat zuständig ist, zu überwachen.
Les sociétés de gestion veillent à ce que les procédures et les modalités visées à l'article 112 de la présente loi permettent aux autorités compétentes de l'État membre d'origine de l'OPCVM d'obtenir les informations visées au présent paragraphe directement auprès de la société de gestion.	Die Verwaltungsgesellschaften stellen sicher, dass die Verfahren und Vorkehrungen gemäß Artikel 112 dieses Gesetzes gewährleisten, dass die zuständigen Behörden des Herkunftsmitgliedstaats des OGAW die in diesem Absatz genannten Informationen unmittelbar von der Verwaltungsgesellschaft erhalten.
(2) Lorsque les autorités compétentes de l'État membre d'accueil de la société de gestion constatent que cette société de gestion ne respecte pas l'une des règles relevant de leur responsabilité, elles exigent que la société de gestion concernée mette fin à ce non-respect et en informent la CSSF.	(2) Stellen die zuständigen Behörden des Aufnahmemitgliedstaats der Verwaltungsgesellschaft fest, dass diese Verwaltungsgesellschaft gegen eine der Bestimmungen unter ihrer Zuständigkeit verstößt, so fordern die Behörden die betreffende Verwaltungsgesellschaft auf, den Verstoß zu beenden und unterrichten die CSSF entsprechend.
(3) Si la société de gestion concernée refuse de fournir à l'État membre d'accueil de la société de gestion des informations relevant de sa responsabilité ou ne prend pas les dispositions nécessaires pour mettre fin au non-respect visé au paragraphe (1), les auto-	(3) Lehnt es die betreffende Verwaltungsgesellschaft ab, dem Aufnahmemitgliedstaat die in seine Zuständigkeit fallenden Informationen zukommen zu lassen oder unternimmt sie nicht die erforderlichen Schritte, um den Verstoß gemäß Absatz (1) zu been-

rités compétentes de son État membre d'accueil en informent la CSSF. La CSSF prend, dans les plus brefs délais, toutes les mesures appropriées pour que la société de gestion concernée fournisse les informations demandées par l'État membre d'accueil de la société de gestion conformément au paragraphe 1 ou mette fin au non-respect. La nature de ces mesures est communiquée aux autorités compétentes de l'État membre d'accueil de la société de gestion.	den, so setzen die zuständigen Behörden des Aufnahmemitgliedstaats der Verwaltungsgesellschaft die CSSF davon in Kenntnis. Die CSSF trifft unverzüglich alle geeigneten Maßnahmen, um sicherzustellen, dass die betreffende Verwaltungsgesellschaft die vom Aufnahmemitgliedstaat der Verwaltungsgesellschaft gemäß Absatz (1) geforderten Informationen zur Verfügung stellt oder den Verstoß beendet. Die Art dieser Maßnahmen ist den zuständigen Behörden des Aufnahmemitgliedstaats der Verwaltungsgesellschaft mitzuteilen.
(4) Si, en dépit des mesures prises par la CSSF, la société de gestion continue de refuser de fournir les informations demandées par l'État membre d'accueil de la société de gestion conformément au paragraphe (1) ou persiste à enfreindre les dispositions législatives ou réglementaires visées dans ce même paragraphe, les autorités compétentes de l'État membre d'accueil de la société de gestion peuvent, après en avoir informé la CSSF, prendre les mesures appropriées, y compris au titre des articles 98 et 99 de la directive 2009/65/CE pour prévenir ou sanctionner de nouvelles irrégularités et, au besoin, empêcher cette société de gestion d'effectuer de nouvelles opérations sur son territoire. Lorsque le service fourni dans l'État membre d'accueil de la société de gestion est la gestion d'un OPCVM, cet État membre peut exiger de ladite société qu'elle cesse de gérer cet OPCVM.	(4) Weigert sich die Verwaltungsgesellschaft trotz der von der CSSF getroffenen Maßnahmen weiter, die vom Aufnahmemitgliedstaat gemäß Absatz (1) geforderten Informationen bereitzustellen, oder verstößt sie weiter gegen die in diesem Absatz genannten Rechts- und Verwaltungsvorschriften, so können die zuständigen Behörden des Aufnahmemitgliedstaats der Verwaltungsgesellschaft nach Unterrichtung der CSSF geeignete Maßnahmen einschließlich der Maßnahmen der Artikel 98 und 99 der Richtlinie 2009/65/EG ergreifen, um weitere Verstöße zu verhindern oder zu ahnden; soweit erforderlich, können sie dieser Verwaltungsgesellschaft auch neue Geschäfte im Hoheitsgebiet des Aufnahmemitgliedstaates untersagen. Handelt es sich bei der im Aufnahmemitgliedstaat der Verwaltungsgesellschaft erbrachten Dienstleistung um die Verwaltung eines OGAW, so kann der Aufnahmemitgliedstaat verlangen, dass die Verwaltungsgesellschaft die Verwaltung dieses OGAW einstellt.
(5) Toute mesure prise en application du paragraphe (3) ou (4) qui comporte des mesures ou des sanctions est dûment motivée et communiquée à la société de gestion concernée. Toute mesure de ce type ouvre le droit à un recours juridictionnel dans l'État membre qui l'a arrêtée.	(5) Jede Maßnahme gemäß den Absätzen (3) oder (4), die Maßnahmen oder Sanktionen beinhaltet, wird ordnungsgemäß begründet und der betreffenden Verwaltungsgesellschaft mitgeteilt. Gegen jede derartige Maßnahme kann in dem Mitgliedstaat, in dem sie ergriffen wurde, Klage erhoben werden.

II. Libre établissement et libre prestation de services au Luxembourg par une société de gestion agréée au titre de la directive 2009/65/CE dans un autre État membre	**II. Niederlassungsfreiheit und freier Dienstleistungsverkehr in Luxemburg einer gemäß der Richtlinie 2009/65/EG in einem anderen Mitgliedstaat zugelassenen Verwaltungsgesellschaft**
Art. 119. (1) Une société de gestion agréée par les autorités compétentes d'un autre État membre conformément à la directive 2009/65/CE peut exercer au Luxembourg l'activité pour laquelle elle a reçu l'agrément tant par la création d'une succursale qu'au titre de la libre prestation de services.	**Art. 119.** (1) Eine von den zuständigen Behörden eines anderen Mitgliedstaates gemäß der Richtlinie 2009/65/EG zugelassene Verwaltungsgesellschaft kann in Luxemburg die Tätigkeiten, für die sie eine Zulassung erhalten hat, entweder durch Errichtung einer Zweigniederlassung oder im Rahmen des freien Dienstleistungsverkehrs ausüben.
(2) La création d'une succursale ou la prestation de services telle que décrite ci-avant n'est pas subordonné à l'obligation d'obtenir un agrément ou de fournir un capital de dotation ou toute autre mesure d'effet équivalent.	(2) Die oben genannte Errichtung einer Zweigniederlassung oder Erbringung von Dienstleistungen ist weder an die Verpflichtung, eine Zulassung zu erhalten oder ein Dotationskapital bereitzustellen, noch an eine sonstige Voraussetzung gleicher Wirkung gebunden.
(3) Dans le cadre ainsi fixé, un OPCVM établi au Luxembourg peut, soit désigner une société de gestion agréée dans un autre État membre au titre de la directive 2009/65/CE, soit être géré par elle pour autant que la société de gestion se conforme aux conditions fixées à l'article 16 paragraphe 3 de la directive 2009/65/CE.	(3) In dem derart festgelegten Rahmen steht es einem in Luxemburg niedergelassenen OGAW frei, eine in einem anderen Mitgliedstaat, gemäß der Richtlinie 2009/65/EG zugelassene Verwaltungsgesellschaft zu benennen oder von einer solchen Verwaltungsgesellschaft verwaltet zu werden, sofern diese den Bestimmungen von Artikel 16 Absatz 3 der Richtlinie 2009/65/EG entspricht.
Art. 120. (1) Une société de gestion agréée dans un autre État membre qui désire ouvrir une succursale au Luxembourg pour y exercer les activités couvertes par son agrément le notifie aux autorités compétentes de son État d'origine selon les modalités prévues à l'article 17 de la directive 2009/65/CE.	**Art. 120.** (1) Eine in einem anderen Mitgliedstaat zugelassene Verwaltungsgesellschaft, die in Luxemburg eine Zweigniederlassung errichten möchte, um die Tätigkeit auszuüben, für die sie eine Zulassung erhalten hat, muss den zuständigen Behörden ihres Herkunftsmitgliedstaates ihre Absicht gemäß den Bestimmungen von Artikel 17 der Richtlinie 2009/65/EG anzeigen.
Les autorités compétentes de l'État membre d'origine communiquent à la CSSF les informations visées à l'article 17 paragraphe 2 de la directive 2009/65/CE dans un délai de 2 mois à compter de leur réception.	Die zuständigen Behörden des Herkunftsmitgliedstaates übermitteln der CSSF die Angaben nach Artikel 17 Absatz 2 der Richtlinie 2009/65/EG innerhalb von zwei Monaten nach deren Erhalt.

Cette communication inclut, dans le cas où la société de gestion entend exercer l'activité de gestion collective, une attestation confirmant que ladite société a été agréée conformément aux dispositions de la directive 2009/65/CE, une description du champ d'application de l'agrément accordé à la société de gestion et des précisions relatives à toute restrictions éventuelles sur les types d'OPCVM que cette société est habilitée à gérer.	Diese Mitteilung umfasst, sofern die Verwaltungsgesellschaft die Aufgabe der gemeinsamen Anlageverwaltung auszuüben beabsichtigt, eine Bescheinigung, welche bestätigt, dass besagte Gesellschaft gemäß den Bestimmungen der Richtlinie 2009/65/EG zugelassen wurde, eine Beschreibung des Umfangs der Zulassung der Verwaltungsgesellschaft und Einzelheiten in Bezug auf Beschränkungen der Arten von OGAW, für deren Verwaltung die Verwaltungsgesellschaft eine Zulassung erhalten hat.
(2) La société de gestion devra se conformer à l'article 111 de la présente loi. Le contrôle du respect de cette disposition relève de la compétence de la CSSF.	(2) Die Verwaltungsgesellschaft muss sich an die Bestimmungen von Artikel 111 dieses Gesetzes halten. Die CSSF ist für die Beaufsichtigung der Einhaltung dieser Bestimmung zuständig.
(3) La CSSF dispose d'un délai de 2 mois à compter de la réception des informations visées à l'article 17 de la directive 2009/65/CE pour préparer la surveillance du respect par la société de gestion des règles relevant de sa compétence.	(3) Die CSSF verfügt über einen Zeitraum von zwei Monaten nach Eingang der in Artikel 17 der Richtlinie 2009/65/EG genannten Angaben zur Vorbereitung der Beaufsichtigung der Einhaltung der unter ihrer Zuständigkeit zu beachtenden Bestimmungen durch die Verwaltungsgesellschaft.
(4) Dès réception d'une communication de la CSSF ou en l'absence de communication de celle-ci, la succursale pourra être établie et commencer ses activités à l'échéance du délai prévu au paragraphe (3).	(4) Nach Eingang einer Mitteilung der CSSF oder – bei Nichtäußerung – kann die Zweigniederlassung nach Ablauf der in Absatz (3) genannten Frist errichtet werden und ihre Tätigkeit aufnehmen.
(5) En cas de modification de tout élément d'information communiqué conformément à l'article 17 paragraphe (2) de la directive 2009/65/CE, la société de gestion notifie, par écrit, cette modification aux autorités compétentes de son État membre d'origine et à la CSSF un mois au moins avant d'effectuer le changement, pour que les autorités compétentes de son État membre d'origine et la CSSF puissent prendre une décision sur cette modification conformément aux responsabilités qui leur incombent au titre de la directive 2009/65/CE respectivement de la présente loi.	(5) Im Falle einer Änderung des Inhalts der nach Artikel 17 Absatz (2) der Richtlinie 2009/65/EG übermittelten Angaben teilt die Verwaltungsgesellschaft den zuständigen Behörden ihres Herkunftsmitgliedstaats und der CSSF diese Änderung mindestens einen Monat vor deren Vornahme schriftlich mit, damit die zuständigen Behörden ihres Herkunftsmitgliedstaats und die CSSF gemäß den ihnen aufgrund der Richtlinie 2009/65/EG, bzw. dieses Gesetzes obliegenden Zuständigkeiten eine Entscheidung bezüglich dieser Änderung treffen können.
Art. 121. (1) Une société de gestion agréée dans un autre État membre qui désire exer-	**Art. 121.** (1) Jede in einem anderen Mitgliedstaat zugelassene Verwaltungsgesellschaft,

cer pour la première fois au Luxembourg au titre de la libre prestation de services les activités couvertes par son agrément le communique aux autorités compétentes de son État membre d'origine selon les modalités prévues à l'article 18 de la directive 2009/65/CE.	die die Tätigkeiten, für die sie eine Zulassung erhalten hat, erstmals in Luxemburg im Wege des freien Dienstleistungsverkehrs ausüben möchte, übermittelt den zuständigen Behörden ihres Herkunftsmitgliedstaates die in Artikel 18 der Richtlinie 2009/65/EG vorgesehenen Angaben.
(2) Les autorités compétentes de l'État membre d'origine de la société de gestion communiquent à la CSSF les informations visées à l'article susmentionné dans un délai d'un mois à compter de la réception de celles-ci. Celles-ci incluent, dans le cas où la société de gestion entend exercer l'activité de gestion collective, une attestation confirmant que ladite société a été agréée conformément aux dispositions de la directive 2009/65/CE, une description du champ d'application de l'agrément accordé à la société de gestion et des précisions relatives à toute restrictions éventuelles sur les types d'OPCVM que cette société est habilitée à gérer.	(2) Die zuständigen Behörden des Herkunftsmitgliedstaats der Verwaltungsgesellschaft bringen der CSSF die im vorstehenden Absatz genannten Angaben innerhalb eines Monats nach deren Eingang zur Kenntnis. Diese beinhalten, sofern die Verwaltungsgesellschaft die Aufgabe der gemeinsamen Anlageverwaltung auszuüben beabsichtigt, eine Bescheinigung darüber, dass die Verwaltungsgesellschaft eine Zulassung gemäß der Richtlinie 2009/65/EG erhalten hat, eine Beschreibung des Umfangs der Zulassung der Verwaltungsgesellschaft und Einzelheiten in Bezug auf Beschränkungen der Arten von OGAW, für deren Verwaltung diese Verwaltungsgesellschaft eine Zulassung erhalten hat.
(3) Nonobstant les dispositions des articles 20 et 93 de la directive 2009/65/CE, la société de gestion peut alors commencer ses activités au Luxembourg.	(3) Ungeachtet der Bestimmungen der Artikel 20 und 93 der Richtlinie 2009/65/EG kann die Verwaltungsgesellschaft daraufhin ihre Tätigkeit in Luxemburg aufnehmen.
(4) La société de gestion doit respecter les règles arrêtées à l'article 14 de la directive 2009/65/CE.	(4) Die Verwaltungsgesellschaft muss die von Artikel 14 der Richtlinie 2009/65/EG vorgeschriebenen Bestimmungen einhalten.
(5) En cas de modification de tout élément d'information communiqué conformément à l'article 18 paragraphe (1), point b, de la directive 2009/65/CE, la société de gestion notifie, par écrit, cette modification aux autorités compétentes de son État membre d'origine et à la CSSF avant d'effectuer le changement.	(5) Im Falle einer Änderung des Inhalts der nach Artikel 18 Absatz (1) Buchstabe b) der Richtlinie 2009/65/EG übermittelten Angaben teilt die Verwaltungsgesellschaft den zuständigen Behörden ihres Herkunftsmitgliedstaats und der CSSF diese Änderung vor deren Vornahme schriftlich mit.
Art. 122. (1) Une société de gestion exerçant au Luxembourg des activités de gestion collective de portefeuille sur une base transfrontalière, via la création d'une succursale ou dans le cadre de la libre prestation de	**Art. 122.** (1) Eine Verwaltungsgesellschaft, die durch die Errichtung einer Zweigniederlassung oder nach Maßgabe der Dienstleistungsfreiheit grenzüberschreitend die Aufgabe der gemeinsamen Anlageverwaltung

services, se conforme aux règles de son État d'origine en ce qui concerne son organisation, notamment les modalités de délégation, les procédures de gestion des risques, les règles prudentielles et la surveillance, les procédures visées à l'article 12 de la directive 2009/65/CE et les obligations de notification lui incombant.	in Luxemburg ausübt, unterliegt den Bestimmungen ihres Herkunftsstaates in Bezug auf ihre Organisation einschließlich der Übertragungsvereinbarungen, Risikomanagement-Verfahren, aufsichts- und überwachungsrechtlichen Bestimmungen, Verfahren nach Artikel 12 der Richtlinie 2009/65/EG und der ihr obliegenden Offenlegungspflicht.
(2) La société de gestion visée au paragraphe (1) se conforme aux règles en vigueur au Luxembourg en ce qui concerne la constitution et le fonctionnement de l'OPCVM, notamment les règles applicables:	(2) Die in Absatz (1) bezeichnete Verwaltungsgesellschaft unterliegt den Bestimmungen dieses Gesetzes in Bezug auf die Gründung und die Geschäftstätigkeit des OGAW, insbesondere den Bestimmungen, die für folgende Aspekte gelten:
a) à la constitution et à l'agrément des OPCVM;	a) die Errichtung und Zulassung der OGAW;
b) à l'émission et au remboursement de parts;	b) die Ausgabe und Rücknahme von Anteilen;
c) aux politiques et aux limites d'investissements, notamment le calcul du risque global et de l'effet de levier;	c) Anlagepolitik und Beschränkungen einschließlich der Berechnung des gesamten Kreditrisikos und der Verschuldung;
d) aux restrictions relatives aux emprunts, aux prêts et aux ventes à découvert;	d) Beschränkungen in Bezug auf Kreditaufnahme, Kreditgewährung und Leerverkäufe;
e) à l'évaluation des actifs et à la comptabilité des OPCVM;	e) die Bewertung der Vermögenswerte und die Rechnungsführung der OGAW;
f) au calcul du prix d'émission ou de remboursement, ainsi qu'aux erreurs dans le calcul de la valeur nette d'inventaire et l'indemnisation afférente des investisseurs;	f) die Berechnung des Ausgabepreises und/oder des Rücknahmepreises sowie für den Fall fehlerhafter Berechnungen des Nettoinventarwerts und für entsprechende Entschädigungen der Anleger;
g) à la distribution ou au réinvestissement des revenus;	g) die Ausschüttung oder Wiederanlage der Erträge;
h) aux obligations qui incombent aux OPCVM en matière de divulgation et de rapports, notamment en ce qui concerne les prospectus, les informations clés pour l'investisseur et les rapports périodiques;	h) die Offenlegungs- und Berichtspflicht der OGAW einschließlich der Prospekte, der wesentlichen Informationen für die Anleger und der regelmäßigen Berichte;
i) aux modalités prévues pour la commercialisation;	i) die Modalitäten der Vermarktung;
j) aux relations avec les porteurs de parts;	j) die Beziehung zu den Anteilinhabern;

k) à la fusion et à la restructuration des OPCVM;	k) Verschmelzung und Umstrukturierung der OGAW;
l) à la dissolution et à la liquidation des OPCVM;	l) die Auflösung und Liquidation der OGAW;
m) le cas échéant, au contenu du registre des porteurs de parts;	m) gegebenenfalls Inhalt des Verzeichnisses der Anteilinhaber;
n) aux frais d'agrément et de surveillance des OPCVM; et	n) die Gebühren für Zulassung und Aufsicht der OGAW; und
o) à l'exercice des droits de vote des porteurs de parts et des autres droits des porteurs de parts en relation avec les points a) à m).	o) Ausübung der Stimmrechte der Anteilinhaber und weiterer Rechte der Anteilinhaber im Zusammenhang mit den Buchstaben a) bis m).
(3) La société de gestion se conforme aux obligations prévues par le règlement de gestion ou les documents constitutifs, ainsi qu'aux exigences mentionnées dans le prospectus.	(3) Die Verwaltungsgesellschaft kommt den im Verwaltungsreglement oder in den Gründungsunterlagen vorgesehenen Verpflichtungen und den im Prospekt enthaltenen Anforderungen nach.
(4) La CSSF veille au respect des paragraphes (2) et (3).	(4) Die CSSF überwacht die Einhaltung der Absätze (2) und (3).
(5) La société de gestion décide et est responsable de l'adoption et de la mise en oeuvre de toutes les modalités et de toutes les décisions organisationnelles nécessaires pour assurer le respect des règles qui s'appliquent à la constitution et au fonctionnement de l'OPCVM ainsi que des obligations prévues par le règlement de gestion ou les documents constitutifs, ainsi que des exigences mentionnées dans le prospectus.	(5) Die Verwaltungsgesellschaft entscheidet über und ist verantwortlich für die Annahme und Umsetzung sämtlicher Vereinbarungen und organisatorischer Entscheidungen, die erforderlich sind, um die Einhaltung der Bestimmungen in Bezug auf die Gründung und die Arbeitsweise des OGAW und der im Verwaltungsreglement oder in den Gründungsunterlagen vorgesehenen Verpflichtungen sowie der im Prospekt enthaltenen Anforderungen zu gewährleisten.
Art. 123. (1) Nonobstant l'article 129, une société de gestion qui demande à gérer un OPCVM établi au Luxembourg fournit à la CSSF les documents suivants:	**Art. 123.** (1) Ungeachtet von Artikel 129 legt eine Verwaltungsgesellschaft, die die Verwaltung eines in Luxemburg niedergelassenen OGAW beabsichtigt, der CSSF folgende Unterlagen vor:
a) l'accord écrit conclu avec le dépositaire au sens des articles 17 et 33 de la présente loi; et	a) die schriftliche Vereinbarung mit der Verwahrstelle gemäß den Artikeln 17 und 33 dieses Gesetzes; und
b) des informations relatives aux modalités de délégation, en ce qui concerne les fonctions visées à l'annexe II de la présente loi en matière d'administration et de gestion des placements.	b) Angaben über Übertragungsvereinbarungen bezüglich der Aufgaben des Anlagenmanagement und der Verwaltung nach Anhang II dieses Gesetzes.

Lorsqu'une société de gestion gère déjà un autre OPCVM du même type au Luxembourg, une simple référence à la documentation déjà fournie est suffisante.	Verwaltet die Verwaltungsgesellschaft bereits OGAW der gleichen Art in Luxemburg, so reicht der Hinweis auf die bereits vorgelegten Unterlagen aus.
(2) La CSSF demande le cas échéant aux autorités compétentes de l'État membre d'origine de la société de gestion de fournir des éclaircissements et des informations concernant les documents mentionnés au paragraphe (1) du présent article, et de vérifier, en se fondant sur l'attestation visée aux articles 120(1) et 121(2) de la présente loi si le type d'OPCVM pour lequel l'autorisation est demandée entre ou non dans le champ d'application de l'agrément accordé à la société de gestion.	(2) Die CSSF kann von den zuständigen Behörden des Herkunftsmitgliedstaats der Verwaltungsgesellschaft Erläuterungen und Informationen über die Unterlagen nach Absatz (1) dieses Artikels sowie auf der Grundlage der in den Artikeln 120(1) und 121(2) dieses Gesetzes genannten Bescheinigung Auskünfte darüber anfordern, inwieweit die Art des OGAW, für den eine Zulassung beantragt wird, in den Geltungsbereich der Zulassung der Verwaltungsgesellschaft fällt.
(3) La CSSF ne peut rejeter la demande de la société de gestion que si:	(3) Die CSSF kann den Antrag der Verwaltungsgesellschaft nur dann ablehnen, wenn:
a) la société de gestion ne se conforme pas aux règles relevant de leur responsabilité conformément à l'article 122 de la présente loi;	a) die Verwaltungsgesellschaft den Bestimmungen nach Maßgabe der Zuständigkeit der CSSF gemäß Artikel 122 dieses Gesetzes nicht entspricht;
b) la société de gestion n'est pas autorisée par les autorités compétentes de son État membre d'origine à gérer le type d'OPCVM pour lequel une autorisation est demandée; ou	b) die Verwaltungsgesellschaft von den zuständigen Behörden ihres Herkunftsmitgliedstaats keine Zulassung zur Verwaltung der Art von OGAW erhalten hat, für die eine Zulassung beantragt wird, oder
c) la société de gestion n'a pas fourni les documents visés au paragraphe (1).	c) die Verwaltungsgesellschaft die Unterlagen nach Absatz 1 nicht eingereicht hat.
Avant de rejeter une demande, la CSSF consulte les autorités compétentes de l'État membre d'origine de la société de gestion.	Vor Ablehnung eines Antrags berät sich die CSSF mit den zuständigen Behörden des Herkunftsmitgliedstaats der Verwaltungsgesellschaft.
(4) Toute modification substantielle apportée ultérieurement aux documents visés au paragraphe (1) doit être notifiée par la société de gestion à la CSSF.	(4) Alle nachfolgenden sachlichen Änderungen an den Unterlagen nach Absatz (1) müssen der CSSF von der Verwaltungsgesellschaft mitgeteilt werden.
Art. 124. (1) La société de gestion ayant une succursale au Luxembourg doit fournir à la CSSF à des fins statistiques un rapport périodique sur les activités exercées sur son territoire.	**Art. 124.** (1) Verwaltungsgesellschaften mit einer Zweigniederlassung in Luxemburg müssen der CSSF zu statistischen Zwecken regelmäßig Bericht über ihre im Hoheitsgebiet Luxemburgs ausgeübten Tätigkeiten erstatten.

(2) La société de gestion qui exerce des activités au Luxembourg, via la création d'une succursale ou dans le cadre de la libre prestation de services, doit fournir à la CSSF les informations nécessaires aux fins de contrôler le respect par la société de gestion des règles qui s'appliquent à elle et dont le contrôle relève de la compétence de la CSSF.	(2) Verwaltungsgesellschaften, die in Luxemburg durch die Gründung einer Zweigniederlassung oder im Rahmen des freien Dienstleistungsverkehrs tätig sind, müssen der CSSF die Angaben liefern, die diese zur Überwachung der Einhaltung der für diese Verwaltungsgesellschaften maßgebenden Bestimmungen, für die die CSSF zuständig, benötigt.
La société de gestion veille à ce que les procédures et les modalités visées à l'article 15 de la directive 2009/65/CE permettent à la CSSF d'obtenir les informations visées au présent paragraphe directement auprès de la société de gestion.	Die Verwaltungsgesellschaften stellen sicher, dass die Verfahren und Vorkehrungen gemäß Artikel 15 der Richtlinie 2009/65/EG gewährleisten, dass die CSSF die in diesem Absatz genannten Informationen unmittelbar von der Verwaltungsgesellschaft erhält.
(3) Lorsque la CSSF constate qu'une société de gestion ayant une succursale ou fournissant des services au Luxembourg ne respecte pas l'une des règles relevant de sa responsabilité, elle exige que la société de gestion concernée mette fin à ce non-respect et en informe les autorités compétentes de l'État membre d'origine de la société de gestion.	(3) Stellt die CSSF fest, dass eine Verwaltungsgesellschaft, die eine Zweigniederlassung in Luxemburg hat oder dort Dienstleistungen erbringt, gegen eine der Bestimmungen unter ihrer Zuständigkeit verstößt, so fordert sie die betreffende Verwaltungsgesellschaft auf, den Verstoß zu beenden und unterrichtet die zuständigen Behörden des Herkunftsmitgliedstaats der Verwaltungsgesellschaft entsprechend.
(4) Si la société de gestion concernée refuse de fournir à la CSSF des informations relevant de sa responsabilité ou ne prend pas les dispositions nécessaires pour mettre fin au non-respect visé au paragraphe (3), la CSSF en informe les autorités compétentes de l' État membre d'origine de la société de gestion. Les autorités compétentes de l'État membre d'origine de la société de gestion prennent, dans les plus brefs délais, toutes les mesures appropriées pour que la société de gestion concernée fournisse les informations demandées par la CSSF conformément au paragraphe (2) ou mette fin au non-respect. La CSSF se verra communiquer la nature de ces mesures.	(4) Lehnt es die betreffende Verwaltungsgesellschaft ab, der CSSF die in ihre Zuständigkeit fallenden Informationen zukommen zu lassen oder unternimmt sie nicht die erforderlichen Schritte, um den Verstoß gemäß Absatz (3) zu beenden, so setzt die CSSF die zuständigen Behörden des Herkunftsmitgliedstaats der Verwaltungsgesellschaft davon in Kenntnis. Die zuständigen Behörden des Herkunftsmitgliedstaats der Verwaltungsgesellschaft treffen unverzüglich alle geeigneten Maßnahmen, um sicherzustellen, dass die betreffende Verwaltungsgesellschaft die von der CSSF gemäß Absatz (2) geforderten Informationen zur Verfügung stellt oder den Verstoß beendet. Die Art dieser Maßnahmen ist der CSSF mitzuteilen.
(5) Si, en dépit des mesures prises par les autorités compétentes de l'État membre d'origine de la société de gestion ou parce que ces mesures se révèlent inadéquates ou font défaut dans cet État membre, la société	(5) Weigert sich die Verwaltungsgesellschaft trotz der von den zuständigen Behörden ihres Herkunftsmitgliedstaats getroffenen Maßnahmen oder infolge unzureichender oder fehlender Maßnahmen des betreffen-

de gestion continue de refuser de fournir les informations demandées par la CSSF conformément au paragraphe (2) ou persiste à enfreindre les dispositions législatives ou réglementaires visées dans ce même paragraphe, en vigueur au Luxembourg, la CSSF, après en avoir informé les autorités compétentes de l'État membre d'origine de la société de gestion, prend les mesures appropriées, y compris au titre des articles 147 et 148 de la présente loi pour prévenir ou sanctionner de nouvelles irrégularités et, au besoin, empêcher cette société de gestion d'effectuer de nouvelles opérations au Luxembourg.	den Mitgliedstaats weiterhin, die von der CSSF gemäß Absatz (2) geforderten Informationen bereitzustellen, oder verstößt sie weiter gegen die in diesem Absatz genannten Rechts- und Verwaltungsvorschriften Luxemburgs, so ergreift die CSSF, nach Unterrichtung der zuständigen Behörden des Herkunftsmitgliedstaats der Verwaltungsgesellschaft, geeignete Maßnahmen einschließlich der Maßnahmen nach Artikel 147 und 148 dieses Gesetzes, um weitere Verstöße zu verhindern oder zu ahnden; soweit erforderlich, kann sie dieser Verwaltungsgesellschaft auch neue Geschäfte in Luxemburg untersagen.
Lorsque le service fourni est la gestion d'un OPCVM, la CSSF peut exiger de ladite société qu'elle cesse de gérer cet OPCVM.	Handelt es sich bei der erbrachten Dienstleistung um die Verwaltung eines OGAW, so kann die CSSF verlangen, dass die Verwaltungsgesellschaft die Verwaltung dieses OGAW einstellt.
Si la CSSF estime que l'autorité compétente de l'Etat membre d'origine de la société de gestion n'a pas agi de manière adéquate, elle peut en référer à l'Autorité européenne des marchés financiers.	Ist die CSSF der Ansicht, dass die zuständige Behörde des Herkunftsmitgliedsstaates der Verwaltungsgesellschaft nicht in angemessener Weise vorgeht, kann sie darüber an die Europäische Finanzmarktaufsichtsbehörde berichten.
(6) Toute mesure prise en application du paragraphe (4) ou (5) qui comporte des mesures ou des sanctions est dûment justifiée et communiquée à la société de gestion concernée. Toute mesure de ce type ouvre le droit à un recours juridictionnel au Luxembourg.	(6) Jede Maßnahme in Anwendung der Absätze (4) oder (5), die Maßnahmen oder Sanktionen beinhaltet, wird ordnungsgemäß begründet und der betreffenden Verwaltungsgesellschaft mitgeteilt. Gegen jede derartige Maßnahme kann in Luxemburg Klage erhoben werden.
(7) Avant d'appliquer la procédure prévue au paragraphe (3), (4) ou (5), la CSSF prend, en cas d'urgence, toute mesure de précaution nécessaire pour protéger les intérêts des investisseurs et des autres personnes auxquelles des services sont fournis. Elle en informe la Commission de l'Union européenne «l'Autorité européenne des marchés financiers et les autorités compétentes des autres États membres concernés dans les plus brefs délais.	(7) In dringenden Fällen kann die CSSF vor der Einleitung des in den Absätzen (3), (4) oder (5) vorgesehenen Verfahrens die Sicherungsmaßnahmen ergreifen, die zum Schutz der Interessen der Anleger oder sonstiger Personen, für die Dienstleistungen erbracht werden, notwendig sind. Sie wird die Europäische Kommission, die Europäische Finanzmarktaufsichtsbehörde und die zuständigen Behörden der anderen betroffenen Mitgliedstaaten über solche Maßnahmen in kürzester Zeit unterrichten.
La CSSF pourra être amenée à modifier ou abroger ces mesures suite à une décision de	Auf Basis einer Entscheidung der Europäischen Kommission, die diese nach Anhö-

la Commission de l'Union européenne prises après avoir consulté les autorités compétentes des États membres concernés.	rung der zuständigen Behörden der betroffenen Mitgliedstaaten beschließt, könnte die CSSF dazu gezwungen sein die Maßnahmen zu ändern oder aufzuheben.
(8) La CSSF est consultée par les autorités compétentes de l'État membre d'origine de la société de gestion avant tout retrait de l'agrément délivré à la société de gestion. Dans de tels cas, la CSSF prend les mesures appropriées pour sauvegarder les intérêts des investisseurs. Ces mesures peuvent comprendre des décisions empêchant la société de gestion concernée d'effectuer de nouvelles transactions au Luxembourg.	(8) Die zuständigen Behörden des Herkunftsmitgliedstaats der Verwaltungsgesellschaft konsultieren die CSSF, bevor sie der Verwaltungsgesellschaft die Zulassung entziehen. In solchen Fällen trifft die CSSF geeignete Maßnahmen zur Wahrung der Interessen der Anleger. Diese Maßnahmen können Entscheidungen beinhalten, mit denen verhindert wird, dass die betreffende Verwaltungsgesellschaft neue Geschäfte in Luxemburg tätigt.
Chapitre 16. – Des autres sociétés de gestion	**Kapitel 16. – Andere Verwaltungsgesellschaften**
Art. 125-1. (1) L'accès à l'activité d'une société de gestion au sens du présent chapitre est subordonné à un agrément préalable délivré par la CSSF.	**Art. 125-1.** (1) Für den Zugang zur Tätigkeit einer Verwaltungsgesellschaft im Sinne dieses Kapitels ist die vorherige Zulassung durch die CSSF erforderlich.
La société de gestion doit être constituée sous forme de société anonyme, de société à responsabilité limitée, de société coopérative, de société coopérative organisée comme une société anonyme ou de société en commandite par actions. Son capital doit être représenté par des titres nominatifs. « Les dispositions de la loi modifiée du 10 août 1915 concernant les sociétés commerciales sont applicables aux sociétés de gestion relevant du présent chapitre, pour autant qu'il n'y soit pas dérogé par la présente loi.	Eine Verwaltungsgesellschaft muss in der Form einer Aktiengesellschaft, einer Gesellschaft mit beschränkter Haftung, einer Genossenschaft, einer Genossenschaft, die wie eine Aktiengesellschaft organisiert ist oder in der Form einer Kommanditgesellschaft auf Aktien gegründet werden. Das Kapital dieser Gesellschaft wird durch Namensaktien oder Namensanteile vertreten. Die Bestimmungen des geänderten Gesetzes vom 10. August 1915 über Handelsgesellschaften sind auf die Verwaltungsgesellschaft unter diesem Kapitel anwendbar, sofern davon nicht durch dieses Gesetz abgewichen wird.
Les sociétés de gestion agréées sont inscrites par la CSSF sur une liste. Cette inscription vaut agrément et est notifiée par la CSSF à la société de gestion concernée. Les demandes d'inscription doivent être introduites auprès de la CSSF avant la constitution de la société de gestion. La constitution de la société de gestion ne peut être effectuée qu'après notification de l'agrément par	Zugelassene Verwaltungsgesellschaften werden von der CSSF in eine Liste eingetragen. Diese Eintragung gilt als Zulassung und wird der betreffenden Verwaltungsgesellschaft von der CSSF mitgeteilt. Anträge auf Eintragung müssen vor der Gründung der Verwaltungsgesellschaft bei der CSSF eingereicht werden. Die Gründung der Verwaltungsgesellschaft kann erst nach Mittei-

la CSSF. Cette liste ainsi que les modifications qui y sont apportées sont publiées au Mémorial par les soins de la CSSF.	lung der Zulassung durch die CSSF erfolgen. Diese Liste und jede Änderung dieser Liste werden auf Veranlassung der CSSF im Mémorial veröffentlicht.
Sans préjudice de l'application de l'article 125-2 de la présente loi, les sociétés de gestion agréées au titre du présent article ne peuvent avoir d'autres activités que celles qui sont visées ci-après:	Unbeschadet der Anwendung von Artikel 125-2 dieses Gesetzes, können die im Rahmen dieses Artikels zugelassenen Verwaltungsgesellschaften keine anderen Tätigkeiten als die nachfolgend genannten ausüben:
a) assurer la gestion pour des véhicules d'investissement autres que des FIA au sens de la directive 2011/61/UE;	a) Sicherstellung der Verwaltung von anderen Investmentvehikeln als AIF im Sinne der Richtlinie 2011/61/EU.
b) assurer la fonction de société de gestion au sens de l'article 89, paragraphe (2), de la présente loi, pour un ou plusieurs fonds communs de placement qui se qualifient comme des FIA au sens de la directive 2011/61/UE ou pour une ou plusieurs sociétés d'investissement à capital variable ou sociétés d'investissement à capital fixe qui se qualifient comme des FIA au sens de la directive 2011/61/UE. Dans ce cas, la société de gestion devra désigner, pour le compte du ou des fonds communs de placement et /ou du ou des sociétés d'investissement à capital variable ou sociétés d'investissement à capital fixe concernés, un gestionnaire externe conformément à l'article 88-2, paragraphe (2), point a), de la présente loi;	b) Sicherstellung der Funktion als Verwaltungsgesellschaft nach Artikel 89 Absatz 2 dieses Gesetzes für eines oder mehrere Sondervermögen, die als AIF im Sinne der Richtlinie 2011/61/EU qualifizieren, oder für eine oder mehrere Investmentgesellschaft(en) mit variablem Kapital oder Investmentgesellschaft(en) mit fixem Kapital, die als AIF gemäß der Richtlinie 2011/61/EU qualifizieren. In diesem Fall sollte die Verwaltungsgesellschaft für Rechnung des oder der Sondervermögen und/oder der Investmentgesellschaft(en) mit variablem Kapital oder Investmentgesellschaft(en) mit fixem Kapital einen externen Verwalter gemäß Artikel 88-2 Absatz 2 Buchstabe a) dieses Gesetztes benennen.
c) assurer la gestion pour un ou plusieurs FIA, lorsque les actifs gérés ne dépassent pas un des seuils prévus à l'article 3, paragraphe (2), de la loi du 12 juillet 2013 relative aux gestionnaires de fonds d'investissement alternatifs. Dans ce cas, les sociétés de gestion concernées devront:	c) Sicherstellung der Verwaltungsgesellschaftsfunktion für einen oder mehrere AIF, die kein OGA gemäß Teil II dieses Gesetzes sind, wenn die verwalteten Vermögenswerte nicht eine der in Artikel 3 Absatz 2 des Gesetzes vom 12. Juli 2013 über Verwalter alternativer Investmentfonds genannten Schwellen überschreiten. In diesem Fall müssen die betroffenen Verwaltungsgesellschaften:
– identifier les FIA qu'elles gèrent auprès de la CSSF;	– die AIF, die sie verwalten, gegenüber der CSSF identifizieren;
– fournir à la CSSF des informations sur les stratégies d'investissement des FIA qu'elles gèrent;	– der CSSF Informationen zur Anlagestrategie der verwalteten AIF liefern;

– communiquer régulièrement à la CSSF des informations sur les principaux instruments qu'elles négocient et sur les expositions principales et les concentrations les plus importantes des FIA qu'elles gèrent de manière à permettre à la CSSF de suivre efficacement le risque systémique.	– der CSSF regelmäßig Informationen über die Hauptinstrumente, die sie handeln und die Hauptrisiken und die wichtigsten Konzentrationen der verwalteten AIF mitteilen, um der CSSF eine effektive Überwachung der Systemrisiken zu ermöglichen.
Lorsque les conditions de seuil énoncées ci-avant ne sont plus remplies et que la société de gestion n'a pas désigné de gestionnaire externe au sens de l'article 88-2, paragraphe (2), point a) de la présente loi, ou lorsque la société de gestion a choisi de se soumettre à la loi du 12 juillet 2013 relative aux gestionnaires de fonds d'investissement alternatifs, la société de gestion concernée doit solliciter dans un délai de trente jours civils un agrément auprès de la CSSF conformément aux procédures prévues au titre du chapitre 2 de la loi du 12 juillet 2013 relative aux gestionnaires de fonds d'investissement alternatifs.	Wenn die zuvor aufgeführten Schwellenwerte nicht mehr eingehalten werden oder wenn die Verwaltungsgesellschaft keinen externen Verwalter im Sinne von Artikel 88-2 Absatz 2 Buchstabe a) dieses Gesetzes benannt hat oder wenn die Verwaltungsgesellschaft entschieden hat, sich dem Gesetz vom 12. Juli 2013 über Verwalter alternativer Investmentfonds zu unterwerfen, muss die betreffende Verwaltungsgesellschaft innerhalb von dreißig (30) Kalendertagen bei der CSSF eine Zulassung gemäß den Verfahren des Kapitels 2 des Gesetzes vom 12. Juli 2013 über Verwalter alternativer Investmentfonds beantragen.
Les sociétés de gestion ne peuvent en aucun cas être autorisées en vertu du présent article à exercer exclusivement les activités visées au point a) sans fournir également les services visés aux points b) ou c), à moins que les véhicules d'investissement autres que des FIA au sens de la directive 2011/61/UE ne soient réglementés par des lois sectorielles spécifiques les concernant.	Die Verwaltungsgesellschaften können nach diesem Artikel in keinem Fall berechtigt sein, ausschließlich die Tätigkeiten wie in Buchstabe a) vorgesehen, auszuüben, ohne auch die in den Buchstaben b) oder c) genannten Dienstleistungen zu erbringen, es sei denn, andere Investmentvehikel als AIF gemäß der Richtlinie 2011/61/EU sind durch sie betreffende sektorielle Spezialgesetze geregelt.
L'administration des propres actifs des sociétés de gestion ne doit avoir qu'un caractère accessoire.	Die Verwaltung der eigenen Vermögenswerte der Verwaltungsgesellschaften kann nur eine Nebenaufgabe sein.
Son administration centrale et son siège statutaire doivent être situés au Luxembourg.	Ihre Hauptverwaltung und ihr satzungsmäßiger Sitz müssen sich in Luxemburg befinden.
Les sociétés de gestion tombant dans le champ d'application du présent article exerçant les activités visées aux points a) ou c) du quatrième alinéa du présent article sont autorisées à déléguer à des tiers, en vue de mener leurs activités de manière plus efficace, l'exercice, pour leur propre	Verwaltungsgesellschaften gemäß diesem Artikel, die die in den Buchstaben b) oder c) des 4. Unterabsatzes dieses Artikels genannten Tätigkeiten ausüben, sind berechtigt, die Ausübung einer oder mehrerer Aufgaben auf Dritte, die diese für sie wahrnehmen, zu übertragen, um ihre Aufgaben effi-

compte, d'une ou plusieurs de leurs fonctions. Dans ce cas, les conditions préalables suivantes doivent être remplies:	zienter gestalten zu können. In diesem Fall müssen folgende Bedingungen vorab erfüllt sein:
a) la CSSF doit être informée de manière adéquate;	a) die CSSF ist in geeigneter Form zu informieren,
b) le mandat ne doit pas entraver le bon exercice de la surveillance dont la société de gestion fait l'objet; en particulier, il ne doit ni empêcher la société de gestion d'agir, ni empêcher l'OPC d'être géré, au mieux des intérêts des investisseurs;	b) der Auftrag darf die Wirksamkeit der Beaufsichtigung der Verwaltungsgesellschaft in keiner Weise beeinträchtigen; insbesondere darf er weder die Verwaltungsgesellschaft daran hindern, im besten Interesse der Anleger zu handeln, noch verhindern, dass der OGA im besten Interesse der Anleger verwaltet wird;
c) lorsque la délégation se rapporte à la gestion d'investissements, le mandat ne peut être donné qu'aux entreprises agréées ou immatriculées aux fins de la gestion de portefeuille et soumises à une surveillance prudentielle; lorsque le mandat est donné à une entreprise d'un pays tiers soumise à une surveillance prudentielle, la coopération entre la CSSF et l'autorité de surveillance de ce pays doit être assurée;	c) wenn die Übertragung die Anlageverwaltung betrifft, darf der Auftrag nur Unternehmen erteilt werden, die für die Zwecke der Vermögensverwaltung zugelassen oder eingetragen sind, zum Zwecke der Portfolioverwaltung gegeben werden, die einer ordnungsgemäßen Aufsicht unterliegen, wenn das Mandat an ein Unternehmen in einem Drittland gegeben wurde, welches einer ordnungsgemäßen Aufsicht unterliegt, muss die Kooperation zwischen der CSSF und der Aufsichtsbehörde des Drittlands gesichert sein;
d) lorsque les conditions du point c) ne sont pas remplies, la délégation ne pourra devenir effective que moyennant approbation préalable de la CSSF; et	d) wenn die Voraussetzungen von Buchstabe c) nicht erfüllt sind kann die Übertragung nur durch vorherige Genehmigung der CSSF wirksam werden; und
e) aucun mandat se rapportant à la fonction principale de gestion des investissements n'est donné au dépositaire.	e) der Verwahrstelle darf kein Auftrag für die Hauptdienstleistung der Anlageverwaltung erteilt werden.
Les sociétés de gestion tombant dans le champ d'application du présent article exerçant des activités visées au point b) du quatrième alinéa du présent article sont autorisées à déléguer à des tiers, en vue de mener leurs activités de manière plus efficace, l'exercice, pour leur propre compte, d'une ou de plusieurs de leurs fonctions d'administration et de commercialisation, dans la mesure où le gestionnaire externe désigné par la société de gestion concernée	Verwaltungsgesellschaften, die in den Anwendungsbereich dieses Artikel fallen, die die in Buchstabe b) des 4. Unterabsatzes dieses Artikels genannten Aufgaben ausüben, sind berechtigt, die Ausübung einer oder mehrerer ihrer Vertriebs- und Verwaltungsaufgaben auf Dritte, die diese für sie wahrnehmen, zu übertragen, um ihre Aufgaben effizienter gestalten zu können und zwar insofern, als der durch die Verwaltungsgesellschaft benannte externe Verwal-

n'exerce pas lui-même les fonctions en question. Dans ce cas, les conditions préalables suivantes doivent être remplies:	ter diese Aufgaben nicht selbst ausübt. In diesem Fall müssen folgende Bedingungen vorab erfüllt sein:
a) la CSSF doit être informée de manière adéquate;	a) die CSSF ist in geeigneter Form zu informieren;
b) le mandat ne doit pas entraver le bon exercice de la surveillance dont la société de gestion fait l'objet; en particulier, il ne doit ni empêcher la société de gestion d'agir, ni empêcher le fonds commun de placement, la société d'investissement à capital variable ou la société d'investissement à capital fixe d'être géré, au mieux des intérêts des investisseurs.	b) der Auftrag darf die Wirksamkeit der Beaufsichtigung der Verwaltungsgesellschaft in keiner Weise beeinträchtigen; insbesondere darf er weder die Verwaltungsgesellschaft noch das Sondervermögen, die Investmentgesellschaft mit variablem Kapital oder die Investmentgesellschaft mit fixem Kapital daran hindern, im besten Interesse der Anleger zu handeln, noch verhindern, dass er im besten Interesse der Anleger verwaltet wird.
(2) La CSSF n'accorde l'agrément à la société qu'aux conditions suivantes:	(2) Die CSSF erteilt der Gesellschaft nur unter folgenden Bedingungen eine Zulassung:
a) elle doit disposer de moyens financiers suffisants pour lui permettre d'exercer de manière effective son activité et de faire face à ses responsabilités; elle doit notamment disposer d'un capital social libéré minimal d'une valeur de cent vingt-cinq mille euros (125.000 euros); un règlement CSSF pourra fixer ce minimum à une valeur supérieure sans toutefois pouvoir dépasser la valeur de six cent vingt-cinq mille euros (625.000 euros);	a) sie muss über ausreichende finanzielle Mittel verfügen, um in effizienter Weise ihre Geschäftstätigkeit ausüben zu können und um ihre Verpflichtungen wahrnehmen zu können; insbesondere muss sie ein voll eingezahltes Gesellschaftskapital von mindestens einhundertfünfundzwanzigtausend Euro (125.000 EUR) vorweisen; in einer Verordnung der CSSF kann ein höherer Mindestbetrag festgelegt werden, der jedoch sechshundertfünfundzwanzigtausend Euro (625.000 EUR) nicht übersteigen darf;
b) les fonds visés au paragraphe (2) a) sont à maintenir à la disposition permanente de la société de gestion et à investir dans son intérêt propre;	b) die in Absatz (2) a) genannten Gelder müssen der Verwaltungsgesellschaft jederzeit zur Verfügung stehen und im eigenen Interesse angelegt werden;
c) les dirigeants de la société de gestion au sens de l'article 129(5) doivent justifier de leur honorabilité et de leur expérience professionnelles requises pour l'accomplissement de leurs fonctions;	c) die Geschäftsleiter der Verwaltungsgesellschaft im Sinne von Artikel 129 Absatz (5) müssen nachweisen, dass sie entsprechend gut beleumdet sind und über die entsprechende Berufserfahrung zur Erfüllung ihrer Aufgaben verfügen;

d) l'identité des actionnaires ou associés de référence de la société de gestion doit être communiquée à la CSSF;	d) die Namen der wesentlich beteiligten Aktionäre bzw. Gesellschafter der Verwaltungsgesellschaft sind der CSSF mitzuteilen;
e) la demande d'agrément doit décrire la structure de l'organisation de la société de gestion.	e) der Antrag auf Zulassung muss eine Beschreibung des organisatorischen Aufbaus der Verwaltungsgesellschaft enthalten.
(3) Le demandeur est informé, dans les six mois à compter de la présentation d'une demande complète, que l'agrément est octroyé ou refusé. Le refus d'agrément est motivé.	(3) Dem Antragsteller ist binnen sechs (6) Monaten nach Einreichung eines vollständigen Antrags mitzuteilen, ob eine Zulassung erteilt wird oder nicht. Jede Ablehnung eines Antrags ist zu begründen.
(4) Dès que l'agrément est accordé, la société de gestion peut commencer son activité.	(4) Nach Erteilung der Zulassung kann die Verwaltungsgesellschaft ihre Tätigkeit sofort aufnehmen.
L'octroi de l'agrément implique pour les membres des organes d'administration, de gestion et de surveillance de la société de gestion l'obligation de notifier à la CSSF spontanément par écrit et sous une forme complète, cohérente et compréhensible tout changement concernant les informations substantielles sur lesquelles la CSSF s'est fondée pour instruire la demande d'agrément.	Die Zulassung beinhaltet für die Mitglieder der Verwaltungs-, Geschäftsführungs- und Aufsichtsorgane der Verwaltungsgesellschaft, die Verpflichtung, der CSSF unverzüglich jede Änderung solcher wesentlichen Informationen, auf welche die CSSF sich bei der Prüfung des Zulassungsantrages gestützt hat, in vollständiger, schlüssiger und verständlicher Weise, schriftlich mitzuteilen.
(5) La CSSF ne peut retirer l'agrément à une société de gestion relevant du présent chapitre que lorsque celle-ci:	(5) Die CSSF darf einer unter dieses Kapitel fallenden Verwaltungsgesellschaft die Zulassung nur entziehen, wenn die betreffende Verwaltungsgesellschaft:
a) ne fait pas usage de l'agrément dans un délai de douze mois, y renonce expressément ou a cessé d'exercer l'activité couverte par le présent chapitre depuis plus de six mois;	a) von der Zulassung nicht binnen zwölf (12) Monaten Gebrauch macht, ausdrücklich auf sie verzichtet oder seit mehr als sechs (6) Monaten die in diesem Kapitel genannten Tätigkeiten nicht mehr ausübt;
b) a obtenu l'agrément au moyen de fausses déclarations ou par tout autre moyen irrégulier;	b) die Zulassung aufgrund falscher Erklärungen oder auf sonstige rechtswidrige Weise erhalten hat;
c) ne remplit plus les conditions d'octroi de l'agrément;	c) die Voraussetzungen, auf denen die Zulassung beruhte, nicht mehr erfüllt;
d) a enfreint de manière grave et/ou systématique les dispositions adoptées en application de la présente loi; ou	d) in schwerwiegender Weise und/oder systematisch gegen die gemäß diesem Gesetz erlassenen Bestimmungen verstoßen hat; oder

e) relève d'un des autres cas de retrait prévus par la présente loi.	e) ein anderer, in diesem Gesetz vorgesehener Grund für den Entzug vorliegt.
(6) La société de gestion ne peut pas utiliser pour ses besoins propres les actifs des OPC qu'elle gère.	(6) Die Verwaltungsgesellschaft darf die Vermögenswerte der von ihr verwalteten OGA nicht für eigene Zwecke verwenden.
(7) Les avoirs des OPC gérés ne font pas partie de la masse en cas de faillite de la société de gestion. Ils ne peuvent être saisis par les créanciers propres à la société de gestion.	(7) Im Falle einer Insolvenz der Verwaltungsgesellschaft fallen die von ihr verwalteten Vermögenswerte der OGA nicht in die Insolvenzmasse. Sie können nicht von den Gläubigern der Verwaltungsgesellschaft vollstreckt werden.
Art. 125-2. (1) Les sociétés de gestion agréées au titre du présent article qui, en tant que société de gestion désignée, gèrent un ou plusieurs FIA au sens de la directive 2011/61/UE, sans avoir désigné de gestionnaire externe au sens de l'article 88-2, paragraphe (2), point a) de la présente loi, doivent en outre, lorsque les actifs gérés à ce titre dépassent un des seuils prévus à l'article 3, paragraphe (2), de la loi du 12 juillet 2013 relative aux gestionnaires de fonds d'investissement alternatifs, obtenir un agrément préalable de la CSSF en tant que gestionnaire de FIA au titre du chapitre 2 de la loi du 12 juillet 2013 relative aux gestionnaires de fonds d'investissement alternatifs.	**Art. 125-2.** (1) Verwaltungsgesellschaften, die nach diesem Artikel zugelassen sind, die als ernannte Verwaltungsgesellschaft einen oder mehrere AIF im Sinne der Richtlinie 2011/61/EU verwalten, ohne einen externen Verwalter im Sinne von Artikel 88-2 Absatz 2 Buchstabe a) benannt zu haben, müssen zudem, wenn die so verwalteten Vermögenswerte einen der in Artikel 3 Absatz 2 des Gesetzes vom 12. Juli 2013 über Verwalter alternativer Investmentfonds vorgesehenen Schwellenwerte überschreiten, eine vorherige Genehmigung als Verwalter von AIF nach Kapitel 2 des Gesetzes vom 12. Juli 2013 über Verwalter alternativer Investmentfonds von der CSSF erhalten.
(2) Les sociétés de gestion visées au présent article ne peuvent avoir d'autres activités que celles qui sont mentionnées à l'annexe I de la loi du 12 juillet 2013 relative aux gestionnaires de fonds d'investissement alternatifs ainsi que les activités accessoires visées à l'article 5, paragraphe (4) de cette loi.	(2) Die in diesem Artikel genannten Investmentgesellschaften können keine anderen Tätigkeiten ausüben, als die in Anhang I des Gesetzes vom 12. Juli 2013 über Verwalter alternativer Investmentfonds genannten sowie Nebendienstleistungen, wie in Artikel 5 Absatz 4 dieses Gesetzes genannt.
(3) En ce qui concerne les FIA qu'elles gèrent au titre du présent article, les sociétés de gestion, en tant que société de gestion désignée, sont soumises à l'ensemble des règles prévues par la loi du 12 juillet 2013 relative aux gestionnaires de fonds d'investissement alternatifs, dans la mesure où ces règles leur sont applicables.	(3) Verwaltungsgesellschaften, die als Verwaltungsgesellschaft benannt sind und AIF im Rahmen dieses Artikels verwalten, sind der Gesamtheit der Regelungen nach dem Gesetz vom 12. Juli 2013 über Verwalter alternativer Investmentfonds unterworfen, soweit diese Regelungen auf sie anwendbar sind.

Art. 126. (1) L'article 104 est applicable aux sociétés de gestion tombant dans le champ d'application du présent chapitre.	**Art. 126.** (1) Artikel 104 findet auf die Verwaltungsgesellschaften, die in den Geltungsbereich dieses Kapitels fallen Anwendung.
(2) En cas de liquidation non judiciaire d'une société de gestion, le ou les liquidateurs doivent être agréés par la CSSF. Le ou les liquidateurs doivent présenter toutes les garanties d'honorabilité et de qualification professionnelles.	(2) Im Falle einer nicht gerichtlich veranlassten Liquidation einer Verwaltungsgesellschaft, müssen der oder die Liquidator(en) zuvor von der CSSF zugelassen werden. Der oder die Liquidator(en) müssen in vollem Umfang den erforderlichen Leumund sowie die erforderliche berufliche Qualifikation nachweisen.
Art. 126-1. (1) Le tribunal d'arrondissement siégeant en matière commerciale prononce sur la demande du procureur d'État, agissant d'office ou à la requête de la CSSF, la dissolution et la liquidation des sociétés de gestion, dont les inscriptions sur (i) la liste prévue à l'article 125, paragraphe (1) de la présente loi et, le cas échéant, (ii) la liste prévue à l'article 7, paragraphe (1) de la loi du 12 juillet 2013 relative aux gestionnaires de fonds d'investissement alternatifs auront été définitivement refusées ou retirées.	**Art. 126-1.** (1) Das Bezirksgericht in der Zusammensetzung als Kammer für Handelssachen entscheidet über den Antrag des Staatsanwalts, der von Amts wegen oder auf Antrag der CSSF tätig wird, auf Auslösung und Liquidation der Verwaltungsgesellschaften, deren Einschreibung auf (i) der in Artikel 125 Absatz 1 dieses Gesetzes genannten Liste und ggfs. (ii) der in Artikel 7 Absatz 1 des Gesetzes vom 12. Juli 2013 über Verwalter alternativer Investmentfonds genannten Liste endgültig abgelehnt oder entzogen wurde.
(2) La décision de la CSSF portant retrait des listes mentionnées dans le paragraphe (1) du présent article entraîne de plein droit, à partir de sa notification à la société de gestion concernée, jusqu'au jour où la décision sera devenue définitive, le sursis à tout paiement par cette société de gestion et l'interdiction sous peine de nullité de procéder à tous actes autres que conservatoires, sauf autorisation de la CSSF.	(2) Die Entscheidung der CSSF über die Rücknahme der beiden in Absatz 1 dieses Artikels aufgeführten Listen hat von Rechts wegen mit der Mitteilung an die betroffene Verwaltungsgesellschaft und zu dessen Lasten bis zu dem Zeitpunkt, zu welchem die Entscheidung rechtskräftig wird, die Aussetzung aller Zahlungen durch die Verwaltungsgesellschaft und die Untersagung sämtlicher Handlungen, die nicht lediglich Erhaltungsmaßnahmen darstellen und von der CSSF genehmigt werden, zur Folge, wobei entgegenstehende Handlungen nichtig sind.

Chapitre 17. – Des sociétés de gestion autres que celles agréées par les autorités compétentes d'un autre État membre conformément à la directive 2009/65/CE, d'origine communautaire ou non communautaire	Kapitel 17. – Andere Verwaltungsgesellschaften als die von den zuständigen Behörden eines anderen Mitgliedstaates gemäß der Richtlinie 2009/65/EG zugelassene Gesellschaften, unabhängig davon, ob sie aus der Gemeinschaft stammen oder nicht
Art. 127. (1) Les sociétés de gestion autres que celles agréées par les autorités compétentes d'un autre État membre conformément à la directive 2009/65/CE, d'origine communautaire ou non communautaire, qui désirent établir une succursale au Luxembourg, sont soumises aux mêmes règles d'agrément que les sociétés de gestion relevant du chapitre 16 de la présente loi.	**Art. 127.** (1) Andere Verwaltungsgesellschaften als die von den zuständigen Behörden eines anderen Mitgliedstaates gemäß der Richtlinie 2009/65/EG zugelassene Gesellschaften, unabhängig davon, ob sie aus der Gemeinschaft stammen oder nicht, die in Luxemburg eine Zweigniederlassung errichten möchten, unterliegen den gleichen Bestimmungen bezüglich der Zulassung wie die Verwaltungsgesellschaften im Sinne von Kapitel 16 dieses Gesetzes.
(2) Aux fins de l'application du paragraphe précédent, le respect des conditions requises pour l'agrément est apprécié dans le chef de l'établissement étranger.	(2) Für die Zwecke der Anwendung des vorstehenden Absatzes wird geprüft, ob das ausländische Unternehmen die für die Zulassung erforderlichen Bedingungen erfüllt.
(3) L'agrément pour une activité de société de gestion d'OPC ne peut être accordé qu'à des succursales de sociétés de droit étranger, si ces sociétés sont dotées de fonds propres distincts du patrimoine de leurs associés. La succursale doit en outre avoir à sa disposition permanente un capital de dotation ou des assises financières équivalentes à celles exigées de la part d'une société de gestion de droit luxembourgeois relevant du chapitre 16 de la présente loi.	(3) Die Zulassung zur Tätigkeit einer Verwaltungsgesellschaft von OGA kann Zweigniederlassungen von Gesellschaften ausländischen Rechts nur erteilt werden, wenn diese mit Eigenmitteln ausgestattet sind, die vom Vermögen ihrer Gesellschafter getrennt sind. Die Zweigniederlassung muss ferner über ein dauerhaftes Dotationskapital verfügen oder mit einer finanziellen Ausstattung versehen sein, die derjenigen entspricht, die von einer Verwaltungsgesellschaft luxemburgischen Rechts gemäß Kapitel 16 dieses Gesetzes gefordert wird.
(4) L'exigence de l'honorabilité et de l'expérience professionnelles est étendue aux responsables de la succursale. Celle-ci doit en outre, au lieu de la condition relative à l'administration centrale, justifier d'une infrastructure administrative adéquate au Luxembourg.	(4) Die Anforderung bezüglich eines guten Leumunds und der beruflichen Erfahrung erstreckt sich auch auf die Verantwortlichen der Zweigniederlassung. Diese muss zudem, anstelle der Voraussetzung hinsichtlich der Hauptverwaltung, eine angemessene Verwaltungsstruktur in Luxemburg nachweisen.

Chapitre 18. – De l'exercice de l'activité de société de gestion par des banques multilatérales de développement	**Kapitel 18. – Die Ausübung der Tätigkeit einer Verwaltungsgesellschaft durch multilaterale Entwicklungsbanken**
Art. 128. Les banques multilatérales de développement figurant sur la liste à l'annexe VI, point 20, de la directive 2006/48/CE telle que modifiée et qui sont habilitées de par leur statut à prester l'activité de gestion collective de portefeuille, sont autorisées à exercer l'activité de gestion d'OPC au titre de l'article 125-1 de la présente loi.	**Art. 128.** Multilaterale Entwicklungsbanken, die auf der Liste in Anhang VI, Ziffer 20 der geänderten Richtlinie 2006/48/EG aufgeführt werden, und die aufgrund ihres Statuts befugt sind, die Tätigkeit der gemeinsamen Anlageverwaltung auszuüben, sind berechtigt, die Tätigkeit der Verwaltung von OGA im Sinne von Art. 125-1 dieses Gesetzes auszuüben.
Les institutions visées à l'alinéa précédent sont tenues de fournir à la CSSF, en ce qui concerne les OPC qui tombent sous sa surveillance, les informations requises par la CSSF aux fins de la surveillance prudentielle du ou des OPC gérés.	Die in vorstehendem Absatz genannten Einrichtungen sind verpflichtet der CSSF für die unter deren Aufsicht fallenden OGA alle erforderlichen Informationen zu liefern, damit die CSSF ihren ordnungsgemäßen Überwachungs- und Aufsichtspflichten in Bezug auf den oder die verwalteten OGA nachkommen kann.
Dans le cas d'OPC gérés par une des institutions visées au 1er alinéa, qui revêtent la forme d'un fonds commun de placement, les dispositions du présent article ne s'appliquent que pour autant que le règlement de gestion des OPC concernés est soumis à la loi luxembourgeoise.	Verwalten die im ersten Unterabsatz genannten Einrichtungen OGA, die in Form von Sondervermögen errichtet wurden, gelten die Bestimmungen dieses Artikels nur insoweit als das Verwaltungsreglement der betroffenen OGA luxemburgischem Recht unterliegt.
Partie V: Dispositions generales applicables aux OPCVM et aux autres OPC	**Teil V: Allgemeine auf OWAG und andere OGA anwendbare Bestimmungen**
Chapitre 19. – Agrément	**Kapitel 19. – Zulassung**
Art. 129. (1) Les OPC relevant des articles 2, 87 et de l'article 100, paragraphe (1) doivent, pour exercer leurs activités au Luxembourg, être agréés préalablement par la CSSF conformément à la présente loi.	**Art. 129.** (1) OGA nach den Artikeln 2, 87 und 100 Absatz (1) bedürfen zur Ausübung ihrer Geschäftstätigkeit in Luxemburg der vorherigen Zulassung durch die CSSF gemäß diesem Gesetz.
Un OPCVM relevant de l'article 2 juridiquement empêché de commercialiser ses parts au Luxembourg, notamment par une disposition contenue dans le règlement de gestion ou dans les documents constitutifs, ne sera pas agréé par la CSSF.	Ein unter Artikel 2 fallender OGAW, dem es insbesondere aufgrund einer Bestimmung seines Verwaltungsreglements oder seiner Gründungsunterlagen aus rechtlichen Gründen versagt ist, seine Anteile in Luxemburg zu vertreiben, wird von der CSSF nicht zugelassen.

(2) Un OPC n'est agréé que si la CSSF approuve les documents constitutifs respectivement le règlement de gestion et le choix du dépositaire.	(2) Ein OGA wird nur dann zugelassen, wenn die CSSF dessen Gründungsunterlagen bzw. das Verwaltungsreglement und die Wahl der Verwahrstelle billigt.
(2bis) Outre les conditions prévues au paragraphe (2) et sous réserve des dérogations prévues à l'article 3 de la loi du 12 juillet 2013 relative aux gestionnaires de fonds d'investissement alternatifs, un OPC relevant de la partie II de la présente loi n'est agréé que si son gestionnaire externe désigné conformément à l'article 88-2, paragraphe (2), point a), de la présente loi a été préalablement agréé conformément à cet article.	(2bis) Zusätzlich zu den in Absatz 2 vorgesehenen Bedingungen und unter Vorbehalt der in Artikel 3 des Gesetzes vom 12. Juli 2013 über Verwalter alternativer Investmentfonds enthaltenen Ausnahmen, wird ein Teil II OGA nur zugelassen, wenn sein externer Verwalter, der im Einklang mit Artikel 88-2 Absatz 2 Buchstabe a) dieses Gesetzes ernannt wurde, zuvor gemäß diesem Artikel zugelassen wurde.
Un OPC relevant de la partie II de la présente loi qui est géré de manière interne au sens de l'article 88-2, paragraphe (2), point b), de la présente loi doit, outre l'agrément requis au titre de l'article 129, paragraphe (1) de cette loi et, sous réserve des dérogations prévues à l'article 3 de la loi du 12 juillet 2013 relative aux gestionnaires de fonds d'investissement alternatifs, être agréé conformément à l'article 88-2, paragraphe (2), point b), de la présente loi.	Ein OGA nach Teil II dieses Gesetzes, der im Sinne von Artikel 88-2 Absatz (2) Buchstabe b) dieses Gesetzes intern verwaltet wird, muss zusätzlich zu der nach Artikel 129 Absatz (1) dieses Gesetzes erforderten Zulassung und unter Vorbehalt der in Artikel 3 des Gesetzes vom 12. Juli 2013 über Verwalter alternativer Investmentfonds enthaltenen Ausnahmen, im Einklang mit Artikel 88-2 Absatz (2) Buchstabe b) dieses Gesetzes zugelassen sein.
(3) Outre les conditions du paragraphe (2) un OPCVM relevant de l'article 2 de la présente loi n'est agréé par la CSSF qu'aux conditions suivantes:	(3) Über die in Absatz (2) aufgeführten Anforderungen hinausgehend erhält ein unter Artikel 2 dieses Gesetzes fallender OGA nur unter folgenden Voraussetzungen die Zulassung der CSSF:
a) Un fonds commun de placement n'est agréé que si la CSSF a approuvé la demande de la société de gestion de gérer ce fonds commun de placement. Une société d'investissement ayant désigné une société de gestion n'est agréée que si la CSSF a approuvé la demande de la société de gestion désignée de gérer cette société d'investissement.	a) Ein Sondervermögen wird nur dann zugelassen, wenn die CSSF den Antrag der Verwaltungsgesellschaft, dieses Sondervermögen zu verwalten, genehmigt hat. Eine Investmentgesellschaft, die eine Verwaltungsgesellschaft benannt hat, wird nur dann zugelassen, wenn die CSSF den Antrag der benannten Verwaltungsgesellschaft, die diese Investmentgesellschaft zu verwalten, genehmigt hat.
b) Sans préjudice du point a), si l'OPCVM établi au Luxembourg est géré par une société de gestion qui relève de la directive 2009/65/CE et qui a été agréée par les autorités compétentes d'un autre État membre conformément à la direc-	b) Unbeschadet der Bestimmungen in Buchstabe a) und sofern der in Luxemburg niedergelassene OGAW von einer unter die Richtlinie 2009/65/EG fallende Verwaltungsgesellschaft die gemäß der Richtlinie 2009/65/EG von den zu-

tive 2009/65/CE, la CSSF statue sur la demande de la société de gestion de gérer l'OPCVM, conformément à l'article 123.	ständigen Behörden eines anderen Mitgliedstaates zugelassen wurde, verwaltet wird, entscheidet die CSSF gemäß Artikel 123 über den Antrag der Verwaltungsgesellschaft in Bezug auf die Verwaltung des OGAW.
(4) La CSSF ne peut refuser d'agréer un OPCVM relevant de l'article 2 que lorsque:	(4) Die CSSF kann die Zulassung eines unter Artikel 2 fallenden OGAW nur verweigern, wenn:
a) elle établit que la société d'investissement ne satisfait pas aux conditions préalables définies au chapitre 3, ou	a) sie feststellt, dass die Investmentgesellschaft die Voraussetzungen nach Kapitel 3 nicht erfüllt, oder
b) la société de gestion n'est pas agréée pour la gestion d'OPCVM au titre du chapitre 15, ou	b) die Verwaltungsgesellschaft nicht gemäß Kapitel 15 für die Verwaltung von OGAW zugelassen ist; oder
c) la société de gestion n'est pas agréée pour la gestion d'OPCVM dans son État membre d'origine.	c) die Verwaltungsgesellschaft in ihrem Herkunftsmitgliedstaat nicht für die Verwaltung von OGAW zugelassen ist.
Sans préjudice de l'article 27, paragraphe (1) de la présente loi, la société de gestion ou, le cas échéant, la société d'investissement est informée, dans un délai de deux mois suivant la présentation d'une demande complète, de l'octroi ou du refus de l'agrément de l'OPCVM.	Unbeschadet der Bestimmungen in Artikel 27 Absatz (1) dieses Gesetzes ist die Verwaltungsgesellschaft oder gegebenenfalls die Investmentgesellschaft spätestens zwei Monate nach Einreichung eines vollständigen Antrags darüber zu unterrichten, ob dem OGAW eine Zulassung erteilt wurde oder nicht.
(5) Les dirigeants de l'OPC et du dépositaire doivent avoir l'honorabilité et l'expérience suffisante eu égard également au type d'OPC concerné. A cette fin, l'identité des dirigeants, ainsi que de toute personne leur succédant dans leurs fonctions, doit être notifiée immédiatement à la CSSF.	(5) Die Geschäftsleiter des OGA und der Verwahrstelle müssen ausreichend gut beleumdet sein und über ausreichende Erfahrung auch in Bezug auf den Typ des betreffenden OGAW verfügen. Zu diesem Zweck muss die Identität der Geschäftsleiter sowie jeder Person, die diesen in ihrer Funktion nachfolgt, der CSSF unverzüglich mitgeteilt werden.
Par «dirigeants», on entend les personnes qui représentent, en vertu de la loi ou des documents constitutifs, l'OPC ou le dépositaire ou qui déterminent effectivement la conduite de l'activité de l'OPC.	Unter „Geschäftsleitern" versteht man die Personen, die den OGA oder die Verwahrstelle aufgrund der gesetzlichen Vorschriften oder der Gründungsunterlagen vertreten oder die Ausrichtung der Tätigkeit des OGA tatsächlich bestimmen.
(6) Tout remplacement de la société de gestion, du gestionnaire ou du dépositaire, ainsi que toute modification du règlement de gestion ou des documents constitutifs de la société d'investissement sont subordonnés à l'approbation de la CSSF.	(6) Jeder Wechsel der Verwaltungsgesellschaft, des Verwalters oder der Verwahrstelle sowie jegliche Änderung des Verwaltungsreglements oder der Gründungsunterlagen der Investmentgesellschaft müssen von der CSSF genehmigt werden.

(7) L'octroi de l'agrément au titre du paragraphe (1) du présent article implique pour les membres des organes d'administration, de gestion et de surveillance de la société de gestion, du gestionnaire, ou, le cas échéant de la société d'investissement, l'obligation de notifier à la CSSF spontanément par écrit et sous une forme complète, cohérente et compréhensible tout changement concernant les informations substantielles sur lesquelles la CSSF s'est fondée pour instruire la demande d'agrément ainsi que de tout changement concernant les dirigeants mentionnés au paragraphe (5) ci-dessus.	(7) Die Zulassung nach Absatz (1) dieses Artikels beinhaltet für die Mitglieder der Verwaltungs-, Geschäftsführungs- und Aufsichtsorgane der Verwaltungsgesellschaft, des Verwalters oder gegebenenfalls der Investmentgesellschaft, die Verpflichtung, der CSSF unverzüglich jede Änderung solcher wesentlichen Informationen, auf die die CSSF sich bei der Prüfung des Zulassungsantrages gestützt hat, sowie jeden Wechsel in Bezug auf die Geschäftsleiter im Sinne von vorstehendem Absatz (5), in vollständiger, schlüssiger und verständlicher Weise, unaufgefordert schriftlich mitzuteilen.
Art. 130. (1) Les OPC agréés sont inscrits par la CSSF sur une liste. Cette inscription vaut agrément et est notifiée par la CSSF à l'OPC concerné. Pour les OPC relevant des articles 2 et 87 les demandes d'inscription doivent être introduites auprès de la CSSF dans le mois qui suit leur constitution ou création. Cette liste ainsi que les modifications qui y sont apportées sont publiées au Mémorial par les soins de la CSSF.	**Art. 130.** (1) Zugelassene OGA werden von der CSSF auf eine Liste eingetragen. Dieser Eintrag gilt als Zulassung und wird dem betroffenen OGA von der CSSF mitgeteilt. Unter die Artikel 2 und 87 fallende OGA müssen ihre Eintragungsanträge im Laufe des Monats nach ihrer Errichtung bzw. Gründung an die CSSF richten. Die Liste sowie deren Änderungen werden durch die CSSF im *Mémorial* veröffentlicht.
(2) L'inscription et le maintien sur la liste visée au paragraphe (1) sont soumis à la condition que soient observées toutes les dispositions législatives, réglementaires ou conventionnelles qui concernent l'organisation et le fonctionnement des OPC ainsi que la distribution, le placement ou la vente de leurs titres.	(2) Die Eintragung und der Fortbestand des Eintrags auf der Liste nach Absatz (1) sind an die Bedingung gebunden, dass alle Rechts-, Verordnungs- oder Vertragsbestimmungen bezüglich der Organisation und der Funktionsweise der OGA sowie bezüglich des Vertriebs, der Anlage oder dem Verkauf ihrer Anteile eingehalten werden.
Art. 131. Les OPC luxembourgeois de type autre que fermé, les OPCVM communautaires harmonisés et les OPC étrangers en cas d'offre au public au Luxembourg sont dispensés de l'obligation de publication d'un prospectus telle que prévue à la partie III de la loi relative aux prospectus pour valeurs mobilières. Le prospectus que ces OPC établissent conformément à la réglementation applicable aux OPC est valable aux fins d'une offre au public de valeurs mobilières ou en vue de l'admission de valeurs mobiliè-	**Art. 131.** Luxemburgische OGA eines anderen Typs als geschlossene OGA, harmonisierte Gemeinschafts-OGAW und ausländische OGA sind im Falle eines öffentlichen Angebots in Luxemburg von der Verpflichtung entbunden, einen Prospekt gemäß Teil III des Gesetzes über Prospekte für Wertpapiere zu veröffentlichen. Der von diesen OGA gemäß der für OGA geltenden Gesetzgebung erstellte Prospekt ist im Hinblick auf ein öffentliches Angebot von Wertpapieren oder im Hinblick auf die Zulassung von

res à la négociation sur un marché réglementé.	Wertpapieren zum Handel an einem geregelten Markt gültig.
Art. 132. Le fait qu'un OPC est inscrit sur la liste visée à l'article 130, paragraphe (1) ne doit en aucun cas et sous quelque forme que ce soit, être décrit comme une appréciation positive faite par la CSSF de la qualité des titres offerts en vente.	**Art. 132.** Die Tatsache, dass ein OGA auf der Liste nach Artikel 130, Absatz (1) eingetragen ist, darf auf keinen Fall und auf keine Art und Weise als positive Beurteilung der Qualität der zum Verkauf angebotenen Anteile durch die CSSF beschrieben werden nahe legen könnte.
Chapitre 20. – Organisation de la surveillance	**Kapitel 20. – Organisation der Aufsicht**
A. – Autorité compétente pour la surveillance	**A. – Für die Aufsicht zuständige Behörde**
Art. 133. (1) L'autorité chargée d'exercer les attributions qui sont prévues par la présente loi est la CSSF.	**Art. 133.** (1) Die CSSF ist mit der Wahrnehmung der in diesem Gesetz vorgesehenen Befugnisse beauftragt.
(2) La CSSF exerce ces attributions exclusivement dans l'intérêt public.	(2) Die CSSF nimmt diese Befugnisse ausschließlich im öffentlichen Interesse wahr.
(3) La CSSF est compétente pour régler sur une base extrajudiciaire les litiges en matière de consommation concernant l'activité des OPC régis par la présente loi.	(3) Die CSSF ist befugt, Verbraucherrechtsstreitigkeiten im Zusammenhang mit den Tätigkeiten von unter dieses Gesetz fallenden OGA außergerichtlich beizulegen.
Art. 134. (1) Toutes les personnes exerçant ou ayant exercé une activité pour la CSSF, ainsi que les réviseurs d'entreprises agréés ou experts mandatés par la CSSF, sont tenus au secret professionnel visé à l'article 16 de la loi du 23 décembre 1998 portant création d'une commission de surveillance du secteur financier, telle que modifiée. Ce secret implique que les informations confidentielles qu'ils reçoivent à titre professionnel ne peuvent être divulguées à quelque personne ou autorité que ce soit, excepté sous une forme sommaire ou abrégée de façon à ce qu'aucun OPC, aucune société de gestion ni aucun dépositaire ne puisse être identifié individuellement, sans préjudice des cas relevant du droit pénal.	**Art. 134.** (1) Alle Personen, die für die CSSF tätig sind oder waren, sowie die von der CSSF beauftragten *réviseurs d'entreprises agréés* (Abschlussprüfer) und Sachverständigen unterliegen dem Berufsgeheimnis nach Artikel 16 des geänderten Gesetzes vom 23. Dezember 1998 zur Gründung einer commission de surveillance du secteur financier. Diese Verpflichtung beinhaltet, dass vertrauliche Informationen, die diese Personen in ihrer beruflichen Eigenschaft erhalten, an keine Person oder Behörde weitergegeben werden dürfen, es sei denn, in summarischer oder verkürzter Form, so dass kein OGA, keine Verwaltungsgesellschaft und keine Verwahrstelle einzeln identifiziert werden kann, unbeschadet der dem Strafrecht unterliegenden Fälle;

Toutefois, lorsqu'un OPC ou une entreprise qui concourt à son activité a été déclaré en faillite ou que sa liquidation forcée a été ordonnée, les informations confidentielles qui ne concernent pas les tiers impliqués dans les tentatives de sauvetage peuvent être divulguées dans le cadre de procédures civiles et commerciales.	Wenn hinsichtlich eines OGA oder eines Unternehmens, das an seiner Geschäftstätigkeit mitwirkt, das Insolvenzverfahren eröffnet wurde oder seine zwangsweise Liquidation angeordnet wurde, dann können die vertraulichen Informationen, die nicht in Rettungsbemühungen involvierte Dritte betreffen, im Rahmen der zivil- und handelsrechtlichen Verfahren offengelegt werden.
(2) Le paragraphe (1) ne fait pas obstacle à ce que la CSSF échange avec les autorités de surveillance des autres États membres de l'Union européenne des informations dans les limites prévues par la présente loi ou transmet ces informations à l'Autorité européenne des marchés financiers conformément au règlement (UE) n° 1095/2010 ou au Comité européen du risque systémique.	(2) Absatz (1) steht nicht dem Austausch von Informationen durch die CSSF mit den Aufsichtsbehörden anderer Mitgliedstaaten der Europäischen Union innerhalb der von diesem Gesetz vorgesehenen Grenzen oder der Weiterleitung dieser Informationen durch die CSSF an die Europäische Finanzmarktaufsichtsbehörde gemäß der Verordnung (EU) Nr. 1095/2010 oder an den Europäischen Ausschuss für Systemrisiken entgegen.
Sont assimilées aux autorités de surveillance des États membres de l'Union européenne les autorités de surveillance des États parties à l'Accord sur l'Espace économique européen autres que les États membres de l'Union européenne, dans les limites définies par cet accord et des actes y afférents.	Den Aufsichtsbehörden der Mitgliedstaaten der Europäischen Union gleichgestellt sind die Aufsichtsbehörden der Vertragsstaaten des Abkommens über den Europäischen Wirtschaftsraum, die keine Mitgliedstaaten der Europäischen Union sind, innerhalb der von diesem Abkommen und den damit verbundenen Rechtsakten festgelegten Grenzen.
(3) Le paragraphe (1) ne fait pas obstacle à ce que la CSSF échange des informations avec:	(3) Absatz (1) steht nicht entgegen eines Informationsaustauschs durch die CSSF mit:
– les autorités de pays tiers investies de la mission publique de surveillance prudentielle des OPC,	– den im öffentlichen Auftrag mit der ordnungsgemäßen Aufsicht der OGA betrauten Behörden von Drittländern,
– les autres autorités, organismes et personnes visés au paragraphe (5), à l'exception des centrales de risques, et établis dans des pays tiers,	– den anderen in Absatz (5) bezeichneten Behörden, Stellen und Personen aus Drittländern, mit Ausnahme der Risikozentralen,
– les autorités de pays tiers visées au paragraphe (6).	– die in Absatz (6) bezeichneten Behörden von Drittländern.
La communication d'informations par la CSSF autorisée par le présent paragraphe est soumise aux conditions suivantes:	Die gemäß diesem Absatz gestattete Übermittlung von Informationen durch die CSSF unterliegt folgenden Bedingungen:
– les informations communiquées doivent être nécessaires à l'accomplisse-	– die übermittelten Informationen müssen für die Erfüllung der Funktion der

ment de la fonction des autorités, organismes et personnes qui les reçoivent,	Behörden, Stellen und Personen, die sie erhalten, erforderlich sein,
– les informations communiquées doivent être couvertes par le secret professionnel des autorités, organismes et personnes qui les reçoivent et le secret professionnel de ces autorités, organismes et personnes doit offrir des garanties au moins équivalentes au secret professionnel auquel la CSSF est soumise,	– die übermittelten Informationen müssen unter das Berufsgeheimnis der Behörden, Stellen und Personen, die sie erhalten, fallen und das Berufsgeheimnis dieser Behörden, Stellen und Personen muss Garantien bieten, die mindestens denjenigen entsprechen, welchen die CSSF unterliegt,
– les autorités, organismes et personnes qui reçoivent des informations de la part de la CSSF, ne peuvent les utiliser qu'aux fins pour lesquelles elles leur ont été communiquées et doivent être en mesure d'assurer qu'aucun autre usage n'en sera fait,	– die Behörden, Stellen und Personen, die Informationen seitens der CSSF erhalten, dürfen diese ausschließlich zu den Zwecken verwenden, für die sie übermittelt wurden; außerdem müssen sie in der Lage sein, zu gewährleisten, dass sie zu keinem anderen Zweck verwendet werden,
– les autorités, organismes et personnes qui reçoivent des informations de la part de la CSSF, accordent le même droit d'information à la CSSF,	– die Behörden, Stellen und Personen, die Informationen seitens der CSSF erhalten, gewähren der CSSF das gleiche Informationsrecht,
– la divulgation par la CSSF d'informations reçues de la part d'autorités d'origine communautaire compétentes pour la surveillance prudentielle des OPC, ne peut se faire qu'avec l'accord explicite de ces autorités et, le cas échéant, exclusivement aux fins pour lesquelles ces autorités ont marqué leur accord.	– die Mitteilung durch die CSSF von Informationen, die sie von innergemeinschaftlichen Behörden erhalten hat, die für die ordnungsgemäßen Aufsicht von OGA zuständig sind, kann nur mit der ausdrücklichen Genehmigung dieser Behörden und, gegebenenfalls, ausschließlich für die Zwecke, denen diese Behörden zugestimmt haben, erfolgen.
Par pays tiers au sens du présent paragraphe, il faut entendre les États autres que ceux visés au paragraphe (2).	Unter Drittländern im Sinne dieses Absatzes sind die anderen als die in Absatz (2) bezeichneten Staaten zu verstehen.
(4) La CSSF qui, au titre des paragraphes (2) et (3), reçoit des informations confidentielles, ne peut les utiliser que dans l'exercice de ses fonctions aux fins de:	(4) Erhält die CSSF nach Maßgabe der Absätze (2) und (3) vertrauliche Informationen, so darf sie diese nur im Rahmen der Durchführung ihrer Aufgaben für folgende Zwecke verwenden:
– vérifier que les conditions d'accès à l'activité des OPCVM, des sociétés de gestion et des dépositaires et de toute autre société concourant à leur activité sont remplies et faciliter le contrôle de l'exercice de l'activité, des procédures	– zur Prüfung, ob die Zulassungsbedingungen für die OGAW, die Verwaltungsgesellschaften und die Verwahrstellen und die Unternehmen, die an ihrer Geschäftstätigkeit mitwirken, erfüllt sind, und zur Erleichterung der

administratives et comptables, ainsi que des mécanismes de contrôle interne; ou	Überwachungder Ausübung der Tätigkeit, der verwaltungsmäßigen und buchhalterischen Verfahren und der internen Kontrollmechanismen; oder
– imposer des sanctions; ou	– zur Verhängung von Sanktionen; oder
– former un recours administratif contre une décision de la CSSF; ou	– im Rahmen eines Verwaltungsverfahrens über die Anfechtung einer Entscheidung der CSSF; oder
– poursuivre dans le cadre de procédures juridictionnelles engagées contre les décisions prises par la CSSF au titre de la présente loi.	– im Rahmen von Gerichtsverfahren gegen Beschlüsse der CSSF auf der Grundlage dieses Gesetzes.
(5) Les paragraphes (1) et (4) ne font pas obstacle à:	(5) Die Absätze (1) und (4) stehen nicht entgegen:
a) l'échange d'informations à l'intérieur de l'Union européenne ou au Luxembourg, entre la CSSF et:	a) dem Austausch von Informationen, innerhalb der Europäischen Union oder in Luxemburg, zwischen der CSSF und:
– les autorités investies de la mission publique de surveillance des établissements de crédit, des entreprises d'investissement, des compagnies d'assurances et d'autres institutions financières ainsi que les autorités chargées de la surveillance des marchés financiers,	– im öffentlichen Auftrag mit der Überwachung der Kreditinstitute, Wertpapierfirmen, Versicherungsunternehmen oder anderen Finanzinstitute betrauten Stellen oder mit der Überwachung der Finanzmärkte betrauten Stellen,
– les organes impliqués dans la liquidation, la faillite ou d'autres procédures similaires concernant des OPC, des sociétés de gestion et des dépositaires ou d'autres sociétés concourant à leur activité,	– Organen, die mit der Liquidation, dem Konkurs oder ähnlichen Verfahren im Zusammenhang mit OGAW, Verwaltungsgesellschaften und Verwahrstellen oder anderen Unternehmen, die an ihrer Geschäftstätigkeit mitwirken, befasst werden,
– les personnes chargées du contrôle légal des comptes des établissements de crédit, des entreprises d'investissement, d'autres établissements financiers ou des compagnies d'assurances,	– mit der gesetzlichen Kontrolle der Rechnungslegung der Kreditinstitute, Wertpapierfirmen, anderen Finanzinstitute oder Versicherungsunternehmen betrauten Personen für die Zwecke der Durchführung ihrer Aufgaben,
– l'Autorité européenne des marchés financiers, l'Autorité bancaire européenne, l'Autorité européenne des assurances et des pensions professionnelles et le Comité européen du risque systémique,	– der Europäischen Finanzmarktaufsichtsbehörde, der Europäischen Bankaufsichtsbehörde, der Europäische Aufsichtsbehörde für das Versicherungswesen und die betriebliche Altersversorgung und dem Europäischen Ausschuss für Systemrisiken,

pour l'accomplissement de leur mission,	zum Zwecke der Erfüllung ihres Auftrags,
b) la transmission, à l'intérieur de l'Union européenne ou au Luxembourg, par la CSSF aux organismes chargés de la gestion des systèmes d'indemnisation des investisseurs ou de centrales des risques, des informations nécessaires à l'accomplissement de leur fonction.	b) die Übermittlung durch die CSSF, innerhalb der Europäischen Union oder in Luxemburg, von Informationen an die mit der Verwaltung der Entschädigungssysteme für Anleger oder der Risikozentralen betrauten Stellen, die diese zur Erfüllung ihrer Aufgabe benötigen.
La communication d'informations par la CSSF autorisée par le présent paragraphe est soumise à la condition que ces informations tombent sous le secret professionnel des autorités, organismes et personnes qui les reçoivent, et, n'est autorisée que dans la mesure où le secret professionnel de ces autorités, organismes et personnes offre des garanties au moins équivalentes au secret professionnel auquel est soumise la CSSF. En particulier, les autorités qui reçoivent des informations de la part de la CSSF, ne peuvent les utiliser qu'aux fins pour lesquelles elles leur ont été communiquées et doivent être en mesure d'assurer qu'aucun autre usage n'en sera fait.	Die gemäß diesem Absatz gestattete Übermittlung von Informationen durch die CSSF unterliegt der Bedingung, dass diese Informationen unter das Berufsgeheimnis der Behörden, Stellen und Personen, die sie erhalten, fallen und ist nur gestattet, sofern gewährleistet ist, dass das Berufsgeheimnis dieser Behörden, Stellen und Personen Garantien bietet, die mindestens denjenigen entsprechen, welchen die CSSF unterliegt. Insbesondere dürfen die Behörden, die Informationen von der CSSF erhalten, diese ausschließlich zu den Zwecken verwenden, für die sie übermittelt wurden; außerdem müssen sie in der Lage sein, zu gewährleisten, dass sie zu keinem anderen Zweck verwendet werden.
Sont assimilés aux États membres de l'Union européenne les États parties à l'Accord sur l'Espace économique européen autres que les États membres de l'Union européenne, dans les limites définies par cet accord et des actes y afférents.	Den Mitgliedstaaten der Europäischen Union gleichgestellt sind Vertragsstaaten des Abkommens über den Europäischen Wirtschaftsraum, die keine Mitgliedstaaten der Europäischen Union sind, innerhalb der von diesem Abkommen und den damit verbundenen Rechtsakten vorgesehenen Grenzen.
(6) Les paragraphes (1) et (4) ne font pas obstacle aux échanges d'informations, à l'intérieur de l'Union européenne ou au Luxembourg, entre la CSSF et:	(6) Die Absätze (1) und (4) verhindern nicht den Austausch von Informationen, innerhalb der Europäischen Union oder in Luxemburg, zwischen der CSSF und:
– les autorités chargées de la surveillance des organes impliqués dans la liquidation, la faillite et autres procédures similaires concernant des établissements de crédit, des entreprises d'investissement, des compagnies d'assurances, des OPC, des sociétés de gestion et des dépositaires,	– Behörden, die Organe überwachen, die mit der Liquidation, dem Konkurs oder ähnlichen Verfahren im Zusammenhang mit Kreditinstituten, Wertpapierfirmen, Versicherungsunternehmen, OGA, Verwaltungsgesellschaften und Verwahrstellen befasst werden,

– les autorités chargées de la surveillance des personnes en charge du contrôle légal des comptes des établissements de crédit, des entreprises d'investissement, des compagnies d'assurances et d'autres établissements financiers.	Behörden, die Personen überwachen, die mit der gesetzlichen Kontrolle der Rechnungslegung der Kreditinstitute, Wertpapierfirmen, Versicherungsunternehmen oder anderen Finanzinstitute betraut sind.
La communication d'informations par la CSSF autorisée par le présent paragraphe est soumise aux conditions suivantes:	Die gemäß diesem Absatz gestattete Übermittlung von Informationen durch die CSSF unterliegt folgenden Bedingungen:
– les informations communiquées sont destinées à l'accomplissement de la mission de surveillance des autorités qui les reçoivent,	– die übermittelten Informationen müssen für die Erfüllung der Aufgabe der Behörden, die sie erhalten, erforderlich sein,
– les informations communiquées doivent être couvertes par le secret professionnel des autorités qui les reçoivent et le secret professionnel de ces autorités doit offrir des garanties au moins équivalentes au secret professionnel auquel est soumise la CSSF,	– die übermittelten Informationen müssen unter das Berufsgeheimnis der Behörden, die sie erhalten, fallen und das Berufsgeheimnis dieser Behörden muss Garantien bieten, die mindestens denjenigen entsprechen, welchen die CSSF unterliegt,
– les autorités qui reçoivent des informations de la part de la CSSF, ne peuvent les utiliser qu'aux fins pour lesquelles elles leur ont été communiquées et doivent être en mesure d'assurer qu'aucun autre usage n'en sera fait,	– die Behörden, die Informationen von der CSSF erhalten, dürfen diese ausschließlich zu den Zwecken verwenden, für die sie übermittelt wurden; außerdem müssen sie in der Lage sein, zu gewährleisten, dass sie zu keinem anderen Zweck verwendet werden,
– la divulgation par la CSSF d'informations reçues de la part d'autorités de surveillance visées aux paragraphes (2) et (3) ne peut se faire qu'avec l'accord explicite de ces autorités et, le cas échéant, exclusivement aux fins pour lesquelles ces autorités ont marqué leur accord.	– die Mitteilung durch die CSSF von Informationen, die sie von Aufsichtsbehörden nach Absatz (2) und (3) erhalten hat, kann nur mit der ausdrücklichen Genehmigung dieser Behörden und, gegebenenfalls, ausschließlich für die Zwecke, denen diese Behörden zugestimmt haben, erfolgen.
Sont assimilés aux États membres de l'Union européenne les États parties à l'Accord sur l'Espace économique européen autres que les États membres de l'Union européenne, dans les limites définies par cet accord et des actes y afférents.	Den Mitgliedstaaten der Europäischen Union gleichgestellt sind Vertragsstaaten des Abkommens über den Europäischen Wirtschaftsraum, die keine Mitgliedstaaten der Europäischen Union sind, innerhalb der von diesem Abkommen und den damit verbundenen Rechtsakten vorgesehenen Grenzen.
(7) Le présent article ne fait pas obstacle à ce que la CSSF transmette aux banques centrales et aux autres organismes à vocation si-	(7) Dieser Artikel verhindert nicht dass die CSSF den Zentralbanken und anderen Einrichtungen mit ähnlichen Aufgaben in ihrer

milaire en tant qu'autorités monétaires des informations destinées à l'accomplissement de leur mission.	Eigenschaft als Währungsbehörden Informationen übermittelt, die diesen zur Erfüllung ihrer Aufgaben dienen.
La communication d'informations par la CSSF autorisée par le présent paragraphe est soumise à la condition que ces informations tombent sous le secret professionnel des autorités qui les reçoivent et n'est autorisée que dans la mesure où le secret professionnel de ces organismes offre des garanties au moins équivalentes au secret professionnel auquel est soumise la CSSF. En particulier, les autorités qui reçoivent des informations de la part de la CSSF ne peuvent les utiliser qu'aux fins pour lesquelles elles leur ont été communiquées et doivent être en mesure d'assurer qu'aucun autre usage n'en sera fait.	Die gemäß diesem Absatz gestattete Übermittlung von Informationen durch die CSSF unterliegt der Bedingung, dass diese Informationen unter das Berufsgeheimnis der Behörden, die sie erhalten, fallen und ist nur gestattet, sofern gewährleistet ist, dass das Berufsgeheimnis dieser Behörden Garantien bietet, die mindestens denjenigen entsprechen, welchen die CSSF unterliegt. Insbesondere dürfen die Behörden, die Informationen von der CSSF erhalten, diese ausschließlich zu den Zwecken verwenden, für die sie übermittelt wurden; außerdem müssen sie in der Lage sein, zu gewährleisten, dass sie zu keinem anderen Zweck verwendet werden.
Le présent article ne fait en outre pas obstacle à ce que les autorités ou organismes visés au présent paragraphe communiquent à la CSSF les informations qui lui sont nécessaires aux fins du paragraphe (4). Les informations reçues par la CSSF tombent sous son secret professionnel.	Dieser Artikel verhindert des Weiteren nicht, dass die in diesem Absatz bezeichneten Behörden oder Stellen der CSSF Informationen mitteilen, die diese für die Zwecke von Absatz (4) benötigt. Die von der CSSF erhaltenen Informationen fallen unter ihr Berufsgeheimnis.
(8) Le présent article ne fait pas obstacle à ce que la CSSF communique l'information visée aux paragraphes (1) à (4) à une chambre de compensation ou un autre organisme similaire reconnu par la loi pour assurer des services de compensation ou de règlement des contrats sur un des marchés au Luxembourg, si la CSSF estime qu'une telle communication est nécessaire afin de garantir le fonctionnement régulier de ces organismes par rapport à des manquements, même potentiels, d'un intervenant sur ce marché.	(8) Dieser Artikel verhindert nicht, dass die CSSF die Informationen gemäß den Absätzen (1) bis (4) einer Clearingstelle oder einer ähnlichen gesetzlich anerkannten Stelle übermittelt, um Clearing- oder Abwicklungsdienstleistungen auf einem der Märkte in Luxemburg wahrzunehmen, sofern diese Mitteilung nach Auffassung der CSSF erforderlich ist, um die ordnungsgemäße Funktionsweise dieser Stellen im Fall von Verstößen – oder auch nur möglichen Verstößen – eines Marktteilnehmers sicherzustellen.
La communication d'informations par la CSSF autorisée par le présent paragraphe est soumise à la condition que ces informations tombent sous le secret professionnel des organismes qui les reçoivent et n'est autorisée que dans la mesure où le secret professionnel de ces organismes offre des garanties au moins équivalentes au secret professionnel auquel est soumise la CSSF.	Die gemäß diesem Absatz gestattete Übermittlung von Informationen durch die CSSF unterliegt der Bedingung, dass diese Informationen unter das Berufsgeheimnis der Stellen, die sie erhalten, fallen und ist nur gestattet, sofern gewährleistet ist, dass das Berufsgeheimnis dieser Stellen Garantien bietet, die mindestens denjenigen entsprechen, welchen die CSSF unterliegt. Insbe-

En particulier, les organismes qui reçoivent des informations de la part de la CSSF ne peuvent les utiliser qu'aux fins pour lesquelles elles leur ont été communiquées et doivent être en mesure d'assurer qu'aucun autre usage n'en sera fait.	sondere dürfen die Stellen, die Informationen von der CSSF erhalten, diese ausschließlich zu den Zwecken verwenden, für die sie ihnen übermittelt wurden; außerdem müssen sie in der Lage sein, zu gewährleisten, dass sie zu keinem anderen Zweck verwendet werden.
Les informations reçues par la CSSF en vertu des paragraphes (2) et (3) ne peuvent être divulguées, dans le cas visé au présent paragraphe, sans le consentement exprès des autorités de surveillance qui ont divulgué ces informations à la CSSF.	Die von der CSSF gemäß Absatz (2) und (3) erhaltenen Informationen dürfen in dem in diesem Absatz vorgesehenen Fall nicht ohne die ausdrückliche Zustimmung der Aufsichtsbehörden, die diese Informationen an die CSSF übermittelt haben, mitgeteilt werden.
B. – Coopération avec les autorités compétentes des autres États membres	**B. – Zusammenarbeit mit den zuständigen Behörden der anderen Mitgliedstaaten**
Art. 135. (1) La CSSF coopère avec les autorités compétentes des autres États membres en vue de l'accomplissement de leurs attributions au titre de la directive 2009/65/CE ou de l'exercice des pouvoirs qui leur sont conférés au titre de la directive précitée ou au titre de leur droit national.	**Art. 135.** (1) Die CSSF arbeitet mit den zuständigen Behörden der anderen Mitgliedstaaten zusammen, wann immer dies zur Wahrnehmung ihrer in der Richtlinie 2009/65/EG festgelegten Aufgaben oder der ihnen durch die vorgenannte Richtlinie oder durch nationale Rechtsvorschriften übertragenen Befugnisse erforderlich ist.
La CSSF coopère avec les autres autorités compétentes, y compris lorsque les pratiques faisant l'objet d'une enquête ne constituent pas une violation d'une règle en vigueur au Luxembourg.	Die CSSF arbeitet mit den anderen zuständigen Behörden zusammen, auch wenn die Verhaltensweise, die Gegenstand der Ermittlung ist, keinen Verstoß gegen eine in Luxemburg geltende Vorschrift darstellt.
(2) La CSSF communique aux autorités compétentes des autres États membres sans délai les informations requises aux fins de l'accomplissement de leurs attributions au titre de la directive 2009/65/CE.	(2) Die CSSF übermittelt den zuständigen Behörden der anderen Mitgliedstaaten unverzüglich die zur Wahrnehmung ihrer Aufgaben im Rahmen der Richtlinie 2009/65/EG erforderlichen Informationen.
(2*bis*) La CSSF coopère avec l'Autorité européenne des marchés financiers aux fins de la directive 2009/65/CE, conformément au règlement (UE) n° 1095/2010.	(2bis) Die CSSF kooperiert mit der Europäischen Finanzmarktaufsichtsbehörde im Sinne der Richtlinie 2009/65/EG gemäß der Verordnung (EU) Nr. 1095/2010.
La CSSF fournit dans les plus brefs délais à l'Autorité européenne des marchés financiers toutes les informations nécessaires à l'accomplissement des missions de celle-ci, conformément à l'article 35 du règlement (UE) n° 1095/2010.	Die CSSF liefert der Europäischen Finanzmarktaufsichtsbehörde unverzüglich alle Informationen, die notwendig sind, damit diese ihre Aufgaben erfüllen kann gemäß Artikel 35 der Verordnung (EU) Nr. 1095/2010.

(3) Lorsque la CSSF a de bonnes raisons de soupçonner que des actes enfreignant les dispositions de la directive 2009/65/CE sont ou ont été commis sur le territoire d'un autre État membre par des entités qui ne sont pas soumises à sa surveillance, elle le notifie aux autorités compétentes de cet autre État membre d'une manière aussi circonstanciée que possible.	(3) Hat die CSSF begründeten Anlass zu der Vermutung, dass Rechtsträger, die nicht ihrer Aufsicht unterliegen, im Hoheitsgebiet eines anderen Mitgliedstaats gegen die Bestimmungen der Richtlinie 2009/65/EG verstoßen oder verstoßen haben, so teilt sie dies den zuständigen Behörden des anderen Mitgliedstaats so genau wie möglich mit.
(4) Les autorités compétentes d'un État membre peuvent requérir la coopération de la CSSF dans le cadre d'une activité de surveillance ou aux fins d'une vérification sur place ou dans le cadre d'une enquête au Luxembourg dans le cadre des pouvoirs qui lui sont conférés au titre de la directive 2009/65/CE. Lorsque la CSSF reçoit une demande concernant une vérification sur place ou une enquête, elle y donne suite:	(4) Die zuständigen Behörden eines Mitgliedstaates können die CSSF um Zusammenarbeit bei Überwachungstätigkeiten, einer Überprüfung vor Ort oder einer Ermittlung in Luxemburg im Rahmen der ihr gemäß der Richtlinie 2009/65/EG zustehenden Befugnisse ersuchen. Erhält die CSSF ein Ersuchen um eine Überprüfung vor Ort oder eine Ermittlung, so
a) en procédant elle-même à la vérification ou à l'enquête;	a) nimmt sie die Überprüfung oder Ermittlung selbst vor;
b) en permettant aux autorités compétentes de l'État membre requérant de procéder à la vérification ou à l'enquête;	b) gestattet sie den zuständigen Behörden des ersuchenden Mitgliedstaates die Durchführung der Überprüfung oder Ermittlung;
c) en permettant à des contrôleurs légaux des comptes ou à des experts de procéder à la vérification ou à l'enquête.	c) gestattet sie Rechnungsprüfern oder Sachverständigen die Durchführung der Überprüfung oder Ermittlung.
(5) Si la vérification ou l'enquête est effectuée par la CSSF, les autorités compétentes de l'État membre qui ont requis la coopération peuvent demander que leur propre personnel accompagne le personnel de la CSSF effectuant la vérification ou l'enquête. Cependant, la vérification ou l'enquête est intégralement placée sous le contrôle de la CSSF.	(5) Erfolgt die Überprüfung oder Ermittlung durch die CSSF, so können die zuständigen Behörden des ersuchenden Mitgliedstaats beantragen, dass ihre eigenen Mitarbeiter die Mitarbeiter der CSSF, die die Überprüfung oder Ermittlung durchführen, begleiten. Die Überprüfung oder Ermittlung unterliegt jedoch der Gesamtkontrolle der CSSF.
Si la vérification ou l'enquête est effectuée par les autorités compétentes d'un État membre au Luxembourg, la CSSF peut demander que son propre personnel accompagne le personnel effectuant la vérification ou l'enquête.	Erfolgt die Überprüfung oder Ermittlung durch die zuständigen Behörden eines Mitgliedstaats in Luxemburg, so kann die CSSF beantragen, dass ihre eigenen Mitarbeiter die Mitarbeiter, die die Überprüfung oder Ermittlung durchführen, begleiten.
(6) La CSSF peut refuser d'échanger des informations conformément au paragraphe (2) ou de donner suite à une demande	(6) Die CSSF kann ein Ersuchen um einen Informationsaustausch gemäß Absatz (2) oder um Zusammenarbeit bei einer Ermitt-

de coopérer à une enquête ou à une vérification sur place conformément au paragraphe (4) uniquement lorsque:	lung oder einer Überprüfung vor Ort gemäß Absatz (4) nur ablehnen, wenn
a) cette enquête, cette vérification sur place ou cet échange d'informations risque de porter atteinte à la souveraineté, à la sécurité ou à l'ordre public du Luxembourg;	a) die Ermittlung, die Überprüfung vor Ort oder der Informationsaustausch die Souveränität, die Sicherheit oder die öffentliche Ordnung Luxemburgs beeinträchtigen könnte,
b) une procédure judiciaire a déjà été engagée à l'encontre des mêmes personnes et pour les mêmes faits au Luxembourg;	b) gegen dieselben Personen und aufgrund derselben Handlungen bereits ein Verfahren vor einem Gericht in Luxemburg anhängig ist,
c) un jugement définitif a déjà été rendu à l'encontre des mêmes personnes et pour les mêmes faits au Luxembourg.	c) gegen die betreffenden Personen aufgrund derselben Handlungen bereits ein rechtskräftiges Urteil in Luxemburg ergangen ist.
(7) La CSSF notifie aux autorités compétentes qui ont présenté la demande toute décision prise au titre du paragraphe (6). Cette notification contient des informations sur les motifs de la décision.	(7) Die CSSF unterrichtet die ersuchenden zuständigen Behörden über jede nach Absatz (6) getroffene Entscheidung. In dieser Benachrichtigung sind die Gründe für die Entscheidung anzugeben.
Art. 136. (1) La CSSF, dans la mesure où un OPCVM est établi au Luxembourg, est seule habilitée à prendre des mesures à l'égard de cet OPCVM en cas de violation de dispositions législatives, réglementaires ou administratives ainsi que de règles prévues par le règlement de gestion ou les documents constitutifs de la société d'investissement.	**Art. 136.** (1) Allein die CSSF ist befugt, insofern ein OGAW in Luxemburg niedergelassen ist, diesem OGAW gegenüber bei Verletzung der Rechts- und Verwaltungsvorschriften sowie der im Verwaltungsreglement oder in den Gründungsunterlagen der Investmentgesellschaft enthaltenen Bestimmungen Maßnahmen zu ergreifen.
(2) Toute décision de retrait de l'agrément ou toute autre mesure grave prise à l'égard de l'OPCVM ou toute suspension de l'émission, du rachat ou du remboursement de ses parts qui lui serait imposée est communiquée sans délai par la CSSF aux autorités des États membres d'accueil de l'OPCVM et, dans le cas où la société de gestion d'un OPCVM est établie dans un autre État membre, aux autorités compétentes de l'État membre d'origine de la société de gestion.	(2) Jede Entscheidung über die Entziehung der Zulassung und jede andere gegen einen OGAW ergriffene schwerwiegende Maßnahme oder jede ihm auferlegte Aussetzung der Ausgabe, der Rücknahme oder der Auszahlung seiner Anteile wird den zuständigen Behörden der Aufnahmemitgliedstaaten des OGAW und, wenn die Verwaltungsgesellschaft eines OGAW in einem anderen Mitgliedstaat niedergelassen ist, den zuständigen Behörden des Herkunftsmitgliedstaates der Verwaltungsgesellschaft durch die CSSF unverzüglich mitgeteilt.
(3) La CSSF en tant qu'autorité compétente de l'État membre d'origine de l'OPCVM et les autorités compétentes de l'État membre	(3) Die CSSF, als zuständige Behörde des Herkunftsmitgliedstaats des OGAW, und die zuständigen Behörden des Herkunftsmit-

d'origine de la société de gestion peuvent prendre des mesures à l'égard de la société de gestion en cas de violation par celle-ci des règles relevant de leur responsabilité respective.	gliedstaats der Verwaltungsgesellschaft haben jeweils die Möglichkeit, Maßnahmen gegen die Verwaltungsgesellschaft einzuleiten, wenn diese die unter ihre jeweilige Zuständigkeit fallenden Bestimmungen verletzt.
(4) La CSSF doit prendre les mesures appropriées si les autorités compétentes de l'État membre d'accueil d'un OPCVM dont les parts sont commercialisées sur le territoire de cet État membre l'informent qu'elles ont des raisons claires et démontrables d'estimer que cet OPCVM viole les obligations qui lui incombent en vertu des dispositions arrêtées en application de la directive 2009/65/CE qui ne leur confèrent pas de pouvoirs.	(4) Die CSSF muss geeignete Maßnahmen ergreifen, falls die zuständigen Behörden des Aufnahmemitgliedstaates eines OGAW, dessen Anteile auf dem Hoheitsgebiet dieses Mitgliedstaats vertrieben werden, ihr mitteilen, dass sie klare und nachweisbare Gründe für die Annahme haben, dass dieser OGAW gegen Verpflichtungen verstößt, die ihm aus Vorschriften erwachsen, die nach der Richtlinie 2009/65/EG erlassen werden und keine Befugnisse auf die zuständigen Behörden des Aufnahmemitgliedstaats des OGAW übertragen.
Art. 137. (1) La CSSF peut prendre des mesures à l'égard d'un OPCVM dont les parts sont commercialisées au Luxembourg en cas de violation des dispositions législatives, réglementaires ou administratives en vigueur et qui n'entrent pas dans le champ d'application de la présente loi ou des obligations prévues aux articles 59 et 61.	**Art. 137.** (1) Die CSSF ist befugt, Maßnahmen gegenüber einem OGAW, dessen Anteile in Luxemburg vertrieben werden, zu ergreifen, wenn dieser geltende Rechts- und Verwaltungsvorschriften verletzt, die nicht in den Geltungsbereich dieses Gesetzes oder der in den Artikeln 59 und 61 vorgesehenen Verpflichtungen fallen.
(2) La CSSF se verra communiquer sans délai par les autorités compétentes de l'État membre d'origine de l'OPCVM toute décision de retrait de l'agrément ou toute autre mesure grave prise à l'égard de l'OPCVM ou toute suspension de l'émission, du rachat ou du remboursement de ses parts qui lui serait imposée. Ces informations lui seront également communiquées dans l'hypothèse où la société de gestion de l'OPCVM est établie au Luxembourg.	(2) Der CSSF werden unverzüglich von den zuständigen Behörden des Herkunftsmitgliedstaates des OGAW alle Entscheidungen über die Entziehung der Zulassung und jede andere gegen einen OGAW getroffene schwerwiegende Maßnahme oder jede ihm auferlegte Aussetzung der Ausgabe, der Rücknahme oder der Auszahlung seiner Anteile mitgeteilt. Diese Informationen werden ihr ebenfalls mitgeteilt, wenn die Verwaltungsgesellschaft des OGAW in Luxemburg niedergelassen ist.
(3) La CSSF informe les autorités compétentes de l'État membre d'origine de l'OPCVM si elle a des raisons claires et démontrables d'estimer que cet OPCVM viole les obligations qui lui incombent en vertu des dispositions arrêtées en application de la directive 2009/65/CE qui ne lui confèrent pas de pouvoirs.	(3) Die CSSF informiert die zuständigen Behörden des Herkunftsmitgliedstaates des OGAW, falls sie klare und nachweisbare Gründe für die Annahme hat, dass dieser OGAW gegen Verpflichtungen verstößt, die ihm aus Vorschriften erwachsen, die nach der Richtlinie 2009/65/EG erlassen werden und der CSSF keine Befugnisse übertragen.

(4) Si, en dépit des mesures prises par les autorités compétentes de l'État membre d'origine de l'OPCVM, celui-ci continue d'agir d'une manière clairement préjudiciable aux intérêts des investisseurs au Luxembourg, la CSSF pourra:	(4) Wenn die Maßnahmen der zuständigen Behörden des Herkunftsmitgliedstaats des OGAW nicht greifen und der OGAW deshalb weiterhin auf eine Weise tätig ist, die den Interessen der Anleger in Luxemburg eindeutig zuwiderläuft, so kann die CSSF:
a) après avoir informé les autorités compétentes de l'État membre d'origine de l'OPCVM prendre toutes les mesures appropriées requises pour protéger les investisseurs, y compris empêcher l'OPCVM concerné de poursuivre la commercialisation de ses parts au Luxembourg; ou	a) nach Unterrichtung der zuständigen Behörden des Herkunftsmitgliedstaats des OGAW alle angemessenen Maßnahmen ergreifen, die zum Schutz der Anleger erforderlich sind, einschließlich der Unterbindung des weiteren Vertriebs der Anteile des betreffenden OGAW in Luxemburg; oder
b) s'il y a lieu, en référer à l'Autorité européenne des marchés financiers, qui peut agir dans le cadre des pouvoirs qui lui sont conférés par l'article 19 du règlement (UE) n° 1095/2010.	b) falls notwendig die Europäische Finanzmarktaufsichtsbehörde informieren, die im Rahmen der ihr gemäß Artikel 19 der Verordnung (EU) Nr. 1095/2010 erteilten Befugnisse handeln kann.
La CSSF doit informer la Commission de l'Union européenne et l'Autorité européenne des marchés financiers sans délai des mesures appropriées prises en application du point a).	Die CSSF muss die Europäische Kommission und die Europäische Finanzmarktaufsichtsbehörde unverzüglich über jede gemäß Buchstabe a) ergriffene Maßnahme unterrichten.
Art. 138. Lorsque, par voie de prestation de services ou par l'établissement de succursales, une société de gestion opère dans un ou plusieurs États membres d'accueil de la société de gestion, la CSSF collabore étroitement avec les autorités compétentes concernées.	**Art. 138.** Betreiben Verwaltungsgesellschaften im Rahmen des Dienstleistungsverkehrs oder durch Errichtung von Zweigniederlassungen ihre Geschäfte in einem oder mehreren Aufnahmemitgliedstaaten der Verwaltungsgesellschaft, so arbeitet die CSSF eng mit den zuständigen Behörden der betroffenen Mitgliedstaaten zusammen.
Elle communique sur demande toutes les informations concernant la gestion et la structure de propriété de ces sociétés de gestion qui sont de nature à faciliter leur surveillance, ainsi que tout renseignement susceptible de rendre plus aisé le contrôle de ces sociétés.	Sie stellt auf Anfrage alle Informationen bezüglich der Verwaltung und der Eigentumsverhältnisse dieser Verwaltungsgesellschaften zur Verfügung, die deren Beaufsichtigung erleichtern könnten, sowie sämtliche Informationen, die geeignet sind, die Überwachung dieser Gesellschaften zu erleichtern.
Art. 139. (1) Lorsque la CSSF est l'autorité compétente pour la société de gestion, elle coopère, afin d'assurer la collecte par les	**Art. 139.** (1) Falls die CSSF die für die Verwaltungsgesellschaft zuständige Behörde ist, kooperiert sie, um den Behörden des

autorités de l'État membre d'accueil de la société de gestion des informations visées à l'article 21, paragraphe (2) de la directive 2009/65/CE.	Aufnahmemitgliedstaats der Verwaltungsgesellschaft die Erhebung der in Artikel 21 Absatz 2 der Richtlinie 2009/65/EG genannten Angaben zu ermöglichen.
(2) Dans la mesure où cela s'avère nécessaire pour l'exercice des pouvoirs de surveillance de la CSSF en tant qu'autorité compétente de l'État membre d'origine de la société de gestion, les autorités compétentes de l'État membre d'accueil de la société de gestion l'informent de toute mesure prise par ce dernier conformément à l'article 21, paragraphe 5 de la directive 2009/65/CE, qui comporte des mesures ou des sanctions imposées à une société de gestion ou des restrictions aux activités d'une société de gestion.	(2) Soweit für die Ausübung der Aufsichtsbefugnisse der CSSF, in ihrer Eigenschaft als zuständige Behörde des Herkunftsmitgliedstaats der Verwaltungsgesellschaft, erforderlich, unterrichten die zuständigen Behörden des Aufnahmemitgliedstaats der Verwaltungsgesellschaft die CSSF über alle vom Aufnahmemitgliedstaat nach Artikel 21 Absatz 5 der Richtlinie 2009/65/EG ergriffenen Maßnahmen, die Maßnahmen oder Sanktionen gegen eine Verwaltungsgesellschaft oder eine Beschränkung von deren Tätigkeiten beinhalten.
(3) La CSSF en tant qu'autorité d'origine de la société de gestion notifie sans délai aux autorités compétentes de l'État membre d'origine de l'OPCVM tout problème décelé au niveau de la société de gestion et susceptible d'affecter substantiellement la capacité de la société de gestion à s'acquitter dûment de ses missions concernant l'OPCVM et de toute violation des obligations prévues par le chapitre 15 de la présente loi.	(3) Die CSSF, als Herkunftsbehörde der Verwaltungsgesellschaft, teilt den zuständigen Behörden des Herkunftsmitgliedstaats des OGAW unverzüglich etwaige auf der Ebene der Verwaltungsgesellschaft festgestellte Probleme, welche die Fähigkeit der Verwaltungsgesellschaft, ihre Aufgaben in Bezug auf den OGAW ordnungsgemäß zu erfüllen, erheblich beeinflussen können und alle Verstöße gegen die Anforderungen gemäß Kapitel 15 dieses Gesetzes mit.
(4) La CSSF se verra notifier par les autorités compétentes de l'État membre d'origine de l'OPCVM tout problème décelé au niveau de l'OPCVM et susceptible d'affecter substantiellement la capacité de la société de gestion à s'acquitter dûment de ses missions ou à se conformer aux obligations prévues par la directive 2009/65/CE qui relèvent de la responsabilité de l'État membre d'origine de l'OPCVM.	(4) Der CSSF werden von den zuständigen Behörden des Herkunftsmitgliedstaats des OGAW unverzüglich etwaige auf der Ebene des OGAW festgestellte Probleme mitgeteilt, die die Fähigkeit der Verwaltungsgesellschaft erheblich beeinflussen können, ihre Aufgaben ordnungsgemäß zu erfüllen oder den Verpflichtungen der Richtlinie 2009/65/EG, die in den Zuständigkeitsbereich des Herkunftsmitgliedstaats des OGAW fallen, nachzukommen.
Art. 140. Lorsque l'OPCVM est établi au Luxembourg, la CSSF doit notifier sans délai aux autorités compétentes de l'État membre d'origine de la société de gestion tout problème décelé au niveau de l'OPCVM et susceptible d'affecter substantiellement la capacité de la société de gestion à s'acquitter	**Art. 140.** Ist der OGAW in Luxemburg niedergelassen, so muss die CSSF den zuständigen Behörden des Herkunftsmitgliedstaats der Verwaltungsgesellschaft unverzüglich etwaige auf der Ebene des OGAW festgestellte Probleme mitteilen, die die Fähigkeit der Verwaltungsgesellschaft erheb-

dûment de ses missions ou à se conformer aux obligations prévues par la présente loi qui relèvent de la responsabilité de la CSSF.	lich beeinflussen können, ihre Aufgaben ordnungsgemäß zu erfüllen oder den Verpflichtungen dieses Gesetzes, die in den Zuständigkeitsbereich der CSSF fallen, nachzukommen.
Art. 141. (1) Lorsqu'une société de gestion agréée dans un autre État membre exerce son activité sur le territoire du Luxembourg par voie de prestation de services ou par le biais d'une succursale, la CSSF informe les autorités compétentes de l'État membre d'origine de la société de gestion, dans la mesure où cela s'avère nécessaire pour l'exercice de leurs pouvoirs de surveillance, de toute mesure prise par la CSSF conformément à l'article 124 paragraphe (5) de la présente loi, qui comporte des mesures ou des sanctions imposées à une société de gestion ou des restrictions aux activités d'une société de gestion.	**Art. 141.** (1) Üben in einem anderen Mitgliedstaat zugelassene Verwaltungsgesellschaften im Rahmen des Dienstleistungsverkehrs oder durch Errichtung von Zweigniederlassungen ihre Tätigkeiten im Hoheitsgebiet Luxemburgs aus, so informiert die CSSF die zuständigen Behörden des Herkunftsmitgliedstaats der Verwaltungsgesellschaft, sofern dies für die Erfüllung ihrer Aufsichtsbefugnisse erforderlich ist, über jede Maßnahme, die die CSSF gemäß Artikel 124 Absatz (5) dieses Gesetzes ergreift und die Maßnahmen oder Sanktionen gegen eine Verwaltungsgesellschaft oder eine Beschränkung ihrer Tätigkeiten beinhaltet.
(2) Lorsqu'une société de gestion agréée dans un autre État membre exerce son activité sur le territoire du Luxembourg par le biais d'une succursale, la CSSF veille à ce que les autorités compétentes de l'État membre d'origine de la société de gestion puissent, après en avoir informé la CSSF, procéder elles-mêmes ou par l'intermédiaire de personnes qu'elles mandatent à cet effet à la vérification sur place des informations visées à l'article 109 de la directive 2009/65/CE.	(2) Wenn eine in einem anderen Mitgliedstaat zugelassene Verwaltungsgesellschaft ihre Tätigkeit im Hoheitsgebiet Luxemburgs über eine Zweigniederlassung ausübt, sorgt die CSSF dafür, dass die zuständigen Behörden des Herkunftsmitgliedstaats der Verwaltungsgesellschaft, nach Unterrichtung der CSSF, die in Artikel 109 der Richtlinie 2009/65/EG genannten Informationen selbst oder durch zu diesem Zweck benannte Intermediäre vor Ort überprüfen können.
(3) Le paragraphe (2) ne porte pas préjudice au droit de la CSSF de procéder, dans l'exercice des responsabilités qui lui incombent au titre de la présente loi, à la vérification sur place des succursales établies au Luxembourg.	(3) Absatz (2) berührt nicht das Recht der CSSF, in Ausübung der ihr aufgrund dieses Gesetzes obliegenden Aufgaben vor Ort Überprüfungen der in Luxemburg errichteten Zweigniederlassungen vorzunehmen.
C. – Pouvoirs de surveillance et de sanction	**C. – Aufsichts- und Sanktionsbefugnisse**
Art. 142. (1) Les décisions à prendre par la CSSF en exécution de la présente loi sont	**Art. 142.** (1) Von der CSSF in Ausführung dieses Gesetzes zu treffende Entscheidun-

motivées par écrit et, sauf péril en la demeure, interviennent après instruction contradictoire. Elles sont notifiées par lettre recommandée ou signifiées par voie d'huissier.	gen werden schriftlich begründet und erfolgen, außer bei Gefahr im Verzug, nach streitigem Verfahren. Sie werden per Einschreiben oder über einen Gerichtsvollzieher zugestellt.
(2) Les décisions de la CSSF concernant l'octroi, le refus ou la révocation des agréments prévus par la présente loi peuvent être déférées au tribunal administratif, qui statue comme juge du fond. Le recours doit être introduit sous peine de forclusion dans le délai d'un mois à partir de la notification de la décision attaquée.	(2) Die Entscheidungen der CSSF über die Zuteilung, Ablehnung oder Entziehung der in diesem Gesetz vorgesehenen Zulassungen können an das Verwaltungsgericht, das als Tatsacheninstanz entscheidet, übertragen werden. Rechtsmittel müssen innerhalb einer Ausschlussfrist von einem Monat nach Zustellung der angefochtenen Entscheidung eingereicht werden.
(3) La décision de la CSSF portant retrait de la liste prévue à l'article 130, paragraphe (1), d'un OPC visé par les articles 2 et 87 de la présente loi entraîne de plein droit, à partir de sa notification à l'organisme concerné et à charge de celui-ci, jusqu'au jour où la décision sera devenue définitive, le sursis à tout paiement par cet organisme et interdiction sous peine de nullité, de procéder à tous actes autres que conservatoires, sauf autorisation du commissaire de surveillance. La CSSF exerce de plein droit la fonction de commissaire de surveillance, à moins qu'à sa requête, le tribunal d'arrondissement siégeant en matière commerciale nomme un ou plusieurs commissaires de surveillance. La requête motivée, appuyée des documents justificatifs, est déposée à cet effet au greffe du tribunal dans l'arrondissement duquel l'organisme a son siège.	(3) Entscheidungen der CSSF, die eine Streichung eines OGA im Sinne der Artikel 2 und 87 dieses Gesetzes von der in Artikel 130, Absatz (1) vorgesehenen Liste betreffen, bewirken von Rechts wegen ab ihrer Zustellung an den betroffenen Organismus und zu seinen Lasten bis zu dem Tag, an dem die Entscheidung rechtskräftig wird, den Aufschub jeder Zahlung durch diesen Organismus und das Verbot, unter Androhung der Nichtigkeit, ohne die Genehmigung der kommissarischen Leitung andere als Erhaltungsmaßnahmen vorzunehmen. Die CSSF übt von Rechts wegen die Funktion der kommissarischen Leitung aus, sofern das in Handelssachen tagende Bezirksgericht nicht auf Antrag der CSSF eine oder mehrere Personen mit der kommissarischen Leitung betraut. Der durch Belege untermauerte, begründete Antrag wird zu diesem Zweck in der Kanzlei des Bezirksgerichts am Sitz des Organismus eingereicht.
Le tribunal statue à bref délai.	Das Gericht entscheidet kurzfristig.
S'il s'estime suffisamment renseigné, il prononce immédiatement en audience publique sans entendre les parties. S'il l'estime nécessaire, il convoque les parties au plus tard dans les trois jours du dépôt de la requête, par les soins du greffier. Il entend les parties en chambre du conseil et prononce en audience publique.	Sofern es die ihm unterbreiteten Informationen als ausreichend erachtet, verkündet es seine Entscheidung unverzüglich, ohne Anhörung der Parteien, in öffentlicher Sitzung. Falls erforderlich, lässt es die Parteien spätestens drei Tage nach Einreichung des Antrags durch den Gerichtsschreiber vorladen. Es nimmt eine Anhörung der Parteien im Kammertermin vor und verkündet seine Entscheidung in öffentlicher Sitzung.

A peine de nullité, l'autorisation écrite des commissaires de surveillance est requise pour tous les actes et décisions de l'organisme.	Alle Handlungen und Entscheidungen des Organismus bedürfen, unter Androhung der Nichtigkeit, der schriftlichen Genehmigung der kommissarischen Leitung.
Le tribunal peut toutefois limiter le champ des opérations soumises à l'autorisation.	Das Gericht kann jedoch den Bereich der genehmigungspflichtigen Geschäfte eingrenzen.
Les commissaires peuvent soumettre à la délibération des organes sociaux toutes propositions qu'ils jugent opportunes. Ils peuvent assister aux délibérations des organes d'administration, de direction, de gestion ou de surveillance de l'organisme.	Die kommissarische Leitung kann den Gesellschaftsorganen alle von ihr als angebracht angesehenen Vorschläge unterbreiten. Sie kann an den Beschlussverfahren der Verwaltungs-, Geschäftsleitungs- oder Aufsichtsorganen des Organismus teilnehmen.
Le tribunal arbitre les frais et honoraires des commissaires de surveillance; il peut leur allouer des avances.	Das Gericht befindet über die Kosten und Honorare der kommissarischen Leitung und kann ihr Vorschusszahlungen zusprechen.
Le jugement prévu par le paragraphe (1) de l'article 143 de la présente loi met fin aux fonctions du commissaire de surveillance qui devra, dans le mois à compter de son remplacement, faire rapport aux liquidateurs nommés par le jugement sur l'emploi des valeurs de l'organisme et leur soumettre les comptes et pièces à l'appui.	Das in Artikel 143 Absatz (1) dieses Gesetzes vorgesehene Urteil beendet die Funktion der kommissarischen Leitung, die binnen einer Frist von einem Monat nach ihrer Ersetzung den durch das Urteil benannten Liquidatoren Bericht über die Verwendung der Vermögenswerte des Organismus erstatten und ihnen die entsprechenden Rechnungsunterlagen und Belege vorlegen muss.
Lorsque la décision de retrait est réformée par l'instance de recours visée au paragraphe (2) ci-dessus, le commissaire de surveillance est réputé démissionnaire.	Wird die Entscheidung über die Entziehung der Zulassung durch das in Absatz (2) genannte Rechtsmittelverfahren aufgehoben, gilt die kommissarische Leitung als gekündigt.
Art. 143. (1) Le tribunal d'arrondissement siégeant en matière commerciale prononce sur la demande du procureur d'État, agissant d'office ou à la requête de la CSSF, la dissolution et la liquidation des OPC visés par les articles 2 et 87 de la présente loi, dont l'inscription à la liste prévue à l'article 130 paragraphe (1) aura été définitivement refusée ou retirée.	**Art. 143.** (1) Das in Handelssachen tagende Bezirksgericht verkündet auf Antrag des kraft seines Amtes oder auf Antrag der CSSF handelnden Staatsanwalts die Auflösung und die Liquidation der unter die Artikel 2 und 87 dieses Gesetzes fallenden OGA, deren Eintrag auf die Liste nach Artikel 130 Absatz (1) endgültig abgelehnt oder gestrichen wurde.
Le tribunal d'arrondissement siégeant en matière commerciale prononce sur la demande du procureur d'État, agissant d'office ou à la requête de la CSSF, la dissolution et la liquidation d'un ou de plusieurs com-	Das in Handelssachen tagende Bezirksgericht verkündet auf Antrag des kraft seines Amtes oder auf Antrag der CSSF handelnden Staatsanwalts die Auflösung und die Liquidation eines oder mehrerer Teilfonds

partiments d'OPC visés par les articles 2 et 87 de la présente loi, dans les cas où l'autorisation concernant ce compartiment aura définitivement été refusée ou retirée.	eines unter die Artikel 2 und 87 dieses Gesetzes fallenden OGA, falls die Genehmigung bezüglich dieses Teilfonds endgültig abgelehnt oder gestrichen wurde.
En ordonnant la liquidation, le tribunal nomme un juge-commissaire ainsi qu'un ou plusieurs liquidateurs. Il arrête le mode de liquidation. Il peut rendre applicables dans la mesure qu'il détermine les règles régissant la liquidation de la faillite. Le mode de liquidation peut être modifié par décision ultérieure, soit d'office, soit sur requête du ou des liquidateurs.	Mit der Liquidationsanordnung ernennt das Gericht einen Konkursrichter, sowie einen oder mehrere Liquidatoren. Es legt den Liquidationsmodus fest. Es kann in einem von ihm zu bestimmenden Rahmen die Bestimmungen bezüglich der Liquidation von Konkursen für anwendbar erklären. Der Liquidationsmodus kann später entweder von Amts wegen oder auf Antrag des oder der Liquidatoren geändert werden.
Le tribunal arbitre les frais et honoraires des liquidateurs; il peut leur allouer des avances. Le jugement prononçant la dissolution et ordonnant la liquidation est exécutoire par provision.	Das Gericht befindet über die Kosten und Honorare der Liquidatoren und kann ihnen Vorschusszahlungen zusprechen. Das Urteil zur Verkündung der Auflösung und Anordnung der Liquidation ist vorläufig vollstreckbar.
(2) Le ou les liquidateurs peuvent intenter et soutenir toutes actions pour l'organisme, recevoir tous paiements, donner mainlevée avec ou sans quittance, réaliser toutes les valeurs mobilières de l'organisme et en faire le réemploi, créer ou endosser tous effets de commerce, transiger ou compromettre sur toutes contestations. Ils peuvent aliéner les immeubles de l'organisme par adjudication publique.	(2) Der oder die Liquidatoren können für den Organismus alle Handlungen einleiten und vornehmen, Zahlungen entgegennehmen, Aufhebungen gegen Quittung oder ohne Quittung veranlassen, alle Wertpapiere des Organismus veräußern und wiederanlegen, Wechsel begeben oder übertragen sowie in allen streitigen Angelegenheiten Vergleiche abschließen oder Verzichtserklärungen abgeben. Sie können ferner Immobilien des Organismus im Wege der öffentlichen Versteigerung veräußern.
Ils peuvent, en outre, mais seulement avec l'autorisation du tribunal, hypothéquer ses biens, les donner en gage, aliéner ses immeubles, de gré à gré.	Darüber hinaus können sie, vorbehaltlich der Genehmigung des Gerichts, auf einzelvertraglicher Basis die Güter des Organismus mit Hypotheken belasten, verpfänden oder veräußern.
(3) A partir du jugement, toutes actions mobilières ou immobilières, toutes voies d'exécution sur les meubles ou les immeubles ne pourront être suivies, intentées ou exercées que contre les liquidateurs.	(3) Ab dem Datum des Gerichtsurteils können sämtliche Klagen sowie jegliche Vollstreckungshandlungen im Zusammenhang mit beweglichem oder unbeweglichem Vermögen ausschließlich gegenüber den Liquidatoren verfolgt, eingeleitet oder ausgeübt werden.
Le jugement de mise en liquidation arrête toutes saisies, à la requête des créanciers	Das Urteil über die Liquidation beendet jegliche Beschlagnahme auf Antrag von nicht

chirographaires et non privilégiés sur les meubles et immeubles.	bevorzugten und nicht mit Privilegien ausgestatteten Gläubigern im Hinblick auf bewegliches und unbewegliches Vermögen.
(4) Après le paiement ou la consignation des sommes nécessaires au paiement des dettes, les liquidateurs distribuent aux porteurs de parts les sommes ou valeurs qui leur reviennent.	(4) Nach Begleichung der Verbindlichkeiten bzw. nach Hinterlegung der zur Zahlung der Verbindlichkeiten notwendigen Beträge verteilen die Liquidatoren die ihnen jeweils zustehenden Beträge oder Vermögenswerte an die Anteilinhaber.
(5) Les liquidateurs peuvent convoquer de leur propre initiative et doivent convoquer sur demande des porteurs de parts représentant au moins le quart des avoirs de l'organisme une assemblée générale des porteurs de parts à l'effet de décider si, au lieu d'une liquidation pure et simple, il y a lieu de faire apport de l'actif de l'organisme en liquidation à un autre OPC. Cette décision est prise, à condition que l'assemblée générale soit composée d'un nombre de porteurs de parts représentant la moitié au moins des parts émises ou du capital social, à la majorité des deux tiers des voix des porteurs de parts présents ou représentés.	(5) Die Liquidatoren können auf eigene Veranlassung – und müssen auf Antrag der Anteilinhaber, die mindestens ein Viertel des Vermögens des Organismus vertreten – eine Generalversammlung der Anteilinhaber einberufen, um darüber zu entscheiden, ob anstelle einer einfachen Liquidation die Vermögenswerte des zu liquidierenden Organismus in einen anderen OGA einzubringen sind. Diese Entscheidung wird, sofern bei der Generalversammlung mindestens die Hälfte der ausgegebenen Anteile oder des Gesellschaftskapitals vertreten ist, mit einer Zweidrittelmehrheit der Stimmen der anwesenden oder vertretenen Anteilinhaber gefasst.
(6) Les décisions judiciaires prononçant la dissolution et ordonnant la liquidation d'un OPC sont publiées au Mémorial et dans deux journaux à diffusion adéquate dont au moins un journal luxembourgeois, désignés par le tribunal. Ces publications sont faites à la diligence du ou des liquidateurs.	(6) Gerichtsentscheidungen, die eine Auflösung eines OGA verkünden und dessen Liquidation anordnen, werden im *Mémorial* und in zwei vom Gericht benannten Zeitungen mit hinreichender Auflage, von denen mindestens eine eine Luxemburger Zeitung sein muss, veröffentlicht. Diese Veröffentlichungen erfolgen auf Veranlassung des oder der Liquidatoren.
(7) En cas d'absence ou d'insuffisance d'actif, constatée par le juge-commissaire, les actes de procédure sont exempts de tous droits de greffe et d'enregistrement et les frais et honoraires des liquidateurs sont à charge du Trésor et liquidés comme frais judiciaires.	(7) Wird vom kommissarischen Richter festgestellt, dass keine oder nur unzureichende Vermögenswerte vorhanden sind, so können die schriftlichen Vorgänge von allen Kanzlei- und Registergebühren freigestellt werden, und die Kosten und Honorare der Liquidatoren werden vom Schatzministerium getragen und wie Gerichtskosten behandelt.
(8) Les liquidateurs sont responsables tant envers les tiers qu'envers l'OPC de l'exécution de leur mandat et des fautes commises par leur gestion.	(8) Die Liquidatoren sind sowohl Dritten gegenüber wie auch dem OGA gegenüber haftbar für die Ausführung ihres Auftrages und für Fehler bei der Führung der Geschäfte.

(9) Lorsque la liquidation est terminée, les liquidateurs font rapport au tribunal sur l'emploi des valeurs de l'organisme et soumettent les comptes et pièces à l'appui. Le tribunal nomme des commissaires pour examiner les documents.	(9) Nach Abschluss der Liquidation erstatten die Liquidatoren dem Gericht Bericht über die Verwendung der Vermögenswerte des Organismus und legen die Schlussrechnung einschließlich der Belege vor. Das Gericht ernennt Prüfer zur Begutachtung der Unterlagen.
Il est statué, après le rapport des commissaires, sur la gestion des liquidateurs et sur la clôture de la liquidation.	Nach dem Bericht der Prüfer wird über die Geschäftsführung der Liquidatoren und über den Abschluss der Liquidation entschieden.
Celle-ci est publiée conformément au paragraphe (6) ci-dessus.	Dieser Abschluss wird gemäß vorstehendem Absatz (6) veröffentlicht.
Cette publication comprend en outre:	Die Veröffentlichung enthält unter anderem:
– l'indication de l'endroit désigné par le tribunal où les livres et documents sociaux doivent être déposés pendant cinq ans au moins;	– die Angabe des vom Gericht bezeichneten Ortes, an dem die Bücher und Gesellschaftsunterlagen während mindestens fünf Jahren aufbewahrt werden müssen;
– l'indication des mesures prises conformément à l'article 145 en vue de la consignation des sommes et valeurs revenant aux créanciers, aux porteurs de parts ou associés dont la remise n'a pu leur être faite.	– die Angabe der gemäß Artikel 145 ergriffenen Maßnahmen im Hinblick auf die Hinterlegung der Beträge und Werte, die denjenigen Gläubigern, Anteilinhabern oder Gesellschaftern zustehen, an die eine Aushändigung nicht erfolgen konnte.
(10) Toutes les actions contre les liquidateurs d'OPC, pris en cette qualité, se prescrivent par cinq ans à partir de la publication de la clôture des opérations de liquidation prévue au paragraphe (9).	(10) Alle Klagen gegen die Liquidatoren des OGA in deren Eigenschaft als Liquidatoren verjähren fünf Jahre nach der gemäß Absatz (9) erfolgten Veröffentlichung des Liquidationsabschlusses.
Les actions contre les liquidateurs, pour faits de leurs fonctions, se prescrivent par cinq ans à partir de ces faits ou, s'ils ont été celés par dol, à partir de la découverte de ces faits.	Klagen gegen die Liquidatoren, die auf Vorfällen im Zusammenhang mit ihrer Funktion beruhen, verjähren fünf Jahre nach diesen Vorfällen oder, sofern diese Vorfälle vorsätzlich verdeckt wurden, nach deren Aufdeckung.
(11) Les dispositions du présent article s'appliquent également aux OPC qui n'ont pas demandé leur inscription sur la liste prévue à l'article 130 paragraphe (1) dans le délai y imparti.	(11) Die Bestimmungen des vorliegenden Artikels finden ebenfalls Anwendung auf OGA, die ihre Eintragung auf die Liste nach Artikel 130 Absatz (1) nicht innerhalb der dort festgelegten Frist beantragt haben.

Art. 144. (1) Les OPC sont, après leur dissolution, réputés exister pour leur liquidation. En cas de liquidation non judiciaire, ils restent soumis à la surveillance de la CSSF.	**Art. 144.** (1) Nach ihrer Auflösung bestehen die OGA zu Zwecken ihrer Liquidation fort. Im Falle einer nicht gerichtlich veranlassten Liquidation unterliegen sie weiterhin der Aufsicht der CSSF.
(2) Toutes les pièces émanant d'un OPC en état de liquidation mentionnent qu'il est en liquidation.	(2) In sämtlichen Unterlagen eines OGA in Liquidation muss angegeben werden, dass der OGA sich in Liquidation befindet.
Art. 145. (1) En cas de liquidation non judiciaire d'un OPC, le ou les liquidateurs doivent être agréés par la CSSF. Le ou les liquidateurs doivent présenter toutes les garanties d'honorabilité et de qualification professionnelles.	**Art. 145.** (1) Im Falle einer nicht gerichtlich veranlassten Liquidation eines OGA, muss der bzw. müssen die Liquidatoren von der CSSF zugelassen sein. Der oder die Liquidatoren müssen ihren guten Leumund sowie ihre berufliche Qualifikation nachweisen.
(2) Lorsque le liquidateur n'accepte pas sa mission ou n'est pas agréé, le tribunal d'arrondissement siégeant en matière commerciale désigne le ou les liquidateurs, à la requête de toute partie intéressée ou de la CSSF. Le jugement désignant le ou les liquidateurs est exécutoire par provision, sur minute et avant l'enregistrement, nonobstant appel ou opposition.	(2) Falls ein Liquidator seinen Auftrag nicht annimmt oder nicht zugelassen ist, ernennt das in Handelssachen tagende Bezirksgericht auf Antrag jeder interessierten Partei oder der CSSF den oder die Liquidatoren. das Urteil, durch welches der oder die Liquidatoren bestimmt werden, ist in Urschrift und vor seiner Registrierung vorläufig vollstreckbar, ungeachtet etwaiger Rechtsmittel der Berufung oder des Einspruchs.
Art. 146. En cas de liquidation volontaire ou forcée d'un OPC au sens de la présente loi, les sommes et valeurs revenant à des titres dont les détenteurs ne se sont pas présentés lors de la clôture des opérations de liquidation sont déposées à la Caisse de Consignation au profit de qui il appartiendra.	**Art. 146.** Im Falle einer freiwilligen oder Zwangsliquidation eines OGA im Sinne dieses Gesetzes werden die Beträge und Vermögenswerte, die Anteilen zuzuordnen sind, deren Inhaber zum Abschluss der Liquidation nicht vorstellig wurden, bei der öffentlichen Hinterlegungsstelle zu Gunsten der Berechtigten hinterlegt.
Art. 147. (1) Aux fins de l'application de la présente loi, la CSSF est investie de tous les pouvoirs de surveillance et d'enquête nécessaires à l'exercice de ses fonctions.	**Art. 147.** (1) Für die Zwecke der Anwendung dieses Gesetzes ist die CSSF mit allen für die Wahrnehmung ihrer Aufgaben notwendigen Überwachungs- und Ermittlungsbefugnissen ausgestattet.
(2) Les pouvoirs de la CSSF incluent le droit:	(2) Die Befugnisse der CSSF beinhalten das Recht:
a) d'accéder à tout document, sous quelque forme que ce soit, et en recevoir une copie;	a) Unterlagen aller Art einzusehen und Kopien davon zu erhalten,

b) d'exiger de toute personne qu'elle fournisse des informations et, si nécessaire, convoquer et entendre toute personne pour en obtenir des informations;	b) von jeder Person Auskünfte zu verlangen und, falls notwendig, eine Person einzubestellen und zu befragen, um Informationen zu erhalten,
c) de procéder à des inspections sur place ou des enquêtes par elle-même ou par ses délégués auprès des personnes soumises à sa surveillance au titre de la présente loi;	c) Ermittlungen vor Ort durchzuführen oder Untersuchungen selbstständig oder durch ihre Vertreter bei den laut diesem Gesetz ihrer Aufsicht unterstellten Personen vorzunehmen;
d) d'exiger la communication des enregistrements des échanges téléphoniques et de données existants;	d) die Übermittlung bereits existierender Aufzeichnungen von Telefongesprächen und Daten anzufordern;
e) d'enjoindre de cesser toute pratique contraire aux dispositions arrêtées pour la mise en oeuvre de la présente loi;	e) vorzuschreiben, dass Praktiken, die gegen die für die Umsetzung dieses Gesetzes erlassenen Vorschriften verstoßen, unterbunden werden,
f) de requérir le gel ou la mise sous séquestre d'actifs auprès du Président du Tribunal d'arrondissement de et à Luxembourg statuant sur requête;	f) das Einfrieren oder die Beschlagnahme von Vermögenswerten beim Präsidenten des Bezirksgerichts von und zu Luxemburg zu verlangen, der auf Antrag entscheidet;
g) de prononcer l'interdiction temporaire de l'exercice d'activités professionnelles à l'encontre des personnes soumises à sa surveillance prudentielle, ainsi que des membres des organes d'administration, de direction et de gestion, des salariés et des agents liés à ces personnes;	g) ein vorübergehendes Berufsverbot gegenüber den Personen, die ihrer ordnungsgemäßen Aufsicht unterliegen, sowie den Mitgliedern von Verwaltungs-, Geschäftsleitungs- und Managementorganen, den Mitarbeitern und vertraglich gebundenen Vermittlern dieser Personen auszusprechen;
h) d'exiger des sociétés d'investissement, des sociétés de gestion ou des dépositaires agréés qu'ils fournissent des informations;	h) von den Investmentgesellschaften, den Verwaltungsgesellschaften oder zugelassenen Verwahrstellen die Erteilung von Auskünften zu verlangen;
i) d'arrêter tout type de mesure propre à assurer que les sociétés d'investissement, les sociétés de gestion et les dépositaires continuent de se conformer aux exigences de la présente loi;	i) jede Maßnahme zu erlassen, die notwendig ist, um zu gewährleisten, dass die Investmentgesellschaften, Verwaltungsgesellschaften oder Verwahrstellen weiterhin den Anforderungen dieses Gesetzes genügen;
j) d'exiger, dans l'intérêt des porteurs de parts ou dans l'intérêt du public, la suspension de l'émission, du rachat ou du remboursement des parts;	j) im Interesse der Anteilinhaber oder im öffentlichen Interesse die Aussetzung der Ausgabe, der Rücknahme oder der Auszahlung von Anteilen zu fordern;
k) de retirer l'agrément octroyé à un OPC, à une société de gestion ou à un dépositaire;	k) einem OGA, einer Verwaltungsgesellschaft oder einer Verwahrstelle die erteilte Zulassung zu entziehen;

l) de transmettre des informations au Procureur d'État en vue de poursuites pénales; et	l) Informationen zwecks strafrechtlicher Verfolgung an die Staatsanwaltschaft zu übermitteln; und
m) de donner instruction à des réviseurs d'entreprises agréés ou des experts d'effectuer des vérifications ou des enquêtes.	m) *réviseurs d'entreprises agréés* (Abschlussprüfer) oder Sachverständige zu veranlassen, Überprüfungen oder Untersuchungen vorzunehmen.
(3) Le magistrat présidant la Chambre du tribunal d'arrondissement siégeant en matière commerciale, à la requête des organisations visées par l'article L. 313-1 et suivant du Code de la consommation introduit par la loi du 8 avril 2011, ou de la CSSF, peut ordonner toute mesure destinée à faire cesser les actes contraires aux dispositions de la présente loi visés au deuxième alinéa du présent paragraphe. L'action en cessation est introduite selon la procédure applicable devant le tribunal des référés. Le magistrat présidant la Chambre du tribunal d'arrondissement siégeant en matière commerciale statue comme juge du fond. Le délai d'appel est de quinze jours.	(3) Der Vorsitzende Richter der Kammer für Handelssachen des Bezirksgerichts kann auf Antrag der in Artikel L. 313-1 genannten Organisationen und nach dem Verbrauchergesetzbuch (Code de la consommation), das durch das Gesetz vom 8. April 2011 eingeführt wurde, oder auf Antrag der CSSF, jede Maßnahme anordnen, um Handlungen, die den Bestimmungen des 2. Unterabsatzes dieses Absatzes dieses Gesetzes entgegenstehen, zu untersagen. Die Unterlassungsklage wird durch das Verfahren vor dem Gericht für Eilverfahren behandelt. Der Vorsitzende Richter der Kammer für Handelssachen des Bezirksgerichts entscheidet darüber. Die Berufungsfrist beträgt fünfzehn (15) Tage.
Les actes visés à l'alinéa 1er sont les suivants:	Handlungen im Sinne von Unterabsatz 1 sind:
a) le fait de procéder ou de faire procéder à des opérations de collecte de l'épargne auprès du public en vue de placement sans que l'OPC n'ait été inscrit sur la liste prévue à l'article 130 de la présente loi;	a) Die Beschaffung oder das Veranlassender Beschaffung von Geldern zur Anlage in der Öffentlichkeit ohne dass der OGA auf der in Artikel 130 dieses Gesetzes genannten Liste eingetragen ist;
b) le fait d'exercer des activités de société de gestion d'OPC sans être agréé conformément aux dispositions du chapitre 15, 16 ou 17 de la présente loi;	b) die Ausübung von Tätigkeiten der Verwaltungsgesellschaft eines OGA ohne gemäß den Bestimmungen der Kapitel 15, 16 und 17 dieses Gesetzes zugelassen zu sein;
c) le fait de faire état d'une appellation ou d'une qualification donnant l'apparence d'activités soumises à la présente loi sans disposer de l'agrément prévu à l'article 130.	c) das Erwecken des Anscheins einer diesem Gesetz unterliegenden Geschäftstätigkeit oder Qualifikation, ohne über die Zulassung nach Artikel 130 zu verfügen.
Art. 148. (1) Les administrateurs ou membres du directoire, selon le cas, gérants et directeurs des OPC, des sociétés de gestion,	**Art. 148.** (1) Die Verwaltungsräte bzw. gegebenenfalls die Vorstandsmitglieder, Geschäftsführer und leitenden Angestellten

des dépositaires ainsi que de toute entreprise concourant aux activités de l'OPC soumis à la surveillance de la CSSF ainsi que les liquidateurs en cas de liquidation volontaire d'un OPC peuvent être frappés par celle-ci d'une amende d'ordre de 125 à 12.500 euros au cas où ils refuseraient de fournir les rapports financiers et les renseignements demandés ou lorsque ceux-ci se révéleraient incomplets, inexacts ou faux, ainsi qu'en cas d'infraction aux dispositions du chapitre 21 de la présente loi ou encore en cas de constatation de toute autre irrégularité grave.	eines OGA, einer Verwaltungsgesellschaft, Verwahrstelle sowie jedes anderen Unternehmens, das an den Geschäftstätigkeiten des OGA die der Aufsicht der CSSF unterliegen, mitwirkt, sowie die Liquidatoren im Falle einer freiwilligen Liquidation eines OGA, können von der CSSF mit einer Geldbuße von 125 bis 12.500 Euro belegt werden, wenn sie sich weigern, der CSSF Finanzberichte und weitere angeforderte Informationen vorzulegen oder wenn diese sich als unvollständig, ungenau oder unrichtig erweisen oder wenn gegen die Bestimmungen des Kapitels 21 dieses Gesetzes verstoßen wird sowie bei Feststellung jedweder anderen schwerwiegenden Unregelmäßigkeit.
(2) La même amende d'ordre est prévue à l'encontre de ceux qui contreviendraient aux dispositions de l'article 132 de la présente loi.	(2) Die gleiche Geldbuße wird auch gegen Personen verhängt, die gegen die Bestimmungen von Artikel 132 dieses Gesetzes verstoßen haben.
Art. 149. La CSSF pourra rendre publique toute amende d'ordre prononcée en vertu de l'article 148 et toute mesure appliquée, à moins que cette publication ne risque de perturber gravement les marchés financiers, de nuire aux intérêts des investisseurs ou de causer un préjudice disproportionné aux parties en cause.	**Art. 149.** Die CSSF kann jede Geldbuße, die bei einem Verstoß gegen Artikel 148 und jede angeordnete Maßnahme verhängt wird, der Öffentlichkeit bekannt geben, sofern eine solche Bekanntgabe nicht die Stabilität der Finanzmärkte ernstlich gefährdet, nachteilig für die Interessen der Anleger ist oder den Beteiligten einen unverhältnismäßig hohen Schaden zufügt.
Chapitre 21. – Obligations concernant l'information des investisseurs	**Kapitel 21. – Verpflichtungen betreffend die Information der Anleger**
A. – Publication d'un prospectus et de rapports périodiques	**A. – Veröffentlichung eines Prospekts und periodischer Berichte**
Art. 150. (1) La société d'investissement et la société de gestion pour chacun des fonds communs de placement qu'elle gère, doivent publier:	**Art. 150.** (1) Die Investmentgesellschaft und die Verwaltungsgesellschaft für jedes von ihr verwaltete Sondervermögen, müssen folgende Unterlagen veröffentlichen:
– un prospectus,	– einen Prospekt,
– un rapport annuel par exercice, et	– einen Jahresbericht je Geschäftsjahr, und

– un rapport semi-annuel couvrant les six premiers mois de l'exercice.	– einen Halbjahresbericht der sich auf die ersten sechs Monate des Geschäftsjahres erstreckt.
(2) Les rapports annuel et semestriel doivent être publiés dans les délais suivants, à compter de la fin de la période à laquelle ces rapports se réfèrent:	(2) Der Jahresbericht und der Halbjahresbericht müssen innerhalb der nachfolgenden Fristen, gerechnet ab dem Ende des jeweiligen Berichtszeitraums veröffentlicht werden:
– quatre mois pour le rapport annuel,	– vier Monate für den Jahresbericht
– deux mois pour le rapport semestriel.	– zwei Monate für den Halbjahresbericht.
Toutefois, pour les organismes de placement collectif soumis à la partie II de la présente loi, le délai de quatre mois pour la publication du rapport annuel visé au 1er tiret est porté à six mois et le délai de deux mois pour la publication du rapport semestriel visé au 2ème tiret est porté à trois mois.	Für alle Teil II dieses Gesetzes unterliegenden Organismen für gemeinsame Anlagen wird jedoch die im 1. Spiegelstrich genannte Frist von vier Monaten für die Veröffentlichung des Jahresberichts auf sechs Monate erhöht und die im 2. Spiegelstrich genannte Frist von zwei Monaten für die Veröffentlichung des Halbjahresberichts auf drei Monate erhöht.
(3) L'obligation de publier un prospectus au sens de la présente loi n'est pas applicable aux organismes de placement collectif du type fermé.	(3) Die Verpflichtung zur Veröffentlichung eines Prospekts im Sinne dieses Gesetzes gilt nicht für Organismen für gemeinsame Anlagen des geschlossenen Typs.
Art. 151. (1) Le prospectus doit contenir les renseignements qui sont nécessaires pour que les investisseurs puissent juger en pleine connaissance de cause l'investissement qui leur est proposé, et notamment les risques inhérents à celui-ci. Le prospectus comporte une description claire et facile à comprendre du profil de risque du fonds, indépendamment des instruments dans lesquels il investit.	**Art. 151.** (1) Der Prospekt muss die Angaben enthalten, die erforderlich sind, damit sich die Anleger über die ihnen vorgeschlagene Anlage und vor allem über die damit verbundenen Risiken in voller Kenntnis der Sachlage ein Urteil bilden können. Der Prospekt muss – unabhängig von der Art der Instrumente, in die investiert wird – eine eindeutige und leicht verständliche Beschreibung des Risikoprofils des Fonds enthalten.
(2) Le prospectus comporte au moins les renseignements prévus à l'annexe I, schéma A, de la présente loi, pour autant que ces renseignements ne figurent pas déjà dans les documents constitutifs annexés au prospectus conformément à l'article 152, paragraphe (1).	(2) Der Prospekt enthält mindestens die in Anhang I, Schema A dieses Gesetzes vorgesehenen Angaben, soweit diese Angaben nicht bereits in den Gründungsunterlagen enthalten sind, die dem Prospekt gemäß Artikel 152 Absatz (1) als Anhang beizufügen sind.
(3) Le rapport annuel doit contenir un bilan ou un état de l'actif et du passif, un compte ventilé des revenus et des dépenses de l'exercice, un rapport sur les activités de	(3) Der Jahresbericht muss eine Bilanz oder eine Vermögensaufstellung enthalten sowie eine gegliederte Verzeichnis über Erträge und Aufwendungen des Geschäftsjahres,

l'exercice écoulé et les autres renseignements prévus à l'annexe I, schéma B, de la présente loi, ainsi que toute information significative permettant aux investisseurs de porter, en connaissance de cause, un jugement sur l'évolution de l'activité et les résultats de l'OPC.	einen Bericht über die Tätigkeiten des abgelaufenen Geschäftsjahres und alle sonstigen in Anhang I, Schema B dieses Gesetzes vorgesehenen Angaben, sowie alle wesentlichen Informationen, die es den Anlegern ermöglichen, sich in voller Kenntnis der Sachlage ein Urteil über die Entwicklung der Tätigkeit und der Ergebnisse des OGA zu bilden.
(4) Le rapport semestriel doit contenir au moins les renseignements prévus aux chapitres I à IV de l'annexe I, schéma B, de la présente loi. Lorsqu'un OPC a versé ou se propose de verser des acomptes sur dividendes, les données chiffrées doivent indiquer le résultat après déduction des impôts pour le semestre concerné et les acomptes sur dividendes versés ou proposés.	(4) Der Halbjahresbericht muss mindestens die in den Abschnitten I bis IV von Anhang I, Schemas B dieses Gesetzes vorgesehenen Angaben enthalten. Die Zahlenangaben müssen – wenn ein OGA Vorschussdividenden ausgeschüttet hat oder dies beabsichtigt – das Ergebnis nach Steuern für das betreffende Halbjahr sowie die ausgeschütteten oder vorgesehenen Vorschussdividenden ausweisen.
(5) Les schémas tels que prévus par les paragraphes (2), (3) et (4) peuvent être différenciés par la CSSF pour les OPC relevant des articles 87 et 100 de la présente loi, suivant que ces OPC présentent certaines caractéristiques ou remplissent certaines conditions.	(5) Von den in den Absätzen (2), (3) und (4) vorgesehenen Schemata kann die CSSF für OGA nach den Artikeln 87 und 100 dieses Gesetzes abweichen, je nachdem, ob die OGA bestimmte Merkmale aufweisen oder gewisse Anforderungen erfüllen.
Art. 152. (1) Le règlement de gestion ou les documents constitutifs de la société d'investissement font partie intégrante du prospectus auquel ils doivent être annexés.	**Art. 152.** (1) Das Verwaltungsreglement oder die Gründungsunterlagen der Investmentgesellschaft sind Bestandteil des Prospekts und diesem beizufügen.
(2) Toutefois, les documents visés au paragraphe (1) peuvent ne pas être annexés au prospectus, à condition que le porteur de parts soit informé que, à sa demande, ces documents lui seront envoyés ou qu'il sera informé de l'endroit où il pourra les consulter dans chaque État membre où les parts sont mises sur le marché.	(2) Die in Absatz (1) genannten Dokumente müssen dem Prospekt jedoch nicht zwingend beigefügt werden, sofern der Anteilinhaber darüber informiert wird, dass er auf jeweiliges Verlangen diese Dokumente erhalten kann oder erfahren kann, wo er sie in jedem Mitgliedstaat, in dem die Anteile vertrieben werden, einsehen kann.
Art. 153. Les éléments essentiels du prospectus doivent être tenus à jour.	**Art. 153.** Die Angaben im Prospekt mit wesentlicher Bedeutung im Prospekt sind auf dem aktuellen Stand zu halten.
Art. 154. (1) Les OPC luxembourgeois doivent faire contrôler, par un réviseur d'entre	**Art. 154.** (1) Luxemburgische OGA müssen die in ihrem Jahresbericht enthaltenen

prises agréé, les données comptables contenues dans leur rapport annuel.	Buchhaltungsdaten von einem *réviseur d'entreprises agréé* (Abschlussprüfer) prüfen lassen.
L'attestation du réviseur d'entreprises agréé et le cas échéant ses réserves sont reproduites intégralement dans chaque rapport annuel. Le réviseur d'entreprises agréé doit justifier d'une expérience professionnelle adéquate.	Der Bestätigungsvermerk des *réviseur d'entreprises agréé* (Abschlussprüfer) und gegebenenfalls dessen Einschränkungen sind in jedem Jahresbericht vollständig wiederzugeben. Der *réviseur d'entreprises agréé* (Abschlussprüfer) muss eine angemessene Berufserfahrung nachweisen können.
(2) Le réviseur d'entreprises agréé est nommé et rémunéré par l'OPC.	(2) Der *réviseur d'entreprises agréé* (Abschlussprüfer) wird vom OGA benannt und vergütet.
(3) Le réviseur d'entreprises agréé est tenu de signaler à la CSSF rapidement tout fait ou décision dont il a pris connaissance dans l'exercice du contrôle des données comptables contenues dans le rapport annuel d'un OPC ou d'une autre mission légale auprès d'un OPC, lorsque ce fait ou cette décision est de nature à:	(3) Der *réviseur d'entreprises agréé* (Abschlussprüfer) muss der CSSF unverzüglich alle Tatsachen oder Entscheidungen melden, von denen er bei der Prüfung der im Jahresbericht eines OGAW enthaltenen Buchhaltungsdaten oder im Rahmen der Erfüllung anderer gesetzlicher Aufgaben bei einem OGA Kenntnis erlangt hat, wenn diese Tatsachen oder Entscheidungen:
– constituer une violation substantielle des dispositions de la présente loi ou des dispositions réglementaires prises pour son exécution; ou	– eine substanzielle Verletzung der Bestimmungen dieses Gesetzes oder der zu seiner Umsetzung erlassenen Bestimmungen in Verordnungen darstellen; oder
– porter atteinte à la continuité de l'exploitation de l'OPC, ou d'une entreprise qui concourt à son activité; ou	– die Fortsetzung der Tätigkeit des OGA oder eines Unternehmens, das an der Geschäftstätigkeit des OGA mitwirkt, beeinträchtigen könnten, oder
– entraîner le refus de la certification des comptes ou l'émission de réserves y relatives.	– die Ablehnung der Bestätigung der Rechnungslegung oder diesbezügliche Vorbehalte zur Folge haben können.
Le réviseur d'entreprises agréé est également tenu d'informer rapidement la CSSF, dans l'accomplissement des missions visées à l'alinéa précédent auprès d'un OPC, de tout fait ou décision concernant l'OPC et répondant aux critères énumérés à l'alinéa précédent, dont il a eu connaissance en s'acquittant du contrôle des données comptables contenues dans leur rapport annuel ou d'une autre mission légale auprès d'une autre entreprise liée à cet OPC par un lien de	Der *réviseur d'entreprises agréé* (Abschlussprüfer) ist des Weiteren verpflichtet, im Rahmen der Wahrnehmung der in vorstehendem Absatz bezeichneten Aufgaben bei einem OGA, der CSSF unverzüglich alle Tatsachen oder Entscheidungen betreffend diesen OGA, von denen er bei der Überprüfung der im Jahresbericht enthaltenen Buchhaltungsdaten oder im Rahmen der Erfüllung einer anderen gesetzlichen Aufgabe bei einem mit dem OGA durch ein

contrôle ou liée à une entreprise qui concourt à son activité.	Kontrollverhältnis verbundenen Unternehmen oder einem Unternehmen, das an seiner Geschäftstätigkeit mitwirkt, Kenntnis erlangt hat und die den in vorstehendem Absatz aufgeführten Kriterien entsprechen, zu melden.
Si dans l'accomplissement de sa mission, le réviseur d'entreprises agréé obtient connaissance du fait que l'information fournie aux investisseurs ou à la CSSF dans les rapports ou autres documents de l'OPC, ne décrit pas d'une manière fidèle la situation financière et l'état du patrimoine de l'OPC, il est obligé d'en informer aussitôt la CSSF.	Erlangt der *réviseur d'entreprises agréé* (Abschlussprüfer) bei der Wahrnehmung seiner Aufgaben Kenntnis von der Tatsache, dass die den Anlegern oder der CSSF in den Berichten oder in anderen Unterlagen des OGA übermittelten Angaben die Finanzsituation und Vermögenslage des OGA nicht zutreffend wiedergeben, muss er die CSSF hiervon unverzüglich unterrichten.
Le réviseur d'entreprises agréé est en outre tenu de fournir à la CSSF tous les renseignements ou certifications que celle-ci requiert sur les points dont le réviseur d'entreprises agréé a ou doit avoir connaissance dans le cadre de l'exercice de sa mission. Il en va de même si le réviseur d'entreprises agréé obtient connaissance que les actifs de l'OPC ne sont pas ou n'ont pas été investis selon les règles prévues par la loi ou le prospectus.	Der *réviseur d'entreprises agréé* (Abschlussprüfer) ist des Weiteren verpflichtet, der CSSF sämtliche Angaben oder Bescheinigungen zu übermitteln, die die CSSF im Hinblick auf Umstände anfordert, von denen der *réviseur d'entreprises agréé* (Abschlussprüfer) bei der Durchführung seines Auftrages Kenntnis erlangt hat oder erlangt haben muss. Das Gleiche gilt, wenn der *réviseur d'entreprises agréé* (Abschlussprüfer) davon Kenntnis erlangt, dass die Vermögenswerte des OGA nicht im Einklang mit den im Gesetz oder im Prospekt vorgesehenen Regeln angelegt sind oder angelegt wurden.
La divulgation de bonne foi à la CSSF par un réviseur d'entreprises agréé de faits ou décisions visés au présent paragraphe ne constitue pas une violation du secret professionnel, ni une violation d'une quelconque restriction à la divulgation d'informations imposée contractuellement et n'entraîne de responsabilité d'aucune sorte pour le réviseur d'entreprises agréé.	Machen die *réviseurs d'entreprises agréés* (Abschlussprüfer) der CSSF in gutem Glauben Mitteilung über die in diesem Absatz genannten Tatsachen oder Entscheidungen, so gilt dies weder als Verletzung des Berufsgeheimnisses, noch als Verletzung einer vertraglich festgelegten Beschränkung der Informationsweitergabe und kann für die *réviseurs d'entreprises agréés* (Abschlussprüfer) keinerlei Haftung nach sich ziehen.
Chaque OPC luxembourgeois soumis à la surveillance de la CSSF, et dont les comptes sont soumis au contrôle d'un réviseur d'entreprises agréé, est tenu de communiquer spontanément à la CSSF les rapports et commentaires écrits émis par le réviseur d'entreprises agréé dans le cadre de son	Jeder, der Aufsicht der CSSF unterliegende, luxemburgische OGA, der dessen Konten der Kontrolle durch einen *réviseur d'entreprises agréés* (Abschlussprüfer) unterliegen, ist verpflichtet der CSSF die Berichte und schriftlichen Kommentare des Wirtschaftsprüfers *réviseur d'entreprises agréé* (Ab-

contrôle des documents comptables annuels.	schlussprüfer), die im Rahmen seiner Kontrolle der Jahresabschlüsse entstehen, unaufgefordert mitzuteilen.
La CSSF peut fixer des règles quant à la portée du mandat de contrôle des documents comptables annuels et quant au contenu des rapports et commentaires écrits du réviseur d'entreprises agréé, prévus à l'alinéa précédent, sans préjudice des dispositions légales régissant le contenu du rapport du contrôleur légal des comptes.	Die CSSF kann Regeln im Hinblick auf den Prüfungsumfang der Jahresabschlüsse sowie den Inhalt der Berichte und schriftlichen Kommentare des *réviseurs d'entreprises agréés* (Abschlussprüfer), wie im vorstehenden hergehenden Absatz vorgesehen, erlassen, unbeschadet der rechtlichen Vorschriften betreffend den Inhalt des Berichts des gesetzlichen Kontenprüfers.
La CSSF peut demander à un réviseur d'entreprises agréé d'effectuer un contrôle portant sur un ou plusieurs aspects déterminés de l'activité et du fonctionnement d'un OPC. Ce contrôle se fait aux frais de l'OPC concerné.	Die CSSF kann von einem *réviseur d'entreprises agréé* (Abschlussprüfer) die Durchführung einer gezielten Prüfung im Hinblick auf einen oder mehrere näher definierte Aspekte der Geschäftstätigkeit und der Arbeitsabläufe eines OGA verlangen. Die Kosten einer solchen Kontrolle gehen zu Lasten des betreffenden OGA.
(4) La CSSF refuse ou retire l'inscription sur la liste des OPC, l'OPC dont le réviseur d'entreprises agréé ne remplit pas les conditions ou ne respecte pas les obligations fixées au présent article.	(4) Die CSSF verweigert oder entzieht die Eintragung in der Liste der OGA von OGA, deren *réviseur d'entreprises agréé* (Abschlussprüfer) entweder die in diesem Artikel festgelegten Voraussetzungen nicht erfüllt oder die in diesem Artikel festgelegten Pflichten nicht beachtet.
(5) L'institution des commissaires aux comptes prévue aux articles 61, 109, 114 et 200 de la loi du 10 août 1915 concernant les sociétés commerciales, telle que modifiée, est supprimée pour les sociétés d'investissement luxembourgeoises. Les administrateurs ou le directoire, selon le cas, sont seuls compétents dans tous les cas où la loi du 10 août 1915 concernant les sociétés commerciales, telle que modifiée, prévoit l'intervention des commissaires aux comptes et des administrateurs ou le directoire, selon le cas, ou gérants réunis.	(5) Die Benennung von *commissaires aux comptes* (Rechnungsprüfer) im Sinne der Artikel 61, 109, 114 und 200 des geänderten Gesetzes vom 10. August 1915 über die Handelsgesellschaften ist für luxemburgische Investmentgesellschaften abgeschafft. Die Mitglieder des Verwaltungsrats, bzw. des Vorstands, alleine sind zuständig in allen Fällen, in denen das geänderte Gesetz vom 10. August 1915 über die Handelsgesellschaften gemeinsame Maßnahmen der *commissaires aux comptes* (Rechnungsprüfer) und der Mitglieder des Verwaltungsrats, bzw. des Vorstands oder der Geschäftsleiter vorsieht.
L'institution des commissaires prévue à l'article 151 de la loi du 10 août 1915 concernant les sociétés commerciales, telle que modifiée, est supprimée pour les sociétés d'investissement luxembourgeoises. Lors-	Die Benennung von *commissaires* (Prüfern) im Sinne von Artikel 151 des geänderten Gesetzes vom 10. August 1915 über die Handelsgesellschaften wird für luxemburgische Investmentgesellschaften abgeschafft.

que la liquidation sera terminée, un rapport sur la liquidation sera établi par le réviseur d'entreprises agréé. Ce rapport sera présenté lors de l'assemblée générale lors de laquelle les liquidateurs feront leur rapport sur l'emploi des valeurs sociales et soumettront les comptes et pièces à l'appui. La même assemblée se prononcera sur l'acceptation des comptes de liquidation, sur la décharge et sur la clôture de la liquidation.	Nach Abschluss der Liquidation erstellt der *réviseur d'entreprises agréé* (Abschlussprüfer) einen Liquidationsbericht. Dieser Bericht wird auf der Generalversammlung, bei der die Liquidatoren ihren Bericht über die Verwendung des Gesellschaftsvermögens vorlegen, zusammen mit der als Nachweis dienenden Schlussrechnung und den Belegen, vorgelegt. Auf dieser Generalversammlung wird ebenfalls über die Billigung der Schlussrechnung, die Entlastung und den Liquidationsabschluss entschieden.
L'obligation d'établir un rapport sur la liquidation au sens de l'alinéa précédent est applicable également aux OPC qui revêtent la forme d'un fonds commun de placement. La décision de mise en liquidation du fonds commun de placement et la décision relative à la clôture de la liquidation doivent être déposées au registre de commerce et des sociétés et leur publication au Mémorial est faite par une mention du dépôt au registre de commerce et des sociétés de ces décisions, conformément aux dispositions de la loi modifiée du 10 août 1915 concernant les sociétés commerciales.	Die Verpflichtung einen Liquidationsbericht gemäß dem vorangegangenen Unterabsatz zu erstellen, ist auch auf OGA in Form eines Sondervermögens anwendbar. Die Entscheidung über die Einleitung der Liquidation eines Sondervermögens und die Entscheidung bezüglich der Beendigung der Liquidation müssen im Handels- und Gesellschaftsregister hinterlegt werden. Ihre Veröffentlichung im Mémorial erfolgt durch eine Hinweisbekanntmachung im Handels- und Gesellschaftsregister gemäß den Bestimmungen des geänderten Gesetzes vom 10. August 1915 über die Handelsgesellschaften.
(6) Les données comptables contenues dans les rapports annuels des OPC étrangers visés à l'article 100 doivent être soumises au contrôle d'un expert indépendant présentant toutes les garanties d'honorabilité et de qualification professionnelles.	(6) Die in den Jahresberichten ausländischer OGA nach Artikel 100 enthaltenen Buchhaltungsdaten müssen von einem unabhängigen Sachverständigen geprüft werden, der bezüglich seines Leumunds und seiner beruflichen Qualifikation alle Garantien nachzuweisen haben.
Les paragraphes (2), (3) et (4) sont applicables au cas visé au présent paragraphe.	Die Absätze (2), (3) und (4) finden auf den in diesem Absatz genannten Fall Anwendung.
Art. 155. (1) Les OPC doivent transmettre à la CSSF leurs prospectus et toute modification apportée à ceux-ci, ainsi que leurs rapports annuel et semi-annuel. Sur demande, l'OPC doit fournir ces documents aux autorités compétentes de l'État membre d'origine de la société de gestion.	**Art. 155.** (1) OGA müssen ihre Prospekte und jede diesbezügliche Änderung, sowie ihre Jahres- und Halbjahresberichte der CSSF übermitteln. Auf Verlangen muss der OGA diese Dokumente an die zuständigen Behörden des Herkunftsmitgliedstaates der Verwaltungsgesellschaft aushändigen.
(2) La CSSF pourra publier ou faire publier les prédits documents par tous moyens qu'elle jugera adéquats.	(2) Die CSSF kann die besagten Dokumente in jeder von ihr für angemessen erachteten Art und Weise veröffentlichen oder veröffentlichen lassen.

Art. 156. (1) Le prospectus et les derniers rapports annuel et semestriel publiés doivent être fournis sans frais aux investisseurs qui le demandent.	**Art. 156.** (1) Der Prospekt sowie der zuletzt veröffentlichte Jahres- und Halbjahresbericht müssen dem Anleger auf Verlangen kostenlos zur Verfügung gestellt werden.
(2) Le prospectus peut être fourni sur un support durable ou au moyen d'un site web. En tout état de cause, un exemplaire sur papier doit être fourni sans frais aux investisseurs qui le demandent.	(2) Der Prospekt kann auf einem dauerhaften Datenträger oder über eine Website zur Verfügung gestellt werden. Eine Papierfassung muss den Anlegern auf jeden Fall auf Verlangen kostenlos zur Verfügung gestellt werden.
(3) Les rapports annuel et semestriel sont mis à la disposition des investisseurs de la manière indiquée dans le prospectus et également dans les informations clés pour l'investisseur visées à l'article 159 en ce qui concerne les OPCVM. En tout état de cause, un exemplaire sur papier des rapports annuels et semestriels doit être fourni sans frais aux investisseurs qui le demandent.	(3) Die Jahres- und die Halbjahresberichte werden den Anlegern in der im Prospekt und, bezüglich der OGAW, auch in den in Artikel 159 genannten wesentlichen Informationen für den Anleger beschriebenen Form zur Verfügung gestellt. In jedem Fall muss den Anlegern eine Papierfassung des Jahres- und Halbjahresberichts auf Anfrage kostenlos zur Verfügung gestellt werden.
B. – Publication d'autres renseignements	**B. – Veröffentlichung sonstiger Informationen**
Art. 157. (1) Les OPCVM visés à l'article 2 de la présente loi doivent rendre public le prix d'émission, de vente et de rachat de leurs parts chaque fois qu'ils émettent, vendent et rachètent leurs parts, et ce au moins deux fois par mois. La CSSF peut toutefois permettre à un OPCVM de porter ce rythme à une fois par mois, à condition que cette dérogation ne porte pas préjudice aux intérêts des porteurs de parts	**Art. 157.** (1) Die in Artikel 2 dieses Gesetz bezeichneten OGAW müssen den Ausgabe-, Verkaufs-, und Rücknahmepreis ihrer Anteile jedes Mal dann veröffentlichen, wenn eine Ausgabe, ein Verkauf, oder eine Rücknahme ihrer Anteile stattfindet, mindestens jedoch zweimal im Monat. Die CSSF kann einem OGAW jedoch gestatten, diese Veröffentlichung nur einmal monatlich vorzunehmen, sofern sich dies nicht nachteilig auf die Interessen der Anteilinhaber auswirkt.
(2) Les OPC visés à l'article 87 de la présente loi doivent rendre public le prix d'émission, de vente et de rachat de leurs parts chaque fois qu'ils émettent, vendent et rachètent leurs parts, et ce au moins une fois par mois. La CSSF peut toutefois accorder des dérogations y relatives, sur demande dûment justifiée.	(2) Die in Artikel 87 dieses Gesetz bezeichneten OGA müssen den Ausgabe-, Verkaufs- oder Rücknahmepreis ihrer Anteile jedes Mal dann veröffentlichen, wenn eine Ausgabe, ein Verkauf oder eine Rücknahme ihrer Anteile stattfindet, mindestens jedoch einmal im Monat. Die CSSF kann, auf ordnungsgemäß begründeten Antrag hin, jedoch Abweichungen davon genehmigen.

Art. 158. Toutes les communications publicitaires destinées aux investisseurs doivent être clairement identifiables en tant que telles. Elles doivent être correctes, claires et non trompeuses. En particulier, une communication publicitaire assortie d'une invitation à acheter des parts d'OPC qui comprend des informations spécifiques concernant un OPC, ne peut pas comporter de mentions qui soient en contradiction avec les informations fournies par le prospectus et avec les informations clés pour l'investisseur visées à l'article 159 en ce qui concerne les OPCVM ou qui atténuent la portée de ces informations. Elle doivent mentionner l'existence du prospectus et la disponibilité des informations clés pour l'investisseur visées à l'article 159 en ce qui concerne les OPCVM. Elle précise où et dans quelle langue les investisseurs et les investisseurs potentiels peuvent obtenir ces informations et documents ou comment ils peuvent y avoir accès.	**Art. 158.** Jegliche Werbeanzeigen an die Anleger müssen eindeutig als solche erkennbar sein. Sie müssen redlich, eindeutig und nicht irreführend sein. Insbesondere darf eine Werbeanzeige, die eine Aufforderung zum Erwerb von Anteilen eines OGA und spezifische Informationen über ein OGA enthält, keine Aussagen treffen, die im Widerspruch zu Informationen des Prospekts und, bezüglich der OGAW, den in Artikel 159 genannten wesentlichen Informationen für den Anleger stehen oder die Bedeutung dieser Informationen herabstufen. In der Anzeige ist darauf hinzuweisen, dass ein Prospekt existiert und dass, bezüglich der OGAW, die in Artikel 159 genannten wesentlichen Informationen für den Anleger verfügbar sind. Es ist anzugeben, wo und in welcher Sprache diese Informationen bzw. Unterlagen für den Anleger bzw. potenziellen Anleger erhältlich sind und welche Zugangsmöglichkeiten bestehen.
C. – Informations clés pour l'investisseur à établir par les OPCVM	**C. – Von OGAW bereitzustellende wesentliche Informationen für den Anleger**
Art. 159. (1). Les sociétés d'investissement et les sociétés de gestion pour chacun des fonds communs de placement qu'elles gèrent, doivent établir un document bref contenant les informations clés pour l'investisseur. Ce document est dénommé «informations clés pour l'investisseur» dans la présente loi.	**Art. 159.** (1) Die Investmentgesellschaften und die Verwaltungsgesellschaften für jedes von ihr verwaltete Sondervermögen, müssen ein kurzes Dokument mit wesentlichen Informationen für den Anleger erstellen. Dieses Dokument wird im vorliegenden Gesetz als „wesentliche Informationen für den Anleger" bezeichnet.
Lorsque l'OPCVM est établi au Luxembourg ou y commercialise ses parts conformément au chapitre 7 de la présente loi, les mots «informations clés pour l'investisseur» doivent être mentionnés clairement sur ledit document dans une des langues luxembourgeoise, française, allemande ou anglaise.	Ist der OGAW in Luxemburg niedergelassen oder vertreibt dort seine Anteile gemäß Kapitel 7 dieses Gesetzes, muss der Ausdruck „wesentliche Informationen für den Anleger" in diesem Dokument klar und deutlich in luxemburgischer, französischer, deutscher oder englischer Sprache angegeben werden.
(2) Les informations clés pour l'investisseur comprennent les informations appropriées sur les caractéristiques essentielles de l'OPCVM concerné, devant être fournies aux	(2) Die wesentlichen Informationen für den Anleger beinhalten angemessene Angaben zu den wesentlichen Merkmalen des betreffenden OGAW und sollen die Anleger in die

investisseurs afin que ceux-ci puissent raisonnablement comprendre la nature et les risques du produit d'investissement qui leur est proposé et, par voie de conséquence, prendre des décisions en matière de placement en pleine connaissance de cause.	Lage versetzen, Art und Risiken des angebotenen Anlageprodukts zu verstehen und auf dieser Grundlage eine fundierte Anlageentscheidung zu treffen.
(3) Les informations clés pour l'investisseur fournissent des informations sur les éléments essentiels suivants de l'OPCVM concerné:	(3) Die wesentlichen Informationen für den Anleger enthalten Angaben zu folgenden wesentlichen Elementen des betreffenden OGAW:
a) l'identification de l'OPCVM;	a) Identität des OGAW,
b) une brève description de ses objectifs de placement et de sa politique de placement;	b) eine kurze Beschreibung der Anlageziele und der Anlagestrategie,
c) une présentation de ses performances passées ou, le cas échéant, de scénarios de performances;	c) Darstellung der bisherigen Wertentwicklung oder gegebenenfalls Performance-Szenarien,
d) les coûts et les frais liés; et	d) Kosten und Gebühren, und
e) le profil risque/rémunération de l'investissement, y compris des orientations et des mises en garde appropriées sur les risques inhérents à l'investissement dans l'OPCVM concerné.	e) Risiko-/Renditeprofil der Anlage, einschließlich angemessener Hinweise auf die mit der Anlage in den betreffenden OGAW verbundenen Risiken und entsprechende Warnungen.
Ces éléments essentiels doivent être compréhensibles pour l'investisseur sans renvoi à d'autres documents.	Diese wesentlichen Elemente muss der Anleger verstehen können, ohne dass hierfür andere Dokumente herangezogen werden müssen.
(4) Les informations clés pour l'investisseur doivent indiquer clairement où et comment obtenir des informations supplémentaires sur l'investissement proposé, y compris où et comment le prospectus et les rapports annuels et semestriels peuvent être obtenus, sur demande, sans frais et à tout moment, ainsi que la langue dans laquelle ces informations sont disponibles pour les investisseurs.	(4) Die wesentlichen Informationen für den Anleger müssen eindeutige Angaben darüber enthalten, wo und wie zusätzliche Informationen über die vorgeschlagene Anlage eingeholt werden können, einschließlich der Angabe, wo und wie der Prospekt und die Jahres- und Halbjahresberichte jederzeit auf Anfrage kostenlos erhältlich sind und in welcher Sprache diese Informationen für die Anleger verfügbar sind.
(5) Les informations clés pour l'investisseur doivent être rédigées de manière concise et dans un langage non technique. Elles sont établies dans un format commun, permettant des comparaisons, et sont présentées de telle manière qu'elles puissent être comprises par les investisseurs de détail.	(5) Die wesentlichen Informationen für den Anleger sind kurz zu halten und in allgemein verständlicher Sprache abzufassen. Sie werden in einem einheitlichen Format erstellt, um Vergleiche zu ermöglichen, und in einer Weise präsentiert, die für Privatanleger verständlich ist.

(6) Les informations clés pour l'investisseur doivent être utilisées sans adaptation ni ajout, à part leur traduction, dans tous les États membres où l'OPCVM a fait l'objet d'une notification pour la commercialisation de ses parts conformément à l'article 54.	(6) Die wesentlichen Informationen für den Anleger müssen in allen Mitgliedstaaten, in denen der Vertrieb der OGAW-Anteile gemäß Artikel 54 angezeigt wurde, abgesehen von der Übersetzung, ohne Änderungen oder Ergänzungen verwendet werden.
Art. 160. (1) Les informations clés pour l'investisseur sont des informations précontractuelles. Elles doivent être correctes, claires et non trompeuses. Elles doivent être cohérentes avec les parties correspondantes du prospectus.	**Art. 160.** (1) Die wesentlichen Informationen für den Anleger sind vorvertragliche Informationen. Sie müssen redlich, eindeutig und dürfen nicht irreführend sein. Sie müssen mit den einschlägigen Teilen des Prospekts übereinstimmen.
(2) Aucune personne n'encourra une responsabilité civile sur la seule base des «informations clés pour l'investisseur», y compris les traductions de celles-ci, sauf si ces informations sont trompeuses, inexactes ou incohérentes avec les parties correspondantes du prospectus. Les informations clés pour l'investisseur doivent contenir un avertissement clair selon lequel personne n'encourt une responsabilité civile sur la seule base des informations clés pour l'investisseur, y compris en ce qui concerne les traductions de celles-ci, sauf si ces informations sont trompeuses, inexactes ou incohérentes avec les parties correspondantes du prospectus.	(2) Allein aufgrund der wesentlichen Informationen für den Anleger, einschließlich deren entsprechenden Übersetzungen, entsteht keine zivilrechtliche Haftung, es sei denn, diese Informationen wären irreführend oder unrichtig oder stimmten nicht mit den einschlägigen Teilen des Prospektes überein. Die wesentlichen Informationen für den Anleger müssen eine eindeutige Warnung dahingehend enthalten, dass allein auf der Grundlage von Informationen für den Anleger, einschließlich der entsprechenden Übersetzungen, keine zivilrechtliche Haftung entsteht, es sei denn, diese Informationen sind irreführend, unrichtig oder inkonsistent mit den entsprechenden Teilen des Prospekts.
Art. 161. (1). Les sociétés d'investissement et les sociétés de gestion pour chacun des fonds communs de placement qu'elles gèrent, qui vendent des OPCVM soit directement, soit par l'intermédiaire d'une autre personne physique ou morale qui agit pour leur compte et sous leur responsabilité pleine et inconditionnelle, doivent fournir aux investisseurs les informations clés pour ceux-ci en temps utile avant la souscription proposée de parts de ces OPCVM. « Les informations clés pour l'investisseur ne doivent pas nécessairement être fournies aux investisseurs dans un État autre qu'un État membre, à moins que l'autorité compétente	**Art. 161.** (1) Die Investmentgesellschaften und die Verwaltungsgesellschaften für jedes Sondervermögen, das sie verwalten, welche den OGAW direkt oder über eine andere natürliche oder juristische Person, die in ihrem Namen und unter ihrer vollen und unbedingten Haftung handelt, verkaufen, müssen den Anlegern rechtzeitig vor der angebotenen Zeichnung der Anteile des OGAW die wesentlichen Informationen für den Anleger für diesen OGAW zur Verfügung stellen. Die wesentlichen Informationen für den Anleger brauchen nicht notwendigerweise den Anlegern in Staaten, die keine Mitgliedstaaten sind, zur Verfügung

de cet État ne requière que ces informations soient fournies aux investisseurs.	gestellt werden, es sei denn, die zuständige Behörde dieses Staates verlangt, dass diese Informationen den Anlegern zur Verfügung gestellt werden.
Un OPC, autre qu'un OPCVM, est autorisé à établir un document contenant les informations clés pour l'investisseur au sens de la présente loi. Dans pareil cas, le document en question doit contenir une mention expresse selon laquelle l'OPC qui établit les informations clés pour l'investisseur n'est pas un OPCVM relevant de la directive 2009/65/CE.	Andere OGA als OGAW sind berechtigt ein Dokument zu erstellen, das die wesentlichen Informationen für den Anleger nach diesem Gesetz enthält. In ähnlichen Fällen muss dieses Dokument einen ausdrücklichen Hinweis enthalten, wonach der OGA, der die wesentlichen Informationen für den Anleger erstellt, kein OGAW gemäß der Richtlinie 2009/65/EG ist.
(2) Les sociétés d'investissement et, pour chacun des fonds communs de placement qu'elles gèrent, les sociétés de gestion qui ne vendent des OPCVM aux investisseurs ni directement, ni par une autre personne physique ou morale qui agit pour leur compte et sous leur responsabilité pleine et inconditionnelle, doivent fournir, sur leur demande les informations clés pour l'investisseur aux fabricants de produits et aux intermédiaires qui vendent de tels OPCVM à des investisseurs ou les conseillent sur des investissements dans de tels OPCVM ou dans des produits présentant une exposition à de tels OPCVM. Les intermédiaires qui vendent des OPCVM ou conseillent les investisseurs sur d'éventuels investissements dans des OPCVM devront fournir à leurs clients ou clients potentiels les informations clés pour l'investisseur.	(2) Die Investmentgesellschaften und die Verwaltungsgesellschaften für jedes Sondervermögen, das sie verwalten, welche weder direkt noch über eine andere natürliche oder juristische Person, die in ihrem Namen und unter ihrer vollen und unbedingten Haftung handelt, OGAW verkaufen, müssen den Produktgestaltern sowie Intermediären, die Anlegern Anlagen in solche OGAW verkaufen oder hinsichtlich von Produkten, die Anlagerisiken in solchen OGAW einschließen, beraten, die wesentlichen Informationen für den Anleger auf deren Antrag bereitstellen. Die Intermediäre, die Anlegern potenzielle Anlagen in OGAW verkaufen oder sie diesbezüglich beraten, müssen ihren Kunden beziehungsweise potenziellen Kunden die wesentlichen Informationen für den Anleger zur Verfügung stellen.
(3) Les informations clés pour l'investisseur sont fournies sans frais aux investisseurs.	(3) Die wesentlichen Informationen für den Anleger werden den Anlegern kostenlos zur Verfügung gestellt.
Art. 162. Les informations clés pour l'investisseur peuvent être fournies sur un support durable ou au moyen d'un site web. En tout état de cause, un exemplaire sur papier doit être fourni sans frais aux investisseurs qui le demandent.	**Art. 162.** Die wesentlichen Informationen für den Anleger können auf einem dauerhaften Datenträger oder über eine Website zur Verfügung gestellt werden. In jedem Fall muss den Anlegern auf Verlangen kostenlos eine Papierfassung zur Verfügung gestellt werden.
En outre, une version actualisée des informations clés pour l'investisseur doit être	Zusätzlich muss eine aktualisierte Fassung der wesentlichen Informationen für den An-

publiée sur le site web de la société d'investissement ou de la société de gestion.	leger auf einer Website der Investmentgesellschaft oder der Verwaltungsgesellschaft zugänglich gemacht werden.
Art. 163. (1) Les OPCVM doivent transmettre à la CSSF leurs informations clés pour l'investisseur et toute modification apportée à celles-ci.	**Art. 163.** (1) Die OGAW übermitteln der CSSF ihre wesentlichen Informationen für den Anleger und alle diesbezüglichen Änderungen.
(2) Les éléments essentiels des informations clés pour l'investisseur sont tenus à jour.	(2) Die zentralen Elemente der wesentlichen Informationen für den Anleger müssen stets aktuell sein.
D. – Protection du nom	**D. – Bezeichnungsschutz**
Art. 164. (1) Aucune entité ne peut faire état d'appellations ou d'une qualification donnant l'apparence d'activités relevant de la présente loi, si elle n'a obtenu l'agrément prévu par l'article 130. Les OPC visés au chapitre 7 et à l'article 100 peuvent faire usage de l'appellation qu'ils portent conformément à leur loi nationale. Ces organismes devront cependant faire suivre l'appellation qu'ils utilisent d'une spécification adéquate, s'il existe un risque d'induction en erreur.	**Art. 164.** (1) Keine Einrichtung darf Bezeichnungen oder Angaben verwenden, die den Eindruck erwecken, dass ihre Geschäftstätigkeit diesem Gesetz unterliegt, wenn sie nicht im Sinne von Artikel 130 zugelassen wurde. OGA im Sinne von Kapitel 7 und Artikel 100 können die Bezeichnung verwenden, die sie gemäß den rechtlichen Bestimmungen ihres Herkunftslandes tragen. Diese Organismen müssen jedoch solchen Bezeichnungen entsprechende Zusätze beifügen, sofern die Gefahr der Irreführung besteht.
(2) Le tribunal siégeant en matière commerciale du lieu où est situé l'OPC ou du lieu où il est fait usage de l'appellation, à la requête du ministère public, peut interdire à quiconque de faire usage de l'appellation telle que définie au paragraphe (1), lorsque les conditions prescrites par la présente loi ne sont pas ou ne sont plus remplies.	(2) Das in Handelssachen tagende Bezirksgericht des Ortes, an dem der OGA ansässig ist oder an dem die Bezeichnung verwendet wird, kann, auf Antrag der Staatsanwaltschaft, jedem die Verwendung der in Absatz (1) definierten Bezeichnung untersagen, wenn die durch dieses Gesetz festgelegten Bestimmungen nicht oder nicht mehr erfüllt sind.
(3) Le jugement ou l'arrêt coulé en force de chose jugée qui prononce cette interdiction est publié par les soins du ministère public et aux frais de la personne condamnée, dans deux journaux luxembourgeois ou étrangers à diffusion adéquate.	(3) Rechtskräftige Urteile oder Beschlüsse, die dieses Verbot anordnen, werden durch die Staatsanwaltschaft und auf Kosten der verurteilten Person in zwei luxemburgischen oder ausländischen Zeitungen mit hinreichender Verbreitung veröffentlicht.

Chapitre 22. – Dispositions pénales	Kapitel 22. – Strafbestimmungen
Art. 165. Sont punis d'une peine d'emprisonnement d'un mois à un an et d'une amende de cinq cents à vingt-cinq mille euros ou d'une de ces peines seulement:	**Art. 165.** Haftstrafen von einem Monat bis zu einem Jahr und Geldstrafen von fünfhundert bis fünfundzwanzigtausend Euro oder eine dieser beiden Strafen werden verhängt gegen:
(1) ceux qui ont procédé ou fait procéder à l'émission ou au rachat des parts du fonds commun de placement dans les cas visés aux articles 12 (3), 22 (3) de la présente loi et à l'article 90 de la présente loi dans la mesure où cet article rend applicables au chapitre 11 les articles 12 (3) et 22 (3) de la présente loi;	(1) diejenigen, welche die Ausgabe oder Rücknahme von Anteilen eines Sondervermögens in den gemäß Artikel 12 (3), 22 (3) dieses Gesetzes sowie Artikel 90 dieses Gesetzes – soweit letzterer Artikel die Artikel 12 (3) und 22 (3) dieses Gesetzes im Hinblick auf die Bestimmungen von Kapitel 11 für anwendbar erklärt – geregelten Fällen vorgenommen haben oder haben vornehmen lassen;
(2) ceux qui ont émis ou racheté des parts du fonds commun de placement à un prix différent de celui qui résulterait de l'application des critères prévus aux articles 9 (1), 9 (3), 11 (3) et à l'article 90 de la présente loi dans la mesure où cet article rend applicables au chapitre 11 les articles 9 (1) et 9 (3) de la présente loi;	(2) diejenigen, die Anteile eines Sondervermögens zu einem anderen Preis ausgegeben oder zurückgenommen haben, als er gemäß der Anwendung der Vorschriften von Artikel 9 (1), 9 (3), 11 (3) sowie Artikel 90 dieses Gesetzes – soweit letzterer Artikel die Artikel 9 (1) und 9 (3) dieses Gesetzes im Hinblick auf die Bestimmungen von Kapitel 11 für anwendbar erklärt – ermittelt wird;
(3) ceux qui, comme administrateurs ou membres du directoire, selon le cas, gérants ou commissaires de la société de gestion ou du dépositaire, ont fait des prêts ou avances au moyen d'avoirs du fonds commun de placement sur des parts du même fonds, ou qui ont fait, par un moyen quelconque, aux frais du fonds commun de placement, des versements en libération des parts ou admis comme faits des versements qui ne se sont pas effectués réellement.	(3) diejenigen, die als Mitglied des Verwaltungsrats, bzw. des Vorstands, als Geschäftsleiter oder Mitglied der kommissarischen Leitung der Verwaltungsgesellschaft oder der Verwahrstelle Darlehen oder Vorschüsse aus den Mitteln des Sondervermögens auf die Anteile dieses Fonds gewährt haben oder zu Lasten des Sondervermögens in irgendeiner Weise Einzahlungen auf Anteile vorgenommen haben oder als erfolgt zugelassen haben, die tatsächlich nicht vorgenommen wurden.
Art. 166. (1) Sont punis d'un emprisonnement d'un mois à six mois et d'une amende de cinq cents à vingt-cinq mille euros ou d'une de ces deux peines seulement:	**Art. 166.** (1) Haftstrafen von einem Monat bis zu sechs Monaten und Geldstrafen von fünfhundert bis fünfundzwanzigtausend Euro oder eine dieser beiden Strafen werden verhängt gegen:

(a) les administrateurs ou membres du directoire, selon le cas, ou gérants de la société de gestion qui ont omis d'informer sans retard la CSSF que l'actif net du fonds commun de placement est devenu inférieur respectivement aux deux tiers et au quart du minimum légal des actifs nets du fonds commun de placement;	(a) Mitglieder des Verwaltungsrats, bzw. des Vorstands, oder gegen Geschäftsleiter der Verwaltungsgesellschaft, die es versäumt haben, die CSSF unverzüglich darüber zu informieren, dass das Nettovermögen des Sondervermögens unter zwei Drittel bzw. unter ein Viertel des gesetzlichen Mindestbetrages für das Nettovermögen des Sondervermögens gefallen ist;
(b) les administrateurs ou membres du directoire, selon le cas, ou gérants de la société de gestion qui ont contrevenu à l'article 10 et aux articles 41 à 52 de la présente loi, à l'article 90 de la présente loi dans la mesure où cet article rend applicable au chapitre 11 l'article 10 de la présente loi et aux règlements pris en exécution de l'article 91 de la présente loi.	(b) Mitglieder des Verwaltungsrats, bzw. des Vorstands oder gegen Geschäftsleiter der Verwaltungsgesellschaft, die gegen Artikel 10 und gegen Artikel 41 bis 52 dieses Gesetzes sowie gegen 90 dieses Gesetzes, soweit letzterer Artikel den Artikel 10 dieses Gesetzes im Hinblick auf die Bestimmungen von Kapitel 11 für anwendbar erklärt, und gegen die gemäß Artikel 91 dieses Gesetzes erlassenen Ausführungsverordnungen verstoßen haben.
(2) Sont punis d'une amende de cinq cents à vingt-cinq mille euros ceux qui en violation de l'article 164 ont fait état d'une appellation ou d'une qualification donnant l'apparence d'activités soumises à la présente loi s'ils n'ont pas obtenu l'agrément prévu par l'article 130.	(2) Geldstrafen von fünfhundert bis fünfundzwanzigtausend Euro werden verhängt gegen diejenigen, die in Missachtung von Artikel 164 eine Bezeichnung oder Angabe verwendet haben, die den Eindruck erweckt, dass ihre Geschäftstätigkeit diesem Gesetz unterliegt, obwohl sie nicht im Sinne von Artikel 130 zugelassen wurden.
Art. 167. Sont punis d'une amende de cinq cents à dix mille euros les administrateurs ou membres du directoire, selon le cas, ou gérants de la société de gestion ou de la société d'investissement qui n'ont pas fait établir le prix d'émission et de rachat des parts de l'OPC aux périodes fixées ou qui n'ont pas rendu public ce prix, conformément à l'article 157 de la présente loi.	**Art. 167.** Geldstrafen von fünfhundert bis zehntausend Euro werden verhängt gegen Mitglieder des Verwaltungsrats, bzw. des Vorstands oder Geschäftsleiter der Verwaltungsgesellschaft oder der Investmentgesellschaft, die den Ausgabe- bzw. Rücknahmepreis der Anteile des OGA nicht innerhalb der vorgeschriebenen Zeiträume festgestellt oder diesen nicht gemäß Artikel 157 dieses Gesetzes veröffentlicht haben.
Art. 168. Sont punis d'une peine d'emprisonnement d'un mois à un an et d'une amende de cinq cents à vingt-cinq mille euros ou d'une de ces peines seulement les fondateurs, administrateurs ou membres du	**Art. 168.** Haftstrafen von einem Monat bis zu einem Jahr und Geldstrafen von fünfhundert bis fünfundzwanzigtausend Euro oder eine dieser beiden Strafen werden verhängt gegen die Gründer, Mitglieder des

directoire, selon le cas, ou gérants d'une société d'investissement qui ont contrevenu aux dispositions des articles 28 (2), 28 (4) et 28 (10) de la présente loi; de l'article 39 dans la mesure où il rend applicables au chapitre 4 les articles 28 (2), 28 (4) et 28 (10) de la présente loi; des articles 41 à 52 de la présente loi; de l'article 95 de la présente loi dans la mesure où il rend applicables au chapitre 12 les articles 28 (2) a), 28 (4) et 28 (10) de la présente loi; des règlements pris en exécution de l'article 96 de la présente loi et des règlements pris en exécution de l'article 99 de la présente loi.	Verwaltungsrats, bzw. des Vorstands, oder Geschäftsleiter einer Investmentgesellschaft, die gegen Folgendes verstoßen haben: gegen die Bestimmungen der Artikel 28 (2), 28 (4) und 28 (10) dieses Gesetzes; gegen Artikel 39, soweit dieser die Artikel 28 (2), 28 (4) und 28 (10) dieses Gesetzes im Hinblick auf die Bestimmungen von Kapitel 4 für anwendbar erklärt; gegen Artikel 41 bis 52 dieses Gesetzes; gegen Artikel 95 dieses Gesetzes, soweit dieser die Artikel 28 (2) a), 28 (4) und 28 (10) dieses Gesetzes auf die Bestimmungen von Kapitel 12 für anwendbar erklärt, sowie gegen die in Ausführung von Artikel 96 dieses Gesetzes erlassenen Verordnungen und die in Ausführung von Artikel 99 dieses Gesetzes erlassenen Verordnungen.
Art. 169. Sont punis d'une peine d'emprisonnement d'un mois à un an et d'une amende de cinq cents à vingt-cinq mille euros ou d'une de ces peines seulement les administrateurs ou membres du directoire, selon le cas, ou gérants d'une société d'investissement qui n'ont pas convoqué l'assemblée générale extraordinaire conformément à l'article 30 de la présente loi; à l'article 39 dans la mesure où il rend applicable au chapitre 4 l'article 30 de la présente loi; à l'article 95 dans la mesure où il rend applicable au chapitre 12 l'article 30 de la présente loi et à l'article 98 (2) à (4) de la présente loi.	**Art. 169.** Haftstrafen von einem Monat bis zu einem Jahr und Geldstrafen von fünfhundert bis fünfundzwanzigtausend Euro oder eine dieser beiden Strafen werden verhängt gegen Mitglieder des Verwaltungsrats, bzw. des Vorstands, oder Geschäftsleiter einer Investmentgesellschaft, die keine außerordentliche Generalversammlung gemäß Artikel 30 dieses Gesetzes einberufen haben, oder verstoßen haben gegen Artikel 39, soweit dieser Artikel 30 dieses Gesetzes im Hinblick auf die Bestimmungen von Kapitel 4 für anwendbar erklärt, gegen Artikel 95, soweit dieser Artikel 30 dieses Gesetzes auf die Bestimmungen von Kapitel 12 für anwendbar erklärt sowie gegen Artikel 98 (2) bis (4) dieses Gesetzes.
Art. 170. Sont punis d'un emprisonnement de trois mois à deux ans et d'une amende de cinq cents à cinquante mille euros ou d'une de ces peines seulement ceux qui ont procédé ou fait procéder à des opérations de collecte de l'épargne auprès du public en vue de placement sans que l'OPC pour lequel ils ont agi ait été inscrit sur la liste.	**Art. 170.** Haftstrafen von drei Monaten bis zu zwei Jahren und Geldstrafen von fünfhundert bis fünfzigtausend Euro oder eine dieser beiden Strafen werden verhängt gegen diejenigen, die Gelder beim Publikum beschafft haben oder beschaffen ließen, um diese anzulegen, ohne dass der betreffende OGA in der Liste der zugelassenen Organismen eingetragen ist.

Art. 171. (1) Sont punis d'une peine d'emprisonnement d'un mois à un an et d'une amende de cinq cents à vingt-cinq mille euros, ou d'une de ces peines seulement, les dirigeants des OPC visés aux articles 97 et 100 qui n'ont pas observé les conditions qui leur ont été imposées par la présente loi.	**Art. 171.** (1) Haftstrafen von einem Monat bis zu einem Jahr und Geldstrafen von fünfhundert bis fünfundzwanzigtausend Euro oder eine dieser beiden Strafen werden verhängt gegen die Geschäftsleiter der in Artikel 97 und 100 bezeichneten OGA, die den Auflagen dieses Gesetzes nicht nachgekommen sind.
(2) Sont punis des mêmes peines ou d'une de celles-ci seulement les dirigeants des OPC visés aux articles 2 et 87 de la présente loi qui, nonobstant les dispositions de l'article 142 paragraphe (3), ont fait des actes autres que conservatoires, sans y être autorisés par le commissaire de surveillance.	(2) Die gleichen oder eine dieser beiden Strafen werden verhängt gegen die Geschäftsleiter der in Artikel 2 und 87 dieses Gesetzes bezeichneten OGA, die, ungeachtet der Bestimmungen von Artikel 142 Absatz (3), andere Maßnahmen als die der Erhaltung dienende Maßnahmen getroffen haben, ohne hierzu von der kommissarischen Leitung ermächtigt worden zu sein.
Chapitre 23. – Dispositions fiscales	**Kapitel 23. – Steuerliche Bestimmungen**
Art. 172. Les dispositions fiscales de la présente loi s'appliquent aux OPC assujettis à la présente loi, ainsi qu'aux OPC assujettis à la loi modifiée du 20 décembre 2002 concernant les organismes de placement collectif.	**Art. 172.** Die steuerlichen Bestimmungen dieses Gesetzes gelten für die OGA, die unter das vorliegende Gesetz fallen, sowie für die OGA, die unter das geänderte Gesetz vom 20. Dezember 2002 über Organismen für gemeinsame Anlagen fallen.
Art. 173. (1) Sans préjudice de la perception des droits d'enregistrement et de transcription et de l'application de la législation nationale portant sur la taxe sur la valeur ajoutée, il n'est dû d'autre impôt par les OPC situés ou établis au Luxembourg au sens de la présente loi, en dehors de la taxe d'abonnement mentionnée ci-après aux articles 174 à 176.	**Art. 173.** (1) Unbeschadet der Erhebung von Registrierungssteuern (droits d'enregistrement) und Umschreibungssteuern (droits de transcription) sowie der Anwendung der nationalen Gesetzgebung bezüglich der Mehrwertsteuer, sind von OGA, die im Sinne dieses Gesetzes in Luxemburg ansässig oder niedergelassen sind, keine weiteren Steuern zu entrichten, mit Ausnahme der in den nachstehenden Artikeln 174 bis 176 erwähnten taxe d'abonnement (Abonnementsteuer).
(2) Les distributions effectuées par ces organismes se font sans retenue à la source et ne sont pas imposables dans le chef des contribuables non-résidents.	(2) Von diesen Organismen vorgenommene Ausschüttungen erfolgen ohne Quellensteuer und werden bei nicht Gebietsansässigen nicht besteuert.

Art. 174. (1) Le taux de la taxe d'abonnement annuelle due par les organismes visés par la présente loi est de 0,05%.	**Art. 174.** (1) Der Satz der jährlich von den diesem Gesetz unterliegenden Organismen zu entrichtenden taxe d'abonnement (Abonnementsteuer) beträgt 0,05%.
(2) Ce taux est de 0,01% pour:	(2) Dieser Satz beträgt 0,01% für:
a) les organismes dont l'objet exclusif est le placement collectif en instruments du marché monétaire et en dépôts auprès d'établissements de crédit;	a) Organismen, deren ausschließlicher Zweck die Anlage in Geldmarktinstrumenten und Termingeldern bei Kreditinstituten ist;
b) les organismes dont l'objet exclusif est le placement collectif en dépôts auprès d'établissements de crédit;	b) Organismen, deren ausschließlicher Zweck die Anlage in Termingeldern bei Kreditinstituten ist;
c) les compartiments individuels d'OPC à compartiments multiples visés par la présente loi et pour les classes individuelles de titres créées à l'intérieur d'un OPC ou à l'intérieur d'un compartiment d'un OPC à compartiments multiples, si les titres de ces compartiments ou classes sont réservés à un ou plusieurs investisseurs institutionnels.	c) einzelne Teilfonds eines OGA in Form eines Umbrella-OGA im Sinne dieses Gesetzes ist, sowie einzelne Anteilklassen innerhalb eines OGA oder innerhalb eines Teilfonds eines OGA in der Form eines Umbrella-OGA, sofern die Anteile dieser Teilfonds oder Anteilklassen einem oder mehreren institutionellen Anlegern vorbehalten sind.
Art. 175. Sont exonérés de la taxe d'abonnement:	**Art. 175.** Von der taxe d'abonnement (Abonnementsteuer) befreit sind:
a) la valeur des avoirs représentée par des parts détenues dans d'autres OPC pour autant que ces parts ont déjà été soumises à la taxe d'abonnement prévue par l'article 174 ou par l'article 68 de la loi du 13 février 2007 concernant les fonds d'investissement spécialisés;	a) der Wert des Vermögens der in Form von Anteilen an anderen OGA gehalten wird, sofern diese Anteile bereits der in Artikel 174 oder in Artikel 68 des Gesetzes vom 13. Februar 2007 über spezialisierte Investmentfonds vorgesehenen taxe d'abonnement (Abonnementsteuer) unterlagen;
b) les OPC ainsi que les compartiments individuels d'OPC à compartiments multiples:	b) OGA sowie Teilfonds von Umbrella-OGA:
(i) dont les titres sont réservés à des investisseurs institutionnels et	(i) deren Anteile institutionellen Anlegern vorbehalten sind und
(ii) dont l'objectif exclusif est le placement collectif en instruments du marché monétaire et en dépôts auprès d'établissements de crédit, et	(ii) deren ausschließlicher Zweck die Anlage in Geldmarktinstrumenten und Termingeldern bei Kreditinstituten ist;
(iii) dont l'échéance résiduelle pondérée du portefeuille ne dépasse pas 90 jours, et	(iii) deren gewichtete Restlaufzeit des Portfolios 90 Tage nicht übersteigt, und

(iv) qui bénéficient de la notation la plus élevée possible d'une agence de notation reconnue.	(iv) die mit dem höchstmöglichen Rating einer anerkannten Ratingagentur bewertet werden.
S'il existe plusieurs classes de titres à l'intérieur de l'OPC ou du compartiment, l'exonération n'est applicable qu'aux classes dont les titres sont réservés à des investisseurs institutionnels;	Sofern innerhalb des OGA oder des Teilfonds mehrere Anteilklassen bestehen, gilt die Befreiung nur für diejenigen Klassen, deren Anteile institutionellen Anlegern vorbehalten sind.
c) les OPC dont les titres sont réservés à (i) des institutions de retraite professionnelle, ou véhicules d'investissement similaires, créés sur l'initiative d'un ou de plusieurs employeurs pour le bénéfice de leurs salariés et (ii) des sociétés d'un ou de plusieurs employeurs investissant les fonds qu'ils détiennent, pour fournir des prestations de retraite à leurs salariés;	c) OGA, deren Anteile (i) Einrichtungen der Altersversorgung oder Trägern ähnlicher Anlagen, die auf Initiative eines oder mehrerer Arbeitgeber zu Gunsten ihrer Arbeitnehmer geschaffen wurden und (ii) Gesellschaften eines oder mehrerer Arbeitgeber, die die von ihnen gehaltenen Mittel für Versorgungsleistungen an ihre Arbeitnehmer verwenden, vorbehalten sind.
d) les OPC ainsi que les compartiments individuels d'OPC à compartiments multiples dont l'objectif principal est l'investissement dans les institutions de la micro-finance;	d) OGA sowie Teilfonds von Umbrella-OGA, deren Hauptzweck die Anlage in Mikrofinanz-Einrichtungen ist;
e) les OPC ainsi que les compartiments individuels d'OPC à compartiments multiples:	e) OGA sowie Teilfonds von Umbrella-OGA:
(i) dont les titres sont cotés ou négociés sur au moins une bourse de valeurs ou un autre marché réglementé, en fonctionnement régulier, reconnu et ouvert au public; et	(i) deren Wertpapiere an mindestens einer Wertpapierbörse oder einem anderen geregelten Markt, der für das Publikum offen und dessen Funktionsweise ordnungsgemäß ist, notiert sind oder gehandelt werden; und
(ii) dont l'objectif exclusif est de reproduire la performance d'un ou de plusieurs indices.	(ii) deren Zweck ausschließlich darin besteht, die Wertentwicklung eines oder mehrere Indizes abzubilden.
S'il existe plusieurs classes de titres à l'intérieur de l'OPC ou du compartiment, l'exonération n'est applicable qu'aux classes respectant la condition visée au sous-point (i).	Sofern innerhalb des OGA oder des Teilfonds mehrere Anteilklassen bestehen, gilt die Befreiung nur für diejenigen Klassen, welche die in Unterpunkt (i) vorgesehene Bedingung erfüllen.
Art. 176. (1) La base d'imposition de la taxe d'abonnement est constituée par la totalité des avoirs nets des OPC évalués au dernier jour de chaque trimestre.	**Art. 176.** (1) Bemessungsgrundlage für die taxe d'abonnement (Abonnementsteuer) bildet die Gesamtheit des Nettovermögens der OGA zum letzten Tag eines jeden Quartals.

(2) Un règlement grand-ducal détermine les conditions d'application du taux d'imposition de 0,01% et de l'exonération et fixe les critères auxquels doivent répondre les instruments du marché monétaire visés aux articles 174 et 175.	(2) Die Bedingungen für die Anwendung des Steuersatzes von 0,01% sowie für die diesbezügliche Befreiung werden durch eine großherzogliche Verordnung bestimmt, in der die Kriterien festgelegt sind, welche die in den Artikeln 174 und 175 aufgeführten Geldmarktinstrumente erfüllen müssen.
(3) Un règlement grand-ducal fixe les critères auxquels doivent répondre les OPC ainsi que les compartiments individuels d'OPC à compartiments multiples visés au point (d) de l'article 175.	(3) Die Kriterien, denen OGA und Teilfonds von Umbrella-OGA gemäß Buchstabe d) von Artikel 175 entsprechen müssen, werden durch eine großherzogliche Verordnung festgelegt.
(4) Sans préjudice des critères alternatifs ou supplémentaires que pourra fixer un règlement grand-ducal, l'indice visé au sous-point (ii) du point (e) de l'article 175 doit constituer un étalon représentatif du marché auquel il se réfère et faire l'objet d'une publication appropriée	(4) Unbeschadet anderer oder zusätzlicher Kriterien, die durch großherzogliche Verordnung bestimmt werden können, muss der in Unterpunkt (ii) von Buchstabe e) in Artikel 175 aufgeführte Indiz einen repräsentativen Maßstab für den Markt, auf den er sich bezieht, darstellen und in angemessener Form veröffentlicht werden.
(5) Toute condition de poursuite d'un objectif exclusif posée par l'article 174 (2) et l'article 175 ne fait pas obstacle à la gestion de liquidités à titre accessoire, le cas échéant, moyennant le placement en titres émis par des organismes visés aux paragraphes (2) a) et (2) b) de l'article 174, ni à l'usage de techniques et instruments employés à des fins de couverture ou aux fins d'une gestion efficace du portefeuille.	(5) Die in Artikel 174 (2) und Artikel 175 vorgeschriebene Bedingung der Verfolgung eines ausschließlichen Zwecks verhindert weder das zusätzliche Halten von flüssigen Mitteln, gegebenenfalls durch die Anlage in Wertpapieren von Organismen gemäß Absatz (2) a) und (2) b) von Artikel 174, noch den Einsatz von Techniken und Instrumenten zur Absicherungszwecken oder im Hinblick auf eine effiziente Verwaltung des Portfolios.
(6) Les dispositions des articles 174 à 176 s'appliquent mutatis mutandis aux compartiments individuels d'un OPC à compartiments multiples.	(6) Die Bestimmungen der Artikel 174 bis 176 gelten mutatis mutandis für Teilfonds von Umbrella-OGA.
Art. 177. L'administration de l'enregistrement a dans ses attributions le contrôle fiscal des OPC.	**Art. 177.** Die zuständige Behörde für die steuerliche Aufsicht über die OGA ist die Administration de l'Enregistrement (Registerverwaltung).
Si, à une date postérieure à la constitution des OPC visés par la présente loi, ladite administration constate que ces OPC se livrent à des opérations qui dépassent le cadre des activités autorisées par la présente loi, les	Sofern die besagte Behörde nach der Errichtung eines diesem Gesetz unterliegenden OGA feststellt, dass dieser OGA Geschäftstätigkeiten ausübt, die den Rahmen der laut diesem Gesetz zugelassenen Tätigkeiten

dispositions fiscales prévues aux articles 172 à 175 cessent d'être applicables.	überschreiten, verlieren die in den Artikeln 172 bis 175 vorgesehenen Steuerbestimmungen ihre Anwendbarkeit.
En outre, il peut être perçu par l'administration de l'enregistrement une amende fiscale d'un maximum de 0,2% sur le montant intégral des avoirs des OPC.	Zusätzlich kann die Administration de l'Enregistrement (Registerverwaltung) eine steuerliche Geldbuße von 0,2% auf dem Gesamtbetrag des Vermögens des jeweiligen OGA verhängen.
Art. 178. L'article 156, numéro 8, littera c) de la loi modifiée du 4 décembre 1967 concernant l'impôt sur le revenu est modifié et complété comme suit: «c) Ne sont toutefois pas visés aux numéros 8a et 8b, les revenus provenant de la cession d'une participation dans un organisme de placement collectif revêtant la forme sociétaire, dans une société d'investissement en capital à risque ou dans une société de gestion de patrimoine familiale.»	**Art. 178.** Artikel 156 Ziffer 8) Buchstabe c) des geänderten Gesetzes vom 4. Dezember 1967 über die Einkommensteuer wird geändert und wie folgt ergänzt: „c) unter die Ziffern 8a und 8b fallen jedoch nicht Einnahmen aus dem Verkauf einer Beteiligung an einem Organismus für gemeinsame Anlagen in Form einer Gesellschaft, an einer Investmentgesellschaft zur Anlage in Risikokapital Verwaltungsgesellschaft für Familienvermögen (société de gestion de patrimoine)."
Art. 179. Sont exempts de l'impôt sur le revenu des collectivités, de l'impôt commercial communal et de l'impôt sur la fortune les OPC établis en dehors du territoire du Luxembourg lorsqu'ils ont leur centre de gestion effective ou leur administration centrale sur le territoire du Luxembourg.	**Art. 179.** OGA, die außerhalb des Hoheitsgebiets von Luxemburg niedergelassen sind, sind von der Körperschaftssteuer, der Gewerbesteuer und der Vermögenssteuer befreit, wenn sie ihre tatsächliche Geschäftsleitung oder ihre Hauptverwaltung im Hoheitsgebiet von Luxemburg haben.
Chapitre 24. – Dispositions spéciales relatives à la forme juridique	**Kapitel 24. – Besondere Bestimmungen hinsichtlich der Rechtsform**
Art. 180. (1) Les sociétés d'investissement inscrites sur la liste prévue à l'article 130, paragraphe (1), pourront être transformées en SICAV et leurs statuts pourront être mis en harmonie avec les dispositions du chapitre 3 ou le cas échéant, du chapitre 12 de la présente loi, par résolution d'une assemblée générale réunissant les deux tiers des voix des porteurs de parts présents ou représentés, quelle que soit la portion du capital représenté.	**Art. 180.** (1) Die auf der in Artikel 130, Absatz (1) vorgesehenen Liste eingetragenen Investmentgesellschatten können in eine SICAV umgewandelt werden, und ihre Satzung kann durch Beschluss einer Generalversammlung, der unabhängig vom Anteil des vertretenen Kapitals mit zwei Dritteln der Stimmen der anwesenden oder vertretenen Anteilinhaber gefasst werden muss, an die Bestimmungen von Kapitel 3 bzw. von Kapitel 12 dieses Gesetzes angepasst werden.

(2) Les fonds communs de placement visés par le chapitre 2 ou le cas échéant, par le chapitre 11 de la présente loi peuvent, aux mêmes conditions que celles prévues au paragraphe (1) ci-dessus, se transformer en une SICAV régie par le chapitre 3 ou le cas échéant, par le chapitre 12 de la présente loi.	(2) Sondervermögen im Sinne von Kapitel 2 oder, sofern zutreffend, im Sinne von Kapitel 11 dieses Gesetzes können zu den gleichen Bedingungen wie in vorstehendem Absatz (1) beschrieben in eine SICAV gemäß Kapitel 3 oder, sofern zutreffend, gemäß Kapitel 12 dieses Gesetzes umgewandelt werden.
Art. 181. (1) Les OPC peuvent comporter des compartiments multiples correspondant chacun à une partie distincte du patrimoine de l'OPC.	**Art. 181.** (1) OGA können Teilfonds umfassen, die jeweils einem getrennten Teil des Vermögens des OGA entsprechen.
(2) Dans le règlement de gestion ou les documents constitutifs de l'OPC cette possibilité et les modalités y relatives doivent être prévues expressément. Le prospectus d'émission doit décrire la politique d'investissement spécifique de chaque compartiment.	(2) Diese Möglichkeit sowie die diesbezüglichen Modalitäten müssen ausdrücklich im Verwaltungsreglement bzw. den Gründungsunterlagen des OGA vorgesehen sein. Der Prospekt muss eine Beschreibung der spezifischen Anlagepolitik jedes einzelnen Teilfonds enthalten.
(3) Les parts des OPC à compartiments multiples peuvent être de valeur inégale avec ou sans mention de valeur, selon la forme juridique choisie.	(3) Die Anteile eines Umbrella-Fonds können, abhängig von der gewählten Rechtsform, einen unterschiedlichen Wert besitzen und mit oder ohne Wertangabe ausgegeben werden.
(4) Les fonds communs de placement composés de plusieurs compartiments peuvent arrêter par un règlement de gestion distinct les caractéristiques et les règles applicables à chaque compartiment.	(4) Sondervermögen, die aus mehreren Teilfonds bestehen, können in einem getrennten Verwaltungsreglement die für jeden Teilfonds geltenden Merkmale und Regeln festlegen.
(5) Les droits des porteurs de parts et des créanciers relatifs à un compartiment ou nés à l'occasion de la constitution, du fonctionnement ou de la liquidation d'un compartiment sont limités aux actifs de ce compartiment, sauf clause contraire du règlement de gestion ou des documents constitutifs.	(5) Die Rechte der Anteilinhaber und Gläubiger bezüglich eines Teilfonds oder die Rechte, die im Zusammenhang mit der Gründung, der Verwaltung oder der Liquidation eines Teilfonds entstehen, beschränken sich, vorbehaltlich einer anderslautenden Vereinbarung im Verwaltungsreglement bzw. den Gründungsunterlagen, auf die Vermögenswerte dieses Teilfonds.
Les actifs d'un compartiment répondent exclusivement des droits des investisseurs relatifs à ce compartiment et de ceux des créanciers dont la créance est née à l'occasion de la constitution, du fonctionnement ou de la liquidation de ce compartiment, sauf clause contraire du règlement de gestion ou des documents constitutifs.	Die Vermögenswerte eines Teilfonds haften, vorbehaltlich einer anderslautenden Vereinbarung im Verwaltungsreglement bzw. den Gründungsunterlagen, ausschließlich im Umfang der Anlagen der Anleger in diesem Teilfonds und im Umfang der Forderungen derjenigen Gläubiger, deren Forderungen bei Gründung des Teilfonds, im

	Zusammenhang mit der Verwaltung oder der Liquidation dieses Teilfonds entstanden sind.
Dans les relations entre porteurs de parts, chaque compartiment est traité comme une entité à part, sauf clause contraire du règlement de gestion ou des documents constitutifs.	Im Verhältnis der Anteilinhaber untereinander wird, vorbehaltlich einer anderslautenden Vereinbarung im Verwaltungsreglement bzw. den Gründungsunterlagen, jeder Teilfonds als eigenständige Einheit behandelt.
(6) Chaque compartiment d'un OPC peut être liquidé séparément sans qu'une telle liquidation ait pour effet d'entraîner la liquidation d'un autre compartiment. Seule la liquidation du dernier compartiment de l'OPC entraîne la liquidation de l'OPC au sens de l'article 145 (1) de la présente loi. Dans ce cas, lorsque l'OPC revêt une forme sociétaire, dès la survenance du fait entraînant l'état de liquidation de l'OPC, et sous peine de nullité, l'émission des parts est interdite sauf pour les besoins de la liquidation.	(6) Jeder Teilfonds eines OGA kann separat liquidiert werden, ohne dass dies die Liquidation eines anderen Teilfonds zur Folge hat. Nur die Liquidation des letzten verbleibenden Teilfonds eines OGA führt automatisch zur Liquidation des OGA im Sinne von Artikel 145 (1) dieses Gesetzes. Wurde der OGA in Form einer Gesellschaft errichtet, so ist in diesem Fall ab dem Zeitpunkt des Ereignisse, das die Liquidation des OGA verursacht, und unter Androhung der Nichtigkeit, die Ausgabe der Anteile, außer für die Zwecke der Liquidation, untersagt.
(7) L'autorisation d'un compartiment d'OPC visés par les articles 2 et 87 de la présente loi est soumise à la condition que soient observées toutes les dispositions législatives, réglementaires ou conventionnelles qui concernent son organisation et son fonctionnement. Le retrait de l'autorisation d'un compartiment n'entraîne pas le retrait de l'OPC de la liste prévue à l'article 130, paragraphe (1).	(7) Die Zulassung eines Teilfonds eines OGA gemäß den Artikeln 2 und 87 dieses Gesetzes ist an die Bedingung geknüpft, dass alle Rechts-, Aufsichts- und Vertragsbestimmungen in Bezug auf seine Organisation und Funktionsfähigkeit eingehalten werden. Der Entzug der Zulassung eines Teilfonds verursacht nicht die Streichung des OGA aus der in Artikel 130, Absatz (1) vorgesehenen Liste.
(8) Un compartiment d'un OPC peut, aux conditions prévues dans le règlement de gestion ou les documents constitutifs ainsi que dans le prospectus, souscrire, acquérir et/ou détenir des titres à émettre ou émis par un ou plusieurs autres compartiments du même OPC, sans que cet OPC, lorsqu'il est constitué sous forme sociétaire, soit soumis aux exigences que pose la loi du 10 août 1915 concernant les sociétés commerciales, telle que modifiée, en matière de souscription, acquisition et/ou détention par une société de ses propres actions mais sous réserve toutefois que:	(8) Ein Teilfonds eines OGA kann gemäß den im Verwaltungsreglement bzw. in den Gründungsunterlagen sowie im Prospekt vorgesehenen Bedingungen von einem oder mehreren anderen Teilfonds des gleichen OGA zu begebende bzw. begebene Wertpapiere zeichnen, erwerben und/oder halten, ohne dass dieser OGA, sofern er in Form einer Gesellschaft gegründet wurde, den Anforderungen des geänderten Gesetzes vom 10. August 1915 über die Handelsgesellschaften in Bezug auf die Zeichnung, den Erwerb und/oder das Halten ihrer eigener Aktien durch eine Gesellschaft unterliegt, unter dem Vorbehalt jedoch, dass:

– le compartiment cible n'investit pas à son tour dans le compartiment qui est investi dans ce compartiment cible; et	– der Zielteilfonds seinerseits nicht in den Teilfonds investiert, der in diesen Zielteilfonds investiert ist; und
– la proportion d'actifs que les compartiments cibles dont l'acquisition est envisagée, peuvent investir globalement, conformément à leur règlement de gestion ou leurs documents constitutifs, dans des parts d'autres compartiments cibles du même OPC ne dépasse pas 10%; et	– die Teilfonds, die erworben werden sollen, gemäß ihrem Verwaltungsreglement bzw. ihren Gründungsunterlagen insgesamt höchstens 10% ihres Vermögens in Anteilen anderer Zielteilfonds desselben OGA anlegen dürfen; und
– le droit de vote éventuellement attaché aux titres concernés sera suspendu aussi longtemps qu'ils seront détenus par le compartiment en question et sans préjudice d'un traitement approprié dans la comptabilité et les rapports périodiques; et	– das gegebenenfalls mit den fraglichen Wertpapieren verbundene Stimmrecht so lange ausgesetzt wird, wie sie von dem betreffenden Teilfonds gehalten werden und dies unbeschadet einer angemessenen buchhalterischen Erfassung in der Rechnungslegung und den periodischen Berichten; und
– en toutes hypothèses, aussi longtemps que ces titres seront détenus par l'OPC leur valeur ne sera pas prise en compte pour le calcul de l'actif net de l'OPC aux fins de vérification du seuil minimum des actifs nets imposé par la présente loi«.	– in jedem Fall ihr Wert, so lange diese Wertpapiere vom OGA gehalten werden, bei der Berechnung des Nettovermögens des OGA im Hinblick auf die Prüfung des durch dieses Gesetz vorgeschriebenen Mindestnettovermögens nicht berücksichtigt wird.
(...)	(...)
Art. 182. Toutes les dispositions de la présente loi se référant à la « société anonyme» doivent être entendues en ce sens qu'elles visent également la «société européenne (SE) ».	**Art. 182.** Sämtliche Bestimmungen dieses Gesetzes, die sich auf die „Aktiengesellschaft" beziehen, sind so zu verstehen, dass sie ebenfalls für die „europäische Gesellschaft (SE)" gelten.
Chapitre 25. – Dispositions transitoires	**Kapitel 25. – Übergangsbestimmungen**
Art. 183. (1) Les OPCVM assujettis à la partie I de la loi modifiée du 20 décembre 2002 relative aux organismes de placement collectif, créés avant l'entrée en vigueur de la présente loi, ont le choix, jusqu'au 1er juillet 2011, de rester soumis à la loi modifiée du 20 décembre 2002 précitée ou de se soumettre à la présente loi. A partir du 1er juillet	**Art. 183.** (1) OGAW, die Teil I des geänderten Gesetzes vom 20. Dezember 2002 über Organismen für gemeinsame Anlagen unterliegen und vor dem Inkrafttreten dieses Gesetzes aufgelegt wurden, haben bis zum 1. Juli 2011 die Wahl, sich weiterhin dem vorgenannten geänderten Gesetz vom 20. Dezember 2002 zu unterstellen oder sich dem

2011, ils seront de plein droit régis par la présente loi.	vorliegenden Gesetz zu unterstellen. Ab dem 1. Juli 2011 werden sie kraft Gesetzes dem vorliegenden Gesetz unterliegen.
La création d'un nouveau compartiment ne remet pas en cause l'option à exercer en application de l'alinéa précédent. Ladite option devra être exercée pour l'OPCVM dans son ensemble, tous compartiments confondus.	Die Gründung eines neuen Teilfonds hat keine Auswirkung auf die im vorstehenden Absatz aufgeführte Wahlmöglichkeit. Diese Option muss auf der Ebene des gesamten OGAW für sämtliche Teilfonds ausgeübt werden.
(2) Les OPCVM au sens de l'article 2 de la loi modifiée du 20 décembre 2002 relative aux organismes de placement collectif, à l'exclusion de ceux visés à l'article 3 de cette même loi, créés entre la date d'entrée en vigueur de la présente loi et le 1er juillet 2011, ont le choix de se soumettre à la loi modifiée du 20 décembre 2002 précitée ou à la présente loi. A partir du 1er juillet 2011, ils seront de plein droit régis par la présente loi.	(2) OGAW im Sinne von Artikel 2 des geänderten Gesetzes vom 20. Dezember 2002 über Organismen für gemeinsame Anlagen, mit Ausnahme derjenigen, die in Artikel 3 des besagten Gesetzes behandelt werden, die zwischen dem Datum des Inkrafttretens dieses Gesetzes und dem 1. Juli 2011 aufgelegt werden, haben die Wahl, sich dem vorgenannten geänderten Gesetz vom 20. Dezember 2002 oder aber dem vorliegenden Gesetz zu unterstellen. Ab dem 1. Juli 2011 unterstehen sie kraft Gesetzes dem vorliegenden Gesetz.
(3) Tous les OPCVM créés à partir du 1er juillet 2011 seront de plein droit régis par la présente loi.	(3) Alle ab dem 1. Juli 2011 aufgelegten OGAW unterstehen kraft Gesetzes dem vorliegenden Gesetz.
(4) Les OPC autres que les OPCVM visés aux paragraphes (1) et (2) créés avant la date d'entrée en vigueur de la présente loi seront de plein droit régis par la présente loi.	(4) Andere als die in den Absätzen (1) und (2) bezeichneten OGA, die vor dem Datum des Inkrafttretens dieses Gesetzes aufgelegt werden, unterstehen kraft Gesetzes dem vorliegenden Gesetz.
Ces OPC auront jusqu'au 1er juillet 2012 pour se conformer aux articles 95(2), et 99 (6), alinéa 2, pour autant que ces articles leur sont applicables.	Diese OGA haben bis zum 1. Juli 2012 Zeit, um Artikel 95, Unterabsatz 2, und 99 (6), Unterabsatz 2 zu entsprechen, sofern diese Artikel auf sie anwendbar sind.
(5) Les OPC créés après la date d'entrée en vigueur de la présente loi seront de plein droit régis par la présente loi, à moins qu'ils ne soient régis par une loi particulière.	(5) Nach dem Datum des Inkrafttretens dieses Gesetzes aufgelegte OGA unterstehen kraft Gesetzes dem vorliegenden Gesetz, sofern sie keinem Spezialgesetz unterstehen.
(6) Pour les OPC de droit luxembourgeois existant au 1er juillet 2011 et ayant été, jusqu'à cette date, soumis à la loi modifiée du 20 décembre 2002 concernant les organismes de placement collectif, toutes les références dans le règlement de gestion ou les documents constitutifs à la loi modifiée du 20 décembre 2002 concernant les organis-	(6) Bei OGA luxemburgischen Rechts, die zum 1. Juli 2011 bestehen und bis zu diesem Datum dem geänderten Gesetz vom 20. Dezember 2002 über Organismen für gemeinsame Anlagen unterstellt waren, gelten alle Verweise auf das geänderte Gesetz vom 20. Dezember 2002 über Organismen für gemeinsame Anlagen im Verwaltungsreg-

mes de placement collectif seront censées être remplacées par des références à la présente loi.	lement bzw. in den Gründungsunterlagen als durch Verweise auf das vorliegende Gesetz ersetzt.
Art. 184. (1) Les sociétés de gestion assujetties au chapitre 13 de la loi modifiée du 20 décembre 2002 relative aux organismes de placement collectif créées avant la date d'entrée en vigueur de la présente loi ont le choix, jusqu'au 1er juillet 2011, de rester soumises à la loi modifiée du 20 décembre 2002 précitée ou de se soumettre à la présente loi. A partir du 1er juillet 2011 elles seront de plein droit régies par la présente loi.	**Art. 184.** (1) Verwaltungsgesellschaften, die Kapitel 13 des geänderten Gesetzes vom 20. Dezember 2002 über Organismen für gemeinsame Anlagen unterstehen und vor dem Inkrafttreten des vorliegenden Gesetzes gegründet wurden, haben bis zum 1. Juli 2011 die Wahl, weiterhin dem vorgenannten geänderten Gesetz vom 20. Dezember 2002 zu unterstehen oder sich dem vorliegenden Gesetz zu unterstellen. Ab dem 1. Juli 2011 werden sie kraft Gesetzes dem vorliegenden Gesetz unterstehen.
(2) Les sociétés de gestion assujetties au chapitre 13 de la loi modifiée du 20 décembre 2002 relative aux organismes de placement collectif créées entre la date d'entrée en vigueur de la présente loi et le 1er juillet 2011 ont le choix, jusqu'au 1er juillet 2011, de rester soumises à la loi modifiée du 20 décembre 2002 précitée ou de se soumettre au chapitre 15 de la présente loi. A partir du 1er juillet 2011 elles seront de plein droit régies par la présente loi.	(2) Verwaltungsgesellschaften, die Kapitel 13 des geänderten Gesetzes vom 20. Dezember 2002 über Organismen für gemeinsame Anlagen unterstehen und zwischen dem Datum des Inkrafttretens des vorliegenden Gesetzes und dem 1. Juli 2011 gegründet wurden, haben bis zum 1. Juli 2011 die Wahl, weiterhin dem vorgenannten geänderten Gesetz vom 20. Dezember 2002 zu unterstehen oder sich Kapitel 15 des vorliegenden Gesetzes zu unterstellen. Ab dem 1. Juli 2011 werden sie kraft Gesetzes dem vorliegenden Gesetz unterstehen.
(3) Les sociétés de gestion assujetties au chapitre 14 de la loi modifiée du 20 décembre 2002 relative aux organismes de placement collectif créées avant la date d'entrée en vigueur de la présente loi sont régies de plein droit par la présente loi et ainsi assujetties au chapitre 16 de la présente loi. Elles auront jusqu'au 1er juillet 2012 pour se conformer à l'article 125(1), alinéa 6.	(3) Verwaltungsgesellschaften, die Kapitel 14 des geänderten Gesetzes vom 20. Dezember 2002 über Organismen für gemeinsame Anlagen unterstehen und vor dem Inkrafttreten des vorliegenden Gesetzes gegründet wurden, unterstehen kraft Gesetzes dem vorliegenden Gesetz und sind somit Kapitel 16 dieses Gesetzes unterstellt. Sie haben bis zum 1. Juli 2012 Zeit, um Artikel 125 (1), Unterabsatz 6 zu entsprechen.
(4) Après la date d'entrée en vigueur de la présente loi, il ne sera plus possible de créer des sociétés de gestion sous l'empire du chapitre 14 de la loi modifiée du 20 décembre 2002 relative aux organismes de placement collectif.	(4) Nach dem Datum des Inkrafttretens dieses Gesetzes wird es nicht mehr möglich sein, Verwaltungsgesellschaften nach Kapitel 14 des geänderten Gesetzes vom 20. Dezember 2002 über Organismen für gemeinsame Anlagen zu errichten.
(5) Les sociétés de gestion qui, avant l'entrée en vigueur de la présente loi, avaient reçu	(5) Verwaltungsgesellschaften, die vor dem Inkrafttreten dieses Gesetzes eine Zulas-

un agrément en vertu de la loi modifiée du 20 décembre 2002 concernant les organismes de placement collectif pour gérer des OPCVM sont réputées être autorisées aux fins de la présente loi.	sung für die Verwaltung von OGAW auf der Grundlage des geänderten Gesetzes vom 20. Dezember 2002 über Organismen für gemeinsame Anlagen erhalten hatten, gelten als im Sinne des vorliegenden Gesetzes zugelassen.
(6) Les entreprises d'investissement au sens de la sous-section 1 de la section 2 du chapitre 2 de la partie I de la loi modifiée du 5 avril 1993 relative au secteur financier, qui n'ont reçu d'agrément que pour fournir les services mentionnés à la section A, points 4 et 5 de l'annexe II de ladite loi, peuvent être autorisées en vertu de la présente loi, à gérer des fonds communs de placements et des sociétés d'investissement et à se dénommer «sociétés de gestion». Dans ce cas, ces entreprises d'investissement doivent renoncer à l'agrément obtenu en vertu de la loi modifiée du 5 avril 1993 relative au secteur financier. Elles sont alors soumises au paragraphe (1) qui précède.	(6) Wertpapierfirmen im Sinne von Unterabschnitt 1 von Abschnitt 2 des Kapitels 2 in Teil I des geänderten Gesetzes vom 5. April 1993 über den Finanzsektor, die eine Zulassung lediglich im Hinblick auf die Erbringung der in Abschnitt A, Punkte 4 und 5 in Anhang II des besagten Gesetzes aufgelisteten Dienstleistungen erhalten haben, können gemäß dem vorliegenden Gesetz eine Zulassung zur Verwaltung von Sondervermögen und Investmentgesellschaften erhalten, und sich als „Verwaltungsgesellschaften" bezeichnen. Die Wertpapierfirmen müssen in diesem Fall auf die Zulassung gemäß dem geänderten Gesetz vom 5. April 1993 über den Finanzsektor verzichten. Sie unterstehen fortan dem vorstehenden Absatz (1).
(7) Pour les sociétés de gestion de droit luxembourgeois existant au 1er juillet 2011 et ayant été, jusqu'à cette date, soumises à la loi modifiée du 20 décembre 2002 concernant les organismes de placement collectif, toutes les références dans les documents constitutifs à la loi modifiée du 20 décembre 2002 concernant les organismes de placement collectif seront censées être remplacées par des références à la présente loi.	(7) Bei Verwaltungsgesellschaften luxemburgischen Rechts, die zum 1. Juli 2011 bestehen und bis zu diesem Datum dem geänderten Gesetz vom 20. Dezember 2002 über Organismen für gemeinsame Anlagen unterstanden, sind alle Verweise in den Gründungsunterlagen auf das geänderte Gesetz vom 20. Dezember 2002 über Organismen für gemeinsame Anlagen in den Gründungsunterlagen durch Verweise auf das vorliegende Gesetz zu ersetzen.
Art. 185. Entre l'entrée en vigueur de la présente loi et le 1er juillet 2011, les OPCVM et les sociétés de gestion agréés dans d'autres États membres, ne peuvent invoquer les dispositions de la présente loi dans un cadre transfrontalier que lorsque les dispositions de la directive 2009/65/CE ont été transposées dans leur État d'origine.	**Art. 185.** Zwischen dem Inkrafttreten dieses Gesetzes und dem 1. Juli 2011 können in anderen Mitgliedstaaten zugelassene OGAW und Verwaltungsgesellschaften die Bestimmungen des vorliegenden Gesetzes nur dann in einem grenzüberschreitenden Rahmen geltend machen, wenn die Bestimmungen der Richtlinie 2009/65/EG in ihrem Herkunftsmitgliedstaat umgesetzt wurden.

Art. 186. Les OPCVM créés avant la date d'entrée en vigueur de la présente loi, ainsi que les OPCVM créés entre la date d'entrée en vigueur de la présente loi et le 1er juillet 2011, qui ont choisi de se soumettre à la loi modifiée du 20 décembre 2002 concernant les organismes de placement collectif auront jusqu'au 1er juillet 2012 pour remplacer leur prospectus simplifié rédigé conformément aux dispositions des articles 109 et suivants de la loi modifiée du 20 décembre 2002 concernant les organismes de placement collectif par les informations clés aux investisseurs visées à l'article 159 de la présente loi.	**Art. 186.** Vor dem Datum des Inkrafttretens dieses Gesetzes aufgelegte OGAW sowie zwischen dem Datum des Inkrafttretens dieses Gesetzes und dem 1. Juli 2011 aufgelegte OGAW, die entschieden haben, sich dem geänderten Gesetz vom 20. Dezember 2002 über Organismen für gemeinsame Anlagen zu unterstehen, haben bis zum 1. Juli 2012 Zeit, um ihren, gemäß den Bestimmungen der Artikel 109 und ff. des geänderten Gesetzes vom 20. Dezember 2002 über Organismen für gemeinsame Anlagen verfassten Vereinfachten Prospekt durch die in Artikel 159 des vorliegenden Gesetzes vorgesehenen wesentlichen Informationen für Anleger zu ersetzen.
Art. 186-1. (1) Sans préjudice des dispositions transitoires prévues à l'article 58 de la loi du 12 juillet 2013 relative aux gestionnaires de fonds d'investissement alternatifs ou prévues, s'il s'agit d'un gestionnaire établi dans un pays tiers, à l'article 45 de la loi du 12 juillet 2013 relative aux gestionnaires de fonds d'investissement alternatifs, les OPC soumis à la partie II de la présente loi et dont la gestion relève d'un gestionnaire agréé au titre du chapitre 2 de la loi du 12 juillet 2013 relative aux gestionnaires de fonds d'investissement alternatifs ou du chapitre II de la directive 2011/61/UE, créés avant la date du 22 juillet 2013, auront jusqu'au 22 juillet 2014 pour se conformer aux dispositions figurant au chapitre 10bis de la présente loi. Pour ces OPC, les articles 78, 79, 80, 81, 83, 86 et 87 de la loi du 12 juillet 2013 relative aux gestionnaires de fonds d'investissement alternatifs ne sont applicables qu'à partir de la date de leur mise en conformité à ces dispositions du chapitre 10bis de la présente loi, ou à partir du 22 juillet 2014 au plus tard.	**Art. 186-1.** (1) Unbeschadet der Übergangsbestimmungen in Artikel 58 des Gesetzes vom 12. Juli 2013 über Verwalter alternativer Investmentfonds oder, soweit es sich um einen in einem Drittland niedergelassenen Verwalter handelt, in Artikel 45 des Gesetzes vom 12. Juli 2013 über Verwalter alternativer Investmentfonds, müssen die OGA, die Teil II dieses Gesetzes unterstehen und die von einem nach Kapitel 2 des Gesetzes vom 12. Juli 2013 über Verwalter alternativer Investmentfonds oder nach Kapitel II der Richtlinie 2011/61/EU zugelassenen Verwalter verwaltet werden, die vor dem 22. Juli 2013 errichtet wurden, die Bestimmungen des Kapitels 10bis dieses Gesetzes bis zum 22. Juli 2014 umgesetzt haben. Für diese OGA sind die Artikel 78, 79, 80, 81, 83, 86 und 87 des Gesetzes vom 12. Juli 2013 über Verwalter alternativer Investmentfonds ab dem Datum der Umsetzung dieser Bestimmungen des Kapitels 10bis dieses Gesetzes oder spätestens ab dem 22. Juli 2014 anwendbar.
(2) Sans préjudice des dispositions transitoires prévues à l'article 58 de la loi du 12 juillet 2013 relative aux gestionnaires de fonds d'investissement alternatifs ou prévues, s'il s'agit d'un gestionnaire établi dans un pays tiers, à l'article 45 de la loi du 12 juillet 2013 relative aux gestionnaires de fonds d'inves-	(2) Unbeschadet der Übergangsbestimmungen in Artikel 58 des Gesetzes vom 12. Juli 2013 über Verwalter alternativer Investmentfonds oder, soweit es sich um einen in einem Drittland niedergelassenen Verwalter handelt, in Artikel 45 des Gesetzes vom 12. Juli 2013 über Verwalter alternativer In-

tissement alternatifs, les OPC soumis à la partie II de la présente loi, créés entre le 22 juillet 2013 et le 22 juillet 2014, se qualifient comme FIA au sens de la loi du 12 juillet 2013 relative aux gestionnaires de fonds d'investissement alternatifs à partir de leur date de création. Ces OPC de la partie II dont la gestion relève d'un gestionnaire agréé au titre du chapitre 2 de la loi du 12 juillet 2013 relative aux gestionnaires de fonds d'investissement alternatifs ou du chapitre II de la directive 2011/61/UE doivent se conformer aux dispositions figurant au chapitre 10bis de la présente loi à partir de leur création. Par dérogation à ce principe, ces OPC de la partie II, créés entre le 22 juillet 2013 et le 22 juillet 2014 avec un gestionnaire externe qui exerce des activités de gestionnaire avant le 22 juillet 2013, disposent jusqu'au 22 juillet 2014 au plus tard pour se conformer aux dispositions figurant au chapitre 10bis de la présente loi. Pour ces derniers OPC, les articles 78, 79, 80, 81, 83, 86 et 87 de la loi du 12 juillet 2013 relative aux gestionnaires de fonds d'investissement alternatifs ne sont applicables qu'à partir de la date de leur mise en conformité aux dispositions du chapitre 10bis de la présente loi ou à partir du 22 juillet 2014 au plus tard.	vestmentfonds, qualifizieren OGA die Teil II dieses Gesetzes unterstehen, die zwischen dem 22. Juli 2012 und dem 22. Juli 2014 errichtet wurden, ab dem Tag ihrer Gründung als AIF im Sinne des Gesetzes vom 12. Juli 2013 über Verwalter alternativer Investmentfonds. Diese OGA nach Teil II, die von einem nach Kapitel 2 des Gesetzes vom 12. Juli 2013 über Verwalter alternativer Investmentfonds oder nach Kapitel II der Richtlinie 2011/61/EU zugelassenen Verwalter verwaltet werden, müssen die Bestimmungen des Kapitels 10bis dieses Gesetzes mit ihrer Gründung umsetzen. Abweichend von diesem Grundsatz werden OGA nach Teil II, die zwischen dem 22. Juli 2013 und dem 22. Juli 2014 errichtet wurden und am 22. Juli 2014 einen externen Verwalter haben, der seine Verwaltungsaufgaben vor dem 22. Juli 2013 ausübt, bis spätestens zum 22. Juli 2014 die Bestimmungen gemäß Kapitels 10bis dieses Gesetzes umgesetzt haben. Für letztere OGA sind die Artikel 78, 79, 80, 81, 83, 86 und 87 des Gesetzes vom 12. Juli 2013 über Verwalter alternativer Investmentfonds erst mit dem Zeitpunkt ihrer Einhaltung der Bestimmungen von Kapitel 10bis dieses Gesetzes oder spätestens ab dem 22. Juli 2014 anwendbar.
(3) Tous les OPC soumis à la partie II de la présente loi créés après le 22 juillet 2014 seront de plein droit régis par le chapitre 10bis de la présente loi. Ces OPC de la partie II, ou le cas échéant leur gestionnaire, sont, sous réserve des dérogations prévues à l'article 3 de la loi du 12 juillet 2013 relative aux gestionnaires de fonds d'investissement alternatifs et de la dérogation prévue à l'article 45 de la loi du 12 juillet 2013 relative aux gestionnaires de fonds d'investissement alternatifs, soumis de plein droit aux dispositions de la loi du 12 juillet 2013 relative aux gestionnaires de fonds d'investissement alternatifs.	(3) Alle OGA nach Teil II dieses Gesetzes, die nach dem 22. Juli 2014 errichtet wurden, unterliegen von Rechts wegen Kapitel 10bis dieses Gesetzes. Diese OGA nach Teil II oder gegebenenfalls ihre Verwalter unterliegen, vorbehaltlich der in Artikel 3 des Gesetzes vom 12. Juli 2013 über Verwalter alternativer Investmentfonds enthaltenen Ausnahmen und der in Artikel 45 des Gesetzes vom 12. Juli 2013 über Verwalter alternativer Investmentfonds enthaltenen Befreiung, von Rechts wegen den Bestimmungen des Gesetzes vom 12. Juli 2013 über Verwalter alternativer Investmentfonds.
(4) Les OPC soumis à la partie II de la présente loi créés avant le 22 juillet 2013 qui se qualifient au sens de la loi du 12 juillet 2013 relative aux gestionnaires de fonds d'inves-	(4) OGA nach Teil II dieses Gesetzes, die vor dem 22. Juli 2013 gegründet wurden, die als AIF des geschlossenen Typs im Sinne des Gesetzes vom 12. Juli 2013 über Verwalter

tissement alternatifs comme FIA de type fermé et qui ne réalisent pas d'investissements supplémentaires après cette date, peuvent ne pas être gérés par un gestionnaire agréé au titre du chapitre 2 de la loi du 12 juillet 2013 relative aux gestionnaires de fonds d'investissement alternatifs. Ces OPC de la partie II doivent se conformer aux seuls articles de la présente loi qui sont applicables aux OPC dont le gestionnaire bénéficie et fait usage des dérogations prévues à l'article 3 de la loi du 12 juillet 2013 relative aux gestionnaires de fonds d'investissement alternatifs, à l'exception de l'article 128.	alternativer Investmentfonds qualifizieren und nach diesem Datum keine zusätzlichen Anlagen realisieren, dürfen nicht von einem nach Kapitel des Gesetzes vom 12. Juli 2013 über Verwalter alternativer Investmentfonds zugelassenen Verwalter verwaltete werden. Diese OGA nach Teil II müssen nur die Artikel dieses Gesetzes umsetzen, die auf OGA anwendbar sind, deren Verwalter von den nach Artikel 3 des Gesetzes vom 12. Juli 2013 über Verwalter alternativer Investments vorgesehenen Ausnahmen profitierten oder diese nutzen, ausgenommen Artikel 128.
(5) Les OPC soumis à la partie II de la présente loi qui se qualifient au sens de la loi du 12 juillet 2013 relative aux gestionnaires de fonds d'investissement alternatifs comme FIA de type fermé et dont la période de souscription pour les investisseurs s'est terminée avant le 22 juillet 2011 et qui sont constitués pour une période expirant au plus tard trois ans après le 22 juillet 2013, peuvent ne pas se conformer aux dispositions de la loi du 12 juillet 2013 relative aux gestionnaires de fonds d'investissement alternatifs, à l'exception de l'article 20 et, le cas échéant, des articles 24 à 28 de la loi du 12 juillet 2013 relative aux gestionnaires de fonds d'investissement alternatifs, ou soumettre une demande aux fins d'obtenir un agrément au titre de la loi du 12 juillet 2013 relative aux gestionnaires de fonds d'investissement alternatifs.	(5) OGA nach Teil II dieses Gesetzes, die als geschlossene AIF gemäß dem Gesetz vom 12. Juli 2013 über Verwalter alternativer Investmentfonds qualifizieren und deren Zeichnungsperiode für Anleger vor dem 22. Juli 2011 abgelaufen ist und deren Laufdauer spätestens drei (3) Jahre nach dem 22. Juli 2013 ausläuft, dürfen die Bestimmungen des Gesetzes vom 12. Juli 2013 über Verwalter alternativer Investmentfonds nicht umsetzen, mit Ausnahme von Artikel 20 und gegebenenfalls der Artikel 24 bis 28 des Gesetzes vom 12. Juli 2013 über Verwalter alternativer Investmentfonds, oder sie reichen einen Antrag auf Zulassung nach dem Gesetz vom 12. Juli 2013 über Verwalter alternativer Investmentfonds ein.
(6) Sous réserve de l'application de l'article 58 (3) et (4) de la loi du 12 juillet 2013 relative aux gestionnaires de fonds d'investissement alternatifs, les sociétés de gestion agrées au titre du chapitre 15 de la présente loi, qui avant la date du 22 juillet 2013 assurent, en tant que société de gestion désignée, la gestion d'un ou de plusieurs FIA au sens de la directive 2011/61/UE, auront jusqu'au 22 juillet 2014 pour se conformer aux dispositions de l'article 101-1 de la présente loi.	(6) Unter Vorbehalt der Anwendung von Artikel 58 Absätze 3 und 4 des Gesetzes vom 12. Juli 2013 über Verwalter alternativer Investmentfonds, müssen nach Kapitel 15 dieses Gesetzes zugelassene Verwaltungsgesellschaften, die vor dem 22. Juli 2013 als ernannte Verwaltungsgesellschaft die Verwaltung eines oder mehrerer AIF im Sinne der Richtlinie 2011/61/EU wahrnehmen, bis zum 22. Juli 2014 die Bestimmungen von Artikel 101-1 dieses Gesetzes umsetzen.
(7) Sous réserve de l'application de l'article 58 (3) et (4) de la loi du 12 juillet 2013 relative	(7) Unter Vorbehalt der Anwendung von Artikel 50 Absätze 3 und 4 des Gesetzes vom

aux gestionnaires de fonds d'investissement alternatifs, les sociétés de gestion agréées au titre du chapitre 16 de la présente loi, qui avant la date du 22 juillet 2013 assurent, en tant que société de gestion désignée, la gestion d'un ou de plusieurs FIA au sens de la directive 2011/61/UE, dans le cas visé à l'article 125-2 de la présente loi, auront jusqu'au 22 juillet 2014 pour se conformer aux dispositions de l'article 125-2 en question.	12. Juli 2013 über Verwalter alternativer Investmentfonds, müssen nach Kapitel 16 dieses Gesetzes zugelassene Verwaltungsgesellschaften, die vor dem 22. Juli 2013 als benannte Verwaltungsgesellschaft die Verwaltung eines oder mehrerer AIF im Sinne der Richtlinie 2011/61/EU wahrnehmen, in den Fällen der Buchstaben a) und b) des Artikels 125-2 dieses Gesetzes bis zum 22. Juli 2014 diese Bestimmungen umsetzen.
Chapitre 26. – Dispositions modificatives, abrogatoire et finales	**Kapitel 26. – Änderungs-, Aufhebungs- und Schlussbestimmungen**
Art. 187. La référence dans l'article 6 de la loi du 13 février 2007 relative aux fonds d'investissement spécialisés à «la partie IV, chapitre 13 ou 14, de la loi modifiée du 20 décembre 2002 concernant les organismes de placement collectif» est remplacée par «la partie IV, chapitre 13 de la loi modifiée du 20 décembre 2002 concernant les organismes de placement collectif, respectivement le chapitre 15, 16, ou 18, de la loi du 17 décembre 2010 concernant les organismes de placement collectif».	**Art.187.** Der Verweis in Artikel 6 des geänderten Gesetzes vom 13. Februar 2007 über spezialisierte Investmentfonds auf „Teil IV, Kapitel 13 oder 14 des geänderten Gesetzes vom 20. Dezember 2002 über Organismen für gemeinsame Anlagen" wird ersetzt durch „Teil IV, Kapitel 13 des geänderten Gesetzes vom 20. Dezember 2002 über Organismen für gemeinsame Anlagen bzw. Kapitel 15, 16 oder 18 des Gesetzes vom 17. Dezember 2010 über Organismen für gemeinsame Anlagen".
Art. 188. La référence dans l'article 68 (2) de la loi du 13 février 2007 relative aux fonds d'investissement spécialisés à «l'article 129 de la loi modifiée du 20 décembre 2002 concernant les organismes de placement collectif» est remplacée par «l'article 174 de la loi du 17 décembre 2010 concernant les organismes de placement collectif».	**Art. 188.** Der Verweis in Artikel 68 Absatz (2) des geänderten Gesetzes vom 13. Februar 2007 über spezialisierte Investmentfonds auf „Artikel 129 des geänderten Gesetzes vom 20. Dezember 2002 über Organismen für gemeinsame Anlagen" wird ersetzt durch „Artikel 174 des Gesetzes vom 17. Dezember 2010 über Organismen für gemeinsame Anlagen".
Art. 189. Il est ajouté un nouveau paragraphe (2), (3) et (4) à l'article 26 de la loi modifiée du 20 décembre 2002 à la teneur suivante:	**Art. 189.** Artikel 26 des geänderten Gesetzes vom 20. Dezember 2002 wird um die Absätze 2, 3 und 4 wie folgt ergänzt:
(2) Les statuts d'une SICAV et toute modification qui y est apportée sont constatés dans un acte notarié spécial dressé en langue française, allemande ou anglaise au	(2) Die Satzung einer SICAV und jede Satzungsänderung sind notariell zu beurkunden und wahlweise in französischer, deutscher oder englischer Sprache zu verfassen.

choix des comparants. Par dérogation aux dispositions de l'arrêté du 24 prairial, an XI, lorsque cet acte notarié est dressé en langue anglaise, l'obligation de joindre à cet acte une traduction en une langue officielle lorsqu'il est présenté à la formalité de l'enregistrement, ne s'applique pas.	Abweichend von den Bestimmungen des Erlasses vom 24. Prairial, XI, entfällt im Rahmen der Hinterlegung der Urkunde das Erfordernis, eine Übersetzung in eine der Amtssprachen beizufügen, sollte die Urkunde in englischer Sprache verfasst sein.
(3) Par dérogation à l'article 73 alinéa 2 de la loi du 10 août 1915 concernant les sociétés commerciales telle que modifiée, les SICAV ne sont pas tenues d'adresser les comptes annuels, de même que le rapport du réviseur d'entreprises agréé, le rapport de gestion et, le cas échéant, les observations du conseil de surveillance aux porteurs de parts en nom en même temps que la convocation à l'assemblée générale annuelle. La convocation indique l'endroit et les modalités de mise à disposition de ces documents aux porteurs de parts et précise que chaque porteur de parts peut demander que les comptes annuels, de même que le rapport du réviseur d'entreprises agréé, le rapport de gestion et, le cas échéant, les observations du conseil de surveillance lui soient envoyés.	(3) Abweichend von Artikel 73 Absatz 2 des geänderten Gesetzes vom 10. August 1915 über Handelsgesellschaften sind SICAV nicht verpflichtet, den Jahresabschluss, den Bericht des *réviseur d'entreprises agréé* (Abschlussprüfer), den Geschäftsbericht und gegebenenfalls den Bericht des Aufsichtsrats zeitgleich mit der Einladung zur jährlichen Generalversammlung an die Inhaber von Namensanteilen zu versenden. Im Einladungsschreiben werden der Ort und die Modalitäten der Bereitstellung dieser Dokumente für die Anteilinhaber angegeben und dargelegt, dass jeder Anteilinhaber die Zusendung des Jahresabschlusses, des Berichts des *réviseur d'entreprises agréé* (Abschlussprüfer), des Geschäftsberichts und gegebenenfalls des Berichts des Aufsichtsrats verlangen kann.
(4) Les convocations aux assemblées générales des porteurs de parts peuvent prévoir que le quorum et la majorité à l'assemblée générale sont déterminés en fonction des parts émises et en circulation le cinquième jour qui précède l'assemblée générale à vingt-quatre heures (heure de Luxembourg) (dénommée « date d'enregistrement »). Les droits d'un porteur de parts de participer à une assemblée générale et d'exercer le droit de vote attaché à ses parts sont déterminés en fonction des parts détenues par ce porteur de parts à la date d'enregistrement.	(4) Die Einladungsschreiben zu den Generalversammlungen der Anteilinhaber können vorsehen, dass das Anwesenheitsquorum und die Mehrheitserfordernisse in der Generalversammlung entsprechend der Anzahl der am fünften Tag um Mitternacht (Ortszeit Luxemburg) vor der Generalversammlung (im Folgenden „Stichtag") ausgegebenen und im Umlauf befindlichen Anteile bestimmt werden. Die Rechte eines Anteilinhabers zur Teilnahme an einer Generalversammlung und zur Ausübung der mit seinen Anteilen verbundenen Stimmrechte werden entsprechend der Anzahl der am Stichtag von diesem Anteilinhaber gehaltenen Anteile bestimmt.
Art. 190. Il est ajouté un nouveau paragraphe (7), (8) et (9) à l'article 75 de la loi modifiée du 20 décembre 2002 à la teneur suivante:	**Art. 190.** Artikel 75 des geänderten Gesetzes vom 20. Dezember 2002 wird um die Absätze 7, 8 und 9 wie folgt ergänzt:

«(7) Les statuts de l'OPC ayant adopté la forme d'une des sociétés prévues à l'article 2 de la loi du 10 août 1915 concernant les sociétés commerciales, telle que modifiée, et toute modification apportée à ces statuts sont constatés dans un acte notarié spécial, sont dressés en langue française, allemande ou anglaise au choix des comparants. Par dérogation aux dispositions de l'arrêté du 24 prairial, an XI, lorsque cet acte notarié est dressé en langue anglaise, l'obligation de joindre à cet acte une traduction en une langue officielle lorsqu'il est présenté à la formalité de l'enregistrement, ne s'applique pas.	„(7) Die Gründungsunterlagen eines OGA und jede Änderung der Gründungsunterlagen eines OGA, der in einer der gemäß Artikel 2 des geänderten Gesetzes vom 10. August 1915 über Handelsgesellschaften vorgesehenen Gesellschaftsformen gegründet ist, sind notariell zu beurkunden und wahlweise in französischer, deutscher oder englischer Sprache zu verfassen. Abweichend von den Bestimmungen des Erlasses vom 24. Prairial, XI, entfällt im Rahmen der Hinterlegung der Urkunde das Erfordernis, eine Übersetzung in einer der Amtssprachen beizufügen, sollte die Urkunde in englischer Sprache verfasst sein.
(8) Par dérogation à l'article 73 alinéa 2 de la loi du 10 août 1915 concernant les sociétés commerciales, telle que modifiée les OPC relevant du présent chapitre et qui ont adopté la forme d'une société anonyme ou d'une société en commandite par actions ne sont pas tenues d'adresser les comptes annuels, de même que le rapport du réviseur d'entreprises agréé, le rapport de gestion et, le cas échéant, les observations du conseil de surveillance aux porteurs de parts en nom en même temps que la convocation à l'assemblée générale annuelle. La convocation indique l'endroit et les modalités de mise à disposition de ces documents aux porteurs de parts et précise que chaque porteur de parts peut demander que les comptes annuels, de même que le rapport du réviseur d'entreprises agréé, le rapport de gestion et, le cas échéant, les observations du conseil de surveillance lui soient envoyés.	(8) Abweichend von Artikel 73 Absatz 2 des geänderten Gesetzes vom 10. August 1915 über Handelsgesellschaften sind OGA im Sinne dieses Kapitels in Form einer Aktiengesellschaft oder einer Kommanditgesellschaft auf Aktien nicht verpflichtet, den Jahresabschluss, sowie den Bericht des zugelassenen Wirtschaftsprüfers, den Geschäftsbericht und gegebenenfalls den Bericht des Aufsichtsrats zeitgleich mit der Einladung zur jährlichen Generalversammlung an die Inhaber von Namensanteilen zu versenden. Im Einladungsschreiben werden der Ort und die Modalitäten für die Bereitstellung dieser Dokumente angegeben und dargelegt, dass jeder Anteilinhaber die Zusendung des Jahresabschlusses, des Berichts des *réviseur d'entreprises agréé* (Abschlussprüfer), des Geschäftsberichts und gegebenenfalls des Berichts des Aufsichtsrats verlangen kann.
(9) Les convocations aux assemblées générales des porteurs de parts peuvent prévoir que le quorum et la majorité à l'assemblée générale sont déterminés en fonction des parts émises et en circulation le cinquième jour qui précède l'assemblée générale à vingt-quatre heures (heure de Luxembourg) (dénommée « date d'enregistrement »). Les droits d'un porteur de parts de participer à une assemblée générale et d'exercer le droit de vote attaché à ses parts sont déterminés	(9) Die Einladungsschreiben zu den Generalversammlungen der Anteilinhaber können vorsehen, dass das Anwesenheitsquorum und die Mehrheitserfordernisse in der Generalversammlung entsprechend der Anzahl der am fünften Tag um Mitternacht (Ortszeit Luxemburg) vor der Generalversammlung (im Folgenden „Stichtag") ausgegebenen und im Umlauf befindlichen Anteile bestimmt werden. Die Rechte eines Anteilinhabers zur Teilnahme an einer Ge-

en fonction des parts détenues par ce porteur de parts à la date d'enregistrement.»	neralversammlung und zur Ausübung der mit seinen Anteilen verbundenen Stimmrechte werden entsprechend der Anzahl der am Stichtag von diesem Anteilinhaber gehaltenen Anteilen bestimmt."
Art. 191. L'article 133 de la loi modifiée du 20 décembre 2002 est complété par un nouveau paragraphe (7) à la teneur suivante: « Un compartiment d'un OPC peut, aux conditions prévues dans le règlement de gestion ou les documents constitutifs ainsi que dans le prospectus, souscrire, acquérir et/ou détenir des titres à émettre ou émis par un ou plusieurs autres compartiments du même OPC, sans que cet OPC, lorsqu'il est constitué sous forme sociétaire, soit soumis aux exigences que pose la loi du 10 août 1915 concernant les sociétés commerciales, telle que modifiée, en matière de souscription, acquisition et/ou détention par une société de ses propres actions mais sous réserve toutefois que:	**Art. 191.** Artikel 133 des geänderten Gesetzes vom 20. Dezember 2002 wird um einen neuen Absatz 7 wie folgt ergänzt: „Ein Teilfonds eines OGA kann, vorbehaltlich der im Verwaltungsreglement oder den Gründungsunterlagen sowie im Prospekt vorgesehenen Bedingungen, die von einem oder mehreren anderen Teilfonds desselben OGA auszugebenden oder ausgegebenen Anteile zeichnen, erwerben und/oder halten, ohne dass dieser OGA, sollte er in der Form einer Gesellschaft gegründet sein, den Vorschriften des geänderten Gesetzes vom 10. August 1915 über Handelsgesellschaften betreffend die Zeichnung, den Erwerb und/oder das Halten eigener Aktien durch eine Gesellschaft unterliegt. Dies gilt jedoch nur unter der Bedingung, dass:
– le compartiment cible n'investit pas à son tour dans le compartiment qui est investi dans ce compartiment cible; et	– der Zielteilfonds nicht selbst in den Teilfonds, welcher in den Zielteilfonds investiert, anlegt; und
– la proportion d'actifs que les compartiments cibles dont l'acquisition est envisagée, peuvent investir globalement, conformément à leur règlement de gestion ou leurs documents constitutifs, dans des parts d'autres OPC ne dépasse pas 10%; et	– gemäß dem Verwaltungsreglement oder den Gründungsunterlagen des OGA, der Anteil der Vermögenswerte, den die Zielteilfonds, deren Erwerb vorgesehen ist, insgesamt in Anteile anderer OGA anlegen können, 10% nicht übersteigt; und
– le droit de vote éventuellement attaché aux titres concernés sera suspendu aussi longtemps qu'ils seront détenus par le compartiment en question et sans préjudice d'un traitement approprié dans la comptabilité et les rapports périodiques; et	– das Stimmrecht, das gegebenenfalls den jeweiligen Anteilen zugeordnet ist, so lange ausgesetzt wird, wie die Anteile vom betroffenen Teilfonds gehalten werden, unbeschadet einer ordnungsgemäßen Abwicklung der Buchführung und der regelmäßigen Berichte; und
– en toutes hypothèses, aussi longtemps que ces titres seront détenus par l'OPC leur valeur ne sera pas prise en compte pour le calcul de l'actif net de l'OPC aux fins de vérification du seuil minimum des actifs nets imposé par la présente loi; et	– bei Berechnung des Nettovermögens des OGA zur Überprüfung des von diesem Gesetz vorgesehenen Mindestnettovermögens von OGA der Wert dieser Anteile keinesfalls berücksichtigt wird, solange sie von dem OGA gehalten werden; und

– il n'y a pas de dédoublement de commissions de gestion/souscription ou de rachat entre ces commissions au niveau du compartiment de l'OPC ayant investi dans le compartiment cible et ce compartiment cible.»	– es keine Verdopplung der Verwaltungs-/Zeichnungs- oder Rücknahmevergütungen auf Ebene des Teilfonds des OGA, welcher in den Zielteilfonds anlegt, und auf Ebene dieses Zielteilfonds gibt."
Art. 192. La loi modifiée du 20 décembre 2002 concernant les organismes de placement collectif est abrogée avec effet au 1er juillet 2012, à l'exception des articles 127 et 129 qui sont abrogés avec effet au 1er janvier 2011.	**Art. 192.** Das geänderte Gesetz vom 20. Dezember 2002 über Organismen für gemeinsame Anlagen wird mit Wirkung vom 1. Juli 2012 abgeschafft, mit Ausnahme der Artikel 127 und 129, die mit Wirkung vom 1. Januar 2011 abgeschafft werden.
Art. 193. La référence à la présente loi peut se faire sous forme abrégée en recourant à l'intitulé suivant: «Loi du 17 décembre 2010 concernant les organismes de placement collectif».	**Art. 193.** Bezugnahmen auf dieses Gesetz können in verkürzter Form wie folgt erfolgen: „Gesetz vom 17. Dezember 2010 über Organismen für gemeinsame Anlagen".
Art. 194. La présente loi entre en vigueur le premier jour du mois suivant sa publication au Mémorial.	**Art. 194.** Dieses Gesetz tritt am ersten Tag des Monats nach seiner Veröffentlichung im *Mémorial* in Kraft.
Mandons et ordonnons que la présente loi soit insérée au Mémorial pour être exécutée et observée par tous ceux que la chose concerne.	Befehlen und ordnen an, dass dieses Gesetz im *Mémorial* veröffentlicht wird.

Anhang I

Schema A[1]

1. Information concernant le fonds commun de placement	**1. Informationen über das Sondervermögen**	**1. Information concernant la société de gestion, y compris une indication quant au point de savoir si la société de gestion est établie dans un État membre autre que l'État membre d'origine de l'OPCVM**	**1. Informationen über die Verwaltungsgesellschaft mit einem Hinweis darauf, ob die Verwaltungsgesellschaft in einem anderen Mitgliedstaat niedergelassen ist als im Herkunftsmitgliedstaat des OGAW**	**1. Information concernant la société d'investissement**	**1. Informationen über die Investmentgesellschaft**
1.1. Dénomination	1.1. Bezeichnung	1.1. Dénomination ou raison sociale, forme juridique, siège statutaire et siège de l'administration centrale si celui-ci est différent du siège statutaire	1.1. Bezeichnung oder Firma, Rechtsform, satzungsmäßiger Sitz und Ort der Hauptverwaltung, wenn dieser vom Gesellschaftssitz abweicht	1.1. Dénomination ou raison sociale, forme juridique, siège statutaire et siège de l'administration centrale si celui-ci est différent du siège statutaire	1.1. Bezeichnung oder Firma, Rechtsform, satzungsmäßiger Sitz und Ort der Hauptverwaltung, wenn dieser vom Gesellschaftssitz abweicht
1.2. Date de constitution du fonds commun de placement. Indication de la durée, si elle est limitée	1.2. Zeitpunkt der Errichtung des Sondervermögens. Angabe der Dauer, falls dieses begrenzt ist	1.2. Date de constitution de la société. Indication de la durée, si celle-ci est limitée	1.2. Zeitpunkt der Gründung der Gesellschaft. Angabe der Dauer, falls diese begrenzt ist	1.2. Date de constitution de la société. Indication de la durée, si elle est limitée	1.2. Zeitpunkt der Gründung der Gesellschaft. Angabe der Dauer, falls diese begrenzt ist
1.3. Lorsqu'un fonds commun de placement a différents compartiments, indication de ces compartiments	1.3. Im Falle von Sondervermögen mit verschiedenen Teilfonds, Angabe dieser Teilfonds	1.3. Si la société gère d'autres fonds communs de placement, indication de ces autres fonds	1.3. Falls die Gesellschaft weitere Sondervermögen verwaltet, Angabe dieser weiteren Fonds	1.3. Lorsqu'une société d'investissement a différents compartiments d'investissement, indication de ces compartiments	1.3. Im Falle von Investmentgesellschaften mit Verschiedenen Teilfonds, Angabe dieser Teilfonds

1 Die Übersetzung ins Deutsche ist jeweils in der Kolonne neben der Kolonne mit dem französichen Originaltezt enthalten.

1.4. Indication du lieu où l'on peut se procurer le règlement de gestion, s'il n'est pas annexé, et les rapports périodiques	1.4. Angabe der Stelle, bei der das Verwaltungsreglement, wenn auf dessen Beifügung verzichtet wird, sowie die periodischen Berichte erhältlich sind			1.4. Indication du lieu où l'on peut se procurer les documents constitutifs, s'ils ne sont pas annexés, et les rapports périodiques	1.4. Angabe der Stelle, bei der die Gründungsunterlagen, wenn auf deren Beifügung verzichtet wird, sowie die periodischen Berichte erhältlich sind
1.5. Indications succinctes concernant le régime fiscal applicable au fonds commun de placement, si elles revêtent un intérêt pour le porteur de parts. Indications de l'existence de retenues à la source effectuées sur les revenus et gains en capital versés par le fonds commun de placement aux porteurs de parts	1.5. Kurzangaben über die auf Sondervermögen anwendbaren Steuervorschriften, wenn sie für den Anteilinhaber von Bedeutung sind. Angabe, ob auf die von en Anteilinhabern von Sondervermögen bezogenen Einkünfte und Kapitalerträge Quellensteuern erhoben werden			1.5. Indications succinctes concernant le régime fiscal applicable à la société, si elles revêtent un intérêt pour le porteur de parts Indications de l'existence de retenues à la source effectuées sur les revenus et gains en capital versés par la société aux porteurs de parts	1.5. Kurzangaben über die auf die Gesellschaft anwendbaren Steuervorschriften, wenn sie für den Anteilinhaber von Bedeutung sind. Angabe, ob auf die von den Anteilinhabern von der Gesellschaft bezogenen Einkünfte und Kapitalerträge Quellensteuern erhoben werden
1.6. Date de clôture des comptes et des distributions	1.6. Stichtag für den Jahresabschluss und Häufigkeit der Ausschüttungen			1.6. Date de clôture des comptes et des distributions	1.6. Stichtag für den Jahresabschluss und Häufigkeit der Ausschüttungen
1.7. Identité des personnes chargées de la vérification des données comptables visées à l'article 148	1.7. Name der Personen, die mit der Prüfung der in Artikel 148 vorgesehenen Zahlenangaben beauftragt sind			1.7. Identité des personnes chargées de la vérification des données comptables visées à l'article 148	1.7. Name der Personen, die mit der Prüfung der in Artikel 148 vorgesehenen Zahlenangaben beauftragt sind
		1.8. Identité et fonctions dans la société des membres des organes d'administration, de direction et de surveillance. Mention des principales activi-	1.8. Name und Funktion der Mitglieder der Verwaltungs-, Leitungs- und Aufsichtsorgane. Angabe der Hauptfunktionen, die diese Personen außerhalb der	1.8. Identité et fonctions dans la société des membres des organes d'administration, de direction et de surveillance. Mention des principales activi-	1.8. Name und Funktion der Mitglieder der Verwaltungs-, Leitungs- und Aufsichtsorgane. Angabe der Hauptfunktionen, die diese Personen außerhalb der

		tés exercées par ces personnes en dehors de la société lorsqu'elles sont significatives par rapport à celle-ci	Gesellschaft ausüben, wenn sie für diese von Bedeutung sind	tés exercées par ces personnes en dehors de la société lorsqu'elles sont significatives par rapport à celle-ci	Gesellschaft ausüben, wenn sie für diese von Bedeutung sind
		1.9. Montant du capital souscrit avec indication du capital libéré	1.9. Kapital: Höhe des gezeichneten Kapitals mit Angabe des eingezahlten Kapitals	1.9. Capital	1.9. Kapital
1.10. Mention de la nature et des caractéristiques principales des parts, avec notamment les indications suivantes: – nature du droit (réel, de créance ou autre) que la part représente, – titres originaux ou certificats représentatifs de ces titres, inscription sur un registre ou un compte, – caractéristiques des parts: nominatives ou au porteur. Indication des coupures éventuellement prévues, – description du droit de vote des por-	1.10. Angabe der Art und der Hauptmerkmale der Anteile, insbesondere: – Art des Rechts (dingliches, Forderungs- oder anderes Recht), das der Anteil repräsentiert – Original-Urkunden oder Zertifikate über diese Urkunden, Eintragung in einem Register oder auf einem Konto – Merkmale der Anteile: Namens- oder Inhaberpapiere, gegebenenfalls Angabe der Stückelung – Beschreibung des Stimmrechts der An-			1.10. Mention de la nature et des caractéristiques principales des parts, avec notamment les indications suivantes: – titres originaux ou certificats représentatifs de ces titres, inscription sur un registre ou un compte, – caractéristiques des parts: nominatives ou au porteur. Indication des coupures éventuellement prévues, – description du droit de vote des porteurs de parts, – circonstances dans lesquelles la liquidation de la société d'in-	1.10. Angabe der Art und der Hauptmerkmale der Anteile, insbesondere: – Originalurkunden oder Zertifikate über diese Urkunden, Eintragung in einem Register oder auf einem Konto – Merkmale der Anteile: Namens- oder Inhaberpapiere, gegebenenfalls Angabe der Stückelung – Beschreibung des Stimmrechts der Anteilinhaber – Voraussetzungen, unter denen die Liquidation der Invest-

teurs de parts, s'il existe, – circonstances dans lesquelles la liquidation du fonds peut être décidée et modalités de la liquidation, notamment quant aux droits des porteurs de parts	teilinhaber, falls ein solches besteht – Voraussetzungen, unter denen die Liquidation des Fonds beschlossen werden kann, und Einzelheiten der Liquidation, insbesondere in Bezug auf die Rechte der Anteilinhaber			vestissement peut être décidée et modalités de la liquidation, notamment quant aux droits des porteurs de parts	mentgesellschaft beschlossen werden kann, und Einzelheiten der Liquidation, insbesondere in Bezug auf die Rechte der Anteilinhaber
1.11. Indication éventuelle des bourses ou des marchés où les parts sont cotées ou négociées	1.11. Gegebenenfalls Angabe der Börsen oder Märkte, an denen die Anteile notiert oder gehandelt werden			1.11. Indication éventuelle des bourses ou des marchés où les parts sont cotées ou négociées	1.11. Gegebenenfalls Angabe der Börsen oder Märkte, an denen die Anteile notiert oder gehandelt werden
1.12. Modalités et conditions d'émission et de vente des parts	1.12. Modalitäten und Bedingungen für die Ausgabe und/oder den Verkauf der Anteile			1.12. Modalités et conditions d'émission et de vente des parts	1.12. Modalitäten und Bedingungen für die Ausgabe und/oder den Verkauf der Anteile
1.13. Modalités et conditions de rachat ou de remboursement des parts et cas dans lesquels il peut être suspendu. Lorsqu'un fonds commun de placement a différents compartiments d'investissement, indication des modalités permettant à un porteur de parts de passer d'un compartiment à un autre et des	1.13. Modalitäten und Bedingungen der Rücknahme oder Auszahlung der Anteile und Voraussetzungen, unter denen diese ausgesetzt werden kann. Im Falle von Sondervermögen mit verschiedenen Teilfonds, Angabe der Modalitäten, unter denen ein Anleger von einem Teilfonds zu einem anderen			1.13. Modalités et conditions de rachat ou de remboursement des parts et cas dans lesquels il peut être suspendu. Lorsqu'une société 'investissement a différents compartiments d'investissement, indication des modalités permettant à un porteur de parts de passer d'un compartiment à un autre et des	1.13. Modalitäten und Bedingungen der Rücknahme oder Auszahlung der Anteile und Voraussetzungen, unter denen diese ausgesetzt werden kann. Im Falle von Investmentgesellschaften mit verschiedenen Teilfonds, Angabe der Modalitäten, unter denen ein Anleger von einem Teilfonds zu einem anderen

frais prélevés à cette occasion	wechseln kann und der in diesem Zusammenhang anfallenden Kosten.			frais prélevés à cette occasion	wechseln kann und der in diesem Zusammenhang anfallenden Kosten.
1.14. Description des règles régissant la détermination et l'affectation des revenus	1.14. Beschreibung der Regeln für die Ermittlung und Verwendung der Erträge			1.14. Description des règles régissant la détermination et l'affectation des revenus	1.14. Beschreibung der Regeln für die Ermittlung und Verwendung der Erträge
1.15. Description des objectifs d'investissement du fonds commun de placement y compris les objectifs financiers (par exemple: recherche de plus-values en capital ou de revenus), de la politique de placement (par exemple: spécialisation dans certains secteurs géographiques ou industriels), limites de cette politique de placement et indication des techniques et instruments ou capacités d'emprunts susceptibles d'être utilisés dans la gestion du fonds commun de placement	1.15. Beschreibung der Anlageziele des Sondervermögens, einschließlich der finanziellen Ziele (z.B.: Kapital- oder Ertragssteigerung), der Anlagepolitik (z.B.: Spezialisierung auf geografische Gebiete oder Wirtschaftsbereiche), Beschränkungen bei dieser Anlagepolitik sowie der Angabe etwaiger Techniken und Instrumente oder Befugnisse zur Kreditaufnahme, von denen bei der Verwaltung des Sondervermögens Gebrauch gemacht werden kann			1.15. Description des objectifs d'investissement de la société y compris les objectifs financiers (par exemple: recherche de plus-values en capital ou de revenus), de la politique de placement (par exemple: spécialisation dans certains secteurs géographiques ou industriels), limites de cette politique de placement et indication des techniques et instruments ou des capacités d'emprunts susceptibles d'être utilisés dans la gestion de la société	1.15. Beschreibung der Anlageziele der Investmentgesellschaft, einschließlich der finanziellen Ziele (z.B. Kapital- oder Ertragssteigerung), der Anlagepolitik (z.B. Spezialisierung auf geografische Gebiete oder Wirtschaftsbereiche), etwaiger Beschränkungen bei dieser Anlagepolitik sowie der Angabe etwaiger Techniken und Instrumente oder Befugnisse zur Kreditaufnahme, von denen bei der Verwaltung der Investmentgesellschaft Gebrauch gemacht werden kann
1.16. Règles pour l'évaluation des actifs	1.16. Regeln für die Vermögensbewertung			1.16. Règles pour l'évaluation des actifs	1.16. Regeln für die Vermögensbewertung
1.17. Détermination des prix de vente ou d'émission et de remboursement ou de rachat des parts, en particulier:	1.17. Ermittlung der Verkaufs- oder Ausgabe- und der Auszahlungs- oder Rücknahmepreise der Anteile, insbesondere:			1.17. Détermination des prix de vente ou d'émission et de remboursement ou de rachat des parts, en particulier:	1.17. Ermittlung der Verkaufs- oder Ausgabe- und der Auszahlungs- oder Rücknahmepreise der Anteile, insbesondere:

– méthode et fréquence du calcul de ces prix, – informations concernant les frais relatifs aux opérations de vente ou d'émission et de rachat ou de remboursement des parts, – mode, lieux et fréquence de publication de ces prix	– Methode und Häufigkeit der Berechnung dieser Preise – Angaben der mit dem Verkauf, der Ausgabe, der Rücknahme oder Auszahlung der Anteile verbundenen Kosten – Art, Ort und Häufigkeit der Veröffentlichung dieser Preise			– méthode et fréquence du calcul de ces prix, – informations concernant les frais relatifs aux opérations de vente ou d'émission, de rachat ou de remboursement des parts – indication portant sur les moyens, les lieux et la fréquence où ces prix sont publiés	– Methode und Häufigkeit der Berechnung dieser Preise – Angaben der mit dem Verkauf, der Ausgabe, der Rücknahme oder Auszahlung der Anteile verbundenen Kosten – Angabe von Art, Ort und Häufigkeit der Veröffentlichung dieser Preise
1.18. Indication portant sur le mode, le montant et le calcul des rémunérations mises à charge du fonds commun de placement au profit de la société de gestion, du dépositaire ou des tiers et des remboursements par le fonds commun de placement de frais à la société de gestion, au dépositaire ou à des tiers	1.18. Angaben über die Methode, die Höhe und die Berechnung der zu Lasten des Sondervermögen gehenden Vergütungen für die Verwaltungsgesellschaft, die Verwahrstelle oder Dritte und der Unkostenerstattungen an die Verwaltungsgesellschaft, die Verwahrstelle oder Dritte durch das Sondervermögen			1.18. Indication portant sur le mode, le montant et le calcul des rémunérations mises à charge de la société au profit de ses dirigeants et membres des organes d'administration, de direction et de surveillance, au dépositaire ou aux tiers et le remboursement par la société de frais à ses dirigeants, au dépositaire ou à des tiers	1.18. Angaben über die Methode, die Höhe und die Berechnung der zu Lasten der Investmentgesellschaft gehenden Vergütungen die von der Gesellschaft zu zahlen sind an ihre Geschäftsleiter und Mitglieder der Verwaltungs-, Leitungs- und Aufsichtsorgane, an die Verwahrstelle oder an Dritte, und der Unkostenerstattungen an die Geschäftsleiter der Gesellschaft, an die Verwahrstelle oder an Dritte durch die Investmentgesellschaft

2. Informations concernant le dépositaire: 2.1. Dénomination ou raison sociale, forme juridique, siège statutaire et siège de l'administration centrale si celui-ci est différent du siège statutaire 2.2. Activité principale	2. Angaben über die Verwahrstelle: 2.1. Bezeichnung oder Firma, Rechtsform, satzungsmäßiger Sitz und Ort der Hauptverwaltung, wenn dieser vom satzungsmäßigem Sitz abweicht, 2.2. Haupttätigkeit.
3. Indications sur les firmes de conseil ou les conseillers d'investissement externes, lorsque le recours à leurs services est prévu par contrat et payé par prélèvement sur les actifs de l'OPCVM: 3.1. dénomination ou raison sociale de la firme ou nom du conseiller 3.2. clauses importantes du contrat avec la société de gestion ou la société d'investissement de nature à intéresser les porteurs de parts, à l'exclusion de ceux relatifs aux rémunérations 3.3. Autres activités significatives	3. Angaben über die externen Beratungsfirmen oder Anlageberater, wenn ihre Dienste auf Vertragsbasis in Anspruch genommen und die Vergütungen hierfür dem Vermögen des OGAW entnommen werden: 3.1. Name der Firma oder des Beraters, 3.2. Einzelheiten des Vertrags mit der Verwaltungsgesellschaft oder der Investmentgesellschaft, die für die Anteilinhaber von Interesse sind; ausgenommen sind Einzelheiten betreffend die Vergütungen, 3.3. andere Tätigkeiten von Bedeutung.
4. Informations sur les mesures prises pour effectuer les paiements aux porteurs de parts, le rachat ou le remboursement des parts ainsi que la diffusion des informations concernant l'OPCVM. Ces informations doivent, en tout état de cause, être données au Luxembourg. En outre, lorsque les parts sont commercialisées dans un autre État membre, ces informations visées ci-avant sont données en ce qui concerne cet État membre dans le prospectus qui y est diffusé	4. Angaben über die Maßnahmen, die getroffen worden sind, um die Zahlungen an die Anteilinhaber, die Rücknahme oder die Auszahlung der Anteile sowie die Verbreitung der Informationen über den OGAW vorzunehmen. Diese Angaben sind auf jeden Fall in Luxemburg zu erteilen. Falls die Anteile darüber hinaus in einem anderen Mitgliedstaat vertrieben werden, sind die oben bezeichneten Angaben hinsichtlich dieses Mitgliedstaats in dem dort verbreiteten Prospekt zu machen.
5. Autres informations concernant les placements: 5.1. Performances historiques de l'OPCVM (le cas échéant) – cette information peut être reprise dans le prospectus ou être jointe à celui-ci; 5.2. Profil de l'investisseur-type pour lequel l'OPCVM a été conçu. 5.3. Lorsqu'une société d'investissement ou un fonds commun de placement a différents compartiments d'investissement, les informations visées aux points 5.1. et 5.2. doivent être fournies pour chaque compartiment.	5. Weitere Anlageinformationen: 5.1. Gegebenenfalls bisherige Ergebnisse des OGAW — diese Angaben können entweder im Prospekt enthalten oder diesem beigefügt sein, 5.2. Profil des typischen Anlegers, für den der OGAW konzipiert ist. 5.3. Im Falle von Investmentgesellschaften oder Sondervermögen mit verschiedenen Teilfonds, sind die in den Punkten 5.1 und 5.2 genannten Informationen für jeden Teilfonds zu liefern.
6. Informations d'ordre économique: 6.1. dépenses et commissions éventuelles, autres que les charges visées au point 1.17, ventilés selon qu'ils doivent être payés par le porteur de parts ou sur les actifs de l'OPCVM	6. Wirtschaftliche Informationen: 6.1. Etwaige Kosten oder Gebühren mit Ausnahme der unter Ziffer 1.17 genannten Kosten, aufgeschlüsselt nach denjenigen, die vom Anteilinhaber zu entrichten sind, und denjenigen, die aus dem Vermögen des OGAW zu zahlen sind.

SCHEMA B	**SCHEMA B**
Informations à insérer dans les rapports périodiques	Informationen, die in den periodischen Berichten enthalten sein müssen
I. *État du patrimoine*	*I. Vermögensstand*
– valeurs mobilières,	– Wertpapiere,
– avoirs bancaires,	– Bankguthaben,
– autres actifs,	– sonstige Vermögen,
– total des actifs,	– Vermögen insgesamt,
– passif,	– Verbindlichkeiten,
– valeur nette d'inventaire	– Nettoinventarwert.
II. *Nombre de parts en circulation*	*II. Anzahl der umlaufenden Anteile*
III. *Valeur nette d'inventaire par part*	*III. Nettoinventarwert je Anteil*
IV. *Portefeuille-titres, une ventilation étant faite entre:*	*IV. Wertpapierbestand, wobei zu unterscheiden ist zwischen:*
a) les valeurs mobilières admises à la cote officielle d'une bourse de valeurs;	a) Wertpapieren und Geldmarktinstrumenten, die zur amtlichen Notierung an einer Wertpapierbörse zugelassen sind;
b) les valeurs mobilières négociées sur un autre marché réglementé;	b) Wertpapieren und Geldmarktinstrumenten, die auf einem anderen geregelten Markt gehandelt werden;
c) les valeurs mobilières visées à l'article 41 paragraphe (1) point d);	c) den in Artikel 41 Absatz (1) Buchstabe d) bezeichneten neu emittierten Wertpapieren und Geldmarktinstrumenten;
d) les autres valeurs mobilières visées à l'article 41 paragraphe (2) point a);	d) den sonstigen in Artikel 41 Absatz (2) Buchstabe a) bezeichneten Wertpapieren und Geldmarktinstrumenten,
et avec une analyse selon les critères les plus appropriés, compte tenu de la politique de placement de l'OPCVM (par exemple, selon les critères économiques ou géographiques ou par devises), en pourcentage par rapport à l'actif net; pour chacun des placements précités, sa quote-part rapportée au total des actifs de l'OPCVM. Indication des changements intervenus dans la composition du portefeuille-titres, au cours de la période de référence.	wobei eine Gliederung nach den geeignetsten Kriterien unter Berücksichtigung der Anlagepolitik des OGAW (zum Beispiel nach wirtschaftlichen oder geographischen Kriterien, nach Devisen usw.) nach prozentualen Anteilen am Nettovermögen vorzunehmen ist; für jedes vorstehend bezeichnete Wertpapier ist sein Anteil am Nettovermögen des OGAW anzugeben; jede vorgenannte Platzierung, ihr Anteil am Gesamtvermögen des OGAW.

V. *Indication des mouvements intervenus dans les actifs de l'OPCVM au cours de la période de référence, y compris les données suivantes:*	V. Angaben über die Entwicklung des Vermögens des OGAW während des Berichtszeitraums, die Folgendes umfassen:
– revenus de placement,	– Erträge aus Anlagen,
– autres revenus,	– sonstige Erträge,
– frais de gestion,	– Aufwendungen für die Verwaltung,
– frais de dépôt,	– Aufwendungen für die Verwahrstelle,
– autres frais, taxes et impôts,	– sonstige Aufwendungen, Gebühren und Steuern
– revenu net,	– Nettoertrag,
– montants distribués et revenus réinvestis,	– Ausschüttungen und wiederangelegte Erträge,
– augmentation ou diminution du compte capital,	– Erhöhung oder Verminderung der Kapitalrechnung,
– plus-values ou moins-values de placements,	– Mehr- oder Minderwert der Anlagen,
– toute autre modification affectant l'actif et le passif de l'OPCVM	– etwaige sonstige Änderungen, welche das Vermögen und die Verbindlichkeiten des OGAW,
– coûts de transaction, qui sont les coûts supportés par un OPCVM au titre d'opérations sur son portefeuille.	– Transaktionskosten, die ein OGAW im Rahmen von Portfoliotransaktionen trägt.
VI. *Tableau comparatif portant sur les trois derniers exercices et comportant pour chaque exercice, en fin de celui-ci:*	*VI. Vergleichende Übersicht über die letzten drei Geschäftsjahre, wobei zum Ende jeden Geschäftsjahres Folgendes anzugeben ist:*
– la valeur nette d'inventaire totale,	– gesamter Nettoinventarwert,
– la valeur nette d'inventaire par part.	– Nettoinventarwert je Anteil.
VII. *Indication détaillée par catégorie d'opérations au sens de l'article 42 réalisées par l'OPCVM au cours de la période de référence, du montant des engagements qui en découlent*	*VII. Angabe des Betrags der bestehenden Verbindlichkeiten aus vom OGAW im Berichtszeitraum getätigten Geschäften im Sinne von Artikel 42, wobei nach Kategorien zu differenzieren ist.*

Annexe II	**Anhang II**
Fonctions incluses dans l'activité de gestion collective de portefeuille	Aufgaben, die in die gemeinsame Anlageverwaltung einbezogen sind
– Gestion de portefeuille	– Anlageverwaltung
– Administration:	– Administrative Tätigkeiten:
a) services juridiques et de gestion comptable du fonds;	a) Rechtliche Dienstleistungen und im Rahmen der Fondsverwaltung vorgeschriebene Rechnungslegungsdienstleistungen;
b) demandes de renseignement des clients;	b) Kundenanfragen;
c) évaluation du portefeuille et détermination de la valeur des parts (y compris les aspects fiscaux);	c) Bewertung des Portfolios und Anteilwertbestimmung (einschließlich der steuerlichen Aspekte);
d) contrôle du respect des dispositions réglementaires;	d) Überwachung der Einhaltung der Rechtsvorschriften;
e) tenue du registre des porteurs de parts;	e) Führen des Registers der Anteilinhaber;
f) répartition des revenus;	f) Gewinnausschüttung;
g) émission et rachat de parts;	g) Ausgabe und Rücknahme von Anteilen;
h) dénouement des contrats (y compris envoi des certificats);	h) Kontraktabrechnungen (einschließlich Versand der Zertifikate);
i) enregistrement et conservation des opérations.	i) Führung von Aufzeichnungen.
– Commercialisation	– Vertrieb.

Gesetz vom 13. Februar 2007 über Spezialinvestmentvermögen

Vorbemerkung

Die französische Fassung des abgedruckten Gesetzestextes stellt die Originalfassung des luxemburgischen Gesetzgebers dar. Bei der daneben abgedruckten deutschen Fassung handelt es sich um keine offizielle Übersetzung. Bei der Übersetzung wurde versucht soweit wie möglich auf die Terminologie des deutschen KAGB zurückzugreifen. In diesem Sinne wurde beispielsweise der Begriff „*fonds d'investissement spécialisé*" nicht mit „Spezialfonds" oder „spezialisierter Investmentfonds" sondern mit „Spezialinvestmentvermögen" übersetzt.[1]

Loi du 13 février 2007 relative aux fonds d'investissement spécialisés et portant	**Gesetz vom 13. Februar 2007 über Spezialinvestmentvermögen**
Partie I. – Dispositions générales applicables aux fonds d'investissement spécialisés	**Teil I – Auf Spezialinvestmentvermögen anwendbare allgemeine Bestimmungen**
Chapitre 1er. – Dispositions générales et champ d'application	**Kapitel 1 – Allgemeine Bestimmungen und Anwendungsbereich**
Art. 1er. (1) Pour l'application de la présente loi, seront considérés comme fonds d'investissement spécialisés tous les organismes de placement collectif situés au Luxembourg:	**Art. 1.** (1) Für die Zwecke dieses Gesetzes gelten als Spezialinvestmentvermögen alle Organismen für gemeinsame Anlagen mit Sitz in Luxemburg:
– dont l'objet exclusif est le placement collectif de leurs fonds en valeurs dans le but de répartir les risques d'investissement et de faire bénéficier les investisseurs des résultats de la gestion de leurs actifs, et	– deren ausschließlicher Zweck darin besteht, die ihnen zur Verfügung stehenden Mittel nach dem Grundsatz der Risikomischung für gemeinsame Rechnung in Vermögenswerte anzulegen und den Anlegern das Ergebnis der Verwaltung ihrer Vermögenswerte zukommen zu lassen und
– qui réservent leurs titres ou parts d'intérêts à un ou plusieurs investisseurs avertis, et	– die ihre Anteile einem oder mehreren sachkundigen Anlegern vorbehalten und
– dont les documents constitutifs ou d'émission ou le contrat social prévoient qu'ils sont soumis aux dispositions de la présente loi.	– deren Gründungs- oder Emissionsdokumente oder Gesellschaftsvertrag vorsehen, dass sie den Bestimmungen dieses Gesetzes unterliegen.
Par « gestion » au sens du 1er tiret, on entend une activité comprenant au moins le service de gestion de portefeuille.	Unter „Verwaltung" im Sinne des ersten Gedankenstrichs versteht man eine Tätigkeit, welche zumindest die Portfolioverwaltung umfasst.

1 In der Kommentierung werden „Spezialfonds" und „Spezialinvestmentvermögen" synonym verwendet.

(2) Les fonds d'investissement spécialisés peuvent revêtir les formes juridiques prévues aux chapitres 2, 3 et 4 de la présente loi.	(2) Spezialinvestmentvermögen können die in den Kapiteln 2, 3 und 4 dieses Gesetzes vorgesehenen Rechtsformen haben.
Art. 2. (1) Est investisseur averti au sens de la présente loi l'investisseur institutionnel, l'investisseur professionnel ainsi que tout autre investisseur qui répond aux conditions suivantes:	**Art. 2.** (1) Ein sachkundiger Anleger im Sinne dieses Gesetzes ist ein institutioneller Anleger, ein professioneller Anleger sowie jeder andere Anleger, der die folgenden Voraussetzungen erfüllt:
a) il a déclaré par écrit son adhésion au statut d'investisseur averti et	a) er hat schriftlich seine Zugehörigkeit zur Gruppe der sachkundigen Anleger erklärt und
b) (i) il investit un minimum de 125.000 euros dans le fonds d'investissement spécialisé, ou	b) (i) er investiert mindestens 125.000 Euro in das Spezialinvestmentvermögen oder
(ii) il bénéficie d'une appréciation, de la part d'un établissement de crédit au sens de la directive 2006/48/CE, d'une entreprise d'investissement au sens de la directive 2004/39/CE ou d'une société de gestion au sens de la directive 2009/65/CE certifiant son expertise, son expérience et sa connaissance pour apprécier de manière adéquate le placement effectué dans le fonds d'investissement spécialisé.	(ii) er verfügt über eine Einstufung eines Kreditinstituts im Sinne der Richtlinie 2006/48/EG, einer Wertpapierfirma im Sinne der Richtlinie 2004/39/EG oder einer Verwaltungsgesellschaft im Sinne der Richtlinie 2009/65/EG, die ihm bestätigt, den Sachverstand, die Erfahrung und die Kenntnis zu besitzen, um auf angemessene Weise die vorgenommene Anlage in dem Spezialinvestmentvermögen einschätzen zu können.
(2) Les conditions du présent article ne s'appliquent pas aux dirigeants et aux autres personnes qui interviennent dans la gestion des fonds d'investissement spécialisés.	(2) Die Bedingungen dieses Artikels finden keine Anwendung auf Geschäftsleiter und andere Personen, die bei der Verwaltung der Spezialinvestmentvermögen mitwirken.
(3) Le fonds d'investissement spécialisé doit se doter des moyens nécessaires en vue d'assurer le respect des conditions prévues au paragraphe (1) du présent article.	(3) Das Spezialinvestmentvermögen muss die notwendigen Vorkehrungen treffen, um die Einhaltung der in Absatz (1) dieses Artikels vorgesehenen Bedingungen zu gewährleisten.
Art. 2bis. Les dispositions de la présente partie s'appliquent à tous les fonds d'investissement spécialisés, à moins qu'il n'y soit dérogé par les dispositions spécifiques s'appliquant en vertu de la partie II de la présente loi aux fonds d'investissement spécialisés dont la gestion relève d'un ges-	**Art. 2bis.** Die Bestimmungen dieses Teils sind auf alle Spezialinvestmentvermögen anwendbar, sofern nicht durch die gemäß Teil II dieses Gesetzes auf Spezialinvestmentvermögen, die von einem nach Kapitel 2 des Gesetzes vom 12. Juli 2013 über die Verwalter alternativer Investmentvermö-

tionnaire agréé au titre du chapitre 2 de la loi du 12 juillet 2013 relative aux gestionnaires de fonds d'investissement alternatifs ou du chapitre II de la directive 2011/61/UE.	gen oder nach Kapitel II der Richtlinie 2011/61/EU zugelassenen Verwalter alternativer Investmentvermögen verwaltet werden, anwendbaren besonderen Regelungen etwas Abweichendes bestimmt wird.
Art. 3. Les fonds d'investissement spécialisés visés par la présente loi sont considérés comme situés au Luxembourg lorsque le siège statutaire de la société de gestion du fonds commun de placement ou celui de la société d'investissement se trouve au Luxembourg. L'administration centrale doit être située au Luxembourg.	**Art. 3.** Spezialinvestmentvermögen im Sinne dieses Gesetzes gelten als in Luxemburg ansässig, wenn der satzungsmäßige Sitz der Verwaltungsgesellschaft des Investmentvermögens oder der Investmentgesellschaft sich in Luxemburg befindet. Die Hauptverwaltung muss sich in Luxemburg befinden.
Chapitre 2. – Des fonds communs de placement	**Kapitel 2 – Investmentvermögen in Gesamthandseigentum**
Art. 4. Est réputée fonds commun de placement pour l'application de la présente loi toute masse indivise de valeurs composée et gérée selon le principe de la répartition des risques pour le compte de propriétaires indivis qui ne sont engagés que jusqu'à concurrence de leur mise et dont les droits sont représentés par des parts réservées à un ou plusieurs investisseurs avertis.	**Art. 4.** Im Anwendungsbereich dieses Gesetztes gilt als Investmentvermögen in Gesamthandseigentum jede ungeteilte Vermögensmasse, die für Rechnung der Gesamthandseigentümer, die nur bis zur Höhe ihres Anlagebetrages haften und deren Rechte in einem oder mehreren sachkundigen Anlegern vorbehaltenen Anteilen verkörpert werden, nach dem Grundsatz der Risikomischung zusammengesetzt und verwaltet wird.
Art. 5. Le fonds commun de placement ne répond pas des obligations de la société de gestion ou des porteurs de parts ; il ne répond que des obligations et frais mis expressément à sa charge par son règlement de gestion.	**Art. 5.** Das Investmentvermögen haftet nicht für Verbindlichkeiten der Verwaltungsgesellschaft oder der Anteilinhaber; es haftet nur für die Verbindlichkeiten und Kosten, die es gemäß seines Verwaltungsreglements ausdrücklich zu tragen hat.
Art. 6. La gestion d'un fonds commun de placement est assurée par une société de gestion de droit luxembourgeois répondant aux conditions énumérées dans le chapitre 15, 16, ou 18, de la loi du 17 décembre 2010 concernant les organismes de placement collectif.	**Art. 6.** Die Verwaltung eines Investmentvermögens in Gesamtdandseigentum wird durch eine Verwaltungsgesellschaft luxemburgischen Rechts übernommen, die den in Kapital 15, 16 oder 18 des Gesetzes vom 17. Dezember 2010 über Organismen für gemeinsame Anlagen aufgeführten Bedingungen entspricht.

Art. 7. (1) La société de gestion émet des titres nominatifs, au porteur ou dématérialisés, représentatifs d'une ou de plusieurs quote-parts du fonds commun de placement qu'elle gère. La société de gestion peut émettre, dans les conditions prévues au règlement de gestion, des certificats écrits d'inscription des parts ou de fractions de parts sans limitation de fractionnement.	**Art. 7.** (1) Die Verwaltungsgesellschaft gibt Namensanteile, Inhaberanteile oder entmaterialisierte Anteile aus, die einen oder mehrere Anteile an dem von ihr verwalteten Investmentvermögen verkörpern. Die Verwaltungsgesellschaft kann unter den im Verwaltungsreglement vorgesehenen Bedingungen, schriftliche Bestätigungen über die Eintragung der Anteile oder Anteilsbruchteile ohne Beschränkung der Aufteilung ausgeben.
Les droits attachés aux fractions de parts sont exercés au prorata de la fraction de part détenue à l'exception toutefois des droits de vote éventuels qui ne peuvent être exercés que par part entière. Les titres au porteur sont signés par la société de gestion et par le dépositaire visé à l'article 17.	Die mit den Anteilsbruchteilen verbundenen Rechte werden pro rata hinsichtlich des gehaltenen Anteils ausgeübt, mit Ausnahme etwaiger Stimmrechte, die nur für einen Anteil geschlossen ausgeübt werden können. Inhaberanteile sind von der Verwaltungsgesellschaft und von der Verwahrstelle im Sinne von Artikel 17 unterzeichnet.
Ces signatures peuvent être reproduites mécaniquement.	Die vorgenannten Unterschriften können mechanisch reproduziert werden.
(2) La propriété des parts sous forme de titres nominatifs ou au porteur s'établit et leur transmission s'opère suivant les règles prévues aux articles 40 et 42 de la loi du 10 août 1915 concernant les sociétés commerciales, telle que modifiée. Les droits sur les parts inscrites en compte-titres s'établissent et leur transmission s'opère suivant les règles prévues dans la loi relative aux titres dématérialisés et la loi du 1er août 2001 concernant la circulation de titres.	(2) Das Eigentum an den Anteilen in Form von Namens- oder Inhaberanteilen sowie deren Übertragung richten sich nach den in Artikel 40 und 42 des geänderten Gesetzes vom 10. August 1915 über die Handelsgesellschaften vorgesehenen Regeln. Die Rechte an auf einem Anteilkonto eingetragen Anteilen sowie deren Übertragung richten sich nach den im Gesetz über entmaterialisierte Anteile und dem Gesetz vom 1. August 2001 über den Wertpapierverkehr vorgesehenen Bestimmungen.
(3) Les titulaires de titres au porteur peuvent, à toute époque, en demander la conversion, à leurs frais, en titres nominatifs ou, si les statuts le prévoient, en titres dématérialisés. Dans ce dernier cas, les frais sont à la charge de la personne prévue par la loi relative aux titres dématérialisés.	(3) Die Inhaber von Inhaberanteilen können jederzeit auf eigene Kosten deren Umwandlung in Namensanteile oder, falls die Statuten dies vorsehen, in entmaterialisierte Anteile verlangen. In letzterem Fall sind die Kosten von der im Gesetz über entmaterialisierte Anteile vorgesehenen Person zu tragen.
A moins d'une défense formelle exprimée dans les statuts, les titulaires de titres nominatifs peuvent, à toute époque, en demander la conversion en titres au porteur.	Sofern in den Statuten kein formelles Verbot vorgesehen ist, können die Inhaber von Namensanteilen jederzeit deren Umwandlung in Inhaberanteile verlangen.

Si les statuts le prévoient, les propriétaires de titres nominatifs peuvent en demander la conversion en titres dématérialisés. Les frais sont à charge de la personne prévue par la loi relative aux titres dématérialisés.	Wenn die Statuten dies vorsehen, können die Eigentümer von Namensanteilen deren Umwandlung in entmaterialisierte Anteile verlangen. Die Kosten sind von der im Gesetz über entmaterialisierte Anteile vorgesehenen Person zu tragen.
Les porteurs de titres dématérialisés peuvent, à toute époque, en demander la conversion, à leurs frais, en titres nominatifs, sauf si le règlement de gestion prévoit la dématérialisation obligatoire des titres.	Die Inhaber von entmaterialisierten Anteilen können jederzeit auf eigene Kosten deren Umwandlung in Namensanteile verlangen, außer wenn das Verwaltungsreglement die verpflichtende Entmaterialisierung der Anteile vorsieht.
Art. 8. L'émission et, le cas échéant, le rachat des parts s'opèrent suivant les modalités et formes prévues dans le règlement de gestion.	**Art. 8.** Die Anteilausgabe und gegebenenfalls die Anteilrücknahme erfolgen gemäß den im Verwaltungsreglement vorgesehenen Modalitäten und Formen.
Art. 9. Sauf disposition contraire du règlement de gestion du fonds, l'évaluation des actifs du fonds commun de placement se base sur la juste valeur. Cette valeur doit être déterminée en suivant les modalités décrites au règlement de gestion.	**Art. 9.** Vorbehaltlich anderweitiger Regelungen im Verwaltungsreglement des Investmentvermögens erfolgt die Bewertung der Vermögenswerte des Investmentvermögens auf der Grundlage des jeweiligen Zeitwertes. Dieser Wert ist entsprechend des im Verwaltungsreglement festgelegten Verfahrens zu ermitteln.
Art. 10. Les porteurs de parts ou leurs créanciers ne peuvent pas exiger le partage ou la dissolution du fonds commun de placement.	**Art. 10.** Weder die Anteilinhaber noch deren Gläubiger sind berechtigt, die Teilung oder Auflösung des Investmentvermögens in Gesamthandseigentum zu verlangen.
Art. 11. (1) La Commission de Surveillance du Secteur Financier (« CSSF ») peut exiger dans l'intérêt des participants ou dans l'intérêt public la suspension du rachat des parts, et cela notamment lorsque les dispositions législatives, réglementaires ou conventionnelles concernant l'activité et le fonctionnement du fonds commun de placement ne sont pas observées.	**Art. 11.** (1) Die *Commission de Surveillance du Secteur Financier* („CSSF") kann im Interesse der Anteilinhaber oder im öffentlichen Interesse die Aussetzung der Anteilrücknahme verlangen, insbesondere dann, wenn gesetzliche, als Verordnung ergangene oder vertragliche Bestimmungen im Hinblick auf die Tätigkeit und die Funktionsweise des Investmentvermögens nicht beachtet werden.
(2) L'émission et le rachat des parts sont interdits:	(2) Die Anteilausgabe und der Anteilsrückkauf sind untersagt:

a) pendant la période où il n'y a pas de société de gestion ou de dépositaire;	a) während des Zeitraumes, in dem es keine Verwaltungsgesellschaft oder Verwahrstelle gibt;
b) en cas de mise en liquidation, de déclaration en faillite ou de demande d'admission au bénéfice du concordat, du sursis de paiement ou de la gestion contrôlée ou d'une mesure analogue visant la société de gestion ou le dépositaire.	b) im Falle der Liquidation der Verwaltungsgesellschaft oder der Verwahrstelle, der Eröffnung des Insolvenzverfahrens über das Vermögen der Verwaltungsgesellschaft oder der Verwahrstelle oder des Antrages der Verwaltungsgesellschaft oder der Verwahrstelle auf Eröffnung des Vergleichsverfahrens, auf Zahlungsaufschub oder auf Anordnung der Zwangsverwaltung oder eines ähnlichen Verfahrens.
Art. 12. (1) La société de gestion établit le règlement de gestion du fonds commun de placement.	**Art. 12.** (1) Die Verwaltungsgesellschaft erstellt das Verwaltungsreglement des Investmentvermögens.
Ce règlement doit être déposé au registre de commerce et des sociétés et sa publication au Mémorial est faite par une mention du dépôt au registre de commerce et des sociétés de ce document, conformément aux dispositions de la loi modifiée du 10 août 1915 concernant les sociétés commerciales. Les clauses de ce règlement sont considérées comme acceptées par les porteurs de parts du fait même de l'acquisition de ces parts.	Dieses Verwaltungsreglement muss beim Handels- und Gesellschaftsregister hinterlegt werden. Die Veröffentlichung des Verwaltungsreglements im Mémorial erfolgt durch einen Verweis auf die Hinterlegung dieses Dokuments beim Handels- und Gesellschaftsregister gemäß den Bestimmungen des geänderten Gesetzes vom 10. August 1915 über Handelsgesellschaften. Die Bestimmungen des Verwaltungsreglements gelten mit dem Erwerb der Anteile als durch die Anteilinhaber angenommen.
(2) Le règlement de gestion du fonds commun de placement contient au moins les indications suivantes:	(2) Das Verwaltungsreglement des Investmentvermögens muss mindestens die folgenden Angaben enthalten:
a) la dénomination et la durée du fonds commun de placement, la dénomination de la société de gestion et du dépositaire,	a) die Bezeichnung und die Laufzeit des Investmentvermögens sowie die Bezeichnung der Verwaltungsgesellschaft und der Verwahrstelle,
b) la politique d'investissement, en fonction des buts spécifiques qu'elle se propose et des critères dont elle s'inspire,	b) die Anlagepolitik entsprechend den spezifischen gesetzten Anlagezielen und verwendeten Anlagekriterien,
c) la politique de distribution dans le cadre de l'article 15,	c) die Ausschüttungspolitik im Rahmen des Artikels 15,
d) les rémunérations et les dépenses que la société de gestion est habilitée à pré-	d) Vergütungen und Ausgaben, die die Verwaltungsgesellschaft aus dem In-

lever sur le fonds, ainsi que le mode de calcul de ces rémunérations,	vestmentvermögen entnehmen darf, sowie die Art und Weise der Berechnung dieser Vergütungen,
e) les dispositions sur la publicité,	e) Bestimmungen hinsichtlich Veröffentlichungen,
f) la date de clôture des comptes du fonds commun de placement,	f) das Datum des Rechungsabschlusses des Investmentvermögens,
g) les cas de dissolution du fonds commun de placement, sans préjudice des causes légales,	g) unbeschadet gesetzlichen Regelungen die Auflösungsgründe des Investmentvermögens,
h) les modalités d'amendement du règlement de gestion,	h) das Verfahren zur Änderung des Verwaltungsreglements,
i) les modalités d'émission et, le cas échéant, de rachat des parts.	i) das Verfahren zur Anteilausgabe und gegebenenfalls zum Anteilrückkauf.
Art. 13. (1) La société de gestion gère le fonds commun de placement en conformité avec le règlement de gestion et dans l'intérêt exclusif des porteurs de parts.	**Art. 13.** (1) Die Verwaltungsgesellschaft verwaltet das Investmentvermögens nach den Regeln des Verwaltungsreglements und im ausschließlichen Interesse der Anteilinhaber.
(2) Elle agit en son propre nom, tout en indiquant qu'elle agit pour le compte du fonds commun de placement.	(2) Sie handelt in eigenem Namen, wobei sie darauf hinweisen muss, dass sie für Rechnung des Investmentvermögens handelt.
(3) Elle exerce tous les droits attachés aux valeurs dont se compose le portefeuille du fonds commun de placement.	(3) Sie übt sämtliche Rechte aus, die mit den das Portfolio des Investmentvermögens bildenden Vermögenswerten verbunden sind.
Art. 14. La société de gestion doit exécuter ses obligations avec la diligence d'un mandataire salarié; elle répond, à l'égard des porteurs de parts, du préjudice résultant de l'inexécution ou de la mauvaise exécution de ses obligations.	**Art. 14.** Die Verwaltungsgesellschaft muss ihre Pflichten mit der Sorgfalt eines entgeltlichen Auftragnehmers ausführen; sie haftet gegenüber den Anteilinhabern für Schäden, die aus der Nicht- oder Schlechterfüllung ihrer Pflichten resultieren.
Art. 15. Sauf stipulation contraire du règlement de gestion, les actifs nets du fonds commun de placement peuvent être distribués dans les limites de l'article 21 de la présente loi.	**Art. 15.** Vorbehaltlich anderweitiger Bestimmungen des Verwaltungsreglements können die Nettovermögenswerte des Investmentvermögens unter Beachtung der in Artikel 21 dieses Gesetzes vorgegebenen Grenzen ausgeschüttet werden.

Art. 16. (1) La garde des actifs du fonds commun de placement doit être confiée à un dépositaire.	**Art. 16.** (1) Die Verwahrung der Vermögenswerte des Investmentvermögens muss einer Verwahrstelle übertragen werden.
(2) Le dépositaire doit, soit avoir son siège statutaire au Luxembourg, soit y être établi, s'il a son siège statutaire à l'étranger.	(2) Die Verwahrstelle muss ihren satzungsmäßigen Sitz in Luxemburg haben oder dort niedergelassen sein, falls sie ihren satzungsmäßigen Sitz im Ausland hat.
(3) Sans préjudice de la disposition prévue au deuxième alinéa du présent paragraphe, le dépositaire doit être un établissement de crédit ou une entreprise d'investissement au sens de la loi modifiée du 5 avril 1993 relative au secteur financier. Une entreprise d'investissement n'est éligible au titre de dépositaire que dans la mesure où cette entreprise d'investissement répond par ailleurs aux conditions prévues à l'article 19, paragraphe (3), de la loi du 12 juillet 2013 relative aux gestionnaires de fonds d'investissement alternatifs.	(3) Unbeschadet der Bestimmung des zweiten Unterabsatzes dieses Absatzes muss die Verwahrstelle ein Kreditinstitut oder eine Wertpapierfirma im Sinne des geänderten Gesetzes vom 5. April 1993 über den Finanzsektor sein. Eine Wertpapierfirma ist nur unter der Maßgabe als Verwahrstelle zulässig, dass diese Wertpapierfirma außerdem die Voraussetzungen des Artikels 19 Absatz (3) des Gesetzes vom 12. Juli 2013 über die Verwalter alternativer Investmentvermögen erfüllt.
Pour les fonds communs de placement pour lesquels aucun droit au remboursement ne peut être exercé pendant une période de cinq ans suivant la date des investissements initiaux et qui, conformément à leur politique principale en matière d'investissements, n'investissent généralement pas dans des actifs qui doivent être conservés conformément à l'article 19, paragraphe (8), point a), de la loi du 12 juillet 2013 relative aux gestionnaires de fonds d'investissement alternatifs ou qui investissent généralement dans des émetteurs ou des sociétés non cotées pour éventuellement en acquérir le contrôle conformément à l'article 24 de ladite loi, le dépositaire peut également être une entité de droit luxembourgeois qui a le statut de dépositaire professionnel d'actifs autres que des instruments financiers visé à l'article 26-1 de la loi modifiée du 5 avril 1993 relative au secteur financier.	Für Investmentvermögen, bei denen innerhalb von fünf Jahren nach Tätigung der ersten Anlagen keine Rückgaberechte ausgeübt werden können und die im Einklang mit ihrer Hauptanlagestrategie grundsätzlich nicht in Vermögenswerte investieren, die gemäß Artikel 19 Absatz (8) Buchstabe a) des Gesetzes vom 12. Juli 2013 über die Verwalter alternativer Investmentvermögen verwahrt werden müssen, oder in der Regel in Emittenten oder nicht börsennotierte Unternehmen investieren, um gemäß Artikel 24 des vorgenannten Gesetzes eventuell die Kontrolle über solche Unternehmen zu erlangen, kann die Verwahrstelle auch eine Einheit luxemburgischen Rechts sein, die den Status einer professionellen Verwahrstelle von anderen Vermögenswerten als Finanzinstrumenten gemäß Artikel 26-1 des geänderten Gesetzes vom 5. April 1993 über den Finanzsektor hat.
(4) La responsabilité du dépositaire n'est pas affectée par le fait qu'il confie à un tiers tout ou partie des actifs dont il a la garde.	(4) Die Haftung der Verwahrstelle wird durch die vollständige oder teilweise Übertragung der von ihr verwahrten Vermögenswerte auf Dritte nicht berührt.

(5) Le dépositaire accomplit toutes opérations concernant l'administration courante des actifs du fonds commun de placement.	(5) Die Verwahrstelle nimmt alle Tätigkeiten im Zusammenhang mit der laufenden Verwaltung der Vermögenswerte des Investmentvermögens wahr.
Art. 17. (1) Le dépositaire est responsable, selon le droit luxembourgeois, à l'égard de la société de gestion et des participants, de tout préjudice subi par eux résultant de l'inexécution ou de la mauvaise exécution fautives de ses obligations.	**Art. 17.** (1) Die Verwahrstelle haftet der Verwaltungsgesellschaft und den Anteilinhabern nach luxemburgischem Recht für sämtliche Schäden, die diesen aus der schuldhaften Nicht- oder Schlechterfüllung ihrer Pflichten entstehen.
(2) A l'égard des participants, la responsabilité est mise en cause par l'intermédiaire de la société de gestion. Si la société de gestion n'agit pas, nonobstant sommation écrite d'un participant, dans un délai de trois mois à partir de cette sommation, ce porteur de parts peut mettre en cause directement la responsabilité du dépositaire.	(2) Gegenüber den Anteilinhabern wird die Haftung der Verwahrstelle durch die Verwaltungsgesellschaft geltend gemacht. Sofern die Verwaltungsgesellschaft trotz schriftlicher Aufforderung durch einen Anteilinhaber nicht binnen drei Monaten nach dieser Aufforderung tätig wird, kann dieser Anteilinhaber die Haftung der Verwahrstelle unmittelbar selbst geltend machen.
Art. 18. La société de gestion et le dépositaire doivent, dans l'exercice de leurs fonctions respectives, agir de façon indépendante et exclusivement dans l'intérêt des participants.	**Art. 18.** Die Verwaltungsgesellschaft und die Verwahrstelle müssen bei der Ausübung ihrer jeweiligen Aufgaben unabhängig und ausschließlich im Interesse der Anteilinhaber handeln.
Art. 19. Les fonctions de la société de gestion ou du dépositaire à l'égard du fonds commun de placement prennent fin:	**Art. 19.** Die Aufgaben der Verwaltungsgesellschaft oder der Verwahrstelle im Hinblick auf das Investmentvermögen enden:
a) en cas de retrait de la société de gestion, à la condition qu'elle soit remplacée par une autre société de gestion agréée au sens de l'article 6 de la présente loi;	a) im Falle des Ausscheidens der Verwaltungsgesellschaft, wenn diese durch eine andere nach Artikel 6 dieses Gesetzes zugelassene Verwaltungsgesellschaft ersetzt wird;
b) en cas de retrait du dépositaire intervenu de sa propre initiative ou de celle de la société de gestion ; en attendant son remplacement qui doit avoir lieu dans les deux mois, il prendra toutes les mesures nécessaires à la bonne conservation des intérêts des porteurs de parts;	b) im Falle des Ausscheidens der Verwahrstelle auf eigene Veranlassung oder auf Veranlassung der Verwaltungsgesellschaft; bis zu ihrem Ersatz, der innerhalb von zwei Monaten stattfinden muss, wird die Verwahrstelle sämtliche Maßnahmen treffen, die zur beanstandungsfreien Wahrung der Interessen der Anteilinhaber notwendig sind;

c) lorsque la société de gestion ou le dépositaire a été déclaré en faillite, admis au bénéfice du concordat, du sursis de paiement, de la gestion contrôlée ou d'une mesure analogue ou mis en liquidation;	c) mit der Eröffnung des Insolvenzverfahrens über das Vermögen der Verwaltungsgesellschaft oder der Verwahrstelle sowie bei der Eröffnung des Vergleichsverfahrens, der Gewährung von Zahlungsaufschub, der Anordnung der Zwangsverwaltung oder einer vergleichbaren Maßnahme oder der Liquidation der Verwaltungsgesellschaft oder der Verwahrstelle;
d) lorsque la CSSF retire son agrément à la société de gestion ou au dépositaire;	d) sofern die CSSF der Verwaltungsgesellschaft oder der Verwahrstelle die Erlaubnis zum Geschäftsbetrieb entzieht;
e) dans tous les autres cas prévus par le règlement de gestion.	e) in allen anderen im Verwaltungsreglement vorgesehenen Fällen.
Art. 20. (1) Le fonds commun de placement se trouve en état de liquidation:	**Art. 20.** (1) Das Investmentvermögen befindet sich in folgenden Fällen in Liquidation:
a) à l'échéance du délai éventuellement fixé par le règlement de gestion;	a) bei Ablauf der eventuell im Verwaltungsreglement festgelegten Frist;
b) en cas de cessation des fonctions de la société de gestion ou du dépositaire conformément aux points b), c), d) et e) de l'article 19, s'ils n'ont pas été remplacés dans les deux mois, sans préjudice du cas spécifique visé au point c) ci-dessous;	b) im Falle der Beendigung der Aufgaben der Verwaltungsgesellschaft oder der Verwahrstelle gemäß Artikel 19 lit. b), c), d) und e), falls sie nicht innerhalb von zwei Monaten ersetzt wurden, unbeschadet des nachfolgend unter Buchstabe c) aufgeführten Falles;
c) en cas de faillite de la société de gestion;	c) nach Eröffnung des Insolvenzverfahrens über das Vermögen der Verwaltungsgesellschaft;
d) si l'actif net du fonds commun de placement est devenu inférieur pendant plus de six mois au quart du minimum légal prévu à l'article 21 ci-après;	d) wenn das Nettovermögen des Investmentvermögens über einen Zeitraum von mehr als sechs Monaten unter einem Viertel des gesetzlichen Mindestbetrages, der im nachstehenden Artikel 21 festgesetzt wird, liegt;
e) dans tous les autres cas prévus par le règlement de gestion.	e) in allen anderen vom Verwaltungsreglement vorgesehenen Fällen.
(2) Le fait entraînant l'état de liquidation est porté sans retard, par les soins de la société de gestion ou du dépositaire, à la connaissance des porteurs de parts ainsi que des créanciers éventuels du fonds com-	(2) Der die Liquidation auslösende Umstand ist unverzüglich von der Verwaltungsgesellschaft oder der Verwahrstelle den Anteilinhabern sowie etwaigen Gläubigern des Investmentvermögens zur Kennt-

mun de placement. A leur défaut, la publication est entreprise par la CSSF, aux frais du fonds commun de placement. Cette publication se fait par l'insertion au Mémorial et dans au moins deux journaux à diffusion adéquate dont au moins un journal luxembourgeois.	nis zu bringen. Geschieht dies nicht, veranlasst die CSSF die Veröffentlichung auf Kosten des Investmentvermögens. Diese Veröffentlichung erfolgt im Mémorial und in mindestens zwei Tageszeitungen mit hinreichender Verbreitung, wovon mindestens eine eine Luxemburger Tageszeitung ist.
(3) Dès la survenance du fait entraînant l'état de liquidation du fonds commun de placement, l'émission des parts est interdite, sous peine de nullité. Le rachat des parts reste possible, si le traitement égalitaire des porteurs de parts peut être assuré.	(3) Sobald ein Umstand eintritt, der die Liquidation des Investmentvermögens auslöst, ist die Ausgabe von Anteilen mit Nichtigkeit als Rechtsfolge untersagt. Der Rückkauf von Anteilen bleibt möglich, wenn die Gleichbehandlung der Anteilinhaber sichergestellt werden kann.
Art. 21. L'actif net du fonds commun de placement ne peut être inférieur à un million deux cent cinquante mille euros (1.250.000 euros).	**Art. 21.** Das Nettovermögen des Investmentvermögens darf nicht unter einer Million zweihundertfünfzigtausend Euro (1.250.000 Euro) liegen.
Ce minimum doit être atteint dans un délai de douze mois à partir de l'agrément du fonds commun de placement.	Dieser Mindestbetrag muss innerhalb von zwölf Monaten nach Erlaubniserteilung des Investmentvermögens erreicht sein.
Un règlement grand-ducal peut fixer ce minimum à un chiffre plus élevé sans dépasser deux millions cinq cent mille euros (2.500.000 euros).	Eine großherzogliche Verordnung kann diesen Minimalbetrag auf einen höheren Betrag anheben, ohne jedoch zwei Millionen fünfhunderttausend Euro (2.500.000 Euro) zu überschreiten.
Art. 22. La société de gestion doit informer sans retard la CSSF quand l'actif net du fonds commun de placement est devenu inférieur aux deux tiers du minimum légal. Dans le cas où l'actif net du fonds commun de placement est inférieur aux deux tiers du minimum légal, la CSSF peut, compte tenu des circonstances, obliger la société de gestion à mettre le fonds commun de placement en état de liquidation.	**Art. 22.** Die Verwaltungsgesellschaft muss die CSSF unverzüglich informieren, wenn das Nettovermögen des Investmentvermögens unter zwei Drittel des gesetzlichen Mindestbetrages gefallen ist. Wenn das Nettovermögen des Investmentvermögens zwei Drittel des gesetzlichen Mindestbetrages unterschreitet, kann die CSSF unter Berücksichtigung der konkreten Umstände die Verwaltungsgesellschaft dazu verpflichten, das Investmentvermögen zu liquidieren.
L'injonction faite à la société de gestion par la CSSF de mettre le fonds commun de placement en état de liquidation est portée sans retard, par les soins de la société de	Die Verfügung der CSSF an die Verwaltungsgesellschaft, das Investmentvermögen zu liquidieren, ist unverzüglich von der Verwaltungsgesellschaft oder der Verwahr-

gestion ou du dépositaire, à la connaissance des porteurs de parts ainsi que des créanciers éventuels du fonds. A leur défaut, la publication est effectuée par la CSSF, aux frais du fonds commun de placement. Cette publication se fait par l'insertion au Mémorial et dans au moins deux journaux à diffusion adéquate dont au moins un journal luxembourgeois.	stelle den Anteilinhabern sowie etwaigen Gläubigern des Sondervermögens zur Kenntnis zu bringen. Geschieht dies nicht, erfolgt die Veröffentlichung durch die CSSF auf Kosten des Investmentvermögens. Diese Veröffentlichung erfolgt im Mémorial und in mindestens zwei Tageszeitungen mit hinreichender Verbreitung, wovon mindestens eine eine Luxemburger Tageszeitung ist.
Art. 23. Ni la société de gestion, ni le dépositaire, agissant pour le compte de fonds communs de placement, ne peuvent accorder des crédits à des porteurs de parts du fonds commun de placement.	**Art. 23.** Weder die Verwaltungsgesellschaft noch die Verwahrstelle können auf Rechnung des Investmentvermögens handelnd den Anteilinhabern des Investmentvermögens Kredite gewähren.
Art. 24. La mention « fonds commun de placement » ou la mention « FCP » est complétée, pour les fonds tombant sous l'application de la présente loi, par celle de « fonds d'investissement spécialisé » ou « FIS ».	**Art. 24.** Die Bezeichnung „Investmentvermögen in Gesamthandseigentum" oder „FCP", wird für die Investmentvermögen, die in den Anwendungsbereich dieses Gesetzes fallen, durch die Bezeichnung „Spezialinvestmentvermögen" oder „FIS", ergänzt.
Chapitre 3. – Des sociétés d'investissement à capital variable	**Kapitel 3 – Investmentgesellschaften mit variablem Kapital**
Art. 25. Par sociétés d'investissement à capital variable (« SICAV ») au sens de la présente loi, on entend les sociétés :	**Art. 25.** Als Investmentgesellschaften mit variablem Kapital („SICAV") im Sinne dieses Gesetzes gelten Gesellschaften:
– qui ont adopté la forme d'une société anonyme, d'une société en commandite par actions, d'une société en commandite simple, d'une société en commandite spéciale, d'une société à responsabilité limitée ou d'une société coopérative organisée sous forme de société anonyme,	– in Form einer Aktiengesellschaft, einer Kommanditgesellschaft auf Aktien, einer einfachen Kommanditgesellschaft, einer Spezialkommanditgesellschaft, einer Gesellschaft mit beschränkter Haftung oder einer Genossenschaft, die in Form einer Aktiengesellschaft organisiert ist,
– dont l'objet exclusif est de placer leurs fonds en valeurs dans le but de répartir les risques d'investissement et de faire bénéficier leurs investisseurs des résultats de la gestion de leurs actifs, et	– deren ausschließlicher Zweck darin liegt, die zur Verfügung stehenden Mittel mit dem Ziel der Risikomischung in Vermögenswerten anzulegen und ihre Anlegern von dem Ergebnis der Verwaltung ihrer Vermögenswerte profitieren zu lassen und

– dont les titres ou parts d'intérêts sont réservés à un ou plusieurs investisseurs avertis, et	– deren Aktien oder Anteile einem oder mehreren sachkundigen Anlegern vorbehalten sind und
– dont les statuts ou le contrat social stipulent que le montant du capital est égal à tout moment à la valeur de l'actif net de la société.	– deren Satzung oder Gesellschaftsvertrag vorsieht, dass das Gesellschaftskapital jederzeit dem Nettovermögen der Gesellschaft entspricht.
Art. 26. (1) Les SICAV sont soumises aux dispositions générales applicables aux sociétés commerciales, pour autant qu'il n'y est pas dérogé par la présente loi.	**Art. 26.** (1) Sofern dieses Gesetz keine anderweitige Regelung trifft, unterliegen SICAVs den allgemein für Handelsgesellschaften geltenden Regelungen.
(2) Lorsque les statuts ou le contrat social d'une SICAV et toute modification qui y est apportée sont constatés dans un acte notarié, ce dernier est dressé en langue française, allemande ou anglaise au choix des comparants. Par dérogation aux dispositions de l'arrêté du 24 prairial, an XI, lorsque cet acte notarié est dressé en langue anglaise, l'obligation de joindre à cet acte une traduction en une langue officielle lorsqu'il est présenté à la formalité de l'enregistrement, ne s'applique pas. Cette obligation ne s'applique pas non plus pour tous les autres actes devant être constatés sous forme notariée, tels que les actes notariés dressant procès-verbal d'assemblées d'actionnaires d'une SICAV ou constatant un projet de fusion concernant une SICAV.	(2) Wenn die Satzung oder der Gesellschaftsvertrag einer SICAV und jede diesbezügliche Änderungen in einer notariellen Urkunde beurkundet werden, ist diese nach Wahl der erschienenen Personen in französischer, deutscher oder englischer Sprache abzufassen. Unter Abweichung von den Bestimmungen des Erlasses vom 24. Prairial XI entfällt, wenn die notarielle Urkunde in englischer Sprache abgefasst ist, bei der Hinterlegung der Urkunde, die Verpflichtung, der Urkunde eine Übersetzung in eine der Amtssprachen beizufügen. Diese Verpflichtung besteht auch nicht bei allen anderen Urkunden, die in notarieller Form abgefasst werden müssen, wie z.B. notarielle Urkunden, die Protokolle von Aktionärsversammlungen einer SICAV oder einen eine SICAV betreffenden Verschmelzungsplan beinhalten.
(3) Par dérogation à l'article 73 alinéa 2 de la loi modifiée du 10 août 1915 concernant les sociétés commerciales, les SICAV relevant du présent chapitre et qui ont adopté la forme d'une société anonyme, d'une société en commandite par actions ou d'une société coopérative organisée sous forme de société anonyme ne sont pas tenues d'adresser les comptes annuels, de même que le rapport du réviseur d'entreprises agréé, le rapport de gestion et, le cas échéant, les observations du conseil de surveillance aux actionnaires en nom en même temps que la convocation à l'assemblée générale annuelle. La convoca-	(3) Abweichend von Artikel 73 Absatz (2) des geänderten Gesetzes vom 10. August 1915 über die Handelsgesellschaften sind SICAV, die diesem Kapitel unterliegen und die die Form einer Aktiengesellschaft, einer Kommanditgesellschaft auf Aktien oder einer in Form einer Aktiengesellschaft organisierten Genossenschaft angenommen haben, nicht verpflichtet, den Jahresabschluss, den Bericht des zugelassenen Wirtschaftsprüfers, den Geschäftsbericht und gegebenenfalls den Bericht des Aufsichtsrats zeitgleich mit der Einberufung zur jährlichen Hauptversammlung an die Inhaber von Namensaktien zu versenden.

tion indique l'endroit et les modalités de mise à disposition de ces documents aux actionnaires et précise que chaque actionnaire peut demander que les comptes annuels, de même que le rapport du réviseur d'entreprises agréé, le rapport de gestion et, le cas échéant, les observations du conseil de surveillance lui soient envoyés.	Das Einberufungsschreiben gibt den Ort und die Modalitäten für die Bereitstellung dieser Dokumente an und weist darauf hin, dass jeder Aktionär die Zusendung des Jahresabschlusses, des Berichts des zugelassenen Wirtschaftsprüfers, des Geschäftsberichts und gegebenenfalls des Berichts des Aufsichtsrats verlangen kann.
(4) Pour les SICAV ayant adopté la forme d'une société anonyme, d'une société en commandite par actions ou d'une société coopérative organisée sous forme de société anonyme, les convocations aux assemblées générales des actionnaires peuvent prévoir que le quorum de présence à l'assemblée générale est déterminé en fonction des actions émises et en circulation le cinquième jour qui précède l'assemblée générale à vingt-quatre heures (heure de Luxembourg) (dénommé « date d'enregistrement »). Les droits des actionnaires de participer à une assemblée générale et d'exercer le droit de vote attaché à leurs actions sont déterminés en fonction des actions détenues par chaque actionnaire à la date d'enregistrement.	(4) Für SICAV, die die Form einer Aktiengesellschaft, einer Kommanditgesellschaft auf Aktien oder einer in Form einer Aktiengesellschaft organisierten Genossenschaft angenommen haben, können die Einberufungsschreiben zu den Hauptversammlungen der Aktionäre vorsehen, dass das Anwesenheitsquorum in der Hauptversammlung entsprechend der Anzahl der am fünften Tag um vierundzwanzig Uhr (Ortszeit Luxemburg) vor der Hauptversammlung (genannt „Stichtag“) ausgegebenen und im Umlauf befindlichen Aktien bestimmt wird. Die Rechte der Aktionäre an einer Hauptversammlung teilzunehmen und das mit ihren Aktien verbundene Stimmrecht auszuüben werden entsprechend der am Stichtag von jedem Aktionär gehaltenen Aktien bestimmt.
Art. 27. Le capital souscrit de la SICAV augmenté des primes d'émission ou la valeur de la mise constitutive de parts d'intérêts, ne peut être inférieur à un million deux cent cinquante mille euros (1.250.000 euros). Ce minimum doit être atteint dans un délai de douze mois à partir de l'agrément de la SICAV. Un règlement grand-ducal peut fixer ce minimum à un chiffre plus élevé, sans pouvoir dépasser deux millions cinq cent mille euros (2.500.000 euros).	**Art. 27.** Das um Ausgabeprämien oder den Wert der Eingangseinlage der Anteile erhöhte gezeichnete Kapital der SICAV darf nicht niedriger als eine Million zweihundertfünfzigtausend Euro (1.250.000 Euro) sein. Dieser Mindestbetrag muss innerhalb einer Frist von zwölf Monaten nach Erlaubniserteilung der SICAV erreicht werden. Im Wege einer großherzoglichen Verordnung kann dieser Mindestbetrag erhöht werden, wobei zwei Millionen fünfhunderttausend Euro (2.500.000 Euro) nicht überschritten werden dürfen.
Art. 28. (1) La SICAV peut à tout moment émettre ses titres ou parts d'intérêts, sauf disposition contraire des statuts ou du contrat social.	**Art. 28.** (1) Die SICAV kann jederzeit Aktien oder Anteile ausgeben, sofern die Satzung oder der Gesellschaftsvertrag keine dem entgegenstehenden Bestimmungen enthalten.

(2) L'émission et, le cas échéant, le rachat des titres ou parts d'intérêts s'opèrent suivant les modalités et formes prévues dans les statuts ou le contrat social.	(2) Die Ausgabe und gegebenenfalls der Rückkauf von Aktien oder Anteilen erfolgen gemäß den in der Satzung oder dem Gesellschaftsvertrag vorgesehenen Verfahrensmodalitäten und Formen.
(3) Le capital d'une SICAV doit être entièrement souscrit et le montant de souscription doit être libéré de 5% au moins par action ou part par un versement en numéraire ou par un apport autre qu'en numéraire.	(3) Das Kapital einer SICAV muss vollständig gezeichnet und der Zeichnungsbetrag zu mindestens 5% pro Aktie oder Anteil durch Barzahlung oder als Sacheinlage eingebracht werden.
(4) Sauf dispositions contraires dans les statuts ou le contrat social, l'évaluation des actifs de la SICAV se base sur la juste valeur. Cette valeur doit être déterminée en suivant les modalités décrites dans les statuts ou le contrat social.	(4) Vorbehaltlich anderweitiger Bestimmungen in der Satzung oder dem Gesellschaftsvertrag erfolgt die Bewertung der Vermögenswerte der SICAV auf der Basis des jeweiligen Zeitwertes. Dieser Wert muss entsprechend der in der Satzung oder dem Gesellschaftsvertrag festgelegten Verfahrensmodalitäten bestimmt werden.
(5) Les statuts ou le contrat social précisent les conditions dans lesquelles les émissions et les rachats peuvent être suspendus, sans préjudice des causes légales. En cas de suspension des émissions ou des rachats, la SICAV doit informer sans retard la CSSF.	(5) Die Satzung oder der Gesellschaftsvertrag legen vorbehaltlich der gesetzlich vorgesehenen Fälle die Bedingungen fest, unter denen die Aktien-/Anteilausgabe und der -rückkauf ausgesetzt werden können. Im Falle der Aussetzung der Aktien-/Anteilausgabe oder -rücknahme muss die SICAV die CSSF unverzüglich informieren.
Dans l'intérêt des investisseurs, les rachats peuvent être suspendus par la CSSF lorsque les dispositions législatives, réglementaires ou statutaires concernant l'activité et le fonctionnement de la SICAV ne sont pas observées.	Im Interesse der Anleger können Aktien-/Anteilrückkäufe durch die CSSF ausgesetzt werden, wenn gesetzliche, im Verordnungswege ergangene oder satzungsmäßige Bestimmungen hinsichtlich der Geschäftstätigkeit oder Funktionsweise der SICAV nicht beachtet werden.
(6) Les statuts ou le contrat social indiquent la nature des frais à charge de la SICAV.	(6) Die Satzung oder der Gesellschaftsvertrag legen die zulasten der SICAV anfallenden Kosten fest.
(7) Les titres ou parts d'intérêts d'une SICAV sont sans mention de valeur.	(7) Die Aktien oder Anteile einer SICAV haben keinen Nennwert.
(8) Le titre ou la part d'intérêts indique le montant minimum du capital social et ne comporte aucune indication quant à la valeur nominale ou quant à la part du capital social qu'elle représente.	(8) Jede Aktie oder jeder Anteil gibt den Mindestbetrag des Gesellschaftskapitals an und enthält keine Angabe hinsichtlich des Nennwerts oder des Anteils am Gesellschaftskapital.

Art. 29. (1) Les variations du capital social se font de plein droit et sans mesures de publicité et d'inscription au registre de commerce et des sociétés.	**Art. 29.** (1) Änderungen des Gesellschaftskapitals erfolgen von Rechts wegen und ohne Erfordernis einer Veröffentlichung oder Eintragung im Handels- und Gesellschaftsregister.
(2) Les remboursements aux investisseurs à la suite d'une réduction du capital social ne sont pas soumis à d'autre restriction que celle de l'article 31, paragraphe (1).	(2) Rückzahlungen an Anleger in Folge einer Herabsetzung des Gesellschaftskapitals unterliegen ausschließlich den Beschränkungen des Artikels 31 Absatz (1).
(3) En cas d'émission de titres ou de parts d'intérêts nouveaux, un droit de préférence ne peut être invoqué par les anciens actionnaires ou porteurs de parts, à moins que les statuts ne prévoient un tel droit par une disposition expresse.	(3) Im Falle der Ausgabe neuer Aktien oder Anteile können die Altaktionäre oder -anteilinhaber kein Vorzugsrecht geltend machen, es sei denn die Satzung sieht ein solches Recht ausdrücklich vor.
Art. 30. (1) Dans le cas où le capital de la SICAV est inférieur aux deux tiers du capital minimum tel que défini à l'article 27, les administrateurs ou gérants doivent soumettre la question de la dissolution de la SICAV à l'assemblée générale délibérant sans condition de présence et décidant à la majorité simple des titres ou parts représentés à l'assemblée.	**Art. 30.** (1) Wenn das Gesellschaftskapital der SICAV unter zwei Drittel des in Artikel 27 festgelegten Mindestbetrages absinkt, müssen die Verwaltungsratsmitglieder oder die Geschäftsführer die Frage nach der Auflösung der SICAV der Gesellschafterversammlung vorlegen, die ohne Anwesenheitsquorum beschließt und mit einfacher Mehrheit der in der Gesellschafterversammlung vertretenen Aktien oder Anteile entscheidet.
(2) Si le capital de la SICAV est inférieur au quart du capital minimum tel que défini à l'article 27, les administrateurs ou gérants doivent soumettre la question de la dissolution de la SICAV à l'assemblée générale délibérant sans condition de présence ; la dissolution pourra être prononcée par les actionnaires ou porteurs de parts possédant un quart des titres ou parts d'intérêts représentés à l'assemblée.	(2) Wenn das Gesellschaftskapital der SICAV unter ein Viertel des in Artikel 27 festgelegten Mindestkapitals absinkt, müssen die Verwaltungsratsmitglieder oder die Geschäftsführer die Frage nach der Auflösung der SICAV der Gesellschafterversammlung vorlegen, die ohne Anwesenheitsquorum beschließt; die Auflösung kann durch die Aktionäre oder Anteilinhaber, die ein Viertel der in der Gesellschafterversammlung vertretenen Aktien oder Anteile halten, beschlossen werden.
(3) La convocation doit se faire de façon que l'assemblée soit tenue dans un délai de quarante jours à partir de la constatation que le capital est devenu inférieur respectivement aux deux tiers ou au quart du capital minimum tel que défini à l'article 27.	(3) Die Einberufung muss so erfolgen, dass die Gesellschafterversammlung innerhalb einer Frist von vierzig Tagen ab der Feststellung, dass das Gesellschaftskapital unter zwei Drittel oder ein Viertel des in Artikel 27 festgesetzten Mindestkapitals gefallen ist, abgehalten wird.

(4) Si les documents constitutifs de la SICAV ne prévoient pas d'assemblées générales, les gérants doivent informer sans retard la CSSF dans le cas où le capital de la SICAV est devenu inférieur aux deux tiers du minimum tel que défini à l'article 27. Dans ce dernier cas, la CSSF peut, compte tenu des circonstances, obliger les gérants à mettre la SICAV en état de liquidation.	(4) Wenn die Gründungsdokumente der SICAV keine Gesellschafterversammlungen vorsehen, müssen die Geschäftsführer im Falle eines Absinkens des Gesellschaftskapitals der SICAV unter den in Artikel 27 festgelegten Zwei-Drittel-Mindestbetrag unverzüglich die CSSF informieren. In diesem Falle kann die CSSF, unter Berücksichtigung der Umstände, die Geschäftsführer verpflichten, die SICAV zu liquidieren.
Art. 31. (1) Sauf stipulation contraire des statuts, l'actif net de la SICAV peut être distribué dans les limites de l'article 27 de la présente loi.	**Art. 31.** (1) Vorbehaltlich anderweitiger Regelungen in der Satzung kann das Nettovermögen der SICAV innerhalb der Grenzen des Artikels 27 dieses Gesetzes ausgeschüttet werden.
(2) Les SICAV ne sont pas obligées de constituer une réserve légale.	(2) SICAVs sind nicht zur Bildung gesetzlicher Rücklagen verpflichtet.
(3) Les SICAV ne sont pas assujetties à des règles en matière de versement d'acomptes sur dividendes autres que celles prévues par leurs statuts.	(3) SICAVs unterliegen außer den in der Satzung vorgesehenen Bestimmungen keinen Regelungen in Bezug auf Dividendenvorauszahlungen.
Art. 32. La mention «société en commandite par actions», «société en commandite simple, société en commandite spéciale», «société à responsabilité limitée», «société anonyme» ou «société coopérative organisée sous forme de société anonyme» est complétée, pour les sociétés tombant sous l'application de la présente loi, par celle de «société d'investissement à capital variable-fonds d'investissement spécialisé» ou celle de «SICAV-FIS».	**Art. 32.** Die Bezeichnung „Kommanditgesellschaft auf Aktien", „einfache Kommanditgesellschaft, Spezialkommanditgesellschaft," „Gesellschaft mit beschränkter Haftung", „Aktiengesellschaft" oder „in Form einer Aktiengesellschaft organisierte Genossenschaft" wird für Gesellschaften, die in den Anwendungsbereich dieses Gesetzes fallen, durch „Investmentgesellschaft mit variablem Kapital – Spezialinvestmentvermögen" oder „SICAV – FIS" ergänzt.
Art. 33. La garde des actifs d'une SICAV doit être confiée à un dépositaire.	**Art. 33.** Die Verwahrung der Vermögenswerte einer SICAV muss einer Verwahrstelle anvertraut werden.
Art. 34. (1) Le dépositaire doit, soit avoir son siège statutaire au Luxembourg, soit y être établi, s'il a son siège statutaire à l'étranger.	**Art. 34.** (1) Die Verwahrstelle muss entweder ihren satzungsmäßigen Sitz in Luxemburg haben oder dort niedergelassen sein, wenn sie ihren satzungsmäßigen Sitz im Ausland hat.

(2) Sans préjudice de la disposition prévue au deuxième alinéa du présent paragraphe, le dépositaire doit être un établissement de crédit ou une entreprise d'investissement au sens de la loi modifiée du 5 avril 1993 relative au secteur financier. Une entreprise d'investissement n'est éligible au titre de dépositaire que dans la mesure où cette entreprise d'investissement répond par ailleurs aux conditions prévues à l'article 19, paragraphe (3), de la loi du 12 juillet 2013 relative aux gestionnaires de fonds d'investissement alternatifs.	(2) Unbeschadet der Bestimmung des zweiten Unterabsatzes dieses Absatzes muss die Verwahrstelle ein Kreditinstitut oder eine Wertpapierfirma im Sinne des geänderten Gesetzes vom 5. April 1993 über den Finanzsektor sein. Eine Wertpapierfirma kann nur unter der Voraussetzung Verwahrstelle sein, dass diese Wertpapierfirma außerdem die Voraussetzungen des Artikels 19 Absatz (3) des Gesetzes vom 12. Juli 2013 über die Verwalter alternativer Investmentvermögen erfüllt.
Pour les SICAV pour lesquelles aucun droit au remboursement ne peut être exercé pendant une période de cinq ans suivant la date des investissements initiaux et qui, conformément à leur politique principale en matière d'investissements, n'investissent généralement pas dans des actifs qui doivent être conservés conformément à l'article 19, paragraphe (8), point a), de la loi du 12 juillet 2013 relative aux gestionnaires de fonds d'investissement alternatifs ou qui investissent généralement dans des émetteurs ou des sociétés non cotées pour éventuellement en acquérir le contrôle conformément à l'article 24 de ladite loi, le dépositaire peut également être une entité de droit luxembourgeois qui a le statut de dépositaire professionnel d'actifs autres que des instruments financiers visé à l'article 26-1 de la loi modifiée du 5 avril 1993 relative au secteur financier.	Für SICAVs, bei denen innerhalb von fünf Jahren nach Tätigung der ersten Anlagen kein Rückgaberecht ausgeübt werden kann, und die in Übereinstimmung mit ihrer Hauptanlagestrategie grundsätzlich nicht in Vermögenswerte investieren, die gemäß Artikel 19 Absatz (8) lit. a) des Gesetzes vom 12. Juli 2013 über die Verwalter alternativer Investmentvermögen verwahrt werden müssen, oder in der Regel in Emittenten oder nicht börsennotierte Gesellschaften investieren, um gemäß Artikel 24 des vorgenannten Gesetzes möglicherweise die Kontrolle über solche Unternehmen zu erlangen, kann die Verwahrstelle auch eine Einheit nach luxemburgischem Recht sein, die den Status einer professionellen Verwahrstelle von anderen Vermögenswerten als Finanzinstrumenten im Sinne des Artikels 26-1 des geänderten Gesetzes vom 5. April 1993 über den Finanzsektor hat.
(3) La responsabilité du dépositaire n'est pas affectée par le fait qu'il confie à un tiers tout ou partie des actifs dont il a la garde.	(3) Die Haftung der Verwahrstelle wird nicht dadurch berührt, dass sie die von ihr verwahrten Vermögenswerte vollständig oder teilweise auf Dritte überträgt.
Art. 35. Le dépositaire est responsable, selon le droit luxembourgeois, à l'égard des investisseurs de tout préjudice subi par eux résultant de l'inexécution ou de la mauvaise exécution fautives de ses obligations.	**Art. 35.** Die Verwahrstelle haftet gegenüber den Anlegern nach luxemburgischem Recht für jeden erlittenen Schaden, der diesen aus der schuldhaften Nicht- oder Schlechterfüllung der Pflichten der Verwahrstelle entstanden ist.

Art. 36. Les fonctions du dépositaire à l'égard de la SICAV prennent respectivement fin:	**Art. 36.** Die Aufgaben der Verwahrstelle hinsichtlich der SICAV enden:
a) en cas de retrait du dépositaire intervenu de sa propre initiative ou de celle de la SICAV; en attendant son remplacement qui doit avoir lieu dans les deux mois, le dépositaire doit prendre toutes les mesures nécessaires à la bonne conservation des intérêts des investisseurs;	a) im Falle des Beendigung der Tätigkeit der Verwahrstelle auf eigene Veranlassung oder auf Veranlassung der SICAV; bis zu ihrem Austausch, der innerhalb von zwei Monaten erfolgen muss, muss die Verwahrstelle alle zur angemessenen Wahrung der Interessen der Anleger erforderlichen Maßnahmen ergreifen;
b) lorsque la SICAV ou le dépositaire a été déclaré en faillite, admis au bénéfice du concordat, du sursis de paiement, de la gestion contrôlée ou d'une mesure analogue ou mis en liquidation;	b) wenn über das Vermögen der SICAV oder der Verwahrstelle das Insolvenz- oder Vergleichsverfahren eröffnet wird, Zahlungsaufschub gewährt wird, die Zwangsverwaltung oder eine vergleichbare Maßnahme angeordnet wird oder wenn die Liquidation der SICAV oder der Verwahrstelle eingeleitet wird;
c) lorsque la CSSF retire son agrément à la SICAV ou au dépositaire;	c) wenn die CSSF der SICAV oder der Verwahrstelle die Erlaubnis entzieht;
d) dans tous les autres cas prévus par les statuts ou le contrat social.	d) in allen anderen in der Satzung oder dem Gesellschaftsvertrag vorgesehenen Fällen.
Art. 37. Le dépositaire doit, dans l'exercice de ses fonctions, agir exclusivement dans l'intérêt des investisseurs.	**Art. 37.** Die Verwahrstelle muss im Rahmen der Ausübung ihrer Aufgaben ausschließlich im Interesse der Anleger handeln.
Chapitre 4. – Des fonds d'investissement spécialisés qui n'ont pas les formes juridiques de fonds communs de placement ou de SICAV	**Kapitel 4 – Spezialinvestmentvermögen, die nicht die Rechtsform eines Investmentvermögens in Gesamthandseigentum oder die Rechtsform einer SICAV haben**
Art. 38. Les fonds d'investissement spécialisés régis par la présente loi, qui n'ont pas l'une des formes juridiques de fonds communs de placement ou de SICAV, sont soumis aux dispositions du présent chapitre.	**Art. 38.** Die diesem Gesetz unterliegenden Spezialinvestmentvermögen, die nicht die Rechtsform eines Investmentvermögens in Gesamthandseigentum oder einer SICAV haben, unterliegen den Bestimmungen dieses Kapitels.

Art. 39. (1) Le capital souscrit, augmenté des primes d'émission, des fonds d'investissement spécialisés relevant du présent chapitre ne peut être inférieur à un million deux cent cinquante mille euros (1.250.000 euros).	**Art. 39.** (1) Das um Ausgabeprämien erhöhte gezeichnete Kapital der unter dieses Kapitel fallenden Spezialinvestmentvermögen darf nicht unter einer Million zweihundertfünfzigtausend Euro (1.250.000 Euro) liegen.
Ce minimum doit être atteint dans un délai de douze mois à partir de leur agrément. Un règlement grand-ducal peut fixer ce minimum à un chiffre plus élevé sans pouvoir dépasser deux millions cinq cent mille euros (2.500.000 euros).	Dieser Mindestbetrag muss innerhalb einer Frist von zwölf Monaten nach Erlaubniserteilung erreicht sein. Eine großherzogliche Verordnung kann diesen Minimalbetrag auf einen höheren Betrag anheben, ohne jedoch zwei Millionen fünfhunderttausend Euro (2.500.000 Euro) zu überschreiten.
(2) Dans le cas où le capital est inférieur aux deux tiers du minimum légal tel que défini au paragraphe (1), les administrateurs ou gérants doivent soumettre la question de la dissolution du fonds d'investissement spécialisé à l'assemblée générale délibérant sans condition de présence et décidant à la majorité simple des titres ou parts d'intérêts représentés à l'assemblée.	(2) Wenn das Gesellschaftskapital unter zwei Drittel des in Absatz (1) bestimmten Mindestbetrages fällt, müssen die Verwaltungsratsmitglieder oder die Geschäftsführer der Gesellschafterversammlung die Frage nach der Auflösung des Spezialinvestmentvermögens vorlegen, wobei diese ohne Anwesenheitsquorum beschließt und mit einfacher Mehrheit der in der Gesellschafterversammlung vertretenen Aktien oder Anteile entscheidet.
(3) Dans le cas où le capital est inférieur au quart du minimum légal tel que défini au paragraphe (1), les administrateurs ou gérants doivent soumettre la question de la dissolution à l'assemblée générale délibérant sans condition de présence; la dissolution pourra être prononcée par les investisseurs possédant un quart des titres représentés à l'assemblée.	(3) Wenn das Gesellschaftskapital unter ein Viertel des in Absatz (1) festgelegten Mindestkapitals absinkt, müssen die Verwaltungsratsmitglieder oder die Geschäftsführer die Frage nach der Auflösung der Gesellschafterversammlung vorlegen, die ohne Anwesenheitsquorum beschließt; die Auflösung kann durch die Aktionäre oder Anteilinhaber, die ein Viertel der in der Gesellschafterversammlung vertretenen Aktien oder Anteile halten, beschlossen werden.
(4) La convocation doit se faire de façon que l'assemblée soit tenue dans le délai de quarante jours à partir de la constatation que le capital est devenu inférieur respectivement aux deux tiers ou au quart du minimum tel que défini au paragraphe (1).	(4) Die Einberufung muss so erfolgen, dass die Gesellschafterversammlung innerhalb einer Frist von vierzig Tagen ab der Feststellung, dass das Gesellschaftskapital unter zwei Drittel oder ein Viertel des in Absatz (1) festgesetzten Mindestkapitals gefallen ist, abgehalten wird.
(5) Si les documents constitutifs du fonds d'investissement spécialisé ne prévoient pas d'assemblées générales, les administrateurs ou gérants doivent informer sans re-	(5) Wenn die Gründungsdokumente des Spezialinvestmentvermögens keine Gesellschafterversammlungen vorsehen, müssen die Verwaltungsratsmitglieder oder Ge-

tard la CSSF dans le cas où le capital souscrit du fonds d'investissement spécialisé est devenu inférieur aux deux tiers du minimum tel que défini au paragraphe (1). Dans ce dernier cas, la CSSF peut, compte tenu des circonstances, obliger les administrateurs ou gérants à mettre le fonds d'investissement spécialisé en état de liquidation.	schäftsführer im Falle eines Absinkens des gezeichneten Kapitals des Spezialinvestmentvermögens unter den in Absatz (1) festgelegten Zwei-Drittel-Mindestbetrag unverzüglich die CSSF informieren. In diesem Falle kann die CSSF, unter Berücksichtigung der Umstände, die Verwaltungsratsmitglieder oder Geschäftsführer verpflichten, das Spezialinvestmentvermögen zu liquidieren.
(6) Dans la mesure où le fonds d'investissement spécialisé est constitué sous la forme statutaire, son capital doit être entièrement souscrit et chaque action ou part doit être libérée de 5% au moins par un versement en numéraire ou par un apport autre qu'en numéraire.	(6) Wenn das Spezialinvestmentvermögen in Satzungsform gegründet worden ist, muss sein Gesellschaftskapital vollständig gezeichnet und auf jede Aktie oder jeden Anteil zu mindestens 5% durch Barzahlung oder als Sacheinlage eingebracht werden.
Art. 40. (1) Sauf dispositions contraires dans les documents constitutifs, l'évaluation des actifs du fonds d'investissement spécialisé se base sur la juste valeur. Cette valeur doit être déterminée en suivant les modalités décrites dans les documents constitutifs.	**Art. 40.** (1) Vorbehaltlich anderweitiger Regelungen in den Gründungsdokumenten erfolgt die Bewertung der Vermögenswerte des Spezialinvestmentvermögens auf der Grundlage des jeweiligen Zeitwertes. Dieser Wert ist entsprechend den in den Gründungsdokumenten festgelegten Verfahren zu bestimmen.
(2) Les articles 26 (2) à (4), 28 (5), 33, 34, 35, 36 et 37 de la présente loi sont applicables aux fonds d'investissement spécialisés relevant du présent chapitre.	(2) Die Artikel 26 (2) bis (4), 28 (5), 33, 34, 35, 36 und 37 dieses Gesetzes sind auf Spezialinvestmentvermögen, die dem vorliegenden Kapitels unterfallen, anwendbar.
(3) La dénomination des fonds d'investissement spécialisés régis par le présent chapitre 4 est complétée par la mention de «fonds d'investissement spécialisé» ou «FIS».	(3) Die Bezeichnung der Spezialinvestmentvermögen, die in den Anwendungsbereich des vorliegenden Kapitels 4 fallen, wird durch den Zusatz „Spezialinvestmentvermögen" oder „FIS" ergänzt.
Chapitre 5. – Agrément et surveillance	**Kapitel 5 – Erlaubnis und Aufsicht**
Art. 41. (1) L'autorité chargée d'exercer les attributions qui sont prévues par la présente loi est la CSSF.	**Art. 41.** (1) Die mit der Ausführung der in diesem Gesetz vorgesehenen Aufgaben betraute Behörde ist die CSSF.
(2) La CSSF exerce ces attributions exclusivement dans l'intérêt public.	(2) Die CSSF übt ihre Aufgaben ausschließlich im öffentlichen Interesse aus.
(3) La CSSF veille à l'application, par les fonds d'investissement spécialisés relevant	(3) Die CSSF überwacht die Anwendung der einzuhaltenden gesetzlichen und vertrag-

de la présente loi et par leurs dirigeants, des dispositions légales et conventionnelles applicables.	lichen Bestimmungen durch die diesem Gesetz unterliegenden Spezialinvestmentvermögen und deren Geschäftsleiter.
Art. 42. (1) Pour exercer leurs activités, les fonds d'investissement spécialisés relevant de la présente loi doivent être agréés préalablement par la CSSF.	**Art. 42.** (1) Zur Ausübung ihrer Tätigkeiten müssen die diesem Gesetz unterliegenden Spezialinvestmentvermögen zuvor eine Erlaubnis der CSSF erhalten haben.
(2) Un fonds d'investissement n'est agréé que si la CSSF approuve les documents constitutifs et le choix du dépositaire.	(2) Ein Investmentvermögen erhält erst dann eine Erlaubnis, wenn die CSSF die Gründungsdokumente und die Wahl der Verwahrstelle genehmigt.
(3) Les dirigeants du fonds d'investissement spécialisé et du dépositaire doivent avoir l'honorabilité et l'expérience suffisante eu égard également au type de fonds d'investissement spécialisé concerné. L'identité des dirigeants du fonds d'investissement spécialisé, ainsi que de toute personne leur succédant dans leurs fonctions, doit être notifiée immédiatement à la CSSF. La nomination des dirigeants, ainsi que de toute personne leur succédant, est subordonnée à l'approbation de la CSSF.	(3) Die Geschäftsleiter des Spezialinvestmentvermögens und der Verwahrstelle müssen über einen ausreichenden Leumund und ausreichende Erfahrung, auch hinsichtlich der Art des betreffenden Spezialinvestmentvermögens, verfügen. Die Personalien der Geschäftsleiter des Spezialinvestmentvermögens, sowie jeder ihnen im Amt nachfolgenden Person, müssen unverzüglich der CSSF mitgeteilt werden. Die Ernennung der Geschäftsleiter, sowie jeder ihnen im Amt nachfolgenden Person, erfordert die Zustimmung der CSSF.
Par « dirigeants », on entend dans le cas des sociétés anonymes et des sociétés coopératives organisées sous forme de société anonyme, les membres du conseil d'administration, « dans le cas des sociétés en commandite par actions, le ou les associé(s) commandité(s) gérant(s), dans le cas des sociétés en commandite simple, des sociétés en commandite spéciale, le ou les gérant(s) qu'il(s) soi(en)t ou non associé(s) commandité(s), »35 dans le cas des sociétés à responsabilité limitée, le ou les gérant(s) et dans le cas des fonds communs de placement, les membres du conseil d'administration ou les gérants de la société de gestion.	„Geschäftsleiter" sind, im Falle von Aktiengesellschaften und in Form von Aktiengesellschaften organisierten Genossenschaften die Mitglieder des Verwaltungsrates, im Falle von Kommanditgesellschaften auf Aktien der oder die geschäftsführende(n) Komplementär(e), im Falle von einfachen Kommanditgesellschaften und Spezialkommanditgesellschaften der oder die Geschäftsführer, ob Komplementär(e) oder nicht, im Falle von Gesellschaften mit beschränkter Haftung der oder die Geschäftsführer und im Falle von Investmentvermögen in Gesamthandseigentum die Mitglieder des Verwaltungsrates oder die Geschäftsführer der Verwaltungsgesellschaft.
(4) Outre les conditions des paragraphes (2) et (3), l'agrément au titre du paragraphe (1) est subordonné à la communication à la CSSF de l'identité des personnes en charge de la gestion de portefeuille d'investissement. Ces personnes doivent avoir l'honor-	(4) Neben den Bedingungen der Absätze 2 und 3 hängt die Erlaubnis nach Absatz 1 von der Mitteilung der Personalien der Personen, die mit der Anlageportfolioverwaltung betraut sind, an die CSSF ab. Diese Personen müssen über einen ausreichen-

abilité et l'expérience suffisante eu égard au type de fonds d'investissement spécialisé concerné.	den Leumund und über ausreichende Erfahrung hinsichtlich der Art des betreffenden Spezialinvestmentvermögens verfügen.
La nomination des personnes visées à l'alinéa 1er, ainsi que de toute personne leur succédant dans leurs fonctions, est subordonnée à l'approbation de la CSSF.	Die Ernennung der in Unterabsatz 1 genannten Personen, sowie jeder ihnen im Amt nachfolgenden Person, setzt die Zustimmung der CSSF voraus.
(5) Tout remplacement de la société de gestion ou du dépositaire, ainsi que toute modification des documents constitutifs du fonds d'investissement spécialisé sont subordonnés à l'approbation de la CSSF.	(5) Jeder Austausch der Verwaltungsgesellschaft oder der Verwahrstelle sowie jede Änderung der Gründungsdokumente eines Spezialinvestmentvermögens erfordert die Zustimmung der CSSF.
(6) L'octroi de l'agrément au titre du paragraphe (1) implique pour les fonds d'investissement spécialisés l'obligation de notifier à la CSSF spontanément par écrit et sous une forme complète, cohérente et compréhensible tout changement concernant les informations substantielles sur lesquelles la CSSF s'est fondée pour instruire la demande d'agrément ainsi que tout changement concernant les dirigeants mentionnés au paragraphe (3) et les personnes en charge de la gestion de portefeuille d'investissement visées au paragraphe (4) du présent article.	(6) Die Erteilung der Erlaubnis nach Absatz (1) beinhaltet für das Spezialinvestmentvermögen die Verpflichtung, der CSSF unverzüglich jede Änderung solcher wesentlichen Informationen, auf die die CSSF sich bei der Prüfung des Erlaubnisantrages gestützt hat, sowie jeden Wechsel der Geschäftsleiter im Sinne von Absatz (3) und der in Absatz (4) dieses Artikels genannten Personen, welche mit der Anlageportfolioverwaltung betraut sind, in vollständiger, schlüssiger und verständlicher Weise, schriftlich anzuzeigen.
Art. 42bis. (1) Les fonds d'investissement spécialisés relevant de la présente loi doivent mettre en œuvre des systèmes appropriés de gestion des risques afin de détecter, mesurer, gérer et suivre de manière appropriée le risque associé aux positions et la contribution de celles-ci au profil de risque général du portefeuille.	**Art. 42bis.** (1) Die unter dieses Gesetz fallenden Spezialinvestmentvermögen müssen geeignete Risikomanagementsysteme implementieren, um das mit den Anlagepositionen verbundene Risiko sowie deren Beitrag am Gesamtrisikoprofil des Portfolios in geeigneter Weise zu erkennen, zu messen, zu verwalten und zu überwachen.
(2) Les fonds d'investissement spécialisés relevant de la présente loi doivent en outre être structurés et organisés de façon à restreindre au minimum le risque que des conflits d'intérêts entre le fonds d'investissement spécialisé et, selon le cas, toute personne concourant aux activités du fonds d'investissement spécialisé ou toute personne liée directement ou indirectement au fonds d'investissement spécialisé ne nuisent aux intérêts des investisseurs. En	(2) Die diesem Gesetz unterliegenden Spezialinvestmentvermögen müssen zudem so strukturiert und organisiert sein, dass das Risiko, dass Interessenkonflikte zwischen dem Spezialinvestmentvermögen und je nachdem jeder Person, welche zu den Aktivitäten des Spezialinvestmentvermögens beiträgt oder jeder Person, welche direkt oder indirekt mit dem Spezialinvestmentvermögen verbunden ist, den Interessen der Investoren schaden, möglichst gering

cas de conflits d'intérêts potentiels, le fonds d'investissement spécialisé veille à la sauvegarde des intérêts des investisseurs.	ist. Im Fall von potentiellen Interessenskonflikten sorgt das Spezialinvestmentvermögen für den Schutz der Interessen der Anleger.
(3) Les modalités d'application des paragraphes (1) et (2) sont arrêtées par voies de règlement à prendre par la CSSF.	(3) Die Anwendungsmodalitäten der Absätze (1) und (2) werden durch eine von der CSSF zu erlassende Verordnung festgelegt.
Art. 42ter. Les fonds d'investissement spécialisés relevant de la présente loi sont autorisés à déléguer à des tiers, en vue de mener leurs activités de manière plus efficace, l'exercice, pour leur propre compte, d'une ou plusieurs de leurs fonctions. Dans ce cas, les conditions suivantes doivent être remplies:	**Art. 42ter.** Die diesem Gesetz unterliegenden Spezialinvestmentvermögen sind berechtigt, die Ausübung einer oder mehrerer ihrer Aufgaben zum Zwecke einer effizienteren Ausführung ihrer Tätigkeiten an Dritte, die diese für sie wahrnehmen, zu übertragen. In diesem Fall müssen folgende Voraussetzungen erfüllt sein:
a) la CSSF doit être informée de manière adéquate;	a) die CSSF muss in geeigneter Art und Weise unterrichtet werden;
b) le mandat ne doit pas entraver le bon exercic de la surveillance dont le fonds d'investissement spécialisé fait l'objet ; en particulier, il ne doit ni empêcher le fonds d'investissement spécialisé d'agir, ni empêcher le fonds d'investissement spécialisé d'être géré, au mieux des intérêts des investisseurs;	b) der Auftrag darf die wirksame Ausübung der Aufsicht, welcher das Spezialinvestmentvermögens unterliegt, nicht beeinträchtigen; insbesondere darf er weder das Spezialinvestmentvermögen daran hindern, im besten Interesse der Anleger zu handeln, noch darf er verhindern, dass das Spezialinvestmentvermögen im besten Interesse der Anleger verwaltet wird;
c) lorsque la délégation se rapporte à la gestion de portefeuille d'investissement, le mandat ne peut être donné qu'aux personnes physiques ou morales agréées ou immatriculées aux fins de la gestion de portefeuille d'investissement et soumises à une surveillance prudentielle; lorsque ce mandat est donné à une personne physique ou morale d'un pays tiers soumise à une surveillance prudentielle, la coopération entre la CSSF et l'autorité de surveillance de ce pays doit être assurée;	c) wenn die Übertragung sich auf die Verwaltung des Anlageportfolios bezieht, darf der Auftrag nur an natürliche oder juristische Personen erteilt werden, die für die Zwecke der Anlageportfolioverwaltung zugelassen oder eingetragen sind und einer behördlichen Aufsicht unterliegen; wenn dieser Auftrag einer natürlichen oder juristischen Person aus einem Drittland, welche einer behördlichen Aufsicht unterliegt, erteilt wird, muss die Zusammenarbeit zwischen der CSSF und der Aufsichtsbehörde dieses Landes sichergestellt sein;
d) lorsque les conditions du point c) ne sont pas remplies, la délégation ne pourra devenir effective que si la CSSF	d) wenn die Bedingungen des Punktes c) nicht erfüllt sind, wird die Übertragung nicht wirksam, bevor die CSSF die

approuve le choix de la personne physique ou morale à laquelle des fonctions seront déléguées; dans ce dernier cas, ces personnes doivent avoir l'honorabilité et l'expérience suffisante eu égard au type de fonds d'investissement spécialisé concerné;	Wahl der natürlichen oder juristischen Person, der die Aufgaben übertragen werden, genehmigt hat; im letzteren Fall müssen die Personen über einen ausreichenden Leumund und über ausreichende Erfahrung hinsichtlich der Art des betroffenen Spezialinvestmentvermögens verfügen;
e) les dirigeants du fonds d'investissement spécialisé doivent être en mesure d'établir que la personne physique ou morale à laquelle des fonctions seront déléguées est qualifiée et capable d'exercer les fonctions en question et qu'une diligence suffisante a été mise en œuvre pour sa sélection;	e) die Geschäftsleiter des Spezialinvestmentvermögens müssen in der Lage sein, festzustellen, ob die natürliche oder juristische Person, der die Aufgaben übertragen werden, qualifiziert und in der Lage ist, die betreffenden Aufgaben wahrzunehmen und ob ihre Auswahl unter Verwendung der erforderlichen Sorgfalt erfolgt ist;
f) il existe des mesures permettant aux dirigeants du fonds d'investissement spécialisé de suivre de manière effective et à tout moment l'activité déléguée;	f) es sind Vorkehrungen getroffen, die es den Geschäftsleitern des Spezialinvestmentvermögens erlauben, effektiv und jederzeit die übertragenen Aufgaben zu überwachen;
g) le mandat n'empêche pas les dirigeants du fonds d'investissement spécialisé de donner à tout moment des instructions à la personne physique ou morale à laquelle des fonctions sont déléguées, ni de lui retirer le mandat avec effet immédiat afin de protéger l'intérêt des investisseurs;	g) der Auftrag hindert die Geschäftsleiter des Spezialinvestmentvermögens nicht daran, der natürlichen oder juristischen Person, der die Aufgaben übertragen wurden, jederzeit weitere Anweisungen zu erteilen oder den Auftrag mit sofortiger Wirkung zu entziehen, um die Interessen der Anleger zu schützen;
h) aucun mandat se rapportant à la fonction principale de gestion des investissements n'est donné au dépositaire;	h) der Verwahrstelle darf kein Auftrag für die Hauptleistung der Anlageverwaltung erteilt werden;
i) le document d'émission du fonds d'investissement spécialisé doit énumérer les fonctions déléguées.	i) das Emissionsdokument des Spezialinvestmentvermögens muss die übertragenen Aufgaben auflisten.
Art. 43. (1) Les fonds d'investissement spécialisés agréés sont inscrits par la CSSF sur une liste.	**Art. 43.** (1) Zugelassene Spezialinvestmentvermögen werden von der CSSF in eine Liste eingetragen.
Cette inscription vaut agrément et est notifiée par la CSSF au fonds d'investissement spécialisé concerné. Les demandes d'inscription doivent être introduites auprès de la CSSF dans le mois qui suit leur constitu-	Diese Eintragung gilt als Erlaubnis und wird dem betreffenden Spezialinvestmentvermögen von der CSSF mitgeteilt. Anträge auf Eintragung von Spezialinvestmentvermögen müssen bei der CSSF innerhalb ei-

tion ou création. Cette liste ainsi que les modifications qui y sont apportées sont publiées au Mémorial par les soins de la CSSF.	nes Monats nach deren Gründung oder Errichtung gestellt werden. Diese Liste sowie alle diesbezüglichen Änderungen werden auf durch die CSSF im Mémorial veröffentlicht.
(2) L'inscription et le maintien sur la liste visée au paragraphe (1) sont soumis à la condition que soient observées toutes les dispositions législatives, réglementaires ou conventionnelles qui concernent l'organisation et le fonctionnement des fonds d'investissement spécialisés soumis à la présente loi ainsi que la distribution, le placement ou la vente de leurs « titres ou parts d'intérêts.	(2) Die Eintragung und das Verbleiben auf der Liste des Absatzes (1) erfolgen unter der Bedingung, dass alle gesetzlichen, im Verordnungswege erlassenen oder vertraglichen Bestimmungen, die die Organisation und die Funktionsweise der diesem Gesetz unterliegenden Spezialinvestmentvermögen sowie den Vertrieb, die Platzierung oder den Verkauf ihrer Aktien oder Anteile betreffen, beachtet werden.
Art. 44. Le fait qu'un fonds d'investissement spécialisé est inscrit sur la liste visée à l'article 43, paragraphe (1), ne doit en aucun cas et sous quelque forme que ce soit, être décrit comme une appréciation positive faite par la CSSF de l'opportunité ou de la structure économique, financière ou juridique d'un investissement dans le fonds d'investissement spécialisé, de la qualité des titres ou parts d'intérêts ou de la solvabilité du fonds d'investissement spécialisé.	**Art. 44.** Die Tatsache, dass ein Spezialinvestmentvermögen in die Liste des Artikels 43 Absatz (1) eingetragen ist, darf keinesfalls und in keiner Weise als positive Einschätzung der Zweckmäßigkeit oder der wirtschaftlichen, finanziellen oder rechtlichen Struktur einer Anlage in das Spezialinvestmentvermögen, der Qualität der Aktien oder Anteile oder der Zahlungsfähigkeit des Spezialinvestmentvermögens durch die CSSF beschrieben werden.
Art. 45. (1) Les décisions à prendre par la CSSF en exécution de la présente loi sont motivées et, sauf péril en la demeure, interviennent après instruction contradictoire. Elles sont notifiées par lettre recommandée ou signifiées par voie d'huissier.	**Art. 45.** (1) Die von der CSSF in Ausführung dieses Gesetzes zu treffenden Entscheidungen sind begründet und erfolgen, außer bei Gefahr in Verzug, nach Durchführung eines kontradiktorischen Verfahrens. Sie werden per Einschreiben übersandt oder durch Gerichtsvollzieher zugestellt.
(2) Les décisions de la CSSF concernant l'octroi, le refus ou la révocation des agréments prévus par la présente loi ainsi que les décisions de la CSSF concernant les amendes d'ordre prononcées au titre de l'article 51 de la présente loi peuvent être déférées au tribunal administratif, qui statue comme juge de fond. Le recours doit être introduit sous peine de forclusion dans le délai d'un mois à partir de la notification de la décision attaquée.	(2) Gegen Entscheidungen der CSSF betreffend die Erteilung, Verweigerung oder den Entzug der in diesem Gesetz vorgesehenen Erlaubnisse sowie gegen Entscheidungen der CSSF betreffend Geldbußen, welche gemäß Artikel 51 auferlegt wurden, kann Rechtsmittel beim Verwaltungsgericht, das in der Hauptsache entscheidet, eingelegt werden. Das Rechtsmittel muss innerhalb einer Ausschlussfrist von einem Monat nach Mitteilung der angegriffenen Entscheidung eingelegt werden.

(3) Aux fins de l'application de la présente loi, la CSSF est investie de tous les pouvoirs de surveillance et d'enquête nécessaires à l'exercice de ses fonctions. Les pouvoirs de la CSSF incluent le droit:	(3) Im Rahmen der Anwendung des vorliegenden Gesetzes, ist die CSSF mit allen für die Ausübung ihrer Aufgaben notwendigen Überwachungs- und Ermittlungsbefugnissen ausgestattet. Die Befugnisse der CSSF beinhalten das Recht:
a) d'accéder à tout document, sous quelque forme que ce soit, et en recevoir une copie;	a) auf Zugang zu allen Dokumenten, in welcher Form auch immer, sowie auf Erhalt von Kopien davon;
b) d'exiger de toute personne qu'elle fournisse des informations et, si nécessaire, convoquer et entendre toute personne pour en obtenir des informations;	b) von jeder Person Auskünfte zu verlangen und, falls notwendig, eine Person einzubestellen und zu befragen, um Informationen zu erhalten;
c) de procéder à des inspections sur place ou des enquêtes par elle-même ou par ses délégués auprès des personnes soumises à sa surveillance au titre de la présente loi;	c) Ermittlungen vor Ort oder Überprüfungen bei Personen, die gemäß diesem Gesetz ihrer Überwachung unterliegen, selbst oder durch von ihr bestimmte Personen vorzunehmen;
d) d'exiger la communication des enregistrements des échanges téléphoniques et de données existants;	d) die Übermittlung von bereits existierenden Aufzeichnungen von Telefongesprächen und Datenübermittlungen zu fordern;
e) d'enjoindre de cesser toute pratique contraire aux dispositions arrêtées pour la mise en œuvre de la présente loi;	e) anordnen, dass Praktiken, die gegen die zur Durchführung dieses Gesetzes erlassenen Vorschriften verstoßen, unterlassen werden;
f) de requérir le gel ou la mise sous séquestre d'actifs auprès du Président du Tribunal d'arrondissement de et à Luxembourg statuant sur requête;	f) das Einfrieren oder die Beschlagnahme von Vermögenswerten bei dem Präsidenten des Bezirksgerichts von und in Luxemburg auf Antrag zu verlangen;
g) de prononcer l'interdiction temporaire de l'exercice d'activités professionnelles à l'encontre des personnes soumises à sa surveillance prudentielle, ainsi que des membres des organes d'administration, de direction et de gestion, des salariés et des agents liés à ces personnes;	g) ein vorübergehendes Berufsverbot sowohl gegenüber ihrer Aufsicht unterstehenden Personen als auch den Mitgliedern der Verwaltungs-, Leitungs- und Geschäftsführungsorgane, Angestellten und Bevollmächtigten, die in Verbindung zu diesen Personen stehen, auszusprechen;
h) d'exiger des sociétés d'investissement, des sociétés de gestion ou des dépositaires agréés qu'ils fournissent des informations;	h) von zugelassenen Investmentgesellschaften, Verwaltungsgesellschaften und Verwahrstellen zu verlangen, Auskünfte zu erteilen;
i) d'arrêter tout type de mesure propre à assurer que les sociétés d'investissement, les sociétés de gestion et les dé	i) jegliche Art von Maßnahmen zu erlassen, um sicherzustellen, dass Investmentgesellschaften, Verwaltungs-

positaires continuent de se conformer aux exigences de la présente loi;	gesellschaften oder Verwahrstellen weiter den Anforderungen dieses Gesetzes genügen;
j) d'exiger, dans l'intérêt des investisseurs ou dans l'intérêt du public, la suspension de l'émission, du rachat ou du remboursement des titres ou parts d'intérêts;	j) im Interesse der Anleger oder der Öffentlichkeit die Aussetzung der Ausgabe, der Rücknahme oder der Auszahlung von Aktien oder Anteilen zu verlangen;
k) de retirer l'agrément octroyé à un fonds d'investissement spécialisé, à une société de gestion ou à un dépositaire;	k) die einem spezialisierten Investmentvermögen, einer Verwaltungsgesellschaft oder einer Verwahrstelle erteilte Erlaubnis zurückzunehmen;
l) de transmettre des informations au Procureur d'Etat en vue de poursuites pénales; et	l) der Staatsanwaltschaft Informationen zu Zwecken der Strafverfolgung zu übermitteln;
m) de donner instruction à des réviseurs d'entreprises agréés ou des experts d'effectuer des vérifications ou des enquêtes.	m) zugelassene Wirtschaftsprüfer oder Sachverständige anzuweisen, Überprüfungen oder Ermittlungen vorzunehmen.
Chapitre 6. – Dissolution et liquidation	**Kapitel 6 – Auflösung und Liquidation**
Art. 46. La décision de la CSSF portant retrait de la liste prévue à l'article 43, paragraphe (1), d'un fonds d'investissement spécialisé visé par la présente loi entraîne de plein droit, à partir de sa notification au fonds d'investissement spécialisé concerné et à charge de celui-ci, jusqu'au jour où la décision sera devenue définitive, le sursis à tout paiement par ce fonds d'investissement spécialisé et interdiction sous peine de nullité, de procéder à tous actes autres que conservatoires, sauf autorisation du commissaire de surveillance. La CSSF exerce de plein droit la fonction de commissaire de surveillance, à moins qu'à sa requête, le tribunal d'arrondissement siégeant en matière commerciale nomme un ou plusieurs commissaires de surveillance. La requête motivée, appuyée des documents justificatifs, est déposée à cet effet au greffe du tribunal dans l'arrondissement duquel le fonds d'investissement spécialisé a son siège.	**Art. 46.** Die Entscheidung der CSSF, ein diesem Gesetz unterliegendes Spezialinvestmentvermögen von der in Artikel 43 Absatz (1) vorgesehenen Liste zu streichen, hat von Rechts wegen ab dem Zeitpunkt ihrer Mitteilung an das betroffene Spezialinvestmentvermögen und zu dessen Lasten bis zu dem Tag, an welchem die Entscheidung bestandskräftig wird, die Aussetzung aller Zahlungen durch dieses Spezialinvestmentvermögen und die Untersagung mit Nichtigkeitsfolge sämtlicher Handlungen, die nicht lediglich Erhaltungsmaßnahmen darstellen, zur Folge, es sei denn, die kommissarische Leitung hat diesen zugestimmt. Die CSSF nimmt von Rechts wegen die Funktion der kommissarischen Leitung wahr, es sei denn die Kammer für Handelssachen des Bezirksgerichts hat auf Antrag der CSSF eine oder mehrere Personen mit der kommissarischen Leitung beauftragt. Zu diesem Zweck ist ein begründeter und mit Belegen versehener Antrag bei der Geschäftsstelle des Bezirksgerichtes in

	dem Gerichtsbezirk, in dem das Spezialinvestmentvermögen seinen Sitz hat, einzureichen.
Le tribunal statue à bref délai.	Das Gericht entscheidet mit kurzer Frist.
S'il s'estime suffisamment renseigné, il prononce immédiatement en audience publique sans entendre les parties. S'il l'estime nécessaire, il convoque les parties au plus tard dans les trois jours du dépôt de la requête, par les soins du greffier. Il entend les parties en chambre du conseil et prononce en audience publique. Sous peine de nullité, l'autorisation écrite des commissaires de surveillance est requise pour tous les actes et décisions du fonds d'investissement spécialisé.	Sofern es die vorgelegten Angaben für ausreichend erachtet, trifft es unverzüglich und ohne Anhörung der Parteien in öffentlicher Sitzung seine Entscheidung. Sofern es dies für notwendig erachtet, lädt es die Parteien über seine Geschäftsstelle spätestens innerhalb von drei Tagen nach Einreichung des Antrages. Das Gericht hört die Parteien in einem Kammertermin an und verkündet seine Entscheidung in öffentlicher Sitzung. Für sämtliche Handlungen und Entscheidungen des Spezialinvestmentvermögens ist die schriftliche Zustimmung der kommissarischen Leitung erforderlich, ein Verstoß hiergegen führt zur Nichtigkeit der Handlungen oder Entscheidungen.
Le tribunal peut toutefois limiter le champ des opérations soumises à l'autorisation.	Das Gericht kann jedoch den Bereich der erlaubnispflichtigen Geschäfte begrenzen.
Les commissaires peuvent soumettre à la délibération des organes sociaux toutes propositions qu'ils jugent opportunes. Ils peuvent assister aux délibérations des organes d'administration, de direction, de gestion ou de surveillance du fonds d'investissement spécialisé.	Die kommissarische Leitung kann den Gesellschaftsorganen des Spezialinvestmentvermögens alle Vorschläge zur Beratung unterbreiten, die sie für angebracht hält. Die kommissarische Leitung darf an den Beschlussfassungen der Verwaltungs-, Leitungs-, Geschäftsführungs- oder Aufsichtsorgane des Spezialinvestmentvermögens teilnehmen.
Le tribunal arbitre les frais et honoraires des commissaires de surveillance; il peut leur allouer des avances.	Das Gericht setzt die Kosten und Honorare der kommissarischen Leitung fest; es kann Vorschusszahlungen bewilligen.
Le jugement prévu par le paragraphe (1) de l'article 47 de la présente loi met fin aux fonctions du commissaire de surveillance qui devra, dans le mois à compter de son remplacement, faire rapport aux liquidateurs nommés par le jugement sur l'emploi des valeurs du fonds d'investissement spécialisé et leur soumettre les comptes et pièces à l'appui.	Die in Artikel 47 Absatz (1) dieses Gesetzes vorgesehene Gerichtsentscheidung beendet das Amt der kommissarischen Leitung, die innerhalb eines Monats nach ihrer Ersetzung den in der Entscheidung bestimmten Liquidatoren, unter Vorlage der Rechnungsunterlagen und Belege, über die Verwendung der Vermögenswerte des Spezialinvestmentvermögens berichten muss.
Lorsque la décision de retrait est réformée par l'instance de recours visée à l'article 45,	Sofern die Entscheidung zum Entzug der Erlaubnis durch die gemäß dem vorste-

paragraphe (2) ci-dessus, le commissaire de surveillance est réputé démissionnaire.	henden Artikel 45 Absatz (2) vorgesehenen Rechtsmittelinstanzen aufgehoben wird, gilt die kommissarische Leitung als zurückgetreten.
Art. 47. (1) Le tribunal d'arrondissement siégeant en matière commerciale prononce sur la demande du procureur d'Etat, agissant d'office ou à la requête de la CSSF, la dissolution et la liquidation des fonds d'investissement spécialisés visés par la présente loi, dont l'inscription à la liste prévue à l'article 43, paragraphe (1) aura été définitivement refusée ou retirée. Le tribunal d'arrondissement siégeant en matière commerciale prononce sur la demande du procureur d'Etat, agissant d'office ou à la requête de la CSSF, la dissolution et la liquidation d'un ou de plusieurs compartiments d'un fonds d'investissement spécialisé visé par la présente loi, dans les cas où l'autorisation concernant ce(s) compartiment(s) aura définitivement été refusée ou retirée.	**Art. 47.** (1) Auf Antrag der Staatsanwaltschaft, die von Amts wegen oder auf Antrag der CSSF tätig werden kann, ordnet die Kammer für Handelssachen des Bezirksgerichts die Auflösung und Liquidation von Spezialinvestmentvermögen im Sinne dieses Gesetzes an, deren Eintragung in die gemäß Artikel 43 Absatz (1) vorgesehene Liste endgültig verweigert oder gelöscht wurde. Auf Antrag der Staatsanwaltschaft, die von Amts wegen oder auf Antrag der CSSF tätig werden kann, ordnet die Kammer für Handelssachen des Bezirksgerichts die Auflösung und Liquidation eines oder mehrerer Teilinvestmentvermögen eines Spezialinvestmentvermögens im Sinne dieses Gesetzes an, dessen/deren Zulassung endgültig verweigert oder zurückgenommen wurde.
En ordonnant la liquidation, le tribunal nomme un juge-commissaire ainsi qu'un ou plusieurs liquidateurs. Il arrête le mode de liquidation. Il peut rendre applicables dans la mesure qu'il détermine les règles régissant la liquidation de la faillite. Le mode de liquidation peut être modifié par décision ultérieure, soit d'office, soit sur requête du ou des liquidateurs.	Das Gericht ernennt im Rahmen der Liquidationsanordnung einen kommissarischen Richter sowie einen oder mehrere Liquidatoren. Es beschließt die Art und Weise der Liquidation. Es kann die Regeln der Insolvenzabwicklung nach eigenem Ermessen zur Anwendung bringen. Die Art und Weise der Liquidation kann durch spätere Entscheidung von Amts wegen oder auf Antrag des oder der Liquidatoren abgeändert werden.
Le tribunal arbitre les frais et honoraires des liquidateurs; il peut leur allouer des avances. Le jugement prononçant la dissolution et ordonnant la liquidation est exécutoire par provision.	Das Gericht beschließt die Kosten und Honorare der Liquidatoren; es kann Vorschusszahlungen bewilligen. Die Gerichtsentscheidung durch die die Auflösung beschlossen und die Liquidation angeordnet wird, ist vorläufig vollstreckbar.
(2) Le ou les liquidateurs peuvent intenter et soutenir toutes actions pour le fonds d'investissement spécialisé, recevoir tous paiements, donner mainlevée avec ou sans quittance, réaliser toutes les valeurs du fonds d'investissement spécialisé et en faire	(2) Der oder die Liquidatoren können für das Spezialinvestmentvermögen alle Handlungen einleiten und vornehmen, sämtliche Zahlungen annehmen, Löschung gegen Quittung oder ohne Quittung veranlassen, alle Vermögenswerte des Spezialinvest-

le réemploi, créer ou endosser tous effets de commerce, transiger ou compromettre sur toutes contestations. Ils peuvent aliéner les immeubles du fonds d'investissement spécialisé par adjudication publique.	mentvermögens veräußern und wiederanlegen, Wechsel ausgeben oder übertragen sowie in allen streitigen Angelegenheiten Vergleiche abschließen oder Verzichtserklärungen abgeben. Sie können Immobilien des Spezialinvestmentvermögens im Wege einer öffentlichen Versteigerung veräußern.
Ils peuvent, en outre, mais seulement avec l'autorisation du tribunal, hypothéquer ses biens, les donner en gage, aliéner ses immeubles, de gré à gré.	Sie können darüber hinaus, jedoch ausschließlich mit Zustimmung des Gerichts, auf einzelvertraglicher Basis seine Güter mit Hypotheken belasten, verpfänden oder seine Immobilien veräußern.
(3) A partir du jugement, toutes actions mobilières ou immobilières, toutes voies d'exécution sur les meubles ou les immeubles ne pourront être suivies, intentées ou exercées que contre les liquidateurs.	(3) Mit Erlass der Gerichtsentscheidung können sämtliche Mobiliar- und Immobiliarklagen sowie sämtliche Vollstreckungshandlungen hinsichtlich beweglichem oder unbeweglichem Vermögen nur noch gegenüber den Liquidatoren verfolgt, eingeleitet oder ausgeführt werden.
Le jugement de mise en liquidation arrête toutes saisies, à la requête des créanciers chirographaires et non privilégiés sur les meubles et immeubles.	Die Gerichtsentscheidung über die Liquidation beendet sämtliche auf Antrag von nicht bevorzugten und nicht mit Vorrechten ausgestatteten Gläubigern im Hinblick auf bewegliches und unbewegliches Vermögen vorgenommenen Beschlagnahmen.
(4) Après le paiement ou la consignation des sommes nécessaires au paiement des dettes, les liquidateurs distribuent aux investisseurs les sommes ou valeurs qui leur reviennent.	(4) Nach Zahlung der Verbindlichkeiten oder nach Hinterlegung der zur Zahlung der Verbindlichkeiten notwendigen Beträge verteilen die Liquidatoren an die Anleger die ihnen jeweils zustehenden Beträge oder Vermögenswerte.
(5) Les liquidateurs peuvent convoquer de leur propre initiative et doivent convoquer sur demande des investisseurs représentant au moins le quart des avoirs du fonds d'investissement spécialisé une assemblée générale des investisseurs à l'effet de décider si, au lieu d'une liquidation pure et simple, il y a lieu de faire apport de l'actif du fonds d'investissement spécialisé en liquidation à un autre fonds d'investissement spécialisé. Cette décision est prise, à condition que l'assemblée générale soit composée d'un nombre d'investisseurs représentant la moitié au moins de la valeur de la mise constitutive ou du capital	(5) Die Liquidatoren können auf eigene Veranlassung und müssen auf Antrag von Anlegern, die mindestens ein Viertel der Vermögenswerte des Spezialinvestmentvermögens vertreten, eine Generalversammlung der Anleger einberufen, um darüber zu entscheiden, ob anstelle einer einfachen Liquidation die Vermögenswerte des Spezialinvestmentvermögens in Liquidation in ein anderes Spezialinvestmentvermögen eingebracht werden sollen. Diese Entscheidung wird nur dann gefasst, wenn die anwesenden Anleger auf der Generalversammlung mindestens die Hälfte des Wertes der Gründungseinlage der Anteile oder

social, à la majorité des deux tiers des voix des investisseurs présents ou représentés.	des Gesellschaftskapitals vertreten und wenn der Beschluss mit einer Mehrheit von mindestens zwei Dritteln der Stimmen der anwesenden oder vertretenen Anleger gefasst wird.
(6) Les décisions judiciaires prononçant la dissolution et ordonnant la liquidation d'un fonds d'investissement spécialisé sont publiées au Mémorial et dans deux journaux à diffusion adéquate, dont au moins un journal luxembourgeois, désignés par le tribunal. Ces publications sont faites à la diligence du ou des liquidateurs.	(6) Die Gerichtsentscheidung, durch die die Auflösung eines Spezialinvestmentvermögens beschlossen und seine Liquidation angeordnet wird, wird im Mémorial und in zwei vom Gericht benannten, hinreichend verbreiteten Tageszeitungen, von denen mindestens eine eine Luxemburger Tageszeitung sein muss, veröffentlicht. Für die Veröffentlichung tragen der oder die Liquidatoren die Verantwortung.
(7) En cas d'absence ou d'insuffisance d'actif, constatée par le juge-commissaire, les actes de procédure sont exempts de tous droits de greffe et d'enregistrement et les frais et honoraires des liquidateurs sont à charge du Trésor et liquidés comme frais judiciaires.	(7) Wird vom kommissarischen Richter festgestellt, dass keine oder keine ausreichenden Vermögenswerte vorhanden sind, so werden die Verfahrensunterlagen von allen Kanzlei- und Registergebühren freigestellt und die Kosten und Honorare der Liquidatoren von der Staatskasse getragen und wie Gerichtskosten erstattet.
(8) Les liquidateurs sont responsables tant envers les tiers qu'envers le fonds d'investissement spécialisé de l'exécution de leur mandat et des fautes commises par leur gestion.	(8) Die Liquidatoren haften gegenüber Dritten ebenso wie gegenüber dem Spezialinvestmentvermögen für die Ausführung ihres Auftrages und für durch ihre Geschäftsführung entstandene Fehler.
(9) Lorsque la liquidation est terminée, les liquidateurs font rapport au tribunal sur l'emploi des valeurs du fonds d'investissement spécialisé et soumettent les comptes et pièces à l'appui. Le tribunal nomme des commissaires pour examiner les documents. Il est statué, après le rapport des commissaires, sur la gestion des liquidateurs et sur la clôture de la liquidation.	(9) Wenn die Liquidation beendet ist, erstatten die Liquidatoren dem Gericht Bericht über die Verwendung der Vermögenswerte des Spezialinvestmentvermögens und legen die Schlussrechnung einschließlich der Belege vor. Das Gericht ernennt Prüfer, um die Unterlagen zu überprüfen. Nach dem Bericht der Prüfer wird über die Geschäftsführung der Liquidatoren und über den Abschluss der Liquidation entschieden.
Celle-ci est publiée conformément au paragraphe (6) ci-dessus. Cette publication comprend en outre:	Dieser Abschluss wird gemäß dem vorstehenden Absatz (6) veröffentlicht. Diese Veröffentlichung enthält unter anderem:
– l'indication de l'endroit désigné par le tribunal où les livres et documents sociaux doivent être déposés pendant cinq ans au moins ;	– die Angabe des vom Gericht bezeichneten Ortes, an dem die Bücher und Gesellschaftsunterlagen über mindestens fünf Jahre aufbewahrt werden müssen;

– l'indication des mesures prises conformément à l'article 50 en vue de la consignation des sommes et valeurs revenant aux créanciers, aux investisseurs ou associés dont la remise n'a pu leur être faite.	– die Angabe der gemäß Artikel 50 ergriffenen Maßnahmen zur Hinterlegung der Beträge und Werte, derjenigen Gläubiger, Anleger oder Gesellschafter, an die eine Auskehrung nicht erfolgen konnte.
(10) Toutes les actions contre les liquidateurs de fonds d'investissement spécialisés, pris en cette qualité, se prescrivent par cinq ans à partir de la publication de la clôture des opérations de liquidation prévue au paragraphe (9).	(10) Sämtliche Klagen gegen die Liquidatoren von Spezialinvestmentvermögen in ihrer Eigenschaft als Liquidatoren verjähren innerhalb von fünf Jahren nach der gemäß Absatz (9) erfolgten Veröffentlichung des Abschlusses der Liquidation.
Les actions contre les liquidateurs, pour faits de leurs fonctions, se prescrivent par cinq ans à partir de ces faits ou, s'ils ont été celés par dol, à partir de la découverte de ces faits.	Klagen gegen die Liquidatoren, die auf Vorfälle im Zusammenhang mit deren Eigenschaft als Liquidatoren gestützt werden, verjähren innerhalb von fünf Jahren nach den jeweiligen Vorfällen oder nach deren Entdeckung, wenn diese Vorfälle vorsätzlich verdeckt wurden.
(11) Les dispositions du présent article s'appliquent également aux fonds d'investissement spécialisés qui n'ont pas demandé leur inscription sur la liste prévue à l'article 43 dans le délai y imparti.	(11) Die Bestimmungen des vorliegenden Artikels finden auch auf Spezialinvestmentvermögen Anwendung, die ihre Eintragung in der gemäß Artikel 43 vorgesehenen Liste nicht innerhalb der vorgeschriebenen Frist beantragt haben.
Art. 48. (1) Les fonds d'investissement spécialisés sont, après leur dissolution, réputés exister pour leur liquidation. En cas de liquidation non judiciaire, ils restent soumis à la surveillance de la CSSF.	**Art. 48.** (1) Nach ihrer Auflösung gelten die Spezialinvestmentvermögen als zum Zweck ihrer Liquidation fortbestehend. Im Falle der nicht gerichtlich veranlassten Liquidation unterliegen sie weiterhin der Aufsicht der CSSF.
(2) Toutes les pièces émanant d'un fonds d'investissement spécialisé en état de liquidation mentionnent qu'il est en liquidation.	(2) Aus sämtlichen Unterlagen eines Spezialinvestmentvermögens in Liquidation muss hervorgehen, dass sich dieses in Liquidation befindet.
Art. 49. (1) En cas de liquidation non judiciaire d'un fonds d'investissement spécialisé, le ou les liquidateurs doivent être agréés par la CSSF. Le ou les liquidateurs doivent présenter toutes les garanties d'honorabilité et de qualification professionnelles.	**Art. 49.** (1) Im Falle einer nicht gerichtlich veranlassten Liquidation eines Spezialinvestmentvermögens müssen der oder die Liquidatoren zuvor von der CSSF zugelassen worden sein. Der oder die Liquidatoren müssen in vollem Umfang den erforderlichen Leumund und die erforderliche berufliche Qualifikation nachweisen.

(2) Lorsque le liquidateur n'accepte pas sa mission ou n'est pas agréé, le tribunal d'arrondissement siégeant en matière commerciale désigne le ou les liquidateurs, à la requête de toute partie intéressée ou de la CSSF. Le jugement désignant le ou les liquidateurs est exécutoire par provision, sur minute et avant l'enregistrement, nonobstant appel ou opposition.	(2) Wenn ein Liquidator seinen Auftrag nicht annimmt oder nicht zugelassen wird, bestimmt die Kammer für Handelssachen des Bezirksgerichts auf Antrag jedes Betroffenen oder der CSSF den oder die Liquidatoren. Die Gerichtsentscheidung, durch welche der oder die Liquidatoren bestimmt werden, ist in ihrer Urschrift und vor ihrer Registrierung vorläufig vollstreckbar, unbeschadet etwaiger Rechtsmittel der Berufung oder des Einspruchs.
Art. 50. En cas de liquidation volontaire ou forcée d'un fonds d'investissement spécialisé au sens de la présente loi, les sommes et valeurs revenant à des titres ou parts d'intérêts dont les détenteurs ne se sont pas présentés lors de la clôture des opérations de liquidation sont déposées à la Caisse de Consignation au profit de qui il appartiendra.	**Art. 50.** Im Falle einer freiwilligen oder erzwungenen Liquidation eines Spezialinvestmentvermögens im Sinne dieses Gesetzes werden die Beträge und Vermögenswerte, die den Aktien oder Anteilen zuzuordnen sind, deren Inhaber bis zum Abschluss der Liquidation keine Ansprüche angemeldet haben, bei der öffentlichen Hinterlegungsstelle zugunsten der Berechtigten hinterlegt.
Art. 51. (1) Les administrateurs ou membres du directoire, selon le cas, gérants et directeurs des fonds d'investissement spécialisés, des sociétés de gestion, des dépositaires ainsi que de toute entreprise concourant aux activités du fonds d'investissement spécialisé soumis à la surveillance de la CSSF ainsi que les liquidateurs en cas de liquidation volontaire d'un fonds d'investissement spécialisé peuvent être frappés par celle-ci d'une amende d'ordre de 125 à 12.500 euros au cas où ils refuseraient de fournir les rapports financiers et les renseignements demandés ou lorsque ceux-ci se révéleraient incomplets, inexacts ou faux, ainsi qu'en cas d'infraction à l'article 52 de la présente loi.	**Art. 51.** (1) Die Mitglieder des Verwaltungsrats oder gegebenenfalls des Vorstands, Geschäftsführer und leitenden Angestellten von unter der Aufsicht der CSSF stehenden Spezialinvestmentvermögen, Verwaltungsgesellschaften, Verwahrstellen sowie jedes anderen zur Geschäftstätigkeit des Spezialinvestmentvermögens beitragenden Unternehmens, sowie die Liquidatoren im Falle der freiwilligen Liquidation eines Spezialinvestmentvermögens können mit einer Geldbuße von 125 bis 12.500 Euro belegt werden, wenn sie sich weigern, Finanzberichte und angeforderte Informationen vorzulegen oder wenn diese sich als unvollständig, ungenau, oder unrichtig erweisen sowie im Falle eines Verstoßes gegen Artikel 52 dieses Gesetzes.
(2) La même amende d'ordre est prévue à l'encontre de ceux qui contreviendraient aux dispositions de l'article 44.	(2) Die gleiche Geldbuße wird auch gegen Personen verhängt, die gegen die Bestimmungen von Artikel 44 verstoßen.
(3) La CSSF pourra rendre publique toute amende d'ordre prononcée en vertu du présent article, à moins que cette publica-	(3) Die CSSF kann jede angeordnete Geldbuße, die bei einem Verstoß gegen diesen Artikel verhängt wird, veröffentlichen, so-

tion ne risque de perturber gravement les marchés financiers, de nuire aux intérêts des investisseurs ou de causer un préjudice disproportionné aux parties en cause.	fern nicht das Risiko besteht, dass eine solche Bekanntgabe die Stabilität der Finanzmärkte ernstlich gefährdet, den Interessen der Anleger zuwider läuft oder den Beteiligten einen unverhältnismäßig hohen Schaden zufügt.
Chapitre 7. – Etablissement d'un document d'émission et d'un rapport annuel	**Kapitel 7 – Erstellung eines Emissionsdokumentes und eines Jahresberichtes**
Art. 52. (1) La société d'investissement et la société de gestion pour chacun des fonds communs de placement qu'elle gère, doivent établir:	**Art. 52.** (1) Die Investmentgesellschaft und die Verwaltungsgesellschaft müssen für jedes von ihr verwaltete Investmentvermögen folgenden Unterlagen erstellen:
– un document d'émission, et	– ein Emissionsdokument und
– un rapport annuel par exercice.	– einen Jahresbericht pro Geschäftsjahr.
(2) Le rapport annuel doit être mis à disposition des investisseurs dans les six mois, à compter de la fin de la période à laquelle ce rapport se réfère.	(2) Der Jahresbericht muss den Anlegern innerhalb von sechs Monaten nach Ende des jeweiligen Berichtszeitraums zur Verfügung gestellt werden.
(3) Au cas où un prospectus en vertu de la loi du 10 juillet 2005 relative aux prospectus pour valeurs mobilières a été publié, il n'y a plus d'obligation d'établir un document d'émission au sens de la présente loi.	(3) Wenn bereits ein Verkaufsprospekt auf Grundlage des Gesetzes vom 10. Juli 2005 über Verkaufsprospekte für Wertpapiere veröffentlicht worden ist, besteht keine Pflicht mehr, ein Emissionsdokument im Sinne des vorliegenden Gesetzes zu erstellen.
(4) Nonobstant les paragraphes (1) et (2) des articles 29 et 30 de la loi du 19 décembre 2002 relative au registre de commerce et des sociétés ainsi que la comptabilité et les comptes annuels des entreprises, les fonds d'investissement spécialisés visés par la présente loi préparent leur rapport annuel selon le schéma repris en annexe. Le rapport annuel doit contenir un bilan ou un état du patrimoine, un compte ventilé des revenus et des dépenses de l'exercice, un rapport sur les activités de l'exercice écoulé ainsi que toute information significative permettant aux investisseurs de porter en connaissance de cause un jugement sur l'évolution de l'activité et les résultats du fonds d'investissement spécialisé. Les articles 56 et 57 de la loi du 19 décembre 2002 relative au registre de commerce et des	(4) Unbeschadet der Absätze (1) und (2) der Artikel 29 und 30 des Gesetzes vom 19. Dezember 2002 über das Handels- und Gesellschaftsregister sowie die Rechnungslegung und die Unternehmensjahresabschlüsse bereiten die diesem Gesetz unterliegenden Spezialinvestmentvermögen ihren Jahresbericht nach dem im Anhang aufgeführten Schema vor. Der Jahresbericht muss eine Bilanz oder eine Vermögensübersicht, eine nach Erträgen und Aufwendungen für das jeweilige Geschäftsjahr gegliederte Rechnungslegung, einen Bericht über die Geschäftstätigkeit im abgelaufenen Geschäftsjahr sowie alle wesentlichen Informationen, die es den Anlegern ermöglichen, sich in vollständiger Sachkenntnis ein Urteil über die Entwicklung der Geschäftstätigkeit und die Geschäftsergebnis-

sociétés ainsi que la comptabilité et les comptes annuels des entreprises s'appliquent toutefois aux fonds d'investissement spécialisés visés au chapitre 3 et au chapitre 4 de la présente loi.	se des Spezialinvestmentvermögens zu bilden, enthalten. Artikel 56 und 57 des Gesetzes vom 19. Dezember 2002 über das Handels- und Gesellschaftsregister sowie die Rechnungslegung und die Unternehmensjahresabschlüsse sind jedoch auf Spezialinvestmentvermögen, die dem Kapitel 3 oder dem Kapitel 4 des vorliegenden Gesetzes unterliegen, anwendbar.
(5) Nonobstant l'article 309 de la loi modifiée du 10 août 1915 concernant les sociétés commerciales, les fonds d'investissement spécialisés visés par la présente loi ainsi que leurs filiales sont exempts de l'obligation de consolider les sociétés détenues à titre d'investissement.	(5) Unbeschadet Artikel 309 des geänderten Gesetzes vom 10. August 1915 über die Handelsgesellschaften sind die Spezialinvestmentvermögen im Anwendungsbereich dieses Gesetzes sowie ihre Tochtergesellschaften von der Pflicht zur Konsolidierung von zu Investitionszwecken gehaltenen Gesellschaften befreit.
(6) Pour les fonds d'investissement spécialisés visés par la présente loi, les apports autres qu'en numéraire font l'objet au moment de l'apport d'un rapport à établir par un réviseur d'entreprises agréé. Les conditions et les modalités prévues à l'article 26-1 de la loi du 10 août 1915 concernant les sociétés commerciales sont applicables à l'établissement du rapport visé par le présent article, nonobstant la forme juridique adoptée par le fonds d'investissement spécialisé concerné.	(6) Für Spezialinvestmentvermögen im Anwendungsbereich des vorliegenden Gesetzes müssen Einlagen, die keine Bareinlagen sind, zum Zeitpunkt ihrer Leistung Gegenstand eines von einem zugelassenen Wirtschaftsprüfer zu erstellenden Berichts sein. Die in Artikel 26-1 des Gesetzes vom 10. August 1915 über die Handelsgesellschaften vorgesehenen Bedingungen und Modalitäten finden auf die Erstellung des in diesem Artikel genannten Berichts Anwendung, unabhängig von der Rechtsform der betroffenen Spezialinvestmentvermögen.
Art. 53. Le document d'émission doit contenir les renseignements qui sont nécessaires pour que les investisseurs puissent juger en pleine connaissance de cause l'investissement qui leur est proposé et notamment les risques inhérents à celui-ci.	**Art. 53.** Das Emissionsdokument muss die Auskünfte enthalten, die notwendig sind, damit sich die Anleger in vollständiger Sachkenntnis über die ihnen vorgeschlagene Anlage und insbesondere über die damit einhergehenden Risiken ein Urteil bilden können.
Art. 54. Les éléments essentiels du document d'émission doivent être tenus à jour au moment de l'émission de titres ou parts d'intérêts supplémentaires à de nouveaux investisseurs. Toute modification apportée aux éléments essentiels du document d'émission est subordonnée à l'approbation de la CSSF.	**Art. 54.** Die wesentlichen Elemente des Emissionsdokumentes müssen bei der Ausgabe von zusätzlichen Aktien oder Anteilen an neue Anleger auf dem neuesten Stand sein. Jede Änderung wesentlicher Elemente des Emissionsdokuments bedarf der Bestätigung durch die CSSF.

Art. 55. (1) Les fonds d'investissement spécialisés luxembourgeois doivent faire contrôler, par un réviseur d'entreprises agréé, les données comptables contenues dans leur rapport annuel.	**Art. 55.** (1) Die nach Luxemburger Recht errichteten Spezialinvestmentvermögen müssen die im Jahresbericht enthaltenen Rechnungslegungsdaten von einem zugelassenen Wirtschaftsprüfer prüfen lassen.
L'attestation du réviseur d'entreprises agréé et le cas échéant, ses réserves sont reproduites intégralement dans chaque rapport annuel.	Der Bestätigungsvermerk des zugelassenen Wirtschaftsprüfers und gegebenenfalls dessen Einschränkungen werden vollständig in jedem Jahresbericht wiedergegeben.
Le réviseur d'entreprises agréé doit justifier d'une expérience professionnelle adéquate.	Der zugelassene Wirtschaftsprüfer muss eine angemessene Berufserfahrung nachweisen können.
(2) Le réviseur d'entreprises agréé est nommé et rémunéré par le fonds d'investissement spécialisé.	(2) Der zugelassene Wirtschaftsprüfer wird vom Spezialinvestmentvermögen ernannt und vergütet.
(3) Le réviseur d'entreprises agréé est tenu de signaler à la CSSF rapidement tout fait ou décision dont il a pris connaissance dans l'exercice du contrôle des données comptables contenues dans le rapport annuel d'un fonds d'investissement spécialisé ou d'une autre mission légale auprès d'un fonds d'investissement spécialisé, lorsque ce fait ou cette décision est de nature à constituer une violation grave des dispositions de la présente loi ou des dispositions réglementaires prises pour son exécution, ou	(3) Der zugelassene Wirtschaftsprüfer ist gehalten, der CSSF unverzüglich jegliche Tatsache oder Entscheidung zu melden, von der er bei der Ausführung der Prüfung der im Jahresbericht eines Spezialinvestmentvermögens enthaltenen Rechnungslegungsdaten oder bei der Erfüllung anderer gesetzlicher Aufgaben bei einem Spezialinvestmentvermögen Kenntnis erlangt hat, sofern diese Tatsache oder Entscheidung eine schwerwiegende Verletzung der Vorschriften des vorliegenden Gesetzes oder der entsprechenden im Verordnungswege ergangenen Vorschriften darstellen könnte oder
– porter atteinte à la continuité de l'exploitation du fonds d'investissement spécialisé, ou	– die Fortsetzung der Tätigkeit des Spezialinvestmentvermögens beeinträchtigen könnte oder
– entraîner le refus de la certification des comptes ou l'émission de réserves y relatives.	– die Ablehnung der Bestätigung der Rechnungslegung oder diesbezügliche Einschränkungen zur Folge haben könnte.
Le réviseur d'entreprises agréé est également tenu d'informer rapidement la CSSF, dans l'accomplissement des missions visées à l'alinéa précédent auprès d'un fonds d'investissement spécialisé, de tout fait ou décision concernant le fonds d'investissement spécialisé et répondant aux critères énumérés à l'alinéa précédent, dont il a eu connaissance en s'acquittant du contrôle	Der zugelassene Wirtschaftsprüfer ist ebenfalls gehalten, bei der Wahrnehmung der im vorstehenden Absatz genannten Aufgaben im Zusammenhang mit einem Spezialinvestmentvermögen die CSSF unverzüglich über alle diesbezüglichen Tatsachen oder Entscheidungen zu unterrichten, die unter die im vorstehenden Absatz genannten Kriterien fallen, von denen der Wirt-

des données comptables contenues dans leur rapport annuel ou d'une autre mission légale auprès d'une autre entreprise liée à ce fonds d'investissement spécialisé par un lien de contrôle.	schaftsprüfer bei der Prüfung der im Jahresbericht enthaltenen Rechnungslegungsdaten oder in Erfüllung anderer gesetzlicher Aufgaben bei einem anderen Unternehmen Kenntnis erlangt hat, das mit diesem Spezialinvestmentvermögen durch ein Kontrollverhältnis verbunden ist.
Aux fins du présent article, on entend par lien de contrôle le lien qui existe entre une entreprise mère et une filiale dans les cas visés à l'article 77 de la loi modifiée du 17 juin 1992 relative aux comptes annuels et les comptes consolidés des établissements de crédit ou par une relation de même nature entre toute personne physique ou morale et une entreprise; toute entreprise filiale d'une entreprise filiale est également considérée comme filiale de l'entreprise mère qui est à la tête de ces entreprises. Est également considérée comme constituant un lien de contrôle entre deux ou plusieurs personnes physiques ou morales, une situation dans laquelle ces personnes sont liées durablement à une même personne par un lien de contrôle.	Im Anwendungsbereich dieses Artikels ist unter Kontrollverhältnis die Verbindung zwischen einem Mutter- und einem Tochterunternehmen in den Fällen des Artikels 77 des geänderten Gesetzes vom 17. Juni 1992 über die Jahresberichte und den konsolidierten Abschluss von Kreditinstituten oder eine gleichartige Verbindung zwischen einer natürlichen oder juristischen Person und einem Unternehmen zu verstehen; jedes Tochterunternehmen eines Tochterunternehmens wird ebenfalls als Tochterunternehmen des Mutterunternehmens angesehen, das an der Spitze dieses Unternehmens steht. Ein Kontrollverhältnis zwischen zwei oder mehreren natürlichen oder juristischen Personen liegt ebenfalls vor, wenn die betreffenden Personen mit ein und derselben Person durch ein Kontrollverhältnis dauerhaft verbunden sind.
Si dans l'accomplissement de sa mission, le réviseur d'entreprises agréé obtient connaissance du fait que l'information fournie aux investisseurs ou à la CSSF dans les rapports ou autres documents du fonds d'investissement spécialisé, ne décrit pas d'une manière fidèle la situation financière et l'état du patrimoine du fonds d'investissement spécialisé, il est obligé d'en informer aussitôt la CSSF.	Wenn der zugelassene Wirtschaftsprüfer bei der Erfüllung seiner Aufgaben Kenntnis davon erlangt, dass die den Anlegern oder der CSSF übermittelten Angaben in den Berichten oder in anderen Unterlagen des Spezialinvestmentvermögens die finanzielle Situation und Vermögenslage des Spezialinvestmentvermögens nicht zutreffend wiedergeben, ist er verpflichtet, die CSSF hiervon unverzüglich unterrichten.
Le réviseur d'entreprises agréé est en outre tenu de fournir à la CSSF tous les renseignements ou certifications que celle-ci requiert sur les points dont le réviseur d'entreprises agréé a ou doit avoir connaissance dans le cadre de l'exercice de sa mission. Il en va de même si le réviseur d'entreprises agréé obtient connaissance que les actifs du fonds d'investissement spécialisé ne sont pas ou n'ont pas été in-	Der zugelassene Wirtschaftsprüfer muss des Weiteren der CSSF sämtliche Auskünfte oder Bescheinigungen übermitteln, die die CSSF über Punkte anfordert, von denen der zugelassene Wirtschaftsprüfer bei der Ausführung des Auftrags Kenntnis erlangt hat oder erlangt haben muss. Gleiches gilt, wenn der zugelassene Wirtschaftsprüfer davon Kenntnis erlangt, dass die Vermögenswerte des Spezialinvestmentvermögens

vestis selon les règles prévues par la loi ou le document d'émission.	nicht im Einklang mit den im Gesetz oder im Emissionsdokument vorgesehenen Regeln angelegt sind oder angelegt wurden.
La divulgation de bonne foi à la CSSF par un réviseur d'entreprises agréé de faits ou décisions visés au présent paragraphe ne constitue pas une violation du secret professionnel, ni une violation d'une quelconque restriction à la divulgation d'informations imposée contractuellement et n'entraîne de responsabilité d'aucune sorte pour le réviseur d'entreprises agréé.	Die in gutem Glauben erfolgte Übermittlung von in diesem Absatz genannten Tatsachen oder Entscheidungen durch einen zugelassenen Wirtschaftsprüfer an die CSSF, stellt weder eine Verletzung des Berufsgeheimnisses noch eine Verletzung einer vertraglich vereinbarten Bekanntmachungsbeschränkung dar und begründet für den zugelassenen Wirtschaftsprüfer keinerlei Haftung.
Chaque fonds d'investissement spécialisé luxembourgeois soumis à la surveillance de la CSSF, et dont les comptes sont soumis au contrôle d'un réviseur d'entreprises agréé, est tenu de communiquer spontanément à la CSSF les rapports et commentaires écrits émis par le réviseur d'entreprises agréé dans le cadre de son contrôle des documents comptables annuels.	Jedes der Aufsicht der CSSF unterliegende luxemburgische Spezialinvestmentvermögen, dessen Rechnungslegung von einem zugelassenen Wirtschaftsprüfer überprüft werden muss, muss der CSSF unaufgefordert die im Rahmen der Jahresabschlüsse erstellen Berichte und schriftlichen Anmerkungen des zugelassenen Wirtschaftsprüfers übermitteln.
La CSSF peut fixer des règles quant à la portée du mandat de contrôle des documents comptables annuels et quant au contenu des rapports et commentaires écrits du réviseur d'entreprises agréé, prévus à l'alinéa précédent, sans préjudice des dispositions légales régissant le contenu du rapport du contrôleur légal des comptes.	Die CSSF kann den Umfang des Mandats zur Prüfung der Jahresabschlüsse sowie die inhaltlichen Anforderungen an die im vorhergehenden Unterabsatz genannten Berichte und schriftlichen Anmerkungen des zugelassenen Wirtschaftsprüfers festlegen, unbeschadet der gesetzlichen Bestimmungen über den Inhalt des Berichts des gesetzlich vorgesehenen Abschlussprüfers.
La CSSF peut demander à un réviseur d'entreprises agréé d'effectuer un contrôle portant sur un ou plusieurs aspects déterminés de l'activité et du fonctionnement d'un fonds d'investissement spécialisé. Ce contrôle se fait aux frais du fonds d'investissement spécialisé concerné.	Die CSSF kann von einem zugelassenen Wirtschaftsprüfer die Durchführung einer Spezialprüfung im Hinblick auf einen oder mehrere näher bestimmte Aspekte der Tätigkeit und der Funktionsweise eines Spezialinvestmentvermögens verlangen. Die Kosten dieser Prüfung sind von dem betroffenen Spezialinvestmentvermögen zu tragen.
(4) La CSSF refuse ou retire l'inscription sur la liste des fonds d'investissement spécialisés dont le réviseur d'entreprises agréé ne remplit pas les conditions ou ne respecte pas les obligations fixées au présent article.	(4) Die CSSF verweigert oder zieht die Eintragung in die Liste der Spezialinvestmentvermögen zurück, deren zugelassener Wirtschaftsprüfer entweder die in diesem Artikel aufgestellten Bedingungen nicht erfüllt oder die in diesem Artikel festgelegten Verpflichtungen nicht beachtet.

(5) L'institution des commissaires aux comptes prévue aux articles 61, 109, 114 et 200 de la loi modifiée du 10 août 1915 concernant les sociétés commerciales est supprimée pour les sociétés d'investissement luxembourgeoises. Les administrateurs ou gérants sont seuls compétents dans tous les cas où la loi modifiée du 10 août 1915 concernant les sociétés commerciales prévoit l'intervention des commissaires aux comptes et des administrateurs ou gérants réunis.	(5) Die Ernennung von Rechnungsprüfern gemäß Artikel 61, 109, 114 und 200 des geänderten Gesetzes vom 10. August 1915 über die Handelsgesellschaften ist für nach Luxemburger Recht errichtete Investmentgesellschaften nicht erforderlich. Die Verwaltungsratsmitglieder oder die Geschäftsführer sind allein zuständig in allen Fällen, in denen das geänderte Gesetz vom 10. August 1915 über die Handelsgesellschaften gemeinsame Maßnahmen der Rechnungsprüfer und der Verwaltungsratsmitglieder oder Geschäftsführer vorsieht.
L'institution des commissaires prévue à l'article 151 de la loi modifiée du 10 août 1915 concernant les sociétés commerciales est supprimée pour les sociétés d'investissement luxembourgeoises. « Lorsque la liquidation sera terminée, un rapport sur la liquidation sera établi par le réviseur d'entreprises agréé. » Ce rapport sera présenté lors de l'assemblée générale lors de laquelle les liquidateurs feront leur rapport sur l'emploi des valeurs sociales et soumettront les comptes et pièces à l'appui. La même assemblée se prononcera sur l'acceptation des comptes de liquidation, sur la décharge et sur la clôture de la liquidation.	Die Ernennung von Rechnungsprüfern, wie in Artikel 151 des geänderten Gesetzes vom 10. August 1915 über die Handelsgesellschaften vorgesehen, ist für Luxemburger Investmentgesellschaften nicht erforderlich. Nach Abschluss der Liquidation erstellt der zugelassene Wirtschaftsprüfer einen Liquidationsbericht. Dieser Bericht wird der Generalversammlung, in der die Liquidatoren ihren Bericht über die Verwendung des Gesellschaftsvermögens vorlegen, zusammen mit der diesbezüglich als Nachweis dienenden Schlussrechnung und den Belegen, vorgelegt. In dieser Generalversammlung wird ebenfalls über die Billigung der Schlussrechnung, die Entlastung und den Liquidationsabschluss entschieden.
Art. 56. Les fonds d'investissement spécialisés doivent transmettre à la CSSF leur document d'émission et toute modification apportée à celui-ci, ainsi que leur rapport annuel.	**Art. 56.** Die Spezialinvestmentvermögen müssen ihr Emissionsdokument und jegliche an diesem vorgenommenen Änderungen sowie ihren Jahresbericht der CSSF übermitteln.
Art. 57. (1) Le document d'émission et le dernier rapport annuel publié sont remis sans frais aux souscripteurs qui le demandent.	**Art. 57.** (1) Das Emissionsdokument und der letzte veröffentliche Jahresbericht ist Zeichnern auf Anfrage kostenlos auszuhändigen.
(2) Le rapport annuel est remis sans frais aux investisseurs qui le demandent.	(2) Der Jahresbericht wird den Anlegern auf Anfrage kostenlos ausgehändigt.

Chapitre 8. – Communication d'autres informations à la CSSF	**Kapitel 8 – Mitteilung anderer Informationen an die CSSF**
Art. 58. La CSSF peut demander aux fonds d'investissement spécialisés de fournir tout renseignement utile à l'accomplissement de sa mission et peut, à ces fins, prendre inspection, par elle-même ou par ses délégués, des livres, comptes, registres ou autres actes et documents des fonds d'investissement spécialisés.	**Art. 58.** Die CSSF kann von einem Spezialinvestmentvermögen sämtliche Auskünfte verlangen, die zur Erfüllung ihrer Aufgaben sachdienlich sind und kann zu diesem Zwecke selbst oder durch ihre Beauftragten Bücher, Rechnungslegungsunterlagen, Register oder andere Urkunden und Unterlagen der Spezialinvestmentvermögen einsehen.
Chapitre 9. – Protection du nom	**Kapitel 9 – Bezeichnungsschutz**
Art. 59. (1) Aucun organisme ne peut faire état d'appellations ou d'une qualification donnant l'apparence d'activités relevant de la législation sur les fonds d'investissement spécialisés, s'il n'a obtenu l'agrément prévu par l'article 43 de la présente loi.	**Art. 59.** (1) Keine Einheit darf Bezeichnungen oder Angaben verwenden, die den Eindruck erwecken, dass ihre Geschäftstätigkeit der Gesetzgebung über Spezialinvestmentvermögen unterliegt, wenn sie nicht eine Erlaubnis im Sinne von Artikel 43 des vorliegenden Gesetzes hat.
(2) Le tribunal siégeant en matière commerciale du lieu où est situé le fonds d'investissement spécialisé ou du lieu où il est fait usage de l'appellation, à la requête du ministère public, peut interdire à quiconque de faire usage de l'appellation telle que définie au paragraphe (1), lorsque les conditions prescrites par la présente loi ne sont pas ou ne sont plus remplies.	(2) Auf Antrag der Staatsanwaltschaft kann die Kammer für Handelssachen des Gerichts des Gerichtsbezirks, in dem das Spezialinvestmentvermögen ansässig ist, oder des Gerichtsbezirks, in dem die Bezeichnung verwendet wurde, die Verwendung der Bezeichnung gemäß Absatz (1) untersagen, wenn die Anforderungen des vorliegenden Gesetzes nicht oder nicht mehr erfüllt werden.
(3) Le jugement ou l'arrêt coulé en force de chose jugée qui prononce cette interdiction est publié par les soins du ministère public et aux frais de la personne condamnée, dans deux journaux luxembourgeois ou étrangers à diffusion adéquate.	(3) Die in Rechtskraft erwachsene Gerichtsentscheidung oder das in Rechtskraft erwachsene Urteil, die diese Untersagung ausspricht, ist durch die Staatsanwaltschaft auf Kosten des Verurteilten in zwei hinreichend verbreiteten Luxemburger oder ausländischen Tageszeitungen zu veröffentlichen.

Chapitre 10. – Dispositions pénales	**Kapitel 10 – Strafvorschriften**
Art. 60. Sont punis d'une peine d'emprisonnement d'un mois à un an et d'une amende de cinq cents à vingt-cinq mille euros ou d'une de ces peines seulement:	**Art. 60.** Mit Haftstrafen von einem Monat bis zu einem Jahr und Geldstrafen von fünfhundert bis fünfundzwanzigtausend Euro werden bestraft:
a) ceux qui ont procédé ou fait procéder à l'émission ou au rachat des parts du fonds commun de placement dans les cas visés aux articles 11 (2) et 20 (3) de la présente loi;	a) diejenigen, die die Ausgabe oder Rücknahme von Anteilen des Investmentvermögens in den unter Artikel 11 Absatz (2) und 20 Absatz (3) des vorliegenden Gesetzes geregelten Fällen vorgenommen haben oder haben vornehmen lassen;
b) ceux qui ont émis ou racheté des parts du fonds commun de placement à un prix différent de celui qui résulterait de l'application des critères prévus à l'article 8 de la présente loi;	b) diejenigen, die Anteile des Investmentvermögens zu einem anderen Preis als dem, der sich bei Anwendung der in Artikel 8 des vorliegenden Gesetzes vorgesehenen Kriterien ergeben hätte, ausgegeben oder zurückgenommen haben;
c) ceux qui, comme administrateurs, gérants ou commissaires de la société de gestion ou du dépositaire, ont fait des prêts ou avances au moyen d'avoirs du fonds commun de placement sur des parts du même fonds, ou qui ont fait, par un moyen quelconque, aux frais du fonds commun de placement, des versements en libération des parts ou admis comme faits des versements qui ne se sont pas effectués réellement.	c) diejenigen, die als Mitglied des Verwaltungsrates, als Geschäftsführer oder Mitglied der kommissarischen Leitung der Verwaltungsgesellschaft oder der Verwahrstelle aus den Mitteln des Investmentvermögens Darlehen oder Vorschüsse auf die Anteile dieses Investmentvermögens gewährt haben oder zu Lasten des Investmentvermögens in irgendeiner Weise Einzahlungen auf Anteile vorgenommen oder als erfolgt zugelassen haben, die tatsächlich nicht vorgenommen wurden.
Art. 61. (1) Sont punis d'un emprisonnement d'un mois à six mois et d'une amende de cinq cents à vingt-cinq mille euros ou d'une de ces deux peines seulement:	**Art. 61.** (1) Mit einer Haftstrafe von mindestens einem und höchstens sechs Monaten und einer Geldstrafe von mindestens fünfhundert und höchstens fünfundzwanzigtausend Euro oder nur einer dieser beiden Strafen werden bestraft:
a) les administrateurs ou gérants de la société de gestion qui ont omis d'informer sans retard la CSSF que l'actif net du fonds commun de placement est devenu inférieur respectivement aux deux tiers et au quart du minimum lé-	a) die Mitglieder des Verwaltungsrates oder Geschäftsführer der Verwaltungsgesellschaft, die es unterlassen haben, die CSSF unverzüglich davon zu unterrichten, dass das Nettovermögen des Investmentvermögens unter zwei Drit-

gal des actifs nets du fonds commun de placement;	tel respektive unter ein Viertel des gesetzlichen Mindestnettovermögens gesunken ist;
b) les administrateurs ou gérants de la société de gestion qui ont contrevenu à l'article 9 de la présente loi.	b) die Mitglieder des Verwaltungsrates oder Geschäftsführer der Verwaltungsgesellschaft, die gegen Artikel 9 des vorliegenden verstoßen haben.
(2) Sont punis d'une amende de cinq cents à vingt-cinq mille euros ceux qui en violation de l'article 59 ont fait état d'une appellation ou d'une qualification donnant l'apparence d'activités soumises à la législation sur les fonds d'investissement spécialisés s'ils n'ont pas obtenu l'agrément prévu par l'article 43 de la présente loi.	(2) Mit einer Geldstrafe von fünfhundert bis fünfundzwanzigtausend Euro werden diejenigen bestraft, die unter Verstoß gegen Artikel 59 eine Bezeichnung gebraucht oder eine Qualifikation verwendet haben, die den Anschein von dem Gesetz über Spezialinvestmentvermögen unterliegenden Tätigkeiten erweckt hat, wenn sie über keine Erlaubnis nach Artikel 43 des vorliegenden Gesetzes verfügen.
Art. 62. Sont punis d'une peine d'emprisonnement d'un mois à un an et d'une amende de cinq cents à vingt-cinq mille euros ou d'une de ces peines seulement les fondateurs, administrateurs ou gérants d'une société d'investissement qui ont contrevenu aux dispositions des articles 28 (2) et 28 (4).	**Art. 62.** Mit einer Haftstrafe von einem Monat bis zu einem Jahr und einer Geldstrafe von fünfhundert bis fünfundzwanzigtausend Euro oder nur einer dieser beiden Strafen werden die Gründer, Mitglieder des Verwaltungsrats oder Geschäftsführer einer Investmentgesellschaft bestraft, die gegen die Vorschriften der Artikel 28 Absatz (2) und 28 Absatz (4) verstoßen haben.
Art. 63. Sont punis d'une peine d'emprisonnement d'un mois à un an et d'une amende de cinq cents à vingt-cinq mille euros ou d'une de ces peines seulement les administrateurs ou gérants d'une société d'investissement qui n'ont pas convoqué l'assemblée générale extraordinaire conformément à l'article 30 de la présente loi et à l'article 39 (2) à (4) de la présente loi ou qui n'ont pas respecté l'article 39 (5) de la présente loi.	**Art. 63.** Mit einer Haftstrafe von einem Monat bis zu einem Jahr und einer Geldstrafe von fünfhundert bis fünfundzwanzigtausend Euro oder nur einer dieser beiden Strafen werden die Mitglieder des Verwaltungsrates oder Geschäftsführer einer Investmentgesellschaft bestraft, die die außerordentliche Generalversammlung gemäß Artikel 30 und Artikel 39 Absätze (2) bis (4) des vorliegenden Gesetzes nicht einberufen oder die gegen Artikel 39 Absatz (5) des vorliegenden Gesetzes verstoßen haben.
Art. 64. Sont punis d'un emprisonnement de trois mois à deux ans et d'une amende de cinq cents à cinquante mille euros ou d'une de ces peines seulement ceux qui ont	**Art. 64.** Mit einer Haftstrafe von drei Monaten bis zu zwei Jahren und einer Geldstrafe von fünfhundert bis fünfzigtausend Euro werden diejenigen bestraft, die Handlun-

procédé ou fait procéder à des opérations de collecte de fonds auprès d'investisseurs sans qu'ait été introduite, pour le fonds d'investissement spécialisé pour lequel ils ont agi, une demande d'inscription sur la liste auprès de la CSSF dans le mois qui a suivi la constitution ou création du fonds d'investissement spécialisé.	gen vorgenommen haben oder haben vornehmen lassen. um Gelder bei Anlegern einzusammeln, ohne dass für das Spezialinvestmentvermögen, für das sie gehandelt haben, innerhalb eines Monats nach dessen Gründung oder Errichtung ein Antrag auf Eintragung in die Liste bei der CSSF gestellt worden ist.
Art. 65. (1) Sont punis d'une peine d'emprisonnement d'un mois à un an et d'une amende de cinq cents à vingt-cinq mille euros, ou d'une de ces peines seulement, les dirigeants des fonds d'investissement spécialisés visés à l'article 38 qui n'ont pas observé les conditions qui leur ont été imposées par la présente loi.	**Art. 65.** (1) Mit einer Haftstrafe von einem Monat bis zu einem Jahr und einer Geldstrafe von fünfhundert bis fünfundzwanzigtausend Euro oder nur einer dieser Strafen werden die Geschäftsleiter eines Spezialinvestmentvermögens gemäß Artikel 38, die den ihnen durch das vorliegende Gesetz auferlegten Pflichten nicht genügt haben, bestraft.
(2) Sont punis des mêmes peines ou d'une d'elles seulement les dirigeants des fonds d'investissement spécialisés qui, nonobstant les dispositions de l'article 46, ont fait des actes autres que conservatoires, sans y être autorisés par le commissaire de surveillance.	(2) Mit denselben Strafen oder nur einer von ihnen werden die Geschäftsleiter der Spezialinvestmentvermögen bestraft, die ungeachtet der Bestimmungen des Artikels 46 andere Maßnahmen als Erhaltungsmaßnahmen vorgenommen haben, ohne hierzu von der kommissarischen Leitung ermächtigt worden zu sein.
Chapitre 11. – Dispositions fiscales	**Kapitel 11 – Steuerliche Bestimmungen**
Art. 66. (1) En dehors du droit d'apport frappant les rassemblements de capitaux dans les sociétés civiles et commerciales et de la taxe d'abonnement mentionnée à l'article 68 ci-après, il n'est dû d'autre impôt par les fonds d'investissement spécialisés visés par la présente loi.	**Art. 66.** (1) Abgesehen von den von den bürgerlich-rechtlichen Gesellschaften und den Handelsgesellschaften zu zahlenden Kapitalverkehrssteuern und der Abonnementsteuer entsprechend dem nachstehenden Artikel 68, unterliegen Spezialinvestmentvermögen im Sinne dieses Gesetzes keiner Steuer.
(2) Sans préjudice des dispositions de la loi du 21 juin 2005 transposant en droit luxembourgeois la directive 2003/48/CE en matière de fiscalité des revenus de l'épargne sous forme de paiement d'intérêts, les distributions effectuées par ces fonds d'investissement spécialisés se font sans retenue à la source. Elles ne sont pas imposables dans le chef des contribuables non résidents.	(2) Unbeschadet der Vorschriften des Gesetzes vom 21. Juni 2005, das die Richtlinie 2003/48/EG im Bereich der Besteuerung der Einkünfte aus Ersparnissen in Form von Zinszahlungen in Luxemburger Recht umsetzt, unterliegen die von diesen Spezialinvestmentvermögen vorgenommenen Ausschüttungen keiner Quellensteuer und werden bei nicht Gebietsansässigen nicht besteuert.

Art. 67. (...)	**Art. 67.** (...)
Art. 68. (1) Le taux de la taxe d'abonnement annuelle due par les fonds d'investissement spécialisés visés par la présente loi est de 0,01%.	**Art. 68.** (1) Der Steuersatz der jährlich von den diesem Gesetz unterliegenden Spezialinvestmentvermögen geschuldeten Abonnementsteuer beträgt 0,01%.
(2) Sont exonérés de la taxe d'abonnement :	(2) Von der Abonnementsteuer befreit sind:
a) la valeur des avoirs représentée par des parts détenues dans d'autres organismes de placement collectif pour autant que ces parts ont déjà été soumises à la taxe d'abonnement prévue par le présent article ou par l'article 174 de la loi du 17 décembre 2010 concernant les organismes de placement collectif;	a) der Wert der den Anteilen, die an anderen Organismen für gemeinsame Anlagen gehalten werden, entspricht, soweit diese Anteile bereits der in diesem Artikel oder in Artikel 174 des Gesetzes vom 17. Dezember 2010 über Organismen für gemeinsame Anlagen vorgesehenen Abonnementsteuer unterworfen waren;
b) les fonds d'investissement spécialisés ainsi que les compartiments individuels de fonds d'investissement spécialisés à compartiments multiples:	b) Spezialinvestmentvermögen sowie einzelne Teilinvestmentvermögen eines Spezialinvestmentvermögens mit mehreren Teilinvestmentvermögen
(i) dont l'objectif exclusif est le placement collectif en instruments du marché monétaire et en dépôts auprès d'établissements de crédit, et	(i) deren ausschließlicher Zweck die gemeinsame Anlage in Geldmarktinstrumenten und Einlagen bei Kreditinstituten ist und
(ii) dont l'échéance résiduelle pondérée du portefeuille ne dépasse pas 90 jours, et	(ii) deren gewichtete verbleibende Fälligkeit des Portfolios 90 Tage nicht überschreitet und
(iii) qui bénéficient de la notation la plus élevée possible d'une agence de notation reconnue;	(iii) die vom höchsten von einer anerkannten Ratingagentur vergebenen Rating profitieren;
c) les fonds d'investissement spécialisés dont les titres ou parts d'intérêts sont réservés à (i) des institutions de retraite professionnelle, ou véhicules d'investissement similaires, créés sur l'initiative d'un ou de plusieurs employeurs pour le bénéfice de leurs salariés et (ii) des sociétés d'un ou de plusieurs employeurs investissant les fonds qu'ils détiennent, pour fournir des prestations de retraite à leurs salariés;	c) Spezialinvestmentvermögen, deren Aktien oder Anteile (i) professionellen Rentenversorgern oder ähnlichen Anlagevehikeln, die auf Initiative eines oder mehrere Arbeitgeber zu Gunsten ihrer Arbeitnehmer geschaffen wurden und (ii) Gesellschaften eines oder mehrerer Arbeitgeber, die die Mittel, die sie halten, für Rentenleistungen an ihre Arbeitnehmer investieren, vorbehalten sind;
d) les fonds d'investissements spécialisés ainsi que les compartiments individuels	d) Spezialinvestmentvermögen sowie einzelne Teilinvestmentvermögen von

des fonds spécialisés à compartiments multiples dont l'objectif principal est l'investissement dans les institutions de la micro finance.	Spezialinvestmentvermögen mit mehreren Teilinvestmentvermögen, deren Hauptzweck die Anlage in Mikrofinanzinstitutionen ist.
(3) Un règlement grand-ducal détermine les conditions d'application de l'exonération et fixe les critères auxquels doivent répondre les instruments du marché monétaire visés ci-avant.	(3) Eine großherzogliche Verordnung bestimmt die Anwendungsvoraussetzungen der Befreiung und legt die Kriterien fest, die die vorgenannten Geldmarktinstrumente erfüllen müssen.
(4) La base d'imposition de la taxe d'abonnement est constituée par la totalité des avoirs nets des fonds d'investissement spécialisés évalués au dernier jour de chaque trimestre.	(4) Die Bemessungsgrundlage der Abonnementsteuer bildet die Gesamtheit der Nettovermögenswerte des Spezialinvestmentvermögens am letzten Tag jeden Quartals.
(5) Les dispositions au paragraphe (2) (c) s'appliquent mutatis mutandis:	(5) Die Vorschriften des Absatzes (2) lit. c) finden entsprechend Anwendung:
– aux compartiments individuels dont les titres ou parts d'intérêts sont réservés à (i) des institutions de retraite professionnelle, ou véhicules d'investissement similaires, créés sur l'initiative d'un ou de plusieurs employeurs pour le bénéfice de leurs salariés et (ii) des sociétés d'un ou de plusieurs employeurs investissant les fonds qu'ils détiennent, pour fournir des prestations de retraite à leurs salariés d'un fonds d'investissement spécialisé à compartiments multiples, et	– auf die einzelnen Teilinvestmentvermögen eines Spezialinvestmentvermögens mit mehreren Teilinvestmentvermögen, deren Aktien oder Anteile (i) professionellen Rentenversorgern oder ähnlichen Anlagevehikeln, die auf Initiative eines oder mehrerer Arbeitgeber zu Gunsten ihrer Arbeitnehmer geschaffen wurden, und (ii) Gesellschaften eines oder mehrerer Arbeitgeber, die die Mittel, die sie halten, für Rentenleistungen an ihre Arbeitnehmer investieren, vorbehalten sind und
– aux classes individuelles dont les titres ou parts d'intérêts sont réservés à (i) des institutions de retraite professionnelle, ou véhicules d'investissement similaires, créés sur l'initiative d'un ou de plusieurs employeurs pour le bénéfice de leurs salariés et (ii) des sociétés d'un ou de plusieurs employeurs investissant les fonds qu'ils détiennent, pour fournir des prestations de retraite à leurs salariés créées à l'intérieur d'un fonds d'investissement spécialisé ou à l'intérieur d'un compartiment d'un fonds d'investissement spécialisé à compartiments multiples.	– auf die einzelnen Klassen, die innerhalb eines Spezialinvestmentvermögens oder innerhalb eines Teilinvestmentvermögens eines Spezialinvestmentvermögens geschaffen wurden, deren Aktien oder Anteile (i) professionellen Rentenversorgern oder ähnlichen Anlagevehikeln, die auf Initiative eines oder mehrere Arbeitgeber zu Gunsten ihrer Arbeitnehmer geschaffen wurden und (ii) Gesellschaften eines oder mehrerer Arbeitgeber, die die Mittel, die sie halten, für Rentenleistungen an ihre Arbeitnehmer investieren, vorbehalten sind.
(6) Un règlement grand-ducal fixe les critères auxquels doivent répondre les fonds d'investissements spécialisés ainsi que les	(6) Eine großherzogliche Verordnung legt die Kriterien fest, die die Spezialinvestmentvermögen sowie einzelne Teilinvestment-

compartiments individuels de fonds d'investissements spécialisés à compartiments multiples visés au paragraphe 2, (d).	vermögen von Spezialinvestmentvermögen mit mehreren Teilinvestmentvermögen, welche in den Anwendungsbereich des Absatzes (2) lit. d) fallen, erfüllen müssen.
(7) Toute condition de poursuite d'un objectif exclusif posée par le présent article ne fait pas obstacle à la gestion de liquidités à titre accessoire, ni à l'usage de techniques et instruments employés à des fins de couverture ou aux fins d'une gestion efficace du portefeuille.	(7) Die in diesem Artikel genannten Voraussetzungen der Verfolgung als ausschließlichem Zweck stehen weder der Verwaltung flüssiger Mittel als Nebentätigkeit noch der Verwendung von Techniken und Instrumenten zur Absicherung oder zu Zwecken einer effektiven Portfolioverwaltung entgegen.
Art. 69. L'administration de l'enregistrement a dans ses attributions le contrôle fiscal des fonds d'investissement spécialisés.	**Art. 69.** Die steuerliche Aufsicht über das Spezialinvestmentvermögen obliegt der Registerverwaltung.
Si, à une date postérieure à la constitution des fonds d'investissement spécialisés visés par la présente loi, ladite administration constate que ces fonds d'investissement spécialisés se livrent à des opérations qui dépassent le cadre des activités autorisées par la présente loi, les dispositions fiscales prévues aux articles 66 à 68 cessent d'être applicables.	Wenn, zu einem der Gründung der Spezialinvestmentvermögen nachfolgenden Datum, die vorgenannte Behörde feststellt, dass diese Spezialinvestmentvermögen Tätigkeiten ausüben, die den von diesem Gesetz festgelegten Rahmen überschreiten, sind die in den Artikeln 66 bis 68 vorgesehenen Steuerbestimmungen nicht länger anwendbar.
En outre, il peut être perçu par l'administration de l'enregistrement une amende fiscale de 0,2% sur le montant intégral des avoirs des fonds d'investissement spécialisés.	Ferner kann durch die Registerverwaltung eine Steuerstrafe von 0,2% auf den Gesamtbetrag des Vermögens des Spezialinvestmentvermögens verhängt werden.
Chapitre 12. – Dispositions spéciales relatives à la forme juridique	**Kapitel 12 – Besondere rechtsformbezogene Bestimmungen**
Art. 70. (1) Les sociétés d'investissement inscrites sur la liste prévue à l'article 43, paragraphe (1), pourront être transformées en SICAV et leurs documents constitutifs pourront être mis en harmonie avec les dispositions du chapitre 3 de la présente loi, par résolution d'une assemblée générale réunissant les deux tiers des voix des actionnaires ou porteurs de parts présents ou représentés, quelle que soit la portion du capital représentée.	**Art. 70.** (1) Auf der in Artikel 43 Absatz (1) vorgesehenen Liste eingetragene Investmentgesellschaften können in eine SICAV umgewandelt werden und ihre Gründungsdokumente können durch Beschluss einer Gesellschafterversammlung mit zwei Drittel der Stimmen der anwesenden oder vertretenen Aktionäre oder Anteilinhaber unabhängig vom Anteil des vertretenen Kapitals an die Vorschriften des Kapitels 3 des vorliegenden Gesetzes angepasst werden.

(2) Les fonds communs de placement visés par la présente loi peuvent, aux mêmes conditions que celles prévues au paragraphe (1) ci-dessus, se transformer en une SICAV régie par la présente loi.	(2) Investmentvermögen in Gesamthandseigentum im Anwendungsbereich dieses Gesetzes können unter denselben Bedingungen wie in dem vorstehenden Absatz (1) in eine diesem Gesetz unterliegende SICAV umgewandelt werden.
Art. 71. (1) Les fonds d'investissement spécialisés peuvent être constitués avec des compartiments multiples correspondant chacun à une partie distincte du patrimoine du fonds d'investissement spécialisé.	**Art. 71.** (1) Spezialinvestmentvermögen können mit Teilinvestmentvermögen gegründet werden, die jeweils einem separaten Teil des Vermögens des Spezialinvestmentvermögens entsprechen.
(2) Dans les documents constitutifs du fonds d'investissement spécialisé, cette possibilité et les modalités y relatives doivent être prévues expressément. Le document d'émission doit décrire la politique d'investissement spécifique de chaque compartiment.	(2) In den Gründungsdokumenten des Spezialinvestmentvermögens müssen diese Möglichkeit und die entsprechenden Modalitäten ausdrücklich vorgesehen sein. Das Ausgabedokument muss die spezifische Anlagepolitik jedes Teilinvestmentvermögens beschreiben
(3) Les « titres et parts d'intérêts » sociales des fonds d'investissement spécialisés à compartiments multiples peuvent être de valeur inégale avec ou sans mention de valeur, selon la forme juridique choisie.	(3) Die Aktien oder Gesellschaftsanteile von Spezialinvestmentvermnögen mit verschiedenen Teilinvestmentvermögen können abhängig von der gewählten Rechtsform unterschiedliche Werte haben und mit oder ohne Wertangabe ausgegeben werden.
(4) Les fonds communs de placement composés de plusieurs compartiments peuvent arrêter par un règlement de gestion distinct les caractéristiques et les règles applicables à chaque compartiment.	(4) Investmentvermögen mit mehreren Teilinvestmentvermögen können durch unterschiedliche Verwaltungsreglements Charakteristika und Regeln für jedes Teilinvestmentvermögen festlegen.
(5) Les droits des investisseurs et des créanciers relatifs à un compartiment ou nés à l'occasion de la constitution, du fonctionnement ou de la liquidation d'un compartiment sont limités aux actifs de ce compartiment, sauf clause contraire des documents constitutifs.	(5) Die Rechte der Anleger und Gläubiger bezüglich eines Teilinvestmentvermögens oder die anlässlich der Gründung, der Funktionsweise oder der Liquidation eines Teilinvestmentvermögens entstandenen Rechte sind außer im Falle von gegenteiligen Regelungen in den Gründungsdokumenten auf die Vermögenswerte dieses Teilinvestmentvermögens beschränkt.
Les actifs d'un compartiment répondent exclusivement des droits des investisseurs relatifs à ce compartiment et ceux des créanciers dont la créance est née à l'occasion de la constitution, du fonctionne-	Die Vermögenswerte eines Teilinvestmentvermögens haften außer im Falle von gegenteiligen Regelungen in den Gründungsdokumenten ausschließlich den Ansprüchen der Anleger dieses Teilinvest-

ment ou de la liquidation de ce compartiment, sauf clause contraire des documents constitutifs.	mentvermögens und der Gläubiger, deren Forderung anlässlich der Gründung, der Funktionsweise oder der Liquidation dieses Teilinvestmentvermögens entstanden ist.
Dans les relations entre investisseurs, chaque compartiment est traité comme une entité à part, sauf clause contraire des documents constitutifs.	Außer im Falle von gegenteiligen Regelungen in den Gründungsdokumenten, wird im Verhältnis der Anleger jedes Teilinvestmentvermögen wie eine selbständige Einheit behandelt.
(6) Chaque compartiment d'un fonds d'investissement spécialisé peut être liquidé séparément sans qu'une telle liquidation ait pour effet d'entraîner la liquidation d'un autre compartiment. Seule la liquidation du dernier compartiment du fonds d'investissement spécialisé entraîne la liquidation du fonds d'investissement spécialisé au sens de l'article 49 (1) de la présente loi. Dans ce cas, lorsque le fonds d'investissement spécialisé revêt une forme sociétaire, dès la survenance du fait entraînant l'état de liquidation du fonds d'investissement spécialisé, et sous peine de nullité, l'émission des parts est interdite sauf pour les besoins de la liquidation.	(6) Jedes Teilinvestmentvermögen eines Spezialinvestmentvermögens kann separat liquidiert werden, ohne dass eine solche Liquidation die Liquidation eines anderen Teilinvestmentvermögens nach sich zieht. Lediglich die Liquidation des letzten Teilinvestmentvermögens des Spezialinvestmentvermögens hat die Liquidation des Spezialinvestmentvermögens im Sinne des Artikels 49 Absatz (1) des vorliegenden Gesetzes zur Folge. In diesem Fall ist, wenn das Spezialinvestmentvermögen eine Gesellschaftsform hat, ab dem Eintritt der die Liquidation des Spezialinvestmentvermögens auslösenden Tatsache mit Nichtigkeitsfolge die Anteilsausgabe außer zu Liquidationszwecken verboten.
(7) L'autorisation d'un compartiment d'un fonds d'investissement spécialisé visé par la présente loi et le maintien de cette autorisation sont soumises à la condition que toutes les dispositions législatives, réglementaires ou conventionnelles qui concernent son organisation et son fonctionnement soient observées. Le retrait de l'autorisation d'un compartiment n'entraîne pas le retrait du fonds d'investissement spécialisé de la liste prévue à l'article 43, paragraphe (1).	(7) Die Erlaubnis eines Teilinvestmentvermögens eines Spezialinvestmentvermögens im Sinne des vorliegenden Gesetzes und die Aufrechterhaltung dieser Erlaubnis unterliegen der Bedingung, dass alle gesetzlichen Regelungen, Verordnungen oder vertraglichen Regelungen, die seine Organisation und Funktionsweise betreffen, eingehalten werden. Der Widerruf der Erlaubnis eines Teilinvestmentvermögens hat nicht die Entfernung des Spezialinvestmentvermögens von der in Artikel 43 Absatz (1) vorgesehenen Liste zur Folge.
(8) Un compartiment d'un fonds d'investissement spécialisé peut, aux conditions prévues dans le document d'émission, souscrire, acquérir et/ou détenir des titres ou parts d'intérêts à émettre ou émis par un ou plusieurs autres compartiments du même fonds d'investissement spécialisé, sans que ce fonds d'investissement spécialisé, lorsqu'il est constitué sous forme so-	(8) Ein Teilinvestmentvermögen eines Spezialinvestmentvermögens kann unter den im Emissionsdokument vorgesehenen Bedingungen von einem oder mehreren anderen Teilinvestmentvermögen desselben Spezialinvestmentvermögens auszugebende oder ausgegebene Aktien oder Anteile zeichnen, erwerben und/oder halten, ohne dass dieses Spezialinvestmentvermögen,

ciétaire, ne soit soumis aux exigences que pose la loi du 10 août 1915 concernant les sociétés commerciales en matière de souscription, acquisition et/ou détention par une société de ses propres actions mais sous réserve toutefois que:	wenn es in Form einer Gesellschaft aufgesetzt wurde, den Erfordernissen, die das Gesetz vom 10. August 1915 über Handelsgesellschaften bezüglich der Zeichnung, des Erwerbs und/oder Haltens eigener Aktien durch eine Gesellschaften aufstellt, unterliegt, jedoch unter der Bedingung, dass:
– le compartiment cible n'investit pas à son tour dans le compartiment qui est investi dans ce compartiment cible; et	– das Zielteilinvestmentvermögen nicht selbst in das Teilinvestmentvermögen investiert, das in das Zielteilinvestmentvermögen investiert; und
– le droit de vote éventuellement attaché aux titres ou parts d'intérêts concernés sera suspendu aussi longtemps qu'ils seront détenus par le compartiment en question et sans préjudice d'un traitement approprié dans la comptabilité et les rapports périodiques; et	– das eventuell den betroffenen Aktien oder Anteilen zugeordnete Stimmrecht solange ausgesetzt wird, wie die Anteile des in Frage stehenden Teilinvestmentvermögens gehalten werden und unbeschadet einer ordnungsgemäßen Handhabung der Buchhaltung und der regelmäßigen Berichte; und
– en toute hypothèse, aussi longtemps que ces titres ou parts d'intérêts seront détenus par le fonds d'investissement spécialisé, leur valeur ne sera pas prise en compte pour le calcul de l'actif net du fonds d'investissement spécialisé aux fins de vérification du seuil minimum des actifs nets imposé par la présente loi.	– in jedem Fall, solange diese Aktien oder Anteile von dem Spezialinvestmentvermögen gehalten werden, ihr Wert bei der Berechnung des Nettovermögens des Spezialinvestmentvermögens zur Überprüfung des von diesem Gesetz vorgegebenen Mindestnettovermögens nicht berücksichtigt wird.
Chapitre 13. – Dispositions modificatives	**Kapitel 13 – Änderungsbestimmungen**
Art. 72. Le paragraphe (3) de l'article 129 de la loi modifiée du 20 décembre 2002 concernant les organismes de placement collectif est modifié par l'ajout, à la fin du point a), des termes «ou par l'article 68 de la loi du 13 février 2007 concernant les fonds d'investissement spécialisés».	**Art. 72.** Absatz (3) des Artikels 129 des geänderten Gesetzes vom 20. Dezember 2002 über Organismen für gemeinsame Anlagen wird durch das Einfügen des Zusatzes „oder gemäß Artikel 68 des Gesetzes vom 13. Februar 2007 über Spezialinvestmentvermögen" am Ende des Buchstaben a) geändert.
Art. 73. A l'article 44 paragraphe 1 sous d) de la loi modifiée du 12 février 1979 concernant la taxe sur la valeur ajoutée, les mots «et de fonds d'investissement spécialisés» sont insérés après les termes «, y compris de SICAR».	**Art. 73.** In Artikel 44 Absatz (1) des geänderten Gesetzes vom 12. Februar 1979 bezüglich der Umsatzsteuer werden unter lit. d) die Worte „und Spezialinvestmentvermögen" hinter „einschließlich SICAR" eingefügt.

Chapitre 14. – Dispositions transitoires et abrogatoires	Kapitel 14 – Übergangs- und Aufhebungsbestimmungen
Art. 74. La loi du 19 juillet 1991 concernant les organismes de placement collectif dont les titres ne sont pas destinés au placement dans le public est abrogée.	**Art. 74.** Das Gesetz vom 19. Juli 1991 über Organismen für gemeinsame Anlagen, deren Anteile nicht zum öffentlichen Vertrieb bestimmt sind, ist aufgehoben.
Art. 75. Toutes les références dans les textes légaux et réglementaires aux «organismes qui sont régis par la loi du 19 juillet 1991 concernant les organismes de placement collectif dont les titres ne sont pas destinés au placement dans le public» sont à remplacer par «organismes qui sont régis par la loi du 13 février 2007 concernant les fonds d'investissement spécialisés».	**Art. 75.** Alle Bezugnahmen in Gesetzestexten und Verordnungen auf „Organismen, die dem Gesetz vom 19. Juli 1991 über Organismen für gemeinsame Anlagen, deren Anteile nicht zum öffentlichen Vertrieb bestimmt sind" sind zu ersetzen durch „Organismen, die dem Gesetz vom 13. Februar 2007 über Spezialinvestmentvermögen unterliegen".
Art. 76. Les organismes assujettis à la loi du 19 juillet 1991 concernant les organismes de placement collectif dont les titres ne sont pas destinés au placement dans le public sont de plein droit régis par la présente loi.	**Art. 76.** Die dem Gesetz vom 19. Juli 1991 über Organismen für gemeinsame Anlagen, deren Anteile nicht zum öffentlichen Vertrieb bestimmt sind, unterliegenden Organismen unterliegen nunmehr von Rechts wegen dem vorliegenden Gesetz.
Pour ces organismes, toutes les références dans les statuts et les documents de vente à la loi du 19 juillet 1991 concernant les organismes de placement collectif dont les titres ne sont pas destinés au placement dans le public sont à lire comme des références à la présente loi.	Für diese Organismen sind alle Verweise in der Satzung und den Verkaufsdokumenten auf das Gesetz vom 19. Juli 1991 über Organismen für gemeinsame Anlagen, deren Anteile nicht zum öffentlichen Vertrieb bestimmt sind als Verweise auf das vorliegende Gesetz zu lesen.
Art. 76bis. Les fonds d'investissement spécialisés créés avant la date d'entrée en vigueur de la loi du 26 mars 2012 portant modification de la loi du 13 février 2007 relative aux fonds d'investissement spécialisés auront jusqu'au 30 juin 2012 pour se conformer aux dispositions de l'article 2, paragraphe (3), et de l'article 42bis de la présente loi. Ces fonds d'investissement spécialisés auront jusqu'au 30 juin 2013 pour se conformer aux dispositions de l'article 42ter de la présente loi, pour autant que ces dispositions leur sont applicables.	**Art. 76bis.** Vor dem Inkrafttreten des Gesetzes vom 26. März 2012, welches das Gesetz vom 13. Februar 2007 über Spezialinvestmentvermögen abgeändert hat, aufgelegte Spezialinvestmentvermögen haben bis zum 30. Juni 2012 Zeit, um sich den Regelungen des Artikels 2 Absatz (3) und des Artikels 42bis des vorliegenden Gesetzes anzupassen. Diese Spezialinvestmentvermögen haben bis zum 30. Juni 2013 Zeit, um sich den Regelungen des Artikels 42ter des vorliegenden Gesetzes anzupassen, sofern diese Regelungen auf sie Anwendung finden.

Chapitre 15. – Dispositions finales	Kapitel 15 – Schlussbestimmungen
Art. 77. La référence à la présente loi peut se faire sous forme abrégée en recourant à l'intitulé suivant «loi du 13 février 2007 relative aux fonds d'investissement spécialisés».	**Art. 77.** Auf das vorliegende Gesetz kann in abgekürzter Form unter Rückgriff auf die Bezeichnung „Gesetz vom 13. Februar 2007 über Spezialinvestmentvermögen" Bezug genommen werden.
Art. 78. La présente loi entre en vigueur le 13 février 2007.	**Art. 78.** Das vorliegende Gesetz tritt am 13. Februar 2007 in Kraft.

Partie II – Dispositions spécifiques applicables aux fonds d'investissement spécialisés dont la gestion relève d'un gestionnaire agréé au titre du chapitre 2 de la loi du 12 juillet 2013 relative aux gestionnaires de fonds d'investissement alternatifs ou du chapitre II de la directive 2011/61/UE	**Teil II – Auf Spezialinvestmentvermögen, die von einem nach Kapitel 2 des Gesetzes vom 12. Juli 2013 über die Verwalter alternativer Investmentvermögen oder nach Kapitel II der Richtlinie 2011/61/EU zugelassenen Verwalter alternativer Investmentvermögen verwaltet werden, anwendbare besondere Bestimmungen**
Chapitre 1. – Dispositions générales	**Kapitel 1 – Allgemeine Bestimmungen**
Art. 79. La présente partie s'applique par dérogation aux règles générales de la partie I de la présente loi aux fonds d'investissement spécialisés dont la gestion relève d'un gestionnaire agréé au titre du chapitre 2 de la loi du 12 juillet 2013 relative aux gestionnaires de fonds d'investissement alternatifs ou du chapitre II de la directive 2011/61/UE.	**Art. 79.** Dieser Teil ist abweichend von den allgemeinen Bestimmungen des Teils I des vorliegenden Gesetzes auf Spezialinvestmentvermögen, deren Verwaltung einem nach Kapitel 2 des Gesetzes vom 12. Juli 2013 über die Verwalter alternativer Investmentvermögen oder nach Kapitel II der Richtlinie 2011/61/EU zugelassenen Verwalter unterliegt, anwendbar.
Art. 80. (1) Tout fonds d'investissement spécialisé relevant de la présente partie doit être géré par un gestionnaire, qui peut être soit un gestionnaire établi au Luxembourg agréé au titre du chapitre 2 de la loi du 12 juillet 2013 relative aux gestionnaires de fonds d'investissement alternatifs, soit un gestionnaire établi dans un autre État membre ou dans un pays tiers agréé au titre du chapitre II de la directive 2011/61/UE, sous réserve de l'application de l'article 66,	**Art. 80.** (1) Jedes dem vorliegenden Teil unterliegende Spezialinvestmentvermögen muss von einem Verwalter verwaltet werden, der entweder ein in Luxemburg niedergelassener nach Kapitel 2 des Gesetzes vom 12. Juli 2013 über die Verwalter alternativer Investmentvermögen zugelassener Verwalter oder ein in einem anderen Mitgliedstaat oder in einem Drittland ansässiger nach Kapitel II der Richtlinie 2011/61/EU zugelassener Verwalter sein kann, vor

paragraphe (3), de ladite directive lorsque la gestion du fonds d'investissement spécialisé est assurée par un gestionnaire établi dans un pays tiers.	behaltlich der Anwendung des Artikels 66 Absatz (3) der vorgenannten Richtlinie, falls die Verwaltung des Spezialinvestmentvermögens durch einen in einem Drittland ansässigen Verwalter erfolgt.
(2) Le gestionnaire doit être déterminé conformément aux dispositions prévues à l'article 4 de la loi du 12 juillet 2013 relative aux gestionnaires de fonds d'investissement alternatifs respectivement conformément aux dispositions de l'article 5 de la directive 2011/61/UE.	(2) Der Verwalter muss entsprechend den in Artikel 4 des Gesetzes vom 12. Juli 2013 über die Verwalter alternativer Investmentvermögen vorgesehenen Bestimmungen, respektive entsprechend den Bestimmungen des Artikels 5 der Richtlinie 2011/61/EU bestimmt werden.
Le gestionnaire est:	Der Verwalter ist:
a) soit un gestionnaire externe, qui est la personne morale désignée par le fonds d'investissement spécialisé ou pour le compte du fonds d'investissement spécialisé et qui, du fait de cette désignation, est chargé de gérer ce fonds d'investissement spécialisé; en cas de désignation d'un gestionnaire externe, celui doit être agréé conformément aux dispositions du chapitre 2 de la loi du 12 juillet 2013 relative aux gestionnaires de fonds d'investissement alternatifs respectivement conformément aux dispositions du chapitre II de la directive 2011/61/UE;	a) entweder ein externer Verwalter, der die vom Spezialinvestmentvermögen oder für das Spezialinvestmentvermögen ernannte juristische Person ist und der aufgrund dieser Ernennung mit der Verwaltung dieses Spezialinvestmentvermögens betraut ist; im Falle der Ernennung eines externen Verwalters muss dieser gemäß den Bestimmungen des Kapitels 2 des Gesetzes vom 12. Juli 2013 über die Verwalter alternativer Investmentvermögen, respektive gemäß den Bestimmungen des Kapitels II der Richtlinie 2011/61/EU zugelassen sein;
b) soit, lorsque la forme juridique du fonds d'investissement spécialisé permet une gestion interne et que son organe directeur décide de ne pas désigner de gestionnaire externe, le fonds d'investissement spécialisé lui-même.	b) oder, wenn die Rechtsform des Spezialinvestmentvermögens eine interne Verwaltung erlaubt und sein Leitungsorgan entscheidet, keinen externen Verwalter zu ernennen, das Spezialinvestmentvermögen selbst.
Un fonds d'investissement spécialisé qui est géré de manière interne au sens du présent article doit, outre l'agrément requis au titre de l'article 42, paragraphe (1), de la présente loi, être agréé en tant que gestionnaire au titre du chapitre 2 de la loi du 12 juillet 2013 relative aux gestionnaires de fonds d'investissement alternatifs. Le fonds d'investissement spécialisé en question doit veiller en permanence au respect de l'ensemble des dispositions de ladite loi, pour autant que ces dispositions lui soient applicables.	Ein Spezialinvestmentvermögen, das intern im Sinne des vorliegenden Artikels verwaltet wird, muss neben der in Artikel 42 Absatz (1) des vorliegenden Gesetzes geforderten Zulassung auch als Verwalter im Sinne des Kapitels 2 des Gesetzes vom 12. Juli 2013 über die Verwalter alternativer Investmentvermögen zugelassen sein. Das in Frage stehende Spezialinvestmentvermögen muss ständig die Einhaltung aller Bestimmungen des vorgenannten Gesetzes überwachen, soweit diese Vorschriften auf es anwendbar sind.

Art. 81. (1) La garde des actifs d'un fonds d'investissement spécialisé relevant de la présente partie doit être confiée à un dépositaire désigné conformément aux dispositions de l'article 19 de la loi du 12 juillet 2013 relative aux gestionnaires de fonds d'investissement alternatifs.	**Art. 81.** (1) Die Verwahrung der Vermögenswerte eines diesem Teil unterliegenden Spezialinvestmentvermögens muss einer gemäß Artikel 19 des Gesetzes vom 12. Juli 2013 über die Verwalter alternativer Investmentvermögen ernannten Verwahrstelle anvertraut werden.
(2) Le dépositaire doit, soit avoir son siège statutaire au Luxembourg, soit y avoir une succursale, s'il a son siège statutaire dans un autre État membre de l'Union européenne.	(2) Die Verwahrstelle muss entweder ihren satzungsmäßigen Sitz in Luxemburg haben oder dort eine Zweigniederlassung unterhalten, wenn sie ihren satzungsmäßigen Sitz in einem anderen Mitgliedstaat der Europäischen Union hat.
(3) Sans préjudice de la disposition prévue au deuxième alinéa du présent paragraphe, le dépositaire doit être un établissement de crédit ou une entreprise d'investissement au sens de la loi modifiée du 5 avril 1993 relative au secteur financier. Une entreprise d'investissement n'est éligible au titre de dépositaire que dans la mesure où cette entreprise d'investissement répond par ailleurs aux conditions prévues à l'article 19, paragraphe (3), de la loi du 12 juillet 2013 relative aux gestionnaires de fonds d'investissement alternatifs.	(3) Unbeschadet der Bestimmung des zweiten Unterabsatzes des vorliegenden Absatzes muss die Verwahrstelle ein Kreditinstitut oder eine Wertpapierfirma im Sinne des geänderten Gesetzes vom 5. April 1993 über den Finanzsektor sein. Eine Wertpapierfirma ist nur unter der Maßgabe als Verwahrstelle zulässig, dass diese Wertpapierfirma außerdem die Voraussetzungen des Artikels 19 Absatz (3) des Gesetzes vom 12. Juli 2013 über die Verwalter alternativer Investmentvermögen erfüllt.
Pour les fonds d'investissement spécialisés relevant de la présente partie pour lesquels aucun droit au remboursement ne peut être exercé pendant une période de cinq ans suivant la date des investissements initiaux et qui, conformément à leur politique principale en matière d'investissements, n'investissent généralement pas dans des actifs qui doivent être conservés conformément à l'article 19, paragraphe (8), point a), de la loi du 12 juillet 2013 relative aux gestionnaires de fonds d'investissement alternatifs ou qui investissent généralement dans des émetteurs ou des sociétés non cotées pour éventuellement en acquérir le contrôle conformément à l'article 24 de ladite loi, le dépositaire peut également être une entité de droit luxembourgeois qui a le statut de dépositaire professionnel d'actifs autres que des instruments financiers visé à l'article 26-1 de la loi modifiée du 5 avril 1993 relative au secteur financier.	Für die unter den vorliegenden Teil fallenden Spezialinvestmentvermögen, bei denen innerhalb einer Periode von fünf Jahren nach Tätigung der ersten Anlagen keine Rückgaberechte ausgeübt werden können und die im Einklang mit ihrer Hauptanlagestrategie in der Regel nicht in Vermögenswerte investieren, die gemäß Artikel 19 Absatz (8) lit. a) des Gesetzes vom 12. Juli 2013 über die Verwalter alternativer Investmentvermögen verwahrt werden müssen, oder die in der Regel in Emittenten oder nicht börsennotierte Unternehmen investieren, um gemäß Artikel 24 des vorgenannten Gesetzes möglicherweise die Kontrolle über solche Unternehmen zu erlangen, kann die Verwahrstelle auch eine Einheit luxemburgischen Rechts sein, die den Status einer professionellen Verwahrstelle von anderen Vermögenswerten als Finanzinstrumenten gemäß Artikel 26-1 des geänderten Gesetzes

	vom 5. April 1993 über den Finanzsektor hat.
(4) Le dépositaire est tenu de fournir à la CSSF sur demande toutes les informations que le dépositaire a obtenues dans l'exercice de ses fonctions et qui sont nécessaires pour permettre à la CSSF de surveiller le respect de la présente loi par le fonds d'investissement spécialisé.	(4) Die Verwahrstelle ist gehalten, der CSSF auf Nachfrage sämtliche Informationen zu geben, die die Verwahrstelle in Ausübung ihrer Funktionen erlangt hat, und die notwendig sind, um der CSSF die Überwachung der Einhaltung des vorliegenden Gesetzes durch das Spezialinvestmentvermögen zu ermöglichen.
(5) Les missions et la responsabilité du dépositaire sont définies suivant les règles contenues dans l'article 19 de la loi du 12 juillet 2013 relative aux gestionnaires de fonds d'investissement alternatifs.	(5) Die Aufgaben und die Haftung der Verwahrstelle sind definiert nach den in Artikel 19 des Gesetzes vom 12. Juli 2013 über die Verwalter alternativer Investmentvermögen enthaltenen Regeln.
Art. 82. Sans préjudice de l'application des dispositions des articles 9, 28 (4) et 40 (1) de la présente loi, l'évaluation des actifs des fonds d'investissement spécialisés relevant de la présente partie se fait conformément aux règles contenues à l'article 17 de la loi du 12 juillet 2013 relative aux gestionnaires de fonds d'investissement alternatifs et dans les actes délégués prévus par la directive 2011/61/UE.	**Art. 82.** Unbeschadet der Anwendbarkeit der Bestimmungen der Artikel 9, 28 Absatz (4) und 40 Absatz (1) des vorliegenden Gesetzes erfolgt die Bewertung der Vermögenswerte der unter den vorliegenden Teil fallenden Spezialinvestmentvermögen entsprechend den in Artikel 17 des Gesetzes vom 12. Juli 2013 über die Verwalter alternativer Investmentvermögen und in den von der Richtlinie 2011/61/EU vorgesehenen delegierten Rechtsakten enthaltenen Regeln.
Art. 83. Par dérogation à l'article 52, paragraphe (4), de la présente loi, le contenu du rapport annuel des fonds d'investissement spécialisés relevant de la présente partie est régi par les règles figurant à l'article 20 de la loi du 12 juillet 2013 relative aux gestionnaires de fonds d'investissement alternatifs et dans les actes délégués prévus par la directive 2011/61/UE.	**Art. 83.** In Abweichung von Artikel 52 Absatz (4) des vorliegenden Gesetzes richtet sich der Inhalt des Jahresberichts der dem vorliegenden Teil unterfallenden Spezialinvestmentvermögen nach den in Artikel 20 des Gesetzes vom 12. Juli 2013 über die Verwalter alternativer Investmentvermögen und in den von der Richtlinie 2011/61/EU vorgesehenen delegierten Rechtsakten enthaltenen Regeln.
Art. 84. En ce qui concerne les informations à communiquer aux investisseurs, les fonds d'investissement spécialisés relevant de la présente partie doivent se conformer aux règles contenues à l'article 21 de la loi du 12 juillet 2013 relative aux gestionnaires	**Art. 84.** Was die den Anlegern zu übermittelnden Informationen anbetrifft, müssen die dem vorliegenden Teil unterfallenden Spezialinvestmentvermögen die in Artikel 21 des Gesetzes vom 12. Juli 2013 über die Verwalter alternativer Investmentvermö-

de fonds d'investissement alternatifs et dans les actes délégués prévus par la directive 2011/61/UE.

gen und in den in der Richtlinie 2011/61/EU vorgesehenen delegierten Rechtsakten enthaltenen Regeln einhalten.

Art. 85. Le gestionnaire d'un fonds d'investissement spécialisé tombant dans le champ d'application de la présente partie est autorisé à déléguer à des tiers l'exercice pour son propre compte, d'une ou de plusieurs de ses fonctions. Dans cette hypothèse, la délégation des fonctions par le gestionnaire doit se faire en conformité avec l'ensemble des conditions prévues par l'article 18 de la loi du 12 juillet 2013 relative aux gestionnaires de fonds d'investissement alternatifs, pour les fonds d'investissement spécialisés gérés par un gestionnaire dont le Luxembourg est l'État membre d'origine au sens de la loi du 12 juillet 2013 relative aux gestionnaires de fonds d'investissement alternatifs, sous réserve de l'application de l'article 66, paragraphe (3), de ladite directive lorsque la gestion du fonds d'investissement spécialisé est assurée par un gestionnaire établi dans un pays tiers.

Art. 85. Der Verwalter eines in den Anwendungsbereich des vorliegenden Teils fallenden Spezialinvestmentvermögens darf die Ausübung einer oder mehrerer seiner Aufgaben auf eigene Rechnung an Dritte übertragen. In diesem Fall muss die Übertragung der Aufgaben durch den Verwalter unter Beachtung aller in Artikel 18 des Gesetzes vom 12. Juli 2013 über die Verwalter alternativer Investmentvermögen vorgesehenen Voraussetzungen im Hinblick auf die von einem Verwalter alternativer Investmentvermögen, dessen Herkunftsstaat im Sinne des Gesetzes vom 12. Juli 2013 über die Verwalter alternativer Investmentvermögen Luxemburg ist, verwalteten spezialisierten Investmentvermögen erfolgen, vorbehaltlich der Anwendbarkeit des Artikels 66 Absatz (3) der vorgenannten Richtlinie, falls das Spezialinvestmentvermögen von einem in einem Drittland ansässigen Verwalter verwaltet wird.

Art. 86. La commercialisation par le gestionnaire dans l'Union européenne des titres ou parts d'intérêts des fonds d'investissement spécialisés relevant de la présente partie ainsi que la gestion sur une base transfrontalière de ces fonds d'investissement spécialisés dans l'Union européenne sont régies par les dispositions énoncées au chapitre 6 de la loi du 12 juillet 2013 relative aux gestionnaires de fonds d'investissement alternatifs pour les fonds d'investissement spécialisés gérés par un gestionnaire établi au Luxembourg, respectivement par les dispositions énoncées aux chapitres VI et VII de la directive 2011/61/UE pour les fonds d'investissement spécialisés gérés par un gestionnaire établi dans un autre État membre ou dans un pays tiers, sous réserve de l'application de l'article 66, paragraphe (3), de ladite directive lorsque le fonds d'investissement spécialisé

Art. 86. Der Vertrieb von Aktien oder Anteilen von unter den vorliegenden Teil fallenden Spezialinvestmentvermögen in der Europäischen Union durch den Verwalter sowie die grenzüberschreitende Verwaltung dieser Spezialinvestmentvermögen in der Europäischen Union werden für von einem in Luxemburg ansässigen Verwalter verwalteten Spezialinvestmentvermögen durch die in Kapitel 6 des Gesetzes vom 12. Juli 2013 über die Verwalter alternativer Investmentvermögen enthaltenen Bestimmungen, respektive für von einem in einem anderen Mitgliedstaat oder einem Drittland niedergelassenen Verwalter verwaltete Spezialinvestmentvermögen durch die in den Kapiteln VI und VII der Richtlinie 2011/61/EU enthaltenen Bestimmungen geregelt, vorbehaltlich der Anwendbarkeit des Artikels 66 Absatz (3) der vorgenannten Richtlinie, wenn das Spezialinvestmentver-

est géré par un gestionnaire établi dans un pays tiers.	mögen von einem in einem Drittland ansässigen Verwalter verwaltet wird.
Chapitre 2. – Dispositions transitoires	**Kapitel 2 – Übergangsregelungen**
Art. 87. (1) Sans préjudice des dispositions transitoires prévues à l'article 58 de la loi du 12 juillet 2013 relative aux gestionnaires de fonds d'investissement alternatifs ou prévues, s'il s'agit d'un gestionnaire établi dans un pays tiers, à l'article 45 de la loi du 12 juillet 2013 relative aux gestionnaires de fonds d'investissement alternatifs, les fonds d'investissement spécialisés dont la gestion relève d'un gestionnaire agréé au titre du chapitre 2 de la loi du 12 juillet 2013 relative aux gestionnaires de fonds d'investissement alternatifs ou du chapitre II de la directive 2011/61/UE, créés avant le 22 juillet 2013, auront jusqu'au 22 juillet 2014 pour se conformer aux dispositions de la présente partie.	**Art. 87.** (1) Unbeschadet der Übergangsbestimmungen in Artikel 58 des Gesetzes vom 12. Juli 2013 über die Verwalter alternativer Investmentvermögen oder, falls es sich um einen in einem Drittland ansässigen Verwalter handelt, der Übergangsbestimmungen in Artikel 45 des Gesetzes vom 12. Juli 2013 über die Verwalter alternativer Investmentvermögen müssen Spezialinvestmentvermögen, die von einem gemäß Kapitel 2 des Gesetzes vom 12. Juli 2013 über die Verwalter alternativer Investmentvermögen oder gemäß Kapitel II der Richtlinie 2011/61/EU zugelassenen Verwalter verwaltet werden und die vor dem 22. Juli 2013 gegründet wurden, bis zum 22. Juli 2014 die Bestimmungen des vorliegenden Teils erfüllen.
(2) Sans préjudice des dispositions transitoires prévues à l'article 58 de la loi du 12 juillet 2013 relative aux gestionnaires de fonds d'investissement alternatifs ou prévues, s'il s'agit d'un gestionnaire établi dans un pays tiers, à l'article 45 de la loi du 12 juillet 2013 relative aux gestionnaires de fonds d'investissement alternatifs, les fonds d'investissement spécialisés dont la gestion relève d'un gestionnaire agréé au titre du chapitre 2 de la loi du 12 juillet 2013 relative aux gestionnaires de fonds d'investissement alternatifs ou du chapitre II de la directive 2011/61/UE, créés entre le 22 juillet 2013 et le 22 juillet 2014, se qualifient comme FIA au sens de la loi du 12 juillet 2013 relative aux gestionnaires de fonds d'investissement alternatifs à partir de leur date de création. Ces fonds d'investissement spécialisés doivent se conformer aux dispositions figurant à la partie II de la présente loi à partir de leur création. Par dérogation à ce principe, ces fonds d'investissement spécialisés créés entre le 22 juillet	(2) Unbeschadet der Übergangsbestimmungen in Artikel 58 des Gesetzes vom 12. Juli 2013 über die Verwalter alternativer Investmentvermögen oder, falls es sich um einen in einem Drittland ansässigen Verwalter handelt, der Übergangsbestimmungen in Artikel 45 des Gesetzes vom 12. Juli 2013 über die Verwalter alternativer Investmentvermögen werden zwischen dem 22. Juli 2013 und dem 22. Juli 2014 gegründete Spezialinvestmentvermögen, die von einem gemäß Kapitel 2 des Gesetzes vom 12. Juli 2013 über die Verwalter alternativer Investmentvermögen oder gemäß Kapitel II der Richtlinie 2011/61/EU zugelassenen Verwalter verwaltet werden, ab Gründungsdatum als AIF im Sinne des Gesetzes vom 12. Juli 2013 über die Verwalter alternativer Investmentvermögen eingestuft. Diese Spezialinvestmentvermögen müssen die Bestimmungen des Teils II des vorliegenden Gesetzes von ihrer Gründung an einhalten. Abweichend von diesem Grundsatz haben diese zwischen dem 22. Juli 2013

2013 et le 22 juillet 2014 avec un gestionnaire externe qui exerce des activités de gestionnaire avant le 22 juillet 2013, disposent jusqu'au 22 juillet 2014 au plus tard pour se conformer aux dispositions figurant à la partie II de la présente loi.	und dem 22. Juli 2014 gegründeten Spezialinvestmentvermögen mit einem externen Verwalter, der Verwaltertätigkeiten vor dem 22. Juli 2013 ausübt, die in Teil II des vorliegenden Gesetzes enthaltenen Bestimmungen bis spätestens zum 22. Juli 2014 umzusetzen.
(3) Tous les fonds d'investissement spécialisés dont la gestion relève d'un gestionnaire agréé au titre du chapitre 2 de la loi du 12 juillet 2013 relative aux gestionnaires de fonds d'investissement alternatifs ou du chapitre II de la directive 2011/61/UE créés après le 22 juillet 2014 seront, sous réserve des dispositions transitoires prévues à l'article 45 de la loi du 12 juillet 2013 applicables aux gestionnaires des fonds d'investissement alternatifs établis dans un pays tiers, de plein droit régis par la partie II de la présente loi. Ces fonds d'investissement spécialisés dont la gestion relève d'un gestionnaire agréé au titre du chapitre 2 de la loi du 12 juillet 2013 relative aux gestionnaires de fonds d'investissement alternatifs ou du chapitre II de la directive 2011/61/UE, ou le cas échéant leur gestionnaire, sont soumis de plein droit aux dispositions de la loi du 12 juillet 2013 relative aux gestionnaires de fonds d'investissement alternatifs.	(3) Alle Spezialinvestmentvermögen, deren Verwaltung einem gemäß Kapitel 2 des Gesetzes vom 12. Juli 2013 über die Verwalter alternativer Investmentvermögen oder gemäß Kapitel II der Richtlinie 2011/61/EU zugelassenen Verwalter obliegt und die nach dem 22. Juli 2014 gegründet werden, unterliegen, vorbehaltlich der in Artikel 45 des Gesetzes vom 12. Juli 2013 vorgesehenen auf in einem Drittland ansässige Verwalter von alternativen Investmentvermögen anwendbaren Übergangsbestimmungen, von Rechts wegen Teil II des vorliegenden Gesetzes. Diese Spezialinvestmentvermögen, deren Verwaltung einem gemäß Kapitel 2 des Gesetzes vom 12. Juli 2013 über die Verwalter alternativer Investmentvermögen oder gemäß Kapitel II der Richtlinie 2011/61/EU zugelassenen Verwalter obliegt, oder gegebenenfalls ihr Verwalter, unterliegen von Rechts wegen dem Gesetz vom 12. Juli 2013 über die Verwalter alternativer Investmentvermögen.
(4) Les fonds d'investissement spécialisés dont la gestion relève d'un gestionnaire agréé au titre du chapitre 2 de la loi du 12 juillet 2013 relative aux gestionnaires de fonds d'investissement alternatifs ou du chapitre II de la directive 2011/61/UE créés avant le 22 juillet 2013 qui se qualifient au sens de la loi du 12 juillet 2013 relative aux gestionnaires de fonds d'investissement alternatifs comme FIA de type fermé et qui ne réalisent pas d'investissements supplémentaires après cette date, peuvent ne pas se conformer aux dispositions de la présente partie.	(4) Die Spezialinvestmentvermögen, deren Verwaltung einem gemäß Kapitel 2 des Gesetzes vom 12. Juli 2013 über die Verwalter alternativer Investmentvermögen oder gemäß Kapitel II der Richtlinie 2011/61/EU zugelassenen Verwalter obliegt und die vor dem 22. Juli 2013 gegründet wurden und gemäß dem Gesetz vom 12. Juli 2013 über die Verwalter alternativer Investmentvermögen als geschlossene AIF einzustufen sind und die nach diesem Datum keine zusätzlichen Anlagen tätigen, müssen die Bestimmungen des vorliegenden Teils nicht einhalten.
(5) Les fonds d'investissement spécialisés dont la gestion relève d'un gestionnaire agréé au titre du chapitre 2 de la loi du 12 juillet 2013 relative aux gestionnaires de	(5) Die Spezialinvestmentvermögen, deren Verwaltung einem gemäß Kapitel 2 des Gesetzes vom 12. Juli 2013 über die Verwalter alternativer Investmentvermögen oder ge-

fonds d'investissement alternatifs ou du chapitre II de la directive 2011/61/UE qui se qualifient au sens de la loi du 12 juillet 2013 relative aux gestionnaires de fonds d'investissement alternatifs comme FIA de type fermé et dont la période de souscription pour les investisseurs s'est terminée avant le 22 juillet 2011 et qui sont constitués pour une période expirant au plus tard trois ans après le 22 juillet 2013, peuvent ne pas se conformer aux dispositions de la loi du 12 juillet 2013 relative aux gestionnaires de fonds d'investissement alternatifs, à l'exception de l'article 20 et, le cas échéant, des articles 24 à 28 de la loi du 12 juillet 2013 relative aux gestionnaires de fonds d'investissement alternatifs, ou soumettre une demande aux fins d'obtenir un agrément au titre de la loi du 12 juillet 2013 relative aux gestionnaires de fonds d'investissement alternatifs.	mäß Kapitel II der Richtlinie 2011/61/EU zugelassenen Verwalter obliegt und im Sinne des Gesetzes vom 12. Juli 2013 über die Verwalter alternativer Investmentvermögen als geschlossene AIF einzustufen sind und deren Zeichnungsperiode für die Anleger vor dem 22. Juli 2011 abgelaufen ist und die für einen Zeitraum, welcher spätestens drei Jahre nach dem 22. Juli 2013 endet, aufgelegt wurden, müssen weder die Bestimmungen des Gesetzes vom 12. Juli 2013 über die Verwalter alternativer Investmentvermögen, mit Ausnahme des Artikels 20 und gegebenenfalls der Artikel 24 bis 28 des Gesetzes vom 12. Juli 2013 über die Verwalter alternativer Investmentvermögen, einhalten, noch einen Erlaubnisantrag nach dem Gesetz vom 12. Juli 2013 über die Verwalter alternativer Investmentvermögen einreichen.
ANNEXE	**ANHANG**
Informations à insérer dans le rapport annuel	**Informationen, die in den Jahresbericht aufzunehmen sind**
I. Etat du patrimoine	I. Vermögen
– investissements,	– Anlagen
– avoirs bancaires,	– Bankguthaben
– autres actifs,	– sonstige Vermögenswerte
– total des actifs,	– Gesamtvermögen
– passif,	– Passiva
– valeur nette d'inventaire	– Nettoinventarwert
II. Nombre de parts en circulation	II. Anzahl der im Umlauf befindlichen Anteile
III. Valeur nette d'inventaire par part	III. Nettoinventarwert pro Anteil

IV. Informations qualitatives et/ou quantitatives sur le portefeuille d'investissements permettant aux investisseurs de parts en connaissance de cause un jugement sur l'évolution de l'activité et les résultats du fonds d'investissement spécialisé	IV. Qualitative und/oder quantitative Informationen über das Anlageportfolio, die es den Anlegern ermöglichen, sich in Kenntnis der Sachlage ein Urteil über die Geschäftsentwicklung und die Ergebnisse des Spezialinvestmentvermögens zu bilden
V. Indication des mouvements intervenus dans les actifs du fonds d'investissement spécialisé au cours de la période de référence, comportant les données suivantes:	V. Angabe der Entwicklungen der Aktiva des Spezialinvestmentvermögens während des Berichtszeitraums, die folgende Informationen beinhaltet:
– revenus de placement,	– Anlageerträge
– autres revenus,	– andere Erträge,
– coûts de gestions,	– Verwaltungskosten
– coûts de dépôt,	– Verwahrkosten
– autres charges, taxes et impôts,	– sonstige Aufwendungen, Gebühren und Steuern,
– revenu net,	– Nettoertrag,
– revenus distribués et réinvestis,	– Ausschüttungen und wieder angelegte Erträge,
– augmentation ou diminution du compte capital,	– Erhöhung oder Verminderung der Kapitalrechnung,
– plus-values ou moins-values de placements,	– Mehr- oder Minderwert der Anlagen,
– toute autre modification affectant les actifs et les engagements du fonds d'investissement spécialisé.	– jede sonstige Änderung, die das Vermögen und die Verbindlichkeiten des spezialisierten Investmentfonds betrifft.
VI. Tableau comparatif portant sur les trois exercices et comportant pour chaque exercice, en fin de celui-ci:	VI. Vergleichende Übersicht über die letzten drei Geschäftsjahre, die für jedes Geschäftsjahr am Ende desselben folgende Informationen beinhaltet:
– la valeur nette d'inventaire globale,	– Nettoinventarwert insgesamt,
– la valeur nette d'inventaire par part.	– Nettoinventarwert pro Anteil.

Das SICAR-Gesetz (SICAR)

Loi du 15 juin 2004 relative à la Société d'investissement en capital à risque (SICAR) et portant modification de	**Gesetz vom 15. Juni 2004 über Gesellschaften zur Anlage von Risikokapital**
Partie I – Dispositions générales applicables aux sociétés d'investissement en capital à risque	**Teil I – Auf SICAR anwendbare allgemeine Bestimmungen**
Chapitre 1: Dispositions générales	**Kapitel 1: Allgemeine Bestimmungen**
Art. 1er. (1) Pour l'application de la présente loi, sera considérée comme société d'investissement en capital à risque, en abrégé SICAR, toute société:	**Art. 1er.** (1) Für die Zwecke dieses Gesetzes gelten als Investmentgesellschaft zur Anlage in Risikokapital, abgekürzt SICAR, jede Gesellschaft:
• qui a adopté la forme d'une société en commandite simple, d'une société en commandite spéciale, d'une société en commandite par actions, d'une société coopérative organisée sous forme de société anonyme, d'une société à responsabilité limitée ou d'une société anonyme de droit luxembourgeois, et	• in Form einer Kommanditgesellschaft, einer Spezialkommanditgesellschaft, einer Kommanditgesellschaft auf Aktien, einer Genossenschaft, die in Form einer Aktiengesellschaft organisiert ist, einer Gesellschaft mit beschränkter Haftung oder einer Aktiengesellschaft Luxemburger Rechts, und
• dont l'objet est le placement de ses fonds en valeurs représentatives de capital à risque dans le but de faire bénéficier les investisseurs des résultats de la gestion de ses actifs en contrepartie du risque qu'ils supportent, et	• deren Zweck die Anlage ihrer Mittel in Risikokapital ist, mit dem Ziel, den Anlegern im Gegenzug zu dem von ihnen getragenen Risiko das Ergebnis der Verwaltung ihrer Vermögenswerte zukommen zu lassen, und
• qui réserve ses titres ou parts d'intérêts à des investisseurs avertis tels que définis à l'article 2 de la présente loi, et	• die ihre Wertpapiere oder Anteile sachkundigen Anlegern wie in Artikel 2 dieses Gesetzes definiert vorbehält, und
• dont les statuts ou le contrat social prévoient qu'elle est soumise aux dispositions de la présente loi.	• deren Satzung oder Gesellschaftsvertrag vorsieht, dass sie den Bestimmungen dieses Gesetzes unterliegt.
(2) Par placement en capital à risque, on entend l'apport de fonds direct ou indirect à des entités en vue de leur lancement, de leur développement ou de leur introduction en bourse.	(2) Unter Anlage in Risikokapital ist die direkte oder indirekte Einbringung von Mitteln in Gesellschaften im Hinblick auf ihre Gründung, ihre Entwicklung oder ihren Börsengang zu verstehen.
(3) Le siège statutaire et l'administration centrale d'une SICAR luxembourgeoise doivent être situés au Luxembourg.	(3) Der Gesellschaftssitz und die Hauptverwaltung einer Luxemburger SICAR müssen sich in Luxemburg befinden.

Art. 2. Est investisseur averti au sens de la présente loi l'investisseur institutionnel, l'investisseur professionnel, ainsi que tout autre investisseur qui répond aux conditions suivantes:	**Art. 2.** Als sachkundiger Anleger im Sinne dieses Gesetzes gelten institutionelle Anleger, professionelle Anleger sowie jeder andere Anleger, der den folgenden Bedingungen entspricht:
(1) il a déclaré par écrit son adhésion au statut d'investisseur averti et	(1) er hat schriftlich sein Einverständnis mit der Einordnung als sachkundiger Anleger erklärt und
(2) il investit un minimum de 125.000 euros dans la société, ou	(2) er investiert mindestens 125.000 Euro in die Gesellschaft, oder
(3) il bénéficie d'une appréciation, de la part d'un établissement de crédit au sens de la directive 2006/48/CE, d'une entreprise d'investissement au sens de la directive 2004/39/CE, ou d'une société de gestion au sens de la directive 2009/65/CE certifiant son expertise, son expérience et sa connaissance pour apprécier de manière adéquate un placement en capital à risque.	(3) er verfügt über eine Einstufung durch ein Kreditinstitut im Sinne der Richtlinie 2006/48/EG, eine Wertpapierfirma im Sinne der Richtlinie 2004/39/EG, oder eine Verwaltungsgesellschaft im Sinne der Richtlinie 2009/65/EG, die seinen Sachverstand, seine Erfahrung und seine Kenntnisse bescheinigt, auf angemessene Weise eine Anlage in Risikokapital beurteilen zu können.
Les conditions du présent article ne s'appliquent pas aux dirigeants et aux autres personnes qui interviennent dans la gestion de la SICAR.	Die Bedingungen dieses Artikels finden keine Anwendung auf Geschäftsleiter und andere Personen, die bei der Verwaltung der SICAR mitwirken.
Art. 2bis. Les dispositions de la présente partie s'appliquent à toutes les SICAR, à moins qu'il n'y soit dérogé par les dispositions spécifiques s'appliquant en vertu de la partie II de la présente loi aux SICAR dont la gestion relève d'un gestionnaire agréé au titre du chapitre 2 de la loi du 12 juillet 2013 relative aux gestionnaires de fonds d'investissement alternatifs ou du chapitre II de la directive 2011/61/UE.	**Art. 2bis.** Die Bestimmungen dieses Teils sind auf alle SICAR anwendbar, vorbehaltlich der abweichenden Bestimmungen des Teil II dieses Gesetzes bezüglich SICAR, die von einem nach Kapitel 2 des Gesetzes vom 12. Juli 2013 über die Verwalter alternativer Investmentfonds oder nach Kapitel II der Richtlinie 2011/61/EU zugelassenen AIFM verwaltet werden.
Art. 3. (1) Les SICAR sont soumises aux dispositions générales applicables aux sociétés commerciales, pour autant qu'il n'y est pas dérogé par la présente loi.	**Art. 3.** (1) Vorbehaltlich anderweitiger Bestimmungen dieses Gesetzes unterliegen SICAR den generell auf Handelsgesellschaften anwendbaren Bestimmungen.
Lorsque les statuts ou le contrat social d'une SICAR et toute modification qui y est apportée sont constatés dans un acte notarié, ce dernier est dressé en langue française, allemande ou anglaise au choix des comparants. Par dérogation aux dispo-	Wenn die Satzung oder der Gesellschaftsvertrag einer SICAR und die diesbezüglich vorgenommenen Änderungen notariell beurkundet werden, wird die notarielle Urkunde nach Wahl der erschienenen Personen in französischer, deutscher oder englischer

sitions de l'arrêté du 24 prairial, an XI, lorsque cet acte notarié est dressé en langue anglaise, l'obligation de joindre à cet acte une traduction en une langue officielle lorsqu'il est présenté à la formalité de l'enregistrement, ne s'applique pas. Cette obligation ne s'applique pas non plus pour tous les autres actes constatés sous forme notariée, tels que les actes notariés dressant procès-verbal d'assemblées d'actionnaires ou associés d'une SICAR ou constatant un projet de fusion concernant une SICAR.	Sprache verfasst. Abweichend von den Bestimmungen des Erlasses vom 24. Prairial des Jahres XI entfällt im Rahmen der Hinterlegung der Urkunde das Erfordernis, eine Übersetzung in eine der Amtssprachen beizufügen, sollte die Urkunde in englischer Sprache verfasst sein. Dieses Erfordernis findet weiterhin keine Anwendung auf alle anderen Urkunden, welche der notariellen Form bedürfen, wie die notarielle Urkunde über das Protokoll von Generalversammlungen der Aktionäre oder Anteilsinhaber einer SICAR oder über den Verschmelzungsplan betreffend eine SICAR.
L'endroit et les modalités de mise à disposition par les SICAR des comptes annuels, de même que du rapport du réviseur d'entreprises agréé, du rapport de gestion et, le cas échéant, les observations du conseil de surveillance voire de toute autre information devant être mise à disposition des investisseurs sont définis aux statuts ou au contrat social de la SICAR ou, à défaut, dans la convocation à l'assemblée générale annuelle. Chaque investisseur peut demander que ces documents lui soient envoyés.	Der Ort und die Einzelheiten der Bereitstellung des Jahresabschlusses sowie des Berichtes des Abschlussprüfers, des Lageberichts und, falls anwendbar, der Anmerkungen des Aufsichtsrates sowie sämtlicher anderer, den Anlegern zur Verfügung zu stellenden Informationen werden in der Satzung oder dem Gesellschaftsvertrag oder stattdessen im Einberufungsschreiben der jährlichen Generalversammlung festgelegt. Jeder Anleger kann verlangen, dass ihm diese Dokumente zugesendet werden.
Les convocations aux assemblées générales des investisseurs d'une SICAR peuvent prévoir que le quorum de présence à l'assemblée générale est déterminé en fonction des titres ou parts d'intérêts émis le cinquième jour qui précède l'assemblée générale à vingt-quatre heures (heure de Luxembourg) (dénommé «date d'enregistrement»). Les droits des investisseurs de participer à une assemblée générale et d'exercer le droit de vote attaché à leurs titres ou parts d'intérêts sont déterminés en fonction des titres ou parts d'intérêts détenus par chaque investisseur à la date d'enregistrement.	Die Einberufungsschreiben zu den Generalversammlungen der Anleger einer SICAR können vorsehen, dass das Anwesenheitsquorum in der Generalversammlung entsprechend der Anzahl der am fünften Tag um 24 Uhr (Ortszeit Luxemburg) vor der Generalversammlung (genannt „Registrierungsdatum") ausgegebenen und im Umlauf befindlichen Wertpapiere oder Anteile bestimmt wird. Die Rechte der Anleger zur Teilnahme an einer Generalversammlung und zur Ausübung der mit ihren Anteilen verbundenen Stimmrechte werden entsprechend der Anzahl der am Registrierungsdatum von jedem Anleger gehaltenen Wertpapiere oder Anteile bestimmt.
(2) Les SICAR peuvent comporter des compartiments multiples correspondant chacun à une partie distincte du patrimoine de la SICAR.	(2) Die SICAR können mehrere Teilgesellschaftsvermögen ***(„Compartments")*** haben, welche jeweils einem separaten Teil des Vermögens der SICAR entsprechen.
(3) Dans les documents constitutifs de la SICAR, cette possibilité et les modalités y	(3) In den Gründungsunterlagen der SICAR muss diese Möglichkeit ebenso wie die

relatives doivent être prévues expressément. Le prospectus doit décrire la politique d'investissement de chaque compartiment.	diesbezüglichen Einzelheiten ausdrücklich vorgesehen sein. Der Prospekt muss die Anlagepolitik eines jeden Compartments beschreiben.
(4) Les titres ou parts d'intérêts des SICAR à compartiments multiples peuvent être de valeur inégale avec ou sans mention de valeur.	(4) Die Wertpapiere oder Anteile von SICAR mit mehreren Compartments können unterschiedliche Werte mit oder ohne Nennwert haben.
(5) Les droits des investisseurs et des créanciers relatifs à un compartiment ou nés à l'occasion de la constitution, du fonctionnement ou de la liquidation d'un compartiment sont limités aux actifs de ce compartiment, sauf clause contraire des documents constitutifs.	(5) Die Rechte der Anleger und des Gläubiger bezogen auf ein Compartment oder die anlässlich seiner Auflage, der Verwaltung oder der Liquidation eines Compartments entstehenden Rechte, beschränken sich auf die Vermögenswerte dieses Compartments, vorbehaltlich anderslautender Bestimmungen in den Gründungsunterlagen.
Les actifs d'un compartiment répondent exclusivement des droits des investisseurs relatifs à ce compartiment et de ceux des créanciers dont la créance est née à l'occasion de la constitution, du fonctionnement ou de la liquidation de ce compartiment, sauf clause contraire des documents constitutifs.	Die Vermögenswerte eines Compartments haften ausschließlich im Umfang der Anlagen der Anleger in diesem Compartment und im Umfang der Forderungen derjenigen Gläubiger, deren Forderung bei Auflage des Compartments, im Zusammenhang mit der Verwaltung oder der Liquidation dieses Compartments entstanden sind, vorbehaltlich anderslautender Bestimmungen in den Gründungsunterlagen.
Dans les relations entre investisseurs, chaque compartiment est traité comme une entité à part, sauf clause contraire des documents constitutifs.	Im Verhältnis der Anleger untereinander wird jedes Compartment als eigenständige Einheit behandelt, vorbehaltlich anderslautender Bestimmungen in den Gründungsunterlagen.
(6) Chaque compartiment d'une SICAR peut être liquidé séparément sans qu'une telle liquidation ait pour effet d'entraîner la liquidation d'un autre compartiment. Seule la liquidation du dernier compartiment de la SICAR entraîne la liquidation de celle-ci au sens de l'article 21 (1) de la présente loi.	(6) Jedes Compartment einer SICAR kann einzeln liquidiert werden, ohne dass eine solche Liquidation die Liquidation eines anderen Compartments zur Folge hat. Nur die Liquidation des letzten Compartments der SICAR bewirkt die Liquidation der SICAR im Sinne des Artikels 21 (1) dieses Gesetzes.
Art. 4. (1) Le capital social souscrit de la SICAR, augmenté, le cas échéant, des primes d'émissions, ou la valeur de la mise constitutive de parts d'intérêts ne peut être inférieur à 1 million d'euros. Ce minimum doit être atteint dans un délai de 12 mois à partir de l'agrément de la société. Un règle-	**Art. 4.** (1) Das gezeichnete Kapital der SICAR, gegebenenfalls erhöht um die Ausgabeaufschläge oder den ursprünglichen Wert der Anteile darf nicht niedriger sein als 1 Million Euro. Dieser Mindestbetrag muss innerhalb einer Frist von 12 Monaten nach Zulassung der Gesellschaft erreicht werden.

ment grand-ducal peut fixer ce minimum à un chiffre plus élevé sans que ce chiffre puisse dépasser 2 millions d'euros.	Durch großherzogliche Verordnung kann ein höherer Mindestbetrag festgelegt werden, wobei 2 Millionen Euro nicht überschritten werden dürfen.
(2) Les sociétés en commandite par actions, les sociétés à responsabilité limitée, les sociétés anonymes et les sociétés coopératives organisées comme sociétés anonymes, visées par la présente loi, peuvent prévoir dans leurs statuts que le montant du capital est à tout moment égal à la valeur de leur actif net. Les variations du capital social se font alors de plein droit et sans mesures de publicité et d'inscription au registre de commerce et des sociétés.	(2) Die Kommanditgesellschaften auf Aktien, die Gesellschaften mit beschränkter Haftung, die Aktiengesellschaften und die Genossenschaften in der Form einer Aktiengesellschaft, die in den Anwendungsbereich dieses Gesetzes fallen, können in ihren Satzungen vorsehen, dass das Gesellschaftskapital zu jeder Zeit dem Nettovermögen entspricht. Veränderungen im Gesellschaftskapital erfolgen von Rechts wegen, und ohne dass sie veröffentlicht oder im Handels- und Gesellschaftsregister eingetragen werden müssen.
Art. 5. (1) La SICAR peut émettre des titres ou parts d'intérêts nouveaux suivant les modalités et formes prévues aux statuts.	**Art. 5.** (1) Die SICAR kann neue Wertpapiere oder Anteile gemäß den in der Satzung oder dem Gesellschaftsvertrag vorgesehenen Einzelheiten und Formen ausgeben.
(2) Le capital d'une société en commandite par actions, d'une société anonyme, d'une société à responsabilité limitée et d'une société coopérative organisée sous forme de société anonyme visée par la présente loi doit être entièrement souscrit et chaque action doit être libérée de 5% au moins par un versement en numéraire ou par un apport autre qu'en numéraire.	(2) Das Kapital einer Kommanditgesellschaft auf Aktien, einer Aktiengesellschaft, einer Gesellschaft mit beschränkter Haftung und einer Genossenschaft in der Form einer Aktiengesellschaft, die in den Anwendungsbereich dieses Gesetzes fallen, muss vollständig gezeichnet sein und jede Aktie muss zu mindestens 5% mittels Bareinlage oder sonstiger unbarer Einlage eingezahlt werden.
(3) L'évaluation des actifs de la société se base sur la juste valeur. Cette valeur doit être déterminée en suivant les modalités décrites aux statuts ou au contrat social	(3) Die Bewertung der Vermögenswerte der Gesellschaft erfolgt auf der Grundlage des beizulegenden Zeitwertes Dieser Wert ist entsprechend der in der Satzung oder dem Gesellschaftsvertrag festgelegten Verfahren zu bestimmen.
Art. 6. (1) Les SICAR ne sont pas obligées de constituer une réserve légale.	**Art. 6.** (1) SICAR sind nicht verpflichtet, eine gesetzliche Rücklage zu bilden.
(2) Les remboursements et dividendes aux investisseurs ne sont pas soumis à d'autres restrictions que celles prévues aux statuts ou au contrat social.	(2) Die Rückzahlungen und Dividenden für die Anleger unterliegen keinen Beschränkungen außer jenen, die in der Satzung oder dem Gesellschaftsvertrag festgelegt sind.

(3) Les SICAR ne sont pas assujetties à des règles en matière de versement d'acomptes sur dividendes autres que celles prévues par leurs statuts ou au contrat social.	(3) SICAR unterliegen keinen Bestimmungen zu Zwischendividenden außer jenen, die in der Satzung oder dem Gesellschaftsvertrag festgelegt sind.
Art. 7. La dénomination ou raison sociale de la société, suivie ou non de la mention société en commandite simple, société en commandite spéciale, société en commandite par actions, société à responsabilité limitée, société anonyme ou société coopérative organisée sous forme de société anonyme est complétée, pour les sociétés tombant sous l'application de la présente loi, par la mention de société d'investissement en capital à risque en abrégé: SICAR.	**Art. 7.** Die Bezeichnung oder Firma der Gesellschaft, gefolgt oder nicht von der Bezeichnung „Kommanditgesellschaft", „Spezialkommanditgesellschaft", „Kommanditgesellschaft auf Aktien", „Gesellschaft mit beschränkter Haftung", „Aktiengesellschaft" oder „Genossenschaft, die in der Form einer Aktiengesellschaft organisiert ist", wird für die Gesellschaften, die in den Anwendungsbereich dieses Gesetzes fallen, durch die Bezeichnung „Investmentgesellschaft zur Anlage in Risikokapital", abgekürzt: „SICAR", ergänzt.
Art. 7bis. (1) Les SICAR doivent être structurées et organisées de façon à restreindre au minimum le risque que des conflits d'intérêts entre la SICAR et, selon le cas, toute personne concourant aux activités de la SICAR ou toute personne liée directement ou indirectement à la SICAR ne nuisent aux intérêts des investisseurs. En cas de conflits d'intérêts potentiels, la SICAR veille à la sauvegarde des intérêts des investisseurs.	**Art. 7bis.** (1) SICAR müssen derart strukturiert und organisiert sein, dass das Risiko von Interessenkonflikten zwischen der SICAR und, je nachdem, jeder Person, die zu den Aktivitäten der SICAR beiträgt oder direkt oder indirekt mit der SICAR verbunden ist, die den Interessen der Anleger schaden können, möglichst gering ist. Im Fall von möglichen Interessenkonflikten muss die SICAR die Interessen der Anleger schützen.
(2) Les modalités d'application du paragraphe (1) sont arrêtées par voie de règlement CSSF.	(2) Die Einzelheiten zur Anwendung des Absatz 1 werden durch eine Verordnung der CSSF festgelegt.
Chapitre II: Le dépositaire	**Kapitel II: Die Verwahrstelle**
Art. 8. (1) La garde des actifs d'une SICAR doit être confiée à un dépositaire.	**Art. 8.** (1) Die Verwahrung der Vermögenswerte einer SICAR ist einer Verwahrstelle anzuvertrauen.
(2) Le dépositaire doit, soit avoir son siège statutaire au Luxembourg, soit y être établi, s'il a son siège statutaire à l'étranger.	(2) Die Verwahrstelle muss entweder ihren satzungsmäßigen Sitz in Luxemburg haben oder dort niedergelassen sein, wenn sie ihren satzungsmäßigen Sitz im Ausland hat.
(3) Sans préjudice de la disposition prévue au deuxième alinéa du présent paragraphe,	(3) Unbeschadet der Bestimmung des zweiten Unterabsatzes muss die Verwahrstelle

le dépositaire doit être un établissement de crédit ou une entreprise d'investissement au sens de la loi modifiée du 5 avril 1993 relative au secteur financier. Une entreprise d'investissement n'est éligible au titre de dépositaire que dans la mesure où cette entreprise d'investissement répond par ailleurs aux conditions prévues à l'article 19, paragraphe (3), de la loi du 12 juillet 2013 relative aux gestionnaires de fonds d'investissement alternatifs.	ein Kreditinstitut oder eine Wertpapierfirma im Sinne des geänderten Gesetzes vom 5. April 1993 über den Finanzsektor sein. Eine Wertpapierfirma kann nur dann Verwahrstelle sein, wenn diese Wertpapierfirma außerdem die Voraussetzungen des Artikels 19 Absatz 3 des Gesetzes vom 12. Juli 2013 über die Verwalter alternativer Investmentfonds erfüllt.
Pour les SICAR pour lesquelles aucun droit au remboursement ne peut être exercé pendant une période de cinq ans suivant la date des investissements initiaux et qui, conformément à leur politique principale en matière d'investissements, n'investissent généralement pas dans des actifs qui doivent être conservés conformément à l'article 19, paragraphe (8), point a), de la loi du 12 juillet 2013 relative aux gestionnaires de fonds d'investissement alternatifs ou qui investissent généralement dans des émetteurs ou des sociétés non cotées pour éventuellement en acquérir le contrôle conformément à l'article 24 de ladite loi, le dépositaire peut également être une entité de droit luxembourgeois qui a le statut de dépositaire professionnel d'actifs autres que des instruments financiers au sens de l'article 26-1 de la loi modifiée du 5 avril 1993 relative au secteur financier.	Für solche SICAR, bei denen innerhalb von fünf Jahren nach Tätigung der ersten Anlagen keine Rücknahmerechte ausgeübt werden können und die in Übereinstimmung mit ihrer generellen Anlagestrategie grundsätzlich nicht in Vermögenswerte investieren, die gemäß Artikel 19 Absatz 8 Buchstabe a) des Gesetzes vom 12. Juli 2013 über die Verwalter alternativer Investmentfonds verwahrt werden müssen, oder in der Regel in Emittenten oder nicht börsennotierte Unternehmen investieren, um gemäß Artikel 4 des genannten Gesetzes gegebenenfalls die Kontrolle über solche Unternehmen zu erlangen, kann die Verwahrstelle auch ein Luxemburger Rechtsträger sein, der den Status einer professionellen Verwahrstelle von anderen Vermögenswerten als Finanzinstrumente im Sinne des Artikels 26-1 des geänderten Gesetzes vom 5. April 1993 über den Finanzsektor hat.
(4) La responsabilité du dépositaire n'est pas affectée par le fait qu'il confie à un tiers tout ou partie des actifs dont il a la garde.	(4) Die Haftung der Verwahrstelle wird nicht durch den Umstand berührt, dass sie die von ihr verwahrten Vermögenswerte ganz oder teilweise Dritten anvertraut.
Art. 9. (1) Le dépositaire doit, dans l'exercice de ses fonctions, agir de façon indépendante et exclusivement dans l'intérêt des investisseurs.	**Art. 9.** (1) Die Verwahrstelle handelt bei der Wahrnehmung ihrer Aufgaben unabhängig und ausschließlich im Interesse der Anleger.
(2) Le dépositaire est responsable, selon le droit luxembourgeois, à l'égard de la société et des investisseurs, de tout préjudice subi par eux et résultant de l'inexécution ou de la mauvaise exécution fautives de ses obligations.	(2) Die Verwahrstelle haftet der Gesellschaft und den Anlegern nach Luxemburger Recht für jeden erlittenen Schaden, der diesen aus schuldhafter Nicht- oder Schlechterfüllung der Pflichten der Verwahrstelle entstanden ist.

(3) À l'égard des investisseurs, la responsabilité est mise en cause par l'intermédiaire de la SICAR. Si la société n'agit pas, nonobstant sommation écrite d'un investisseur, dans un délai de trois mois à partir de cette sommation, l'investisseur peut mettre en cause directement la responsabilité du dépositaire.	(3) Gegenüber den Anlegern wird die Haftung durch die SICAR geltend gemacht. Insofern die Gesellschaft trotz schriftlicher Aufforderung durch einen Anleger nicht innerhalb von drei Monaten nach dieser Aufforderung handelt, kann der Anleger die Haftung der Verwahrstelle unmittelbar geltend machen.
Art. 10. Les fonctions du dépositaire de la SICAR prennent respectivement fin:	**Art. 10.** Die Aufgaben der Verwahrstelle der SICAR enden:
a) en cas de retrait du dépositaire intervenu de sa propre initiative ou celle de la société; en attendant son remplacement qui doit avoir lieu dans les deux mois, le dépositaire doit prendre toutes les mesures nécessaires à la bonne conservation des intérêts des investisseurs;	a) im Falle des Ausscheidens der Verwahrstelle auf eigene Veranlassung auf Veranlassung der Gesellschaft; bis zu ihrer Ersetzung, die binnen zwei Monaten zu erfolgen hat, hat die Verwahrstelle sämtliche Maßnahmen zu ergreifen, um die angemessene Wahrung der Interessen der Anleger zu gewährleisten;
b) lorsque la SICAR ou le dépositaire a été déclaré en faillite, admis au bénéfice du concordat, du sursis de paiement, de la gestion contrôlée ou d'une mesure analogue ou mis en liquidation;	b) im Falle der Eröffnung des Insolvenzverfahrens der SICAR oder der Verwahrstelle, der Gewährung von Zahlungsaufschub, der Anordnung zur Zwangsverwaltung oder einer vergleichbaren Maßnahme oder der Liquidation;
c) lorsque l'autorité de surveillance retire son agrément à la SICAR ou au dépositaire;	c) wenn die CSSF der SICAR oder der Verwahrstelle die Zulassung entzieht;
d) dans tous les autres cas prévus par les statuts ou le contrat social.	d) in allen anderen in der Satzung oder dem Gesellschaftsvertrag vorgesehenen Fällen
Chapitre III: Agrément et surveillance	**Kapitel III: Zulassung und Aufsicht**
Art. 11. (1) L'autorité chargée d'exercer la surveillance des SICAR est la Commission de Surveillance du Secteur Financier, ci-après la CSSF.	**Art. 11.** (1) Die zuständige Behörde für die Ausübung der Aufsicht der SICAR ist die Commission de Surveillance du Secteur Financier, nachfolgend die „CSSF".
(2) La CSSF exerce ses attributions exclusivement dans l'intérêt public.	(2) Die CSSF übt ihre Zuständigkeit ausschließlich im öffentlichen Interesse aus.
(3) La CSSF veille au respect par les SICAR et par leurs dirigeants des dispositions légales et conventionnelles applicables.	(3) Die CSSF überwacht die Einhaltung der anwendbaren gesetzlichen und vertraglichen Bestimmungen durch die diesem Gesetz unterliegenden SICARA und deren Geschäftsleiter.

Art. 12. (1) Pour exercer leurs activités, les SICAR relevant de la présente loi doivent être agréées par la CSSF.	**Art. 12.** (1) Um ihre Geschäftstätigkeit ausüben zu können, müssen SICAR im Sinne dieses Gesetzes von der CSSF zugelassen werden.
(2) Une SICAR n'est agréée que si la CSSF approuve les documents constitutifs et le choix du dépositaire.	(2) Eine SICAR wird nur dann zugelassen, wenn die CSSF den Gründungsunterlagen und der Wahl der Verwahrstelle zustimmt.
(3) Les dirigeants de la SICAR et du dépositaire doivent avoir l'honorabilité et l'expérience requises pour l'exercice de leurs fonctions. À cette fin, leur identité doit être notifiée à la CSSF. Par dirigeants on entend, dans le cas des sociétés en commandite par actions, le ou les associé(s) commandité(s) gérant(s), dans le cas des sociétés en commandite simple et des sociétés en commandite spéciale, le ou les gérant(s) qu'il(s) soi(en)t ou non associé(s) commandité(s) et dans le cas des sociétés anonymes et sociétés à responsabilité limitée, les membres du conseil d'administration et le(s) gérant(s), respectivement.	(3) Die Geschäftsleiter der SICAR und der Verwahrstelle müssen gut beleumdet sein und über ausreichende Erfahrung zur Ausübung ihrer Tätigkeit verfügen. Zu diesem Zweck muss ihre Identität der CSSF mitgeteilt werden. Unter Geschäftsleitern versteht man im Falle von Kommanditgesellschaften auf Aktien der oder die geschäftsführende(n) Komplementär(e), im Falle von Kommanditgesellschaften und Spezialkommanditgesellschaften der oder die Geschäftsführer, unabhängig davon ob diese Komplementär sind oder nicht, und im Falle von Aktiengesellschaften und Gesellschaften mit beschränkter Haftung die Mitglieder des Verwaltungsrates beziehungsweise der/die Geschäftsführer.
(4) Tout remplacement du dépositaire ou d'un dirigeant, ainsi que toute modification des documents constitutifs de la SICAR sont subordonnés à l'approbation de la CSSF.	(4) Jegliche Ersetzung der Verwahrstelle oder eines Geschäftsleiters sowie jegliche Änderung der Gründungsunterlagen der SICAR erfordern die Genehmigung der CSSF.
(5) L'agrément est subordonné à la justification que l'administration centrale de la SICAR est située au Luxembourg.	(5) Die Erteilung der Zulassung ist an den Nachweis gebunden, dass die Hauptverwaltung der SICAR in Luxemburg liegt.
Art. 13. (1) Les SICAR agréées sont inscrites par la CSSF sur une liste. Cette inscription vaut agrément et est notifiée par la CSSF à la SICAR concernée. Les demandes d'inscription des SICAR doivent être introduites auprès de la CSSF dans le mois qui suit leur constitution ou création. Cette liste ainsi que les modifications qui y sont apportées sont publiées au Mémorial par les soins de la CSSF.	**Art. 13.** (1) Die zugelassenen SICAR werden von der CSSF in einer Liste eingetragen. Diese Eintragung gilt als Zulassung und wird der betreffenden SICAR von der CSSF mitgeteilt. Die Anträge auf Zulassung von SICAR müssen bei der CSSF innerhalb eines Monates nach deren Gründung oder Errichtung gestellt werden. Diese Liste sowie jegliche Änderungen dieser Liste werden auf Veranlassung der CSSF im Mémorial veröffentlicht.
(2) L'inscription et le maintien sur la liste visée au paragraphe (1) sont soumis à la	(2) Die Eintragung und Beibehaltung der Eintragung in der Liste gemäß Absatz 1

condition que soient observées toutes les dispositions législatives, réglementaires ou conventionnelles qui concernent l'organisation et le fonctionnement des SICAR.	erfolgen unter der Bedingung, dass alle gesetzlichen, aufsichtsrechtlichen oder vertraglichen Bestimmungen, die die Organisation und die Funktionsweise der SICAR betreffen, eingehalten werden.
Art. 14. Le fait pour une SICAR d'être inscrite sur la liste visée à l'article 13 (1) ne doit en aucun cas et sous quelque forme que ce soit, être décrit comme une appréciation positive faite par la CSSF de l'opportunité ou de la structure économique, financière ou juridique d'un investissement dans la SICAR, de la qualité des titres ou parts d'intérêts ou de la solvabilité de la SICAR.	**Art. 14.** Die Eintragung einer SICAR in der Liste gemäß Artikel 13 Absatz 1 darf keinesfalls und in keiner Form als positive Beurteilung der Zweckmäßigkeit oder der wirtschaftlichen, finanziellen oder juristischen Struktur einer Anlage in die SICAR, der Qualität der Wertpapiere oder Anteile oder der Solvabilität der SICAR dargestellt werden.
Art. 15. (1) Toutes les personnes exerçant ou ayant exercé une activité pour la CSSF, ainsi que les réviseurs d'entreprises agréés ou experts mandatés par la CSSF, sont tenus au secret professionnel visé à l'article 16 de la loi modifiée du 23 décembre 1998 portant création d'une Commission de Surveillance du Secteur Financier. Ce secret implique que les informations confidentielles qu'ils reçoivent à titre professionnel ne peuvent être divulguées à quelque personne ou autorité que ce soit, excepté sous une forme sommaire ou agrégée de façon à ce qu' aucune SICAR ni aucun dépositaire ne puissent être identifiés individuellement, sans préjudice des cas relevant du droit pénal.	**Art. 15.** (1) Alle Personen, die für die CSSF tätig sind oder waren, sowie die von der CSSF beauftragten Abschlussprüfer oder Sachverständigen unterliegen dem Berufsgeheimnis im Sinne von Artikel 16 des geänderten Gesetzes vom 23. Dezember 1998 über die Gründung einer Aufsichtsbehörde für den Finanzsektor. Dieses Berufsgeheimnis impliziert, dass vertrauliche Angaben, die sie in ihrer beruflichen Eigenschaft erhalten, an keine Person oder Behörde weitergegeben werden dürfen, es sei denn, in derart zusammengefasster oder allgemeiner Form, dass keine SICAR und keine Verwahrstelle zu erkennen ist, vorbehaltlich der Fälle, die strafrechtlich relevant sind.
(2) Le paragraphe (1) ne fait pas obstacle à ce que la CSSF échange avec les autorités de surveillance des autres Etats membres de l'Union Européenne des informations dans les limites prévues par la présente loi.	(2) Dem Absatz 1 steht nicht entgegen, dass die CSSF innerhalb der von diesem Gesetz vorgesehenen Grenzen Informationen mit den Aufsichtsbehörden anderer Mitgliedstaaten der Europäischen Union austauscht.
La CSSF collabore étroitement avec les autorités de surveillance des autres Etats membres de l'Union Européenne en vue de l'accomplissement de leur mission de surveillance des SICAR et des autres sociétés d'investissement en capital à risque et communique, à cette fin seulement, toutes les informations requises.	Die CSSF arbeitet eng mit den Aufsichtsbehörden der anderen Mitgliedstaaten der Europäischen Union im Hinblick auf die Aufsicht der SICAR und anderer Investmentgesellschaften zur Anlage in Risikokapital zusammen, und gibt ausschließlich zu diesem Zweck sämtliche benötigte Informationen weiter.

Sont assimilées aux autorités de surveillance des Etats membres de l'Union Européenne les autorités de surveillance des Etats parties à l'Accord sur l'Espace économique européen autres que les Etats membres de l'Union Européenne, dans les limites définies par cet accord et des actes y afférents.	Den Aufsichtsbehörden der Mitgliedstaaten der Europäischen Union sind die Aufsichtsbehörden der Mitgliedstaaten über den Europäischen Wirtschaftsraum, die nicht Mitgliedstaaten der Europäischen Union sind, innerhalb der Grenzen dieses Abkommens und der damit zusammenhängenden Rechtsakte gleichgestellt.
(3) Le paragraphe (1) ne fait pas obstacle à ce que la CSSF échange des informations avec:	(3) Dem Absatz 1 steht nicht entgegen, dass die CSSF Informationen austauscht mit
• les autorités de pays tiers investies de la mission publique de surveillance prudentielle des sociétés d'investissement en capital à risque,	• den Behörden von Drittstaaten, die mit dem öffentlichen Auftrag zur Aufsicht über Gesellschaften zur Anlage in Risikokapital betraut sind,
• les autres autorités, organismes et personnes visés au paragraphe (5), à l'exception des centrales de risques, et établis dans des pays tiers,	• den anderen in Absatz 5 genannten Behörden, Institutionen und Personen, mit Ausnahme von Risikozentralen, die ihren Sitz in Drittstaaten haben,
• les autorités de pays tiers visées au paragraphe (6).	• den in Absatz 6 genannten Behörden von Drittstaaten.
La communication d'informations par la CSSF autorisée par le présent paragraphe est soumise aux conditions suivantes:	Die Übermittlung von Informationen durch die CSSF, die durch den vorliegenden Absatz gestattet ist, unterliegt den folgenden Voraussetzungen:
• les informations communiquées doivent être nécessaires à l'accomplissement de la fonction des autorités, organismes et personnes qui les reçoivent,	• die übermittelten Informationen müssen für die Behörden, Institutionen und Personen, die sie empfangen, zur Erfüllung ihrer Aufgaben erforderlich sein,
• les informations communiquées doivent être couvertes par le secret professionnel des autorités, organismes et personnes qui les reçoivent et le secret professionnel de ces autorités, organismes et personnes doit offrir des garanties au moins équivalentes au secret professionnel auquel la CSSF est soumise,	• die übermittelten Informationen müssen unter das Berufsgeheimnis der Behörden, Institutionen und Personen, die sie empfangen, fallen, und das Berufsgeheimnis dieser Behörden, Institutionen und Personen muss mindestens den Anforderungen an das Berufsgeheimnis, dem die CSSF unterliegt, gleichwertig sein,
• les autorités, organismes et personnes qui reçoivent des informations de la part de la CSSF, ne peuvent les utiliser qu'aux fins pour lesquelles elles leur ont été communiquées et doivent être en mesure d'assurer qu'aucun autre usage n'en sera fait,	• die Behörden, Institutionen und Personen, die von der CSSF Informationen erhalten, dürfen diese nur zu den Zwecken verwenden, zu denen sie übermittelt wurden und sie müssen gewährleisten können, dass kein sonstiger Gebrauch von ihnen gemacht wird,

• les autorités, organismes et personnes qui reçoivent des informations de la part de la CSSF, accordent le même droit d'information à la CSSF,	• die Behörden, Institutionen und Personen, die Informationen von der CSSF erhalten, gestatten der CSSF das gleiche Informationsrecht,
• la divulgation par la CSSF d'informations reçues de la part d'autorités d'origine communautaire compétentes pour la surveillance prudentielle des sociétés d'investissement en capital à risque, ne peut se faire qu'avec l'accord explicite de ces autorités et, le cas échéant, exclusivement aux fins pour lesquelles ces autorités ont marqué leur accord.	• die CSSF darf Informationen, die sie von den für die Aufsicht von Investmentgesellschaften zur Anlage in Risikokapital zuständigen Behörden erhalten hat, nur mit ausdrücklicher Zustimmung dieser Behörden und nur für solche Zwecke weitergeben, denen diese Behörden zugestimmt haben.
Par pays tiers au sens du présent paragraphe, il faut entendre les Etats autres que ceux visés au paragraphe (2).	Als Drittstaaten im Sinne dieses Absatzes gelten die nicht unter Absatz 2 genannten.
(4) La CSSF qui, au titre des paragraphes (2) et (3), reçoit des informations confidentielles, ne peut les utiliser que dans l'exercice de ses fonctions :	(4) Vertrauliche Informationen, die die CSSF aufgrund der Absätze 2 und 3 erhält, darf sie nur im Rahmen der Durchführung ihrer Aufgaben wie folgt verwenden
• pour vérifier que les conditions d'accès à l'activité des SICAR et des dépositaires sont remplies et pour faciliter le contrôle des conditions d'exercice de l'activité, de l'organisation administrative et comptable, ainsi que des mécanismes de contrôle interne ; ou	• zur Prüfung, ob die Zulassungsbedingungen für die SICAR und die Verwahrstelle erfüllt sind, und zur Erleichterung der Beaufsichtigung der Geschäftstätigkeit, der Organisation der Verwaltung und Buchführung, sowie der internen Kontrollmechanismen; oder
• pour l'imposition de sanctions ; ou	• zur Verhängung von Sanktionen; oder
• dans le cadre d'un recours administratif contre une décision de la CSSF ; ou	• im Rahmen eines Rechtsbehelfsverfahrens gegen eine Entscheidung der CSSF; oder
• dans le cadre de procédures juridictionnelles engagées contre les décisions de refus d'octroi de l'agrément ou des décisions de retrait d'agrément.	• im Rahmen von gerichtlichen Verfahren gegen die Entscheidung der Verweigerung einer Zulassung oder Entziehung einer Zulassung.
(5) Les paragraphes (1) à (4) ne font pas obstacle à :	(5) Den Absätzen 1 bis 4 steht nicht entgegen:
a) l'échange d'informations à l'intérieur de l'Union Européenne, entre la CSSF et :	a) der Informationsaustausch innerhalb der Europäischen Union zwischen der CSSF und:
• les autorités investies de la mission publique de surveillance des établissements de crédit, des entreprises d'investissement, des	• den mit der Aufsicht über Kreditinstitute, Wertpapierfirmen, Versicherungsunternehmen und anderen Finanzinstituten sowie der

compagnies d'assurances et d'autres institutions financières ainsi que les autorités chargées de la surveillance des marchés financiers,	Überwachung der Finanzmärkte betrauten Βεη\ρδεν,
• les organes impliqués dans la liquidation, la faillite ou d'autres procédures similaires concernant des sociétés d'investissement en capital à risque et des dépositaires,	• den Organen, die mit der Liquidation, dem Insolvenzverfahren oder ähnlichen Verfahren der Investmentgesellschaften zur Anlage in Risikokapital und deren Verwahrstellen betraut sind,
• les personnes chargées du contrôle légal des comptes des établissements de crédit, des entreprises d'investissement, d'autres établissements financiers ou des compagnies d'assurances, pour l'accomplissement de leur mission,	• den mit der gesetzlich vorgeschriebenen Abschlussprüfung von Kreditinstituten, Wertpapierfirmen, sonstigen Finanzinstituten oder Versicherungsunternehmen betrauten Personen zum Zweck der Erfüllung ihrer Aufgaben,
b) la transmission, à l'intérieur de l'Union Européenne, par la CSSF aux organismes chargés de la gestion des systèmes d'indemnisation des investisseurs ou de centrales des risques, des informations nécessaires à l'accomplissement de leur fonction.	b) die Übermittlung von Informationen innerhalb der Europäischen Union durch die CSSF an die Institutionen, die mit der Führung der Anlegerentschädigungssysteme oder der Risikozentralen betraut sind, die zur Erfüllung ihrer Aufgaben notwendig sind.
La communication d'informations par la CSSF autorisée par le présent paragraphe est soumise à la condition que ces informations tombent sous le secret professionnel des autorités, organismes et personnes qui les reçoivent, et, n'est autorisée que dans la mesure où le secret professionnel de ces autorités, organismes et personnes offre des garanties au moins équivalentes au secret professionnel auquel est soumise la CSSF. En particulier, les autorités qui reçoivent des informations de la part de la CSSF, ne peuvent les utiliser qu'aux fins pour lesquelles elles leur ont été communiquées et doivent être en mesure d'assurer qu'aucun autre usage n'en sera fait.	Die Übermittlung von Informationen durch die CSSF, die durch den vorliegenden Absatz gestattet ist, unterliegt der Voraussetzung, dass die übermittelten Informationen unter das Berufsgeheimnis der Behörden, Institutionen und Personen, die sie empfangen, fallen, und das Berufsgeheimnis dieser Behörden, Institutionen und Personen muss mindestens den Anforderungen an das Berufsgeheimnis, dem die CSSF unterliegt, gleichwertig sein, Insbesondere dürfen Behörden, die von der CSSF Informationen erhalten, dürfen diese nur zu den Zwecken verwenden, zu denen sie übermittelt wurden und sie müssen gewährleisten können, dass kein sonstiger Gebrauch von ihnen gemacht wird.
Sont assimilés aux Etats membres de l'Union Européenne la Communauté les Etats parties à l'Accord sur l'Espace économique européen autres que les Etats	Den Mitgliedstaaten der Europäischen Union sind die Mitgliedstaaten über den Europäischen Wirtschaftsraum, die nicht Mitgliedstaaten der Europäischen Union sind,

membres de l'Union Européenne, dans les limites définies par cet accord et des actes y afférents.	innerhalb der Grenzen dieses Abkommens und der damit zusammenhängenden Rechtsakte gleichgestellt.
(6) Les paragraphes (1) et (4) ne font pas obstacle aux échanges d'informations, à l'intérieur de l'Union Européenne, entre la CSSF et:	(6) Die Absätze 1 und 4 stehen einem Informationsaustausch nicht entgegen innerhalb der Europäischen Union zwischen der CSSF und:
• les autorités chargées de la surveillance des organes impliqués dans la liquidation, la faillite et autres procédures similaires concernant des établissements de crédit, des entreprises d'investissement, des compagnies d'assurances, des sociétés d'investissement en capital à risque et des dépositaires,	• den Aufsichtsbehörden über Organe, die mit der Liquidation, der Insolvenz und ähnlichen Verfahren betreffend Kreditinstitute, Wertpapierfirmen, Versicherungsunternehmen, Investmentgesellschaften zur Anlage in Risikokapital und Verwahrstellen betraut sind,
• les autorités chargées de la surveillance des personnes chargées du contrôle légal des comptes des établissements de crédit, des entreprises d'investissement, des compagnies d'assurances et d'autres établissements financiers.	• den Aufsichtsbehörden über jene Personen, die mit der Abschlussprüfung von Kreditinstituten, Wertpapierfirmen, Versicherungsunternehmen und sonstigen Finanzinstituten betraut sind.
La communication d'informations par la CSSF autorisée par le présent paragraphe est soumise aux conditions suivantes:	Die Übermittlung von Informationen durch die CSSF, die durch den vorliegenden Absatz gestattet ist, unterliegt den folgenden Voraussetzungen:
• les informations communiquées sont destinées à l'accomplissement de la mission de surveillance des autorités qui les reçoivent,	• die übermittelten Informationen müssen für die Aufsichtsbehörden, die sie empfangen, zur Erfüllung ihres Aufsichtsauftrags erforderlich sein,
• les informations communiquées doivent être couvertes par le secret professionnel des autorités qui les reçoivent et le secret professionnel de ces autorités doit offrir des garanties au moins équivalentes au secret professionnel auquel est soumise la CSSF,	• die übermittelten Informationen müssen unter das Berufsgeheimnis der Aufsichtsbehörden, die sie empfangen, fallen, und das Berufsgeheimnis dieser Aufsichtsbehörden muss mindestens den Anforderungen an das Berufsgeheimnis, dem die CSSF unterliegt, gleichwertig sein,
• les autorités qui reçoivent des informations de la part de la CSSF, ne peuvent les utiliser qu'aux fins pour lesquelles elles leur ont été communiquées et doivent être en mesure d'assurer qu'aucun autre usage n'en sera fait,	• die Aufsichtsbehörden, die von der CSSF Informationen erhalten, dürfen diese nur zu den Zwecken verwenden, zu denen sie übermittelt wurden und sie müssen gewährleisten können, dass kein sonstiger Gebrauch von ihnen gemacht wird,

• la divulgation par la CSSF d'informations reçues de la part d'autorités de surveillance visées aux paragraphes (2) et (3) ne peut se faire qu'avec l'accord explicite de ces autorités et, le cas échéant, exclusivement aux fins pour lesquelles ces autorités ont marqué leur accord.	• die CSSF darf Informationen, die sie von den Aufsichtsbehörden nach den Absätzen 2 und 3 erhalten hat, nur mit ausdrücklicher Zustimmung dieser Aufsichtsbehörden und nur für solche Zwecke weitergeben, denen diese Aufsichtsbehörden zugestimmt haben.
Sont assimilés aux Etats membres de l'Union Européenne les Etats parties à l'Accord sur l'Espace économique européen autres que les Etats membres de l'Union Européenne, dans les limites définies par cet accord et des actes y afférents.	Den Mitgliedstaaten der Europäischen Union sind die Mitgliedstaaten über den Europäischen Wirtschaftsraum, die nicht Mitgliedstaaten der Europäischen Union sind, innerhalb der Grenzen dieses Abkommens und der damit zusammenhängenden Rechtsakte gleichgestellt.
(7) Le présent article ne fait pas obstacle à ce que la CSSF transmette aux banques centrales et aux autres organismes à vocation similaire en tant qu'autorités monétaires des informations destinées à l'accomplissement de leur mission.	(7) Diesem Artikel steht nicht entgegen, dass die CSSF an Zentralbanken und an andere Institutionen mit ähnlichen Aufgaben in deren Eigenschaft als Währungsbehörden Informationen zur Erfüllung ihrer Aufgaben weiterleitet.
La communication d'informations par la CSSF autorisée par le présent paragraphe est soumise à la condition que ces informations tombent sous le secret professionnel des autorités qui les reçoivent, et, n'est autorisée que dans la mesure où le secret professionnel de ces organismes offre des garanties au moins équivalentes au secret professionnel auquel est soumise la CSSF. En particulier, les autorités qui reçoivent des informations de la part de la CSSF, ne peuvent les utiliser qu'aux fins pour lesquelles elles leur ont été communiquées et doivent être en mesure d'assurer qu'aucun autre usage n'en sera fait.	Die nach diesem Absatz zulässige Weiterleitung von Informationen durch die CSSF darf nur insoweit erfolgen, als diese Informationen unter das Berufsgeheimnis der Behörden fallen, die diese empfangen und ist nur insoweit zugelassen, als das Berufsgeheimnis dieser Behörden mindestens den Anforderungen an das Berufsgeheimnis entspricht, dem die CSSF unterliegt. So dürfen insbesondere die Behörden, die Informationen von der CSSF erhalten, diese nur zu den Zwecken verwenden, zu denen sie übermittelt wurden und müssen gewährleisten können, dass kein sonstiger Gebrauch von ihnen gemacht wird.
Le présent article ne fait en outre pas obstacle à ce que les autorités ou organismes visés au présent paragraphe communiquent à la CSSF les informations qui lui sont nécessaires aux fins du paragraphe (4). Les informations reçues par la CSSF tombent sous son secret professionnel.	Diesem Artikel steht darüber hinaus nicht entgegen, dass die Behörden oder Institutionen gemäß diesem Absatz der CSSF Informationen übermitteln, die diese zu den in Absatz 4 genannten Zwecken benötigt. Die von der CSSF empfangenen Informationen fallen unter ihr Berufsgeheimnis.
(8) Le présent article ne fait pas obstacle à ce que la CSSF communique l'information visée aux paragraphes (1) à (4) à une chambre de compensation ou un autre organisme	(8) Diesem Artikel steht nicht entgegen, dass die CSSF die Informationen gemäß den Absätzen 1 bis 4 einer Clearingstelle oder einer ähnlichen, gesetzlich anerkannten und mit

similaire reconnu par la loi pour assurer des services de compensation ou de règlement des contrats sur un des marchés au Luxembourg, si la CSSF estime qu'une telle communication est nécessaire afin de garantir le fonctionnement régulier de ces organismes par rapport à des manquements, même potentiels, d'un intervenant sur ce marché.	der Sicherstellung von Clearing- oder Abwicklungsdienstleistungen auf einem der Luxemburger Märkte betrauten Stelle übermittelt, sofern diese Informationen nach Auffassung der CSSF erforderlich sind, um die ordnungsgemäße Funktionsweise dieser Stellen im Falle von tatsächlichen oder potenziellen Verstößen eines Marktteilnehmers sicherzustellen.
La communication d'informations par la CSSF autorisée par le présent paragraphe est soumise à la condition que ces informations tombent sous le secret professionnel des organismes qui les reçoivent, et, n'est autorisée que dans la mesure où le secret professionnel de ces organismes offre des garanties au moins équivalentes au secret professionnel auquel est soumise la CSSF. En particulier, les organismes qui reçoivent des informations de la part de la CSSF, ne peuvent les utiliser qu'aux fins pour lesquelles elles leur ont été communiquées et doivent être en mesure d'assurer qu'aucun autre usage n'en sera fait.	Die nach diesem Absatz zulässige Weiterleitung von Informationen durch die CSSF darf nur insoweit erfolgen, als diese Informationen unter das Berufsgeheimnis der Institutionen fallen, die diese erhalten und ist nur insoweit zugelassen, als das Berufsgeheimnis dieser Institutionen mindestens den Anforderungen an das Berufsgeheimnis entspricht, dem die CSSF unterliegt. So dürfen insbesondere die Institutionen, die Informationen von der CSSF erhalten, diese nur zu den Zwecken verwenden, zu denen sie übermittelt wurden und müssen gewährleisten können, dass kein sonstiger Gebrauch von ihnen gemacht wird.
Les informations reçues par la CSSF en vertu des paragraphes (2) et (3) ne peuvent être divulguées, dans le cas visé au présent paragraphe, sans le consentement exprès des autorités de surveillance qui ont divulgué ces informations à la CSSF.	Die gemäß den Absätzen 2 und 3 von der CSSF erhaltenen Informationen dürfen in dem in diesem Absatz genannten Fall nur mit dem ausdrücklichen Einverständnis der Aufsichtsbehörden, welche die Informationen an die CSSF weitergeleitet haben, weitergegeben werden.
Art. 16. (1) Les décisions à prendre par la CSSF en exécution de la présente loi sont motivées et, sauf péril en la demeure, interviennent après instruction contradictoire. Elles sont notifiées par lettre recommandée ou signifiées par voie d'huissier.	**Art. 16.** (1) Die von der CSSF in Ausführung der Bestimmungen dieses Gesetzes zu treffenden Entscheidungen sind zu begründen und, sofern nicht Gefahr im Verzug besteht, nach Anhörung durchzuführen.
(2) Les décisions de la CSSF concernant l'octroi, le refus ou la révocation des agréments prévus par la présente loi ainsi que les décisions de la CSSF concernant les amendes d'ordre prononcées au titre de l'article 17 de la présente loi peuvent être déférées au tribunal administratif, qui statue comme juge du fond. Le recours doit	(2) Gegen die Entscheidungen der CSSF betreffend die Erteilung, Verweigerung oder den Entzug der in diesem Gesetz vorgesehenen Zulassungen sowie gegen Entscheidungen der CSSF betreffend Geldbußen, welche gemäß Artikel 17 dieses Gesetzes auferlegt wurden, kann Rechtsmittel beim Verwaltungsgericht, das in der Hauptsache

être introduit sous peine de forclusion dans le délai d'un mois à partir de la notification de la décision attaquée.	entscheidet, eingelegt werden. Das Rechtsmittel muss innerhalb einer Ausschlussfrist von einem Monat nach Bekanntgabe der angegriffenen Entscheidung eingelegt werden.
Art. 17. (1) Les dirigeants des SICAR ainsi que les liquidateurs en cas de liquidation volontaire d'une SICAR peuvent être frappés par la CSSF d'une amende d'ordre de quinze à cinq cents euros au cas où ils refuseraient de fournir les rapports financiers et les renseignements demandés ou lorsque ceux-ci se révéleraient incomplets, inexacts ou faux, ainsi qu'en cas d'infraction à l'article 23 de la présente loi ou encore en cas de constatation de toute autre irrégularité grave.	**Art. 17.** (1) Die Geschäftsleiter der SICAR sowie die Liquidatoren im Falle der freiwilligen Liquidation einer SICAR können von der CSSF mit einer Geldbuße von fünfzehn Euro bis fünfhundert Euro belegt werden, wenn sie sich weigern, der CSSF die Finanzberichte und weitere angeforderte Informationen vorzulegen, oder wenn diese sich als unvollständig, ungenau oder unrichtig erweisen oder im Falle eines Verstoßes gegen Artikel 23 dieses Gesetzes, sowie bei Feststellung jeder anderen schwerwiegenden Unregelmäßigkeit.
(2) La même amende d'ordre est prévue à l'encontre de ceux qui contreviendraient aux dispositions de l'article 14.	(2) Dieselbe Geldbuße wird auch gegen Personen verhängt, die gegen die Bestimmungen des Artikels 14 verstoßen.
Chapitre IV: Dissolution et liquidation	**Kapitel IV: Auflösung und Liquidation**
Art. 18. La décision de la CSSF portant retrait de la liste prévue à l'article 13 d'une SICAR entraîne de plein droit, à partir de sa notification à la société concernée et à charge de celle-ci, jusqu'au jour où la décision sera devenue définitive, le sursis à tout paiement par cette société et interdiction sous peine de nullité, de procéder à tous actes autres que conservatoires, sauf autorisation du commissaire de surveillance. La CSSF exerce de plein droit la fonction de commissaire de surveillance, à moins qu'à sa requête, le tribunal d'arrondissement siégeant en matière commerciale nomme un ou plusieurs commissaires de surveillance. La requête motivée, appuyée des documents justificatifs, est déposée à cet effet au greffe du tribunal dans l'arrondissement duquel l'organisme a son siège.	**Art. 18.** Die Entscheidung der CSSF über die Streichung einer SICAR von der in Artikel 13 genannten Liste hat von Rechts wegen ab dem Zeitpunkt der Mitteilung an die betreffende Gesellschaft an und zu deren Lasten bis zu dem Tag, an welchem die Entscheidung rechtskräftig wird, die Aussetzung aller Zahlungen durch diese Gesellschaft und die Untersagung beziehungsweise Nichtigkeit sämtlicher Handlungen, die nicht lediglich Erhaltungsmaßnahmen darstellen, zur Folge, es sei denn, diese sind durch den kommissarischen Leiter genehmigt. Die CSSF nimmt von Rechts wegen die Funktion des kommissarischen Leiters wahr, sofern die Kammer für Handelssachen des Bezirksgerichts auf Antrag der CSSF eine oder mehrere Person(en) mit der Funktion des kommissarischen Leiters be-

	traut. Hierzu ist ein zu begründender und mit Belegen zu versehender Antrag bei der Geschäftsstelle des Bezirksgerichts am Sitz der SICAR einzureichen.
Le tribunal statue à bref délai.	Das Gericht entscheidet kurzfristig.
S'il s'estime suffisamment renseigné, il prononce immédiatement en audience publique sans entendre les parties. S'il l'estime nécessaire, il convoque les parties au plus tard dans les trois jours du dépôt de la requête, par les soins du greffier. Il entend les parties en chambre du conseil et prononce en audience publique.	Sofern es die vorgelegten Angaben für ausreichend erachtet, trifft es unverzüglich und ohne Anhörung der Parteien seine Entscheidung in öffentlicher Sitzung. Sofern es dies jedoch für notwendig erachtet, lädt es durch seine Geschäftsstelle die Parteien spätestens innerhalb von drei Tagen nach Einreichung des Antrages. Das Gericht führt sodann eine Anhörung der Parteien im Kammertermin durch und verkündet seine Entscheidung in öffentlicher Sitzung.
A peine de nullité, l'autorisation écrite des commissaires de surveillance est requise pour tous les actes et décisions de la SICAR.	Für sämtliche Handlungen und Entscheidungen der SICAR ist die schriftliche Zustimmung des kommissarischen Leiters erforderlich. Andernfalls sind solche Handlungen oder Entscheidungen nichtig.
Le tribunal peut toutefois limiter le champ des opérations soumises à l'autorisation.	Das Gericht kann allerdings den Bereich der genehmigungspflichtigen Geschäfte einschränken.
Les commissaires peuvent soumettre à la délibération des organes sociaux toutes propositions qu'ils jugent opportunes. Ils peuvent assister aux délibérations des organes d'administration, de direction, de gestion ou de surveillance de la SICAR.	Der kommissarische Leiter kann den Gesellschaftsorganen alle Vorschläge zur Beratung unterbreiten, die er für angebracht hält. Der kommissarische Leiter ist berechtigt, an den Beschlussverfahren der Verwaltungs-, Leitungs-, Geschäftsführungs- oder Aufsichtsorgane der SICAR teilzunehmen.
Le tribunal arbitre les frais et honoraires des commissaires de surveillance; il peut leur allouer des avances.	Das Gericht setzt die Kosten und Honorare des kommissarischen Leiters fest; es kann Vorschusszahlungen gewähren.
Le jugement prévu par le paragraphe (1) de l'article 19 de la présente loi met fin aux fonctions du commissaire de surveillance qui devra, dans le mois à compter de son remplacement, faire rapport aux liquidateurs nommés par le jugement sur l'emploi des valeurs de la SICAR et leur soumettre les comptes et pièces à l'appui.	Die in Artikel 19 Absatz 1 dieses Gesetzes vorgesehene Gerichtsentscheidung beendet das Amt des kommissarischen Leiters, der innerhalb eines Monats nach seiner Ersetzung den in der Entscheidung bestimmten Liquidatoren, unter Vorlage der Rechnungsunterlagen und Belege, Bericht über die Verwendung der Vermögenswerte der SICAR erstatten muss.
Lorsque la décision de retrait est réformée par les instances de recours visées aux paragraphes (2) et (3) ci-dessus, le commis	Sofern die Entscheidung zum Entzug der Zulassung durch die gemäß den vorstehenden Absätzen (2) und (3) vorgesehenen

saire de surveillance est réputé démissionnaire.	Rechtsmittelinstanzen aufgehoben wird, gilt der kommissarische Leiter als zurückgetreten.
Art. 19. (1) Le tribunal d'arrondissement siégeant en matière commerciale prononce sur la demande du procureur d'Etat, agissant d'office ou à la requête de la CSSF, la dissolution et la liquidation des SICAR, dont l'inscription à la liste prévue à l'article 13, paragraphe (1) aura été définitivement refusée ou retirée.	**Art. 19.** (1) Auf Antrag des Staatsanwaltes, der sowohl von Amts wegen als auch auf Antrag der CSSF tätig werden kann, ordnet die Kammer für Handelssachen des Bezirksgerichts die Auflösung und Liquidation einer SICAR, deren Eintragung in die gemäß Artikel 13 Absatz 1 vorgesehene Liste endgültig verweigert oder gelöscht wurde, an.
En ordonnant la liquidation, le tribunal nomme un juge-commissaire ainsi qu'un ou plusieurs liquidateurs. Il arrête le mode de liquidation. Il peut rendre applicables dans la mesure qu'il détermine les règles régissant la liquidation de la faillite. Le mode de liquidation peut être modifié par décision ultérieure, soit d'office, soit sur requête du ou des liquidateurs.	Das Gericht ernennt mit der Anordnung zur Liquidation einen kommissarischen Richter sowie einen oder mehrere Liquidator(en). Es legt die Art und Weise der Liquidation fest. Es kann nach eigenem Ermessen festsetzen, inwieweit die Regeln der Insolvenzabwicklung Anwendung finden. Die Art und Weise der Liquidation kann durch eine spätere Entscheidung von Amts wegen oder auf Antrag des Liquidators oder der Liquidatoren geändert werden.
Le tribunal arbitre les frais et honoraires des liquidateurs; il peut leur allouer des avances. Le jugement prononçant la dissolution et ordonnant la liquidation est exécutoire par provision.	Das Gericht setzt die Kosten und Honorare der Liquidatoren fest; es kann Vorschusszahlungen gewähren. Die Gerichtsentscheidung, durch welche die Auflösung beschlossen und die Liquidation angeordnet wird, ist vorläufig vollstreckbar.
(2) Le ou les liquidateurs peuvent intenter et soutenir toutes actions pour la SICAR, recevoir tous paiements, donner mainlevée avec ou sans quittance, réaliser toutes les valeurs mobilières de la SICAR et en faire le réemploi, créer ou endosser tous effets de commerce, transiger ou compromettre sur toutes contestations. Ils peuvent aliéner les immeubles de la SICAR par adjudication publique.	(2) Der oder die Liquidatoren können für die SICAR sämtliche Handlungen einleiten und vornehmen, Zahlungen in Empfang nehmen, Löschung gegen Quittung oder ohne Quittung veranlassen, alle beweglichen Vermögenswerte der SICAR veräußern und wiederanlegen, Wechsel ausgeben oder übertragen sowie in allen streitigen Angelegenheiten Vergleiche abschließen oder Verzichtserklärungen abgeben. Sie können Immobilien der SICAR im Wege einer öffentlichen Versteigerung veräußern.
Ils peuvent, en outre, mais seulement avec l'autorisation du tribunal, hypothéquer ses biens, les donner en gage, aliéner ses immeubles, de gré à gré.	Sie können darüber hinaus ausschließlich mit Genehmigung des Gerichts auf einzelvertraglicher Basis ihre Güter mit Hypotheken belasten, verpfänden oder ihre Immobilien veräußern.

(3) A partir du jugement, toutes actions mobilières ou immobilières, toutes voies d'exécution sur les meubles ou les immeubles ne pourront être suivies, intentées ou exercées que contre les liquidateurs.	(3) Mit Erlass der Gerichtsentscheidung können sämtliche Mobiliar- und Immobiliarklagen sowie jegliche Vollstreckungshandlungen im Zusammenhang mit beweglichem oder unbeweglichem Vermögen nur noch gegenüber den Liquidatoren verfolgt, eingeleitet oder ausgeführt werden.
Le jugement de mise en liquidation arrête toutes saisies, à la requête des créanciers chirographaires et non privilégiés sur les meubles et immeubles.	Die Gerichtsentscheidung über die Liquidation beendet jegliche Beschlagnahme auf Antrag von nicht bevorzugten und nicht mit Privilegien ausgestatteten Gläubigern im Hinblick auf bewegliches und unbewegliches Vermögen.
(4) Après le paiement ou la consignation des sommes nécessaires au paiement des dettes, les liquidateurs distribuent aux investisseurs les sommes ou valeurs qui leur reviennent.	(4) Nach Zahlung der Verbindlichkeiten bzw. nach Hinterlegung der zur Zahlung der Verbindlichkeiten notwendigen Beträge kehren die Liquidatoren den Anlegern die ihnen jeweils zustehenden Beträge oder Vermögenswerte aus.
(5) Les liquidateurs peuvent convoquer de leur propre initiative et doivent convoquer sur demande des investisseurs représentant au moins le quart des avoirs de la SICAR une assemblée générale des investisseurs à l'effet de décider si au lieu d'une liquidation pure et simple il y a lieu de faire apport de l'actif de la SICAR en liquidation à une autre SICAR. Cette décision est prise, à condition que l'assemblée générale soit composée d'un nombre d'investisseurs représentant la moitié au moins de la valeur de la mise constitutive ou du capital social, à la majorité des deux tiers des voix des investisseurs présents ou représentés.	(5) Die Liquidatoren können auf eigenes Betreiben und müssen auf Antrag von Anlegern, die mindestens ein Viertel der Vermögenswerte der SICAR vertreten, eine Generalversammlung der Anleger zur Entscheidung darüber einberufen, ob anstelle einer einfachen Liquidation die Einbringung der Vermögenswerte der SICAR in Liquidation in eine andere SICAR zu veranlassen ist. Diese Entscheidung wird nur dann gefasst, wenn die Anleger auf dieser Generalversammlung mindestens die Hälfte des Wertes der Gründungseinlage der Anteile oder des Gesellschaftskapitals vertreten und wenn der Beschluss mit einer Mehrheit von mindestens zwei Dritteln der Stimmen der anwesenden oder vertretenen Anleger gefasst wird.
(6) Les décisions judiciaires prononçant la dissolution et ordonnant la liquidation d'une SICAR sont publiées au Mémorial et dans deux journaux à diffusion adéquate dont au moins un journal luxembourgeois, désignés par le tribunal. Ces publications sont faites à la diligence du ou des liquidateurs.	(6) Die Gerichtsentscheidung, durch die die Auflösung einer SICAR beschlossen und ihre Liquidation angeordnet wird, wird im Mémorial und in zwei vom Gericht benannten, hinreichend verbreiteten Tageszeitungen, von denen mindestens eine eine Luxemburger Tageszeitung sein muss, veröffentlicht. Für die Veröffentlichungen tragen der oder die Liquidatoren die Verantwortung.

(7) En cas d'absence ou d'insuffisance d'actif, constatée par le juge-commissaire, les actes de procédure sont exempts de tous droits de greffe et d'enregistrement et les frais et honoraires des liquidateurs sont à charge du Trésor et liquidés comme frais judiciaires.	(7) Wird vom kommissarischen Richter festgestellt, dass keine oder keine ausreichenden Vermögenswerte vorhanden sind, so werden die Verfahrensunterlagen von allen Eintragungs- und Registergebühren freigestellt und die Kosten und Honorare der Liquidatoren von der Staatskasse getragen und wie Gerichtskosten erstattet.
(8) Les liquidateurs sont responsables tant envers les tiers qu'envers la SICAR de l'exécution de leur mandat et des fautes commises par leur gestion.	(8) Die Liquidatoren sind gegenüber Dritten ebenso wie gegenüber der SICAR für die Ausführung ihres Auftrages und für Fehler in ihrer Geschäftsführung haftbar.
(9) Lorsque la liquidation est terminée, les liquidateurs font rapport au tribunal sur l'emploi des valeurs de la SICAR et soumettent les comptes et pièces à l'appui. Le tribunal nomme des commissaires pour examiner les documents.	(9) Nach Abschluss der Liquidation erstatten die Liquidatoren dem Gericht Bericht über die Verwendung der Vermögenswerte der SICAR und legen die Schlussrechnung einschließlich der Belege vor. Das Gericht ernennt Prüfer zur Begutachtung der Unterlagen.
Il est statué, après le rapport des commissaires, sur la gestion des liquidateurs et sur la clôture de la liquidation.	Nach dem Bericht der Prüfer wird über die Geschäftsführung der Liquidatoren und über den Abschluss der Liquidation entschieden.
Celle-ci est publiée conformément au paragraphe (6) ci-dessus. Cette publication comprend en outre :	Dieser Abschluss wird gemäß dem vorstehenden Absatz 6 veröffentlicht. Die Veröffentlichung enthält unter anderem:
• l'indication de l'endroit désigné par le tribunal où les livres et documents sociaux doivent être déposés pendant cinq ans au moins ;	• die Angabe des vom Gericht bezeichneten Ortes, an dem die Bücher und Gesellschaftsunterlagen mindestens fünf Jahre aufbewahrt werden müssen;
• l'indication des mesures prises conformément à l'article 22 en vue de la consignation des sommes et valeurs revenant aux créanciers ou aux investisseurs dont la remise n'a pu leur être faite.	• die Angabe der gemäß Artikel 22 ergriffenen Maßnahmen zur Hinterlegung der Beträge und Vermögenswerte, die denjenigen Gläubigern oder Anlegern zustehen, an die eine Auskehrung nicht erfolgen konnte.
(10) Toutes les actions contre les liquidateurs de la SICAR, pris en cette qualité, se prescrivent par cinq ans à partir de la publication de la clôture des opérations de liquidation prévue au paragraphe (9).	(10) Sämtliche Klagen gegen die Liquidatoren der SICAR in deren Eigenschaft als Liquidatoren verjähren innerhalb von fünf Jahren nach der gemäß Absatz 9 erfolgten Veröffentlichung des Abschlusses der Liquidation.
Les actions contre les liquidateurs, pour faits de leurs fonctions, se prescrivent par cinq ans à partir de ces faits ou, s'ils ont été celés par dol, à partir de la découverte de ces faits.	Klagen gegen die Liquidatoren, die auf Vorfälle im Zusammenhang mit deren Eigenschaft als Liquidatoren gestützt werden, verjähren innerhalb von fünf Jahren nach dem jeweiligen Vorfall beziehungsweise

	nach dessen Entdeckung, sofern diese Vorfälle vorsätzlich verdeckt wurden.
(11) Les dispositions du présent article s'appliquent également aux SICAR qui n'ont pas demandé leur inscription sur la liste prévue à l'article 13 dans le délai y imparti.	(11) Die Bestimmungen dieses Artikels finden auch auf SICAR Anwendung, die ihre Eintragung in der gemäß Artikel 13 vorgesehenen Liste nicht innerhalb der vorgeschriebenen Frist beantragt haben.
Art. 20. (1) Les SICAR sont, après leur dissolution, réputées exister pour leur liquidation. En cas de liquidation non judiciaire, elles restent soumises à la surveillance de la CSSF.	**Art. 20.** (1) Nach ihrer Auflösung bestehen SICAR zum Zweck ihrer Liquidation fort. Ist die Liquidation nicht gerichtlich veranlasst, unterliegen sie weiterhin der Aufsicht der CSSF.
(2) Toutes les pièces émanant d'une SICAR en état de liquidation mentionnent qu'elle est en liquidation.	(2) Sämtliche Unterlagen einer SICAR in Liquidation müssen erwähnen, dass sie sich in Liquidation befindet.
Art. 21. (1) En cas de liquidation non judiciaire d'une SICAR, le ou les liquidateurs doivent être agréés par la CSSF. Le ou les liquidateurs doivent présenter toutes les garanties d'honorabilité et de qualification professionnelles.	**Art. 21.** (1) Ist die Liquidation nicht gerichtlich veranlasst, müssen der oder die Liquidatoren von der CSSF zugelassen worden sein. Der oder die Liquidatoren müssen ihren Leumund sowie ihre berufliche Qualifikation nachweisen.
(2) Lorsque le liquidateur n'accepte pas sa mission ou n'est pas agréé, le tribunal d'arrondissement siégeant en matière commerciale désigne le ou les liquidateurs, à la requête de toute partie intéressée ou de la CSSF. Le jugement désignant le ou les liquidateurs est exécutoire par provision, sur minute et avant l'enregistrement, nonobstant appel ou opposition.	(2) Wenn ein Liquidator seinen Auftrag nicht annimmt oder er nicht zugelassen wird, bestimmt die Kammer für Handelssachen des Bezirksgerichts auf Antrag jedes Betroffenen oder der CSSF den oder die Liquidatoren. Die Gerichtsentscheidung, durch die der Liquidator oder die Liquidatoren bestimmt werden, ist sofort und vor ihrer Registrierung vorläufig vollstreckbar, unbeschadet etwaiger Rechtsmittel oder des Einspruchs.
Art. 22. En cas de liquidation volontaire ou forcée d'une SICAR au sens de la présente loi, les sommes et valeurs revenant à des titres ou parts d'intérêts dont les détenteurs ne se sont pas présentés lors de la clôture des opérations de liquidation sont déposées à la Caisse de Consignation au profit de qui il appartiendra.	**Art. 22.** Im Falle einer freiwilligen oder gezwungenen Liquidation einer SICAR im Sinne dieses Gesetzes werden die Beträge und Vermögenswerte, die den Wertpapieren oder Anteilen zuzuordnen sind, deren Inhaber bis zur Beendigung der Liquidation keine Ansprüche angemeldet haben, bei der Caisse de Consignation zugunsten der Berechtigten hinterlegt.

Chapitre V: Publication d'un prospectus et d'un rapport annuel	Kapitel V: Veröffentlichung eines Prospekts und eines Jahresberichts
Art. 23. (1) La SICAR doit établir un prospectus et un rapport annuel par exercice.	**Art. 23.** (1) Die SICAR hat einen Prospekt und für jedes Geschäftsjahr einen Jahresbericht zu erstellen.
(2) Les rapports annuels assortis de l'attestation du réviseur d'entreprises doivent être mis à la disposition des investisseurs dans les six mois, à compter de la fin de la période à laquelle ces rapports se réfèrent.	(2) Die Jahresberichte sind, zusammen mit dem Bericht des Abschlussprüfers, den Anlegern innerhalb von sechs Monaten nach Ende des Geschäftsjahres, auf das sich diese Berichte beziehen, zur Verfügung zu stellen.
Art. 24. (1) Le prospectus doit contenir les renseignements qui sont nécessaires pour que les investisseurs puissent porter un jugement fondé sur l'investissement qui leur est proposé et les risques qui y sont associés.	**Art. 24.** (1) Der Prospekt muss diejenigen Informationen enthalten, die notwendig sind, damit sich die Anleger über die ihnen vorgeschlagenen Anlagen und die damit verbundenen Risiken ein fundiertes Urteil bilden können.
(2) Le rapport annuel doit contenir un bilan ou un état du patrimoine, un compte ventilé des revenus et des dépenses de l'exercice, un rapport sur les activités de l'exercice écoulé ainsi que toute information significative permettant aux investisseurs de porter en connaissance de cause un jugement sur l'évolution de l'activité et les résultats de la SICAR.	(2) Der Jahresbericht muss eine Bilanz oder eine Vermögensübersicht, eine Gewinn- und Verlustrechnung für das Geschäftsjahr, einen Bericht über die Geschäftstätigkeit des abgelaufenen Geschäftsjahres sowie alle wesentlichen Informationen, die es den Anlegern ermöglichen, sich in umfassender Sachkenntnis ein Urteil über die Entwicklung der Geschäftstätigkeit und Ergebnisse der SICAR zu bilden, enthalten.
(3) Nonobstant l'article 309 de la loi modifiée du 10 août 1915 concernant les sociétés commerciales, la SICAR est exempte de l'obligation d'établir des comptes consolidés.	(3) Ungeachtet Artikel 309 des geänderten Gesetzes vom 10. August 1915 über die Handelsgesellschaften ist die SICAR von der Pflicht, konsolidierte Abschlüsse zu erstellen, befreit.
Art. 25. (1) Les documents constitutifs de la SICAR font partie intégrante du prospectus auquel ils doivent être annexés.	**Art. 25.** (1) Die Gründungsunterlagen der SICAR sind integraler Bestandteil des Prospekts und müssen diesem beigefügt werden.
(2) Toutefois, les documents visés au paragraphe (1) peuvent ne pas être annexés au prospectus, à condition que l'investisseur soit informé qu'il pourra, à sa demande, soit avoir communication de ces documents, soit connaître l'endroit où il pourra les consulter.	(2) Jedoch müssen die in Absatz 1 bezeichneten Dokumente dem Prospekt nicht beigefügt werden, sofern der Anteilsinhaber davon unterrichtet wird, dass ihm auf Verlangen diese Dokumente ausgehändigt werden oder ihm mitgeteilt wird, wo er diese einsehen kann.

Art. 26. Les éléments essentiels du prospectus doivent être à jour au moment de l'émission de titres ou parts d'intérêts supplémentaires à de nouveaux investisseurs.	**Art. 26.** Die wesentlichen Elemente des Prospekts müssen zum Zeitpunkt der Ausgabe von zusätzlichen Wertpapieren oder Anteilen an neue Anleger dem aktuellen Stand entsprechen.
Art. 27. (1) Les SICAR doivent faire contrôler, par un réviseur d'entreprises agréé, les données comptables contenues dans leur rapport annuel.	**Art. 27.** (1) Die SICAR müssen die in ihrem Jahresbericht enthaltenen Rechnungslegungsangaben von einem Abschlussprüfer prüfen lassen.
L'attestation du réviseur d'entreprises agréé et le cas échéant ses réserves sont reproduites intégralement dans chaque rapport annuel.	Der Bestätigungsvermerk des Abschlussprüfers und gegebenenfalls seine Vorbehalte sind in jedem Jahresbericht vollständig wiederzugeben.
Le réviseur d'entreprises agréé doit justifier d'une expérience professionnelle adéquate.	Der Abschlussprüfer muss eine adäquate Berufserfahrung nachweisen können.
(2) Le réviseur d'entreprises agréé est nommé et rémunéré par la SICAR.	(2) Der Abschlussprüfer wird von der SICAR ernannt und vergütet.
(3) Le réviseur d'entreprises agréé est tenu de signaler à la CSSF rapidement tout fait ou toute décision dont il a pris connaissance dans l'exercice du contrôle des données comptables contenues dans le rapport annuel d'une SICAR ou d'une autre mission légale auprès d'une SICAR, lorsque ce fait ou cette décision est de nature à:	(3) Der Abschlussprüfer ist verpflichtet, der CSSF unverzüglich jegliche Tatsache oder Entscheidung zu melden, von der er bei der Prüfung der im Jahresbericht einer SICAR enthaltenen Rechnungslegungsdaten oder bei der Erfüllung anderer gesetzlicher Aufgaben im Zusammenhang mit der SICAR Kenntnis erlangt hat, sofern diese Tatsache oder Entscheidung:
• constituer une violation grave des dispositions de la présente loi ou des dispositions réglementaires prises pour son exécution, ou	• eine schwerwiegende Verletzung der Bestimmungen dieses Gesetzes oder der damit zusammenhängenden aufsichtsrechtlichen Bestimmungen darstellt, oder
• porter atteinte à la continuité de l'exploitation de la SICAR, ou	• die Fortsetzung der Geschäftstätigkeit der SICAR beeinträchtigt, oder
• entraîner le refus de la certification des comptes ou l'émission de réserves y relatives.	• die Verweigerung oder Einschränkung des Bestätigungsvermerks zur Folge hat.
Le réviseur d'entreprises agréé est également tenu d'informer rapidement la CSSF, dans l'accomplissement des missions visées à l'alinéa précédent auprès d'une SICAR, de tout fait ou de toute décision concernant la SICAR et répondant aux critères énumérés à l'alinéa précédent, dont il a eu connaissance en s'acquittant	Des Weiteren ist der Abschlussprüfer verpflichtet, bei der Wahrnehmung der in vorstehendem Absatz genannten Aufgaben im Zusammenhang mit einer SICAR, die CSSF unverzüglich über alle diesbezüglichen Tatsachen oder Entscheidungen zu unterrichten, die unter die im vorstehenden Absatz genannten Kriterien fallen, von denen

du contrôle des données comptables contenues dans leur rapport annuel ou d'une autre mission légale auprès d'une autre entreprise liée à cette SICAR par un lien de contrôle.	der Abschlussprüfer bei der Prüfung der im Jahresbericht enthaltenen Rechnungslegungsdaten oder in Erfüllung anderer gesetzlicher Aufgaben bei einem anderen Unternehmen Kenntnis erlangt hat, das mit dieser SICAR in einem Abhängigkeitsverhältnis steht.
Aux fins du présent article, on entend par lien de contrôle le lien qui existe entre une entreprise mère et une filiale dans les cas visés à l'article 77 de la loi modifiée du 17 juin 1992 relative aux comptes annuels et les comptes consolidés des établissements de crédit, ou par une relation de même nature entre toute personne physique ou morale et une entreprise; toute entreprise filiale d'une entreprise filiale est également considérée comme filiale de l'entreprise mère qui est à la tête de ces entreprises. Est également considérée comme constituant un lien de contrôle entre deux ou plusieurs personnes physiques ou morales, une situation dans laquelle ces personnes sont liées durablement à une même personne par un lien de contrôle.	Im Rahmen dieses Artikels ist unter Abhängigkeitsverhältnis die Verbindung zwischen einem Mutter- und einem Tochterunternehmen in den Fallen gemäß Artikel 77 des geänderten Gesetzes vom 17. Juni 1992 über die Jahresberichte und den konsolidierten Abschluss der Kreditinstitute oder eine gleichgeartete Verbindung zwischen einer natürlichen oder juristischen Person und einem Unternehmen zu verstehen; jedes Tochterunternehmen eines Tochterunternehmens wird ebenfalls als Tochterunternehmen des Mutterunternehmens angesehen, das die Spitze dieses Unternehmens bildet. Ein Abhängigkeitsverhältnis zwischen zwei oder mehreren natürlichen oder juristischen Personen liegt ebenfalls vor, wenn die betreffenden Personen mit ein und derselben Person durch ein Abhängigkeitsverhältnis dauerhaft verbunden sind.
Si dans l'accomplissement de sa mission, le réviseur d'entreprises agréé obtient connaissance du fait que l'information fournie aux investisseurs ou à la CSSF dans les rapports ou autres documents de la SICAR, ne décrit pas d'une manière fidèle la situation financière et l'état du patrimoine de la SICAR, il est obligé d'en informer aussitôt la CSSF.	Erlangt der Abschlussprüfer in Erfüllung seiner Aufgaben Kenntnis davon, dass die den Anlegern oder der CSSF übermittelten Angaben in den Berichten oder in anderen Unterlagen der SICAR die finanzielle Situation und Vermögenslage der SICAR nicht wahrheitsgetreu wiedergeben, muss sie die CSSF hiervon unverzüglich unterrichten.
Le réviseur d'entreprises agréé est en outre tenu de fournir à la CSSF tous les renseignements ou certifications que celle-ci requiert sur les points dont le réviseur d'entreprises agréé a ou doit avoir connaissance dans le cadre de l'exercice de sa mission. Il en va de même si le réviseur d'entreprises agréé obtient connaissance que les actifs de la SICAR ne sont pas ou n'ont pas été investis selon les règles prévues par la loi ou le prospectus.	Der Abschlussprüfer muss darüber hinaus der CSSF sämtliche Informationen oder Bescheinigungen übermitteln, die die CSSF im Hinblick auf Tatsachen anfordert, von denen der Abschlussprüfer bei der Ausführung seines Auftrags Kenntnis erlangt hat oder erlangt haben sollte. Dies gilt gleichermaßen, wenn der Abschlussprüfer davon Kenntnis erlangt, dass die Vermögenswerte der SICAR nicht im Einklang mit den im Gesetz oder dem Prospekt vorgesehenen Regeln angelegt sind oder angelegt wurden.

La divulgation de bonne foi à la CSSF par un réviseur d'entreprises agréé de faits ou décisions visés au présent paragraphe ne constitue pas une violation du secret professionnel, ni une violation d'une quelconque restriction à la divulgation d'informations imposée contractuellement et n'entraîne de responsabilité d'aucune sorte pour le réviseur d'entreprises agréé.	Macht der Abschlussprüfer der CSSF in gutem Glauben Mitteilung über die in diesem Absatz genannten Tatsachen oder Entscheidungen, so gilt dies weder als Verletzung des Berufsgeheimnisses noch als Verletzung einer vertraglich geregelten Verschwiegenheitspflicht und zieht für den Abschlussprüfer keinerlei Haftung nach sich.
Chaque SICAR soumise à la surveillance de la CSSF, et dont les comptes sont soumis au contrôle d'un réviseur d'entreprises agréé, est tenue de communiquer spontanément à la CSSF les rapports et commentaires écrits émis par le réviseur d'entreprises agréé dans le cadre de son contrôle des documents comptables annuels.	Jede der Aufsicht der CSSF unterliegende SICAR, deren Rechnungslegung von einem Abschlussprüfer geprüft werden muss, muss der CSSF unaufgefordert die Berichte und schriftlichen Anmerkungen des Abschlussprüfers im Zusammenhang mit seiner Prüfung der Unterlagen der Jahresabschlüsse übermitteln.
La CSSF peut fixer des règles quant à la portée du mandat de contrôle des documents comptables annuels et quant au contenu des rapports et commentaires écrits du réviseur d'entreprises agréé, prévus à l'alinéa précédent, sans préjudice des dispositions légales régissant le contenu du rapport du contrôleur légal des comptes.	Die CSSF kann den Umfang des Mandats zur Prüfung der Jahresabschlüsse sowie die inhaltlichen Anforderungen an die im vorhergehenden Absatz genannten Berichte und schriftlichen Anmerkungen des Abschlussprüfers festlegen, unbeschadet der gesetzlichen Bestimmungen über den Inhalt des Berichts des Abschlussprüfers.
La CSSF peut demander à un réviseur d'entreprises agréé d'effectuer un contrôle portant sur un ou plusieurs aspects déterminés de l'activité et du fonctionnement d'une SICAR. Ce contrôle se fait aux frais de la SICAR concernée.	Die CSSF kann von einem zugelassenen Wirtschaftsprüfer die Durchführung einer gezielten Prüfung im Hinblick auf eine oder mehrere bestimmte Aspekte der Tätigkeit und der Funktionsweise einer SICAR verlangen. Die Kosten in diesem Zusammenhang gehen zu Lasten der betreffenden SICAR.
(4) La CSSF refuse ou retire l'inscription sur la liste des SICAR dont le réviseur d'entreprises agréé ne remplit pas les conditions ou ne respecte pas les obligations fixées au présent article.	(4) Die CSSF verweigert oder löscht die Eintragung in die Liste derjenigen SICAR, deren Abschlussprüfer entweder die in diesem Artikel aufgestellten Bedingungen nicht erfüllt oder die in diesem Artikel auferlegten Verpflichtungen nicht beachtet.
(5) L'institution des commissaires aux comptes prévue aux articles 61, 109, 114 et 200 de la loi modifiée du 10 août 1915 concernant les sociétés commerciales est supprimée pour les SICAR luxembourgeoises. Les administrateurs sont seuls compétents dans tous les cas où la loi modifiée du	(5) Die Ernennung von Commissaires aux Comptes gemäß Artikel 61, 109, 114 und 200 des geänderten Gesetzes vom 10. August 1915 über die Handelsgesellschaften ist für nach Luxemburger Recht errichtete SICAR nicht erforderlich. Die Verwaltungsratsmitglieder sind in den Fällen, in denen das ge-

10 août 1915 concernant les sociétés commerciales prévoit l'intervention des commissaires aux comptes et des administrateurs réunis.	änderte Gesetz vom 10. August 1915 über die Handelsgesellschaften gemeinsam Maßnahmen der Commissaires aux Comptes und der Verwaltungsratsmitglieder vorsieht, allein zuständig.
L'institution des commissaires prévue à l'article 151 de la loi modifiée du 10 août 1915 concernant les sociétés commerciales est supprimée pour les SICAR. Lorsque la liquidation sera terminée, un rapport sur la liquidation sera établi par le réviseur d'entreprises agréé. Ce rapport sera présenté lors de l'assemblée générale lors de laquelle les liquidateurs feront leur rapport sur l'emploi des valeurs sociales et soumettront les comptes et pièces à l'appui. La même assemblée se prononcera sur l'acceptation des comptes de liquidation, sur la décharge et sur la clôture de la liquidation.	Die Ernennung von Prüfern, wie in Artikel 151 des geänderten Gesetzes vom 10. August 1915 über die Handelsgesellschaften vorgesehen, ist für Luxemburger SICAR nicht erforderlich. Nach Abschluss der Liquidation erstellt der Abschlussprüfer einen Liquidationsbericht. Dieser Bericht wird der Generalversammlung, in der die Liquidatoren ihren Bericht über die Verwendung des Gesellschaftsvermögens vorlegen, zusammen mit der diesbezüglich als Nachweis dienenden Schlussrechnung und den Belegen, vorgelegt. In dieser Generalversammlung wird ebenfalls über die Billigung der Schlussrechnung, die Entlastung und den Liquidationsabschluss entschieden.
Art. 28. La SICAR doit transmettre son prospectus et les modifications de celui-ci ainsi que ses rapports annuels à la CSSF.	**Art. 28.** Die SICAR muss ihren Prospekt und die an diesem vorgenommenen Änderungen sowie ihre Jahresberichte der CSSF übermitteln.
Art. 29. (1) Le prospectus actuellement en vigueur et le dernier rapport annuel doivent être offerts gratuitement au souscripteur avant la conclusion du contrat.	**Art. 29.** (1) Der jeweils gültige Prospekt sowie der letzte Jahresbericht sind den Zeichnern vor Aufnahme vertraglicher Beziehungen kostenlos anzubieten.
(2) Les rapports annuels sont remis sans frais aux investisseurs qui le demandent.	(2) Die Jahresberichte werden den Anlegern auf Anfrage kostenlos übermittelt.
Chapitre VI: Publication d'autres renseignements	**Kapitel VI: Veröffentlichung sonstiger Informationen**
Art. 30.	**Art. 30.**
Art. 31. Toute invitation à acheter des titres ou parts d'intérêts d'une SICAR doit indiquer l'existence d'un prospectus et les endroits où celui-ci peut être obtenu.	**Art. 31.** Jede Aufforderung zum Kauf von Wertpapieren oder Anteilen einer SICAR muss auf das Vorhandensein eines Prospekts hinweisen, und wo dieser erhältlich ist.

Chapitre VII: Communication d'autres informations à la CSSF	Kapitel VII: Mitteilung anderer Informationen an die CSSF
Art. 32. La CSSF peut demander aux SICAR de fournir tout renseignement utile à l'accomplissement de sa mission et peut, à ces fins, prendre inspection, par elle-même ou par ses délégués, des livres, comptes, registres ou autres actes et documents des SICAR.	**Art. 32.** Die CSSF kann von der SICAR sämtliche Informationen verlangen, die zur Erfüllung ihrer Aufgaben nötig sind und kann zu diesem Zweck selbst oder durch ihre Beauftragten Bücher, Konten, Aufzeichnungen oder andere Urkunden und Unterlagen der SICAR einsehen.
Chapitre VIII: Protection du nom	**Kapitel VIII: Bezeichnungsschutz**
Art. 33. (1) Aucune SICAR ne peut faire état d'appellations ou d'une qualification donnant l'apparence d'être soumise à la présente loi, si elle n'a obtenu l'agrément prévu par l'article 12.	**Art. 33.** (1) Keine SICAR darf eine Bezeichnung oder Angaben verwenden, die den Eindruck erwecken, dass sie diesem Gesetz unterliegt, wenn sie keine Zulassung im Sinne von Artikel 12 besitzt.
(2) Le tribunal siégeant en matière commerciale du lieu où est située la SICAR ou du lieu où il est fait usage de l'appellation, à la requête du ministère public, peut interdire à quiconque de faire usage de l'appellation telle que définie au paragraphe (1), lorsque les conditions prescrites par la présente loi ne sont pas ou ne sont plus remplies.	(2) Das für Handelssachen zuständige Gericht am Sitz der SICAR oder dort, wo die Bezeichnung verwendet wird, kann auf Antrag der Staatsanwaltschaft die Benutzung der Bezeichnung wie in Absatz 1 definiert untersagen, wenn die Bedingungen des vorliegenden Gesetzes nicht oder nicht mehr erfüllt sind.
(3) Le jugement ou l'arrêt irrévocable qui prononce cette interdiction est publié par les soins du ministère public et aux frais de la personne condamnée, dans deux journaux luxembourgeois ou étrangers à diffusion adéquate.	(3) Das Urteil oder der unanfechtbare Beschluss über dieses Verbot wird von der Staatsanwaltschaft auf Kosten der verurteilten Personen in zwei Luxemburger oder ausländischen Tageszeitungen mit adäquater Verbreitung veröffentlicht.
Chapitre IX: Dispositions fiscales	**Kapitel IX: Steuerliche Bestimmungen**
Art. 34. (1) La loi modifiée du 4 décembre 1967 concernant l'impôt sur le revenu est modifiée comme suit:	**Art. 34.** (1) Das geänderte Gesetz vom 4. Dezember 1967 über die Einkommensteuer wird wie folgt abgeändert:
a) L'article 14, numéro 1 est complété par la phrase suivante: «La société d'investissement en capital à risque (SICAR) sous forme de société en commandite simple n'est cependant pas à considérer comme entreprise commerciale;»	a) Artikel 14 Nummer 1 wird durch den folgenden Satz ergänzt: „Die Investmentgesellschaft zur Anlage in Risikokapital (SICAR) in der Form einer Kommanditgesellschaft ist indessen nicht als Handelsgesellschaft anzusehen;"

b) Le numéro 3 de l'article 147 est modifié et complété comme suit: «3. lorsque les revenus sont alloués par une société holding de droit luxembourgeois définie par la loi du 31 juillet 1929 ou par un organisme de placement collectif (OPC), y compris une société d'investissement en capital à risque (SICAR), de droit luxembourgeois, sans préjudice toutefois de l'imposition desdits revenus dans le chef des bénéficiaires résidents.»	b) Nummer 3 des Artikels 147 wird wie folgt abgeändert und ergänzt: ,,3. wenn die Einkünfte durch eine Holding Luxemburger Rechts gemäß dem Gesetz vom 31. Juli 1929 oder durch einen Organismus für gemeinsame Anlagen (OGA) Luxemburger Rechts, einschließlich einer Investmentgesellschaft zur Anlage in Risikokapital (SICAR), gewährt werden, jedoch vorbehaltlich der Besteuerung dieser Einkünfte bei Gebietsansässigen."
c) L'article 156, numéro 8, est complété par un littera c) libellé comme suit: «c) Ne sont toutefois pas visés aux numéros 8a et 8b, les revenus provenant de la cession d'une participation dans une société d'investissement en capital à risque (SICAR).»	c) Artikel 156 Nummer 8 wird durch einen Buchstaben c folgendermaßen ergänzt: „c) Den Nummer 8 Buchstabe a und Buchstabe b unterfallen hingegen solche Einkünfte nicht, die aus der Übertragung eines Anteils an einer Investmentgesellschaft zur Anlage in Risikokapital (SICAR) stammen."
d) L'article 164bis est complété par l'insertion après l'alinéa 4 d'un nouvel alinéa 5 libellé comme suit: «(5) Les sociétés d'investissement en capital à risque (SICAR) sont exclues du champ d'application du présent article.» Les autres alinéas sont renumérotés en conséquence.	d) Artikel 164bis wird durch die Einführung eines neuen Absatzes 5 nach Absatz 4 wie folgt ergänzt: „(5) Die Investmentgesellschaften zur Anlage in Risikokapital (SICAR) unterfallen diesem Artikel nicht." Die anderen Absätze werden entsprechend neu beziffert.
(2) Ne constituent pas des revenus imposables dans le chef d'une société de capitaux visée par la présente loi, les revenus provenant des valeurs mobilières ainsi que les revenus dégagés par la cession, l'apport ou la liquidation de ces actifs. Les moins-values réalisées lors de la cession de valeurs mobilières ainsi que les moins-values non réalisées mais comptabilisées par suite de la réduction de valeur de ces actifs ne peuvent pas être déduites des revenus imposables de la société.	(2) Als steuerpflichtige Einkünfte einer Kapitalgesellschaft im Sinne dieses Gesetzes gelten nicht Einkünfte aus Wertpapieren sowie aus der Übertragung, Einlage oder Rücknahme dieser Vermögensgegenstande. Die anlässlich der Übertragung realisierten Verluste sowie die nicht realisierten, aber infolge der Wertminderung verbuchten Verluste können nicht von den steuerpflichtigen Einkünften der Gesellschaft abgeschrieben werden.
(3) Ne constituent pas des revenus imposables dans le chef d'une SICAR les revenus obtenus sur les fonds qui sont en attente pour être placés en capital à risque; cette exemption ne s'applique que s'il peut être établi que les fonds en cause ont été effectivement placés en capital à risque et	(3) Als steuerpflichtige Einkünfte einer SICAR gelten nicht die Einkünfte aus Vermögenswerten, welche zu einer nachfolgenden Risikoanlage bestimmt sind; diese Befreiung greift nur, sofern nachgewiesen werden kann, dass die betroffenen Vermögenswerte tatsächlich in Risikokapital an-

que pour une période de douze mois au plus immédiatement antérieure à leur placement en capital à risque.	gelegt worden sind, und sofern der Anlage als Risikokapital unmittelbar ein Zeitraum von maximal zwölf Monaten vorausgegangen ist.
Art. 35. L 'alinéa 1er du paragraphe 3 de la loi modifiée du 16 octobre 1934 concernant l'impôt sur la fortune est complété par la réinsertion d'un numéro 5 libellé comme suit:	**Art. 35.** Der erste Unterabsatz von Absatz 3 des geänderten Gesetzes vom 16. Oktober 1934 über die Vermögenssteuer wird durch die Wiedereinfügung einer Nummer 5 wie folgt ergänzt:
«5. les sociétés d'investissement en capital à risque (SICAR) constituées sous la forme d'une société de capitaux.»	„5. die Investmentgesellschaften zur Anlage in Risikokapital (SICAR), die als Kapitalgesellschaften gegründet wurden."
Art. 36. La loi modifiée du 1er décembre 1936 concernant l'impôt commercial communal est modifiée comme suit:	**Art. 36.** Das geänderte Gesetz vom 1. Dezember 1936 über die Gewerbesteuer wird wie folgt abgeändert:
a) L'alinéa 2 du paragraphe 2 est complété par l'ajout d'un numéro 4 libellé comme suit: «4. Les dispositions du numéro 3 ne sont pas applicables dans le chef d'une société d'investissement en capital à risque (SICAR) constituée sous forme de société en commandite simple.»	a) Der zweite Unterabsatz von Absatz 2 wird durch die Einfügung einer Nummer 4 mit dem folgenden Wortlaut ergänzt: „4. Die Bestimmungen der Nummer 3 finden auf eine Investmentgesellschaft zur Anlage in Risikokapital (SICAR), die in Form einer Kommanditgesellschaft gegründet wurde, keine Anwendung."
b) Le paragraphe 9 est complété par un numéro 2b qui a la teneur suivante: «2b. des parts de bénéfice ajoutées en vertu du paragraphe 8 No 4 au bénéfice d'exploitation d'une société en commandite par actions, pour autant qu' elles sont comprises dans le bénéfice d'exploitation déterminé suivant le paragraphe 7.»	b) Absatz 9 wird durch eine Nummer 2b ergänzt mit dem folgenden Wortlaut: „2b. Gewinnanteile, die nach Absatz 8 Ziffer 4 zum Gewinn einer Kommanditgesellschaft auf Aktien hinzugefügt wurden, sofern sie in dem Geschäftsgewinn nach Absatz 7 enthalten sind."
Art. 37.	**Art. 37.**
Art. 38. A l'article 44 paragraphe 1 sous d) de la loi modifiée du 12 février 1979 concernant la taxe sur la valeur ajoutée, les mots «, y compris de SICAR,» sont insérés après le terme «OPC».	**Art. 38.** In Artikel 44 Absatz 1 Buchstabe d des geänderten Gesetzes vom 12. Februar 1979 über die Mehrwertsteuer werden nach dem Begriff „OGA" die Worte „einschließlich SICAR" eingefügt.

Chapitre X: Dispositions pénales	Kapitel X: Strafbestimmungen
Art. 39. Sont punis d'une amende de cinq cents à vingt-cinq mille euros ceux qui en violation de l'article 33 ont fait état d'une appellation ou d'une qualification donnant l'apparence d'activités soumises à la présente loi s'ils n'ont pas obtenu l'agrément prévu par l'article 12.	**Art. 39.** Mit einer Geldbuße von mindestens fünfhundert und höchstens fünfundzwanzigtausend Euro wird belegt, wer unter Verstoß gegen Artikel 33 eine Bezeichnung gebraucht oder eine Angabe verwendet hat, die den Anschein einer diesem Gesetz unterliegenden Geschäftstätigkeit erweckt, ohne dass eine Zulassung gemäß Artikel 12 erteilt wurde.
Art. 40.	**Art. 40.**
Art. 41. Sont punis d'une peine d'emprisonnement d'un mois à un an et d'une amende de cinq cents à vingt-cinq mille euros, ou d'une de ces peines seulement, les fondateurs ou dirigeants d'une SICAR qui ont contrevenu aux dispositions des articles 5 (1) et 5 (3) de la présente loi.	**Art. 41.** Mit einer Haftstrafe von mindestens einem Monat und höchstens einem Jahr und/oder einer Geldbuße von mindestens fünfhundert und höchstens fünfundzwanzigtausend Euro wird belegt, wer als Gründungsgesellschafter oder Geschäftsleiter einer SICAR gegen die Bestimmungen der Artikel 5 Absatz 1 und Artikel 5 Absatz 3 dieses Gesetzes verstoßen hat.
Art. 42. Sont punis d'un emprisonnement de trois mois à deux ans et d'une amende de cinq cents à cinquante mille euros, ou d'une de ces peines seulement, ceux qui ont procédé ou fait procéder à des opérations de collecte de l'épargne auprès des investisseurs visés sans que la SICAR pour laquelle ils ont agi ait été inscrite sur la liste prévue à l'article 13.	**Art. 42.** Mit einer Haftstrafe von mindestens drei Monaten und höchstens zwei Jahren und/oder einer Geldbuße von mindestens fünfhundert und höchstens fünfzigtausend Euro wird belegt, wer es unternommen hat oder hat unternehmen lassen, Einlagen bei Anlegern zu beschaffen, ohne dass die betreffende SICAR in die Liste nach Artikel 13 eingetragen war.
Art. 43. Sont punis d'une peine d'emprisonnement d'un mois à un an et d'une amende de cinq cents à vingt-cinq mille euros, ou d'une de ces peines seulement, les dirigeants des SICAR qui, nonobstant les dispositions de l'article 18, ont fait des actes autres que conservatoires, sans y être autorisés par le commissaire de surveillance.	**Art. 43.** Mit einer Haftstrafe von mindestens einem Monat und höchstens einem Jahr und/oder einer Geldbuße von mindestens fünfhundert und höchstens fünfundzwanzigtausend Euro wird belegt, wer als Geschäftsleiter einer SICAR, unbeschadet der Bestimmungen des Artikels 18, andere Maßnahmen als die der Erhaltung getroffen hat, ohne hierzu von der kommissarischen Leitung ermächtigt worden zu sein.

Chapitre XI: Disposition finale	Kapitel XI: Schlussbestimmungen
Art. 44. La référence à la présente loi peut se faire sous forme abrégée en recourant à l'intitulé suivant: «Loi du 15 juin 2004 relative à la société d'investissement en capital à risque (SICAR)».	**Art. 44.** Die Bezugnahme auf dieses Gesetz kann in verkürzter Form wie folgt erfolgen wie folgt: „Gesetz vom 15. Juni 2004 über Investmentgesellschaften zur Anlage in Risikokapital (SICAR)".
Chapitre XII: Disposition modificative	**Kapitel XII: Änderungsbestimmungen**
Art. 45. Le paragraphe (3) de l'article 129 de la loi modifiée du 20 décembre 2002 concernant les organismes de placement collectif est complété par l'ajout d'un point (c) libellé comme suit:	**Art. 45.** Absatz 3 des Artikels 129 des geänderten Gesetzes vom 20. Dezember 2002 über Organismen für gemeinsame Anlagen wird durch einen Punkt c) mit dem folgenden Text ergänzt:
«(c) Les OPC dont les titres sont réservés à (i) des institutions de retraite professionnelle, ou véhicules d'investissement similaires, créés sur l'initiative d'un même groupe pour le bénéfice de ses salariés et (ii) des sociétés de ce même groupe investissant les fonds qu'ils détiennent, pour fournir des prestations de retraite à leurs salariés.»	„c) Die OGA, deren Wertpapiere (i) Einrichtungen der betrieblichen Altersvorsorge oder ähnlichen Anlagevehikeln, die auf Initiative einer gleichen Gruppe zur Versorgung ihrer Mitarbeiter gegründet wurden, und (ii) Gesellschaften der gleichen Gruppe, die die Fonds, die sie halten, investieren, um ihren Mitarbeitern eine Altersvorsorge zu bieten, vorbehalten sind."
Partie II – Dispositions spécifiques applicables aux SICAR dont la gestion relève d'un gestionnaire agréé au titre du chapitre 2 de la loi du 12 juillet 2013 relative aux gestionnaires de fonds d'investissement alternatifs ou du chapitre II de la directive 2011/61/UE	**Teil II – Besondere Bestimmungen für SICAR, deren Verwaltung von einem Verwalter vorgenommen wird, der gemäß Kapitel 2 des Gesetzes vom 12. Juli 2013 über die Verwalter alternativer Investments oder Kapitel II der Richtlinie 2011/61/EU zugelassen ist**
Art. 46. La présente partie s'applique par dérogation aux règles générales de la partie I de la présente loi aux SICAR dont la gestion relève d'un gestionnaire agréé au titre du chapitre 2 de la loi du 12 juillet 2013 relative aux gestionnaires de fonds d'investissement alternatifs ou du chapitre II de la directive 2011/61/UE.	**Art. 46.** Dieser Teil ist abweichend von den allgemeinen Bestimmungen des Teils I dieses Gesetzes auf SICAR, die von einem nach Kapitel 2 des Gesetzes vom 12. Juli 2013 über die Verwalter alternativer Investmentfonds oder nach Kapitel II der Richtlinie 2011/61/EU zugelassenen AIFM verwaltet werden, anzuwenden.
Art. 47. (1) Toute SICAR relevant de la présente partie doit être gérée par un	**Art. 47.** (1) Jede SICAR im Sinne des vorliegenden Teils muss von einem AIFM verwal-

gestionnaire, qui peut être soit un gestionnaire établi au Luxembourg agréé au titre du chapitre 2 de la loi du 12 juillet 2013 relative aux gestionnaires de fonds d'investissement alternatifs, soit un gestionnaire établi dans un autre État membre ou dans un pays tiers et qui est agréé au titre du chapitre II de la directive 2011/61/UE, sous réserve de l'application de l'article 66, paragraphe (3), de ladite directive lorsque la SICAR est gérée par un gestionnaire établi dans un pays tiers.	tet werden, der entweder ein in Luxemburg niedergelassener nach Kapitel 2 des Gesetzes vom 12. Juli 2013 über die Verwalter alternativer Investmentfonds zugelassener AIFM oder ein in einem anderen Mitgliedstaat oder in einem Drittland ansässigen nach Kapitel II der Richtlinie 2011/61/EU zugelassener AIFM sein kann, jedoch unter Vorbehalt der Anwendung des Artikels 66 Absatz 3 der genannten Richtlinie, sofern die Verwaltung der SICAR durch einen in einem Drittland ansässigen AIFM durchgeführt wird.
(2) Le gestionnaire doit être déterminé conformément aux dispositions prévues à l'article 4 de la loi du 12 juillet 2013 relative aux gestionnaires de fonds d'investissement alternatifs respectivement conformément aux dispositions de l'article 5 de la directive 2011/61/UE.	(2) Der AIFM muss im Einklang mit den Bestimmungen des Artikels 4 des Gesetzes vom 12. Juli 2013 über die Verwalter alternativer Investmentfonds beziehungsweise im Einklang mit den Bestimmungen des Artikels 5 der Richtlinie 2011/61/EU bestimmt werden.
Le gestionnaire est:	Der AIFM ist:
a) soit un gestionnaire externe, qui est la personne morale désignée par la SICAR ou pour le compte de la SICAR et qui, du fait de cette désignation, est chargé de gérer cette SICAR; en cas de désignation d'un gestionnaire externe, celuici doit être agréé conformément aux dispositions du chapitre 2 de la loi du 12 juillet 2013 relative aux gestionnaires de fonds d'investissement alternatifs respectivement conformément aux dispositions du chapitre II de la directive 2011/61/UE;	a) entweder ein externer AIFM, der eine juristische Person und von der SICAR oder im Namen der SICAR ernannt ist und der aufgrund dieser Ernennung mit der Verwaltung dieser SICAR betraut ist; im Falle der Ernennung eines externen AIFM muss dieser gemäß den Bestimmungen des Kapitels 2 des Gesetzes vom 12. Juli 2013 über die Verwalter alternativer Investmentfonds bzw. gemäß den Bestimmungen des Kapitels II der Richtlinie 2011/61/EU zugelassen sein;
b) soit, lorsque l'organe directeur de la SICAR décide de ne pas désigner de gestionnaire externe, la SICAR ellemême.	b) oder, sofern das geschäftsführende Organ der SICAR entscheidet, keinen externen AIFM zu ernennen, die SICAR selbst.
Une SICAR qui est gérée de manière interne au sens du présent article doit, outre l'agrément requis au titre de l'article 12 de la présente loi, être agréée en tant que gestionnaire au titre du chapitre 2 de la loi du 12 juillet 2013 relative aux gestionnaires de fonds d'investissement alternatifs. La SICAR en question doit veiller en permanence au respect de l'ensemble des	Eine im Sinne dieses Absatzes intern verwaltete SICAR muss neben der gemäß Artikel 12 dieses Gesetzes erforderlichen Zulassung auch als AIFM im Sinne des Kapitels 2 des Gesetzes vom 12. Juli 2013 über die Verwalter alternativer Investmentfonds zugelassen sein. Die betreffende SICAR muss ständig die Einhaltung aller Bestimmungen des genannten Gesetzes überwachen, so-

dispositions de ladite loi, pour autant que ces dispositions lui sont applicables.	weit diese Bestimmungen auf sie anwendbar sind.
Art. 48. (1) La garde des actifs d'une SICAR relevant de la présente partie doit être confiée à un dépositaire désigné conformément aux dispositions de l'article 19 de la loi du 12 juillet 2013 relative aux gestionnaires de fonds d'investissement alternatifs.	**Art. 48.** (1) Die Verwahrung der Vermögenswerte einer SICAR im Sinne dieses Teils muss einer gemäß Artikel 19 des Gesetzes vom 12. Juli 2013 über die Verwalter alternativer Investmentfonds ernannten Verwahrstelle anvertraut werden.
(2) Le dépositaire doit, soit avoir son siège statutaire au Luxembourg, soit y avoir une succursale, s'il a son siège statutaire dans un autre État membre de l'Union européenne.	(2) Die Verwahrstelle muss entweder ihren satzungsmäßigen Sitz in Luxemburg haben oder dort eine Zweigniederlassung unterhalten, wenn sie ihren satzungsmäßigen Sitz in einem anderen Mitgliedstaat der Europäischen Union hat.
(3) Sans préjudice de la disposition prévue au deuxième alinéa du présent paragraphe, le dépositaire doit être un établissement de crédit ou une entreprise d'investissement au sens de la loi modifiée du 5 avril 1993 relative au secteur financier. Une entreprise d'investissement n'est éligible au titre de dépositaire que dans la mesure où cette entreprise d'investissement répond par ailleurs aux conditions prévues à l'article 19, paragraphe (3), de la loi du 12 juillet 2013 relative aux gestionnaires de fonds d'investissement alternatifs.	(3) Unbeschadet der Bestimmungen des zweiten Absatzes muss die Verwahrstelle ein Kreditinstitut oder eine Wertpapierfirma im Sinne des geänderten Gesetzes vom 5. April 1993 über den Finanzsektor sein. Eine Wertpapierfirma ist nur unter der Bedingung als Verwahrstelle zulässig, dass diese Wertpapierfirma außerdem die Voraussetzungen des Artikels 19 Absatz 3 des Gesetzes vom 12. Juli 2013 über die Verwalter alternativer Investmentfonds erfüllt.
Pour les SICAR pour lesquelles aucun droit au remboursement ne peut être exercé pendant une période de cinq ans suivant la date des investissements initiaux et qui, conformément à leur politique principale en matière d'investissements, n'investissent généralement pas dans des actifs qui doivent être conservés conformément à l'article 19, paragraphe (8), point a), de la loi du 12 juillet 2013 relative aux gestionnaires de fonds d'investissement alternatifs ou qui investissent généralement dans des émetteurs ou des sociétés non cotées pour éventuellement en acquérir le contrôle conformément à l'article 24 de ladite loi, le dépositaire peut également être une entité de droit luxembourgeois qui a le statut de dépositaire professionnel d'actifs autres	Für solche SICAR, bei denen innerhalb von fünf Jahren nach Tätigung der ersten Anlagen keine Rücknahmerechte ausgeübt werden können und die in Übereinstimmung mit ihrer generellen Anlagestrategie grundsätzlich nicht in Vermögenswerte investieren, die gemäß Artikel 19 Absatz 8 Buchstabe a) des Gesetzes vom 12. Juli 2013 über die Verwalter alternativer Investmentfonds verwahrt werden müssen, oder in der Regel in Emittenten oder nicht börsennotierte Unternehmen investieren, um gemäß Artikel 24 des genannten Gesetzes gegebenenfalls die Kontrolle über solche Unternehmen zu erlangen, kann die Verwahrstelle auch ein Luxemburger Rechtsträger sein, der den Status einer professionellen Verwahrstelle von anderen Vermögenswerten

que des instruments financiers visé à l'article 26-1 de la loi modifiée du 5 avril 1993 relative au secteur financier.	als Finanzinstrumente im Sinne des Artikels 26-1 des geänderten Gesetzes vom 5. April 1993 über den Finanzsektor hat.
(4) Le dépositaire est tenu de fournir à la CSSF sur demande toutes les informations que le dépositaire a obtenues dans l'exercice de ses fonctions et qui sont nécessaires pour permettre à la CSSF de surveiller le respect de la présente loi par la SICAR.	(4) Die Verwahrstelle ist verpflichtet, der CSSF auf Anfrage sämtliche Informationen zu übermitteln, die sie in Ausübung ihrer Funktion erhalten hat, und die notwendig sind, um der CSSF die Überprüfung der Einhaltung dieses Gesetzes durch die SICAR zu ermöglichen.
(5) Les missions et la responsabilité du dépositaire sont définies suivant les règles contenues dans l'article 19 de la loi du 12 juillet 2013 relative aux gestionnaires de fonds d'investissement alternatifs.	(5) Die Aufgaben und die Haftung der Verwahrstelle sind gemäß den in Artikel 19 des Gesetzes vom 12. Juli 2013 über die Verwalter alternativer Investmentfonds enthaltenen Regelungen definiert.
Art. 49. Sans préjudice de l'application des dispositions de l'article 5 (3) de la présente loi, l'évaluation des actifs des SICAR relevant de la présente partie se fait conformément aux règles contenues à l'article 17 de la loi du 12 juillet 2013 relative aux gestionnaires de fonds d'investissement alternatifs et dans les actes délégués prévus par la directive 2011/61/UE.	**Art. 49.** Unbeschadet der Anwendbarkeit der Bestimmungen des Artikels 5 Absatz 3 dieses Gesetzes erfolgt die Bewertung der Vermögenswerte der SICAR im Sinne dieses Teils im Einklang mit den in Artikel 17 des Gesetzes vom 12. Juli 2013 über die Verwalter alternativer Investmentfonds und in den von der Richtlinie 2011/61/EU vorgesehenen delegierten Rechtsakten enthaltenen Regelungen.
Art. 50. Par dérogation à l'article 24, paragraphe (2), de la présente loi, le contenu du rapport annuel des SICAR relevant de la présente partie est régi par les règles figurant aux articles 20 et 26 de la loi du 12 juillet 2013 relative aux gestionnaires de fonds d'investissement alternatifs et dans les actes délégués prévus par la directive 2011/61/UE.	**Art. 50.** Abweichend von Artikel 24 Absatz 2 dieses Gesetzes bestimmt sich der Inhalt des Jahresberichts der SICAR im Sinne dieses Teils nach den in Artikel 20 und 26 des Gesetzes vom 12. Juli 2013 über die Verwalter alternativer Investmentfonds und in den von der Richtlinie 2011/61/EU vorgesehenen delegierten Rechtsakten enthaltenen Regelungen.
Art. 51. En ce qui concerne les informations à communiquer aux investisseurs, les SICAR relevant de la présente partie doivent se conformer aux règles contenues à l'article 21 de la loi du 12 juillet 2013 relative aux gestionnaires de fonds d'investissement alternatifs et dans les actes délégués prévus par la directive 2011/61/UE.	**Art. 51.** Im Hinblick auf die den Anlegern zu übermittelnden Informationen müssen die SICAR im Sinne dieses Teils die Regelungen einhalten, die in Artikel 21 des Gesetzes vom 12. Juli 2013 über die Verwalter alternativer Investmentfonds und in den in der Richtlinie 2011/61/EU vorgesehenen delegierten Rechtsakten enthalten sind.

Art. 52. La CSSF peut demander aux SICAR relevant de la présente partie de fournir toute information visée à l'article 24 de la directive 2011/61/UE.	**Art. 52.** Die CSSF kann SICAR im Sinne dieses Teils verlangen, alle in Artikel 24 der Richtlinie 2011/61/EU vorgesehenen Informationen zu beschaffen.
Art. 53. La commercialisation par le gestionnaire dans l'Union européenne des titres ou parts d'intérêts des SICAR relevant de la présente partie ainsi que la gestion sur une base transfrontalière de ces SICAR dans l'Union européenne sont régies par les dispositions énoncées au chapitre 6 de la loi du 12 juillet 2013 relative aux gestionnaires de fonds d'investissement alternatifs pour les SICAR gérées par un gestionnaire établi au Luxembourg, respectivement par les dispositions énoncées aux chapitres VI et VII de la directive 2011/61/UE pour les SICAR gérées par un gestionnaire établi dans un autre État membre ou dans un pays tiers, sous réserve de l'application de l'article 66, paragraphe (3), de ladite directive lorsque la SICAR est gérée par un gestionnaire établi dans un pays tiers.	**Art. 53.** Der Vertrieb von Wertpapieren oder Anteilen der SICAR im Sinne dieses Teils in der Europäischen Union durch den AIFM sowie die grenzüberschreitende Verwaltung dieser SICAR in der Europäischen Union werden für von einem in Luxemburg ansässigen AIFM verwalteten SICAR durch die in Kapitel 6 des Gesetzes vom 12. Juli 2013 über die Verwalter alternativer Investmentfonds aufgeführten Bestimmungen bzw. im Hinblick auf von einem in einem anderen Mitgliedstaat oder einem Drittland niedergelassenen AIFM verwalteten SICAR durch die in den Kapiteln VI und VII der Richtlinie 2011/61/EU aufgeführten Bestimmungen geregelt, jedoch unter Vorbehalt der Anwendbarkeit des Artikels 66 Absatz 3 der genannten Richtlinie, falls die SICAR von einem in einem Drittland ansässigen AIFM verwaltet wird.
Partie III – Dispositions transitoires	**Teil III – Übergangsbestimmungen**
Art. 54. Les SICAR créées avant le 22 juillet 2013 disposent d'un délai jusqu'au 22 juillet 2014 pour se mettre en conformité avec l'article 7bis de la présente loi.	**Art. 54.** Die vor dem 22. Juli 2013 gegründeten SICAR erhalten eine Frist bis zum 22. Juli 2014, um Artikel 7bis des vorliegenden Gesetzes zu entsprechen.
Art. 55. (1) Sans préjudice des dispositions transitoires prévues à l'article 58 de la loi du 12 juillet 2013 relative aux gestionnaires de fonds d'investissement alternatifs ou prévues, s'il s'agit d'un gestionnaire établi dans un pays tiers, à l'article 45 de la loi du 12 juillet 2013 relative aux gestionnaires de fonds d'investissement alternatifs, les SICAR dont la gestion relève d'un gestionnaire agréé au titre du chapitre 2 de la loi du 12 juillet 2013 relative aux gestionnaires de fonds d'investissement alternatifs ou du chapitre II de la directive 2011/61/UE,	**Art. 55.** (1) Unbeschadet der in Artikel 58 des Gesetzes vom 12. Juli 2013 über die Verwalter alternativer Investmentfonds vorgesehenen Übergangsbestimmungen oder, falls es sich um einen in einem Drittland ansässigen AIFM handelt, der in Artikel 45 des Gesetzes vom 12. Juli 2013 über die Verwalter alternativer Investmentfonds vorgesehenen Übergangsbestimmungen, müssen SICAR, die von einem gemäß Kapitel 2 des Gesetzes vom 12. Juli 2013 über die Verwalter alternativer Investmentfonds oder gemäß Kapitel II der Richtlinie 2011/61/EU zugelassenen AIFM

créées avant le 22 juillet 2013 doivent se conformer aux dispositions de la partie II de la présente loi à partir du 22 juillet 2014 au plus tard.	verwaltet werden und die vor dem 22. Juli 2013 gegründet wurden, bis zum 22. Juli 2014 die Bestimmungen dieses Teils erfüllen.
(2) Sans préjudice des dispositions transitoires prévues à l'article 58 de la loi du 12 juillet 2013 relative aux gestionnaires de fonds d'investissement alternatifs ou prévues, s'il s'agit d'un gestionnaire établi dans un pays tiers, à l'article 45 de la loi du 12 juillet 2013 relative aux gestionnaires de fonds d'investissement alternatifs, les SICAR dont la gestion relève d'un gestionnaire agréé au titre du chapitre 2 de la loi du 12 juillet 2013 relative aux gestionnaires de fonds d'investissement alternatifs ou du chapitre II de la directive 2011/61/UE, créées entre le 22 juillet 2013 et le 22 juillet 2014, se qualifient comme FIA au sens de la loi du 12 juillet 2013 relative aux gestionnaires de fonds d'investissement alternatifs à partir de leur création. Ces SICAR doivent se conformer aux dispositions figurant à la partie II de la présente loi à partir de leur création. Par dérogation à ce principe, ces SICAR créées entre le 22 juillet 2013 et le 22 juillet 2014 avec un gestionnaire externe qui exerce des activités de gestionnaire avant le 22 juillet 2013, doivent se conformer aux dispositions figurant à la partie II de la présente loi à partir du 22 juillet 2014 au plus tard.	(2) Unbeschadet der in Artikel 58 des Gesetzes vom 12. Juli 2013 über die Verwalter alternativer Investmentfonds vorgesehenen Übergangsbestimmungen oder, falls es sich um einen in einem Drittland ansässigen AIFM handelt, der in Artikel 45 des Gesetzes vom 12. Juli 2013 über die Verwalter alternativer Investmentfonds vorgesehenen Übergangsbestimmungen werden SICAR, die von einem gemäß Kapitel 2 des Gesetzes vom 12. Juli 2013 über die Verwalter alternativer Investmentfonds oder gemäß Kapitel II der Richtlinie 2011/61/EU zugelassenen AIFM verwaltet werden und die zwischen dem 22. Juli 2013 und dem 22. Juli 2014 gegründet wurden, ab ihrem Gründungsdatum als AIF im Sinne des Gesetzes vom 12. Juli 2013 über die Verwalter alternativer Investmentfonds eingestuft. Diese SICAR müssen die Bestimmungen des Teils II dieses Gesetzes ab ihrer Gründung einhalten. In Abweichung von diesem Grundsatz haben diese zwischen dem 22. Juli 2013 und dem 22. Juli 2014 gegründeten SICAR mit einem vor dem 22. Juli 2013 die Tätigkeiten eines AIFM ausübenden externen AIFM die in Teil II dieses Gesetzes aufgeführten Bestimmungen bis spätestens zum 22. Juli 2014 zu erfüllen.
(3) Toutes les SICAR dont la gestion relève d'un gestionnaire agréé au titre du chapitre 2 de la loi du 12 juillet 2013 relative aux gestionnaires de fonds d'investissement alternatifs ou du chapitre II de la directive 2011/61/UE créées après le 22 juillet 2014 seront, sous réserve des dispositions transitoires prévues à l'article 45 de la loi du 12 juillet 2013 applicables aux gestionnaires des fonds d'investissement alternatifs établis dans un pays tiers, de plein droit régies par la partie II de la présente loi. Ces SICAR dont la gestion relève d'un gestionnaire agréé au titre du chapitre 2 de la loi du 12 juillet 2013 relative aux gestionnaires	(3) Die SICAR, die von einem gemäß Kapitel 2 des Gesetzes vom 12. Juli 2013 über die Verwalter alternativer Investmentfonds oder gemäß Kapitel II der Richtlinie 2011/61/EU zugelassenen AIFM verwaltet werden und die nach dem 22. Juli 2014 gegründet werden, unterliegen, vorbehaltlich der in Artikel 45 des Gesetzes vom 12. Juli 2013 vorgesehenen auf in einem Drittland ansässige AIFM anwendbaren Übergangsbestimmungen, von Rechts wegen Teil II dieses Gesetzes. Diese SICAR, die von einem gemäß Kapitel 2 des Gesetzes vom 12. Juli 2013 über die Verwalter alternativer Investmentfonds oder gemäß Kapitel II der

de fonds d'investissement alternatifs ou du chapitre II de la directive 2011/61/UE, ou le cas échéant leur gestionnaire, sont soumises de plein droit aux dispositions de la loi du 12 juillet 2013 relative aux gestionnaires de fonds d'investissement alternatifs.	Richtlinie 2011/61/EU zugelassenen AIFM verwaltet werden, oder gegebenenfalls ihr AIFM, unterliegen von Rechts wegen dem Gesetz vom 12. Juli 2013 über die Verwalter alternativer Investmentfonds.
(4) Les SICAR dont la gestion relève d'un gestionnaire agréé au titre du chapitre 2 de la loi du 12 juillet 2013 relative aux gestionnaires de fonds d'investissement alternatifs ou du chapitre II de la directive 2011/61/UE créées avant le 22 juillet 2013 qui se qualifient au sens de la loi du 12 juillet 2013 relative aux gestionnaires de fonds d'investissement alternatifs comme FIA de type fermé et qui ne réalisent pas d'investissements supplémentaires après cette date, peuvent ne pas se conformer aux dispositions découlant de la partie II de la présente loi.	(4) Die SICAR, die von einem gemäß Kapitel 2 des Gesetzes vom 12. Juli 2013 über die Verwalter alternativer Investmentfonds oder gemäß Kapitel II der Richtlinie 2011/61/EU zugelassenen AIFM verwaltet werden und die vor dem 22. Juli 2013 gegründet wurden und im Sinne des Gesetzes vom 12. Juli 2013 über die Verwalter alternativer Investmentfonds als AIF des geschlossenen Typs einzustufen sind, und die nach diesem Datum keine zusätzlichen Anlagen vornehmen, müssen die Bestimmungen des Teils II dieses Gesetzes nicht einhalten.
(5) Les SICAR dont la gestion relève d'un gestionnaire agréé au titre du chapitre 2 de la loi du 12 juillet 2013 relative aux gestionnaires de fonds d'investissement alternatifs ou du chapitre II de la directive 2011/61/UE qui se qualifient au sens de la loi du 12 juillet 2013 relative aux gestionnaires de fonds d'investissement alternatifs comme FIA de type fermé et dont la période de souscription pour les investisseurs s'est terminée avant le 22 juillet 2011 et qui sont constituées pour une période expirant au plus tard trois ans après le 22 juillet 2013, peuvent ne pas se conformer aux dispositions de la loi du 12 juillet 2013 relative aux gestionnaires de fonds d'investissement alternatifs, à l'exception de l'article 20 et, le cas échéant, des articles 24 à 28 de la loi du 12 juillet 2013 relative aux gestionnaires de fonds d'investissement alternatifs, ou de soumettre une demande aux fins d'obtenir un agrément au titre de la loi du 12 juillet 2013 relative aux gestionnaires de fonds d'investissement alternatifs.	(5) Die SICARs, die von einem gemäß Kapitel 2 des Gesetzes vom 12. Juli 2013 über die Verwalter alternativer Investmentfonds oder gemäß Kapitel II der Richtlinie 2011/61/EU zugelassenen AIFM verwaltet werden und im Sinne des Gesetzes vom 12. Juli 2013 über die Verwalter alternativer Investmentfonds als AIF des geschlossenen Typs einzustufen sind und deren Zeichnungsperiode für die Anleger vor dem 22. Juli 2011 abgelaufen ist und die für einen Zeitraum, welcher spätestens drei Jahre nach dem 22. Juli 2013 endet, aufgelegt wurden, müssen weder die Bestimmungen des Gesetzes vom 12. Juli 2013 über die Verwalter alternativer Investmentfonds, mit Ausnahme des Artikels 20 und gegebenenfalls der Artikel 24 bis 28 des Gesetzes vom 12. Juli 2013 über die Verwalter alternativer Investmentfonds, einhalten, noch einen Antrag auf Zulassung nach dem Gesetz vom 12. Juli 2013 über die Verwalter alternativer Investmentfonds stellen.

Das AIFM-Gesetz (AIFM)

Loi du 12 juillet 2013 relative aux gestionnaires de fonds d'investissement alternatifs[1]	Gesetz vom 12. Juli 2013 über Verwalter alternativer Investmentfonds[2]
Chapitre 1er. – Dispositions générales	**Kapitel 1. – Allgemeine Vorschriften**
Art. 1er. Définitions	**Art. 1. Definitionen**
Aux fins de la présente loi, on entend par:	Im Rahmen der Anwendung dieses Gesetzes bedeutet:
(1) «ABE»: l'Autorité bancaire européenne instituée par le règlement (UE) n° 1093/2010 du Parlement européen et du Conseil;	(1) „EBA": die Europäische Bankenaufsichtsbehörde, errichtet durch die Verordnung (EU) Nr.1093/2010 des Europäischen Parlaments und des Rates;
(2) «AEMF»: l'Autorité européenne des marchés financiers, instituée par le règlement (UE) n° 1095/2010 du Parlement européen et du Conseil;	(2) „ESMA": die Europäische Wertpapier- und Marktaufsichtsbehörde, errichtet durch die Verordnung (EU) Nr. 1095/2010 des Europäischen Parlaments und Rates;
(3) «autorités compétentes»: les autorités nationales des États membres habilitées, en vertu d'une loi ou d'une réglementation, à surveiller les gestionnaires. Au Luxembourg, la CSSF est l'autorité compétente pour la surveillance des gestionnaires relevant de la présente loi;	(3) „Zuständige Behörden": die nationalen Behörden der Mitgliedstaaten, die aufgrund von Rechts- oder Verwaltungsvorschriften zur Beaufsichtigung der AIFM befugt sind. In Luxemburg ist die CSSF die zuständige Behörde für die Überwachung der Verwalter, die diesem Gesetz unterliegen;
(4) «autorités de surveillance» en référence à des gestionnaires établis dans un pays tiers: les autorités nationales d'un pays tiers habilitées, en vertu d'une loi ou d'une réglementation, à surveiller les gestionnaires;	(4) „Aufsichtsbehörden" in Bezug auf Nicht-EU AIFM die zuständigen Behörden des Drittlands: die nationalen Behörden eines aufgrund von Rechts- oder Verwaltungsvorschriften zur Beaufsichtigung von AIFM befugten Drittlandes;
(5) «autorités compétentes d'un FIA de l'Union européenne»: les autorités nationales d'un État membre habilitées, en vertu d'une loi ou d'une réglementation, à surveiller les FIA. La CSSF est l'autorité compétente pour la surveillance des FIA établis au Luxembourg;	(5) „Aufsichtsbehörden eines EU-AIF": die nationalen Behörden eines Mitgliedstaats, die aufgrund von Rechts- oder Verwaltungsvorschriften zur Beaufsichtigung von AIF befugt sind. Die CSSF ist die zuständige Behörde für die Überwachung der in Luxemburg ansässigen AIFs;
(6) «autorités de surveillance» en référence à des FIA de pays tiers: les autorités natio-	(6) „Aufsichtsbehörden" in Bezug auf Nicht-EU-AIFM die nationalen Behörden eines

1 Unverbindliche konsolidierte Fassung Stand 31. März 2015; alleine die im Mémorial C veröffentlichte Fassung nebst eventuellen Änderungen ist maßgeblich.
2 Unverbindliche Übersetzung des französischen Originaltextes; alleine der französische Originaltext ist maßgeblich.

nales d'un pays tiers habilitées, en vertu d'une loi ou d'une réglementation, à surveiller les FIA;	Drittlands: die nationalen Behörden eines aufgrund von Rechts- oder Verwaltungsvorschriften zur Beaufsichtigung von AIFM befugten Drittlandes;
(7) «autorités compétentes» en référence à un dépositaire:	(7) „Zuständige Behörden" in Bezug auf eine Verwahrstelle sind:
a) si le dépositaire est un établissement de crédit agréé au titre de la directive 2006/48/CE, les autorités compétentes telles que définies dans son article 4, point 4);	a) die zuständigen Behörden im Sinne des Artikels 4 Nummer 4 der Richtlinie 2006/48/EG, wenn die Verwahrstelle ein nach jener Richtlinie zugelassenes Kreditinstitut ist;
b) si le dépositaire est une entreprise d'investissement agréée au titre de la directive 2004/39/CE, les autorités compétentes telles que définies dans son article 4, paragraphe (1), point 22);	b) die zuständigen Behörden im Sinne des Artikels 4 Absatz (1) Nummer 22 der Richtlinie 2004/39/EG, wenn die Verwahrstelle eine nach jener Richtlinie zugelassenes Wertpapierunternehmen ist;
c) si le dépositaire relève d'une catégorie d'établissement visée à l'article 21, paragraphe (3), premier alinéa, point c), de la directive 2011/61/UE, les autorités nationales de son État membre d'origine habilitées, en vertu d'une loi ou d'une réglementation, à surveiller ces catégories d'établissement;	c) die nationalen Behörden des Herkunftsmitgliedstaats der Verwahrstelle, die aufgrund von Rechts- oder Verwaltungsvorschriften zur Beaufsichtigung von Kategorien von Einrichtungen im Sinne von Artikel 21 Absatz (3) Buchstabe c) Unterabsatz 1 der Richtlinie 2011/61/EU befugt sind, wenn die Verwahrstelle zu einer in jener Vorschrift genannten Kategorie von Einrichtungen gehört;
d) si le dépositaire est une entité visée à l'article 21, paragraphe (3), troisième alinéa de la directive 2011/61/UE, les autorités nationales de l'État membre dans lequel ladite entité a son siège statutaire et qui sont habilitées, en vertu d'une loi ou d'une réglementation, à surveiller cette entité ou l'organe officiel compétent pour enregistrer ou surveiller cette entité conformément aux règles de conduite professionnelles qui lui sont applicables;	d) die nationalen Behörden des Mitgliedstaats, in dem ein Unternehmen im Sinne von Artikel 21 Absatz (3) Buchstabe c) Unterabsatz 3 der Richtlinie 2011/61/EU seinen satzungsmäßigen Sitz hat, wenn die Verwahrstelle ein in jener Vorschrift genanntes Unternehmen ist und die aufgrund von Rechts- oder Verwaltungsvorschriften zur Beaufsichtigung eines solchen Unternehmens befugt sind, oder die amtliche Stelle, die für Registrierung oder Beaufsichtigung eines solchen Unternehmens gemäß den für dieses geltenden berufsständischen Regeln zuständig ist;
e) si le dépositaire est désigné comme dépositaire d'un FIA de pays tiers conformément à l'article 21, paragraphe (5),	e) die betreffenden nationalen Behörden des Drittlands, in dem die Verwahrstelle ihren satzungsmäßigen Sitz hat,

point b), de la directive 2011/61/UE, et ne relève pas du champ d'application des points a) à d) du présent point, les autorités nationales concernées du pays tiers où le dépositaire a son siège statutaire;	wenn die Verwahrstelle gemäß Artikel 21 Absatz (5) Buchstabe b) der Richtlinie 2011/61/EU als Verwahrstelle für einen Nicht-EU-AIF benannt wird und nicht unter die Nummern a) bis d) dieses Buchstabens fällt;
(8) «capital initial»: les fonds visés à l'article 57, premier alinéa, points a) et b) de la directive 2006/48/CE;	(8) „Anfangskapital": bezeichnet Mittel im Sinne von Artikel 57 Absatz 1 Buchstaben a) und b) der Richtlinie 2006/48/EG;
(9) «commercialisation»: une offre ou un placement, direct ou indirect, à l'initiative du gestionnaire ou pour son compte, de parts ou d'actions d'un FIA qu'il gère, à destination d'investisseurs domiciliés ou ayant leur siège statutaire dans l'Union européenne;	(9) „Vertrieb": das direkte oder indirekte, auf Initiative des AIFM oder in dessen Auftrag erfolgende Anbieten oder Platzieren von Anteilen oder Aktien an einem vom AIFM verwalteten AIF an Anleger mit Wohnsitz oder Sitz in der Europäischen Union;
(10) «contrôle»: le contrôle tel que défini à l'article 1er de la directive 83/349/CEE;	(10) „Kontrolle": die Kontrolle im Sinne des Artikels 1 der Richtlinie 83/349/EWG;
(11) «courtier principal»: un établissement de crédit, une entreprise d'investissement réglementée ou une autre entité soumise à une réglementation prudentielle et à une surveillance continue, offrant des services aux investisseurs professionnels essentiellement pour financer ou exécuter des transactions sur des instruments financiers à titre de contrepartie et qui peut également fournir d'autres services tels que la compensation et le règlement de transactions, des services de conservation, le prêt de titres, les services techniques et le soutien opérationnel sur mesure;	(11) „Primebroker": ein Kreditinstitut, ein reguliertes Wertpapierunternehmen oder eine andere Einheit, die einer Regulierungsaufsicht und ständigen Überwachung unterliegt und die in erster Linie professionellen Anlegern Dienstleistungen anbietet, um als Gegenpartei Geschäfte mit Finanzinstrumenten zu finanzieren oder durchzuführen, und die möglicherweise auch andere Dienstleistungen wie Clearing und Abwicklung von Geschäften, Verwahrungsdienstleistungen, Wertpapierleihe und individuell angepasste Techniken und betriebliche Unterstützung anbietet;
(12) «CERS»: le Comité européen du risque systémique, institué par le règlement (UE) n° 1092/2010 du Parlement européen et du Conseil;	(12) „ESRB": der Europäische Ausschuss für Systemrisiken, errichtet durch die Verordnung (EU) Nr.1092/2010 des Europäischen Parlaments und des Rates;
(13) «CSSF»: la Commission de Surveillance du Secteur Financier;	(13) „CSSF": die Commission de Surveillance du Secteur Financier;
(14) «directive 77/91/CEE»: la directive 77/91/CEE du Conseil du 13 décembre 1976 tendant à coordonner, pour les rendre équivalentes, les garanties qui sont exigées dans les États membres des sociétés au sens de l'article 58, alinéa 2, du traité, en vue de la protection des intérêts tant des associés que des tiers, en ce qui concerne la consti-	(14) „Richtlinie 77/91/EWG": die Richtlinie 77/91/EWG des Rates vom 13. Dezember 1976 zur Koordinierung der Schutzbestimmungen, die in den Mitgliedstaaten den Gesellschaften im Sinne des Artikels 58 Absatz 2 des Vertrages im Interesse der Gesellschafter sowie Dritter für die Gründung der Aktiengesellschaft sowie für die Erhaltung

tution de la société anonyme ainsi que le maintien et les modifications de son capital;	und Änderung ihres Kapitals vorgeschrieben sind, um diese Bestimmungen gleichwertig zu gestalten;
(15) «directive 83/349/CEE»: la directive 83/349/CEE du Conseil du 13 juin 1983 fondée sur l'article 54, paragraphe 3 sous g) du traité concernant les comptes consolidés, telle que modifiée;	(15) „Richtlinie 83/349/EWG": die geänderte Richtlinie 83/349/EWG des Rates vom 13. Juni 1983 aufgrund von Artikel 54 Absatz 3 Buchstabe g) des Vertrages über den konsolidierten Abschluss;
(16) «directive 95/46/CE»: la directive 95/46/CE du Parlement européen et du Conseil du 24 octobre 1995 relative à la protection des personnes physiques à l'égard du traitement des données à caractère personnel et à la libre circulation de ces données;	(16) „Richtlinie 95/46/EG": die Richtlinie 95/46/EG des Europäischen Parlaments und des Rates vom 24. Oktober 1995 zum Schutz natürlicher Personen bei der Verarbeitung personenbezogener Daten und zum freien Datenverkehr;
(17) «directive 97/9/CE»: la directive 97/9/CE du Parlement européen et du Conseil du 3 mars 1997 relative aux systèmes d'indemnisation des investisseurs;	(17) „Richtlinie 97/9/EG": die Richtlinie 97/9/EG des Europäischen Parlaments und des Rates vom 3. März 1997 über Systeme für die Entschädigung der Anleger;
(18) «directive 98/26/CE»: la directive 98/26/CE du Parlement européen et du Conseil du 19 mai 1998 concernant le caractère définitif du règlement dans les systèmes de paiement et de règlement des opérations sur titres;	(18) „Richtlinie 98/26/EG": die Richtlinie 98/26/EG des Europäischen Parlaments und des Rates vom 19. Mai 1998 über die Wirksamkeit von Abrechnungen in Zahlungs- sowie Wertpapierliefer- und -abrechnungssystemen;
(19) «directive 2002/14/CE»: la directive 2002/14/CE du Parlement européen et du Conseil du 11 mars 2002 établissant un cadre général relatif à l'information et la consultation des travailleurs dans la Communauté européenne;	(19) „Richtlinie 2002/14/EG": die Richtlinie 2002/14/EG des Europäischen Parlaments und des Rates vom 11. März 2002 zur Festlegung eines allgemeinen Rahmens für die Unterrichtung und Anhörung der Arbeitnehmer in der Europäischen Gemeinschaft;
(20) «directive 2003/41/CE»: la directive 2003/41/CE du 3 juin 2003 du Parlement européen et du Conseil concernant les activités et la surveillance des institutions de retraite professionnelle;	(20) „Richtlinie 2003/41/EG": die Richtlinie 2003/41/EG vom 3. Juni 2003 des Europäischen Parlaments und des Rates über die Tätigkeiten und die Beaufsichtigung von Einrichtungen zur betrieblichen Altersvorsorge;
(21) «directive 2003/71/CE»: la directive 2003/71/CE du Parlement européen et du Conseil du 4 novembre 2003 concernant le prospectus à publier en cas d'offre au public de valeurs mobilières ou en vue de l'admission de valeurs mobilières à la négociation, et modifiant la directive 2001/34/CE;	(21) „Richtlinie 2003/71/EG": die Richtlinie 2003/71/EG des Europäischen Parlaments und des Rates vom 4. November 2003 betreffend den Prospekt, der beim öffentlichen Angebot von Wertpapieren oder bei deren Zulassung zum Handel zu veröffentlichen ist, und zur Änderung der Richtlinie 2001/34/EG;
(22) «directive 2004/25/CE»: la directive 2004/25/CE du Parlement européen et du	(22) „Richtlinie 2004/25/EG": die Richtlinie 2004/25/EG des Europäischen Parlaments

Conseil du 21 avril 2004 concernant les offres publiques d'acquisition;	und des Rates vom 21. April 2004 betreffend Übernahmeangebote;
(23) «directive 2004/39/CE»: la directive 2004/39/CE du Parlement européen et du Conseil du 21 avril 2004 concernant les marchés d'instruments financiers;	(23) „Richtlinie 2004/39/EG": die Richtlinie 2004/39/EG des Europäischen Parlaments und des Rates vom 21. April 2004 über Märkte für Finanzinstrumente;
(24) «directive 2004/109/CE»: la directive 2004/109/CE du Parlement européen et du Conseil du 15 décembre 2004 sur l'harmonisation des obligations de transparence concernant l'information sur les émetteurs dont les valeurs mobilières sont admises à la négociation sur un marché réglementé et modifiant la directive 2001/34/CE;	(24) „Richtlinie 2004/109/EG": die Richtlinie 2004/109/EG des Europäischen Parlaments und des Rates vom 15. Dezember 2004 zur Harmonisierung der Transparenzanforderungen in Bezug auf Informationen über Emittenten, deren Wertpapiere zum Handel auf einem geregelten Markt zugelassen sind, und zur Änderung der Richtlinie 2001/34/EG;
(25) «directive 2006/48/CE»: la directive 2006/48/CE du Parlement européen et du Conseil du 14 juin 2006 concernant l'accès à l'activité des établissements de crédit et son exercice;	(25) „Richtlinie 2006/48/EG": die Richtlinie 2006/48/EG des Europäischen Parlaments und desRates vom 14. Juni 2006 über die Aufnahme und Ausübung der Tätigkeit der Kreditinstitute;
(26) «directive 2006/49/CE»: la directive 2006/49/CE du Parlement européen et du Conseil du 14 juin 2006 sur l'adéquation des fonds propres des entreprises d'investissement et des établissements de crédit;	(26) „Richtlinie 2006/49/EG": die Richtlinie 2006/49/EG des Europäischen Parlaments und des Rates vom 14. Juni 2006 über die angemessene Eigenkapitalausstattung von Wertpapierunternehmen und Kreditinstituten;
(27) «directive 2006/73/CE»: la directive 2006/73/CE de la Commission du 10 août 2006 portant mesures d'exécution de la directive 2004/39/CE du Parlement européen et du Conseil en ce qui concerne les exigences organisationnelles et les conditions d'exercice applicables aux entreprises d'investissement et la définition de certains termes aux fins de ladite directive;	(27) „Richtlinie 2006/73/EG": die Richtlinie 2006/73/EG der Kommission vom 10. August 2006 zur Durchführung der Richtlinie 2004/39/EG des Europäischen Parlaments und des Rates in Bezug auf die organisatorischen Anforderungen an Wertpapierunternehmen und die Bedingungen für die Ausübung ihrer Tätigkeit sowie in Bezug auf die Definition bestimmter Begriffe für die Zwecke der genannten Richtlinie;
(28) «directive 2009/65/CE»: la directive 2009/65/CE du Parlement européen et du Conseil du 13 juillet 2009 portant coordination des dispositions législatives, réglementaires et administratives concernant certains organismes de placement collectif en valeurs mobilières (OPCVM);	(28) „Richtlinie 2009/65/EG": die Richtlinie 2009/65/EG des Europäischen Parlaments und des Rates vom 13. Juli 2009 zur Koordinierung der Rechts- und Verwaltungsvorschriften betreffend bestimmte Organismen für gemeinsame Anlagen in Wertpapieren (OGAW);
(29) «directive 2011/61/UE»: la directive 2011/61/UE du Parlement européen et du Conseil du 8 juin 2011 sur les gestionnaires	(29) „Richtlinie 2011/61/EU": die Richtlinie 2011/61/EU des Europäischen Parlaments und des Rates vom 8. Juni 2011 über die

de fonds d'investissement alternatifs et modifiant les directives 2003/41/CE et 2009/65/CE ainsi que les règlements (CE) n° 1060/2009 et (UE) n° 1095/2010;	Verwalter alternativer Investmentfonds und zur Änderung der Richtlinien 2003/41/EG und 2009/65/EG sowie der Verordnungen (EG) Nr. 1060/2009 und (EU) Nr. 1095/2010;
(30) «effet de levier»: toute méthode par laquelle le gestionnaire accroît l'exposition d'un FIA qu'il gère, que ce soit par l'emprunt de liquidités ou de valeurs mobilières, par des positions dérivées ou par tout autre moyen;	(30) „Hebelfinanzierung“: jede Methode, mit der ein AIFM das Risiko eines von ihm verwalteten AIF durch Kreditaufnahme, Wertpapierleihe, in Derivate eingebettete Hebelfinanzierungen oder auf andere Weise erhöht;
(31) «émetteur»: un émetteur au sens de l'article 2, paragraphe (1), point d), de la directive 2004/109/CE, qui a son siège statutaire dans l'Union européenne et dont les actions sont admises à la négociation sur un marché réglementé au sens de l'article 4, paragraphe (1), point 14), de la directive 2004/39/CE;	(31) „Emittent“: ein Emittent im Sinne von Artikel 2 Absatz (1) Buchstabe d) der Richtlinie 2004/109/EG, der seinen satzungsmäßigen Sitz in der Europäischen Union hat, und dessen Wertpapiere im Sinne von Artikel 4 Absatz (1) Nummer 14 der Richtlinie 2004/39/EG zum Handel auf einem geregelten Markt zugelassen sind;
(32) «entreprise mère»: une entreprise mère au sens des articles 1er et 2 de la directive 83/349/CEE;	(32) „Mutterunternehmen“: ein Mutterunternehmen im Sinne der Artikel 1 und 2 der Richtlinie 83/349/EWG;
(33) «établi»:	(33) „errichtet“:
a) pour les gestionnaires, «ayant son siège statutaire»;	a) bei AIFM, „mit satzungsmäßigem Sitz in“;
b) pour les FIA, «agréés ou enregistrés» ou, si le FIA n'est ni agréé ni enregistré, «ayant son siège statutaire»;	b) bei AIF, „zugelassen oder registriert in“, oder, falls der AIF nicht zugelassen oder registriert ist „mit satzungsmäßigem Sitz in“;
c) pour les dépositaires, «ayant son siège statutaire ou une succursale»;	c) bei Verwahrstellen „mit satzungsmäßigem Sitz oder Zweigniederlassung in“;
d) pour les représentants légaux qui sont des personnes morales, «ayant son siège statutaire ou une succursale»;	d) bei gesetzlichen Vertretern, die juristische Personen sind „mit satzungsmäßigem Sitz oder Zweigniederlassung in“;
e) pour les représentants légaux qui sont des personnes physiques, «domiciliés»;	e) bei gesetzlichen Vertretern, die natürliche Personen sind „mit Wohnsitz in“;
(34) «État membre»: un État membre de l'Union européenne. Sont assimilés aux États membres de l'Union européenne les États parties à l'Accord sur l'Espace économique européen autres que les États membres de l'Union européenne, dans les	(34) „Mitgliedstaat“: ein Mitgliedstaat der Europäischen Union. Den Mitgliedstaaten der Europäischen Union gleichgestellt sind Vertragsstaaten des Abkommens über den Europäischen Wirtschaftsraum, mit Ausnahme der Mitgliedstaaten der Europäi-

limites définies par cet accord et les actes y afférents;	schen Union selbst, und innerhalb der Grenzen dieses Abkommens sowie damit zusammenhängender Rechtsakte;
(35) «État membre d'origine du FIA»:	(35) „Herkunftsmitgliedstaat des AIF":
a) l'État membre dans lequel le FIA est agréé ou enregistré en vertu du droit national applicable ou, en cas d'agréments ou d'enregistrements multiples, l'État membre dans lequel le FIA a été agréé ou enregistré pour la première fois; ou	a) der Mitgliedstaat, in dem der AIF nach den geltenden nationalen Rechtsvorschriften zugelassen oder registriert ist, oder im Falle mehrfacher Zulassungen oder Registrierungen der Mitgliedstaat, in dem der AIF zum ersten Mal zugelassen oder registriert wurde, oder
b) si le FIA n'est pas agréé ni enregistré dans un État membre, l'État membre dans lequel le FIA a son siège statutaire et/ou son administration centrale;	b) wenn der AIF in keinem Mitgliedstaat zugelassen oder registriert ist, der Mitgliedstaat, in dem der AIF seinen Sitz und/oder seine Hauptverwaltung hat;
(36) «État membre d'origine du gestionnaire»: l'État membre dans lequel le gestionnaire a son siège statutaire; pour les gestionnaires établis dans un pays tiers, toutes les références à «l'État membre d'origine du gestionnaire» dans la présente loi signifient «l'État membre de référence», tel que prévu dans le chapitre 7;	(36) „Herkunftsmitgliedstaat des AIFM": der Mitgliedstaat, in dem der AIFM seinen satzungsmäßigen Sitz hat; für Nicht-EU-AIFM ist bei allen Bezugnahmen auf den „Herkunftsmitgliedstaat des AIFM" in diesem Gesetz immer der „Referenzmitgliedstaat", wie in Kapitel VII vorgesehen, gemeint;
(37) «État membre d'accueil du gestionnaire»: selon le cas:	„Aufnahmemitgliedstaat des AIFM": je nach dem was zutreffend:
a) un État membre, autre que l'État membre d'origine, dans lequel un gestionnaire établi dans l'Union européenne gère des FIA de l'Union européenne;	a) ein Mitgliedstaat außer dem Herkunftsmitgliedstaat, in dem ein EU-AIFM EU-AIF verwaltet;
b) un État membre, autre que l'État membre d'origine, dans lequel un gestionnaire établi dans l'Union européenne commercialise les parts ou les actions d'un FIA de l'Union européenne;	b) ein Mitgliedstaat außer dem Herkunftsmitgliedstaat, in dem ein EU-AIFM Anteile oder Aktien eines EU-AIF vertreibt;
c) un État membre, autre que l'État membre d'origine, dans lequel un gestionnaire établi dans l'Union européenne commercialise les parts ou les actions d'un FIA de pays tiers;	c) ein Mitgliedstaat außer dem Herkunftsmitgliedstaat, in dem ein EU-AIFM Anteile oder Aktien eines Nicht-EU-AIF vertreibt;
d) un État membre, autre que l'État membre de référence, dans lequel un gestionnaire établi dans un pays tiers gère des FIA de l'Union européenne;	d) ein Mitgliedstaat außer dem Referenzmitgliedstaat, in dem ein Nicht-EU-AIFM EU-AIF verwaltet;

e) un État membre, autre que l'État membre de référence, dans lequel un gestionnaire établi dans un pays tiers commercialise les parts ou les actions d'un FIA de l'Union européenne;	e) ein Mitgliedstaat außer dem Referenzmitgliedstaat, in dem ein Nicht-EU-AIFM Anteile oder Aktien eines EU-AIF vertreibt;
f) un État membre, autre que l'État membre de référence, dans lequel un gestionnaire établi dans un pays tiers commercialise les parts ou les actions d'un FIA de pays tiers;	f) ein Mitgliedstaat außer dem Referenzmitgliedstaat, in dem ein Nicht-EU-AIFM Anteile oder Aktien eines Nicht-EU-AIF vertreibt;
(38) «État membre de référence»: l'État membre déterminé conformément à l'article 37, paragraphe (4), de la directive 2011/61/UE;	(38) „Referenzmitgliedstaat": der gemäß Artikel 37 Absatz (4) der Richtlinie 2011/61/EU festgelegte Mitgliedstaat;
(39) «fonds d'investissement alternatifs (FIA)»: des organismes de placement collectif, y compris leurs compartiments d'investissement, qui:	„Alternativer Investmentfonds (AIF)": Organismen für gemeinsame Anlagen einschließlich ihrer Teilfonds, die:
a) lèvent des capitaux auprès d'un certain nombre d'investisseurs en vue de les investir, conformément à une politique d'investissement définie, dans l'intérêt de ces investisseurs; et	a) von einer Anzahl von Anlegern Kapital einsammeln, um es gemäß einer festgelegten Anlagestrategie zum Nutzen dieser Anleger zu investieren; und
b) ne sont pas soumis à agrément au titre de l'article 5 de la directive 2009/65/CE;	b) keine Genehmigung gemäß Artikel 5 der Richtlinie 2009/65/EG benötigen;
(40) «FIA de l'Union européenne»:	(40) „EU-AIF":
a) un FIA agréé ou enregistré dans un État membre en vertu de la législation nationale applicable; ou	a) ein AIF, der nach einschlägigem nationalen Recht in einem Mitgliedstaat zugelassen oder registriert ist, oder
b) un FIA qui n'est pas agréé ou enregistré dans un État membre, mais a son siège statutaire et/ou son administration centrale dans un État membre;	b) ein AIF, der nicht in einem Mitgliedstaat zugelassen oder registriert ist, dessen satzungsmäßiger Sitz und/oder Hauptverwaltung sich jedoch in einem Mitgliedstaat befindet;
(41) «FIA de pays tiers»: un FIA qui n'est pas un FIA de l'Union européenne;	„Nicht-EU-AIF": ein AIF, der kein EU-AIF ist;
(42) «FIA nourricier»: un FIA qui:	(42) „Feeder-AIF": ein AIF, der:
a) investit au moins 85% de ses actifs dans les parts ou les actions d'un autre FIA (ci-après dénommé «FIA maître»);	a) mindestens 85% seiner Vermögenswerte in Anteilen oder Aktien eines anderen AIF („Master-AIF") anlegt,
b) investit au moins 85% de ses actifs dans plusieurs FIA maîtres lorsque ces FIA maîtres ont des stratégies d'investissement identiques; ou	b) mindestens 85% seiner Vermögenswerte in mehr als einem Master-AIF anlegt, wenn diese Master-AIF identische Anlagestrategien verfolgen, oder

c) est sinon exposé pour au moins 85% de ses actifs à un tel FIA maître;	c) anderweitig ein Engagement von mindestens 85% seiner Vermögenswerte in solch einem Master-AIF hat;
(43) «FIA maître», un FIA dans lequel un autre FIA investit ou a une exposition conformément au point (42);	(43) „Master-AIF": ein AIF, in den ein anderer AIF investiert oder Risiken an ihm gemäß Nummer 42 übernommen hat;
(44) «filiale»: une entreprise filiale telle que définie aux articles 1er et 2 de la directive 83/349/CEE;	(44) „Tochterunternehmen": ein Tochterunternehmen wie in Artikel 1 und 2 der Richtlinie 83/349/EWG definiert;
(45) «fonds propres»: les fonds propres visés aux articles 56 à 67 de la directive 2006/48/CE. Aux fins de l'application de la présente définition, les articles 13 à 16 de la directive 2006/49/CE s'appliquent par analogie;	(45) „Eigenmittel": Eigenmittel gemäß den Artikel 56 bis 67 der Richtlinie 2006/48/EG. Zur Anwendung dieser Definition gelten analog die Artikel 13 bis 16 der Richtlinie 2006/49/EG;
(46) «gestionnaires de FIA (gestionnaires)»: les personnes morales dont l'activité habituelle est la gestion d'un ou plusieurs FIA;	(46) „Verwalter von AIF (AIFM)": jede juristische Person, deren reguläre Geschäftstätigkeit darin besteht, einen oder mehrere AIF zu verwalten;
(47) «gestionnaire établi dans l'Union européenne»: un gestionnaire ayant son siège statutaire dans un État membre;	(47) „EU-AIFM": bezeichnet einen AIFM mit satzungsmäßigem Sitz in einem Mitgliedstaat;
(48) «gestionnaire établi dans un pays tiers»: un gestionnaire qui n'est pas un gestionnaire établi dans l'Union européenne;	(48) „Nicht-EU-AIFM": ein AIFM, der kein EU-AIFM ist;
(49) «gestionnaire externe»: un gestionnaire qui est la personne morale désignée par le FIA ou pour le compte du FIA et qui, du fait de cette désignation, est chargé de gérer le FIA;	(49) „externer AIFM": ein AIFM der als juristische Person von dem AIF oder im Auftrag des AIF ernannt wurde und der gemäß dieser Ernennung für die Verwaltung des AIF verantwortlich ist;
(50) «qui gère des FIA»: qui exerce au moins les fonctions de gestion des investissements visées à l'annexe I, point 1 a) ou b), de la directive 2011/61/UE pour un ou plusieurs FIA;	(50) „Verwaltung von AIF": wer mindestens die in Anhang I Nummer (1) Buchstaben a) oder b) der Richtlinie 2011/61/EU genannten Anlageverwaltungsfunktionen für einen oder mehrere AIF ausübt;
(51) «instrument financier»: un instrument visé à la section C de l'annexe I, de la directive 2004/39/CE;	(51) „Finanzinstrument": ein in Anhang I Abschnitt C der Richtlinie 2004/39/EG genanntes Instrument;
(52) «intéressement aux plus-values»: une part des bénéfices du FIA qui revient au gestionnaire à titre de compensation pour la gestion du FIA, et excluant toute part des bénéfices du FIA revenant au gestionnaire au titre du rendement d'investissements réalisés par le gestionnaire dans le FIA;	(52) „Carried interest": ein Anteil an den Gewinnen des AIF, die ein AIFM als Vergütung für die Verwaltung des AIF erhält, hiervon sind sämtliche Anteile an den Gewinnen des AIF ausgeschlossen, die der AIFM als Rendite für Anlagen des AIFM in den AIF bezieht;

(53) «investisseur professionnel»: un investisseur considéré comme un client professionnel ou susceptible d'être traité, sur demande, comme un client professionnel, au sens de l'annexe II de la directive 2004/39/CE;	(53) „Professioneller Anleger": ein Anleger, der im Sinne von Anhang II der Richtlinie 2004/39/EG als ein professioneller Kunde angesehen wird oder der auf Antrag wie ein professioneller Kunde behandelt werden kann;
(54) «investisseur de détail»: un investisseur qui n'est pas un investisseur professionnel;	(54) „Kleinanleger": ein Anleger, bei dem es sich nicht um einen professionellen Anleger handelt;
(55) «liens étroits»: une situation dans laquelle au moins deux personnes physiques ou morales sont liées par:	(55) „enge Verbindungen": eine Situation, in der zwei oder mehrere natürliche oder juristische Personen verbunden sind durch:
a) une participation, à savoir la détention, directement ou par voie de contrôle, d'au moins 20% du capital ou des droits de vote d'une entreprise;	a) eine Beteiligung, d.h. das direkte Halten oder das Halten im Wege der Kontrolle von mindestens 20% der Stimmrechte oder des Kapitals an einem Unternehmen;
b) un contrôle, à savoir la relation entre une entreprise mère et une filiale telle que visée à l'article 1er de la septième directive 83/349/CEE du Conseil du 13 juin 1983 concernant les comptes consolidés ou une relation similaire entre une personne physique ou morale et une entreprise; aux fins de présent point, une filiale d'une filiale est également considérée comme étant une filiale de l'entreprise mère de ces filiales.	b) eine Kontrolle, d.h. das Verhältnis zwischen einem Mutterunternehmen und einem Tochterunternehmen gemäß Artikel 1 der Siebten Richtlinie 83/349/EWG des Rates vom 13. Juni 1983 über den konsolidierten Abschluss oder ein ähnliches Verhältnis zwischen einer natürlichen oder juristischen Person und einem Unternehmen; für die Zwecke dieses Buchstabens wird ein Tochterunternehmen eines Tochterunternehmens auch als Tochterunternehmen des Mutterunternehmens angesehen.
Une situation dans laquelle au moins deux personnes physiques ou morales sont liées en permanence à une même personne par une relation de contrôle est également considérée comme constituant un «lien étroit» entre lesdites personnes;	Eine Situation, in der zwei oder mehrere natürliche oder juristische Personen durch ein Kontrollverhältnis mit ein und derselben Person dauerhaft verbunden sind, gilt auch als „enge Verbindung" zwischen diesen Personen;
(56) «OPCVM»: un organisme de placement collectif en valeurs mobilières agréé conformément à l'article 5 de la directive 2009/65/CE;	(56) „OGAW": Organismen für gemeinsame Anlagen in Wertpapieren, die gemäß Artikel 5 der Richtlinie 2009/65/EG zugelassen sind;
(57) «participation qualifiée»: le fait de détenir dans un gestionnaire une participation, directe ou indirecte, qui représente au moins 10% du capital ou des droits de vote, conformément aux articles 9 et 10 de la directive 2004/109/CE, compte tenu des con-	(57) „qualifizierte Beteiligung": das direkte oder indirekte Halten von mindestens 10% des Kapitals oder der Stimmrechte eines AIFM gemäß den Artikeln 9 und 10 der Richtlinie 2004/109/EG, unter Berücksichtigung der Bedingungen für das Zusammen-

ditions régissant l'agrégation des participations énoncées à l'article 12, paragraphes (4) et (5) de ladite directive, ou qui permet d'exercer une influence notable sur la gestion du gestionnaire dans lequel est détenue cette participation;	rechnen der Beteiligungen nach Artikel 12, Absätze (4) und (5) dieser Richtlinie oder die Möglichkeit zur Ausübung eines maßgeblichen Einflusses auf die Geschäftsführung des AIFM, an dem diese Beteiligung gehalten wird;
(58) «pays tiers»: un État autre qu'un État membre;	(58) „Drittland": ein anderes Land als ein Mitgliedstaat;
(59) «représentant légal»: une personne physique domiciliée dans l'Union européenne ou une personne morale ayant son siège statutaire dans l'Union européenne et qui, expressément désignée par un gestionnaire établi dans un pays tiers, agit, dans l'Union européenne, pour le compte de ce gestionnaire établi dans un pays tiers vis-à-vis des autorités, des clients, des organes et contreparties du gestionnaire établi dans un pays tiers en ce qui concerne les obligations incombant à ce dernier conformément à la directive 2011/61/UE;	(59) „gesetzlicher Vertreter": eine natürliche Person mit Wohnsitz in der Europäischen Union oder eine juristische Person mit Sitz in der Europäischen Union, die von einem Nicht-EU-AIFM ausdrücklich dazu ernannt worden ist, im Namen dieses Nicht-EU-AIFM gegenüber Behörden, Kunden, Einrichtungen und Gegenparteien des Nicht-EU-AIFM in der Europäischen Union hinsichtlich der Verpflichtungen des Nicht-EU-AIFM nach der Richtlinie 2011/61/EU zu handeln
(60) «représentants des travailleurs»: des représentants des travailleurs tels que définis à l'article 2, point e), de la directive 2002/14/CE;	(60) „Arbeitnehmervertreter": Vertreter der Arbeitnehmer im Sinne von Artikel 2, Buchstabe e) der Richtlinie 2002/14/EG;
(61) «société de gestion d'OPCVM»: une société de gestion agréée conformément au chapitre 15 de la loi modifiée du 17 décembre 2010 concernant les organismes de placement collectif;	(61) „OGAW Verwaltungsgesellschaft": eine gemäß Kapitel 15 des geänderten Gesetzes vom 17. Dezember 2010 über Organismen für gemeinsame Anlagen zugelassene Verwaltungsgesellschaft;
(62) «société holding»: une société détenant des participations dans une ou plusieurs autres sociétés, dont l'objectif commercial est de mettre en oeuvre une ou plusieurs stratégies d'entreprise par l'intermédiaire de ses filiales, de ses sociétés associées ou de ses participations en vue de contribuer à la création de valeur à long terme et qui est une société:	(62) „Holdinggesellschaft": eine Gesellschaft, die an einem oder mehreren anderen Unternehmen eine Beteiligung hält, deren Geschäftsgegenstand darin besteht, durch ihre Tochterunternehmen oder verbundenen Unternehmen oder Beteiligungen eine oder mehrere Geschäftsstrategie(n) zur Förderung eines langfristigen Werts zu verfolgen, und bei der es sich um eine Gesellschaft handelt, die entweder:
a) opérant pour son propre compte et dont les actions sont admises à la négociation sur un marché réglementé dans l'Union européenne; ou	a) auf eigene Rechnung tätig ist und deren Aktien zum Handel auf einem geregelten Markt in der Europäischen Union zugelassen sind, oder
b) n'étant pas créée dans le but principal de produire une rémunération pour ses	b) die ausweislich ihres Jahresberichts oder anderer amtlicher Unterlagen

investisseurs par la cession de ses filiales ou de ses sociétés associées, comme en témoignent son rapport annuel ou d'autres documents officiels;	nicht mit dem Hauptzweck gegründet wurde, ihren Anlegern durch Veräußerung ihrer Tochterunternehmen oder verbundenen Unternehmen eine Rendite zu verschaffen;
(63) «société non cotée»: une société dont le siège statutaire est établi dans l'Union européenne et dont les actions ne sont pas admises à la négociation sur un marché réglementé au sens de l'article 4, paragraphe (1), point 14), de la directive 2004/39/CE;	(63) „nicht börsennotiertes Unternehmen": ein Unternehmen, das seinen satzungsmäßigen Sitz in der Europäischen Union hat und dessen Aktien im Sinne von Artikel 4, Absatz (1), Nummer 14 der Richtlinie 2004/39/EG nicht zum Handel auf einem regulierten Markt zugelassen sind;
(64) «structures de titrisation ad hoc»: des entités dont le seul objet est de réaliser une ou plusieurs opérations de titrisation au sens de l'article 1er, point 2), du règlement (CE) nº 24/2009 de la Banque centrale européenne du 19 décembre 2008 relatif aux statistiques sur les actifs et les passifs des sociétés-écrans effectuant des opérations de titrisation et d'autres activités appropriées à cette fin;	(64) „Verbriefungszweckgesellschaften": Gesellschaften, deren einziger Zweck darin besteht, eine oder mehrere Verbriefungen im Sinne von Artikel 1 Nummer 2 der Verordnung (EG) Nr. 24/2009 der Europäischen Zentralbank vom 19. Dezember 2008 über die Statistik über Aktiva und Passiva von finanziellen Mantelkapitalgesellschaften, die Verbriefungsgeschäfte betrieben, und weitere zur Erfüllung dieses Zwecks geeignete Tätigkeiten durchzuführen;
(65) «succursale»: en référence à un gestionnaire, un lieu d'exploitation qui fait partie du gestionnaire, sans avoir de personnalité juridique, et qui fournit les services pour lesquels le gestionnaire a été agréé; tous les lieux d'exploitation établis dans le même État membre par un gestionnaire ayant son siège statutaire dans un autre État membre ou dans un pays tiers sont considérés comme une seule succursale.	(65) „Zweigniederlassung": in Bezug auf einen AIFM ist eine Betriebsstelle, die einen rechtlich unselbstständigen Teil eines AIFM bildet und die die Dienstleistungen erbringt, für die dem AIFM eine Zulassung erteilt wurde; alle Betriebsstellen eines AIFM mit satzungsmäßigem Sitz in einem anderen Mitgliedstaat oder einem Drittland, die sich in ein und demselben Mitgliedstaat befinden, gelten als eine einzige Zweigniederlassung.
Art. 2. Objet et champ d'application	**Art. 2. Gegenstand und Geltungsbereich**
(1) La présente loi fixe les règles en ce qui concerne l'agrément, les activités et les exigences de transparence relatives aux gestionnaires établis au Luxembourg qui gèrent et/ou commercialisent des FIA dans l'Union européenne.	(1) Dieses Gesetz legt Vorschriften für die Zulassung, die Geschäftstätigkeit und die Transparenzanforderungen an AIFM, die in Luxemburg ansässig sind und die AIF in der Europäischen Union verwalten und/oder vertreiben fest.
Sous réserve du paragraphe (2) du présent article et de l'article 3, la présente loi s'applique à toute personne morale de droit luxembourgeois dont l'activité habituelle	Vorbehaltlich Absatz (2) dieses Artikels und vorbehaltlich Artikel 3 gilt dieses Gesetz für alle juristischen Personen luxemburgischen Rechts, deren reguläre Geschäftstä-

est la gestion d'un ou de plusieurs FIA indépendamment du fait que ces FIA soient des FIA établis au Luxembourg, des FIA établis dans un autre État membre de l'Union européenne ou des FIA établis dans des pays tiers, que le FIA soit de type ouvert ou fermé, et quelle que soit la forme juridique du FIA ou la structure juridique du gestionnaire.	tigkeit darin besteht, einen oder mehrere AIF zu verwalten unabhängig davon, ob diese AIF in Luxemburg, in einem anderen Mitgliedstaat der Europäischen Union oder in einem Drittland ansässig sind, ob es sich um einen offenen oder geschlossenen AIF handelt, und unabhängig von der Rechtsform des AIF oder der rechtlichen Struktur des AIFM.
La présente loi s'applique également aux gestionnaires établis dans un pays tiers qui gèrent et/ou commercialisent un ou plusieurs FIA établis dans l'Union européenne ou dans un pays tiers, lorsque le Luxembourg est défini comme l'État membre de référence du gestionnaire au sens de l'article 38 de la présente loi.	Dieses Gesetz gilt auch für Nicht-EU-AIFM, die einen oder mehrere AIF, die in der Europäischen Union oder einem Drittland ansässig sind, verwalten und/oder vertreiben, wenn Luxemburg als Referenzmitgliedstaat des AIFM gemäß Artikel 38 dieses Gesetzes festgelegt ist.
Les gestionnaires visés au présent paragraphe doivent respecter sur une base permanente les dispositions de la présente loi.	Die in diesem Absatz genannten AIFM müssen jederzeit die Bestimmungen dieses Gesetzes einhalten.
(2) La présente loi ne s'applique pas:	(2) Dieses Gesetz gilt nicht für
a) aux sociétés holdings;	a) Holdinggesellschaften,
b) aux institutions de retraite professionnelle qui relèvent de la directive 2003/41/CE, y compris, le cas échéant, les entités autorisées qui sont chargées de la gestion de ces institutions et qui agissent en leur nom, visées à l'article 2, paragraphe (1), de ladite directive, ou les gestionnaires de placement désignés conformément à l'article 19, paragraphe (1), de ladite directive dans la mesure où ils ne gèrent pas de FIA;	b) Einrichtungen der betrieblichen Altersversorgung, die unter die Richtlinie 2003/41/EG fallen, gegebenenfalls einschließlich der in Artikel 2 Absatz 1 der genannten Richtlinie aufgeführten zugelassenen Stellen, die für die Verwaltung solcher Einrichtungen verantwortlich und in ihrem Namen tätig sind, oder der nach Artikel 19 Absatz 1 der genannten Richtlinie bestellten Vermögensverwalter, sofern sie nicht AIF verwalten,
c) aux institutions supranationales telles que la Banque centrale européenne, la Banque d'investissement européenne, le Fonds européen d'investissement, la Facilité européenne de stabilité financière S.A., le Mécanisme européen de stabilité, les institutions européennes de financement du développement et les banques bilatérales de développement, la Banque mondiale, le Fonds monétaire international et aux autres institutions supranationales et organismes internationaux similaires lorsque ceux-ci gèrent des FIA et dans la	c) supranationale Institutionen, wie die Europäische Zentralbank, die Europäische Investitionsbank, den Europäischen Investitionsfonds, die Europäischen Entwicklungsfinanzierungsinstitute und bilateralen Entwicklungsbanken, die Weltbank, den Internationalen Währungsfonds und sonstige supranationale Einrichtungen und ähnliche internationale Organisationen, falls solche Einrichtungen bzw. Organisationen AIF verwalten, und sofern diese AIF im öffentlichen Interesse handeln,

mesure où ces FIA agissent dans l'intérêt public;	
d) à la Banque centrale du Luxembourg et aux autres banques centrales nationales;	d) die Luxemburger Zentralbank und andere nationale Zentralbanken,
e) aux autorités nationales, régionales et locales et aux autres organismes ou institutions qui gèrent des fonds destinés au financement des régimes de sécurité sociale et de pension;	e) staatliche Stellen und Gebietskörperschaften oder andere Einrichtungen, die Fonds zur Unterstützung von Sozialversicherungs- und Pensionssystemen verwalten,
f) aux systèmes de participation des travailleurs et aux plans d'épargne des travailleurs;	f) Arbeitnehmerbeteiligungssysteme oder Arbeitnehmersparpläne,
g) aux structures de titrisation ad hoc.	g) Verbriefungszweckgesellschaften.
Art. 3. Dérogations	**Art. 3. Ausnahmen**
(1) La présente loi ne s'applique pas aux gestionnaires établis au Luxembourg qui gèrent un ou plusieurs FIA dont les seuls investisseurs sont le gestionnaire ou les entreprises mères ou filiales du gestionnaire ou d'autres filiales de ces entreprises mères, pour autant qu'aucun de ces investisseurs ne soit lui-même un FIA.	(1) Dieses Gesetz gilt nicht für in Luxemburg ansässige AIFM, soweit sie einen oder mehrere AIF verwalten, deren einzige Anleger der AIFM oder die Muttergesellschaften oder die Tochtergesellschaften des AIFM oder andere Tochtergesellschaften jener Muttergesellschaften sind, sofern keiner dieser Anleger selbst ein AIF ist.
(2) Sans préjudice de l'application de l'article 50, seuls les paragraphes (3) et (4) du présent article s'appliquent aux gestionnaires suivants:	(2) Unbeschadet der Anwendung von Artikel 50 gelten für die folgenden AIFM nur die Absätze (3) und (4) dieses Artikels:
a) les gestionnaires établis au Luxembourg qui gèrent, directement ou indirectement, par l'intermédiaire d'une société avec laquelle ils sont liés dans le cadre d'une communauté de gestion ou de contrôle, ou par une importante participation directe ou indirecte, des portefeuilles de FIA dont les actifs gérés, y compris les actifs acquis grâce à l'effet de levier, ne dépassent pas un seuil de 100.000.000 euros au total; ou	a) in Luxemburg ansässige AIFM, die entweder direkt oder indirekt über eine Gesellschaft, mit der der AIFM über eine gemeinsame Geschäftsführung, ein gemeinsames Kontrollverhältnis oder durch eine wesentliche direkte oder indirekte Beteiligung verbunden ist, die Portfolios von AIF verwalten, deren verwaltete Vermögenswerte – einschließlich der durch Einsatz von Hebelfinanzierungen erworbenen Vermögenswerte – insgesamt nicht über einen Schwellenwert von 100.000.000 EUR hinausgehen, oder
b) les gestionnaires établis au Luxembourg qui gèrent, directement ou indirectement, par l'intermédiaire d'une	b) in Luxemburg ansässige AIFM, die entweder direkt oder indirekt über eine Gesellschaft, mit der sie über eine ge-

société avec laquelle ils sont liés dans le cadre d'une communauté de gestion ou de contrôle, ou par une importante participation directe ou indirecte, des portefeuilles de FIA dont les actifs gérés ne dépassent pas un seuil de 500.000.000 euros au total si les portefeuilles des FIA sont composés des FIA qui ne recourent pas à l'effet de levier et pour lesquels aucun droit au remboursement ne peut être exercé pendant une période de cinq ans à compter de la date de l'investissement initial dans chaque FIA.	meinsame Geschäftsführung, ein gemeinsames Kontrollverhältnis oder durch eine wesentliche direkte oder indirekte Beteiligung verbunden sind, die Portfolios von AIF verwalten, deren verwaltete Vermögenswerte insgesamt nicht über einen Schwellenwert von 500.000.000 EUR hinausgehen, wenn die Portfolios dieser AIF aus nicht hebelfinanzierten AIF bestehen, die für einen Zeitraum von fünf Jahren nach der Tätigung der ersten Anlage in jeden dieser AIF keine Rücknahmerechte ausüben dürfen.
(3) Les gestionnaires visés au paragraphe (2) doivent:	(3) Die in Absatz (2) genannten AIFM müssen:
a) être enregistrés auprès de la CSSF;	a) bei der CSSF registriert sein;
b) s'identifier et identifier les FIA qu'ils gèrent auprès de la CSSF au moment de l'enregistrement;	b) sich und die von ihnen verwalteten AIF zum Zeitpunkt ihrer Registrierung gegenüber der CSSF ausweisen;
c) fournir des informations sur les stratégies d'investissement des FIA qu'ils gèrent à la CSSF au moment de l'enregistrement;	c) der CSSF zum Zeitpunkt der Registrierung Informationen zu den Anlagestrategien der von ihnen verwalteten AIF vorlegen;
d) communiquer régulièrement à la CSSF des informations sur les principaux instruments qu'ils négocient et sur les expositions principales et les concentrations les plus importantes des FIA qu'ils gèrent de manière à permettre à la CSSF de suivre efficacement le risque systémique; et	d) der CSSF regelmäßig über die wichtigsten Instrumente, mit denen sie handeln, und über die größten Risiken und Konzentration der von ihnen verwalteten AIF unterrichten, um der CSSF eine effektive Überwachung der Systemrisiken zu ermöglichen; und
e) informer la CSSF au cas où ils ne satisfont plus aux conditions énoncées au paragraphe (2).	e) der CSSF gegebenenfalls mitteilen, dass sie die in Absatz (2) genannten Voraussetzungen nicht mehr einhalten.
Lorsque les conditions énoncées au paragraphe (2) ne sont plus remplies, le gestionnaire concerné doit solliciter, dans un délai de trente jours civils, un agrément conformément aux procédures prévues par la présente loi.	Wenn die in Absatz (2) genannten Voraussetzungen nicht mehr eingehalten sind, muss der betroffene AIFM innerhalb von dreißig Kalendertagen eine Zulassung nach dem in diesem Gesetz vorgeschriebenen Verfahren beantragen.
(4) Les gestionnaires visés au paragraphe (2) ne bénéficient d'aucun des droits accordés en vertu de la présente loi à moins qu'ils ne choisissent volontairement de re-	(4) Die in Absatz (2) genannten AIFM kommen nicht in den Genuss der mit diesem Gesetz eingeräumten Rechte, es sei denn, sie beschließen, sich diesem Gesetz freiwil-

lever de ladite loi. Lorsque les gestionnaires font cette démarche volontaire, la présente loi s'applique dans son intégralité.	lig zu unterwerfen. Unterwerfen AIFM sich diesem Gesetz freiwillig, so findet dieses Geetz in seiner Gesamtheit Anwendung.
(5) En cas de manquement aux dispositions du paragraphe (3) du présent article, la CSSF peut prononcer les amendes d'ordre prévues à l'article 51, paragraphe (2), de la présente loi.	(5) Im Falle der Nichteinhaltung der Bestimmungen in Absatz (3) dieses Artikels, kann die CSSF Geldstrafen nach Artikel 51 Absatz (2) dieses Gesetzes anordnen.
Art. 4. Détermination du gestionnaire	**Art. 4. Bestimmung des AIFM**
(1) Chaque FIA établi au Luxembourg dont la gestion relève du champ d'application de la présente loi doit avoir un gestionnaire unique qui est chargé de veiller au respect des dispositions de cette loi. Le gestionnaire est:	(1) Jeder AIF mit Sitz in Luxemburg, dessen Verwaltung in den Geltungsbereich dieses Gesetzes fällt, muss einen alleinigen AIFM haben, der für die Einhaltung der Vorschriften dieses Gesetzes verantwortlich ist. Der AIFM ist:
a) soit un gestionnaire externe; le gestionnaire externe peut être un gestionnaire établi au Luxembourg, dans un autre État membre ou dans un pays tiers qui est dûment agréé conformément aux dispositions de la directive 2011/61/UE;	a) entweder ein externer AIFM; der externe AIFM kann ein AIFM mit Sitz in Luxemburg, in einem anderen Mitgliedstaat oder in einem Drittland sein, der ordnungsgemäß nach den Bestimmunen der Richtlinie 2011/61/EU zugelassen ist;
b) soit, lorsque la forme juridique du FIA permet une gestion interne et que l'organe directeur du FIA décide de ne pas désigner de gestionnaire externe, le FIA lui-même, qui est alors agréé en tant que gestionnaire.	b) oder, wenn die Rechtsform des AIF eine interne Verwaltung zulässt und das Leitungsgremium des AIF entscheidet, keinen externen AIFM zu bestellen, der AIF selbst, in welchem Fall der AIF als AIFM zugelassen wird.
(2) Dans les cas où un gestionnaire agréé établi au Luxembourg a été désigné comme gestionnaire externe d'un FIA, qu'il s'agisse d'un FIA établi au Luxembourg, d'un FIA établi dans un autre État membre ou d'un FIA établi dans un pays tiers, et que celui-ci n'est pas en mesure de garantir le respect des exigences de la présente loi dont ce FIA ou une autre entité agissant pour son compte est responsable, il en informe immédiatement la CSSF et, si nécessaire, les autorités compétentes de l'État membre d'origine du FIA concerné. La CSSF exige que le gestionnaire prenne les mesures nécessaires pour remédier à la situation.	(2) Sofern ein zugelassener AIFM mit Sitz in Luxemburg als externer Verwalter eies AIF ernannt wurde, unabhängig davon, ob der AIF seinen Sitz in Luxemburg, in einem anderen Mitgliedstaat oder in einem Drittland hat, und dieser nicht in der Lage ist, die Einhaltung der Anforderungen dieses Gesetzes sicherzustellen, für die der AIF oder eine andere in seinem Namen handelnde Stelle verantwortlich ist, unterrichtet der AIFM unverzüglich die CSSF und, sofern zutreffend, die zuständigen Behörden des Herkunftsmitgliedstaats des betreffenden AIF. Die CSSF verlangt von dem AIFM, die zur Bewältigung der Situation notwendigen Schritte zu unternehmen.

(3) Si, malgré les mesures visées au paragraphe (2), le non-respect des exigences de la présente loi persiste, la CSSF exige la démission du gestionnaire en tant que gestionnaire externe du FIA concerné. Dans ce cas, le FIA n'est plus commercialisé dans l'Union européenne. S'il s'agit d'un gestionnaire établi dans un pays tiers qui gère un FIA de pays tiers, ce FIA n'est plus commercialisé dans l'Union européenne. La CSSF, lorsqu'elle est l'autorité compétente de l'État membre d'origine du gestionnaire, en informe immédiatement les autorités compétentes des États membres d'accueil du gestionnaire.	(3) Falls die Nichteinhaltung der Anforderungen dieses Gesetzes trotz der in Absatz (2) genannten Schritte andauert, verlangt die CSSF, dass der AIFM als externer AIFM des betreffenden AIF zurücktritt. In diesem Fall wird der AIF nicht mehr in der Europäischen Union vertrieben. Falls es sich um einen Nicht-EU-AIFM handelt, der einen Nicht-EU-AIF verwaltet, darf der AIF nicht mehr in der Europäischen Union vertrieben werden. Sofern die CSSF die zuständige Behörde des Herkunftsmitgliedstaats des AIFM ist, setzt sie unverzüglich die zuständigen Behörden der Aufnahmemitgliedstaaten des AIFM hierüber in Kenntnis.
Chapitre 2. – Agrément des gestionnaires	**Kapitel 2. – Zulassung von AIFM**
Art. 5. Conditions d'accès aux activités des gestionnaires	**Art. 5. Voraussetzungen für die Aufnahme der Tätigkeit als AIFM**
(1) Aucune personne, visée à l'article 2, paragraphe (1), ne peut exercer au Luxembourg l'activité de gestionnaire assurant la gestion de FIA sans avoir été agréée conformément au présent chapitre.	(1) Keine der im Artikel 2 Absatz (1) genannten Personen kann in Luxemburg die Tätigkeit als AIFM, der AIF verwaltet, ausüben, ohne gemäß diesem Kapitel zugelassen zu sein.
Les personnes visées au présent paragraphe doivent remplir en permanence les conditions d'agrément prévues par la présente loi.	Die in diesem Absatz genannten Personen müssen die in diesem Gesetz festgelegten Zulassungsvoraussetzungen jederzeit einhalten.
(2) Un gestionnaire externe ne peut avoir d'autres activités que celles qui sont visées à l'annexe I de la présente loi et des activités supplémentaires de gestion d'OPCVM soumises à agrément au titre de la directive 2009/65/CE.	(2) Ein externer AIFM kann keine anderen als die in Anhang I dieses Gesetzes genannten Tätigkeiten sowie die zusätzliche Verwaltung von OGAW vorbehaltlich einer Genehmigung nach 65/EG.
(3) Un FIA géré de manière interne ne peut avoir d'activités autres que les activités de gestion interne de ce FIA mentionnées à l'annexe I de la présente loi.	(3) Ein intern verwalteter AIF kann keine andere Tätigkeit, als die interne Verwaltung dieses AIF gemäß Anhang I dieses Gesetzes ausüben.
(4) Par dérogation au paragraphe (2), les gestionnaires externes peuvent en outre fournir les services suivants:	(4) Abweichend von Absatz (2) können externe AIFM zudem folgende Dienstleistungen erbringen:

a) gestion de portefeuilles, y compris ceux qui sont détenus par des fonds de retraite et des institutions de retraite professionnelle, conformément à l'article 19, paragraphe (1), de la directive 2003/41/CE, dans le cadre des mandats donnés par les investisseurs sur une base discrétionnaire et individualisée;	a) Verwaltung von Portfolios, einschließlich solcher, die von Pensionsfonds und Einrichtungen der betrieblichen Altersversorgung gemäß Artikel 19 Absatz (1) der Richtlinie 2003/41/EG gehalten werden und im Einklang mit von den Anlegern erteilten Einzelmandaten mit Ermessenspielraum;
b) des services auxiliaires comprenant:	b) als Nebendienstleistungen:
i) le conseil en investissement;	i) Anlageberatung;
ii) la garde et l'administration, pour des parts ou actions d'organismes de placement collectif;	ii) Verwahrung und Verwaltung im Zusammenhang mit Anteilen oder Aktien von Organismen für gemeinsame Anlagen;
iii) la réception et la transmission d'ordres portant sur des instruments financiers.	iii) Annahme und Übermittlung von Aufträgen, die Finanzinstrumente zum Gegenstand haben.
(5) Les gestionnaires ne sont pas autorisés, en vertu du présent chapitre, à fournir:	(5) AIFM dürfen nach diesem Kapitel nicht zugelassen werden, um:
a) exclusivement les services mentionnés au paragraphe (4);	a) ausschließlich die in Absatz (4) genannten Dienstleistungen zu erbringen;
b) des services auxiliaires visés au paragraphe (4), point b), sans être également agréés pour les services visés au paragraphe (4), point a);	b) die unter Absatz (4) Buchstabe b) genannten Nebendienstleistungen zu erbringen, ohne auch für die Erbringung der Dienstleistungen gemäß Absatz (4) Buchstabe a) zugelassen zu sein;
c) exclusivement les activités visées à l'annexe I, point 2; ou	c) ausschließlich die in Anhang I Nummer (2) genannten Tätigkeiten auszuüben; oder
d) les services visés à l'annexe I, point 1 a), de la présente loi sans fournir également les services visés à l'annexe I, point 1b), de la présente loi ou inversement.	d) die in Anhang I Nummer (1) Buchstabe (a) dieses Gesetzes genannten Dienstleistungen zu erbringen, ohne auch die in Anhang I Nummer (1) Buchstabe b) dieses Gesetzes genannten Dienstleistungen zu erbringen, et vice versa.
(6) L'article 1-1, l'article 37-1 et l'article 37-3 de la loi modifiée du 5 avril 1993 relative au secteur financier s'appliquent également à la fourniture, par les gestionnaires, des services visés au paragraphe (4) du présent article.	(6) Artikel 1-1, Artikel 37-1 und Artikel 37-3 des geänderten Gesetzes vom 5. April 1993 über den Finanzsektor gelten auch für die Erbringung der in Absatz (4) dieses Artikels genannten Dienstleistungen durch die AIFM.
(7) Les gestionnaires doivent communiquer à la CSSF sur demande toutes les informations qui sont nécessaires pour permettre à	(7) AIFM müssen der CSSF auf Verlangen alle erforderlichen Informationen zur Verfügung stellen, um der CSSF jederzeit die

la CSSF de suivre à tout moment le respect des conditions prévues par la présente loi.	Nachverfolgung der Einhaltung der in diesem Gesetz genannten Voraussetzungen zu ermöglichen.
(8) Les établissements de crédit et les entreprises d'investissement agréés au titre de la loi modifiée du 5 avril 1993 relative au secteur financier ne sont pas tenus d'obtenir un agrément au titre de la présente loi pour pouvoir proposer des services d'investissement, tels que la gestion individuelle de portefeuille en rapport avec des FIA.	Kreditinstitute und Wertpapierunternehmen, die nach dem geänderten Gesetz vom 5. April 1993 über den Finanzsektor zugelassen sind, brauchen für die Erbringung von Wertpapierdienstleistungen, wie etwa der individuellen Portfolioverwaltung für AIF, keine Zulassung nach diesem Gesetz.
Toutefois les entreprises d'investissement ne peuvent proposer, directement ou indirectement, des parts ou des actions de FIA à des investisseurs établis dans l'Union européenne, ou placer ces parts ou actions auprès d'investisseurs établis dans l'Union européenne, que dans la mesure où les parts ou actions peuvent être commercialisées conformément à la directive 2011/61/UE.	Wertpapierunternehmen jedenfalls dürfen nur dann Anteile oder Aktien an AIF direkt oder indirekt Anlegern mit Sitz in der Europäischen Union anbieten oder bei diesen platzieren, wenn die Anteile oder Aktien gemäß der Richtlinie 2011/61/EU vertrieben werden dürfen.
Art. 6. Demande d'agrément	**Art. 6. Antrag auf Zulassung**
(1) L'accès à l'activité des gestionnaires établis au Luxembourg est subordonné à un agrément délivré par la CSSF.	(1) Der Zugang zur Tätigkeit eines AIFM mit Sitz in Luxemburg unterliegt einer von der CSSF erteilten Zulassung.
(2) La demande d'agrément doit contenir les informations suivantes:	(2) Der Antrag auf Zulassung muss folgende Informationen enthalten:
a) des informations sur les personnes qui dirigent de fait les activités du gestionnaire;	a) Auskünfte über die Personen, die die Geschäfte des AIFM tatsächlich führen;
b) des informations sur l'identité des actionnaires ou des membres, directs ou indirects, du gestionnaire, qu'il s'agisse de personnes physiques ou morales, qui détiennent des participations qualifiées, ainsi que sur les montants de ces participations;	b) Auskünfte über die Identität aller Anteilseigner oder Mitglieder des AIFM, die eine qualifizierte Beteiligung an ihm halten, unabhängig davon, ob diese Beteiligung direkt oder indirekt ist oder es sich um natürliche oder juristische Personen handelt, sowie die Höhe dieser Beteiligungen;
c) un programme d'activité, décrivant la structure organisationnelle du gestionnaire, y compris des informations sur la manière dont le gestionnaire en-	c) einen Geschäftsplan, der neben der Organisationsstruktur des AIFM auch Angaben darüber enthält, wie der AIFM seinen Pflichten nach den Kapi-

tend se conformer aux obligations qui lui incombent au titre des chapitres 2, 3 et 4 et, le cas échéant, des chapitres 5, 6, 7 et 8 de la présente loi;	teln 2, 3, 4 und gegebenenfalls den Kapiteln 5, 6, 7 und 8 diese Gesetzes nachkommen will;
d) des informations sur les politiques et les pratiques de rémunération conformément à l'article 12;	d) Angaben über die Vergütungspolitik und -praxis gemäß Artikel 12;
e) des informations sur les modalités prises pour déléguer et sous-déléguer à des tiers les fonctions visées à l'article 18.	e) Angaben über Vereinbarungen, die zur Übertragung und Weiterübertragung von Funktionen im Sinne von Artikel 18 an Dritte getroffen wurden.
(3) La demande d'agrément doit en outre contenir les informations suivantes concernant les FIA que le gestionnaire prévoit de gérer:	(3) Der Antrag auf Zulassung muss zudem folgende Informationen über die AIF enthalten, die der AIFM beabsichtigt zu verwalten:
a) des informations sur les stratégies d'investissement, y compris les types de fonds sous-jacents si le FIA est un fonds de fonds, et la politique du gestionnaire en ce qui concerne l'utilisation de l'effet de levier, et sur les profils de risque et autres caractéristiques des FIA qu'il gère ou prévoit de gérer, y compris des informations sur les États membres ou sur les pays tiers dans lesquels ces FIA sont établis ou dans lesquels il est prévu qu'ils soient établis;	a) Angaben zu den Anlagestrategien, einschließlich der Arten der Zielfonds, falls es sich bei dem AIF um einen Dachfonds handelt, und der Grundsätze, die der AIFM im Zusammenhang mit dem Einsatz von Hebelfinanzierungen anwendet sowie der Risikoprofile und sonstiger Eigenschaften der AIF, die er verwaltet oder zu verwalten beabsichtigt, einschließlich Angaben zu den Mitgliedstaaten oder Drittländer, in denen sich der Sitz solcher AIF befindet oder voraussichtlich befinden wird;
b) des informations sur le lieu où le FIA maître est établi si le FIA est un FIA nourricier;	b) Angaben zum Sitz des Master-AIF, falls es sich bei dem AIF um einen Feeder-AIF handelt;
c) le règlement de gestion ou les documents constitutifs de chaque FIA que le gestionnaire prévoit de gérer;	c) die Vertragsbedingungen oder Gründungsunterlagen aller AIF, die der AIFM beabsichtigt zu verwalten;
d) des informations sur les modalités prévues pour la désignation du dépositaire conformément à l'article 19 pour chaque FIA que le gestionnaire prévoit de gérer;	d) Angaben zu den Vereinbarungen zur Bestellung der Verwahrstelle gemäß Artikel 19 für jeden AIF, den der AIFM beabsichtigt zu verwalten;
e) toute information supplémentaire visée à l'article 21, paragraphe (1), pour chaque FIA que le gestionnaire gère ou prévoit de gérer.	e) alle in Artikel 21 Absatz (1) genannten weiteren Informationen für jeden AIF, den der AIFM verwaltet oder beabsichtigt zu verwalten.
(4) Lorsqu'une société de gestion d'OPCVM agréée conformément au chapitre 15 de la	(4) Wenn eine nach Kapitel 15 des geänderten Gesetzes vom 17. Dezember 2010 über

loi modifiée du 17 décembre 2010 concernant les organismes de placement collectif respectivement une société de gestion agréée conformément à l'article 125-1 de ladite loi demande un agrément en tant que gestionnaire au titre de la présente loi, la société de gestion concernée n'est pas tenue de fournir les informations ou les documents qu'elle a déjà fournis à la CSSF lors de sa demande d'agrément au titre de la loi modifiée du 17 décembre 2010, à condition que ces informations ou documents soient à jour.	Organismen für gemeinsame Anlagen zugelassene OGAW-Verwaltungsgesellschaft beziehungsweise eine nach Artikel 125-1 dieses Gesetzes zugelassen Verwaltungsgesellschaft, eine Zulassung als AIFM nach diesem Gesetz beantragt, ist die betreffende Verwaltungsgesellschaft nicht verpflichtet, diejenigen Angaben oder Dokumente vorzulegen, die sie der CSSF bereits bei der Beantragung der Zulassung nach dem geänderten Gesetz vom 17. Dezember 2010 vorgelegt hat, vorausgesetzt diese Angaben oder Unterlagen sind nach wie vor aktuell.
Art. 7. Conditions d'octroi de l'agrément	**Art. 7. Zulassungsvoraussetzungen**
(1) La CSSF n'accorde l'agrément au gestionnaire établi au Luxembourg qu'aux conditions suivantes:	(1) Die CSSF erteilt einem AIFM mit Sitz in Luxemburg die Zulassung nur unter folgenden Voraussetzungen:
a) la CSSF estime que le gestionnaire pourra satisfaire aux conditions de la présente loi;	a) Die CSSF ist davon überzeugt, dass der AIFM zur Einhaltung der in diesem Gesetz festgelegten Bedingungen in der Lage ist;
b) le gestionnaire dispose d'un capital initial et de fonds propres suffisants conformément à l'article 8;	b) Der AIFM verfügt über ausreichendes Anfangskapital und Eigenmittel gemäß Artikel 8;
c) les personnes qui dirigent de fait l'activité du gestionnaire ont une honorabilité et une expérience suffisantes, également en ce qui concerne les stratégies d'investissement menées par les FIA gérés par le gestionnaire, l'identité de ces personnes, ainsi que de toute personne leur succédant dans leurs fonctions, devant être immédiatement notifiée à la CSSF; la conduite de l'activité du gestionnaire doit être déterminée par au moins deux personnes remplissant ces conditions;	c) Die Personen, die die Geschäfte der AIFM tatsächlich führen, sind ausreichend zuverlässig und verfügen auch in Bezug auf die Anlagestrategien der vom AIFM verwalteten AIF über ausreichende Erfahrung; die Namen dieser Personen sowie aller ihrer Nachfolger werden der CSSF unverzüglich mitgeteilt; über die Geschäftsführung des AIFM bestimmen mindestens zwei Personen, die die genannten Bedingungen erfüllen.
d) les actionnaires ou les associés du gestionnaire qui détiennent des participations qualifiées conviennent pour cette mission, compte tenu de la nécessité de garantir la gestion saine et prudente du gestionnaire; et	d) Die Anteilseigner oder Mitglieder des AIFM, die eine qualifizierte Beteiligung an ihm halten, verfügen über die entsprechende Eignung, wobei der Notwendigkeit, die solide und umsichtige Verwaltung des AIFM zu gewährleisten, Rechnung zu tragen ist, und

e) pour tout gestionnaire établi au Luxembourg, si l'administration centrale et le siège statutaire de tout gestionnaire sont situés au Luxembourg.	e) bei jedem in Luxemburg ansässigen AIFM sich die Hauptverwaltung und der Sitz des AIFM in Luxemburg befinden.
L'agrément accordé à un gestionnaire par la CSSF sur base du présent chapitre vaut pour tous les États membres.	Die einem AIFM gemäß diesem Kapitel erteilte Zulassung der CSSF gilt in allen Mitgliedstaaten.
Les gestionnaires agréés sont inscrits par la CSSF sur une liste. Cette inscription vaut agrément et est notifiée par la CSSF au gestionnaire concerné. Cette liste ainsi que les modifications qui y sont apportées sont publiées au Mémorial par les soins de la CSSF.	Die zugelassenen AIFM werden von der CSSF in eine Liste eingetragen. Diese Eintragung gilt als Zulassung und wird dem betreffenden AIFM von der CSSF mitgeteilt. Diese Liste sowie alle diesbezüglichen Änderungen werden von der CSSF im Mémorial (Amtsblatt des Großherzogtums Luxemburg) veröffentlicht.
(2) Les autorités compétentes concernées des autres États membres impliqués font l'objet d'une consultation par la CSSF avant qu'un agrément ne soit octroyé aux gestionnaires suivants:	(2) Bevor den nachfolgend genannten AIFM die Zulassung erteilt wird, sind die betreffenden zuständigen Behörden der anderen betroffenen Mitgliedstaaten von der CSSF zu konsultieren:
a) une filiale d'un autre gestionnaire, d'une société de gestion d'OPCVM, d'une entreprise d'investissement, d'un établissement de crédit ou d'une entreprise d'assurance agréés dans un autre État membre;	a) eine Tochtergesellschaft eines anderen AIFM, einer „OGAW-Verwaltungsgesellschaft", einer Wertpapierfirma, eines Kreditinstituts oder einer Versicherungsgesellschaft, die/das in einem anderen Mitgliedstaat zugelassen ist,
b) une filiale de l'entreprise mère d'un autre gestionnaire, d'une société de gestion d'OPCVM, d'une entreprise d'investissement, d'un établissement de crédit ou d'une entreprise d'assurance agréés dans un autre État membre; et	b) ein Tochterunternehmen des Mutterunternehmens eines anderen AIFM, einer OGAW-Verwaltungsgesellschaft, einer Wertpapierfirma, eines Kreditinstituts oder einer Versicherungsgesellschaft, die/das in einem anderen Mitgliedstaat zugelassen ist, und
c) une société contrôlée par les mêmes personnes physiques ou morales que celles qui contrôlent un autre gestionnaire, une société de gestion d'OPCVM, une entreprise d'investissement, un établissement de crédit ou une entreprise d'assurance agréés dans un autre État membre.	c) eine Gesellschaft, die von denselben natürlichen oder juristischen Personen kontrolliert wird wie die, die einen anderen AIFM, eine OGAW-Verwaltungsgesellschaft, eine Wertpapierfirma, ein Kreditinstitut oder eine Versicherungsgesellschaft, die/das in einem anderen Mitgliedstaat zugelassen ist, kontrollieren.
(3) Lorsque des liens étroits existent entre le gestionnaire et d'autres personnes physiques ou morales, la CSSF n'accorde l'agrément que si ces liens n'entravent pas	(3) Wenn enge Verbindungen zwischen AIFM und anderen natürlichen oder juristischen Personen bestehen, erteilt die CSSF die Zulassung nur, wenn diese Verbindun-

le bon exercice de sa mission de surveillance.	gen die wirksame Wahrnehmung ihrer Aufsichtsfunktion nicht behindern.
La CSSF refuse également l'agrément si les dispositions législatives, réglementaires ou administratives d'un pays tiers dont relèvent une ou plusieurs personnes physiques ou morales avec lesquelles le gestionnaire entretient des liens étroits, ou des difficultés liées à leur application, entravent le bon exercice de sa mission de surveillance.	Die CSSF verweigert die Zulassung auch, wenn Rechts- und Verwaltungsvorschriften eines Drittlands, denen natürliche und juristische Personen unterliegen, mit denen der AIFM enge Verbindungen hat, oder Schwierigkeiten bei deren Anwendung die wirksame Wahrnehmung ihrer Aufsichtsfunktion behindern.
(4) La CSSF peut restreindre la portée de l'agrément, notamment en ce qui concerne les stratégies d'investissement des FIA que le gestionnaire est autorisé à gérer.	(4) Die CSSF kann den Umfang der Zulassung beschränken, insbesondere bezüglich der Anlagestrategien der AIF, zu deren Verwaltung der AIFM berechtigt ist.
(5) Le gestionnaire est informé par écrit, dans les trois mois à compter de la présentation d'une demande complète, de l'octroi ou du refus de l'agrément. La CSSF peut prolonger cette période pour une durée pouvant aller jusqu'à trois mois supplémentaires, lorsqu'elle le juge nécessaire en raison des circonstances spécifiques du cas et après l'avoir notifié au gestionnaire.	(5) Die CSSF teilt dem Antragsteller innerhalb von drei Monaten nach Einreichung eines vollständigen Antrags schriftlich mit, ob die Zulassung erteilt ist. Die CSSF kann diesen Zeitraum um bis zu drei zusätzliche Monate verlängern, wenn sie dies aufgrund der besonderen Umstände des Einzelfalls für notwendig erachtet und nach einer entsprechenden Benachrichtigung des AIFM.
Aux fins du présent paragraphe, une demande est réputée complète si le gestionnaire a au moins présenté les informations visées à l'article 6, paragraphe (2), points a) à d), et à l'article 6, paragraphe (3), points a) et b).	Für die Zwecke dieses Absatzes gilt ein Antrag als vollständig, wenn der AIFM mindestens die in Artikel 6 Absatz (2) Buchstaben a) bis d) und Artikel 6 Absatz (3) Buchstaben a) und b) genannten Angaben vorgelegt hat.
Le gestionnaire peut commencer à gérer au Luxembourg des FIA suivant les stratégies d'investissement décrites dans la demande d'agrément conformément à l'article 6, paragraphe (3), point a), dès que l'agrément est accordé, mais au plus tôt un mois après avoir présenté toute information manquante visée à l'article 6, paragraphe (2), point e) et à l'article 6, paragraphe (3), points c), d) et e).	Der AIFM kann in Luxemburg mit der Verwaltung von AIF gemäß den Anlagestrategien wie im Zulassungsantrag gemäß Artikel 6 Absatz (3) Buchstabe a) beschrieben beginnen, sobald die Zulassung erteilt ist, frühestens jedoch einen Monat nachdem er etwaige fehlende, in Artikel 6 Absatz (2) Buchstabe e) und Artikel 6 Absatz (3) Buchstaben c), d) und e) genannte Angaben, nachgereicht hat.
(6) Aucune personne ne peut faire état d'appellations ou d'une qualification donnant l'apparence d'activités relevant de la présente loi, si elle n'a pas obtenu l'agrément prévu par le présent article.	(6) Niemand darf Bezeichnungen oder Qualifikationen anführen, die den Anschein einer diesem Gesetz unterfallenden Tätigkeit erwecken, wenn er nicht über eine Zulassung nach diesem Artikel verfügt.

Art. 8. Capital initial et fonds propres	Art. 8. Anfangskapital und Eigenmittel
(1) Un gestionnaire qui est un FIA géré de manière interne au sens de l'article 4, paragraphe (1), point b), doit disposer d'un capital initial d'au moins 300.000 euros.	(1) Ein AIFM, der ein intern verwalteter AIF im Sinne von Artikel 4 Absatz (1) Buchstabe b) ist, muss über ein Anfangskapital von mindestens 300.000 EUR verfügen.
(2) Un gestionnaire qui est désigné en tant que gestionnaire externe d'un ou de plusieurs FIA au sens de l'article 4, paragraphe (1), point a), doit disposer d'un capital initial d'au moins 125.000 euros, conformément aux dispositions ci-après.	(2) Ein AIFM, der zum externen Verwalter im Sinne von Artikel 4 Absatz (1) Buchstabe a) eines oder mehrerer AIF bestellt wird, muss unter Einhaltung der nachstehenden Bestimmungen, über ein Anfangskapital von mindestens 125.000 EUR verfügen.
(3) Lorsque la valeur des portefeuilles des FIA gérés par le gestionnaire excède 250.000.000 euros, le gestionnaire doit fournir un montant supplémentaire de fonds propres. Ce montant supplémentaire de fonds propres est égal à 0,02% du montant de la valeur des portefeuilles du gestionnaire excédant 250.000.000 euros. Le total requis du capital initial et du montant supplémentaire ne dépasse toutefois pas 10.000.000 euros.	(3) Übersteigt der Wert der von dem AIFM verwalteten AIF-Portfolios 250.000.000 EUR, muss der AIFM zusätzliche Eigenmittel einbringen; diese zusätzlichen Eigenmittel entsprechen 0,02% des Betrags, um den der Wert der Portfolios des AIFM 250.000.000 EUR übersteigt; die erforderliche Gesamtsumme aus Anfangskapital und zusätzlichem Betrag übersteigt jedoch nicht 10.000.000 EUR.
(4) Aux fins de l'application du paragraphe (3), sont considérés comme étant les portefeuilles du gestionnaire, les FIA gérés par le gestionnaire, y compris les FIA pour lesquels le gestionnaire a délégué des fonctions conformément à l'article 18, mais à l'exclusion des portefeuilles de FIA que le gestionnaire gère par délégation.	(4) Für die Zwecke des Absatzes (3) gelten die vom AIFM verwalteten AIF, einschließlich AIF, für die der AIFM gemäß Artikel 18 Funktionen an Dritte übertragen hat, jedoch mit Ausnahme von AIF-Portfolios, die der AIFM im Auftrag Dritter verwaltet, als die Portfolios des AIFM.
(5) Indépendamment du paragraphe (3), les fonds propres du gestionnaire ne sont jamais inférieurs au montant requis en vertu de l'article 21 de la directive 2006/49/CE.	(5) Ungeachtet des Absatzes (3) verfügt ein AIFM stets über Eigenmittel in Höhe von mindestens dem in Artikel 21 der Richtlinie 2006/49/EG geforderten Betrag.
(6) Les gestionnaires peuvent ne pas fournir jusqu'à 50% du montant supplémentaire de fonds propres visé au paragraphe (3) s'ils bénéficient d'une garantie du même montant donnée par un établissement de crédit ou une entreprise d'assurance qui a son siège statutaire dans un État membre, ou dans un pays tiers où il est soumis à des règles prudentielles que la CSSF juge équivalentes à celles fixées par le droit de l'Union.	(6) Die AIFM können von der Bereitstellung von bis zu 50% der in Absatz (3) genannten zusätzlichen Eigenmittel absehen, wenn diese über eine Garantie in derselben Höhe verfügen, die von einem Kreditinstitut oder einem Versicherungsunternehmen gestellt wird, das seinen Sitz in einem Mitgliedstaat oder in einem Drittland hat, sofern es dort Aufsichtsbestimmungen unterliegt, die nach Auffassung der CSSF denen des Gemeinschaftsrechts gleichwertig sind.

(7) Pour couvrir les risques éventuels en matière de responsabilité professionnelle auxquels sont exposés les gestionnaires dans le cadre des activités qu'ils exercent en vertu de la présente loi, tant les FIA gérés de manière interne que les gestionnaires externes doivent soit:	(7) Um die potenziellen Berufshaftungsrisiken aus den Geschäftstätigkeiten, denen die AIFM nach diesem Gesetz nachgehen, abzudecken, müssen sowohl intern verwaltete AIF als auch externe AIFM entweder:
a) disposer de fonds propres supplémentaires d'un montant suffisant pour couvrir les risques éventuels en matière de responsabilité pour négligence professionnelle; ou	a) über zusätzliche Eigenmittel, um potenzielle Haftungsrisiken aus beruflicher Fahrlässigkeit angemessen abzudecken, oder
b) être couverts par une assurance de responsabilité civile professionnelle, adaptée aux risques couverts, au titre de l'engagement de leur responsabilité pour négligence professionnelle.	b) über eine Berufshaftpflichtversicherung für die sich aus beruflicher Fahrlässigkeit ergebenden Haftung, die den abgedeckten Risiken entspricht, verfügen.
(8) Les fonds propres, y compris les fonds propres supplémentaires visés au paragraphe (7), point a), doivent être investis dans des actifs liquides ou des actifs aisément convertibles en liquidités à court terme et ne doivent pas comporter de positions spéculatives.	(8) Eigenmittel, einschließlich der zusätzlichen Eigenmittel gemäß Absatz (7) Buchstabe a), werden in flüssige Vermögenswerte oder Vermögenswerte investiert, die kurzfristig unmittelbar in Bargeld umgewandelt werden können und keine spekulativen Positionen enthalten.
(9) À l'exception des paragraphes (7) et (8), le présent article ne s'applique pas aux gestionnaires qui sont également des sociétés de gestion d'OPCVM agréées conformément au chapitre 15 de la loi modifiée du 17 décembre 2010 concernant les organismes de placement collectif.	(9) Mit Ausnahme der Absätze (7) und (8) gilt dieser Artikel nicht für AIFM, die zugleich nach Kapitel 15 des geänderten Gesetzes vom 17. Dezember 2010 über Organismen für gemeinsame Anlagen zugelassene OGAW-Verwaltungsgesellschaften sind.
Art. 9. Changement de la portée de l'agrément	**Art. 9. Änderung des Umfangs der Zulassung**
(1) L'octroi de l'agrément implique l'obligation pour les gestionnaires de notifier à la CSSF, avant sa mise en oeuvre, tout changement substantiel, notamment en ce qui concerne les informations fournies conformément à l'article 6 sur lesquelles la CSSF s'est fondée pour accorder l'agrément initial.	(1) Die Erteilung der Zulassung beinhaltet die Verpflichtung der AIFM der CSSF alle wesentlichen Änderungen vor deren Umsetzung mitzuteilen; dies gilt insbesondere für wesentliche Änderungen der gemäß Artikel 6 vorgelegten Angaben, auf die sich die CSSF bei der Erteilung der Erstzulassung gestützt hat.
(2) Si la CSSF décide d'imposer des restrictions ou de rejeter les changements des conditions de l'agrément initial, le gestionnaire en est informé dans un délai d'un	(2) Beschließt die CSSF Beschränkungen vorzuschreiben oder die Änderungen der Erstzulassungsvoraussetzungen abzulehnen, so setzt sie den AIFM innerhalb eines Monats

mois après réception de la notification visée au paragraphe (1). La CSSF peut prolonger cette période pour une durée pouvant aller jusqu'à un mois, lorsqu'elle le juge nécessaire en raison des circonstances spécifiques du cas et après l'avoir notifié au gestionnaire. Les changements sont mis en oeuvre si la CSSF ne s'oppose pas aux changements pendant la période d'évaluation prévue.	nach Erhalt der Mitteilung im Sinne von Absatz (1) hierüber in Kenntnis. Die CSSF kann diesen Zeitraum um bis zu einen Monat verlängern, wenn sie dies aufgrund der besonderen Umstände des Einzelfalls für notwendig erachtet und nach einer entsprechenden Benachrichtigung des AIFM. Lehnt die CSSF die Änderungen nicht innerhalb des vorgesehenen Beurteilungszeitraums ab, so werden sie vorgenommen.
Art. 10. Retrait d'agrément et liquidation	**Art. 10. Entzug der Zulassung und Liquidation**
(1) La CSSF peut retirer l'agrément délivré à un gestionnaire sur base du présent chapitre lorsque celui-ci:	(1) Die CSSF kann die einem AIFM auf der Grundlage dieses Kapitels erteilte Zulassung entziehen, wenn dieser:
a) ne fait pas usage de l'agrément dans un délai de douze mois, y renonce expressément ou a cessé d'exercer l'activité couverte par la présente loi depuis plus de six mois;	a) von der Zulassung nicht innerhalb von zwölf Monaten Gebrauch macht, ausdrücklich auf sie verzichtet oder die in diesem Gesetz genannten Tätigkeiten in den vorangegangenen sechs Monaten nicht ausgeübt ha;
b) a obtenu l'agrément au moyen de fausses déclarations ou par tout autre moyen irrégulier;	b) die Zulassung aufgrund falscher Angaben oder auf andere rechtswidrige Weise erhalten hat;
c) ne remplit plus les conditions d'octroi de l'agrément;	c) die Voraussetzungen, unter denen die Zulassung erteilt wurde, nicht mehr einhält;
d) ne respecte plus les dispositions de la loi modifiée du 5 avril 1993 relative au secteur financier, résultant de la transposition de la directive 2006/49/CE, si son agrément couvre aussi le service de gestion de portefeuilles sur une base discrétionnaire visé à l'article 5, paragraphe (4), point a), de la présente loi;	d) die Vorschriften des aus der Umsetzung der Richtlinie 2006/49/EG resultierenden geänderten Gesetzes vom 5. April 1993 über den Finanzsektor nicht mehr erfüllt, wenn seine Zulassung sich auf Dienstleistungen der Portfolioverwaltung mit Ermessensspielraum gemäß Artikel 5 Absatz (4) Buchstabe a) dieses Gesetzes erstreckt;
e) a enfreint de manière grave ou systématique les dispositions de la présente loi ou des règlements adoptés en application de celle-ci; ou	e) in schwerwiegender Weise oder systematisch gegen dieses Gesetz oder nach diesem Gesetz erlassene Bestimmungen verstoßen hat; oder
f) relève d'un des cas de retrait prévus par le droit luxembourgeois, pour des matières hors du champ d'application de la présente loi.	f) einen der er durch das luxemburgische Recht vorgesehenen Fälle des Entzugs für Angelegenheiten, die außerhalb des Anwendungsbereichs dieses Gesetzes liegen, erfüllt.

(2) Tout en tenant compte des dispositions des lois sectorielles spécifiques, le tribunal d'arrondissement siégeant en matière commerciale prononce sur la demande du procureur d'État, agissant d'office ou à la requête de la CSSF, la dissolution et la liquidation des gestionnaires établis au Luxembourg, dont l'inscription sur la liste prévue à l'article 7, paragraphe (1), aura été définitivement refusée ou retirée. La décision de la CSSF portant retrait de la liste prévue à l'article 7, paragraphe (1), entraîne de plein droit, à partir de sa notification au gestionnaire concerné, jusqu'au jour où la décision sera devenue définitive, le sursis à tout paiement par ce gestionnaire et interdiction sous peine de nullité de procéder à tous actes autres que conservatoires, sauf autorisation de la CSSF.	(2) Unter Berücksichtigung der Vorschriften der sektorbezogenen Spezialgesetze stellt das in Handelssachen zuständige Bezirksgericht auf Antrag des Staatsanwaltes, von Amts wegen oder auf Antrag der CSSF, die Auflösung und die Liquidation der in Luxemburg ansässigen AIFM fest, deren Eintragung auf der Liste gemäß Artikel 7 Absatz (1) endgültig verweigert oder zurückgezogen wurde. Die Entscheidung der CSSF bezüglich der Streichung von der Liste gemäß Artikel 7 Absatz (1) bewirkt von Rechts wegen ab der Mitteilung an den betreffenden AIFM bis zu dem Tag, an dem die Entscheidung rechtskräftig wird, den Aufschub jeder Zahlung durch den AIFM sowie die mit Nichtigkeit belegte Untersagung der Vornahme jedweder Handlung, die nicht ausschließlich der Erhaltung dient, es sei denn, es liegt eine Genehmigung der CSSF vor.
Chapitre 3. – Conditions d'exercice applicables aux gestionnaires	**Kapitel 3. – Voraussetzungen für die Ausübung der Tätigkeit als AIFM**
Section 1 – Exigences générales	**Abschnitt 1 – Allgemeine Anforderungen**
Art. 11. Principes généraux	**Art. 11. Allgemeine Grundsätze**
(1) Dans le cadre de leurs activités, les gestionnaires devront à tout moment:	(1) Im Rahmen ihrer Geschäftstätigkeit müssen AIFM stets:
a) agir honnêtement et loyalement, avec la compétence, le soin et la diligence requis dans l'exercice de leurs activités;	a) ihrer Tätigkeit ehrlich, mit der gebotenen Sachkenntnis, Sorgfalt und Gewissenhaftigkeit und redlich nachgehen;
b) agir au mieux des intérêts des FIA ou des investisseurs des FIA qu'ils gèrent et de l'intégrité du marché;	b) im besten Interesse der von ihnen verwalteten AIF oder der Anleger dieser AIF und der Integrität des Marktes handeln;
c) avoir et utiliser avec efficacité les ressources et les procédures nécessaires pour mener à bonne fin leurs activités commerciales;	c) über die für eine ordnungsgemäße Ausübung ihrer Geschäftstätigkeit erforderlichen Mittel und Verfahren verfügen und diese wirksam einsetzen;
d) prendre toute mesure raisonnable destinée à empêcher les conflits d'intérêts et, lorsqu'ils ne peuvent être évités, à	d) alle angemessenen Maßnahmen zur Vermeidung von Interessenkonflikten und, wo diese nicht vermieden werden

identifier, gérer et suivre et, le cas échéant, révéler ces conflits d'intérêts afin d'éviter qu'ils portent atteinte aux intérêts des FIA et de leurs investisseurs et de veiller à ce que les FIA qu'ils gèrent soient traités équitablement;	können, zur Ermittlung, Beilegung, Beobachtung und gegebenenfalls Offenlegung dieser Interessenkonflikte treffen, um zu vermeiden, dass sich diese nachteilig auf die Interessen der AIF und ihrer Anleger auswirken, und um sicherzustellen, dass den von ihnen verwalteten AIF eine faire Behandlung zukommt;
e) se conformer à toutes les exigences réglementaires applicables à l'exercice de leurs activités commerciales de manière à promouvoir au mieux les intérêts des FIA ou des investisseurs des FIA qu'ils gèrent et l'intégrité du marché;	e) alle auf die Ausübung ihrer Geschäftstätigkeit anwendbaren regulatorischen Anforderungen erfüllen, um das beste Interesse der von ihnen verwalteten AIF oder der Anleger dieser AIF und die Integrität des Marktes zu fördern;
f) traiter tous les investisseurs des FIA équitablement.	f) alle Anleger der AIF fair behandeln.
Aucun investisseur dans un FIA ne peut bénéficier d'un traitement préférentiel à moins qu'un tel traitement préférentiel ne soit communiqué dans le règlement de gestion du FIA concerné ou dans ses documents constitutifs.	Kein Anleger in einen AIF darf eine Vorzugsbehandlung erhalten, es sei denn, eine solche Vorzugsbehandlung ist in den Vertragsbedingungen oder in den Gründungsunterlagen des entsprechenden AIF vorgesehen.
(2) Les gestionnaires dont l'agrément couvre aussi le service de gestion de portefeuilles sur une base discrétionnaire visé à l'article 5, paragraphe (4), point a), de la présente loi:	(2) Die AIFM, deren Zulassung sich auch auf die Portfolioverwaltung mit Ermessensspielraum gemäß Artikel 5 Absatz (4) Buchstabe a) diese Gesetzes erstreckt:
a) ne sont pas autorisés à placer tout ou partie du portefeuille du client dans des parts ou des actions de FIA qu'ils gèrent, à moins d'avoir reçu l'accord général préalable du client;	a) dürfen das Portfolio des Kunden weder ganz noch teilweise in Anteilen oder Aktien der von ihnen verwalteten AIF anlegen, es sei denn, sie haben zuvor eine allgemeine Zustimmung des Kunden erhalten;
b) sont soumis, pour ce qui concerne les services visés à l'article 5, paragraphe (4), aux dispositions prévues par la loi du 27 juillet 2000 portant transposition de la directive 97/9/CE relative aux systèmes d'indemnisation des investisseurs dans la loi modifiée du 5 avril 1993 relative au secteur financier.	b) unterliegen in Bezug auf die Dienstleistungen gemäß Artikel 5 Absatz (4) den Vorschriften des Gesetzes vom 27. Juli 2000 zur Umsetzung der Richtlinie 97/9/EG des Europäischen Parlaments und des Rates vom 3. März 1997 über Systeme für die Entschädigung der Anleger im geänderten Gesetz vom 5. April 1993 über den Finanzsektor.

Art. 12. Rémunération	Art. 12. Vergütung
Les gestionnaires doivent disposer de politiques et de pratiques de rémunération pour les catégories de personnel, y compris la direction générale, les preneurs de risques, les personnes exerçant une fonction de contrôle et tout employé qui, au vu de sa rémunération globale, se situe dans la même tranche de rémunération que la direction générale et les preneurs de risques, et dont les activités professionnelles ont une incidence substantielle sur les profils de risque des gestionnaires ou des FIA qu'ils gèrent, qui sont compatibles avec une gestion saine et efficace des risques et la favorisent et n'encouragent pas une prise de risque incompatible avec les profils de risque, le règlement ou les documents constitutifs des FIA qu'ils gèrent.	AIFM müssen für alle Kategorien von Mitarbeitern, einschließlich der Führungskräfte, Risikoträger und Mitarbeiter mit Kontrollfunktionen und aller Mitarbeiter, die eine Gesamtvergütung erhalten, aufgrund derer sie sich in derselben Einkommensstufe befinden wie die Führungskräfte und Risikoträger, deren berufliche Tätigkeiten sich wesentlich auf die Risikoprofile der AIFM oder die Risikoprofile der von ihnen verwalteten AIF auswirkt, eine Vergütungspolitik und -praxis festlegen, die mit einem soliden und wirksamen Risikomanagement vereinbar und diesem förderlich sind und nicht zur Übernahme von Risiken ermutigen, die nicht mit dem Risikoprofil, den Vertragsbedingungen oder den Gründungsunterlagen der von ihnen verwalteten AIF vereinbar sind.
Ils doivent déterminer les politiques et pratiques de rémunération conformément à l'annexe II de la présente loi.	Sie müssen die Vergütungspolitik und -praxis gemäß Anhang II dieses Gesetzes festlegen.

Art. 13. Conflits d'intérêts	Art. 13. Interessenkonflikte
(1) Les gestionnaires doivent prendre toute mesure raisonnable pour identifier les conflits d'intérêts qui surviennent lors de la gestion de FIA entre:	(1) Die AIFM sind verpflichtet alle angemessenen Maßnahmen zu treffen, um Interessenkonflikte zu ermitteln, die im Zusammenhang mit der Verwaltung von AIF zwischen:
a) le gestionnaire, y compris ses directeurs, ses employés ou toute personne directement ou indirectement liée au gestionnaire par une relation de contrôle, et le FIA géré par le gestionnaire ou les investisseurs dudit FIA;	a) dem AIFM sowie seinen Führungskräften, Mitarbeitern oder jeder anderen Person, die über ein Kontrollverhältnis direkt oder indirekt mit dem AIFM verbunden ist, und dem von ihm verwalteten AIF oder den Anlegern dieses AIF;
b) le FIA ou les investisseurs de ce FIA et un autre FIA ou les investisseurs de cet autre FIA;	b) dem AIF oder den Anlegern dieses AIF und einem anderen AIF oder den Anlegern jenes AIF;
c) le FIA ou les investisseurs de ce FIA et un autre client du gestionnaire;	c) dem AIF oder den Anlegern dieses AIF und einem anderen Kunden des AIFM;
d) le FIA ou les investisseurs de ce FIA et un OPCVM géré par le gestionnaire ou les investisseurs de cet OPCVM;	d) dem AIF oder den Anlegern dieses AIF und einem von dem AIFM verwalteten OGAW oder den Anlegern dieses OGAW;

ou	oder
e) deux clients du gestionnaire.	e) zwei Kunden des AIFM auftreten.
Les gestionnaires sont obligés de maintenir et d'appliquer des dispositions organisationnelles et administratives efficaces, en vue de prendre toute mesure raisonnable destinée à identifier, prévenir, gérer et suivre les conflits d'intérêts pour éviter qu'ils portent atteinte aux intérêts des FIA et de leurs investisseurs.	AIFM müssen wirksame organisatorische und administrative Vorkehrungen zur Ergreifung aller angemessen Maßnahmen zur Ermittlung, Vorbeugung, Beilegung und Beobachtung von Interessenkonflikten treffen und beibehalten, um zu verhindern, dass diese den Interessen der AIF und ihrer Anleger schaden.
Ils doivent dissocier, dans leur propre environnement opérationnel, les tâches et les responsabilités susceptibles d'être incompatibles entre elles ou susceptibles de créer des conflits d'intérêts systématiques. Ils sont tenus d'évaluer si leurs conditions d'exercice peuvent impliquer d'autres conflits d'intérêts importants et de les communiquer aux investisseurs des FIA.	Innerhalb ihrer eigenen Betriebsabläufe trennen AIFM Aufgaben und Verantwortungsbereiche, die als miteinander unvereinbar angesehen werden könnten oder potenziell systematische Interessenkonflikte hervorrufen könnten. AIFM prüfen, ob die Bedingungen der Ausübung ihrer Tätigkeit wesentliche andere Interessenkonflikte nach sich ziehen könnten und legen diese den Anlegern der AIF gegenüber offen.
(2) Lorsque les dispositions organisationnelles prises par un gestionnaire pour identifier, prévenir, gérer et suivre les conflits d'intérêts ne suffisent pas à garantir, avec une certitude raisonnable, que le risque de porter atteinte aux intérêts des investisseurs sera évité, le gestionnaire doit communiquer clairement à ceux-ci, avant d'agir pour leur compte, la nature générale ou la source de ces conflits d'intérêts, et élaborer des politiques et des procédures appropriées.	(2) Reichen die von den AIFM zur Ermittlung, Vorbeugung, Beilegung und Beobachtung von Interessenkonflikten getroffenen organisatorischen Vorkehrungen nicht aus, um nach vernünftigem Ermessen zu gewährleisten, dass das Risiko einer Beeinträchtigung von Anlegerinteressen vermieden wird, so setzt der AIFM die Anleger – bevor er in ihrem Auftrag Geschäfte tätigt – unmissverständlich über die allgemeine Art bzw. die Quellen der Interessenkonflikte in Kenntnis und entwickelt angemessene Strategien und Verfahren.
(3) Lorsque le gestionnaire a recours, pour le compte d'un FIA, aux services d'un courtier principal, les modalités doivent en être définies dans un contrat écrit. En particulier, toute possibilité de transfert et de réemploi des actifs du FIA doit être stipulée dans le contrat et satisfaire au règlement de gestion du FIA ou à ses documents constitutifs. Le contrat doit stipuler que le dépositaire est informé dudit contrat.	(3) Wenn AIFM für einen AIF die Dienste eines Primebroker in Anspruch nehmen, müssen die Bedingungen in einem schriftlichen Vertrag vereinbart werden. Insbesondere muss die Möglichkeit einer Übertragung und Wiederverwendung von Vermögenswerten des AIF in diesem Vertrag vereinbart werden und den Vertragsbedingungen oder den Gründungsunterlagen des AIF entsprechen. In dem Vertrag muss festgelegt werden, dass die Verwahrstelle von dem Vertrag in Kenntnis gesetzt wird.
Le gestionnaire doit agir avec la compétence, le soin et la diligence requis dans la	Bei der Auswahl und Benennung der Primebroker, mit denen ein Vertrag geschlos-

sélection et la désignation des courtiers principaux avec lesquels il est prévu de passer contrat.	sen wird, gehen die AIFM mit der gebotenen Sachkenntnis, Sorgfalt und Gewissenhaftigkeit vor.
Art. 14. Gestion des risques	**Art. 14. Risikomanagement**
(1) Les gestionnaires doivent séparer sur le plan fonctionnel et hiérarchique les fonctions de gestion des risques et les unités opérationnelles, y compris des fonctions de gestion des portefeuilles.	(1) Die AIFM trennen die Funktionen des Risikomanagements funktional und hierarchisch von den operativen Abteilungen, auch von den Funktionen des Portfoliomanagements.
La séparation sur le plan fonctionnel et hiérarchique des fonctions de gestion des risques en vertu du premier alinéa est examinée par la CSSF conformément au principe de proportionnalité, étant entendu que le gestionnaire est en tout état de cause en mesure de démontrer que des mesures de protection spécifiques contre les conflits d'intérêts permettent l'exécution indépendante des activités de gestion des risques et que le processus de gestion des risques répond aux exigences du présent article avec une efficacité constante.	Die funktionelle und hierarchische Trennung der Funktionen des Risikomanagements in Übereinstimmung mit Unterabsatz 1 wird von der CSSF in Übereinstimmung mit dem Verhältnismäßigkeitsprinzip überwacht, in dem Sinn, dass der AIFM in jedem Fall in der Lage sein muss nachzuweisen, dass besondere Schutzvorkehrungen gegen Interessenkonflikte eine unabhängige Ausübung von Risikomanagementmaßnahmen ermöglichen und dass das Risikomanagement den Anforderungen dieses Artikels genügt und durchgehend wirksam ist.
(2) Les gestionnaires sont obligés de mettre en oeuvre des systèmes appropriés de gestion des risques afin de détecter, mesurer, gérer et suivre de manière appropriée tous les risques relevant de chaque stratégie d'investissement des FIA et auxquels chaque FIA est exposé ou susceptible d'être exposé.	(2) Damit alle Risiken, die für die einzelnen AIF-Anlagestrategien wesentlich sind und denen jeder AIF unterliegt oder unterliegen kann, hinreichend festgestellt, bewertet, gesteuert und überwacht werden, setzen die AIFM angemessene Risikomanagement-Systeme ein.
Les gestionnaires examinent avec une fréquence appropriée, au moins une fois par an, les systèmes de gestion des risques et les adaptent si nécessaire.	Die AIFM überprüfen die Riskomanagement-Systeme in angemessenen zeitlichen Abständen, mindestens jedoch einmal jährlich, und passen sie erforderlichenfalls an.
(3) Les gestionnaires sont obligés au moins de:	(3) AIFM unterliegen zumindest folgenden Verpflichtungen:
a) mettre en oeuvre une procédure de diligence adaptée, documentée et régulièrement actualisée lorsqu'ils investissent pour le compte du FIA, conformément à la stratégie d'investissement, aux objectifs et au profil de risque du FIA;	a) sie führen eine der Anlagestrategie, den Zielen und dem Risikoprofil des AIF angemessene, dokumentierte und regelmäßig aktualisierte Sorgfaltsprüfung (Due Diligence process) durch, wenn sie für Rechnung des AIF Anlagen tätigen;

b) s'assurer que les risques associés à chaque position d'investissement du FIA et leur effet global sur le portefeuille du FIA peuvent être détectés, mesurés, gérés et suivis de manière appropriée à tout moment, notamment par des procédures de simulation de crise appropriées;	b) sie gewährleisten, dass die mit den einzelnen Anlagepositionen des AIF verbundenen Risiken samt ihrer Auswirkungen auf das Gesamtportfolio des AIF laufend – unter anderem auch durch die Nutzung angemessener Stresstests – ordnungsgemäß bewertet, eingeschätzt, gesteuert und überwacht werden können;
c) s'assurer que le profil de risque du FIA correspond à la taille, à la structure de portefeuille et aux stratégies et objectifs d'investissement du FIA, tels qu'ils sont définis dans le règlement ou les documents constitutifs du FIA, les prospectus et les documents d'offre.	c) sie gewährleisten, dass die Risikoprofile der AIF der Größe, der Portfoliostruktur und den Anlagestrategien und -zielen, wie sie in den Vertragsbedingungen oder den Gründungsunterlagen, dem Prospekt und den Emissionsunterlagen des AIF festgelegt sind, entsprechen.
(4) Les gestionnaires doivent fixer le niveau maximal de levier auquel ils peuvent recourir pour le compte de chaque FIA qu'ils gèrent, ainsi que la portée du droit de réemploi d'un collatéral ou d'une garantie qui pourraient être accordés au titre des aménagements relatifs à l'effet de levier, compte tenu, notamment:	(4) Die AIFM müssen ein Höchstmaß an Hebelfinanzierungen festlegen, das sie für jeden der von ihnen verwalteten AIF einsetzen können, ebenso wie den Umfang des Rechts der Wiederverwendung von Sicherheiten oder sonstigen Garantien, die im Rahmen der Vereinbarung über die Hebelfinanzierung gewährt werden könnten, wobei sie insbesondere Folgendes berücksichtigen:
a) du type de FIA;	a) die Art des AIF;
b) de la stratégie d'investissement du FIA;	b) die Anlagestrategie des AIF;
c) des sources de l'effet de levier pour le FIA;	c) die Herkunft der Hebelfinanzierung des AIF;
d) de toute autre interdépendance ou relation pertinente avec d'autres établissements de services financiers susceptibles de présenter un risque systémique;	d) jede andere Verbindung oder relevante Beziehung zu anderen Finanzdienstleistungsinstituten, die potenziell ein Systemrisiko darstellen;
e) de la nécessité de limiter l'exposition à une seule contrepartie;	e) die Notwendigkeit, das Risiko gegenüber jeder einzelnen Gegenpartei zu begrenzen;
f) du degré de garantie dont l'effet de levier est assorti;	f) das Ausmaß, bis zu dem die Hebelfinanzierung abgesichert ist;
g) du ratio actif-passif;	g) das Verhältnis von Aktiva und Passiva;
h) du volume, de la nature et de l'étendue de l'activité du gestionnaire sur les marchés concernés.	h) Umfang, Wesen und Ausmaß der Geschäftstätigkeiten des AIFM auf den betreffenden Märkten.

Art. 15. Gestion de la liquidité	Art. 15. Liquiditätsmanagement
(1) Pour chaque FIA qu'ils gèrent, autres qu'un FIA de type fermé ne recourant pas à l'effet de levier, les gestionnaires sont obligés d'utiliser un système de gestion de la liquidité approprié et d'adopter des procédures permettant de suivre le risque de liquidité du FIA et garantissant que le profil de liquidité des investissements du FIA est conforme à ses obligations sous-jacentes.	(1) AIFM verfügen für jeden von ihnen verwalteten AIF, bei dem es sich nicht um einen AIF des geschlossenen und nicht hebelfinanzierten Typs handelt, über ein angemessenes Liquiditätsmanagementsystem und legen Verfahren fest, die es ihnen ermöglichen, die Liquiditätsrisiken des AIF zu überwachen und zu gewährleisten, so dass sich das Liquiditätsprofil der Anlagen des AIF mit seinen zugrunde liegenden Verbindlichkeiten deckt.
Ils doivent effectuer régulièrement des simulations de crise, dans des conditions normales et exceptionnelles de liquidité, qui leur permettent d'évaluer le risque de liquidité des FIA, et d'effectuer en conséquence un suivi du risque de liquidité des FIA.	Sie müssen regelmäßig Stresstests durchführen, unter Zugrundelegung von sowohl normalen als auch außergewöhnlichen Liquiditätsbedingungen, mit denen sie die Liquiditätsrisiken der AIF bewerten und die Liquiditätsrisiken der AIF entsprechend überwachen können.
(2) Les gestionnaires doivent veiller pour chaque FIA qu'ils gèrent à ce que la stratégie d'investissement, le profil de liquidité et la politique de remboursement soient cohérents.	(2) AIFM müssen sicherstellen, dass die Anlagestrategie, das Liquiditätsprofil und die Rücknahmegrundsätze eines jeden von ihnen verwalteten AIF schlüssig ineinander greifen.
Section 2 – Exigences organisationnelles	**Abschnitt 2 – Organisatorische Anforderungen**
Art. 16. Principes généraux	**Art. 16. Allgemeine Grundsätze**
Les gestionnaires doivent utiliser à tout moment les ressources humaines et techniques adaptées et appropriées nécessaires pour la bonne gestion des FIA.	AIFM müssen für die ordnungsgemäße Verwaltung der AIF jederzeit angemessene und geeignete personelle und technische Ressourcen einsetzen.
En particulier, compte tenu aussi de la nature des FIA gérés par le gestionnaire, la CSSF exige que celui-ci ait de solides procédures administratives et comptables, des dispositifs de contrôle et de sauvegarde dans le domaine du traitement électronique des données, ainsi que des mécanismes de contrôle interne adéquats incluant, notamment, des règles concernant les transactions personnelles de ses employés ou la participation ou la gestion d'investissements en vue d'investir pour son propre compte et garantissant, au minimum, que	Insbesondere schreibt die CSSF; auch unter Berücksichtigung der Art der von dem AIFM verwalteten AIF; vor, dass der betreffende AIFM über eine ordnungsgemäße Verwaltung und Buchhaltung, Kontroll- und Sicherheitsvorkehrungen in Bezug auf die elektronische Datenverarbeitung sowie angemessene interne Kontrollverfahren, zu denen insbesondere Regeln für persönliche Geschäfte ihrer Mitarbeiter und für das Halten oder Verwalten von Anlagen zum Zwecke der Anlage auf dem eigenen Konto gehören, verfügt, durch die zumindest ge-

chaque transaction concernant les FIA peut être reconstituée quant à son origine, aux parties concernées, à sa nature, ainsi qu'au moment et au lieu où elle a été effectuée, et que les actifs des FIA gérés par le gestionnaire sont placés conformément au règlement de gestion du FIA ou à ses documents constitutifs et aux dispositions légales en vigueur.	währleistet wird, dass jedes AIF betreffende Geschäfte nach Herkunft, Vertragsparteien, Art, Abschlusszeitpunkt und -ort rekonstruiert werden kann und dass die Vermögenswerte der vom AIFM verwalteten AIF gemäß dem Verwaltungsreglement oder den Gründungsunterlagen und gemäß den geltenden rechtlichen Bestimmungen angelegt werden.
Art. 17. Evaluation	**Art. 17. Bewertung**
(1) Les gestionnaires doivent, pour chaque FIA qu'ils gèrent, veiller à ce que des procédures appropriées et cohérentes soient établies afin que l'évaluation appropriée et indépendante des actifs du FIA puisse être effectuée conformément au présent article, au droit national applicable et au règlement de gestion du FIA ou à ses documents constitutifs.	(1) AIFM müssen für jeden von ihnen verwalteten AIF sicherstellen, dass geeignete und kohärente Verfahren festgelegt werden, so dass eine ordnungsgemäße und unabhängige Bewertung der Vermögenswerte der AIF gemäß diesem Artikel, den anzuwendenden nationalen Rechtsvorschriften und dem Verwaltungsreglement oder den Gründungsunterlagen des AIF vorgenommen werden kann.
(2) Les règles applicables à l'évaluation des actifs et au calcul de la valeur nette d'inventaire par part ou action des FIA sont fixées par le droit du pays dans lequel le FIA est établi et/ou par le règlement de gestion du FIA ou ses documents constitutifs.	(2) Die für die Bewertung der Vermögenswerte und die Berechnung des Nettoinventarwerts je Anteil der AIF geltenden Vorschriften werden gemäß den Regeln des Landes, in dem der AIF seinen Sitz hat, und/oder dem Verwaltungsreglement oder den Gründungunterlagen des AIF festgelegt.
(3) Les gestionnaires sont obligés de s'assurer aussi que la valeur nette d'inventaire par part ou action des FIA est calculée et communiquée aux investisseurs conformément au présent article, au droit national applicable et au règlement du FIA ou à ses documents constitutifs.	(3) AIFM sind verpflichtet sicherzustellen, dass die Berechnung und die Offenlegung des Nettoinventarwertes je Anteil der AIF gegenüber den Anlegern gemäß diesem Artikel, den anzuwendenden nationalen Rechtsvorschriften und den Vertragsbedingungen oder den Gründungunterlagen des AIF erfolgt.
Les procédures d'évaluation utilisées doivent garantir que les actifs sont évalués et que la valeur nette d'inventaire par part ou action est calculée au moins une fois par an.	Die angewendeten Bewertungsverfahren müssen sicherstellen, dass die Bewertung der Vermögenswerte und die Berechnung des Nettoinventarwerts je Anteil mindestens einmal jährlich erfolgen.
Si le FIA est de type ouvert, ces évaluations et ces calculs doivent aussi être effectués avec une fréquence appropriée compte tenu à la fois des actifs détenus par le FIA et	Handelt es sich um einen offenen AIF, müssen solche Bewertungen und Berechnungen in einem zeitlichen Abstand durchgeführt werden, der den von dem AIF gehal-

de la fréquence des émissions et des remboursements.	tenen Vermögenswerten und seiner Ausgabe- und Rücknahmehäufigkeit angemessen ist.
Si le FIA est de type fermé, ces évaluations et ces calculs doivent aussi être effectués en cas d'augmentation ou de réduction du capital par le FIA concerné.	Handelt es sich um einen geschlossenen AIF, sind solche Bewertungen und Berechnungen auch durchzuführen, wenn das Kapital des entsprechenden AIF erhöht oder herabgesetzt wird.
Les investisseurs sont informés des évaluations et des calculs selon les modalités prévues dans le règlement de gestion ou dans les documents constitutifs du FIA.	Die Anleger werden über die Bewertungen und Berechnungen entsprechend den Verfahren im Verwaltungsreglement oder den Gründungunterlagen des AIF informiert.
(4) Les gestionnaires doivent veiller à ce que la fonction d'évaluation soit effectuée par:	(4) AIFM müssen gewährleisten, dass die Bewertung von einer der folgenden Stellen durchgeführt wird:
a) un expert externe en évaluation, qui doit être une personne physique ou morale indépendante du FIA, du gestionnaire et de toute autre personne ayant des liens étroits avec le FIA ou le gestionnaire; ou	a) einem externen Bewerter, der eine natürliche oder juristische Person unabhängig vom AIF, dem AIFM und anderen Personen mit engen Verbindungen zum AIF oder zum AIFM sein muss; oder
b) le gestionnaire lui-même, à condition que la tâche d'évaluation soit indépendante, sur le plan fonctionnel, de la gestion de portefeuille et de la politique de rémunération et que d'autres mesures garantissent une atténuation des conflits d'intérêts et évitent les influences abusives sur les employés.	b) dem AIFM selbst, vorausgesetzt, die Bewertungsaufgabe ist von der Portfolioverwaltung und der Vergütungspolitik funktional unabhängig, und die Vergütungspolitik und andere Maßnahmen stellen sicher, dass Interessenkonflikte gemindert werden und ein unzulässiger Einfluss auf die Mitarbeiter verhindert wird.
La désignation du dépositaire désigné pour un FIA comme expert externe en évaluation de ce FIA, est subordonnée à la condition que celui-ci ait séparé, sur le plan fonctionnel et hiérarchique, l'exécution de ses fonctions de dépositaire et ses tâches d'évaluation externe et que les conflits d'intérêts potentiels soient identifiés, gérés, suivis et révélés aux investisseurs du FIA de manière appropriée.	Die für einen AIF bestellte Verwahrstelle als externer Bewerter dieses AIF unterliegt der Bedingung, dass diese funktional und hierarchisch die Ausführung ihrer Verwahrfunktionen und ihrer Aufgaben als externer Bewerter getrennt hat und dass die potentiellen Interessenkonflikte ordnungsgemäß ermittelt, gesteuert, beobachtet und den Anlegern des AIF gegenüber offengelegt werden.
(5) Lorsqu'un expert externe en évaluation exécute la fonction d'évaluation, le gestionnaire doit être en mesure de démontrer que:	(5) Wird ein externer Bewerter für die Bewertung herangezogen, so muss der AIFM nachweisen, dass:
a) l'expert externe en évaluation est soumis à un enregistrement professionnel	a) der externe Bewerter einer gesetzlich anerkannten obligatorischen berufsmä-

obligatoire reconnu par la loi ou à des dispositions législatives ou réglementaires ou à des règles de conduite professionnelles;	ßigen Registrierung oder Rechts- oder Verwaltungsvorschriften oder berufsständischen Regeln unterliegt;
b) l'expert externe en évaluation offre des garanties professionnelles suffisantes pour être en mesure d'exercer efficacement la fonction d'évaluation concernée conformément aux paragraphes (1), (2) et (3); et	b) der externe Bewerter ausreichende berufliche Garantien vorweisen kann, um wirksam die entsprechende Bewertungsfunktion gemäß den Absätzen (1), (2) und (3) ausüben kann; und
c) la désignation de l'expert externe en évaluation répond aux exigences de l'article 18, paragraphes (1) et (2) de la présente loi, et des actes délégués adoptés au titre de l'article 20, paragraphe (7) de la directive 2011/61/UE.	c) die Bestellung des externen Bewerters den Anforderungen von Artikel 18, Absätzen (1) und (2) dieses Gesetzes und den gemäß Artikel 20 Abatz (7) der Richtlinie 2011/61/EU erlassenen delegierten Rechtsakte entspricht.
(6) L'expert externe en évaluation désigné n'est pas autorisé à déléguer la fonction d'évaluation à un tiers.	(6) Der bestellte externe Bewerter darf die Bewertungsfunktion nicht an einen Dritten übertragen.
(7) Les gestionnaires sont tenus de notifier la désignation de l'expert externe en évaluation à la CSSF. La CSSF exige qu'un autre expert externe en évaluation soit désigné, si les conditions énoncées au paragraphe (5) ne sont pas remplies.	(7) Die AIFM müssen der CSSF die Bestellung eines externen Bewerters mitteilen. Die CSSF verlangt für den Fall, dass die Voraussetzungen nach Absatz (5) nicht erfüllt sind, die Bestellung eines anderen externen Bewerters.
(8) L'évaluation doit être effectuée de manière impartiale et avec la compétence, le soin et la diligence requis.	(8) Die Bewertung muss unparteiisch und mit der gebotenen Sachkenntnis, Sorgfalt und Gewissenhaftigkeit erfolgen.
(9) Lorsque la fonction d'évaluation n'est pas exécutée par un expert externe en évaluation indépendant, la CSSF peut exiger que les procédures d'évaluation et/ou les évaluations du gestionnaire soient vérifiées par un expert externe en évaluation ou, le cas échéant, par un réviseur d'entreprises agréé.	(9) Wird die Bewertung nicht von einem externen Bewerter vorgenommen, so kann die CSSF verlangen, dass die Bewertungsverfahren und/oder Bewertungen von einem externen Bewerter oder gegebenenfalls durch einen Wirtschaftsprüfer überprüft werden.
(10) Les gestionnaires sont responsables de l'évaluation correcte des actifs du FIA ainsi que du calcul et de la publication de la valeur nette d'inventaire du FIA. La responsabilité du gestionnaire à l'égard du FIA et de ses investisseurs n'est, par conséquent, pas affectée par le fait que le gestionnaire a désigné un expert externe en évaluation.	(10) AIFM sind für die ordnungsgemäße Bewertung der Vermögenswerte des AIF sowie für die Berechnung des Nettoinventarwerts und die Bekanntgabe dieses Nettoinventarwerts verantwortlich. Die Haftung des AIFM gegenüber dem AIF und seinen Anlegern darf deshalb nicht durch die Tatsache berührt werden, dass der AIFM einen externen Bewerter bestellt hat.

Nonobstant le premier alinéa et indépendamment de tout arrangement contractuel en disposant autrement, l'expert externe en évaluation est responsable à l'égard du gestionnaire de tout préjudice subi par ce dernier et résultant de la négligence de l'expert externe en évaluation ou de l'inexécution intentionnelle de ses tâches.	Ungeachtet des Unterabsatzes 1 und unabhängig von jeder anderslautenden vertraglichen Regelung haftet der externe Bewerter gegenüber dem AIFM für jegliche Verluste des AIFM, die sich auf fahrlässige oder vorsätzliche Nichterfüllung der Aufgaben durch den externen Bewerter zurückführen lassen.
Section 3 – Délégation des fonctions de gestionnaire	**Abschnitt 3 – Übertragung von Funktionen der AIFM**
Art. 18. Délégation	**Art. 18. Übertragung**
(1) Lorsque les gestionnaires prévoient de déléguer à des tiers l'exécution de fonctions, pour leur compte, ils le notifient à la CSSF avant que la délégation ne prenne effet. Les conditions suivantes doivent être remplies:	(1) Wenn AIFM Aufgaben zur Ausübung, auf ihre Rechnung, an Dritte übertragen wollen, zeigen sie dies der CSSF an, bevor die Übertragung in Kraft tritt. Die folgenden Voraussetzungen müssen erfüllt sein:
a) le gestionnaire doit être en mesure de motiver objectivement l'ensemble de sa structure de délégation;	a) der AIFM muss in der Lage sein, die gesamte Übertragungsstruktur mit objektiven Gründen zu rechtfertigen;
b) le délégataire doit disposer de ressources suffisantes pour exécuter les tâches respectives et les personnes qui dirigent de fait les activités déléguées doivent posséder une honorabilité et une expérience suffisantes;	b) der Beauftragte muss über ausreichende Ressourcen für die Ausführung der jeweiligen Aufgaben verfügen und die Personen, die die Geschäfte des Dritten tatsächlich führen, müssen gut beleumundet sein und über ausreichende Erfahrung verfügen;
c) lorsque la délégation concerne la gestion de portefeuilles ou la gestion des risques, la délégation ne peut être conférée qu'à des entreprises agréées ou enregistrées aux fins de la gestion d'actifs et soumises à une surveillance ou, lorsque cette condition ne peut être remplie, que moyennant approbation préalable par la CSSF;	c) bezieht sich die Übertragung auf das Portfoliomanagement oder das Risikomanagement, so darf sie nur an Unternehmen erfolgen, die für die Zwecke der Vermögensverwaltung zugelassen oder registriert sind und einer Aufsicht unterliegen, oder, wenn diese Bedingung nicht eingehalten werden kann, nur nach vorheriger Genehmigung durch die CSSF;
d) lorsque la délégation concerne la gestion de portefeuille ou la gestion des risques et est conférée à une entreprise d'un pays tiers, outre les obligations prévues au point c), la coopération entre la CSSF et l'autorité de surveillance de cette entreprise doit être assurée;	d) bezieht sich die Übertragung auf das Portfoliomanagement oder das Risikomanagement und ist sie an ein Unternehmen aus einem Drittland erfolgt, so ist ergänzend zu den Anforderungen nach Buchstabe c) sicherzustellen, dass die CSSF und die für dieses Unternehmen zuständige Aufsichtsbehörde zusammenarbeiten;

e) la délégation ne doit pas entraver le bon exercice de la surveillance dont le gestionnaire fait l'objet et, en particulier, elle ne doit pas empêcher le gestionnaire d'agir, ou le FIA d'être géré, au mieux des intérêts des investisseurs;	e) die Übertragung darf die Wirksamkeit der Beaufsichtigung der AIFM nicht beeinträchtigen, insbesondere darf sie weder den AIFM daran hindern, im Interesse seiner Anleger zu handeln, noch verhindern, dass der AIF im Interesse der Anleger verwaltet wird;
f) le gestionnaire doit être en mesure de prouver que le délégataire est qualifié et capable d'exercer les fonctions en question, que toute la diligence requise a été mise en oeuvre pour sa sélection et que le gestionnaire est à même de suivre de manière efficace et à tout moment la tâche déléguée, de donner à tout moment des instructions supplémentaires au délégataire et de retirer la délégation avec effet immédiat lorsque cela est dans l'intérêt des investisseurs.	f) der AIFM muss nachweisen können, dass der betreffende Beauftragte über die erforderliche Qualifikation verfügt und in der Lage ist, die betreffenden Funktionen wahrzunehmen, dass er sorgfältig ausgewählt wurde und dass der AIFM in der Lage ist, jederzeit die übertragenen Aufgaben wirksam zu überwachen, jederzeit weitere Anweisungen an den Beauftragten zu erteilen und die Übertragung mit sofortiger Wirkung zurückzunehmen, wenn dies im Interesse der Anleger ist.
Les gestionnaires doivent examiner en permanence les services fournis par chaque délégataire.	Die AIFM müssen kontinuierlich die von Beauftragten erbrachten Dienstleistungen überprüfen.
(2) Aucune délégation de gestion de portefeuille ou de gestion de risques ne peut être donnée:	(2) Es erfolgt keinerlei Übertragung hinsichtlich des Portfoliomanagements oder des Risikomanagements an:
a) au dépositaire ou à un délégataire du dépositaire; ou	a) die Verwahrstelle oder einen Beauftragten der Verwahrstelle; oder
b) à aucune autre entité dont les intérêts pourraient entrer en conflit avec ceux du gestionnaire ou des investisseurs du FIA, sauf si cette entité a séparé, sur le plan fonctionnel et hiérarchique, l'exécution de ses tâches de gestion de portefeuille et de gestion des risques et ses autres tâches éventuellement conflictuelles et que les conflits d'intérêts potentiels sont identifiés, gérés, suivis et révélés aux investisseurs du FIA de manière appropriée.	b) ein anderes Unternehmen, dessen Interessen mit denen des AIFM oder der Anleger des AIF im Konflikt stehen könnten, außer wenn ein solches Unternehmen eine funktionale und hierarchische Trennung der Ausführung seiner Aufgaben bei der Portfolioverwaltung oder dem Risikomanagement von seinen anderen potenziell dazu im Interessenkonflikt stehenden Aufgaben vorgenommen hat und die potenziellen Interessenkonflikte ordnungsgemäß ermittelt, gesteuert, beobachtet und den Anlegern des AIF gegenüber offengelegt werden.
(3) La responsabilité du gestionnaire à l'égard du FIA et de ses investisseurs n'est pas affectée par le fait que le gestionnaire a délégué des fonctions à un tiers ou par toute	(3) Die Haftung des AIFM gegenüber dem AIF und seinen Anlegern wird nicht durch die Tatsache berührt, dass der AIFM eigene Funktionen an Dritte übertragen hat oder

autre sous-délégation. En outre, le gestionnaire ne délègue pas ses fonctions dans une telle mesure qu'il ne pourrait plus être considéré, en substance, comme étant le gestionnaire du FIA et qu'il deviendrait une société boîte aux lettres.	durch eine weitere Unterbeauftragung. Zudem überträgt der AIFM seine Funktionen nicht in einem solchen Umfang, dass er nicht länger als AIFM des AIF angesehen werden kann und er zu einem bloßen Briefkastenunternehmen wird.
(4) Le tiers peut sous-déléguer toute fonction qui lui est déléguée si les conditions suivantes sont remplies:	(4) Dritte dürfen jede der ihnen übertragenen Funktionen weiterübertragen, sofern die folgenden Bedingungen eingehalten werden:
a) le gestionnaire a donné son accord préalable à la sous-délégation;	a) der AIFM hat vorher der Unterbeauftragung zugestimmt;
b) le gestionnaire a notifié à la CSSF les modalités de la sous-délégation avant qu'elles ne deviennent effectives;	b) der AIFM hat die CSSF in Kenntnis gesetzt, bevor die Vereinbarung über die Unterbeauftragung in Kraft tritt;
c) les conditions prévues au paragraphe (1) doivent être remplies, toutes les références au «délégataire» devant s'entendre comme des références au «sous-délégataire».	c) die in Absatz (1) festgelegten Bedingungen müssen so verstanden werden, dass alle Bezugnahmen auf den „Beauftragten" als Bezugnahme auf den „Unterbeauftragten" gelten.
(5) Aucune sous-délégation de gestion de portefeuille ou de gestion de risques ne peut être donnée:	(5) Es erfolgt keine Unterbeauftragung hinsichtlich des Portfoliomanagements oder des Risikomanagements an:
a) au dépositaire ou à un délégataire du dépositaire; ou	a) die Verwahrstelle oder einen Beauftragten der Verwahrstelle; oder
b) à aucune autre entité dont les intérêts pourraient entrer en conflit avec ceux du gestionnaire ou des investisseurs du FIA, sauf si cette entité a séparé, sur le plan fonctionnel et hiérarchique, l'exécution de ses tâches de gestion de portefeuille et de gestion des risques et ses autres tâches éventuellement conflictuelles et que les conflits d'intérêts potentiels sont identifiés, gérés, suivis et révélés aux investisseurs du FIA de manière appropriée.	b) ein anderes Unternehmen, dessen Interessen mit denen des AIFM oder der Anleger des AIF kollidieren könnten, außer wenn es eine funktionale und hierarchische Trennung der Ausführung seiner Aufgaben bei der Portfolioverwaltung oder dem Risikomanagement von seinen anderen potenziell dazu im Interessenkonflikt stehenden Aufgaben vorgenommen hat und die potenziellen Interessenkonflikte ordnungsgemäß ermittelt, gesteuert, beobachtet und den Anlegern des AIF gegenüber offengelegt werden.
Le délégataire concerné doit contrôler en permanence les services fournis par chaque sous-délégataire.	Der betreffende Beauftragte muss fortwährend die von Unterbeauftragten erbrachten Dienstleistungen überprüfen.
(6) Lorsque le sous-délégataire délègue à son tour l'une des fonctions qui lui ont été déléguées, les conditions prévues au paragraphe (4) s'appliquent mutatis mutandis.	(6) Wenn der Unterbeauftragte irgendwelche an ihn übertragenen Funktionen weiterüberträgt, gelten die Bedingungen gemäß Absatz (4) entsprechend.

Section 4 – Dépositaire	**Abschnitt 4 – Verwahrstelle**
Art. 19. Dépositaire	**Art. 19. Verwahrstelle**
(1) Pour chaque FIA qu'il gère, le gestionnaire doit veiller à ce qu'un seul et unique dépositaire soit désigné conformément aux dispositions du présent article.	(1) Für jeden von ihm verwalteten AIF muss der AIFM sicherstellen, dass im Einklang mit diesem Artikel eine einzige Verwahrstelle bestellt wird.
(2) La désignation du dépositaire est matérialisée par un contrat écrit. Ce contrat régit notamment le flux des informations considérées comme nécessaires pour permettre au dépositaire de remplir ses fonctions pour le FIA dont il a été désigné dépositaire, telles que décrites dans la présente loi et dans d'autres dispositions législatives, réglementaires ou administratives applicables.	(2) Die Bestellung der Verwahrstelle wird in einem Vertrag schriftlich vereinbart. Der Vertrag regelt unter anderem den Informationsaustausch, der für erforderlich erachtet wird, damit die Verwahrstelle gemäß diesem Gesetz und gemäß den anderen einschlägigen Rechts- und Verwaltungsvorschriften ihren Aufgaben für den AIF, für den sie als Verwahrstelle bestellt wurde, nachkommen kann.
(3)	(3)
i) Pour les FIA établis au Luxembourg, le dépositaire doit être un établissement de crédit ou une entreprise d'investissement au sens de la loi modifiée du 5 avril 1993 relative au secteur financier. Une entreprise d'investissement n'est éligible au titre de dépositaire de FIA que si l'ensemble des conditions suivantes est rempli:	i) Für die AIF mit Sitz in Luxemburg, muss die Verwahrstelle ein Kreditinstitut oder ein Wertpapierunternehmen im Sinne des geänderten Gesetzes vom 5. April 1993 über den Finanzsektor sein. Ein Wertpapierunternehmen kann nur dann eine Verwahrstelle eines AIF sein, wenn dieses Wertpapierunternehmen zudem folgende Voraussetzungen erfüllt:
– l'agrément de l'entreprise d'investissement couvre le service auxiliaire de garde et d'administration d'instruments financiers pour compte de clients visé à l'annexe II, section C, point 1 de la loi modifiée du 5 avril 1993 relative au secteur financier;	– die Zulassung des Wertpapierunternehmens deckt die Nebendienstleistungen der Verwahrung und der Verwaltung von Finanzinstrumenten für Rechnung von Kunden, die gemäß Anhang II Abschnitt C Nummer 1 des geänderten Gesetzes vom 5. April 1993 über den Finanzsektor genannt wurden;
– l'entreprise d'investissement a la personnalité morale;	– das Wertpapierunternehmen hat eine eigene Rechtspersönlichkeit;
– elle dispose d'un capital social souscrit et libéré d'une valeur de 730.000 euros au moins;	– es verfügt über ein gezeichnetes und eingezahltes Grundkapital in Höhe von mindestens EUR 730.000;
– elle dispose d'un dispositif de gouvernance interne, y compris d'une structure organisationnelle et administrative et d'un dispositif de contrôle interne, qui est approprié pour l'activité de dépositaire;	– es verfügt über ein internes Führungssystem, einschließlich einer organisatorischen und administrativen Struktur und ein internes Kontrollsystem, das für die Tätigkeit als Verwahrstelle geeignet ist;

– elle remplit les exigences de fonds propres prévues à l'article 21, paragraphe (3), point b), de la directive 2011/61/UE. Ces exigences de fonds propres sont précisées par la CSSF.	– es erfüllt die Eigenkapitalanforderungen, die gemäß Artikel 21 Absatz (3) Buchstabe b) der Richtlinie 2011/61/EU vorgesehen sind. Diese Eigenkapitalanforderungen werden von der CSSF präzisiert.
Toute entreprise d'investissement qui souhaite exercer la fonction de dépositaire pour un ou plusieurs FIA établis au Luxembourg doit au préalable le notifier à la CSSF. La CSSF dispose d'un délai maximal de 2 mois à compter de la date de la notification pour s'y opposer si les conditions énoncées au présent paragraphe ne sont pas remplies. Si la CSSF décide de s'y opposer, elle en informe sans délai l'entreprise d'investissement par écrit en indiquant les motifs de sa décision. En l'absence de décision de la CSSF, l'entreprise d'investissement peut commencer l'activité de dépositaire à l'expiration du délai de 2 mois à compter de la date de la notification. La décision de la CSSF peut être déférée, dans le délai d'un mois sous peine de forclusion, au tribunal administratif qui statue comme juge du fond.	Jedes Wertpapierunternehmen, das die Funktion einer Verwahrstelle für einen oder mehrere AIF mit Sitz in Luxemburg ausüben will, muss vorab die CSSF benachrichtigen. Die CSSF verfügt über einen Zeitraum von maximal zwei Monaten ab dem Datum der Benachrichtigung, um Einwände zu erheben, wenn die Bedingungen in diesem Absatz nicht erfüllt sind. Wenn die CSSF entscheidet, Einwände zu erheben, informiert sie das Wertpapierunternehmen unverzüglich schriftlich unter Angabe der Gründe ihrer Entscheidung. In Abwesenheit einer Entscheidung der CSSF kann das Wertpapierunternehmen mit der Verwahrstellentätigkeit nach Ablauf eines Zeitraums von zwei Monaten ab dem Datum der Benachrichtigung beginnen. Gegen die Entscheidung der CSSF können innerhalb einer Ausschlussfrist von einem Monat bei dem in der Hauptsache zuständigen Verwaltungsgericht Rechtsmittel eingelegt werden.
Le dépositaire doit, soit avoir son siège statutaire au Luxembourg, soit y avoir une succursale, s'il a son siège statutaire dans un autre État membre.	Die Verwahrstelle muss entweder ihren satzungsmäßigen Sitz in Luxemburg haben oder eine Niederlassung in Luxemburg haben, wenn sie ihren Sitz in einem anderen Mitgliedstaat hat.
En ce qui concerne les FIA établis au Luxembourg pour lesquels aucun droit au remboursement ne peut être exercé pendant une période de cinq ans suivant la date des investissements initiaux et qui, conformément à leur politique principale en matière d'investissements, n'investissent généralement pas dans des actifs qui doivent être conservés conformément à l'article 19, paragraphe (8), point a), de la présente loi ou qui investissent généralement dans des émetteurs ou des sociétés non cotées pour éventuellement en acquérir le contrôle conformément à l'article 24	Für AIF mit Sitz in Luxemburg, bei denen innerhalb von fünf Jahren nach Tätigung der ersten Anlagen keine Rücknahmerechte ausgeübt werden können, und die gemäß ihrer Hauptanlagestrategie in der Regel nicht in Vermögenswerte investieren, die gemäß Artikel 19 Absatz (8) Buchstabe a) dieses Gesetzes verwahrt werden müssen, oder die grundsätzlich in Emittenten oder nicht börsennotierte Unternehmen investieren, um gemäß Artikel 24 dieses Gesetzes möglicherweise die Kontrolle über solche Unternehmen zu erlangen, kann die Verwahrstelle auch ein Unternehmen sein, das

de ladite loi, le dépositaire peut également être une entité qui a le statut de dépositaire professionnel d'actifs autres que des instruments financiers au sens de l'article 26-1 de la loi modifiée du 5 avril 1993 relative au secteur financier.	den Status einer professionellen Verwahrstelle für andere Vermögenswerte als Finanzinstrumente im Sinne von Artikel 26-1 des geänderten Gesetzes vom 5. April 1993 über den Finanzsektor innehat.
Les dispositions prévues sous le point i) s'appliquent, sauf s'il en est autrement disposé par une loi spécifique ou par une disposition du droit communautaire.	Die Bestimmungen unter Nummer i) gelten, sofern nicht durch Spezialgesetz oder eine europarechtliche Vorschrift etwas anderes bestimmt wird.
ii) Pour les FIA établis dans un autre État membre, le dépositaire doit appartenir à une des catégories suivantes d'établissements mentionnés à l'article 21, paragraphe (3), de la directive 2011/61/UE, à moins qu'il n'en soit disposé autrement par le droit national applicable au FIA en question ou par une disposition du droit communautaire:	ii) Für AIF mit Sitz in einem anderen Mitgliedstaat muss die Verwahrstelle einer der folgenden Kategorien von Einrichtungen gemäß Artikel 21 Absatz (3) der Richtlinie 2011/61/EU angehören, es sei denn, durch das auf den betreffenden AIF anwendbare nationale Recht oder eine europarechtliche Vorschrift wird etwas anderes bestimmt:
a) un établissement de crédit ayant son siège statutaire dans l'Union européenne et agréé conformément à la directive 2006/48/CE;	a) ein Kreditinstitut mit satzungsmäßigem Sitz in der Europäischen Union, das gemäß der Richtlinie 2006/48/EG zugelassen ist;
b) une entreprise d'investissement ayant son siège statutaire dans l'Union européenne soumise aux exigences de fonds propres conformément à l'article 20, paragraphe (1), de la directive 2006/49/CE, y compris les exigences de fonds propres liées au risque opérationnel, et agréée au titre de la directive 2004/39/CE, et qui fournit également les services auxiliaires de garde et d'administration d'instruments financiers pour le compte de clients, conformément à l'annexe I, section B, point 1, de la directive 2004/39/CE; ces entreprises d'investissement disposent en tout état de cause de fonds propres d'un montant qui n'est pas inférieur au niveau de capital initial visé à l'article 9 de la directive 2006/49/CE; ou	b) ein Wertpapierunternehmen mit satzungsmäßigem Sitz in der Europäischen Union, für das die Eigenkapitalanforderungen gemäß Artikel 20 Absatz (1) der Richtlinie 2006/49/EG gelten, einschließlich der Kapitalanforderungen für operationelle Risiken, und die gemäß der Richtlinie 2004/39/EG zugelassen ist, und die auch die Nebendienstleistungen wie Verwahrung und Verwaltung von Finanzinstrumenten für Rechnung von Kunden gemäß Anhang I Abschnitt B Nummer 1 der Richtlinie 2004/39/EG erbringt; solche Wertpapierunternehmen verfügen in jedem Fall über Eigenmittel, die den in Artikel 9 der Richtlinie 2006/49/EG genannten Betrag des Anfangskapital nicht unterschreiten; oder
c) une autre catégorie d'établissement qui est soumise à une réglementation prudentielle et à une surveillance permanente et qui relève, depuis le 21 juillet 2011, de catégories d'établissement	c) eine andere Kategorie von Einrichtungen, die einer Beaufsichtigung und ständigen Überwachung unterliegen und die am 21. Juli 2011 unter eine der von den Mitgliedstaaten gemäß Arti-

déterminées par les États membres, dans lesquelles les dépositaires peuvent être choisis en vertu de l'article 23, paragraphe (3), de la directive 2009/65/CE.	kel 23 Absatz (3) der Richtlinie 2009/65/EG festgelegten Kategorien von Einrichtungen fallen, aus denen eine Verwahrstelle gewählt werden kann.
Pour les FIA établis dans un autre État membre pour lesquels aucun droit au remboursement ne peut être exercé pendant une période de cinq ans suivant la date des investissements initiaux et qui, conformément à leur politique principale en matière d'investissements, n'investissent généralement pas dans des actifs qui doivent être conservés conformément à l'article 21, paragraphe (8), point a), de la directive 2011/61/UE ou qui investissent généralement dans des émetteurs ou des sociétés non cotées pour éventuellement en acquérir le contrôle conformément à l'article 26 de la directive précitée, le dépositaire peut être une entité qui assure des fonctions de dépositaire dans le cadre d'activités professionnelles ou commerciales pour lesquelles ladite entité est soumise à un enregistrement professionnel obligatoire reconnu par le droit national applicable au FIA établi dans un autre État membre.	Für AIF mit Sitz in einem anderen Mitgliedstaat, für die innerhalb von fünf Jahren nach Tätigung der ersten Anlagen keine Rücknahmerechte ausgeübt werden können, und die im Einklang mit ihrer Hauptanlagestrategie in der Regel nicht in Vermögenswerte investieren, die gemäß Artikel 21 Absatz (8) Buchstabe a) der Richtlinie 2011/61/EU verwahrt werden müssen, oder in der Regel in Emittenten oder nicht börsennotierte Unternehmen investieren, um gemäß Artikel 26 der oben genannten Richtlinie möglicherweise die Kontrolle über ein solches Unternehmen zu erlangen, kann die Verwahrstelle ein Unternehmen sein, dass die Aufgaben einer Verwahrstelle im Rahmen seiner beruflichen oder geschäftlichen Tätigkeit wahrnimmt, für die dieses Unternehmen einer gesetzlich anerkannten obligatorischen berufsmäßigen Registrierung durch das nationale, auf AIF mit Sitz in einem anderen Mitgliedstaat anwendbare Recht unterliegt.
iii) Pour les FIA de pays tiers uniquement, et sans préjudice du paragraphe (5), point b) du présent article, le dépositaire peut également être un établissement de crédit ou toute autre entité de même nature que les entités visées à l'article 21, paragraphe (3), premier alinéa, points a) et b), de la directive 2011/61/UE pour autant que les conditions de l'article 21, paragraphe (6), point b), de cette directive soient remplies.	iii) Nur bei Nicht-EU-AIF und unbeschadet des Absatzes (5) Buchstabe b) dieses Artikels kann die Verwahrstelle auch ein Kreditinstitut oder jedes andere Unternehmen derselben Art wie die Unternehmen in Artikel 21 Absatz (3) Unterabsatz 1 Buchstaben a) und b) der Richtlinie 2011/61/EU sein, sofern die Anforderungen von Artikel 21 Absatz (6) Buchstabe b) dieser Richtlinie erfüllt sind.
(4) Aux fins d'éviter les conflits d'intérêts entre le dépositaire, le gestionnaire et/ou le FIA et/ou ses investisseurs:	(4) Zur Vermeidung von Interessenkonflikten zwischen der Verwahrstelle, dem AIFM und/oder dem AIF und/oder seinen Anlegern:
a) un gestionnaire n'est pas autorisé à agir en tant que dépositaire;	a) darf ein AIFM nicht die Aufgabe einer Verwahrstelle wahrnehmen;
b) un courtier principal agissant comme contrepartie au FIA n'est pas autorisé à agir en tant que dépositaire pour ce	b) darf ein Primebroker, der als Geschäftspartner eines AIF auftritt, nicht die Aufgaben einer Verwahrstelle die

FIA, sauf s'il a séparé, sur le plan fonctionnel et hiérarchique, l'exécution de ses fonctions de dépositaire et ses tâches de courtier principal et que les conflits d'intérêts potentiels sont identifiés, gérés, suivis et révélés aux investisseurs du FIA de manière appropriée. La délégation, par le dépositaire, de ses tâches de conservation à un tel courtier principal, conformément au paragraphe (11), est autorisée pour autant que les conditions pertinentes soient remplies.	ses AIF wahrnehmen, außer wenn eine funktionale und hierarchische Trennung der Ausführung seiner Verwahrfunktionen von seinen Aufgaben als Primebroker vorliegt und die potenziellen Interessenkonflikte ordnungsgemäß ermittelt, gesteuert, beobachtete und den Anlegern des AIF offengelegt werden. Es ist gemäß Absatz (11) zulässig, dass die Verwahrstelle einem solchen Primebroker ihre Verwahraufgaben überträgt, wenn die entsprechenden Bedingungen eingehalten sind.
(5) Le dépositaire doit être établi:	(5) Die Verwahrstelle muss an folgenden Orten erreichtet sein:
a) pour les FIA de l'Union européenne, dans l'État membre d'origine du FIA;	a) für EU-AIF im Herkunftsmitgliedstaat des AIF;
b) pour les FIA de pays tiers, dans le pays tiers dans lequel le FIA est établi, ou dans l'État membre d'origine du gestionnaire qui gère le FIA ou, dans l'État membre de référence du gestionnaire qui gère le FIA.	b) für Nicht-EU-AIF in dem Drittland, in dem sich der Sitz des AIF befindet, oder in dem Herkunftsmitgliedstaat des AIFM, der den AIF verwaltet, oder in dem Referenzmitgliedstaat des AIFM, der den AIF verwaltet.
(6) Sans préjudice des exigences visées au paragraphe (3), la désignation d'un dépositaire établi dans un pays tiers reste à tout moment soumise aux conditions suivantes:	(6) Unbeschadet der Anforderungen von Absatz (3) unterliegt die Bestellung einer Verwahrstelle mit Sitz in einem Drittland immer folgenden Voraussetzungen:
a) les autorités compétentes des États membres dans lesquels il est prévu que les parts ou actions du FIA de pays tiers soient commercialisées, et la CSSF, en tant qu'autorité compétente de l'État membre d'origine du gestionnaire, ont signé des modalités de coopération et d'échange d'informations avec les autorités compétentes du dépositaire;	a) die zuständigen Behörden der Mitgliedstaaten, in denen die Anteile oder Aktien des Nicht-EU-AIF vertrieben werden sollen, und die CSSF, in ihrer Eigenschaft als zuständige Behörde des Herkunftsmitgliedstaats des AIFM, haben Vereinbarungen über die Zusammenarbeit und den Informationsaustausch mit den zuständigen Behörden der Verwahrstelle unterzeichnet;
b) le dépositaire est soumis à une réglementation prudentielle efficace, y compris des exigences minimales de fonds propres, et à une surveillance qui produisent les mêmes effets que le droit de l'Union européenne et sont effectivement appliquées;	b) die Verwahrstelle unterliegt einer wirksamen Regulierung, einschließlich Mindesteigenkapitalanforderungen und einer Aufsicht, die den Rechtsvorschriften der Europäischen Union entsprechen und die wirksam durchgesetzt werden;

c) le pays tiers dans lequel est établi le dépositaire ne figure pas sur la liste des pays et territoires non coopératifs du Groupe d'Action financière (GAFI);	c) das Drittland, in dem die Verwahrstelle ihren Sitz hat, steht nicht auf der Liste der nicht kooperativen Länder und Gebiete, der Arbeitsgruppe „Finanzielle Maßnahmen gegen die Geldwäsche und die Terrorismusfinanzierung" (GAFI);
d) les États membres dans lesquels il est prévu que les parts ou actions du FIA de pays tiers soient commercialisées et le Luxembourg, en tant qu'État membre d'origine du gestionnaire, ont signé avec le pays tiers dans lequel le dépositaire est établi un accord pleinement conforme aux normes énoncées dans l'article 26 du modèle OCDE de convention fiscale concernant le revenu et la fortune et garantissant un échange efficace d'informations en matière fiscale, y compris tout accord multilatéral en matière fiscale;	d) die Mitgliedstaaten, in denen die Anteile oder Aktien des Nicht-EU-AIF vertrieben werden sollen, und Luxemburg, als Herkunftsmitgliedstaat des AIFM, haben mit dem Drittland, in dem die Verwahrstelle ihren Sitz hat, eine Vereinbarung unterzeichnet, die den Standards von Artikel 26 des OECD-Musterabkommens zur Vermeidung der Doppelbesteuerung von Einkommen und Vermögen vollständig entspricht und einen wirksamen Informationsaustausch in Steuerangelegenheiten, einschließlich multilateraler Steuerabkommen, gewährleistet;
e) le dépositaire est contractuellement responsable à l'égard du FIA, ou des investisseurs du FIA, conformément aux paragraphes (12) et (13) et accepte expressément de respecter les dispositions du paragraphe (11).	e) die Verwahrstelle haftet vertraglich gegenüber dem AIF oder gegenüber den Anlegern des AIF gemäß den Absätzen (12) und (13) und erklärt sich ausdrücklich zur Einhaltung der Vorschriften von Absatz (11) bereit.
(7) Le dépositaire doit veiller de façon générale au suivi adéquat des flux de liquidités du FIA et, plus particulièrement à ce que tous les paiements effectués par des investisseurs ou en leur nom lors de la souscription de parts ou d'actions de FIA aient été reçus et que toutes les liquidités du FIA aient été comptabilisées sur des comptes d'espèces ouverts au nom du FIA ou au nom du gestionnaire agissant pour le compte du FIA ou au nom du dépositaire agissant pour le compte du FIA auprès d'une entité visée à l'article 18, paragraphe (1), points a), b) et c), de la directive 2006/73/CE, ou d'une autre entité de la même nature, sur le marché pertinent sur lequel des comptes de liquidités sont exigés, pour autant que cette entité soit soumise à une réglementation et une surveillance prudentielles efficaces qui produisent	(7) Die Verwahrstelle muss allgemein sicherstellen, dass die Cashflows der AIF ordnungsgemäß überwacht werden und insbesondere gewährleisten, dass sämtliche Zahlungen von Anlegern oder im Namen von Anlegern bei der Zeichnung von Anteilen oder Aktien des AIF geleistet wurden und dass die gesamten Geldmittel des AIF auf einem Geldkonto verbucht wurden, das für Rechnung des AIF, oder im Namen des AIFM, der für Rechnung des AIF tätig ist, oder im Namen der Verwahrstelle, die für Rechnung des AIF tätig ist, bei einer Stelle gemäß Artikel 18 Absatz (1) Buchstaben a), b) und c) der Richtlinie 2006/73/EG oder bei einer Stelle der gleichen Art in dem entsprechenden Markt, in dem Geldkonten verlangt werden, eröffnet wurde, so lange eine solche Stelle einer wirksamen Regulierung und Aufsicht unterliegt, die den

les mêmes effets que le droit de l'Union européenne et sont effectivement appliquées, et conformément aux principes énoncés à l'article 16 de la directive 2006/73/CE.	Rechtsvorschriften der Europäischen Union entsprechend und wirksam durchgesetzt werden, gemäß den Grundsätzen nach Artikel 16 der Richtlinie 2006/73/EG.
Lorsque les comptes de liquidités sont ouverts au nom du dépositaire agissant pour le compte du FIA, aucune liquidité de l'entité visée au premier alinéa et aucune liquidité propre du dépositaire ne sont comptabilisées sur de tels comptes.	Falls Geldkonten im Namen der Verwahrstelle, die für Rechnung des AIF handelt, eröffnet werden, werden keine Geldmittel der in Unterabsatz (1) genannten Stelle und keine Geldmittel der Verwahrstelle selbst auf solchen Konten verbucht.
(8) La garde des actifs d'un FIA ou d'un gestionnaire agissant pour le compte du FIA doit être confiée à un dépositaire, compte tenu des éléments suivants:	(8) Die Vermögenswerte des AIF oder des für Rechnung des AIF handelnden AIFM werden der Verwahrstelle unter Berücksichtigung der folgenden Elemente zur Aufbewahrung anvertraut:
a) pour les instruments financiers dont la conservation peut être assurée:	a) für Finanzinstrumente, die in Verwahrung genommen werden können, gilt:
i) le dépositaire doit assurer la conservation de tous les instruments financiers qui peuvent être enregistrés sur un compte d'instruments financiers ouvert dans les livres du dépositaire et de tous les instruments financiers qui peuvent être livrés physiquement au dépositaire;	i) die Verwahrstelle muss die Verwahrung sämtlicher Finanzinstrumente, die im Depot auf einem Konto für Finanzinstrumente verbucht werden können und sämtlicher Finanzinstrumente, die der Verwahrstelle physisch übergeben werden können, sicherstellen;
ii) à cette fin, le dépositaire doit veiller à ce que tous ces instruments financiers qui peuvent être enregistrés sur un compte d'instruments financiers ouvert dans les livres du dépositaire soient inscrits dans les livres du dépositaire sur des comptes ségrégués, conformément aux principes définis à l'article 16 de la directive 2006/73/CE, ouverts au nom du FIA ou du gestionnaire agissant pour le compte du FIA, afin qu'ils puissent à tout moment être clairement identifiés comme appartenant au FIA conformément à la législation applicable;	ii) zu diesem Zweck muss die Verwahrstelle sicherstellen, dass all jeneFinanzinstrumente, die im Depot auf einem Konto für Finanzinstrumente verbucht werden können, in den Büchern der Verwahrstelle auf gesonderten Konten gemäß den in Artikel 16 der Richtlinie 2006/73/EG festgelegten Grundsätzen registriert werden, die im Namen des AIF bzw. des für ihn tätigen AIFM eröffnet wurde, so dass die Finanzinstrumente jederzeit gemäß geltendem Recht eindeutig als im Eigentum des AIF befindliche Instrumente identifiziert werden können;
b) pour les autres actifs:	b) für sonstige Vermögenswerte gilt:
i) le dépositaire doit vérifier la propriété de ces actifs par le FIA ou	i) die Verwahrstelle muss das Eigentum des AIF oder des für Rech-

par le gestionnaire agissant pour le compte du FIA, et tient un registre concernant les actifs dont il a l'assurance que le FIA ou le gestionnaire agissant pour le compte du FIA, détient la propriété;	nung des AIF tätigen AIFM an solchen Vermögenswerten prüfen und Aufzeichnungen derjenigen Vermögenswerte führen, bei denen sie sich vergewissert hat, dass der AIF oder der für Rechnung des AIF tätige AIFM an diesen Vermögenswerten das Eigentum hat;
ii) l'établissement de la propriété des actifs par le FIA ou par le gestionnaire agissant pour le compte du FIA, est basé sur les informations ou les documents fournis par le FIA ou le gestionnaire et, le cas échéant, sur des éléments de preuve externes;	ii) die Beurteilung, ob der AIF oder der für Rechnung des AIF tätige AIFM Eigentümer ist, beruht auf Informationen oder Unterlagen, die vom AIF oder vom AIFM vorgelegt werden und, soweit verfügbar, auf externen Nachweisen;
iii) le dépositaire doit tenir son registre à jour.	iii) die Verwahrstelle muss ihre Aufzeichnungen auf dem neuesten Stand halten.
(9) Outre les tâches visées aux paragraphes (7) et (8), le dépositaire doit:	(9) Ergänzend zu den in den Absätzen (7) und (8) genannten Aufgaben, muss die Verwahrstelle:
a) s'assurer que la vente, l'émission, le rachat, le remboursement et l'annulation des parts ou actions du FIA se font conformément au droit national applicable et au règlement ou aux documents constitutifs du FIA;	a) sicherstellen, dass der Verkauf, die Ausgabe, die Rücknahme, die Auszahlung und die Annullierung von Anteilen oder Aktien des AIF gemäß den geltenden nationalen Gesetzen und Vorschriften oder den Gründungsunterlagen des AIF erfolgen;
b) s'assurer que le calcul de la valeur des parts ou actions du FIA est effectué conformément au droit national applicable, au règlement ou aux documents constitutifs du FIA et aux procédures fixées à l'article 19 de la directive 2011/61/UE;	b) sicherstellen, dass die Berechnung des Wertes der Anteile oder Aktien des AIF gemäß den geltenden Rechtsvorschriften, den Vertragsbedingungen oder den Gründungsunterlagen des AIF und den in Artikel 19 der Richtlinie 2011/61/EU festgelegten Verfahren erfolgt;
c) exécuter les instructions du gestionnaire, sauf si elles sont contraires au droit national applicable ou au règlement ou aux documents constitutifs du FIA;	c) die Weisungen des AIFM ausführen, es sei denn, diese verstoßen gegen geltende nationale Rechtsvorschriften, die Vertragsbedingungen oder die Gründungsunterlagen des AIF;
d) s'assurer que, dans les opérations portant sur les actifs du FIA, la contrepartie est remise au FIA dans les délais d'usage;	d) sicherstellen, dass bei Transaktionen mit Vermögenswerten des AIF der Gegenwert innerhalb der üblichen Fristen an den AIF überwiesen wird;

e) s'assurer que les produits du FIA reçoivent l'affectation conforme au droit national applicable et au règlement ou aux documents constitutifs du FIA.	e) sicherstellen, dass die Erträge des AIF in Übereinstimmung mit den geltenden nationalen Rechtsvorschriften und den Vertragsbedingungen oder den Gründungsunterlagen des AIF verwendet werden.
(10) Dans le cadre de leurs rôles respectifs, le gestionnaire et le dépositaire doivent agir de manière honnête, loyale, professionnelle, indépendante et dans l'intérêt du FIA et des investisseurs du FIA.	(10) Der AIF und die Verwahrstelle müssen im Rahmen ihrer jeweiligen Aufgaben ehrlich, redlich, professionell, unabhängig und im Interesse des AIF und seiner Anleger handeln.
Un dépositaire n'est pas autorisé à exercer d'activités en ce qui concerne le FIA ou le gestionnaire pour le compte du FIA, qui seraient susceptibles d'engendrer des conflits d'intérêts entre le FIA, les investisseurs dudit FIA, le gestionnaire et le dépositaire luimême, sauf si le dépositaire a séparé, sur le plan fonctionnel et hiérarchique, l'exécution de ses tâches de dépositaire et ses autres tâches qui pourraient s'avérer incompatibles et que les conflits d'intérêts potentiels sont identifiés, gérés, suivis et révélés aux investisseurs du FIA de manière appropriée.	Eine Verwahrstelle darf keine Aufgaben in Bezug auf den AIF oder den für Rechnung des AIF tätigen AIFM wahrnehmen, die Interessenkonflikte zwischen dem AIF, den Anlegern des AIF, dem AIFM und ihr selbst schaffen könnten, außer wenn eine funktionale und hierarchische Trennung der Ausführung ihrer Aufgaben als Verwahrstelle von ihren potenziell dazu in Konflikt stehenden Aufgaben vorgenommen wurde und die potenziellen Interessenkonflikte ordnungsgemäß ermittelt, gesteuert, beobachtet und den Anlegern des AIF gegenüber offengelegt werden.
Le dépositaire n'est pas autorisé à réutiliser les actifs visés au paragraphe (8) sans l'accord préalable du FIA ou du gestionnaire agissant pour le compte du FIA.	Die Verwahrstelle darf die in Absatz (8) genannten Vermögenswerte nicht ohne vorherige Zustimmung des AIF oder des für Rechnung des AIF tätigen AIFM wiederverwenden.
(11) Le dépositaire n'est pas autorisé à déléguer à des tiers les fonctions énoncées dans le présent article, à l'exception de celles visées au paragraphe (8).	(11) Die Verwahrstelle darf ihre in diesem Artikel festgeschriebenen Funktionen nicht auf Dritte übertragen, hiervon ausgenommen sind die in Absatz (8) genannten Aufgaben.
Le dépositaire peut déléguer à des tiers les fonctions visées au paragraphe (8) sous réserve que les conditions suivantes soient remplies:	Die Verwahrstelle darf die in Absatz (8) genannten Funktionen unter folgenden Voraussetzungen auf Dritte übertragen:
a) les tâches ne sont pas déléguées dans l'intention de se soustraire aux exigences de la directive 2011/61/UE;	a) die Aufgaben werden nicht in der Absicht übertragen, die Vorschriften der Richtlinie 2011/61/EU zu umgehen;
b) le dépositaire peut démontrer que la délégation est justifiée par une raison objective;	b) die Verwahrstelle kann belegen, dass es einen objektiven Grund für die Übertragung gibt;
c) le dépositaire a agi avec toute la compétence, le soin et la diligence requis	c) die Verwahrstelle ist bei der Auswahl und der Bestellung eines Dritten, dem

	lors de la sélection et de la désignation du tiers auquel il souhaite déléguer certaines parties de ses tâches et continue à faire preuve de toute la compétence, du soin et de la diligence requis dans l'évaluation périodique et le suivi permanent du tiers auquel il a délégué certaines parties de ses fonctions et des dispositions prises par le tiers concernant les tâches qui lui ont été déléguées; et		sie Teile ihrer Aufgaben übertragen möchte, mit der gebotenen Sachkenntnis, Sorgfalt und Gewissenhaftigkeit vorgegangen und geht weiterhin bei der laufenden Kontrolle und regelmäßigen Überprüfung von Dritten, denen sie Teile ihrer Aufgaben übertragen hat, und von Vereinbarungen des Dritten hinsichtlich der ihm übertragenen Aufgaben mit der gebotenen Sachkenntnis, Sorgfalt und Gewissenhaftigkeit vor; und
d)	le dépositaire veille à ce que le tiers remplisse les conditions suivantes en permanence dans l'exécution des tâches qui lui ont été déléguées:	d)	die Verwahrstelle gewährleistet, dass der Dritte jederzeit bei der Ausführung der ihm bertragenen Aufgaben die folgenden Bedingungen einhält:
	i) le tiers dispose de structures et d'une expertise qui sont adéquates et proportionnées à la nature et à la complexité des actifs du FIA ou du gestionnaire agissant pour le compte du FIA qui lui ont été confiés;		i) der Dritte verfügt über eine Organisationsstruktur und die Fachkenntnisse, die für die Art und die Komplexität der Vermögenswerte des AIF oder des für dessen Rechnung handelnden AIFM, die ihm anvertraut wurden, angemessen und geeignet sind;
	ii) pour les tâches de conservation visées au paragraphe (8), point a), le tiers est soumis à la réglementation et à la surveillance prudentielles efficaces, y compris aux exigences de fonds propres, de la juridiction concernée et le tiers est soumis à un contrôle périodique externe afin de garantir que les instruments financiers sont en sa possession;		ii) bezogen auf die Verwahraufgaben gemäß Absatz (8) Buchstabe a) unterliegt der Dritte einer wirksamen Regulierung, einschließlich Mindesteigenkapitalanforderungen der betreffenden Jurisdiktion und der Dritte unterliegt einer regelmäßigen externen Rechnungsprüfung, durch die gewährleistet wird, dass sich die Finanzinstrumente in seinem Besitz befinden.
	iii) le tiers ségrégue les actifs des clients du dépositaire de ses propres actifs et des actifs du dépositaire de façon à ce qu'ils puissent à tout moment être clairement identifiés comme appartenant aux clients d'un dépositaire particulier;		iii) der Dritte trennt die Vermögenswerte der Kunden der Verwahrstelle von seinen eigenen Vermögenswerten und von den Vermögenswerten der Verwahrstelle in einer solchen Weise, dass sie zu jeder Zeit eindeutig als Eigentum von Kunden einer bestimmten Verwahrstelle identifiziert werden können;

iv) le tiers n'utilise pas les actifs sans l'accord préalable du FIA ou du gestionnaire agissant pour le compte du FIA et sans en avoir informé au préalable le dépositaire; et	iv) der Dritte darf die Vermögenswerte nicht ohne vorherige Zustimmung des AIF oder des für Rechnung des AIF tätigen AIFM und ohne eine vorherige Mitteilung an die Verwahrstelle verwenden; und
v) le tiers respecte les obligations et interdictions générales visées aux paragraphes (8) et (10).	v) der Dritte sich an die allgemeinen Verpflichtungen und Verbote gemäß den Absätzen (8) und (10) hält.
Nonobstant le second alinéa, point d) ii), lorsque la législation d'un pays tiers exige que certains instruments financiers soient conservés par une entité locale et qu'aucune entité locale ne satisfait aux exigences relatives à la délégation visées audit point, le dépositaire peut déléguer ses fonctions à une telle entité locale uniquement dans la mesure où la législation du pays tiers l'exige et uniquement tant qu'aucune entité locale ne satisfait aux obligations en matière de délégation, sous réserve des exigences suivantes:	Ungeachtet des Unterabsatzes 2 Buchstabe d) Ziffer ii) darf die Verwahrstelle, wenn laut den Rechtsvorschriften eines Drittlands vorgeschrieben ist, dass bestimmte Finanzinstrumente von einer ortsansässigen Einrichtung verwahrt werden müssen und es keine ortsansässige Einrichtung gibt, die den Anforderungen für eine Beauftragung gemäß Buchstabe d) Ziffer ii) genügen, ihre Funktion an eine solche ortsansässige Einrichtung insoweit übertragen, wie es von dem Recht des Drittlands gefordert wird und nur solange es keine ortsansässige Einrichtung gibt, die die Anforderungen für eine Beauftragung erfüllen, vorbehaltlich der folgenden Anforderungen:
a) les investisseurs du FIA concerné ont été dûment informés que cette délégation est nécessaire de par les contraintes juridiques de la législation du pays tiers et des circonstances justifiant la délégation, avant leur investissement; et	a) die Anleger des jeweiligen AIF müssen vor Tätigung ihrer Anlage ordnungsgemäß unterrichtet werden, dass eine solche Beauftragung aufgrund rechtlicher Zwänge im Recht des Drittlands erforderlich ist und sie müssen über die Umstände unterrichtet werden, die die Übertragung rechtfertigen, und
b) le FIA ou le gestionnaire agissant pour le compte du FIA, doit charger le dépositaire de déléguer la conservation de ces instruments financiers à une telle entité locale.	b) der AIF oder der für Rechnung des AIF tätige AIFM muss die Verwahrstelle anweisen, die Verwahrung dieser Finanzinstrumente an eine solche ortsansässige Einrichtung zu übertragen.
Le tiers peut à son tour sous-déléguer ces fonctions, sous réserve des mêmes exigences. En pareil cas, le paragraphe (13) s'applique mutatis mutandis aux parties concernées.	Der Dritte kann seinerseits diese Funktionen unter den gleichen Bedingungen weiter übertragen. In diesem Fall gilt Absatz (13) entsprechend für die jeweils Beteiligten.
Aux fins du présent paragraphe, la fourniture de services, telle que définie par la directive 98/26/CE par des systèmes de règle-	Die Erbringung von Dienstleistungen gemäß der Richtlinie 98/26/EG durch Wertpapierliefer- und Abrechnungssysteme, wie

ment des opérations sur titres tels que définis aux fins de ladite directive, ou la fourniture de services similaires par des systèmes de règlement des opérations sur titres de pays tiers, n'est pas considérée comme une délégation des fonctions de conservation.	es für die Zwecke jener Richtlinie vorgesehen ist, oder die Erbringung ähnlicher Dienstleistungen durch Wertpapierliefer- und Abrechnungssysteme von Drittländern wird für Zwecke dieses Absatzes nicht als Beauftragung mit Verwahrfunktionen betrachtet.
(12) Le dépositaire est responsable à l'égard du FIA ou à l'égard des investisseurs du FIA, de la perte par le dépositaire, ou par un tiers auquel la conservation avait été déléguée, d'instruments financiers conservés conformément au paragraphe (8), point a).	(12) Die Verwahrstelle haftet gegenüber dem AIF oder gegenüber den Anlegern des AIF für das Abhandenkommen durch die Verwahrstelle oder durch einen Dritten, dem die Verwahrung von Finanzinstrumenten, die gemäß Absatz (8) Buchstabe a) verwahrt wurden, übertragen wurde.
En cas de perte d'instruments financiers conservés, le dépositaire doit restituer des instruments financiers de type identique ou le montant correspondant au FIA ou au gestionnaire agissant pour le compte du FIA sans retard inutile. Le dépositaire n'est pas responsable s'il est en mesure de prouver que la perte résulte d'un événement extérieur échappant à son contrôle raisonnable et dont les conséquences auraient été inévitables malgré tous les efforts raisonnables déployés pour l'éviter.	Im Falle eines Abhandenkommens eines verwahrten Finanzinstruments hat die Verwahrstelle dem AIF oder dem für Rechnung des AIF handelnden AIFM unverzüglich ein Finanzinstrument gleicher Art zurückzugeben oder einen entsprechenden Betrag zu erstatten. Die Verwahrstelle haftet nicht, wenn sie nachweisen kann, dass das Abhandenkommen auf höhere Gewalt zurückzuführen ist, deren Konsequenzen trotz aller angemessenen Gegenmaßnahmen unabwendbar waren.
Le dépositaire est aussi responsable à l'égard du FIA ou à l'égard des investisseurs du FIA, de toute autre perte subie par ceux-ci et résultant de la négligence ou de la mauvaise exécution intentionnelle de ses obligations au titre de la directive 2011/61/UE.	Die Verwahrstelle haftet gegenüber dem AIF oder gegenüber den Anlegern des AIF für sämtliche sonstigen Verluste, die diese infolge einer von der Verwahrstelle fahrlässig oder vorsätzlich verursachten Nichterfüllung ihrer Verpflichtungen aus der Richtlinie 2011/61/EU erleiden.
(13) La responsabilité du dépositaire n'est pas affectée par une éventuelle délégation telle que visée au paragraphe (11).	(13) Die Haftung der Verwahrstelle bleibt von einer etwaigen Übertragung gemäß Absatz (11) unberührt.
Nonobstant le premier alinéa du présent paragraphe, en cas de perte d'instruments financiers conservés par un tiers conformément au paragraphe (11), le dépositaire peut se décharger de sa responsabilité s'il est en mesure de prouver que:	Unbeschadet des Unterabsatzes 1 dieses Absatzes kann sich die Verwahrstelle bei Verlust von Finanzinstrumenten, die von einem Dritten gemäß Absatz (11) verwahrt wurden, von der Haftung befreien, wenn sie nachweisen kann, dass:
a) toutes les obligations concernant la délégation de ses tâches de conservation visées au paragraphe (11), deuxième alinéa, sont remplies;	a) alle Bedingungen für die Übertragung ihrer Verwahraufgaben gemäß Absatz (11) Unterabsatz 2 eingehalten sind;

b) un contrat écrit entre le dépositaire et le tiers transfère expressément la responsabilité du dépositaire à ce tiers et permet au FIA ou au gestionnaire agissant pour le compte du FIA, de déposer plainte contre le tiers au sujet de la perte d'instruments financiers ou au dépositaire de déposer plainte en leur nom; et	b) ein schriftlicher Vertrag zwischen der Verwahrstelle und dem Dritten die Haftung der Verwahrstelle ausdrücklich auf diesen Dritten überträgt und es dem AIF oder dem für Rechnung des AIF tätigen AIFM ermöglicht, seinen Anspruch wegen des Abhandenkommens von Finanzinstrumenten gegenüber dem Dritten geltend zu machen, oder die Verwahrstelle solch einen Anspruch für sie geltend machen darf; und
c) un contrat écrit entre le dépositaire et le FIA ou le gestionnaire agissant pour le compte du FIA, autorise expressément une décharge de la responsabilité du dépositaire et établit la raison objective justifiant une telle décharge.	c) ein schriftlicher Vertrag zwischen der Verwahrstelle und dem AIF oder dem für Rechnung des AIF handelnden AIFM ausdrücklich eine Befreiung der Verwahrstelle von der Haftung gestattet und einen objektiven Grund für die vertragliche Vereinbarung einer solchen Befreiung angibt.
(14) En outre, lorsque la législation d'un pays tiers exige que certains instruments financiers soient conservés par une entité locale et lorsqu'aucune entité locale ne satisfait aux exigences relatives à la délégation visées au paragraphe (11), point d) ii), le dépositaire peut se décharger de la responsabilité lui-même à condition que les conditions suivantes soient remplies:	(14) Zusätzlich kann, wenn gemäß den Rechtsvorschriften eines Drittlands vorgeschrieben ist, dass bestimmte Finanzinstrumente von einer ortsansässigen Einrichtung verwahrt werden müssen und es keine ortsansässige Einrichtung gibt, die den Anforderungen für eine Beauftragung gemäß Absatz (11) Buchstabe d) Ziffer ii) genügt, die Verwahrstelle sich von der Haftung befreien, wenn folgende Voraussetzungen eingehalten sind:
a) le règlement ou les documents constitutifs du FIA concerné autorisent expressément une telle décharge aux conditions prévues par le présent paragraphe;	a) die Vertragsbedingungen oder die Gründungsunterlagen des betreffenden OGA erlauben ausdrücklich eine solche Befreiung unter den in diesem Absatz genannten Voraussetzungen;
b) les investisseurs du FIA concerné ont été dûment informés de cette décharge et des circonstances la justifiant, avant leur investissement;	b) die Anleger der entsprechenden OGA wurden vor Tätigung ihrer Anlage ordnungsgemäss über diese Haftungsbefreiung und die Umstande, die diese Haftungsbefreiung rechtfertigen, unterrichtet;
c) le FIA ou le gestionnaire agissant pour le compte du FIA a donné instruction au dépositaire de déléguer la conservation de ces instruments financiers à une entité locale;	c) der OGA oder der für Rechnung des OGA tätige AIFM haben die Verwahrstelle angewiesen, die Verwahrung dieser Finanzinstrumente an eine ortsansässige Einrichtung zu übertragen;

d) il existe un contrat écrit entre le dépositaire et le FIA ou le gestionnaire agissant pour le compte du FIA, autorisant expressément cette décharge; et	d) es gibt einen schriftlichen Vertrag zwischen der Verwahrstelle und dem OGA oder dem für Rechnung des OGA tätigen AIFM, in dem solch eine Haftungsbefreiung ausdrücklich gestattet ist; und
e) il existe un contrat écrit entre le dépositaire et le tiers qui transfère expressément la responsabilité du dépositaire vers l'entité locale et permet au FIA ou au gestionnaire agissant pour le compte du FIA de déposer plainte contre l'entité locale au sujet de la perte d'instruments financiers ou au dépositaire de déposer plainte en leur nom.	e) es gibt einen schriftlichen Vertrag zwischen der Verwahrstelle und dem Dritten, in dem die Haftung der Verwahrstelle ausdrücklich auf den Dritten übertragen wird und es dem OGA oder dem für Rechnung des OGA tätigen AIFM ermöglicht, seinen Anspruch wegen des Abhandenkommens von Finanzinstrumenten gegenüber dem Dritten geltend zu machen, oder die Verwahrstelle solch einen Anspruch für sie geltend machen darf.
(15) La responsabilité à l'égard des investisseurs d'un FIA dépourvu de la personnalité juridique peut être mise en cause par l'intermédiaire du gestionnaire. Si le gestionnaire n'agit pas, nonobstant mise en demeure par un investisseur, dans un délai de trois mois à partir de cette mise en demeure, cet investisseur peut mettre en cause directement la responsabilité du dépositaire.	(15) Haftungsansprüche der Anleger eines AIF ohne Rechtspersönlichkeit können mittelbar durch den AIFM geltend gemacht werden. Wenn der AIFM nicht innerhalb von drei Monaten nach in Verzug setzen durch den Anleger handelt, kann der Anleger die Haftung der Verwahrstelle unmittelbar geltend machen.
(16) Lorsque le dépositaire est établi au Luxembourg, celui-ci fournit, sur demande, à la CSSF toutes les informations qu'il a recueillies dans l'exercice de ses tâches et qui peuvent être nécessaires aux fins de la surveillance du FIA ou du gestionnaire. Si la CSSF n'est pas l'autorité compétente pour la surveillance du FIA ou du gestionnaire concerné, elle communique les informations reçues aux autorités compétentes respectives.	(16) Wenn die Verwahrstelle ihren Sitz in Luxemburg hat, stellt sie der CSSF auf Anfrage alle Informationen zur Verfügung, die sie im Rahmen der Erfüllung ihrer Aufgaben erhalten hat und die für die Überwachung des AIF oder des AIFM erforderlich sein könnten. Ist die CSSF nicht die für die Überwachung des betreffenden AIF oder AIFM zuständige Behörde, stellt sie den jeweiligen zuständigen Behörden die erhaltenen Informationen zur Verfügung.
Chapitre 4. – Exigences de transparence	**Kapitel 4. – Transparenzanforderungen**
Art. 20. Rapport annuel	**Art. 20. Jahresbericht**
(1) Un gestionnaire établi au Luxembourg doit rendre disponible un rapport annuel par exercice pour chaque FIA de l'Union	(1) Ein AIFM mit Sitz in Luxemburg muss für jeden von ihm verwalteten EU-AIF und für jeden von ihm in der Europäischen

européenne qu'il gère et pour chaque FIA qu'il commercialise dans l'Union européenne, au plus tard six mois après la fin de l'exercice financier auquel ce rapport se réfère. Ce rapport annuel doit être fourni aux investisseurs sur demande. Il doit être mis à la disposition de la CSSF et, le cas échéant, de l'État membre d'origine du FIA.	Union vertriebenen AIF für jedes Geschäftsjahr, spätestens sechs Monate nach Ende des Geschäftsjahrs, einen Jahresbericht vorlegen. Dieser Jahresbericht wird den Anlegern auf Anfrage zur Verfügung gestellt. Der Jahresbericht wird der CSSF und gegebenenfalls dem Herkunftsmitgliedstaat des AIF zur Verfügung gestellt.
Lorsque le FIA est tenu de publier un rapport financier annuel conformément à la directive 2004/109/CE, seules les informations supplémentaires visées au paragraphe (2) ci-après doivent être fournies sur demande aux investisseurs, séparément ou en tant qu'informations supplémentaires au rapport financier annuel. Dans ce dernier cas, le rapport financier annuel doit être publié au plus tard quatre mois après la fin de l'exercice financier auquel il se réfère.	Ist der AIF verpflichtet, Jahresfinanzberichte nach der Richtlinie 2004/109/EG zu veröffentlichen, so sind Anlegern auf Antrag lediglich die Angaben nach Absatz (2) zusätzlich vorzulegen, die Übermittlung kann gesondert oder in Form einer Ergänzung zum Jahresfinanzbericht erfolgen. Im letzteren Fall ist der Jahresfinanzbericht spätestens vier Monate nach Ende des Geschäftsjahrs zu veröffentlichen.
(2) Le rapport annuel doit contenir au moins les éléments suivants:	(2) Der Jahresbericht muss mindestens Folgendes Angaben enthalten:
a) un bilan ou un état du patrimoine;	a) eine Bilanz oder eine Vermögensübersicht;
b) un compte des revenus et des dépenses de l'exercice;	b) eine Aufstellung der Erträge und Aufwendungen des Geschäftsjahres;
c) un rapport sur les activités de l'exercice;	c) ein Bericht über die Tätigkeiten im abgelaufenen Geschäftsjahr;
d) tout changement substantiel dans les informations visées à l'article 21 intervenu au cours de l'exercice auquel ce rapport se réfère;	d) jede wesentliche Änderung der in Artikel 21 aufgeführten Informationen während des Geschäftsjahrs, auf das sich der Bericht bezieht;
e) le montant total des rémunérations pour l'exercice, ventilé en rémunérations fixes et rémunérations variables, versées par le gestionnaire à son personnel, et le nombre de bénéficiaires, et, le cas échéant, l'intéressement aux plus-values («carried interests») versées par le FIA;	e) die Gesamtsumme der im abgelaufenen Geschäftsjahr gezahlten Vergütungen, gegliedert in feste und variable vom AIFM an seine Mitarbeiter gezahlte Vergütungen, die Zahl der Begünstigten und gegebenenfalls die vom AIF gezahlten Carried Interests;
f) le montant agrégé des rémunérations, ventilé entre les cadres supérieurs et les membres du personnel du gestionnaire dont les activités ont une incidence significative sur le profil de risque du FIA.	f) die Gesamtsumme der gezahlten Vergütungen, aufgegliedert nach Führungskräften und Mitarbeitern des AIFM, deren Tätigkeiten sich wesentlich auf das Risikoprofil des AIF auswirken.

(3) Les données comptables contenues dans le rapport annuel doivent être établies conformément aux normes comptables de l'État membre d'origine du FIA ou, conformément aux normes comptables du pays tiers dans lequel le FIA est établi et aux règles comptables établies dans le règlement ou les documents constitutifs du FIA.	(3) Die im Jahresbericht enthaltenen Zahlenangaben müssen gemäß den Rechnungslegungsstandards des Herkunftsmitgliedstaats des AIF oder gemäß den Rechnungslegungsstandards des Drittlands, in dem der AIF seinen Sitz hat, und gemäß den im Verwaltungsreglement oder den Gründungsunterlagen des AIF festgelegten Rechnungslegungsvorschriften erstellt werden.
Les données comptables contenues dans le rapport annuel doivent être contrôlées par une ou plusieurs personnes habilitées, en vertu de la loi, au contrôle des comptes conformément à la directive 2006/43/CE du Parlement européen et du Conseil du 17 mai 2006 concernant les contrôles légaux des comptes annuels et des comptes consolidés. Le rapport délivré par le contrôleur des comptes et, le cas échéant, ses réserves sont reproduites intégralement dans le rapport annuel.	Die im Jahresbericht enthaltenen Zahlenangaben müssen von einer oder mehreren Personen geprüft werden, die gemäß der Richtlinie 2006/43/EG des Europäischen Parlaments und des Rates vom 17. Mai 2006 über Abschlussprüfungen von Jahresabschlüssen und konsolidierten Abschlüssen gesetzlich zur Abschlussprüfung zugelassen sind. Der Bericht des Rechnungsprüfers, einschließlich etwaiger Vorbehalte, ist in jedem Jahresbericht vollständig wiederzugeben.
Par dérogation au deuxième alinéa, les gestionnaires qui commercialisent des FIA de pays tiers doivent soumettre les rapports annuels de ces FIA à un contrôle conforme aux normes d'audit internationales en vigueur dans le pays où le FIA a son siège statutaire.	Abweichend von Unterabsatz 2 können die Mitgliedstaaten denjenigen AIFM, die Nicht-EU-AIF verwalten, gestatten, die Jahresberichte dieser AIF einer Prüfung zu unterziehen, die den internationalen Rechnungslegungsstandards entspricht, die in dem Land gelten, in dem der AIF seinen satzungsmäßigen Sitz hat.
Art. 21. Informations à communiquer aux investisseurs	**Art. 21. Informationspflichten gegenüber Anlegern**
(1) Pour chaque FIA de l'Union européenne qu'ils gèrent et pour chaque FIA qu'ils commercialisent dans l'Union européenne, les gestionnaires doivent mettre à la disposition des investisseurs du FIA, avant qu'ils n'investissent dans ce FIA, conformément au règlement de gestion ou aux documents constitutifs du FIA, les informations ci-après ainsi que tout changement substantiel concernant ces informations:	(1) AIFM müssen den Anlegern der AIF, bevor diese eine Anlage in diesen AIF tätigen, für jeden von ihnen verwalteten EU-AIF sowie für jeden von ihnen in der Europäischen Union vertriebenen AIF folgende Informationen gemäß dem Verwaltungsreglement oder den Gründungsunterlagen des AIF, sowie alle wesentlichen Änderungen dieser Informationen, zur Verfügung stellen:
a) une description de la stratégie et des objectifs d'investissement du FIA, des informations sur le lieu d'établissement de tout FIA maître et sur le lieu d'établissement des fonds sous-jacents	a) eine Beschreibung der Anlagestrategie und der Ziele des AIF, Angaben über den Sitz eines eventuellen Master-AIF und über den Sitz der Zielfonds, wenn es sich bei dem AIF um einen Dach-

	si le FIA est un fonds de fonds, une description des types d'actifs dans lesquels le FIA peut investir, des techniques qu'il peut employer et de tous les risques associés, des éventuelles restrictions à l'investissement applicables, des circonstances dans lesquelles le FIA peut faire appel à l'effet de levier, des types d'effets de levier et des sources des effets de levier autorisés et des risques associés, des éventuelles restrictions à l'utilisation de l'effet de levier, ainsi que des éventuelles modalités de remploi d'un collatéral ou d'actifs et sur le niveau de levier maximal que le gestionnaire est habilité à employer pour le compte du FIA;		fonds handelt, eine Beschreibung der Art der Vermögenswerte, in die der AIF investieren darf, der Techniken, die er einsetzen darf und aller damit verbundenen Risiken, etwaiger Anlagebeschränkungen, der Umstände, unter denen der AIF Hebelfinanzierungen einsetzen kann, Art und Herkunft der zulässigen Hebelfinanzierung und damit verbundener Risiken, sonstige Beschränkungen für den Einsatz von Hebelfinanzierungen und Vereinbarungen über Sicherheiten und über die Wiederverwendung von Vermögenswerten, sowie des maximalen Umfangs der Hebelfinanzierung, die die AIFM für Rechnung des AIF einsetzen dürfen;
b)	une description des procédures pouvant être mises en oeuvre par le FIA pour changer sa stratégie d'investissement ou sa politique d'investissement, ou les deux;	b)	eine Beschreibung der Verfahren, nach denen der AIF seine Anlagestrategie oder seine Anlagepolitik oder beides ändern kann;
c)	une description des principales conséquences juridiques de l'engagement contractuel pris à des fins d'investissement, y compris des informations sur la compétence judiciaire, sur le droit applicable et sur l'existence ou non d'instruments juridiques permettant la reconnaissance et l'exécution des décisions sur le territoire où le FIA est établi;	c)	eine Beschreibung der wichtigsten rechtlichen Auswirkungen der für die Tätigung der Anlage eingegangenen Vertragsbeziehung, einschließlich Informationen über die zuständigen Gerichte, das anwendbare Recht und das Vorhandensein oder Nichtvorhandensein von Rechtsinstrumenten, die die Anerkennung und Vollstreckung von Urteilen in dem Hoheitsgebiet vorsehen, in dem der AIF seinen Sitz hat;
d)	l'identification du gestionnaire, du dépositaire et du contrôleur des comptes du FIA, ainsi que de tout autre prestataire de services, et une description de leurs obligations et des droits des investisseurs;	d)	die Identität des AIFM, der Verwahrstelle des AIF, des Rechnungsprüfers oder sonstiger Dienstleistungsanbieter sowie eine Erläuterung ihrer Pflichten und der Rechte der Anleger;
e)	une description de la manière dont le gestionnaire respecte les exigences énoncées à l'article 8, paragraphe (7);	e)	eine Beschreibung, in welcher Weise der AIFM den Anforderungen von Artikel 8 Absatz (7) gerecht wird;
f)	une description de toute fonction de gestion visée à l'annexe I déléguée par le gestionnaire et de toute fonction de garde déléguée par le dépositaire,	f)	eine Beschreibung sämtlicher vom AIFM übertragener Verwaltungsfunktionen gemäß Anhang I sowie sämtlicher von der Verwahrstelle übertrage-

	l'identification du délégataire et tout conflit d'intérêts susceptible de découler de ces délégations;		ner Verwahrungsfunktionen, die Bezeichnung des Beauftragten sowie sämtlicher Interessenkonflikte, die sich aus der Aufgabenübertragung ergeben könnten;
g)	une description de la procédure d'évaluation du FIA et de la méthodologie de détermination du prix employée pour évaluer la valeur des actifs, y compris les méthodes employées pour les actifs difficiles à évaluer, conformément à l'article 17;	g)	eine Beschreibung des Bewertungsverfahrens des AIF und der Kalkulationsmethoden für die Bewertung von Vermögenswerten, einschließlich der Verfahren für die Bewertung schwer zu bewertender Vermögenswerte gemäß Artikel 17;
h)	une description de la gestion du risque de liquidité du FIA, en ce compris les droits au remboursement dans des circonstances à la fois normales et exceptionnelles, et les modalités existantes avec les investisseurs en matière de remboursement;	h)	eine Beschreibung des Liquiditätsrisikomanagements des AIF, einschließlich der Rücknahmerechte unter normalen und außergewöhnlichen Umständen, und der bestehenden Rücknahmevereinbarungen mit den Anlegern;
i)	une description de tous les frais, charges et commissions éventuels, et de leurs montants maximaux, supportés directement ou indirectement par les investisseurs;	i)	eine Beschreibung sämtlicher Entgelte, Gebühren und sonstiger Kosten unter Angabe der jeweiligen Höchstbeträge, die von den Anlegern mittel- oder unmittelbar getragen werden;
j)	une description de la manière dont le gestionnaire garantit un traitement équitable des investisseurs et, dès lors qu'un investisseur bénéficie d'un traitement préférentiel ou du droit de bénéficier d'un traitement préférentiel, une description de ce traitement préférentiel, le type d'investisseurs qui bénéficient de ce traitement préférentiel, et, le cas échéant, l'indication de leurs liens juridiques ou économiques avec le FIA ou le gestionnaire;	j)	eine Beschreibung der Art und Weise, wie der AIFM eine faire Behandlung der Anleger gewährleistet, sowie, wann immer ein Anleger eine Vorzugsbehandlung oder einen Anspruch auf eine solche Behandlung erhält, eine Erläuterung dieser Behandlung, der Art der Anleger, die eine solche Vorzugsbehandlung erhalten, sowie gegebenenfalls der rechtlichen oder wirtschaftlichen Verbindungen zwischen diesen Anlegern und dem AIF oder dem AIFM;
k)	le dernier rapport annuel visé à l'article 20;	k)	den letzten Jahresbericht nach Artikel 20;
l)	la procédure et les conditions d'émission et de vente des parts ou des actions;	l)	die Verfahren und Bedingungen für die Ausgabe und den Verkauf von Aktien oder Anteilen;
m)	la dernière valeur nette d'inventaire du FIA ou le dernier prix de marché de la part ou de l'action du FIA, établi conformément à l'article 17;	m)	den jüngsten Nettoinventarwert des AIF oder den jüngsten Marktpreis der Anteile des AIF nach Artikel 17;

n) le cas échéant, les performances passées du FIA;	n) sofern verfügbar, die bisherige Wertentwicklung des AIF;
o) l'identité du courtier principal et une description de toutes les dispositions importantes que le FIA a prises avec ses courtiers principaux et la manière dont sont gérés les conflits d'intérêts y afférents et la disposition du contrat avec le dépositaire stipulant la possibilité d'un transfert ou d'un réemploi des actifs du FIA et les informations relatives à tout transfert de responsabilité au courtier principal qui pourrait exister;	o) die Identität des Primebrokers und eine Beschreibung jeder wesentlichen Vereinbarung zwischen dem AIF und seinen Primebrokern und der Art und Weise, in der diesbezügliche Interessenkonflikte beigelegt werden, sowie die Bestimmung im Vertrag mit der Verwahrstelle über die Möglichkeit einer Übertragung und einer Wiederverwendung von Vermögenswerten des AIF und Angaben über jede eventuell bestehende Haftungsübertragung auf den Primebroker;
p) une description des modalités et des échéances de communication des informations exigées au titre des paragraphes (4) et (5).	p) eine Beschreibung, in welcher Weise und zu welchem Zeitpunkt die gemäß den Absätzen (4) und (5) erforderlichen Informationen offengelegt werden
(2) Le gestionnaire informe les investisseurs, avant qu'ils investissent dans les FIA, d'éventuelles dispositions prises par le dépositaire pour se décharger contractuellement de la responsabilité conformément à l'article 19, paragraphe (13). Le gestionnaire informe aussi sans retard les investisseurs de tout changement concernant la responsabilité du dépositaire.	(2) Der AIFM unterrichtet die Anleger, bevor diese ihre Anlage in den AIF tätigen, über eventuelle Vereinbarungen, die die Verwahrstelle getroffen hat, um sich vertraglich von der Haftung gemäß Artikel 19 Absatz (13) freizustellen. Der AIFM informiert die Anleger ebenfalls unverzüglich über alle Änderungen, die sich in Bezug auf die Haftung der Verwahrstelle ergeben.
(3) Lorsque le FIA est tenu de publier un prospectus conformément à la directive 2003/71/CE ou conformément au droit national, seules les informations visées aux paragraphes (1) et (2) qui s'ajoutent à celles contenues dans le prospectus doivent être communiquées séparément ou en tant qu'informations supplémentaires au prospectus.	(3) Ist der AIF gemäß der Richtlinie 2003/71/EG oder gemäß den nationalen Rechtsvorschriften verpflichtet, einen Prospekt zu veröffentlichen, sind in Ergänzung zu den im Prospekt enthaltenen Angaben lediglich die Angaben gemäß den Absätzen (1) und (2) gesondert oder als ergänzende Angaben im Prospekt offenzulegen.
(4) Les gestionnaires, pour chaque FIA de l'Union européenne qu'ils gèrent et pour chaque FIA qu'ils commercialisent dans l'Union européenne, doivent communiquer périodiquement aux investisseurs:	(4) Für jeden von ihnen verwalteten EU-AIF sowie für jeden von ihnen in der Europäischen Union vertriebenen AIF, unterrichten die AIFM die Anleger regelmäßig über Folgendes:
a) le pourcentage d'actifs du FIA qui font l'objet d'un traitement spécial du fait de leur nature non liquide;	a) den prozentualen Anteil an den Vermögenswerten des AIF, die schwer zu liquidieren sind und für die deshalb besondere Regelungen gelten;

b) toute nouvelle disposition prise pour gérer la liquidité du FIA;	b) jegliche neue Bestimmungen zur Steuerung der Liquidität des AIF;
c) le profil de risque actuel du FIA et les systèmes de gestion du risque utilisés par le gestionnaire pour gérer ces risques.	c) das aktuelle Risikoprofil des AIF und die vom AIFM zur Steuerung dieser Risiken eingesetzten Risikomanagementsysteme.
(5) Les gestionnaires qui gèrent des FIA de l'Union européenne recourant à l'effet de levier ou qui commercialisent dans l'Union européenne des FIA recourant à l'effet de levier doivent communiquer sur une base régulière les informations suivantes pour chacun de ces FIA:	(5) AIFM, die hebelfinanzierte EU-AIF verwalten oder hebelfinanzierte AIF in der Europäischen Union vertreiben, müssen für jeden dieser AIF regelmäßig Folgendes offenlegen:
a) tout changement du niveau maximal de levier auquel le gestionnaire peut recourir pour le compte du FIA, ainsi que tout droit de réemploi d'un collatéral et toute garantie prévus par les aménagements relatifs à l'effet de levier;	a) alle Änderungen zum maximalen Umfang, in dem der AIFM für Rechnung des AIF Hebelfinanzierungen einsetzen kann, sowie etwaige Rechte zur Wiederverwendung von Sicherheiten oder sonstige Garantien, die im Rahmen der Hebelfinanzierungen gewährt werden;
b) le montant total du levier auquel ce FIA a recours.	b) die Gesamthöhe der Hebelfinanzierung des betreffenden AIF.
Art. 22. Obligations en matière de comptes rendus à l'égard de la CSSF	**Art. 22. Informationspflichten gegenüber der CSSF**
(1) Les gestionnaires doivent rendre compte régulièrement à la CSSF des principaux instruments qu'ils négocient pour le compte des FIA qu'ils gèrent ainsi que des principaux marchés sur lesquels ils négocient.	(1) AIFM müssen die CSSF regelmäßig über die wichtigsten Märkte und Instrumente, auf bzw. mit denen sie für Rechnung des von ihnen verwalteten AIF handeln, unterrichten.
Ils doivent fournir des informations sur les principaux instruments qu'ils négocient, sur les marchés dont ils sont membres ou sur lesquels ils sont actifs et sur les principales expositions et les concentrations les plus importantes de chacun des FIA qu'ils gèrent.	Sie müssen Informationen zu den wichtigsten Instrumenten mit denen sie handeln, zu den Märkten, in denen sie Mitglied sind oder am Handel aktiv teilnehmen sowie zu den größten Risiken und Konzentrationen jedes von ihnen verwalteten AIF vorlegen.
(2) Pour chaque FIA de l'Union européenne qu'il gère et pour chaque FIA qu'il commercialise dans l'Union européenne, un gestionnaire doit fournir à la CSSF les informations suivantes:	(2) Ein AIFM muss der CSSF für jeden von ihm verwalteten EU-AIF und für jeden von ihm in der Europäischen Union vertriebenen AIF Folgendes vorlegen:
a) le pourcentage d'actifs du FIA qui font l'objet d'un traitement spécial du fait de leur nature non liquide;	a) den prozentualen Anteil an den Vermögenswerten des AIF, die schwer zu liquidieren sind und für die deshalb besondere Regelungen gelten;

b) toute nouvelle disposition prise pour gérer la liquidité du FIA;	b) jegliche neue Bestimmungen zur Steuerung der Liquidität des AIF;
c) le profil de risque actuel du FIA et les systèmes de gestion des risques utilisés par le gestionnaire pour gérer les risques de marché, de liquidité, de contrepartie et autres, y compris le risque opérationnel;	c) das gegenwärtige Risikoprofil des AIF und die vom AIFM zur Steuerung des Marktrisikos, des Liquiditätsrisikos, des Risikos des Ausfalls der Gegenpartei sowie sonstiger Risiken, einschließlich des operativen Risikos, eingesetzten Risikosteuerungssysteme;
d) les informations concernant les principales catégories d'actifs dans lesquels le FIA a investi; et	d) Angaben zu den wichtigsten Kategorien von Vermögenswerten, in die der AIF investiert hat; und
e) les résultats des simulations de crise effectuées conformément à l'article 14, paragraphe (3), point b), et à l'article 15, paragraphe (1), deuxième alinéa.	e) die Ergebnisse der nach Artikel 14 Absatz (3) Buchstabe b) und Artikel 15 Absatz (1) Unterabsatz 2 durchgeführten Stresstests.
(3) Le gestionnaire doit fournir à la CSSF, sur demande, les documents suivants:	(3) Der AIFM muss der CSSF auf Antrag die folgenden Unterlagen vorlegen:
a) un rapport annuel pour chaque FIA de l'Union européenne géré par le gestionnaire et pour chaque FIA qu'il commercialise dans l'Union européenne, pour chaque exercice financier, conformément à l'article 20, paragraphe (1);	a) einen Jahresbericht über jeden von de dem AIFM verwalteten EU-AIF und über jeden von ihm in der Europäischen Union vertriebenen AIF für jedes Geschäftsjahr gemäß Artikel 20 Absatz (1);
b) à la fin de chaque trimestre, une liste détaillée de tous les FIA gérés par le gestionnaire.	b) zum Ende jedes Quartals eine detaillierte Aufstellung sämtlicher vom AIFM verwalteter AIF.
(4) Un gestionnaire qui gère des FIA recourant à l'effet de levier de manière substantielle met à la disposition de la CSSF des informations sur le niveau général de levier utilisé par chaque FIA qu'il gère, une ventilation de l'effet de levier selon qu'il résulte de l'emprunt de liquidités ou de valeurs mobilières, d'une part, ou d'instruments financiers dérivés, d'autre part, et la mesure dans laquelle les actifs du FIA ont été réemployés dans le cadre d'aménagements relatifs à l'effet de levier.	(4) Ein AIFM, der AIF verwaltet, die in beträchtlichem Umfang Hebelfinanzierungen einsetzen, stellt der CSSF Angaben zum Gesamtumfang der eingesetzten Hebelfinanzierungen für jeden der von ihm verwalteten AIF, eine Aufschlüsselung nach Hebelfinanzierungen, die durch Kreditaufnahme oder Wertpapierleihe begründet wurden, und solchen, die in Derivate eingebettet sind, sowie Angaben zu dem Umfang, in dem die Vermögenswerte der AIF im Rahmen von Hebelfinanzierungen wiederverwendet wurden, zur Verfügung.
Parmi ces informations figurent, pour chaque FIA géré par le gestionnaire, l'identité des cinq principales sources de liquidités ou de valeurs mobilières empruntées et le	Diese Angaben umfassen für jeden der vom AIFM verwalteten AIF Angaben zur Identität der fünf größten Kreditgeber bzw. Wertpapierverleiher sowie zur jeweiligen Höhe

montant du levier reçus de chacune de ces sources pour chacun de ces FIA.	der aus diesen Quellen für jeden der genannten AIF erhaltenen Hebelfinanzierung.
(5) Si la CSSF estime qu'une telle communication est nécessaire afin d'assurer le suivi efficace du risque systémique, elle peut exiger la communication par le gestionnaire d'informations supplémentaires à celles décrites au présent article, de manière régulière ou sur demande.	(5) Sofern dies für die wirksame Überwachung von Systemrisiken erforderlich ist, kann die CSSF regelmäßig oder spontan ergänzende Informationen zu den in diesem Artikel festgelegten informationen vom AIFM anfordern.
Chapitre 5. – Des gestionnaires gérant certains types de FIA	**Kapitel 5. – AIFM die bestimmte Arten von AIF verwalten**
Section 1 – Des gestionnaires qui gèrent des FIA recourant à l'effet de levier	**Abschnitt 1 – AIFM die hebelfinanzierte AIF verwalten**
Art. 23. Utilisation des informations par les autorités compétentes, coopération en matière de surveillance et limites à l'effet de levier	**Art. 23. Nutzung der Informationen durch die zuständigen Behörden, aufsichtsbehördliche Zusammenarbeit und Beschränkungen der Hebelfinanzierung**
(1) La CSSF utilise les informations à réunir en vertu de l'article 22 de la présente loi pour déterminer la mesure dans laquelle l'utilisation de l'effet de levier contribue à l'accroissement du risque systémique dans le système financier, aux risques de désorganisation des marchés ou aux risques pour la croissance à long terme de l'économie.	(1) Die CSSF nutzt die gemäß Artikel 22 dieses Gesetzes zu erhebenden Informationen, um festzustellen, inwieweit die Nutzung von Hebelfinanzierungen zur Entstehung von Systemrisiken im Finanzsystem, zum Risiko von Marktstörungen oder zu Risiken für das langfristige Wirtschaftswachstum beiträgt.
(2) La CSSF veille à ce que toutes les informations réunies en vertu de l'article 22 de la présente loi, en ce qui concerne tous les gestionnaires qu'elle surveille, et les informations réunies en vertu de l'article 6 de la présente loi, soient mises à la disposition des autorités compétentes des autres États membres concernés, de l'AEMF et du CERS, au moyen des procédures prévues à l'article 50 de la directive 2011/61/UE sur la coopération en matière de surveillance. Elle fournit également sans retard au moyen de ces procédures, et de manière bilatérale aux autorités compétentes des autres États membres directement concernés, des informations quant au risque de contre-	(2) Die CSSF stellt sicher, dass sämtliche Informationen zu den ihrer Aufsicht unterliegenden AIFM, die gemäß Artikel 22 dieses Gesetzes erhoben werden, sowie die gemäß Artikel 6 dieses Gesetzes erhobenen Informationen den zuständigen Behörden anderer betroffener Mitgliedstaaten, der ESMA und dem ESRB nach den in Artikel 50 der Richtlinie 2011/61/EU zur Zusammenarbeit bei der Aufsicht vorgesehenen Verfahren zur Verfügung gestellt werden. Ferner informiert sie unverzüglich nach diesen Verfahren sowie bilateral die zuständigen Behörden der direkt betroffenen anderen Mitgliedstaaten, falls von einem ihrer Aufsicht unterliegenden AIFM oder einem von

partie important qu'un gestionnaire sous sa responsabilité, ou un FIA géré par ce gestionnaire, est susceptible de présenter pour un établissement de crédit ou d'autres établissements d'importance systémique dans d'autres États membres.	diesem AIFM verwalteten AIF ein erhebliches Gegenparteirisiko für ein Kreditinstitut oder sonstige systemrelevante Institute in anderen Mitgliedstaaten ausgehen könnte.
(3) Le gestionnaire doit apporter la preuve que les limites à l'effet de levier fixées pour chaque FIA qu'il gère sont raisonnables et qu'il respecte à tout moment ces limites. La CSSF évalue les risques que pourrait entraîner le recours à l'effet de levier par un gestionnaire en ce qui concerne les FIA qu'il gère. Si la CSSF juge qu'une telle mesure est nécessaire afin d'assurer la stabilité et l'intégrité du système financier, elle impose, après notification à l'AEMF, au CERS et le cas échéant aux autorités compétentes du FIA concerné, des limites au niveau de levier auquel un gestionnaire est habilité à recourir ou d'autres restrictions à la gestion des FIA qu'il gère pour limiter la mesure dans laquelle le recours à l'effet de levier contribue à l'accroissement des risques systémiques dans le système financier ou aux risques de désorganisation des marchés. La CSSF informe dûment l'AEMF, le CERS et le cas échéant les autorités compétentes du FIA, des mesures prises à cet égard au moyen des procédures prévues à l'article 50 de la directive 2011/61/UE.	(3) Der AIFM hat darzulegen, dass die von ihm angesetzte Begrenzung des Umfangs von Hebelfinanzierungen bei jedem von ihm verwalteten AIF angemessen ist, und dass er diese Begrenzung stets einhält. Die CSSF bewertet die Risiken, die aus der Nutzung von Hebelfinanzierungen durch einen AIFM bei einem von ihm verwalteten AIF erwachsen könnten. Sollte die CSSF der Ansicht sein, dass eine solche Maßnahme erforderlich ist, um die Stabilität und Integrität des Finanzsystems zu gewährleisten, beschränkt sie nach Unterrichtung der ESMA, des ESRB und der zuständigen Behörden des entsprechenden AIF den Umfang der Hebelfinanzierung, die ein AIFM einsetzen darf, oder verhängt sonstige Beschränkungen der AIF-Verwaltung bezüglich der von ihm verwalteten AIF, so dass das Ausmaß begrenzt wird, in dem die Nutzung von Hebelfinanzierungen zur Entstehung von Systemrisiken im Finanzsystem oder des Risikos von Marktstörungen beiträgt. Über die in Artikel 50 der Richtlinie 2011/61/EU festgelegten Verfahren informiert die CSSF die ESMA, den ESRB und die zuständigen Behörden des AIF ordnungsgemäß über die diesbezüglich eingeleiteten Schritte.
(4) La notification visée au paragraphe (3) est faite au moins dix jours ouvrables avant la date prévue d'entrée en vigueur ou de renouvellement de la mesure proposée. La notification inclut les détails de la mesure proposée, en la motivant et en précisant sa date prévue d'entrée en vigueur. Dans des circonstances exceptionnelles, la CSSF peut décider que la mesure proposée entre en vigueur au cours de la période visée à la première phrase.	(4) Die Mitteilung gemäß Absatz (3) erfolgt spätestens zehn Arbeitstage vor dem geplanten Wirksamwerden oder der Erneuerung der vorgeschlagenen Maßnahme. Die Mitteilung enthält Einzelheiten der vorgeschlagenen Maßnahme, deren Gründe und den Zeitpunkt, zu dem sie wirksam werden soll. Unter besonderen Umständen kann die CSSF verfügen, dass die vorgeschlagene Maßnahme innerhalb des in Satz 1 genannten Zeitraums wirksam wird.

Section 2 – Obligations applicables aux gestionnaires gérant des FIA qui acquièrent le contrôle de sociétés non cotées et d'émetteurs	**Abschnitt 2 – Pflichten von AIFM, die AIF verwalten, die die Kontrolle über nicht börsennotierte Unternehmen und Emittenten erlangen**
Art. 24. Champ d'application	**Art. 24. Geltungsbereich**
(1) La présente section s'applique:	(1) Dieser Abschnitt gilt für:
a) aux gestionnaires gérant un ou plusieurs FIA qui, soit séparément, soit conjointement, sur la base d'un accord visant à en acquérir le contrôle, acquièrent le contrôle d'une société non cotée conformément au paragraphe (5);	a) AIFM, die einen oder mehrere AIF verwalten, die entweder allein oder gemeinsam aufgrund einer Vereinbarung, die die Erlangung der Kontrolle zum Ziel hat, gemäß Absatz (5) die Kontrolle über ein nicht börsennotiertes Unternehmen erlangen;
b) aux gestionnaires coopérant avec un ou plusieurs autres gestionnaires sur la base d'un accord au titre duquel les FIA gérés par lesdits gestionnaires acquièrent, conjointement, le contrôle d'une société non cotée conformément au paragraphe (5).	b) AIFM, die mit einem oder mehreren anderen AIFM aufgrund einer Vereinbarung zusammenarbeiten, gemäß der die von diesen AIFM gemeinsam verwalteten AIF gemäß Absatz (5) die Kontrolle über ein nicht börsennotiertes Unternehmen erlangen.
(2) La présente section ne s'applique pas lorsque les sociétés non cotées en question sont:	(2) Dieser Abschnitt gilt nicht für den Fall, dass es sich bei den nicht börsennotierten Unternehmen:
a) des petites et moyennes entreprises au sens de l'article 2, paragraphe (1), de l'annexe à la recommandation 2003/361/CE de la Commission du 6 mai 2003 concernant la définition des micro, petites et moyennes entreprises; ou	a) um kleine und mittlere Unternehmen im Sinne von Artikel 2 Absatz (1) des Anhangs der Empfehlung 2003/361/EG der Kommission vom 6. Mai 2003 betreffend die Definition der Kleinstunternehmen sowie der kleinen und mittleren Unternehmen handelt; oder
b) des entités à vocation particulière créées en vue de l'acquisition, de la détention ou de la gestion de fonds immobiliers.	b) um Zweckgesellschaften für den Erwerb, den Besitz oder die Verwaltung von Immobilien handelt.
(3) Sans préjudice des paragraphes (1) et (2) du présent article, l'article 25, paragraphe (1), s'applique également aux gestionnaires de FIA qui acquièrent une participation, sans contrôle, dans une société non cotée.	(3) Unbeschadet der Absätze (1) und (2) dieses Artikels gilt Artikel 25 Absatz (1) auch für AIFM, die AIF verwalten, die eine Minderheitsbeteiligung an einem nicht börsennotierten Unternehmen erlangen.
(4) L'article 26, paragraphes (1), (2) et (3), et l'article 28 s'appliquent également aux gestionnaires qui gèrent des FIA qui acquièrent le contrôle d'émetteurs. Aux fins des	(4) Artikel 26 Absätze (1), (2) und (3) und Artikel 28 gelten auch für AIFM, die AIF verwalten, die die Kontrolle in Bezug auf Emittenten erlangen. Für die Zwecke dieser

dits articles, les paragraphes (1) et (2) du présent article s'appliquent mutatis mutandis.	Artikel gelten die Absätze (1) und (2) des vorliegenden Artikels entsprechend.
(5) Aux fins de la présente section, pour les sociétés non cotées, le contrôle signifie la détention de plus de 50% des droits de vote de la société.	(5) Für die Zwecke dieses Abschnitts bedeutet Kontrolle im Falle nicht börsennotierter Unternehmen über 50% der Stimmrechte des Unternehmens.
Lors du calcul du pourcentage de droits de vote détenus par le FIA concerné, en sus des droits de vote détenus directement par le FIA concerné, les droits de vote des entités suivantes sont également pris en compte, sous réserve que le contrôle visé au premier alinéa a été établi:	Bei der Berechnung des Anteils an den Stimmrechten, die von dem entsprechenden AIF gehalten werden, werden zusätzlich zu vom dem betreffenden AIF direkt gehaltenen Stimmrechten auch die Stimmrechte der folgenden Unternehmen berücksichtigt, wobei die Kontrolle gemäß Unterabsatz (1) festgestellt wird:
a) une entreprise contrôlée par le FIA; et	a) vom Unternehmen, das vom AIF kontrolliert wird; und
b) une personne physique ou morale agissant en son nom propre mais pour le compte du FIA ou pour le compte d'une entreprise contrôlée par le FIA.	b) von einer natürlichen oder juristischen Person, die in ihrem eigenen Namen, aber im Auftrag des AIF oder eines von dem AIF kontrollierten Unternehmens handelt.
Le pourcentage des droits de vote est calculé en fonction de l'ensemble des actions auxquelles sont attachés des droits de vote, même si l'exercice de ceux-ci est suspendu.	Der Anteil der Stimmrechte wird auf Basis der Gesamtzahl der mit Stimmrechten versehenen Anteile berechnet, auch wenn die Ausübung dieser Stimmrechte ausgesetzt ist.
Nonobstant l'article 1er, point (10), aux fins de l'article 26, paragraphes (1), (2) et (3), et de l'article 28, en ce qui concerne les émetteurs, le contrôle est déterminé conformément à l'article 5, paragraphe (3), de la directive 2004/25/CE.	Unbeschadet von Artikel 1 Nummer 10 wird Kontrolle in Bezug auf Emittenten für die Zwecke von Artikel 26 Absätze (1), (2) und (3) und Artikel 28 gemäß Artikel 5 Absatz (3) der Richtlinie 2004/25/EG definiert.
(6) La présente section s'applique sous réserve des conditions et restrictions prévues à l'article 6 de la directive 2002/14/CE.	(6) Dieser Abschnitt gilt vorbehaltlich der Voraussetzungen und Beschränkungen, die in Artikel 6 der Richtlinie 2002/14/EG festgelegt sind.
(7) La présente section s'applique sans préjudice des dispositions de droit luxembourgeois plus strictes en ce qui concerne l'acquisition de participations dans des émetteurs et dans des sociétés non cotées sur leur territoire.	(7) Dieser Abschnitt gilt unbeschadet strengerer luxemburgischer Rechtsvorschriften über den Erwerb von Beteiligungen an Emittenten und nicht börsennotierten Unternehmen in ihrem Hoheitsgebiet.

Art. 25. Notification de l'acquisition de participations importantes et du contrôle des sociétés non cotées	Art. 25. Mitteilung über den Erwerb bedeutender Beteiligungen und das Erlangen der Kontrolle über nicht börsennotierte Unternehmen
(1) Lorsqu'un FIA acquiert, cède ou détient des actions d'une société non cotée, le gestionnaire qui gère ledit FIA est tenu de notifier à la CSSF la part de droits de vote de ladite société non cotée détenue par le FIA dans tous les cas où cette part atteint, dépasse ou descend sous les seuils de 10%, 20%, 30%, 50% et 75%.	(1) Beim Erwerb, Verkauf oder Halten von Anteilen an einem nicht börsennotierten Unternehmen durch einen AIF, ist der AIFM, der diesen AIF verwaltet, gehalten, die CSSF von dem Anteil an den Stimmrechten des nicht börsennotierten Unternehmens, die von den AIF gehalten werden, immer dann in Kenntnis zu setzen, wenn dieser Anteil die Schwellenwerte von 10%, 20%, 30%, 50% und 75% erreicht, überschreitet oder unterschreitet.
(2) Lorsqu'un FIA acquiert, soit individuellement, soit conjointement, le contrôle d'une société non cotée en vertu de l'article 24, paragraphe (1), en liaison avec le paragraphe (5) dudit article, le gestionnaire qui gère ledit FIA est tenu de notifier l'acquisition du contrôle par le FIA:	(2) Wenn ein AIF entweder allein oder gemeinsam die Kontrolle über ein nicht börsennotiertes Unternehmen gemäß Artikel 24 Absatz (1) in Verbindung mit Absatz (5) des genannten Artikels erlangt, ist der AIFM, der den betreffenden AIF verwaltet, gehalten, den Kontrollerwerb durch den AIF wie folgt mitzuteilen:
a) à la société non cotée;	a) an das nicht börsennotierte Unternehmen;
b) aux actionnaires de la société dont les identités et adresses sont à la disposition du gestionnaire, ou peuvent lui être communiquées par la société non cotée, ou figurent sur un registre auquel il a ou peut avoir accès; et	b) die Anteilseigner, deren Identität und Adresse dem AIFM vorliegen oder ihm von dem nicht börsennotierten Unternehmen oder über ein Register, zu dem der AIFM Zugang hat bzw. erhalten kann, zur Verfügung gestellt werden können; und
c) à la CSSF.	c) an die CSSF.
(3) La notification prévue au paragraphe (2) doit contenir les renseignements supplémentaires suivants:	(3) Die gemäß Absatz (2) vorgesehene Mitteilung muss folgende zusätzliche Angaben enthalten:
a) la situation qui résulte de l'opération, en termes de droits de vote;	a) die sich aufgrund der Transaktion hinsichtlich der Stimmrechte ergebende Situation;
b) les conditions auxquelles le contrôle a été acquis, y compris des informations sur l'identité des différents actionnaires impliqués, toute personne physique ou morale habilitée à exercer les droits de vote pour leur compte et, le cas échéant, la chaîne d'entreprises au	b) die Voraussetzungen, unter denen die Kontrolle erlangt wurde, einschließlich Nennung der einzelnen beteiligten Anteilseigner, jede natürliche oder juristische Person, die zur Stimmabgabe in ihrem Namen ermächtigt wurde und gegebenenfalls der Beteiligungskette

moyen de laquelle les droits de vote sont effectivement détenus;	der Unternehmen, über die die Stimmrechte tatsächlich gehalten werden;
c) la date à laquelle le contrôle a été acquis.	c) das Datum, an dem die Kontrolle erlangt wurde.
(4) Dans sa notification à la société non cotée, le gestionnaire doit demander au conseil d'administration de la société d'informer sans retard inutile les représentants des travailleurs ou, à défaut de représentants, les travailleurs eux-mêmes, de l'acquisition du contrôle par le FIA géré par le gestionnaire et des informations visées au paragraphe (3). Le gestionnaire est tenu de tout mettre en oeuvre pour que les représentants des travailleurs ou, à défaut de représentants, les travailleurs eux-mêmes, soient dûment informés par le conseil d'administration conformément au présent article.	(4) In seiner Mitteilung an das nicht börsennotierte Unternehmen muss der AIFM den Vorstand des Unternehmens ersuchen, die Arbeitnehmervertreter oder, falls es keine solchen Vertreter gibt, die Arbeitnehmer selbst, ohne unnötige Verzögerung, vom Erlangen der Kontrolle durch den von dem AIFM verwalteten AIF und von den Informationen gemäß Absatz (3) in Kenntnis zu setzen. Der AIFM muss nach besten Kräften sicherzustellen, dass die Arbeitnehmervertreter oder, falls es keine solchen Vertreter gibt, die Arbeitnehmer selbst ordnungsgemäß vom Vorstand gemäß diesem Artikel informiert werden.
(5) Les notifications visées aux paragraphes (1), (2) et (3) sont faites dès que possible et au plus tard dix jours ouvrables après le jour où le FIA a atteint, dépassé ou est descendu sous le seuil pertinent, ou a acquis le contrôle de la société non cotée.	Die Mitteilungen gemäß den Absätzen (1), (2) und (3) werden so rasch wie möglich, aber nicht später als zehn Arbeitstage nach dem Tag, an dem der AIF die entsprechende Schwelle erreicht bzw. über- oder unterschritten oder die Kontrolle über das nicht börsennotierte Unternehmen erlangt hat, vorgenommen.
26. Informations à communiquer en cas d'acquisition du contrôle	**26. Offenlegungspflicht bei Erlangen der Kontrolle**
(1) Lorsqu'un FIA acquiert, soit individuellement, soit conjointement, le contrôle d'une société non cotée ou d'un émetteur en vertu de l'article 24, paragraphe (1), en liaison avec le paragraphe (5) dudit article, le gestionnaire qui gère ledit FIA est tenu de mettre les informations énoncées au paragraphe (2) ci-après à la disposition:	(1) Erlangt ein AIF entweder allein oder gemeinsam die Kontrolle über ein nicht börsennotiertes Unternehmen oder einen Emittenten gemäß Artikel 24 Absatz (1) in Verbindung mit Absatz (5) des genannten Artikels, ist der AIFM, der den betreffenden AIF verwaltet, gehalten, die Informationen gemäß nachstehendem Absatz (2) folgenden Personen zur Verfügung zu stellen:
a) de la société concernée;	a) dem betreffenden Unternehmen;
b) des actionnaires de la société dont les identités et adresses sont à la disposition du gestionnaire ou peuvent être obtenues auprès de la société ou figurent sur un registre auquel il a ou peut avoir accès; et	b) den Aktionären des Unternehmens, deren Identität und Adresse dem AIFM vorliegen oder ihm von dem Unternehmen oder über ein Register, zu dem der AIFM Zugang hat oder erhalten kann, zur Verfügung gestellt werden können; und
c) de la CSSF.	c) der CSSF.

(2) Le gestionnaire doit mettre à disposition conformément au paragraphe (1):	(2) Der AIFM muss folgende Informationen gemäß Absatz (1) zur Verfügung stellen:
a) l'identité des gestionnaires qui, soit individuellement, soit du fait d'un accord avec d'autres gestionnaires, gèrent les FIA qui ont acquis le contrôle;	a) die Identität der AIFM, die entweder allein oder im Rahmen einer Vereinbarung mit anderen AIFM die AIF verwalten, die Kontrolle erlangt haben;
b) la politique en matière de prévention et de gestion des conflits d'intérêts, notamment entre le gestionnaire, le FIA et la société, y compris les informations au sujet des mesures de protection spécifiques définies pour garantir que tout accord entre le gestionnaire et/ou le FIA et la société est conclu dans des conditions de concurrence normales; et	b) die Grundsätze zur Vermeidung und Steuerung von Interessenkonflikten, insbesondere zwischen dem AIFM, dem AIF und dem Unternehmen, einschließlich Informationen zu den besonderen Sicherheitsmaßnahmen, die getroffen wurden, um sicherzustellen, dass Vereinbarungen zwischen dem AIFM und/oder den AIF und dem Unternehmen wie zwischen voneinander unabhängigen Geschäftspartnern geschlossen werden; und
c) la politique en matière de communication externe et interne de la société, notamment en ce qui concerne les travailleurs.	c) die externe und interne Kommunikationspolitik in Bezug auf das Unternehmen,insbesondere gegenüber den Arbeitnehmern.
(3) Dans sa notification à la société au titre du paragraphe (1), point a), le gestionnaire est tenu de demander au conseil d'administration de la société de communiquer sans retard inutile aux représentants des travailleurs ou, à défaut de représentants, aux travailleurs eux-mêmes, les informations visées au paragraphe (1). Le gestionnaire est tenu de faire tout son possible pour que les représentants des travailleurs ou, à défaut de représentants, les travailleurs eux-mêmes, soient dûment informés par le conseil d'administration conformément au présent article.	(3) In seiner Mitteilung an das Unternehmen gemäß Absatz (1) Buchstabe a) ersucht der AIFM den Vorstand des Unternehmens, die Arbeitnehmervertreter oder, falls es keine solchen Vertreter gibt, die Arbeitnehmer selbst, ohne unnötige Verzögerung, von den Informationen gemäß Absatz (1) in Kenntnis zu setzen. Der AIFM muss nach besten Kräften sicherzustellen, dass die Arbeitnehmervertreter oder, falls es keine solchen Vertreter gibt, die Arbeitnehmer selbst ordnungsgemäß vom Vorstand gemäß diesem Artikel informiert werden.
(4) Lorsqu'un FIA acquiert, soit individuellement, soit conjointement, le contrôle d'une société non cotée en vertu de l'article 24, paragraphe (1), en liaison avec le paragraphe (5) dudit article, le gestionnaire qui gère un tel FIA doit veiller à ce que le FIA, ou le gestionnaire agissant pour le compte de ce FIA, révèle ses intentions en ce qui concerne l'avenir des opérations de la société non cotée et les possibles répercussions sur l'emploi, y compris tout changement important des conditions d'emploi:	(4) Erlangt ein AIF allein oder gemeinsam die Kontrolle über ein nicht börsennotiertes Unternehmen gemäß Artikel 24 Absatz (1) in Verbindung mit Absatz (5) des genannten Artikels, muss der AIFM, der den betreffenden AIF verwaltet, die Absichten des AIF hinsichtlich der zukünftigen Geschäftsentwicklung des nicht börsennotierten Unternehmens und die voraussichtlichen Auswirkungen auf die Beschäftigung, einschließlich wesentlicher Änderungen der Arbeitsbedingungen, gegenüber folgenden

	Absatz (1) genannten Frist zur Verfügung stellt; oder
b) mettre à la disposition des investisseurs du FIA les informations visées au paragraphe (1), point a), pour autant qu'elles soient déjà disponibles, dans le délai visé à l'article 20, paragraphe (1), et, dans tous les cas, au plus tard à la date de rédaction du rapport annuel de la société non cotée en vertu du droit national applicable.	b) den Anlegern des AIF die Informationen gemäß Absatz (1) Buchstabe a), soweit bereits verfügbar, innerhalb der in Artikel 20 Absatz (1) genannten Frist und in jedem Fall spätestens bis zu dem Datum, zu dem der Jahresbericht des nicht börsennotierten Unternehmens gemäß den einschlägigen nationalen Rechtsvorschriften erstellt wird, zur Verfügung stellen.
Art. 28. Démembrement des actifs	**Art. 28. Zerschlagen von Unternehmen**
(1) Lorsqu'un FIA acquiert, soit individuellement, soit conjointement, le contrôle d'une société non cotée ou d'un émetteur en vertu de l'article 24, paragraphe (1), en liaison avec le paragraphe (5) dudit article, le gestionnaire qui gère un tel FIA, pendant une période de vingt-quatre mois suivant l'acquisition du contrôle de la société par le FIA:	(1) Wenn ein AIF allein oder gemeinsam die Kontrolle über ein nicht börsennotiertes Unternehmen oder einen Emittenten gemäß Artikel 24 Absatz (1) in Verbindung mit Absatz (5) des genannten Artikels erlangt, ist der AIFM, der den betreffenden AIF verwaltet, gehalten, innerhalb eines Zeitraums von vierundzwanzig Monaten nach dem Erlangen der Kontrolle über das Unternehmen durch den AIF:
a) n'est pas autorisé à faciliter, à soutenir ou à ordonner la distribution, la réduction de capital, le rachat d'actions et/ou l'acquisition de ses propres actions par la société, tel que précisé au paragraphe (2);	a) Vertrieb, Kapitalherabsetzungen, Rücknahme von Anteilen und/oder Ankauf eigener Anteile durch das Unternehmen gemäß Absatz (2) weder zu gestatten, noch zu ermöglichen, zu unterstützen oder anzuordnen;
b) pour autant que le gestionnaire soit autorisé à voter pour le compte du FIA dans les organes directeurs de la société, n'est pas autorisé à voter en faveur d'une distribution, d'une réduction de capital, d'un rachat d'actions et/ou d'une acquisition de ses propres actions par la société, tel que précisé au paragraphe (2); et	b) sofern der AIFM befugt ist, in den Versammlungen der Leitungsgremien des Unternehmens im Namen des AIF abzustimmen, nicht für Vertrieb, Kapitalherabsetzungen, Rücknahme von Anteilen und/oder Ankauf eigener Anteile durch das Unternehmen gemäß Absatz (2) zu stimmen; und
c) dans tous les cas, doit tout mettre en oeuvre pour prévenir les distributions, les réductions de capital, les rachats d'actions et/ou l'acquisition de ses propres actions par la société, tel que précisé au paragraphe (2).	c) sich in jedem Falle nach besten Kräften zu bemühen, Vertrieb, Kapitalherabsetzungen, Rücknahme von Anteilen und/oder Ankauf eigener Anteile durch das Unternehmen gemäß Absatz (2) zu verhindern.

(2) Les obligations imposées aux gestionnaires en vertu du paragraphe (1) ont trait à:	(2) Die Auflagen, die den AIFM gemäß Absatz (1) auferlegt werden, erstrecken sich auf Folgendes:
a) toute distribution faite aux actionnaires lorsque, à la date de clôture du dernier exercice financier, la valeur nette d'inventaire telle que définie dans les comptes annuels de la société est ou, à la suite d'une telle distribution, deviendrait, inférieure au montant du capital souscrit, augmenté des réserves qui ne peuvent pas être distribuées en vertu de la loi ou des statuts, étant entendu que, lorsque le montant du capital souscrit non appelé n'est pas inclus dans les actifs figurant dans le bilan annuel, ce montant est déduit du montant du capital souscrit;	a) Ausschüttungen an die Aktionäre, die vorgenommen werden, wenn das im Jahresabschluss des Unternehmens ausgewiesene Nettoaktivvermögen bei Abschluss des letzten Geschäftsjahres den Betrag des gezeichneten Kapitals zuzüglich der Rücklagen, deren Ausschüttung kraft Gesetz oder Satzung nicht gestattet, unterschreitet oder durch eine solche Ausschüttung unterschritten würde, wobei der Betrag des gezeichneten Kapitals um den Betrag des noch nicht eingeforderten Teils des gezeichneten Kapitals vermindert wird, falls letztere nicht auf der Aktivseite der Bilanz ausgewiesen sind;
b) toute distribution faite aux actionnaires dont le montant excéderait le montant des bénéfices à la fin du dernier exercice financier clos, augmenté des bénéfices reportés ainsi que des prélèvements effectués sur des réserves disponibles à cet effet et diminué des pertes reportées ainsi que des sommes portées en réserve conformément à la loi ou aux statuts;	b) Ausschüttungen an die Aktionäre, deren Betrag das Ergebnis des letzten abgeschlossenen Geschäftsjahres, zuzüglich des Gewinnvortrags und der Entnahme aus hierfür verfügbaren Rücklagen, jedoch vermindert um die Verluste aus früheren Geschäftsjahren sowie um die Beiträge, die kraft Gesetz oder Satzung in Rücklagen eingestellt worden sind, überschreiten würde;
c) dans la mesure où les acquisitions d'actions propres sont autorisées, toutes acquisitions par la société, y compris les actions précédemment acquises et détenues par la société, et les actions acquises par une personne agissant en son nom propre mais pour le compte de la société, qui auraient pour effet de faire tomber la valeur nette d'inventaire sous le montant visé au point a).	c) in dem Umfang, in dem der Ankauf eigener Aktien gestattet ist, Ankäufe durch das Unternehmen, einschließlich Aktien, die bereits früher vom Unternehmen erworben und von ihm gehalten wurden, und Aktien, die von einer Person erworben werden, die in ihrem eigenen Namen, aber im Auftrag des Unternehmens handelt, die zur Folge hätten, dass das Nettoinventarwertvermögen unter die unter Buchstabe a) genannte Schwelle gesenkt würde.
(3) Aux fins du paragraphe (2):	(3) Für die Zwecke des Absatzes (2) gilt Folgendes:
a) l'expression «distribution» employée au paragraphe (2), points a) et b), inclut notamment le paiement de dividendes et d'intérêts relatifs aux actions;	a) der in Absatz (2) Buchstaben a) und b) verwendete Begriff „Ausschüttung" bezieht sich insbesondere auf die Zahlung von Dividenden und Zinsen im Zusammenhang mit Aktien;

b) les dispositions sur les réductions de capital ne s'appliquent pas à une réduction du capital souscrit dont le but est de neutraliser les pertes encourues ou d'inclure des sommes d'argent dans une réserve non distribuable à condition que, par suite de cette opération, le montant de ladite réserve ne soit pas supérieur à 10% du capital souscrit réduit; et	b) die Bestimmungen für Kapitalherabsetzungen erstrecken sich nicht auf Herabsetzungen des gezeichneten Kapitals, deren Zwecke im Ausgleich erlittenen Verlusten oder in der Aufnahme von Geldern in eine nicht ausschüttbare Rücklage besteht, unter der Voraussetzung, dass die Höhe einer solchen Rücklage nach dieser Maßnahme 10% des herabgesetzten gezeichneten Kapitals nicht überschreitet; und
c) la restriction visée au paragraphe (2), point c), est soumise à l'article 20, paragraphe (1), points b) à h), de la directive 77/91/CEE.	c) die Einschränkung gemäß Absatz (2) Buchstabe c) richtet sich nach Artikel 20 Absatz (1) Buchstaben b) bis h) der Richtlinie 77/91/EWG.
Chapitre 6. – Droits des gestionnaires établis dans l'Union européenne à commercialiser et à gérer des FIA de l'Union européenne dans l'Union européenne	**Kapitel 6. – Rechte von EU AIFM auf Vertrieb und Verwaltung von EU AIF in der EU**
Section 1 – Conditions applicables à la commercialisation dans l'Union européenne de parts ou d'actions de FIA de l'Union européenne gérés par un gestionnaire établi dans l'Union européenne	**Abschnitt 1 – Anforderungen an den Vertrieb von Anteilen oder Aktien eines EU-AIF in der Europäischen Union, der von einem AIFM mit Sitz in der Europäischen Union verwaltet wird**
Art. 29. Des gestionnaires établis au Luxembourg commercialisant au Luxembourg des parts ou des actions de FIA de l'Union européenne qu'ils gèrent	**Art. 29. AIFM mit Sitz in Luxemburg, die in Luxemburg Anteile oder Aktien eines von ihnen verwalteten EU-AIF vertreiben**
(1) Un gestionnaire établi au Luxembourg agréé au titre de la présente loi qui se propose de commercialiser auprès d'investisseurs professionnels au Luxembourg des parts ou des actions de tout FIA de l'Union européenne qu'il gère est tenu de se conformer aux dispositions du présent article.	(1) Ein nach diesem Gesetz zugelassener AIFM mit Sitz in Luxemburg, der beabsichtigt, an professionelle Anleger in Luxemburg Anteile oder Aktien aller EU-AIF, die er verwaltet, zu vertreiben, ist verpflichtet, den Vorschriften dieses Artikels zu entsprechen.
Lorsque le FIA de l'Union européenne est un FIA nourricier, la commercialisation visée au premier alinéa est en outre soumise à la condition que le FIA maître soit également un FIA de l'Union européenne géré par un gestionnaire agréé établi dans l'Union européenne.	Handelt es sich bei dem EU-AIF um einen Feeder-AIF, so gilt das Vertriebsrecht nach Unterabsatz 1 nur dann, wenn der Master-AIF ebenfalls ein EU-AIF ist, der von einem zugelassenen EU-AIFM verwaltet wird.

Lorsqu'un gestionnaire établi au Luxembourg se propose de commercialiser auprès d'investisseurs professionnels au Luxembourg des FIA qu'il gère et qui sont soumis à un agrément et à une surveillance prudentielle par une autorité de contrôle officielle au Luxembourg, les dispositions prévues dans le présent article quant à l'obligation de notification ne trouvent pas application.	Beabsichtigt ein AIFM mit Sitz in Luxemburg diejenigen AIF, die er verwaltet und die einer Zulassung und einer Aufsicht durch die offizielle Aufsichtsbehörde in Luxemburg unterliegen, an professionelle Anleger in Luxemburg zu vertreiben, finden die Regelungen dieses Artikels über die Mitteilungspflicht keine Anwendung.
(2) Le gestionnaire visé au présent article qui se propose de commercialiser au Luxembourg des parts ou des actions de FIA de l'Union européenne qu'il gère doit transmettre au préalable à la CSSF une notification pour chaque FIA qu'il se propose de commercialiser.	(2) Ein AIFM nach diesem Artikel, der beabsichtigt, in Luxemburg Anteile oder Aktien eines von ihm verwalteten EU-AIF zu vertreiben, muss vorab der CSSF ein Anzeigeschreiben für jeden AIF, den der beabsichtigt zu vertreiben, vorlegen.
Cette notification doit comprendre la documentation et les informations visées à l'annexe III de la présente loi.	Dieses Anzeigeschreiben muss die Dokumentation und die Angaben gemäß Anhang III dieses Gesetzes umfassen.
(3) La CSSF informe le gestionnaire s'il peut commencer à commercialiser le FIA qui a fait l'objet de la notification visée au paragraphe (2), au plus tard vingt jours ouvrables après réception d'une notification complète conformément au paragraphe (2). La CSSF s'oppose à la commercialisation du FIA uniquement lorsque la gestion dudit FIA par le gestionnaire n'est pas ou ne sera pas conforme aux dispositions de la présente loi ou si le gestionnaire ne respecte pas ou ne respectera pas les dispositions de la présente loi. En cas d'accord de la CSSF, le gestionnaire peut commencer la commercialisation du FIA au Luxembourg à compter de la date de notification de la décision de la CSSF. Lorsque le FIA concerné est un FIA établi dans un État membre autre que le Luxembourg, la CSSF informe également les autorités compétentes du FIA que le gestionnaire peut commencer à commercialiser des parts ou des actions du FIA au Luxembourg.	(3) Innerhalb von zwanzig Arbeitstagen nach Eingang der vollständigen Anzeigeunterlagen nach Absatz (2) teilt die CSSF dem AIFM mit, ob er mit dem Vertrieb des im Anzeigeschreiben nach Absatz (2) genannten AIF beginnen kann. Die CSSF lehnt den Vertrieb des AIF nur ab, wenn die Verwaltung des AIF durch den AIFM gegen dieses Gesetz verstößt bzw. verstoßen wird oder der AIFM gegen die Bestimmungen dieses Gesetzes verstößt bzw. verstoßen wird. Im Falle einer positiven Entscheidung kann der AIFM ab dem Datum der diesbezüglichen Mitteilung der CSSF mit dem Vertrieb des AIF in Luxemburg beginnen. Ist der betreffende AIF ein AIF mit Sitz in einem anderen Mitgliedstaat als Luxemburg, teilt die CSSF auch der für den AIF zuständigen Behörde mit, dass der AIFM mit dem Vertrieb der Anteile oder Aktien des AIF in Luxemburg beginnen kann.
(4) En cas de modification substantielle de l'une quelconque des informations communiquées conformément au paragraphe (2), le gestionnaire doit en avertir par écrit la CSSF, au moins un mois avant de mettre	(4) Bei einer wesentlichen Änderung der nach Absatz (2) übermittelten Angaben muss der AIFM der CSSF diese Änderung, bei vom AIFM geplanten Änderungen, mindestens einen Monat vor Durchführung

en oeuvre ladite modification pour toute modification prévue par le gestionnaire ou aussitôt après une modification imprévue.	der Änderung oder unverzüglich nach Eintreten einer ungeplanten Änderung schriftlich mitteilen.
Si une modification prévue devait conduire à ce que la gestion du FIA par le gestionnaire ne soit plus conforme aux dispositions de la présente loi ou à ce que le gestionnaire ne satisfasse plus aux dispositions de la présente loi, la CSSF informe sans retard inutile le gestionnaire qu'il n'est pas autorisé à procéder à cette modification.	Sollte eine geplante Änderung entweder dazu führen, dass die Verwaltung des AIF durch den AIFM nicht mehr mit den Bestimmungen dieses Gesetzes übereinstimmt oder der AIFM nicht mehr die Bestimmungen dieses Gesetzes erfüllt, teilt die CSSF dem AIFM unverzüglich mit, dass er diese Änderung nicht durchführen darf.
Si une modification prévue est mise en oeuvre nonobstant le premier et le deuxième alinéas, ou si une modification imprévue a eu lieu en vertu de laquelle la gestion du FIA par le gestionnaire n'est plus conforme aux dispositions de la présente loi ou le gestionnaire ne respecte plus les dispositions de la présente loi, la CSSF prend toutes les mesures nécessaires conformément à l'article 50, y compris, si nécessaire, l'interdiction expresse de commercialiser le FIA.	Wenn eine geplante Änderung ungeachtet der Unterabsätze 1 und 2 durchgeführt wird oder wenn eine durch einen unvorhersehbaren Umstand ausgelöste Änderung dazu führt, dass die Verwaltung des AIF durch den AIFM nicht mehr die Bestimmungen dieses Gesetzes erfüllt oder der AIFM nicht mehr die Bestimmungen dieses Gesetzes einhält, ergreift die CSSF alle gebotenen Maßnahmen gemäß Artikel 50, einschließlich, falls erforderlich, der ausdrücklichen Untersagung des Vertriebs des AIF.
(5) Sans préjudice des dispositions de l'article 46 de la présente loi, les FIA gérés et commercialisés par les gestionnaires visés par le présent article ne peuvent être commercialisés qu'auprès d'investisseurs professionnels.	(5) Unbeschadet der Bestimmungen von Artikels 46 dieses Gesetzes, können die vom AIFM nach diesem Artikel verwalteten und vertriebenen AIF nur an professionelle Anleger vertrieben werden.
Art. 30. Des gestionnaires établis au Luxembourg commercialisant dans un autre État membre des parts ou des actions de FIA de l'Union européenne qu'ils gèrent	**Art. 30. AIFM mit Sitz in Luxemburg, die in einem anderen Mitgliedstaat Anteile oder Aktien eines von ihnen verwalteten EU-AIF vertreiben**
(1) Un gestionnaire établi au Luxembourg agréé au titre de la présente loi qui se propose de commercialiser auprès d'investisseurs professionnels dans un autre État membre des parts ou des actions d'un FIA de l'Union européenne qu'il gère est tenu de se conformer aux dispositions du présent article.	(1) Ein nach diesem Gesetz zugelassener AIFM mit Sitz in Luxemburg, der beabsichtigt, Anteile oder Aktien eines von ihm verwalteten EU-AIF an professionelle Anleger in einem anderen Mitgliedstaat zu vertreiben, ist gehalten, den Bestimmungen dieses Artikels zu entsprechen.
Lorsque le FIA de l'Union européenne est un FIA nourricier, la commercialisation vi-	Handelt es sich bei dem EU-AIF um einen Feeder-AIF, unterliegt der Vertrieb nach

sée au premier alinéa est en outre soumise à la condition que le FIA maître soit également un FIA de l'Union européenne géré par un gestionnaire agréé établi dans l'Union européenne.	Unterabsatz 1 zudem der Bedingung, dass der Master-AIF ebenfalls ein EU-AIF ist und von einem zugelassenen EU-AIFM verwaltet wird.
(2) Le gestionnaire qui se propose de commercialiser dans un autre État membre des parts ou des actions de FIA de l'Union européenne qu'il gère doit transmettre au préalable à la CSSF une notification pour chaque FIA qu'il se propose de commercialiser.	(2) Ein AIFM, der beabsichtigt, Anteile oder Aktien eines von ihm verwalteten EU-AIF in einem anderen Mitgliedstaat zu vertreiben, muss der CSSF vorab ein Anzeigeschreiben für jeden AIF vorlegen, den er beabsichtigt zu vertreiben.
Cette notification doit comprendre la documentation et les informations visées à l'annexe IV.	Dieses Anzeigeschreiben muss die Dokumentation und die Angaben gemäß Anhang IV umfassen.
(3) La CSSF, si elle estime que la gestion du FIA par le gestionnaire est conforme et restera conforme aux dispositions de la présente loi et si le gestionnaire respecte les dispositions de la présente loi, transmet le dossier de notification visé au paragraphe (2) aux autorités compétentes des États membres où il est prévu que le FIA soit commercialisé, au plus tard vingt jours ouvrables après la date de réception d'un dossier de notification complet.	(3) Wenn die CSSF der Ansicht ist, dass die Verwaltung des AIF durch den AIFM den Vorschriften dieses Gesetzes entspricht und auch weiterhin entsprechen wird, und wenn der AIFM die Vorschriften dieses Gesetzes beachtet, übermittelt sie spätestens zwanzig Arbeitstage nach dem Eingang der vollständigen Anzeigeunterlagen nach Absatz (2) die Anzeigeunterlagen an die zuständigen Behörden der Mittgliedstaaten, in denen der AIF vertrieben werden soll.
La CSSF joint au dossier de notification une attestation confirmant que le gestionnaire concerné est agréé pour gérer les FIA selon une stratégie d'investissement spécifique.	Die CSSF fügt den Unterlagen eine Bescheinigung über die Zulassung des betreffenden AIFM zur Verwaltung von AIF mit einer bestimmten Anlagestrategie bei.
(4) Après transmission du dossier de notification, cette transmission est notifiée sans délai par la CSSF au gestionnaire. Le gestionnaire peut commercialiser le FIA dans l'État membre d'accueil à compter de la date de cette notification.	(4) Nach dem Versand der Unterlagen unterrichtet die CSSF den AIFM unverzüglich über diesen Versand. Der AIFM kann den AIF ab dem Datum dieser Meldung im Aufnahmemitgliedstaat vertreiben.
Lorsque le FIA concerné est un FIA établi dans un État membre autre que le Luxembourg, la CSSF informe également les autorités compétentes du FIA que le gestionnaire peut commencer à commercialiser des parts ou des actions du FIA dans l'État membre d'accueil du gestionnaire.	Hat der betreffende AIF seinen Sitz in einem anderen Mitgliedstaat als Luxemburg, teilt die CSSF auch den für den AIF zuständigen Behörden mit, dass der AIFM beginnen kann, die Anteile oder Aktien des AIF im Aufnahmemitgliedstaat des AIFM zu vertreiben.
(5) Les dispositions prises conformément à l'annexe IV, point h), relèvent de la législation de l'État membre d'accueil du gestionnaire et sont soumises à la surveillance des autorités compétentes de cet État membre.	(5) Die Vorkehrungen nach Anhang IV Buchstabe h) unterliegen den Vorschriften des Aufnahmemitgliedstaates des AIFM und der Aufsicht der zuständigen Behörden dieses Mitgliedstaates.

(6) La notification visée au paragraphe (2) et l'attestation visée au paragraphe (3) sont fournies dans une langue usuelle dans la sphère financière internationale.	(6) Das Anzeigeschreiben nach Absatz (2) sowie die Bescheinigung nach Absatz (3) sind in einer in der internationalen Finanzwelt gebräuchlichen Sprache zur Verfügung zu stellen.
(7) En cas de modification substantielle de l'une quelconque des informations communiquées conformément au paragraphe (2), le gestionnaire doit en avertir par écrit la CSSF, au moins un mois avant de mettre en oeuvre une modification prévue ou aussitôt après une modification imprévue.	(7) Bei einer wesentlichen Änderung der nach Absatz (2) übermittelten Angaben muss der AIFM der CSSF diese Änderung bei vom AIFM geplanten Änderungen mindestens einen Monat vor Durchführung der Änderung, oder nach einer ungeplanten Änderung, unverzüglich nach Eintreten der Änderung schriftlich mitteilen.
Si une modification prévue devait conduire à ce que la gestion du FIA par le gestionnaire ne soit plus conforme aux dispositions de la présente loi ou à ce que le gestionnaire ne satisfasse plus aux dispositions de la présente loi, la CSSF informe sans retard inutile le gestionnaire qu'il n'est pas autorisé à procéder à cette modification.	Sollte eine ungeplante Änderung dazu führen, dass die Verwaltung des AIF durch den AIFM oder der AIFM im Allgemeinen gegen die Vorschriften dieses Gesetzes verstößt, teilt die CSSF dem AIFM unverzüglich mit, dass er die Änderung nicht durchführen darf.
Si une modification prévue est mise en oeuvre nonobstant le premier et le deuxième alinéas, ou si une modification imprévue a eu lieu en vertu de laquelle la gestion du FIA par le gestionnaire ne serait plus conforme aux dispositions de la présente loi ou le gestionnaire ne respecterait plus les dispositions de la présente loi, la CSSF prend toutes les mesures nécessaires conformément à l'article 50, y compris, si nécessaire, l'interdiction expresse de commercialiser le FIA.	Wird eine geplante Änderung ungeachtet der Unterabsätze 1 und 2 durchgeführt, oder führt eine durch einen unvorhersehbaren Umstand ausgelöste Änderung dazu, dass die Verwaltung des AIF durch den AIFM nicht mehr die Bestimmungen dieses Gesetzes erfüllen oder der AIFM nicht mehr die Bestimmungen dieses Gesetzes einhalten würde, so ergreift die CSSF alle gebotenen Maßnahmen gemäß Artikel 50, einschließlich, falls erforderlich, der ausdrücklichen Untersagung des Vertriebs des AIF.
Si les modifications peuvent être acceptées parce qu'elles n'affectent pas la conformité de la gestion du FIA par le gestionnaire avec les dispositions de la présente loi ou le respect des dispositions de la présente loi par le gestionnaire, la CSSF informe sans retard les autorités compétentes de l'État membre d'accueil du gestionnaire de ces modifications.	Können die Änderungen akzeptiert werden, weil sie sich nicht auf die Vereinbarkeit der Verwaltung des AIF durch den AIFM mit den Bestimmungen dieses Gesetzes oder auf die Einhaltung der Bestimmungen dieses Gesetzes durch den AIFM auswirken, so unterrichtet die CSSF unverzüglich die zuständigen Behörden des Aufnahmemitgliedstaats des AIFM über diese Änderungen.
(8) Sans préjudice des dispositions de l'article 43, paragraphe (1), de la directive 2011/	(8) Unbeschadet der Bestimmungen in Artikel 43 Absatz (1) der Richtlinie 2011/61/

61/UE, les FIA gérés et commercialisés par les gestionnaires visés par le présent article ne peuvent être commercialisés qu'auprès d'investisseurs professionnels.	EU, können die vom AIFM nach diesem Artikel verwalteten und vertriebenen AIF nur an professionelle Anleger vertrieben werden.
Art. 31. Des gestionnaires établis dans un autre État membre commercialisant au Luxembourg des parts ou des actions de FIA de l'Union européenne qu'ils gèrent	**Art. 31. AIFM mit Sitz in einem anderen Mitgliedstaat, die in Luxemburg Anteile oder Aktien eines von ihnen verwalteten EU-AIF vertreiben**
(1) Si un gestionnaire établi dans un autre État membre se propose de commercialiser auprès d'investisseurs professionnels au Luxembourg des parts ou des actions de FIA de l'Union européenne qu'il gère, la CSSF se voit transmettre par les autorités compétentes de l'État membre d'origine du gestionnaire le dossier de notification ainsi que l'attestation visée à l'article 32, paragraphe (3), de la directive 2011/61/UE.	(1) Beabsichtigt ein AIFM mit Sitz in einem anderen Mitgliedstaat Anteile oder Aktien eines von ihm verwalteten EU-AIF in Luxemburg an professionelle Anleger zu vertreiben, werden der CSSF durch die zuständigen Behörden des Herkunftsmitgliedstaates des AIFM ein Anzeigeschreiben sowie eine Bescheinigung gemäß Artikel 32 Absatz (3) der Richtlinie 2011/61/EU übermittelt.
Dès notification au gestionnaire de la transmission à la CSSF, visée au présent paragraphe, par les autorités compétentes de l'État membre d'origine du gestionnaire, celui-ci peut commercialiser le FIA concerné au Luxembourg à compter de la date de cette notification.	Nach der Mitteilung an den AIFM betreffend die Übermittlung an die CSSF durch die zuständigen Behörden des Herkunftsmitgliedstaates des AIFM gemäß diesem Absatz, kann dieser ab dem Datum dieser Mitteilung den betreffenden AIF in Luxemburg vertreiben.
(2) Sans préjudice des dispositions de l'article 46 de la présente loi, les FIA gérés et commercialisés par les gestionnaires visés par le présent article ne peuvent être commercialisés qu'auprès d'investisseurs professionnels.	(2) Unbeschadet der Bestimmungen in Artikel 46 dieses Gesetzes können die von AIFM nach diesem Artikel verwalteten und vertriebenen AIF nur an professionelle Anleger vertrieben werden.
Section 2 – Conditions applicables à la gestion de FIA de l'Union européenne	**Abschnitt 2 – Voraussetzungen für die Verwaltung von EU-AIF**
Art. 32. Des gestionnaires établis au Luxembourg assurant la gestion de FIA de l'Union européenne établis dans un autre État membre	**Art. 32. AIFM mit Sitz in Luxemburg, die die Verwaltung von EU-AIF mit Sitz in einem anderen Mitgliedstaat wahrnehmen**
(1) Un gestionnaire établi au Luxembourg agréé au titre de la présente loi qui se propose de gérer des FIA de l'Union européenne établis dans un autre État membre,	(1) Ein nach diesem Gesetz zugelassener AIFM mit Sitz in Luxemburg, der beabsichtigt, einen EU-AIF mit Sitz in einem anderen Mitgliedstaat zu verwalten, sei es direkt

soit directement, soit en y établissant une succursale, doit être agréé pour gérer ce type de FIA.	oder durch die Errichtung einer Zweigniederlassung, muss zur Verwaltung dieses AIF-Typs zugelassen sein.
(2) Le gestionnaire qui se propose de gérer des FIA de l'Union européenne établis dans un autre État membre pour la première fois est tenu de communiquer à la CSSF les informations suivantes:	(2) Ein AIFM, der erstmalig beabsichtigt, einen EU-AIF mit Sitz in einem anderen Mitgliedstaat zu verwalten, muss der CSSF folgende Informationen übermitteln:
a) l'État membre sur le territoire duquel le gestionnaire envisage de gérer des FIA directement ou d'y établir une succursale;	a) den Mitgliedstaat, in dem er AIF direkt oder über eine Zweigniederlassung zu verwalten beabsichtigt;
b) un programme d'activités précisant notamment les services que le gestionnaire envisage de fournir et identifiant les FIA qu'il envisage de gérer.	b) einen Geschäftsplan, aus dem insbesondere hervorgeht, welche Dienstleistungen er zu erbringen und welche AIF er zu verwalten beabsichtigt.
(3) Si le gestionnaire envisage d'établir une succursale, il doit fournir, outre les informations prévues au paragraphe (2), les informations suivantes:	(3) Beabsichtigt der AIFM die Errichtung einer Zweigniederlassung, so muss er zusätzlich zu den Angaben nach Absatz (2) folgende Informationen zur Verfügung stellen:
a) la structure organisationnelle de la succursale;	a) organisatorischer Aufbau der Zweigniederlassung;
b) l'adresse, dans l'État membre d'origine du FIA, à laquelle des documents peuvent être obtenus;	b) Anschrift, unter der im Herkunftsmitgliedstaat des AIF Unterlagen angefordert werden können;
c) le nom et les coordonnées des personnes chargées de la gestion de la succursale.	c) Namen und Kontaktangaben der Geschäftsführer der Zweigniederlassung.
(4) La CSSF, si elle estime que la gestion du FIA par le gestionnaire est conforme et restera conforme aux dispositions de la présente loi et si le gestionnaire respecte les dispositions de la présente loi, transmet, dans un délai d'un mois à compter de la réception de la documentation complète visée au paragraphe (2), ou dans un délai de deux mois à compter de la réception de la documentation complète visée au paragraphe (3), la documentation complète aux autorités compétentes de l'État membre d'accueil du gestionnaire.	(4) Wenn die CSSF der Ansicht ist, dass die Verwaltung des AIF durch den AIFM den Vorschriften dieses Gesetzes entspricht und auch weiterhin entsprechen wird, und wenn der AIFM die Vorschriften dieses Gesetzes beachtet, übermittelt sie innerhalb eines Monats nach Eingang der vollständigen Unterlagen nach Absatz (2) oder innerhalb von zwei Monaten nach Eingang der vollständigen Unterlagen nach Absatz (3) die vollständigen Unterlagen an die zuständigen Behörden des Aufnahmemitgliedstaates des AIFM.
La CSSF joint au dossier une attestation confirmant que le gestionnaire a été agréé conformément aux dispositions de la présente loi.	Die CSSF fügt den Unterlagen eine Bescheinigung bei, dass der AIFM gemäß diesem Gesetz zugelassen wurde.

Après transmission du dossier aux autorités compétentes de l'État membre d'accueil du gestionnaire, cette transmission est notifiée sans délai par la CSSF au gestionnaire. Dès réception de la notification de la transmission, le gestionnaire peut commencer à fournir ses services dans son État membre d'accueil.	Nach Übermittlung der Unterlagen an die zuständigen Behörden des Aufnahmemitgliedstaates des AIFM, wird diese Übermittlung dem AIFM unverzüglich durch die CSSF mitgeteilt. Nach Eingang der Übermittlungsmeldung kann der AIFM mit der Erbringung der Dienstleistungen in seinem Aufnahmemitgliedstaat beginnen.
(5) En cas de modification de l'une quelconque des informations communiquées conformément au paragraphe (2) et, le cas échéant, au paragraphe (3), le gestionnaire doit en avertir par écrit la CSSF, au moins un mois avant de mettre en oeuvre les modifications prévues ou aussitôt après une modification imprévue.	(5) Bei einer Änderung der nach Absatz (2) und gegebenenfalls nach Absatz (3) übermittelten Angaben, muss der AIFM die CSSF mindestens einen Monat vor Durchführung der geplanten Änderungen von diesen schriftlich in Kenntnis setzen, oder im Falle von ungeplanten Änderungen unmittelbar nach dem Eintritt der Änderung.
Si une modification prévue devait conduire à ce que la gestion du FIA par le gestionnaire ne soit plus conforme aux dispositions de la présente loi ou à ce que le gestionnaire ne satisfasse plus aux dispositions de la présente loi, la CSSF informe sans retard inutile le gestionnaire qu'il n'est pas autorisé à procéder à cette modification.	Sollte die geplante Änderung dazu führen, dass die Verwaltung des AIF durch den AIFM oder der AIFM im Allgemeinen nunmehr gegen die Bestimmungen dieses Gesetzes verstößt, teilt die CSSF dem AIFM unverzüglich mit, dass er die Änderung nicht durchführen darf.
Si une modification prévue est mise en oeuvre nonobstant le premier et le deuxième alinéas, ou si une modification imprévue a eu lieu en vertu de laquelle la gestion du FIA par le gestionnaire ne serait plus conforme aux dispositions de la présente loi ou le gestionnaire ne respecterait plus les dispositions de la présente loi, la CSSF prend toutes les mesures nécessaires conformément à l'article 50.	Wird eine geplante Änderung ungeachtet der Unterabsätze 1 und 2 durchgeführt oder würde eine durch einen unvorhersehbaren Umstand ausgelöste Änderung dazu führen, dass die Verwaltung des AIF durch den AIFM nicht mehr die Bestimmungen dieses Gesetzes erfüllen oder der AIFM nicht mehr die Bestimmungen dieses Gesetzes einhalten würde, ergreift die CSSF alle gebotenen Maßnahmen gemäß Artikel 50.
Si les modifications peuvent être acceptées parce qu'elles n'affectent pas la conformité de la gestion du FIA par le gestionnaire avec les dispositions de la présente loi ou le respect des dispositions de la présente loi par le gestionnaire, la CSSF informe sans retard inutile les autorités compétentes de l'État membre d'accueil du gestionnaire de ces modifications.	Wenn die Änderungen akzeptiert werden können, weil sie sich nicht auf die Vereinbarkeit der Verwaltung des AIF durch den AIFM mit den Bestimmungen dieses Gesetzes oder die Einhaltung der Bestimmungen dieses Gesetzes durch den AIFM im Allgemeinen auswirken, unterrichtet die CSSF unverzüglich die zuständigen Behörden des Aufnahmemitgliedstaats des AIFM über diese Änderungen.

Art. 33. Des gestionnaires établis dans un autre État membre assurant la gestion de FIA établis au Luxembourg	**Art. 33. AIFM mit Sitz in einem anderen Mitgliedstaat, die die Verwaltung von AIF mit Sitz in Luxemburg wahrnehmen**
Si un gestionnaire agréé établi dans un autre État membre envisage de gérer des FIA établis au Luxembourg, soit directement, soit en y établissant une succursale, la CSSF se voit transmettre, conformément à l'article 33 de la directive 2011/61/UE, par les autorités compétentes de l'État membre d'origine du gestionnaire les informations visées à l'article 33, paragraphes (2) et (3) respectivement, ainsi que l'attestation visée à l'article 33, paragraphe (4) de ladite directive.	Wenn ein zugelassener AIFM mit Sitz in einem anderen Mitgliedstaat plant, AIF mit Sitz in Luxemburg zu verwalten, sei es direkt oder durch die Errichtung einer Zweigniederlassung, müssen der CSSF durch die zuständigen Behörden des Herkunftsmitgliedstaates des AIFM gemäß Artikel 33 der Richtlinie 2011/61/EU, die in Absätzen (2) und (3) genannten Informationen und die Bescheinigung gemäß Artikel 33 Absatz (4) der genannten Richtlinie, übermittelt werden.
Dès notification au gestionnaire de la transmission à la CSSF, visée au présent article, par les autorités compétentes de l'État membre d'origine du gestionnaire, celui-ci peut commencer à fournir ses services au Luxembourg à compter de la date de cette notification.	Nach Mitteilung an den AIFM von der Übermittlung an die CSSF durch die zuständigen Behörden des Herkunftsmitgliedstaates des AIFM gemäß dem vorliegenden Artikel, kann dieser ab dem Datum dieser Mitteilung beginnen, seine Dienstleistungen in Luxemburg anzubieten.
Chapitre 7. – Règles spécifiques concernant les pays tiers	**Kapitel 7. – Spezifische Vorschriften in Bezug auf Drittländer**
Art. 34. Conditions applicables aux gestionnaires établis au Luxembourg qui gèrent des FIA de pays tiers qui ne sont pas commercialisés dans les États membres de l'Union européenne	**Art. 34. Bedingungen für AIFM mit Sitz in Luxemburg, die Nicht-EU-AIF verwalten, die nicht in den Mitgliedstaaten der Europäischen Union vertrieben werden**
Un gestionnaire établi au Luxembourg agréé au titre de la présente loi est autorisé à gérer des FIA de pays tiers qui ne sont pas commercialisés dans l'Union européenne à condition que:	Ein nach diesem Gesetz zugelassener AIFM darf Nicht-EU-AIF, die nicht in der Europäischen Union vertrieben werden, unter der Bedingung verwalten, dass:
a) le gestionnaire satisfasse à toutes les exigences prévues dans la présente loi, à l'exception des articles 19 et 20 pour ce qui concerne ces FIA; et	a) der AIFM alle in diesem Gesetz für diese AIF festgelegten Anforderungen, mit Ausnahme der Anforderungen in den Artikel 19 und 20, erfüllt; und
b) des modalités de coopération appropriées existent entre la CSSF et les autorités de surveillance du pays tiers où le FIA est établi, afin d'assurer à tout le moins un échange d'informations efficace, qui permette à la CSSF d'exécuter	b) geeignete Vereinbarungen über die Zusammenarbeit zwischen der CSSF und den Aufsichtsbehörden des Drittlands bestehen, in dem der Nicht-EU-AIF seinen Sitz hat, damit zumindest ein effizienter Informationsaustausch gewähr-

les missions qui lui incombent en vertu de la présente loi.	leistet ist, der der CSSF ermöglicht, ihre Aufgaben gemäß diesem Gesetz wahrzunehmen.
Art. 35. Conditions applicables à la commercialisation au Luxembourg ou dans un autre État membre de l'Union européenne avec un passeport d'un FIA de pays tiers géré par un gestionnaire établi au Luxembourg	**Art. 35. Bedingungen für den mit Passport erfolgenden Vertrieb in Luxemburg oder einem anderen Mitgliedstaat der Europäischen Union von Nicht-EU-AIF durch einen AIFM mit Sitz in Luxemburg**
(1) Un gestionnaire établi au Luxembourg agréé au titre de la présente loi qui se propose de commercialiser auprès d'investisseurs professionnels au Luxembourg ou dans un autre État membre de l'Union européenne des parts ou des actions de FIA de pays tiers qu'il gère et des FIA nourriciers de l'Union européenne qui ne remplissent pas les exigences visées à l'article 31, paragraphe (1), deuxième alinéa, de la directive 2011/61/UE, est tenu de se conformer aux dispositions prévues au présent article.	(1) Ein nach diesem Gesetz zugelassener AIFM mit Sitz in Luxemburg, der beabsichtigt, Anteile oder Aktien eines von ihm verwalteten Nicht-EU-AIF oder von EU-Feeder-AIF, die nicht die Anforderungen gemäß Artikel 31 Absatz (1) Unterabsatz 2 der Richtlinie 2011/61/EU erfüllen, an professionelle Anleger in Luxemburg oder einem anderen Mitgliedstaat der Europäischen Union zu vertreiben, muss den Anforderungen dieses Artikels entsprechen.
(2) Les gestionnaires visés au paragraphe (1) doivent satisfaire à toutes les exigences prévues dans la présente loi, à l'exception du chapitre 6. De plus, les conditions suivantes doivent être remplies:	(2) AIFM nach Absatz (1) müssen alle in diesem Gesetz festgelegten Anforderungen, mit Ausnahme derer in Kapitel 6, erfüllen. Darüber hinaus müssen folgende Bedingungen eingehalten werden:
a) des modalités de coopération appropriées doivent exister entre la CSSF et les autorités de surveillance du pays tiers où le FIA est établi, afin d'assurer à tout le moins un échange d'informations efficace, tenant compte de l'article 53, paragraphe (3), qui permette à la CSSF d'exécuter les missions qui lui incombent en vertu de la présente loi;	a) es müssen geeignete Vereinbarungen über die Zusammenarbeit zwischen der CSSF und den Aufsichtsbehörden des Drittlands bestehen, in dem der AIF seinen Sitz hat, damit unter Berücksichtigung von Artikel 53 Absatz (3) zumindest ein effizienter Informationsaustausch gewährleistet ist, der der CSSF ermöglicht, ihre Aufgaben gemäß diesem Gesetz wahrzunehmen;
b) le pays tiers dans lequel est établi le FIA ne doit pas figurer sur la liste des pays et territoires non coopératifs du GAFI;	b) das Drittland, in dem der AIF seinen Sitz hat, darf nicht auf der Liste der nicht kooperativen Länder und Gebiete der GAFI stehen;
c) le pays tiers dans lequel est établi le FIA doit avoir signé avec le Luxembourg et avec tout autre État membre dans lequel il est prévu que les parts	c) das Drittland, in dem der AIF seinen Sitz hat, muss mit Luxemburg sowie mit jedem anderen Mitgliedstaat, in dem die Anteile oder Aktien des AIF

ou actions du FIA soient commercialisées, un accord pleinement conforme aux normes énoncées à l'article 26 du modèle OCDE de convention fiscale concernant le revenu et la fortune et garantissant un échange efficace d'informations en matière fiscale, y compris, tout accord multilatéral en matière fiscale.	vertrieben werden sollen, eine Vereinbarung unterzeichnet haben, die den Normen gemäß Artikel 26 des OECD-Musterabkommens zur Vermeidung der Doppelbesteuerung von Einkommen und Vermögen vollständig entspricht und einen wirksamen Informationsaustausch in Steuerangelegenheiten, einschließlich multilateraler Abkommen über die Besteuerung gewährleistet.
(3) Le gestionnaire qui se propose de commercialiser des parts ou des actions des FIA de pays tiers au Luxembourg doit présenter à la CSSF une notification pour chaque FIA de pays tiers qu'il a l'intention de commercialiser.	(3) Beabsichtigt ein AIFM, Anteile oder Aktien von Nicht-EU-AIF in Luxemburg zu vertreiben, so muss er der CSSF für jeden Nicht-EU-AIF, den er zu vertreiben beabsichtigt, ein Anzeigeschreiben übermitteln.
Cette notification comprend la documentation et les informations visées à l'annexe III.	Dieses Anzeigeschreiben umfasst die Dokumentation und die Angaben gemäß Anhang III.
(4) Au plus tard vingt jours ouvrables après réception d'une notification complète conformément au paragraphe (3), la CSSF indique au gestionnaire s'il peut commencer à commercialiser le FIA qui a fait l'objet de la notification visée au paragraphe (3) sur le territoire du Luxembourg. La CSSF ne s'oppose à la commercialisation du FIA que si la gestion dudit FIA par le gestionnaire n'est pas ou ne sera pas conforme à la présente loi ou si le gestionnaire ne respecte ou ne respectera pas la présente loi. En cas de décision positive, le gestionnaire peut commencer la commercialisation du FIA au Luxembourg dès la date de notification à cet effet par la CSSF.	(4) Spätestens zwanzig Arbeitstage nach Eingang des vollständigen Anzeigeschreibens nach Absatz (3) teilt die CSSF dem AIFM mit, ob er in Luxemburg mit dem Vertrieb des im Anzeigeschreiben nach Absatz (3) genannten AIF beginnen kann. Die CSSF lehnt den Vertrieb des AIF nur ab, wenn die Verwaltung des AIF durch den AIFM nicht mehr die Bestimmungen dieses Gesetzes erfüllt oder der AIFM nicht mehr die Bestimmungen dieses Gesetzes einhält. Im Falle einer positiven Entscheidung kann der AIFM ab dem Datum der diesbezüglichen Mitteilung der CSSF mit dem Vertrieb des AIF in Luxemburg beginnen.
La CSSF informe également l'AEMF du fait que le gestionnaire peut commencer la commercialisation des parts ou des actions du FIA sur le territoire du Luxembourg.	Die CSSF informiert auch die ESMA, dass der AIFM mit dem Vertrieb von Anteilen oder Aktien des AIF in den betreffenden Aufnahmemitgliedstaaten des AIF beginnen kann.
(5) Le gestionnaire qui se propose de commercialiser des parts ou des actions des FIA de pays tiers dans un État membre autre que le Luxembourg doit présenter à la CSSF une notification pour chaque FIA de pays tiers qu'il a l'intention de commercialiser.	(5) Der AIFM, der beabsichtigt, Anteile oder Aktien von Nicht-EU-AIF in einem anderen Mitgliedstaat als Luxemburg zu vertreiben, muss der CSSF ein Anzeigeschreiben für jeden Nicht-EU-AIF, den er zu vertreiben beabsichtigt, vorlegen.

Cette notification comprend la documentation et les informations visées à l'annexe IV.	Das Anzeigeschreiben umfasst die Dokumentation und die Angaben gemäß Anhang IV.
(6) Au plus tard vingt jours ouvrables après la date de réception du dossier de notification complet visé au paragraphe (5), la CSSF le transmet aux autorités compétentes de l'État membre où il est prévu que le FIA soit commercialisé. Il est transmis uniquement si la gestion du FIA par le gestionnaire est conforme et restera conforme à la présente loi et si le gestionnaire respecte la présente loi.	(6) Spätestens zwanzig Arbeitstage nach Eingang der vollständigen Anzeigeunterlagen gemäß Absatz (5), übermittelt die CSSF diese den zuständigen Behörden des Mitgliedstaates, in dem der AIF vertrieben werden soll. Eine solche Weiterleitung findet nur dann statt, wenn die Verwaltung des AIF durch den AIFM diesem Gesetz entspricht und weiterhin entsprechen wird und wenn der AIFM im Allgemeinen sich an dieses Gesetz hält.
La CSSF joint au dossier de notification une attestation indiquant que le gestionnaire concerné est agréé pour gérer les FIA selon une stratégie d'investissement spécifique.	Die CSSF fügt den Unterlagen eine Bescheinigung über die Zulassung des betreffenden AIFM zur Verwaltung von AIF mit einer bestimmten Anlagestrategie bei.
(7) Après transmission du dossier de notification, cette transmission est notifiée sans délai par la CSSF au gestionnaire. Le gestionnaire peut commencer la commercialisation du FIA dans les États membres d'accueil concernés dès la date de cette notification par la CSSF.	(7) Nach Übermittlung der Anzeigeunterlagen, teilt die CSSF dem AIFM diese Übermittlung unverzüglich mit. Der AIFM kann ab dem Datum dieser Unterrichtung durch die CSSF mit dem Vertrieb des AIF in den betreffenden Aufnahmemitgliedstaaten beginnen.
La CSSF informe également l'AEMF que le gestionnaire peut commencer la commercialisation des parts ou des actions du FIA dans les États membres d'accueil concernés.	Die CSSF informiert auch die ESMA, dass der AIFM mit dem Vertrieb von Anteilen oder Aktien des AIF in den betreffenden Aufnahmemitgliedstaaten des AIF beginnen kann.
(8) Les dispositions prises conformément à l'annexe IV, point h), relèvent de la législation des États membres d'accueil du gestionnaire et sont soumises à la surveillance des autorités compétentes de cet État membre.	(8) Die Bestimmungen gemäß Anhang IV Buchstabe h) unterliegen den Rechtsvorschriften der Aufnahmemitgliedstaaten des AIFM und der Aufsicht der zuständigen Behörden dieses Mitgliedstaats.
(9) La lettre de notification visée au paragraphe (5) et l'attestation visée au paragraphe (6) sont fournies dans une langue usuelle dans la sphère financière internationale.	(9) Das in Absatz (5) genannte Anzeigeschreiben und die in Absatz (6) genannte Bescheinigung sind in einer in der internationalen Finanzwelt gebräuchlichen Sprache zur Verfügung zu stellen.
(10) En cas de modification substantielle de l'une quelconque des informations communiquées conformément aux paragraphes (3) ou (5), le gestionnaire doit en avertir par écrit la CSSF, au moins un mois avant de	(10) Im Falle einer wesentlichen Änderung der nach Absatz (3) oder (5) mitgeteilten Angaben muss der AIFM diese Änderung der CSSF mindestens einen Monat vor Durchführung der geplanten Änderung, oder, bei

mettre en oeuvre une modification prévue ou aussitôt après une modification imprévue.	ungeplanten Änderungen, unverzüglich nach Eintreten der ungeplanten Änderung schriftlich mitteilen.
Si une modification prévue devait conduire à ce que la gestion du FIA par le gestionnaire ne soit plus conforme à la présente loi ou à ce que le gestionnaire ne satisfasse plus à la présente loi, la CSSF informe sans délai le gestionnaire qu'il n'est pas autorisé à procéder à cette modification.	Sollte die geplante Änderung dazu führen, dass die Verwaltung des AIF durch den AIFM nicht mehr die Bestimmungen dieses Gesetzes erfüllt oder der AIFM die Bestimmungen dieses Gesetz nicht mehr einhält, teilt die CSSF dem AIFM unverzüglich mit, dass er die Änderung nicht durchführen darf.
Si une modification prévue est mise en oeuvre nonobstant le premier et le deuxième alinéas, ou si une modification imprévue a eu lieu en vertu de laquelle la gestion du FIA par le gestionnaire ne serait plus conforme à la présente loi ou le gestionnaire ne respecterait plus la présente loi, la CSSF prend toutes les mesures nécessaires conformément à l'article 50, y compris, si nécessaire, l'interdiction expresse de commercialiser le FIA.	Wird eine geplante Änderung ungeachtet der Unterabsätze 1 und 2 durchgeführt oder führt eine durch einen ungeplanten Umstand ausgelöste Änderung dazu, dass die Verwaltung des AIF durch den AIFM nicht mehr die Bestimmungen dieses Gesetzes erfüllen oder der AIFM die Bestimmungen dieses Gesetzes nicht mehr einhalten würde, so ergreift die CSSF alle gebotenen Maßnahmen gemäß Artikel 50, einschließlich, falls erforderlich, der ausdrücklichen Untersagung des Vertriebs des AIF.
Si les modifications peuvent être admises parce qu'elles n'affectent pas la conformité de la gestion du FIA par le gestionnaire avec la présente loi ou le respect de la présente loi par le gestionnaire, la CSSF informe sans retard l'AEMF de ces modifications dans la mesure où les modifications concernent la cessation de la commercialisation de certains FIA ou la commercialisation de nouveaux FIA et, le cas échéant, les autorités compétentes des États membres d'accueil du gestionnaire.	Wenn die Änderungen zulässig sind, weil sie sich nicht auf die Vereinbarkeit der Verwaltung des AIF durch den AIFM mit diesem Gesetz oder der auf die Einhaltung dieses Gesetzes durch den AIFM auswirken, unterrichtet die CSSF unverzüglich die ESMA, soweit die Änderungen die Beendigung des Vertriebs von bestimmten AIF oder zusätzlichen vertriebenen AIF betreffen, und sofern zutreffend die zuständigen Behörden der Aufnahmemitgliedstaaten des AIFM über diese Änderungen.
(11) Sans préjudice des dispositions de l'article 46 de la présente loi en cas de commercialisation au Luxembourg, respectivement de l'article 43, paragraphe (1), de la directive 2011/61/UE en cas de commercialisation dans un État membre autre que le Luxembourg, les FIA gérés et commercialisés par les gestionnaires visés par le présent article ne peuvent être commercialisés qu'auprès d'investisseurs professionnels.	(11) Unbeschadet der Vorschriften in Artikel 46 dieses Gesetzes für den Fall des Vertriebs in Luxemburg bzw. in Artikel 43 Absatz (1) der Richtlinie 2011/61/EU für den Fall des Vertriebs in einem anderen Mitgliedstaat als Luxemburg, können die von einem AIFM nach diesem Artikel verwalteten und vertriebenen AIF nur an professionelle Anleger vertrieben werden.

Art. 36. Conditions applicables à la commercialisation au Luxembourg avec un passeport d'un FIA de pays tiers géré par un gestionnaire établi dans un autre État membre	**Art. 36. Bedingungen für den mit Passport erfolgenden Vertrieb in Luxemburg von Nicht-EU-AIF, die von einem AIFM mit Sitz in einem anderen Mitgliedstaat verwaltet werden**
(1) Si un gestionnaire établi dans un autre État membre se propose de commercialiser auprès d'investisseurs professionnels au Luxembourg des parts ou des actions de FIA de pays tiers qu'il gère, la CSSF se voit transmettre par les autorités compétentes de l'État membre d'origine du gestionnaire le dossier de notification ainsi que l'attestation visée à l'article 35, paragraphe (6), de la directive 2011/61/UE.	(1) Beabsichtigt ein AIFM mit Sitz in einem anderen Mitgliedstaat Anteile oder Aktien eines von ihm verwalteten Nicht-EU-AIF an professionelle Anleger in Luxemburg zu vertreiben, müssen der CSSF durch die zuständigen Behörden des Herkunftsmitgliedstaates des AIFM die Anzeigeunterlagen sowie die nach Artikel 35 Absatz (6) der Richtlinie 2011/61/EU vorgesehene Bescheinigung übermittelt werden.
Dès notification au gestionnaire de la transmission à la CSSF, visée au présent paragraphe, par les autorités compétentes de l'État membre d'origine du gestionnaire, celui-ci peut commercialiser le FIA concerné au Luxembourg à compter de la date de cette notification.	Nach Mitteilung an den AIFM von der Übermittlung an die CSSF durch die zuständigen Behörden des Herkunftsmitgliedstaates des AIFM gemäß diesem Absatz kann dieser ab dem Datum dieser Mitteilung beginnen, den betreffenden AIF in Luxemburg zu vertreiben.
(2) Sans préjudice des dispositions de l'article 46 de la présente loi, les FIA gérés et commercialisés par les gestionnaires visés par le présent article ne peuvent être commercialisés qu'auprès d'investisseurs professionnels.	(2) Unbeschadet der Vorschriften in Artikel 46 dieses Gesetzes können die von AIFM nach dem vorliegenden Artikel verwalteten und vertriebenen AIF nur an professionelle Anleger vertrieben werden.
Art. 37. Conditions applicables à la commercialisation au Luxembourg sans passeport de FIA de pays tiers gérés par un gestionnaire agréé établi au Luxembourg ou dans un autre État membre de l'Union européenne	**Art. 37. Bedingungen für den Vertrieb ohne Passport in Luxemburg von Nicht-EU-AIF, die von einem zugelassenen AIFM mit Sitz in Luxemburg oder in einem anderen Mitgliedstaat der Europäischen Union verwaltet werden**
Sans préjudice de l'article 35 de la directive 2011/61/UE, un gestionnaire agréé établi au Luxembourg ou dans un autre État membre de l'Union européenne est autorisé à commercialiser sur le territoire du Luxembourg seulement, auprès d'investisseurs professionnels, des parts ou des actions de FIA de pays tiers qu'il gère et de FIA nourriciers de l'Union européenne qui ne remplissent pas les exigences visées à l'article 31, paragraphe (1), deuxième alinéa, de la directive 2011/61/UE, à condition que:	Unbeschadet von Artikel 35 der Richtlinie 2011/61/EU darf ein zugelassener AIFM mit Sitz in Luxemburg oder in einem anderen Mitgliedstaat der Europäischen Union ausschließlich in Luxemburg Anteile oder Aktien eines von ihm verwalteten Nicht-EU-AIF sowie von EU-Feeder-AIF, die nicht die Anforderungen gemäß Artikel 31 Absatz (1) Unterabsatz 2 der Richtlinie 2011/61/EU erfüllen, an professionelle Anleger vertreiben, unter der Voraussetzung, dass:

a) le gestionnaire satisfasse à toutes les exigences prévues par la directive 2011/61/UE, à l'exception de l'article 21. Ce gestionnaire doit veiller toutefois à ce qu'une ou plusieurs entités soient désignées pour exécuter les missions visées à l'article 21, paragraphes (7), (8) et (9). Le gestionnaire ne s'acquitte pas de ces fonctions. Le gestionnaire est tenu de fournir à ses autorités de surveillance des informations sur l'identité des entités chargées des missions visées à l'article 21, paragraphes (7), (8) et (9); lorsque la commercialisation se fait par un gestionnaire agréé établi au Luxembourg, les informations précitées sont à fournir à la CSSF;	a) der AIFM alle in der Richtlinie 2011/61/EU festgelegten Anforderungen erfüllt, mit Ausnahme von Artikel 21. Dieser AIFM muss jedoch sicherstellen, dass eine oder mehrere Unternehmen benannt werden, die die Aufgaben nach Artikel 21 Absätze (7), (8) und (9) wahrnehmen. Der AIFM selbst nimmt diese Aufgaben nicht wahr. Der AIFM ist verpflichtet, seine Aufsichtsbehörden darüber zu informieren, welche Stellen für die Wahrnehmung der Aufgaben nach Artikel 21 Absätze (7), (8) und (9) zuständig sind; erfolgt der Vertrieb durch einen zugelassenen AIFM mit Sitz in Luxemburg, sind die vorgenannten Informationen der CSSF zur Verfügung zu stellen;
b) des modalités de coopération appropriées destinées au suivi du risque systémique et conformes aux normes internationales existent entre les autorités compétentes de l'État membre d'origine du gestionnaire et les autorités de surveillance du pays tiers où le FIA est établi, afin d'assurer un échange d'informations efficace, qui permette aux autorités compétentes de l'État membre d'origine du gestionnaire d'exécuter les missions qui leur incombent en vertu de la directive 2011/61/UE; aux fins de l'application du présent paragraphe, la CSSF est l'autorité compétente de l'État membre d'origine du gestionnaire, lorsque la commercialisation se fait par un gestionnaire agréé établi au Luxembourg.	b) geeignete, der Überwachung der Systemrisiken dienende und im Einklang mit den internationalen Standards stehende Vereinbarungen über die Zusammenarbeit zwischen den zuständigen Behörden des Herkunftsmitgliedstaats des AIFM und den Aufsichtsbehörden des Drittlands, in dem der Nicht-EU-AIF seinen Sitz hat, so dass ein effizienter Informationsaustausch gewährleistet ist, der es den zuständigen Behörden des Herkunftsmitgliedstaats des AIFM ermöglicht, ihre in der Richtlinie 2011/61/EU festgelegten Aufgaben zu erfüllen; bezüglich dieses Absatzes ist die CSSF die zuständige Behörde des Herkunftsmitgliedstaats des AIFM, wenn der Vertrieb durch einen zugelassenen AIFM mit Sitz in Luxemburg erfolgt;
c) le pays tiers dans lequel est établi le FIA ne figure pas sur la liste des pays et territoires non coopératifs du GAFI.	c) das Drittland, in dem der AIF seinen Sitz hat, nicht auf der Liste der nicht kooperativen Länder und Gebiete der GAFI steht.
Art. 38. Agrément de gestionnaires établis dans un pays tiers ayant l'intention de gérer des FIA de l'Union européenne et/ou de commercialiser des FIA qu'ils	**Art. 38. Zulassung von Nicht-EU-AIFM, die beabsichtigen, EU-AIF zu verwalten und/oder durch sie verwaltete AIF in der Europäischen Union gemäß Artikel 39**

gèrent dans l'Union européenne en vertu des articles 39 et 40 de la directive 2011/61/UE, lorsque le Luxembourg est défini comme l'État membre de référence du gestionnaire	**und 40 der Richtlinie 2011/61/EU zu vertreiben, wenn Luxemburg der Referenzmitgliedstaat des AIFM ist**
(1) Les gestionnaires établis dans des pays tiers qui se proposent de gérer des FIA de l'Union européenne et/ou de commercialiser des FIA qu'ils gèrent dans l'Union européenne en vertu de l'article 39 ou de l'article 40 de la directive 2011/61/UE doivent obtenir au préalable un agrément de la CSSF conformément au présent article, dans les cas où le Luxembourg est l'État membre de référence du gestionnaire tel que défini suivant les règles énoncées au paragraphe (4) ci-après.	(1) Nicht-EU-AIFM, die beabsichtigen, EU-AIF zu verwalten und/oder von ihnen verwaltete AIF gemäß Artikel 39 oder 40 der Richtlinie 2011/61/EU in der Europäischen Union zu vertreiben, müssen gemäß diesem Artikel eine vorherige Genehmigung der CSSF erhalten, für den Fall, dass Luxemburg der Referenzmitgliedstaat des AIFM, wie nachstehend in Absatz (4) definiert, ist.
(2) Un gestionnaire établi dans un pays tiers qui entend obtenir un agrément préalable tel que visé au paragraphe (1) doit respecter les dispositions de la présente loi, à l'exception du chapitre 6. Si et dans la mesure où le respect d'une disposition de la présente loi est incompatible avec le respect du droit dont relève le gestionnaire établi dans un pays tiers et/ou le FIA de pays tiers commercialisé dans l'Union européenne, le gestionnaire n'est pas tenu de respecter ladite disposition s'il peut apporter la preuve de ce qui suit:	(2) Ein Nicht-EU-AIFM, der beabsichtigt, eine vorherige Genehmigung gemäß Absatz (1) zu erhalten, ist verpflichtet, dieses Gesetz einzuhalten, mit Ausnahme des Kapitels 6. Wenn und soweit die Einhaltung einer Bestimmung dieses Gesetzes mit der Einhaltung der Rechtsvorschriften unvereinbar ist, denen der Nicht-EU-AIFM und/oder der in der Europäischen Union vertriebene Nicht-EU-AIF unterliegt, besteht für den AIFM keine Verpflichtung, sich an diese Bestimmung zu halten, wenn er belegen kann, dass:
a) il est impossible de combiner le respect de cette disposition et le respect d'une disposition obligatoire du droit dont relève le gestionnaire établi dans le pays tiers et/ou le FIA de pays tiers commercialisé dans l'Union européenne;	a) es nicht möglich ist, die Einhaltung dieser Vorschrift mit der Einhaltung einer verpflichtenden Rechtsvorschrift, der der Nicht-EU-AIFM und/oder der in der Europäischen Union vertriebene Nicht-EU-AIF unterliegt, miteinander zu verbinden;
b) le droit qui s'applique au gestionnaire établi dans le pays tiers et/ou au FIA de pays tiers prévoit une disposition équivalente ayant le même effet réglementaire et offrant le même niveau de protection aux investisseurs du FIA concerné; et	b) die Rechtsvorschriften, denen der Nicht-EU-AIFM und/oder der Nicht-EU-AIF unterliegt, eine gleichwertige Bestimmung mit dem gleichen Regelungszweck und dem gleichen Schutzniveau für die Anleger des betreffenden AIF enthalten; und
c) le gestionnaire établi dans le pays tiers et/ou le FIA de pays tiers respecte la disposition équivalente visée au point b).	c) der Nicht-EU-AIFM und/oder der Nicht-EU-AIF die in Buchstabe b) genannte gleichwertige Bestimmung erfüllt.

(3) Un gestionnaire établi dans un pays tiers qui entend obtenir un agrément préalable tel que visé au paragraphe (1) doit disposer d'un représentant légal établi au Luxembourg. Le représentant légal est le point de contact du gestionnaire dans l'Union européenne. Toute correspondance officielle entre les autorités compétentes et le gestionnaire et entre les investisseurs dans l'Union européenne du FIA concerné et le gestionnaire tel que prévue par la directive 2011/61/UE doit avoir lieu par l'intermédiaire dudit représentant légal. Le représentant légal doit exécuter sa fonction de vérification de conformité relative aux activités de gestion et de commercialisation réalisées par le gestionnaire en vertu de la directive 2011/61/UE ensemble avec ledit gestionnaire.	(3) Ein Nicht-EU-AIFM, der beabsichtigt, eine vorherige Genehmigung gemäß Absatz (1) einzuholen, muss über einen gesetzlichen Vertreter mit Sitz in Luxemburg verfügen. Der gesetzliche Vertreter ist die Kontaktstelle für den AIFM in der Europäischen Union. Sämtliche offizielle Korrespondenz zwischen den zuständigen Behörden und dem AIFM und den EU-Anlegern des betreffenden AIF und dem AIFM gemäß der Richtlinie 2011/61/EU erfolgt über diesen gesetzlichen Vertreter. Der gesetzliche Vertreter nimmt gemeinsam mit dem AIFM die Compliance-Funktion in Bezug auf die von dem AIFM gemäß der Richtlinie 2011/61/EU ausgeführten Verwaltungs- und Vertriebstätigkeiten wahr.
(4) L'État membre de référence d'un gestionnaire établi dans un pays tiers se définit comme suit:	(4) Der Referenzmittgliedstaat eines Nicht-EU-AIFM wird wie folgt bestimmt:
a) si le gestionnaire établi dans un pays tiers a l'intention de gérer un seul FIA de l'Union européenne, ou plusieurs FIA de l'Union européenne établis dans le même État membre et n'a pas l'intention de commercialiser de FIA dans l'Union européenne en vertu de l'article 39 ou de l'article 40 de la directive 2011/61/UE, l'État membre d'origine de ce FIA ou de ces FIA est considéré comme étant l'État membre de référence et les autorités compétentes de cet État membre seront compétentes en matière de procédure d'agrément et de surveillance du gestionnaire;	a) wenn der Nicht-EU-AIFM beabsichtigt, lediglich einen EU-AIF oder mehrere EU-AIF mit Sitz in demselben Mitgliedstaat zu verwalten, und nicht beabsichtigt, gemäß Artikel 39 oder 40 der Richtlinie 2011/61/EU einen AIF in der Europäischen Union zu vertreiben, ist der Herkunftsmitgliedstaat des bzw. der AIF als Referenzmitgliedstaat anzusehen, und die zuständigen Behörden dieses Mitgliedstaats sind für das Zulassungsverfahren des AIFM und die Aufsicht über ihn zuständig;
b) si le gestionnaire établi dans un pays tiers a l'intention de gérer plusieurs FIA de l'Union européenne établis dans différents États membres et n'a pas l'intention de commercialiser de FIA dans l'Union européenne en vertu de l'article 39 ou de l'article 40 de la directive 2011/61/UE, l'État membre de référence est soit:	b) wenn der Nicht-EU-AIF beabsichtigt, mehrere EU-AIF mit Sitz in verschiedenen Mitgliedstaaten zu verwalten, und nicht beabsichtigt, gemäß Artikel 39 oder 40 der Richtlinie 2011/61/EU einen AIF in der Union zu vertreiben, ist der Referenzmitgliedstaat entweder:
i) l'État membre dans lequel la majorité des FIA sont établis; ou	i) der Mitgliedstaat, in dem die meisten der betreffenden AIF ihren Sitz haben; oder

ii) l'État membre dans lequel le plus grand volume d'actifs est géré;	ii) der Mitgliedstaat, in dem die umfangreichsten Vermögenswerte verwaltet werden;
c) si le gestionnaire établi dans un pays tiers a l'intention de commercialiser un seul FIA de l'Union européenne dans un seul État membre, l'État membre de référence est déterminé comme suit:	c) Wenn der Nicht-EU-AIFM beabsichtigt, lediglich einen EU-AIF in lediglich einem Mitgliedstaat zu vertreiben, wird der Referenzmitgliedstaat wie folgt bestimmt:
i) si le FIA est agréé ou enregistré dans un État membre, l'État membre d'origine du FIA ou l'État membre dans lequel le gestionnaire a l'intention de commercialiser le FIA;	i) falls der AIF in einem Mitgliedstaat zugelassen oder registriert ist, ist der Referenzmitgliedstaat der Herkunftsmitgliedstaat des AIF oder der Mitgliedstaat, in dem der AIFM den AIF zu vertreiben beabsichtigt;
ii) si le FIA n'est pas agréé ou enregistré dans un État membre, l'État membre dans lequel le gestionnaire a l'intention de commercialiser le FIA;	ii) falls der AIF nicht in einem Mitgliedstaat zugelassen oder registriert ist, ist Referenzmitgliedstaat der Mitgliedstaat, in dem der AIFM den AIF zu vertreiben beabsichtigt.
d) si le gestionnaire établi dans un pays tiers a l'intention de commercialiser un seul FIA de pays tiers dans un seul État membre, l'État membre de référence est cet État membre;	d) Wenn der Nicht-EU-AIFM beabsichtigt, lediglich einen Nicht-EU-AIF in lediglich einem Mitgliedstaat zu vertreiben, ist dieser Mitgliedstaat der Referenzmitgliedstaat;
e) si le gestionnaire établi dans un pays tiers a l'intention de commercialiser un seul FIA de l'Union européenne, mais dans différents États membres, l'État membre de référence est déterminé comme suit:	e) Wenn der Nicht-EU-AIFM beabsichtigt, lediglich einen EU-AIF in verschiedenen Mitgliedstaaten zu vertreiben, wird der Referenzmitgliedstaat wie folgt bestimmt:
i) si le FIA est agréé ou enregistré dans un État membre, l'État membre d'origine du FIA ou l'un des États membres dans lequel le gestionnaire a l'intention de développer la commercialisation effective; ou	i) falls der AIF in einem Mitgliedstaat zugelassen oder registriert ist, ist der Referenzmitgliedstaat der Herkunftsmitgliedstaat des AIF oder einer der Mitgliedstaaten, in denen der AIFM einen leistungsfähigen Vertrieb aufzubauen beabsichtigt, oder
ii) si le FIA n'est pas agréé ou enregistré dans un État membre, l'un des États membres dans lequel le gestionnaire a l'intention de développer la commercialisation effective;	ii) falls der AIF nicht in einem Mitgliedstaat zugelassen oder registriert ist, ist der Referenzmitgliedstaat einer der Mitgliedstaaten, in denen der AIFM einen leistungsfähigen Vertrieb aufzubauen beabsichtigt;

f) si le gestionnaire établi dans un pays tiers a l'intention de commercialiser un seul FIA de pays tiers, mais dans différents États membres, l'État membre de référence est l'un de ces États membres;	f) Wenn der Nicht-EU-AIFM beabsichtigt, lediglich einen Nicht-EU-AIF in verschiedenen Mitgliedstaaten zu vertreiben, ist der Referenzmitgliedstaat einer dieser Mitgliedstaaten;
g) si le gestionnaire établi dans un pays tiers a l'intention de commercialiser dans l'Union européenne plusieurs FIA de l'Union européenne, l'État membre de référence est déterminé comme suit:	g) Wenn der Nicht-EU-AIFM beabsichtigt, mehrere EU-AIF in der Europäischen Union zu vertreiben, wird der Referenzmitgliedstaat wie folgt bestimmt:
i) dans la mesure où ces FIA sont tous enregistrés ou agréés dans le même État membre, l'État membre d'origine de ces FIA ou l'État membre dans lequel le gestionnaire a l'intention de développer la commercialisation effective de la plupart de ces FIA;	i) falls die betreffenden AIF sämtlich in demselben Mitgliedstaat registriert oder zugelassen sind, ist der Referenzmitgliedstaat der Herkunftsmitgliedstaat der AIF oder der Mitgliedstaat, in dem der AIFM einen leistungsfähigen Vertrieb der meisten der betreffenden AIF aufzubauen beabsichtigt;
ii) dans la mesure où ces FIA ne sont pas enregistrés ou agréés dans le même État membre, l'État membre dans lequel le gestionnaire a l'intention de développer la commercialisation effective de la plupart de ces FIA;	ii) falls die betreffenden AIF nicht sämtlich in demselben Mitgliedstaat registriert oder zugelassen sind, ist der Referenzmitgliedstaat der Mitgliedstaat, in dem der AIFM einen leistungsfähigen Vertrieb der meisten betreffenden AIF aufzubauen beabsichtigt;
h) si le gestionnaire établi dans un pays tiers a l'intention de commercialiser plusieurs FIA de l'Union européenne et de pays tiers, ou plusieurs FIA de pays tiers dans l'Union européenne, l'État membre de référence est l'État membre dans lequel il a l'intention de développer la commercialisation effective de la plupart de ces FIA.	h) wenn der Nicht-EU-AIFM beabsichtigt mehrere EU- und Nicht-EU-AIF oder mehrere Nicht-EU-AIF in der Europäischen Union zu vertreiben, ist der Referenzmitgliedstaat der Mitgliedstaat, in dem der AIFM einen leistungsfähigen Vertrieb der meisten betreffenden AIF aufzubauen beabsichtigt.
Dans les cas où conformément aux critères énoncés au premier alinéa, point b), point c) i), points e) et f) et point g) i), plus d'un État membre de référence est possible, les États membres exigent que le gestionnaire établi dans un pays tiers et qui a l'intention de gérer des FIA de l'Union européenne sans les commercialiser et/ou de commercialiser dans l'Union européenne des FIA qu'il gère, en vertu de l'article 39	In dem Fall, wo entsprechend den Kriterien gemäß Unterabsatz 1 Buchstabe b), Buchstabe c) Ziffer i), Buchstaben e), f) und g) Ziffer i) mehr als ein Referenzmitgliedstaat möglich ist, schreiben die Mitgliedstaaten vor, dass der Nicht-EU-AIFM, der beabsichtigt, EU-AIF zu verwalten, ohne sie zu vertreiben, und/oder von ihm verwaltete AIF gemäß Artikel 39 oder 40 der Richtlinie 2011/61/EU in der Europäischen Union zu

ou de l'article 40 de la directive 2011/61/UE, introduise une demande auprès des autorités compétentes de tous les États membres qui sont des États membres de référence possibles en vertu des critères énoncés par lesdits points afin de déterminer l'État membre de référence parmi eux. Lesdites autorités compétentes décident conjointement, dans un délai d'un mois suivant la réception de cette demande, quel est l'État membre de référence du gestionnaire établi dans un pays tiers. Les autorités compétentes de l'État membre qui est désigné comme étant l'État membre de référence informent sans délai le gestionnaire établi dans un pays tiers de cette désignation.	vertreiben, bei den zuständigen Behörden aller Mitgliedstaaten, die gemäß in den genannten Buchstaben festgelegten Kriterien mögliche Referenzmitgliedstaaten sind, beantragt, sich untereinander über die Festlegung seines Referenzmitgliedstaats zu einigen. Die betreffenden zuständigen Behörden entscheiden innerhalb eines Monats nach Eingang eines solchen Antrags gemeinsam über den Referenzmitgliedstaat für den Nicht-EU-AIFM. Die zuständigen Behörden des Mitgliedstaats, der als Referenzmitgliedstaat festgelegt wird, setzen den Nicht-EU-AIFM unverzüglich von dieser Festlegung in Kenntnis.
Si ledit gestionnaire n'est pas dûment informé de la décision prise par les autorités compétentes concernées dans un délai de sept jours suivant la décision ou si ces autorités compétentes concernées n'ont pas rendu leur décision dans le délai d'un mois, le gestionnaire établi dans un pays tiers peut choisir lui-même son État membre de référence sur la base des critères énoncés dans le présent paragraphe.	Wenn der Nicht-EU-AIFM nicht innerhalb von sieben Tagen nach Erlass der Entscheidung ordnungsgemäß über die Entscheidung der zuständigen Behörden informiert wird oder die betreffenden zuständigen Behörden innerhalb der Monatsfrist keine Entscheidung getroffen haben, kann der Nicht-EU-AIFM selbst seinen Referenzmitgliedstaat gemäß den in diesem Absatz aufgeführten Kriterien festlegen.
Le gestionnaire doit être en mesure d'apporter la preuve de son intention de développer la commercialisation effective dans tout État membre donné en communiquant sa stratégie de commercialisation aux autorités compétentes de l'État membre qu'il a désigné.	Der AIFM muss in der Lage sein, seine Absicht zu belegen, in einem spezifischen Mitgliedstaat einen leistungsfähigen Vertrieb aufzubauen, indem er gegenüber den zuständigen Behörden des von ihm angegebenen Mitgliedstaats seine Vertriebsstrategie offenlegt.
(5) Un gestionnaire établi dans un pays tiers et qui se propose de gérer des FIA de l'Union européenne sans les commercialiser et/ou de commercialiser dans l'Union européenne des FIA qu'il gère, en vertu de l'article 39 ou de l'article 40 de la directive 2011/61/UE, doit introduire une demande d'agrément auprès de la CSSF, dans les cas où le Luxembourg est l'État de référence du gestionnaire tel que défini suivant les règles énoncées au paragraphe (4) du présent article.	(5) Ein Nicht-EU-AIFM, der beabsichtigt, EU-AIF zu verwalten, ohne sie zu vertreiben und/oder von ihm verwaltete AIF gemäß Artikel 39 oder 40 der Richtlinie 2011/61/EU in der Europäischen Union zu vertreiben, muss der CSSF einen Antrag auf Zulassung vorlegen, sofern Luxemburg der Referenzmitgliedstaat des AIFM wie in Absatz (4) dieses Artikels definiert ist .
Après avoir reçu la demande d'agrément, la CSSF évalue si la détermination, par le gestionnaire, du Luxembourg comme État	Nach Eingang eines Antrags auf Zulassung beurteilt die CSSF, ob die Entscheidung des AIFM hinsichtlich Luxemburgs als seinem

membre de référence respecte les critères énoncés au paragraphe (4). Si la CSSF estime que tel n'est pas le cas, elle refuse la demande d'agrément du gestionnaire concerné en motivant les raisons du refus. Si la CSSF estime que les critères énoncés au paragraphe (4) ont été respectés, elle le notifie à l'AEMF en demandant une recommandation sur cette évaluation. Dans la notification à l'AEMF, la CSSF fournit à l'AEMF la justification du gestionnaire quant à son évaluation relative à la détermination de l'État membre de référence ainsi que les informations relatives à la stratégie de commercialisation du gestionnaire.	Referenzmitgliedstaat die Kriterien gemäß Absatz (4) einhält. Wenn die CSSF der Ansicht ist, dass dies nicht der Fall ist, lehnt sie den Antrag des betreffenden AIFM auf Zulassung unter Angabe der Gründe für die Ablehnung ab. Wenn die CSSF der Auffassung ist, dass die Kriterien gemäß Absatz (4) eingehalten worden sind, setzt sie die ESMA von diesem Umstand in Kenntnis und ersucht sie, eine Empfehlung zu dieser Beurteilung auszusprechen. In der Mitteilung an die ESMA legt die CSSF der ESMA die Begründung des AIFM für seine Beurteilung hinsichtlich der Bestimmung des Referenzmitgliedstaats und Informationen über die Vertriebsstrategie des AIFM vor.
Dans un délai d'un mois après avoir reçu la notification visée au deuxième alinéa, la CSSF se voit transmettre par l'AEMF sa recommandation quant à l'évaluation de la CSSF relative à la détermination de l'État membre de référence conformément aux critères énoncés au paragraphe (4).	Innerhalb eines Monats nach Eingang der Mitteilung gemäß Unterabsatz 2 spricht die ESMA eine an die CSSF gerichtete Empfehlung zu deren Beurteilung bezüglich des Referenzmitgliedstaats gemäß den in Absatz (4) genannten Kriterien aus.
Le délai visé à l'article 7, paragraphe (5), de la présente loi est suspendu pendant les délibérations de l'AEMF en vertu du présent paragraphe.	Die Frist nach Artikel 7 Absatz (5) dieses Gesetzes wird während der Beratungen der ESMA gemäß diesem Absatz ausgesetzt.
Si la CSSF propose d'octroyer l'agrément contre la recommandation de l'AEMF visée au troisième alinéa, elle en informe l'AEMF en motivant sa décision.	Wenn die CSSF entgegen der Empfehlung der ESMA gemäß Unterabsatz 3 vorschlägt, die Zulassung zu erteilen, setzt sie die ESMA davon unter Angabe ihrer Gründe in Kenntnis.
Si la CSSF propose d'octroyer l'agrément contre la recommandation de l'AEMF visée au troisième alinéa et que le gestionnaire a l'intention de commercialiser des parts ou des actions de FIA qu'il gère dans des États membres autres que le Luxembourg, déterminé comme étant l'État membre de référence, la CSSF en informe également les autorités compétentes de ces États membres en motivant sa décision. Le cas échéant, la CSSF en informe également les autorités compétentes des États membres d'origine des FIA gérés par ce gestionnaire en motivant sa décision.	Wenn die CSSF entgegen der Empfehlung der ESMA gemäß Unterabsatz 3 vorschlägt, die Zulassung zu erteilen, und der AIFM beabsichtigt, Anteile oder Aktien von durch ihn verwaltete AIF in anderen Mitgliedstaaten als Luxemburg, der als Referenzmitgliedstaat bestimmt wurde, zu vertreiben, setzt die CSSF davon auch die zuständigen Behörden der betreffenden Mitgliedstaaten unter Angabe ihrer Gründe in Kenntnis. Gegebenenfalls setzt die CSSF auch die zuständigen Behörden der Herkunftsmitgliedstaaten der AIF unter Angabe ihrer Gründe in Kenntnis.

(6) Sans préjudice du paragraphe (7), la CSSF n'accorde l'agrément visé au paragraphe (1) que si les conditions supplémentaires suivantes sont remplies:	(6) Unbeschadet des Absatzes (7) erteilt die CSSF die Genehmigung nach Absatz (1) nur, wenn folgende zusätzliche Voraussetzungen erfüllt sind:
a) Le Luxembourg est désigné comme l'État membre de référence par le gestionnaire en conformité avec les critères énoncés au paragraphe (4) du présent article. Cette désignation doit par ailleurs être étayée par la communication de la stratégie de commercialisation, et la procédure énoncée au paragraphe (5) doit avoir été suivie;	a) Luxemburg wird von dem AIFM als Referenzmitgliedstaat gemäß den Kriterien nach Absatz (4) dieses Artikels bestimmt. Diese Bestimmung muss durch die Offenlegung der Vertriebsstrategie bestätigt und das Verfahren gemäß Absatz (5) muss durchgeführt werden;
b) le gestionnaire a désigné un représentant légal établi au Luxembourg;	b) der AIFM hat einen gesetzlichen Vertreter mit Sitz in Luxemburg ernannt;
c) le représentant légal est, avec le gestionnaire, la personne de contact du gestionnaire établi dans le pays tiers pour les investisseurs des FIA concernés, pour l'AEMF ainsi que pour les autorités compétentes en ce qui concerne les activités pour lesquelles le gestionnaire est agréé dans l'Union européenne; le représentant légal doit être équipé de manière suffisante pour exercer sa fonction de vérification de conformité en vertu de la présente loi;	c) der gesetzliche Vertreter ist, zusammen mit dem AIFM, die Kontaktperson des Nicht-EU-AIFM für die Anleger der betreffenden AIF, für die ESMA und für die zuständigen Behörden im Hinblick auf die Tätigkeiten, für die der AIFM in der Europäischen Union zugelassen ist; der gesetzliche Vertreter muss zumindest hinreichend ausgestattet sein, um die Compliance-Funktion gemäß diesem Gesetz wahrnehmen zu können;
d) des modalités de coopération appropriées existent entre la CSSF, les autorités compétentes de l'État membre d'origine des FIA de l'Union européenne concernées et les autorités de surveillance du pays tiers où le gestionnaire est établi afin d'assurer à tout le moins un échange d'informations efficace, qui permette aux autorités compétentes respectives d'exécuter les missions qui leur incombent en vertu de la directive 2011/61/UE;	d) es bestehen geeignete Vereinbarungen über die Zusammenarbeit zwischen der CSSF, den zuständigen Behörden des Herkunftsmitgliedstaats der betreffenden EU-AIF und den Aufsichtsbehörden des Drittlands, in dem der Nicht-EU-AIFM seinen Sitz hat, damit zumindest ein effizienter Informationsaustausch gewährleistet ist, der den zuständigen Behörden ermöglicht, ihre Aufgaben gemäß der Richtlinie 2011/61/EU wahrzunehmen;
e) le pays tiers dans lequel est établi le gestionnaire ne figure pas sur la liste des pays et territoires non coopératifs du GAFI;	e) das Drittland, in dem der Nicht-EU-AIFM seinen Sitz hat, steht nicht auf der Liste der nicht kooperativen Länder und Gebiete, die von der GAFI aufgestellt wurde;
f) le pays tiers dans lequel le gestionnaire est établi a signé avec le Luxembourg un accord qui respecte pleinement les	f) das Drittland, in dem der Nicht-EU-AIFM seinen Sitz hat, hat mit Luxemburg eine Vereinbarung unterzeichnet,

normes énoncées à l'article 26 du modèle OCDE de convention fiscale concernant le revenu et la fortune et garantissant un échange efficace d'informations en matière fiscale, y compris tout accord multilatéral en matière fiscale;	die den Standards gemäß Artikel 26 des OECD-Musterabkommens zur Vermeidung der Doppelbesteuerung von Einkommen und Vermögen vollständig entspricht und einen wirksamen Informationsaustausch in Steuerangelegenheiten, gegebenenfalls einschließlich multilateraler Abkommen über die Besteuerung, gewährleistet;
g) le bon exercice, par les autorités compétentes respectives, de leurs fonctions de surveillance en vertu de la directive 2011/61/UE n'est pas entravé par les dispositions législatives, réglementaires ou administratives d'un pays tiers dont relève le gestionnaire ni par les limites posées aux pouvoirs de surveillance et d'enquête des autorités de surveillance de ce pays tiers.	g) die auf AIFM anwendbaren Rechts- und Verwaltungsvorschriften eines Drittlands oder die Beschränkungen der Aufsichts- und Ermittlungsbefugnisse der Aufsichtsbehörden dieses Drittlands hindern die zuständigen Behörden nicht an der effektiven Wahrnehmung ihrer Aufsichtsfunktion gemäß der Richtlinie 2011/61/EU.
(7) L'agrément tel que visé au paragraphe (1) est octroyé par la CSSF conformément aux dispositions du chapitre 2 de la présente loi qui s'appliquent par analogie, sous réserve des dispositions suivantes:	(7) Die Zulassung gemäß Absatz (1) wird von der CSSF in Analogie zu den Bestimmungen des Kapitels 2 dieses Gesetzes erteilt, vorbehaltlich folgender Bestimmungen:
a) les informations visées à l'article 6, paragraphe (2), sont complétées par:	a) die Angaben gemäß Artikel 6 Absatz (2) werden durch Folgendes ergänzt:
i) une justification par le gestionnaire quant à son évaluation relative à l'État membre de référence conformément aux critères énoncés au paragraphe (4) avec des informations relatives à la stratégie de commercialisation;	i) eine Begründung des AIFM für die von ihm vorgenommene Beurteilung bezüglich des Referenzmitgliedstaats gemäß den Kriterien nach Absatz (4) sowie Angaben zur Vertriebsstrategie;
ii) une liste des dispositions de la présente loi auxquelles il est impossible pour le gestionnaire de se conformer dans la mesure où le respect de ces dispositions par le gestionnaire est, conformément au paragraphe (2), point b), incompatible avec le respect d'une disposition obligatoire de la législation à laquelle sont soumis le gestionnaire établi dans le pays tiers ou le FIA de pays tiers commercialisé dans l'Union européenne;	ii) eine Liste der Bestimmungen dieses Gesetzes, deren Einhaltung dem AIFM unmöglich ist, da ihre Einhaltung durch den AIFM gemäß Absatz (2) Buchstabe b) nicht mit der Einhaltung einer zwingenden Rechtsvorschrift, der der Nicht-EU-AIFM oder der in der Europäischen Union vertriebene Nicht-EU-AIF unterliegt, vereinbar ist;

iii) des preuves écrites reposant sur les normes techniques de réglementation développées par l'AEMF indiquant que la législation du pays tiers concerné prévoit une mesure équivalente aux dispositions dont le respect est impossible, ayant le même effet réglementaire et offrant le même niveau de protection aux investisseurs des FIA concernés et que le gestionnaire respecte cette mesure équivalente; ces preuves écrites sont étayées par un avis juridique sur l'existence, dans la législation du pays tiers, de la disposition obligatoire incompatible concernée et incluent une description de l'effet réglementaire et de la nature de la protection qu'elle vise à offrir aux investisseurs; et	iii) schriftliche Belege auf der Grundlage der von der ESMA ausgearbeiteten technischen Regulierungsstandards, dass die betreffenden Rechtsvorschriften des Drittlands eine Vorschrift enthalten, die den Vorschriften, die nicht eingehalten werden können, gleichwertig ist, denselben regulatorischen Zweck verfolgt und den Anlegern der betreffenden AIF dasselbe Maß an Schutz bietet, und dass der AIFM sich an diese gleichwertige Vorschrift hält; diese schriftliche Belege werden durch ein Rechtsgutachten zum Bestehen der betreffenden inkompatiblen zwingenden Vorschrift im Recht des Drittlands untermauert, das auch eine Beschreibung des Regulierungszwecks und der Merkmale des Anlegerschutzes enthält, die mit der Vorschrift angestrebt werden; und
iv) le nom du représentant légal du gestionnaire et le lieu où il est établi;	iv) Name des gesetzlichen Vertreter des AIFM und der Ort, an dem er seinen Sitz hat;
b) les informations visées à l'article 6, paragraphe (3), peuvent se limiter aux FIA de l'Union européenne que le gestionnaire a l'intention de gérer et aux FIA qu'il gère et qu'il a l'intention de commercialiser dans l'Union européenne avec un passeport;	b) die Angaben gemäß Artikel 6 Absatz (3) können auf die EU-AIF, die der AIFM zu verwalten beabsichtigt, und auf die von dem AIFM verwalteten AIF, die er mit einem Passport in der Europäischen Union zu vertreiben beabsichtigt, beschränkt werden;
c) l'article 7, paragraphe (1), point a), est sans préjudice du paragraphe (2) du présent article;	c) Artikel 7 Absatz (1) Buchstabe a) gilt unbeschadet des Absatzes (2) des vorliegenden Artikels;
d) l'article 7, paragraphe (1), point e), ne s'applique pas;	d) Artikel 7, Absatz (1) Buchstabe e) findet keine Anwendung;
e) l'article 7, paragraphe (5), deuxième alinéa, est compris comme incluant une référence aux «informations visées à l'article 38, paragraphe (7), point a)».	e) Artikel 7 Absatz (5) Unterabsatz 2 ist mit der folgenden Ergänzung zu lesen „die in Artikel 38 Absatz (7) Buchstabe a) genannten Angaben".
(8) Dans le cas où la CSSF estime que le gestionnaire peut invoquer le paragraphe (2) pour être exempté du respect de certaines dispositions de la présente loi, elle le notifie à l'AEMF sans délai. La CSSF	(8) Ist die CSSF der Auffassung, dass der AIFM gemäß Absatz (2) von der Einhaltung bestimmter Vorschriften dieses Gesetzes befreit werden kann, so setzt sie die ESMA hiervon unverzüglich in Kenntnis. Die CSSF

étaye cette évaluation à l'aide des informations fournies par le gestionnaire conformément au paragraphe (7), points a) ii) et a) iii).	untermauert diese Beurteilung mit den von dem AIFM gemäß Absatz (7) Buchstabe a) Ziffer ii) und a) iii) vorgelegten Angaben.
Dans un délai d'un mois après avoir reçu la notification visée au premier alinéa, la CSSF se voit transmettre par l'AEMF sa recommandation sur l'application de l'exemption du respect de certaines dispositions de la présente loi dû à l'incompatibilité conformément au paragraphe (2). Le délai visé à l'article 7, paragraphe (5), est suspendu pendant l'examen de l'AEMF en vertu du présent paragraphe.	Innerhalb eines Monats nach Eingang der Mitteilung nach Unterabsatz 1 spricht die ESMA eine an die CSSF gerichtete Empfehlung hinsichtlich der Anwendung der Ausnahme von der Einhaltung bestimmter Vorschriften dieses Gesetzes aufgrund der Unvereinbarkeit gemäß Absatz (2) aus. Die Frist nach Artikel 7 Absatz (5) wird während der Überprüfung durch die ESMA gemäß diesem Absatz ausgesetzt.
Si la CSSF propose d'octroyer l'agrément contre la recommandation de l'AEMF visée au deuxième alinéa, elle en informe l'AEMF en motivant sa décision.	Wenn die CSSF entgegen der Empfehlung der ESMA gemäß Unterabsatz 2 vorschlägt, die Zulassung zu erteilen, setzt sie die ESMA unter Angabe ihrer Gründe davon in Kenntnis.
Si la CSSF propose d'octroyer l'agrément contre la recommandation de l'AEMF visée au deuxième alinéa et que le gestionnaire entend commercialiser des parts ou des actions de FIA qu'il gère dans des États membres autres que le Luxembourg, déterminé comme étant l'État membre de référence, la CSSF en informe également les autorités compétentes de ces États membres en motivant sa décision.	Wenn die CSSF entgegen der Empfehlung der ESMA gemäß Unterabsatz 2 vorschlägt, die Zulassung zu erteilen, und der AIFM beabsichtigt, Anteile oder Aktien von durch ihn verwalteten AIF in anderen Mitgliedstaaten als Luxemburg, da als Referenzmitgliedstaat bestimmt wurde, zu vertreiben, setzt die CSSF davon auch die zuständigen Behörden der betreffenden Mitgliedstaaten unter Angabe ihrer Gründe in Kenntnis.
(9) La CSSF, en tant qu'autorité compétente de l'État membre de référence, informe sans délai l'AEMF de l'issue de la procédure d'agrément initiale, de tout changement de l'agrément du gestionnaire et de tout retrait d'agrément.	(9) Die CSSF in ihrer Eigenschaft als zuständige Behörde des Referenzmitgliedstaats unterrichtet die ESMA unverzüglich über das Ergebnis des Erstzulassungsprozesses, über Änderungen bei der Zulassung des AIFM und über einen Entzug der Zulassung.
La CSSF informe par ailleurs l'AEMF des demandes d'agrément qu'elle a rejetées, en fournissant des données sur le gestionnaire qui a introduit une demande d'agrément et en motivant les raisons de son refus.	Die CSSF unterrichtet außerdem die ESMA über die Zulassungsanträge, die sie abgelehnt hat, und legt dabei Angaben zu dem AIFM, der eine Zulassung beantragt hat, sowie die Gründe für die Ablehnung vor.
(10) Si un gestionnaire agréé par la CSSF au titre du présent article modifie sa stratégie de commercialisation dans un délai de deux ans après son agrément initial, et dans l'hypothèse où cette modification avait affecté la détermination de l'État membre de référence si la stratégie de com-	(10) Wenn ein von der CSSF nach diesem Artikel zugelassener AIFM innerhalb von zwei Jahren nach seiner Erstzulassung seine Vertriebsstrategie ändert und wenn diese Änderung, falls die geänderte Vertriebsstrategie die ursprüngliche Vertriebsstrategie gewesen wäre, die Festlegung des

mercialisation modifiée avait été la stratégie de commercialisation initiale, le gestionnaire est tenu d'informer la CSSF, en tant qu'autorité compétente de l'État membre de référence initial, de la modification avant de la mettre en oeuvre. Le gestionnaire concerné indique son État membre de référence conformément aux critères énoncés au paragraphe (4) et en fonction de la nouvelle stratégie de commercialisation. Le gestionnaire justifie son évaluation en communiquant à la CSSF, en tant qu'autorité compétente de l'État membre de référence initial, sa nouvelle stratégie de commercialisation. Parallèlement, le gestionnaire fournit des informations sur son représentant légal y compris son nom et le lieu où celui-ci est établi. Le représentant légal est établi dans le nouvel État membre de référence.	Referenzmitgliedstaats beeinflusst hätte, muss der AIFM die CSSF als zuständige Behörde des ursprünglichen Referenzmitgliedstaats über diese Änderung vor ihrer Durchführung in Kenntnis setzen. Der betreffende AIFM gibt seinen Referenzmitgliedstaat gemäß den Kriterien in Absatz (4) und entsprechend der neuen Vertriebsstrategie an. Der AIFM begründet seine Beurteilung, indem er seine neue Vertriebsstrategie der CSSF als der zuständigen Behörde seines ursprünglichen Referenzmitgliedstaats gegenüber offenlegt. Zugleich legt der AIFM Angaben zu seinem gesetzlichen Vertreter, einschließlich zu dessen Name und dem Ort vor, an dem er seinen Sitz hat. Der gesetzliche Vertreter hat seinen Sitz in dem neuen Referenzmitgliedstaat.
La CSSF évalue si la détermination de l'État membre de référence par le gestionnaire conformément au premier alinéa, est correcte et le notifie à l'AEMF. Dans la notification à l'AEMF, la CSSF communique la justification du gestionnaire quant à l'évaluation relative à la détermination de l'État membre de référence ainsi que les informations relatives à la nouvelle stratégie de commercialisation du gestionnaire.	Die CSSF beurteilt, ob die Festlegung des Referenzmitgliedstaats durch den AIFM gemäß Unterabsatz 1 korrekt ist, und setzt die ESMA hiervon in Kenntnis. In ihrer Mitteilung an die ESMA legt die CSSF die Begründung des AIFM für seine Beurteilung hinsichtlich des Referenzmitgliedstaats und Informationen über die neue Vertriebsstrategie des AIFM vor.
Dans un délai d'un mois après avoir reçu la notification visée au deuxième alinéa, l'AEMF émet une recommandation sur l'évaluation menée par la CSSF.	Innerhalb eines Monats nach Eingang der Mitteilung gemäß Unterabsatz 2 spricht die ESMA eine Empfehlung zu der von der CSSF vorgenommenen Beurteilung aus.
Après avoir reçu la recommandation de l'AEMF conformément au troisième alinéa, la CSSF informe le gestionnaire établi dans un pays tiers, son représentant légal initial et l'AEMF de sa décision.	Nachdem die CSSF die Empfehlung der ESMA gemäß Unterabsatz 3 erhalten hat, setzt sie den Nicht-EU-AIFM, dessen ursprünglichen gesetzlichen Vertreter und die ESMA von ihrer Entscheidung in Kenntnis.
Lorsque la CSSF approuve l'évaluation faite par le gestionnaire, elle informe également par la suite les autorités compétentes du nouvel État membre de référence de la modification. La CSSF transmet sans délai une copie de l'agrément et du dossier de surveillance du gestionnaire aux autorités compétentes du nouvel État membre de référence. A compter de la date de transmis-	Ist die CSSF mit der von dem AIFM vorgenommenen Beurteilung einverstanden, so setzt sie auch die zuständigen Behörden des neuen Referenzmitgliedstaats von der Änderung in Kenntnis. Die CSSF übermittelt den zuständigen Behörden des neuen Referenzmitgliedstaats unverzüglich eine Abschrift der Zulassungs- und Aufsichtsunterlagen des AIFM. Von dem Zeitpunkt der

sion de l'agrément et du dossier de surveillance, les autorités compétentes du nouvel État membre de référence sont compétentes pour l'agrément et la surveillance du gestionnaire.	Übermittlung der Zulassungs- und Aufsichtsunterlagen an sind die zuständigen Behörden des neuen Referenzmitgliedstaats für Zulassung und Aufsicht des AIFM zuständig.
Lorsque l'évaluation finale de la CSSF est contraire à la recommandation de l'AEMF visée au troisième alinéa:	Wenn die abschließende Beurteilung der CSSF im Widerspruch zu den Empfehlungen der ESMA gemäß Unterabsatz 3 steht, gilt Folgendes:
a) la CSSF en informe l'AEMF en motivant sa décision.	a) die CSSF setzt die ESMA davon unter Angabe ihrer Entscheidungsgründe in Kenntnis.
b) lorsque le gestionnaire commercialise des parts ou des actions de FIA qu'il gère dans des États membres autres que le Luxembourg, en tant qu'État membre de référence initial, la CSSF en informe les autorités compétentes de ces autres États membres en motivant sa décision. Le cas échéant, la CSSF en informe également les autorités compétentes des États membres d'origine des FIA gérés par ce gestionnaire en motivant sa décision.	b) Wenn der AIFM Anteile oder Aktien von durch ihn verwalteten AIF in anderen Mitgliedstaaten als Luxemburg als dem ursprünglichen Referenzmitgliedstaat vertreibt, setzt die CSSF davon auch die zuständigen Behörden dieser anderen Mitgliedstaaten unter Angabe ihrer Gründe in Kenntnis. Gegebenenfalls setzt die CSSF davon auch die zuständigen Behörden der Herkunftsmitgliedstaaten der von dem AIFM verwalteten AIF unter Angabe ihrer Gründe in Kenntnis.
(11) Lorsque l'évolution effective des opérations du gestionnaire dans l'Union européenne dans un délai de deux ans après son agrément au titre du présent article semble indiquer que la stratégie de commercialisation telle que présentée par le gestionnaire lors de l'agrément n'a pas été suivie ou que le gestionnaire a fait de fausses déclarations y afférentes, ou si le gestionnaire a manqué à ses obligations résultant du paragraphe (10) quand il a modifié sa stratégie de commercialisation, la CSSF, en tant qu'autorité compétente de l'État membre de référence initial, demande au gestionnaire d'indiquer l'État membre de référence en fonction de sa véritable stratégie de commercialisation. La procédure énoncée au paragraphe (10) s'applique par analogie. Si le gestionnaire ne se conforme pas à la demande de la CSSF, celle-ci procède au retrait de son agrément.	(11) Erweist sich anhand des tatsächlichen Verlaufs der Geschäftsentwicklung des AIFM in der Europäischen Union innerhalb von zwei Jahren nach seiner Zulassung gemäß diesem Artikel, dass der von dem AIFM zum Zeitpunkt seiner Zulassung vorgelegten Vertriebsstrategie nicht gefolgt worden ist, der AIFM diesbezüglich falsche Angaben gemacht hat oder der AIFM sich bei der Änderung seiner Vertriebsstrategie nicht an Absatz (10) gehalten hat, so fordert die CSSF als zuständige Behörde des ursprünglichen Referenzmitgliedstaats den AIFM auf, den Referenzmitgliedstaat gemäß seiner tatsächlichen Vertriebsstrategie anzugeben. Das Verfahren nach Absatz (10) ist analog anzuwenden. Kommt der AIFM der Aufforderung der CSSF nicht nach, so entzieht diese ihm die Zulassung.

Lorsque le gestionnaire modifie sa stratégie de commercialisation après le délai énoncé au paragraphe (10) et entend changer d'État membre de référence en fonction de sa nouvelle stratégie de commercialisation, il peut soumettre à la CSSF, en tant qu'autorité compétente de l'État membre de référence initial, une demande visant à changer d'État membre de référence. La procédure énoncée au paragraphe (10) s'applique par analogie.	Ändert der AIFM seine Vertriebsstrategie nach Ablauf der in Absatz (10) genannten Zeitspanne und will er seinen Referenzmitgliedstaat entsprechend seiner neuen Vertriebsstrategie ändern, so kann er bei der CSSF als der zuständigen Behörde des ursprünglichen Referenzmitgliedstaats einen Antrag auf Änderung seines Referenzmitgliedstaats stellen. Das Verfahren nach Absatz (10) ist analog anzuwenden.
(12) Tout litige survenant entre la CSSF, en tant qu'autorité compétente de l'État membre de référence du gestionnaire, et le gestionnaire est réglé conformément à la loi luxembourgeoise et relève de la compétence des tribunaux luxembourgeois.	(12) Alle zwischen der CSSF, als der zuständigen Behörde des Referenzmitgliedstaats des AIFM, und dem AIFM auftretenden Streitigkeiten werden nach luxemburgischem Recht beigelegt und unterliegen der luxemburgischen Gerichtsbarkeit.
Tout litige entre le gestionnaire ou le FIA et des investisseurs de l'Union européenne du FIA concerné est réglé conformément à la législation et relève de la compétence judiciaire d'un État membre.	Alle zwischen dem AIFM oder dem AIF und den EU-Anlegern des jeweiligen AIF auftretende Streitigkeiten werden nach dem Recht eines Mitgliedstaats beigelegt und unterliegen dessen Gerichtbarkeit.
Art. 39. Conditions applicables à la commercialisation dans l'Union européenne avec un passeport de FIA de l'Union européenne gérés par un gestionnaire établi dans un pays tiers, lorsque le Luxembourg est défini comme l'État membre de référence du gestionnaire	**Art. 39. Bedingungen für den in der Europäischen Union mit einem Passport erfolgenden Vertrieb von EU-AIF, die von einem Nicht-EU-AIFM verwaltet werden, wenn Luxemburg der Referenzmitgliedstaat des AIFM ist**
(1) Un gestionnaire dûment agréé établi dans un pays tiers qui se propose de commercialiser avec un passeport, auprès d'investisseurs professionnels, dans l'Union européenne, des parts ou des actions d'un FIA de l'Union européenne qu'il gère, est tenu de se conformer aux dispositions du présent article, lorsque le Luxembourg est défini comme l'État de référence du gestionnaire suivant les règles énoncées à l'article 38, paragraphe (4).	(1) Beabsichtigt ein ordnungsgemäß zugelassener Nicht-EU-AIFM Anteile oder Aktien eines EU-AIF, den er verwaltet, an professionelle Anleger in der Europäischen Union mit einem Passport zu vertreiben, muss er diesem Artikel entsprechen, wenn Luxemburg nach den in Artikel 38 Absatz (4) genannten Voraussetzungen der Referenzmitgliedstaat des AIFM ist.
(2) Si le gestionnaire se propose de commercialiser des parts ou des actions du FIA de l'Union européenne au Luxembourg, défini comme l'État membre de référence du gestionnaire, le gestionnaire doit présenter à la CSSF une notification pour chaque FIA	(2) Beabsichtigt der AIFM die Anteile oder Aktien des EU-AIF in Luxemburg, das als Referenzmitgliedstaat des AIFM definiert ist, zu vertreiben, so muss er der CSSF für jeden EU-AIF, den er zu vertreiben beabsichtigt, ein Anzeigeschreiben vorlegen.

de l'Union européenne qu'il a l'intention de commercialiser.	
Cette notification comprend la documentation et les informations visées à l'annexe III.	Das Anzeigeschreiben umfasst die Dokumentation und die Angaben gemäß Anhang III.
(3) Au plus tard vingt jours ouvrables après réception d'une notification complète conformément au paragraphe (2), la CSSF indique au gestionnaire s'il peut commencer à commercialiser le FIA qui a fait l'objet de la notification visée au paragraphe (2) sur le territoire du Luxembourg. La CSSF ne peut s'opposer à la commercialisation du FIA que si la gestion dudit FIA par le gestionnaire n'est pas ou ne sera pas conforme à la présente loi ou si le gestionnaire ne respecte ou ne respectera pas la présente loi. En cas de décision positive, le gestionnaire peut commencer la commercialisation du FIA au Luxembourg dès la date de notification à cet effet par la CSSF.	(3) Spätestens zwanzig Arbeitstage nach Eingang des vollständigen Anzeigeschreibens nach Absatz (2) teilt die CSSF dem AIFM mit, ob er im Hoheitsgebiet Luxemburgs mit dem Vertrieb des im Anzeigeschreiben nach Absatz (2) genannten AIF beginnen kann. Die CSSF kann den Vertrieb des AIF nur untersagen, wenn die Verwaltung des AIF durch den AIFM nicht mehr die Bestimmungen dieses Gesetzes erfüllt oder der AIFM nicht mehr die Bestimmungen dieses Gesetzes einhält. Im Falle einer positiven Entscheidung kann der AIFM ab dem Datum der diesbezüglichen Mitteilung der CSSF mit dem Vertrieb des AIF in Luxemburg beginnen.
La CSSF informe également l'AEMF et les autorités compétentes du FIA du fait que le gestionnaire peut commencer la commercialisation des parts ou des actions du FIA au Luxembourg défini comme l'État membre de référence du gestionnaire.	Die CSSF teilt zudem der ESMA und den für den AIF zuständigen Behörden mit, dass der AIFM in Luxemburg als seinem Referenzmitgliedstaat mit dem Vertrieb von Anteilen oder Aktien des AIF beginnen kann.
(4) Si le gestionnaire se propose de commercialiser des parts ou des actions du FIA de l'Union européenne dans des États membres autres que le Luxembourg, défini comme l'État membre de référence du gestionnaire, le gestionnaire doit présenter à la CSSF une notification pour chaque FIA de l'Union européenne qu'il se propose de commercialiser.	(4) Beabsichtigt der AIFM, Anteile oder Aktien des EU-AIF in anderen Mitgliedstaaten als Luxemburg als seinem Referenzmitgliedstaat zu vertreiben, so muss der AIFM der CSSF für jeden EU-AIF, den er zu vertreiben beabsichtigt, ein Anzeigeschreiben vorzulegen.
Cette notification comprend la documentation et les informations visées à l'annexe IV.	Das Anzeigeschreiben umfasst die Dokumentation und die Angaben gemäß Anhang IV.
(5) Au plus tard vingt jours ouvrables après la date de réception du dossier de notification complet visé au paragraphe (4), la CSSF le transmet aux autorités compétentes des États membres où il est prévu que les parts ou actions du FIA soient commercialisées. Il est transmis uniquement si la gestion du FIA par le gestionnaire est con-	(5) Spätestens zwanzig Arbeitstage nach dem Eingang der vollständigen Anzeigeunterlagen nach Absatz (4) leitet die CSSF diese an die zuständigen Behörden der Mitgliedstaaten weiter, in denen die Anteile oder Aktien des AIF vertrieben werden sollen. Eine solche Weiterleitung findet nur dann statt, wenn die Verwaltung des AIF

forme et restera conforme à la présente loi et si le gestionnaire respecte la présente loi.	durch den AIFM diesem Gesetz entspricht und weiterhin entsprechen wird und wenn der AIFM im Allgemeinen sich an dieses Gesetz hält.
La CSSF joint une attestation indiquant que le gestionnaire concerné est agréé pour gérer les FIA selon une stratégie d'investissement spécifique.	Die CSSF fügt eine Bescheinigung über die Zulassung des betreffenden AIFM zur Verwaltung von AIF mit einer bestimmten Anlagestrategie bei.
(6) Après transmission du dossier de notification, la CSSF notifie sans délai cette transmission au gestionnaire. Le gestionnaire peut commencer la commercialisation du FIA dans les États membres d'accueil concernés dès la date de cette notification.	(6) Nach der Übermittlung der Anzeigeunterlagen unterrichtet die CSSF den AIFM unverzüglich über diese Übermittlung. Der AIFM kann ab dem Datum dieser Unterlagen mit dem Vertrieb des AIF in den betreffenden Aufnahmemitgliedstaaten beginnen.
La CSSF informe également l'AEMF et les autorités compétentes du FIA du fait que le gestionnaire peut commencer la commercialisation des parts ou des actions du FIA dans les États membres d'accueil du gestionnaire.	Die CSSF teilt zudem der ESMA und den für den AIF zuständigen Behörden mit, dass der AIFM in den Aufnahmemitgliedstaaten mit dem Vertrieb von Anteilen oder Aktien beginnen kann.
(7) Les dispositions prises conformément à l'annexe IV, point h), relèvent de la législation des États membres d'accueil du gestionnaire et sont soumises à la surveillance des autorités compétentes de cet État membre.	(7) Die Vorkehrungen nach Anhang IV Buchstabe h) unterliegen den Rechtsvorschriften der Aufnahmemitgliedstaaten des AIFM und der Aufsicht der zuständigen Behörden dieser Mitgliedstaaten.
(8) La lettre de notification du gestionnaire visée au paragraphe (4) et l'attestation visée au paragraphe (5) sont fournies dans une langue usuelle dans la sphère financière internationale.	(8) Das in Absatz (4) genannte Anzeigeschreiben des AIFM und die in Absatz (5) genannte Bescheinigung sind in einer in der internationalen Finanzwelt gebräuchlichen Sprache bereitzustellen.
(9) En cas de modification substantielle de l'une quelconque des informations communiquées conformément aux paragraphes (2) et/ou (4), le gestionnaire doit en avertir par écrit la CSSF, au moins un mois avant de mettre en oeuvre une modification prévue ou aussitôt après une modification imprévue.	(9) Im Falle einer wesentlichen Änderung der nach Absatz (2) und/oder (4) übermittelten Angaben muss der AIFM diese Änderung der CSSF bei vom AIFM geplanten Änderungen mindestens einen Monat vor Durchführung der Änderung, oder, bei ungeplanten Änderungen, unverzüglich nach Eintreten der Änderung schriftlich mitteilen.
Si une modification prévue devait conduire à ce que la gestion du FIA par le gestionnaire ne soit plus conforme à la présente loi ou à ce que le gestionnaire ne satisfasse plus à la présente loi, la CSSF informe sans délai le gestionnaire qu'il n'est pas autorisé à procéder à cette modification.	Sollte die geplante Änderung dazu führen, dass die Verwaltung des AIF durch den AIFM oder der AIFM im Allgemeinen nunmehr gegen dieses Gesetz verstößt, teilt die CSSF dem AIFM unverzüglich mit, dass er die Änderung nicht durchführen darf.

Si une modification prévue est mise en oeuvre nonobstant le premier et le deuxième alinéas, ou si une modification imprévue a eu lieu en vertu de laquelle la gestion du FIA par le gestionnaire n'est plus conforme à la présente loi ou le gestionnaire ne respecte plus la présente loi, la CSSF prend toutes les mesures nécessaires conformément à l'article 50, y compris, si nécessaire, l'interdiction expresse de commercialiser le FIA.	Wird eine geplante Änderung ungeachtet der Unterabsätze 1 und 2 durchgeführt oder führt eine durch einen ungeplanten Umstand ausgelöste Änderung dazu, dass die Verwaltung des AIF durch den AIFM nicht mehr die Bestimmungen dieses Gesetzes erfüllt oder der AIFM die Bestimmungen dieses Gesetzes nicht mehr einhält, so ergreift die CSSF alle gebotenen Maßnahmen gemäß Artikel 50, einschließlich, falls erforderlich, der ausdrücklichen Untersagung des Vertriebs des AIF.
Si les modifications peuvent être admises, parce qu'elles n'affectent pas la conformité de la gestion du FIA par le gestionnaire avec la présente loi ou le respect de la présente loi par le gestionnaire, la CSSF informe sans retard l'AEMF de ces modifications, dans la mesure où les modifications concernent la cessation de la commercialisation de certains FIA ou la commercialisation de FIA supplémentaires et, le cas échéant, les autorités compétentes des États membres d'accueil.	Sind die Änderungen zulässig, weil sie nicht auf die Vereinbarkeit der Verwaltung des AIF durch den AIFM mit diesem Gesetz oder auf die Einhaltung dieses Gesetzes durch den AIFM im Allgemeinen auswirken, so unterrichtet die CSSF unverzüglich die ESMA, soweit die Änderungen die Beendigung des Vertriebs von bestimmten AIF oder zusätzlichen vertriebenen AIF betreffen, und gegebenenfalls die zuständigen Behörden der Aufnahmemitgliedstaaten über diese Änderungen.
(10) Sans préjudice des dispositions de l'article 46 de la présente loi en cas de commercialisation au Luxembourg respectivement de l'article 43, paragraphe (1), de la directive 2011/61/UE en cas de commercialisation dans un État membre autre que le Luxembourg, les FIA gérés et commercialisés par les gestionnaires visés par le présent article ne peuvent être commercialisés qu'auprès d'investisseurs professionnels.	(10) Unbeschadet der Vorschriften in Artikel 46 dieses Gesetzes für den Fall des Vertriebs in Luxemburg bzw. in Artikel 43 Absatz (1) der Richtlinie 2011/61/EU für den Fall des Vertriebs in einem anderen Mitgliedstaat als Luxemburg, können die von AIFM nach diesem Artikel verwalteten und vertriebenen AIF nur an professionelle Anleger vertrieben werden.
Art. 40. Conditions applicables à la commercialisation au Luxembourg avec un passeport de FIA de l'Union européenne gérés par un gestionnaire établi dans un pays tiers, lorsque le Luxembourg n'est pas l'État membre de référence du gestionnaire	**Art. 40. Bedingungen für den in Luxemburg mit einem Passport erfolgenden Vertrieb von EU-AIF, die durch einen Nicht-EU-AIFM verwaltet werden, wenn Luxemburg nicht der Referenzmitgliedstaat des AIFM ist**
(1) Si un gestionnaire dûment agréé établi dans un pays tiers se propose de commercialiser avec un passeport, au Luxembourg, auprès d'investisseurs professionnels, des parts ou des actions d'un FIA de l'Union	(1) Beabsichtigt ein ordnungsgemäß zugelassener Nicht-EU-AIFM Anteile oder Aktien eines EU-AIF, den er verwaltet, an professionelle Anleger in Luxemburg mit einem Passport zu vertreiben, müssen der

européenne qu'il gère, la CSSF se voit transmettre par les autorités compétentes de l'État membre de référence du gestionnaire le dossier de notification ainsi que l'attestation visée à l'article 39, paragraphe (5), de la directive 2011/61/UE.	CSSF von den zuständigen Behörden des Referenzmitgliedstaats des AIFM ein Anzeigeschreiben sowie die in Artikel 39 Absatz (5) der Richtlinie 2011/61/EU vorgesehene Bescheinigung übermittelt werden.
Dès notification au gestionnaire de la transmission à la CSSF, visée au présent paragraphe, par les autorités compétentes de l'État membre de référence du gestionnaire, celui-ci peut commercialiser le FIA concerné au Luxembourg à compter de la date de cette notification.	Nach Mitteilung an den AIFM von der Übermittlung an die CSSF durch die zuständigen Behörden des Referenzstaates des AIFM gemäß diesem Absatz, kann dieser ab dem Datum dieser Mitteilung den betreffenden AIF in Luxemburg vertreiben.
(2) Sans préjudice des dispositions de l'article 46 de la présente loi, les FIA gérés et commercialisés par les gestionnaires visés par le présent article ne peuvent être commercialisés qu'auprès d'investisseurs professionnels.	(2) Unbeschadet der Vorschriften in Artikel 46 dieses Gesetzes, können die von AIFM nach diesem Artikel verwalteten und vertriebenen AIF nur an professionelle Anleger vertrieben werden.
Art. 41. Conditions applicables à la commercialisation dans l'Union européenne avec un passeport de FIA de pays tiers gérés par un gestionnaire établi dans un pays tiers, lorsque le Luxembourg est défini comme l'État membre de référence du gestionnaire	**Art. 41. Bedingungen für den in der Europäischen Union mit einem Passport erfolgenden Vertrieb von Nicht-EU-AIF, die durch einen Nicht-EU-AIFM verwaltet werden, wenn Luxemburg der Referenzmitgliedstaat ist**
(1) Un gestionnaire dûment agréé établi dans un pays tiers qui se propose de commercialiser, avec un passeport, auprès d'investisseurs professionnels, dans l'Union européenne, des parts ou des actions d'un FIA de pays tiers qu'il gère, est tenu de se conformer aux dispositions du présent article, lorsque le Luxembourg est défini comme l'État membre de référence du gestionnaire suivant les règles énoncées à l'article 38, paragraphe (4), de la présente loi.	(1) Beabsichtigt ein ordnungsgemäß zugelassener Nicht-EU-AIFM Anteile oder Aktien eines Nicht-EU-AIF, den er verwaltet, an professionelle Anleger in der Europäischen Union mit einem Passport zu vertreiben, muss er die in diesem Artikel festgelegten Bedingungen einhalten, wenn Luxemburg nach den in Artikel 38 Absatz (4) genannten Voraussetzungen der Referenzmitgliedstaat des AIFM ist.
(2) Les gestionnaires visés au paragraphe (1) doivent satisfaire à toutes les exigences prévues dans la présente loi relatives aux gestionnaires établis dans l'Union européenne. De plus, les conditions suivantes doivent être remplies:	(2) Die AIFM nach Absatz (1) müssen alle Anforderungen erfüllen, die dieses Gesetz an EU-AIFM stellt. Darüber hinaus müssen folgende Voraussetzungen erfüllt sein:
a) des modalités de coopération appropriées existent entre la CSSF et l'auto-	a) es bestehen geeignete Vereinbarungen über die Zusammenarbeit zwischen der

rité de surveillance du pays tiers où le FIA est établi, afin d'assurer à tout le moins un échange d'informations efficace, qui permette à la CSSF d'exécuter les missions qui lui incombent en vertu de la présente loi;	CSSF und der Aufsichtsbehörde des Drittlands, in dem der AIF seinen Sitz hat, damit zumindest ein effizienter Informationsaustausch gewährleistet ist, der der CSSF ermöglicht, ihre Aufgaben gemäß diesem Gesetz wahrzunehmen;
b) le pays tiers dans lequel est établi le gestionnaire ne figure pas sur la liste des pays et territoires non coopératifs du GAFI;	b) das Drittland, in dem der AIFM seinen Sitz hat, steht nicht auf der Liste der nicht kooperativen Länder und Gebiete der GAFI;
c) le pays tiers dans lequel est établi le FIA a signé, avec le Luxembourg et avec tout autre État membre dans lequel il est prévu que les parts ou actions du FIA de pays tiers soient commercialisées, un accord qui respecte pleinement les normes énoncées à l'article 26 du modèle OCDE de convention fiscale concernant le revenu et la fortune et garantissant un échange efficace d'informations en matière fiscale, y compris, tout accord multilatéral en matière fiscale.	c) das Drittland, in dem der AIF seinen Sitz hat, hat mit Luxemburg sowie mit jedem anderen Mitgliedstaat, in dem die Anteile oder Aktien des Nicht-EU-AIF vertrieben werden sollen, eine Vereinbarung unterzeichnet, die den Standards in Artikel 26 des OECD-Musterabkommens zur Vermeidung der Doppelbesteuerung von Einkommen und Vermögen vollständig entspricht und einen wirksamen Informationsaustausch in Steuerangelegenheiten, gegebenenfalls einschließlich multilateraler Abkommen über die Besteuerung, gewährleistet.
(3) Si le gestionnaire se propose de commercialiser des parts ou des actions de FIA de pays tiers au Luxembourg, défini comme l'État membre de référence du gestionnaire, le gestionnaire doit transmettre à la CSSF une notification pour chaque FIA de pays tiers qu'il a l'intention de commercialiser.	(3) Wenn der AIFM beabsichtigt, Anteile oder Aktien von Nicht-EU-AIF in Luxemburg als dem Referenzmitgliedstaat des AIFM zu vertreiben, muss der AIFM der CSSF eine Mitteilung für jeden Nicht-EU-AIF, den er zu vertreiben beabsichtigt, vorlegen.
Cette notification comprend la documentation et les informations visées à l'annexe III.	Diese Mitteilung umfasst die Dokumentation und die Angaben gemäß Anhang III.
(4) Au plus tard vingt jours ouvrables après réception d'une notification complète conformément au paragraphe (3), la CSSF indique au gestionnaire s'il peut commencer à commercialiser le FIA qui a fait l'objet de la notification visée au paragraphe (3) sur le territoire du Luxembourg. La CSSF ne peut s'opposer à la commercialisation du FIA que si la gestion dudit FIA par le gestionnaire n'est pas ou ne sera pas conforme à la présente loi ou si le gestionnaire ne	(4) Spätestens zwanzig Arbeitstage nach Eingang des vollständigen Anzeigeschreibens nach Absatz (3) teilt die CSSF dem AIFM mit, ob er im Luxemburg mit dem Vertrieb des im Anzeigeschreiben nach Absatz (3) genannten AIF beginnen kann. Die CSSF kann den Vertrieb des AIF nur dann untersagen, wenn die Verwaltung des AIF durch den AIFM oder der AIFM im Allgemeinen gegen dieses Gesetz verstößt. Im Falle einer positiven Entscheidung kann

respecte ou ne respectera pas la présente loi. En cas de décision positive, le gestionnaire peut commencer la commercialisation du FIA au Luxembourg dès la date de notification à cet effet par la CSSF.	der AIFM ab dem Datum der diesbezüglichen Mitteilung der CSSF mit dem Vertrieb des AIF in Luxemburg beginnen.
La CSSF informe également l'AEMF du fait que le gestionnaire peut commencer la commercialisation des parts ou des actions du FIA au Luxembourg défini comme l'État membre de référence du gestionnaire.	Die CSSF teilt zudem der ESMA mit, dass der AIFM in Luxemburg als seinem Referenzmitgliedstaat mit dem Vertrieb von Anteilen oder Aktien des AIF beginnen kann.
(5) Si le gestionnaire se propose de commercialiser les parts ou les actions d'un FIA de pays tiers également dans des États membres autres que le Luxembourg, défini comme l'État membre de référence du gestionnaire, le gestionnaire doit présenter à la CSSF une notification pour chaque FIA de pays tiers qu'il a l'intention de commercialiser.	(5) Beabsichtigt der AIFM, Anteile oder Aktien des Nicht-EU-AIF auch in anderen Mitgliedstaaten als Luxemburg als seinem Referenzmitgliedstaat zu vertreiben, so muss der AIFM der CSSF für jeden Nicht-EU-AIF, den er zu vertreiben beabsichtigt, ein Anzeigeschreiben vorlegen.
Cette notification comprend la documentation et les informations visées à l'annexe IV.	Das Anzeigeschreiben umfasst die Dokumentation und die Angaben gemäß Anhang IV.
(6) Au plus tard vingt jours ouvrables après la date de réception du dossier de notification complet visé au paragraphe (5), la CSSF le transmet aux autorités compétentes des États membres où il est prévu que les parts ou actions du FIA soient commercialisées. Il est transmis uniquement si la gestion du FIA par le gestionnaire est conforme et restera conforme à la présente loi et si le gestionnaire respecte la présente loi.	(6) Spätestens zwanzig Arbeitstage nach dem Eingang der vollständigen Anzeigeunterlagen nach Absatz (5) übermittelt die CSSF diese an die zuständigen Behörden der Mitgliedstaaten, in denen Anteile oder Aktien des AIF vertrieben werden sollen. Eine solche Übermittlung findet nur dann statt, wenn die Verwaltung des AIF durch den AIFM diesem Gesetz entspricht und weiterhin entsprechen wird und wenn der AIFM im Allgemeinen sich an dieses Gesetz hält.
La CSSF joint une attestation indiquant que le gestionnaire concerné est agréé pour gérer les FIA selon une stratégie d'investissement spécifique.	Die CSSF fügt den Unterlagen eine Bescheinigung bei, die bestätigt, dass der betreffende AIFM zur Verwaltung von AIF nach einer bestimmten Anlagestrategie zugelassen ist.
(7) Après transmission du dossier de notification, la CSSF notifie sans délai cette transmission au gestionnaire. Le gestionnaire peut commencer la commercialisation du FIA dans les États membres d'accueil du gestionnaire concernés dès la date de cette notification.	(7) Nach der Übermittlung der Anzeigeunterlagen unterrichtet die CSSF den AIFM unverzüglich über diese Übermittlung. Der AIFM kann ab dem Datum dieser Unterrichtung mit dem Vertrieb des AIF in den Aufnahmemitgliedstaaten des AIFM beginnen.

La CSSF informe également l'AEMF du fait que le gestionnaire peut commencer la commercialisation des parts ou des actions du FIA dans les États membres d'accueil du gestionnaire.	Die CSSF teilt zudem der ESMA mit, dass der AIFM in seinen Aufnahmemitgliedstaaten mit dem Vertrieb von Anteilen oder Aktien des AIF beginnen kann.
(8) Les dispositions prises conformément à l'annexe IV, point h), relèvent de la législation des États membres d'accueil du gestionnaire et sont soumises à la surveillance des autorités compétentes de cet État membre.	(8) Die Vorkehrungen nach Anhang IV Buchstabe h) unterliegen den Rechtsvorschriften der Aufnahmemitgliedstaaten des AIFM und der Aufsicht der zuständigen Behörden dieses Mitgliedstaats.
(9) La lettre de notification du gestionnaire visée au paragraphe (5) et l'attestation visée au paragraphe (6) sont fournies dans une langue usuelle dans la sphère financière internationale.	(9) Das in Absatz (5) genannte Anzeigeschreiben des AIFM und die in Absatz (6) genannte Bescheinigung sind in einer in der internationalen Finanzwelt gebräuchlichen Sprache zur Verfügung zu stellen.
(10) En cas de modification substantielle de l'une quelconque des informations communiquées conformément aux paragraphes (3) ou (5), le gestionnaire doit en avertir par écrit la CSSF, au moins un mois avant de mettre en oeuvre une modification prévue ou aussitôt après une modification imprévue.	(10) Im Falle einer wesentlichen Änderung der nach Absatz (3) oder (5) übermittelten Angaben muss der AIFM diese Änderung der CSSF bei vom AIFM geplanten Änderungen mindestens einen Monat vor Durchführung der Änderung, oder, bei ungeplanten Änderungen, unverzüglich nach Eintreten der Änderung schriftlich mitteilen.
Si une modification prévue devait conduire à ce que la gestion du FIA par le gestionnaire ne soit plus conforme à la présente loi ou à ce que le gestionnaire ne satisfasse plus à la présente loi, la CSSF informe sans délai le gestionnaire qu'il n'est pas autorisé à procéder à cette modification.	Sollte eine geplante Änderung dazu führen, dass die Verwaltung des AIF durch den AIFM oder der AIFM im Allgemeinen nunmehr gegen dieses Gesetz verstößt, teilt die CSSF dem AIFM unverzüglich mit, dass er die Änderung nicht durchführen darf.
Si une modification prévue est mise en oeuvre nonobstant le premier et le deuxième alinéas, ou si une modification imprévue a eu lieu en vertu de laquelle la gestion du FIA par le gestionnaire n'est plus conforme à la présente loi ou le gestionnaire ne respecte plus la présente loi, la CSSF prend toutes les mesures nécessaires conformément à l'article 50, y compris, si nécessaire, l'interdiction expresse de commercialiser le FIA.	Wird eine geplante Änderung ungeachtet der Unterabsätze 1 und 2 durchgeführt oder führt eine durch einen ungeplanten Umstand ausgelöste Änderung dazu, dass die Verwaltung des AIF durch den AIFM nicht mehr die Bestimmungen dieses Gesetzes erfüllt oder der AIFM nicht mehr die Bestimmungen dieses Gesetzes einhält, so ergreift die CSSF alle gebotenen Maßnahmen gemäß Artikel 50, einschließlich, falls erforderlich, der ausdrücklichen Untersagung des Vertriebs des AIF.
Si les modifications peuvent être admises parce qu'elles n'affectent pas la conformité de la gestion du FIA par le gestionnaire	Wenn die Änderungen zulässig sind, weil sie sich nicht auf die Vereinbarkeit der Verwaltung des AIF durch den AIFM mit

avec la présente loi ou le respect de la présente loi par le gestionnaire, la CSSF informe sans délai l'AEMF de ces modifications, dans la mesure où les modifications concernent la cessation de la commercialisation de certains FIA ou la commercialisation de FIA supplémentaires et, le cas échéant, les autorités compétentes des États membres d'accueil du gestionnaire.	diesen Gesetz oder auf die Einhaltung dieses Gesetzes durch den AIFM im Allgemeinen auswirken, unterrichtet die CSSF unverzüglich die ESMA, soweit die Änderung die Beendigung des Vertriebs von bestimmten AIF oder zusätzlichen vertriebenen AIF betreffen, und gegebenenfalls die zuständigen Behörden der Aufnahmemitgliedstaaten des AIFM über diese Änderungen.
(11) Sans préjudice des dispositions de l'article 46 de la présente loi en cas de commercialisation au Luxembourg respectivement de l'article 43, paragraphe (1), de la directive 2011/61/UE en cas de commercialisation dans un État membre autre que le Luxembourg, les FIA gérés et commercialisés par les gestionnaires visés par le présent article ne peuvent être commercialisés qu'auprès d'investisseurs professionnels.	(11) Unbeschadet der Bestimmungen von Artikels 46 dieses Gesetzes für den Fall des Vertriebs in Luxemburg bzw. von Artikel 43 Absatz (1) der Richtlinie 2011/61/EU für den Fall des Vertriebs in einem anderen Mitgliedstaat als Luxemburg, können die von AIFM nach diesem Artikel verwalteten und vertriebenen AIF nur an professionelle Anleger vertrieben werden.
Art. 42. Conditions applicables à la commercialisation au Luxembourg avec un passeport de FIA de pays tiers gérés par un gestionnaire établi dans un pays tiers, lorsque le Luxembourg n'est pas l'État membre de référence du gestionnaire	**Art. 42. Bedingungen für den in Luxemburg mit einem Passport erfolgenden Vertrieb von Nicht-EU-AIF, die durch einen Nicht-EU-AIFM verwaltet werden, wenn Luxemburg nicht der Referenzmitgliedstaat des AIFM ist**
(1) Si un gestionnaire dûment agréé établi dans un pays tiers se propose de commercialiser avec un passeport, au Luxembourg, auprès d'investisseurs professionnels, des parts ou des actions d'un FIA de pays tiers qu'il gère, la CSSF se voit transmettre par les autorités compétentes de l'État membre de référence du gestionnaire le dossier de notification ainsi que l'attestation visée à l'article 40, paragraphe (4), de la directive 2011/61/UE.	(1) Beabsichtigt ein ordnungsgemäß zugelassener Nicht-EU-AIFM Anteile oder Aktien eines Nicht-EU-AIF, den er verwaltet, an professionelle Anleger in Luxemburg mit einem Passport zu vertreiben, müssen der CSSF von den zuständigen Behörden des Referenzmitgliedstaats des AIFM ein Anzeigeschreiben sowie die in Artikel 40 Absatz (4) der Richtlinie 2011/61/EU vorgesehene Bescheinigung übermittelt werden.
Dès notification au gestionnaire de la transmission à la CSSF, visée au présent paragraphe, par les autorités compétentes de l'État membre de référence du gestionnaire, celui-ci peut commercialiser le FIA concerné au Luxembourg à compter de la date de cette notification.	Nach der Mitteilung an den AIFM von der Übermittlung an die CSSF durch die zuständigen Behörden des Referenzmitgliedstaates des AIFM gemäß diesem Absatz, kann dieser ab dem Datum dieser Mitteilung den betreffenden AIF in Luxemburg vertreiben.
(2) Sans préjudice des dispositions de l'article 46 de la présente loi, les FIA gérés et	(2) Unbeschadet der Vorschriften von Artikel 46 dieses Gesetzes, können die von AIFM

commercialisés par les gestionnaires visés par le présent article ne peuvent être commercialisés qu'auprès d'investisseurs professionnels.	nach diesem Artikel verwalteten und vertriebenen AIF nur an professionelle Anleger vertrieben werden.
Art. 43. Conditions applicables à la gestion de FIA établis dans des États membres de l'Union européenne autres que l'État membre de référence par des gestionnaires établis dans des pays tiers, lorsque le Luxembourg est défini comme l'État membre de référence du gestionnaire	**Art. 43. Bedingungen für die Verwaltung von in anderen Mitgliedstaaten der Europäischen Union als dem Referenzmitgliedstaat ansässigen AIF durch Nicht-EU-AIFM, wenn Luxemburg der Referenzmitgliedstaat des AIFM ist**
(1) Un gestionnaire agréé établi dans un pays tiers qui se propose de gérer des FIA de l'Union européenne établis dans un État membre autre que le Luxembourg, défini comme l'État membre de référence du gestionnaire, soit directement, soit en y établissant une succursale, doit être agréé pour gérer ce type de FIA.	(1) Ein zugelassener Nicht-EU-AIFM, der beabsichtigt, EU-AIF mit Sitz in einem anderen Mitgliedstaat als Luxemburg als dem Referenzmitgliedstaat des AIFM zu verwalten, sei es direkt oder durch die Errichtung einer Zweigniederlassung, muss für die Verwaltung dieser Art von AIF zugelassen sein.
(2) Tout gestionnaire visé au paragraphe (1) qui se propose pour la première fois de gérer des FIA de l'Union européenne établis dans un État membre autre que le Luxembourg, défini comme l'État membre de référence du gestionnaire, est tenu de communiquer les informations suivantes à la CSSF:	(2) Jeder AIFM nach Absatz (1), der zum ersten Mal beabsichtigt, EU-AIF mit Sitz in einem anderen Mitgliedstaat als Luxemburg als seinem Referenzmitgliedstaat zu verwalten, muss der CSSF die folgenden Informationen zur Verfügung stellen:
a) l'État membre où il a l'intention de gérer des FIA directement ou d'établir une succursale;	a) den Mitgliedstaat, in dem er AIF direkt oder über eine Zweigniederlassung zu verwalten beabsichtigt;
b) un programme d'activités précisant notamment les services qu'il a l'intention de fournir et identifiant les FIA qu'il compte gérer.	b) einen Geschäftsplan, aus dem insbesondere hervorgeht, welche Dienstleistungen er zu erbringen und welche AIF er zu verwalten beabsichtigt.
(3) Si le gestionnaire établi dans un pays tiers a l'intention d'établir une succursale, il doit fournir, outre les informations prévues au paragraphe (2), les informations suivantes:	(3) Beabsichtigt der Nicht-EU-AIFM die Errichtung einer Zweigniederlassung, so muss er zusätzlich zu den Angaben nach Absatz (2) folgende Informationen zur Verfügung stellen:
a) la structure organisationnelle de la succursale;	a) den organisatorischen Aufbau der Zweigniederlassung;
b) l'adresse, dans l'État membre d'origine du FIA, à laquelle des documents peuvent être obtenus;	b) die Anschrift, unter der im Herkunftsmitgliedstaat des AIF Unterlagen angefordert werden können;

c) le nom et les coordonnées des personnes chargées de la gestion de la succursale.	c) die Namen und Kontaktangaben der Geschäftsführer der Zweigniederlassung.
(4) La CSSF, si elle estime que la gestion du FIA par le gestionnaire est et restera conforme aux dispositions de la présente loi et si le gestionnaire respecte les dispositions de la présente loi, transmet, dans un délai d'un mois à compter de la réception de la documentation complète visée au paragraphe (2), ou dans un délai de deux mois à compter de la réception de la documentation complète visée au paragraphe (3), cette documentation aux autorités compétentes des États membres d'accueil du gestionnaire.	(4) Wenn die CSSF der Ansicht ist, dass die Verwaltung des AIF durch den AIFM den Vorschriften dieses Gesetzes entspricht und auch weiterhin entsprechen wird, und wenn der AIFM die Vorschriften dieses Gesetzes beachtet, übermittelt sie innerhalb eines Monats nach Eingang der vollständigen Unterlagen nach Absatz (2) oder innerhalb von zwei Monaten nach Eingang der vollständigen Unterlagen nach Absatz (3) diese Unterlagen an die zuständigen Behörden des Aufnahmemitgliedstaates des AIFM.
La CSSF joint au dossier une attestation confirmant avoir délivré un agrément au gestionnaire conformément aux dispositions de la présente loi.	Die CSSF fügt den Unterlagen eine Bescheinigung bei, dass sie dem AIFM eine Zulassung nach diesem Gesetz erteilt hat.
Après transmission du dossier aux autorités compétentes de l'État membre d'accueil du gestionnaire, cette transmission est notifiée sans délai par la CSSF au gestionnaire. Dès réception de la notification de la transmission, le gestionnaire peut commencer à fournir ses services dans les États membres d'accueil.	Nach Versand der Unterlagen an die zuständigen Behörden des Aufnahmemitgliedstaates des AIFM ist dieser Versand dem AIFM unverzüglich durch die CSSF mitzuteilen. Nach Eingang dieser Übermittlungsmeldung kann der AIFM mit der Erbringung seiner Dienstleistungen in den Aufnahmemitgliedstaaten beginnen.
La CSSF informe également l'AEMF que le gestionnaire peut commencer à gérer le FIA dans les États membres d'accueil du gestionnaire.	Die CSSF teilt zudem der ESMA mit, dass der AIFM in den Aufnahmemitgliedstaaten des AIFM mit der Verwaltung des AIF beginnen kann.
(5) En cas de modification de l'une quelconque des informations communiquées conformément au paragraphe (2), et le cas échéant, au paragraphe (3), le gestionnaire doit en avertir par écrit la CSSF, au moins un mois avant de mettre en oeuvre une modification prévue ou aussitôt après une modification imprévue.	(5) Bei einer Änderung der nach Absatz (2) und gegebenenfalls nach Absatz (3) übermittelten Angaben muss der AIFM die CSSF mindestens einen Monat vor Durchführung geplanter Änderungen hiervon schriftlich in Kenntnis setzen, oder, im Fall von ungeplanten Änderungen, unmittelbar nach dem Eintritt der Änderung.
Si une modification prévue devait conduire à ce que la gestion du FIA par le gestionnaire ne soit plus conforme aux dispositions de la présente loi ou à ce que le gestionnaire ne satisfasse plus aux dispositions de la présente loi, la CSSF informe sans délai le gestionnaire qu'il n'est pas autorisé à procéder à cette modification.	Sollte die geplante Änderung dazu führen, dass die Verwaltung des AIF durch den AIFM oder der AIFM im Allgemeinen nunmehr gegen die Vorkehrungen dieses Gesetz verstößt, teilt die CSSF dem AIFM unverzüglich mit, dass er die Änderung nicht durchführen darf.

Si une modification prévue est mise en oeuvre nonobstant le premier et le deuxième alinéas, ou si une modification imprévue a eu lieu en vertu de laquelle la gestion du FIA par le gestionnaire n'est plus conforme aux dispositions de la présente loi ou le gestionnaire ne respecte plus les dispositions de la présente loi, la CSSF prend toutes les mesures nécessaires conformément à l'article 50, y compris l'interdiction expresse de commercialiser le FIA.	Wenn eine geplante Änderung ungeachtet der Unterabsätze 1 und 2 durchgeführt wird oder wenn eine durch einen ungeplanten Umstand ausgelöste Änderung dazu führt, dass die Verwaltung des AIF durch den AIFM nicht mehr die Bestimmungen dieses Gesetzes erfüllt oder der AIFM nicht mehr die Bestimmungen dieses Gesetzes einhält, ergreift die CSSF alle gebotenen Maßnahmen gemäß Artikel 50, einschließlich der ausdrücklichen Untersagung des Vertriebs des AIF.
Si les modifications peuvent être acceptées parce qu'elles n'affectent pas la conformité de la gestion du FIA par le gestionnaire avec les dispositions de la présente loi ou le respect des dispositions de la présente loi par le gestionnaire, la CSSF informe sans délai les autorités compétentes des États membres d'accueil du gestionnaire de ces modifications.	Wenn die Änderungen akzeptiert werden können, weil sie sich nicht auf die Vereinbarkeit der Verwaltung des AIF durch den AIFM mit den Bestimmungen dieses Gesetzes oder auf die Einhaltung dieses Gesetzes durch den AIFM im Allgemeinen auswirken, unterrichtet die CSSF unverzüglich die zuständigen Behörden des Aufnahmemitgliedstaats des AIFM über diese Änderungen.
Art. 44. Conditions applicables à la gestion de FIA établis au Luxembourg par des gestionnaires établis dans des pays tiers, lorsque le Luxembourg n'est pas l'État membre de référence du gestionnaire	**Art. 44. Bedingungen für die Verwaltung von in Luxemburg ansässigen AIF durch Nicht-EU-AIFM, wenn Luxemburg nicht der Referenzmitgliedstaat des AIFM ist**
Si un gestionnaire agréé établi dans un pays tiers envisage de gérer des FIA établis au Luxembourg, soit directement, soit en y établissant une succursale, la CSSF se voit transmettre par les autorités compétentes de l'État membre de référence du gestionnaire les informations visées à l'article 41, paragraphes (2) et (3) respectivement, de la directive 2011/61/UE.	Wenn ein zugelassener AIFM mit Sitz in einem Drittland beabsichtigt, AIF mit Sitz in Luxemburg direkt oder durch die Errichtung einer Zweigniederlassung zu verwalten, müssen der CSSF von den zuständigen Behörden des Referenzmitgliedstaats des AIFM die Informationen gemäß Artikel 41 Absätze (2) und (3) der Richtlinie 2011/61/EU übermittelt werden.
Dès notification au gestionnaire de la transmission à la CSSF, visée au présent article, par les autorités compétentes de l'État membre de référence du gestionnaire, celui-ci peut commencer à fournir ses services au Luxembourg à compter de la date de cette notification.	Nach der Mitteilung an den AIFM über die Übermittlung an die CSSF durch die zuständigen Behörden des Referenzmitgliedstaates des AIFM nach diesem Artikel, kann dieser ab dem Datum dieser Mitteilung mit der Erbringung seiner Dienstleistungen in Luxemburg beginnen.

Art. 45. Conditions applicables à la commercialisation au Luxembourg sans passeport de FIA gérés par des gestionnaires établis dans des pays tiers	Art. 45. Bedingungen für den Vertrieb in Luxemburg ohne Passport von AIF, die von Nicht-EU-AIFM verwaltet werden
Sans préjudice des articles 37, 39 et 40 de la directive 2011/61/UE, les gestionnaires établis dans des pays tiers sont autorisés à commercialiser, sur le territoire du Luxembourg, auprès d'investisseurs professionnels des parts ou des actions de FIA qu'ils gèrent, sous réserve au minimum du respect des conditions suivantes:	Unbeschadet der Artikel 37, 39 und 40 der Richtlinie 2011/61/EU dürfen Nicht-EU-AIFM Anteile oder Aktien der von ihnen verwalteten AIF auf dem Hoheitsgebiet Luxemburgs an professionelle Anleger vertreiben, sofern mindestens folgende Voraussetzungen eingehalten werden:
a) le gestionnaire établi dans un pays tiers respecte les articles 22, 23 et 24 de la directive 2011/61/UE pour chaque FIA qu'il commercialise en vertu du présent article et les articles 26 à 30 de la directive 2011/61/ UE, lorsqu'un FIA qu'il commercialise en vertu du présent article relève du champ d'application de l'article 26, paragraphe (1) de ladite directive;	a) der Nicht-EU-AIFM hält im Zusammenhang mit jedem gemäß diesem Artikel von ihm vertriebenen AIF die Artikel 22, 23 und 24 der Richtlinie 2011/61/ EU sowie, wenn ein von ihm gemäß diesem Artikel vertriebener AIF in den Anwendungsbereich von Artikel 26 Absatz (1) der besagten Richtlinie fällt, die Artikel 26 bis 30 der Richtlinie 2011/61/EU ein;
b) l'existence de modalités de coopération appropriées, destinées au suivi du risque systémique et conformes aux normes internationales, entre les autorités compétentes des États membres dans lesquels les FIA sont commercialisés, le cas échéant, les autorités compétentes des FIA de l'Union européenne concernés et les autorités de surveillance du pays tiers où le gestionnaire est établi, et, le cas échéant, les autorités de surveillance du pays tiers où le FIA de pays tiers est établi, de façon à garantir un échange d'informations efficace qui permette aux autorités compétentes des États membres concernés d'exécuter les missions qui leur incombent en vertu de la directive 2011/61/UE;	b) es bestehen geeignete, der Überwachung der Systemrisiken dienende und im Einklang mit den internationalen Standards stehende Vereinbarungen über die Zusammenarbeit zwischen den zuständigen Behörden der Mitgliedstaaten, in denen die AIF vertrieben werden, und, gegebenenfalls, den zuständigen Behörden der betreffenden EU-AIF und den Aufsichtsbehörden des Drittlands, in dem der Nicht-EU-AIFM seinen Sitz hat, und, soweit anwendbar, den Aufsichtsbehörden des Drittlands, in dem der Nicht-EU-AIF seinen Sitz hat, sodass ein wirksamer Informationsaustausch gewährleistet ist, der es den zuständigen Behörden der betreffenden Mitgliedstaaten ermöglicht, ihre in der Richtlinie 2011/61/ EU festgelegten Aufgaben zu erfüllen;
c) le pays tiers où le gestionnaire ou le FIA de pays tiers est établi ne figure pas sur la liste des pays et territoires non coopératifs du GAFI.	c) das Drittland, in dem der Nicht-EU-AIFM oder der Nicht-EU-AIF seinen Sitz hat, steht nicht auf der Liste der nicht kooperativen Länder und Gebiete der GAFI.

Chapitre 8 – Commercialisation auprès d'investisseurs de détail	Kapitel 8 – Vertrieb an Kleinanleger
Art. 46. Commercialisation par les gestionnaires de FIA auprès d'investisseurs de détail	**Art. 46. Vertrieb von AIF durch AIFM an Kleinanleger**
(1) Les gestionnaires agréés établis au Luxembourg, dans un autre État membre de l'Union européenne ou dans un pays tiers sont autorisés à commercialiser sur le territoire du Luxembourg, auprès d'investisseurs de détail, des parts ou des actions de FIA qu'ils gèrent conformément à la directive 2011/61/UE, indépendamment du fait que les FIA soient commercialisés sur une base transfrontalière ou non, ou qu'il s'agisse de FIA de l'Union européenne ou de FIA de pays tiers. Dans ce cas, les conditions préalables suivantes doivent être remplies:	(1) Zugelassene AIFM mit Sitz in Luxemburg, in einem anderen Mitgliedstaat der Europäischen Union oder einem Drittland, dürfen auf dem Hoheitsgebiet Luxemburgs an Kleinanleger Anteile oder Aktien von AIF vertreiben, die sie gemäß der Richtlinie 2011/61/EU verwalten, unabhängig davon, ob die AIF grenzüberschreitend vertrieben werden sollen oder nicht, oder ob es sich um einen EU-AIF oder Nicht-EU-AIF handelt. In diesem Fall müssen folgende Voraussetzungen erfüllt sein:
a) Les FIA doivent être soumis dans leur État d'origine à une surveillance permanente qui est exercée par une autorité de contrôle prévue par la loi dans le but d'assurer la protection des investisseurs. Pour les FIA établis au Luxembourg, cette condition est réputée remplie dans le chef des FIA régis par la partie II de la loi modifiée du 17 décembre 2010 concernant les organismes de placement collectif. Le présent paragraphe ne préjuge pas des conditions d'éligibilité applicables aux investisseurs dans des FIA qui sont soumis à une réglementation par une loi du secteur financier au Luxembourg.	a) die AIF müssen in ihrem Herkunftsstaat einer ständigen Aufsicht unterliegen, die von einer gesetzlich vorgesehenen Aufsichtsbehörde ausgeübt wird, um den Anlegerschutz zu gewährleisten. Für AIF mit Sitz in Luxemburg ist diese Voraussetzung für die dem Teil II des geänderten Gesetzes vom 17. Dezember 2010 über Organismen für gemeinsame Anlagen unterfallenden AIF erfüllt. Dieser Absatz berührt nicht die Zulassungskriterien, die auf Anleger in AIF, die einer Bestimmung eines Gesetzes des luxemburgischen Finanzsektors unterliegen, anwendbar sind.
b) Pour les FIA établis dans un État membre autre que le Luxembourg ou dans un pays tiers, ces FIA doivent être soumis dans leur État d'origine à une réglementation qui offre aux investisseurs des garanties de protection au moins équivalentes à celles prévues par la législation luxembourgeoise régissant les FIA autorisés à la commercialisation auprès d'investisseurs de détail au Luxembourg. Ces FIA doivent	b) AIF mit Sitz in einem anderen Mitgliedstaat als Luxemburg oder einem Drittland, müssen in ihrem Herkunftsstaat einer Regulierung unterliegen, die den Anlegern Schutzgarantien bieten, die mindestens gleichwertig mit denen, die die luxemburgischen Rechtsvorschriften für AIF vorsieht, die zum Vertrieb an Kleinanleger in Luxemburg zugelassen sind. Diese AIF müssen in ihrem Herkunftsstaat außer-

en outre être soumis dans leur État d'origine à une surveillance que la CSSF considère comme équivalente à celle prévue par la législation luxembourgeoise régissant les FIA autorisés à la commercialisation auprès d'investisseurs de détail au Luxembourg.	dem einer Beaufsichtigung unterliegen, die die CSSF als gleichwertig zu jener durch die luxemburgischen Rechtsvorschriften, die AIF betrifft, die zum Vertrieb an Kleinanleger zugelassen sind, erachtet.
Dans ce cas, la coopération entre la CSSF et l'autorité de surveillance du FIA doit également être assurée.	In diesem Fall muss die Kooperation zwischen der CSSF und der Aufsichtsbehörde des AIF gewährleistet sein.
(2) Les modalités d'application du présent article sont arrêtées par voie d'un règlement à prendre par la CSSF.	(2) Maßnahmen zur Anwendung dieses Artikels werden im Rahmen einer Verordnung durch die CSSF getroffen.
Chapitre 9 – Organisation de la surveillance	**Kapitel 9 – Organisation der Beaufsichtigung**
Section 1 – Autorité compétente, pouvoirs de surveillance et de sanction	**Abschnitt 1 – Benennung, Befugnisse und Rechtsbehelfe**
Art. 47. Autorité compétente	**Art. 47. Zuständige Behörde**
(1) L'autorité chargée d'exercer les attributions qui sont prévues par la présente loi est la CSSF.	(1) Die CSSF ist die zuständige Behörde für die Wahrnehmung der Aufgaben nach diesem Gesetz.
(2) La CSSF exerce ces attributions exclusivement dans l'intérêt public.	(2) Die CSSF nimmt diese Aufgaben ausschließlich im öffentlichen Interesse wahr.
(3) Toutes les personnes exerçant ou ayant exercé une activité pour la CSSF, ainsi que les réviseurs d'entreprises agréés ou experts mandatés par la CSSF, sont tenus au secret professionnel visé à l'article 16 de la loi modifiée du 23 décembre 1998 portant création d'une commission de surveillance du secteur financier. Ce secret implique que les informations confidentielles qu'ils reçoivent à titre professionnel ne peuvent être divulguées à quelque personne ou autorité que ce soit, excepté sous une forme sommaire ou agrégée de façon à ce qu' aucune personne relevant de la présente loi ne puisse être identifiée individuellement, sans préjudice des cas relevant du droit pénal. Le présent paragraphe ne fait pas obstacle à ce que la CSSF échange avec les autorités compétentes des autres États	(3) Alle Personen, die für die CSSF eine Tätigkeit ausüben oder ausgeübt haben, sowie die von der CSSF zugelassenen Wirtschaftsprüfer oder beauftragten Sachverständigen, sind an das Berufsgeheimnis nach Artikel 16 des geänderten Gesetzes vom 23. Dezember 1998 über die Schaffung einer Aufsichtskommission des Finanzsektors gebunden. Dieses Geheimnis impliziert, dass die vertraulichen Informationen, die sie berufsbedingt erhalten, nicht an irgendeine Person oder Behörde bekanntgegeben werden dürfen, außer in zusammengefasster oder aggregierter Form, so dass keine Person im Anwendungsbereich dieses Gesetzes individuell identifiziert werden kann, unbeschadet der dem Strafrecht unterliegenden Fälle. Dieser Absatz hindert nicht den Austausch der CSSF mit den zu-

membres, l'AEMF, l'ABE et le CERS des informations confidentielles dans les limites, sous les conditions et suivant les modalités définies par la présente loi, la directive 2011/61/UE et par d'autres dispositions légales régissant le secret professionnel de la CSSF.	ständigen Behörden der anderen Mitgliedstaaten, ESMA, EBA und ESRB, der vertraulichen Informationen innerhalb der Grenzen, unter den Bedingungen und gemäss den von diesem Gesetz festgelegten Verfahren, der Richtlinie 2011/61/EU und anderer, das Berufsgeheimnis der CSSF regelnder gesetzlicher Bestimmung.
Art. 48. Responsabilité de la CSSF en tant qu'autorité compétente de l'État membre d'origine du gestionnaire	**Art. 48. Verantwortung der CSSF als zuständige Behörde des Herkunftsmitgliedstaats des AIFM**
(1) La CSSF est en charge de la surveillance prudentielle des gestionnaires établis au Luxembourg agréés au titre de la présente loi, indépendamment du fait que ce gestionnaire gère et/ou commercialise ou non des FIA dans un autre État membre, sans préjudice des dispositions de la présente loi qui attribuent la responsabilité de la surveillance aux autorités compétentes de l'État membre d'accueil du gestionnaire.	(1) Der CSSF obliegt die Aufsicht über die AIFM mit Sitz in Luxemburg, die gemäß diesem Gesetz zugelassen sind, unabhängig davon, ob dieser AIFM AIF in einem anderen Mitgliedstaat verwaltet und/oder vertreibt, unbeschadet der Bestimmungen dieses Gesetzes, die die Aufsicht den zuständigen Behörden des Aufnahmemitgliedstaats zuordnen.
(2) Lorsqu'un gestionnaire établi au Luxembourg agréé au titre de la présente loi, qui gère ou commercialise des FIA sur le territoire d'un autre État membre, en opérant ou non par l'intermédiaire d'une succursale, refuse de fournir aux autorités compétentes de l'État membre d'accueil les informations relevant de leur responsabilité ou ne prend pas les dispositions nécessaires pour mettre fin au non-respect des règles relevant de leur responsabilité, la CSSF en est informée. La CSSF prend, dans les plus brefs délais, les mesures appropriées pour garantir que le gestionnaire concerné fournisse les informations demandées par les autorités compétentes de l'État membre d'accueil ou mette fin au non- respect. La CSSF demande, le cas échéant, les informations nécessaires aux autorités de surveillance compétentes de pays tiers. La nature des mesures visées au présent paragraphe est communiquée par la CSSF aux autorités compétentes de l'État membre d'accueil du gestionnaire.	(2) Wenn ein AIFM mit Sitz in Luxemburg, der nach diesem Gesetz zugelassen ist, AIF auf dem Hoheitsgebiet eines anderen Mitgliedstaates verwaltet oder vertreibt, ob dies über eine Zweigniederlassung erfolgt oder nicht, gegenüber den zuständigen Behörden des Aufnahmemitgliedstaats die Zurverfügungstellung von Informationen, die in ihre Zuständigkeit fallen, verweigert oder nicht die notwendigen Maßnahmen ergreift, um den Verstoß gegen die Bestimmungen, für die sie zuständig sind, zu beenden, wird die CSSF darüber informiert. Die CSSF ergreift unverzüglich die angemessenen Maßnahmen, um zu gewährleisten, dass der betreffende AIFM die von den zuständigen Behörden des Aufnahmemitgliedstaats angeforderten Informationen erteilt oder den Verstoß beendet. Gegebenenfalls fordert die CSSF die notwendigen Informationen von den zuständigen Aufsichtsbehörden des Drittlands an. Die Art der Maßnahmen nach diesem Absatz wird von der CSSF an die zuständigen Behörden des Aufnahmemitgliedstaats des AIFM kommuniziert.

(3) La CSSF prend les mesures appropriées, y compris en demandant, si nécessaire, des informations supplémentaires aux autorités de surveillance concernées de pays tiers, si les autorités compétentes de l'État membre d'accueil du gestionnaire informent la CSSF qu'elles ont des raisons claires et démontrables de croire que le gestionnaire viole les obligations qui lui incombent en vertu des règles qui ne relèvent pas de leur compétence.	(3) Die CSSF ergreift angemessene Maßnahmen, einschließlich, falls erforderlich, der Anforderung zusätzlicher Informationen von den betreffenden Aufsichtsbehörden des Drittlands, falls die zuständigen Behörden des Aufnahmemitgliedstaates des AIFM die CSSF informieren, dass sie klare und nachweisbare Gründe für die Annahme haben, dass der AIFM gegen die Verpflichtungen verstößt, die ihm aus den Vorschriften erwachsen, für deren Überwachung sie nicht zuständig sind.
Art. 49. Responsabilité de la CSSF en tant qu'autorité compétente de l'État membre d'accueil du gestionnaire	**Art. 49. Verantwortung der CSSF als zuständige Behörde des Aufnahmemitgliedstaats des AIFM**
(1) Lorsqu'un gestionnaire établi dans un autre État membre gère et/ou commercialise des FIA à travers une succursale au Luxembourg, le contrôle du respect des dispositions des articles 11 et 13 de la présente loi relève de la compétence de la CSSF en tant qu'autorité compétente de l'État membre d'accueil du gestionnaire.	(1) Wenn ein AIFM mit Sitz in einem anderen Mitgliedstaat AIF über eine Zweigniederlassung in Luxemburg verwaltet und/oder vertreibt, ist die CSSF für die Kontrolle der Einhaltung der Bestimmungen der Artikel 11 und 13 dieses Gesetzes zuständig, was sich aus der Zuständigkeit der CSSF als zuständige Behörde des Aufnahmemitgliedstaats des AIFM ergibt.
(2) Le gestionnaire qui gère ou commercialise des FIA au Luxembourg, en opérant ou non par l'intermédiaire d'une succursale, est tenu de fournir à la CSSF les informations nécessaires aux fins de contrôler le respect par le gestionnaire des règles qui lui sont applicables et dont le contrôle relève de la compétence de la CSSF.	(2) Der AIFM, der AIF in Luxemburg verwaltet oder vertreibt, ob über eine Zweigniederlassung oder nicht, muss der CSSF die notwendigen Informationen zur Kontrolle der Einhaltung der Regelungen, die auf den AIFM Anwendungen finden, durch den AIFM und deren Kontrolle in die Zuständigkeit der CSSF fällt, übermitteln.
(3) Lorsque la CSSF constate qu'un gestionnaire qui gère et/ou commercialise des FIA au Luxembourg, en opérant ou non par l'intermédiaire d'une succursale, ne respecte pas l'une des règles relevant de sa responsabilité, elle exige que le gestionnaire concerné mette fin à ce non-respect et elle en informe les autorités compétentes de l'État membre d'origine du gestionnaire.	(3) Wenn die CSSF feststellt, dass ein AIFM, der AIF in Luxemburg verwaltet und/oder vertreibt, unabhängig davon, ob über eine Zweigniederlassung oder nicht, eine der Regeln, die dem Aufgabenbereich der CSSF unterliegt, nicht einhält, verlangt sie vom betreffenden AIFM, dass er diesen Verstoß beendet, und sie informiert hierüber die zuständigen Behörden des Herkunftsmitgliedstaates des AIFM.
(4) Si le gestionnaire concerné refuse de fournir à la CSSF des informations relevant de sa responsabilité ou ne prend pas les dispositions nécessaires pour mettre fin au	(4) Falls der betreffende AIFM sich weigert, der CSSF die betreffenden Informationen zur Verfügung zu stellen, die in ihren Aufgabenbereich fallen oder die notwendigen

non-respect visé au paragraphe (3), la CSSF en informe les autorités compétentes de l'État membre d'origine du gestionnaire. La CSSF se verra communiquer la nature des mesures prises par les autorités compétentes de l'État membre d'origine du gestionnaire pour que ce dernier fournisse les informations demandées par la CSSF ou mette fin au non-respect.	Maßnahmen nicht ergreift, um den Verstoß, wie in Absatz (3) aufgeführt, zu beenden, informiert die CSSF die zuständigen Behörden des Herkunftsmitgliedstaates des AIFM. Der CSSF werden die Natur der ergriffenen Maßnahmen von den zuständigen Behörden des Herkunftsmitgliedstaates des AIFM mitgeteilt, damit dieser die von der CSSF angeforderten Informationen an die CSSF übergibt oder den Verstoß beendet.
(5) Si, en dépit des mesures prises par les autorités compétentes de l'État membre d'origine du gestionnaire en vertu du paragraphe (4), ou parce que ces mesures se révèlent inadéquates ou font défaut dans l'État membre concerné, le gestionnaire continue de refuser de fournir les informations demandées par la CSSF au titre du paragraphe (2), ou persiste à enfreindre les dispositions législatives ou réglementaires visées au paragraphe (3), qui sont en vigueur au Luxembourg, la CSSF, après en avoir informé les autorités compétentes de l'État membre d'origine du gestionnaire, prend les mesures appropriées, y compris celles qui sont prévues aux articles 50 et 51, pour prévenir ou sanctionner de nouvelles irrégularités et, dans la mesure où cela s'avère nécessaire, empêcher ce gestionnaire d'effectuer de nouvelles opérations au Luxembourg. Lorsque la fonction exercée au Luxembourg consiste à gérer des FIA, la CSSF peut exiger du gestionnaire qu'il mette un terme à la gestion de ces FIA.	(5) Wenn, ungeachtet der von den zuständigen Behörden des Herkunftsmitgliedstaates des AIFM nach Absatz (4) ergriffenen Maßnahmen, oder weil sich diese Maßnahmen als unzureichend oder falsch in dem betreffenden Mitgliedstaat erweisen, der AIFM fortfährt, die von der CSSF nach Absatz (2) geforderten Informationen verweigert zu leisten, oder fortfährt gegen die Rechts- oder Verwaltungsvorschriften nach Absatz (3) zu verstoßen, die in Luxemburg gültig sind, ergreift die CSSF, nachdem sie die zuständigen Behörden des Herkunftsmitgliedstaates des AIFM darüber informiert hat, die angemessenen Maßnahmen, einschließlich derjenigen, die in den Artikeln 50 und 51 vorgesehen sind, um zukünftigen Unregelmäßigkeiten vorzubeugen oder diese zu ahnden und, soweit dies als notwendig erscheint, diesen AIFM zu hindern, neue Tätigkeiten in Luxemburg durchzuführen. Wenn die in Luxemburg ausgeübte Tätigkeit in der Verwaltung von AIF besteht, kann die CSSF verlangen, dass der AIFM die Verwaltung dieser AIF beendet.
(6) Si la CSSF a des raisons claires et démontrables de croire que le gestionnaire viole les obligations qui lui incombent en vertu de règles qui ne relèvent pas de sa compétence, elle en informe les autorités compétentes de l'État membre d'origine du gestionnaire, qui prennent les mesures appropriées, y compris, si nécessaire, la demande d'informations supplémentaires aux autorités de surveillance concernées des pays tiers.	(6) Wenn die CSSF klare und nachweisbare Gründe für die Annahme hat, dass der AIFM gegen die Verpflichtungen verstößt, die ihm aus Vorschriften erwachsen, hinsichtlich derer sie nicht zuständig ist, informiert sie die zuständigen Behörden des Herkunftsmitgliedstaates des AIFM, die die geeigneten Maßnahmen ergreifen einschließlich, falls notwendig, der Anforderung der zusätzlichen Informationen von den betreffenden Aufsichtsbehörden der Drittländer.

(7) Si, malgré les mesures prises par les autorités compétentes de l'État membre d'origine du gestionnaire ou parce que ces mesures se révèlent inadaptées, ou parce que l'État membre d'origine du gestionnaire n'a pas agi dans un délai raisonnable, le gestionnaire continue à agir d'une manière clairement préjudiciable aux intérêts des investisseurs du FIA concerné, de la stabilité financière, ou de l'intégrité du marché luxembourgeois, la CSSF, après en avoir informé les autorités compétentes de l'État membre d'origine du gestionnaire, prend toutes les mesures appropriées nécessaires pour protéger les investisseurs du FIA concerné, la stabilité financière et l'intégrité du marché luxembourgeois, y compris l'interdiction faite au gestionnaire concerné de continuer à commercialiser des parts ou des actions du FIA concerné au Luxembourg.	(7) Falls trotz der von den zuständigen Behörden des Herkunftsmitgliedstaates des AIFM ergriffenen Maßnahmen, oder weil diese Maßnahmen sich als unzureichend erweisen, oder weil der Herkunftsmitgliedstaat des AIFM nicht innerhalb eines angemessenen Zeitraums tätig wurde, der AIFM fortfährt, sich auf eine Art und Weise, die den Interessen der Anleger des betreffenden AIF, der Finanzstabilität oder der Integrität des luxemburgischen Marktes eindeutig abträglich ist, zu verhalten, ergreift die CSSF, nachdem sie die zuständigen Behörden des Herkunftsmitgliedstaates des AIFM darüber informiert hat, alle geeigneten Maßnahmen, die notwendig sind, um die Anleger des betreffenden AIF, die Finanzstabilität und die Integrität des luxemburgischen Marktes zu schützen, einschließlich der Untersagung gegenüber dem betreffenden AIFM, den Vertrieb der Anteile oder Aktien des betreffenden AIF in Luxemburg fortzuführen.
(8) La procédure établie aux paragraphes (6) et (7) s'applique également lorsque la CSSF a des raisons claires et démontrables de contester l'agrément d'un gestionnaire établi dans un pays tiers par l'État membre de référence.	(8) Das Verfahren nach den Absätzen (6) und (7) kommt auch zur Anwendung, wenn die CSSF klare und belegbare Einwände gegen die Zulassung eines Nicht-EU-AIFM durch den Referenzmitgliedstaat hat.
Art. 50. Pouvoirs de surveillance et d'enquête	**Art. 50. Aufsichts- und Untersuchungsbefugnisse**
(1) Aux fins de l'application de la présente loi, la CSSF est investie de tous les pouvoirs d'enquête et de surveillance nécessaires à l'exercice de ses fonctions.	(1) Zum Zwecke der Anwendung dieses Gesetzes ist die CSSF mit allen Aufsichts- und Untersuchungsbefugnissen ausgestattet, die zur Wahrnehmung ihrer Aufgaben erforderlich sind.
(2) Les pouvoirs de la CSSF incluent le droit:	(2) Die Befugnisse der CSSF umfassen das Recht:
a) d'avoir accès à tout document, sous quelque forme que ce soit, et d'en recevoir une copie;	a) Unterlagen aller Art einzusehen und eine Kopie von ihnen zu erhalten;
b) d'exiger des informations de toute personne ayant un lien avec les activités du gestionnaire ou avec celles du FIA et, si nécessaire, de convoquer et d'en-	b) von jeder mit den Tätigkeiten des AIFM oder des AIF in Verbindung stehenden Person Auskünfte zu verlangen und gegebenenfalls eine Person zum Zwe-

	tendre toute personne pour en obtenir des informations;		cke der Informationserlangung vorzuladen und zu vernehmen;
c)	de procéder à des inspections sur place avec ou sans préavis auprès des personnes soumises à sa surveillance prudentielle au titre de la présente loi;	c)	angekündigte und unangekündigte Ermittlungen vor Ort bei Personen, die nach diesem Gesetz ihrer Ordnungsgemässen Aufsicht unterliegen, durchzuführen;
d)	d'exiger la communication des enregistrements téléphoniques existants et des enregistrements d'échanges de données existants;	d)	bereits existierende Aufzeichnungen von Telefongesprächen und Datenübermittlungen anzufordern;
e)	d'enjoindre de cesser toute pratique contraire aux dispositions adoptées pour la mise en oeuvre de la présente loi;	e)	vorzuschreiben, dass Praktiken, die gegen die nach diesem Gesetz erlassenen Vorschriften verstoßen, unterlassen werden;
f)	de requérir le gel ou la mise sous séquestre d'actifs auprès du Président du Tribunal d'arrondissement de et à Luxembourg statuant sur requête;	f)	das Einfrieren oder die Beschlagnahme von Vermögenswerten beim Vorsitzenden des auf Antrag entscheidenden Tribune d'Arrondissement von und zu Luxemburg zu verlangen;
g)	de prononcer l'interdiction temporaire de l'exercice d'activités professionnelles à l'encontre des personnes soumises à sa surveillance prudentielle, ainsi que des membres des organes d'administration, de direction et de gestion, des salariés et des personnes liées à ces personnes;	g)	ein vorübergehendes Verbot der Ausübung der Berufstätigkeit von Personen, die ihrer ordentlichen Aufsicht unterliegen, sowie von Mitgliedern der Verwaltungs-, Leitungs- und Managementgremien, Angestellen und mit diesen in Verbindung stehenden Personen zu verlangen;
h)	d'exiger des gestionnaires agréés, des dépositaires ou des réviseurs d'entreprises agréés qu'ils fournissent des informations;	h)	von zugelassenen AIFM, Verwahrstellen oder Wirtschaftsprüfern Auskünfte zu verlangen;
i)	d'arrêter, en conformité avec le droit national, tout type de mesure propre à assurer que les gestionnaires ou les dépositaires continuent de se conformer aux exigences de la présente loi qui leur sont applicables;	i)	jegliche Art von Maßnahmen zu ergreifen, um sicherzustellen, dass AIFM oder Verwahrstellen sich weiterhin an die auf sie anwendbaren Anforderungen dieses Gesetzes halten;
j)	d'exiger, dans l'intérêt des porteurs de parts ou dans l'intérêt du public, la suspension de l'émission, du rachat ou du remboursement des parts des FIA;	j)	im Interesse der Anteilinhaber oder der Öffentlichkeit die Aussetzung der Ausgabe, Rücknahme oder Auszahlung von Anteilen von AIF zu verlangen;
k)	de retirer l'agrément octroyé à un gestionnaire ou à un dépositaire;	k)	die einem AIFM oder einer Verwahrstelle erteilte Zulassung zu entziehen;

l) de transmettre des informations au Procureur d'État en vue de poursuites pénales;	l) Angelegenheiten den Strafverfolgungsbehörden zu übermitteln;
m) de donner instruction à des réviseurs d'entreprises agréés ou des experts d'effectuer des vérifications ou des enquêtes auprès des personnes soumises à la présente loi.	m) Überprüfungen oder Ermittlungen bei diesem Gesetz unterstehenden Personen durch Wirtschaftsprüfer oder Sachverständige vornehmen zu lassen.
(3) La CSSF fait notamment usage des pouvoirs visés au paragraphe (2) afin d'assurer le bon fonctionnement des marchés au cas où l'activité d'un ou de plusieurs FIA sur le marché d'un instrument financier risque de mettre en péril le bon fonctionnement de ce marché.	(3) Die CSSF macht von den Befugnissen nach Absatz (2) insbesondere Gebrauch um das ordnungsgemäße Funktionieren der Märkte in den Fällen zu gewährleisten, in denen die Tätigkeit eines oder mehrerer AIF am Markt für ein Finanzinstrument das ordnungsgemäße Funktionieren des Marktes gefährden könnte.
Art. 51. Sanctions administratives	**Art. 51. Verwaltungssanktionen**
(1) Les personnes morales soumises à la surveillance de la CSSF au titre de la présente loi et les personnes physiques en charge de l'administration ou de la gestion de ces personnes morales ainsi que les personnes physiques soumises à cette même surveillance peuvent être sanctionnées par la CSSF au cas où:	(1) Juristische Personen, die der Aufsicht der CSSF nach diesem Gesetz unterliegen und natürliche Personen, die die Verwaltung oder die Leitung dieser juristischen Personen ausüben, sowie natürliche Personen, die der gleichen Aufsicht unterliegen, können von der CSSF sanktioniert werden, wenn:
– elles ne respectent pas les obligations prévues par les articles 3(3), 4(2), 5(2) (3) (5) (7), 8, 9(1), 11, 12, 13, 14, 15, 16, 17, 18, 19, 20, 21, 22, 25, 26, 27, 28, 29, 30, 32, 34, 35, 37 et 46 de la présente loi ou par les mesures d'exécution relatives à ces articles,	– sie die Verpflichtungen aus den Artikeln 3 (3), 4 (2), 5 (2) (3) (5) (7), 8, 9 (1), 11, 12, 13, 14, 15, 16, 17, 18, 19, 20, 21, 22, 25, 26, 27, 28, 29, 30, 32, 34, 35, 37 und 46 dieses Gesetzes oder aus Durchführungsbestimmungen dieser Artikel nicht beachten;
– elles refusent de fournir les documents comptables ou autres renseignements demandés,	– sie das Zur-Verfügung-Stellen der Buchhaltungsdokumente oder anderer angeforderter Informationen verweigern;
– elles ont fourni des documents ou autres renseignements qui se révèlent être incomplets, inexacts ou faux,	– sie Dokumente oder andere Informationen zur Verfügung gestellt haben, die sich als unvollständig, ungenau oder falsch erwiesen haben;
– elles font obstacle à l'exercice des pouvoirs de surveillance, d'inspection et d'enquête de la CSSF,	– sie die Ausübung der Aufsichts-, Ermittlungs- und Untersuchungsbefugnisse der CSSF behindern;
– elles contreviennent aux règles régissant les publications des bilans et situations comptables,	– sie den Bestimmungen über die Veröffentlichung von Bilanzen und Buchungssituationen zuwider handeln;

– elles ne donnent pas suite aux injonctions de la CSSF,	– sie den Anordnungen der CSSF nicht Folge leisten;
– elles risquent, par leur comportement, de mettre en péril la gestion saine et prudente de l'établissement concerné.	– sie riskieren, durch ihr Verhalten die solide und umsichtige Verwaltung der betreffenden Einrichtung in Gefahr zu bringen.
(2) Peuvent être prononcés par la CSSF, classés par ordre de gravité:	(2) Die CSSF kann, geordnet nach der Schwere anordnen:
– un avertissement,	– eine Verwarnung;
– un blâme,	– eine Rüge;
– une amende d'ordre de 250 à 250.000 euros,	– eine Geldstrafe von 250 bis 250.000 Euro;
– et, dans les cas visés aux 4ème, 6ème et 7ème tirets du paragraphe (1), une ou plusieurs des mesures suivantes:	– und, in den im vierten, sechsten und siebten Spiegelstrich von Absatz (1) genannten Fällen, eine oder mehrere der folgenden Maßnahmen:
a) l'interdiction limitée dans le temps ou définitive d'effectuer une ou plusieurs opérations ou activités, ainsi que toutes autres restrictions à l'activité de la personne ou de l'entité,	a) die zeitlich begrenzte oder endgültige Untersagung, eine oder mehrere Funktionen oder Tätigkeiten auszuüben, sowie alle anderen Tätigkeitsbeschränkungen der Person oder Einheit;
b) l'interdiction professionnelle limitée dans le temps ou définitive des administrateurs, gérants ou dirigeants de fait ou de droit des personnes et entités soumises à la surveillance de la CSSF.	b) die zeitlich begrenzte oder endgültige berufliche Untersagung der Verwalter, Geschäftsführer oder Verwaltungsratsmitglieder, die tatsächlich oder de jure als Personen oder Einheiten der Aufsicht der CSSF unterliegen.
La CSSF peut rendre publiques les sanctions prononcées en vertu du présent article, à moins que cette publication ne risque de perturber gravement les marchés financiers ou de causer un préjudice disproportionné aux parties en cause.	Die CSSF kann die gemäß diesem Artikel verhängten Sanktionen öffentlich bekannt machen, sofern eine solche Bekanntgabe die Stabilität der Finanzmärkte nicht ernstlich gefährdet oder den Beteiligten keinen unverhältnismäßig großen Schaden zufügt.
Dans le prononcé de la sanction, la CSSF tient compte de la nature, de la durée et de la gravité de l'infraction, de la conduite et des antécédents de la personne physique ou morale à sanctionner, du préjudice causé aux tierces personnes et des avantages ou gains potentiels et/ou effectivement tirés de l'infraction.	Bei der Anordnung der der Sanktion berücksichtigt die CSSF die Art, Dauer und Schwere der Zuwiderhandlung, des Verhaltens und die Vorgeschichte der natürlichen Person oder juristischen Personen, die dadurch verursache Schädigung Dritter und Nutzen oder potentielle Gewinne und/oder effektiv tatsächliche Gewinne, die aus der Verletzung erzielt wurden.

Art. 52. Droit de recours	**Art. 52. Rechtsmittel**
(1) Les décisions à prendre par la CSSF en exécution de la présente loi sont motivées par écrit et, sauf péril en la demeure, interviennent après instruction contradictoire. Elles sont notifiées par lettre recommandée ou signifiées par voie d'huissier.	(1) Die Entscheidungen, die von der CSSF in Ausführung dieses Gesetzes getroffen werden, sind schriftlich zu begründen und werden, außer bei Gefahr in Verzug, nach Durchführung eines streitigen Verfahrens wirksam. Sie werden per Einschreiben oder Übergabe durch den Gerichtsvollzieher bekannt gegeben.
(2) Les décisions de la CSSF concernant l'octroi, le refus ou le retrait des agréments prévus par la présente loi ainsi que les décisions de la CSSF concernant les sanctions administratives au titre de l'article 51 peuvent être déférées au tribunal administratif, qui statue comme juge du fond. Le recours doit être introduit sous peine de forclusion dans le délai d'un mois à partir de la notification de la décision attaquée.	(2) Gegen die in diesem Gesetz vorgesehenen Entscheidungen der CSSF betreffend die Gewährung, die Ablehnung oder den Entzug von Zulassungen sowie die Entscheidungen der CSSF über die Verwaltungssanktionen im Rahmen von Artikel 51 können beim Verwaltungsgericht, das als Berufungsgericht entscheidet, Rechtsmittel eingelegt werden. Die Einlegung muss innerhalb einer Ausschlussfrist von einem Monat nach Mitteilung der angegriffenen Entscheidung erfolgen.
Section 2 – Coopération entre les différentes autorités compétentes	**Abschnitt 2 – Zusammenarbeit der verschiedenen zuständigen Behörden**
Art. 53. Obligation de coopérer	**Art. 53. Verpflichtung zur Zusammenarbeit**
(1) La CSSF coopère avec les autorités compétentes des autres États membres ainsi qu'avec l'AEMF et le CERS en vue de l'accomplissement de leurs attributions au titre de la directive 2011/61/UE ou de l'exercice des pouvoirs qui leur sont conférés au titre de la directive précitée ou au titre de leur droit national.	(1) Die CSSF arbeitet mit den zuständigen Behörden der Mitgliedstaaten sowie mit der ESMA und dem ESRB zusammen zur Erfüllung der ihr gemäß der Richtlinie 2011/61/EU oder in Ausführung ihrer Aufgaben, die ihnen gemäß der vorgenannten Richtlinie oder gemäß nationalem Recht anvertraut sind.
(2) La CSSF coopère avec les autorités compétentes, y compris lorsque les pratiques faisant l'objet d'une enquête ne constituent pas une violation d'une règle en vigueur au Luxembourg.	(2) Die CSSF arbeitet mit den zuständigen Behörden zusammen, einschließlich der Verhaltensweisen, die Gegenstand einer Ermittlung sind, jedoch keinen Verstoß gegen eine der in Luxemburg geltenden Vorschrift darstellt.
(3) La CSSF communique aux autorités compétentes des autres États membres et communique immédiatement à l'AEMF les informations requises aux fins de l'exécution des missions qui leur sont assignées au titre de la directive 2011/61/UE.	(3) Die CSSF übermittelt den zuständigen Behörden anderer Mitgliedstaaten und der ESMA unverzüglich die angeforderten Informationen zum Zwecke der Durchführung ihrer Aufgaben, die ihnen gemäß der Richtlinie 2011/61/EU zugewiesen wurden.

La CSSF, en tant qu'autorité compétente de l'État membre d'origine du gestionnaire, transmet une copie des modalités de coopération pertinentes qu'elle a conclues conformément aux articles 35, 37 et/ou 40 de la directive 2011/61/UE aux autorités compétentes de l'État membre d'accueil du gestionnaire concerné. La CSSF, conformément aux procédures relatives aux normes techniques de réglementation applicables visées à l'article 35, paragraphe (14), à l'article 37, paragraphe (17), ou à l'article 40, paragraphe (14), de la directive 2011/61/UE transmet les informations qu'elle a reçues des autorités de surveillance des pays tiers conformément aux modalités de coopération conclues avec ces autorités de surveillance concernant le gestionnaire ou, le cas échéant, conformément à l'article 45, paragraphe (6) ou (7) de ladite directive, aux autorités compétentes de l'État membre d'accueil du gestionnaire concerné.	Die CSSF als zuständige Behörde des Herkunftsmitgliedstaates des AIFM übermittelt eine Kopie hinsichtlich der Modalitäten zur Zusammenarbeit, die sie gemäß den Artikeln 35, 37 und/oder 40 der Richtlinie 2011/61/EU mit den zuständigen Behörden des Aufnahmemitgliedstaats des betreffenden AIFM geschlossen hat. Die CSSF, gemäß den Verfahren für die technischen Durchführungsstandards wie in Artikel 35 Absatz (14), in Artikel 37 Absatz (17) oder in Artikel 40 Absatz (14) der Richtlinie 2011/61/EU angezeigt, übermittelt die Informationen, die sie von den Aufsichtsbehörden von Drittländern erhalten hat, gemäß den geschlossenen Vereinbarungen zur Zusammenarbeit oder gegebenenfalls nach Maßgabe von Artikel 45 Absatz (6) oder (7) der genannten Richtlinie an die zuständigen Behörden des Aufnahmemitgliedstaats des betreffenden AIFM.
Lorsque la CSSF, en tant qu'autorité compétente de l'État membre d'accueil du gestionnaire, estime que la teneur des modalités de coopération conclues par l'État membre d'origine du gestionnaire concerné conformément aux articles 35, 37 et/ou 40 de la directive 2011/61/UE n'est pas conforme aux exigences des normes techniques de réglementation applicables, la CSSF peut porter la question à l'attention de l'AEMF, qui peut agir dans le cadre des attributions qui lui sont conférées en vertu de l'article 19 du règlement (UE) n° 1095/2010.	Wenn die CSSF als zuständige Behörde des Aufnahmemitgliedstaats des AIFM der Auffassung ist, dass der Inhalt der Modalitäten zur Zusammenarbeit durch den Herkunftsmitgliedstaat des betreffenden AIFM gemäß der Artikel 35, 37 und/oder 40 der Richtlinie 2011/61/EU nicht mit den anwendbaren technischen Regulierungsstandards übereinstimmt, kann die CSSF die Angelegenheit der ESMA zur Kenntnis bringen, die im Rahmen der ihr durch den Artikel 19 der Verordnung (EU) Nr. 1095/2010 übertragenen Befugnisse handeln kann.
(4) Lorsque la CSSF a des raisons claires et démontrables de soupçonner que des actes violant la directive 2011/61/UE sont ou ont été commis par un gestionnaire qui n'est pas soumis à sa surveillance, elle le notifie à l'AEMF et aux autorités compétentes des États membres d'origine et d'accueil du gestionnaire concerné d'une manière aussi circonstanciée que possible.	(4) Wenn die CSSF eindeutige und nachweisbare Gründe hat zu vermuten, dass ein ihrer Aufsicht unterliegender AIFM gegen die Richtlinie 2011/61/EU verstößt, so teilt sie dies der ESMA und den zuständigen Behörden des Herkunftsmitgliedstaates des betreffenden AIFM so genau wie möglich mit.
(5) Si les autorités compétentes d'un autre État membre ont des raisons claires et démontrables de soupçonner que des actes	(5) Wenn die zuständigen Behörden eines anderen Mitgliedstaats eindeutige und nachweisbare Gründe zur Vermutung ha-

violant la directive 2011/61/UE sont ou ont été commis par un gestionnaire qui est agréé au titre de la présente loi, les autorités concernées le notifient à la CSSF. La CSSF prend les mesures appropriées, fait part des résultats de ces mesures à l'AEMF et aux autorités compétentes qui ont procédé à la notification et, dans la mesure du possible, leur communique les développements importants survenus dans l'intervalle.	ben, dass der nach diesem Gesetz zugelassener AIFM gegen die Richtlinie 2011/61/EU verstößt oder verstoßen hat, teilen sie dies der CSSF mit. Die CSSF ergreift geeignete Maßnahmen, unterrichtet die ESMA und die zuständigen Behörden, von denen sie informiert wurde, über den Ausgang dieser Maßnahmen und so weit wie möglich über wesentliche zwischenzeitlich eingetretene Entwicklungen.
Art. 54. Transmission et conservation des données à caractère personnel	**Art. 54. Übermittlung und Speicherung personenbezogener Daten**
(1) Les dispositions de la directive 95/46/CE s'appliquent aux données à caractère personnel transmises entre la CSSF et les autorités compétentes concernées au titre de la directive 2011/61/UE.	(1) Die Bestimmungen der Richtlinie 95/46/EG finden auf die personenbezogenen Daten, die zwischen der CSSF und den betreffenden zuständigen Behörden gemäß Richtlinie 2011/61/EU ausgetauscht werden, Anwendung.
(2) La CSSF conserve les données à caractère personnel visées au paragraphe (1) pour une durée maximale de cinq ans.	(2) Die CSSF bewahrt die personenbezogenen Daten nach Absatz (1) für einen Zeitraum von höchstens fünf Jahren auf.
Art. 55. Communication d'informations à des autorités compétentes de pays tiers	**Art. 55. Offenlegung von Informationen gegenüber den zuständigen Behörden von Drittländern**
(1) La CSSF est autorisée à transmettre aux autorités compétentes d'un pays tiers des données et des analyses de données au cas par cas lorsque les conditions prévues à l'article 25 ou à l'article 26 de la directive 95/46/CE sont remplies et dans la mesure où la CSSF est assurée que cette transmission est nécessaire aux fins de l'application de la directive 2011/61/UE. Les autorités compétentes du pays tiers qui reçoivent des informations de la part de la CSSF ne sont autorisées à les transmettre aux autorités compétentes d'un autre pays tiers que moyennant accord écrit exprès de la CSSF.	(1) Die CSSF ist befugt, im Einzelfall den zuständigen Behörden des Drittlandes Daten und Datenauswertungen zu übermitteln, wenn die Voraussetzungen der Artikel 25 oder 26 der Richtlinie 95/46/EG erfüllt sind und soweit die CSSF sich vergewissert hat, dass diese Übermittlung für die Zwecke der Anwendung der Richtlinie 2011/61/EU notwendig ist. Die zuständigen Behörden des Drittlandes, die die Informationen von der CSSF erhalten, dürfen sie nicht ohne ausdrückliche schriftliche Zustimmung der CSSF an andere Drittländer weitergeben.
(2) Les informations reçues par la CSSF au titre de la directive 2011/61/UE ne peuvent être communiquées à une autorité de surveillance d'un pays tiers, sans le consentement exprès des autorités compétentes	(2) Die von der CSSF nach der Richtlinie 2011/61/EU erhaltenen Daten dürfen nur dann an eine Aufsichtsbehörde eines Drittlandes weitergegeben werden, wenn sie die ausdrückliche Zustimmung der zuständi-

qui ont communiqué ces informations à la CSSF et exclusivement aux fins pour lesquelles ces autorités ont donné leur consentement.	gen Behörden erhalten hat, die der CSSF die Informationen übermittelt haben und ausschließlich zu dem Zweck, für den diese Behörden ihre Zustimmung erteilt haben.
Art. 56. Échange d'informations relatives aux conséquences systémiques potentielles de l'activité des gestionnaires	**Art. 56. Austausch von Informationen in Bezug auf potenzielle Systemauswirkungen von AIFM-Geschäften**
(1) La CSSF communique aux autorités compétentes concernées d'autres États membres les informations qui leur sont utiles pour suivre les conséquences potentielles des activités de gestionnaires individuels, ou des gestionnaires pris collectivement, sur la stabilité d'établissements financiers présentant une importance systémique, ainsi que sur le bon fonctionnement des marchés sur lesquels les gestionnaires sont actifs, et pour leur permettre de prendre les mesures appropriées. La CSSF en informe également l'AEMF et le CERS qui transmettent ces informations aux autorités compétentes des autres États membres.	(1) Die CSSF übermittelt den betreffenden zuständigen Behörden der Mitgliedstaaten die Informationen, die ihnen für die potenzielle Auswirkungen der Geschäfte einzelner oder aller AIFM auf die Stabilität systemrelevanter Finanzinstitute und das ordnungsgemäße Funktionieren der Märkte, auf denen AIFM tätig sind, wesentlich ist, um angemessenen Maßnahmen zu ergreifen. Die CSSF unterrichtet ebenfalls die ESMA und den ESRB, die diese Informationen an die zuständigen Behörden der anderen Mitgliedstaaten weiterleiten.
(2) Sous réserve des conditions énoncées à l'article 35 du règlement (UE) n° 1095/2010, la CSSF communique à l'AEMF et au CERS des informations agrégées relatives aux activités des gestionnaires qui relèvent de sa surveillance au titre de la présente loi.	(2) Nach Maßgabe der in Artikel 35 der Verordnung (EU) Nr. 1095/2010 enthaltenen Bestimmungen übermittelt die CSSF der ESMA und dem ESRB zusammengefasste Informationen über die Geschäfte von AIFM, für deren Beaufsichtigung sie unter diesem Gesetz verantwortlich ist.
Art. 57. Coopération lors de l'accomplissement des missions de surveillance	**Art. 57. Zusammenarbeit bei der Aufsicht**
(1) Les autorités compétentes d'un État membre peuvent requérir la coopération de la CSSF dans le cadre de l'exercice de leur mission de surveillance ou aux fins d'une vérification sur place ou dans le cadre d'une enquête au Luxembourg dans le cadre des pouvoirs qui leur sont conférés au titre de la directive 2011/61/UE.	(1) Die zuständigen Behörden eines Mitgliedstaates können bei der Ausübung der ihnen durch die Richtlinie 2011/61/EU übertragenen Befugnisse die CSSF um Zusammenarbeit bei der Aufsicht oder einer Überprüfung vor Ort oder einer Ermittlung in Luxemburg im Rahmen ihrer Befugnisse ersuchen.
Lorsque la CSSF reçoit une demande concernant une vérification sur place ou une enquête, elle y donne suite:	Wenn die CSSF ein Ersuchen um eine Überprüfung vor Ort oder eine Ermittlung erhält, führt sie eine der folgenden Maßnahmen durch:

a) en procédant elle-même à la vérification ou à l'enquête;	a) sie nimmt die Überprüfung oder Ermittlung selbst vor;
b) en permettant à l'autorité requérante de procéder directement à la vérification ou à l'enquête;	b) sie gestattet der ersuchenden Behörde die Durchführung der Überprüfung oder Ermittlung;
c) en permettant à des contrôleurs des comptes ou à des experts de procéder à la vérification ou à l'enquête.	c) sie gestattet Rechnungsprüfern oder Sachverständigen die Durchführung der Überprüfung oder Ermittlung.
(2) Si la vérification ou l'enquête est effectuée par la CSSF, l'autorité compétente de l'État membre qui a requis la coopération peut demander que des membres de son propre personnel assistent le personnel de la CSSF effectuant la vérification ou l'enquête. Toutefois, l'enquête ou la vérification est intégralement placée sous le contrôle de la CSSF.	(2) Wenn die Überprüfung oder Ermittlung von der CSSF durchgeführt wird, kann die zuständige Behörde des Mitgliedstaats, die die Zusammenarbeit beantragt hat, verlangen, dass Mitglieder ihres Personals das Personal der CSSF bei der Durchführung der Überprüfung oder Ermittlung unterstützen. Die Überprüfung oder Ermittlung unterliegt jedoch der Gesamtkontrolle der CSSF.
Si la vérification ou l'enquête est effectuée par l'autorité requérante, la CSSF peut demander que son propre personnel assiste le personnel qui procède à la vérification ou à l'enquête.	Wenn die Überprüfung oder Ermittlung von der beantragenden Behörde durchgeführt wird, kann die CSSF verlangen, dass ihr eigenes Personal das Personal, das die Überprüfung oder Ermittlung durchführt, unterstützt.
(3) La CSSF peut refuser d'échanger des informations ou de donner suite à une demande de coopérer à une enquête ou à une vérification sur place au titre de la directive 2011/61/UE uniquement lorsque:	(3) Die CSSF kann ein Ersuchen um einen Informationsaustausch oder um Zusammenarbeit bei der Ermittlung oder Überprüfung vor Ort nach der Richtlinie 2011/61/EU nur ablehnen, wenn:
a) cette enquête, cette vérification sur place ou cet échange d'informations risque de porter atteinte à la souveraineté, à la sécurité ou à l'ordre public du Luxembourg;	a) diese Ermittlung, Überprüfung vor Ort oder Informationsaustausch die Souveränität, die Sicherheit oder öffentliche Ordnung von Luxemburg beeinträchtigen;
b) une procédure judiciaire a déjà été engagée pour les mêmes faits et à l'encontre des mêmes personnes au Luxembourg;	b) aufgrund derselben Handlungen und gegen dieselben Personen bereits ein Verfahren vor einem Gericht in Luxemburg anhängig war;
c) un jugement définitif a déjà été rendu pour les mêmes faits et à l'encontre des mêmes personnes au Luxembourg.	c) gegen dieselben Personen und aufgrund derselben Handlungen bereits ein rechtskräftiges Urteil in Luxemburg ergangen ist.
La CSSF notifie aux autorités compétentes qui ont présenté la demande toute décision prise au titre du présent paragraphe. Cette notification contient des informations sur les motifs de la décision.	Die CSSF unterrichtet die ersuchenden zuständigen Behörden über jede nach diesem Absatz getroffene Entscheidung. Diese Unterrichtung enthält Angaben zu den Gründen für diese Entscheidung.

Chapitre 10. – Dispositions transitoires	Kapitel 10. – Übergangsbestimmungen
Art. 58. Dispositions transitoires	**Art. 58. Übergangsbestimmungen**
(1) Les personnes qui, avant le 22 juillet 2013 exercent des activités de gestionnaire au sens de ladite loi, prennent toutes les mesures nécessaires pour respecter les dispositions de la présente loi et auront jusqu'au 22 juillet 2014 pour introduire une demande d'agrément auprès de la CSSF.	(1) AIFM, die vor dem 22. Juli 2013 Tätigkeiten nach diesem Gesetz ausüben, ergreifen alle notwendigen Maßnahmen, um den Bestimmungen dieses Gesetzes zu entsprechen und haben bis zum 22. Juli 2014 einen Antrag auf Zulassung bei der CSSF zu stellen.
(2) Les articles 29, 30 et 32 ne s'appliquent pas à la commercialisation de parts ou d'actions de FIA qui font actuellement l'objet d'une offre au public au moyen d'un prospectus ayant été établi et publié conformément à la directive 2003/71/CE avant le 22 juillet 2013 pour la durée de validité du prospectus.	(2) Die Artikel 29, 30 und 32 gelten nicht für den Vertrieb von Anteilen oder Aktien von AIF, die Gegenstand eines laufenden öffentlichen Angebots mittels eines Prospektes sind, der gemäß der Richtlinie 2003/71/EG vor dem 22. Juli 2013 erstellt und veröffentlicht wurde, solange dieser Prospekt Gültigkeit hat.
(3) Les gestionnaires, dans la mesure où ils gèrent des FIA de type fermé avant le 22 juillet 2013 et ne réalisent pas d'investissements supplémentaires après cette date, peuvent continuer à gérer de tels FIA sans être agréés au titre de la présente loi.	(3) Sofern AIFM vor dem 22. Juli 2013 AIF des geschlossenen Typs verwalten, die nach diesem Datum keine zusätzlichen Anlagen tätigen, können sie weiterhin solche AIF verwalten, ohne eine Zulassung gemäß diesem Gesetz zu haben.
(4) Les gestionnaires, dans la mesure où ils gèrent des FIA de type fermé dont la période de souscription pour les investisseurs s'est terminée avant le 22 juillet 2011 et sont constitués pour une période expirant au plus tard trois ans après le 22 juillet 2013 peuvent continuer à gérer de tels FIA sans devoir se conformer aux dispositions de la présente loi, à l'exception de l'article 20 et, le cas échéant, des articles 24 à 28, ou de soumettre une demande aux fins d'obtenir un agrément au titre de la présente loi.	(4) Sofern AIFM geschlossene AIF verwalten, deren Zeichnungsfrist für Anleger vor dem 22. Juli 2011 abgelaufen ist und die für einen Zeitraum aufgelegt wurden, der spätestens drei Jahre nach dem 22. Juli 2013 abläuft, können sie jedoch weiterhin solche AIF verwalten, ohne – mit Ausnahme von Artikel 20 und gegebenenfalls der Artikel 24 bis 28 – die Bestimmungen dieses Gesetzes einzuhalten oder eine Zulassung nach diesem Gesetz beantragen zu müssen.
(5) Les articles 35 à 36 et 38 à 44 de la présente loi seront applicables lorsque la Commission européenne aura adopté l'acte délégué au titre de l'article 67, paragraphe (6), de la directive 2011/61/UE, et à compter de la date qui y figure. Les articles 37 et 45 de la présente loi cesseront d'être applicables lorsque la Commission européenne aura adopté l'acte délégué au titre de l'article 68, paragraphe (6), de la directive	(5) Die Artikel 35 bis 36 und 38 bis 44 dieses Gesetzes finden Anwendung, wenn die Europäische Kommission delegierte Rechtsakte gemäß Artikel 67 Absatz (6) der Richtlinie 2011/61/EU angenommen hat ab dem darauf angegebenen Datum. Die Artikel 37 und 45 dieses Gesetzes finden keine Anwendung, wenn die Europäische Kommission delegierte Rechtsakte gemäß Artikel 68 Absatz (6) der Richtlinie 2011/61/EU

2011/61/UE et à compter de la date qui y figure.	angenommen hat und dieses ab dem darauf angegebenen Datum.
Chapitre 11. – Dispositions pénales	**Kapitel 11 – Stafbestimmungen**
Art. 59. Dispositions pénales	**Art. 59. Straftbestimmungen**
(1) Sont punis d'un emprisonnement de huit jours à cinq ans et d'une amende de 5.000 à 125.000 euros ou d'une de ces peines seulement ceux qui exercent ou tentent d'exercer l'activité de gestionnaire au sens de l'article 4, paragraphe (1), point a) ou b), de la présente loi sans être en possession d'un agrément de la CSSF au titre de la présente loi.	(1) Haftstrafen von acht Tagen bis zu fünf Jahren und eine Geldstrafe von 5.000 bis 125.000 Euro oder nur eine dieser Strafen für diejenigen, die eine Tätigkeit als AIFM im Sinne von Artikel 4 Absatz (1) Buchstaben a) oder b) dieses Gesetzes ausüben oder versuchen auszuüben, ohne eine Zulassung der CSSF nach diesem Gesetz erhalten zu haben.
(2) Sont punis d'un emprisonnement de huit jours à cinq ans et d'une amende de 5.000 à 125.000 euros ou d'une de ces peines seulement ceux qui en violation de l'article 7, paragraphe (6), ont fait état d'une appellation ou d'une qualification donnant l'apparence d'activités soumises à la présente loi s'ils n'ont pas obtenu l'agrément prévu par l'article 7.	(2) Haftstrafen von acht Tagen bis fünf Jahren und eine Geldstrafe von 5.000 bis 125.000 Euro oder nur eine dieser Strafen für diejenigen, die einen Verstoß gegen Artikel 7 Absatz (6) begangen haben und eine Bezeichnung oder eine Qualifikation führen, die den Anschein der Tätigkeiten erwecken, die diesem Gesetz unterfallen und keine nach Artikel 7 vorgesehene Zulassung erhalten haben.
Annexes	**Anhänge**
ANNEXE I	**ANHANG I**
1. Fonctions de gestion des investissements qu'un gestionnaire doit au moins exercer lorsqu'il gère un FIA:	1. Anlageverwaltungsfunktionen, die ein AIFM bei der Verwaltung eines AIF mindestens übernehmen muss:
a) gestion du portefeuille;	a) Portfolioverwaltung,
b) gestion des risques.	b) Risikomanagement.
2. Autres fonctions qu'un gestionnaire peut exercer à titre complémentaire dans le cadre de la gestion collective d'un FIA:	2. Andere Aufgaben, die ein AIFM im Rahmen der kollektiven Verwaltung eines AIF zusätzlich ausüben kann:
a) administration:	a) administrative Tätigkeiten:
i) services juridiques et de gestion comptable du fonds;	i) rechtliche Dienstleistungen sowie Dienstleistungen der Fondsbuchhaltung und Rechnungslegung,

ii) demandes de renseignements des clients;	ii) Kundenanfragen,
iii) évaluation du portefeuille et détermination de la valeur des parts, y compris les aspects fiscaux;	iii) Bewertung und Preisfestsetzung, einschließlich Steuererklärungen,
iv) contrôle du respect des dispositions réglementaires;	iv) Überwachung der Einhaltung der Rechtsvorschriften,
v) tenue du registre des porteurs de parts/d'actions;	v) Führung eines Anlegerregisters,
vi) répartition des revenus;	vi) Gewinnausschüttung,
vii) émissions et rachats de parts/d'actions;	vii) Ausgabe und Rücknahme von Anteilen,
viii) règlement des contrats, y compris envoi des certificats;	viii) Kontraktabrechnungen, einschließlich Versand der Zertifikate,
ix) enregistrement et conservation des opérations;	ix) Führung von Aufzeichnungen;
b) commercialisation;	b) Vertrieb;
c) les activités liées aux actifs d'un FIA, à savoir l'exécution des services nécessaires pour que soient remplis les devoirs fiduciaires du gestionnaire, et assurés la gestion des infrastructures, les activités d'administration des immeubles, le conseil aux entreprises concernant la structure du capital, la stratégie industrielle et les questions connexes, le conseil et les services concernant les fusions et les acquisitions, et d'autres services liés à la gestion du FIA et des sociétés et autres actifs dans lesquels il a investi.	c) Tätigkeiten im Zusammenhang mit den Vermögenswerten des AIF, worunter Dienstleistungen, die zur Erfüllung der treuhänderischen Pflichten des AIFM erforderlich sind, das Facility Management, die Immobilienverwaltung, die Beratung von Unternehmen über die Kapitalstruktur, die industrielle Strategie und damit verbundene Fragen, Beratungs- und Dienstleistungen im Zusammenhang mit Fusionen und dem Erwerb von Unternehmen und weitere Dienstleistungen in Verbindung mit der Verwaltung der AIF und der Unternehmen und anderer Vermögenswerte, in die die AIF investiert haben, fallen.

ANNEXE II	**ANHANG II**
Politique de rémunération	**Vergütungspolitik**
1. Lorsqu'ils définissent et mettent en oeuvre les politiques de rémunération globale, y compris les salaires et les prestations de pension discrétionnaires pour les catégories de personnel y compris la direction générale, les preneurs de risques et les per-	1. Bei der Festlegung und Anwendung der gesamten Vergütungspolitik einschließlich der Gehälter und freiwilligen Altersversorgungsleistungen für jene Mitarbeiterkategorien, einschließlich Geschäftsleitung, Risikoträger und Mitarbeiter mit Kontroll-

sonnes exerçant une fonction de contrôle, ainsi que tout employé qui, au vu de sa rémunération globale, se situe dans la même tranche de rémunération que la direction générale et les preneurs de risques, et dont les activités professionnelles ont une incidence substantielle sur leur profil de risque ou les profils de risque des FIA qu'ils gèrent, les gestionnaires doivent respecter les principes suivants d'une manière et dans une mesure qui soient adaptées à leur taille et à leur organisation interne ainsi qu'à la nature, à la portée et à la complexité de leurs activités:	funktionen und aller Mitarbeiter, die eine Gesamtvergütung erhalten, aufgrund derer sie sich in derselben Einkommensstufe befinden wie Mitglieder der Geschäftsleistung und Risikoträger, deren Tätigkeit sich wesentlich auf die Risikoprofile der AIFM oder von ihnen verwalteter AIF auswirkt, wenden AIFM die nachstehend genannten Grundsätze nach Maßgabe ihrer Größe, ihrer internen Organisation und der Art, dem Umfang und der Komplexität ihrer Geschäfte an:
a) la politique de rémunération est cohérente et promeut une gestion saine et efficace du risque et n'encourage pas une prise de risque qui serait incompatible avec les profils de risque, le règlement ou les documents constitutifs des FIA qu'ils gèrent;	a) Die Vergütungspolitik ist mit einem soliden und wirksamen Risikomanagement vereinbar und diesem förderlich und ermutigt nicht zur Übernahme von Risiken, die unvereinbar sind mit den Risikoprofilen, Vertragsbedingungen oder Gründungsunterlagen der von ihnen verwalteten AIF;
b) la politique de rémunération est conforme à la stratégie économique, aux objectifs, aux valeurs et aux intérêts des gestionnaires et des FIA qu'ils gèrent ou à ceux des investisseurs du FIA, et comprend des mesures visant à éviter les conflits d'intérêts;	b) Vergütungspolitik steht mit Geschäftsstrategie, Zielen, Werten und Interessen des AIFM und der von ihm verwalteten AIF oder der Anleger solcher AIF in Einklang und umfasst auch Maßnahmen zur Vermeidung von Interessenkonflikten;
c) l'organe de direction du gestionnaire, dans l'exercice de sa fonction de surveillance, adopte et réexamine régulièrement les principes généraux de la politique de rémunération et est responsable de sa mise en oeuvre;	c) das Leitungsorgan des AIFM legt in seiner Aufsichtsfunktion die allgemeinen Grundsätze der Vergütungspolitik fest, überprüft sie regelmäßig und ist für ihre Umsetzung verantwortlich;
d) la mise en oeuvre de la politique de rémunération fait l'objet, au moins une fois par an, d'une évaluation interne centrale et indépendante qui vise à vérifier qu'elle respecte les politiques et procédures de rémunération adoptées par l'organe de direction dans l'exercice de sa fonction de surveillance;	d) mindestens einmal jährlich wird im Rahmen einer zentralen und unabhängigen internen Überprüfung festgestellt, ob die Vergütungspolitik gemäß den vom Leitungsorgan in seiner Aufsichtsfunktion festgelegten Vergütungsvorschriften und -verfahren umgesetzt wurde;
e) le personnel engagé dans des fonctions de contrôle est rémunéré en fonction de la réalisation des objectifs liés à ses fonctions, indépendamment des per-	e) die Mitarbeiter, die Kontrollfunktionen innehaben, werden entsprechend der Erreichung der mit ihren Aufgaben verbundenen Ziele entlohnt, und zwar

	formances des secteurs d'exploitation qu'il contrôle;		unabhängig von den Leistungen in den von ihnen kontrollierten Geschäftsbereichen;
f)	la rémunération des hauts responsables en charge des fonctions de gestion des risques et de conformité est directement supervisée par le comité de rémunération;	f)	die Vergütung höherer Führungskräfte in den Bereichen Risikomanagement und Compliance-Aufgaben wird vom Vergütungsausschuss unmittelbar überprüft;
g)	lorsque la rémunération varie en fonction des performances, son montant total est établi en combinant l'évaluation des performances de la personne et de l'unité opérationnelle ou du FIA concernés avec celle des résultats d'ensemble du gestionnaire; par ailleurs, l'évaluation des performances individuelles prend en compte aussi bien des critères financiers que non financiers;	g)	bei erfolgsabhängiger Vergütung liegt der Vergütung insgesamt eine Bewertung sowohl der Leistung des betreffenden Mitarbeiters und seiner Abteilung bzw. des betreffenden AIF als auch des Gesamtergebnisses des AIFM zugrunde, und bei der Bewertung der individuellen Leistung werden finanzielle wie auch nicht finanzielle Kriterien berücksichtigt;
h)	l'évaluation des performances s'inscrit dans un cadre pluriannuel adapté au cycle de vie des FIA gérés par le gestionnaire, afin de garantir qu'elle porte bien sur les performances à long terme et que le paiement effectif des composantes de la rémunération qui dépendent des performances s'échelonne sur une période tenant compte de la politique de remboursement des FIA gérés et des risques d'investissement qui y sont liés;	h)	um zu gewährleisten, dass die Beurteilung auf die längerfristige Leistung abstellt und die tatsächliche Auszahlung erfolgsabhängiger Vergütungskomponenten über einen Zeitraum verteilt ist, der der Rücknahmepolitik der von ihm verwalteten AIF und ihren Anlagerisiken Rechnung trägt, sollte die Leistungsbeurteilung in einem mehrjährigen Rahmen erfolgen, der dem Lebenszyklus der vom AIFM verwalteten AIF entspricht;
i)	la rémunération variable garantie est exceptionnelle, ne s'applique que dans le cadre de l'embauche d'un nouveau membre du personnel et est limitée à la première année;	i)	eine garantierte variable Vergütung kann nur in Ausnahmefällen im Zusammenhang mit der Einstellung neuer Mitarbeiter gezahlt werden und ist auf das erste Jahr beschränkt;
j)	un équilibre approprié est établi entre les composantes fixe et variable de la rémunération globale et la composante fixe représente une part suffisamment élevée de la rémunération globale pour qu'une politique pleinement souple puisse être exercée en matière de composantes variables de la rémunération, notamment la possibilité de ne payer aucune composante variable;	j)	bei der Gesamtvergütung stehen feste und variable Bestandteile in einem angemessenen Verhältnis und der Anteil der festen Komponente an der Gesamtvergütung ist genügend hoch, dass eine flexible Politik bezüglich der variablen Komponente uneingeschränkt möglich ist und auch ganz auf die Zahlung einer variablen Komponente verzichtet werden kann;
k)	les paiements liés à la résiliation anticipée d'un contrat correspondent à des	k)	Zahlungen im Zusammenhang mit der vorzeitigen Beendigung eines Vertrags

	performances réalisées sur la durée et sont conçus de manière à ne pas récompenser l'échec;		spiegeln die im Laufe der Zeit erzielten Ergebnisse wider und sind so gestaltet, dass sie Versagen nicht belohnen;
l)	la mesure des performances, lorsqu' elle sert de base au calcul des composantes variables de la rémunération individuelle ou collective, comporte un mécanisme global d'ajustement qui intègre tous les types de risques actuels et futurs;	l)	die Erfolgsmessung, anhand derer variable Vergütungskomponenten oder Pools von variablen Vergütungskomponenten berechnet werden, schließt einen umfassenden Berichtigungsmechanismus für alle einschlägigen Arten von laufenden und künftigen Risiken ein;
m)	en fonction de la structure juridique du FIA et de son règlement ou de ses documents constitutifs, une part importante, et dans tous les cas au moins égale à 50% de la composante variable de la rémunération, consiste en des parts ou des actions du FIA concerné, ou en une participation équivalente, ou en des instruments liés aux actions ou en des instruments non numéraires équivalents, à moins que la gestion des FIA ne représente moins de 50% du portefeuille total géré par le gestionnaire, auquel cas le seuil minimum de 50% ne s'applique pas.	m)	je nach der rechtlichen Struktur des AIF und seiner Vertragsbedingungen oder seiner Gründungsunterlagen muss ein erheblicher Anteil der variablen Vergütungskomponente, und in jedem Fall mindestens 50%, aus Anteilen des betreffenden AIF oder gleichwertigen Beteiligungen oder mit Anteilen verknüpften Instrumenten oder gleichwertigen unbaren Instrumenten bestehen; der Mindestwert von 50% kommt jedoch nicht zur Anwendung, wenn weniger als 50% des vom AIFM verwalteten Gesamtportfolios auf AIF entfallen.
	Les instruments visés au présent point sont soumis à une politique de rétention appropriée visant à aligner les incitations sur les intérêts du gestionnaire et des FIA qu'il gère et sur ceux des investisseurs du FIA. Le présent point s'applique tant à la part de la composante variable de la rémunération reportée conformément au point n) qu'à la part de la rémunération variable non reportée;		Für die Instrumente nach diesem Buchstaben gilt eine geeignete Rückstellungspolitik, die darauf abstellt, die Anreize an den Interessen des AIFM und der von diesem verwalteten AIF sowie an den Interessen der Anleger der AIF auszurichten. Diese Bestimmung ist sowohl auf den Anteil der variablen Vergütungskomponente anzuwenden, die gemäß Buchstabe n) zurückgestellt wird, als auch auf den Anteil der nicht zurückgestellten variablen Vergütungskomponente;
n)	le paiement d'une part substantielle, et dans tous les cas au moins égale à 40% de la composante variable de la rémunération, est reporté pendant une période appropriée compte tenu du cycle de vie et de la politique de remboursement du FIA concerné; cette part est équitablement proportionnée à la nature des risques liés au FIA en question.	n)	ein wesentlicher Anteil der variablen Vergütungskomponente, und in jedem Fall mindestens 40%, wird über einen Zeitraum zurückgestellt, der angesichts des Lebenszyklus und der Rücknahmegrundsätze des betreffenden AIF angemessen ist und ordnungsgemäß auf die Art der Risiken dieses AIF ausgerichtet ist.

	La période visée au présent point devrait être d'au moins trois à cinq ans, à moins que le cycle de vie du FIA concerné ne soit plus court; la rémunération due en vertu de dispositifs de report n'est acquise, au maximum qu'au prorata; si la composante variable de la rémunération représente un montant particulièrement élevé, le paiement d'au moins 60% de ce montant est reporté;		Der Zeitraum nach diesem Buchstaben sollte mindestens drei bis fünf Jahre betragen, es sei denn der Lebenszyklus des betreffenden AIF ist kürzer. Die im Rahmen von Regelungen zur Zurückstellung der Vergütungszahlung zu zahlende Vergütung wird nicht rascher als auf anteiliger Grundlage erworben. Macht die variable Komponente einen besonders hohen Betrag aus, so wird die Auszahlung von mindestens 60% des Betrags zurückgestellt;
o)	la rémunération variable, y compris la part reportée, n'est payée ou acquise que si son montant est compatible avec la situation financière du gestionnaire dans son ensemble et si elle est justifiée par les performances de l'unité opérationnelle, du FIA et de la personne concernés.	o)	die variable Vergütung, einschließlich des zurückgestellten Anteils, wird nur dann ausgezahlt oder erworben, wenn sie angesichts der Finanzlage des AIFM insgesamt tragbar ist und nach der Leistung der betreffenden Geschäftsabteilung, des AIF und der betreffenden Person gerechtfertigt ist.
	Le montant total des rémunérations variables est en général considérablement réduit lorsque le gestionnaire ou le FIA concerné enregistre des performances financières médiocres ou négatives, compte tenu à la fois des rémunérations actuelles et des réductions des versements de montants antérieurement acquis, y compris par des dispositifs de malus ou de récupération;		Eine schwache oder negative finanzielle Leistung des AIFM oder der betreffenden AIF führt in der Regel zu einer erheblichen Schrumpfung der gesamten variablen Vergütung, wobei sowohl laufende Kompensationen als auch Verringerungen bei Auszahlungen von zuvor erwirtschafteten Beträgen, auch durch Malus- oder Rückforderungsvereinbarungen, berücksichtigt werden;
p)	la politique en matière de pensions est conforme à la stratégie économique, aux objectifs, aux valeurs et aux intérêts à long terme du gestionnaire et des FIA qu'il gère;	p)	die Altersversorgungsregelungen stehen mit Geschäftsstrategie, Zielen, Werten und langfristigen Interessen des AIFM und der von diesem verwalteten AIF in Einklang.
	Si l'employé quitte le gestionnaire avant la retraite, les prestations de pension discrétionnaires sont conservées par le gestionnaire pour une période de cinq ans sous la forme d'instruments définis au point m). Dans le cas d'un employé qui atteint l'âge de la retraite, les prestations de pension discrétionnaires sont versées à l'employé sous la forme d'instruments définis au point m), sous réserve d'une période de rétention de cinq ans;		Verlässt der Mitarbeiter den AIFM vor Eintritt in den Ruhestand, sollten freiwillige Altersversorgungsleistungen vom AIFM fünf Jahre lang in Form der unter Buchstabe m festgelegten Instrumente zurückbehalten werden. Tritt ein Mitarbeiter in den Ruhestand, sollten die freiwilligen Altersversorgungsleistungen dem Mitarbeiter in Form der unter Buchstabe m festgelegten Instrumente nach einer Wartezeit von fünf Jahren ausgezahlt werden;

q) le personnel est tenu de s'engager à ne pas utiliser des stratégies de couverture personnelle ou des assurances liées à la rémunération ou à la responsabilité afin de contrecarrer l'incidence de l'alignement sur le risque incorporé dans ses conventions de rémunération;	q) von den Mitarbeitern wird verlangt, dass sie sich verpflichten, auf keine persönlichen Hedging-Strategien oder vergütungs- und haftungsbezogene Versicherungen zurückzugreifen, um die in ihren Vergütungsregelungen verankerte Ausrichtung am Risikoverhalten zu unterlaufen;
r) la rémunération variable n'est pas versée par le biais d'instruments ou de méthodes qui facilitent le contournement des exigences de la présente directive.	r) die variable Vergütung wird nicht in Form von Instrumenten oder Verfahren gezahlt, die eine Umgehung der Anforderungen dieser Richtlinie erleichtern.
2. Les principes énoncés au point 1. s'appliquent à tout type de rémunération versée par le gestionnaire, à tout montant payé directement par le FIA lui-même, y compris l'intéressement aux plus-values, et à tout transfert de parts ou d'actions du FIA, effectués en faveur des catégories de personnel, y compris la direction générale, les preneurs de risques et les personnes exerçant une fonction de contrôle, ainsi que tout employé qui, au vu de sa rémunération globale, se situe dans la même tranche de rémunération que la direction générale et les preneurs de risques, et dont les activités professionnelles ont une incidence substantielle sur leur profil de risque ou sur le profil de risque du FIA qu'ils gèrent.	2. Die in Absatz (1) genannten Grundsätze gelten für alle Arten von Vergütungen, die von AIFM gezahlt werden, für jeden direkt von dem AIF selbst gezahlten Betrag, einschließlich Carried Interests, und für jede Übertragung von Anteilen des AIF, die zugunsten derjenigen Mitarbeiterkategorien, einschließlich der Geschäftsleitung, Risikokäufer, Mitarbeiter mit Kontrollfunktionen und aller Mitarbeiter, die eine Gesamtvergütung erhalten, aufgrund derer sie sich in derselben Einkommensstufe befinden wie Mitglieder der Geschäftsleistung und Risikokäufer, vorgenommen werden, deren berufliche Tätigkeit sich wesentlich auf ihr Risikoprofil oder auf die Risikoprofile der von ihnen verwalteten AIF auswirkt.
3. Les gestionnaires qui sont importants en raison de leur taille ou de la taille des FIA qu'ils gèrent, de leur organisation interne ainsi que de la nature, de la portée et de la complexité de leurs activités doivent créer un comité de rémunération. Celui-ci est institué de sorte qu'il puisse faire preuve de compétence et d'indépendance dans son appréciation des politiques et pratiques de rémunération et des incitations créées pour la gestion des risques.	3. AIFM, die aufgrund ihrer Größe oder der Größe der von ihnen verwalteten AIF, ihrer internen Organisation und der Art, des Umfangs und der Komplexität ihrer Geschäfte von erheblicher Bedeutung sind, richten einen Vergütungsausschuss ein. Der Vergütungsausschuss ist auf eine Weise zu errichten, die es ihm ermöglicht, kompetent und unabhängig über die Vergütungsregelungen und -praxis sowie die für das Management der Risiken geschaffenen Anreize zu urteilen.
Le comité de rémunération est responsable de la préparation des décisions en matière de rémunération, notamment celles qui ont des répercussions sur le risque et la gestion des risques du gestionnaire ou du FIA con-	Der Vergütungsausschuss ist für die Ausarbeitung von Entscheidungen über die Vergütung zuständig, einschließlich derjenigen mit Auswirkungen auf das Risiko und das Risikomanagement des AIFM oder der

cerné, et que l'organe de direction est appelé à arrêter dans l'exercice de sa fonction de surveillance. Le comité de rémunération est présidé par un membre de l'organe de direction qui n'exerce pas de fonctions exécutives auprès du gestionnaire concerné. Les membres du comité de rémunération sont des membres de l'organe de direction qui n'exercent pas de fonctions exécutives au sein du gestionnaire concerné.	betreffenden AIF; diese Entscheidungen sind vom Leitungsorgan in seiner Aufsichtsfunktion zu fassen. Den Vorsitz im Vergütungsausschuss führt ein Mitglied des Leitungsorgans, das in dem betreffenden AIFM keine Führungsaufgaben wahrnimmt. Die Mitglieder des Vergütungsausschusses sind Mitglieder des Leitungsorgans, die in dem betreffenden AIFM keine Führungsaufgaben wahrnehmen.
ANNEXE III	**ANHANG III**
Documentation et informations à fournir pour une commercialisation au Luxembourg	**Unterlagen und Angaben, die für einen Vertrieb in Luxemburg beizubringen bzw. zu machen sind**
a) une lettre de notification, comprenant un programme d'activité identifiant les FIA que le gestionnaire a l'intention de commercialiser et des informations sur le lieu où ces FIA sont établis ;	a) Ein Anzeigeschreiben einschließlich eines Geschäftsplans, der Angaben zu den AIF, die der AIFM zu vertreiben beabsichtigt, sowie zu deren Sitz enthält;
b) le règlement ou les documents constitutifs du FIA ;	b) die Vertragsbedingungen oder die Gründungsunterlagen des AIF;
c) l'identification du dépositaire du FIA ;	c) Name der Verwahrstelle des AIF;
d) une description du FIA, ou toute information le concernant, mises à la disposition des investisseurs ;	d) eine Beschreibung des AIF bzw. alle für die Anleger verfügbaren Informationen über den AIF;
e) des informations sur le lieu où le FIA maître est établi si le FIA est un FIA nourricier ;	e) Angaben zum Sitz des Master-AIF, falls es sich bei dem AIF um einen Feeder-AIF handelt;
f) toute information supplémentaire visée à l'article 21, paragraphe (1), pour chaque FIA que le gestionnaire prévoit de commercialiser ;	f) alle in Artikel 21 Absatz (1) genannten weiteren Informationen für jeden AIF, den der AIFM zu vertreiben beabsichtigt;
g) le cas échéant, des informations sur les dispositions mises en place pour empêcher que les parts ou les actions du FIA soient commercialisées auprès des investisseurs de détail, y compris lorsque le gestionnaire recourt à des entités indépendantes pour fournir des services d'investissement en ce qui concerne le FIA.	g) sofern zutreffend Angaben zu den Vorkehrungen, die getroffen wurden, um zu verhindern, dass Anteile des AIF an Kleinanleger vertrieben werden, auch falls ein AIFM für die Erbringung von Wertpapierdienstleistungen für den AIF auf unabhängige Unternehmen zurückgreift.

ANNEXE IV	ANHANG IV
Documentation et informations à fournir pour une commercialisation dans un État membre autre que le Luxembourg	**Unterlagen und Angaben, die für einen Vertrieb in einem anderen Mitgliedstaat als in Luxemburg beizubringen bzw. zu machen sind**
a) une lettre de notification, comprenant un programme d'activité identifiant les FIA que le gestionnaire a l'intention de commercialiser et des informations sur le lieu où ces FIA sont établis;	a) Ein Anzeigeschreiben einschließlich eines Geschäftsplans, der Angaben zu den AIF, die der AIFM zu vertreiben beabsichtigt, sowie zu deren Sitz enthält;
b) le règlement ou les documents constitutifs du FIA;	b) die Vertragsbedingungen oder die Gründungsunterlagen des AIF;
c) l'identification du dépositaire du FIA;	c) Name der Verwahrstelle des AIF;
d) une description du FIA, ou toute information le concernant, mises à la disposition des investisseurs;	d) eine Beschreibung des AIF bzw. alle für die Anleger verfügbaren Informationen über den AIF;
e) des informations sur le lieu où le FIA maître est établi si le FIA est un FIA nourricier;	e) Angaben zum Sitz des Master-AIF, falls es sich bei dem AIF um einen Feeder-AIF handelt;
f) toute information supplémentaire visée à l'article 21, paragraphe (1), pour chaque FIA que le gestionnaire prévoit de commercialiser;	f) alle in Artikel 21 Absatz (1) genannten weiteren Informationen für jeden AIF, den der AIFM zu vertreiben beabsichtigt;
g) l'indication de l'État membre où le gestionnaire a l'intention de commercialiser, auprès des investisseurs professionnels, les parts ou les actions du FIA;	g) die Angabe des Mitgliedstaats, in dem Anteile des AIF an professionelle Anleger vertrieben werden sollen;
h) des informations sur les dispositions prises pour la commercialisation des FIA et, le cas échéant, des informations sur les dispositions mises en place pour empêcher que les parts ou les actions du FIA soient commercialisées auprès des investisseurs de détail, y compris lorsque le gestionnaire recourt à des entités indépendantes pour fournir des services d'investissement en ce qui concerne le FIA.	h) Angaben zu den Vorkehrungen für den Vertrieb des AIF und, sofern zutreffend, Angaben zu den Vorkehrungen, die getroffen wurden, um zu verhindern, dass Anteile des AIF an Kleinanleger vertrieben werden, auch falls ein AIFM für die Erbringung von Wertpapierdienstleistungen für den AIF auf unabhängige Unternehmen zurückgreift.

Sachregister